外国法学精品译丛

主编 李昊

民法的争点

[日]内田贵 大村敦志 编

张挺 章程 王浩 叶周侠 徐文海 文元春 译

中国人民大学出版社

·北京·

主编简介

李昊，北京大学法学学士、民商法学硕士，清华大学民商法学博士，中国社会科学院法学研究所博士后。现任中南财经政法大学法学院教授、博士研究生导师、数字法治研究院执行院长。曾任北京航空航天大学人文社会科学高等研究院副院长、北京航空航天大学法学院教授（院聘）、博士研究生导师。德国慕尼黑大学、明斯特大学，奥地利科学院欧洲损害赔偿法研究所等国外高校和研究机构访问学者。兼任德国奥格斯堡大学法学院客座教授、中国网络与信息法学研究会理事、北京市物权法学研究会副会长、北京中周法律应用研究院理事兼秘书长、北京法律谈判研究会常务理事、北京市金融服务法学会理事、北京市海淀区法学会理事、湖北省法学会民法学研究会理事，《燕大法学教室》（简体版《法学教室》）主编、《月旦法学杂志》副主编、《中德私法研究》和《法治研究》编委。著有《纯经济上损失赔偿制度研究》、《交易安全义务论——德国侵权行为结构变迁的一种解读》、《危险责任的动态体系论》、《不动产登记程序的制度建构》（合著）、《中国民法典侵权行为编规则》（合著）等多部书稿。在《法学研究》《清华法学》《法学》《比较法研究》《环球法律评论》等期刊或集刊发表论文五十余篇。主持"侵权法与保险法译丛""侵权法人文译丛""外国法学精品译丛""法律人进阶译丛""欧洲法与比较法前沿译丛"等多部法学译丛。

代译序

什么是理想的法学教科书

李　昊

2009年上半年，我曾受《法治周末》之约，撰写过一篇小文《德国法学教科书漫谈》，择拾如下。

每一个初入德国法学之门者，必读之书定为德国教授所著教科书。笔者读硕士之时，梅迪库斯教授所著《德国民法总论》方由邵建东教授译成中文引入国内，一时洛阳纸贵。然当时习德文的法学者颇少，德文法学教科书更为罕见。及笔者2004年负笈德国，方得于慕尼黑大学图书馆大快朵颐，每日图书馆阅读疲倦之暇，便至图书馆楼下的小书店，翻阅新近出版的德国法学著作，耳濡目染，逐渐得窥德国法学教科书之堂奥。

德国的法学教科书通常可分为两类，即小型教科书（Kurzlehrbuch）与大型教科书（Großlehrbuch）。

Brox（布洛克斯）教授所著《民法总论》《债法总论/各论》，梅迪库斯教授所著《民法》《债法总论/各论》即属前者。该类教科书以篇幅简短、内容扼要著称（当然，我们看到梅迪库斯教授所著的《债法总论/各论》译成中文时已成大部头著作），多集中于对德国民法基本概念和制度的介绍和阐述。小型教科书最大的优势就是时效强、更新快。由于近年来德国民法修订频繁，民法教科书往往未过一两年即出新版，以2002年德国债法以及损害赔偿法修订前后为甚。另外，小型教科书价格也非常便宜，新书多为20欧元左右（不要换算成人民币，否则仍显昂贵）。而且这些教科书多是一两年便修订一次，每年在图书馆淘汰旧书时购买，往往仅需0．5至1欧元，这也让囊中羞涩的中国留学生得以保有一些原版的德文法学教科书。

后者中经典的如德国贝克出版社所出的绿皮书系列，包括拉伦茨教授所著的《德国民法通论》《债法总论/各论》，鲍尔/施蒂尔纳教授所著的《物权法》，以及德国Springer出版社出版的“法学与政治学百科全书”中属于法学部分的著作，如弗卢梅教授（已于2009年1月28日仙逝）所著的民法总论三部曲、拉伦茨教授所著的《法学方法论》等等。大型教科书多奠基于作者自己的理论体系，借以对相关领域阐幽发微，因而部头颇为庞大。以译成中文的鲍尔/施蒂尔纳教授所著的《物权法》为例，竟然煌煌两大巨册。这种以理论体系建构为特色的教科书不讲求时效性，这也导致它的修订过程比较漫长。以拉伦茨教授的《债法总论》为例，至今使用的仍是1987年出版的第14版。

如果仔细翻阅德国法学教科书，无论是大型的还是小型的，均具有如下特点。

1. 由名家撰写

德国法学教科书多由各大学成名的法学教授撰写，偶尔可以见到由律师撰写的教科书。这与德国的法学教育体制有关，在各大学法学院，大课通常只能由教授讲授，因而，与之配套的教科书也多由教授基于其讲义撰写而成。而且德国大多数法学教科书都是教授独著而成的，不像国内的教科书多采主编制。

如果在翻阅德国民法教科书后，我们还会发现，德国教授撰写的民法教科书中以民法总论最为常见，似乎没有写过民法总论就不能称其写过民法教科书，可见德国法学抽象思维已经深入德国法学家的骨子里了。

2. 通常附有缩略语表和参考文献

如果翻阅德国法学教科书会发现大多数教科书在目录后都会有一个缩略语表，各教科书所附缩略语表内容则略有不同，其中部分为各种法学期刊或者经典教科书的缩略语，如德国常见的法学杂志 NJW、JuS、JZ 等，部分为德国法学专有名词的缩略语，如无因管理即可略为 GoA。这可谓德国法学教科书的一个特色。同时，多数教科书在每章或重要的节次前会提供一个主要参考文献的目录，这可以引导学生在从事研究时有针对性地去查找阅读资料。对于中国留学生而言，查找资料最方便的途径莫过于此。

3. 多援引判例并常常通过小的案例来阐释具体的问题

德国法学教科书最大的特点就是与实务结合紧密。各种教科书中必然会援引重要的法院判例，并加以归类。而小型教科书在阐述具体问题时，也会结合判例设计小的案型帮助初学者来理解复杂的法律制度。这是由于德国法科学生最终的目标是通过国家考试，而国家考试的主要内容即是案例分析，在日常的教科书中结合判例加以阐述，有助于学生掌握判例的基本观点，并加以运用。与此相配套，德国还出版有大量的案例练习书和判例汇编书，而评注书也多是对法院判例的分析整理，目的都在于帮助学生掌握案例分析的基本工具。

4. 师承修订

德国的法学教科书虽然种类繁多，但生命力最长的是那些被奉为经典的教科书。在最初的作者去世后，这些经典教科书便多由其后人或学生修订。如鲍尔（Fritz Baur）教授所著的《物权法》其后便由教授之子 Jürgen Fritz 和学生 Rolf Stürner 教授（弗里茨·鲍尔和罗尔夫·施蒂尔纳教授）续订，韦斯特曼（Harry Westermann）教授所著的《德国民法的基本概念》和《物权法》也由其子 Harm Peter Westermann 教授续订。当然，也存在一些经典教科书并非由原作者的后人或学生修订的情况，如拉伦茨教授的《德国民法通论》后来便由与其并无师承关系的 Manfred Wolf 教授（曼弗雷德·沃尔夫教授，其《物权法》已由吴越和李大雪教授译成中文）续订。续订后，教科书的书名页便会写明本教科书由谁奠基，由谁修订，作者一栏也随着时间越变越长。

反观国内的法学教科书，是否也有很多可以向德国学习之处呢?

历时十年，该文反映的德国法学教科书的外在特征仍不过时，缺憾的是，没有进一步揭示出德国法学教科书与其法教义学及法典化的关系。就民法而言，可以说，作为 19 世纪民法法典化典范的《德国民法典》的五编制体系即奠基于该世纪萨维尼、普赫塔和温德沙伊德等法学大家基于对古罗马《学说汇纂》进行研究而形成的潘德克顿教科书及由此演化出的近代民法的概念体系之上。法典化之后的法学教科书则要进一步关注法典的解释和适用，促进法教义学的形成和发展。在此，小型/基础教科书和大型教科书/体系书发挥着不同的作用。德国小型/基础法学教科书最重要的作用就是以通说为基础，借助最精炼准确的语言来表达最为复杂的概念，并借助案例的导入和判例的引入，让抽象概念具象化，奠定学生的基础法学知识体系。而大型教科书/体系书则是在小型/基础教科书的体系之上凝聚作者的学术睿见和思想体系，通过对关键问题的深入分析促进法教义学的发展，进而开拓学生的思维和视野，使其形成更广博的知识结构。

早在2001年，谢怀栻先生就在其讲座《民法学习当中的方法问题》中提到了在专与博的基础上来学习民法。[①] 2019年8月15日，在谢怀栻先生诞辰100周年纪念日之际，该讲座稿又以《谢怀栻先生谈民法的学习与研究》为题在微信朋友圈广泛传播，今日读来仍振聋发聩。

我看到有一些民法书，总觉得他们介绍民事权利，不是整体地从体系上介绍，而是零零碎碎地遇到一点介绍一点。我觉得这样不好。我认为学习民法要首先了解民法的全貌，然后对于民法的基础知识要有一个大概的认识：民法讲权利，什么是权利；民法讲义务，什么是义务；民法讲法律关系，什么是法律关系。当然这些东西你要彻底地搞清楚，不是一开始就行的。但是大体上是可以知道的。比如说我们民法学界直到最近还存在这种情况：讨论这样的问题，讨论民法讲的权利关系。特别是最近制定物权法，所以引起争论：物权法讲的是人与人的关系，还是人与物的关系？**这样的问题在西方国家一百年以前就透透彻彻地解决了，现在我们中国还有人又提出来。**现在还有很有名的法学家提出这个问题：物权究竟是人与人的关系还是人与物的关系？法律关系都是人与人的关系，怎么会有人与物的关系呢？所以这就说明开始学民法就应该把基础概念给学生讲清楚。法律就是解决人的关系，哪里有解决人与物的关系的呢？至于说法律牵涉到物，这是必然的，它是涉及到物，但是它主要的目的不是解决人与物的关系。……所以我就觉得很奇怪的是，有人现在还提物权是人与物的关系。这就是最初学民法时没有把民法学清楚。

那么最初应该怎么样弄清楚这些基本的知识呢？从学生学习方面来说，开始学的时候绝对不能把学习面搞得太广了，**应该抓住一两本书认真地读**（介绍书是导师的责任了）。先不要看外面有这么多民法书，本本都买来看，这样用不着。有的书里面甚至有错误的东西，你学了错误的东西将来就很麻烦了。开始抓住比较好的书，好好地研究透，脑子里有了民法的全貌、基本理论、基本知识，然后再去看别的书都可以。

这就是说看书应该越多越好还是少而精好？学的范围应该多好还是少好？这就是一个博与专的关系，我们做学问都会遇到这样的问题。我很赞成胡适讲的一句话："为学要如金字塔。"**做学问要像建金字塔一样，基础要广，而且要高。**高和广是一对辩证关系，基础越广才能越高，基础小而要建一个高建筑那是不可能的。但是高与广又不是我们一下子就能决定的，我们为了广，什么书都拿来读，那也是不可能的。我一定要把所有的书都读完，再来建高，那也不可能。**高与广是相互循环的，先高一下，就感觉我的基础不行了，就扩大基础，然后再高一下，如此循环。**所以，读书不要一开始就把所有的书都拿来读，先还是少一点、精一点，等到基础需要的时候，再扩大一下基础。

从谢老的文字中也可以看出，一本经典的法学教科书对于法科学生的基础概念的正确养成具有多么重要的地位，而且谢老提出的质疑也让人反思，作为法律继受国，法学教科书究竟应该怎么写。

德国作为近现代民法理论的滥觞国，其法教义学的理论架构已臻完善，理论和实践互动产生的通说已然形成，民法教科书的撰写和修订则可按部就班进行。反观中国近现代，作为民法继受国，清末民律继受自日本，民国民法则主要继受自德国，并参酌瑞士民法、日本民法、法

① 谢怀栻：《民法学习当中的方法问题》，载王利明主编：《民商法前沿论坛》（第1辑），北京，人民法院出版社2004年版，第39-41页。

国民法和苏联民法等。民法理论的继受则与民法典的继受相辅相成。教科书也有着内容和形式上的渐进转型过程，从早先的单纯照搬外国理论，进行简要的法条释义，到逐步有意识地由日入德，建构自己的体系。作为这一时期转型的代表性民法教科书可举例有三：一则为梅仲协先生之《民法要义》。作为概要性的民法教科书，梅先生有意识地追溯到民国民法的源头——德瑞民法进行理论阐述，不局限于民国民法体例，而以体系性为标称。该书亦借鉴德国法学教科书的体例，采用段码体系并提供了法条索引。梅先生还借助执掌台大法律系之便严限学生修习德文，实现了民法理论由日转德。[①] 二则为民国民法五立委之一的史尚宽先生所著之六卷本的民法全书。其特点为取材广泛，涉猎德日法英诸国法律，注重探本溯源，并结合参与立法之便，阐幽发微，该全书可谓有民法体系书之实。三则为王泽鉴先生所著之八册民法教科书，堪称华文世界民法教科书之典范。该系列教材奠基于先生一贯所倡的民法学说与判例的互动研究以及比较民法的研究，教材内容以德国法为根基，并广泛征引日本法和英美法，同时注重示例的导入和判例的引入，致力于台湾地区民法通说的形成，颇具德国基础法学教科书之神，而又不像德国教科书那样囿于一国。三位先生均具有留学欧陆背景，梅仲协先生留学法国，史尚宽先生遍历日德法，王泽鉴先生则留学德国，三者均精通德日英三国语言，其所撰教科书之厚重和旁征博引自有由来。

中华人民共和国成立后，我国曾经历了数十年的法律空窗期。自 1986 年《民法通则》颁布以来，我国民商事法律体系重现生机，日趋完善，2020 年民法典正式颁行。伴随着法律的发展，我国的民商事审判实践也日渐丰富，网络与大数据技术也进一步推动着民事司法和案例研究的转型。虽然此间我们的民商法教科书在借鉴我国台湾地区，以及日本、德国甚或英美私法理论的基础上层出不穷，也不乏偶见的精品，但与德国、日本乃至我国台湾地区的民商法教科书相比，我们所缺乏的仍是能够为广大法科生奠定准确的概念体系，并与审判实践互动，致力于形成通说的法学教科书。既有的民商法教科书或者局限于对法条的罗列和简要阐述，或者作者基于不同的学术背景和留学经历而阐发自己独特的学术观点，在基础概念的分析和外国法例的介绍上也存在诸多错讹，抑或人云亦云，对审判案例的关注也远未达到理想状态，学生并不能有效地借助阅读教科书形成准确的概念体系，并将之加以妥当运用，这也直接造成各地司法实践的差异化。究其成因，除我国现行立法粗疏，缺乏体系考量，并且立法理由无法有效呈现外，现有民法理论和清末民国时期的民法传统出现割裂，学术界对国外尤其是继受母国的基础民法理论不够熟稔及与现今民法学说发展无法有效接续也是重要原因，诸如法律行为的普适性和适法性之争、债与责任的关系之争以及物权行为与债权形式主义之争等等皆因此而来，而民法理论、民事立法和民事司法实践之间的疏离感及相互角力，也造成了我国现有法学教科书无法有效承载法教义学的重任。

正是基于自己对德国和中国民法教科书的阅读体验，我希冀能够回到中国民法理论的源头去探寻民法概念体系的原貌，梳其枝蔓、现其筋骨，促进中国民商法教科书的转型。2009 年，甫入教职的我就在人大社启动了“外国民商法教科书译丛”的翻译计划，第一批曾设想择取德国、日本、法国和意大利诸国的经典民法教材，邀请国外留学的民法才俊译介引入。当时留学海外的民法人才尚不如今日之繁盛，最后仅推出德国民法教科书 4 本和日本民法教科书 1 本。自 2012 年始，陆续出版了布洛克斯和瓦尔克的《德国民法总论》（第 33 版）、韦斯特曼的《德国民法基本概念》（第 16 版）（增订版）、吉村良一的《日本侵权行为法》（第 4 版）、罗歇尔德斯的《德国债法总论》（第 7 版）以及多伊奇和阿伦斯的《德国侵权法》（第 5 版）。参与的

---

① 参见谢怀栻先生为梅先生的《民法要义》所撰序言。

译者中除 2018 年年初不幸罹难的大军外，其他诸位今日已成为各自领域的翘楚。第一批中还有两本经典作品迟至今日尚未最终完成出版（比得林斯基的《私法的体系与原则》以及日本《民法的争点》）。

第一批译著的推出恰逢其时。鉴于德国债法在 2002 年进行了大幅修订，国内尚无最新的德国民法教科书译作跟进，本译丛中的多部译著受到广泛欢迎，尤其是《德国民法总论》多次加印，部分译作甚至因为断货而在旧书市场上被炒作到数百元不等。译丛的装帧设计也从最初的大 32 开变为 16 开本。

市场对译丛的积极反响也催生了本译丛第二批书目的诞生。第二批遴选的书目中除第一批未及纳入的传统合同法、亲属法和继承法教材外，侧重选择了国内尚不熟悉的德国商法教材。译丛的译者也更新为 20 世纪 80 年代中后期甚至 90 年代出生的新一批中国留德法科生。该批译著最早问世的为 2016 年出版的慕斯拉克与豪的《德国民法概论》（第 14 版），2019 年又推出了莱特的《德国著作权法》（第 2 版）。而第一批书目也将根据最新版次修订后陆续推出，2019 年即更新了布洛克斯和瓦尔克的《德国民法总论》（第 41 版）。借 2019 年改版之机，本译丛采用了更为精致的封面设计和更为精良的纸品。现负笈德国波恩大学的焕然君在网络媒体——微信公众号上对本译丛也进行了图文并茂的推送[①]，使其为更多的学子所知悉。

由于本译丛所选书目以德国基础民商法教科书为主，读者阅读时自当手边备有《德国民法典》[②] 和《德国商法典》等法律的条文参照阅读，对于中国法无规定或有不同规定者，自当斟酌差异及其理由，对于相似规定，则可比较有无细微差异，甚或是否为形似而实非，更重要的是要体悟民商法的重要基础概念之内涵及其体系以及司法之运用，以便形成个人体悟之架构。而欲深入学习者，尚可借助译著所附之参考文献，按图索骥，进行深入的专题阅读。对德国民法脉络的掌握也有助于对其历史渊源罗马法的学习，并可以以其为参照促进对属于德国法系的奥地利、瑞士、希腊乃至受到德国民法或多或少影响的日本、韩国、意大利、法国和俄罗斯诸法域民法的理解。

这套译丛是我所主持的数部外国法译丛的“头生子”，虽然自策划起算来已逾十年，拖延久许，但作为我初入法学出版领域的敲门砖，有着别样的意义！译丛得以推出要真诚地感谢人大社法律分社的杜宇峰女士，无论是选题的报送还是版权的联系，她都不辞辛劳！感谢施洋等诸位编辑的辛勤耕作，为译丛的及时出版和质量完善提供了有效的保障！感谢诸位年轻译者一直以来的支持，能够忍受我的催稿督促！

借助两批书目的译介，本译丛将基本完成德国民商法基础教科书的体系化引入。我期待能够通过对国外尤其是德国和日本最新的经典基础民商法教科书的引介，回到我国民法体系的理论源头去探寻准确的民法概念体系，为学生学习民商法和学者进一步深入研究提供更为准确的参照，同时为我们形成自己的民商法教科书体系迈出第一步。如有所成，当幸甚焉！

---

① 即“杰然不瞳”于 2017 年 5 月 30 日发布的《德国民法教科书中译本：书目概览》。

② 北大出版社的台译本采中德对照方式，有德语基础者可参照双语阅读。

编者简介

内田贵（1954 年— ）

1976 年毕业于东京大学法学部，同年起任东京大学法学部助手，师从星野英一教授。1979 年起担任北海道大学法学部副教授，1986 年至 2014 年履任东京大学法学政治学研究科副教授、教授，2014 年被聘为东京大学名誉教授，2015 年起任早稻田大学特命教授。其在代表作《契约的时代》《制度契约论》中提出“关系契约理论”，在日本合同法学说中独树一帜。

大村敦志（1958 年— ）

1982 年毕业于东京大学法学部，同年起任东京大学法学部助手，师从星野英一教授。1985 年起担任东京大学法学部副教授，1998 年升任东京大学法学政治学研究科教授，2019 年被聘为东京大学名誉教授，2019 年起任学习院大学法务研究科教授。其代表作《公序良俗与契约正义》（1995 年）、《典型契约与性质决定》（1997 年）分别为日本合同规制论与合同类型论领域里程碑式的著作。

译者简介与翻译分工（按篇目顺序）*

王浩[**]，男，1981年生，上海人。日本京都大学博士，现为华东政法大学法律学院副教授。研究方向为民法。翻译1～35。

徐文海，男，1987年生，江苏张家港人。日本立命馆大学法学博士，现为同济大学法学院助理教授。主要研究领域为民事诉讼法与家事法。翻译36～43。

叶周侠，男，1991年生，浙江青田人。日本京都大学博士，现为京都大学法学研究科特定助教。研究方向为民法（合同法）。翻译44～64。

章程，男，1985年生，江苏武进人。中国台湾地区政治大学博士，现为浙江大学光华法学院副教授。研究方向为民法基础理论、继受法学方法论以及法域接轨理论。翻译65～107。

文元春，男，1979年生，吉林龙井人。日本早稻田大学法学学术院教授，法学博士，博士研究生导师。主要研究方向为民法（侵权法）、环境法、农地法、司法制度。翻译108～114。

张挺，男，1984年生，浙江象山人。日本立命馆大学博士，现为杭州师范大学沈钧儒法学院副教授。研究方向为民法（侵权法）、环境私法。翻译115～149。

---

* 封面与扉页署名按照各位译者翻译量的多与少排序。因本书参与撰写的作者众多，风格不一，故译者尽量保持原貌，对行文以及注释格式未作统一。

** 华东政法大学林丁凯迪、王子龑、贾介安、吴昊四位同学曾帮我校对过译文，在此表示感谢。

继受法世界的另类工具书（代译序）

呈现于读者眼前的这本《民法的争点》，堪称日本民法学界的总动员。此书由每一位执笔学者选取自己最为擅长的主题，条分缕析地揭示出日本的民法制度流变与学说争议。以其动员的学界规模以及涉及问题的广度与深度而言，此书可说是介乎法典评注与判例百选之间。那么，身属大陆法系而又深受判例法方法影响的日本，为何会在法典评注与判例百选之外，仍然选择劳动整个学界的力量，再创作“法律学的争点”这类工具书呢？

在我看来，这与日本法学的继受背景切切相关。法典评注为德国法学的传统，在以法条为法源、立法深受德国影响的日本，这一传统得到了自然的延续，而判例百选等判例评释选集则是日本学界长期受到英美判例法方法影响的结果，这两种工具书可说都是渊源有自。尽管不论是法典评注还是判例百选，日本都形成了其自身的特色，但终究还只是效法，而相比较之下，“争点”系列则是日本法学界自创的工具书。以功能论，类似的工具书还有《民法讲座》《民法典的百年》等。此类工具书并不以法条或案例为单位，而是聚焦于某一制度，梳理其由来与演变，阐明其中的争议问题所在。

为何要以制度为基本单位，而不是以法律人熟悉的法条或案例为单位来释法？这种工具书所预设的功能和读者定位又是怎样的？倘若回溯日本民法学的整个继受史，就能比较清楚地回答以上这些问题。日本民法源于混合继受，来自法德两国的条文相互作用，在民法典的适用过程中展现出强烈的异质性，这使日本民法虽看似具备德国式的外部体系，但其内部体系实质与德国民法相去甚远。换言之，因为“误译无妨，唯求速译”所导致的混合继受，日本民法典外部体系所展现的规范群在法理上的“聚合度”并不高，这导致立法时未必受到重视的条文的判例量可能在法典施行后迅速膨胀，而立法时看似无关、被分置两编的条文在实务中又极可能关系纠缠不清。例而言之，日本民法第 94 条第 2 款原本仅是通谋虚伪表示效力的一项但书条款，但在日本民法实务和学界的共同推动下，此一条款的类推适用居然起到了接近于不动产登记簿公信力的功能，从而成为物权法理论中的支柱条款。又如不当得利中的“转用物诉权”，也在相当程度上体现出日本民法中不当得利制度的特色。类似的例子，其实在混合继受的日本民法典中所在多有，《民法的争点》采用以制度为论述单位这一形式，方便将原本散落的规范聚合，将不当黏合的规范重新切分。从中我们也可以发现日本民法内在体系形成与变迁的脉络。

可以看到，无论是法典评注还是判例百选，其预设的读者首先还是法律实务工作者。尽管大型评注有越来越学术化的趋势，且亦多为学者所关注，但是由于实务通常需要以法条或案例进行检索，因此这两种工具书的第一受众还是实务工作者。而《民法讲座》《民法典的百年》《民法的争点》这类工具书就不同，其以制度为单位进行叙述，一开始就注定了并非实务面向——这不符合实务工作者的检索习惯。这其中，《民法讲座》（八卷）、《民法典的百年》（四卷）

等书因其篇幅较大，主要是描述制度变迁史并阐明今日的问题结构，前者在一定程度上起到历史评注的作用，后者则有整理学说争论并将其“结构化”以构造法典内在体系的作用。研究者如果需要了解日本民法在比较法上的结构特点及流变，阅读《民法讲座》《民法典的百年》等著作，一定比看法典评注与判例百选更能一目了然。

相较于这些大部头的工具书，《民法的争点》其实可以算是上述二书的简明版。因其篇幅短小、议题设置更多，所以其想定的对象除研究者之外，同时兼具法学教育的面向。阅读此书，一方面可以让研究者一览日本民法的问题分布，同时在资料上提供初步的检索路径；另一方面，此书的目录也就是日本民法学习中的“重点”与“难点”，而关于为何重之、为何难之，书中的每一篇也都有精到的分析与论述。

同时，有心人如果对比一下《民法的争点》初版和第二版（也就是我们选择翻译的这一版）的内容，便可发现，第二版的内容中，在回顾归纳之外更多了展望的部分。这在一定程度上是因为相较于初版争点刊行之际，日本民法已经实现了完全的去母法化。也就是说，相比初版之时，日本民法的比较法源流与演变在多数主题上均探究清楚且已成共识，无须再在每一个议题上探源析流。可以看到，我们翻译的第二版《民法的争点》中有很多主题均冠以“现代”的标题或次级标题，甚至有文章直接以性骚扰、家庭暴力、老年人财产管理等为题，这类文章更偏重介绍日本民法在相关主题上的讨论现状与未来展望，而与历史沿革多无关联。因此可以说，通过这一版的《民法的争点》，读者能在不同的主题上看到日本民法的过去、现在与未来。

那么，将这样一本工具书翻译成中文，对中文世界有什么意义呢？就内容而言，我想这本书最大的意义，就是为同属继受法国家的中国立起一面镜子，从此镜中学者可以看到日本民法制度如何聚焦、向何聚焦、缘何聚焦的过程，在对比中促成反思——中文学界今日聚焦议题的精度、深度以及问题的论证逻辑，是否足以让我们建立自己的民法学？就形式而言，我们亦可借由此书反思，以中国今日数倍乃至数十倍于日本的学者规模，十倍甚至百倍的论文数量，是否有一种类似方式可以让这些学术产出凝聚主题与共识，精准定位不同学术产出的价值，让有意义的“学界回顾”真正成为下一步学术进步的起点？从这个意义来说，《民法的争点》这一工具书不仅给中国学界示范了一种简明却不失意义的学术总结方式，而且将为尚在学习中的法律人阐明本国法的难点和重点，具有法学研究与法学教育上的双重价值。

最后需要说明的是，此版《民法的争点》刊行至今已近十五年，而这十五年间又经历了日本债法修改到施行，此书中的部分研究成果，已经为日本新债法所吸收，更多的则是因为种种原因没有反馈于新时代的日本债法中。从这个意义来说，这本争点也从一个侧面记录了在日本民法修改的前夜，日本民法学界对民法应有形象的种种美好期待。如今长夜已尽，但那些未能完成的梦想也都化作了新一代学者再往前的无穷动力，推动日本民法学术的继续前行。

此国此岸，又何尝不是如此呢？

译　者

（章程执笔）

2022 年孟秋

序　言

所谓“争点”系列肇始于1964年《法学家》(Jurist)杂志第300号专题特辑的《学说展望：法学的争点》，当时收录了29项民法的争点。翌年，该杂志又刊行了《学说展望续》，追加了19项争点。13年后，由加藤一郎和米仓明两位教授编著的名为《民法的争点》一书得以刊行。该书收录争点达到了153项。该书的序言中谈道，13年间“判例学说的发展之快简直令人震惊”。在又7年后的1985年，该书出了新版，分成上下两册出版，争点数也达到了170项。提出一系列“民法的争点”的目的在于“明确哪些话题是当时的问题，围绕该话题判例和学说处于何种状况，产生见解对立的实质依据在哪里，等等”(初版序言)。将这些问题集结在一起出版，可以提供值得信赖的学术信息，随着争点项目数量的增长不断成长，也得到了学生、研究人员以及实务家的广泛认可。

*　　　　*　　　　*

时间又过了22年。此间民法也经历了前所未有之大变动，这不仅仅是此前观察的“判例学说的进展”的扩大化而已，而应当说是进入了实质不同的时代。首先，随着20世纪80年代末东西之间壁垒的倒塌，世界进入全球化的时代。20世纪90年代后半叶以后，计算机与互联网的爆发性普及随之而来。随着全球化与信息化的到来，法律信息的收集方法、积累的方法，以及研究的方式方法也随之大变。同期，日本社会也经历了泡沫经济的膨胀与破裂，结果是二战后一以贯之的“景气”时代随之终结。此外，经历了“失去的十年”，我们也经历了可以比肩明治维新时期速度的基于新思想的立法潮，通过了数量众多的民法周边的立法。此间，也出现了此前不曾见的纷争，出现了全新的交易形态，产生了崭新的制度。

这些变化呼唤着民法相关领域出现新形态的法律。一方面，伴随经济全球化，1988年《联合国国际货物销售合同公约》生效，该条约进一步确立了合同法的国际模板。另一方面，出现了地区性的法律统一的动向，欧盟(EU)先是公布了欧洲合同法原则，后甚至讨论了欧洲统一民法典。在此潮流中，欧洲出现了新民法典，德国于2002年全面修改了其债务法，法国也公布了其债务法的修改草案。另外，美国也在推进统一商法典(UCC)的大规模修正。国内外发生了惊天大变，实施已超百年的日本民法典也于2004年进行了现代语化的修改，然后开始了以债权法为中心的根本性修法准备工作。

*　　　　*　　　　*

处于时代变化潮流中的当下，我们认为有必要检视民法所处的位置、民法的现状等问题。这不仅是为了我们日常的学习、实务以及研究的方便，更是确保我们今后前进方向不走歪路的必要工作。

基于此，新版的《民法的争点》在编写上可能与旧版存在些许差异，即我们编写的不是教科书里解说的“争点”，我们努力选择了思考“民法的当下”所必须考虑的项目。因此，我们将许多项目进行了更替，对于可能从更广的视角鸟瞰的项目，我们进行了合并，所以出现了一些较大话题的项目。与此同时，考虑到与旧版的连续性，对于学说中经常引用的旧版所收的若干解说，我们基本上没有大幅改变原型，仅向原来的作者请求收录进本书。

最终的项目数与原版相比小幅减少了，但是这不意味着争点的减少，而是争点的实质发生了变化。

此时请求分担执笔的各位出版本书，恐怕不是最佳时期。随着法科大学院的设置，担任基础科目教育的老师正陷入教育负担、大学管理等难以自拔。当然，即便如此本书的价值也不受影响，只是为难了各位执笔者。再次对认同本书目的而惠赐佳作的各位执笔老师表示最大的敬意。

我们真心期待本书的出版能够展现民法之风采，指明前进之方向。

内田贵
大村敦志
2007 年 9 月

缩略语表

民（刑）录	大审院民（刑）事判决录
民（刑）集	大审院、最高法院民（刑）事判例集
高民（刑）集	高等法院民（刑）事判例集
下民（刑）集	下级法院民（刑）事判例集
行集	行政事件判例集
集民（刑）	最高法院民（刑）裁判集
东高民（刑）时报	东京高等法院民（刑）事判决时报
讼月	讼务月报
家月	家庭法院月报
劳民集	劳动关系民事判例集
最判解	最高法院判例解说
综判研	综合判例研究丛书
判时	判例时报
判评	判例评论
判 T	判例 Times
金判	金融・商事判例
金法	金融法务事情
劳判	劳动判例
判自	判例地方自治
交民集	交通事故民事判例集
曹时	法曹时报
法协	法学协会杂志
民商	民商法杂志
法教	法学教室
重判解	重要判例解说
法 SE	法学 Seminar
银法	银行法务 21
法时	法律时报
Remarks	私法判例 Remarks
广场	法律广场
判民	判例民事法

目 录

一 总论

二 总则

三 物权

四 债权总论

五　债权各论（一）

六 债权各论（二）

七 亲属

八 继承

一　总论

1 民法的体系

一桥大学教授　中田裕康

一、民法典的体系

1. 体系的选择

旧民法（1890 年公布）由“人事编”“财产编”“财产取得编”“债权担保编”“证据编”所构成，属于优士丁尼体系之流。该体系由来于盖尤斯的法学入门书《法学阶梯（Institutiones）》（161 年前后?）的结构（“人法”“物法”“诉讼法”），后经由作为罗马法大全中一部分的《法学阶梯》（533 年公布）、法国民法典（统合于 1804 年，原始结构为“人”“财产及所有权之诸变迁”“所有权取得之诸样态”），最终为旧民法所继受。这也是一个与现实生活对应的实用构造（原田，29 页；船田，449 页；佐藤监译，后揭；北村，14 页）。

与此相对，现行民法（1896 年、1898 年公布，1898 年施行）由“总则”“物权”“债权”“亲属”“继承”所构成。这就是潘德克吞体系。此名称由来于作为罗马法大全之核心的《学说汇纂（Digesta）》（533 年公布）的希腊语名（Pandectae）。19 世纪的德国法学家以“学说汇纂”为主要对象，尝试对罗马法进行体系化（潘德克吞法学）。这对德国各邦的法解释、立法，以及德国民法典（1896 年公布、1900 年施行，分为“总则”“债务关系法”“物权法”“亲属法”“继承法”等数编）产生了很大影响。而德国民法典第一草案（1887 年）和之前的德国各邦法律又为日本所参考，日本当时正以修订旧民法的形式编纂现行民法。最终，日本民法也采用了潘德克吞体系［物权编位置靠前是萨克森民法典（1863 年公布，1865 年施行）的体例］。这种体系的特点是从多条规范中抽取出共通事项，然后将其置于前部，整合为“总则”，从而让规定得以层次化。正是这种层次化的结构，整个民法典由此更加体系化、各规定相互之间的逻辑关系更加明确。这样一来，相比旧民法，现行民法就成了一个更为抽象、富有逻辑的体系（原田，29 页；船田，444 页；碧海等编，146 页以下（村上淳一）；贝伦茨/河上）。

至于为何要采用潘德克吞体系，民法典起草者的说明是，优士丁尼体系中的“物件法”（物法）部分过于庞大，多有不便，故弃之，转而改采潘德克吞体系（福岛编 114 页）。仿效新式德国民法之背后，是当时日本整体上正在从法国法学转向德国法学（大村②23 页）。对于这种体系选择，存在各种评价（有人认为内容上仍受到法国法较大的影响，星野②31 页）；有人则对日本民法的总则及债权总则的“总则”性提出了质疑（来栖 235 页）；有人说潘德克吞体系也伴有利益衡量的思维（碧海等编，150 页（村上））；有人指出了其与优士丁尼体系之间的连续性（贝伦茨/河上，34 页，松尾①13 页）；有人说旧民法的根基是“权利体系”（松尾②76 页），等等）。

2. 法体系中的民法典

(1) 作为一般法的民法

就民法典体系的选择而言，首先要思考的是民法在法体系中的定位，即根本上是否要出台民法这一制定法（日本与英美不同）、民商法是否要分立（日本与之后的瑞士、意大利不同）。另一方面，虽经过民法典论争*，决定以德国的编纂方针为参照（松尾②73 页），但民法典缺乏细致周密的规定，也缺乏定义、类别及举例等方面的规定，只是由原则，例外等规定所构成，条文数目也较少（大约只有法国及德国的一半），故外观上带有一般法的特点。民法就是这样一种由逻辑体系所构建的高度抽象、纯粹的一般法，历来被当作私法的一般法。一般法这一称呼便意味着：1）适用于特别法缺失之场合，2）可无差别地适用于所有人（四宫＝能见 4 页）。但之后出现了很多特别法，于是关于 1)，有人指出民法有空洞化的趋势。关于 2)，有见解认为人的多样性应当反映到民法上。

(2) 民法的空洞化——特别法的发达

民法的特别法之中，有的是民法自身就已预设的（不动产登记法等），有的是就一定的场合更改民法既有规定的（有关年龄计算的法律等），还有的是以古典民法原理（自由、平等）为前提，同时又顺应了社会新需求的（工厂抵押法），这些法律均起到补充民法的作用。与此不同，还出现了一批旨在修正古典民法原理的特别法（借地法、借家法、劳动基准法、消费者合同法）。这些法律不仅限制了民法典的适用对象，同时也迫使人们对民法的原理本身进行思考（星野②35 页以下）。就形式层面而言，近年来的特别法多由大量周密细致的条文所构成，其中不仅有私法实体规定，同时也包括了程序规定甚至罚则，目的就是要提高规定的实效性、预测可能性［一般社团财团法人法、消费者合同法（2006 年修订）、新信托法等］。这些法律不仅高度独立于民法，还具有高度的自我完结性。

因为大量特别法的涌现，民法出现了空洞化的趋势。这体现在适用对象、原理、规定样态等各方面民法都逐渐退居后方（与之对照的是刑法。尽管刑法的特别法也较发达，但并没有听说刑法的空洞化）。

(3) 民法的空洞化——商法和消费者法的两极分化

与旧民法同一年颁布的商法（1890 年），作为民法的特别法已经存在很久。一直以来总有人指摘商法规范正走进民法（田中·后揭）。而近年来，国际性的交易法统一化尝试《维也纳销售公约》（1980 年制定）、UNIDROIT《国际商事合同通则》（1994 年、2004 年）均是以商事为中心的规定，这又给民法的解释论、立法论带来了影响。另一方面，愈见发达的消费者法也可能对民法的规定带来影响（参见：大村③12 页）。于是，民法置身在商法和消费者法之间，后两者不断侵蚀、吸收着民法的规定，终使民法的中心部分变得空疏。这又是另一种意义上的空洞化了。这种趋势也促使人们开始思考

---

* 1889 年至 1892 年之间，围绕旧民法是如期还是延期施行的问题所展开的激烈论争。在延期派看来，旧民法等法律是为废除不平等条约而仓促拟就的，尚未经过充分的讨论，不仅立法技术上仍有欠缺，不少内容也与日本自古以来的风俗习惯相悖。论争最终还是延期派占了上风，旧民法于是被束之高阁。——译者注

“人”的概念。

二、民法学与体系

1. 民法教育之中的体系

尽管存在上述变化，又历经二战后的家庭法修订、2004年的现代语化*等，但民法典的基本构造依然维持了原样。与此不同，民法学倒是发生了若干变化。首先是民法教育。依据潘德克吞体系，初学者一上来就得面对总则，但如果对分则的具体内容不清楚，那么理解起来就很困难。又因为体系的抽象性、层次性，民法与现实生活的关系也不易为人所理解（滝沢294页）。于是在法学院的课程编制、教科书的结构（这方面的先驱是，我妻·后揭）等方面，人们下了很大的工夫。另外，关于特别法，民法教育的应对也是多种多样的。除了商法、劳动法属于其他科目，租地租房法、产品责任法等均被设置在民法课程中，这几乎已成为共识。不过，关于公益法人认定法、修订后的消费者合同法等各种新近立法，其中哪些部分应被设置在民法中，目前可能存在分歧。

当然，体系的重构及特别法的课程设置方式均非单纯的教育技巧问题。对于民法的体系、法体系之中的民法，需要有更为本质的思考。

2. 民法学说与体系

(1) 新的体系化

在讨论民法体系的各种学说中，具有代表性的是以下两种：1）一种认为在与社会现实的关系上，潘德克吞体系并不完善，而是需要所谓“开放的体系”，一种以“问题”为中心的功能体系（北川·后揭）；2）另一种在探讨了“市民社会中的各种基本秩序”的基础上，倡导一种实质意义上的民法体系（总论、人法、财产法、救济法）。这两种观点都批判了潘德克吞体系的不足，不过就1）而言，其特点是提供了一种从问题出发进行思考的视角；就2）而言，其特点是一度跳脱出民法典，转而立足于对社会中的各种基本秩序进行考察。从更宏观的角度来看，1）涉及的是“体系思考与问题思考”这一主题，2）涉及的是“体系化的原理”这一主题。

(2) 体系思维与问题思维

所谓体系思维，即一种追求体系的思维方式，而体系的要素就是秩序与统一性；所谓问题思维，即追求妥善解决具体问题的思维方法（参见：卡纳里斯6页）。体系思维的效用在于：可保持法命题相互之间的整合性，有助于阐明存在于各法命题之根底的基本原理，可保证解释的连贯性，让类推适用更为容易，总之，结果就是有利于平等原则的实现和法的安定性。另一方面，体系思维常招诟病的是其在解决具体问题时略显僵化。问题思维则正好相反。在问题思维领衔的新兴法领域，体系思维的意义就很大（一例是：大村④）；而在体系完备的法领域，问题思维带来的叩问则有重要意义（一例是：北川·后揭）。话虽如此，体系思维和问题思维之间也非互相排斥，而是相辅相成的。所以真正要考虑的，是究竟以哪一种体系为前提。

(3) 体系化的原理

所谓体系化的原理，即应基于什么进行体系化。有观点认为，这不应当求诸“作为

---

* 制定于1896年的日本民法典所使用的语句原本全为书面体的形式，所用词汇现在看来也较为古老。为增强日本民法典的可读性，日本国会于2004年决定对民法典进行修订，变更书面体为口语体，替换老旧的用词。——译者注

观念产物的所谓‘理论’”，而是应求诸“社会关系的类型以及利益状况和价值判断”（星野①13 页）。但当这种“价值判断”与“价值的序列（ヒエラルヒア）”（同 31 页）结合起来时，就招致了这样的批评，即“价值不可能有‘序列’，只有‘冲突（コンフリクト）’”（平井 75 页）。这后来就演变成第二次法解释论争。* 不过不管怎么说，在讨论体系时难免总会被问及“体系化的原理”。

（4）体系论

如此一来，体系自身就成了问题。这里所讨论的并非形式意义上的“外部体系”，而是更为实质的“内部体系”（Heck）。有关法体系的讨论并不少，比如有以根本规范为假说式基础的阶段构造体系（Kelsen），有将创设义务的规范（第一层次规范）和承认、变更、裁判等各规范（第二层次规范）相结合而构成的法体系（Hart）等。另一方面，也有基于问题思维的论题学（Viehweg）。还有处于这些体系之间却备受关注者，比如开放体系的构想，也即基于一贯的价值判断所形成的一般法原则之秩序（Canaris），以及将法看作“各种力之作用的结果”，并对其予以“动态”构成的动态系统（动态体系）论（参见：山本·后揭）等。

从这些体系理论可以获得若干视角，比如体系是什么，体系基于什么，体系是为了什么，在体系的最上层乃至顶点应放置什么，应如何协调体系思维与问题思维、体系如何应对变化，等等。那么对于民法体系的未来又应作怎样的思考呢？

三、民法典的现代化与体系

在判例和特别法发达、社会经济变化、国际趋势转变的大背景下，民法典的现代化被提上了议事日程。于是，包括民法典的解体、再编等在内的根本性改革也有了讨论的可能性。首先有必要重新确认“一部民法”带来的意义（参见：星野②③，大村①②，四宫＝能见 3 页）。如果确实有意义，那么民法典的体系又应该是什么样的。与之相关有如下几个问题。

（1）与商事法、消费者法的关系。究竟是两者均与民法典合成一体，还是分别制定，又或者仅将其中之一纳入民法典？此处应考虑那些要求反映“人”之多样性的呼声，同时还有必要重新确认一下抽象的“人”这个概念的意义。（2）与其他特别法的关系。如果将它们纳入民法典，则民法典会变得臃肿不堪以至于脉络不清，还可能导致相对短期的政策考量流入民法典。如果依据规定的性质（任意性、强制性、程序、罚则）而将之分别置于民法典和特别法，则又过于繁复。所以恐怕还是应采取这样的做法，即从特别法之中抽取出新的基本原理，斟酌其与民法的基本原理之间的关系，同时探讨是否将其纳入民法典。（3）规定的形式。规定的具体性、周密性之程度，以及定义规定或准用规定的样态，不仅是立法技术的问题，同时也关乎民法的应有样态。当以体系化了的简明规定表达普遍性的基本原理时，虽可抵御时代的变迁，促进私人的思维创造或判例学说的发展，但也会招来对基本原理的怀疑和预测可能性不足的批评。而当改采详细明确的规定时，可能过度表现出立法时的政策取向及利益调整，又或导致概念固化，民法典因而很可能需要频繁修订以至于变得复杂难解。

---

* 战后日本的民法解释学经历了三次著名的法解释学论争。其中第二次就是在 20 世纪 80 年代末由平井宜雄批判星野英一的利益衡量论所引起的法解释学论争。——译者注

既要像这般思考民法典的合适体量、规定形式，同时也必须思考其体系。为此重要的是，性质上民法应让非专家之公众也容易理解，而构造上又便于将来续造妥当的规范。所以就民法典的体系而言，就应具备逻辑上的简明性。如此也才可能谋求多种价值的调和。而学说则应构建和更新一些更宏大的体系、强调某种价值的体系、重视问题思维的体系等。正是因为民法典和民法学上的这些体系，民法才可能在无论共时还是历时的意义上均发挥出其作为基本法的作用。

参考文献

碧海纯一等编：《法学史》（1976）；大村敦志①："对民法和民法典的思考"，载《法典 教育 民法学》（1999）1 页（首见于 1996）；大村敦志②：《民法总论》（2001）；大村敦志③：《另一种基本民法 I》（2005）（首见于 2002）；大村敦志：《消费者法（第 3 版）》（2007）；卡纳里斯（木村弘之亮等译）：《法律学中的体系思考和体系概念》（1996）［原著 1983］；北村一郎："堪称作品的法国民法典"，载《法国民法典的 200 年》（2006）1 页；来栖三郎："法律家"，载《末川先生六十岁祝寿文集——民事法的诸问题》（1953）235 页；凯尔森（横田喜三郎译）：《纯粹法学》（1935）［原著 1934］；佐藤笃士监译：《盖尤斯法学提要》（2002）；四宫和夫/能见善久：《民法总则（第 7 版）》（2005）；泷泽正：《法国法（第 2 版）》（2002）；田中耕太郎："'民法的商法'和商法的自主性"，载《商法研究（2）》（1935）67 页（首见于 1933）；哈特（矢埼光圀监译）：《法的概念》（1976）［原著 1961］；原田庆吉：《罗马法（修订版）》（1955）；平井宜雄："对战后法解释论的批判性考察（3）"，载《Jurist》第 926 号（1989）73 页；广中俊雄：《新版民法纲要（1）总论》（2006）；菲韦格（植松秀雄译）：《论题学与法学（改装版）》（1993）［原著 1973］；福岛正夫编：《明治民法的制定与穗积文书》（1956）；船田享二：《罗马法（1）》（1968）；黑克（津田利治译）：《黑克利益法学》（1985）［原著 1932］；贝伦茨/河上正二：《历史之中的民法》（2001）；星野英一①："民法解释论序说"＝《民法论集（1）》（1970）1 页（首见于 1968）；星野英一②：《民法　财产法》（1994）；星野英一③：《民法的前行》（1998）；松尾弘①：《民法的体系（第 4 版）》（2005）；松尾弘②："民法典的基本制度设计"，载《jurist》第 1333 号（2007）72 页；山本敬三："民法中的动态系统论"，载《法学论丛》第 138 卷第 1/2/3 号（1995）208 页；我妻荣：《新订民法大意（上）（中）（下）》（1953～1956，首见于 1944、1946）。

2

民法的教育

东北大学教授　河上正二

一、民法教育的目标

1. 针对谁，为了什么

关于民法教育的存在方式，恐怕有多少民法教师，就会有多少见解。这一点不足为奇，因为针对何种人、基于何种目的、开展何种阶段的民法教育，本身就千差万别，且其内容、相应的方法也不一样。即便仅是大学的民法教育，就可分为：作为通识教育而向普通学生教授的民法；作为专业科目而向法学院学生教授的民法；为培养法律职业阶层而在法科大学院教授的民法。在内容、方法上，它们之间显然不可能是相同的。就大学而言，在通识教育学部解体、大学院*重点化、司法改革、法科大学院创设等滚滚浪潮之下，原本那种民法研究与教育有机结合的牧歌岁月迎来了自己的大限；无论民法教育的担当者是否愿意，都被推入了这样一种民法教育之中：既考虑社会需求，也注意目的、对象、技巧甚至具体成果。所以在这样一个时代下，当我们说起“民法的教育”时，需要保留之处恐怕不少。尽管如此，笔者仍禁不住觉得，其中仍然包含了一些共通的要素与理念，正是这些要素与理念使民法教育不只是满足于单纯职业训练或应试准备的民法教育。故在这里，笔者斗胆对实践性民法教育论，也即民法基础知识之修习以及法技术操作能力之养成背后所潜伏的理念，进行一些探索，以求教于方家。

2. 民法教育带来了什么

法所司掌的是人类社会中的“规范”，本质上伴随着某种价值判断，其目的是公平分配财富及风险、维系社会的平和秩序、提供如何解决纷争的基准及程序。对于这些，恐怕不会有很大的异议。民法就恰好如此，尽管仅限于私人间的领域。那么带有这种性格的民法的教育，究竟可以给修习民法的人带来什么呢？

人们经常说，通过民法这种学习素材，可以锻造出处理社会中的各种问题所需的普遍能力：对问题的洞察力、对问题的分析能力或解决能力、逻辑构成力或展开力、基于正当化结论的说服力等。这种说法恐怕没错。但是，若仅看问题处理能力，则与学习数学也无甚差别。若说有关语言或概念的感悟力，则也不过是替代了过去“汉学”这一社

* 日本大学院相当于我国提供硕士课程和博士课程的研究生院。——译者注

会人的通识教育而已。学习民法的固有意义恐怕还在于追求这样一种能力，即像民法那样处理作为社会生活之根本的人际关系及价值，揣摩它们之间的对立，并借助制度及程序将之呈现。当然，作为这一切之支柱的是民法规范，而民法规范又植根于法文化、传统、思考及行动样式，所以民法的学习过程最终还是要引导学习者反思和理解人类社会的存在方式。

3. 法律思维（legal mind）

不仅限于民法教育，整个法学教育的终极目标就是培养法律思维。这是人们经常指出的，但何为法律思维未必很明确（米仓，后揭“教法”65页以下）。似乎广义上是指那种发现问题的能力、利益衡量的能力、实质性判断的能力、逻辑性说服的能力，甚至是作为法律家的某种“气质”一般的东西。但是，法律思维本身尚不能算作具体的追求目标，因为这仅是一种特质，而且只能逐渐培养自脚踏实地的实践，也即正确理解法律制度内在的价值、政策判断的意义，冷静分析作为法律适用对象的人际关系，再基于法律推导出公正的结论。民法教育所能达成的，无非是从传授有关法律的体系化理解和基础知识开始，也即从跟随带来这一切的民法学前人的卓越思考开始，逐渐使学生确立起这样一种“态度”，即运用所掌握的技能开展民主式的论辩，以接近更为妥当的结论。至于说在法的支配之下展开一流的论辩、谋求更好的判断，都只是受教育者自身的实践课题。希望依靠教育获得这一切，只能是一种幻想；教育所谋求的，不过是让学生收获问题意识，进而对法律问题能够用自己的头脑进行思考。过去所谓的“星野＝平井论争”(1988—1991)，其实正是法学教育的论争，也可以说是一种危机感的体现，危机感来自民法教育所培养的人的素养不足，以及学生身上的依赖体质。

对司掌法律的人来说，考验还是来自社会。过去人们所生活的世界是所谓“法是最低限度的道德”“常识即良知”的世界。但时至今日，微妙的道德及价值抉择问题也被抛给了法律。那些涉及微妙伦理问题的纠纷，与借由司法途径的解决方案之间再也不是没有关系的了。然而法律家离开法律之后所作出的价值判断，即便相对精致，与一般人的也无太大区别。但往往有一些毛糙的评论家，他们恰恰不理解法律解决之道的局限性和不完全性，还总是喜欢依仗社会及媒体对法律判断的过度期待，以法之名兜售自己的观点。

二、民法的研究、教育

1. 作为文化财产的民法

民法经历罗马法以来的历史雕琢，早已成为一种文化财产，也即为大众所接受的经验智慧之结晶。从律文的字面推导出的要件、效果，与其说是背诵的对象，不如说是“理解”的对象（我妻·后揭）。所以重点是要追问：“规定了什么、规定的目的是什么、为什么这么规定”（星野·后揭）法律家的使命是对基于条文的理论体系所欲实现的理念、目的与现实的功能、作用进行比对验证，同时加以改良，将这一共有财产呵护养育，为后代所继承。在民法教育中，必须强调深化理论理解、体系理解的重要性。只有这样，作为社会安全阀的珍贵文化财产才可不被眼前的功利主义及疯狂的一时之念所风化。在现代复杂的社会现象面前，对未知问题进行法律处理之时，首先要做的是退回原点，斟酌既有的分析工具、概念框架。这虽看似迂回曲折，实际却是解决问题的最佳方案。

2. 基于历史、比较的相对化

经过如下的作业，一国的法律往往可以得到更好的理解：在同时代的“横向”地域维度之中进行比较、相对化（所谓的“比较法”），以及在“纵向”时间维度之中将现在予以相对化（法的历史研究）（奥科·贝伦茨（著）/河上正二（译）：《历史之中的民法》（2001）正是基于这一考虑的产物）。以今日之日本社会为前提的现行民法制度并非唯一绝对的，而是由我们自身基于一定理由所选择的。这种认识，对于亲手铸造法律并将之扛起这种健全的公民意识（同时也是作为法律职业阶层的意识）而言，是不可或缺的。

3. 民法的学问魅力

民法作为一个以“人”为对象的学问，其自身极具趣味，又极有深度。与商法或劳动法不同，民法没有明显的政策走向、制度走向，其所针对的是各种人类活动的基本问题。即使远离政治意图或实践目的、成果，民法的学习也一定可以生成知识上的喜乐。持这种愿望的恐怕不只笔者一人。在教、学以及还原于社会的过程中，作为人类学的民法必然也发挥着作为学问的魅力。

三、法科大学院时代的民法教育

1. 理论联系实务

法科大学院这一旨在培养法律职业阶层的职业型大学院的兴起，是反思民法教育之目标及方法的一次绝佳机会。法科大学院所追求的，是让学生掌握实务中的实践技能的基础——这一块过去完全交给了 OJT*，以及全方位、有功效、有效率地学习民法，而此处所谓的民法，是以民事裁判为导向，将攻击、防御、主张、举证责任纳入视野的民法。同时就对实务问题的处理能力而言，对未经处理的事实进行筛选和分析的能力、与人沟通的能力、法律信息的运用技巧、文书制作能力等也是重要的。由于更多地追求“理论联系实务”，法学教育的技法在某种意义上也丰富起来。但另一方面，歇斯底里地批评过去的法学教育，或终日哀叹法律职业阶层资质低下，虽说是为了获得改革的推动力，却仍显得有些许奇怪，毕竟民法并非法律职业阶层的垄断品，实用导向和学理导向也不是二选一的关系。

2. 要件事实论和民法教育

对法科大学院时代的民法教育带来很大影响的是要件事实教育**，与此相关的教材也已出版了很多。过去的民法教育有这样的倾向，即将全部的要件、事实摆在面前，然后问“怎样是公正的”。但在现实纠纷中，事实并非完全明确，而是在一点一点展开的主张、举证活动之中寻求解决方向。在这过程中，按照当事人的每一种主张及典型纠纷类型，将最低限度需要考虑的要素作为要件事实预先加以整理，这无论是对于节约思考成本，还是对于在法律人共同体之内形成讨论平台而言，均有重要意义。每个请求权或诉讼标的都有对应的要件事实图表，用这种图表来呈现民法解释学和实务经验的成果，有助于确认零乱分散的知识的所在位置，并加以整序。不过，预测相对人的主张，整合解释上的争议，也是当然的要求，所以带着主张举证责任视角对规范进行分析、确定、

---

* On-the-Job Training 的缩略。——译者注

** 与之相关的是“要件事实论”，参见本书 21“民法与要件事实”。——译者注

体系化，以及将规范与具体事实进行关联等工作，实为民法解释学的本来任务。要注意的是，绝不能将要件事实误解为一成不变或类似操作指南那样的东西，否则法律的进化与发展必然由此终止，事物本质也将被误认。如果不能事先在理论上把握民法秩序的整体构造，那么可能将讨论引向错误的方向。在此意义上，半吊子的要件事实论甚至是有害的。毋宁说，那种洞悉纠纷之全部、看清案件之脉络和走向的实务感觉也许才是从决定性的。而理论及体系理解则为此提供了一种基质。然后，法律适用得好与坏，从根本而言，还是依赖于操作法律的人的所谓“人格力”。

四、公民的民法教育

最后说一下针对公民的一般性的民法教育。即便没有陪审员制度（裁判员制度）* 的导入，只要作为消费者、社会人在社会中活动，任何人，无论是否愿意，都将与法律问题发生关系。从孩提时代开始就培养描述制度的能力、对法律问题的敏锐感悟力，或已成为今后越发重要的课题，因为对法的感悟力和敏锐的权利意识，是健全、民主的市民社会之发展不可欠缺的素养。有鉴于此，今后不能只停留于过往的那种教育，即以专家群体的技术操作能力之培养为重心的教育，还须在以一般社会人为对象的民法教育这一方面多下工夫（以下文献是这方面的重要尝试：星野英一：《民法·财产法》（1994）；星野英一：《家族法》（1994）；大村敦志：《父女的法律入门》（2005））。

参考文献

我妻荣/远藤浩（川井健补订）：《民法指引 1—私法的路标》（2005）；星野英一：《民法的前行》（1998）；星野英一：《民法的另一种学习方法（补订版）》（2006）；大村敦志：《法典 教育 民法学》（1999）；米仓明：《法学 法学教育》（2000）；米仓明：《民法的教法（增补版）》（2003）；米仓明：“法科大学院杂记”，载《户籍时报》第 580 号～（2005～未完）；伊藤滋夫：《要件事实的基础》（2000）；角纪代惠等：《关于 law school 的思考》（2002）；河上正二：《民法学入门》（2004）；河上正二：“法科大学院中的民法教育和‘要件事实论’”，载《法学 Seminar》第 610 号 48 页（2005）；大塚直等编：《要件事实论与民法学的对话》（2005）。

* 即选择若干市民作为陪审员参与刑事案件审理的制度。——译者注

3 民法和其他领域（1）宪法

京都大学教授　山本敬三

一、序

现今的民法学上，一股重新审视宪法与民法关系的动向颇引人注目。其涉及一个关乎法体系全局的根本问题，即是否应重新评估传统的公法私法二分论，又应如何看待宪法视角下的民法所具有的意义和作用。下面就将通过与过往的讨论进行比较，来确认这种新动向背后的思考，希望借此厘清各立场之间的分歧所在。

二、民法学中过往的讨论状况

关于宪法与民法的关系，民法学上长期以来未必有明显的观点对峙。但如果将大家默认的共识转换成文字，那么还是可以抽取出以下两类观点（参见：山本③60 页以下）。

1. 异质论

第一类观点：宪法和民法是异质的法。

其基础是国家、社会二分论。根据该立场，社会形成于公民的自由活动，是一个与国家相分离的领域。私法正是这种社会内部的法，规范着与国家相分离的公民相互间的自由活动，而私法的核心就是民法。与之相对，公法规范着与公民活动不相关的国家活动，宪法就是公法的核心。所以，宪法和民法的规范对象不同，与之相应的内容本质上也不同。这恐怕是很多民法学者默认的共识吧。

2. 统合论

第二类观点：不在本质上区分宪法和民法，而是给予统合的理解。

这种观点的特点是，认为存在一种贯穿于全部法律的根本原理，宪法也好，民法也罢，均是该根本原理的体现。比如我妻就立足于近代以来的法律发展，认为“经公共福祉理念净化了的自由与平等”之原理如今已成为法的根本原理，无论是在宪法还是在民法之中，这种原理都有体现（我妻荣：《民法讲义Ⅰ民法总则（修订版）》（1965）2 页以下；我妻荣：《民法研究Ⅷ》（1970）172 页以下、245 页以下）。此外，近代法理论认为，存在一种“构成近代这一时空的法”，这种近代法的构成原理贯穿于宪法和民法，指引着人们如何理解实际制定的宪法及民法典（对近代法理论的理解可参见：吉田克己：《现代市民社会与民法学》（1999）106页以下、118页以下）。以上无论哪一种观点，均是将宪法和民法理解为基于同一原理所制定的——在此意义上，是同质的法。

三、新动向

与之相对，进入1990年代以来，尝试重新审视宪法和民法关系的理论陆续登场。这又可分为以下两类观点。

1. 并列论

第一类观点：宪法和民法有共通的基础，两者是同等并列的。

该观点来自这样的认识，即法国民法典是作为实现人权宣言的法律而编纂的。根据这种观点，民法无非就是规定了以下内容的基本法：在人与人的相互关系也即社会中，如何保护经人权宣言所确认了的人的自然权，以及如何划定其界限。在此意义上，若宪法是“国家的基本法（constitution）”，则民法就应被定位为“社会的基本法（constitution）”（星野英一：“民法和宪法”，载《法教》第171号8页以下；星野英一/樋口阳一：“社会的基本法和国家的基本法”，载《Jurist》第1192号2页。也可参见：高桥①，139页、144页以下）。

据此，宪法和民法都是在将自然法的原理予以实体化，故具有同样性质。但在实体法层面上，两者分别作为国家的基本法和社会的基本法而相互独立，就这一意义而言两者是并列的。

2. 多层论

第二类观点：宪法和民法相互协作，形成了一种多层结构的国家/社会基本法（山本①，262页以下；谷口知平/石田善久夫编：《新版注释民法（1）（改订版）》（2002）232页以下（山本敬三）；山本②，第106页以下；山本③，第64页以下）。

（1）作为基本法之宪法的意义和作用

这种观点也认可宪法是国家的基本法，并认为作为国家基本法的宪法作出了一个基本决定，即赋予个人以基本权，因此国家便负有以下三种义务：

第一，国家的介入禁止。国家只要没有足以使介入正当化的充分理由，就不得侵害个人的基本权。

第二，国家的基本权保护义务。国家为了保护个人的基本权免受他人侵害，必须采取积极的措施。

第三，国家的基本权支援义务。国家为了更好地实现个人的基本权，必须采取积极的措施。

（2）作为基本法之民法的意义和作用

这种观点认为，民法既然也有国家法的性格，那么也必须受到作为国家基本法的宪法的约束。据此，民法至少有以下三个任务：

第一，将宪法所保障的基本权予以具体化。比如规定了作为“财产权”的各种物权及债权等，就可被理解为基本权的具体化。

第二，创设旨在保护基本权免受他人侵害的制度。比如侵权行为制度及物权请求权、不当得利制度等，就可被理解为基本权的保护制度。

第三，创设旨在支援基本权可更好实现的制度。比如合同制度及代理制度、法人制度、家庭制度等，就可被理解为基本权支援制度。

无论是基本权的具体化，还是保护、支援的方法，实际上均有各种各样的可能性。基于何种框架来构成宪法所要求的基本权保障体制，又基于何种方针来形成其内容，都有赖于更多的基本决定。而针对私法领域作出这种基本决定的，正是民法。在这一意义上，宪法和民法互相协作，形成了一种多层结构的国家、社会基本法。

四、争点

要理解如上这般对立的观点，关键在于以下两点。

1. 对国家、社会二分论的评价

应如何评价国家与社会的二分论。

（1）国家社会二分论和有关异质论、统合论、并列论的评价

从各个公民的角度来看，国家与社会的二分论就是一种区分了“国家和公民的关系”（关系Ⓐ）和“公民和公民的关系”（关系Ⓑ）的想法。涉及关系Ⓐ的法即“国家的法”，宪法被认为是其基本法。“国家不得侵害公民基本的权利”被视为宪法的基本原则（原则Ⓐ），而此处所谓的“基本的权利”，被定性为“基本权”。与之相对，涉及关系Ⓑ的法即“社会的法”，民法被认为是其基本法。“公民不得侵害其他公民基本的权利”被视为民法的基本原则（原则Ⓑ），而此处所谓的“基本的权利”，被定性为“私权”。

据此，原则Ⓐ是以国家为对象的法，而原则Ⓑ是以公民为对象的法，故两者被理解为异质的法。这就是异质论。

与之不同，统合论承认诸如近代法的构成原理那样的法的根本原理，并列论承认自然法（自然权），由此来确保原则Ⓐ与原则Ⓑ在原理上的同质性。但是在实体法层面上，并列论仍旧维持了上述二分论，在这一点上其与异质论并无不同。

（2）多层论与异质论、统合论、并列论的对立点

与以上不同的是，多层论的特点在于：其认为即便是对于公民与公民间的关系，国家也负有一定的义务，由此在关系Ⓐ与关系Ⓑ之间架起了桥梁。于是，“国家负有保护公民基本的权利免受他人的侵害”也被视为宪法的基本原则（原则Ⓒ），而此处所谓的“基本的权利”，也被定性为“基本权”（有宪法学者称之为“基本权法益”，以示与基本权相区别）。

异质论未将原则Ⓒ的可能性纳入视野。但如果可以坐视公民基本的权利受他人侵害，那么国家的存在也就无意义了。而多层论所强调的，正是国家负有这种保护义务这一原则本身不能被否定（山本②106页以下）。

统合论也没有将原则Ⓒ的可能性纳入视野。不过，如果认为这已为诸如近代法的构成原理那样的法之根本原理所涵盖，那么倒也说得通。

与之不同，并列论虽然认同原则Ⓒ，但反对将此处“基本的权利”定性为基本权（高桥②122页以下）。其认为，“基本权”是仅涉及原则Ⓐ的权利，也即防御权；将之扩大至原则Ⓒ，可能导致以国家为对象的“基本权”失去其本来的意义。但是，即便认同原则Ⓒ，也不构成对原则Ⓐ的否定。其实，原则Ⓒ正是以国家为对象的根本命令，是作为国家基本法之宪法应具备的原则。所以多层论就认为，此处所谓之基本的权利也可被定性为“基本权”。

2. 民法是国家法吗

是否应将民法认定为国家法。

若民法非国家法，则以国家为对象的原则就不适用于民法。所以不要说那些不认同原则Ⓒ的理论（异质论），即便是基于认同原则Ⓒ的立场，也可能认为民法不受宪法这一国家法的直接约束。

与之相对，统合论主要考虑的是诸如近代法的构成原理那样的法之根本原理，所以民法是否为国家法这一问题并未受到其特别重视。但是，不仅民事立法，就连民事裁判之中也不能否定国家就公民与公民间的关系作出了一定的决定。就这点来看，统合论——若要问及的话，应该也是认同民法属于国家法的。

如果将民法理解为国家法，那么不仅原则Ⓐ，连原则Ⓒ也直接适用于民法。这就是多层论的主张（山本①263页以下，山本③63页）。

并列论也认同以国家为对象的原则Ⓒ是民法的根本原理（高桥②125页），所以仅从这一点来看，并列论也将民法理解为国家法。不过由于并列论认为原则Ⓒ并非宪法上的原则，所以并列论只是不认同民法受宪法的直接约束。因此，并列论与多层论的分歧点可以归结为先前的第一个问题：是否应当将原则Ⓒ视为宪法上的原则。

参考文献

高桥和之（高桥①）：“‘宪法上的人权’的效力不及于私人间”，载《Jurist》第1245号137页（2003）；高桥和之（高桥②）：“现代人权论的基本构造”，载《Jurist》第1288号110页（2005）；山本敬三（山本①）：“作为基本法的民法”，载《Jurist》第1126号261页（1998）；山本敬三（山本②）：“基本权的保护与私法的作用”，载《公法研究》第65号100页（2003）；山本敬三（山本③）：“宪法体系中的私法作用”，载《法律时报》第76卷第2号59页（2004）。

4 民法和其他领域（2）行政法

九州大学教授　大桥洋一

序

本文旨在探讨民法这一私法基本法在行政法的领域中究竟有着怎样的意义。这本是很大的课题，处理方法也会因论者的不同而多有不同。所以下面仅揭示一下当前的问题所在，并发表若干个人的见解。

一、民法是一面用以纠正行政机关的过度权力性的镜子

民法具有这样的功能，历来已为很多行政法教科书所提及。虽然教科书攫取的对象众多，但基本构想极相似。简言之，即（1）对于行政机关和公民之间的关系（行政法关系），原则上民法也可适用；（2）在排除适用民法规定的场合，作为行政活动依据的法律等应将排除的旨趣以及为何要排除的正当理由予以明示。现如今，“私人之间的民法，行政机关、私人之间的行政法”这一种传统定式已被舍弃，即便是行政法关系，也是以适用民法为前提的。结果从构造上看，行政法已成了民法的特别法，所需要的只是特别对待的正当理由。如此一来，像过去那般无实证基础的“行政机关的权力性”被否定了，民法成为追问权力起源的契机。而民法的意义正在于此：为过度的规制性权力导入批判视角，吹进民主化之风。

二、运用合同形式的行政主体与公法上的约束

“一、”中主要讨论的，是行政机关带有规制性权限时，也即国家或地方自治体享有私人所不享有的特别地位时的民法适用问题。与之不同，若国家或地方自治体作为财产权的主体出现时，也即基于私人也享有的地位（比如土地所有权）从事行政活动时，民法当然是适用的。同样，对于行政机关为公共调度而利用合同形式的情形，也可以理解为像一般私人那样缔结了合同，从而视同民法上的合同。所以这类问题往往被视为民法上的问题，而非行政法要探讨的课题。也正由于这种观念根深蒂固，所以尽管财政法及会计法领域设置了很多特别规定，但长期以来这些规定都未得到重视。

而国内外还存在这样一种引人关注的动向，即基于所谓“公共合同”的视角，将上述合同视作一种特别的合同类型，进而检验其法律性质。这种视角的特点在于，将公共合同与民法上的合同作了本质上不同的理解。具体而言，对于公共合同，需要基于经济性原则、公正性原则、透明性原则等予以（与民法上的合同相比）特殊对待（碓井·后揭 8 页以下）。其理由，可以列举出以下数项。

第一，着眼于所使用的金钱的来源。也即随着公共资金的注入，相应的约束也油然而生（与财政民主主义也有关）。于是首先要强调节约，比如，行政机关和相对人私人之间不得自由决定对价。其次，因为作为第三者的公民必须能够进行检证，所以还必须要强调合同内容的透明性。

第二，鉴于行政主体是作为当事人参与其中，所以主张对其进行约束（大桥·后揭 3 页以下·340 页以下）。也即作为国家机关的行政机关不得对公民恣意差别对待，而应贯彻所谓的平等原则，故须对公民承担说明责任，同时，行政活动应具有合理性及透明性。

第三，既然现行法之中，存在一般招投标制度等与民事法不同的立法措施，那么对此就应当予以尊重。

上述公共合同理论的发展说明，即便行政机关选择了合同这一民事法上的形式，仍可以基于公法的立场施加种种制约。一直以来，行政法上的合同的可行性和法律特色迟迟未能得到解明。而围绕公共合同所展开的讨论，正是促使思考这些问题的重要契机。只要仔细观察现在的行政活动，便可知基于合同或协议而发生者实际上并不少。对于这些行政合同，一些场合下就需要施加与民法所谓之合同相异的规范性制约。如果与金钱有关，则可以从公共资金注入的角度进行制约；即便不是这样的场合，至少从行政机关参与的角度，也有理由对行政合同施加法律约束。这样做，不过就是行政法长期以来以行政行为为对象所形成的基本观念反映在了行政机关所缔结的合同上。当然，活动形态有所不同，可既然有行政机关这一主体的参与，那么就应予以规制。只要有了这种认识，在很大程度上就可以应对了。

三、行政法在私人关系中的适用及影响

接下来要讨论的，同时也可作为今后课题的，是有关“二、”中所提及的主体说无法有效应对的现象。也就是经营事业的公民——而非行政机关，向其他公民提供公益服务的情形。近年来，伴随民营化的浪潮，这类事例逐渐增多。国家或地方自治体缔结委托合同，再由该合同的相对人（私人）提供给付的场合下，由于给付提供者的义务作为委托合同的内容得到了事先确定，故仍可看到来自行政机关的管控，也因而看到了适用公法规范的可能性。与之不同，在行政机关退出给付活动，转由私人提供替代给付的场合，国家或地方自治体与私人之间是不存在任何合同关系的。此时国家或地方自治体并未作为一方当事人参与私人间的给付法律关系，所以也就无法再着眼于主体来论及行政合同。形式上只存在私人间的合同，只不过这里所提供的服务过去是由行政机关提供的而已。

但从行政法的角度看，“全交由当事人当时的合意去处理”之类的说法，在有些场合下是存在疑问的（施密特－阿斯曼，后揭 288 页）。那么应如何导入对私人间合同的约束呢？如果公法角度上确有必要约束，那么即便推进民营化，行政机关也不能将公益

服务的提供完全丢给私人。在比较法上，比如德国法中，这样的观点就很有力：民营化只是带来形式上的改变，也即从行政机关自己直接提供服务，转变为行政机关监督私人提供服务。对行政机关而言，这种形式的变化只是意味着责任形态的变化。有人还指出，民营化这样一种系统变革，将不可避免地导致系统的复杂化和高度化，也即一边要维持国家的监督职责，一边又要为承担公共任务的私人设定义务（托鲁特，后揭 7 页；也可参见：内田，后揭（1）121 页注 17）。所以问题还得交给制度论，也即立法者负有事先考虑再进行立法的责任。这种事先考虑，既可体现在组织形态、程序形态上，也可体现在对私人义务的设定上（关于私人的公益尊重义务，参见：Trute・后揭 82 页）。上述认识一旦确立，那么即便形式上是私人之间缔结合同，与之相关的制定法仍有必要创设与民法合同不同的公益型合同。如此才能与上述解释相吻合。如果以这种制定法为背景，同时着眼于行政机关和提供服务的公民之间的协同关系，那么即使民营化之后，仍存在论及行政法、行政合同的基础。

与之相对，在我国，行政机关因民营化而退出的观念历来很普遍（不过最近有人提出，官民竞争投标公共服务后，即使是民间事业者接受委托，提供服务所产生的最终责任仍存在于国家。内阁府・后揭 15 页）。为此，有必要用不同的路径来探索如何确保公益性。民法学上近来有文献正是从这一视角出发，提出了所谓“制度性合同”的合同类型（参见：内田・后揭）。这与行政法所关心的问题也有交集，因而引起了人们的兴趣。一直以来，行政法始终在探索有别于民法合同的处理方式，理由之一就在于民法上的合同是一种全凭当事人间合意的交易合同。与之不同，制度性合同这一合同类型则在内容上融入了行政法一贯的诉求。具体而言，透明性、说明责任（重视第三人，比如向第三人公开合同内容等）、平等对待、节约性等诉求都已融入其中。

如上这般，制度性合同理论与行政合同理论之间确实有不少共通点。不过在视角上两者有所不同：（1）制度性合同理论强调的是因为给付的（内在）性格所以需要给予特别对待。而行政法则从给付所追求的政策目标可否实现的角度，将合同置于法律层面的安排内，并力求将这一政策目标反映在合同解释上。（2）制度性合同理论着重于在事后的司法审查过程中确立对合同的约束。而行政法则侧重于通过立法来明确给付目的、程序、组织，也即事先就把约束合同的要素变成了制定法。

行政法在讨论行政合同时，一直以来都强调行政机关参与这一点。这种方法自有其优势，今后还应予以维持。有了行政合同这一设定，不但可以期待从行政机关参与的（往往是新型的）各种合同中发现问题，还可以对那些被认为不过是民事合同的合同施加公益性制约。而且就行政机关参与的方式而言，也有了选择行政行为或行政合同的可能性（比较探讨的契机）。不过正像制度性合同理论所指出的，问题是行政法为何要干涉行政机关未参与的私人之间的合同［内田・后揭（6・完）149 页］，对此必须着眼于相关公益的内容进行补充说明。此外，从公法的角度看，规定了民营化的法律本身，就应时常被拿来加以斟酌考虑。既然民营化本身以及民营化所追求的政策是国家政策，国家就应力求其实现手段（以及各手段的相互组合）的最佳化。制度性合同也好，行政机关参与的体制也罢，都是考虑手段组合之时的选择项。从这一角度看，追问国家是否有尽到规制职责，就显得非常重要了。除了通过基于司法权的事后审查来解明规则，还应考虑基于立法权的规则设定。而制度性合同作为一种可纳入立法的模式，正好具有高度的参考价值。总之，像这样不断推进与合同这一政策实现手段有关的制度设计理论，是必不可少的。

在对私人缔结的合同施加公益性规制的问题上，还有诸多未明了之点。不过最重要的，是应将其看作民法和行政法的共管领域来探索。在制度性合同的发展过程中，公法培育出的如何确保公益性这一视角还是有不少可供参考之处的。此外，确立了制度性合同的典型模式，并灵活地将其反映在对相关行政法律规定的解释上，就可以对承担公益给付的私人提出各种要求了。

除上述内容之外，诸如民事交易与行政规制的关系、设施许可和请求停止建设的关系（参见：鹿儿岛地判平成 18・2・3 判时第 1945 号 75 页）等涉及民法和行政法的关系方面还有很多有趣的问题，其中一些已在别处有所讨论，可参考相关文献（参见：河上 & 大桥，田中 & 大桥，松冈 & 大桥，山本 & 大桥，后揭）。

参考文献

碓井光明：《公共合同法精义》(2006)；河上正二 & 大桥洋一："行政行为"，载宇贺克也等编：《在对谈中学习行政法》(2003) 53 页；内田贵："民营化 (privatization) 与合同 (1) ～ (6) ——有关制度性合同论的尝试"，载《Jurist》第 1305 号 118 页、第 1306 号 70 页、第 1307 号 132 页、第 1308 号 90 页、第 1309 号 46 页、第 1311 号 142 页；大桥洋一：《行政法——现代行政过程论（第 2 版）》(2004)；埃伯哈德・施密特－阿斯曼（太田匡彦等译）：《行政法理论的基础和课题》(2006) 285 页以下；Hans－Heinrich Trute（德本广孝译）："行政法总论"，载《明治学院大学法律科学研究所年报》第 22 号 77 页；H＝H. 托鲁特（山本隆司译）："德国的行政法及行政法学的发展（上）"，载《自治研究》第 75 卷第 2 号 3 页；内阁府公共服务改革推进室编：《详解　公共服务改革法》(2006)；中田裕康 & 大桥洋一："法的一般原则"，载宇贺等编，同前书，19 页；原田大树："关于福祉合同的行政法学分析"，载《法政研究》第 69 卷第 4 号 765 页；松冈久和 & 大桥洋一："公物"，载宇贺等编，同前书，281 页；山本敬三 & 大桥洋一："行政法规违反行为的民事效力"，载宇贺等编，同前书，1 页；山本隆司："公私协同的法构造"，载《金子宏先生七十岁祝寿文集——公法学的法与政策（下）》(2000) 协 531 页。

5

民法和其他领域（3）刑法

东京大学教授　佐伯仁志

一、序

民法和刑法相关联的范围很广。笔者和道垣内弘人教授在连载对话《民法和刑法》（法教 223 号～238 号。之后又集结成的《刑法和民法的对话》（2001）一书出版。下文简称“对话”）中所选取的主题就有如下之多：托管的现金、存款、不法原因给付、非典型担保、二重转让、信用卡交易、所有概念、占有概念、自救行为、“基于合同的正当化”、正当防卫、紧急避险、侵害名誉及隐私、人的始期与终期、亲属继承法与刑法的关系等等。重要且有趣的主题虽多，但限于篇幅，本文仅选取了三个财产犯罪领域中的问题。这些问题都是上述对话之后在理论研究上又有所进展的。

二、财产犯罪中的民法与刑法

1. 民法和刑法的关系

依据井田良教授的整理，围绕财产犯罪和民事实体法的关系，有以下三种观点：“民法依存模式”“民事法导向模式”“秩序维持模式”。所谓“民法依存模式”，即认为财产犯罪成立与否取决于民事实体法的权利关系。所谓“民事法导向模式”，即认为原则上财产犯罪成立与否取决于民事实体法的权利关系，不过在一定合理范围内又存在分离。所谓“秩序维持模式”，即不赞同财产犯罪成立与否取决于民事实体法的权利关系（井田良：“刑法和民法的关系”，载山口厚等编：《理论刑法学的最前线Ⅱ》（2006）60 页以下）。其中，“民事法导向模式”是多数说。现在有争议的，主要是这一模式之下到底何种情形下刑法可采用和民法不一致的判断（关键是如此判断从民法的视角看也不乏合理理由，否则与“秩序维持模式”之间就没有区别了）。而其前提，则是民法对这些情形究竟又是怎样的态度（这对刑法学者而言是个难题）这一点。

2. 不法原因给付和侵占

在上述对话之中，最能引起研究者关注的，恐怕还是不法原因给付*和侵占**的问题。在源于不法原因的委托物被受托人侵占的场合，比如被委托实施行贿的人将受托的金钱消费掉这样的事例，有刑事判例（最判昭和23·6·5刑集第2卷第7号641页）以如下理由认可了侵占罪的成立，即“侵占罪的标的物，仅以犯人占有他人之物为要件，而不必以物之给付者得请求民法上的返还为要件”。但是，这一刑事判例受到了猛烈批判，因为对于得不到民法保护的所有权，刑法却要提供保护，这从法秩序的统一性来看是有疑问的。此外，在A赠与B房屋以维系“二奶”关系的案件中，民事判例（最大判昭和45·10·21民集24卷11号1560页）已经指出，作为A不得请求B返还的反射效果，房屋的所有权归属给了B。所以前述刑事判例的理由就更令人生疑了（参见：佐伯仁志：《刑法判例百选Ⅱ各论（第5版）》114页）。于是林干人教授主张，以购入麻药或行贿之目的托付金钱的，因并未将利益终局地给予受托人，故不构成不法原因“给付”，可肯定委托人的返还请求权，也因此侵占罪成立（林干人：《财产犯罪的保护法益》（1984）第169页以下）。由于该见解使得前述刑事判例的结论不再与民法第708条相冲突，所以获得了刑法学者的支持。然而道垣内教授在对话中提出，判断是否存在“给付”也即“利益的终局性移转”，主要看利益的确定移转是否需要相对人或法院的进一步帮助，故对于一般的金钱托付，不能否定“给付”的存在（《对话》43页以下）。林教授的见解受到了如此批判，也因而给刑法学界带来了冲击。

面对道垣内教授的批判，林教授依然坚持己见。他在参考德国及美国的民事判例、学说后提出，不法原因给付而不得请求返还者，仅限于受领人依据当事人间的合同可以得到的利益（林干人：“不法原因给付中的‘给付’的意义——对批判的回应”，载《上智法学》第45卷第2号41页以下（2001））。基于民法第708条返还请求权之有无来判断侵占罪成立与否这一点上，林教授的见解与历来的侵占罪否定说是相同的（与之不同，有见解认为“对于那些连民法也视为特异的规定，刑法即便没有予以考虑，也不能说是破坏了违法的统一性”，据此即便依据民法第708条否定返还请求的场合，也可以成立侵占罪。参见：盐见淳：“契约自由和财产犯”，载《刑法杂志》第44卷第2号191页），两者的不同只是体现在对民法第708条的解释上。不过对于独立中间人积极斡旋走后门入学的案件，林教授认为依据民法第708条虽可能否定委托人的返还请求权，但侵占罪是成立的（林，前揭第45卷第2号58页、61页注（7））。民法学说并非民法学者的专利（当然，刑法学说也非刑法学者的专利），所以林教授的见解作为民法学说今后会得到怎样的评价，颇引人关注（有见解将受托人理解为使者，据此就可能否定“给付”。参见：横山美夏横山美夏：“书评”，载《法时》第74卷第10号81页。另有见解认为，认可返还请求是否合于正义，应在民法层面予以个别判断。参见：松宫孝明：“书评”，载《法时》第74卷第4号96页）。

3. 错误汇款

前述对话之后，另一个讨论有见深化的主题，就是有关错误汇款的问题。对于汇款人委托银行汇款时搞错了收款人，即所谓错误汇款的事例，在最高裁判所的民事判例（平成8·4·26民集50卷5号1267页）出现之前，下级法院的裁判例及学说多认为，

---

* 依据日本民法第708条，出于不法原因而给付的人不得请求返还该给付。——译者注

** 依据日本刑法第252条第1款，侵占自己所占有的他人之物的，处5年以下徒刑。——译者注

收款人对银行的存款债权原则上并不成立。下级法院的刑事裁判例也以这一解释为前提，将收款人在窗口取出错误汇入的存款的行为认定为欺诈罪，而将从自动取款机取出的行为认定为盗窃罪。但平成 8 年（1996 年）的民事判例则认为收款人对银行的存款债权有效成立，于是历来的刑事裁判例是否还要维持就引起了关注。然而最高裁还是肯定了欺诈罪的成立（最决平成 15 · 3 · 12 刑集 57 卷 3 号 322 页）。

平成 15 年（2003 年）的刑事判例并非认为民事和刑事可以有所区别（这一点很重要），而是说虽以民事判例为前提，但考虑到汇款人错误汇款时申请撤回汇款是惯例，同时收款人账户所在银行也有为此进行调查照会的利益，故肯定了欺诈罪的成立（参见：山口厚：《从新判例看刑法》（2006）225 页以下；宫崎英一，《曹时》第 58 卷第 6 号 2016 页以下）。不过学说上，认为如果存款债权有效成立，那么欺诈罪就无法成立的批判还是很有力的［川口浩一："错误汇款与诈骗罪"，载《奈良法学会杂志》第 13 卷第 2 号 1 页以下，松宫孝明："错误汇款与财产犯罪的解释及立法"，载《立命馆法学》第 278 号 999 页以下，松冈久和："错误汇款事例中的刑民交错"，载《刑法杂志》第 43 卷第 1 号 99 页；穴泽大辅："所谓'错误汇款/错误入账'案件中的财产犯罪之成否（2 · 完）"，载《上智法学》第 48 卷第 3、4 号 106 页以下（肯定占有脱离物侵占罪）等］。此外，还有见解出于支持刑事判例结论的立场，对民事判例给出了限定理解，以确保与刑事判例的协调［佐藤文哉："错误汇入之存款的取出与财产犯罪"＝《佐佐木史朗先生喜寿祝贺 刑事法的理论和实践》（2002）第 336 页以下；今井猛嘉："存款的占有、错误汇款与财产犯罪之成否"，载《现代刑事法》第 5 卷第 11 号 108 页（认为收款人账户所在银行*实施的抵销应予以限制）；井田，前揭第 79 页等］。笔者倾向于这一见解。

平成 8 年的民事判例出现之后，在下级法院的民事裁判例中，出现了认可汇款委托人对银行的不当得利返还请求权的案例（名古屋地判平成 16 · 4 · 21 金法第 1745 号 40 页；东京地判平成 17 · 3 · 17 金法第 1745 号 34 页；东京地判平成 17 · 9 · 26 判时第 1934 号 61 页）。这些备受关注的下级法院判决实质上限制了平成 8 年的民事判例（有人将此评论为"阳奉阴违"。参见：菅野佳夫："围绕错误汇款的近期判例"，载《判 T》第 1199 号 78 页）。这一判断的背后，恐怕也有刑事判例带来的一定影响吧。收款人知晓错误汇款仍取出存款的，构成财产犯罪，而银行知晓错误汇款仍进行抵销的，却可以让其获得这种意外利益，如此结论无论如何是不能接受的。虽说汇款委托人和收款人账户所在银行之间没有直接的委托信用关系，但要说收款人和其账户所在银行中哪一方处于更应保护汇款委托人的地位，恐怕还是作为汇款制度运营主体的收款人账户所在银行吧（后揭《法教》第 241 号 51 页以下（中田发言））。于是，有人基于支持平成 8 年民事判例的立场，对平成 15 年的刑事判例进行了批判（柴崎晓，《金判》第 1219 号 63 页），也有人基于反对平成 8 年民事判例的立场，将刑事判例当作一个依据，主张应重新审视该民事判例（岩原绅作/森下哲朗："关于存款归属的诸问题"，载《金法》第 1746 号 33 页；菅野，前第 81 页以下等）。

4. 不正当贷款中的借款方责任

近年来刑法领域中备受关注的一个问题，是有关不正当贷款中的借款方责任的问

* 原文为"被仕向け銀行"。——译者注

题。关于不正当贷款中的借款方在什么范围内可成立背信罪* 的共犯（共同正犯），学说上的有力见解认为，原则上借款方有追求自身经济利益的自由，故共犯的成立仅限于利用支配性影响力，或以社会通念不容许的方式积极推动不正当贷款的场合（中森喜彦："背信罪的共同正犯"，载《研修》第 609 号 3 页以下；关哲夫："关于背信罪共同正犯的考察"，前出《刑事法的理论和实践》359 页以下；长井圆："背信罪中的自我担责原理及对交易相对人之共犯的成否"，载《神奈川法学》第 35 卷第 3 号 128 页以下；林干人："背信罪的共同正犯"，载《判时》第 1854 号 3 页以下等）。最高裁判例（最决平成 15・2・18 刑集 57 卷 2 号 161 页）认为，即便没有利用支配性影响力，也未以社会通念不容许的方式积极推动，但只要认识到贷款责任人构成背信罪，然后利用其不得不给予贷款的处境，并协助其采取迂回贷款的方法，从而参与贷款实现的，即成立共同正犯（有人主张，该判决应被解读为，对于限制共犯成立的观点"表示理解的基础上，又试图合理划定其成立范围"。参见：朝山芳史，《曹时》第 57 卷第 8 号 2574 页以下）。

关于不动产二重转让中的第二受让人的刑事责任，刑法学说上的有力见解主张，第二受让人作为民法第 177 条中的"第三人"有效取得所有权的，不能作为共犯受到处罚，但如果是所谓的背信恶意第三人，也即不构成民法第 177 条中的"第三人"的，因无法有效取得所有权，则可作为共犯受到处罚。对于有些判例，就可以基于这一旨趣来理解（否定侵占罪成立的有：否定侵占罪成立的有：最判昭和 31・6・26 刑集第 10 卷第 6 号 874 页；肯定的有：福冈高判昭和 47・11・22 刑月第 4 卷第 11 号 1803 页）。如果将这一立场照搬到不正当贷款事例上，那么恶意的借款方成立共犯应无问题。因为依据有关代理权滥用的民事判例（最判昭和 42・4・20 民集第 21 卷第 3 号 697 页），相对人就代理权滥用为恶意或有过失时，类推适用民法第 93 条，本人可主张无效。与之相对，如果认为民法上的有效、无效与共犯成立与否并非连动，那么二重转让中的第二受让人的责任与其是否该当民法第 177 条的"第三人"，就须分别判断了。毕竟从这一视角来理解刑事判例也是可能的（参见：《对话》123 页以下）。

三、结语

近年来，随着民法学和刑法学之间交流日隆，对关涉民法的刑法学问题的讨论正在逐步深入。但是，民法学和刑法学的交流尚谈不上充分，刑法学的单相思倾向也比较明显。期待以后民法学和刑法学的对话能更加兴盛，本文到此结束。

参考文献

中田裕康等："杂谈会：民法和刑法（1）（2）"，载《法学教室》第 241 号 38 页以下、第 242 号 45 页以下；"特集：刑法和民法的交错"，载《刑法杂志》第 43 卷第 1 号 72 页以下；"特集：刑事法和民事法的关联"，载《现代刑事法》第 6 卷第 6 号 4 页以下；"特集：刑法和民法的交错"，载《刑法杂志》第 44 卷第 2 号 191 页以下。

* 依据日本刑法第 247 条，为他人处理事务的人，为了自己或第三人的利益，或者以加害本人为目的，实施了违背其任务的行为，给本人带来财产上的损害的，处 5 年以下的徒刑或 50 万日元以下的罚金。——译者注

6 民法和其他领域（4）商法

上智大学教授　小塚庄一郎

一、商法的对象

商法是有关“商人的营业、商行为及其他商事”的法。在与作为私法之一般法的民法的关系上，商法处于特别法的地位（商法第 1 条）。商法适用于对当事人一方而言构成商行为的行为（商法第 3 条），其适用范围依据“商行为”（商法第 501 条、第 502 条、第 503 条）及“商人”（商法第 4 条）的概念来划定。另外，公司作为经营事业所实施的行为，以及为了该经营事业而实施的行为，均被视作商行为（公司法第 5 条），所以当然适用商法第二编有关商行为的规定（相泽哲编著：《起草人解说新公司法》（增刊），《商事法务》第 295 号，13 页（2006））。

商事为何需要特别法？关于这一问题，过去在“商法对象”的名目下常有争论。在我国一个尽人皆知的观点是：虽然商法与民法以同一事实为对象，但有无“商事色彩”仍会导致方法论上有所区别。根据这一学说，“商事色彩”是指集团性、反复性和个性丧失。而现在有学说则认为，即使在作为对象的事实本身上，商法和民法也是有区别的，也即商法的对象是“企业”。如今这后一观点（企业法说）已成了通说。

不过企业法说的内容也发生了变化，甚至可以说不再论及商法对象已是一种趋势。如今人们侧重于对一些更加实质的问题展开个别讨论，仅在考虑商行为通则以及商事买卖规定（比如商事法定利率、商事消灭时效等）这些与民法直接相互排斥之规定的适用关系时，民法和商法的区别才成为问题（山下友信：“铃木竹雄博士和商法总则·商行为法”，载《Jurist》第 1102 号 40 页（1996））。但在这些领域中，之所以设置一部分与民法不同内容的规定，主要还是基于历史沿革，很难说就一定有充分的合理性。因而确定适用范围的工作也无较大的实质意义。如此一来，讨论民法与商法的关系，可以说几乎已经没有意义了。

二、作为特别法的商法

过去并未怎么意识到的是，即便不存在直接冲突的规定，民法与商法这种一般法与特别法的关系还是以一种更抽象的形式得到了体现：第一，商法将民法上的典型合同进行了具体化，规定了若干特殊的交易类型。运输合同（商法第569条以下、第737条以下，国际海上货物运输法、统一国际航空运输某些规则的公约《1999年蒙特利尔公约》）就是一例。其法律性质属于承揽合同（民法第632条以下）的一种，但又有较大的特殊性。商法针对货物运输、旅客运输、租船合同等不同形态分别设置了详细规定，从而构成了民法的特则。

第二，大幅变更了民法上的制度。比如票据法，一种为使债权转让能迅速有效运行而设计的特殊制度，由于其具体的规定内容是基于日内瓦票据法条约而来的，所以通常不会意识到其与民法之间的关系。但是，到了电子记录债权法立法*的时候，就遇到了问题：究竟以哪一个为模式，是民法上的有关债权转让的规定，还是票据法上的规定？这时就要重新审视票据法规定的意义及其合理性了（“关于电子记录债权法的中期试案”（平成18年7月25日法制审议会电子债权法部会决定），载《NBL》第839号27页以下（2006））。

第三，当民法和商法中存在类似制度时，与各自制度相关的想法有时会彼此产生影响。比如在平成17年（2005年）公司法中可以看到，作为日本版LLC** 而构想的公司类型最终以“合同公司（合同会社）”之名实现了立法化，不过它既是公司，一种具备法人格的社团，同时内部关系上又与合伙有着相同的自由度（参见：大村敦志：“作为法技术的合伙契约”，载潮见佳男等编：《特别法和民法法理》（2006）193页以下）。还比如民法上的（过去被称为公益法人的）非营利法人的制度改革，最终收获了《有关一般社团法人及一般财团法人的法律》之立法，不过回首过程，发现相关问题之提出正是源自大规模的关于公开公司治理结构方面的讨论（神作裕之：“非营利法人的治理结构”，载《NBL》第767号23页（2003））。

三、民商法的统一

商法是民法的特则，且其对象的独特性较弱，所以毫不奇怪会产生这样的疑问：是否还有必要继续将两者作为两个不同的法典？而英美法不区分民商法的事实，更使人们对两个法典并存的合理性产生强烈怀疑。即便是大陆法系国家，在20世纪前半叶中，整理重复规定、统一民商法、编纂一个法典的想法也很有市场。尽人皆知的例子是瑞士债务法（1911年）、中华民国民法（1929年）、意大利民法（1942年）等。

商法上的通说见解对这些立法例的评价并不怎么高，因为形式上虽变为一个法典，但实质上仍残留着商法规定的独立性，尚不能说已经“统一”了民商法。不过，需要和民法作出调整的规定集中在商行为通则及商事买卖，而公司法、保险法及票据法原本就是独立的领域。考虑到这一点（参见：胜本正晃：“商法典废止论”，载《民商》第39卷第4、5、6号419页（1959）），恐怕还不至于说统一法典的尝试是失败的。在当今欧洲，20世纪后半叶荷兰制定的民法典就吸收了商法典。另外，2005年发布的“欧洲民法典”（这是一部由学者起草的以整个欧洲为对象的统一民法典草案）也设置了代理商及服务合同的规定。看来，不拘泥于民商分立的立法倾向依然存在。

---

* 为将企业持有的票据、应收账款债权等进行电子化（所谓“电子债权”），并能够在互联网上交易，日本于2007年出台了《电子登记债权法》。——译者注

** 即 Limited-Liability Company 的缩略。——译者注

民法的一般原则并不能规范全部的法律关系，对于某些种类的交易或法律关系，今后依然需要特别法。但是，这与依据“商行为”、“商人”或者“企业”等概念划定的传统商法的范围未必相一致。一方面，规范“经营者”和“消费者”关系的立法例，在消费者法的领域已经成为现实（消费者合同法、关于电子消费者合同及电子承诺通知的民法特例法）。此处关注的并非行为的性质或一方当事人的属性，而是双方当事人之间的关系。另一方面，随着互联网日益发达，企业的活动和非企业主体的活动之间的差异正迅速相对化。通过网上拍卖从事物品买卖的一般人士（非商人）如今不在少数；个人在博客主页上发布成功酬劳型广告（アフィリエイト広告），进而获取收益也正变得稀松平常。如此看来，相对于民法，“商法的独特性”今后是否还能够维持，不免就有了疑问。预计立法或许也将演变为民法加上各种各样的特别法这样一种模式。

四、“合同”和“营业”

既然民法是一般法，那么以民法为对象的解释论、理论研究就很难避免一般化、抽象化的倾向。商法学则不同。正如商法典中以“××营业”之名加以规定的典型合同所呈现的，商法学更倾向于关注具体、现实的“营业”。结果就是在商法学领域中，可以看到不少兼及相关行业法的研究。恰恰是这种研究路径，让人领略到了理论商法学的独特性，只是很少有人指出这一点。

行业法中不仅存在所谓的监督规定，也存在私法范畴的规定。比如保险业法第238条就规定，保险募集人因保险募集而对保险合同的当事人造成损害的，所属保险公司应承担责任。这一规定正是借助了“所属保险公司”这类具有监督法色彩的概念，为民法上的使用者责任（第715条）创设了一个特则。此外，金融商品交易法对公开（ディスクロージャー）虚假记载等情形设置了各种各样的民事责任，其目的也是通过创设侵权行为的特则，来确保获得作为交易前提的准确信息。这些行业法上的规定将私法规则与行政机关的监督及刑事处罚相结合，致力于让营业活动实现其应有的、符合期待的状态。在此意义上，关注营业乃至行业法的商法学研究路径有着这样的意义，即让私法的作用相对化，并从功能的角度重新定义私法的作用。

不过即便如此，商法学也没有必要将对象局限于传统的商法领域。历来作为非营利事业的属于商法对象外的医疗、教育、传媒等领域内，也在不断推进市场化和引入竞争，包括私法关系在内的一整套制度设计显得越来越重要。看来，是时候可以不用再关注那些体现相对于民法的“商法特性”的领域了。

参考文献

文中所列文献。

7

民法和其他领域（5）经济法

京都大学教授　川滨升

一、从管制型经济法到反垄断法

可以在最大公约数上将经济法理解为，一些旨在防止、纠正市场经济功能不全的法律。纠正的方法大致有两种：一种是国家直接干预私经济主体对价格、数量、投资等的判断，即所谓的经济管制型。另一种是除去限制市场竞争的行为等阻碍竞争的因素，以此来充分释放市场的自动调节功能。不用说，反垄断法是采用了后一种方式的经济法。

经济管制法与以自我决定、私人自治为原则的私法秩序是对立的。而反垄断法则不同。它是以自我决定、私人自治为前提，旨在使这些原则更趋实质化的法律。在制定时就已有人指出，自由主义经济过渡期的英美普通法“为排除经济领域中对选择和自我决定之自由的障碍而形成了特殊原理”，正是从该特殊原理中发展出了反垄断法（大隅健一郎：“英美普通法中的垄断及交易限制（1）”，载《法学论丛》第53卷第5、6号227页、229页）。尊重个人对自己生活领域的安排，并在相互作用之下形成令人满意的社会状态，而为此营造前提条件的，正是反垄断法。有着这种重要功能的反垄断法与私法秩序实为一种互相补充的关系（川滨升：“反垄断法与私法交易”，载《Jurist》第1095号170页）。

反垄断法从制定时起就一直被称为经济宪法。但以前对竞争政策持怀疑态度的阵营较强势，同时反垄断法本身还存在不少排除适用的规定以及反竞争的经济规制。因此在过去，包括反垄断法在内的经济法往往被视作管制法。而经济法转变为今天这样以反垄断法为中心的格局，是从1980年代末期开始的。从这一时期起，反垄断法的实效性得到强化，大多数排除适用的规定也被废止；而针对个别产业的规制法（行业法），也从反竞争的规制蜕变为与反垄断法的逻辑相协调的竞争支援法（规制改革）。反垄断法已成为名副其实的经济法之基本法。

在反垄断法的基础上将经济法体系化，过去只是我国反垄断法的母法国美国才有的现象。但是，与我国强化反垄断法几乎同时，欧盟（EU）也开始强化竞争法，竞争法的逻辑已经渗透进了整个经济。以反垄断法为中心的经济法已是世界潮流。

二、反垄断法与民事救济

在以反垄断法为经济法核心的法制之下，针对违法行为的各种民事救济措施相当齐备。以反垄断法的母法国美国为例，从认定违法合同无效，到私人可请求三倍赔偿、停止违法行为等，都保证了反垄断法的实效性。

欧盟竞争法也配备了诸如否定违法行为的效力、赋予受害者损害赔偿及停止侵害请求权等民事救济措施，近来还在探索进一步将其强化的方案（Commission of the European Communities，Green Paper：Damages Actions for Breach of the EC Antitrust Rules，(Dec. 19，2005) ）。这些措施的出现并非仅仅因为某些工具主义式的想法，譬如意图借助私人的自发性以抑制违法行为。强化民事救济的论据还在于：公正自由的竞争是交易秩序的基础，所以维系公正自由的竞争非常重要，同时对于那些因有害竞争之行为而蒙受不利益的人，其权利也有必要得到回复。

在我国，反垄断法针对主要的违法行为设置了无过错损害赔偿请求权（第 25 条），又针对不公正交易方法设置了停止请求权（第 24 条）。诸如此类，反垄断法也配备了一些民事救济规定。另外按规定，在各规定实施阶段出现的违反规定的合同，自实施之日起即失去效力（附则第 2 条）。

违反反垄断法的行为还涉及民法如何评价的问题，主要是侵权责任（民法第 709 条）、违法行为的效力（民法第 90、91 条）等问题。关于前者，损害以及因果关系的举证历来都是争议点（比如，长谷部由起子："损害的证明"，载伊藤真/加藤新太郎编："'从判例学习'民事事实认定"，载《Jurist 增刊》（2006）36 页）。再有，违反反垄断法究竟侵害了谁的何种利益，也是一个问题（山田诚一："基于违反反垄断法行为的损害赔偿"，载《Jurist》第 1199 号 25 页）。这与谁属于反垄断法第 25 条中的"受害人"这一问题密切相关，但关于此问题至今还未见充分的讨论。另外关于私法上的效力，稍后再述（见"四、"）。

三、民法与反垄断法的相互关系

对于民法和反垄断法的相互关系，除上述"一、二、"外，在较长时期内一直鲜有理论上的考察。这或许与此种看法有关，即经济法相对于私法秩序只是一个异类，它是种管制措施，反垄断法也只是其中一部分而已（或者只是我国经济秩序中的例外现象）。

1990 年代以后，反垄断法成了名副其实的经济法核心，通过维系公正自由的竞争来治理我国的市场经济，也变成社会共识。从这一时期开始，学者逐渐从民法学和经济法学两个方面，对民法和反垄断法的相互关系展开了各种考察。

从经济法学的角度，有力的见解（根岸·后揭）出于"私法秩序与竞争秩序在支撑市场经济秩序上原本就是不可分割的关系"这样一种认识，主张应积极评价两者的关系。也有人从民法学的角度，尝试构建囊括了竞争秩序在内的实质意义上的民法体系（广中俊雄：《民法纲要第 1 卷（新版）》（2006）8—12 页）。还有人提出了这样一种有力见解，即认为应跨越私法公法二分论，重新审视公序（良俗）理论，将竞争秩序积极纳入公序之中（大村·后揭，山本·后揭）。此外，除两者的同质面之外，异质面也受到了关注，旨在分析两者可以"协同"的领域，讨论因此得到了进一步深化（森田·后揭）。

四、违反反垄断法的法律行为的效力

关于违反反垄断法的法律行为的效力，历来都是在违反管理性规定（取缔法规）的行为的私法效力问题之下展开讨论的。管理性规定的概念并不明确，在广义上是指，对一定的行为基于公法视角应予禁止、限制的一般情形。然后涉及的问题就是，这个规定究竟是不会导致私法上无效的单纯管理性规定，还是可导致私法上无效的强行规定。最后涉及的问题是，对此是应依据民法第 91 条的反对解释*来说明，还是可作为第 90 条规定的违反公序良俗的情形来说明。近来的有力观点认为违反法令是第 90 条的一种适用情形，明示的强行规定就是立法者对第 90 条的具体化，据此前述问题可得到一元化的说明（大村·后揭，山本·后揭）。

至于反垄断法是否为强行规定，恐怕很难脱离个别具体的实质评价来笼统判断。不管一元说还是二元说，实际上只要脱离二元说的论者所作的评价，讨论就很难进行。

问题在于，是应当认为公序（良俗）概念与反垄断法的存在无关（福光家庆："独占禁止法违反行为的效力（2）"，载《国民经济杂志》第 83 卷第 3 号 14 页、23 页以下），还是如"三、"所见，应当将竞争秩序视为私法秩序的基本要素。在前一种立场看来，违反反垄断法原则上不影响私法上之效力。而在后一种立场看来，违反反垄断法就是一个重要的考量因素，甚至可以说原则上应导致无效。鉴于竞争秩序的重要性，恐怕还是后者较妥当。持前一立场的论者将经济法理解为关于"社会所有的法律"（福光家庆："经济法的概念"，载《神户法学》第 3 卷第 2 号 223 页），而且对于将竞争性的市场秩序作为经济的基础也持怀疑态度。可以说前一立场正是由来于此。

有关这一问题的唯一一个最高裁判例"最判昭和 5·26·20"（民集 31 卷 4 号 449 页），一方面将约束存款**认定为滥用优势地位，另一方面又认为这尚不能说直接违反了公序良俗，只是将实质上超过利息限制法上限的利息部分认定为无效。这看似站在了前述第一种立场上，但之后的下级法院判决中，没有出现过一例是既认定违反反垄断法同时又肯定私法上效力的。此外，对于负有所谓当面销售义务***的交易，最高裁的两个判决均认为不构成附加不当约束条件的交易（最判平成 10·12·18 民集 52 卷 9 号 1866 页，最判平成 10·12·18 判时 1664 号 3 页）。虽这些判决未明说违反反垄断法是否定私法上效力的充分条件，但读来会很自然认为至少是以原则上无效为前提的。

即便违反反垄断法的行为原则上不生私法上的效力，但具体的判断还是取决于该禁止性规定的旨趣。在成立违反反垄断法的各种情形中，有的只关注结果上是否削弱了竞争（实质限制竞争型以及阻碍公平竞争型中的削弱自由竞争型），而有的还考虑到对市场参与者的支援，如保障意思决定的自由不受扭曲等（阻碍公平竞争型中的手段不当型及自由竞争基础型）。就后者而言，其所关注的价值正好处在私法秩序通常所关注的价

---

* 日本民法第 91 条规定，法律行为当事人所表示的意思，与法令中无关公共秩序的规定相异时，则从其意思。传统通说认为，从该条规定的反对解释可知，法律行为违反有关公共秩序的规定也即强行规定的，该行为无效。所以在传统通说看来，法律行为因内容不当而无效的情形依据日本民法第 90 条和第 91 条可以分为两种，即违反公序良俗而无效和违反强行性规定而无效。——译者注

** 原文为"拘束預金"。意指金融机构在贷款时，作为贷款条件，对借款方的存款施加存款兑付上的约束或限制。——译者注

*** 原文为"対面販売義務"。意指卖方必须当着买方之面展示标的物后再出售。——译者注

值的延长线上（森田·后揭）。关于具体的判断框架，虽还不存在通说见解，但履行阶段说（川井健："违反物资管制法的合同与民法上的无效（上）（下）"，载《判T》第205号14页、第206号14页；矶村保："违反取缔规定的私法合同效力"，载《民商法杂志创刊50周年纪念论集Ⅰ判例中的法理论展开》（1986））* 之类的想法值得参考，因为至少不能让法律成了违反反垄断法的行为的帮凶（在国外，在这种阶段上以无效处理也是通例）。而对于已履行的情形，还应综合考虑该违法行为的种类、恶劣程度、交易状况等进行判断（也可参见：根岸·后揭）

就违反反垄断法而言，以什么时点为基准来判断是否违反公序是一个重要问题。"最判平成15·4·18"（民集57卷4号366页）判决认为，对于合同缔结时合法，而履行时违反证券交易法（现在的金融商品交易法）的损失保证合同，应以法律行为发生的时点为基准来判断有无违反公序良俗。违反反垄断法的情形中，也存在违法性随市场客观状况变化而变化的情形，实质限制竞争型或削弱自由竞争型的阻碍公平竞争所携带的违法性就是这样的。典型的卡特尔自然另当别论，如果是所谓非核心卡特尔型（非ハードコアカルテル型）的不当限制交易或附加约束条件交易，那么即便合意达成阶段不带有反竞争的效果，之后也可能产生反竞争的效果。如果以上述最高裁判决为前提，那么这些情形将一律有效。然而这些本来都是可通过借助私人的自发性来实现反垄断法价值的典型情形。有些国家虽也规定公序致合同无效的判断以合同缔结时为准，但同时承认违反反垄断法的场合具有例外性（Passmore v. Morland Plc. [1999] 3 All E. R. 1005 (CA (Civ Div)））。当然，我国很少看到以经济评价为必要的违反反垄断法的案件，所以还不存在这方面的裁判例，这是今后需要探讨的课题。不过这种场合下，即使认为无效，也不应当是溯及无效。另一方面，如果状况变化导致在问题发生时合意有了反竞争效果，却还可以在这一时点强制履行，那么无异于法律为违法状况的出现施以了援手。这么看来，探讨那种否定履行请求的法律构成还是有必要的（有见解提出可依权利滥用或诚实信用原则来解决。参见：石田喜久夫："违反良俗与评价变迁"，载《京都学園法学》第33、34号71页）。

参考文献

大村敦志："交易与公序——关于违法行为论的再检讨（上）（下）"，载《Jurist》第1023号82页、第1025号66页；川滨升："交易自由和合同自由"，载田中成明编：《现代法的展望》（2004）57页；根岸哲："民法和反垄断法（上）（下）"，载《法曹时报》第46卷第1号1页、第2号207页；森田修："试论'反垄断法违反行为的私法效力'——反垄断法对民法的'支援'"，载《经济法学会年报》第41号99页；山本敬三："交易关系中的公法规制和私法作用——关于取缔法规论的再检讨（1）（2·完）"，载《Jurist》第1087号123页、第1088号98页。

* 履行阶段说认为，合同是否因违反公序良俗无效，需考虑合同是否已履行。合同履行之前，倾向于认定为无效。——译者注

8 民法和其他领域（6）信托法

东京大学副教授　加毛明

“众所周知，信托是英美法之下形成的制度，对属于大陆法系的我国私法来说，好比水上浮油那样，是一种异质的存在”（四宫②，“旧版序言”，3页）。我国信托法研究第一人留下的这句名言，至今在讨论信托时还经常得到引用。那么在民法体系（私法体系）之中，植根于英美法传统的信托究竟是如何显现出其异质性的呢？在这里，笔者将着眼于信托财产归属的相关学说变迁，试图揭示信托的这一面（此外在与契约对比之下，揭示出信托的异质性的，可参见：樋口范雄：《Fiduciary（信义）的时代》（1999）。另外，以下所称“大正信托法”，是指大正12年（1923年）实施的信托法；所称“新信托法”，是指平成18年（2006年）12月出台的信托法）。

一、作为通说的债权说

1. 所谓信托，即接受某财产（信托财产）移转的人（受托人）基于一定目的（信托目的）对该财产进行管理、处分等的制度（大正信托法第1条、新信托法第2条第1款）。除去公益信托之外，所谓信托目的，即在于增进第三人（受益人）的利益。

关于信托的法律构成，大正信托法的起草人采取了以下立场：首先，信托财产归属于受托人，受托人为权利的主体（所有人、债权人、担保权人等）。但是，受托人不得享有由信托财产所生之利益，只能是为受益人承担起管理、处分信托财产的债务（《说明书》248页；池田，115页以下）。这种见解（因受益人的权利的性质而被称为“债权说”）所依据的，是将受益权定性为对人权（right in personam）的英美学说（池田143～144页。不过，英美法上的学说对峙与日本法上的争论之间存在不同意义。关于这一点，可参见：星野丰：《信托法理论的形成与应用》（2004）161页）。之后在当时德国法学的影响下，进一步借助传自德国的信托行为概念，即由所有权的移转和对受让人的债权性约束所构成（鸠山秀夫：《法律行为及时效》（1910）124页），债权说终于确立了其通说的地位（青木徹二：《信托法论》（1928）299～301页，入江，150～154页）。

2. 但是，信托法中存在着难以用债权说来说明的规定。

（1）继承开始时，属于被继承人的一切权利义务均可为继承人所继承（民法第896条正文），然而信托财产不属于受托人的继承财产［从继承财产中排除。大正信托法第

15条。新信托法规定受托人死亡时信托财产成为法人（第74条第1款）］。(2) 债权人可以将债务人的一般财产用于担保自己的权利，然而受托人个人的债权人不能对信托财产采取强制执行等措施；即便采取强制执行等措施，也将成为第三人异议之诉的对象［强制执行的禁止。大正信托法第16条，新信托法第23条第1款、第5款。另外，新信托法还明文规定受托人破产时应从破产财团中排除信托财产（第25条第1款）］。(3) 已届清偿期的同种债权对立存在时，可以进行抵销（民法第505条第1款本文），然而属于信托财产的债权和对受托人个人的债务之间是禁止抵销的（抵销的限制。大正信托法第17条，新信托法第22条第1款正文）。(4) 同一物上的所有权和他物权归属于同一人时，该他物权因混同而消灭（民法第179条第1款本文），然而信托财产和受托人的固有财产混同时存在例外（混同的例外。大正信托法第18条。新信托法第20条以一般的形式认可了混同的例外）。(5) 同一人所有的财产之间不发生添附，然而信托财产和受托人的固有财产之间可适用添附的规定（添附的特例。大正信托法第30条。新信托法第17条。另外，新信托法针对财产所属无法识别的情形设置了共有拟制的规定［第18条］）。(6) 某财产的所有人可自由处分该财产，然而受托人违反信托处分信托财产的，受益人在一定条件下可撤销该交易（违反信托之处分的撤销。大正信托法第31条，新信托法第27条）。

3. 大正信托法的起草人将这些规定的旨趣归结为保护信托财产，并主要依据受托人地位的特殊性来说明这些规定。也即受托人不能从信托财产取得利益，所以信托财产不构成受托人的一般债权人的责任财产，也因此有了（2）强制执行的禁止、(3) 抵销的限制等（《说明书》253～254页）和（6）违反信托之处分的撤销也被认为是“法律上的特别效力”［池田284页］）。甚至还有学说从债权说出发作了这样的说明，即虽然信托财产归属于受托人，但其性质上是一种受信托目的约束的特别财产（入江，276页。更详细的可参见：入江：“信托财产之考察”，载《民商》第16卷第5号472页（1942））。

二、批判学说的出现和展开

1. 但在学说上，针对上述这些说明的批判也很有力。这些见解首先所着眼的，是受益权的性质。

通说认为，从一般财产中排除信托财产的根据在于禁止受托人受益。但是，受托人即便负担不得从信托财产中获取利益的债务，也毕竟只是当事人之间的关系，在与第三人的关系上并无效力。于是，对于通说这样简单一刀切地将受益权理解为债权的做法，有人提出质疑，并主张受益权兼有物权的性格［这里参考了有关信托行为概念的“相对的权利移转说”（岩田新：《信托法新论》（1933）99页）以及英美法的理论状况（河合博：“信托的定义（2）”，载《法协》第51卷第12号2286～2290页（1933））］。随着这种学说的展开，不久就有见解主张受益权是一种与所有人相当的地位，即信托财产归属于受益人，而不是受托人。与之相应，开始有见解主张将受托人的权限缩减为管理权及名义（四宫①，142页、148页（初出1941））。

2. 认为受益人有所有人之地位的学说继而进一步关注信托财产自身的主体性问题。如前所述，债权说之中也有见解将信托财产视为特别财产。此外，过去就有人指出过信托与法人之间具有功能上的相似性（比如，末弘严太郎：“作为实有的法人和作为技术的法人”；末弘严太郎：《民法杂记账（下）》（1953）115～116 页（初出 1941））。还有人参考法国法学者卢坡鲁（ルポール）的学说，认为应承认信托财产的法主体性（四宫①，163 页（初出 1957）；四宫②，70 页。另可参见：大村敦志：“法国信托法学史一斑——卢坡鲁理论的定位”，载《信托研究奖励金论集》第 22 号 91 页（2001））。也即历来都被认为是受托人或受益人之权利“客体”的信托财产，在此处被理解作独立的权利“主体”。依据这一立场，正是因为信托财产具有区别于受托人的法主体性，所以才有（1）从继承财产中排除、（2）强制执行的禁止、（3）抵销的限制、（4）混同的例外、（5）添附的特例。至于（6）违反信托之处分的撤销，可基于越权法理（ultra vires）进行说明。

以上这般视角变化的背后，是这样一种认识，即之所以承认（信托财产的）法主体性，是“出于将复杂的法律关系单纯化，也即出于节约思维成本的一种技术”［四宫①150 页。这里可以理解为有关法人的“工具主义式构想”（大村敦志：《基本民法Ⅰ（第 2 版）》（2005）321 页）］。因此信托财产所具有的不过是有别于民法法人的被限定了的法主体性，这不妨碍信托财产同时也可被解释为受益人的权利客体。有观点就认为，受益人对经常处于变动的信托财产享有物上权利，而受益人的（2）强制执行的禁止、（6）违反信托之处分的撤销等正是受益权具有物权性质之体现（四宫②76～77 页 · 316 页）。

3. 但以上这类学说未被学界普遍接受，因为这类学说所依据的权利概念、法人概念具有特殊性（比如参见：田中实：“信托法讲义（2）”，载《信托》第 108 号 111 页（1976））。近来逐渐有力的见解着力于重新评价债权说，也即认为受益权是一种对受托人的债权，不过同时信托法又赋予了其特殊的效果（道垣内 222～223 页。也可参见：新井 53～55 页）。这一见解重新立足于针对受托人违反义务时的救济这一点，并主张，力求其与其他财产管理制度（代理、委托、公司等）上的救济手段的均质化，正是受益权具有物权效果的正当性依据（道垣内 217～219 页）。

三、信托的“异质性”

1. 基于以上的讨论，我们可以在以下两个方面指出信托的异质性。

首先依据学说上的有力见解，当事人基于合意可以创设具有物权性质的受益权。于是这与物权法各原则之间的关系就成了一个问题。不过需注意这里所说“物权性质”这一用语的含义。虽然着眼于（2）第三人异议权、（6）违反信托之处分的撤销等而主张“物权性质”的见解并不少（比如，能见①30 页），但有人指出这两者涉及不同的利益状况（四宫②171～172 页）。再有，一般认为，对于信托财产的不法占有人，受益人并不享有妨害排除请求权（能见②181 页）。为此有必要区分不同的“物权性质”逐一予以讨论。

其次是有关与物权法定主义（民法第 175 条）之间的冲突问题。有见解认为，因有了信托法这一制定法，这一问题已经不存在了（四宫②78 页脚注（四））。但近来的学说则回到物权法定主义的宗旨来检视这一问题。据此可以看到问题的不仅有（2）强制执行的禁止、（6）违反信托之处分的撤销这两个方面，还有以下这一方面，即因多重设定受益权而导致受益权的受让人蒙受不测损害。对于这第三个方面，有见解认为，如果物权法定主义的宗旨在于降低交易成本，那么只要与债权转让作相同处理，即将受益权相关的信息集中于受托人，就可以避免与物权法定主义的冲突（能见②57～58 页）。如此理解物权法定主义可能会招致异议，而且即便遵从这一理解，也还是可以针对上述第一、二个方面，指出在与对抗要件主义（民法第 177 条、第 178 条）* 的关系上受益权具有以下的特殊性。

信托法规定，应登记、登录的财产以登记、登录为信托的对抗要件（大正信托法第 3 条第 1 款、新信托法第 14 条）。依据反对解释，未配备登记、登录手段的财产（不适用动产债权转让特别法的动产、记名债权、金钱等），没有任何公示也得以信托对抗第三人［四宫②169 页。最判平成 14・1・17 民集 56 卷 1 号 20 页（24 页）。不过也有见解认为应对信托财产进行分别管理（新井 230 页）］。其结果，即便信托没有公示，受托人的一般债权人也不得对信托财产申请查封扣押，信托财产还可以从受托人的破产财团中予以排除。

另外就应登记、登录的财产而言，一个问题是，从登记、登录无法一概知晓受托人的权限范围。其结果，虽然信托通过登记、登录得到公示，但信托财产的受让人仍无法判断受托人的行为是否有悖信托。大正信托法对这一问题没有予以充分考虑，而是规定（第 31 条但书）在有登记、登录的场合总是可基于信托来对抗（受益人的撤销）。与之不同，新信托法为保护信托财产的受让人，对违反信托之处分的撤销设置了这样的要件，即除信托公示之外，受让人还应对受托人违反信托这一点存在恶意或重大过失（第 27 条第 2 款第 2 项）。于是，即便是可以登记、登录的财产，但如果只有信托公示，受益人还是不能以信托的存在对抗信托财产的受让人。

2. 学说上经常提到信托财产的法主体性或特别财产性。关于这一点，近来有人指出私法对于法人格和财产之间的联系设定了这样的原理，即财产的归属主体仅限于人（包括法人）；不承认没有主体的财产；一个人只能有一个作为财产归属资格的法人格，而不能有数个法人格；归属于一个人的财产原则上构成其债权人的责任财产（横山 20 页）。如果基于信托法上的规定而认为信托财产有着作为法主体或特别财产的地位，那么就构成了上述原理的例外。也即当事人基于自己的意思，作出新类别的法主体，或者自由地将责任财产进行了切分（参见：横山，21～24 页。与这点相关，有学者特别就继承法上的秩序与信托法之间的冲突问题进行了研究：水野纪子："信托与继承的相克"，载东北信托法研究会编：《变革期的信托法》（2006）103 页）。

3. 经过以上的讨论，可以说信托的异质性一面已经比较清楚了。接下来的问题是对这种异质性应当如何评价。受益权的性质理论所揭示的信托公示问题，与物权、债权这种权利区分密切相关。而信托财产的法律地位的特殊性又与如下的问题相关，即与法人格相伴的种种法效果的正当性依据究竟为何（与一般法人法所采用的准则主义之间的关系也有思考之必要），进而信托财产的法律地位和受益权的性质之间的关系也有讨论的余地（在这一点上，四宫②77 页认为，(6) 违反信托之处分的撤销可以从信托财产的目的性约束和受益权的物权性这两方面得到证成。对此恐怕还有检讨之必要）。

像这样，围绕信托的种种问题都足以促使人们重新审视私法上的基本原理。如何在民法体系（私法体系）之中适切定位信托，恐怕还是应回到这些原理上来展开讨论。就这个意义而言，信托的存在，其本身就是民法上的一个争点。

---

* 关于物权变动的公示，日本民法典采公示对抗主义，即不动产物权的得丧变更未经登记不得对抗第三人，动产物权的让与未经交付不得对抗第三人。——译者注

参考文献

新井诚：《信托法（第 2 版）》（2005）；池田寅二郎：《附担保社债信托法论》（1909）；入江真太郎：《全订信托法原论》（1933）；四宫和夫：《信托研究》（1965）［四宫①］；四宫和夫：《信托法（新版）》（1989）（初版 1958）［四宫②］；司法省："信托法案说明书"，载山田昭编：《日本立法资料全集 2 信托法　信托业法》（1991）245 页［说明书］；道垣内弘人：《信托法理和私法体系》（1996）；能见善久："信托和物权法定主义——信托和民法的交错"，载《西原道雄先生七十岁祝寿文集——现代民事法学的理论（上）》（2001）［能见①］；能见善久：《现代信托法》（2004）［能见②］；横山美夏："财产——从人与财产的关系看信托"，载《NBL》第 791 号 16 页。

9

民法和其他领域（7）劳动法

东京大学教授　荒木尚志

一、市民法与劳动法

在保障私人所有权、合同自由、过失责任等市民法原理之下，劳动者生活悲惨等社会问题相继显现。劳动法（并无名为“劳动法”的立法，而是有关劳动关系的各种法规的总称）正是出于对这些问题的反思而诞生的法领域。在劳动灾害补偿方面，1947年成立的劳动基准法修正了过失责任原则，对使用者课以了无过失责任（劳动基准法第75条）。同时为保护劳动者，规定了最低劳动条件，限制了缔结更低条件之合同的自由（劳动基准法第13条）。除了劳动基准法之外，为保护劳动者，还制定了很多单行的劳动关系法[最低工资法（最低賃金法）、工资支付确保法（賃金支払確保法）、男女雇佣机会均等法（男女雇用機会均等法）、育儿·看护休假法（育児·介護休業法）、劳动合同承继法（労働契約承継法）等]。这些法律通过设定强行规范，限制了合同自由。

此外，鉴于宪法保障劳动三权（结社权、集体交涉权、集体行动权），劳动工会法（労働組合法）承认了劳动工会，目的是要克服劳资双方在交涉力量上的差距，实现合同内容的平等决定。劳动工会法还肯定了伴随集体不提供劳务（罢工）这一经济压力手段的集体讨价还价（集体交涉）。据此，劳动工会法构建了一个设置劳动条件的系统。像这种伴随正当罢工的集体交涉，在民法上可被评价为侵害合同自由的违法行为，还会引起损害赔偿的责任，但在劳动法上存在免责规定（劳动工会法第8条）。其次，集体交涉后缔结劳动协议的，违反该协议的个别合意无效（劳动工会法第16条）。

正像这样，劳动法不信任交涉力量悬殊的劳资双方之间的个别合意，而是通过国家法设定了强制的最低标准，此外还规定了集体合意优先于个别合意。总之，劳动法构建了这样一种法体系，即限制了个人的合同自由，只承认国家法与集体制定的规则范围内的合同自由。出于对劳动法这一特质的认识，当初人们认为劳动法所强调的是其独立、区别于以对等法主体之间的合同自由为前提的市民法世界，并且在劳动法理论的形成上也明显表现出与传统民法、刑法、行政法相区别的独立倾向（有关战后劳动法的这种倾向的全面讨论，可参见：籾井常喜编：《战后劳动法学说史》（1996））。但是现在，人们认为仍应在国家的整个法体系之中，依据民事法、刑事法、行政法等传统法理论去把握劳动法的基本概念、法原理，劳动法只是在一定范围内修正、发展了这些法理论的法领域（菅野和夫：《劳动法（第7版补正2版）》（2007）11页）。因此，民法和劳动法的关系是一般法与特别法的关系，至于劳动法在什么点上、何种程度内修正了传统的民法理论，还应结合民法理论自身的发展进行检讨。

二、雇佣合同和劳动合同的异同

民法上的雇佣合同（民法第623条～第631条），作为一种平等法主体之间的合同，成立于一方当事人和对方当事人之间关于劳动义务和相应报酬支付的合意；承担多长时间的劳动义务、支付多少报酬等合同内容也均交由当事人之间的合意来定，此外并无其他的规制。另外在雇佣合同的解除上，不区分使用者一方的解除（解雇）和劳动者一方的解除（辞职），均依照同一个规则处理，并特别规定了解约（解雇、辞职）的自由（民法第627条）。

与之相对，以劳动基准法为首的劳动关系立法并未沿用雇佣合同这一法概念，而是使用了“劳动合同”这一法概念。由此两者之间的异同就成了问题。起初学说上的有力见解认为，劳动合同适用各种旨在修正合同自由、保护劳动者的规范，在“劳动的从属性”这一点上有别于雇佣合同（区别说。关于学说的展开，可参见：石田真：“劳动契约论”，载籾井编，前揭615页；镰田耕一：“雇佣/承揽/委托与劳动契约”，载横井芳弘等编：《市民社会的变貌与劳动法》（2005）151页）。区别说可以让人们认识到一种理念，即针对劳动合同应导入有别于民法雇佣合同的新规制，此外，区别说还有助于说明规制手段上的不同（相对于只设置了民事规范的民法，劳动基准法在民事效力之外，还设置了刑事处罚、行政监督这类公法手段）。但是，这种规制理念、规制手段上的差异只说明劳动法的规制是相对于民法一般规制的特别法，未必意味着在实体法的规制对象，也即于法律关系的层面两者也是不同或有区别的。所以现在有力的立场认为，作为雇佣合同和劳动合同之对象的法律关系是一样的（同一说）。

不过，虽说劳动合同与雇佣合同几乎重合，但两者是否完全一致，还需在以下几点上进一步讨论。第一是路径上的差异。在民法之下对合同进行定性时，往往会论及劳务提供合同究竟属于民法上的雇佣、承揽、委托中的哪一个，或者不属于其中任何一个，也即非典型合同。与之不同，劳动法则着眼于劳务的提供者，只要其是劳动者（劳动基准法第9条），其缔结的劳务提供合同就可被认定为劳动合同。所以，或者依据该合同对合同目的、劳务提供的样态达成了何种合意为标准，对民法上的合同进行定性，或者不管合同上的合意，仅以实际的劳动状态为标准（后一判断恐怕与劳动法的路径是一致的）来定性。标准不同，判断就会不同。第二是民法学上的定义问题。如果对雇佣这种典型合同进行严格（狭义）定义，再将处于这种雇佣与承揽、委托之间的灰色地带的合同定位为非典型合同，那么雇佣合同与通常涵盖灰色地带的劳动合同之间的差别就凸显出来了。第三是劳动法学上的定义问题。对于排除劳动基准法适用的家政服务者（劳动基准法第116条第2款）等，也可能有不同的理解。或者将其视为劳动关系，但因有明文规定故排除适用，或者认为排除适用的情形就不是劳动合同关系。总之按照不同的理解，雇佣合同与劳动合同是否一致的结论也就相应不同。

无论如何，比起劳动合同与雇佣合同之间的异同，劳动法更关注的是，某种法律关系是否在对照了实际劳动状态后可以适用劳动法规、劳动合同法理。

三、民法的雇佣规定和劳动法

劳动法是民法的特别法，这意味着劳动法没有规定之时，依然适用民法的规定。所以虽然常能看到这种观点，即认为随着劳动法的发展，民法上有关雇佣的各种规定几乎已无适用余地，但恐怕未必如此。

比如有关雇佣合同效力之发生的民法第623条，就已成为判断默示劳动合同是否成立的指导性标准。在有关无工作即无报酬之原则的讨论上，规定了报酬支付时期的民法第624条也成了参照。在调职、跳槽、经营业务转让时的雇佣关系承继问题上，规定了权利义务之人身专属性的民法第625条又成了参照。此外，在2003年修订劳动基准法时，新增了劳动基准法第18条之2，导入了解雇权滥用的法理*，由此民法第627条中涉及解雇自由的部分事实上得到了修正。而关于雇主解约（解雇）时的预告期间，劳动基准法第20条规定为30天，所以民法上的规定（2周）也再无适用余地。但是，关于劳动者的辞职，依然由规定2周预告期间的民法第627条来规范。至于这一期间可否缩短或延长，则是当下多有讨论的一个问题。另外，对于涉及定期合同之中途解约的民法第628条**，可否通过关于“迫不得已之事由”的合意来放宽适用，近来的裁判例之间尚存分歧。于2007年提交国会的劳动合同法案则提议禁止有利于雇主的放宽适用等，因而备受关注。对于涉及定期合同之默示更新的民法第629条***，其所谓的“与之前的雇佣同一条件”是否包含有关期间之约定，也有争论。

像这样，如今在劳动法规没有特别规制的场合，民法上的雇佣规定仍担负着重要的功能。有争议的是，对于既存的民法规定，有无必要摆脱传统的理解，参照现在的劳动法理论重新解释，或者民法的规定自身有无修订之必要（参见：和田肇：“民法上雇用规定的意义”，载《季刊劳动法》第215号（2006）123页）。

四、劳动合同关系的特色与判例法理、民法理论

对于劳动法和民法均无规制的事项，迄今为止都是由法院通过构建所谓劳动合同法理的一系列判例法理来处理的。具体而言，在录用内定、试用、调动、调职、跳槽、惩戒、劳动条件变更、经营调整导致的下岗（整理解雇）、定期合同劳动者的雇佣终止、附随义务（雇主的安全保障义务、劳动者的诚实义务等）、限制劳动者的损害赔偿义务等方面，判例形成了一套重要的合同规则。如果在劳动合同关系的特色与民法的关系之下来讨论这些合同规则，那么可以作出如下梳理。

劳动合同关系存在以下特色：(1) 交涉力量的不均衡；(2) 空白性（日常的劳动义务无法由劳动合同事先予以规定，只能通过使用者的指挥命令来具体化，即所谓的他人决定性）；(3) 对人关系（劳动义务的履行离不开劳动者这一提供劳务的人，故有安全

---

* 日本劳动基准法第18条之2规定：解雇欠缺客观合理的理由，在社会观念上不能被认为正当时，属于权利滥用，解雇无效。——译者注

** 日本民法第628条规定：当事人虽已确定雇佣期间，但如果有不得已的事由，各当事人可以立即解除合同。于此情形，如果其事由因当事人一方的过失而发生，则应向相对人承担损害赔偿责任。——译者注

*** 日本民法第629条第1款规定：雇佣期间届满后劳动者持续从事其劳动的，雇佣者明知而不表示异议时，推定以与先前之雇佣相同的条件重新雇佣。于此情形，各当事人可以依第六百二十七条的规定申请解约。——译者注

保障义务等附随义务之产生)；(4) 集体性、有组织的劳动关系；(5) 持续的债权关系(参见：《劳动法的争点(第3版)》(2004) 19页(土田道夫)；荒木尚志："劳动契约的基本原理"，载《法教》第311号75页(2006))。其中(1)至(3)主要证成了劳动者保护之必要性。对于这些情形，法院会基于合同正义的观点，积极运用民法上的一般条款，即有关诚实信用原则(民法第1条第2款)、权利滥用(同条第3款)、公序良俗(民法第90条)的规定，对合同自由进行控制。这甚至促使了新立法的产生。比如，解雇权滥用法理事实上修正了解雇自由这一民法原则(民法第627条)，而如上所述，在2003年修订劳动基准法时，该法理就实现了立法化(劳动基准法第18条之2)。又比如，针对女性的结婚离职制*、提前退休制、男女差别退休制均被判例法理认定为违反公序，这些判例法理最终促成1985年男女雇佣机会均等法的出台。

与之不同，上述(4)(5)涉及劳动者保护以外的方面。劳动合同关系是一种集体的、有组织的劳动关系，即劳动者与其他众多劳动者一同集体就业，然后在企业组织中被委以与经营目的相应的安排和任务((4))。所以，对于通常的合同关系中不存在的惩戒处分、个人间的个别交易中不存在的同一处理或待遇的公平性等，就会有所要求。劳动合同关系也并非如单发型买卖合同那样的一次性债权关系，而是持续性债权关系((5))。所以随着时间推移导致劳资双方当事人出现变化，或者当事人所处的环境出现变化时，就有变更劳动条件的必要了。无法变更时，就有解除劳动关系的必要。不过在劳动合同中，由于解雇已被解雇权滥用法理所限制，所以允许变更的必要性相对更大。其次，在满足统一、划一变更劳动条件之诉求((4))的同时，也应关注劳动者在维持劳动条件方面的利益。正是在这样的状况下，判例形成了如下规则，即只要劳动守则的变更是合理的，那么就可以约束不同意变更的劳动者。如今这已成为牢固的判例法理(详见：《劳动判例百选(第7版)》58页(荒木尚志))。

对于这种劳动守则合理变更法理，如果以一次性合同关系为前提，是很难予以说明的，甚至还会招致违反合同原理的批评。但是从最近的研究来看，围绕持续性、有组织的合同，这一与作为近代市民法之前提的单发型合同、个别(交易)型合同不同的合同类型，新的一般理论体系正在形成当中(内田贵：《契约的时代》(2000)第89页以下；内田贵："民营化(privatization)和契约(6·完)"，载《Jurist》第1311号145页以下(2006))。以劳动合同关系为核心展开的安全保障义务论也是如此。因而可以说，劳动法既是一个修正了合同自由等民法理论的新领域，同时因为劳动合同关系的特质，劳动法也是一个为新的合同法一般理论之形成提供素材的领域。

但如今，出于劳动者的多样化、个人主义化、人事管理的个别化、IT技术的发展、劳动工会组织率的低下、雇佣流动化等各种原因，雇佣体系已经有所变化，同时，上述劳动合同关系的特质也出现了一定的改变。现在劳动法为应对这种变化，正在构建新的机制，以确保公正。比如重新审视传统的强制性规范(1987年以来，劳动基准法已有多次修订，旨在实现内容的现代化)；建立个别纠纷解决机制[2001年的个别劳动关系纠纷解决促进法(個別労働関係紛争解決促進法)、2004年的劳动审判法(労働審判法)]。此外，为将从判例法理而来的合同规则明确化，"劳动合同法"也在制定当中。劳动合同法并未采用罚则、行政监督等劳动保护法上的传统手段，而是全部由民事规范所构成，因而备受瞩目。不过从2005年9月的提案"有关今后劳动合同法制之样态的

---

* 即在劳动合同或劳动守则中约定，女性劳动者一旦结婚后就须离职。——译者注

研究会报告”（主持人：明治大学法科大学院菅野和夫教授）来看，劳动合同法的内容已大幅简化。该提案之后会作为法案在 2007 年被递交国会。* 无论如何，采用了多种规范和规制手段的劳动法依然会不断调整其姿态，以顺应雇佣体系的变化，而其与民法的关系，也必将随之发生变化。

参考文献

文中所列文献。

* 日本劳动合同法已于 2007 年 12 月 5 日正式颁布。——译者注

10

民法和其他领域（8）国际法

东京大学教授　小寺彰

序

1. 国际法、国内法、民法

所谓国际法，即国家间的法，与包括民法在内的国内法形成对照。不过，国际法与国内法并非无关，两者的关系历来是理论和实务上的难题。姑且不说那些纯粹理论上的课题，仅就实务而言，国际法在国内法层面具有何种效果，就是一个问题。在我国，国际法——依法源来说，有国际习惯法和条约——被定位为国内法的法源，具有国内法上的效果，也即国内法的法形式之一。而且按照我国法令的形式效力，国际法具有优先于法律的效力，所以即便作为国内法也仍发挥着重要的作用。于是对于国际法与国内法，特别是与其中民法的联系，就有了讨论的意义［另外，由于国际法是互相平等独立的国家之间的法体系，所以人们往往类推民法这一平等私人（市民）相互间的法律来理解国际法，民法的思维方式对国际法也有很大的影响，不过本文暂不涉及这一点］。

2. 国际法与民法的连接点

在国际法之中，与民法有最直接关系的当属私法统一条约。类似《有关统一提单的若干法律规定的国际公约（海牙规则）》这样的私法统一条约实际也在规范着私人之间的实体法关系，在其调整领域内已取代了民法或商法。不过我国批准加入的私法统一条约并没那么多，适用范围较为有限。

在国际法与民法的关系中，私法统一条约只是一个例外。国际法对国家间关系的调整是通过赋予国家权力、课以义务来实现的。所以就国内法的层面而言，国际法主要是在法院所在地的国家对私人的关系上，也即法院所在地的公法关系上具有意义。比如，法务大臣针对不法滞留日本的外国人作出离境处分的，如果法院认定该外国人为难民条约所规定的“难民”，则该处分就要被撤销（比如：名古屋地判平成15・9・25判T1148号139页）。而民法调整的是私人相互之间的关系，与国家相关的领域有限，所以国际法对民法直接产生影响的场合较少。

如果除去私法统一条约，那么国际法实际上对民法会产生一定效果的场合为：（1）违反国际法的行为也会对民法上的权利（物权）产生一定效果的场合；（2）在评价民法上的法律关系时，须先对国际法上的制度的性质进行认定的场合。

一、违反国际法的行为对于民事法律关系的效果

违反国际法的行为会对民法法律关系产生何种效果？这将依据作为评价对象的行为的实施者是日本国（法院所在地的国家）还是外国国家（法院所在地以外的国家）而会有所不同。

1. 日本国的行为

在我国，因为国际法在国内法上也具有效力，所以如果作为法院所在地的日本国（包括地方自治体）实施了违反法院可援引的（具有自动执行力的）国际法规范的行为，那么（1）日本国就要承担侵权行为责任，或者（2）日本国的行为的违法性可能影响民法上的物权之归属（称得上违反国际法的，仅限于违反那些具备了自动执行力的国际法规范的场合，故下文不再重复提及“自动执行力”）。

（1）侵权行为

公务员行使日本国的公权力，执行职务之际，因违反国际法规范而给私人造成损害的，当然会发生国家赔偿法上的赔偿责任［以违反自由权公约*为由认定国家承担国赔法上的责任的有：德岛地判平成8·3·15判时第1597号第115页；芹田健太郎：“平成8年度重判解”（《Jurist》第1113号）第264页。不过，最判平成12年9月7日（判时第1728号17页②事件）判决取消了这一部分］。另一方面，国家公务员的行为不构成公权力行使的场合，因为执行职务违法而给私人造成损害就会引发民法上的责任，所以即便基准法规是国际法，理论上也可能发生侵权行为责任。不过很难想象违反国际法的国家行为却不构成公权力的行使，所以这种讨论并无实际意义。

此外，虽然私人通常不是国际法规范的对象，但如果私人例外成为国际法的直接对象，那么该私人违反国际法的行为是否构成侵权行为，就是一个问题。

“札幌地判平成14·11·11”（判时第1806号84页；佐藤文夫：“平成14年度重判解”（《Jurist》第1246号）260页；（控诉审）札幌高判平成16·9·16判例集未登载；（上告审）最决平成17·4·8判例集未登载（上告驳回））判决就涉及这样的事例：小樽市的公共浴场张贴了告示，内容为外国人不得入浴，之后X等就因为是“外国人”而被拒绝入浴，于是原告以违反自由权公约第26条、消除种族歧视公约第5条（f）等构成侵权行为为由，要求损害赔偿和公开赔礼道歉。对此法院一方面认定上述公约并非规范私人间的相互关系，但同时又抛出了这样的一般论：“因私人的行为致其他私人的基本自由、平等受到现实侵害或有侵害之虞，并且该行为被认为超过了社会可容许的限度时，依据民法第1条、第90条这些限制私人自治之一般规定以及与侵权行为相关的各规定，私人所实施的对个人的基本自由、平等的侵害是无效乃至违法的，故而私人的利益应得到保护……国际人权B公约（即自由权公约——笔者）以及消除种族歧视公约可作为前述私法上各规定的解释基准之一。”最终法院基于下述判断认定侵权行为成立：“参照宪法第14条第1款、国际人权B公约第26条、消除种族歧视公约的旨趣，基于貌似外国人的外表，也即人种、肤色、血统、民族或种族出身进行区分、限制的做法，属于私人之间的种族歧视，应予以消除”（同类案件还可见：静冈地浜松支判平成11·10·12判时第1718号第92页，高田映：“平成11年度重判解”（《Jurist》第1179

* 这里是指《公民权利及政治权利国际公约》。——译者注

号）290 页）。

即便是自由权公约、消除种族歧视公约这样的人权公约，也并不规范私人之间的法律关系。但在判断是否构成侵害私人利益的侵权行为时，公约的旨趣可以成为一种判断因素。从判决将公约与宪法第 14 条并列也可以看出，法院将公约在民事关系中的地位与宪法在私人间的适用给予了同种处理。

（2）物权变动

当日本国的某一举措违反国际法，且该举措影响物权变动时，这一有瑕疵的举措就有可能导致物权归属回复到变动前的状态。比如基于土地征收法对土地进行征收处分，而该处分却违反了国际法。此时原土地所有者可以进行所有权确认，不过这仅限于该处分具有明显的违法性以至于应被认定为无效的场合。并且通常是先以处分厅* 为相对人请求法院撤销处分，获得撤销判决之后才能进行所有权确认。换言之，违反国际法本身并未直接影响到所有权确认这一民法法律关系，只是构成了撤销该处分的事由，并间接影响到物权变动（日本过去并未发生过这类案件）。

2. 外国国家的行为

外国国家（法院所在地以外的国家）的行为违反国际法的，国家责任的追究仅发生在国家之间，即便私人因外国国家违反国际法而蒙受损害，也无法在日本（法院所在地国）向外国国家追究该民法上的侵权行为责任（不过，基于两国间投资协议的仲裁案件中，确有以外国违反投资协议为据裁定向私人投资家赔偿损害的事例）。但是，如果有人主张外国国家的行为意在对所有权等私人财产上的权利造成某种效果，并且该行为违反了国际法，那么就另当别论了。

违反国际法的外国国家行为中历来存在较大争议的，是有关外国国家征收征用外国人财产的行为。一般认为，在征收征用外国人的财产时，征收征用之目的应具有公益性，且该措施之实施不能因国籍而有所区别，同时对被征收征用者应给予金钱补偿［学说之间围绕金钱补偿存在对立。有学说认为“适当补偿”就足够，有学说则认为补偿必须是“充分（支付金额）、迅速（支付时间）、有效（支付手段）”的。不过在必须补偿这一点上是一致的］。一旦觊觎特定国民的财产，实施了违反国际法的征收征用，那么转移至该国或特定人的财产在所有权归属上就有了问题。

“安格洛伊朗尼亚石油公司事件”（东京地裁昭和 28・5・27 下民集第 4 卷第 5 号 755 页；东京高判昭和 28・9・1）中，安格洛伊朗尼亚石油公司（X）所拥有的一切伊朗国内的利权均被伊朗政府接收并转移给了国家伊朗公司，而从国家伊朗公司购买了石油的 Y 公司将石油保管于日本国内后，X 提出该接收行为违反国际法原则，X 仍享有该石油的所有权，于是申请临时性权利保全措施，以禁止 Y 将该石油进行转让及其他一切处分行为。对于伊朗的没收行为，日本的法院是否可以作出国际法上的评判，成为这一事件中的最大争议点。最终东京地方裁判所以及作为控诉审的东京高等裁判所均回避了裁判。就其理由，东京地方裁判所是如此陈述的。

“只要不是要求现在在我国法域内实现相关行为，或者承认其有效并不会实际损害我国国内的秩序，那么就不能否定一国所制定的符合该国利益的法令的效力，以及在该国国内已经发生的、实施该法令所带来的效果，这是独立主权国家之间互相尊重主权、维持友好关系所必要的国际礼让的要求。”

---

* 处分厅即对行政处分的意思决定具有最终权限和承担责任的机关，可以是各市区村长。——译者注

符合特定条件的，法院可以对法院所在地之外的国家的行为是否违反国际法进行判断，从而为进一步认定私法上的效果做好准备。当然，并不总是可以将外国国家的行为评判为违反国际法。

与我国的法领域直接相关的事件就是“水交社事件”（东京地判昭和 41·2·28 下民集 17 卷 1·2 号 108 页）。这一事件的经过如下：联合国总司令部将东京水交社认定为须解散的团体，之后东京水交社遭到法律上的解散且其名下的不动产移交给了日本国，再后 Y 从日本政府处受让了该不动产，东京水交社便对 Y 提起诉讼，请求确认 Y 的所有权取得无效，理由是总司令部将不动产归于日本政府的措施违反了海牙陆战法规第 46 条有关占领国不得没收私有财产的规定。对此法院认为，该法规第 46 条中明确提及的尊重私有财产、禁止没收等内容并非强制性的，若已经缔结了不同于该内容的特别协定，则特别协定优先，而日本的投降文书就可以视为这样的特别协定，所以驳回了原告的请求。在这一事件中，外国国家针对法院所在地的财产所采取的措施成为焦点，法院最终认定该外国国家的行为未违反国际法，并据此对不动产所有权的归属作出了裁决。

二、国际法上之制度的定性

对于国际法上的各种制度，有时候也必须作出民法上的定性。国家、政府、国际机构（政府间国际组织）一方面就是国际法上的重要制度，另一方面在国内法上也被赋予了法人格，参与国内的私法关系。以下姑且就以未得到承认之政府、国际机构为例，来看一下国际法是如何关系到国际法上之制度的定性问题的。

“国际锡理事会事件”涉及国际机构的定性问题。在这一事件中，作为国际机构的国际锡理事会介入国际锡市场，试图维持价格稳定，但仍因锡价格的下跌而蒙受巨大损失，最终陷入债务不履行的境地，债权人向各国法院提起诉讼要求其履行债务。其中以该理事会的总部所在地英国的裁判最为有名。在这一裁判中，该理事会的支付责任和成员国的补充支付责任均被问及。成员国对该理事会进行过出资，但成员国的责任是无限责任还是仅限于出资限度内的有限责任，则成了一个争议点。

英国上院（最高法院）仅以上院所制定的、作为英国国内法的理事会令为依据，否定了成员国的责任（也存在肯定责任的少数意见）（［1989］3All ER 523）。本案判决是发生在条约（本案中即设置国际锡理事会的第六次国际锡协定）不具有国内法上效力的英国。如果同类案件发生在条约具有国内法上效力的我国，基于设立条约的解释，进而基于国际习惯法所认定的国际机构之性质，成员国是否要承担补充责任，恐怕会有争议（国际习惯法即便在英国也是有国内法效力的，但关于国际习惯法上的国际机构的定性问题，仍存在不同的见解）。

参考文献

F. A. Mann，“The Consequences of an International Wrong in International and National Law”，in *Further Studies in International Law*（1990），pp. 124-198；小寺彰：“国际锡理事会事件”，载综合研究开发机构编：《经济的全球化与法》（1994）331～350 页；栋居快行：“第三人效力论的新展开”，载芹田健太郎等编：《讲座国际人权法（1）国际人权法和宪法》（2006）255～279 页。

11

民法和其他领域（9）国际私法

早稻田大学教授　道垣内正人

一、序

直接调整权利义务、法律关系的法被称为直接规范（＝实质法），民法是其典型。而国际私法则是所谓的间接规范（＝冲突法）。因为实质法会因法域（可以以国为单位，也可以像美国那样以国内地域为单位）的不同而不同，国际私法就是用以决定适用哪一法域之法律的规范。被决定适用的法律即所谓的准据法，而用以决定准据法的规则就是国际私法（有时也将国际民事程序法包括在国际私法内）。

19世纪中叶由萨维尼（Savigny：1779—1861）所确立的现代国际私法是这样一种机制：法律关系依其固有性质所归属的、受调整的法域的法律（最密切关系地法）才可以成为准据法，而每个单位法律关系的准据法应通过连结点来确定。比如日本的国际私法《关于法的适用的通则法》（以下称为《法适用通则法》）第36条论及"继承，依据被继承人的本国法"，这就是针对"继承"这一单元法律关系，规定以被继承人的本国为连结点，将被继承人的本国法确定为准据法。

所以，国际私法上的单位法律关系并不仅涉及日本的实质法问题，而是涉及全世界可能发生的私法问题，国际私法就是要为这些问题来确定准据法。比如上述"继承"问题，不仅涉及日本民法所规定的概括承继主义式的继承，还涉及清算主义式的继承，即经由遗产管理程序后仍余留积极财产的，财产才移转于继承人。此外，涉及的继承人范围、继承份额也可能不一样。总之，从国际私法的角度看，日本的民法不过是"one of them"而已。

围绕民法与国际私法的关系尚存争议。下面就将介绍这些争议，并揭示争议的意义所在。即适用民法之前，是否总要适用国际私法？如果是，那么就需要应对可能发生的法律规避行为，此外请求权竞合问题也将演变为国际私法规定的适用关系问题。

二、有关国际私法适用对象的涉外法律关系说和法律关系全盘说

1. 问题的所在

在诸如国际交易、国际结婚等场合，依据国际私法来决定准据法实际上有着重要意

义。由于当事人的国籍、居住地、行为地等都会不同，所以适用哪一法域的法律，结论就可能不同。有学说就依据这一点而主张国际私法以涉外法律关系为适用对象（涉外法律关系说）。与之相对，有学说认为理论上总是存在适用哪一法域之法律的问题，所以只要不经过适用国际私法来确定准据法这一步骤，就无法适用特定法域的实质法（法律关系全盘说）。究竟哪一种说法正确呢？对于百分之百与日本相关的国内案件适用日本民法这一结论又应如何说明呢？

2. 涉外法律关系说与法律关系全盘说的对立

涉外法律关系说认为"对于国内的私法关系只适用国内法是理所当然的，这里完全不会发生适用哪一国法律的问题"（溜池良夫《国际私法讲义（第 3 版）》（2005）3 页）。此外还有人说"如果认为连纯粹的国内私法关系是否属于民法的适用范围这样的问题民法自身都不清楚的话，那么就完全违背了立法者的意图"（同上，18 页。樱田嘉章：《国际私法（第 5 版）》（2006）27 页。类似可参见：木棚照一等：《国际私法（第 4 版）》（2005）6 页）。这些都是在说，对于国内案件适用民法是不言而喻的。

与之相对，法律关系全盘说认为，"确实现实中国际私法所处理的问题都是涉外案件，而且（国际私法）也是为了处理涉外案件才诞生的，但理论上所有的法律关系都会涉及准据法，况且这样理解也不会给现实造成什么困扰（……国内案件依照国际私法也是以国内法为准据法的……）。何况，对于何谓涉外法律关系本来就不可能严格定义，即便可以定义，为了这种区分而生的规则也是无用的"（泽木敬郎/道垣内正人：《国际私法入门（第 6 版）》（2006）6～7 页。理论上同旨的，可参见：山田镣一：《国际私法（第 3 版）》（2004）2 页）。这其实是认为，因为法律适用的路径有必要明确，所以法适用通则法应名副其实地起到掌管法律适用关系的作用（同法第 4 条以下并未看到有关以国际案件为适用对象的规定）。

一个实质法的适用之中总会遇到时间上的冲突问题，即到底是适用新法还是旧法，对此并不需要一一言及制定法的附则中有关适用关系的规定。所以同样的道理，比如在与日本的不动产买卖有关的所有权归属问题上，即便采纳法律关系全盘说，也不是说必须言及根据法适用通则法第 13 条，即对于物权应适用标的物所在地法这一规定，而决定适用日本法。只是在法律关系全盘说看来，就逻辑上的路径而言，一旦脱离国际私法就无从确定准据法。

3. 实质差异

（1）对于通过选择准据法来规避法律的担忧

那么是否会因采纳不同学说而出现不同结果呢？由于法适用通则法规定当事人可以选择准据法（当事人自治），所以一旦采纳法律关系全盘说，那么即便是纯粹的国内案件，当事人也可以选择适用外国法。但这样是否妥当？目前允许当事人自治的有这样一些事项：合同等法律行为（法适用通则法第 7 条），无因管理、不当得利、侵权行为（有关事后变更准据法，见同法第 16、21 条）以及夫妻财产制（同法 26 条第 2 款，仅限于选择有一定关系的法律）等（关于法适用通则法中的当事人自治规定之增加，可参见：道垣内正人："国际私法的新课题和展望"，载《上智法学论集》第 49 卷第 3、4 号 17 页（2006）；道垣内正人："法适用通则法的成立和国际私法的新展开"，载《法教》第 314 号 6 页（2006））。

如果对于上述事项选择外国法为准据法，那么可能会出现这样的担忧，即轻易逃避日本的强行规定之适用。那种无论利息限制法或贷款业法怎么修订，只要在融资合同中事先约定适用外国法就可高枕无忧的想法，一般被认为是不妥当的。不过这种担忧，与其说针对的是法律关系全盘说，不如说是当事人自治本身。即如果只要有些许涉外性就可逃避适用国内法的话，那么只要在外国缔结合同就可以达到规避法律的目的。可至少在日本的贷款业者是向居住在日本的人融资的场合，恐怕还是应适用利息限制法等相关的日本法律，而无须过问国籍或合同签订地在哪。

对于这样的担心，国际私法上有所谓“绝对性强行规定”的规范可以应对。这是一类不问准据法为何都必须被适用的规则。相比只有当日本法是准据法时才可适用的“相对性强行规定”（比如民法第 90 条），这类规则体现了更强的法政策性，所谓公法化的私法规则即属于此。因为自己国家的绝对性强行规定出于种种法律目的而有着独立的适用范围，所以这类规则的适用并不会被经由国际私法确定的准据法所左右。法适用通则法就对“私法公法化”倾向明显的消费者合同和劳动合同设置了特别规定，即只要消费者主张适用自己的经常居住地法中的特定强行规定，劳动者主张适用有关劳动合同的最密切关系地法（原则上是劳务提供地法）中的特定强行规定，那么即便准据法有别于这些法，也不影响这些强行规定的适用。不过，以上述区别来看，这其实还是有关“相对性强行规定”的特别规定。因为“绝对性强行规定”有着很强的公益性，所以即便没有这类主张，在应适用时还是会被适用的。

另外，在近来的立法中出现了不少绝对性强行规定。比如要求保证合同为书面的民法第 446 条第 2 款。如果这条规定是“相对性强行规定”，那么其适用就应交由国际私法。而在国际私法上，书面性之类的成立要件属于“方式”的问题，是可以选择适用数个准据法的。也就是说，依据法适用通则法第 10 条，所采用的方式只要与 1）合同准据法（第 1 项）、2）行为地法（第 2 项）中的任何一个相符合即可。如果是 3）居住在不同法域的人之间缔结保证合同，那么所采用的方式只要与要约发出地法、承诺发出地法中的任何一个相符合即可（第 4 项）。于是，只要这些法律中有一个不要求保证合同的书面性，那么即便不满足民法第 446 条第 2 项也可成立保证合同。但这一结论恐怕有悖法律的宗旨。尽管适用范围尚不明确，但至少当保证人居住在日本或在日本营业时，就不应认可非书面保证合同的成立。如果这样理解，那么这一规定就是“绝对性强行规定”。

综上，即便采纳了法律关系全盘说，也因“绝对性强行规定”的存在，而在一定程度上化解了对于通过选择准据法来规避法律的担忧。所以，对于这一可以很好说明法律适用关系的学说，应当予以肯定。

（2）请求权竞合问题的定位

在法律关系全盘说看来，请求权竞合的问题就是国际私法上的问题。即规定合同之准据法的法适用通则法第 7、8 条，与规定侵权行为之准据法的法适用通则法第 17 条之间的适用关系问题。对于这一关系，法性决定一体说认为，不管是合同法上的问题还是侵权行为法上的问题，既然都涉及当事人之间成立何种内容之债权的问题，就都应适用合同的准据法（国友明彦：《基于国际私法上当事人利益的性质决定》（2002）76～77 页）。但笔者认为，两者仍是一种并存的关系，理由如下：法适用通则法在第 17 条至第 19 条规定了侵权行为（一般）、产品责任、损害名誉信用的准据法，不过第 20 条还是规定“……对照违反当事人间合同上的义务而实施侵权行为等其他事实，相比依照前 3 条规定应予适用之法律的所属地，存在关系显然更为密切的其他地方的，就应适用该其他地方的法律”，从而合同与侵权行为的请求权竞合时，侵权行为的准据法与合同的准据法可以是同一部法律。但是，这一规定毕竟是以不同问题为前提的，并且仅限于与合同准据法“显然”密切相关的场合。只要不是这种场合，两者就应适用不同的准据法。

据此合同与侵权行为的准据法是有可能不同的，所以说请求权竞合实乃国际私法上预设之结果（道垣内正人：《重点国际私法 · 总论（第 2 版）》（2007）113 页）。如此看来，民法学上围绕请求权竞合的争论，恰巧就是有关准据法均是日本法之场合（或者依据法适用通则法第 20 条准据法均为日本法之场合）的争论。

参考文献

文中所列文献。

12

民法和其他领域（10）法社会学

神户大学教授　山本显治

一、序

民法学与法社会学的交往由来已久。同时学习民法学和法社会学，可以促使民法从历史与社会、思想与理论的维度进行自我反思。正是面对社会与时代的巨大变化，在先人积累的智识成果之上，才有了今天的民法学。一般认为（利谷信义："日本法社会学的历史背景——战前的'法社会学'"，载川岛武宜编：《法社会学讲座（2）》（1972）），我国法社会学的源头可追溯至穗积陈重的《法律进化论（1）～（3）》（『法律進化論（1）～（3）』）（1924—1927）。而战后最先发出复兴法社会学之声的是川岛武宜的《所有权法的理论》（『所有権法の理論』）（1949）。那个时候，强烈影响着战后法社会学的观点有：（1）认为民法的原理、逻辑构造是历史所形成的社会秩序之宏观法则性的反映；（2）探求现实的日本社会中所存在的生活规范（活着的法）；（3）基于前者对后者进行批判性检讨。而这些观点普遍共有的视角是，依据所谓理念化的近代市民法秩序，批判性地审视传统的、封建的规范关系。这之后，优秀的法社会学的文献不胜枚举。其中最为脍炙人口的，是川岛武宜的《日本人的法意识》（『日本人の法意識』）（1967）。该书涉及"所有权""合同""权利""民事诉讼"四个话题，不过限于篇幅，下面仅就前二者简要谈一下民法学与法社会学交错领域中的争议点。

二、所有权论

在《所有权法的理论》中，川岛为近代市民法中的所有权提炼出了原理基础，并对我国的物权制度给予了批判性评价。该研究揭示了所有权自由乃近代经济社会之基石，进而提出所谓"近代的所有权自由"，就是"自己是独立的、不隶属于其他任何人的主体这种近代人类的自我意识"在外部世界中的客观反映。川岛还主张，全体市民都是具备自由精神的主体，故应互相尊重各自的所有权自由，也正是在这一点上体现了近代意义之主体的伦理性基础。此外，川岛认为，近代资本主义社会中的所有权是一种针对商品的"交换价值"的权利，由此所有权也完成了从"对物的物理支配权"到"对物的交换价值的抽象支配权"这样一种资本主义性质的权利的蜕变。

以川岛为代表的这种"近代所有权"理论对有关"入会权"*、"温泉权"** 等典型的日本"活着的法"的研究（川岛武宜编：《注释民法（7）》（1968）501 页）以及所谓"近代的土地所有权论"（森田修："战后民法学中的'近代'"，载《社会科学研究》第 48 卷第 4 号（1997））等产生了重大影响。自 1950 年代后期开始，川岛将其视线从一直以来基于市民法学、马克思主义的宏观研究，转向了基于现实主义法学、经验法学的微观研究。这一演变最终影响到太田知行的研究。在该研究看来，所有权可以被还原为针对法官的各种指令性命题（太田知行：《当事人间的所有权移转》（1963））。

近年来，有关所有权的法社会学研究又见新的进展。比如基于"法和经济学"分析的"公地"研究就给"入会权"带来了新曙光。入会权经常被认为是种"滞后的习惯"，人们一直尝试将其改造为近代私权。但"公地"研究揭示了这样一点，即权利人互不排他的共同利用虽然导致资源的过度利用（公地悲剧），但反之如果将排他性的权利交给人们，那么也可能招致资源的过少利用（反公地悲剧），故而应从"社会整体福利最大化"之视角对所有权的归属分配作出政策决定（加藤雅信：《所有权的诞生》（2001）；太田胜造："有关所有权制度之涌现及物权·债权区分的备忘录"，载《Jurist》第 1229 号（2002）；山本显治："现代侵权行为法学中的'社会福利'对'私权'"，载《民商》第 133 卷第 6 号（2006））。这里展现了另一种思考样式，有别于将私人所有权视为主体之精神自由在外部世界的显现。另一方面，"公地"研究所代表的共同权利关系之研究还揭示了诸如区域景观权*** 之类很难还原为私权的新型权利与近代个人主义所有权之间的紧张关系，并在各地展开的"造城"运动****、环境保护运动的呼应下，又于近来掀起了着眼"市民型公共性"的理论动向*****，而"市民型公共性"被认为正是共同权利的正当性依据（吉田克己：《现代市民社会与民法学》（1999））。此外，无论是有关信息、智慧财产、人体乃至细胞的权利的扩大，还是从人格派生出的各种权利的展开（吉田邦彦：《民法解释与动摇的所有论》（2000）），都从根本上动摇了近代的所有权观，构建与之对应的现代所有权理论已成当务之急。

三、合同法论

在《日本人的法意识》中，川岛提出，近代合同法的要务是保证资本主义交易活动的预测可能性。依据川岛的理解，近代合同在某一时点上成立或不成立，只能二选一，而一旦成立，合同就一律创制出明确的权利义务，当事人必须依循这些权利义务履行合同。川岛认为，对照这种近代合同法的理念来看，在合同的成立以及合同的权利义务方面，日本人的合同意识模糊不明确，是一种受制于传统社会关系的落后意识。

---

* 入会权是日本习惯法上的物权，尤指村落共同体等以共同体为单位对土地实行所有（"总有"），而共同体成员对该土地进行利用的权利。另可参见本书 50"现代的'入会'"。——译者注

** 温泉权是指利用温泉源的权利，可以与土地所有权相区分，成为独立的交易对象。日本物权法上并未规定温泉权，学说和审判实践多将其视为习惯法上的物权。——译者注

*** 基于美好景观本身就是受法律保护之利益的观点，日本出台了不少以保护景观为旨趣的行政法，其中 2004 年出台的《景观法》是其集大成者。但另一方面，市民个人享受"景观"这一利益，是否受法律保护，也即私法上是否存在"景观权"，则一直存在争论。——译者注

**** 原文为"まちづくり"。意指对道路、建筑物等硬件方面以及历史文化等软件方面进行保护和改善，建设更宜居的城市。——译者注

***** 关于"市民型公共性"一语，也可参见本书 20。——译者注

川岛的这种法意识理论，不仅在国内而且在国外也引起了巨大反响，进而促成了1970至1980年代之间的合同法理论研究的盛况。其中与法社会学有关的研究，比如北川善太郎基于商业交易中的合同的现实功能所展开的现代合同法研究（北川善太郎：《现代契约法Ⅰ、Ⅱ》（1973、1976））、围绕格式条款、合同交易而展开的一连串研究（星野英一等："研究会　我国社会的契约观（1）～（4）"，载《NBL》第200号～第203号（1980）；谷川久/北川善太郎代表："格式条款——法和现实（1）～（4）"，载《NBL》第239号～第242号（1981））等相继出现并引发关注。这些研究论及这样一些问题：可否将欧美各国企业交易中的合同意识与我国农村社会的合同意识相提并论、曾被以为是日本特有的事物是否其实是一种在外国也同样可见的普遍现象、企业交易中的商业逻辑与法律逻辑是否存在一种紧张关系，等等。正是因为这些研究，才有了后来在国内外引起较大争论的所谓"日本式交易习惯"之研究。此外还出现了一些对之后的讨论影响甚大的研究，比如广中俊雄基于近代法的历史发展脉络所提出的租赁合同中的"物上信赖关系论"*（广中俊雄：《契约法的研究》（1958））、来栖三郎基于细致周详的实态调查所著的《合同法》（1974）、主张回归近代市民法核心原理"意思自律"的"意思主义复权论"（安井宏："关于近期的所谓'意思主义的复权论'"，载《修道法学》第8卷第1号（1985））、星野英一撰写的一系列倡导"合同正义"旨在作为现代合同法基本原理的论文（星野英一："契约思想·契约法的历史和比较法"，载《岩波讲座·基本法学4》（1983）），等等。

1990年代以后，欧美各国的合同法理论已经有了很大的进展，与此同时，我国的合同法学也迎来了转机。比如笔者就曾提出，随着70年代之后社会不断的"法化"，以形式性和预测可能性为核心的近代合同法出现了广泛运用规范概念和一般条款的趋势（法的"实质化"），也即转变为一种对于"生活世界"的干涉法，所以，构建合同法学以应对法化现象所导致的私人自治危机，已成为紧迫课题。为此，对于近代合同法的基础原理"自我决定原理"，必须赋予现代的意义。也就是说，应将自我决定原理从"法律效果形成意思"之中解放出来，进而改造为"与他人交往之中依自我之意思形成自我之生活"这一被广泛认可的原理。在这之上，将合同关系理解为一种当事人之间的"对话过程"，其面向的是持续性规范形成，正是在这样的对话过程之中体现自我决定，而合同法就是要以程序规则来保障这种自我决定（山本显治："关于契约交涉关系的法构造的考察"，载《民商》第100卷第2号、第3号、第5号（1989））。另一方面，内田贵提出了"关系合同理论"（内田贵：《契约的再生》（1990））。该理论与上述理论存在共通之处，即将合同重新置于社会过程之中来审视，并将当事人之间的关系性作为合同规范的基础。但关系合同理论反对依据意思理论来把握合同关系，认为这仍是一种古典的合同法原理。关系合同理论更为直接的以连带性、相互性、权力等社会共同体的各种规范为基础，将合同理解为一种持续形成的动态关系。如果按照近代合同法的范式，合同关系是一种与其背后的多样社会关系相阻隔的法律关系（单一性），也是一种可一概定义的权利义务关系，并在缔约的瞬间就得到了终局性确定（现时化）。与之不同，内田则将"灵活性"和"持续性"视为现代合同法的原理，并抽象出了以可接受之合理性

* 原文为"即物的信頼関係"。意指经济利益所主导的信赖关系（一旦出租人的经济利益受侵害，如租金滞付，信赖关系即被打破），与之相对的是情感因素所主导的信赖关系（"人的信頼関係"）。在房屋租赁合同的解除问题上，是否只要"物上信赖关系"被破坏即可解除，学说上不无争议。另可参见本书98。——译者注

为基础的共同体“内在规范”，据此对现代合同的各种现象在方法论上给予了“解释学上的正当化”（内田贵：《契约的时代》（2000））。此处其实蕴含了这样一层意义，即用现代眼光重新评价“传统”与“社会的共同性”这一川岛以来长期被当作批判对象的命题。这一研究已在民法学领域之外引起了巨大反响（棚濑孝雄：“关系契约论和法秩序观”，载棚濑孝雄编：《契约法理和契约惯行》（1999），吉田（克），前揭《现代市民社会和民法学》）。而大村敦志的一系列研究则试图在“个体与共同性”的紧张关系之中重筑合同理论，并批判存在于近代合同法理论之基底的“公私法区分论”（大村敦志：《从合同法到消费者法》（1999））。森田修的一系列论文检讨了近代合理性，并以合理选择理论为基础试图重构关系合同理论（森田修：“威廉姆森所理解的契约——以法和市场的制度分析为目标（1）”，载《社会科学研究》第48卷第1号（1996））。总之，基于现代人文、社会科学成果的横向研究已经在许多领域中涌现出来了。

四、结语

民法与法社会学的关系横跨侵权行为法、环境法、家庭法、医务法、判例研究方法论、法解释学方法论等多个领域。此外还有备受关注的女权主义法学运动。这种法学控诉了法律在被定义为私域的世界中的缺失（“个人的即政治的”），并欲表达有关私人事务的言论。不过由此创建的“权利之话语”近来也遭到了强烈批判。

像这样，对于诸如“近代意义上的个人主体性”与“社会共同性”、“近代合理性”与“将目光投向于从那里遗落下的差异”等各种紧张关系中所蕴含的契机如何看待，已成为一个共通议题，横卧在当前很多论稿之基底。这背后实际就是自由主义、共同体主义、后现代主义等现代社会理论之间的论争，我们不妨将之看作以法为舞台而展开的“社会之自我解释”。

参考文献

文中所列文献。

13

民法和其他领域（11）法制史

桐荫横滨大学教授　小川浩三

一、法制史是民法所必要的吗？

法制史对于学习民法有着何种意义，恐怕无须在此处多做强调。民法专业的各位老师一定都已充分讲述过历史对于理解民法的重要性。而《民法的争点》之所以将本主题收入其中，大概也是因为编者们具有同样的认识。虽这么说，但历史对于学习民法究竟有着何种意义上的重要性，也并非当然明确。为此下面将围绕民法第 94 条第 2 款*的“善意”这一具体概念，依据笔者自身的理解从历史的角度进行若干探讨。至于这对民法学习而言具有怎样的意义，就交给读者们来评判了。

二、有关民法第 94 条第 2 款“善意”的问题状况

关于民法第 94 条第 2 款的“善意”，众所周知，判例认为第三人只要善意就足以对抗主张虚伪表示无效的表意人（大判昭和 12・8・10 新闻 4181 号 9 页），并且善意的证明责任在于第三人（最判昭和 35・2・2 民集 14 卷 1 号 36 页、最判昭和 41・12・22 民集 20 卷 10 号 2168 页）。而有力的反对说则认为，仅善意尚不够，还须无过失，同时应由表意人负担第三人为恶意（或有过失）的证明责任（比如：内田贵：《民法Ⅰ（第 3 版）》（2005）54 页以下、185 页以下）。如果善意是指“不知晓”，那么由于有关“不”的证明是不可能的，所以会招致这样的批评，即让第三人负担有关善意的证明，实际就是强使其做不可能之事。但也可能有这样的反驳，即裁判上的证明无须像自然科学上的证明那样严密，只要证明“不知晓”的盖然性就够了。比如在涉及虚伪表示的不动产交易中，如果第三人能够证明其确认过自己的交易相对人与主张无效的表意人之间曾有登记之移转，那么从经验法则来看，第三人往往信赖这是一个当然有效的交易，而不会意识到虚伪表示，这也就证明了不知虚伪表示的盖然性（村上淳一，《法协》第 78 卷第 2 号 227 页以下）。如果这样理解善意之证明，那么是

---

* 依据日本民法第 94 条第 1 款，通谋虚伪意思表示无效。该条第 2 款规定：因前款规定而致意思表示之无效，不得对抗善意第三人。——译者注

否以无过失为必要的讨论也就烟消云散了。

关于虚伪表示自身又应如何证明？最可靠的方法是，虚伪表示的当事人出具过——与证明该法律行为的书证相反的——旨在确认该法律行为虚假的字据，即所谓“反面书证”。法国民法典（第 1321 条）以及旧民法*（证据编第 50 条以下）虽未直接规定虚伪表示，但均设置了“反面书证”的规定。即“反面书证”仅在当事人之间有效，若要对抗第三人，则必须证明第三人“知晓”反面书证的存在。德国民法典则考虑到虚伪表示不限于反面书证，所以设置了更为抽象的有关虚伪表示的规定（德国民法典第 117 条）。至于虚伪表示对第三人的效力，德国民法典在虚伪表示的规定之中未有任何提及，而是交给了物权法等。即虚伪表示所涉标的物为不动产的，第三人可以信赖不动产登记（公信力），表意人欲阻止第三人取得不动产，就必须证明已存在异议登记，或第三人知晓登记的虚假性（德国民法典第 892 条）。所涉标的物为动产的，第三人可以取得所有权，表意人欲加阻止，就必须证明第三人并非善意。所谓“非善意”，即第三人知晓转让人没有所有权，或因重大过失而不知情（德国民法典第 932 条）。

上述法德民法典想必都对日本民法第 94 条的起草给予过影响。这么来看，善意的证明责任存在于第三人的说法就有些可疑了。日本的立法者在起草第 94 条第 2 款时，恐怕也无意设计一种融入了证明责任分配的规定范式（由主张不得对抗的一方承担证明责任）。但在这个问题上还有更为重要的一点，即德国民法典所谓的“善意（Gutglauben）不存在”，是指“知晓或因重大过失而不知晓”。学理上说到“恶意（Bösglauben）”一词时，也是指这个意思。

三、日本民法的立法过程

那么日语中“知晓”之意义上的“恶意”从何而来？旧民法财产编第 182 条规定：“依正权源而为占有之场合，创设权源之当时占有人不知其权源存在瑕疵者，即为善意之占有，反之则为恶意之占有”。所谓基于“正权源”的占有，即基于买卖、赠与等旨在移转占有权利的合法行为而实施的占有（同法第 181 条）。该条表明，非基于正权源的占有人无法成为善意的占有人。而法国民法典关于善意的占有人，又区分了基于正权源的占有和基于误想权源的占有。比如，实际存在优先于自己的继承人，但自己误认为已经继承而占有的场合。此种场合下，即便不知存在优先于自己的继承人，也不能适用 10 年的时效取得。不过，如果为善意占有人，则仍有孳息取得权。博阿索那德**拒绝了如此细致的区分，而将善意的占有限定于基于正权源的占有人。一旦证明正权源存在，就推定占有人为善意（同法第 187 条）。当然，相反的证明是允许的。博阿索那德认为，当正权源有疑问时，比如对交易行为是否发生所有权移转的效果抱有怀疑时，占有取得人应当与有经验者商量，或暂缓可疑的行为（Projet，1er éd. p. 126）。这里也表明，至少作为时效取得之要件的占有人的善意，并非单纯的“不知情”，而是“完美无缺的信赖”，一旦证明取得人一方抱有怀疑，善意就被

---

* 即明治 23 年（1890 年）公布的日本民法草案。——译者注

** 19 世纪末期的法国法学家，自 1879 年起受日本明治政府委托起草日本民法典（财产法部分），前后历时十年（至 1890 年），所完成的草案即为日本旧民法。——译者注

否定（Aubry et Rau，§.126，4e éd.，Tom.2，p.551）。如此，恶意这一意为善意被否定的概念，原本就包含了取得人一方的不注意。在此意义上，如果使用原语，那么所谓善意，即有充分根据的“好的信赖（bonne foi）”，而所谓恶意，即无充分根据的“坏的信赖（mauvaise foi）”。

在起草后来成为现行民法的明治民法时，第162条第2款*和第192条**均导入了无过失的要件。依据起草者的说明，这是作为取代“正权源”的要件而导入的。也即即便存在正权源，同时出让人没有所有权，受让人对此也不知晓（“善意”），但只要是因过失而不知晓，就无法成立时效取得。所以正权源不再是善意的“标尺”。此外，即便是误想权源，取得者只要无过失，也有可能成立时效取得，罗马法上就有这样的例子（对此不作详述。不过古代罗马法学中，这仍是一个未决的问题，中世纪以后则放弃了这一立场）。所以连这一点上，决定性的也不是正权源，而是过失（《民法议事速记录（1）》（1983）516页）。如果将“正权源”理解为只是对善意的推定，允许反证，同时善意之中又不排斥过失因素，那么就可以将旧民法中的“善意”理解为“不知晓”之意义上的善意，与无过失相区分。相应地，“恶意”也仅意味着单纯的“知晓”。但是，虽说不要正权源，但第162条增补了“所有的意思”（从权源的存在可以客观证明这一点）之要件，此外第180条***还加入了“为了自己而为的意思”这一要件，于是舍弃“正权源”的意图就变得不再明了。不仅如此，如果通过与“善意无过失”相区分来明确“善意”的含义，那么对其他条文当然也应作同样的理解。但是，比如第186条虽被认为全盘继受了旧民法，却未规定对无过失的推定。此外就第186条而言，为何在未证明交易行为（正权源）的情况下，却可推定“所有的意思”和“善意”？这一点实在让人难以理解。因为一旦基于交易行为证明了在取得占有（第180条）的阶段存在着“为了自己而为的意思”，其实也就暂时证明了“所有的意思”和“善意”。总之在“占有”这一极为复杂的问题上，立法确实稍显拙劣粗糙。

四、“善意”的概念史

不用说，善意（bonne foi；Gutglauben）就是拉丁语 bona fides 的移译。不过 bona fides 在当代一般指“诚实信用”。瑞士民法典第2、3条中，对以法语表述为 bonne foi 之处，就分别使用了 Gutglauben 和 Treu und Glauben（诚实信用）两个不同的德语词。现代的时效取得起源于罗马法上的使用取得。使用取得的要件虽然是 bona fides，但这本来并非指不知情的状况下购入了他人之物，而是指通过无须特别方式也即诺成合同（这也是 bona fides 的合同）性质的买卖合同购入。所以比如他人之物的受遗赠者就不存在 bona fides 的问题。但后来，使用取得的含义不再是补正曼兮帕蓄****这种所有权转让方式之欠缺，而仅指他人之物的（时效）取得，于是 bona fides 的含义也随之限定在了不知他人之物（Söllner，Bona fides-guter Glaube?，SZ 122（2005）1）。中世纪的

---

* 日本民法第162条第2款规定：十年间，以所有的意思平稳且公然占有他人之物者，其占有开始之时为善意且无过失时，取得其所有权。——译者注

** 日本民法第192条规定：通过交易行为平稳且公然开始占有动产的人，在善意且无过失时，即时取得可在该动产上行使的权利。——译者注

*** 日本民法第180条规定：基于为了自己而为的意思对物进行持有的，取得占有权。——译者注

**** 原文为“握取行為”，即 mancipatio 的日译。——译者注

法学从罗马法继受来这个意义上的 bona fides，并将之作为时效取得的要件。但是，教会法（学）对于时效取得采取了更为严格的态度。作为最高的德行，要求“不觊觎他人之物，并舍弃自己之物”，即便是时效完成之后才知晓他人之物的场合，为了灵魂之救赎，也应予以返还。即使在法的层面上，也要求时效的全部期间内均为善意，同时不再简单推定善意，而是要求尽到最大限度的注意（diligentia），由此确立了只有证明正权源才可推定善意的原则。之后，内含了这种注意义务的善意观念为近代的世俗法所继受，如上所述的善意观念终于得以确立。

五、历史研究的意义何在？

当然，不能说沿着以上的概念史，就可以得出日本法上有关善意的正确的解释论。即便无视历史，也可以认为前述最高裁判决作出了适切的判断。毕竟忠实遵循了证明责任的分配原则，运用经验法则巧妙化解了可能发生的不合理结果（尽管没有打算从传统的正权源来推定善意（?））。当然，最高裁判所（以及对之肯定的判例评释）或许也意识到有多种解决的可能性，但还是姑且选择一种熟悉的、有效的武器（证明责任的分配原则）。这一点本身某种意义上也是一种历史的过程。

参考文献

文中所列文献。

14

民法修订的动向（1）德国、荷兰

学习院大学教授　冈孝

一、德国

1. 民法世界的变样

德国民法对日本民法的制定过程曾给予过很大影响，但就在2001年年末，这部德国民法以债务法为核心接受了大幅修订。虽自制定开始的一个世纪中也有多次修订，但最引人注目的一次还是依据2000年6月的远程交易法（Fernabsatzgesetz），在民法典之中加入了有关经营者（第13条）、消费者（第14条）的定义性规定。这是卖方、买方、出借人、租借人等抽象人格（Person）之世界的民法首次从正面定义了具体人格（Mensch）之世界中的消费者、经营者。当然，在德国，有关不动产承租人（这也是具体人格）保护的规定等也在民法制定之后被部分地纳入了民法典，这一点与日本不同*，不过这毕竟是局部性的（存在若干特别立法），比如作为具体人格之典型的劳动者的保护就交由了劳动法这一特别法（除去若干规定）。

随着这类有关具体人格尤其是消费者的定义性规定的加入，将有关消费者保护的特别法并入民法典也就有了基础，从而让人预感到德国今后也许会通过立法将消费者特别法吸收进民法典。如今，后述的债务法现代化法已经实现了这一步（本稿限于篇幅限制对出处等不予标注，具体可参照参考文献）。

2. 债务法修订的历程

（1）民法典的问题

德国民法在制定之后呈现出各种问题。其中在给付障碍法的领域，由于只规定了不能和延迟，所以在实施后不久，判例、通说创设了积极侵害债权这一类型。原本买卖瑕疵担保法（旧第463条）规定，卖方隐瞒了瑕疵或保证了品质的场合买方才可以请求损害赔偿。而今这一限制已被打破，买方可以依据积极侵害债权针对瑕疵结果损害（扩大损害）请求赔偿。在判例的这一努力之下，个别损害最终得到了救济，但之后的制度发展错综复杂，以至于民法的整体脉络不再清晰。

另一方面于动产的场合，卖方的瑕疵担保责任在交付之后6个月就罹于消灭时效

* 日本针对不动产承租人的保护，专门制定了《借地借家法》。——译者注

（违反合同的场合是 30 年），由于这一时效期间太过短暂所以备受批评。但是，除去承揽人的瑕疵担保责任，这一有关卖方的瑕疵担保责任的过短消灭时效竟还被判例适用于那些以积极侵害债权来构成的场合。当然，这也确实促使立法开始关注这一问题。

（2）债务法修订委员会草案

1978 年在当时的社会民主党（SPD）政权之下，联邦司法部就相较于迟延、不能二元论的新型给付障碍法的可行性、消灭时效法的改革、现代型合同类型的创设等数个方面，请求学者、实务专家等给予鉴定意见。相关成果在 1981 年和 1983 年被整理总结为三大册的鉴定意见书。之后在联邦司法部内设置了由学者、实务专家、州司法官僚组成的债务法修订委员会。历时 7 年的审议，委员会草案终于在 1992 年作为最终报告书得以公布，但由于此时恰逢 1990 年德国再统一等重大社会变动，债务法修订的脚步停滞了下来。

（3）债务法现代化法的出台

消费者所购动产存在缺陷时的卖方责任、附带的品质保证等方面，欧盟各加盟国的法律制度可谓千差万别，这被认为有碍于卖方之间开展竞争。于是在 1999 年，欧盟颁布了消费者货物买卖指令，其针对消费者买家的瑕疵修补请求权、适宜的权利行使期间等作出了规定（加盟国将这些规定国内法化的期限为 2001 年年末）。为将该指令国内法化，德国联邦司法部不仅着手调整消费者买卖，而且再度开启了被搁置的给付障碍法的修订工作。经历千辛万苦，债务法现代化法终于在 2001 年 11 月经议会表决成立，从次年 2002 年开始实施至今。这之后，损害赔偿法的修订工作（2001 年）也启动上马。

3. 债务法现代化法的内容

（1）消费者保护规定的加入

格式条款规制法方面的内容被整理集结在第 2 编债务关系法“第 2 章 依一般交易格式条款形成法律行为上的债务关系”之下（第 305 条至第 310 条共 10 条）。此外在消费者保护规定方面，规定了上门交易的撤回权，远程交易合同的撤回权、返还权（第 312d 条），向消费者提供信息的义务（细则由部门规章制定）（第 312c 条）等。另在合同分则中还规定了消费者货物买卖的特别规定（第 474 条以下）、“经营者与消费者之间的金融援助及分期供给合同”（第 491 条以下）等。

（2）一般给付障碍法的完善

履行不能依然受到了特别对待。即因不能、期待不可能时的给付拒绝等导致给付义务被排除的场合（第 275 条），债权人得行使损害赔偿请求权（第 280 条、第 283 条）、徒然支出之费用的赔偿请求权（第 284 条）、代偿请求权（第 285 条）等（自始不能的合同也有效。第 311a 条）。进而在双务合同中，一方面对待给付请求权的消灭（第 326 条第 1 款第 1 句）得到了认可，另一方面解除（第 326 条第 5 款）也得到了认可。而在给付义务未被排除的场合，（第一层次的给付请求权当然发生，而对于第二层次的给付请求权）则以违反义务为基本要件，规定了损害赔偿请求权（第 280 条以下）和解除（已从要件中排除了归责事由。关于履行迟延、不完全履行参见第 323 条，关于违反与给付无关的附随义务参见第 324 条）。关于损害赔偿请求权的归责事由，在“未规定责任的加重或减轻，也无法从债务关系的其他内容，特别是损失担保（Garantie）或置办风险的承担中推知的场合”，继续奉行过失责任主义（第 276 条第 1 款）。此外，交易基础丧失时的合同更改和解约告知（第 313 条）、对持续性债务关系基于重大事由的解约告知（第 314 条）等也得到了明文规定。

（3）关于买卖、承揽的瑕疵担保责任的修订

这里仅说一下买卖（不包括消费者动产买卖）。首先无论是特定物买卖还是种类物买卖，卖方均负有给付无瑕疵之物的义务（第 433 条）。对于存在瑕疵之物的给付，买方首先可以请求在一个合理期间内进行补正（关于买方救济手段的一览，参见第 437 条。以下不再引述具体条文）。种类物买卖的场合，买方可以选择请求修理或请求交付替代物（无瑕疵物）。补正所需费用应由卖方承担。如果所需费用过度，卖方可以拒绝补正。

补正无果或根本不可能的场合，买方可以行使解除权、减价请求权（补正请求权的优先性）。损害赔偿请求权可与上述救济手段一同行使。瑕疵尚不重大时，不得解除（但减价是可能的）。解除权与损害赔偿请求权的要件则根据一般给付障碍法上的规定而定（买卖的特别规定仅第 440 条一条）。

解除的效果也适用一般给付障碍法的规定。使用利益的返还作为恢复原状也得到了明文规定（第 346 条）。进而在被判定通常可获取收益的场合，还应偿还其价额（第 347 条）。此外，因不可抗力导致受领物毁损灭失的，债权人（买方）不负价额偿还义务（第 346 条第 3 款第 1 句第 3 号。日本民法第 548 条第 2 款*之通说也采同样旨趣。不过这一结论不同于无效、撤销场合下的给付得利理论）。

对于补正请求权与损害赔偿请求权，均规定了短期消灭时效。动产的场合，自动产交付之时起 2 年（第 439 条第 1 款第 3 项，第 2 款）。卖方恶意时，适用通常的消灭时效的规定（同条第 3 款）。德国法上，只有请求权会因时效而消灭。解除权等形成权虽不因时效而消灭，但当补正请求权罹于时效时，债务人可援引这一点而使解除无效（同条第 4 款、第 218 条）。

（4）消灭时效法的修订

普通消灭时效期间从旧法的 30 年大幅缩减为 3 年（第 195 条）。起算点为以下要件全部满足之年的终了时（年末）：请求权发生且债权人知道或无重大过失本应知道可导致请求权发生的情事、债务人等（第 199 条第 1 款）。因侵害生命、身体、健康等重大法益而发生的损害赔偿请求权则从行为时起经过 30 年时效完成（同条第 2 款），其他损害赔偿请求权从请求权发生时起经过 10 年或者无论有无发生从行为时起经过 10 年时效完成（同条第 3 款。关于损害赔偿请求权以外的请求权，参见同条第 4 款）。

关于中断和中止（日本的时效中止均是指完成中止，而德国除了这之外还规定了纯粹暂停时效期间进行的"中止"）也进行了大幅修订。不再使用"中断"这一说法，而是改称"消灭时效的重新计算"。其事由限定在债务人的承认和法院等的执行行为（或者相关申请）这两种（第 212 条），过往的其他一些中断事由则成为中止事由（第 204 条等）。关于中止事由应予注意的，是磋商中的时效中止（第 203 条）。根据规定，当事人一方拒绝磋商时，从这一时点起 3 个月后时效期间继续进行。

二、荷兰

荷兰民法典和商法典制定于 1838 年，受法国的影响很大。二战后，荷兰对这些法

---

* 原日本民法第 548 条第 2 款规定，合同标的物非因解除权人的行为或过失而灭失或毁损的，解除权不消灭。平成 29 年（2017 年）法律第 44 号删去了该款。——译者注

典开启了再法典化的进程。继第1编人以及家庭法（1970年）、第2编法人（1976年）、第8编运输法（第1991年）实施之后，终于在1992年，第3编财产法总则、第5编财产权法、第6编债务法总则、第7编合同分则（一部分）得以实施。进而在2002年，第4编继承法、赠与合同（第7编）等实现了立法。对此，早在1992年就已经有了这样的评价："私法中的几乎全部领域——狭义的民法、商法、劳动法、消费者法、具有私法性格的特别法——已统合为一个法典"（哈特坎普（曾野裕夫译）："荷兰新民法典中的法官裁量"，载《民商》第109卷4、5号656页）。此处限于篇幅限制不作详述（修订法的详细内容可参见："特集·荷兰修订民法典"，载前揭《民商》）。

三、结语

在日本，债权法修订工作也已经开始。* 我们从德国、荷兰的民法修订动向中可以得到各种启示，不过最需要探讨的，莫过于所谓抽象人格之世界的民法是否应转变性格？具体而言，是否应如两国那样将消费者保护规定也纳入民法典之中？此外，吸收了商人概念的民商法统一法（荷兰）是否可以成为法典的存在形态，也值得探讨。

参考文献

潮见佳男：《合同法理的现代化》（2004）；森田修：《合同责任的法学构造》（2006）；半田吉信：《德国债务法现代化概说》（2003）；冈孝：《合同法中的现代化课题》（2002）（卷末有民法修订条文的试译）。

---

* 2017年5月26日，日本国会正式表决通过了日本民法修正案（「民法の一部を改正する法律」（平成29年法律第44号））。这次的民法修订，是日本民法典诞生以来，民法财产法领域内的首次根本性修订。因为这次修订的对象主要是债权、合同法部分，所以通常被称为"债权法修订"。——译者注

15

民法修订的动向（2）法国、魁北克

庆应义塾大学教授　金山直树

序

法国民法典在战后就以家庭法为中心逐渐换上了新装，而财产法部分的彻底修订似乎是在 2004 年 3 月的“民法典 200 周年纪念典礼”之后才一下子加快了步伐（参见文后所列［1］［2］）。在魁北克，民法典的全面修订始于 1955 年止于 1991 年，自 1994 年起，《魁北克民法典》正式实施。

两个国家的修订节奏、对象如此不同，对它们的修订动向进行比较考察的价值确实比较微妙，但巡视各自的经验本身并非没有意义。以下就依序来看一看。

一、法国

200 周年的典礼因希拉克总统正式认可两个致力于民法典修订的委员会而被镌刻于史。这两个委员会是格里马尔迪教授率领的“担保法修订委员会”（以下称为“格里马尔迪委员会”）和卡塔拉教授率领的“债务法修订委员会”（以下称为“卡塔拉委员会”）。此后大约经过 3 年，产生了一定成果。以下就从组织与活动、成果和内容这两个方面作一个概观。

1. 组织与活动

无论是组织，还是活动方式，两个委员会均存在不同。

（1）格里马尔迪委员会

格里马尔迪委员会由 10 名委员组成，其中 5 名是大学教授，其余 5 名是实务专家。其任务目标是：1）从金融法、消费法等特别法之中抽取出适合作为一般法的规定，并将其植入民法典之中，以此恢复法的统一性；同时 2）将担保法现代化，以适应现代经济的需要。

该委员会大致以每月两次的频率召开，总计 25 次，历时 1 年半。可以说，预备草案就是通过委员相互间的争论而形成的。2005 年 3 月 31 日，预备草案与理由书一齐被上呈司法部部长，同时通过网站向一般公众公开。从形式上看，预备草案所提方案其实是从民法典第 3 编中抽取出与担保有关的规定，再整合成第 4 编安置在法典的最后。

（2）卡塔拉委员会

卡塔拉委员会的修订目的在于：1）凸显法国在欧盟中的存在感，2）因各种特别法而碎片化了的债务法可以借此重拾统一性，3）让古色苍然的法典得以现代化。其中 2）3）两点，可谓与修订担保法是出于同一理念，而 1）则是瞄准了欧盟合同法的走向，这一目的似乎已成为债务法领域内的最强大动力。

卡塔拉教授为达成这些目的，与格里马尔迪教授不同，组建了仅由大学教授参加并且人数多达 30 人的大型委员会。各委员则甘当任务分包者的角色。各委员分担起草的草案最终再交由卡塔拉教授和格鲁尼尔教授进行“调整”。经由这一过程作成的债务法修订预备草案与理由书一道，在 2005 年 9 月 22 日被上呈司法部部长，同时也通过网站向一般公众公开（起初在主页上公开，之后则集结成文后所列之书［3］出版）。

2. 成果与内容

（1）担保法

政府在 2005 年 5 月向国民议会提交了关于经济现代化等的法案（授权法）。该法案第 6 条授予政府得以法令（オルドナンス）修订担保法的权限。该法案得到表决通过，之后政府依据 2006 年 3 月 23 日的法令实现了对担保法的大规模修订。

不过这一修订存在重大缺陷。即修订对象未涉及人保。因为自授权立法之时起，政府的修订权限就被限制在了物保（财务部偏重抵押权的方针被认为是原因）。结果在人保方面，仅是增添了有关独立担保、支援函*的定义性条文，而民法典中的既有条文则被原封不动地移入了第 4 编。尽管修订预备草案原本有不少打算，比如将消费法典中涉及保证人保护的规定纳入民法典、将比例原则灵活化、加入有关经营者保证的特别规定等，但最后均没有付诸实现。

与之形成对照的是物保领域，这一部分倒是实现了实质性修订。这里有多个革新之处，备受瞩目的具体有：1）质权（有体动产质权、无体动产质权）的整理和要件放宽，2）所有权保留的明文化、3）不动产质权的合理化、4）抵押权的程序性要件（设定程序、实行程序）以及实质性要件（将来债权抵押权、填充式抵押权）的放宽等（参见文后所列［4］—［6］）。

（2）债务法

债务法修订预备草案有以下几处特点。

整体上考虑到了欧洲合同法原则、德国新债务法。相比 1804 年民法典编纂时几乎没有参考外国的法律制度来说，这次让人充分感受到了时代更迭。以与债务法同为修订对象的时效为例，之所以提议原则期间为“3 年”，依据理由书的说明，也是为了与德国法相协调。

关于合同，其根源依然被指向意思之力。所以很多规定都以意思为前提。不过意思也非万能，在与自由、诚信、交易安全等各种价值寻求调和的过程中，意思不过只是一种相对的价值。所以可以注意到，预备草案特别对弱者保护、诚实信用原则的相关规定予以了强化，同时还表露出对压榨型交易的警戒。仅就这一点来说，个人主义是有所退

* 原文为“支援状”，即“lettre d'intention”，也译作“安慰函”。——译者注

缩的。与之相对，“约因”、合同/债务之“目的”等法国法的传统概念继续得到保留，不过考虑到欧洲的情况也进行了一些合理化尝试（比如采用了“义务的约因”这一概念）。

在民事责任的领域，近来有所争议的“合同责任”之概念得到了承认，同时仍旧维持请求权非竞合这一法国的传统，不过对于人身损害的场合，基于受害人保护的立场承认了请求权的竞合。此外还设置了若干规定，在一定限度内承认了损害减轻义务、惩罚性损害赔偿。

以上为债务法修订预备草案的特点。然而之后修订活动似乎没有得以继续。虽向相关各部委、团体咨询了意见，也公开了几份意见书，但此后约 2 年几乎都未能看到针对债务法修订的具体行动。

二、魁北克

1. 过程

魁北克原本就有民法，即日本民法典编纂时所参照的《下游加拿大民法典》(Code civil du Bas-Canada，1865)（以下均依据后文所列［7］—［9］）。为全面修订这部法典，1955 年出台了“关于民法典修订的法律”，由此开启了迈向魁北克民法典的漫长征程。

到了 1965 年，在格雷博委员长的主持下，为修订工作而将全部民法分为 47 个部分，再将每个部分分配给由 3 至 7 人组成的小委员会，总计约 150 名法律专家参与。如果考虑到魁北克只有大约 17 万人口（与大阪府几乎相同），那么可以说这是“全体法律从业者参与型”的修订工作了。从那时开始历经大约 12 年，终于在 1977 年以三本书册的形式发布了《魁北克民法典草案》。其目标所指包括对人的尊重（消除对非婚生子的歧视、放宽亲权、夫妇不同姓、提高婚姻适龄期），以及与经济社会相适应（扩大信托、改革担保制度、引入仲裁合同、重视证言、缩短时效期间）等。不过由于 1977 年草案包含了激进的改革内容，所以一体式的立法化并未实现，仅家庭法部分在 1981 年得到了实施。

这之后，雷米亚尔教授（宪法）成为政治家，接手了司法部部长一职，事态得以迅速扭转。在 1980 年代末期，司法部草案发布，以征求广泛的意见（据说大约征集了 200 条）。在此基础上，又经与在野党协商，《魁北克民法典》终于在 1991 年取得在野党的赞成后出台，并从 1994 年 1 月 1 日起实施。

2. 内容

新民法典由 10 编构成，法国式的定义规定虽不少，但并无过度的学理倾向。诸如不当得利、相邻关系、产品责任领域的判例法均得到了明文化，此外在多处都有改革。

首先在理念层面，基于诚实信用和正义原则宣示了一个新的合同道德，即合同不能成为一方当事人压榨对方当事人的工具。

其次在技术层面，增设了有关管理他人财产的一般规定（适用于委托、监护及其他），以及有关服务合同、融资租赁合同、仲裁合意的规定。此外，作为一个与普通法系邻接的地区，有关信托和资产抵押的规定也均得到了设置。不过为与大陆法系的所有权观念相协调，信托只是作为一种目的财产（独立的责任财产）而存在，所以较为独特（参见文后所列［10］）。动产抵押方面，引入了浮动担保，从而不转移占有就可将债务人的财产予以概括性的担保化。不过由于较高的风险性，所以要求必须出于经营之目的。在不动产抵押权方面，这样一种类型的抵押权得到了认可，即债权人可以出于管理之目的进行占有。在抵押权实行方面，也引入了一些颇受关注的激进措施：无论动产还是不动产，皆允许一定程序之下的流抵押，同时为强化债务人保护，规定只要清偿了一半价额的债务，就可以免于实行抵押权。另外关于登记，还提到了电子化、赋予公信力等。

结语

以上就是两个国家的再法典化之路。首先就民法典修订的程序、形式层面而言，两国的经验表明实际上可有各式各样的路径乃至手法。其次就内容层面而言，有经济上需求的部分（特别是担保法）较易实现革新性的立法。而关于合同，不得当作压榨工具进行利用的理念在两国均得到鲜明阐述，可以说体现了“civil”的地域特色。

参考文献

关于法国的情况，参见：[1] 北村一郎：“法国民法典 200 年纪念和欧洲的倒影”，载《Jurist》第 1281 号 92 页（2004）；[2] 金山直树：“法国民法典修订的动向”，载石井三记编：《民法典的两百年——来自法制史与民法的视线》（2007）289 页；[3] Pierre CATALA，Avant-projet de réforme du droit des obligations et de la prescription，La documentation française，2006. 另外关于担保法，庆应大学的团队正在进行日本语的翻译工作（简要解说可参见：[4]《Jurist》第 1335 号，法令的译文和预备草案的译文将分别刊载在 [5]《庆应法学》第 8 号、[6]《庆应法学》9 号），关于债务法，东京大学的团队正在进行日本语的翻译工作。

关于魁北克的情况，包括历史在内的全面概览可参见：[7] 大岛俊之：“魁北克民法典简史”，载《神户学院法学》第 34 卷第 2 号 469 页（2004）；[8] Pierre-Gabriel JOBIN，Le nouveau code civil，RTC civ. 1993，p. 911 s.，[9] Jean-Louis BAUDOUIN et Pierre-Gabriel JOBIN，Le Code civil français et 1es codes civils québécois，*in*：Le Code civil，1804-2004，Livre du Bicentenaire，Dalloz et Litec，2004. 关于信托，参见：[10] 能见善久：“魁北克的法国民法典——与普通法的交错”，载北村一郎编：《法国民法典的200 年》（2006）90 页。

16

民法修订的动向（3）美国、国际性的法统一

法务省民事局参事官　曾野裕夫

一、序

在我国，修订债权法的呼声日渐高涨。实际自1990年代以来，很多国家都有修订或制定民法典的动向，且日趋活跃（也可参见本书14、15、17、18）。本文首先要介绍一下有着同样动向的美国的相关情况，即2003年对《统一商法典（Uniform Commercial Code）》（UCC）中有关买卖的第2编所实施的修订（“二、”）。

再从各国的立法动向来看，无论是为适应社会经济的结构变化而兴起的民法典现代化运动，还是伴随市场经济改革所展开的法制建设运动，虽然契机不一，但都参考了《联合国国际货物销售合同公约》（维也纳销售公约、CISG）以及“UNIDROIT国际商事合同原则”（UNIDROIT原则）等国际性的法统一运动所提供的有力模板。所以，本文还将在“三、”部分对这些国际性的法统一运动中有关合同法的立法动向作一介绍，并对与之相关的合同法理论在国际上的发展进行些许探讨。

二、美国

UCC的修订是全方位的，不仅涉及本文要介绍的第2编（买卖），还涉及融资租赁、支付方法、信用证、附担保的交易等。修订从1990年代开始依序展开，至2003年大体完成（不过截至目前尚没有州采用修订之后的第2编）。UCC各编最早制定于1950年代，是一部比欧洲各国的近代民法典年轻不少的立法，但仅过了40年就面临修订这一点折射出20世纪后半叶的社会经济变动有多么剧烈，特别是大量生产、大量消费社会的出现导致消费者保护的诉求日益高涨，以及经济的信息化、电子化趋势等。2003年对UCC第2编的修订，主要契机也是为了应对这种结构变化。

应予关注的修订之处，是有关“格式之争”的规定（Revised §§ 2-206，2-207），以及使用保证书、广告的卖方应向没有直接合同关系的第三人（转买人）承担类似保证

义务的规定（Revised §§ 2-313A，2-313B)。而修订过程中最具争议的，是有关格式条款交易中的格式条款是否应予“采用”的问题。例如合同缔结以后才被提示的格式条款（事后条款）是否还应视为合同的内容（争论的导火索是 Hill v. Gateway 2000，Inc.，105 F3d 1147（7th Cir. 1997)，也就是著名的“Gateway problem”）。这一争论因产业界的游说而趋于政治化，并形成了激烈对峙的两大阵营（1999 年为止的修订草案)，一个为促进作为现代交易之特质的大量交易而赞成采用格式条款，另一个则视当事人一方无合意也要受条款约束为问题而拒绝采用格式条款。UCC 第 2 编无奈搁置了这一问题，这才使得修订最终得以完成（Revised § 2-207，Comment 5)。

因为有了这样的经过，这次的修订与其他国家的民法典修订相比，只能算是小打小闹。当然，UCC 第 2 编所秉持的基础原理原本就不是以静态的、形式化的思维（“现时化”）为特征的“古典合同法”，即把将来的权利义务关系固化在合同缔结之时而不允许有所偏离，而是那种以灵活动态的、实质化的思维为特征的“新古典合同法”（参见：曾野・后揭（下）1328 页以下)。在 1999 年的草案出台之前，人们还曾一度期待能有一个更为先进的修订。而现在尝试被阻的确令人惋惜。但是，如今影响着各国民法典修订的国际性法统一的体系和原理（后述“三、”），实际在 1950 年代起草的 UCC 第 2 编中已经有了萌芽式的显现。相比 1990 年代以后的各国动向，可以说 UCC 第 2 编在一开始就已经走在了前面。

另外，为应对经济的信息化、电子化，在修订 UCC 第 2 编的同时，美国于 1999 年出台了涉及电子信息（软件等）许可合同的《统一计算机信息交易法》（UCITA)。——一度还打算将其作为 UCC 第 2B 编。因为 UCITA 允许采用事后条款（§§ 208、209)，所以出台后批评其偏袒信息产业的声音就没停止过，目前也未得到普及（只有两个州采用)。但是，尝试确立一种合同法理以与新的产业结构相适应，这本身仍值得称许。

三、国际性的法统一

1. 维也纳销售公约（CISG）

依据国际私法来指定准据法这样一种方式，会导致国际贸易中的法律适用发生不确定性，从而阻碍交易之增进。为除去这种障碍，自 1920 年代起人们开始尝试私法的国际统一化。1980 年成立、1988 年生效的 CISG，这部由联合国国际贸易法委员会（UNCITRAL）所起草的法律，消弭了不同法系、不同政治经济状况（发达国家与发展中国家、资本主义国家与社会主义国家）国家间的差异与对立，取得了法律统一事业上的重要成就。CISG 是一部统一私法，其设计了有关国际货物买卖合同的“成立”及“买方卖方的权利义务”方面的任意性规定，而这之外的事项（“合同的有效性”“所有权的移转”等）则交由国内法。至于国内买卖，依然适用各国国内法（万民法型统一法)。现在，CISG 的缔约国已达到 70 个国家和地区，该公约正逐步确立起一种贸易共通法的地位（日本也在为 2008 年加入该公约做准备)。

2. UNIDROIT 原则

国际统一私法协会（UNIDROIT）在 1994 年公布了 UNIDROIT 原则，又于 2004 年对其进行了修订。UNIDTROIT 原则用条文的形式集合了以国际商事合同为规范对象的合同法的原则，比起 CISG 可谓更加宏大。其规范的事项相当广泛，除了 CISG 所规范的事项之外，还包括合同的有效性、代理、第三人的权利、抵销、债权让与、合同转让、消灭时效等。该原则并非“公约”，所以不是国家法，这一点也与 CISG 不同。该原则的目标是要将国际商事交易中的商人法（*lex mercatoria*）予以明文化、体系化（所谓“合同法的国际性重述”），从而创建一种不系留于国家的、超国家的规范，并能够在裁判和仲裁中得到适用。该原则的另一个目标就是要像 CISG 那样宣示国际统一法的解释、补充标准，进而确立合同法立法范本的地位。特别是该原则的 2004 年修订版还规定了强行性规定，这显然已经超越合同法重述的范畴，而是要向世人展现一种理想状态的民法典图景。

3. 合同法理的国际性发展

UNIDROIT 原则的起草试图翻版 CISG 的成功，所以两者存在如下一些共通的特征［《欧洲合同法原则》（PECL）虽非本文论述的对象，但其实也处在同一延长线上］。这些特征正在影响着各国的民法典修订。

（1）合同法的体系

必须提及一个体系层面的特点，即合同责任的归责要件被一元化为“合同的违反（义务的违反）”。这意味着：1）迟延、不能区分论（或债务不履行的三分体系）被抛弃了；2）过失责任主义也被抛弃了（无论是合同解除还是损害赔偿均不以过失为要件）。带来的结果就是，与不能、无过失之场合相关的“瑕疵担保责任”“自始不能理论”“风险负担”等制度都不再需要。即债务不履行责任与瑕疵担保责任的双重构造消失了，自始履行也不能再作为合同无效的问题，而是作为债务人违反合同的问题来被处理。至于风险负担，由于债务人没有归责事由的履行不能也可作为单纯的合同违反来处理，所以对价风险的问题可以通过合同解除得以化解。正是这种一元化，使 CISG 和 UNIDROIT 原则的脉络显得清晰而通透。

（2）合同法的原理

“诚实信用、公平交易原则”“合意原则”“*favor contractus* 原则”等，作为原理层面的重要特征皆值得一提，不过以下主要关注一下与“合同严守”等传统原则时常处于紧张对立关系的“*favor contractus* 原则”。这一概念正如其译语“维系合同”“尊重合同”所体现的那样，意味着这样一种思想，即对合同不存在、无效、解除等加以限制，优先用合同规范来调整当事人的关系。以下聚焦在三点来介绍一下具体体现这一思想的事例。

1）限制合同解除，在维持合同关系的前提下，优先通过损害赔偿或减价来实现调整救济。第一，合同解除原则上仅限于当事人约定的合同目的实质上不可能达成，即所谓“重大违约（fundamental breach）”“重大不履行（fundamental non-performance）”的场合（CISG 第 25 条、第 49 条第 1 款、第 64 条第 1 款，UNIDROIT 原则 7.3.1 条）。另在 UNIDROIT 原则中，债务人故意、鲁莽的违约等也是判断不履行是否具有重大性的要素，所以得解除的场合比 CISG 要广泛。第二，陷于违约的债务人享有“补正权（right to cure）”（也译作“治愈权”）。这一权利优先于债权人的解除权（CISG 第 48 条，UNIDROIT 原则 7.1.4 条）。

2）在合同成立方面，传统的镜像规则（例如民法第 528 条），即要约承诺不完全一致合同就不成立，被放宽了。即便承诺与要约不完全一致，只要该差异不属于要约的“实质性变更”，且要约人没有表示异议，合同就以承诺的内容成立（CISG 第 19 条第 2 款，UNIDROIT 原则 2.1.11 条）。这一法理是为了抑制那些借口要约承诺的些微差别来摆脱合同的行为，以期用合同规范来调整关系。

3）因当事人无法承担的风险导致 hardship（履行困难）的场合，UNIDROIT 原则规定当事人有“再交涉义务”，法官有“合同改订权”（6.2.2 条、6.2.3 条）。这一想法试图克服“现时化”（前述“二、”）这一近代合同法之特征所带来的局限，以期继续用合同规范来调整关系。

（3）结语

从中长期来看，上述合同法理的国际性发展也会成为我国今后修订债权法的参考。但必须意识到，日本作为这种国际性发展的“当事人”，也应当对国际交易世界中的法律形成负起责任、有所贡献。

参考文献

三枝健治：“UCC 第 2 编修订工作中关于格式条款‘采用’规制的尝试（1）～（5）完”，载《法政理论（新泻大学）》第 37 卷第 3－4 号，第 38 卷第 3 号、第 4 号，第 39 卷第 1 号、第 3 号（2005～2007）；曾野裕夫：“从 UCC 第 2 编（买卖）的修订看现代合同法的动向（上）（下）”，载《北大法学论集》第 44 卷第 4 号、第 5 号（1993～1994）；曾野裕夫：“债务不履行——买卖标的物有瑕疵时的买方救济：国际动向”，载《比较法研究》第 68 号（2007）；私法统一国际协会（曾野和明等译）：《UNIDROIT 国际商事合同原则》（2004）；内田贵：“全球化与合同法的统一”，载内田贵：《合同的时代》（2000）；内田贵：“UNIDROIT 国际商事合同原则 2004——修订版的解说（1）～（5）未完”，载《NBL》第 811 号～第 815 号（2005）。

注：文中的意见部分仅是笔者的个人见解。

17

民法修订的动向（4）中国

大阪市立大学教授　王晨

一、中国民法的发展

1. 近代民法典的形成

中国导入近代民法典肇始于清末 1911 年的《大清民律草案》。《大清民律草案》的总则、债权、物权部分是由日本学者（松冈义正）起草的。该草案因清王朝的倒台而未正式采用，但开创了中国民法史上导入近代民法的概念和潘德克吞体系（德国民法的样式）的先河。该草案之后还承接起 1930 年代中华民国近代民法典的编纂。

1930 年代的中华民国民法典（1929—1931 年）是中国首部近代民法典。中华民国民法典采用了德国式的编制体例，即分为总则、债权、物权、亲属、继承，全部共 29 章 1 225 条。德国民法、瑞士民法、日本民法均对该法典影响甚著，此外该法典还受到了俄罗斯共和国民法典、泰国民法典的影响。这一民法典的特色在于民商合一，没有另制商法典。另外，其还率先引入了男女平等原则、权利滥用禁止的法理。

2. 现代中国的民法典编纂

现代中国的民法典编纂历经了四次，分别为 1950 年代（1954—1956 年）、1960 年代（1962—1964 年）、1980 年代（1980—1982 年）和 1990 年代（1998 年至今）。

1956 年 12 月的民法典草案中，不存在亲属编，物权制度也被更狭隘的所有权制度替代了；不使用自然人的概念，而使用公法上的公民的概念；此外，对国有财产还设有特别保护的规定（第 4 条）。对这一法典有巨大影响的不是资本主义民法，而是苏联民法。

1960 年代起草的新中国民法第二草案（1964 年 7 月），是一部既为摆脱苏联民法模式，又要与资本主义民法彻底断绝而起草的民法典草案。它采取了总则、财产所有、财产流通这样的结构，全部共 3 编 262 条。继亲属制度之后，继承制度、侵权行为制度也均被排除。在这一法典之中，权利、义务、物权、债权、法律行为、合同、自然人、法人等资本主义民法上的概念都未得到使用，取而代之的是将资本主义民法中没有的制度，比如预算、税收、物资分配、劳动报酬、福利等。这样的中国民法因私法色彩较弱，被认为更接近经济法、公法。

1980 年代起草的新中国民法第三草案（1982 年 5 月）是在改革开放、导入市场机制这种社会背景下出现的。草案由 8 编构成，分别是（1）民法的任务和基本原则，（2）民事主体，（3）财产所有权，（4）合同，（5）知识产权，（6）财产继承权，（7）民事责任，（8）其他规定。条文数为 465 条。这主要是参考了 1964 年的俄罗斯共和国民法典以及 1977 年的匈牙利民法典的编制体例。相比 1950 年代、60 年代的草案而言，这部草案可谓更接近资本主义民法。但由于当时尚处在经济改革刚起步的时期，选择何种经济体制仍在摸索之中，所以 1982 年 5 月之后，中国的民事立法方针发生了重大变化，即转变为先制定民事单行法，待民法典编纂条件具备之后再制定民法典。现在已制定的民事单行法有，婚姻法（1980 年出台，2001 年修订）、继承法（1985 年）、收养法（1991 年出台，1998 年修订）、担保法（1995 年）、合同法（1999 年），等等。此外，作为民事基本法的民法通则也已在 1986 年出台。

二、21 世纪型民法典草案的诞生

1. 民法典编纂的三步走

始于 1990 年代的新中国民法第四次编纂是在中国确定实行社会主义市场经济的社会背景下发生的。所谓社会主义市场经济，是指在国家宏观调控下，由市场对资源配置发挥基础作用的经济体制。1998 年 3 月民法起草小组成立，第四次民法典的编纂工作正式启动。根据民法起草小组的计划，民法典的出台分成三个阶段：在第一阶段，到 1999 年为止制定出统一合同法典（对经济合同法、涉外经济合同法、技术合同法进行统一），以完善市场交易规则。在第二阶段，到 2003 年为止，起草物权法，以完善和统一财产归属关系的基本规则。在第三阶段，到 2010 年为止，制定民法典，以最终实现完善的社会主义市场经济的法律体系。第一阶段的立法计划随着 1999 年统一合同法典的制定而告完成。物权法的编纂工作起初进展顺利，2001 年在 2 个由学者主持起草的草案的基础上完成了物权法草案，并计划于 2002 年由全国人大常委会审议之后，于 2003 年交全国人大表决通过。

2. 加盟 WTO 提速民法典编纂

但 2001 年 12 月中国加入世界贸易组织之后，民法典的立法工作开始提速。李鹏委员长要求到 2002 年 12 月止完成民法典草案，并交全国人大常委会审议。所以 2002 年 1 月民法典起草会议召开了，会议决定在（全国人大常委会）法制工作委员会的主持下由六名学者、法官（梁慧星、王利明、郑成思、唐德华、巫昌祯、费宗祎）分担草案起草的工作。2002 年 4 月，民法典草案专家讨论会召开，旨在对已有草案的内容和结构进行讨论。会上确定了将暂且按照总则、物权、债权总论、合同、侵权行为、亲属、继承以及涉外民事关系的法律适用等 8 编的结构进行编纂。不过关于民法典草案是否要为人格权、知识产权单独设编，并未达成一致意见。

全国人大法制工作委员会以各编的学者草案及法制工作委员会民法室的“室内稿”为基础，耗时 5 个月修改加工，终于编纂出一个形态完整的民法典草案（9 月稿）。该稿采用了 9 编制的结构，即总则、人格权、物权、知识产权、合同、侵权行为、亲属、继承及涉外民事关系的法律适用。

3. 从法典编纂式到法典汇编式

2002 年 10 月，在全国人大常委会法制工作委员会主任顾昂然的主持下，一部以现行民事法律和物权法草案为基础的民法典草案出现了。然而，民法典草案（9 月稿）中原有的合同编、亲属编、继承编、知识产权编不见了，现行合同法、婚姻法、收养法、继承法却被原封不动地编入了民法典草案。法典编纂式一下子变成了法典汇编式（分论的形式是民事单行法的集合）。可能也有短时间内无法完成民法典草案的缘故，顾主任所提“制定开放的民法典”的意见突然就被采纳了。日本学者认为，“中国民法典制定过程的重心正从潘德克吞体系向统合单个法域的实用主义民法典转移”（北川）。可以用一个足以表现21世纪民法典形象的关键词，即“保留了多样性的统合”（北川），来阐释这种法典汇编式。不过这是否是一种成功的统合，则是另一个问题。

三、民法典草案的主要内容

1. 民法典草案的体系

2002年12月23日，中华人民共和国历史上首部正式的民法典草案被提交全国人大常委会审议。这部草案采用了9编制的结构，即总则（117条）、物权法（329条）、合同法（454条）、人格权法（29条）、婚姻法（50条）、收养法（33条）、继承法（35条）、侵权行为责任法（68条）及涉外民事关系的法律适用法（94条），共计1 209条。因债权总则的内容与现行合同法总则的大部分内容重复，所以未再设置债权总论一编。作为债权发生原因的无因管理、不当得利则被置入了民法总则之中。合同法、侵权行为责任法单独成编。此外，不为知识产权单独设编，但民法总则的民事权利之中设置了有关知识产权的一般规定。当然，将来民法典的体系未必就因此完全定型，事态可能仍有变化。

合同法、婚姻法、收养法、继承法因时间关系，被原封不动地从现行法移入了民法典，故以下仅就新起草的5编的内容作一概述。

2. 民法总则

民法典草案延续了潘德克吞体系的传统，将第一编设置为民法总则，采用了9章的结构，即一般规定，自然人、法人、民事法律行为、代理、民事权利、民事责任、时效、期间等。民法典草案在民法通则的基础上，主要对无民事行为能力人的年龄、诉讼时效的期间等进行了修订和补充。将限制行为能力人的年龄从10周岁改为7周岁，又将诉讼时效期间从2年改为3年。此外还新设了取得时效这一原本因社会主义公有制及社会主义民法理论的关系而被回避的制度。

3. 物权法

物权法草案分为总则、所有权、用益物权、担保物权、占有等五个部分。第一部分（第一章—第三章）主要规定了物权法的基本原则、物权变动的规则以及物权请求权。关于物权法的基本原则，规定了物权法定原则、公示原则、物权优先原则。关于不动产的物权变动，与日本民法不同，采取了登记生效要件主义。

第二部分（第四章—第十一章）主要规定了所有权及财产的归属问题。从物权法草案来看，除一般抽象的所有权的规定之外，基于所有形态的国家所有、集体所有、个人所有这一特有的三分法仍旧得到维持。不过，物权法草案作为市场经济法，放弃了固有的对国有财产特别保护原则，而是改采合法财产的平等保护原则。

第三部分（第十二章—第二十一章）主要规定了用益物权，包括土地承包经营权、建设用地使用权、宅基地使用权、邻地利用权、典权［支付典价后可对他人的不动产（房屋）进行占有、使用、收益的权利］、居住权以及特许物权（探矿权、采矿权、取水权、渔业权）等。

第四部分（第二十二章—第二十六章）以现行担保法为基础规定了抵押权、质权、留置权等担保物权，还承认了作为新型担保物权的让与担保权。

第五部分针对占有这一事实状态设置了与占有相关的详细规定，这还是中国民法史上的第一次。

4. 人格权法

民法典草案为强调人格权在现代社会中的重要性，将人格权法独立成编。迄至2002年中国民法典草案出现，这种与债权、物权编等并列独立成编的立法在世界立法史上还从未有过。该编采用了7章的结构，即一般规定，生命健康权，肖像权，姓名权、名称权、名誉权、荣誉权、信用权、隐私权。与现行民法通则的规定相比，第一章承认了一般人格权，第六章、第七章增设了作为具体人格权的信用权和隐私权。

5. 侵权行为责任法

为促进侵权行为责任法的自我发展，民法典草案将侵权行为责任单独成编。该编采用了10章的结构，即一般规定、损害赔偿、抗辩事由、机动车事故责任、环境污染责任、产品责任、高度危险作业引发的责任、动物引发的损害赔偿责任、物件引发的损害赔偿责任、有关侵权行为责任主体的特别规定。第一章至第三章是一般规定的部分。第四章至第九章针对特殊侵权行为责任，设置了相比民法通则中的侵权行为责任法更为详细的规定。第十章规定了法人的工作人员、网站经营者的代位责任等。

6. 涉外民事关系的法律适用法

民法典草案以民法通则第八章涉外民事关系的法律适用为基础，以国际条约为参照，用更为全面的形式尝试完善中国的国际私法。该编采用了8章的结构，即一般规定、民事主体、物权、债权、知识产权、婚姻家庭、继承、侵权行为。作为冲突法的基本制度，该编新设了反致、外国法的证明、国际惯例的适用以及互惠平等原则，还增加了有关物权、知识产权、不当得利以及无因管理的法律适用规定；此外，还就民事主体、合同、侵权行为、婚姻家庭以及继承的法律适用问题，设置了更为详细的规定。

四、民法典草案制定过程中的争论

1. 中国民法典的体系

关于中国民法典的体系，存在邦联式（英美式）编纂、罗马式（法国式）编纂、潘德克吞式（德国式）编纂等三种构想。各种构想在一定程度上都已付诸实践，相应的成果有，中国民法典草案（2002年，人大法工委）、绿色民法典草案（2004年，厦门大学徐国栋主持）、中国民法典草案建议稿（2003年，中国社会科学院法学研究所梁慧星主持）、中国民法典草案建议稿（2003年，中国人民大学王利明主持）等。

其中最忠实于潘德克吞体系的是中国社会科学院法学研究所梁慧星主持起草的建议稿。该稿采用的结构为：第一编总则，第二编物权，第三编债权总则，第四编合同，第五编侵权行为，第六编亲属，第七编继承。有学者批评这不是21世纪的民法模式，而是19、20世纪的遗物。但这至少是一种选择。

邦联式（英美式）编纂的具体构想就是将已制定的民法通则、合同法、担保法、继承法、婚姻法以及物权法统合为一部法典。使各部法律之间保持相对的独立性，是邦联式编纂的特点。邦联式编纂与其说是民法典编纂，不如说是民法的“汇编”，所以具有一种反法典主义的性格。中国政法大学江平教授是该构想的代表人物，另外持这种构想的学者多曾留学英美。这种想法脱离了中国民法的大陆法系传统，引起了法典主义者的反感。现阶段该构想在学界还是只是少数说。

以接近于这一构想的形式所起草的，就是被评价为“从潘德克吞体系向统合单个法域的实用主义民法典转移”的中国民法典草案，分为第一编总则、第二编物权法、第三编合同法、第四编人格权法，第五编婚姻法、第六编收养法、第七编继承法、第八编侵权行为责任法、第九编涉外民事关系的法律适用等九编。这种结构在内容、编制上并非没有问题，不过得到了部分日本学者的好评，他们认为其代表了 21 世纪型民法典的方向。不过在以民法的逻辑性和体系性为重的法典主义者看来，这不是民法典编纂，只是民法汇编而已。

中国人民大学王利明主持起草的民法典草案建议稿则以潘德克吞体系为基础，兼采英美法系的法学传统，最终形成了这样的结构：第一编总则，第二编人格权，第三编婚姻家庭，第四编继承，第五编物权，第六编债权总则，第七编合同，第八编侵权行为。从这一结构来看，这一草案的特征可概括为：人法被置于物法之前，人格权独立成编，侵权行为法作为最终总括性的权利救济规范。这个建议稿实际可定位于中国社会科学院的建议稿和全国人大法制工作委员会的正式草案之间。

所谓罗马式（法国式）编纂，原则上是一种遵循人、财产、财产取得的方法这一三分法的编成方式。绿色民法典草案对此进行了改良，形成了如下的具体构想：序编，第一编人身关系法（第一分编自然人法，第二分编法人法，第三分编婚姻家庭法，第四分编继承法），第二编财产关系法（第五分编物权法，第六分编知识产权法，第七分编债权总论，第八分编债权分论），附编国际私法。绿色民法典草案虽然强调法国式的编纂方式，但在分编的构成和内容上残留着明显的潘德克吞体系的痕迹，可以说是法学阶梯式与潘德克吞式的结合。绿色民法典草案还为民法典导入了环境保护的视角（所有权的义务等），并将人法置于物法之前，旨在构建一部维护人之尊严的理想民法典。不过因为脱离中国民法传统，它始终只是一种少数说。

2. *债权总则编的存废*

少有人反对为维持民法的逻辑性和体系性而保留债权概念，但在侵权行为责任法独立成编之后是否还有必要设置债权总则编的问题上出现了激烈争论。赞成将债权总则废弃的学者（江平）提出以下两个理由：（1）不能迷信德国法的体系，（2）债权总则实际上就是合同法总则。对此反对意见认为：（1）设置债权总则编是出于民法典的科学性和体系性之必要，并非对德国法体系的迷信。（2）当年制定合同法时，为弥补民法通则中债权总论内容的不足，才不得已规定了债权总则的一部分内容。所以现在不应让债权总则相关的内容继续留在合同法中，而应使其回归民法典的债权总则编中去（梁慧星）。的确，民法典草案一方面设置了合同法编和侵权行为责任法编，并排除了债权总则，另一方面却将债权视作民法典的基本概念，并将之规定于民法总则编第六章民事权利之中。不过，这尚只是简单的规定，作为一个立法案的结构层面而言还需进一步研究（北川）。

3. *侵权行为责任法独立成编?*

一部分学者基于侵权行为法的本质是责任而非债务或者说主要不是债务的视角，主张侵权行为责任法应（从债权编）独立。这种想法受到了英美法模式的影响，强调作为债务发生原因的合同与侵权行为之间的差异，主张为它们分别设编。如果侵权行为责任法独立成编，那么该法在现代社会中就具有了开放性、完备性、实用性等体系上的优势。与之相对，多数学者认为侵权行为的本质还是债务，故应在债权总则编之下设置相对独立的侵权行为责任法编。为促进侵权行为责任法的自我发展，民法典草案基本上还是采纳了前一意见，将侵权行为责任法单独成编。不过考虑到侵权行为法中的债权法要素，法典编纂技术上的努力还是必不可少的（藤冈）。

4. 人格权法的位置

是将人格权规定在民法总则的自然人一章中，还是独立设置人格权编以强调人格权在现代社会中的重要性，不乏争论。中国社会科学院法学研究所的梁建议稿采用了前者，而中国人民大学的王建议稿则采用了后者。民法典草案也将人格权作为民法典第四编进行了规定。独立成编的依据有：民法通则在民事权利一章的第四节规定了人格权，且此种立法模式在国际上所获评价较高，有利于人权保护；作为21世纪的中国民法典，在立法编成上必须具有创新特色。对此反对意见认为，人格权与民事主体的资格相关，无法分割，所以应包含在民事主体制度之中；人格权只有在受到侵害时才凸显其意义，所以只要在侵权行为法中加以规定即可。

5. 制定物权法还是财产法

2001年下半年制定物权法的时候，出现了这样的意见，即认为应制定的不是物权法而是财产法（郑成思）。这种意见认为向德国法"一边倒"是很奇怪的。德国型的物权法仅以有体物为对象，这与信息时代下的知识经济的发展不相适应。所以应以包括了有体物和无体物在内的财产权概念取代物权概念，应制定的也不是物权法，而是财产法。对此反对意见认为，大陆法系使用的"财产法"概念是包含了物权法、债权法、知识产权法等在内的宽泛概念，一旦制定财产法，那么物权债权之区分这一大陆法系的传统将土崩瓦解，进而中国民法典的逻辑体系也就无法再得到维系（梁）。

6. 是否应将知识产权吸收进民法典草案

有观点认为，鉴于知识产权的特殊性（对权利的限制较多、技术革新引发变化等），民法典不应单独设编，而应作为民事单行法来制定（王利明、梁慧星）。对此反对意见认为，自加入世界贸易组织之后，知识产权法越发重要，故应单独设编（多数学者）。全国人大法制工作委员会认为有关知识产权立法的单独成编问题目前尚未形成成熟的意见，故仅在民法总则第六章民事权利中规定了知识产权的保护范围，并未单独设编。所以，著作权法（1990年制定，2001年修订）、专利法（1984年制定，1992年、2000年修订）、商标法（1982年制定，1993年、2001年修订）等知识产权法作为民事单行法继续存在于民法典之外。

7. 国际私法是否纳入民法典草案

中国的国际私法学会早在1993年就起草了国际私法示范法，目标是单行法典的立法。与民法通则不同，国际私法示范法中除涉外民事关系的法律适用之外，还包括涉外民事案件的管辖、司法协助。在1998年3月召开的民法起草工作小组第一次会议上，一度决定延续民法通则的体系，以与民法典融合的方式对国际私法进行立法，但遭到国际私法学者的反对。于是同年9月召开的民法起草工作小组会议决定民法典草案中不再包括国际私法。但由于后来国际私法的立法工作几乎没有进展，所以2002年1月再度决定利用民法典草案制定的机会，通过立法将国际私法与民法典一体化。

五、民法典编纂的路径

2004年的宪法修订对非公经济和私有财产进行了再定位。宪法第11条增设了这样的条文："国家鼓励、支持和引导非公有制经济的发展"。宪法第13条首次明确了"私有财产不可侵"的原则（第1款规定"公民的合法的私有财产不受侵犯"）。宪法的修订为中国民法典的编纂提供了坚实的政治基础。为加速民法典的制定，第十届全国人大常委会于2003年12月决定今后的方针是不再对民法全体，而是对各编进行分别审议。到2007年3月为止，将按照物权法、侵权行为责任法、涉外民事关系的法律适用法这一顺序进行审议。2004年10月第十届全国人大常委会第十二次会议对物权法草案进行了第二次审议。2005年6月，为征求公众意见，对第三次审议草案的全文及一部分立法资料进行了公开。2006年12月，全国人大常委会对物权法草案进行了第七次审议，并决定于2007年3月向全国人大提交该草案。最终在同年3月，物权法经全国人大表决通过。自此民法典编纂的第二阶段宣告完成。接下来，中国计划以2010年为目标，整合已制定的民事单行法，编纂出可与德国民法典比肩的中国民法典。

参考文献

王家福等：《现代中国民法论》（1991）3页以下；梁慧星：《民法总论》（1996）14页以下；王晨：《社会主义市场经济和中国合同法》（1999）199页以下；王晨："当代中国的'物权'再发现"，载《大阪市立大学法学杂志》第51卷第4号9页以下（2005）；梁慧星：《为中国民法典斗争》（2002）24页以下；江平/梁慧星/王利明/王胜明："民法典纵横谈"，载《政法论坛》第21卷第1期3页以下（2003）；顾昂然："关于'中华人民共和国民法典草案'的说明"，载《立法札记》（2006）355页以下；北川善太郎："民法的近未来模式"，载《神户法学杂志》第54卷第1号161页以下（2004）；木间正道等：《现代中国法入门［第4版］》（2006）134页以下；渠涛："中国民法典审议草案的成立与学界的讨论（下）"，载《Jurist》第1250号190页以下（2003）；王晨/吴海燕译："中华人民共和国民法（草案）第4编人格权法　第8编侵权责任法"，载《大阪市立大学法学杂志》第51卷第1号250页以下（2004）；王晨/吴海燕译："中华人民共和国民法（草案）第9编涉外民事关系的法律适用法"，载《大阪市立大学法学杂志》第51卷第2号266页以下（2004）；李旺："关于中国国际私法的立法动向"，载《国际商事法务》第31卷第11号1583页以下（2003）；梁慧星："中国民法典编纂的进程与争论点"，载《中日民商法研究》第2卷3页以下（2004）；徐国栋：《中国民法典起草思路论战》（2001）3页以下；北川善太郎："中国民法典的体系和债权"，载《人大法律评论》47页以下（2003）；星野英一："民法典的体系问题"，载《人大法律评论》39页以下（2003）；藤冈康宏："中国民法典草案的意义——关于债法总则的必要性及侵权责任法的发展"，载《早稻田法学》第79卷第1号227页以下（2003）。

18

民法修订的动向（5）韩国

成均馆大学名誉教授/大东文化大学教授　高翔龙

进入21世纪之后，韩国民法典迎来了大规模修订。其中亲属、继承编已在2005年接受了“革新性修订”。在财产法的领域（总则、物权、债权编），一部修订内容涉及大约130条条文的“民法修正案”也已于2004年被提交国会法制司法委员会，至今（2006年9月）仍在审议中。本文将对亲属、继承编中主要的修订部分作一个简单介绍，然后再对国会审议中的“民法修正案”（财产法领域）的内容和若干争议点进行一个概述。

一、亲属、继承编的修订

现行民法典制定、公布于朝鲜战争结束后的1958年2月22日（法律471号），自1960年1月1日起施行至今。对财产法领域进行立法时，参考了德国、日本、瑞士等各外国民法典，但亲属、继承编的立法则在考虑了韩国传统家族观念的保守、习惯特性后，将自古以来的宗法制度、旧习设置为了基础。结果，很多与宪法以及民主主义理念相违背的规定就这样产生了（李胜雨：“韩国家族法上的户主制度”，载《高翔龙先生日韩法学交流纪念21世纪的日韩民事法学》（2005）78页）。因此，民法施行后不久，以学界、妇女团体为核心的群体就不断要求应基于男女平等的民主理念对家庭法进行修订。之后亲属、继承编虽经数次修订，但直到2005年3月，“革新性”的大修订才告实现，内容包括户主制度的全面废除、姓不变原则的大幅修正（2008年1月1日起实施）、同姓同本不婚制的大幅放宽等（高翔龙：《韩国家族法的大改革》，载《Jurist》第1294号84页）。以下介绍一下主要的修订部分。

1. 户主制度的全面废止

根据2005年修订前的韩国民法，任何人都因“户主”或“家族”的身份而属于某一“家”（第779条），该“家”必须设置一个作为家族代表者的“户主”（第778条）。这种户主制度的目的是要将祭祀祖先、血统延续等韩国古来的价值具体化。但随着时代的变化，户主制度已失去了现实必要性、实效性，而且批评之声不绝，认为这是一种非民主的制度，旨在维系以男系血统延续为尊的思想。最终，判决认定该制度违宪（宪法裁判所2005・2・3，2001宪가9，10，11～15，2004宪가5），于是2005年的修订法（以下称为“修订法”）全面废止了该制度。

2. 姓不变原则的修订

在自古以来就是父系中心社会的朝鲜半岛，“姓”代表了男系血统，以分辨所属的父系血亲集团。为区别有着同一个“姓”的各地分支，出现了“本”这一标识（分支一族的发祥地名，也称“本贯”）。韩国民法典将这种“姓”和“本”的制度吸纳了进来（第 781 条第 1 款本文）。“姓”显示了父系的血统（第 781 条第 1 款），除特殊场合外，不允许对其进行变更（第 781 条第 3 款但书）。

这种习惯法上形成的所谓“姓不变原则”也存在于 2005 年修订之前的民法中，但修订之后的民法新增了如下的条文，即“父母在婚姻登记之时已就承继母亲的姓及本达成协议的，可承继母亲的姓及本”（第 781 条第 1 款但书）。所以只要有“协议”，该父母所生的所有子女均可承继事先决定的母亲的“姓”。可以说，这一规定大幅修正了父系血统主义，理论上甚至可能导致向母系血统主义的转变。

修订之后的民法还允许变更子女的“姓”和“本”，即“为子女的利益而有必要变更子女的姓及本的场合，经父母或子女申请，取得法院同意的，可以进行变更”（第 781 条第 6 款本文）。历来一生都无法改变的“姓”，有了之后可以例外变更的可能。对以“姓不变原则”为根基、以承继父的“姓”和“本”为内容的古老的家族制度而言，这一新设的规定不可谓不是一种冲击，并将促使前者发生巨大改变。

3. 同姓同本禁婚原则的修订

所谓同姓同本不婚制，是指所承继的“姓”和“本”均相同的男女之间禁止结婚的制度。这一制度早在引入中国大明律的朝鲜时代（1392—1910 年）就已普及，延续至今。这次修订之前的民法第 809 条第 1 款规定，“同姓同本的血亲之间不得结婚”，由此承认了同姓同本不婚制。这主要是基于美风良俗、伦理上的考虑，以及优生学上的考虑。但是，随着人口激增、社会活动领域扩大、道德良俗的内容变化等，若还以伦理的、优生学上的理由为据禁止一定亲等范围之外的同姓同本之间结婚，则实在有失妥当。而且将禁婚的范围限于父系血统也有违男女平等的原则，范围过广又会导致对婚姻自由这一个人之重大权利的践踏。所以最终违宪判决认定同姓同本不婚的规定（第 809 条第 1 款）违反了宪法（宪法裁判所 1997 · 7 · 16，95 宪가 6 · 13 合并）。因此，民法第 809 条第 1 款修订为“8 亲等以内的血亲［包括亲养子（相当于日本民法中的特别养子*——笔者）被收养前的血亲］之间，不得结婚”，由此，禁止同姓同本结婚大幅转变为禁止近亲结婚。

二、财产法领域的修正案

1. 财产法领域的修正动向

现行民法实施至今虽已有多次修订，但大部分的修订都集中在亲属、继承编和附则，财产法领域的修订只涉及一小部分，比如 1984 年对韩国固有的不动产使用方法“传贳权（伝貰権）”进行了强化，以及新设了区分地上权等。为应对当今社会、经济的急速变化以及交易的国际化趋势，修订民法的必要性油然而生。1999 年 2 月，法务部设置了“民法修订特别分科委员会”，以专门讨论总则、物权、债权编共计 766 处条

* 关于特别养子，根据日本民法第 817 条之 2 的规定，是指与亲生方血亲终止亲属关系的收养关系。与之区别的是一般养子，即成立收养关系的同时，也并不终止与亲生方血亲之间的亲属关系。——译者注

文的修订，之后2001年11月16日“民法修正草案”公布，该草案涉及大约130条条文的修订（将之介绍到日本的文献有：郑钟休：“关于韩国民法修正草案”，载冈孝编：《契约法现代化的课题》（2002）157页以下）。法务部在举办听证会、广泛征求各界意见以及立法预告之后，以这一“草案”为基础，于2004年6月2日完成了“民法修正案”。该修正案经政府国务会议（相当于日本的内阁会议——笔者）同意，于同年10月提交国会。现在，国会法制司法委员会正在对该草案进行审议。

委员会的“草案”一经公布，就被指摘其中存在若干应予慎重研究的问题，为此还展开了激烈的讨论。之后作为政府法案向国会提交的《修正案》中仍可看到同样的问题。2001年11月，为对“草案”进行研讨，由33名民法教授为核心组成的“民法修正案研究会”将30名成员的书面意见按照条文顺序整理成《民法修正案意见书》（2002年刊行），并送交相关机构。研究会的意见认为，并非修正案的全部条文都有问题，只是若干修订的条文、新设的条文中有些问题还需花时间认真研究；就这些问题点而言，目前并无急切修订、新设的必要性和紧迫性，不然会招致解释上的混乱，也有违背世界趋势之嫌。限于篇幅限制，以下仅就修正案的要点及有争议的三个问题作一概述。

2. 修正案的要点

(1) 总则编

成年年龄下降至19岁（案第4条），特别失踪（船舶沉没、航空器坠落）期间缩短为6个月（案第27条），法人设立改采许可主义（案第32条），明确对非法人团体以法人来对待（案第39条之2），新设动机错误（案第109条之2），消灭时效中断事由中新增财产明示申请、与本案有关的应诉、裁判上的权利行使（案139条之2）等。

(2) 物权编

为预告登记增添实体法效力（案第186条之2），新设有关建筑物越界的规定（案第242条之2），将习惯法上的法定地上权明文化（案第279条之2），强化对债务人、最高额抵押权人的保护以及强化最高额抵押权的流动性（案第537条之2—12）等。

(3) 债权编

对最高额保证人的保护（案第448条之2—5）、将履行迟延（第544条）、定期行为（第545条）、履行不能（第546条）等三个条文统合为一个条文（案第544条之2），新设买受人的减价请求权和瑕疵补正请求权（案第575条—第581条），新设雇主的安全保障义务（案第655条之2），强化对定作人的保护（案第668条），新设旅游合同（案第674条之2—9）以及居间合同（案第692条之2—5）等。

3. 若干问题

(1) 修正案第1条之2（人的尊严与自律）

修正案第1条之2规定：“人以人的尊严和价值为基础，可依据自己的自由意思形成法律关系。人的人格权受保护”。由此人的尊严性与人格权保护得到了明文化。

对于这一规定的宗旨并无理由可以反对。但是，宪法已经将这类规定作为国民的基本权予以了明文化（第10条），民法也规定了权利能力平等的原则（第3条），所以这是重复立法，一个不必要的规定。而且在民法典的起首新设这一条文，给人的印象是似乎人的尊严和价值至今都未被承认，容易引发误解。出于这些理由，反对意见压倒性的多（上揭《民法案意见书》3页以下）。

(2) 修正案第39条之2（非法人社团及财团）

修正案第39条之2规定：“非法人社团及财团，只要不违反其性质，准用本章的规定［法人的规定（韩国民法第 1 编第 3 章）——笔者］”。据此，没有法人格的社团及财团可准用法人的规定。

如果某团体适合被赋予法人格，那么即便该团体是非法人社团，自然也应对其准用法人的规定，所以对这一修订内容应予赞成。但所谓“只要不违反其性质”是指何种场合，完全没有明确。如果不明确这句话的意义，那么立法后极可能招致解释上的混乱。所以不妨等到非法人社团和合伙如何区分之类的团体理论得到充分研究之后，再行立法也不迟。在这段期间内可以依据判例（大判 1996·9·6，94 다 18522）来处理，尽管解释论上仍留有若干问题。

（3）修正案第 544 条之 2 第 1 款（债务不履行和解除）

修正案第 544 条之 2 第 1 款规定：“债务人未按债务内容履行时，债权人可指定相当期间催告债务人履行，在该期间内仍不履行的，可以解除合同。但债务人非因故意或过失而不履行时，不在此限”。这一规定涉及现行民法上的合同解除事由，并将履行迟延（第 544 条）、定期行为（第 545 条）、履行不能（第 546 条）等三个条文统一成一个条文。所以该修正案实际是将如下旨趣明文化了，即因履行迟延而解除也须债务人有归责事由。

因履行迟延而解除的场合是否确须债务人有归责事由？现行韩国民法第 544 条本文规定：“当事人一方不履行债务的，相对人可指定相当的期间催告履行，在该期间内仍不履行的，可以解除合同”。这里承认了履行迟延下的解除权，但作为解除的要件是否需要债务人的归责事由并不明确。这一点与日本民法第 541 条是一样的。

通说认为，履行迟延下的解除，与债务不履行下的损害赔偿责任的发生要件（民法第 390 条但书“但债务人非因故意或过失而不能履行时，不在此限”）相同，即作为解除权的发生要件，债务人必须存在归责事由。判例虽没有从正面讨论债务人的归责事由是否必要，但实质还是以该要件为前提的（大判 1994·11·25，94 다 35930）。但少数反对学说认为，债务人的归责事由并非解除权发生的必要前提，只是如果存在归责事由，那么将附带发生损害赔偿责任（金亨倍：《债权各论》（1997）207 页）。

问题是究竟应如何理解履行迟延下的“解除”的意义。如上所述，修正案第 544 条之 2 第 1 款在但书中明文规定了解除权的要件是债务人存在归责事由。但在修订委员会中，关于是否应将债务人的归责事由明文化，曾存在激烈对峙的正反两种意见（详细内容可参见：法务部编：《民法（财产编）改正资料集》（2004）802 页以下）。反对意见认为，该条款与世界趋势（修订后的德国债务法第 323 条、CISG. 49（1）（a），UNIDROIT 原则 7.3.1，PECL9：301）背道而驰；且第 390 条债务不履行下的损害赔偿是让有“归责事由”的债务人承担赔偿“责任”，而“解除”则着眼于债务未按合同履行之事实以及当事人的合同利益，旨在为当事人创造摆脱合同拘束力的可能性，所以不能把解除权与损害赔偿请求权置于同一层面来理解。

对此赞成意见认为，从解除相对人的立场来看，没有归责事由也可解除是不当的，而且举证责任在相对人，只要相对人不能举证，解除权就可以发生。正因为解除权人不需承担举证责任，所以就结果而言并无不当（上揭资料集 802 页）。

这个修正案之所以被作为审议稿而提出，主要有以下几个理由：仅履行不能的场合要求债务人有归责事由，并无道理，故对于规定损害赔偿这一债务不履行之效果的第 390 条与规定合同解除的第 544 条应作平行理解。此外没有归责事由也可解除合同，有害于合同严守的风气。毋宁应与债务不履行的场合一样明文规定，不能证明不存在归责事由时，解除权不发生（上揭资料集 785 页以下）。最终，该委员会还是以多数决通过了上述修正案。

对于这一修正案，“民法修正案研究会”的民法学者大多数都持反对意见，其理由与修正委员会中的反对意见基本相同（参见：《前揭意见书》98 页以下）。

存在以上这些问题的修正案今后在国会中会受到怎样的审议，目前还无法预测。

参考文献

文中所列文献。

19

人格权

京都大学教授　山本敬三

一、序

关于人格权这种权利，现行民法典并无明确的规定。但学说在参考了德国法等外国法的动向后倡导起了这一概念，而后判例又对之予以了认可。如今，至少在此类权利也应被保护这一点上已经没有争议。

不过，在如何理解这种权利的意义、内容等方面，尚难说意见一致。这是因为这种权利有着传统意义上的权利概念无法完全涵盖的一面，以至于在人格保护相关问题的法律构成上出现了不同的立场。那么下面就基于这一角度，来梳理一下与人格权的意义、内容相关的判例及学说，并在此基础上澄清问题的所在。

二、判例法的现状

特别是从 1970 年代左右开始，在下级裁判所的层面，以公害、妨害生活、侵害名誉或隐私的案件为中心，出现了大量与人格权有关的裁判例。这些裁判例以人格权受侵害为由，肯定了停止侵害或损害赔偿的请求。最高裁判所的层面亦如此。1986 年，在一起侵害名誉的案件中，最高裁就以侵害人格权为由，认可了与停止侵害之请求相当的请求［1）最判昭和 61・6・11 民集 40 卷 4 号 872 页（北方周刊事件）］。在这之后的裁判例中，既有以侵害人格权为由认可停止侵害请求的，也有以同样的理由认可损害赔偿请求的，另外还有以侵害“人格利益”为由认可损害赔偿请求的（关于判例的状况，参见：五十岚、木村（1）89 页以下等）。

1. 基于“权利”构成的救济

首先，目前为止最高裁均将与人格权相当的法益定性为“权利”，再以权利受侵害为由认可法律上的救济。这又可分为以下三种场合。

（1）社会人格权受侵害

第一，名誉、隐私受到侵害的场合。上举 1）判决针对侵害名誉的事实而认为，“作为人格权的名誉权是一种与物权同样的排他性权利”，在一定的要件——“其表现内容既不真实，又显然不是出于公益之目的，且受害人因此可能蒙受重大的、显然难以恢复的损害”——之下，可以对出版物实施事先停止出版这一临时处置措施〔2）“最判昭和 62·4·24 民集 41 卷 3 号 490 页”判决在将名誉权定性为人格权的基础上，否定了不以该权利受侵害为前提的刊登反驳性文章的请求权（广义的反驳权*）〕。此外，3）“最判平成 14·9·24 判时 1802 号 60 页（石中游鱼事件）”判决认为，小说的表现内容涉及无关公共利益的隐私，一旦发表就可能造成不属于公众人物的受害人蒙受“名誉、隐私、名誉情感”之害，受害人因而“可能遭受重大的、难以恢复的损失”，据此认可了对“作为人格权的名誉权”的停止侵害及损害赔偿的请求。

此外，关于姓名，曾有判例在附带意见中指出，“是人作为一个人得到尊重的基石、个人人格的象征、人格权的组成部分”（ 4）最判昭和 63·2·16 民集 42 卷 2 号 27 页）。

以上所言权利均涉及自己在与社会之联系中的存在状态——如何表现自我或不表现自我。在此意义上，可称之为社会人格权。

（2）身体人格权、精神人格权受侵害

第二，对是否接受伴随输血的医疗行为基于宗教信念作出意思决定的权利受到侵害的场合，5）“最判平成 12·2·29 民集第 54 卷 2 号 582 页（耶和华证人输血抗拒事件）”判决认为，“实施此种意思决定的权利是人格权的一大内容，对此必须予以尊重”。在此基础上，该判决以医师知道情况却怠于作必要的说明，造成受害人实施该意思决定的权利被剥夺为由，认可了损害赔偿的请求。此处，既与作为生命体的自己身体之存在状态——在此意义上可称作身体人格权——有关，又与作为个人的自己精神之存在状态——在此意义上可称作精神人格权——有关。

（3）环境人格权受到侵害

第三，道路通行受到妨害的场合。6）“最判平成 9·12·18 民集 51 卷 10 号 4241 页”判决认为，如果路面被指定为道路位置并实际被开辟成道路的，那么对于在该路面上通行“具有日常生活上不可欠缺之利益的人”，就享有向土地所有人“请求排除妨害以及禁止将来妨害的权利（人格权意义上的权利）”，只要该土地所有人并未因此蒙受超过上述利益的显著损害（另可参见：7）最判平成 12·1·27 日判时 1703 号 131 页、8）最判平成 18·3·23 判时 1932 号 85 页）。之所以这么认为，是因为考虑到“生活据点和外部之间的交通往来属于人的基本生活利益”。此处关乎自己相对于生活环境的存在状态，故在这一意义上可称作一种环境人格权。

从以上来看，对于与人格权相当的法益用“权利”进行构成时，主要涉及的救济手段是停止侵害请求或妨害排除请求。但须注意，作为与之并行（ 3）判决）或另行的救济（ 5）判决），损害赔偿请求也是被认可的。

2. 基于“利益”构成的救济

除上述情况外，最高裁在下列情形中认可了“人格利益”而非“权利”，同时也肯定了损害赔偿请求这一救济。

（1）与社会人格权对应的利益受到侵害

第一，与社会人格权对应的利益受到侵害的场合。

上举 4）判决认为，“姓名被他人准确称呼”是“可以受侵权行为法保护的人格利

---

* 针对新闻媒体的报道、见解，公民个人要求该新闻媒体免费发表自己的反驳性文章、见解的权利。为抗衡新闻媒体在言论发表领域的强势和垄断，西方一些国家以明文规定认可了这一权利，但日本尚未有明文的规定，最高裁判所认为只有公民的名誉权等受侵害的情形下，该公民才享有这一权利。——译者注

益”。不过4）判决又提到，该利益“在性质上作为侵权行为法上的利益仍不能谓十分确固”，故即便是不正确称呼姓名之行为，只要非属违背受害人明示的意思或抱有害意而实施等特殊情形，就不具有违法性。对于外国人的姓名，如果是以惯用方法称呼，则即便违背受害人明示的意思，也不具违法性。判决据此驳回了发布道歉广告及损害赔偿的请求。

刑事诉讼被告人庭审时的模样遭偷拍，之后这些照片及速画像又被刊登于周刊杂志。对于这个案子，9）“最判平成17・11・10民集第59卷9号2428页”判决认为，当事人享有这样的“人格利益”，即自己的容貌不得被随意拍摄、所拍摄的照片或描绘自己容貌的速画像不得被随意发布。之所以只是“人格利益”，推测是因为拍摄他人容貌之举并不当然在社会生活上构成违法，还要考虑到与取材报道自由的冲突问题，故判断损害赔偿请求成立与否，须视侵害是否“超过了社会生活上的容忍程度”而定（太田晃详，《Jurist》第1323号172页以下（2006））。

10）“最判平成7・9・5判时1546号115页”判决认为，公司仅以共产党员身份或其追随者为由，便对职员持续监视，并在公司中加以孤立，甚至实施尾随、对私人物品进行拍照等，均已构成对“职场中自由人际关系的形成自由”、名誉或隐私的不当侵害。最终判决以“侵害人格利益”为由认可了损害赔偿请求。此案的特点在于，法院保护了与社会中的自我存在状态相关的一些利益，其中甚至包括对人意义上的人际关系的形成。

（2）与精神人格权对应的利益受侵害

第二，与前述精神人格权对应的利益受到侵害的场合。

为批判老师而将记载其姓名、住所、电话号码的传单大量发放，结果家中反复打进匿名电话、无声电话，甚至引来右翼团体的宣传车。对于这个案子，11）“最判平成元・12・21民集43卷12号2252页”判决认为，如果已预见到或只要无过失就可以预见到大量发放这类传单会引发此类事态，则可以认定为“私生活之安宁等人格利益遭到了违法侵害”，据此可以肯定损害赔偿请求。在认可请求之际，判决特别提到，已经不能说受害人的“精神痛苦于社会一般观念而言尚在容忍限度内”。这里可以看到与上举9）判决同样的考虑。

与此相对的是12）“最大判昭和63・6・1民集42卷5号277页”判决。一名自卫队军官殉职后被合葬于所在县的神社，但这违背了身为基督徒的家人的意愿。对于这个案子，原审认为，“于静谧的宗教环境之下享受信仰生活之利益”是“宗教上的人格权”。但判决认为，这类利益“在性质上不可当然被视作法益而予以肯认”。理由是，既然县的神社也有信教之自由，得自由实施合葬，那么只要非以强迫或给予不利益之方式妨害逝去者家人的信教自由，此种“法益就未受到任何侵害”。

三、权利观和人格保护

可否将人格视作“权利”？如果可以，那么又应在何种范围内视作权利？当无法视作权利时，又应如何保护人格？这些问题历来都是学说讨论的焦点。而这些问题的解答，又依如何理解“权利”，也即以何种权利观为前提，会有很大的不同。

1. 传统权利观和人格保护

（1）支配权＝归属分配式的权利观

根据传统的权利观，所谓“权利”，是指以主体和客体的区分为前提，将存在于外界的客体分配给主体进行支配。也即主体可以将存在于自己外部的客体——自然之物和他人的各种行为——作为受自我意思支配的对象，并得到法律的承认，这就是“权利”。这种对于权利的理解，可称为支配权=归属分配式的权利观（参见：萨维尼（小桥一郎译）:《现代罗马法体系（第1卷）》（1993）36页以下、299页以下）。

（2）人格权否定说

如果依据这种权利观，那么与人格权相当的利益便不属于“权利”的范畴。因为与外界的客体不同，自己自身当然受意思所支配，这无须借由法律的承认，也无所谓基于法律的归属分配。不过，这并不意味着与人格权相当的利益——特别是生命、身体、自由、名誉等——不受法律的保护。对自己自身行意思之支配其实是一切权利的基础，即所谓“超越权利的存在”，所以作为前提，法律制度当然应对其予以保护（参见：萨维尼，前揭，300页以下；此外也可参见：末川，342页以下；原岛，55页、95页以下）。

（3）人格权肯定说

尽管这种权利观成了日后学说的出发点，但多数见解还是承认了人格权这样一种“权利”。因为在这些见解看来，生命、身体、自由、名誉等既然可以被称为“利益”或“价值”，那么这些利益或价值——即便生来就可取得，无须借由法律的分配——也同样得“归属”于主体。据此，人格权被理解为支配这类人格利益或价值的权利，并且与物权相同，是一种具有绝对性乃至排他性的权利，因而停止侵害请求权或排除妨害请求权的发生就有了依据（参见：五十岚，9页以下、13页以下；齐藤，183页以下、188页以下等；此外也可参见：广中，15页以下、123页；吉田①，164页以下）。可以说，将人格权视为权利的判例正是以这种观点为前提的。

2. 传统权利观的补充和人格保护

贯彻传统权利观自不待言，即便如人格权肯定说那样将权利扩大化，有关人格权的利益或价值的保护范围也必然有限。因为得被排他归属者，必须是可以明确划定范围的事物。而难以划定范围者，是无法被认定为权利的。但从上述判例的情况来看，即便是那些无法以这种意义上的“权利”来构成的利益，也并非完全得不到保护。如下所见，即便是那些以传统权利观为前提的见解，也会借助于“权利”以外的法律构成，来补充因“权利”而得保护之不足。

（1）权利、秩序二元论

第一种立场：与因“权利”而得保护不同的是因“秩序”而得保护。

这种观点在前述的人格权否定说中已有所见。比如末川博认为，即便不属侵害“权利”——准确地说，未违反作为“权利”之根据的“许可性规定”——的情形，只要违反了明示的“命令性规定”或公序良俗，便可以认为行为具有“违法性”。据此，就人格而言，即便无法将之认作权利，但只要存在禁止侵害人格之行为的规定，就可将这样的行为评定为“违法”，故至少可以成立侵权行为（参见：末川340页以下）。此外，原岛重义认为，比如“环境”，虽不能“归属”于主体，而是所谓的“社会共用资产”，但关于环境的利用自然存在一定的规则、秩序、规范。据此，即便不属排他的“权利”或——诸如生命、健康那样的——“超越权利的存在”，亦得以违反这种环境利用之“秩序”为由，认可停止侵害的请求（参见：原岛99页）。

类似构想也可在同属人格权肯定说的吉田克己的学说中看到。吉田所直接依据的是广中俊雄的观点。广中将“市民社会中的各种基本秩序”作了如下分解：作为“根本秩序”的“财产秩序”——又分为“财产归属秩序”和“财产移转秩序”——和“人格秩序”，以及作为它们各自的“外围秩序”的“竞争秩序”和“生活利益秩序”。在广中看来，根本秩序中的财产或——生命、身体、自由、名誉等——人格利益是可以被“归属”的，因而均属支配权＝归属分配式的“权利”。与之不同，外围秩序不存在这类“归属”的问题（参见：广中，4 页以下、9 页以下、15 页以下、19 页等）。以此理解为前提，吉田认为在外围秩序——比如属于其中一部分的环境秩序——的层面，市民个别的私人利益和市民整体的公共利益存在重叠，因此不妨以违反了包括区域社会的规则形成在内的公共“秩序”为据，认可停止侵害的请求等（参见：吉田①270 页以下，吉田②1797 页，1807 页以下）。吉田进一步指出，在人格秩序的领域，存在无法还原为权利的人格利益（作为这类利益，吉田例举了“自我决定”。参见：吉田①164 页以下），所以除了因权利而得保护外，还有必要研究其他形式的保护（吉田②1810 页）。

（2）权利、利益二元论

第二种立场：即便是尚不构成“权利”的利益，也有基于侵权责任法给予保护——除损害赔偿请求外，还包括停止侵害请求——的可能性。

持该立场的大塚直认为，首先，可以适用停止侵害请求的人格权，必须“具有与他人的权利相区别的固有领域”，也即必须具有作为传统“权利”之特质的“明确性”（大塚①527 页）。这实际还是承袭了上述支配权＝归属分配式的权利观（大塚①537 页），不过作为该说的特征，其着眼的并非归属分配本身，而是社会明确性之有无。

在此基础上，大塚区分了以下三种情形：(i) 侵害生命及侵害健康，(ii) 对健康的潜在侵害，但尚未导致疾病及对精神的重大侵害，(iii) 造成单纯不愉快等对精神的轻微侵害——导致生活受妨害的消极侵害（妨害日照、阻碍眺望）、侵害名誉情感等皆属之——，其中仅 (i) (ii) 可以被视作侵害“人格权”。而关于 (iii)，大塚认为可通过侵权行为之构成，以加害人的故意、过失为要件，认可停止侵害的请求（大塚①531 页以下、534 页以下）。

像这样，在无法认定为“权利”的场合，大塚的着眼点是个人的“利益”，而非借由“秩序”来实现保护。他认为，“历来民法所使用的是权利利益的体系，宪法也是一种人权的体系”，此外通过前述判例法的发展、民法现代语化，民法第 709 条的条文已变为了侵害权利和利益。就此来看，“无法排他归属于个人的利益也是重要的，并且生活受妨害时所牵涉的个人利益也未必就可以为‘秩序’所吸收”。所谓“秩序”，“不能一概定义，很多时候是不明确的”，所以不能“赋予秩序以替代权利利益之地位”（大塚①731 页以下）。

3. 权利观的转变和人格保护

与以上皆不同，有观点认为，对于人格保护，通过转变传统的支配权＝归属分配式的权利观，还是可能作为“权利”问题来构成的。该观点的实质是，人格权的基础应求诸宪法上的基本权（山本敬三：《民法判例百选Ⅰ（第 5 版新法对应补正版）》17 页）。

（1）决定权式的权利观和人格权的射程

宪法上的基本权，原本是为保障自由——法既不能禁止也不能命令作为或不作为——而存在的，即一种请求别妨碍作为或不作为的权利，其核心就是防御权。这个意义上的“权利”，不再限于上述传统权利理论所谓的将客体分配给主体支配的场合。毋宁说，包括这种场合在内，只要主体在决定作为或不作为时需要得到保障，就可以被认定为“权利”。故在此意义上，可称之为决定权式的权利观。依据这种权利观，围绕权利而产生的当代各种现象都可以得到适切的理解。

根据这种权利观，首先对任何人，均必须承认其具有决定主体的地位。这就是宪法第 13 条前段“作为一个人而得到尊重”的意义。人格权就是这种主体决定自己的存在状态的权利。据此，不仅生命、身体、自由、名誉等属于可得“归属”的“利益”或“价值”，即便那些难言可得“归属”的场合，只要涉及主体是否可以对自我的存在状态进行决定的问题，就可能与人格权这样一种“权利”相关。宪法第 13 条后段所谓的有关“生命、自由及追求幸福”的权利之中就包括了这一权利。

据此，上述判例法所涉及的身体人格权可被定位为有关身体上之自我的决定权，所涉及的精神人格权可被定位为有关精神上之自我的决定权，所涉及的社会人格权可被定位为有关社会上之自我的决定权——这除了像名誉、隐私、姓名、肖像这样一些旨在决定社会中的自我存在状态的权利之外，还包括与它们有一定重合的，旨在决定与家庭、友人、集团成员等他人的关系中的自我存在状态的权利——如果这么来理解，那么判例法所谓的“人格利益”姑且也是可以被纳入“人格权”之射程内的。依据这种想法，无论是权利、秩序二元论欲通过“秩序”来保护的东西，还是权利、利益二元论欲作为“利益”来保护的东西，都可以统一在“权利”的框架之下。

(2) 权利保护的构成

如果像这样将人格权的基础求诸宪法上的基本权，那么国家不仅不得自己侵害人格权，同时还负有义务保护基本权＝人格权不受他人的侵害。比如有关侵权行为的规定，其实正是国家＝立法机关为履行基本权保护义务而预备下的保护手段。此外，仅靠这种由立法而来的保护手段尚无法对基本权＝人格权受侵害者给予有效保护时，同样作为国家机关的法院也有义务提供哪怕是最低限度的保护，以弥补立法的不备。所以，不认可停止侵害的请求就无法对受侵害的基本权＝人格权给予保护的场合，即便没有明文的规定，法院也负有宪法上的义务去认可这种请求。

不过这种场合下，一旦对基本权＝人格权给予保护，也就意味着国家对相对人的基本权施加了制约。不仅立法机关，法院亦属国家机关，所以这种制约不得过度。然而在这种场合下，即便国家对受侵害的基本权＝人格权提供哪怕最低限度的保护，也会发生相对人的基本权是否受到过度干涉的问题。于是就有必要对双方的基本权进行衡量（目前可参见：山本敬三：“契约关系中的基本权侵害和民事救济可能性”，载田中成明编：《现代法的展望》(2004) 6 页以下)。不过，这说到底是对双方的基本权进行衡量，不同于未必采用这种框架的容忍限度论所说的衡量。

像这样与其他基本权进行衡量的时候，考虑有无涉及那种可得“归属”或有着社会“明确性”的人格权，仍不乏意义。因为此类人格权——也可称之为支配权式或归属分配式的人格权——正好体现了这样一种规则，即在与其他基本权进行衡量之后，原则上对此类人格权的侵害可以成立停止侵害的请求或损害赔偿的请求。一旦如上述那样扩大人格权的射程，类似这样的衡量规则的构建就变得不可或缺。应当说，人格权论的课题正在于此。

参考文献

末川博：《权利侵害论（第 2 版）》(1949，首见于 1930)；原岛重义：“我国的权利论之变迁”，载《法的科学》第 4 号 54 页 (1976)；齐藤博：《人格权法的研究》(1979)；大塚直（大塚①）：“基于人格权的停止侵害请求”，载《民商法杂志》第 116 卷第 4－5 号 501 页 (1997)；吉田克己（吉田①）：《现代市民社会和民法学》(1999)；

五十岚清：《人格权概说》（2003）；吉田克己（吉田②）：“环境秩序和民法”，载《北大法学论集》第 56 卷第 4 号 1786 页（2005）；木村和成：“我国的人格权概念之特质（1）（2・完）”，载《摄南法学》第 34 号 85 页、第 35 号 69 页（2005～2006）；广中俊雄：《新版民法纲要第 1 卷》（2006）；大塚直（大塚②）：“环境诉讼和停止侵害法理”，载《平井宜雄先生七十岁祝寿文集——民法学中的法与政策》（2007）701 页。

20

公共福祉、权利滥用、公序良俗

北海道大学教授　吉田克己

一、序论

1947年（昭和22年）法律222号对民法进行了修订，在总则编的开头加入了新的第1条，即新设了“私权应遵从于公共之福祉”的规定（第1款）和禁止权利滥用的规定（第3款）。之后2004年（平成16年）法律147号又一次对民法进行了修订，这一涉及公共福祉的条款也在文字表达上更改为了“私权必须适合于公共的福祉”。此外，民法第90条规定，以违反公序良俗的事项为目的的法律行为无效。

从近代法的观点来看，法律行为的内容形成原则上属于个人的自由领域（私人自治）。但民法第90条表明该自由受到公共秩序（公序）这一框架的约束。同样依据近代法的观点，权利行使原则上也是自由的，但民法第1条第3款表明这种自由受到权利滥用这一框架的约束。从民法第1条的规定方式来看，至少其中一种框架是根据公共福祉而确定的。实际上，现在的通说认为，整个民法第1条都是在宣告私权具有社会性，其中涉及公共福祉的条款表明了这一原理，而权利滥用禁止则是该原理的具体适用（我妻荣:《新订民法总则（民法讲义Ⅰ）》（1965）33页）。

如此，本文涉及的三个法原理实际表现了一种对法律行为形成的自由（私人自治）和权利行使的自由这一近代法原则进行制约的原理。其关键词分别是“公共”的福祉和“公共”的秩序，而这些又都可以被收入“公共性”这样的概念。那么公共性究竟意味着什么？又应如何把握这一内容？以下就以这些问题为切入点，对以公共的福祉为首的三个原理进行一些考察。

二、权利行使的自由及其制约原理——公共福祉和权利滥用

1. 公共福祉论的形成

(1) 公共福祉条款的新设

战后的民法修订新设了民法第1条第3款，目的就是要将新宪法的大原则写入民法（关于下述立法过程，可参见：关于下述的立法过程，可参见：池田，后揭73页以下；宗，后揭（1）1525页）。当时作为宪法的大原则而被创设的是宪法第12条，它树立了

这样的理念，即国民不得滥用受宪法保障的自由及权利，始终负有为公共福祉之目的而利用自由及权利的责任。宪法第 12 条揭示了基本人权的制约原理，为与此对应，民法也设置了私权的制约原理，即公共福祉的条款。这就是修订民法之际的问题意识。

然而，在议会审议时不断有批评认为这种立场与个人主义这一宪法理念是相矛盾的，说这是散发着全体主义气味的规定。因为这些批评，结果“私权为公共之福祉而存在”这一原来的方案就被放弃了，立法转而采用了一种略显模糊的文字表达，即“私权应遵从于公共之福祉”。

这一阶段的争论有个共通点，即包括批评者在内，人们均将公共福祉视为民法外部的一个理念。争论的对象，直接地说就是国家观，也即通过一个制约私权的、干涉主义式的国家来推动国家和社会发展之类的想法（社会国家观）是否可行。此处所说的制约私权，是立足于发展国家社会这一民法外部的逻辑，与民法内部的逻辑无关。

（2）公共福祉学说的发展

如上所见，有关公共福祉条款的意义，立法过程中已经呈现出积极、消极两种意见的对立，而在这之后的学说发展过程中，这种对立再度出现。其中消极说更具有优势。

首先，倡导积极说的代表性观点持有这样的认识：法的目的在于促进全体社会的向上发展，近代个人主义的法律思想之所以强调私权的绝对不可侵性，也是为了借此促进全体社会的向上发展。但由于 19 世纪末以来的贫富不均，这一条路已经行不通了，此时唯有明确私权的社会性、公共性，才可能继续推进全体社会向上发展。而公共的福祉，就是宣告私权具有这种社会性的原理（我妻・前揭 32～33 页）。

不过即使是这一见解，对于公共福祉条款的急切适用实际上也是持谨慎态度的。因为在日本，近代个人主义的法律思想在部分领域还没有充分渗透，对于这些领域而言，公共福祉有可能会毁掉私权的“第一层次的使命”（我妻・前揭 34 页）。

这种谨慎态度也是很多人所共有的（比如：星野英一：《民法概论Ⅰ　序论・总则》（1971）73～74 页）。此外有见解认为，不存在不直接适用本款就无法解决的案件，所以不应强调本款的地位。过于强调本款，则可能导致公益优先私益这种理念以一种危险的方式扩张其适用范围（铃木禄弥：《民法总则讲义（2 订版）》（2003）349～350 页）。还有见解认为，民法第 1 条第 1 款制约了宪法所保障的财产权，可能会被认为有违宪的嫌疑，所以应注意不要轻易以公共福祉为由去限制私权（十正美：《民法总则》（1991）31 页）。类似这样的消极说之所以多被提及，是因为现实当中确实出现了这种情况，即公共福祉的理念引发了些许“轻易限制私权”的后果，特别是在适用权利滥用法理的领域。

2. 权利滥用法理与公共福祉

权利滥用禁止这一法理，经战后民法修订得以明文化之前，其实已经因判例的发展而得到了承认。其在所有权法领域中的适用，可以说颇具日本特色。即在与无权占有人的关系上，立足于所谓的客观说而肯定了权利滥用法理的适用。对于这种结果的发生，公共福祉的理念起到了重要的作用。

最早适用权利滥用法理的重要判例是“宇奈月温泉事件”（大判昭和 10・10・5 民集 14 卷 1965 页）。该案中，向无权占有人提出的妨害赔偿请求被认定为存在害意。最终判例肯定了权利滥用法理的适用，并揭示了主观方面的要件和客观方面的要件。这之后又连续出现了几个判例，虽然都没有明示权利滥用这一构成，但均在客观比较当事人之间乃至社会一般的利益状况的基础上，否定了针对无权占有人的妨害排除请求。比如无权利人在他人土地的地下为发电所铺设用水通道，判决却驳回了除去用水通道的请求（熊本发电所建设事件。大判昭和 11·7·10 民集 15 卷 1481 页）；又比如未获权利人允许铺设铁路线，判决却驳回了除去砂土的请求（高知铁道线路敷设事件。大判昭和13·10·26 民集 17 卷 2057 页）。后一判决特别提到，如果强令除去埋下的砂土，“将给该地方的交通要道带来长期显著不便之危险，严重损害了公共利益”，也即从公共性的视角否定了权利行使。

在具体适用客观说时，国家政策之实施这一政治上的视角也是一个有力的论据，成为公共福祉的构成内容之一。“板付基地事件”（最判昭和 40·3·9 民集 19 卷 2 号 233 页）判决这一战后具有代表性的涉及权利滥用法理的判决，就是这方面的著例。事件经过大致是，国家从土地所有人处租借来土地以供美军用作空军基地用地，合同期满后，所有人要求国家返还土地。从民法的理论来看，这一请求当然应得到认可，但判例却依据权利滥用法理排斥了该请求。最高裁阐述道，“本案所涉恢复原状的请求，因无视私权的社会性、公共性之本质，故是一种过当的请求，无法予以认可”。

在西欧的法律中，只有当权利行使者主观上具有不当逐利之意图或加害意思等时，才有权利滥用法理的适用（法国的判例、德国民法典第 226 条）。在这些国家中，后来客观说也逐渐有力了起来，不过就法国而言，客观说的适用仅限于邻人之间妨害生活的案件，套用的是所谓“邻人间的重大不便性”法理。所以这里涉及的问题是权利人对权利人的利益调整，而不是像日本那样在与无权利人的关系上否定权利人的权利行使。邻人间的利益调整的实质，是在与邻人的关系上将某种权利行使转化为违法行为，即“权利行使的违法化”。与之不同，如果总结日本的权利滥用法理的适用特色，那么就是将侵权行为予以部分“合法化”。日本的权利滥用法理，结果起到了一种征用私产的功能。经常被批评为“权利滥用法理的滥用”的，就是指这样一类事态。

3. 公共福祉的重构

正是为应对由以上这种公共福祉所造成的“权利滥用法理的滥用”或曰对私权的制约，才有了前述的消极说，也即主张限制适用公共福祉条款的观点。与消极说的角度不同，近来有观点将矛头直接对准了公共福祉本身的问题性。这一角度，就是所谓的公共福祉内容的再构成。

其代表性的见解认为，民法第 1 条第 1 款的命题是民法上的命题，即民法之中也有涉及“公共”的问题，但涉及“公共”的问题仅存在于民法中的特定部门，具体而言，就是生活利益法以及竞争利益法（与所谓外围秩序有关的法）。根据这一见解，“公共福祉”存在于每个个体（并且）共同享有的利益之中，这些利益或者来自向地区居民提供一定的生活利益的环境（生活利益法），或者来自通过公平竞争向相关经营者乃至一般消费者提供竞争利益的环境（竞争利益法）。在这一意义上，“公共福祉”与主张“公益”优先于“私益”或者“全体超越个体”的团体主义、全体主义是完全没有关系的（以上参见：广中·后揭 135～137 页）。

在这一见解看来，关于权利滥用法理，如果是像一些裁判例那样，为保护生活利益而将一定的土地利用行为认定为权利滥用，并据此认可停止侵害请求的，那么应予以积极的评价（同上 159 页）。但如果用权利滥用法理来否定针对土地所有权受到妨害的妨害排除请求权，那么原则上是不能认同的（同上 164～165 页）。

这样一种审视权利滥用的角度，之后也见于其他见解（宗·后揭）。不过不再像广中那样局限于外围秩序，而是认为市民型公共性对于民法全体都具有指导意义。在这一见解看来，民法的调整对象是市民，而公共福祉就是与市民相关的公共性，也即与私个人所属之共同生活等相关的公共性（市民型公共性）（宗・后揭（5）629页）。所以公共福祉是一种市民社会内在的民法固有原理。而关于权利滥用法理，该观点主张不应将国家行政当局的利益以及大企业对国家经济复兴的贡献等也包括在客观标准之内，客观标准仅限于市民型公共性（宗・同上631页）。

三、法律行为的自由及其制约原理——公序良俗

1. 有关公序良俗的通说的形成

（1）初期的公序良俗论

回顾民法的立法过程，民法第90条的原案是出于以下理由而被提出来的，即（旧）法例仅规定与“有关公之秩序或善良之风俗的法律”相抵触的合意等“不成立”，然而局限于违反法律的场合是不够的，应交由法官来判断是否无效。按当时的设想，所谓“公之秩序”主要关涉行政警察、司法等国家制度，所谓“善良之风俗”即指性风俗。围绕这一原案，出现了各种修正案。有人建议删去作为道德问题的“善良之风俗”，认为这有被滥用的风险，而有人正相反，认为应像德国民法一样删去“公之秩序”，仅规定“善良之风俗”。最终还是维持了原方案，于是有了现在的规定（关于立法过程，参见：大村敦志：《公序良俗和契约正义》（1995）11页以下；山本（敬），后揭115页以下）。

仅从立法过程中的这些想法来看，民法第90条的适用范围是相当狭窄的。至于像以经济上的问题为由认定法律行为无效之类的想法在当时还不存在（以上参见：大村・同上14～15页）。即便是民法制定以后的早期学说，也仍奉行这种狭隘的理解。

（2）根本理念说的登场

这种状况随后因为1920年代根本理念说（我妻荣、末川博）的出现而发生了很大的改变。这一见解认为：“现在所有的法律关系都应受公序良俗的支配，公序良俗是支配整个法律体系的理念。……第90条的规定并非是对个人意思自治的例外限制，其实只是一种支配整个法律体系的理念碰巧在此处有所显现而已……”（我妻・前揭270～271页）。如前所述，这一见解还肯定了公共福祉条款的积极意义。该见解立足于“国家共同体”主义的观念，即不“认为个人是一种与国家对立的存在”，相反“个人与国家是一种个体与整体的有机结合关系”。于是，国家应积极介入，以促成全体国民“能够实现实质的自由、平等以及追求幸福的理想”（我妻荣：“新宪法和基本人权”，载我妻荣：《民法研究Ⅷ宪法和私法》（1970，初出1948）175页、172页）。这一想法在公共福祉论的领域中并未取得通说地位，但在公序良俗论中却成了通说，直至今日仍有着巨大的影响。

公序良俗规范是一种概括性的、价值导向式的一般条款，所以在适用之际需要一定的类型化。根本理念说在倡导这种类型化之时，尚无想法要为公序良俗规范的适用明确边界。因为在该说看来，公序良俗规范的适用一般都可以得到积极评价。毋宁说只是意图通过整理判例形成一种办案指引，以帮助法官更好地适用该条款。如此整理出的，是以下7种类型，即1）违反人伦的行为；2）违背正义观念的行为；3）乘他人缺乏思虑、窘迫以获取不当利益的行为；4）极度限制个人自由的行为；5）限制营业自由的行为；6）处分了作为生存基础之财产的行为；7）极度射幸的行为（我妻，前揭《新订民

法总则》272 页以下)。尽管有人指出类型化所依据的判例已经比较老旧(参见:椿久美子:“我妻类型及其现代变容”,载椿寿夫/伊藤进编:《公序良俗违反之研究》(1995),89 页以下),但直至今日依然保持了很大的影响力。

2. 重构公序良俗的动向

自 1990 年代开始出现了再度检讨上述公序良俗论的动向。其背后是审判实践中的公序良俗规范的适用情况发生了变化。其中有两点比较重要:一是针对交易关系的适用增多,二是带有实现个人的自由、平等等宪法价值之意味的适用增多。

(1) 经济公序论

在这种动向之下,1990 年代中期,有学说受法国法上的政治公序和经济公序的分类的启发,主张将市场秩序也纳入公序,即倡导所谓的经济公序论(大村敦志)。这对之后的讨论带来了很大影响。之所以倡导经济公序论,据说是因为轻视竞争的价值这一日本特色最近开始有了变化。如果是这样,那么对于确保市场、维持竞争这一类价值,不仅反垄断法、证券交易法(即现在的金融商品交易法)等法令,私法也应努力予以拥护。也即有必要剥夺违反了这类法令的行为的效力(大村·后揭 187 页)。

该主张植根于这样的问题意识,即重新评价私个人在法秩序中的作用。也即公法与私法的关系并非严格区分,而是可以相互依存(同上 179 页)。关于相互依存的关系,该主张认为可以从两个方向来理解:1) 将公法秩序定位为对个人权利实现之支援,2) 反过来,将私法上的公序定位为对法令目的实现之支援(同上 202 页)。

(2) 基本权保障论

1990 年代后半段出现了被称为基本权保障论的理论(山本敬三)。这一理论也对之后的讨论带来了很大影响。该理论的基本问题意识是,应从保障宪法所规定的基本人权这一视角出发重构公序良俗论。其要点为,私人自治、合同自由是宪法所保障的基本权,民法第 90 条是对它的限制。在这样的理解下,如下问题就自觉凸显了出来,即法院是基于何种正当理由来限制作为宪法上之自由的合同自由的(山本(敬)·后揭 46～47 页)。

山本认为,能够对限制合同自由予以正当化的实质理由,只能是保护基本权或实现政策目的,故与这两种理由分别对应,就有了“基本权保护型”和“政策实现型”这两类公序良俗。进而,作为国家机关的法院之所以可以限制合同自由,又是基于法院的立法尊重义务和宪法尊重义务这两种形式理由,故与这两种理由分别对应,就有了“法令型”和“裁判型”这两类公序良俗。将这些类型排列组合,于是就导出了公序良俗的四种类型,即“裁判型——政策实现型”,“裁判型——基本权保护型”,“法令型——政策实现型”以及“法令型——基本权保护型”(同上 57～58 页)。这种类型化所着眼的,是限制合同自由的正当性“理由”。于是比如“裁判型——政策实现型”这种类型就需注意,因为这种类型较难将公序良俗规范的介入予以正当化(同上 61～62 页)。就这个意义而言,这种类型化在问题意识和性格上,与作为传统通说的我妻类型是不同的。对此需要注意。

这个理论是受到了德国的基本权保护义务论的影响,为保护基本权,国家通过适用公序良俗规范来积极介入。但这一切都只是为了实现基本权保护,也即基本的问题意识还是确保个人的自我决定及自由(参见:同上 197 页)。在这一点上,不得不说这一理论的国家观与根本理念说的国家观是形成鲜明对比的。

(3) 之后的展开

经济公序论与基本权保障论体现了一种共通的立场，即倡导公法和私法互相支援，也即公私协同。不过，公与私的关系可以有两种形态，即 1) 将公定位为对私的支援，2) 将私定位为实现公之目的的手段。山本明确将 1) 作为其立场，而如前所述，大村则对这两种形态都有提到。

这之后，以违法行为的私法效力论为舞台，倡导 2) 这一方向的公序良俗论登场了(森田·后揭)。该见解着眼于违反公序良俗之行为所侵害的秩序，归纳出三种公序良俗的类型，即国家秩序、市场秩序、社会秩序（川岛武宜/平井宜雄：《新版注释民法(3)》(2003) 133 页以下（森田修））。与之相对，又出现了这样的见解，即认为 2) 将导致“民法的政策法化”，于是对之加以了否定，而自觉拥护起了 1)（山本（显）·后揭）。该见解试图通过对“以私权为基础的私法秩序”进行现代化塑造，来寻求解决问题的可能性。

现在的情况就是这样，公序良俗论重构过程中的基本对立点正越来越清晰。不过虽说形态 1) 与 2) 这样的对立已经有所显现，但是否可以认为 1) 与 2) 只能是这样一种对立关系，这本身也值得讨论。如果从这一角度去考虑问题，那么“二、”中所见有关公共性之重构的讨论就很有启发性。

参考文献

广中俊雄：《新版民法纲要第 1 卷总论》(2006，旧版 1989)；池田恒男：“日本民法典的展开 (1) 民法典的修订——前 3 编”，载广中俊雄/星野英一编：《民法典的百年 I 全盘观察》(1998)，宗建明：“日本民法中的‘公共福祉’再检讨 (1) ～ (5·完)”，载《北大法学论集》第 52 卷第 5 号～第 53 卷第 3 号 (2001～2002)；大村敦志：“取引和公序”，载大村敦志：《从合同法到消费者法》(1999，首见于 1993)；山本敬三：《公序良俗论的再构成》(2000)；森田修：“反垄断法违反行为的私法效力（试论）”，载《日本经济法学会年报》第 19 号 (1998)，森田修：“市场中的公正和公序良俗”，载金子晃等监修：《企业和公平》(2000)；山本显治：“竞争秩序与合同法——‘社会福利对权利’的一个方面”，载《神户法学杂志》第 56 卷第 3 号 (2006)。

21

民法与要件事实

大阪高等裁判所判事法官　吉川慎一

一、民事诉讼的构造

1. 法的三段论法

所谓民事诉讼，就是对原告所主张（请求）的某种权利或法律关系（诉讼标的）是否成立进行判断，从而来解决原、被告间的纠纷。该诉讼标的是否成立，是通过适用民法（实体法）来判断的。

民法上的各种规定，往往是这样一种规定，即如果某种法律要件（构成要件）确定存在，那么一定的法律效果就会发生。所谓民法的适用，就是将民法上的各种规定作为大前提，再将与其法律要件该当的具体事实（要件事实）确定存在作为小前提，也即所谓的"法的三段论法"。

2. 民法的各种规定的效果

民法上的各种规定并不是将一定的权利或法律关系（诉讼标的）是否成立作为直接的法律效果加以规定，而是就权利的发生、障碍、消灭、无法行使等个别法律效果加以规定。民法之中，有使得权利发生的权利根据规定，有使得权利发生受阻的障碍规定，有使得一度发生的权利消灭的消灭规定，有使得给付请求权无法行使的阻止规定，此外还有阻碍或消灭这些法律效果的规定。一定的权利或法律关系（诉讼标的）是否成立，其实是上述这些法律效果组合叠加之后所得出的结论。

二、举证责任的分配

1. 真伪不明

民事诉讼中，即便当事人已穷尽举证，很多时候法官仍无法就要件事实的存在或不存在形成确信［真伪不明（non-liquet）］。但即便此种场合，法官也必须作出结论。结果其中一方当事人必将获利，而另一方当事人则必将因要件事实真伪不明而蒙受不利益。该不利益或风险就是所谓的举证责任；举证责任归属于哪一方当事人，即所谓的举证责任分配。

2. 法律要件分类说

关于如何分配举证责任，传统通说采法律要件分类说，即因某种法律效果发生而获得利益的当事人，就该法律效果所需要件事实负举证责任。也就是说，因权利发生而获得利益的当事人，须就权利根据规定所涉及的要件事实负举证责任；因权利发生受阻、消灭或无法行使而获得利益的当事人，须就障碍规定、消灭规定、阻止规定所涉及的要件事实负举证责任。至于权利根据规定、障碍规定、消灭规定、阻止规定的辨别，以及法律效果发生之要件（积极要件）与发生受阻之要件（消极要件）的辨别，可以参照本文、但书，或者第 1 款、第 2 款等条文的形式。

3. 法律要件分类说的正当性根据

（1）规范说（法规不适用说）

规范说（法规不适用说）认为，只有举证证明要件事实存在时，才可以适用民法上的各种规定进而认可法律效果的发生；而举证证明要件事实不存在的，或要件事实是否存在不明确的，因无法适用民法上的规定，故不能认可法律效果的发生（法规不适用原则）。在规范说看来，诉讼当事人对有利于自己的法律效果的要件事实承担举证责任，可以说是当然之理（兼子一："立证责任"，载兼子一：《民事法研究 3 卷》（1969）140 页）。有观点认为，立法者是以法官为对象，将民法当作一种裁判规范来制定的，而市民，因有可能会接受审判，故会间接把民法当作一种行为规范来接受（川岛武宜：《民法总则》（1965）13 页、42 页）。如果这么来看，那么确实可以说立法者在设计民法上的各种规定时也考虑到了举证责任，也因而法规不适用原则值得肯定。

（2）证明责任规范说

与此对立的有力见解（证明责任规范说）认为：当事实无法确定时，既不能说适用规定也不能说不适用规定，立法者在制定民法时只是将民法当作了这样一种规范，即以一般市民为对象的日常生活上的行为指南（行为规范）。也就是说，民法上的各种规定并未将法律效果与诉讼所确认的要件事实之存在相关联，只是将法律效果与法律要件存在与否在相关联。所以，针对要件事实存在与否不确定的问题，其实另外还存在一种处理规范（证明责任规范），也即专门用以推定该要件事实存在或不存在的规范（松本博之：《证明责任的分配（新版）》（1996）21 页）。在这一立场看来，存在与否不明的要件事实应被推定为不存在这一证明责任分配上的消极性基本法则应得到肯定，同时法律要件分类说的准则也应得到肯定，因为该准则是以当事人的公平观念为基础的历史产物，植根于习惯法之中（松本·前揭 70 页）。

三、修正法律要件分类说

日本民法典与德国民法典不同，后者在起草时对举证责任的分配已有考虑，为此注意了本文、但书等条文的表述形式。日本民法典则没有这样的考虑。因此，显然不能将日本民法典上的条文的表述形式原封不动地当作举证责任的分配准则。

所以即便是那些持法律要件分类说的支持者，也没有拘泥于条文的表述形式，而是主张应考究民法的各个制度，以明确民法各规定的立法旨趣，进而确定其法律效果，明确其法律要件中何者是积极要件，何者是消极要件。如果将这样一种见解称为修正法律要件说，那么不妨说修正法律要件说就是现在的通说。

四、与民法解释论的关系

民法的具体规定涉及何种法律效果，其法律要件是什么，其中何者是积极要件、何者是消极要件等各种问题，需经由民法解释论才能得以明确。从修正法律要件分类说来看，民法解释论应当首先明确民法上的各种制度涉及何种给付请求权，然后检讨与请求权发生有关的权利根据规定涉及何种要件事实，其分别系积极要件还是消极要件，以及与该权利根据规定对应的障碍规定、消灭规定、阻止规定又涉及何种要件事实，其分别系积极要件还是消极要件。另外对于与这些规定对应的障碍规定、消灭规定，也须给予同样的思考。

这就是所谓的“民法规范的构造分析”（山本敬三：《民法讲义Ⅳ－1 契约》（2005）ii）或曰要件事实论。在我国，自司法研修所*创立以来，以民事裁判教官室**为中心，一直有人致力于这样的工作（大桥正春：“要件事实论略史”，载《武藤春光先生喜寿纪念 法曹养成与裁判实务》（2006）413 页）。这是因为在民事诉讼中，要判断当事人所主张的法律效果，就必须先确定当事人所主张的哪些事实为要件事实，同时对于实现扎实且迅速的审理和适切的裁判而言，也必须将主张举证集中于有争议的要件事实。尽管早有实务界人士呼吁民法学者应加强这方面的研究（武藤春光：“民法教科书中没有写的”，载《法教》第 16 号 22 页（1982）），但民法学过去并未将其当作研究的对象，少有谈及，甚至有意避之（星野英一的发言，参见：星野英一等：“研究会 民事法中的学说和实务”，载《Jurist》第 756 号 30 页（1982））。不可否认，由此带来的后果就是，以对实务有巨大影响的“我妻荣一民法讲义”为主要对象所展开的要件事实论研究，与民法学后来的发展之间出现了鸿沟。

五、与民法学的桥梁

1. 民法规范的构造分析

像上述山本敬三的著作那样尝试民法规范构造分析的体系书目前仍比较少见。近年来，大多数有关要件事实论的著作不过是在重复民事裁判教官室的研究结论。所以现在这个时候，学习者仍有必要以司法研修所的教材（比如：《改订各纠纷类型的要件事实》（2006））中的简要叙述为基础，从民法规范构造分析的视角重新审视当前的民法学成果。

2. 实例

比如有关禁止债权转让之合意的叙述（前揭《改订各纠纷类型的要件事实》126 页），虽然仅是简要的结论，但自然也是以民法学上的讨论为前提的。

民法规定，债权原则上具有可转让性（日本民法第 466 条第 1 款本文），不过如果当事人表达了相反的意思，那么就不能允许这样的转让（同条第 2 款本文），但该特约

---

* 司法研修所是依据《裁判所法》（昭和 22 年（1947 年）法律第 59 号）第 14 条设置于日本最高裁判所的研修教育机构，负责组织实施法官的研修、司法修习生的培训教育等。——译者注

** 司法研修所下属具体负责司法修习生培训教育的部门，除此外还有刑事裁判教官室、检察教官室、民事辩护教官室、刑事辩护教官室等。——译者注

不得对抗善意的第三人（同款但书）。

在传统的法律要件分类说看来，由于同条第 1 款的规定不过是承认了债权转让的效果，所以就债权转让的原因事实的主张举证而言，该规定并不是可以用来充作依据的权利根据规定。同条第 2 款本文规定了债权转让的效果因禁止转让特约之缔结而未发生，所以是障碍规定。而第三人为善意，可以被理解为阻碍该障碍规定之效果的规定（阻碍障碍规定）的要件事实。所以，欲否定债权转让效果的当事人，只需就禁止债权转让特约之缔结这一事实进行主张举证即可，而主张债权转让效果的当事人一方应就第三人为善意进行主张举证。

在修正法律要件分类说看来，依据制度旨趣，同条第 2 款但书可以被理解为基于保护善意第三人的外观法理规定，而同条第 2 款本文的前提是禁止转让的特约即便对第三人也可剥夺债权的可转让性（物权效力说），也即这是一条确认了债权转让效果未发生的障碍规定，同款但书则是一条通过外观法理来保护善意第三人的障碍规定。依据外观法理，第三人应为善意且无过失（我妻荣：《民法讲义Ⅳ新订债权总论》（1964）524 页），同时这一事实应由主张债权转让效果的当事人一方进行主张举证。

与此不同，在较为重视债权自由转让的见解看来，同条第 2 款本文仅规定了在当事人之间，债权的可转让性会因禁止转让特约而被剥夺，所以在与第三人的关系上债权的可转让性并不当然受阻（债权效力说），对该款但书也须相应地作如下理解，即仅在第三人对于转让禁止特约的缔结为恶意或存在与之等同的重过失（判例包含了重过失）时，可例外地对该第三人主张禁止转让特约的效果。于是，条文的但书应改作本文的一部分，“善意”要件应改作“恶意或重过失”。如果依据这一见解，那么对债权转让的效力存在争议的当事人在以禁止债权转让特约为由进行抗辩时，不仅须对债权转让禁止特约的缔结，同时还须就第三人为恶意或重过失进行主张举证（前田达明：《口述债权总论（第 3 版）》（1993）400 页）。上述教材中的叙述就是以这样的讨论为前提的。

3. 今后的课题

在民法学的研究领域之中，立足于要件事实论展开分析的，仍只占很小一部分。今后，民法学者和实务专家应当共同协作甚至相互批判，在余下的领域中尝试这样的分析。除像文后所列村田、山野目合编的书籍那样的共同研究成果之外，还比如民法学者对物权请求权的讨论（松冈久和：“物权请求权”，载大塚等编著，后揭 186 页）和实务专家对不当得利类型论的讨论（吉川慎一：“不当利得”，载藤原弘道/松山恒昭编：《民事要件事实讲座（4）物权·不当利得·不法行为》（2007）121 页）之间的相互关系就是一个例子。像这样通过赋予传统研究以新鲜的视角，一定可以助推民法学的前进。

参考文献

大塚直等编：《要件事实论与民法学的对话》（2005）；村田涉/山野目章夫编著：《要件事实论 30 讲》（2007）；吉川慎一：“要件事实论序说”，载《司法研修所论集》2003—Ⅰ（110 号）129 页。

二　总则

22

诚实信用原则

学习院大学副教授　石川博康

一、序

日本民法第 1 条第 2 款规定了这样一个原则，即每个人都应秉持诚意而行动，以不辜负合同等社会交往关系中相对人所寄予的信赖。这就是诚实信用原则（信义则），民法上的重要基本原理之一。上述第 1 条第 2 款的规定，是随着新宪法的制定而于 1947 年修订民法之际新设的规定。不过在这之前，诚实信义原则的存在本身已经得到了判例的肯认。"大判大正 9・12・18"（民录 26 辑 1947 页）判决中，针对不动产买回之时买回人基于估算所提交的合同费用与实际费用额相比略微不足的事实，法院还是肯定了买回的效力，理由就是以这种不足为借口否定买回的效力有悖"支配债权关系的信义则"。正是从这个案件开始，判例逐渐确立了信义则的法理，并最终落实为民法典上的规定。

由于信义则只是一般条款，并不具备明确的要件、效果，所以与其他一般的法律规定相比，信义则缺乏规则应具有的透明性、预测可能性。如果适用信义则的方法不当，恐有侵蚀、破坏既有的制定法领域之虞。过去，一些人持自由法论的立场，认为只要制定法存在缺陷法官就可以自由地去发现法律，于是鼓吹应更为积极地适用信义则。而战后的民法学，则在"向一般条款逃逸""法律的软化"之类的口号下，对信义则的随意使用不断敲打着警钟。但实际的裁判例中，信义则的适用却极为广泛且灵活，尤其以合同法领域为甚。像这样对信义则的积极适用，近来还有越发扩大的趋势。于是，如何在理论上把握信义则的法作用，又如何对其加以引导，已经成为现代民法学上的一个紧迫课题。

二、信义则适用事例的功能分类

1. 信义则适用事例的多样性和功能分类

适用信义则的事例不仅限于原来的债权法领域，也广泛涉及物权法、家庭法乃至民法以外的法领域。作为法律上的规定，民事诉讼法第 2 条就是有关信义则的明文规定（关于这一点，参见：拇善夫："民事诉讼中诚信原则的现状和课题"，载《民诉杂志》第 47 卷 248 页（2001）），消费者合同法第 10 条也将信义则作为判断消费者合同条款是否不当的标准（关于这一点，参见：中田裕康："消费者契约法和诚信原则论"，载《Jurist》第 1200 号 70 页（2001））。像这样，适用信义则的事例所涉及的法领域非常之广，在对这些事例进行分析时，多会通过分类进行跨领域的整理，而分类所依据的正是信义则的功能（关于信义则的功能型分类的先驱研究，参见：好美 · 后揭 181 页）。广为人知的是以下四种分类：(1) 法官在现有的法律框架内谋求法律的详细化、具体化（职务功能）；(2) 要求当事人依据法律伦理来行使权利等，以此实现实质的正义衡平（衡平功能）；(3) 虽然关于某现象已有法律上的规制，但这些规定随着社会进步而不再合于时宜，于是法官基于现实之必要性，斟酌权利的社会使命及目的后，超越和修订这些法律规定（社会功能）；(4) 用判例来突破法律，积极创造全新的法官法（权能授予功能）（好美 · 后揭 186 页以下。另外，有学者的分类虽然内容与上述相同，但使用了别的名称，如法具体化功能、正义衡平功能、法修正功能、法创造功能等，参见：菅野 · 后揭 20 页以下）。

关于以上的功能分类，可通过更为具体的适用事例来说明。首先就有关职务功能（法具体化功能）的事例而言，包括了通过创设附随义务、保护义务等来具体化甚至扩张合同上的义务，承认债务履行过程中的协助义务，决定具体的履行方法或样态等等。其次就衡平功能而言，包括了一些下位原理引发的法作用，比如禁止采取与自己的行为相矛盾的态度（禁反言），长期不行使权利导致相对人产生不再行使权利之期待后的权利行使之禁止（权利失效原则），禁止行使那些基于违反法律或合同的行为所取得的权利（clean hands 原则）等。此外，不知消灭时效完成而作出债务承认的人事后依据信义则不得再援用时效的情形（最判昭和 41 · 4 · 20 民集 20 卷 4 号 702 页）、与不动产物权变动有关的背信恶意受让人排除法理（最判昭和 43 · 8 · 2 民集 22 卷 8 号 1571 页*）等，也都是这一衡平功能的适用事例。再就体现社会功能的事例而言，可以举出的有：限制对于不动产租赁中的擅自转让、转租行使解除权（最判昭和 28 · 9 · 25 民集 7 卷 9 号 979 页）。最后就体现权能授予功能的事例而言，可以举出的有：肯定了基于情事变更的合同解除权（大判昭和 19 · 12 · 6 民集 23 卷 613 页）。

2. 功能分类的特征及其问题点

以上的功能分类反映了法官所主导的法形成、法修正在形态、程度上的差异，因而这样的分类往往带有如下目的：明确现有的法规定所受干涉之程度，同时限制那些过度的介入。具体而言，职务功能或衡平功能就是将法形成限制在既存的法体系的框架内，而就社会功能或权能授予功能而言，有见解认为，鉴于此类功能会带来对制定法的某种形式的修正，所以对于这样的法修正或创造原则上应保持谦抑（石田/谷口编 · 后揭 88 页以下（安永）），或者应尽量消极地赋予法官此类足以取代立法者的权限（渡边博之："诚实信用原则的构造论考察（1）（2 · 完）"，载《民商》第 91 卷第 4 号 473 页、第 5 号 700 页（1985））。不过，这种分类的运用往往也只是停留在这样的意义上，至于各种适用信义则的事例背后的实质标准或依据，这种分类本身未必有涉及。也因此对于这种功能上的分类，人们所给予的评价并不高，认为这种分类的意义不过就是为寻找信义

---

* 案情梗概：B 购买了 A 的土地，且在没有登记的状态下连续 20 年以上使用着该土地。C 得知这一情况后，便以只相当于市场价 15%的价格与 A 达成了购买该土地的合意，并完成了所有权移转登记。然后 C 要求 B 以高价购买该土地。法院认为，为获得不当利益而购入土地的 C，就是所谓的背信恶意第三人，故即便 B 没有完成土地所有权的登记，仍可以对抗 C。——译者注

则的适用界限而重新排列了一下适用信义则的事例而已（石田＝谷口编·后揭 92 页以下（安永））。还有看法认为，仅依据功能上的分析，是无法从那些合同法领域中的、积极适用信义则的裁判例中抽取出一定的理论框架或分析视角，于是也就无法在理论上定位这些司法判断，正是在这一点上，过往的这种分析方法存在局限性（内田贵：《契约的时代》69 页以下（2000））。在这一见解看来，近来的一些裁判例所呈现出的基于信义则的合同义务扩大现象，比如合同交涉过程中的信息提供义务、再交涉义务、减损义务、价款的减额调整等，实际上就是“关系型合同规范”这一内在于合同关系的共同体规范（内在规范）经由信义则的适用而为实定法吸收的结果（内田·前揭 73 页以下）。总之，目光不应仅停留于信义则在个别事例中所起到的功能，还须弄清这种由信义则所带来的法作用之背后有着何种实质论据或逻辑构造。然而，有关信义则的功能分类却无法为这类问题提供有效的解答。

三、信义则的功能分类之再评价

不过话说回来，如今在我国为人所熟知的这种有关信义则的功能分类，其实也是参考了 20 世纪中叶的德国学说才有的。在德国，这样的功能分类本来是与信义则的各种作用所处的历史阶段状况相呼应的。而这一点，却常为我国学者所忽视。因此现在来看，以往未充分考虑这一点就对功能分类评头论足，恐怕也是不妥的。

在那些德国学说之中，维亚克尔的《论民法第 242 条的法理论之精致化》（Franz Wieacker, Zur Rechtstheoretischen Präzisierung des § 242 BGB, 1956）恐怕是在研究功能分类之际最为主动地论及各种功能之历史背景的一个。根据维亚克尔的分类，德国民法典第 242 条这个有关信义则的一般规定的适用事例在作用上可以被分为以下三类，以对应于信义则在法作用上的历史沿革：（1）基于审判人之职务（officium iudicis）的情形；（2）有关恶意抗辩（exceptio doli）的保护；（3）反法规（contra legem）的造法功能（S. 20ff.）。首先，在罗马法上，与严格法（ius strictum）不同，诚意诉讼（bonae fidei iudicia）中的审判人可以进行广泛的裁量。与这种活动中的广泛裁量以及审判人的活动内容所对应的，就是（1）“审判人之职务”这一类别。此外在德国民法典第 242 条起草之时，立法者也确有意图将债权关系全部加以诚意诉权化（从而摒弃诚意诉权与严格诉权之区分）。所以必须看到，诚意诉讼、审判人之职务等与信义则在沿革上有着极为密切的联系。而这一类别所代表的，就是在第 242 条原本所意图的履行义务样态的具体化上信义则所起到的作用。比如对附随义务或保护义务的承认等，就可以被包括在这一类别内（S. 22ff.）。其次是（2）“有关恶意抗辩的保护”。诚意诉讼中审判人所被赋予的那种广泛裁量权，在严格法的构造下并不当然被认可。而恶意抗辩这种法原理，就是为了让那些遵循诚实信用的裁量判断也尽可能在严格法中得到认可，才在罗马法的发展过程中形成壮大起来的。如今与此法理相关的，就是禁止矛盾行为等不诚实或不恰当的权利行使。另外在德国，恶意抗辩原本与信义则有着不同的规范属性和历史沿革，后来因为以下的缘由才与第 242 条产生了联系。本来只有第 226 条及第 826 条规定了禁止基于主观害意去行使权利，而后判例为了确立一种超越这些规定的，更一般、客观的权利滥用禁止法理，于是借助有关信义则的第 242 条（经由对第 826 条的弹性适用）实现了普通法上的一般恶意抗辩（exceptio doli generalis）的保护旨趣（关于这一点，参见：关于这一点，参见：矶村哲：“从权利滥用禁止到客观利益衡量的发展”，载《末川博先

生古稀纪念 权利的滥用（上）》（1962）60 页）。最后是关于（3）法官的新法创造功能。在有无违反制定法这一点上，这一类型与前述两种场合分属不同的层次。比如因交易基础丧失引发的合同解除及改定等，就可以被包括在这一类型内。但是，如果判例法理最终改变了制定法的秩序，那么就移转至前述两种场合中的一种（S. 36ff.）。

以上就是维亚克尔的功能分类理论的大概。就“审判人之职务”这一类型的定位而言，由于该类型的功能被认为主要是促成了履行义务样态的具体化，故给人留下了理解稍显狭隘的印象。其实，与恶意抗辩之保护所涉场合相比，诚意诉讼中的审判人在判断时的裁量范围更为广泛，并且正是因为审判人的这种看护式的、仲裁式的判断，才有了诚意诉讼上的法律发展。如果将这一点也纳入视野的话，那么“审判人之职务”这一类别就绝不仅限于履行义务等的具体化，各种任意法的创制都可能被包含其中。其实维亚克尔自己也肯定了这样一种历史维度上的认识，即法律上的任意规定或所谓的本性要素（naturalia negotii）正是基于“审判人之职务”才得以发展起来的（S. 23）。像这样一边更加宏大地把握由“审判人之职务”所导致的法具体化及法形成的妥当范围，一边将围绕诚意诉讼的法和社会构造视作法作用发生之前提，并将涉及衡平功能的“恶意抗辩”（这原本是以严格法为前提的法制度）的保护作用和“审判人之职务”的作用从本质上加以区别，即便对于在现代语境中思考信义则的各种法作用的实质依据及体系定位而言，也可能是一种重要的视角。特别就罗马诚意诉讼的前提而言，可以看到的是，在扩及整个地中海世界的宏大商业交易关系得到确立的背景下，bonus vir（有德的人）之间形成了一种对 fides（信义）共享的抽象关系，也即 bona fides（诚实信用）的关系。所以对于现代的“职务功能”类型而言尤为重要的，就是存在着一种对抽象并制度化了的期待与信赖——这有别于因先行行为等而产生的个别具体信赖——共享的关系，以及支撑这一关系的社会构造（比如一个可以自发形成公共性或非强行性规范的、细分化了的市场或交易网络）。并且，作为“职务功能”的法具体化和法形成，恐怕也应当遵照这种关系之中所共有的（内在）规范来展开。

四、总结

社会的急速发展在法律和现实之间造成了脱节，同时现实社会中自觉形成的“活的法”也在量与质上不断扩充。在这种状况下，要确保法律适合于现实，就不能局限于权利义务的微调整，而是应更为积极地运用信义则。但信义则并不只是一个可以用来灵活调和法与现实的调整阀，也不单纯是一种负责将现实层面的各种规范吸收上升为法律层面的工具概念。信义则自身有着历史的多层性，同时作为一种法原理，蕴含着各种功能的具体作用形态以及作用发生的各种前提。并且不可忽视的是，信义则的适用已经因既有法律制度的存在样态而被以各种各样的方式划定了界限（除法体系上的直接制约外，还有一点很重要，即应受信义则保护的信赖本就源自于既有的法制度及其所体现的社会构造）。

参考文献

好美清光：“关于信义则的功能”，载《一桥论丛》第 47 卷第 2 号 181 页（1962）；远藤浩编：《民法注解财产法（1）民法总则》（1989）37 页［山本敬三］；菅野耕毅：《民法的研究Ⅳ 信义则的理论》（2002）；谷口知平/石田喜久夫编：《新版注释民法（1）［改定版］》（2002）第 73 页［安永正昭］。

23

非营利法人制度

关西大学政策创造学部教授　后藤元伸

一、公司法及一般法人法的成立

我国在2005年颁布了公司法（2006年施行），2006年颁布了“有关一般社团法人及一般财团法人的法律”（2008年计划实施，以下称为“一般法人法”）。据此可以说，我国的团体法、法人法的基本体系已经发生了变化。即按照盈余金分配的有无，出现了以公司法为代表的营利法人和以一般法人法为代表的非营利法人之分，从而形成了法人二分体系。

的确，一般法人法的基础就是公益法人法，而且一般就被视作公益法人制度改革关联三法［另外两部是“有关公益社团法人以及公益财团法人的认定等的法律”（以下简称“公益法人法”）、与一般法人法、公益法人法实施相关配套法］之一。但是，依据一般法人法所设立的一般社团法人及一般财团法人之中，还包括了不以公益为目的的各种法人。实际上，旨在构建营利法人、非营利法人这种法人二分体系的一般法人法的出台，已经超越了单纯公益法人制度改革的框架。

二、法人法体系之概观

1. 团体法、法人法的法源

我国无论过去还是现在都没有私法上的统一团体法典。过去的团体法、法人法的主要法源是涉及公益法人（社团法人、财团法人）、民法上之合伙的民法，涉及合名公司、合资公司、股份公司、有限公司的商法及有限公司法。团体和公司的法律形式继受自德国、法国。如今随着公司法及一般法人法的出台，法人法的法源则变成主要由公司法及一般法人法所构成。

2. 有关公司法上的公司形式的概要

2005年公司法是有关营利目的法人的法律。商法上有关公司的规定被删去了，有限公司法也因全部整合进了公司法而被废止了。为回应公司法现代化的诉求，除了内容上的变更之外，公司的法律形式及其划分也出现了变化。

公司法规定了股份公司、合名公司、合资公司，以及作为新型公司形态的合同公司

(公司法第2条第1项)。这里要注意：第一，有限公司制度已被废止。限制份额转让的有限公司因为是封闭型公司，所以作为股份转让受限的股份公司（非公开公司）被整合进了股份公司。第二，资合公司（股份公司、有限公司）与人合公司（合名公司、合资公司）这种区分变为了股份公司与份额公司（合名公司、合资公司、合同公司）这种区分，也即依据成员地位是否表现为股份（股份还是单纯份额）而对公司作了划分。合名公司由无限责任成员所构成，合资公司由无限责任成员与有限责任成员所构成，与之相对，合同公司仅由有限责任成员所构成。关于合同公司，有人认为其之所以被引入公司法，意在成员的有限责任及回避二次征税（税法上的穿透原则），但结果穿透原则并未得到认可［有限责任型业务合伙（关于有限责任业务合伙合同的法律）虽然承认有限责任及穿透原则，但并非法人］。所以，虽然一般来说有限公司已因整合进股份公司而不再存在，但合同公司实际就是有限公司的延续。

3. 有关非营利法人的法人形式的概要

一般法人法是有关非营利法人的法律。因此过去民法上有关公益法人的规定就被删去了。一般法人法旨在“创设一般社团法人及一般财团法人的制度，即不以盈余金分配为目的的社团及财团，无论其从事的业务有无公益性，均可通过设立登记取得法人资格”(有关一般社团法人及一般财团人的法律案理由)。而判断团体目的是营利还是非营利，标准在于是否分配盈余金。

过去民法规定公益目的社团或财团只有在经主管机关许可（许可主义）后才可以成为公益法人，而一般法人法则和公司法相同，认可非营利法人基于准则主义而成立（一般社团法人或一般财团法人）。不过，一般社团法人或一般财团法人之中从事公益目的事业的组织，需经行政机关（内阁总理大臣或都道府县知事）的公益认定，方可成为公益社团法人或公益财团法人。对此公益法人法是有规定的。所以这是一种二阶段的方式，即经准则主义成为非营利法人，再经许可主义，从非营利法人成为公益法人。一旦成为公益法人，就可享受税制上的优待措施（公益法人法第58条）。

三、法人法体系的变迁

1. 公益法人、营利法人、中间目的法人

过去的法人法体系中，民法规定了经许可主义成立的公益法人，商法（以及有限公司法）规定了经准则主义成立的营利法人。通说认为，对于公益法人的公益目的以及营利法人的营利目的，各自均应作限定解释。于是，基于团体目的对团体进行体系化就产生了缺陷。因为存在既非公益目的也非营利目的的团体目的。这就是所谓的中间目的。因而在我国过往的团体法之下，存在公益法人、营利法人以及（基于特别法的）中间目的法人。

2. 公益目的

修订前的民法第34条规定，“与公益相关的社团或财团，不以营利为目的的，经主管机关许可，可以成为法人”。根据该条，经主管机关的裁量性许可，可成立公益法人(社团法人、财团法人)。因“与公益相关”被狭义解释作“以公益为目的”，所以公益法人的成立范围比民法的文义更受限制，也即必须是那些积极实现公益的团体。如此缩小解释以及对公益法人采取许可主义，皆起因于过往对公益目的团体的不信任与警惕。公益法人的滥用现在确实是一个问题，这一问题也正是促使一般法人法、公益法人法诞生的一个契机，一般法人法、公益法人法也由此均被看作是与推进行政改革有关的法律。

之所以在公益目的和营利目的之间会产生中间目的，首先是因为对于公益目的的限定解释。然而民法的起草者可能认为，根据过去民法第 34 条的许可主义所设立的法人就是非营利法人（梅谦次郎：《民法要义卷之一　总则编（明治 44 年版复刻）》（1984）84～85 页）。如果像这样将公益等同于非营利，那么中间目的这一概念是不会出现的。

3. 营利目的

根据平成 16 年（2004 年）修订前的民法第 35 条以及平成 17 年（2005 年）修订前的商法第 52 条（或者旧有限公司法第 1 条），以营利为目的的社团按照商法（或有限公司法）的旧有规定可以成为公司。公益目的社团和营利目的团体，可以分别按照民法规定的许可主义和商法（或有限公司法）规定的准则主义取得法人资格。

依据商法上过去的通说，营利概念是指团体通过经营活动获得利益，以及将利益分配给成员，并且分配方法必须遵循利益分红或残余财产分配的方法（大隅健一郎/今井宏：《公司法论（上）（第 3 版）》（1991）18 页）。按照这一标准，合作社并非营利法人。因为合作社虽然从事经济活动（营利事业），但所获得的利益并不分配给成员（上柳克郎：《合作社法》（1960）18～22 页。也存在可以退还盈余金的合作社）。过去通说的依据在于，利益分红请求权是公司成员的基本权利，法律也是以此为前提的。

4. 中间目的

将营利目的限定解释为营利事业及利益分红，同时又对公益目的进行限定解释，于是就给团体法的体系造成了缺陷。那些非公益目的也非营利目的的团体，即中间目的团体就无法被涵盖其中。同业者或相同社会地位的人之间以互相扶助或增进共同利益为目的的团体、以联谊为目的的团体，比如工会、合作社、同窗会、俱乐部、同好会、町内会*、自治会等，均非以公益为目的的团体。而且其没有向成员分配利益，所以即便从事经济活动，也不属于以营利为目的的团体。这种中间目的团体因为即无公益目的也无营利目的，所以既不能成为公益法人也无法成为公司。或许是因为我国的私法学深受基尔克的团体实在说的影响，通说认为无法成为法人的团体的存在是市民生活上的重大不便，并提出了以下的对策。

第一种方法是扩大公益法人的范围。如前所述，公益法人按照现在的裁量标准必须是非常严格的以公益为直接目的的。但这一方法认为不妨按照条文文义进行解释，即回归“与公益相关”之目的。但是如前所述，对于现实中问题繁多的公益法人，本来就存在要求公益法人合理化、纯粹化的呼声（法务省法制审议会民法部会《有关创设中间法人（暂定名称）制度的纲要中期试案》（2000）），所以这一对策无法得到支持。

第二种方法是采用无权利能力社团的法理。因为无权利能力社团是一种社团型团体，社团法人也是一种社团型团体，所以可以类推适用社团法人的规定，当然那些以法人资格为前提的规定除外。据此，中间目的团体之中，那些符合无权利能力社团之要件的团体，也可以得到与法人同等的对待。

第三种方法是制定特别法。实际上，一开始的解决方法就是制定单行法。比如关于合作社，制定了各种合作社法；关于工会，制定了工会法；关于町内会、自治会，地方自治法增设了第 260 条之 2（基于地缘的团体）。之后 2001 年中间法人法出台，于是中间目的团体一般均可以成为法人（有限责任中间法人或无限责任中间法人），即使像同

---

* 日本的村落或城市的基层区域（町）中，由住民自发组织起来的团体，旨在促进睦邻友好及共同利益，实现区域自治。——译者注

窗会这样的联谊团体，也有了成为法人的可能。根据中间法人法第2条第1项，所谓中间法人，是指“根据本法所设立的，为实现成员共同利益，且不以向成员分配盈余金为目的的社团”。中间法人法的制定就是为了全面消除团体法上有关中间目的团体的缺陷。

不过，中间法人法从一般法人法实施之日起即告废止。因为随着一般法人法的出台，中间法人法已经没有了存在的必要。一般法人法对包括中间目的团体在内的所有非营利目的团体均认可基于准则主义的法人设立。

5. NPO

NPO是non-profit organization的缩写。NPO的代表例子就是志愿者组织（参见特定非营利活动促进法（以下简称“NPO法”）第1条）。过去对小规模的志愿者组织来说，成为法人的大门事实上是被关闭着的。虽说是公益目的团体，理论上有可能成为过去民法上的公益法人，但根据主管机关所制定的实务上的裁量许可标准，出于保障长期活动等理由，公益法人总是被要求具备大额的基础财产。不过由于1995年阪神淡路大地震之时自愿者组织表现活跃，要求法律认可NPO、使其法人化的呼声日盛。作为回应，NPO法出台。对于实施特定非营利活动的、为增进不特定多数人的利益的团体（即公益目的的团体），NPO法允许其依照认证主义成为特定非营利活动法人（NPO法人）。所谓认证主义，是指虽然主管机关有对设立进行认证的权限，但法律已经事先规定了NPO法人的认证要件，当认证申请与法律相符时，主管机关必须对设立给予认证（NPO法第12条）。

NPO法旨在与中间法人法一同去填补过去的法人制度上的缺漏。即对于那些落在公益目的和营利目的的解释空隙上的团体，中间法人法提供了成立法人的可能性，而对于因公益法人设立许可的门槛过高而难以取得法人资格的团体，NPO法提供了成立法人的可能性。所以，虽然中间法人法随着一般法人法的成立宣告废止，但NPO法仍有存在的意义。中间目的的中间法人可以被一般法人法上的、非营利目的的一般社团法人所涵盖，而公益目的的NPO法人则不能被公益法人法上的公益社团法人所涵盖。因为公益认定的手续相比NPO法人的设立认证烦琐得多，且公益认定标准相对严格。比如公益法人法第5条第2项规定，作为认定标准之一，必须“具有从事公益目的事业所必要的财会基础及技术能力”。

四、新法人法体系与待探讨的课题

1. 新法人法体系

新法人法体系的特点是营利法人与非营利法人的二分体系，主要是针对营利法人[公司——股份公司、份额公司（合名公司、合资公司、合同公司）]的公司法，针对一般非营利法人（一般社团法人、一般财团法人）的一般法人法，以及针对非营利法人之中已受公益认定者（公益社团法人、公益财团法人）的公益法人法。关于以公益为目的的法人，还存在不少特别法，比如NPO法、私立学校法（学校法人）、宗教法人法（宗教法人）、社会福祉法（社会福祉法人）等。

2. 一般法人法在非营利法人法中的定位

一般法人法在非营利法人的法体系中的定位是一个必须要说的问题，因为一般法人法并未被赋予非营利法人的一般法地位。

随着一般法人法的出台，有关宗教法人、学校法人等特别法上的公益法人的各部法律都不得不接受修订。这是因为民法典的法人一章中原本存在着的总则规定几乎都被删去了。比如因为有关法人解散后清算的规定从民法典中被全部删去，且一般法人法又不是非营利法人的一般法，所以有关特别法上的公益法人的各部法律都只能各自为此增设有关清算的规定（与民法中被删去的规定几乎相同）。还比如民法第 44 条也被删去了，该条规定了因法人代表的行为引发的法人侵权责任。虽然一般法人法第 78 条、第 197 条，公司法第 350 条、第 600 条分别针对营利法人和公司设置了这方面的规定，但有关特别法上的公益法人的各部法律还是需要各自为此增设与之相当的规定（一般法人法第 78 条的准用规定）。

像这样，因为一般法人法的出台以及民法典中有关法人的总则性规定的删去，而不得不接受修订的法律的数量还是相当之多的。这是一种无法被忽视的不经济，同时这也是立法政策上的疏漏，导致法体系上不像样，变得脉络不清。正是因为有关公益法人的各种规定的分散零乱，解释者及适用者不得不承受过大的负担。虽说确有顺应时代变化之必要，但忽视法典的意义乃至总则的意义（即把法律有体系地组织起来，提升透明度和思维效益，增进预测可能性及法的安定性），造成法典空洞化，让多个法律之中散布着相同的规定，这不得不说是一个重大失误。几乎全被删去的民法典的法人一章，既是有关公益法人的规定，同时也是有关法人的总则性规定。当然，对这一点立法者恐怕也有所认识，所以相信这一问题今后能通过立法得到解决，特别法上的公益法人也会被大量削减。一般法人法应成为非营利法人的一般法。

3. 营利法人与非营利法人的二分体系

新的法人法体系的基础，是根据营利目的之有无所构建起的营利法人与非营利法人的二分体系。比起从前的公益、营利、中间目的法人这种结构，新的体系更为简明。此处团体目的中的营利概念是关键。按照过去的通说，营利概念是由对外的营利事业和利益分配所构成的。但公司法、一般法人法出台后，营利目的仅是指盈余金的分配。营利事业这一营利概念的客观要素从营利概念中消失了。盈余一词本身也体现了这一点。营利一词容易让人联想到对外经营活动致团体财产增加，与之相对，盈余一词则意味着，既不要求团体财产增加（只要有剩余即可），对外经营活动也不必要。非营利法人的场合，因收取过多的会费、经费，或节减经费等，也可能导致团体财产出现盈余。但如果是非营利法人，则不得对这些盈余金进行分配（一般法人法第 11 条第 2 款。所以，过去一直被认为是非营利法人的合作社之中，那些可以退还盈余金的合作社现在被定性为了营利法人）。

有关盈余金的定义，并不存在法律规定。从公司法及一般法人法来推测，基本上相当于从纯资产中扣除基本财产及准备金之后的剩余。不过，盈余金的定义本身并非那么重要。对于盈余金分配之有无，也即营利目的之有无而言，重要的是有无可能向成员分配团体财产（法人财产），至于分配的财产是否为团体财产中的剩余部分，则并不重要。

参考文献

山田诚一："论关于一般社团法人及一般财团法人的法律"，载《民事研修》第 590 号 11 页；范扬恭：《法令解说资料总览》第 296 号 18 页；新日本监查法人公会计部公益法人部：《一问一答 公益法人关联三法》(2006)；后藤元伸："团体目的中的营利概念"，载《法律时报》第 67 卷第 2 号 86 页。

24

非营利法人与营利法人

东京大学教授　神作裕之

一、问题的所在

“关于一般社团法人及一般财团法人的法律”（平成18年（2006年）法48号。以下简称“一般法人法”）是平成18年公益法人制度改革关联三法中的一部。根据该法，出于非营利的目的，基于准则主义可以设立一般社团法人或一般财团法人。因为可以设立以追求成员共通利益为目的的一般社团法人，所以中间法人制度就被更为普适的一般社团法人制度所涵盖，故而被宣告废止［“关于‘关于一般社团法人及一般财团法人的法律’及‘关于公益社团法人及公益财团法人之认定等的法律’实施所需相关法律之完善的法律”（平成18年法50号第1条）］。

按照修订之前的法律，如果是“与公益相关”的目的，则为公益法人（平成18年修订前的民法第34条）；如果是为“实现成员共同利益”的目的，则为中间法人（中间法人法第2条第1项）；如果以营利为目的，则为公司形态（平成17年修订前的商法第52条、旧有限公司法第1条）。也即提供了三种与法人目的相应的形式。但随着公益法人制度的改革，公益法人的设立与公益认定分开了。从事公益事业的一般法人申请公益认定后，行政机关会根据民间有识之士组成的合议机构的意见进行公益认定，由此成为公益法人［参见“关于公益社团法人及公益财团法人之认定等的法律”（平成18年法49号）］。这样一来，日本的法人制度变为了非营利法人和营利法人的二元结构，而关于一般法人的目的，除了非营利之外没有任何限定。所以出于任何合法目的，都可以利用一般社团法人或一般财团法人的形态。

之所以将法人类型化为非营利法人和营利法人，是因为法人目的有无营利性，所对应的有关对外关系、对内关系及组织结构的应然规则以及理想规则均会不同。下文要讨论的，就是有关营利性的意义及营利性的有无对法人法的存在样态的影响。

二、“营利性”的含义——公司法中的“营利性”

“非营利”是种排除概念，所以如果不能明确“营利性”的含义，那么要搞清一般社团法人中的非营利的含义恐怕就很困难了。传统观念中，公司区别于其他社团法人的特征就在于其具有营利性。这里所谓的营利性，一般被形式化地定义为，将企业对外活动所获之利益分配给成员（江头宪治郎：《股份公司法》（2006）19 页。上柳克郎等编：《新版注释公司法（1）》（1985）第 38～39 页（谷川久））。关于营利性的含义，以往的见解或聚焦在取得营利的意图，或聚焦在法人所从事的经营活动本身，但如今则从外观的、客观的角度来加以认定，而所谓营利目的，也已被理解作将经营活动成果分配给成员（有观点将营利性求诸成员的利润获得目的，参见：川岛武宜：《民法总则》（1965）106 页）。当公司的活动领域与非营利法人的活动领域部分重合之后，再立足于该法人活动时的意图或所从事的业务本身去区分营利法人与非营利法人将变得困难，并且随着重合领域的扩大还将越发困难。这恐怕就是学说中的"营利性"概念日渐形式化，最终演变为仅指向成员分配企业对外活动所得之利益这一现在通说的背景。

公司法规定，股东有接受盈余金*分红的权利（公司法第 105 条第 1 款第 1 项）以及残余资产的分配请求权（公司法第 504 条、第 505 条）；章程如果剥夺了股东前述任何一种权利，则无效（公司法第 105 条第 2 款）。公司法与平成 17 年修订前的商法不同，没有用"营利"之类的词去定义公司，但实际是认为只要成员的盈余金分红请求权和残余资产分配请求权中的任何一个得到保障，就意味着营利性，这恰恰就是对前述有关营利性的通说观点的明确化和精致化（公司法之下有关公司的营利性，参见：落合诚一："关于公司的营利性"，载《江头宪治郎先生还历纪念 企业法的理论（上）》（2007）21 页以下）。

三、"非营利性"在一般法人法中的意义

一般社团法人的章程如果规定成员享有盈余金分配请求权或者残余资产分配请求权，则无效（一般法人法第 11 条第 2 款）；通过成员大会的决议来决定盈余金之分配，也是被禁止的（同法第 35 条第 3 款）。可见，这里也采用了传统的营利性标准，即有无将利益分配给法人的成员。这与公司法有关营利性的含义所持之立场也是对应的。而在一般财团法人中，设立者被要求提供不少于 300 万日元价额的财产（同法第 153 条第 2 款），同时章程不得规定设立者可享有盈余金或残余资产分配的权利（同法第 153 条第 3 款第 2 项）。因为财团中不存在成员，所以向法人成员分配利益这样的营利性概念原本并不合适，于是一般法人法就将一般财团法人中的设立者置于与成员同等的地位。

另外，与公司不同，一般社团法人的成员对法人的资产不得拥有份额。这是基于这样的认识，即如果一旦拥有份额，那么当一般社团法人的资产因对外经济活动而增加时，份额的经济价值也会有相应的增加，这实质上无异于"利益分配"。此外还应指出，如果一般财团法人的章程可以赋予设立者以盈余金或残余资产的分配请求权，那么也就相当于承认设立者拥有份额。

不过，对于残余资产的分配，一般法人法的做法还是比较折中的。即虽然章程中有关成员、设立者享有残余资产分配请求权的规定是无效的（同法第 11 条第 2 款、第 153 条第 3 款 2 项），但当章程没有规定时，残余资产的归属将由清算法人的成员大会、评议员会的决议来定（同法第 239 条第 2 款）。也即成员总会、评议员会通过决议将成员、设立者指定为残余资产的归属者并不受禁止（新交易法人制度研究会编：《一问一

---

* 关于盈余金，参见本书 23"非营利法人制度"。——译者注

答 交易法人关联三法》(2006) 159～160 页)。当然，将残余资产归属于成员、设立者，实质上就是将事业成果分配给了成员、设立者。这可能会招致非营利性不够彻底的批评。但考虑到非营利团体的多样性，如果在一般法人的清算阶段一律不准将残余资产归属于成员、设立者，那么反而可以认为是不适当的。

四、禁止一般法人具有营利目的的理由

之所以禁止一般法人具有营利目的，是出于这样一些理由：与可以分配利益的法人相比较来看，(1) 成员、设立者与法人的债权人之间，成员、设立者相互之间，也即利害关系人之间的代理成本可以得到降低，从而减轻控制内部治理结构的难度，简化组织法上的规则。(2) 有助于确保世人对非营利法人的“信赖”。具体而言，通过禁止营利目的，可以从制度上一定程度排除一般法人采取利己行动的可能性。信息掌握不足的一般消费者正是因为相信非营利法人不会实施利己行动，所以更愿意与非营利法人进行交易。尤其如果希望获得诸如捐赠、扶助金等无偿出捐，那么禁止成员间分配盈余金及残余资产的必要性就更大了。一旦将捐赠金、扶助金分配给成员，必然背离出捐人的期待，出捐人因而不得不投入费用进行监督，或者对出捐本身更为慎重。通过定型化地去除营利目的，一般法人理事的运营目标及行为规范均会更为明确。

从消极层面来说，如果允许利用一般社团法人从事收益事业，进而在成员之间分配收益，那么公司法为营利法人所设计的有关保护股东及公司债权人的架构、治理结构之规定恐怕都有被规避的危险。对于一般社团法人而言，只要不违背诸如成员不享有份额等一般社团法人的性质，一定程度上是可以参照适用公司法上的规定的。而且，由于确保盈余金分配禁止原则的实效性存在较大困难，又如“四、”中所述，一般法人也可以从事收益事业，所以从防止规避公司法规定的角度来看，参照适用公司法上的规定也是应当的。但另一方面或许会招致这样的批评，即对于诸如同好会那种为共同利益之目的而从事活动的法人来说，公司法上的规定就成了一种过重的负担。

五、一般法人可否从事收益活动

如果根据形式的、外观化的标准，即有无将对外收益活动取得的利益分配给成员，来区分营利法人和非营利法人，那么非营利法人的概念仅指未将对外业务活动所取得之利益分配给成员的法人。这其实并没有积极定义法人的属性。非营利法人的目的及活动、实际样态是多种多样的；的确很多时候，非营利法人的目的与该法人从事什么也即业务目的往往是有着密切联系的。

另一方面，就一般法人所从事的业务活动本身而言，对外从事经营收益活动并非是被禁止的；无论是公益事业活动，还是其他各种为实现成员共同利益的活动，只要合法，就均可以从事。而且这也具有理论上的正当性，即虽然一般法人从事收益业务、获取收益，但其本身并非目的，只是为实现章程所记载的法人目的的手段。应当承认，“成员对目标是什么的基本理解”(法人的目的) 与“为此要做些什么”(业务目的) 仍是两个层面的问题。

六、结语

根据公司法以及一般法人法，区别营利法人和非营利法人应基于两者的形式方面、客观方面，即是否将对外收益活动所取得之利益进行分配。考虑到营利部门与非营利部门在活动领域上的模糊化和流动化，这可以说是一种必然的方向。有鉴于非营利部门在现代社会经济中所发挥的重要作用，以及人们对此的期待，创设一般社团法人制度，作为一种服务于非营利目的的一般法律形态，是值得赞许的。不过，另一方面，从法人所从事的业务与组织的实际样态来看，毋宁将营利法人与非营利法人视为一种连续的存在。如果再考虑到盈余金分配禁止原则未必具有实效性，那么有关基于准则主义设立的非营利法人的规定，只要不背离非营利法人的性质，即便接近有关营利法人的规定，也是极为自然的。营利法人与非营利法人之间的竞争关系以及协调关系的发生、发展等两者之间的关系今后也必将越发多样化。至于今后有待探讨的法律制度上的重要课题，可以想到的有：应否创设约定份额的一般社团法人这种类型，营利法人与非营利法人之间的组织变更以及合并、分割等组织重整方面的制度完善等。

参考文献

除本文所列文献之外，还有：神作裕之：“一般社团法人和公司”，载《Jurist》第1328号36页。围绕公益法人制度改革的争论或者这之前的文献：“公益法人制度改革专家会议”及“同非营利法人WG”的议事录（可在以下网页阅览：http：//www.gyoukaku.go.jp/jimukyoku/koueki-bappon/index.html）；相泽哲/杉浦正典编：《一问一答　中间法人法》（2002）；中田裕康：“公益法人制度的问题构造”，载《NBL》第767号（2003）12页；公益法人制度改革专家会议：“报告书”（平成16年11月19日）；能见善久：“公益性团体中的公益性和非营利性”，载《Jurist》第1105号50页。

25

法律行为的解释

一桥大学教授　泷泽昌彦

一、解释的多样性

所谓法律行为的解释，要言之，即“明确法律行为的意义内容”。依据传统通说，法律行为解释的标准有：(1) 当事人的意图（目的），(2) 习惯，(3) 任意法规以及 (4) 诚实信用原则等（我妻荣：《民法讲义Ⅰ民法总则（改定版）》(1965) 250 页）。但是，这之中其实混杂着不同性质的解释，因而最近人们往往会分为几种情况来讨论。

〈示例 1〉 A 与 B 订立了合同，内容为“出卖自己（A）名下的房子”。但 A 拥有甲乙两栋房子。那么买卖的对象应是哪栋房子呢？

这种场合下，A 意图出卖哪栋房子便成为一个问题。合同本应明确哪栋房子，结果却未明确，所以只能通过（缔约之时的）各种情况进行推测。所谓解释，原本就是指探寻当事人的意图，这被称为“狭义的解释”。但是，如今所谓的“解释”，其实还包括了与此不同的作业。

〈示例 2〉 A 与 B 订立了合同，内容为“出卖自己（A）名下的房子”。但 B 入住之后发现房子已经古旧必须重新装修一下。那么该由谁来负担这笔费用呢？

这本来是缔约之际通过协商可以明确的事项，但有时缔约之际未必顾及到这一点。于是，可以通过参考习惯等对合同进行“解释”。但是，这并非“探求当事人的意思”之意义上的（狭义的）解释。因为当事人原本就没有顾及到重新装修一事，所以即便探求当事人的意思也没有意义。这种补充合同之意义上的解释就被称为“补充的解释”。

〈示例 3〉 A 与 B 订立了合同，内容为“出卖自己（A）名下的房子”。但 B 入住之后发现房子已经古旧必须要重新装修一下。但合同书中写着：“A 对房子的瑕疵概不负责。”那么 B 是否真的不可以向 A 问责吗？

免责条款不当的，通过解释将该条款认定为无效或加以限制，这实质上是对合同的“修正”。下面将按照顺序对这些解释进行解说。但限于篇幅的关系，解说的重点将放在狭义的解释，而对于其他的解释，本文仅指出问题的所在。

二、探求当事人的意思（狭义的解释）

1. 客观探求当事人的意思

（1）如上所述，所谓解释，原来是指明确“本人具有何种意图”。在外国就有这样的条文（德国民法典第133条等），即在解释之际不应拘泥于合同书的字句，而应探求当事人的真实意思（日本旧民法也曾有这类条文。参见：野村丰弘：“法律行为的解释”，载星野英一等编：《民法讲座（1）》（1984）293页）。因此，〈示例1〉中的问题就是，A到底是如何考虑的。

但是，内心的意思不向外部表示的话，相对人无法知晓。如果允许当事人主张“我当时并没有这个意思”，那么将有损交易安全。所以有观点认为应在客观呈现的限度内探求本人的意思。这就是所谓的“客观解释”。在〈示例1〉中，假设A内心打算出售房子甲，但从表示以及（表示之对象）各种情况来看，可以理解为“出售房子乙”，那么就应这样来解释。在解释时无须考虑“内心的意图是出售甲房子”之类的事实，这最多只是适用民法第95条*的原因。

（2）在这种解释方法中，对当事人的“责任”是有考虑的。也就是说，A在内心考虑的是房子甲，但客观上却作出了让人理解为“出售房子乙”的表示。作出了不正确表示的A有责任。所以应被解释为房子乙，如果想让合同无效的话，那么A必须主张民法第95条。相反，如果该表示客观上可被理解为房子甲，B却认为是房子乙，那么作出了不正确理解的B就有责任了。所以应被解释为房子甲，如果想让合同无效的话，B必须主张民法第95条。

2. 有力说

（1）与此相对，近年来（昭和50年（1975年）左右开始）重视当事人的主观理解的见解越发有力化（甚至可以说是通说化）。这种观点区分了双方当事人的理解一致的场合和不一致的场合。当事人理解一致的场合，无论表示的客观意义如何，均以当事人的理解为准（诸多文献，比如：矶村保：“德国的法律行为解释论——关于信赖责任论的开篇考察（1）～（4·完）”，载《神户法学杂志》第27卷第3号～第30卷第4号）。在〈示例1〉中，如果A、B都理解为房子甲的买卖，那么即便表示在客观上可被理解为房子乙的买卖，也仍应被解释为房子甲的买卖。

当事人理解不一致的场合，（与传统的通说一样）应进行客观解释，不过有力说中的一部分认为此时应考察“哪一方的理解是正确的”；如果任何一方的理解都不正确，则合同不成立（矶村保：“法律行为的解释方法”，载《民法的争点Ⅰ》32页（1985）等）。

（2）对于有力说，笔者自身虽抱有一定共鸣，但并非完全赞同。因为即便当事人的理解一致，也可能包括：1）从各种情况可以推知的情形；2）虽无法从各种情况推知，但偶然理解一致的情形（〈示例1〉中，A对友人C说“打算出售房子甲”，后传至B的耳中）。在情形2）中，如果以当事人的理解为准，恐怕就超越了解释的“界限”（泷泽昌彦：“关于表示含义的归责——有关意思表示解释方法的考察”，载《法学研究（一桥大学）》第19号304页）。此外，如果基于各种情况可以被理解为买卖房子乙，则A

---

* 依据该规定，表意人可因意思表示错误而主张该意思表示无效。——译者注

（之后）应该也会认为“B理解为房子乙”，所以当初即便A意图出售房子甲，也应允许（改变心意）出售房子乙。不过，由于这种事例（完全偶然的理解一致）现实中很少见，笔者的立场并没有得到支持（加藤雅信等编：《民法学说百年史》（1999）102页（藤田寿夫））。

（3）有力说中的大部分（包括笔者）都是在参考了德国学说的基础上，从“表示者的意图是什么”“表示的受领人是如何理解的”这一类角度出发进行讨论的。这种讨论所考虑的均是一方的表示。但是，合同是两方当事人的意思表示的一致，严格来说，在〈示例1〉中存在A的要约和B的承诺。所以在对A的要约进行解释之后，还要对B的承诺进行解释，如果一致，则合同成立，反之如果不一致，则合同不成立。

与此不同，在法国，由于将合同分解为要约和承诺的观念并不流行，所以认为在解释时应探求当事人的“共通意思”（法国民法典第1156条）。在日本，也有见解是从这一角度来讨论的（冲野真已：“有关契约解释的考察——以法国法为线索（1）～（3）”，载《法协》第109卷第2号～第8号）。合同是否真的可以被分解为数个意思表示，这确实是一个需要探讨的问题。

三、经由解释的补充、修正

1. 合同的补充

对于〈示例2〉，可以根据任意性规定（民法第483条等）来解决，但如果存在“由卖方重新装修”的习惯，那么该习惯应优先（民法第92条）。此外也可以先考虑一下“如果当事人已经考虑了重新装修的事宜，则会达成什么样的合意”，再进行补充（关于补充型的合同解释，可参见山本敬三：“补充型契约解释——有关契约解释和法律适用之关系的考察（1）～（5·完）”，载《法学论丛》第119卷第2号～第120卷第3号）。

2. 合同的修正

〈示例3〉的场合，如果A知道瑕疵，那么B就可以追究责任（民法第572条）。所以仅就此而言，免责条款没有效力，或者依据民法第90条、消费者合同法第8条*等无效或受到限制（一部分无效）。另外，这种场合下，仅免责条款无效。如果让买卖合同整体无效，则不利于对B的保护。

四、特殊的法律行为的解释

1. 格式条款的解释

关于事先印制的定型化合同书（格式条款）的解释，存在很多问题（参见：大塚龙儿：“格式条款的解释方法”，载《民法的争点Ⅱ》90页（1985））。首先，（1）考虑到合同的内容不应随顾客的不同而有差异，有人主张应以一般顾客（而非特定的顾客）的理解为基准。其次，（2）有见解认为，格式条款的使用人既然对合同文义进行了选择，

---

* 依据消费者合同法（平成12年（2000年）法律第61号）第8条第1款，格式条款全部免除经营者因不履行债务而需承担的赔偿责任，或者部分免除经营者因不履行债务而需承担的赔偿责任，且该经营者、其代表人或者其使用人存在故意或者重大过失的，该格式条款无效。——译者注

那么就应承担风险，也即对于不明确的条款，应作出不利于格式条款使用人的解释（关于不明确条款的解释规则，参见：上田诚一郎：《契约解释的界限与不明确条款的解释准则》（2003））。但是，（3）团体诉讼等场合下，围绕格式条款的适法性发生争议时，则不应非要作出对顾客有利的解释（毋宁说是作出不利的解释）（上原敏夫：《集体诉讼/class action 的研究》（2001）295 页）。

2. 遗嘱的解释

对于遗嘱的解释也须有特别的考虑（参见：浦野由纪子："遗嘱的解释"，载久贵差忠彦等编：《遗嘱和遗留分Ⅰ》（2001）221 页）。遗嘱是要式行为，所以不允许解释过于脱离遗嘱书的文义。另一方面，与财产行为不同，没有交易安全保护的需求。此外，考虑到遗嘱需要解释的时候往往遗嘱人已经死亡，所以应尽可能作出反映遗嘱人的真实意思的解释。

参考文献

文中所列文献。

26

习惯论

龙谷大学教授　儿玉宽

一、我国民法的法源体系

我国民法的法源体系，不算法理（条理）的话，就是由制定法和习惯所构成的（关于立法过程，参见：星野英一："从编纂过程看民法拾遗"，载星野英一：《民法论集（1）》（1970）154 页以下）。1875 年（明治 8 年）的太政官布告第 103 号裁判事务须知第 3 条规定，"民事裁判中，若无成文法律，则依习惯，若无习惯，则依法理（条理）进行推考并裁判"。依据该规定，在采制定法主义的前提下，对于那些制定法中没有规定的事项，习惯应成为补充的法源：[广中俊雄：《新版民法纲要（1）总论》（2006）43 页以下。1898 年（明治 31 年）制定的法例第 2 条继续了这一做法，2006 年（平成 18 年）出台的旨在全面修订"法例"的"关于法的适用的通则法"（法 78 号）的第 3 条依然维持了这一做法]。其次，民法在"法律行为"一章中，区分了可以依"法律行为的当事人"的意思而排除适用的规定（＝任意规定）和不能排除适用的规定（＝强行规定）（民法第 91 条）。在此基础上，民法认可与任意规定不同的习惯可以因为"依该习惯的意思"而优先于任意规定（民法第 92 条）。

就学理上的术语用法而言，第一，所谓狭义的任意规定是以典型合同等法律行为的存在为前提的（＝法律行为先行型，比如民法第 614 条等*），不过即便不是以此为前提的规定，如果可以基于特约而排除其适用，也可被称为任意规定（＝法律行为非介入型，比如民法第 217 条**等）。而这背后存在这样一种术语用法，即根据当事人可否依其意思排除适用，全部规范可以二分为任意规定和强行规定。第二，关于习惯，也可区分为当事人可依其意思而排除的（＝任意法规式的习惯）和不可排除的（＝强行法规式的习惯）。

* 依据该规定，动产、建筑物及宅地的租金应于每月末支付，其他土地的租金应于每年末支付。——译者注

** 依据该规定，关于在某些相邻关系上所产生之费用如何负担，法律虽有明文，但有特别习惯时可从习惯。——译者注

二、制定法与当事人意思的关系

除了违反管理性规定的法律行为的效力（参见本书 7）、脱法行为这类问题外，当事人可否依其意思背离制定法也是一个问题。依据传统的理解，法律规定或为任意规定或为强行规定，可依据合意变更的只限于任意规定。但是，围绕这种二分法，可以看到一些新的理论动向（另外，关于将民法第 91 条*视为非典型合同之权利根据规定的见解及对其的评价，参见：石川博康："典型契约冒头规定和要件事实论"，载大塚直等编著：《要件事实论和民法学的对话》（2005）129 页以下）。

第一，鉴于任意规定的存在通常旨在展示恰当的合同内容，有见解认为没有合理理由的排除适用是需要警惕的，于是主张任意规定的半强行规定化。与之相对，有见解认为特约自由这一面也不能被忽视，于是倡导为基于任意规定的合同控制设置标准并将之理论化（吉田邦彦："从比较法看现在的日本民法——契约的解释、补充和任意规定的意义（以日美为中心的比较法理论考察）"，载广中俊雄/星野英一编：《民法典的百年Ⅰ》（1998）555 页）。第二，围绕强行规定也出现了争论。直接的导火索就是有关转租合同的最高裁判决（最判平成 15・10・21 民集 57 卷 9 号 1213 页），其引发了这样的讨论，即是否可以在合理理由存在的场合下斟酌当事人的意思来调整强行规定的适用（＝强行规定的半任意规定化）［参见本书 95。大村敦志："租赁——转租和借地借家法的适用"，载《法教》第 296 号 78 页；山本敬三："借地借家法的租金增减规则的意义与判断构造——'强行法规'的意义和作为契约规定的特质"，载潮见佳男等编：《特别法和民法法理》（2006）153 页；最判平成 11・2・23 民集第 53 卷第 2 号 193 页（该判决对于从合伙组织任意退伙之约定的效力（民法第 678 条），也提出了同样的问题）；《民法判例百选Ⅰ（第 5 版新法对应补正版）》39 页（大村敦志）］。

三、习惯与制定法的关系

依据法例第 2 条（＝现在的法适用通则法第 3 条），"不违背公共秩序或善良风俗的习惯"之中，只有"法令的规定所认可的习惯"（＝（1）型）和"涉及法令无规定之事项的习惯"（＝（2）型）才"具备和法律同等的效力"。按照当初的理解，（1）型所谓的"法令的规定"，专指涉及法律行为非介入型的领域（相邻关系或入会权）以及法律行为先行型的一部分领域（地上权和永小作权）的个别条文，这些条文认可了无须经当事人意思之推定便可以适用习惯（＝第 1 前提），而习惯如果涉及包括任意规定在内的法令已有规定之事项，则是没有效力的（＝第 2 前提）。所以，如果依据法适用通则法，那么除去属于（1）型的那些习惯外，与法律行为先行型的任意规定相异的习惯因与（2）型相抵触，故劣后于任意规定。但依据民法第 92 条，基于当事人的意思，是可以优先于任意规定的。为解决这一优先劣后关系上的矛盾，学说煞费苦心（川岛武宜/平井宜雄编：《新版注释民法（3）》（2003）260 页以下（淡路刚久））。

过去的通说（＝A 说）认为，习惯本身的拘束性就有强弱之分，法适用通则法第 3 条所谓的习惯，是指"习惯法"，即社会大众确信这是一种法，而民法第 92 条所谓的习

---

* 日本民法第 91 条规定：法律行为当事人表示的意思与法令中与公共秩序无关的规定相异时，从其意思。——译者注

惯，并不伴有这样的确信，只是“作为事实的习惯”（我妻荣：《民法讲义Ⅰ民法总则（新订版）》（1965）252页；大判大正5·1·21民录第22辑25页）。所以在A说看来，即便维持前述的2个前提，也不会发生冲突。但是，基于法之确信的有无将习惯予以二元区分是否可行，却受到了质疑（参见：多喜宽：“作为习惯法成立要件的法之确信”，载《法学新报》第110卷第7、8号27页以下）。于是各种学说转而对第2前提进行实质的修正，并据此认为民法第92条的存在为一元化的习惯带来了适用上的区分。至于修正手法，大体可分为四种。

B说聚焦于第1前提，认为法适用通则法上的（1）型，也即授权法令来规定习惯之适用这一形式，可涉及全部习惯。又认为民法第92条亦属于（1）型所谓的“法令的规定”（星野英一：《法学入门》（1995）169页；内田贵：《民法Ⅰ（第3版）》（2005）268页；大村敦志：《基本民法Ⅰ（第2版）》（2005）114页；广中，前揭54页）。C说则维持了第1前提，认为前述形式仅限于个别授权，并主张民法第92条虽然认可习惯优先，但只是针对私人自治得到认可之领域的特别规定（四宫和夫/能见善久：《民法总则（第7版）》（2005）166页；川井健：《民法概论Ⅰ民法总则（第3版）》（2005）137页；前田达明：《知晓民法的“所以然”》（2005）164页）。与上述学说不同，另一些学说则聚焦于法适用通则法的（2）型自身的射程。D说就将之限定在法令没有任何规定的场合（来栖三郎：“法解释中习惯的意义”，载来栖三郎：《来栖三郎著作集Ⅰ》（2004）182页以下；前揭《新版注释民法（3）》265页（淡路）；加藤雅信：《新民法大系Ⅰ民法总则（第2版）》（2005）223页），而E说则将射程限定在没有强行规定的场合（星野·前揭论集181页，米仓·后揭76号36页）。不过两种学说均认为任意规定存在时的习惯适用问题应归民法第92条处理，而无关法适用通则法。于是在B说、D说、E说看来，法适用通则法的适用上不会产生冲突，而在C说看来，冲突虽未在法适用通则法的层面上得到消除，但民法第92条让冲突没有那么凸显。另外，就任意规定、强行规定均不存在时所出现的习惯而言，除了未言及这一点的E说，其他学说皆认为这类习惯具有效力，属于法适用通则法上的（2）型。此外，除了不甚明确的A说，其他学说均认为此类习惯（只要是未被认定为强行法规性质的习惯）均属于任意法规性质的习惯。

以上的争论在结论上并无实质差异，所以常被认为没有实际益处。一个间接原因就在于它们都试图基于以下的前提去批判A说，即将“习惯法”和“作为事实的习惯”统归于习惯一个范畴（末弘严太郎：“作为事实的习惯”（1943），载末弘严太郎：《民法杂记账（上）》（1980）60页）。但是，在19世纪德国的习惯法学说史的发端上，确实可以看到将两者视作不同范畴的见解。所谓“习惯法”，是指一种意识形态，左右着某一社会的法生活的根本样式（＝法制度），其区别于整合在各个法制度之下的具体法规范（不管是强行规定还是任意规定）。比如，我国民法有关典型合同的开篇规定*即属于前一序列，而该规定以下的任意规定则属于后一序列。最近就有人指出，即便同为有关权利义务的规定，两者也仍存在质的区别（石川·前揭131页）。站在习惯法学说史的角度上，这一看法是值得首肯的。如果遵循这一思路，那么E说的方向性最应得到支持，该说正是试图重新定义法适用通则法上（2）型所谓之法令的实质。所以或许可

* 比如日本民法第555条。该条规定：买卖因当事人一方约定将其财产权移转于相对人，相对人约定对此支付其价金，而发生效力。——译者注

以这么来说，即法令是指（借由对习惯法的采用或高权介入）规定了法制度的规范，该规范不存在时所出现的习惯，就是一种创制出新型法制度的、有着强行法规性质的习惯。当该规范存在且又出现与之冲突的习惯时，该习惯有无改废制定法的效力就成了问题，这同样存在于强行法规性质的习惯与任意规定相异的场合。此外，法适用通则法上的（1）型与民法第92条在以下一点上是同质的，即作为两者之对象的习惯均只涉及法制度之下的事项。在这个意义上，B说的方向性相比C说更应得到支持。

四、习惯与当事人意思的关系

由于没有余力涉足有关法律行为解释的争论（参见本书25），所以在这里仅作若干讨论（关于主张举证，参见：前揭《新版注释民法（3）》279页以下（淡路）；广中，前揭第54页以下）。

如果根据前述思路，那么以某个法制度为前提的、有关具体事项的习惯，除去存在强行规定的场合和法适用通则法上的（1）型，无论有无任意规定，均可以是民法第92条的对象。比如借地法实施以前的地租增额的习惯，的确涉及法令所未规定的事项，但因为这些事项是以租赁合同这一法制度为前提的，所以就成了民法第92条的对象（关于判例的不确定性，参见：四宫和夫："判民昭和13年度100事件评释"）。其次，既然作为民法第92条之前提的法制度是法律行为，那么民法第92条所谓的习惯，也即被A说定位为"作为事实的习惯"，正如通说所理解的那样，就可能包含了用于解释意思的习惯和用于补充意思的习惯这两者（上田诚一郎：《民法判例百选Ⅰ（第5版新法对应补正版）》42页）。但是，法律行为概念有时可以被用来表达行为自身，有时则指行为结果（奥田昌道："有关代理、授权、法律行为的断想"，载《京都大学法学部创立百周年纪念论文集（3）》（1999）25页）。所以，如下之见解应得到充分支持，即用于解释意思的习惯应分派给民法第91条，而用于补充意思的习惯应分派给民法第92条（来栖三郎："法解释中习惯的意义"，载来栖三郎，前揭第176页；贺集唱，《Remarks》2000（下）8页）。这样一来，因为民法第92条的对象是法律行为所生之规则内容方面的习惯，所以即便该习惯不属于"直接规定当事人之权利义务的习惯"（奥田·后揭39页），仍可成为其适用对象。另外，某一习惯究竟应分派给两条文中的哪一条，应根据解释而定。比如这样的事例：关于分期还款型贷款的本金利息的还款日期，仅约定"每月×日"，但×日恰逢周日或其他休息日的，却无相应约定。对此，判例选择"交易习惯"作为解释意思的素材，即第二天的营业日为还款日期（最判平成11·3·11民集53卷3号451页）。但如果认为该事例属于合意的欠缺，那么这一交易习惯就是用于补充意思的习惯（贺集·前揭9页）。

对于"习惯"，还应结合"法制度论"或"典型合同论"（参见本书94，大村敦志：《典型契约和性质决定》（1997）290页）进行多层次的、多元的把握。这应该就是今后的课题。

参考文献

奥田昌道："事实习惯和法例第2条"，载《民法的争点Ⅰ》（1985）38页；米仓明："作为法律行为解释基准的习惯（1）～（3）·完"，载《法学教室》第74号66页、第75号18页、第76号27页。

27 民法第 94 条的功能

名古屋大学教授　中舍宽树

序

民法第 94 条第 2 款*的类推适用其实是一种解释手法，旨在保护从不动产交易的无权利人处取得不动产的人，以弥补我国不承认不动产登记公信力的缺憾。但是，由于类推适用的根据，也即真正权利人的可归责性这一要件本身并无特别限定，所以判例逐渐放宽了对可归责性的要求，于是类推适用的界限在何处便成了一个问题。究其原因，就是民法第 94 条第 2 款中的真正权利人的归责根据，以及第 94 条与其他的权利外观保护规定之间的关系等均没有得到确定。必须指出，只有基于这些点来明确类推适用的要件，才能为第 94 条第 2 款的类推适用划定界限。

一、民法第 94 条的构造

1. 旧民法的规定和形式的变更

民法第 94 条的前身可以追溯至因袭了博阿索那德草案的旧民法证据编中有关反面书证的规定（第 50—52 条）。旧民法证据编第 50 条第 1 款效仿法国民法典第 1321 条而规定，反面书证（被隐匿起来的，以变更、削弱本书证为目的的书证）仅在出具该书证的当事人之间有效。第 50 条第 2 款规定了反面书证不得对抗善意第三人，不过从反面书证的上述效力观之，这一点是不言自明的。

至起草现行民法时，起草者在效仿德国民法对法律行为、意思表示的各种规定进行整合之际，将第 50 条以下理解作有关虚伪表示的规定，并考虑到局限在书证问题失之于褊狭，于是更改为意思表示上的一般规定，这就是现行民法第 94 条。其第 1 款与德国民法第 117 条第 1 款相同，即规定了通谋虚伪表示无效（隐匿行为在当事人之间有效，属当然之理，故无须规定）。但德国民法中并没有第 94 条第 2 款这样的规定，该规定其实是原封不动承袭了前述旧民法的规定。因此第 94 条的构造就变得较为稀奇了，

* 依据日本民法第 94 条第 1 款，与相对人串通作出的虚伪意思表示无效。依据同条第 2 款，该意思表示的无效，不能对抗第三人。——译者注

即其第 1 款来自德国民法，而第 2 款则来自法国民法。

2. 第 94 条第 2 款的旨趣的演变

起草者似乎无意从内容上改变旧民法，仅是变更了一下规定的形式。如果依据旧民法的旨趣并以第 2 款为基点对第 94 条进行解读，那么第 94 条第 2 款不过就是一条当然规定，即当事人之间的隐匿行为不得对抗善意的第三人。但如果依据第 1 款所说的无效这一文义对该款进行解读，那么第 94 条第 2 款应被理解为，本来无效的意思表示在与善意第三人的关系上却是有效的。也即具有了一种特别的意义：从“无”生发出“有”。同时，越是宽泛解释第 1 款的无效的含义，就越是使得第三人保护的范围扩大。事实上，如今第 94 条第 2 款的类推适用所发挥的功能也已远远超越了第 1 款文义的框架。像这样，第 94 条第 2 款的类推适用之扩大的起因，就在于规定形式的变化所导致的规定旨趣的不自觉变化，以及之后肯定这一变化的解释论。

二、判例与类推适用的展开

1. 类推适用于“自己作出外观型”

（1）条文的类推

战前的判例之中，也有涉及并非严格意义上的虚伪意思表示，但依然“适用”第 94 条第 2 款的案件（大判明治 42 · 1 · 26 民录第 15 辑第 28 页、大判大正 11 · 5 · 23 新闻第 2011 号第 21 页）。不过，这些判例中尚看不出法官有这样的意图，即对事实作出与虚伪表示同一的认定，只是为了广泛保护从无权利人处取得不动产之人。

直到战后，才真正出现了为类推适用第 94 条第 2 款而有意从宽理解虚伪表示之要件的判例。“最判昭和 29 · 8 · 20 民集 8 卷 8 号 1505 页”就是首例这样的判决。案情经过是，房屋买受人将房屋所有权移转登记在其小妾的名下，之后该房屋又被后者卖给了第三人。对此最高裁认为，既然移转登记于买受人以外之人名下是出于买受人的意思，那么与买受人接受移转登记后又以通谋虚伪表示进行移转登记的场合并无任何实质上的不同，故可以类推第 94 条第 2 款，买受人不得以登记名义人没有取得所有权为由对抗善意第三人。最终最高裁推翻了原审判决（不过，最高裁裁定发回重审的理由，是关于买受人是否认可该登记这一点有审理未尽之处）。该判决是第一个明确提出类推适用第 94 条第 2 款的最高裁判决，可谓是后来判例实务发展之原点。

之后的判例对以下案型均会固定类推适用第 94 条第 2 款（最判昭和 37 · 9 · 14 民集 16 卷 9 号 1935 页，最判昭和 41 · 3 · 18 民集 20 卷 3 号 451 页，最判昭和 44 · 5 · 27 民集 23 卷 6 号 998 页）。尽管真正所有人和登记名义人之间并不存在虚伪的意思表示，但真正所有人和登记名义人之间存在通谋或许可，虚假的登记名义正是基于真正所有人的意思而被作出，在这一点上与虚伪表示相同（自己作出外观型）。

须注意，在这一时期，与虚伪表示类似的前提必须是存在通谋或登记名义人的许可，如果连许可也没有，是不能类推适用第 94 条第 2 款的（丰永道祐：“最判解民事编昭和 41 年度”，111 页、千种秀夫：“最判解民事编昭和 44 年度”，255 页）。

（2）脱离类推

对于上述这一点，学说则认为，既然第 94 条第 2 款体现了禁反言法理，那么就类推适用的条件而言，重要的是本人的意思，而非通谋或名义人的许可（於保不二雄：“判批”，载《民商》第 55 卷第 4 号 663 页；高津幸一：“判批”，载《法协》第 84 卷第

2号332页)。“最判昭和45·7·24民集24卷7号1116页”判决就涉及这样一个案件:某人从他人处购得山林,未经其子许可,就以其子的名义办理了所有权移转登记,后其子对外出售了山林。最高裁认为:不应依登记名义人有无许可,而对第三人保护的程度设置差别;即便未经登记名义人许可,只要登记是出于真正所有人的意思,就应类推适用第94条第2款。由此可见,关于类推适用的根据,该判决不再求诸通谋或许可之有无,转而求诸登记是否出于真正所有人之意思。所以可以说,该判决已彻底摆脱了对条文文义的依附,实质是以类推适用的解释手法进行新法的创造(山本进一:“判批”,载《昭和45年度重判解》(《Jurist》第428号)40页;森下定:“批判”,载《判评》第145号(《判时》第618号)16页)。正是因为该判决脱离了条文的类推,以后第94条第2款的类推适用才得以更加自由的展开。

2. 类推适用于“他人作出外观型”

实际上,在上述判例出现之前,已经有判例让人预感到类推必将脱离条文,此即“最判昭和45·4·16民集24卷4号266页”判决。事实经过为:受赠的房屋被以他人名义登录于房屋台账,之后再经由登记而被处分于他人。对此最高裁类推适用了第94条第2款。最高裁认为,知道房屋被以他人名义登录于房屋台账却仍对之明示或默示认可的,就第三人保护之程度而言,并无理由可区别于真正所有人事前认可的场合。

该判决的重要性不仅体现在虚假外观不限于登记这一点上,更体现在以下一点上:类推适用不再以真正权利人作出虚假外观为必要,即便虚假外观由他人作出,只要真正所有人事后对此认可,且无论明示或默示,就有类推适用之余地(他人作出外观型)。据此,至少在理论上,无论真正权利人和登记名义人之间是何种关系,只要真正权利人已认可,就可以肯定类推适用,且即便是消极认可也无妨碍。由此带来的问题便是,类推适用有被无限制不断扩大之虞。

这之后,对于真正权利人未事前参与虚假登记的事例,判例就将真正权利人放任虚假登记视作归责事由,肯定了类推适用(最判昭和45·9·22民集24卷10号1424页,最判昭和45·11·19民集24卷12号1916页,最判昭和48·6·28民集27卷6号724页,最判昭和62·1·20讼月33卷9号2234页)。以至于有学说担忧这是否已经触及甚至超越了类推适用的上限。面对一系列的类推适用之扩大,有学说提出,如果真正权利人的意思参与度较低的场合亦可以类推适用,那么作为平衡,就应严格把握第三人保护要件,也即仅善意尚不足,还须无过失(星野英一:“判批”,载《法协》第81卷第5号607页;星野英一:“判批”,载《法协》第89卷第7号866页)。近年来的下级法院判决中,倒可见类似的立场。但最高裁在第94条第2款的单独类推适用问题上,至今仍未放弃只要善意即可的立场(前举“最判昭和62·1·20”判决就明言不要无过失)。

3. 与民法第110条的叠加类推适用

(1) 类推适用于“意思外观非对应型”

比“2”出现时间再早一些的时候,还出现了叠加类推适用第94条第2款和有关表见代理的民法第110条*的判例,即“最判昭和43·10·17民集22卷10号2188页”判决。事实经过为:假装进行不动产预约买卖,并办理了预告登记,之后预告登记名义

* 依据日本民法第110条,代理人实施越权代理的,如果第三人有正当理由相信代理人有权限,则代理行为仍对本人有效。——译者注

人擅自办理了本登记，将不动产卖于他人。对此法院参照第 94 条第 2 款和第 110 条的法意后认为，真正所有人应对善意无过失的第三人承担责任。该案的特殊之处在于，先是当事人通谋作出了虚假的权利外观，之后登记名义人在该权利外观的基础上又作出了一个权利外观，对于这后一个权利外观的形成，真正权利人并未直接参与（意思外观非对应型）（此外还有：最判昭和 45·6·2 民集 24 卷 6 号 465 页、最判昭和 52·12·8 判时 879 号 70 页。不过所涉案型略有不同）。

这种叠加的类推适用，就是为了在真正权利人未直接参与的情形下也能肯定第 94 条第 2 款的类推适用，所做出的一种法律构成上的努力。也即因为当时的“自己作出外观型”必须有登记名义人的许可，所以便将第三人所信赖的登记名义看作通谋形成的第一个权利外观的自然延伸。此外，类推第 110 条还带来另一个结果，即第三人保护要件被加强为无过失。这倒是为类推适用范围之扩大找回了一丝平衡。

但如上所示，之后的判例对于真正权利人事前未参与作出虚假登记名义，也即“他人作出外观型”的事例，均以真正权利人事后认可为要件肯定了类推适用。因此于今天而言，针对真正权利人缺乏意思或登记名义人没有许可而并用第 110 条的必要性，恐怕已不大。相反一旦并用第 110 条，那么真正权利人对于第三人所信赖的登记名义即便事后未认可，只是寄予了某种原因，依然可能被问责，从而可能导致类推适用的范围将拓展至“他人作出外观型”的边缘（不过上述昭和 43 年 10 月 17 日判决的前提是真正权利人与他人通谋作出了第一个权利外观）。

（2）类推适用于“外观与因型”

事实上，后来也的确出现了这种判例：虽然从未基于通谋作出过虚假登记，完全是由他人作出的虚假外观，但法院仍以真正权利人对外观的形成寄予了原因为由，叠加类推适用了第 94 条第 2 款和第 110 条，以保护善意无过失的第三人。这就是“最判昭和 47·11·28 民集 26 卷 9 号 1715 页”判决。该案中，真正权利人与他人通谋计划办理虚假的预告登记，结果该他人办理的却是本登记，随之不动产被出售。对此法院肯定了叠加的类推适用。法院认为，虽然真正所有人意图的预告登记没有实现，但正是由于他试图虚构预告登记的外观，才导致本登记之结果的发生。此外还有“平成 18·2·23 民集 60 卷 2 号 546 页”判决。该案中，受真正权利人委托从事不动产租赁事务的人，利用交托的书面材料将不动产移转登记在自己名下后进行了出让。对此法院还是肯定了叠加的类推适用。法院认为，之所以能够办理本登记，还是因为真正所有人太过不注意，这种可归责性的程度是如此之重，以至于完全可以比肩自己积极参与外观形成或明知外观存在仍放任不管的场合。

如果依据谁作出外观这一点来区分类型，那么这些判决均属于“他人作出外观型”。但这些案件的特点在于，真正权利人均未对虚假登记予以过哪怕是默示的认可。本来在这类事例上类推适用第 94 条第 2 款的可能性很小。这类事例与越权代理之间确有类似之处，即行为人制造了超过真正权利人所许可之范围的权利外观，似乎可以认为存在利用第 110 条的基础（特别是像前举“平成 18·2·23”判决那样，代理人越权将不动产登记在自己的名下）。然而这里第三人所信赖的权利外观不是有关代理权的存在，而是有关权利人这一属性，且效果也非在真正权利人与第三人之间发生直接的法律关系，所以此处并不涉及代理的问题（第三人恶意的场合才可能发生类似越权代理的关系）。此处之所以利用第 110 条，无非是要放宽真正权利人的归责要件，扩大类推适用的范围。从类推适用演变的角度看，判例将第三人保护要件予以严格化（如前所述，在第 94 条第 2 款的单独类推适用上，判例并未要求第三人为无过失）的代价就是，归责要件已从真正权利人的事后认可降格为只要真正权利人寄予了某种原因或不注意即可（“外观与因型”）。

不过也有判例虽然论及叠加的类推适用，但最终还是予以了否定，这就是“最判平成 15 · 6 · 13 判时 1831 号 99 页”判决。该案中，不动产的买方委托卖方公司的代表人办理移转登记手续，结果代表人擅自将不动产移转登记在自己名下后卖于他人。对此原审判决肯定了叠加的类推适用。但最高裁认为真正权利人并未积极参与虚假外观的作出，也不能说对此放任不管，于是推翻了原审判决并发回重审。目前这大概就是判例实务上第 94 条第 2 款类推适用的边界点。

4. 判例上的类推适用的范围及问题点

从上述判例的演进来看，如今第 94 条第 2 款的类推适用以及该条与第 110 条的叠加类推适用是基于这样一些要件，即存在虚假的权利外观、真正权利人对此具有可归责性，以及第三人善意或者善意无过失。而类推适用的具体范围则以这种场合为下限，即基于通谋作出了虚假登记，但由于当事人之间没有虚假意思表示，故不能直接适用第 94 条第 2 款。上限是这种场合，即虽然虚假登记由他人作出，但真正权利人对此存在重大的不注意。

然而一旦这么来理解，那么今后只要虚假登记的出现与真正权利人并非完全无关（如果完全无关，则已属公信力的问题），就可以类推适用，而这恐怕是有问题的（佐久间毅：“判批”，载《NBL》第 834 号 22 页以下）。尤其是将真正权利人的可归责性降格为不注意，这等于是对真正权利人课以义务去消除他人所作出的虚假登记。但在登记仅为对抗要件的我国法律制度之下，这是有疑问的（但有人认为应肯定真正权利人的恢复义务，参见：吉田真澄，《判 T》第 276 号 39 页）。为进一步具体化可归责性，学说一直在尝试将各种涉及真正权利人和不实登记的情形加以分类，进而划定类推适用的界限（米仓明：“判批”，载《法协》第 92 卷第 2 号 185 页以下等）。但是，除了综合考虑各种情形外，是否已经在理论上为类推适用划定了界限，恐怕尚不好说。所以接下来就试着探讨一下今后在划定界限上应予考虑的因素，以及基于这些因素而形成的大致框架。

三、类推适用的界限

1. 规定旨趣上的界限

如前所述，从规定的沿革来看，第 94 条第 2 款这一规定原本是以隐匿行为之存在为前提的。真正权利人的归责根据，是其不得向善意第三人主张隐匿行为之存在，也即“隐匿”这一点。第三人所受到的保护，针对的也是隐匿行为，如果当事人之间不存在隐匿行为，则外观上的意思表示便按照外观发生效力。第 94 条虽然是从虚伪表示之效力的角度来被加以规定的，形式上也无论隐匿行为是否存在均可适用，但在与善意第三人的关系上，外观上的意思表示“按照外观发生效力”这一点依旧是第 94 条的本质。然而历来的判例或学说往往强调虚伪表示的“无效”与“不存在”之间的共通性，于是即便当事人之间不存在本应按照外观发生效力的意思表示，有的只是虚假登记，也认可了类推适用。在这一点上，类推适用其实已经脱离了条文原来的基础前提。

如果所谓的类推适用，只是为了实现一般的权利外观保护而对条文的借用，那么另当别论。但如果是以条文原来的本质为基础，那么一定存在如下界限，即必须存在一种积极的状况，其可以被评价为与真正权利人实际作出了意思表示相当。仅停留在针对虚假登记的结果责任上，可以说是远远不够的。将类推适用扩大至真正权利人对虚假登记未尽注意之场合，其实已经大幅超越了该规定在旨趣上的界限。所以，一方面应在有关可归责性的评价上严格审视对虚假登记之出现所给予的原因，另一方面应要求第三人须为善意无过失。

2. 体系上的界限

即使较难从第 94 条第 2 款自身出发为类推适用划定界限，也应意识到一点，即民法上还存在着其他各种有关权利外观保护的规定，类推适用绝不能逾越各自的功能分担、破坏规定之间的整合性。否则，其他规定乃至民法的体系本身就将失去意义。所以有必要明确第 94 条第 2 款的类推适用和其他各规定之间在可归责性上的异同，以给第 94 条第 2 款的类推适用划定范围和界限。

在不动产交易之中，交易相对人的行为名义较受重视。所以对于这类交易而言，与类推适用第 94 条第 2 款邻接的权利外观保护规定，就属表见代理了［民法中涉及无权利人自称权利人的规定包括第 192 条（动产）* 和第 478 条（债权）**，而关于不动产交易，则除第 94 条外并不存在涉及自称权利人的规定，或者就是涉及无权代理的规定］。表见代理的特点在于，对有关代理权的信赖进行保护，让本人和相对人之间发生法律关系。与之相对，第 94 条第 2 款的特点在于，对有关权利人属性的信赖进行保护，让该人与第三人之间已经发生的法律关系有效。但除了行为名义不同之外，两者也有共通之处，即都是在不动产被无权利人处分时用来保护第三人（表见代理场合则为相对人）的制度。因此，可得适用、类推适用第 94 条第 2 款之范围的最上限就是不与表见代理各规定相抵触，而是与之相整合。也即如果换作以代理行为的方式进行交易，那么是可以成立表见代理的，具体而言，就是真正权利人和行为人之间的关系与第 109 条、第 110 条、第 112 条相仿的场合***，只不过行为人不是作为代理人，而是为了自己实施行为。按照这一理解，第 94 条第 2 款可被适用于真正权利人允许虚假外观的场合，换作代理，这正好对应第 109 条。而第 94 条第 2 款的类推适用则对应第 110 条以及第 112 条，即虽然没有允许虚假外观，但不乏可归责性的场合。正是在这一范围内，针对他人实施的无权处分行为，第 94 条起到了弥补民法规定缺失的作用。

另一方面，在真正权利人（本人）的可归责性这一点上，第 94 条第 2 款和第 110 条、第 112 条的表见代理之间依然有着很大不同。在前者，对于虚假登记应负第一层次可归责性的是创设了该虚假登记的真正权利人。而在后者，对于无权代理行为应负第一层次可归责性的是无权代理人，本人不过是在给予原因的意义上负有第二层次可归责性，毕竟只要在本人授予的代理权内实施代理行为，本来就不会有任何问题。此外，表见代理所要保护的仅限于代理行为的直接相对人，而第 94 条第 2 款的第三人则无此类限制。鉴于这些区别，如果要肯定第 94 条第 2 款的类推适用，那么真正权利人的可归责性必须还在第 110 条或第 112 条表见代理中的本人的归责性之上。所以可以说，为将归责要件放宽至第 110 条的程度，而对第 94 条第 2 款和第 110 条进行叠加的类推适用，

---

* 即有关动产善意取得的规定。——译者注

** 即有关表见的债权准占有人的规定。——译者注

*** 这三条规定均涉及表见代理，但在传统见解看来，本人与代理人之间的关系（也即本人的可归责性）在各个规定中是不同的。参见本书 30。——译者注

是不妥当的。

3. 对溯及的物权变动的类推适用

在第 94 条第 2 款类推适用的应用上，近年来的学说相比判例更是有过之而无不及。比如关于溯及的不动产物权变动（撤销、解除、取得时效、共同继承）中的第三人保护问题，判例传统上是依据第 177 条*进行处理的，而一些学说则力主用第 94 条第 2 款的类推适用法理来取代（参见文后所列参考文献）。第 177 条本来仅适用于有效的意思表示发生竞合的场合，所以就纠正该条适用范围的不当扩张而言，这类主张在理论上确有恰当之处。但是，在第三人保护的界限尚未被划定的状况下，这类主张除了理论构成上的优劣之外就很难再有什么冲击力，相反还可能招致保护的泛滥。毕竟归责的根据既不能是那些导致物权变动溯及无效的事由（总不能说对于撤销或解除本身具有可归责性），也不能是登记名义得以留存之本身，而应当是在登记名义之留存上有着可与虚假表示等同视之的意思参与。所以不难发现，就现今的第 94 条第 2 款的类推适用而言，重要的是有关登记的信赖保护这一结果，而非有关登记的归责根据。

参考文献

除文中所列文献外，还有：中舍宽树：“登记与民法第 94 条第 2 款的类推适用”，载镰田薰等编：《新不动产登记讲座 2》（1998）155 页；广中俊雄/星野英一编：《民法典的百年Ⅰ》（1998）397 页以下［中舍宽树］及其中所列文献；中舍宽树：“与交易有关的财产管理人的地位”，载《椿寿夫教授七十岁祝寿文集——现代交易法的基础课题》（1999）201 页。

* 依据该条规定，未经登记的不动产物权变动不得对抗第三人。——译者注

28

错误的现代意义

学习院大学副教授　山下纯司

一、问题的所在

围绕民法第 95 条*规定的“要素的错误”所产生的问题，可以说是民法学说上的一大争点。但意外的是，该条在实务上却属于“无法使用”的制度。很多时候，对于被告所提出的这类抗辩，法院往往以这不过是“动机错误”为由来驳回。毕竟已经签署了合同书，日后却以“无意订立这种合同”为由拒绝履行，并说这就是对错误制度的适用，诸如此类的狡辩想必是行不通的。但是另一方面，如果以消费者交易等场合为念，一种颇有说服力的意见就认为，在复杂的现代社会中，对于消费者所主张的“无意订立这种合同”，还是有必要予以更多的倾听。如此一来，应当如何调整这样一种看似矛盾的诉求，就成了现代的错误论所直面的问题。

消费者合同法认可消费者于“误解”的场合享有撤销权（消费者合同法第 4 条第 1 款、第 2 款），从而在同民法的关系上作出了一定的调整（此外，特定商交易法等法律也对误解设有规定，不过本文不作讨论）。但是，这一误解撤销规定是以经营者存在不当劝诱行为为前提的，比起民法上的错误无效提供的保护，反而要件更为严格了。其次，即便某人不符合消费者的定义（消费者合同法第 2 条第 1 项），但仍可能值得保护。比如某小规模的个体商户经营者，只是因为财会事务需要购入了电脑，虽不属于消费者交易，但该经营者就该电脑买卖而言，与普通人是完全一样的（参见：经济企画厅国民生活局消费者行政第一课编：《逐一解说消费者契约法》（2004）41 页以下）。像这样，有些领域虽不属于消费者保护立法的适用对象，但同样存在信息不对称的问题，于是在这些领域构建一个“可以使用”的错误论的必要性，在现代社会中反而更高了。

二、基于效果意思之不存在的说明

(1) 关于错误的传统学说往往将错误定义为效果意思的欠缺，动机错误本不属于民

* 在平成 29 年（2017 年）法律第 44 号对日本民法典进行修改之前，日本民法第 95 条规定，在法律行为的要素有错误时，意思表示无效，但表意人有重大过失时，表意人自己不能主张其无效。——译者注

法第 95 条所谓的错误，但当动机经向相对人表示，成为意思表示的内容时，动机错误也就构成该条所谓的错误（我妻荣：《民法讲义Ⅰ新订民法总则》（1965）297 页）。至少从判例所陈述的理由来看，判例也采取了这一传统学说的立场。话说这一被称为动机表示构成的立场将错误无效的根据求诸合同当事人实际没有意欲那种法律效果（效果意思的不存在）这一点。但既然动机已作为效果意思的内容加以了表示，与表示对应的效果意思已经存在，那么就与“效果意思欠缺”这一有关错误的最初定义产生了矛盾，所以这一立场被认为存在理论上的疑点（谷田贝三郎：“错误与动机”，载谷口知平/加藤一郎编：《民法演习Ⅰ》（1958）137 页；中松樱子：“错误”，载星野英一等编：《民法讲座Ⅰ》（1984）405 页）。

（2）于是之后的二元说的论者将错误即效果意思欠缺这一立场贯彻得更为彻底，认为动机一旦被纳入法律行为的内容，那么无效原因就不再是错误，而是其他（石田善久夫编：《现代民法讲义（1）》（1985）153 页（矶村保）；关于 1970 年代的各种论文，可参见：高森八四郎：《法律行为的研究》（1991））。比如某人相信马已经受胎，结果购入的却是没有妊娠的马，如果从上述立场出发，那么首先应考虑的问题是，该买卖在缔结时是否存在“马已经受胎这一品质保证”（除保证外，还可以考虑条件、前提。另有学者使用了“深层意思的合致”之类的概念来说明，参见：加藤雅信：《新民法大系Ⅰ民法总则（第 2 版）》（2005）262 页以下）。如果根据合同的解释可以断定存在这样一种品质保证，那么买方就具有“购入受胎的马”的效果意思，最终合同因违反品质保证而无效。如果无法这样解释，那么“想要受胎的马”不过是合同之外的动机，因而无须考虑。

（3）就消费者交易中的消费者误解问题而言，如果从上述立场出发，那么很多误解将落在民法第 95 条的适用范围之外。因为在很多场合下，消费者有缔结合同的意思，很多误解不过是动机的错误。只要动机没有通过经营者和消费者间的合意而成为消费者合同的内容，就无法成为无效原因。这样一来，从这一新二元说的立场来看，为保护发生了误解的消费者，就必须灵活考虑合意的成立。也就是说，在发生不实告知、提供断定性判断等为消费者合同法所禁止的不当劝诱行为的场合，如果认为因此就形成了品质保证等的合意，那么对于这类事例，即使在消费者合同的层面之外，也可以正当地基于民法的适用而使合同失去效力。但是，当无法像这样轻易认定合意成立的场合，这种事例就超越了民法的保护范围，只能说消费者合同法是一种特别法，扩张了民法的错误无效范围。但一旦超越消费者合同法的范围，比如发生在一般交易中的误解，那么即便合同当事人存在信息不对称，也很难在错误论之下获得救济。

三、基于相对人可保护性之欠缺的说明

（1）批判传统的动机表示构成的学说则不再区分效果意思和动机，并认为不应将错误定义为效果意思欠缺，而应定义为真意的欠缺或意思表示的瑕疵。这就是所谓一元说的立场。在这一立场看来，为使错误无效的范围不过于扩大，有必要对表意人的保护和相对人的信赖保护进行调整。关于这一点，有学说强调法官的自由裁量（舟桥谆一：“意思表示的错误——民法第 95 条的理论与判例”，载九州帝国大学法文学部编：《十周年纪念法学论文集》（1937）第 58 页；最近的文献：平野裕之：《民法总则（第 2 版）》（2006）272 页），而多数学说（川岛武宜：“意思欠缺与动机错误”，载川岛武宜：《民

法解释学的诸问题》(1949) 第 188 页以下；野村丰弘："意思表示的错误 (6)"，载《法协》第 93 卷第 5 号 690 页以下 (1976)、小林一俊：《错误法的研究 (增补版)》1997 (初版 1986)) 认为应考虑相对人的主观样态 (特别是相对人有无可能认识错误的情况，或是否陷入了与表意人共通的错误中)。根据这一立场，所谓应认可错误无效的场合，就是指相对人的信赖无须受到保护的场合。

(2) 对于这种一元说，除了有人批评其导致错误无效的范围变得过大之外，还有人批评其缺乏理论的依据 (大村敦志：《基本民法Ⅰ (第 2 版)》(2005) 53 页)。确实就这一立场而言，虽然不值得保护的相对人无须受保护也算是一种消极依据，但还是缺乏应让已经缔结的合同归于无效的积极依据。至于说因为意思表示瑕疵而无效，这其实是主张应比照欺诈撤销的场合处理错误无效。但在欺诈撤销的场合中，相对人具有较强的可归责性，即故意施加积极的影响，这就构成了合同失去效力的依据。与此不同，即便相对人可能认识到动机错误，也看不出相对人具有这种较强的可归责性。从这一点来看，一元说在理论上仍不够清晰。

(3) 但是，这种立场对于消费者保护却可以发挥威力。消费者合同法规定了经营者的三种不当劝诱行为，即不实告知、提供断定性判断、故意不告知不利事实。如果从一元说的立场出发，要说明这些事实构成撤销的原因就比较容易了。因为在这些场合，消费者的误解皆起因于作为相对人的经营者，可以说没有必要保护相对人的信赖 (山本敬三："消费者契约法的意义和民法的课题"，载《民商》第 123 卷第 4、5 号 512 页 (2001)。不过，山本认为错误论无法被用来说明提供断定性判断的场合)。所以，即便是无法适用消费者合同法的事例，只要误解是由相对人引起的，一般也还是有可能作为错误得到救济。对于那些依据民法第 95 条也可能无效的场合而言，消费者合同法上基于误解的撤销只是一个更为具体的规定而已，并没有扩张错误无效的范围 (平野·前揭 243 页)。

四、基于公平原理的说明

(1) 在近期的错误论中可以见到这样一种倾向，即为说明错误无效的根据，引入了意思或信赖以外的新价值或基准。尤其关于买卖这样的有偿合同，就有这样一种颇受关注的见解，即决定动机错误或错误无效的重要标准，一般来说就是给付的均衡性、对价性 (森田宏树："'合意瑕疵'的构造及其扩张理论 (1)"，载《NBL》第 482 号 22 页以下 (1991)；大中有信："动机错误和等价性 (2·完)"，载《法学论丛》第 141 卷第 5 号 120 页 (1997))。

当给付不再均衡时，应认可错误发生，那么如此认为的根据又是什么？这一立场其实是将合意的拘束力的根据求诸拘束力背后的正当性理由的存在 (山本敬三：《民法讲义Ⅰ (第 2 版)》(2005) 179 页；佐久间毅：《民法的基础Ⅰ (第 2 版)》(2005) 161 页)。也就是说，当事人基于合同所负的义务或风险与从合同中可能获得的利益之间的均衡性已经丧失时，遵守该合同的理由也随之丧失，正因此合同无效。这其实是在说，错误无效的依据，就是合同已经失去了可以赋予其以拘束力的公平性。

(2) 不过，对于这里所谓的给付均衡性或公平性应如何来判断，却是一个问题。比如以很低的价格出售绘画，之后却发现该画其实是价格不菲的名画。这种场合下，因为卖方所支付的价金和受让的绘画的价值之间存在差距，所以给付的客观均衡性已被打破。但是，或许绘画的卖方其实知道该画可能是名画，并知道自己将来可能会遭受损失，只是希望早点卖出。这种情况下，在卖方的内心，主观的给付均衡性并没有被打破。再比如绘画的买方之所以能够识别出该画是高价名画，可能是因为之前经受了大量的训练。这样一来，即便买方认识到该画是名画，并认识到卖方的错误，仍默默订了合同，或许也不能说买方因对方的错误而获得利益就是不公平的。有鉴于此，在判断各个合同的给付均衡性或公平性时，究竟应在多大程度上将这些情况纳入考量，不得不说是一个必须思考的问题。

(3) 不过话说回来，消费者合同中的经营者和消费者之间的关系，确实是一种定型化了的不均衡、不公平关系。以消费者合同法为首的特别法之所以介入经营者和消费者之间的关系，目的就是要纠正这种定型化了的不均衡，以恢复合同的公平性。不过这里所说的不公平，主要是指该类交易中双方在信息收集、分析能力上的不均衡，而并非给付价值的不均衡。但正如上文所探讨的，当事人有无认识到合同的风险，也的确会影响该合同的给付均衡。所以，如果站在以公平性为基础的错误论上，那么所谓定型化了的无法获取信息的合同当事人就不应限于消费者，错误无效在理论上仍可能得到更为广泛的认可。

五、结语

对于以消费者交易为代表的存在信息不对称问题的事例应当如何处理，如上所见，本文已经从当前各种有力的错误论学说出发进行了讨论。就新二元说而言，虽然作为一种否定合同拘束力的理论依据较为明快，但如果作为一种消费者保护层面上的错误论，则有保护范围略显狭小之嫌。就一元说而言，虽然在消费者保护层面上可推导出一个妥当的解决方案，但却给人理论基础不充分的印象。与之相比，基于均衡性、公平性的错误论虽好像也可推导出各种妥当的解决方案，但仍存在这样一个应从理论、结论两个方面进行深究的问题，即合同拘束力的理论依据是否应为均衡性、公平性之类的标准，其具体内容又为何？

另一个可能的方案是，依据当事人的不同来区分适用错误论。如果是一般的当事人，那么可以如二元说那样仅将效果意思欠缺当作要素的错误。如果是以消费者为代表的、无法期待充分收集信息的当事人的错误无效，则可将一定的动机错误也当作要素的错误。其实针对消费者交易的领域，已经有人提出应重新思考意思理论（长野治助："消费者契约中的意思主义复权"，载《判 T》第 497 号 12 页（1983）；长野治助：《消费者私法的原理》（1992）67 页以下所收；伊藤进：《法律行为·时效论》（1994）32 页以下；大村敦志：《消费者法（第 3 版）》（2007）74 页以下），还有人主张应对"合同缔结过程中必须自己收集相关信息"这种合同一般原则进行修正（横山美夏："消费者契约法中的信息提供模式"，载《民商》第 123 卷第 4、5 号 573 页（2001））。这类见解其实是主张意思理论的多层化。在这类见解中，消费者交易中的"错误"这一法律概念有点接近于日常用语中的"误会（かん違い）"。尽管这一点还未受到重视，但在消费者合同等领域中其实很重要。法律专家的职责就是要向一般的市民说明"为何发生了误会还必须遵守合同"。此时如果以"因为有效果意思"来说明，那么恐怕很少有消费者会接受。另外关于效果意思，也有必要从"承担合同责任所必要的认知程度"这一视角来重新探讨。

参考文献

文中所列文献此处不再予以罗列。与错误有关的一般文献还有很多。包括近期的一些文献的详细目录，可参见：川岛武宜/平井宜雄编：《新版注释民法（3）》（2003）385页以下［川井健］。以下的文献则专门讨论了消费者合同错误论与民法错误论之间的关系：山田诚一："信息提供义务"，载《Jurist》第1126号181页（1998）；冲野真已："《消费者合同法（暂名）》中的'缔约过程'之规制"，载《NBL》第685号（2000）16页；山下纯司："消费者合同法和欺诈·胁迫"，载《Jurist》第1200号56页（2000）；后藤卷则：《消费者合同的法理论》（2002）。

29

代理的法律构成

京都大学教授　佐久间毅

一、序

关于代理，已有较多抽象的、乍一看意义又不甚明了的讨论。所以本文想为其中的一些讨论梳理一下意义，分别涉及代理的法律构成、代理权的本质、代理权授予行为的法律性质、显名的意义等。

首先想通过与有相似一面的间接代理的比较，确认一下代理的特质，以此作为梳理的前提。

代理之中，意思表示的效果全部直接归属于本人（参见民法第99条），以意思表示为构成要素的法律行为一旦成立，本人就成为该法律行为的当事人。比如针对A所有的物（甲），B作为代理人与C缔结买卖合同的场合，A是卖方。除了甲的所有权从A移转至C，A还取得了价金债权，并承担给付义务，同时又享有合同（意思表示）的撤销权、解除权，承担担保责任。

与之相对，在间接代理之中，法律行为的当事人是实际实施行为的人。就上例而言，卖方是B，B取得价金债权，承担给付义务，同时撤销权、解除权以及担保责任也都存在于B一方。所以在间接代理中，AB间的合同的效果是：甲的所有权依次从A处移转至B处，又从B处移转至C处，A又从B处受让B所取得的价金债权（当然，如果法律认可授权（参见：石田穰："关于授权"，载四宫和夫先生古稀纪念：《民法·信托法理论的展开》（1986）45页以下），那么甲的所有权也可以从A处直接移转至C处，A也可以直接取得基于BC间的合同所生之价金债权）。

这种差异因何而来是个问题，不过如果除去法定代理的场合，那么不妨理解为法律尊重ABC三方对法律关系形成之方式所作选择的结果。

二、代理的法律构成

1. 所谓代理的法律构成

因为意思表示是实现私法自治的手段，所以原则上效果就在作出意思表示的人和接受的人之间产生。然而代理之中，意思表示的效果全部发生于本人，而非实际作出意思表示的代理人，也即上述原则存在例外。那么代理的这一特殊效果为何会被认可？在德国的学说论争的强烈影响下，关于该问题的讨论得以在这样的问题设定之下展开，即“代理中的（法律意义上的）行为人是谁”、“代理人所表示的是谁的（效果）意思”。

2. 代表性见解

关于代理的法律构成，有代理人行为说（代理人意思说）、本人行为说（本人意思说）、共同行为说（共同意思说）这样三种代表性的见解。

这其中作为支配性见解的代理人行为说，大致是这样一种见解。

即代理中的行为人是代理人（与相对人），代理人所表示的是自己的意思。代理人所实施的意思表示的效果之所以发生于本人，是因为代理人希望将效果归属本人（有代理意思），然后当这种意思被表示出来时，法律对其予以了认可。民法第99条所谓的“表示为了本人而实施”*（显名）就是指这种意思的表示，法律之所以承认这种意思，是基于私法自治的原则。也即法律原则上依据所表示的（效果）意思来认定意思表示的效果，而代理人的意思表示的效果之所以归属本人，是因为法律不仅在法律效果的内容上，甚至在法律效果的归属对象上也承认了代理人的意思自由。换言之，即便是意定代理，代理权授予行为中所包含的本人的意思也没有得到法律的关注，其未被认为是效果归属本人的根据。代理权不过是效果归属本人的条件，本人、代理人之间所实施的代理权授予行为与代理人、相对人之间所实施的代理行为是两个独立的法律行为（比如，我妻荣：《民法讲义Ⅰ新订民法总则》（1965）329页以下；於保不二雄：《民法总则讲义》（1951）215页以下）。

与之相对，本人行为说认为，意定代理就是代理人实施了本人的行为，代理人所表示的正是本人的意思。共同行为说认为，意定代理之中，本人与代理人共同完成了意思表示，而代理人所表示的意思中，有一部分是经由代理权授予行为，来自本人，另一部分是代理人自身的意思（参见：十，后揭445页以下）。

3. 讨论的意义

（1）对讨论之实益的质疑

一直以来，一种有力的观点认为讨论代理的法律构成没有什么意义。即认为，在19世纪的德国，因为立法要承认当时尚未被允许的代理，而这样的讨论又正好涉及正当化的依据，所以是有必要的。但在我国则没有这样的必要，因为代理的有效性自一开始就未被怀疑过，现在也有了民法第99条（比如：川岛武宜：《民法总则》（1965）306页以下；几代通：《民法总则（第2版）》（1984）299页）。

（2）代理中的具体的解释论与代理的法律构成

（a）在我国，为代理在法律上的有效性寻找依据而讨论代理的法律构成确实可以说没有必要。但有以下两点需要留意。

第一，无论是在德国还是我国，讨论代理的法律构成的目的都不仅仅是为代理的法律有效性寻找依据，也是希望通过明确代理效果归属本人的根据、代理的构造，来为代理所生的各种具体问题的解释论找到基础。

第二，那些认为讨论代理的法律构成无意义的见解中，其实有不少已采纳了代理人

* 全文为：代理人在其权限内，表示为了本人而实施的意思表示，直接对本人发生效力。——译者注

行为说，并将之视作当然的前提。比如随处可见以下这般见解：1）在民法第 102 条*、表见代理等规定的适用上，或代理权滥用的处理上，没有必要区分意定代理和法定代理进行考虑；2）对意思表示的效力有影响之事实的有无，仅就代理人一侧来判断（参见民法第 101 条第 1 款）；3）代理行为的有效成立，须代理人具备意思能力**，但本人无须意思能力和行为能力。这些见解的基础可以说就是代理人行为说。即代理人表示的是自己的效果意思，而非表示本人的效果意思；代理权是否基于本人的意思所创设，对代理行为的效果归属本人而言并无特别的意义；代理权授予行为与代理行为是两个独立的行为。只有当这么认为时，才会出现上述这样的见解。

但对于 1）～3），也存在有力的反驳（详见：佐久间·后揭 16 页以下）。

(b) 关于 1)，有见解认为，民法第 102 条、第 109 条、第 110 条、第 112 条***并不能适用于（特别是本人为限制行为能力人的）法定代理；意定代理权滥用的场合下，相对人保护要件可以比法定代理权滥用的场合有所放宽。这一见解的基础在于这样的考虑，即意定代理是本人基于自己的意思利用他人来形成法律关系（即私法自治的一种实现方式），与之相对，法定代理旨在保护那些不能完全基于意思去形成法律关系的人（即对私法自治受限的一种补偿）。可以说，这种观点与代理人行为说是根本对立的。在后者看来，可以也应当作为代理人的私法自治的扩张来对代理进行一元化的把握，所以在处理代理的法律问题时不需考虑、重视本人的意思。

(c) 关于 2)，根据民法第 101 条第 2 款****，对某事实的知情、不知情这一对意思表示的效力有影响的因素，也应就本人一侧进行考虑。按照立法当时的理解，其根据在于本人对代理人的意思决定“持有影响”。关于哪些场合应考虑本人的这一主观情况，民法第 101 条第 2 款规定得非常限定，但现在的理解已经非常宽泛，即但凡本人在意定代理之中可以控制代理人的行为的，就应当考虑本人的这一主观情况。此处可以看出这样的立场：因为意定代理中的法律关系的形成也是基于本人的意思，所以对代理人所实施的意思表示的效力进行判断时，也应考虑本人的主观情况。

一般认为，意定代理之中，本人的意思欠缺、意思瑕疵只涉及代理权授予行为的效力，而能够左右代理行为的效力的，只有代理人的意思欠缺、意思瑕疵。但有见解（参见：佐久间·后揭 59 页以下）认为这种说法是不适当的（比如，本人意图出让甲土地，却授予了出让乙土地的代理权，之后代理人果然作出了出让乙土地的意思表示，此时本人应当可以以错误为由主张代理人所实施的意思表示无效）。既然意定代理中的法律关系之形成也是基于本人的意思，在对代理中的意思表示的效力进行判断时也应考虑本人的主观情况，那么不仅是有关某种可以左右意思表示效力之事实的知情或不知情，在代理人所实施的意思表示是否属于意思欠缺或瑕疵意思表示上，也应该如此。

(d) 对意定代理的场合与法定代理的场合予以统一对待是否妥当的问题，与 3）也有着密切联系。就限制行为能力人的法定代理而言，虽然本人欠缺意思能力或行为能力

---

* 该条曾规定，代理人不需要是行为能力人。依据平成 29 年（2017 年）法律第 44 号，现在该条区分了意定代理和法定代理，规定限制行为能力人作为法定代理人所实施的代理行为可以被撤销。——译者注

** 日本通说认为，欠缺意思能力的自然人所实施的法律行为无效。依据平成 29 年法律第 44 号，日本民法典增设第 3 条之 2，将该通说明文化。——译者注

*** 日本民法第 109、110、112 条就有关于表见代理的规定。——译者注

**** 日本民法第 101 条第 2 款曾规定，受委托作出特定法律行为的，代理人依据本人之指示，作出该行为时，本人不得就自己已知之事主张代理人不知。依据平成 29 年法律第 44 号，该款现被移至第 101 条第 3 款。——译者注

受限，但代理人的行为在效果上当然还是归属于本人（另外，限制行为能力人的法定代理人可否是行为能力受限者，是涉及 1）的问题）。而在意定代理之中，如果本人在代理权授予之后意思能力持续欠缺或行为能力受到限制，那么意定代理权是否依然存续、代理人的行为在效果上是否仍可归属于本人，却不乏争议。

民法并未将代理权授予后的本人的意思能力丧失、行为能力受限规定为意定代理权的消灭事由（参见民法第 111 条、第 653 条）。但有不同观点认为，特别是当本人丧失意思能力的场合，应当认可代理权消灭（新井诚：《高龄社会的成年监护法（改订版）》(1999) 183 页以下）。关于如此解释的理由，一般认为是本人无法再恰当地监督代理人，出于保护本人利益之必要，不过如下的说明也是可能的。即意定代理人的行为如要归属于本人，那么其行为必须是基于本人的意思，为此本人不仅授予了代理权，同时原则上还必须是其想撤回代理权时就可以撤回（却没有撤回）。既然代理权授予之后而丧失意思能力的本人没有了撤回意定代理权的可能性，当然就不能认同这种状况下所为的代理行为的效果还可归属本人。于是应认为本人丧失意思能力是代理权消灭的事由。

代理权授予也是法律行为的一种，所以这一观点其实是认为即便法律行为成立后，当事人丧失意思能力的，也将导致该法律行为失去效力。这看似与法律行为效力的一般原则不吻合。但是，该见解是基于这一认识，即代理权授予只是之后通过代理行为形成法律关系的前提。就暂定的、过程性的行为而言，行为人事后丧失能力是可以导致该行为失去效力的，这在民法第 525 条*中已有体现。所以如果强调代理权授予的手段属性，那么如上述反对观点那样进行理解也并非不可能［不过，代理权消灭的，是依据民法第 112 条**来保护相对人（即有过失的相对人不受保护），还是参照民法第 525 条，不知本人丧失意思能力的相对人就可受到保护，仍是一个问题］。

（3）关于代理的法律构成的讨论意义

经过以上的考察，可以说讨论代理的法律构成还是有以下一些意义的。

在有关各种代理问题的通说性见解中，有不少都是以代理人行为说为前提的。针对这类见解也能看到不少有力的反对说，而这些反对说中，有不少都是以彻底批判代理人行为说为前提的。这意味着，在解释各种代理中的问题时，如何理解代理的法律构成是无法回避的问题。

这并不奇怪。因为对于某种制度所生之问题的解释而言，完全不考虑该制度的本质、构造是无法想象的。不过这并非意味着人们一定要去探明代理人行为说、本人行为说、共同行为说中哪一个更正确，或者是否还有比这些更好的一般理论。因为过度抽象的讨论反而容易遮蔽真正的问题所在。故而只要明确代理人行为说的根本问题是什么、对这些问题又应如何加以解决，就足够了。尤为重要的是以下两点。

第一是代理人行为说所秉持的私法自治观。在代理人行为说之下，代理实现的是代理人的私法自治。但私法自治一般是指每个人可以自己形成其生活关系，反过来说就是可以不受迫于他人的决定去形成生活关系。这与代理人行为说所秉持的私法自治观是不相容的（对于作为代理人行为说之前提的这种私法自治，还有继续尊重的意义吗?）。

---

* 依据原日本民法第 525 条，要约人发出要约通知后死亡，或丧失意思能力、行为能力的场合，要约人表示了要约的效力受这些事实左右或相对人已经知道这些事实发生的，要约失效。依据平成 29 年法律第 44 号，该条已为现日本民法第 526 条所取代（承继）。——译者注

** 即代理权消灭后的表见代理。——译者注

第二，代理人行为说所理解的代理构造是这样的，即代理权授予行为与代理行为是两个互为独立的法律行为，本人的情况只在代理权授予行为之中需被考虑，而不会影响到代理行为的效力。以这一理解为前提的具体解释论是否妥当，不乏疑问。此外，这一理解还将引发一个更为一般性的问题，即无法区分代理的场合与间接代理的场合。间接代理之中，本人 A 与间接代理人 B 之间的行为，间接代理人 B 与相对人 C 之间的行为在法律上是两个独立的存在，C 并非 AB 间的行为的当事人，A 也不是 BC 间的行为的当事人，而都被认为是第三人。这尊重了 ABC 三方对法形式的选择。然而依据代理人行为说所理解的上述构造，对代理的场合也可给出同样的解读。尽管依据 ABC 所选择的法形式，BC 之间的代理行为是要让 A 成为卖方等当事人。

三、代理权的本质、代理权授予行为的法律性质

代理权是什么，代理权授予行为的法律性质又是什么，关于这些问题一直有着热烈的讨论。不过讨论的实益也受到质疑。

1. 代理权的本质

关于代理权的本质，可以看到各种各样的见解。有说是一种能力、权能、资格、权利，旨在实施或受领对他人产生效力的意思表示；又有说是针对他人（本人）财产的管理权；还有说是代理行为可对本人产生效力之状态的总称。不过，这些见解之间实质上有着怎样的差异，未必很清楚（十・后揭 458 页）。实际上，将多个概念并列使用的也并不少见，比如有人说代理权是为了本人而实施有效行为的资格，一种旨在使本人与相对人之间直接发生法律关系的权能等。尽管如此仍要讨论代理权的本质，是因为在代理人行为说这一将意定代理与法定代理予以统一对待的学说看来，代理权就是一个关键概念。也就是说，如果问及代理行为的效力为何归于本人，那么按照反对代理人行为说的见解，或许只要如此说明即可，即意定代理的场合，本人有意承受某人所实施之意思表示的效力，且法律也对此予以了认可。而代理人行为说则会认为，效果归属本人的根据在于法律认可了表意人欲将效力归于他人的意思（从而认为在这一点上，意定代理与法定代理并无不同，故无须将这两种代理视作本质不同的事物），不过这种特殊效果仅在表意人有代理权之时才被认可。为此，作为这种特殊效果之前提的代理权究竟具有何种性质，就成了讨论的对象。所以可以说，有关代理权的本质的讨论也是从有关代理的法律构成的讨论中派生出来的（另外，有关代理权的本质的不同认识，导致人们对于如何理解代理权授予行为，特别是代理权授予行为的相对人是谁这类问题产生了不同的认识，进而又影响到表见代理的法律构成。关于这一点，参见：佐久间・后揭 34 页以下）。

2. 代理权授予行为的法律性质

是否应对代理权授予行为与作为其原因的委托等合同加以区别？如果区别，那么代理权授予行为是何种性质的行为？关于这些也一直有讨论。在对代理权授予行为与作为其原因的合同加以区别的前提下，有见解认为代理权授予行为是本人与代理人之间的合同（委托或类似委托的无名合同），还有见解认为代理权授予行为是本人（以代理人为相对人）的单方行为。另一方面，有见解则认为，将代理权授予行为从原因合同中分离出来并有意加以区别，是没有意义的（参见：山本敬三：《民法讲义Ⅰ总则（第 2 版）》（2005）309 页以下）。

以 A 委托 B 出售某物为例，B 实施的方法可以是代理，也可以是间接代理（或者授权）。也就是说，采取哪一方法，AB 之间的委托买卖本身不能决定，而是由 AB 另行决定的。所以，作为专指可依代理的方法来实施的概念而言，代理权授予行为这一构想还是有意义的。其次，这一种形成法律关系的方法不仅对 A，对 B 也是有法律意义的，所以不能认可 A 单独作出这一决定。有批评认为，如果将代理权授予行为理解为 AB 之间的合同，那么特别当原因合同因 B 的限制行为能力而被撤销时，代理权就会溯及消灭，已完成的代理行为因此变为无权代理，相对人有受损害之虞。但是，这种场合下，只要使 B 免于原因合同上的责任以及免于基于代理行为的责任，就可以了却这种担心，所以不妨这样考虑，即在代理行为实施后，ABC 中的任何人都不能在代理行为实施后以 B 撤销原因合同为由主张 B 的代理权消灭。

四、显名的意义

根据代理人行为说，代理人的意思表示的效果之所以归属本人，是因为代理人表示了代理意思，这种意思又得到了法律的认可。而显名就相当于代理意思的表示。对于这样来理解显名，反对说并不少。不过该争论与围绕代理人行为说妥当与否的争论有重复，所以这里就不再展开了。

1. 实施了显名的场合

此外关于显名的效果也存在着对立的理解，即是否认可代理人 B 仅因显名就可以回避意思表示的效果。在相对人 C 基于合同向 B 进行请求的时候，不同理解的差异就体现出来了。如果认为代理人可仅因显名而免责，那么 B 只要证明了显名的事实，就可阻却该请求。与之相对，如果不认可代理人仅因显名而免责，那么 B 除了证明显名的事实以外，还需证明该行为的效果归属本人 A 的根据事实（存在代理权或追认），不然无法阻却请求。

这些见解之间的对立，是植根于如下的理论认识上的差异，即是否可以说有显名的意思表示和没有显名的意思表示是不同当事人的两种意思表示，还是说不管有无显名，依然还是 B 的意思表示。后一认识的背后，是害怕（无权代理的场合下）出现没有效果归属对象的意思表示（法律行为）。但民法第 117 条* 正是预见到这一事态，设置了针对这一事态的对策。反之，如果已经显名的 B 还可保有意思表示的效果，那么理论上有代理权的 B 也可以主张意思表示的无效或行使撤销权。但论者是否有这样的意图不无疑问。

2. 没有实施显名的场合

在 B 没有显名的场合下，即使 B 意图实施法律行为，他的意思表示的效果原则上也只在 BC 之间发生（民法第 100 条）。这种场合下，A 处于何种法律地位，视 AB 间的关系而定。如果可以认定 AB 之间存在间接代理（或授权）关系，那么 A 就处于与之相应的法律地位。反之只要不能认定为间接代理（或授权）关系，即使 AB 之间是种代理关系，A 的法律地位也不会因为 BC 间的意思表示发生间接变动。因为 A 所处的法律地位在代理的场合与间接代理（或授权）的场合之下是不同的，并不能说认可了前者就相当于认可了后者。

---

* 即有关无权代理的追认及无权代理人的责任的规定。——译者注

参考文献

高桥三知雄:《代理理论的研究》(1976);十正美:“代理”,载星野英一等编:《民法讲座 1》(1984) 445 页以下;伊藤进:《意定代理基础理论》(1990);佐久间毅:《代理交易的保护法理》(2001)。

30

表见代理中的问题

神户大学教授　安永正昭

一、序

1. 表见代理

民法第 109 条*、第 110 条**、第 112 条***这三个条文所组成的法律制度，被称为表见代理。按照立法者的说明，这些规定的旨趣均在于，出于交易安全、第三人保护等公益上的理由而变通地让本人承担特别的责任。最早用表见代理的概念对这些规定给予统一说明的，是中岛玉吉（同“表见代理论”，载《京都法学会杂志》第 5 卷第 2 号（1910））。他将本人承担责任的根据求诸“本人的表见行为”，也即“造成了让第三人可以相信代理权存在的外观事实”，从而为这三条规定找到了共同的基础。这种观点所依据的，是英美法的禁反言法理以及德国法的权利外观法理。

2. 通说、判例的形成

这之后，鸠山秀夫以及后来的我妻荣均主张应扩大表见代理规定的适用范围（鸠山秀夫：“民法第百十条的适用范围”，载《法协》第 34 卷第 1 号 107 页（1916）；我妻荣：“民法第 110 条的适用范围”，载《法学志林》第 32 卷第 8 号（1930））。其背后是这样一种认识，即法律生活上存在静的安全与动的安全，两相比较，在力求与静的安全保持协调的同时，又应将动的安全定位为更加重要的价值，这是时代的趋势。正是基于这种将交易安全作为支柱的利益衡量思想，他们对当时的判例进行了批判，并立足于条文所规定的本人与无权代理人之关系，提出了如下的解释论上的建议。这些观点为之后的判例所吸收，并延续至今，还促成了当今学说上通说的形成。

---

* 日本民法第 109 条曾规定：“对第三人表示已授予了他人代理权的人，就该他人在其代理权的范围内同第三人之间所为的行为，负其责任。”但第三人明知或者因过失而不知该他人没有被授予代理权时，不在此限。现已为平成 29 年法律第 44 号所修改。——译者注

** 日本民法第 110 条曾规定：“尽管代理人实施了属其权限外的行为，但第三人有正当理由相信代理人有权限时，准用前条正文的规定。”现已为平成 29 年法律第 44 号所修改。——译者注

*** 日本民法第 112 条曾规定：“代理权的消灭，不能对抗善意的第三人。但第三人因过失而不知其事实时，不在此限。”现已为平成 29 年法律第 44 号所修改。——译者注

第一，要适用民法第109条，相对人必须是善意、无过失的（→最判昭和41·4·22民集20卷4号752页→现行民法第109条但书)。第二，民法第110条应适用于法定代理［→大连判昭和17·5·20民集21卷571页（作为亲权人的母亲未得到旧亲属法所规定的亲属会之同意，就行使了法定代理权）］。为与这一论调相适应，正当理由不以本人的作为、不作为或者本人的过失为要件（→最判昭和28·12·3民集7卷12号第1311页、最判昭和34·2·5民集13卷1号67页)；如果要顾及本人一方的因素，基本代理权的存在就已经足够。第三，对于正当理由的判断，基本代理权的内容与权限外的代理行为并非必须同一种类［→大判大正5·2·12民集9卷143页（将民法第110条的要件归为基本代理权与正当理由这两方面）］。第四，应认可民法第109条和第110条的重叠适用（→最判昭和45·7·28民集24卷7号1203页)，以及民法第112条与第110条的重叠适用（→大连判昭和19·12·22民集23卷626页)。

3. 当前的“表见代理中的问题”

涉及制度整体的争议点有：第一，对于表见代理，是应以无权代理，还是有权代理来构成？第二，虽不是有权代理，但本人的确承担了法律行为的责任，那么其根据为何？第三，表见代理可否适用于限制行为能力人的法定代理的场合（与之相关，本人的作为、不作为或者过失之类的要件是否有必要得到满足)？第四，表见代理成立的场合也可有无权代理规定之适用，那么相对人可否进行选择？

在各条文的解释上，目前讨论的主要争议点有：第一，民法第109条上，虽然空白委托书的交付、呈示相当于“表示已授予了他人代理权”，但当滥用空白委托书的并非直接接受交付的人，而是辗转取得该空白委托书的人时，是否也可以成立代理权授予表示？第二，民法第110条上，“代理人实施了属其权限外的行为”中所谓的“权限”，是仅限于实施私法上的法律行为的代理权，抑或也包括其他涉及对外行为的权限？第三，在有关“可以相信……的正当理由”的判断中，是否还应考虑本人的因素？另外，民法第112条上，是否要求相对人须知道行为人过去有代理权，且不知道其现在已经消灭，又对此无过失（参见：佐久间毅：《民法的基础1总则（第2版）》(2005) 270页以下；另外，佐久间，后揭第268页)？还是说只要相对人对于实施交易的代理权的缺失是善意无过失的即可？

二、涉及整体的争议点

1. 表见代理是无权代理吗？

确实有少数说是将表见代理视作有权代理的（高桥三知雄：《代理理论的研究》(1976)；臼井丰：《战后德国的表见代理法理》(2003) 等)。这一学说是基于如下的考虑，即法律行为上的履行义务只能因行为人自己的意思（自我决定）而发生，所以在代理行为的场合也必须存在本人的代理效果承受意思（代理权授予的意思表示)。在法律构成上，代理与委托等内部关系之间是种无因关系，代理权授予中所体现的本人的意思本质上是面向相对人的（即认可基于单方行为的外部授权)，代理权的存在及范围可以通过从相对人的角度对代理权授予行为进行定型化的解释来确定。所以，即便代理行为因违反义务而无法在与本人的内部关系上得到正当化，仍可以在与相对人的代理关系上被视为代理权范围内的行为（效果归属)，这就是一般所谓的表见代理。不过，因为有代理权滥用法理之适用，所以如果相对人对于内部关系上无法被正当化一事是恶意或有过失的，那么就不能对本人主张效果归属。

然而通说认为，代理权授予合同与委托合同等内部关系是当事人同一且一体的关系，代理权的范围和内部的权限范围原则上也是一致的，违反内部义务即构成了无权代理。在这一点上，与上述少数说有着很大区别。

有权代理论的前提是肯定了委托与代理的无因关系、外部授权等，这与通说有很大不同。此外在实际的结论上，相比表见代理的构成，可能导致更多的场合出现因有权代理而效果归属本人的结果，这与论者的主观意图恰好相反。也就是说，虽然代理权授予行为的定型化解释与通说所谓的代理权外观是一致的，但作为有权代理而言，原则上效果就应归属于本人，本人只有证明了代理权滥用之后，才可以例外免责。

另外，与上述相关的一个争议点是，如果属于无权代理，那么表见代理可以成立的场合下，民法上有关无权代理的各规定（民法第 113 条—第 118 条）是否也可以适用。关于这一点，“最判昭和 62·7·7 民集 41 卷 5 号 1133 页”认为，在涉及民法第 117 条之适用的案件上，“两者是互为独立的制度”，“无权代理人责任的要件与表见代理的要件均满足的场合下，是否主张表见代理是相对人的自由，所以相对人不主张表见代理，而是直接向无权代理人追究同法第 117 条之责任的，并无不可”。关于这一点，学说并无异议。

2. 表见代理的法律构成

如果不是有权代理，那么对于本人承担法律行为责任的根据，又应如何说明？这涉及表见代理的法律构成问题，目前可以说有两种思路（参见：山本敬三：《民法讲义Ⅰ总则（第 2 版）》（2005）350 页）。第一种是历来的传统通说，即利益衡量式的说明方法：一方面为了代理交易的安全以及维系代理制度的社会信用，有必要对那些信赖代理权的外观而缔结合同的人提供保护，让本人承担责任，另一方面在利益衡量上，考虑到本人一方的静的安全，应以各条文规定的“无权代理人与本人之间”存在着的“特定紧密关系”［代理权授予表示（民法第 109 条）、基本代理权（民法第 110 条）、过去存在代理权（民法第 112 条）］为前提（我妻荣：《民法讲义Ⅰ民法总则（新订版）》（1965）363 页、几代通：《民法总则》（第 2 版）（1984）369 页）。

第二种构成是将本人存在可归责性作为本人承担责任的前提。民法之中，有多个法律制度规定了无权利（无权限）人参与的交易也能发生同权利人实施的交易一样的效果（表见代理、动产的善意取得、民法第 478 条*、民法第 94 条第 2 款类推适用法理**等）。为了说明这种例外处理为何是必要的、被认可的，作为共通法理的权利外观法理（以及禁反言法理）出现了，并得到了普遍认可。这是一种判断框架，以权利外观存在、信赖权利外观、责任承担者对权利外观存在具有可归责性为其必备要素。所以第二种构成就是：表见代理也要对照这一法理的判断框架，并且尊重各条文中与要件有关的价值判断（特别是本人的可归责性上的差别），同时对各条文的要件再行检讨（以下将之称为权利外观论的构成）。

以上两种立场有时仅仅是说明上的差异，但在有些方面结论会有不同。第一，对于限制行为能力人的法定代理的场合可否适用表见代理的规定，第二，在对民法第 110 条的正当理由存否进行判断时，是否还应考虑本人一方的因素。

* 即关于表见的债权准占有人的规定。——译者注

** 可参见本书 27。——译者注

合同上的义务本就是基于行为人自己的私法自治、自我决定而发生的。即便是作为例外的表见代理，也应认为必须是本人的某种意思或意识的行为导致了那些可以让相对人相信代理权存在的外观，而不只是依凭利益衡量式的判断，也即单纯对保护相对人的必要性和本人应甘受不利的因素进行权衡。所以还是权利外观论的构成较为妥当。

3. 可否适用于限制行为能力人的法定代理

如前所述，判例认为限制行为能力人的法定代理的场合也有民法第 110 条的适用，相应地，民法第 110 条中的正当理由无关本人的过失或者作为、不作为。历来的通说也如此。理由是条文的文义并没有排除法定代理，而且从利益衡量的角度看，即使是法定代理的场合，有时也需要为了交易安全而保护对代理权外观的信赖。

与之相对，权利外观论的构成基本上是将本人对代理权外观的某种关涉视为本人承担法律行为责任的根据，而在限制行为能力人的法定代理的场合下，因为无法看到这种关涉，所以缺乏适用表见代理规定的基础（四宫和夫：《民法总则（第 4 版）》（1986）263 页；内田贵：《民法Ⅰ总则·物权总论（第 3 版）》（2005）190 页）。

不过，在讨论这一问题的时候，过往所能想到的都是这样一些非常少见的事例，即虽然为监护人选任了监护监督人，监护人的代理行为本应得到该监护监督人的同意，但结果监护人没有得到同意就实施了代理行为（民法第 864 条、第 865 条）。

但是之后随着民法的修订，一些新型事例进入了视野。比如针对特定的法律行为而享有法定代理权的保佐人、辅助人（民法第 876 条之 4、第 876 条之 9）实施了代理权限外的代理行为，或者在代理权因监护开始之裁定被撤销*而消灭后，依然实施代理行为（比如接受了存款的付还）的事例。有观点认为，虽然可以在成年监护登记中对代理权的有无、范围等进行确认，但要求相对人每次交易时都必须看一下成年监护登记的登记事项证明书，有时是不现实的；再有，既然代理权的发生是以被保佐人、被辅助人的申请或同意为要件的，那么适用与意定代理相同的规定似乎也无不可（相对人不确认登记是否可以作为过失的问题，参见：小林昭彦等编：《新版一问一答 新成年监护制度》（2006）145 页）。按照这样的观点，即使采用权利外观论的构成，也可以说本人对代理权外观有所关涉，适用民法第 110 条、第 112 条并无问题。但是，之所以要求被保佐人、被辅助人的同意，是出于尊重本人在保佐、辅助制度利用上的自我决定权这一理念。仅因此类同意，就说判断能力不足或者明显不足的人具有就具体代理行为承担表见代理责任之意义上的可归责性，是不妥当的（参见：安永正昭："成年监护制度（4·完）"，载《法教》第 239 号 60 页）。

三、各条文的解释上的问题点

1. 空白委托书的转交、呈示与代理权授予表示

民法第 109 条的要件是代理权授予表示与相对人对该表示的信赖（善意无过失）。后者是相对人保护的要素，前者是将法律行为责任归于本人的要素。依据判例，以下场合也存在代理权授予表示：交付空白委托书后，受托人将该委托书呈示给原定的相对人以外的人，并实施了代理行为。不过，如果是受托人将受托人名字一栏为空白的委托书

---

* 依据日本民法第 7 条，当一个人因精神障害而经常性欠缺辨识能力时，家庭法院可以基于申请而作出监护开始之裁定。又依据同法第 10 条，当前述原因消失时，家庭法院应基于申请撤销监护开始之裁定。——译者注

交给他人，该他人滥用这些委托书的场合，那么判例并不会肯定代理权授予表示的存在。理由是，"就不动产登记手续所需之前述书面材料而言，将之交付后又被移交给第三人这样的辗转流通并非常态"，所以"除了抱着任何人都可以使用之意思而交付的场合另当别论外……不能仅因为委托书上的受托人名字一栏为空白，就当然认为，在受托人又将委托书交付给第三人，由该第三人滥用的场合下，本人也要承受滥用者所缔结的合同的效果"[最判昭和39·5·23民集18卷4号621页（X从G处借入钱款，作为担保，欲在X所有的不动产之上设定抵押权，并委托G办理登记手续，同时将空白委托书（受托人、相对人栏均为空白）等书面材料交给了G，之后G背着X又擅自将这些材料交给了F，F为担保自己所欠交易相对方Y的债务，又冒用这些材料，冒充X的代理人与Y设定了最高额抵押权，并完成了登记）]。

学说上有观点认为，代理人一栏为空白的委托书客观上就有辗转流通的可能性，只要是基于自己的意思交付这类委托书的，就应肯定代理权授予表示，至于表见代理是否成立，则应交给有关相对人是否善意无过失的判断。

但是，在未曾料想到的、受托人以外的人行使代理权的事例中，作为本人来说，完全没有意识到自己将基于该空白委托书为了自己所不知的、受托人以外的第三人（F）行代理权授予的表示，所以虽有过失，但仍不至于被评价为对代理权外观具有可归责性，不能被认定为为了F而作出代理权授予表示（参见：大村敦志：《基本民法Ⅰ总则·物权总论（第3版）》（2007）154页）。总之，要能称得上是代理权授予表示，可以因此归责于本人，那么必须是本人有意或有意识地作出了表示。

2. 民法第110条的基本代理权

基本代理权之要件，是从条文的语句，即"代理人实施了属其权限外的行为"推导而来的要件。当本人需就权限外的代理行为承担责任时，这一要件就被认为是保护本人之静的安全的最低限度的要件。

判例忠实于民法的条文，认为这个基本代理权仅限于实施私法上的法律行为的代理权。也即委托实施事实行为的场合不满足这一要件[最判昭和35·2·19民集14卷2号250页（A公司专门对外兜揽生意的人员Y将A公司向一般人兜揽借款的工作委托给了儿子B，之后B却无权代理Y，与贷款人X缔结了将Y设定为A的借款债务的保证人的合同）]，此外，委托实施公法上的行为的场合也不满足这一要件[最判昭和39·4·2民集18卷4号497页（委托申请发给印签证明书）。不过，为履行私法合同上的义务而委托实施所有权移转登记的申请行为的事例中，基本代理权却例外得到了认可（最判昭和46·6·3民集25卷4号455页）]。

但是，对于上述"最判昭和39·4·2"判决，学说上也存在有力的批判。即认为，委托实施某种旨在创设对外关系的行为的，即便所委托的只是实施事实行为，也应构成本条的"权限"。也就是说，如果关于些小的法律行为的委托可以满足基本代理权要件，而关于对外意义上有着完全不劣于法律行为的社会、经济重要性的事实行为的委托却无法满足基本代理权要件，那么必将给善意相对人造成保护机会上的不均衡，故是不妥当的（几代·前揭381页）。不过，对于这一观点也有批评，认为如果在另一个要件即正当理由的判断上没有变化，那么必将严重削弱本人利益保护上的切实保障。

如果从权利外观论的构成来看待这一问题，那么可以说基本代理权的存在这一要件是不彻底的。从可归责性的角度来看，本人授予了某种代理权本身不是问题，重要的是授予代理权之际本人是否交付了委托书、印章、印签证明书、权利证（登记识别信息）

等有助于该代理人之后实施权限外代理行为的材料、文书（因交易类型而不同），也即对代理权的外观有着何种关涉。基于这一视角，那么正如学说上的有力说所言，只要委托实施某种旨在创设对外关系的行为，就满足了基本代理权的要件。而真正应重视的问题就是，在授权之际是否交付了有助于实施权限外代理行为的必要材料（本人对外观的可归责性）。另外就民法第 110 条这一规定而言，对这一点是可以在正当理由的判断中加以考虑的。

3. 正当理由

(1)“有正当理由相信代理人有权限”通常被解释为，相对人依据代理行为时的各种客观情况可以相信该行为并没有逾越代理人的代理权，也即对于权限外一事相对人是善意无过失的。所谓客观情况，即相对人可以看到的外部情况，比如是否持有该代理交易所必需的各种材料（委托书、印章等）、代理人处于何种职位、交易种类为何、代理人与本人之间是否为夫妻关系等情况。

如此则相对人无法看见的内部情况对于过失有无的判断应无直接影响。比如被授予了某种代理权的人盗用（或者伪造）了印章、受领了印签证明书，并将之用于权限外的交易等情况。由于盗用（伪造）之类的事实隐匿于内部，故对于过失的判断（即正当理由的判断）就没有直接影响。

另一方面，本人的因素已经在基本代理权授予之要件中得到了全部考量，所以上述盗用等情况对于民法第 110 条的成否也不会有直接影响。

(2) 但今日的学说中，有观点主张，除了善意无过失以外，还应综合考虑本人的因素、基本代理权与权限外代理行为之间的差别程度等（四宫・前揭 266 页、内田・前揭 196 页）。

(3) 授予“基本代理权”从而制造了无权代理行为的契机，这被认为是之所以肯定本人承担责任的一个有力因素。但是，从权利外观论的构成来看，只是授予了某种“基本代理权”，还不能当然认定本人具有可归责性。重要的是在授予之际本人是否存在此类举动，比如交付了一些客观资料从而引发了有关该权限外行为的代理权外观，也即是否可以被评价为本人导致了外观的发生。

上举印章盗用的事例中，就该代理权外观的发生而言，本人并未在重要方面上有任何涉足。所以，在民法第 110 条的表见代理是否成立的判断上，应当将这类事实作为一种否定成立的因素来考虑。而如果要考虑，那么从第 110 条的要件构造来看，只能放在“正当理由”中进行考虑了。

是否可以肯定可归责性，只能就具体事例进行具体判断，不过一般来说，以下这样的判断是合适的。即授予“基本代理权”之际所交付的各种材料被行为人原封不动使用以实施权限外的无权代理行为的，不能否定可归责性；反之，被授予权限的人为实施无权代理行为而用上了盗用印章等不正当手段的，则应否定可归责性。

四、结语

如果认真阅读各种体系书，那么马上会发现其实还有其他各种各样“有关表见代理的问题”。本文仅仅提示了其中的部分问题，即应如何考虑本人承担法律行为责任的根据、又应如何予以法律上的构成。

参考文献

佐久间毅：《代理交易的保护法理》（2001）；安永正昭："表见代理"，载星野英一等编：《民法讲座（1）》（1984）489 页以下；安永正昭："民法中的信赖保护制度和归责性"，载《司法研修所论集》第 108 号（2002）1 页以下。

31 无权代理

神户大学教授　矶村保

一、所谓无权代理

所谓代理，即代理人替代本人实施法律行为，而其法律效果直接归属本人的制度。就这一效果归属的发生，民法第 99 条明确规定必须符合两个要件。第一是代理人向相对人表示其是为了本人而实施行为的（显名原则），第二是代理人在其权限范围内实施了意思表示。

欠缺上述任一要件，效果就不会归属本人。不过欠缺的要件不同，法律关系会有所不同。当第一个要件欠缺时，相对人会认为实施意思表示的代理人就是法律行为的效果归属主体，所以代理人所实施的法律行为的效果归属于代理人自身。此种场合下，代理人虽有作为代理人实施该行为的意思，但代理人不得主张其没有将效果归属自己的意思（民法第 100 条本文）。

与之不同，欠缺第二要件的场合被称为无权代理。这种场合下，因缺乏必要的代理权限导致效果不归属本人的同时，效果也不归属代理人。因为代理人向相对人表示的是效果归属本人，并不是代理人自身，而相对人也不会认为代理人自身是法律行为的当事人。

二、无权代理的一般效果

1. 无权代理的"无效"之意义

关于无权代理的效果，民法区分了合同的场合与单独行为的场合进行了规定（参见民法第 118 条）。以下将主要对合同中的无权代理的效果进行说明，并将代理人标记为 A，将本人标记为 B，将代理行为的相对人标记为 C。

无权代理人 A 和 C 所缔结的合同对 B 并不生效果（民法第 99 条、第 113 条第 1 款）。在这个意义上，无权代理的效果是"无效"，不过这与民法第 119 条*本文所规定的无效不同。本人 B 一旦追认，无权代理行为就是有效的，效果便归属于 B。所以代理

---

* 即有关无效法律行为之追认的规定。——译者注

权就是代理行为的效果归属B的要件（效果归属要件），所谓无权代理行为无效，不过就是效果不归属之意（参见：四宫和夫/能见善久：《民法总则（第7版）》（2005）290页）。

下面就以上述内容为前提，总览一下无权代理的一般效果。

2. 本人B的追认以及拒绝追认

A的代理行为属无权代理的场合，如果B判断AC所缔结的合同对自己有利，或者考虑到与C的长期来的关系等，总之基于种种情况，B可以追认无权代理行为，从而让AC之间所缔结的合同的效果依然归属于自己。由于B以自己的意思承认了效果归属自己，且相对人C当初就是意图与B缔结合同，所以根据B一方的意思就可以让这样的效果归属发生。

另一方面，只要没有B的追认，除却“三、”中的例外场合，无权代理行为的效果就不会归属于B。不过在这一阶段，始终存在经B的追认，效果就归属B的可能性，所以无权代理是一种不确定的无效。但是，当B表示了明确拒绝追认的意思时，无权代理行为就确定无效，这之后B自己也无法再进行追认了。

3. 相对人C的催告权、撤销权

B既不追认也不拒绝的，代理行为的有效还是无效尚不确定，相对人C就处于一种不安定的状态。为了摆脱这种状态，法律赋予了C两种方法。

第一，可以催告B在相当的期间内对是否追认作出表示（民法第114条前段）。对于C的催告，B在期间内作出追认或拒绝追认的意思表示的，无权代理行为就相应地确定有效或无效。期间内B没有作出意思表示的，可以视为拒绝追认（同条后段），从而无权代理行为确定无效。如此，C通过行使催告权，不确定的无效这种浮动的状态就可以得到消除。

第二，如果C对于无权代理是善意的，那么在B不追认的期间内，C可以撤销合同，从而让代理行为确定无效（民法第115条）。通过这一撤销权，C可以基于自己的意思直接消除不安定的状态，但C是恶意的场合，对这种不安定原本就应有所觉悟。所以，仅限于C是善意的场合，C才享有撤销权。不过，C行使撤销权之际，无须主张证明自己是善意的，而是由意在阻却撤销效力的B对C的恶意承担主张证明责任（同条但书）。此外，C的撤销和B的追认之间的优劣，取决于哪个意思表示先发生效力（参见民法第97条第1款）。

4. 无权代理人的责任

无权代理的场合下，除去B追认的情形，C原则上（参见“三、”）对B不可以请求履行合同。这种场合下，C可以依据民法第117条的规定，向实施了该无权代理行为的A选择要求履行合同或者要求损害赔偿。不过关于其要件、效果尚存在若干问题点。

（1）责任追究的要件

首先，要件为：1）代理行为是无权代理；2）本人B不追认。不过对其中任何一个，C都无须积极证明相应的事实。而是由意在阻却无权代理人责任的A来证明代理权存在或者B已经追认（民法第117条第1款）。

其次，1）2）要件满足的场合下，如果A能证明3）C对无权代理行为实属恶意或有过失，或者4）A是限制行为能力人，那么就可以免除民法第117条第1款的责任。从3）来看，即便A是恶意，而C仅是轻过失那样的场合，A也可以免除责任，所以有人质疑该规定的妥当性，进而尝试将该条第2款的“过失”解读为重过失。但是，“最判昭和 62·7·7”（民集 41 卷 5 号 1133 页）判决认为，该条规定无权代理人即使无过失也要承担较重的法定责任，而相对人只要有过失就不值得保护，所以没有理由将第 2 款的过失解释为重过失（通说也与此相同。详细见：佐久间毅：《民法的基础 1（第 2 版）》（2005）279 页以下）。

（2）无权代理人的主观要件

判例、通说对民法第 117 条的责任如上述这般进行解读的背面，就是认为当 C 善意无过失时，出于维系代理制度的信用之必要，A 即便对自己无代理权是善意无过失的，也要承担该条规定的责任。但对于让无过失的 A 承担履行责任，近来有见解提出了质疑（佐久间·前揭 278 页）。无权代理人的责任的确多发生在 A 是恶意或至少有过失的场合，但在 A 没有过失的例外场合，A 承担责任是否还可以被正当化，确有进一步讨论的余地，对此需要关注今后讨论的进展。

（3）无权代理人所承担之责任的内容

C 依据民法第 117 条第 1 款、第 2 款追究 A 的无权代理人责任的场合下，C 可以选择履行合同或损害赔偿。C 一旦选择了履行责任，本应在 BC 之间发生的合同效果就会在 AC 之间发生。假设是以 C 为买方的买卖合同，C 就可以要求 A 作为卖方履行债务，另一方面 C 也要对 A 承担价金支付债务。不过，买卖标的物是 B 所有的特定物之类的场合下，A 成为他人之物的卖方，并不具有该标的物的处分权限。所以，C 即使选择了履行责任，B 只要不同意转让特定物，A 就无法履行该债务。换言之，C 选择履行责任有意义的，就是 A 所承担的债务是替代债务的场合。

与之相对，C 选择损害赔偿的场合下，赔偿义务的范围是一个问题。判例（最判昭和 32·12·5 新闻 83·84 号 16 页）、通说认为，应当赔偿合同履行之后可得到的利益（履行利益）。据此在上一事例中，C 就可以在民法第 416 条*的要件之下，请求赔偿相当于特定物转卖所得的利益。

特别是当 C 有过失的时候，C 是否还可以依据民法第 709 条请求损害赔偿，也是一个问题。关于这一点，尚未见充分的讨论。不过，基于民法第 117 条所承担的责任与民法第 709 条的赔偿责任效果是不同的，并无依据可以认为前者排除了后者。所以不妨赞同这样的见解，即有过失而无法追问民法第 117 条之责任的 C，对于恶意或有过失的 A，可以追究后一种责任（参见：佐久间·前揭 280 页）。

（4）C 行使撤销权与无权代理人的责任

通说（我妻荣：《民法讲义Ⅰ民法总则（新订版）》（1965）381 页；四宫/能見，前揭 296 页等）认为，C 撤销无权代理行为后，就不能再向 A 追究民法第 117 条的责任。其理由是，撤销权的行使旨在消除与无权代理人之间的一切法律关系。不过，这恐怕还是有关行使撤销权的 C 的意思如何解释的问题。一边通过行使撤销权消除与 B 之间的不安定关系，一边再向无权代理人追究责任也不能说不合逻辑（山本敬三：《民法讲义Ⅰ（第 2 版）》（2005）333 页）。所以不妨作这样的解释，即 C 行使撤销权并向 A 追究无权代理人的责任的场合下，只要 A 不能证明 C 的撤销包含了放弃追究民法第 117 条之责任的意思，A 就不能免于责任。

---

* 即有关债务不履行时的损害赔偿责任范围的规定。——译者注

三、无权代理行为的效果归属 B 的例外场合

即使 B 没有作出追认，仍有必要考虑以下两种情形，此时无权代理行为的效果依然可以归属 B。

1. 表见代理

即便是无权代理，只要满足民法第 109 条、第 110 条、第 112 条的要件，C 仍可以依据表见代理主张代理行为的效果归属 B。相关内容请详见本书 30，这里仅谈一下表见代理责任与无权代理人责任的关系。过去的有力见解（我妻，前揭 381 页；川岛武宜：《民法总则》(1965) 401 页等）认为，表见代理成立的场合，C 既然可以按照当初的期待主张代理行为有效，也就无须认可无权代理的效果，也即不应认可向无权代理人追究责任。但今天可以说这种观点几乎已被抛弃。表见代理是一种旨在保护相对人的制度，无权代理人 A 没有理由以此为据免除自己的责任；此外表见代理成立与否，取决于诉讼的结果，如果 C 为回避风险而追究 A 的责任，那么也没有任何理由不允许。判例（最判昭和 33 · 6 · 17 民集 12 卷 10 号 1532 页、前揭最判昭和 62 · 7 · 7）也是持同样的立场。由此可以说，表见代理不过是无权代理的一种情形而已。

2. 无权代理后的资格合并

无权代理行为之后代理人与本人之间发生继承的，无权代理行为是否有效，若有效，其根据又为何？关于这些问题一直以来都有很多的讨论。因为已经超越了本文的主题，所以还请详见参考文献。这里仅指出一点，即依据现在的判例（最判平成 10 · 7 · 17 民集 52 卷 5 号 1296 页），出现这一问题的，仅限于无权代理既未被追认也未被拒绝追认的期间内发生继承的场合。

参考文献

除各种体系书之外，还有：佐久间毅："民法第 177 条的无权代理人责任"，载佐久间毅：《代理交易的保护法理》(2001)；安永正昭："'无权代理和继承'中的诸理论问题"，载《法曹时报》第 42 卷第 4 号 773 页。

32

物的存在意义

东京大学教授　大村敦志

一、序

民法典将有关“权利的主体”也即“人”（包括法人）的规定与有关（直接或者以人的行为为媒介的）“权利的客体”也即“物”的规定一并放置在了总则编之中。虽然有观点认为有关物的规定应置于物权编，但也有观点认为从“权利的客体”角度去设置规定仍有一定意义。另一方面，在新型“财”* 这样一种“权利的客体”已经出现的今天，有人指出亟须与之对应的民法理论（比如：四宫和夫/能见善久：《民法总则（第7版）》（2005）134～135页。另外，近来有关“财物”的存在形态的研究动向，参见：镰田薫：“财——总论”，载《Jurist》第1126号78页以下（1998））。所以下面想先通览一下与“物”之全体有关的讨论（“二、”），随后再基于一定视角对有关“物”的讨论进行提炼（“三、”～“四、”）。关于如此安排的理由，稍后会有述及。

二、一般论层面的讨论

尽管有上文提及的那些观点，但今天总体上与物有关的学说讨论并不活跃。近来几乎没有见到过涉及“物”的概念的研究（查看《法律时报》的学界回顾栏可以发现，至少最近总则中已不再设置“物”这一栏目）。再看讨论的素材，即判例，也仅能散见若干特殊的案件（比如“最判昭和61年12月16日民集40卷7号1236页”、“最判平成17年12月16日民集59卷10号2931页”等在与“海面”的关系上讨论了“土地”的意义）。

但是，如果不局限于民法中的“物”，而是以“物”为中心，将视野扩及“权利的客体”“财物”，那么可以说讨论已经非常多了，而这些讨论都可以成为用以构筑新理论的素材。在接下来的“三、”～“四、”中，将以单一性、有体性、支配可能性，这些所谓的物之属性为轴心，对若干讨论进行介绍。

---

* 原文为“财”，比如时间、信息等。——译者注

三、关于单一性的讨论

1. 集合物——与担保的关系

物的概念关系到是否可以成为所有权及其他物权的客体（有人正是看到了这一点，所以提出应将物的概念置于物权编）。可以成为一个所有权的对象的，原则上必须是独立的一物。但是，判例似乎也肯定了集合物的所有权（关于让与担保的判例有：最判昭和 54・2・15 民集 33 卷 1 号 51 页、最判昭和 62・11・10 民集 41 卷 8 号 1559 页等)。此处的问题是，被置于仓库的一定区域内的产品是否可以被统括地视作“集合物”（肯定的立场被称为集合物论，否定的立场被称为分析论。关于这一问题已有不少研究，参见：“论坛　集合动产让渡担保的再检讨”，载《金融法研究》第 6 号（1990））。

2. 全体财产——与债权的关系

姑且不说集合物是否可以成为一个所有权的对象，至少归属于一个人的物、权利是可以作为一个整体而成为权利之客体的。这个整体就是旧民法典所谓的“资产”（旧民财第 1 条），也即现行民法典所谓的“全体财产”（民法第 306 条）。此外，债权人代位权、诈害行为撤销权涉及的“责任财产”也与之相当。关于这个“全体财产”（或“责任财产”），其默认的前提就是一个人持有一个全体财产。

但信托则有所不同，看上去似乎一个人可以持有两个全体财产。由于日本已经存在信托法这一制定法，所以长期以来信托都被当作一个固有的法理，但近年来人们开始尝试从“全体财产”的角度来重新思考信托的意义（参见：横山美夏：“财产——从人与财产的关系看信托”，载《NBL》第 791 号 16 页以下（2004）等。另可参见：片山直也：“财产——bien 以及 patrimoine”，载北村一郎编：《法国民法典的 200 年》（2006）177 页以下）。

四、关于有体性的讨论

1. 有体物——与知识产权法的关系

现行民法典将“物”限定在了有体物（民法第 85 条）。这是有意否定旧民法典中的“物”的概念（旧民财第 6 条第 1 款规定：“物既可有体也可无体”）所带来的结果，并非民法典的起草者们不知晓无体物的概念。不过在起草者们的头脑中，无体物主要是指物权、债权等“权利”（旧民财第 6 条第 3 款第 1 项），而知识产权这一今日无体物之代表当时也被视作权利的一种（旧民财第 6 条第 3 款第 2 项），尚未像今日这样被作为“信息”来看待（野村丰弘：“信息——总论”，载《Jurist》第 1126 号 176 页（1998））。

然而今时今日，既然已经为发明、作品等智慧成果之上的权利确立了与“物”上权利同等保护的制度，那么反过来对何谓保护“物”上权利这一点进行思考，不用说在理论和实践上都有重要的意义（作为这种尝试的一例：田村善之“功能性知识产权法的理念”，载田村善之：《功能性知识产权法的理论》（1996））。进而考虑到信息也有关乎“人格”的一面（比如著作者人格权、隐私或个人信息的保护等），所以与保护“人”之上的权利是何种关系这一点也应当被纳入视野之中（有关隐私保护在内的人格权法的现状，参见：五十岚清：《人格权概说》（2003））。

2. 合同标的物——与合同法的关系

对作为行为客体的“物（有体物）”予以特别对待的观念，也反映到了有关行为本身的观念上。过去一般认为，标的可能（内容的实现可能性）是法律行为的有效要件之一，故行为之时物已灭失的，将导致行为本身失去效力（我妻荣：《民法讲义Ⅰ民法总则（新订版）》（1965）260～262页；四宫/能见，前揭书230～232页等）。此外，关于卖方的瑕疵担保责任（民法第570条*），早些时候就有有力观点认为，特定物买卖之中交付无瑕疵的物是不可能的，卖方只需交付特定的物（有瑕疵的物）即可，所以卖方所承担的是一种作为法定责任的特别责任（这一观点及对其的批评，参见：星野英一：《民法概论Ⅳ（合本新订版）》（1986）133～135页）。但是今天，这类观点（即所谓的特定物教条）已受到了质疑（关于这一问题已有很多的研究。关于最近的讨论状况，参见：内田贵等：“（特别座谈会）债权法的修订（上）（下）——民法修订委员会讨论的现状”，载《Jurist》第1307号102～103页、第1308号134～168页（2006））。

五、关于支配可能性的讨论

1. 人体——与人格权的关系

人体是人的一部分，而非物，所以不能成为权利的客体。至少在民法上，人身买卖是不可能的（刑法上另当别论。比如参见刑法第226条之2**）。但是人体的一部分（器官等）、生成物（血液、毛发、精卵子）是否也不能成为处分的对象？一直以来，除了对埋葬、祭祀等关系上的遗体处置问题有所涉及外，几乎没有什么讨论。不过最近，器官移植、生殖辅助进入了视野，相关讨论也随之多了起来（四宫＝能见·前揭书137～139页等）。

处分的对象是什么（是仅限于分离了的部分，还是限于可以再生的部分?），处分的主体是谁（仅是本人，还是可包括遗属?），何种条件下可以处分（意思表示是否需要一定方式，是否可以允许获得对价?）等问题都有待解决。这类个别问题的讨论唤起了一个更为原理性的问题，即分离了的人体的一部分、生成物即便是物，难道不也是人格投影下的特殊之物吗？所以在这里，“物”的问题也连接了“人”的问题（关于这类问题，有以美国法为参照的研究：吉田邦彦：“美国的‘所有权法’理论和代孕问题”，载吉田邦彦：《民法解释与动摇的所有论》（2000）337页以下。另外也有介绍法国法的研究状况的研究：大村敦志：“20世纪对民法的影响（2）——现代法国民法学围绕人·物·契约的研究动向”，载《法协》第120卷第12号第2423页以下（2003））。

2. 环境——与公法的关系

环境是“人类的健康文化生活不可欠缺的”，“人类存续下去的基石”（环境基本法第3条），其本身不能成为所有的对象。从环境的性质来看，有必要站在“人”“人类”的角度上对环境进行保护。为此从国际法到条例，各个层面上都采取了公法性的措施。

那么作为私个人，在环境方面就不能享有任何利益吗？对于保护环境就不能发挥任何作用吗？虽然过去作为制止公害的依据而被提出的“环境权”（大阪辩护士会环境权研究会编：《环境权》（1973））在实体法上并没有充分落实，但允许个人参与环境建设

---

* 此条规定已为平成29年法律第44号所修改。——译者注

** 即有关人身买卖犯罪的规定。——译者注

并对其加以理论化是必要的，而且可以说越来越有必要［最近的国立公寓事件就提供了很好的素材：东京地判平成14·2·14判时第1808号31页。相关文献有很多，其中提出了饶有兴味的理论的有：水野谦："有关'环境'的法律诸像"，载《北大法学论集》第56卷第4号217页以下（该文收录在："（论坛）建构环境秩序的多元路径（1）（2·完）"，载《北大法学论集》第56卷第1号、第4号（2005））；吉田克己："环境秩序与民法"（4号234页以下）等。另外：吉田邦彦："环境权与所有理论的新展开"，载吉田邦彦，前揭书第421页以下；还有：中山充：《环境共同利用权》（2006）。大村·前揭论文］。这一问题进而还牵涉"权利"是什么，"民法"是什么的问题。

参考文献

除文中所列文献外，还可参见担保法、信托法、知识产权法、环境法方面的概说书（道垣内弘人：《担保物权法（第2版）》（2005）；森田修：《债权回收法讲义》（2006）；新井诚：《信托法（第2版）》（2005）；能见善久：《现代信托法》（2004）；田村善之：《知识财产法（第4版）》（2006）；大塚直：《环境法（第2版）》（2006）等）。另外，关于"公共性（Commons）"的文献，可参见：宇泽弘文/茂木爱一郎编：《社会共通资本——公共性和都市》（1994）；劳伦斯·莱斯格（山形浩生译）：《公共性——网络上的所有权强化对技术革新的扼杀》（2002）；铃木龙也/富野晖一郎编：《公共性理论再考》（2006）等。

33 消灭时效的功能

北海道大学教授　松久三四彦

一、问题的所在

民法规定，所有权的取得时效的效果是“取得所有权”（民法第 162 条第 1 款），债权的消灭时效的效果是“债权……消灭”（民法第 167 条第 1 款）。但如此一来，对时效制度就会出现如下这种朴素却又触及核心的疑问，即本来应将他人的东西还给其所有人，应将借款还给债权人，却因为经过了较长时间，他人的东西就可以变成自己的东西吗，借款也可以不用返还了吗？这就是长期以来被一直议论的问题，即时效的存在理由（所谓的意义、根据、目的、功能）究竟是什么（参见：星野英一：“关于时效的备忘录——以其存在理由为中心”，载星野英一：《民法论集（4）》167 页所收（1978，初出 1969～1973））。就消灭时效而言，在权利消灭这一单一的法律构成之下，获得消灭时效之利益的，不仅是那些已因清偿等而债务消灭却没有保存证据的人（清偿者），也包括了未清偿者。问题是，这些结果都是消灭时效制度所意图的或者说现在应付诸实现的存在理由及功能吗［包括存在理由论在内的有关消灭时效的研究文献，除了文后所列（金山、吉野）之外，还有：内池庆四郎：《消灭时效法的原理和历史课题》（1993）；大木康：《时效理论的再建构》（2000），松本克美：《时效与正义》（2002）］？

二、消灭时效的存在理由

1. 沿革

时效是一种自罗马法以来历经演变的制度（参见：原田庆吉：《日本民法典的历史素描》（1954）77 页以下）。其要件、效果因时代、国家的不同而不同，但共通点都是，如果权利不行使的状态长期存在，那么该权利就无法得以强制实现（关于欧洲的时效法，特别是法国情况的详细研究，可参见：金山直树：《时效理论展开的轨迹》（1994）；关于德国情况的详细研究，可参见：吉野悟：《近世私法史中的时效》（1989））。日本现行的时效制度是在法国民法的时效制度的基础上（参见：金山直树：“时效”，载北村一郎编：《法国民法典的 200 年》（2006）457 页），通过对博阿索那德起草的旧民法的时效制度进行修改而来的（关于博阿索那德的时效理论，参见：内池・前揭：《消灭时效法的原理及历史的课题》83 页以下 · 181 页以下)。从法国法将取得时效与消灭时效规定在一处（法民第 2219 条以下），将时效看作权利取得、摆脱义务的方法（法民第 2219 条），以援用为必要（法民第 2223 条），不以登记为不动产取得时效之要件（法民第 2229 条）等诸点来看，可以说日本法更接近法国法。与之不同，德国民法在总则部分规定了消灭时效，同时其采用的构成是请求权罹于消灭时效后，义务人获得拒绝履行的抗辩权［德民第 194 条（旧第 194 条）、第 214 条第 1 款（旧第 222 条第 1 款）］。德国的债务法近来有了很大修订，并已于 2002 年 1 月 1 日起施行。关于德国的新消灭时效规定，参见：半田吉信：《德国债务法现代化法概说》（2003）。另外，欧洲合同法委员会起草的欧洲合同法原则第 14：501 条、UNIDROIT（国际统一私法协会）起草的国际商事合同法原则 2004 第 10.9 条都将消灭时效的效果规定为抗辩权。关于这一点，参见：同志社大学欧洲契约法研究会译："欧洲合同法原则 · 第 3 部（第 6 回）"，载《同志社法学》第 58 卷第 5 号 2190 页以下；内田贵："UNIDROIT 国际商事合同原则 2004——改订版的解说（5）"，载《NBL》第 815 号 49 页。

2. 起草者的想法

旧民法的消灭时效是推定法律上权利消灭（旧民证据编第 89 条本文）的制度，不过仅限于一定的场合，才允许以反证推翻这一推定（旧民证据编第 90 条）。现行民法的起草者并未继受这一旧民法上的时效制度，而是将消灭时效规定为权利消灭的制度。作为民法起草者（梅谦次郎、富井政章、穗积陈重）中一员的梅说过，这样规定的理由有：（1）很难认可不允许反证的推定，（2）从沿革来看，作为起源的罗马法上的消灭时效就是诉权的消灭方法（《法典调查会民法议事速记录（1）》（商事法务研究会版）（1983）406 页以下）。而且梅认为，时效是一种涉及公益的制度，所谓公益就是指交易安全和救济证明困难；至于权利人因时效而失去权利的正当性，梅提到了"惩戒怠慢的权利人"（梅谦次郎：《订正增补民法要义卷之一》（1911 年版 1984 复刻）369～370 页）。对此，富井则认为，时效制度的根据在于维系永续之事实状态的必要性；而且时效是保证法律生活安全不可欠缺的制度，如果没有时效制度，可以基于过去的事实主张权利，那么必然纷争百出，扰乱共同生活之秩序。关于消灭时效，富井认为是从证明困难中救济真正的清偿者。富井没有像梅那样将"公益"摆到台面上，因为他认为民法中存在援用（民法第 145 条）和放弃（民法第 146 条）的规定，也即时效利益接受与否是交由当事人自己判断的，故不能说时效是纯粹的公益上的制度（富井政章：《订正增补民法原论第 1 卷总论》（1922 年合册版 1985 复刻）623～625 页）。

3. 学说的状况

（1）三个存在理由

关于时效的存在理由，通说上的说明有，1）"为了社会的法律关系之安定"，2）"救济证据保全的困难"，3）"不保护权利上的睡眠者"。人们认为，1）是时效制度的首要存在理由；这一理由在取得时效上体现得最为明显，当然在消灭时效上，根本的宗旨也是相同的。2）3）是时效的次一级存在理由。消灭时效，特别是债权的短期消灭时效上，宗旨 2）3）被认为有较强的体现（我妻荣：《新订民法总则》（1965）431～432 页）。近来，有的学说试图对各个时效制度的存在理由分门别类给予更为细致的考察，而有的学说则试图统一把握整个时效制度的存在理由（关于学说的状况，参见：松久三四彦："时效制度"，载星野英一等编：《民法讲座（1）》（1984）541 页）。

(2) 两种时效观的对立与交错

关于消灭时效制度大致有两种不同的理解。一种理解是，当权利不行使的事实状态长期持续时，就不得再强制履行债务，也即现状应在法律上得到正当化，为此让权利消灭（权利消灭说）。另一种理解是，当权利不行使的事实状态长期持续时，债务因清偿等而消灭的盖然性较高，故推定权利消灭（推定说）。在后一种理解之下，消灭时效的效果在理论上本应是债权消灭的“推定”，不过民法为了切实保护债务人而不让这一“推定”被推翻，所以表述为债权“消灭”（民法第 167 条第 1 款）。

前述（1）提及的三个存在理由，即 1）“为了社会的法律关系之安定”，2）“救济证据保全的困难”，3）“不保护权利上的睡眠者”之中，1）3）与权利消灭说更为契合，2）与推定说更为契合，但即便权利消灭说，也并不否定消灭时效具有 2）那样的存在理由及功能。如果没有消灭时效制度，债务人必须始终保存清偿的证据（收据），一旦丢失收据，就将面临被要求二次清偿的危险。所以很清楚，2）就是消灭时效的核心存在理由，权利消灭说也未否定这一点。而理解上的分歧主要集中在，是应当从正面承认消灭时效可以让尚未清偿的债权消灭（权利消灭说的立场。在这种法律构成之下，未保有清偿证据的清偿者受到消灭时效的保护，只是消灭时效附带的功能），还是应当认为消灭时效的目的仅在于保护未保存清偿证据的清偿者，否则当未清偿者隐瞒未清偿的事实，援用消灭时效时，就会发生未清偿者也可免于债务这一不希望看到的结果（推定说的立场）。如果认为权利消灭说因纵容了不道德故不妥当，那么就会倾向于推定说。而在推定说之下，只要一度认定权利存在，就可一直行使权利，从而造成权利的永续，这也是不妥当的；如果不承认永续性，而是个案判断是否应否定权利行使，那么时效期间经过后可否再行使权利又将变得难以预测，这同样是不妥当的。所以又会转而倾向于权利消灭说。

4. 与各论问题的关联

如何理解消灭时效的存在理由，不仅会导致在时效的援用（民法第 145 条）、中断（民法第 147 条）等时效各个制度的理解上产生差异（比如关于中断事由，在权利消灭说看来应当是那些不能称之为权利上睡眠的事由，而在推定说看来，应当是那些可以推翻清偿等债务消灭之盖然性的事由），而且可能对具体问题的解释造成影响。比如，不知消灭时效完成而作出债务承认的，基于诚实信用原则不得再援用时效，这一已为判例（最大判昭和 41・4・20 民集 20 卷 4 号 702 页。另外，该判决认为，即便如此解释，也并不违背“维系永续之社会秩序这一时效制度的存在理由”）、通说所肯定的立场就与推定说较为契合（UNIDROIT 国际商事合同原则 2004 则采取与之不同的立场，可参见：内田，前揭“解说（4）”，载《NBL》第 814 号 70 页）。另一方面，罹于时效的权利的相对人未援用时效的，判例、通说认可一定范围（关于该范围尚存争议）的第三人有独立的援用权。对此，推定说就很难予以说明了。

三、消灭时效的功能

不管应然的存在理由、功能到底是什么，至少当下消灭时效具有以下这样的功能。

1. 证据保存解放功能

消灭时效完成，清偿者就没有必要再保存证据了。近来的立法有缩短消灭时效期间的倾向（参见：金山，前揭“时效”491 页以下；半田，前揭 58 页）。期间越短，这一功能就越强。对债务人而言，时效期间、起算点（届满时）越是统一，那么证据必须保存到什么时候就越明确。时效期间的统一化也是国际倾向（参见：前揭“欧洲合同法原则・第 3 部（第 4 回）”，载《同志社法学》第 57 卷第 7 号 2481 页以下）。关于起算点的统一化，德国法导入了年末时效，即将年末终了时作为通常的消灭时效的起算点（德民第 199 条第 1 款）。

2. 义务解放功能、权利行使促进功能

消灭时效有着将债务人从债务中——再扩展一点说，就是将义务人从义务中——解放出来的功能。因为同时这也意味着权利人失去权利，所以与义务解放功能相对应，消灭时效还有促进权利行使的功能。消灭时效期间越短，这一功能越强。另外，援用权人的范围得到扩大，从义务中得到解放的人的范围也就会相应得到扩大，不过判例并没有认可后顺位抵押权人援用先顺位抵押权的被担保债权的消灭时效（最判平成 11・10・21 民集 53 卷 7 号 1190 页）。所以消灭时效仅是让利害关系人免却义务（比如保证人通过援用主债务的消灭时效，免却自己的保证义务），并不具有进一步增进自己的利益的功能（增加债权回收额）。

3. 法院负担减轻功能——提诉抑制功能、判决迅速化功能

消灭时效已完成的案件中，往往事前就可回避诉讼（提诉抑制及回避功能），或者即便已经提起诉讼，只要当事人援用时效，那么法院就可无须判断权利有无而径直作出原告败诉的判决（判决迅速化功能。不过实际的裁判中，先对债权有无进行判断，随后再论及消灭时效的也不少）。在无须当事人援用的场合（除斥期间）下，这种减轻法院负担的功能（特别是判决迅速化功能）就显得极为强大。于是对于民法第 724 条后段所谓的 20 年*，围绕其法律性质、该规定的适用限制等问题，判例［最判平成元・12・21 民集 43 卷 12 号 2209 页。另外与不要援用有关的，可参见：最判平成 19・2・6 裁时 1429 号 3 页（案件涉及无须援用的地方自治法第 236 条第 2 款**，法院最终以诚实信用原则为由，认定不得主张消灭时效来免却义务）］和学说就存在尖锐对立***（参见：松久三四彦：“侵权行为损害赔偿请求权的长期消灭规定与除斥期间”，载椿寿夫/三林宏编著：《权利消灭期间的研究》（2006）243 页）。

参考文献

文中所列文献。

---

* 即自侵权行为时起 20 年间不行使损害赔偿请求权的，该权利消灭。——译者注

** 地方自治法第 236 条规定：普通地方公共团体的权利以给付金钱为标的的，5 年不行使该权利时，该权利因时效而消灭，其他法律对时效有规定的除外。针对普通地方公共团体的权利，如以给付金钱为标的，亦同。——译者注

*** 参见本书 34。——译者注

34

除斥期间

立命馆大学教授　松本克美

一、问题的所在

在除斥期间的问题上，一直以来人们一方面因为除斥期间可以让法律关系比之时效更早确定而肯定了除斥期间概念的必要性，另一方面又围绕以下两点存在一些争议：(1) 效果上其与消灭时效的具体差异点；(2) 民法典的期间规定之中，究竟哪些是除斥期间。近来，特别是围绕卖方的瑕疵担保责任、以侵权行为为由的损害赔偿请求权的最长期间限制的性质与起算点等裁判上争议较大的问题，判例有了新的发展。以此为契机，除斥期间概念自身的必要性、有用性再度成为讨论的对象。

二、过往的讨论

1. 消灭时效与除斥期间的区别

一直以来，消灭时效与除斥期间一般被认为存在以下一些区别。

(1) 是否需要援用

消灭时效以当事人援用为必要（民法第 145 条），而除斥期间无须当事人援用，法官可依职权基于除斥期间作出判断（有学说基于辩论主义的视角对这一点提出了质疑，参见：八田卓也："时效·除斥期间 (2) 诉讼上的处理"，载镰田薰等编著：《民事法Ⅰ　总则·物权》(2005) 214 页以下）。

(2) 中断、中止

消灭时效有中断、中止，而除斥期间并无这样的中断、中止。

2. 除斥期间规定之例

如开篇所述，民法典没有明文规定除斥期间。民法典起草者的基本方针是，在期间规定之中，对于时效明文规定为时效（例如民法第 724 条前段："因时效消灭"），其他场合则用与之不同的写法（例如对于买方基于卖方担保责任的请求权，就没有使用时效一词，而是"须要在 1 年内行使这一权利"。民法第 564 条、第 566 条第 3 款*）。但判

* 依据平成 29 年法律第 44 号，这些条文均已被修改。——译者注

例、学说并没有拘泥于条文的文义，而是试图依据规定的旨趣进行解释。一种学说认为，规定了长短两重期间的场合（民法第 126 条（撤销权）、第 426 条（诈害行为撤销权）、第 724 条（基于侵权行为的损害赔偿请求权）、第 884 条（继承回复请求权）），有鉴于设置客观明确之标准的必要性，短期期间应为消灭时效，而最长期间由于旨在限制期间的浮动性，所以应被理解作除斥期间。还有一种学说认为，形成权一般意味着权利一行使就可单方面产生法效果，故而无从适用时效的中断、中止等观念，所以形成权的期间限制规定就是除斥期间。这些学说一时间都非常有力。不过判例并没有遵从这些学说。判例对于规定了长短两重期间的撤销权（这也是形成权）、继承回复请求权的期间限制规定，无论是长还是短的期间，均视作消灭时效（前者参见：大判明治 32・10・3 民录 5 辑 9 卷 12 页。后者参见：最判昭和 23・11・6 民集 2 卷 12 号 397 页）。此外对于被认为是形成权的解除权，判例也适用的是消灭时效（关于租赁解除权，参见：最判昭和 62・10・8 民集 41 卷 7 号 1445 页）。

被判例视作除斥期间的，在长短两重规定之中有民法第 724 条后段的 20 年*（最判平成元・12・21 民集 43 卷 12 号 2209 页），其他规定中有关于卖方担保责任的期间限制规定（关于民法第 564 条，参见：大判昭和 10・11・9 民集 14 卷 1899 页。关于民法第 566 条第 3 款，参见：最判平成 4・10・20 民集 46 卷 7 号 1129 页）、财产分割请求权（民法第 768 条第 2 款。最判平成 17・3・8 家月 57 卷 6 号 162 页）等。另外，有些条文，如婚生否认之诉那样要求诉讼应在一定期间内提起，涉及的只是“起诉期间”（现行第 777 条的条标），有别于除斥期间；除斥期间的场合，并未规定必须在期间内提起诉讼（见后述）。

三、近期的判例、学说动向及余留问题

1. 基于卖方担保责任的损害赔偿请求权

关于买方基于瑕疵担保责任的损害赔偿请求权，近期的判例认为，“瑕疵担保引发的损害赔偿请求权有消灭时效规定之适用，该消灭时效从买卖标的物交付买方之时起起算”（最判平成 13・11・27 民集 55 卷 6 号 1311 页）。据此，假如从交付时起 11 年之后买方才知道隐蔽瑕疵，向卖方请求损害赔偿的，因为从标的物交付时起 10 年的一般债权消灭时效已经完成，所以损害赔偿请求权因时效而消灭。不过与此相关，有两点需要注意。一是如上述最判平成 13 年（2001 年）判例自身所指出的，从交付时起经过 10 年，卖方援用消灭时效的，依据案件的具体情况，该时效的援用可能因违反诚实信用原则或构成权利滥用而被排除。另一个余留的问题是，比如从交付时起经过 8 年买方才知道瑕疵，而后在一年内以诉讼外的方式向卖方请求基于瑕疵担保责任的损害赔偿的场合**，卖方无动于衷致使交付时起 10 年经过的，应如何处理。有学说认为，权利行使期间的上限就是自交付时起经过 10 年一般债权的消灭时效完成，所以这种场合下，既然自交付时起已经过了 10 年，就可以援用损害赔偿请求权的消灭时效（内田贵：《民法Ⅱ（第 2 版）》（2007）138 页）。但是，判例将基于卖方担保责任的买方损害赔偿请求

* 即自侵权行为时起 20 年间不行使损害赔偿请求权的，该权利消灭。——译者注

** 依据平成 29 年法律第 44 号修改前的日本民法第 153 条，诉讼外的请求（催告）只是给权利人多延长了 6 个月期间，且权利人必须在这一期间内提起诉讼、申请支付令等，否则不会导致时效的中断。——译者注

权的期间限制视作除斥期间，同时认为只要于这一期间内行使请求权，即便以诉讼外的方式，请求权也可在这个时点上得以保全，之后一般消灭时效开始进行（前举大判昭和10年判决）。也即交付时起不满10年，且知道瑕疵之后1年内行使权利的，权利可以因此得以保全，并从这一刻开始消灭时效进行，所以可以理解为，即使交付时起经过10年，损害赔偿请求权的消灭时效也并不会完成（指出这一问题的有：曾野裕夫，《法教》第262号145页）。可见这里还余留着一些问题，特别是对于将担保责任的期间限制理解为除斥期间的意义（原来的目的是让法律关系尽早确定，实际上却未能如此）还需重新检讨。

2. 民法第724条后段的期间限制

（1）期间限制的性质

基于侵权行为的损害赔偿请求权有20年最长期间的限制，那么其性质应理解为时效还是除斥期间？关于这一问题，下级法院的裁判例及学说之间存在对立，最高裁则明确说该期间为除斥期间，即“为使法律关系在一定时间经过后能得以确定，而对请求权的存续期间予以统一规定，至于受害人一方有何种认识则无须过问”（前举最判平成元年（1989年）判例）。

（2）除斥期间的限制论

该判决还认为，“即便当事人没有主张本案请求权因除斥期间经过而消灭，法院仍应鉴于除斥期间的性质，认定本案请求权因上述期间经过而告消灭”，所以不能因为当事人主张除斥期间完成，就说当事人违反了诚实信用原则或构成权利滥用，这种说法本身就有失妥当。也即最高裁似乎认为，从侵权行为之时起经过20年，权利就会无一例外地消灭。对此学说的批评很强烈，认为这对于个别具体的纠纷处理而言是一种过于僵化的标准。现已成为多数说的时效说就认为，无论从立法者的意思、比较法的视角，还是从具体的合理性来看，20年期间的性质还是应被理解为长期消灭时效。另有反对意见认为，即便说是除斥期间，也不宜在主张除斥期间完成的场合一律排除适用作为一般规定的诚实信用原则、权利滥用法理。在最判平成元年判例以后的下级审当中，也有判决以被告没有主张除斥期间即意味着放弃除斥期间的利益为由，支持了原告的请求（水俣病东京诉讼：东京地判平成4・2・7判T第782号65页）；还有判决类推适用了时效中止的规定（大阪预防接种祸诉讼：大阪高判平成6・3・16判时第1500号15页）。

（3）除斥期间的效果限制

就在这样的判例、学说趋势下，在“东京预防接种事故诉讼”——在侵权行为之时起20年经过前的6个月内，侵权行为的受害人因该侵权行为而始终处于精神失常的状态，但没有监护人——一案中，最高裁最终判定，“比照民法第158条*的法意而认定同法第724条后段的效果不发生，是恰当的”。理由是，“在受害人几乎不可能行使权利的情况下，仅因20年经过就不允许任何权利之行使，相反造成他人精神失常的加害人却因20年经过而可免除损害赔偿义务，不得不说明显违背了正义、公平的理念。所以至少上述情形下，与时效的场合一样，受害人有受保护之必要；在这一限度内限制民法第724条后段的效果，应当说也是合于法理（条理）的”（最判平成10・6・12民集52卷4号1087页）。对这一判例应如何理解，尚存争议：是仅对于“民法第158条的法

* 依据日本民法第158条第1款，在时效期间届满前6个月以内，未成年人或成年人被监护人没有法定代理人的，时效中止。——译者注

意”可得适用的案件例外限制除斥期间的效果，还是说对于权利行使事实上困难的案件，均可以比照“正义、公平的理念”、“法理”来限制除斥期间，而该判例不过就是除斥期间的适用及效果受到此种限制的一个示例。另外在战后补偿诉讼中，围绕除斥期间也总是存在争议，若干下级法院判决就因限制除斥期间的适用及效果而备受关注（其嚆矢就是刘连仁诉讼：东京地判平成13·7·12判T第1067号119页）。

(4) 侵权行为的时间起算点

另一个备受关注的，就是20年期间的起算点，即关于“侵权行为时”的解释。筑丰尘肺病诉讼的最高裁判决（最判平成16·4·27民集58卷4号1032页）认为，“除斥期间的起算点是该损害的全部或一部分发生的时点”。对这一判决如何理解也存在分歧：即到底是仅限于像该案件那样，健康受到潜在侵害的场合，才采用损害发生时说，还是通常情况下都采用损害发生时说。不过至少可以说，前述最判平成元年判例所标榜的那种僵化的除斥期间理论，也即“为使法律关系能在一定时间经过后得以确定，而须统一规定请求权的存续期间”，恐怕已经无法再继续维持下去了。

参考文献

内池庆四郎：《侵权行为责任的消灭时效》(1993)；椿寿夫/三林宏编：《权利消灭期间的研究》(2006)；圆谷峻：“消灭时效与除斥期间”，载山田卓生等：《分析和展开 民法Ⅰ（第3版）》(2004) 160页；松本克美：“民法第724条后段‘除斥期间’说的终结之始”，载《立命馆法学》第304号(2006)；松本克美：“民法第724条后段的‘侵权行为时’与权利行使可能性”，载《立命馆法学》第306号(2006)；吉村良一：“消灭时效与除斥期间”，载《法学教室》第193号121页(1996)。

35

取得时效的功能

上智大学教授　十伸行

一、序

取得时效实际上发挥着何种功能，又应当发挥何种功能？本文的课题就是要梳理和讨论这一问题。因为实际在各种各样的事例中都有援用取得时效，所以有必要依据纠纷类型来总览和讨论取得时效的功能。

下面就针对援用了取得时效的主要纠纷类型，探寻一下取得时效的实际功能，并对取得时效的应有功能作若干讨论（已有研究通过对裁判例进行分析而明确了取得时效的功能：星野·后揭 207 页以下）。另外，本文仅选取了不动产所有权的取得时效这一最成问题的领域。

二、取得时效的纠纷类型和实际功能

1. 从无权利人处受让占有型（类型 1）

比如无权利人 A 基于买卖等以所有权移转为目的的法律行为向 B 完成了交付，B 连续占有后主张时效取得的场合［大判大正 15·12·25 民集 5 卷 897 页（占有人为善意无过失），最判昭和 42·7·21 判时 496 号 30 页（占有人为善意无过失），最判昭和 56·1·27 判时 1000 号 83 页（占有人为恶意）等］。此处，连续占有弥补了 A 无权利之瑕疵，B 因而取得权利，时效取得起到了保护交易安全的功能。也即如同为保护 B 的信赖而认可即时取得（民法第 192 条*）那样，在 B 善意无过失的时候，产生了保护交易安全的功能［短期取得时效（民法第 162 条第 2 款**）］。再有，20 年以上长期持续占有的场合，对 B 而言，证明无过失并不容易，或者可能也很难举证证明 B 是因相信 A 是权利人才取得所有权。正是考虑到这一点，因此可以认为长期取得时效（民法第 162

* 即动产善意取得的规定。日本民法第 192 条规定：通过交易行为平稳且公然开始占有动产的人，在善意且无过失时，即时取得可在该动产上行使的权利。——译者注

** 日本民法第 162 条第 2 款规定：10 年间，以所有的意思平稳且公然占有他人之物者，其占有开始之时为善意且无过失时，取得其所有权。——译者注

条第1款*）也保护到了B的交易安全。

2. 转让有效但未完成登记型（类型2）

比如权利人A基于买卖等以所有权移转为目的的法律行为向B进行有效转让，B（或其转得人）取得占有后对转让人A或者A的第二受让人C主张时效取得（对出让人的事例和对第二受让人的事例）的场合（即所谓“自己之物的时效取得”问题）。此处的特点是B从A处受让了所有权之后才援用取得时效的。所以应注意这里的取得时效并非要发挥交易安全保护的功能。

(1) 那么在对出让人的事例［最判昭和44·12·18民集23卷12号2467页，东京地判昭和39·11·20判时401号46页（转得人）等］中，取得时效的意义、功能究竟是什么呢？因为此类事例中，B已经基于有效的受让取得了所有权，所以取得时效的功能就不那么明确了。可否认为是旨在回避价金支付义务，或者跳过中间人（前主）从前前主A处直接取得移转登记（中间省略登记**成为可能）？取得时效是否具有这样的功能，还应再作讨论（参见“三、1”）。

(2) 对第二受让人的事例，是“取得时效与登记”问题涉及的主要情形（参见：舟桥谆一/德本镇编：《新版注释民法（6）物权（1）》（1997）539页以下（原岛重义/儿玉宽））。依据判例（最判昭和46·11·5民集25卷8号1087页等），未登记的第一受让人B的时效完成之前，第二受让人C出现的，C与B可以被视为当事人间的关系，从而B即使不登记，也可以基于时效取得来对抗C。所以可以说，这里的取得时效起到了填补对抗要件欠缺的功能（填补对抗要件欠缺功能）。

时效完成后，C出现的，B只要没登记，那么即使援用取得时效，也不得对抗C（大连判大正14·7·8民集4卷412页等）。在这里，取得时效完全不能发挥作用（援不援用取得时效，结果都相同）。不过依据判例，C完成登记之时开始，B又连续占有，从而满足时效取得的，B即使没有登记也可基于时效取得对抗C（最判昭和36·7·20民集15卷7号1903页）。

3. 转让无效型（类型3）

比如基于买卖等以所有权移转为目的的法律行为，受让人B已经受领了交付，但因无效、被撤销、无权代理、解除等原因，所有权最终未从转让人（权利人）A移转至B的场合。这时主张取得时效就可以弥补无效之类的瑕疵，起到了保护交易安全的功能。也就是说，当B善意无过失，也即相信其可以通过买卖等有效取得所有权时，短期取得时效就起到了这种信赖保护之意义上的交易安全保护功能（不过很多场合下，很难认定B是无过失的）。再有，当A举证证明转让无效之类的瑕疵，而B对此又无法阻止，也即B很难证明其是基于转让取得所有权时，长期取得时效的存在就可以使B免于这种艰难的举证，因此可以说也起到了一种交易安全保护的功能。

4. 转让不存在型（类型4）

比如作为占有人B取得占有之原因的、诸如买卖这样以A向B移转所有权为目的的法律行为未得到肯认的场合（最判昭和58·3·24民集37卷2号131页，最判平成

---

* 日本民法第162条第1款规定：20年间，以所有的意思平稳且公然占有他人之物者，取得其所有权。——译者注

** 特指不动产登记实务中的一种现象，即物权顺次移转的场合下，出于节省税费等原因，有意跳过中间的物权取得人，直接登记在后一个物权取得人的名下。——译者注

7·12·15民集49卷10号3088页。参见：星野·后揭223页以下)。由于长期的连续占有，B是所有人的盖然性较高，此种状况下主张取得时效就产生了这样的功能，即B规避了对所有权归属进行举证的困难。不过，就这个类型4而言，所有之意思被否定的场合并不少，因此时效取得并不容易成立。此外，即便认定了所有之意思，占有人B可以举证证明无过失的场合也并不是很多，所以短期取得时效也较少成立（参见：星野·后揭263页以下)。

5. 转让人占有型（类型5)

比如转让人A缔结了买卖等以所有权移转为目的的法律行为，但没有交付受让人，而是继续占有的场合（最判昭和46·11·25判时654号51页。参见：星野·后揭234页以下)。卖方的继承人主张将卖方的占有期间也计算在内的情形较多。所以这里主张取得时效可以起到这样的功能，即规避了对买卖等以所有权移转为目的的法律行为之无效、失效（所有权未移转）进行举证的困难。不过，A的“所有之意思”被否定的场合并不少（参见：十，后揭5页、12页注（18)、87页注（59)），所以A的时效取得成立的场合较少。

6. 继承人独立占有型（类型6)

比如这样的事例：被继承人没有所有权但一直占有着，继承开始后继承人继承并实际开始占有的场合下，基于继承人的占有期间而援用取得时效。这又可以分为两种类型：(i）被继承人是自主占有人，继承人继承这一自主占有的情形（最判昭和37·5·18民集16卷5号1073页)；(ii）被继承人是他主占有人，继承人是自主占有人的情形(最判昭和46·11·30民集25卷8号1437页、最判平成8·11·12民集50卷10号2591页)。无论是（i）还是（ii)，判例均认为，继承人因继承而开始了事实上的支配，就取得了独立的占有（关于这里存在的问题点，参见：十，后揭109页以下、126页以下)，然后继承人基于其独立的连续占有可以成立时效取得。在这里，即使继承人是善意无过失的，短期取得时效也没有产生保护交易安全的作用，所以大概只是有助于是保护继承人对继承了所有权的信赖及期待吧。此外，就长期取得时效而言，因为继承人自身长期的连续占有，所以产生了这样的功能，即规避了对所有权归属进行举证的困难。

7. 地界争议型（类型7)

地界争议中取得时效也是一个问题。此类事例有：(i）一直以来邻人之间地界就不明确，一方占有另一方的部分土地（最判昭和41·10·7民集20卷8号1615页)；(ii）以为买卖的对象涵盖了有地界争议的部分，并完全受让交付（最判昭和44·12·11判时583号50页、最判昭和52·3·31判时855号57页。参见：星野·后揭239页以下)。(i）和（ii）中的取得时效都产生了确定地界的功能，而（ii）中，除了确定地界的功能之外，取得时效还起到了信赖保护意义上的交易安全保护功能，因为受让人是善意无过失的，其相信争议部分也包括在买卖对象之中。此外还有（iii)：在上述（i）(ii)中，又出现了邻地的受让人（完成登记)，并与之发生了地界争议。关于这一场合，判例的处理与“类型2”相同。对此需要注意（大判昭和9·5·28民集13卷857页、最判昭和33·8·28民集12卷12号1936页、最判昭和35·7·27民集14卷10号1871页、最判昭和48·10·5民集27卷9号1110页、最判平成18·1·17民集60卷1号27页)。

三、取得时效应有的功能

取得时效的现实功能当然并不等于应有的功能。所以不妨从取得时效的功能角度出发，思考一下对于上述主要类型是否均应认可取得时效。

1. 关于“类型 2”中的对出让人事例

对于“类型 2”中的对出让人事例，是否应认可取得时效，就存在相当的疑问（参见：好美清光，《金判》第 221 号 2 页以下）。如果在这里认可取得时效，那么就意味着无视有效成立的转让合同的双务性。同时取得时效也不具有通过保护交易中的信赖、规避有关所有权取得之举证的困难来实现交易安全保护的功能。所以不应当认可这样一种取得时效。至于此时的法律构成，只需以不满足“他人之物”的要件来说明即可。

2. 关于“类型 2”中的对第二受让人事例

相应的法律处理确属疑难问题，学说上也可以看到登记尊重说、占有尊重说、类型论等各式各样的见解（详细内容可以参见文后所列参考文献）。这里仅仅说一下我个人的结论。就与时效完成前出现的第二受让人 C 之间的关系而言，并无充分的依据可以认同取得时效具有填补对抗要件欠缺功能。此外正如经常被指出的，按照第二受让人 C 出现的时间是在时效完成前还是后进行区别对待也缺乏合理性。因为 C 不能否定 A 对 B 的有效转让，所以 B 的占有不符合他人之物这一要件。不过，C 一旦登记 B 就将丧失所有权，所以从这一时点起他人之物的要件即告满足，于是应认为取得时效开始进行。如果有必要保护未登记的受让人 B，那么应通过对民法第 177 条的“第三人”范围（背信的恶意者理论）进行解释和适用来实现（参见：前揭最判平成 18·1·17）。另外，“类型 7”中的（iii）与（i）、（ii）一样，实质都是确定地界（确定各所有权所及之范围）的问题，不应将其当作地界争议部分的二重转让（或者类似关系）问题。所以，无论占有人有无登记，均应认可时效取得［不过，有批评认为“类型 2”中的对受让人事例与“类型 7”中的（iii）之间的区分是有困难的（参见：安达三季生：“取得时效和登记”，载石田喜久夫编：《民法Ⅰ判例和学说 2》（1977）202 页以下；镰田薰：“民法判例评析”，载《判 T》第 484 号 24 页以下）］。

3. 继承人独立占有与取得时效

最后关于“类型 6”再简单说几点。认可继承人通过独立占有而成立短期取得时效，无论是对于（i）还是（ii）而言，都是相当有疑问的。到底有多大的必要性，需要牺牲真正所有人的利益来保护继承人对继承标的不动产的信赖和期待？继承人只是对继承存在错误的预期而已，这里并不存在交易安全保护之类的诉求。所以就“类型 6”而言，与必须借助取得时效来实现交易安全保护的场合（“类型 1”、“类型 3”）不同，原则上应排除短期取得时效。这一结论可以通过以下手法得到实现，即不轻易认可继承人所作的有关无过失的举证。此外对于（ii），还可以通过对是否变更为自主占有进行严格判断来实现这一结论（参见：十，后揭 184 页以下）。如果基于这样的立场，那么也就没有必要依据民法第 187 条*去认可有关继承人独立占有之分离的主张了。

* 日本民法第 187 条第 1 款规定：占有人的继承人可以仅主张自己的占有，也可以将前占有人的占有与自己的占有合并主张。——译者注

参考文献

星野英一："关于时效的备忘录——以存在理由为中心"，载星野英一：《民法论集（4）》（1978）；藤原弘道：《时效与占有》（1985）；草野元己：《取得时效的研究》（1996）；藤原弘道：《取得时效法的诸问题》（1999）；十伸行：《所有的意思与取得时效》（2003）。

三　物权

36 物权请求权

一桥大学教授　山本和彦

一、物权请求权的意义、样态

所谓物权请求权，是指在物权效力受到妨害或者存在受到妨害的危险时，物权所有者基于该物权所行使的请求权。物权请求权的样态，首先分为物权效力已然受到妨害与存在受到妨害的危险两类；进而前者又可以分为他人占有的妨害与其他样态的妨害。

首先，通过物的占有的形式妨害物权效力的，请求权表现为寻求占有转移的返还请求权。因而，那些不存在占有这一形态的物权（地役权等）也就当然无法产生返还请求权。为何将占有这一样态与其他样态区分出来，主要在于其实现方法（执行方法）的特殊性。即这种请求权原则上是以物的交付、让与执行（民事执行法第168条～第170条）来实现的（但是，根据2003年的法律修正，间接执行也成为可能。民事执行法第173条）。

其次，妨害排除请求权是指，当物权效力的妨害以物的占有以外的样态出现时，寻求排除该妨害行为、妨害后果的请求权。作为所有物权都可能出现的问题，究竟何种样态的行为能够成为排除对象，是由物权的性质决定的。另外，实现方法也同样基于妨害的样态而多种多样：替代性作为义务的场合（土地上的无权源的建筑物的收取等）为替代性执行（民事执行法第171条。但是间接执行同样可能。同法第173条）；意思表示义务的场合（无权利者土地登记名义的抹消等）为意思表示的拟制（民事执行法第174条）；除此之外的非替代性的作为义务、不作为义务场合则为间接强制（民事执行法第172条）

最后，妨害预防请求权是指，物权效力虽尚未被妨害，但存在妨害的危险时，寻求不产生妨害（为了实现该目标的措施）的请求权。这是一种在妨害结果成为现实之前对对方当事人的行为进行制约的权利；虽是基于物权的强力性而特别予以承认的权利，但从对方当事人行为自由的角度，有必要将侵害的危险进行具体化。这样的实现方法虽然因预想的妨害样态有所不同，但也可以归纳为，寻求单纯的不作为时（妨害日照权的建筑物的停止建设）应付诸间接强制；一定的代替性作为措施时（具有崩坏危险的相邻建筑工程等）应付诸代替执行（但是，间接强制同样可能）。

二、物权请求权的性质

关于物权请求权的性质，其与行使权利时的费用负担问题有所关联，究竟是寻求对方当事人返还、排除妨害、抑或预防等行为的行为请求权，还是基于权利人的权利行使而要求对方当事人进行容忍的容忍请求权，在学界一直存在争议（争议的详细内容请参考：水边芳郎，“物权请求权与费用的负担”，《民法的争点Ⅰ》96 页以下）。前者的情况下，行为的费用（除去妨害物的工程费用等）原则上应当由对方当事人承担；后者的情况下，则应当视为由权利人承担。但是，关于费用承担的问题，基于广义上的责任所在而进行另外调整的见解也是一种有力说（水边的前引文将以行为请求权为前提，在对方当事人并无归责事由的情形下将费用负担交予权利人的见解称为“行为请求权修正说”；将以容忍请求权为前提，且对方当事人有归责事由的情形下将费用负担交予对方当事人的见解称为“责任说”）。

在物权作为具有绝对效果的对世权得到确认的基础上，对其侵害或者具有侵害危险的限度内，原则上应当认可权利人的申请排除、预防侵害的请求权（这一观点即便现在仍然是多数说。内田贵《民法Ⅰ（第 3 版）》2005 年 366 页，山野目章夫《物权法（第 3 版）》2005 年 82 页，近江幸治《民法讲义Ⅱ（第 2 版）》2003 年 34 页等。否定说则有，加藤雅信《新民法大系Ⅱ物权法（第 2 版）》2005 年 38 页等。此外，若是基于容忍请求权说（责任说），作为建筑物回收、土地交还请求的请求原因事实，则会附加建筑物所有人的有责性）。但是，在该侵害或者侵害危险并不基于对方当事人的情况下，并不能向对方当事人寻求排除、预防妨害的行为，权利人应当对这样的行为有着容忍义务（如果基于对方当事人的行为，则行为请求权成立，该请求权并不需要以对方当事人的归责事由为必要。内田，前引 366 页等）。因此，举例来说，A 的所有物被 B 以非归责事由误信为自己的所有物带回的情况下，存在返还请求权。B 在归家途中将物放置于 C 庭院的情况下，对于 C 而言，应当容忍 A 进入其庭院的请求权。

如果这么理解的话，各种情形下的侵害或者侵害危险是否符合“基于对方当事人的行为”就成为重要的问题。这虽是一个结果评价的问题，但从前述的主旨来看，如果认可这种侵害等广泛的与对方当事人的作为、不作为有着相当因果关系的话，那自然也就能够认可行为请求权成立（比如，土地上建筑物即便移交给第三人之后，只要登记仍未更改，建筑物拆除义务这种行为义务并不会被免除。最判平成 6 年 2 月 8 日民集 48 卷 2 号 373 页）。关于这点，原则上通过行为请求权解决，与保留不可抗力情形的判例立场（大判昭和 5 年 10 月 31 日民集 9 卷 1009 页，大判昭和 12 年 11 月 19 日民集 16 卷 1881 页等）大致相近（但是，后者的判例“并不考虑该侵害或者危险是否基于自己的行为”，而需要负起消除侵害，防止侵害危险的义务，在这一点上同前者有所差异）。如果这样考虑的话，该侵害行为应该基于不同行为人而得到不同的评价，即并不会产生与物权请求权冲突的情况。

此外，按照上述理解我们需要注意，在不基于对方当事人的情况下，妨害排除、妨害预防相关的请求权一般都很难成立。例如，相邻土地的一部分崩塌导致自己的部分土地无法使用的情况下，如果该行为是基于对方当事人的，则妨害排除请求权（行为请求权）成立；反之则不成立（权利人当然应当通过自己的费用来恢复原状）。

三、物权请求权的内容

1. 所有权

物权请求权的核心在于它是基于所有权的存在（最近，关于物权请求权限定于所有权形式的讨论趋于一般化。内田、前引 361 页。大村敦志《基本民法Ⅰ（第 3 版）》2007 年 274 页等）。所有权，是以对某个物的全面的、排他的支配为内容的物权。因此，对占有取得等全面支配的妨害，或者具有妨害危险的行为都是物权请求权的对象。例如，基于噪声的产生、日照的阻碍而导致不动产正常使用困难的，这种行为就构成对不动产支配的妨害。但是，妨害行为或者有妨害危险的行为如果是不作为的话，物权请求权的对方当事人究竟是谁就成为问题。虽然有“侵害他人所有权的危险处于自己支配内的人”这样的表达（广中俊雄《物权法（下）》1981 年 270 页。山野目、前注 87 页等），但最终，仍然是将惹起妨害状态或者危险状态的物的所有者作为对方当事人。

2. 占有权

基于占有权的占有诉权（最近，也有称为“占有保护请求权”）是指，若是将占有权作为物权的一种进行对待的话，占有诉权也就是物权请求权的一种特殊形态［内田、前注 411 页。与此相对，山野目、前注 6 页“基于占有权的物权请求权很难理解（问题在于这完全是在民法第 197 条以下的处理），使用物权这一概念的有用性很匮乏”］。这一点将在本书 44 进行全面分析。

3. 用益物权

基于地上权的请求权以及基于永作权的请求权都是以占有为内容的物权，其内容也基本与基于所有权的请求权一致。但是，因为该物权是在一定目的下能够支配物的权利，目的的不同，会对某个行为是否构成物权妨害产生影响（例如，相邻土地产生的噪声可能就不构成对永作权的妨害）。

另外，由于地役权并不是占有的权源，原则上并不认可返还请求权。但是，参照抵押权相关判例（参照以下“4”），为了防止侵害地役权行为的产生，承役地所有人应当对承役地进行适当的维持管理。当这种期待无法实现时，地役权人可以直接对承役地的占有人寻求土地交还。此外，某个行为是否构成基于地役权的物权请求权的对象，是以设定行为是否妨害特定目的（民法第 280 条），是否存在妨害的危险而定的。比如，在设定了通行地役权的情形下，某人即便不法占有了承役地，只要不产生通行的障碍，地役权人，不仅对返还请求权，即便是妨害排除请求权都不享有。当存在通行妨害或者妨害危险时，妨害排除、预防请求权是得到认可的（最判平成 17 年 3 月 29 日判时 1895 号 56 页也同样确认了基于通行地役权的妨害排除，但是“基于通行地役权，若是超越了禁止通行妨害行为，寻求承役地目的之外的其他禁止的是不受认可的”）。

4. 担保物权

基于担保物权的物权请求权，应以物的交换价值为主进行把握，因而处于一种略显特殊的位置。首先，留置权基于占有的丧失而消灭（民法第 302 条），不存在返还请求权（基于占有回收之诉的占有回复是认可的），只有妨害排除、预防请求权得到认可。动产先取特权同样如此（参考民法第 333 条）。一般的先取物权，并不是对特定物的个别权利，物权请求权并不产生（但是，在有登记的场合认可物权请求权的余地是存在的）。质权是伴随着占有存在的担保权，原则上包含返还请求权在内的所有的物权请求权都可以成立。但是，动产质权人在质物占有被侵害的情形下，只能通过占有回收之诉来回复质物（民法第353条），因此也就存在基于质权自身的返还请求权是否可行的讨论（详细内容参考广中、前注279页以下）。进而，权利质押同样，在该权利不伴随着物的占有的情形下（债权、知识产权等），只承认妨害排除以及预防（加藤、前注42页）。此外，占有取得以外的形态所对应的行为中，哪些行为构成妨害或者危险的，从担保权的特质来看，应当与抵押权相当。

抵押权属于非占有担保权，原则上只有妨害排除、预防请求权能够成为探讨的问题。而哪种情形能够构成对抵押权的妨害，则有第三人妨害的判例存在。即关于第三人的不法占有，“当抵押不动产的交换价值的实现受到妨害，抵押权人的优先受偿请求权的行使变得困难的时候”妨害排除请求权成立（最大判平成11年11月24日民集53卷8号1899页）。抵押权设定后第三人从所有人处获得占有权源的设定，占有标的物的情形下，“占有权源的设定如果被认为存在妨害实现抵押权的拍卖程序的目的的，这种占有妨害了抵押不动产交换价值的实现，使得抵押权人的优先受偿请求权的行使变得困难的”妨害排除请求权成立（最判平成17年3月10日民集59卷2号356页）。有权源占有的情形下要求存在妨害目的，这也同样适用于妨害不以占有形态存在的情形（第三人为了妨害不动产交换价值的实现，搬入废弃物等行为）。此外，不仅有妨害，“抵押不动产的所有人，为了防止抵押权受侵害，应当对抵押不动产加以适当的维持管理，如果这一期待无法实现的”，例外性的返还请求权也就发生了（前注平成17年判例）。这种场合下抵押权人取得的占有，是以不动产的维持管理为目的的占有（即所谓的管理占有），并不是以使用收益等为目的的占有。以上亦可称为不动产先取特权。

参考文献

见正文。

37

不动产买卖的进程

京都大学教授　横山美夏

一、问题所在

1. 不动产买卖的成立过程

由于不动产是高价且重要的财产，不动产买卖的当事人并不即时地缔结合同，而是从售价开始，对交付时间、形式等进行多次商谈，在此期间，通过对标的物的现状、权利关系等进行充分的调查之后，慎重地缔结合同是最为通常的做法。此外，对于买卖缔结中许可、材料提交等存在必要行政程序的情形下，相关程序以及费用负担也有交涉的必要。

另一边，当事人在交涉的过程中，也可以对交涉总结的事项达成个别的合意，对交涉的方法、形式，或者为了达成买卖合同的缔结，一方或者双方当事人所应为的事项也同样可以达成个别的合意。

在这种不动产买卖的进程中，判断买卖合同是何时成立的并不是那么容易。此外，不动产买卖中当事人间法律关系也不能说在合同成立之时才从零到百。实际上，不动产买卖一般只在合同成立时交付售价金额 1/10 的首付款；首付交付、合同成立后，若是尚未着手履行，以放弃首付款的方式解除合同也是可能的（民法第 557 条第 1 项）。

这样一来，在不动产买卖中，合同成立究竟有着怎样的法律意义就值得思考。进而，如何理解不动产买卖成立的意义就与如何判断不动产买卖合同成立的时间密切相关。

2. 不动产买卖的成立与所有权转移

买卖是以所有权转移为目的的合同。

以所有权转移为典型的物权变动，“仅以当事人的意思表示”进行移转（民法第 176 条）。那么，基于买卖的所有权转移情形下，第 176 条所言的意思表示，仅仅是买卖的意思表示吗？还是说，所有权转移的意思表示同样必要？假如买卖的意思表示就足够的话，所有权在合同成立之时即移转的这种理解，会不会与不动产买卖习惯中当事人意识相悖等问题也就产生了。

下文将就不动产买卖进程中产生的各问题，以不动产买卖的成立、所有权转移的顺序进行探讨。

二、不动产买卖的成立

1. 买卖的成立要件

(1) 买卖，作为诺成合同随着财产权的移转与价金支付的合意而成立（我妻荣《债权各论中卷1》250页1957年）。

一般而言，若是合同的中心内容达成合意的话，即便周边的或者附随的内容没有达成合意也视为合同成立。关于这点，过往的学说有这样的倾向：即便是不动产买卖，也强调买卖的诺成性质，更容易地认定合同的成立。

(2) 然而，作为不动产买卖中当事人的意志，即便合同的中心内容达成口头合意，仅仅如此买卖并不成立，只有正式的买卖合同作成之时方才成立，而首付款的授受被认为是合同成立的证明。

实际上，法院对于仅有口头的合意而确认不动产买卖合同成立也持审慎的态度（青山邦夫“买卖合同的认定”判T503号35页以下1983年；太田知行“合同成立的认定”铃木禄弥先生古稀纪念《民事法学的新展开》1993年251页以下）。即判例有着在没有作成买卖合同书的情形下否定买卖成立的倾向（福田皓一、真锅秀永“买卖合同的成立时期”泽野顺彦编《现代裁判法大系（2）不动产买卖》1998年16页以下；香川崇“诺成合同的当今意义”九大法学77号1999年135页以下）。另外，需要都道府县知事提交相应文书的土地买卖，在经过必要的程序后，制作正式的买卖合同书是当然的预设事项，在作出前否定买卖成立的判例同样存在（国土利用计划法（以下称为国土法）旧23条1项的文书提交相关判例有，东京地判平成元年7月28日判时1354号111页；东京地判平成2年12月26日金判888号22页；东京地判平成3年5月30日金判889号42页；名古屋地判平成4年10月28日金判918号35页等）。

在合同书没有作成阶段慎重地判断买卖成立的以上判例，如何论证同买卖的诺成性之间不构成矛盾，主要从合同当事人在达成买卖合意之上以合同书作成为合同成立要件来进行解释。但是，否定买卖合同成立的判例大多数并非如此，而是以买卖合同的成立以买卖的确定意思表示为必要来解释的（东京地判昭和57年2月17日判时1049号55页；东京地裁昭和63年2月29日判T675号174页；大阪高判平成2年4月26日判时1383号131页；前注东京地判平成2年12月26日等。香川前注150页参考）。在这些判例中，买卖合意并未形成仍然是问题。

2. 确定合意的必要性

(1) 学说也渐渐认同买卖成立需要以确定的合意为必要，但是，何为“确定的合意”?

(2) 判例和学说所谓的确定的合意以及确定的意思表示有着两层意义（中田裕康、加藤幸雄“合同缔结从交涉到成立”镰田薰等编著《民事法3债权各论》2005年5页以下（中田裕康））。第一，所谓合意是指，目的物、价金等合同中心部分的给付内容能够确定并得到确定。

国土法旧第23条第1项相关的判例中，程序终结后即便已经预定制作正式的合同书，在正式提交前以买卖的具体内容的合意已经达成为理由，承认文本提交前合同成立的判例同样存在（东京高判平成6年2月23日判时1492号92页，神户地判平成4年2月28日判T799号194页）。似乎可以这么来理解这些判例，即合同的成立，在合同内容确定的情况下已然足够。

(3) 第二，这个合意是终局性的（镰田薰“销售承诺书的交付与买卖合同的成立”Jurist857 号 116 页 1986 年；青山前注 35 页以下；太田前注 285 页以下参考）。第二层意义要求确定的合意，而第一层意义下，仅仅确定合同的内容并不当然地意味着买卖成立，缔结合同的终局性的合意是必要的（明确表示“确定且终局”的合意是必要的相关论文有，池田清治“合同交涉的放弃与责任”1997 年 249 页；横山美夏“不动产买卖合同的成立过程与成立前合意的法律效力”私法 54 号 1992 年 195 页以下参考）。具体而言，当事人若是没有使买卖效果发生的意思，或者有保留即时效果发生的意思的，即便合同内容具有第一层意义，合意也不是终局性的（中田、加藤前注 6 页参考）。换言之，是否具有承认买卖效果发生的意思，对于判断终局性十分重要。

(4) 买卖效果发生的意思能够左右合意终局性的判断，那么下一步，买卖的成立与否所意味的买卖的本质效果又为何？

合同的本质效果因合同种类的不同而有所不同（中田裕康《连续性交易研究》2000 年 436 页以下），对于买卖，履行请求权的发生十分重要（河上正二“‘合同的成立’相关研究（2、完）”判 T657 号 28 页 1988 年；中田，前注）。若是基于这种观点，当事人是否“不得不强制现实履行”成为合同是否成立的判断标准（河上、前注）。

因此，在判断买卖的终局性合意是否存在时，是否有当事人认可履行权发生的意思就十分重要（横山、前注 196 页）。本来，不动产买卖在合同成立时交付价金的 1/10 作为首付款为一般形式，合同成立后履行着手前都可以解除合同。这种意思严格来说，是履行着手前通过放弃首付款免于强制履行的保留性的意思。

(5) 此外，国土法旧第 23 条第 1 项、第 27 条之 4 的文书提交，或者第 14 条许可的规定，在买卖合同缔结时，违反这些规定需要适用伴随着罚则的必要的行政程序（国土法第 46 条、第 47 条 2 号）。若是说当事人在违反法令，履行相关行政程序前，就有着使买卖效果发生的意思是很难推导出来的（基于国土法旧第 23 条第 1 项有以下论文：吉田克己“判批”判 T817 号 63 页 1993 年；福田、真锅、前注 25 页）。在这种情况下，不如说程序终结前合同内容相关合意即便作出，也不过是，若是合同最终能够缔结那就按照这个内容缔结这样的一种合意，而合同缔结的终局性合意没有达成的情况并不少见。

3. 合同书的作成与买卖成立的关系

(1) 如上所述，不动产买卖通过买卖合同书的作成与首付的授受达成终局性买卖合意的情况较多。因而，也就有了买卖的诺成性质应按照交易习惯进行修正的观点（河上、前注 15 页）。但是，通过合同书的作成使合同成立的交易习惯并不必然意味着从诺成主义乖离。在诺成合同中，合意的存否是决定性的，合意本身是不可视的，当事人为了强调合意的重要性，通过合同书这种可视且可保存的证书的制作来达成终局性的合意也是自然的选择。

(2) 与之相对，在买卖合同书已然作成的情形下，买卖合同书作为一种处分文书，若是文书成立得到承认，在没有特殊情况下，以其内容作为成立的合同进行处理是当前裁判实务惯例（福田、真锅、前注 18 页）。但在判例中，即便买卖合同书已然作成，仍否定合同成立的例子同样存在（大分地判昭和 61 年 4 月 24 日判 T622 号 121 页；加藤雅信“从裁判实务看‘合同成立’与‘中间合意’”野村丰弘先生还历*纪念《21 世纪

---

* 日文“还历”指 60 岁（花甲）。——译者注

判例合同法的最前线》2006 年 16 页以下)。在该判决中，买房以利率较低的公积金贷款为购买土地并在其上建设为前提，卖方在明知该前提下，强硬推进了合同缔结的相关程序。即便土地买卖合同书已作成，合同书具有处分证书的效果，仍然很难得出合同成立的意味。

确实，合同书的作成所意味着的终局性合意的存在能够很容易地得到推导。若是存在推翻这种推导的事实存在，合同的成立就将被否定。尤其是，没有交付首付的情形下，按照不动产交易惯例，很难认为形成了终局性合意，即便作成了合同书，也仍然有否定合同成立的余地。

4. 不动产买卖成立前合意的效力

(1) 然而，如文首所述，在买卖的交涉过程中，终局性合意形成前，为了准备缔结买卖的合意形成并不少见。那么，交涉过程中的合意是否也有法律拘束力呢？例如，需要向都道府县提交文书的买卖，在提出前确定合同内容的合意已然形成，根据这一合意，决定在程序完成后缔结买卖合同。然而文书提交后一方当事人拒绝缔结买卖的，应当如何定文书提交前合意具有怎样的法律效力就成为值得探讨的问题。

(2) 关于这一点，一面，不动产买卖是通过合意不断累积这一进程而成立的，从重视这一观点的立场来看，交涉过程的最终局面中存在的中间合意，对于合意内容本身的反悔以及与其内容矛盾的理由拒绝缔结合同的，应当不予准许（镰田、前注 117 页)。另一面，学说中还有这样的观点，即交涉过程中的合意一般来说，当是赋予履行请求权的合意的话，这种合意足以作为独立的合同进行评价；而其他中间合意，由于不过是涉及事实意思的相关问题，不应当将之同合同拘束力视为同质的法律拘束力（潮见佳男《债权总论 1（第 2 版）》2003 年 553 页以下)。根据后者的观点，对不能称为合同的合意的不遵守，在能够视为违反交涉过程中诚实信用原则的情形下，不过是发生了侵权责任。

(3) 与之相对，前者这种肯定合同成立前合意的法律拘束力的见解，面临着这种法律拘束力内容为何的问题。

首先，当事人达成在将来成立终局性买卖的合意时，能够强制买卖的缔结吗？预约的法律拘束力虽然一般也有所相关，但若是肯定强制履行，当事人保留终局性意思的意义也就丧失了。若是将履行请求权的发生作为合同成立的本质效果进行理解的话，在合同没有成立的情形下，应当否定强制履行（潮见、前注 554 页以下)。

那么，以违反合意为理由的损害赔偿又当如何看待呢？在承认损害赔偿的前提下，赔偿的范围也就成为问题所在。基于传统的通说，否定了履行请求权也就否定了履行利益的赔偿，只能限定在信赖买卖合同成立的所谓的信赖利益的赔偿上了。还存在与之对应的另一见解，从阶段性理解不动产买卖的法律拘束力的立场出发，履行请求权的强制意义的角度来看，即便没能使合同成立，预定缔结终局性买卖的确定性合意的损害赔偿范围也能够涉及履行利益（横山美夏“不动产买卖合同的‘成立’与所有权移转（2、完）”早稻田法学 65 卷 3 号 1990 年 298 页以下)。

(4) 本来，关于损害赔偿的范围，是否承认合同成立前合意的法律拘束力暂且不论，历来的信赖利益赔偿论反而才是问题所在（潮见、前注 556 页)，损害赔偿不论是侵权责任还是违约责任，基于损害赔偿范围相关的一般法理已然足够，并不必然地需要通过“信赖利益”这一不明确的概念来解决（中田、加藤、前注 11 页)。

三、基于不动产买卖的所有权移转

1. 民法第 176 条的意义

(1) 买卖合同成立后，买方有向卖方转移财产的义务。在不动产买卖中，卖方虽然负有向买方转移目的不动产所有权的义务，但是根据民法第 176 条，物权的设定以及移转只能依据当事人意思表示而产生。

从比较法的视野看，存在德国民法那样，规定登记等一定的形式作为不动产物权变动要件的法制度（形式主义）。在形式主义下，买卖合同成立，所有权移转的合意即便达成，若是不符合规定的形式要求，所有权不发生移转。与之相对，民法第 176 条采取法国法这样的意思主义，即物权变动不需要意思表示之外的任何形式。

(2) 那么，导致物权变动的民法第 176 条中的“意思”究竟是什么意思？具体而言，此处的意思就是买卖等使物权变动的原因行为的成立的意思表示吗（物权行为独立性否定说）？还是说物权变动的意思表示也有必要（物权行为独立性肯定说）？在独立性肯定说下，进而，物权行为对于原因行为的无因性是否需要承认？即物权变动的原因行为的无效、撤销是否对物权行为的效力产生影响都是讨论的对象。

本来，独立性肯定说认为，一个行为中存在着债权意思表示和物权意思表示两层含义（林良平《物权法》1951 年 46 页；石田喜久夫“买卖与所有权移转”於保不二雄先生还历纪念《民法学的基础课题（中）》1974 年 203 页以下；安永正昭“物权变动（1）”法教 308 号 2006 年 40 页）。在不承认无因性的情况下，肯不肯定独立性并不当然地得出不同的结论。

(3) 围绕着物权行为独立性的讨论，日本民法虽然继承了法国法的意思主义，但与法国民法不同，他人所有物买卖是有效的（民法第 560 条），作为买卖合同的效果仅仅产生所有权移转之债，等等。这些虽然都与日本民法的构造应当如何理解相关，但日本的判例从民法制定之初就基本一以贯之地否定了独立性（大判大正 2 年 10 月 25 日民录 19 辑 857 页等；基于判例的分析有：舟桥谆一、德本镇编《新版注释民法（6）》1997 年 231 页以下（山本进一））。学说也以独立性否定说为通说。

2. 所有权移转的时期

(1) 判例

接着，买卖中所有权移转的时期是下一个问题。判例从大审院以来，只要没有特别约定，买卖成立时买房转移所有权是原则（前注大判大正 2 年 10 月 25 日，最判昭和 33 年 6 月 20 日民集 12 卷 10 号 1585 页等。但是，根据不同的案件事实，判例对合同成立时的定位也有所疑问。吉原节夫“特定物买卖中所有权移转的时期”民商 48 卷 6 号 1963 年 843 页以下）。根据判例，不特定物买卖及他人所有物买卖等，在合同成立时所有物移转出现障碍时，当障碍消除时所有权当然地向买方转移。比如，不特定物买卖中目的物特定时（最判昭和 35 年 6 月 24 日民集 14 卷 8 号 1528 页）；属于他人的特定物买方取得所有权时（最判昭和 40 年 11 月 19 日民集 19 卷 8 号 2003 页），所有权就向买方移转。此外，在所有权移转时期存在特别约定的依约定（最判昭和 35 年 3 月 22 日民集 14 卷 4 号 501 页，最判昭和 38 年 5 月 31 日民集 17 卷 4 号 588 页）。

对于有特别约定依约定的原则，学界并不存在异议。问题在于，在不存在特别约定的情形下，应当如何理解所有权在何时移转。

（2）学说

1）传统通说立足于独立性否定说，依据民法第 176 条的仅依意义表示发生物权变动的规定，认为买卖合同成立时所有权发生转移（合同成立时说）。

2）对于合同成立时说，首先，从独立性肯定说的立场出发，伴随着价金支付、登记、移交等外部表征行为来判断所有权移转更为适合商业行为的实然状态（末川博《合同总论》1932 年 240 页以下），因此，以价金支付、登记、移交作为物权合同的构成要件的见解是对合同成立时说的一种批判。基于此，价金支付、登记、移交中的任一成立时发生所有权的移转（末川博"特定物买卖中所有权移转的时期"与"占有与所有"1962 年 206 页以下）。

3）另外，独立性否定说也同样存在对合同成立时说不适应不动产商业实际的批判。强调有偿合同的本质内容是对价给付之间的牵连关系（同时履行的关系），所有权应当在作为其对价的价金支付时进行转移，这应当是基本原则（有偿性说，川岛武宜《所有权法的理论》1949 年 248 页以下）。在此之上，川岛博士以买卖当事人的通常意思为根据，不动产以登记，动产以交付的话，即便没有价金支付，所有权也应当视为移转（川岛《民法 1》1960 年 153 页）。有偿性说与独立性肯定说的不同点在于，价金支付、登记、交付之时是否存在物权移转的意思表示，还是仅仅视为单纯的事实行为。

进而，在有偿性说之中，还存在另外一种观点，在未支付价金下登记或者交付的，若是承认利益未向卖方转移之下的所有权移转的话，这是无法从有偿性的原理中推导出来的，这种情形下所有权是否移转可以视为卖方对买方的信用授予形态（信用授予形态说。远藤浩等编《民法（2）物权（第 4 版）》1996 年 50 页（原岛重义））。例如，大企业将生产的商品持续性地卖给其他企业的情形下，卖方出于对买方的完全信任，即便不支付价金在交付商品时所有权已然移转。而小卖铺的单次交易中存不存在信用很难判断，在这种情况下只有物的转移是很难认定所有权移转的。

对于这些有偿性说的批判在于，价金不支付即向买方转移所有权的前提下，难免与承认留置权与优先取得权的民法基本理论有所矛盾（镰田薰《民法 note 物权法 1（第二版）》2001 年 18 页）。

4）另外，也有学说主张，所有权移转的时期本来就不可能确定，且亦不存在实益（确定无用说。铃木禄弥"特定物买卖中所有权移转的时期"合同法大系刊行委员会编《合同法大系 2》1962 年 98 页以下）。基于此，首先，所有权移转贯穿于买卖合同的缔结到履行的终了整个过程中，所有权的法效果所对应的各种技能，也是在不同的时间点循序渐进地从卖方向买方转移，所有权并不存在那种瞬间崩塌式的转移。其次，当事人间的法律关系基于合同内容、基于与第三人的关系是否需要对抗要件等都有不同的规范，因此将所有权移转时期统一到某一个时间点并无实益。

5）如前所述，学说见解并未达成共识，对于合同成立时说会产生违反不动产买卖当事人的意思，使所有权过早移转的批判认为，若是有财产权移转以及价金支付的合意的话，容易认定不动产买卖合同的成立，这是以往观点的前提，需要特别留意。买卖合同的成立本身需要慎重理解，且在积极地认可所有权移转时期相关特别约定之上，即便采取合同成立时说，也给人以实质上回避问题的感受（镰田、前注《民法 note 物权法 1（第 2 版）》20 页）。

因此，确定所有权转移时期是否有意义，与如何理解所有权密切相关，这已经越过了是否存在不得不确定概括性所有权的所在等问题了。确定无用说即将所有权概念本身进行了解体（内田贵《民法 1 总则、物权总编（第 3 版）》2005 年 428 页）。所有权是否需要按性质进行分解（石田、前注 198 页），此外，所有权概念的意义是否穷尽了其权能等都是需要继续探讨的课题。

参考文献

见正文。

38

“二重转让”的法律构成

早稻田大学教授　镰田薰

一、何谓“二重转让”

A将其所有的不动产转卖给B但尚未登记期间，将同一不动产转让给C的情形一般称为“二重转让”。在这种情形下，C首先进行移转登记的，C即取得所有权。

然而，在此情形下，因为日本民法采用意思主义，A向B转移所有权之后意味着A属于无权利人，A向C的物的移交甚至都不可以称为所有权移转。这样的异议已然能够在法典调查会的议事中见到，但因此会使得导入登记制度失去意义，因而大多数的学说都一致认为这种讨论毫无意义而加以排斥。

假设该异议成立，未登记即所有权未移转的结论与“意思主义”的原则相违背，受让人C误信无权利人的A登记名义为真而取得所有权成立的话，因登记而取得公信力，就与登记仅可以有效成立的物权变动对抗第三人，不能产生新的物权变动这一“对抗要件主义”原则相违背了。

因而，大多数学说提出了，A向B转移所有权，A向C转移所有权同样有效这一“意思主义”与“对抗要件主义”调和的理论。然而，这样的调和同样存在违反物权排他性以及一物一权的疑问，为了得到满意的说明学者们一直煞费苦心。

“二重转让”一词严格来讲，是单一的所有权在本不应当同时存在的两个所有权移转同时有效成立的状态。这和A与B之间，A与C之间的一方或者双方处于债权阶段的“一物二卖”是有所区别的。基于这种区别，采取合同成立时所有权移转说的话，原则上一物二卖常产生二重转让的效果。若是采取价金支付、登记、交付时移转说，则很少产生二重转让的效果。

二、传统学说的概况

如前所述，大多数学说均以意思主义原则为前提，并不认可登记的“公信力”，C在登记之前，从A转移到C的所有权是有效的。这样，首先会产生的一个问题在于，第二次转让之时A处留存了怎样的权限。而基于该问题，又会追问，第一次转让之时，究竟从A处向B转移了哪些权利。关于这一点，学说大致可以分为三类。

1. 不完全物权变动说

第一类学说认为，A与B之间的物权变动因为尚未登记而不产生完全的效力，出让人A并非完全无权利人，其可以向C进行第二次出让（我妻荣）。

这一学说与登记前只产生债权效果的学说以及当事人之间已经产生完全的物权变动效力但对第三人却不产生这样的效果，A依然为所有人这一学说相类似。明治41年（1908年）12月15日联合部判决（民录14辑1301页）以后的判例、通说确定，未登记受让人无法对任何第三人提出物权主张的“第三人限制说”。而这些学说则突破了该说，认为仅依意思表示亦能对第三人产生物权变动效力（B的取得所有权具有绝对效），但在没有登记的情况下不具有排他性效力（B无法对抗民法第177条规定的“第三人”）。

第一类学说，将民法第176条受第177条（第178条）制约的关系进行了直截了当的表达，但却无法否定“不完全的物权变动”以及“不完全的物权”这一概念的模糊性。尚残存于A之手，且能向C移转的这一权利的性质和内容不得不说属于完全不明了的状态，针对这些点的批判持续不断。与这一学说基本上出于同样的出发点，试图将“不完全的”权利以及物权变动的概念进行明确化的学说同样存在，但却很难称之为成功。例如，山中康雄博士以及加藤雅信教授认为，未登记受让人的权利无限接近债权，实质性的物权变动的时间点在于登记之时，这与尊重意思主义原则的我妻说等得到了完全相反的结论。此外，於保不二雄博士认为，近代物权愈发概念化，这种概念化的物权与债权一样，基于意思表示得以二重、三重转让，但在实现之时并不对立，这种不对立的物权之间依登记决定优先顺序。这种学说极度巧妙地进行了高度概念性的操作，即便内容并不对立的债权可以二重、三重“成立”，单一的债权二重、三重转让之后，各受让人是否分别有效地获得权属就是另外的问题了，认为於保不二雄博士对这两者进行混同的批判以及对于仅在基于意思表示的物权变动情形下，二重转让关系这一对抗关系产生的妥当性的疑问也就产生了。

因此，对于不完全物权变动说，毋宁说其生命力正在于概念的模糊性。铃木禄弥教授等放弃了关于这一点的概念性操作，从而主张所有权移转时期的确定不要说（阶段性移转说），然而从学说内容来看，其恰恰是对不完全物权变动说之精神最为正统的继承。

无论如何，基于不完全物权变动说以及其修正说，意思主义、物权排他性、一物一权主义等原则的文义都很难得到贯彻维持。

2. 第三人主张说

无论是否有登记，在承认当事人之间、与第三人关系上完全的物权变动效力这一意思主义原则之上，一定范围的第三人进行某种主张之后，因与该第三人的关系使得物权变动的效力丧失，并向第三人一侧移转所有权的学说即为第三人主张说。

采取这一学说的学者都有着重视意思主义原则、物权排他性、一物一权主义等概念的确定性的倾向。很多学者采取物权行为独立性肯定说就是一大佐证。

这一学说在1970年左右为止都处于多数说的地位，其内部还可以进行若干的细分。比如，石田文次郎博士认为，第三人在一段时间内有着否认物权变动的权利（否认权说）；末弘严太郎博士及舟桥谆一博士认为，第三人只需对未登记物权变动提出反对或者就不相容事实主张便足矣（反对事实主张说）。

关于这些学说之所以会细分在于，第三人在不知晓未登记物权变动存在之时很难说明权利关系。此外，二重受让人双方在未登记之下互相否认之时的权利关系、否认权等发生的依据、否认权行使或者反对事实的主张与所有权取得之间衔接的形式等的说明还存在较多的不明点。

在此，为了回避部分难点，是基于法律而当然地否认对第三人的效力（末川博），还是基于第三人的登场而当然地缩减未登记物权（原岛重义），与这里所介绍的不完全物权变动说以及相对无效说基本上没有什么差别。结果就是，也不得不在一定程度上承受对这些学说同样的批判。

3. 诉讼法的构成

如前所述，二重转让关系中的所有权变动尊重了物权法上各项原则，但倘若细究下去，却总会产生无法完全解释清楚之处。因而也就有了将民法第 177 条和第 178 条作为裁判规范来对待，而阻断实体法解释的见解。远的有中村宗雄博士以凯尔森的规范阶段说等为依据，实质上同於保说持相同的见解；舟桥博士也进一步补强了民法作为裁判规范的性质；最为彻底的见解则认为，这两个条文赋予了法院在认定物权变动的有无以及先后之时，给予第三人以法定证据的效力，即所谓的“法定证据说”（石坂音四郎、安达三季生）。

作为这一部分法规范母国法的法国民法典，确实有着浓厚的裁判规范的特色。作为“对抗”原词的 opposer 一词也有“抗辩”“提出异议”等译法。基于这一问题并不属于物权是否存在的问题，而是物权变动是否得到认可的问题这一正确的分析形式，即便法定证据这一概念尚有不明确之处，但仍是值得充分听取的见解。

然而，无论是日本，还是现代法国，民法学所支配的所有领域都是以实体性权利体系来构建理论的，倘若仅仅在说理困难之时采取证据法或是诉讼法的构成来切换讨论似乎也是有疑问的。

三、新的路径

就这样，之前的学说分化的多种多样，各自的构成都相当地难以理解，无论何种学说都在某处蕴含着难点，且难有使人十分信服的阐释说理。然而，细分化到此般地步的各学说实际上从结论来看，却并没有多大的不同。意思主义等其他前提都是确定的，同样结论也是预设的。唯有的不同就是从前提导出结论的说明方法的摸索罢了。从这个角度来讲，除了“法的构成”文义层面上的论争之外，并无其他层面上的讨论。

基于这样的状况，最近，一方面认为与对抗问题相关的一般性、概念性的说明是无意义的，作为一种法定的制度来理解就已足够的学说渐渐成为有力说（铃木禄弥、星野英一、广中俊雄、好美清光、稻本洋之助等。泷泽聿代教授也通过援引“法定取得”的概念表现出同样的倾向）。另一方面，认为历来的学说之所以无法得出令人信服的说明的原因正是在于提前设定了一个在说理上无法成立的“结论”的缘故，这一学说也渐渐成为有力说。

1. 实益性的追求

作为这一理念主推人之一的铃木教授是这样阐述的（后引论文 242 - 243 页。引用之时进行了部分省略，并与本文符号进行了统一）。

“‘第 177 条’的实质性目的在于，(1) 从 B 的立场来看，他从 A 处购买了土地，虽然处于随时都可以进行所有权取得登记的状态，但由于其怠于行使，使得自己丧失对自己权利的保护手段，因而不得对 C 主张权利。若是 C 首先进行登记的，B 将确定失去权利。B与C之间的关系处于一种自由竞争式的优先者胜出的状态，B虽然没有登记的义务，但若是不进行登记，则有着蒙受不利益的风险，以此来促使其进行登记。(2) 从C的立场来看，其与A进行交易之时，登记簿上并无物权变动的记载，可以无视B而行动，于是，交易的安全和迅速化得以实现。但是，对登记信赖的保护是片面且消极的，将登记的物权变动视为实体上的存在进行交易这一积极的信赖保护是不存在的。此外，作为知晓存在未登记物权变动的第三人（恶意第三人）原则上也是可以以不存在物权变动为前提行动的，这与善意人保护制度这一公信原则也是相违背的。

若是这样考虑的话，关于第177条的制度，诸学说所进行的巧妙的法的构成是没有什么实益的。毋宁说第177条是‘二重转让的情形下，合同缔结、价金支付、交付等的先后顺序是无所谓的，首先进行登记的视为优先取得物权’这一目的之下的法定制度。剩下的第一个实际问题在于，在典型的二重转让之外的情形下，本条是否适用。这就要基于各自不同的类型，交易的安全、登记制度的目的、未登记物权取得者的保护等角度来进行个别解决了…第二个实际问题在于，在适用本条的情形下，登记的存在与否应当由谁来进行主张以及举证。这一点同样不应当直接从理论的角度得出答案，而是应当从妥当性的角度作出判断。”

对这一学说第一层次的批判认为，“将现实的妥当的种种解决以统一的原则进行说明恰恰是法解释学的任务所在”。从前的学说，多多少少都持有这样的观点，将这一观点更为彻底深入的话，只有在体系性、论理性的推论所导出的结论才是“正确的”结论，而偏离这一做法，事前寻求“妥当的”解决是不可行的。在这一点上的乖离可能恰恰正是现在民法学最为根本的争点所在吧。

对这一学说第二层次的批判认为，从后文所述的“公信力说”的立场来看，将第177条的“实质性的目的”进行前述(1)(2)那样的解读，即便从利益衡量的观点来看，也并不妥当。

2. 公信力说

一般被称为“公信力说”的学说，其构成的细节之处，因论者而多种多样。简言之，因A、B间无公示的转让行为A属于完全的无权利人，C之所以能够取得所有权在于，C对A的所有权人外观（登记）误信其为真实，从而进入交易中来这一行为是为法律所保护的。除此之外，并无其他理由（篠塚昭次、半田正夫、月岡利男、石田喜久夫、米仓明）。

这一学说的第一个立脚点在于，从前的学说是否违反了意思主义、物权的排他性、一物一权主义，或者说无视了这些原则，同时又未能给予充分的说明。倘若想要避开对这些原则的简单修正的话，也就不得不使C的所有权取得从无到有了。

第二个落脚点在于，即便是做出实质性的价值判断，恶意的受让人也不能成为民法第177条（第178条）所称的第三人，只有善意（无过失）的第三人才应当受到保护。

当然，这种见解因为与“日本民法并不承认登记的公信力”这一“公理”相矛盾，即便同样的见解之前已经被博瓦索纳德博士以及岡村玄治博士所主张，但基本没有产生什么影响力。即便如此，这一学说最近也形成了一定程度的势力，这可能也反映了围绕着不动产买卖所产生的社会、法律环境的变化吧。

3. 若干探讨

现阶段民法学界，关于这个问题，上文介绍的“实益性追求”与“公信力说”形成了最为尖锐的对立（参考引注 symposium)。笔者本人认为两学说的实质性价值判断的差异是最为重要的论点，基本上支持“公信力说”所持的价值判断。通过与铃木说及星野说的对比，提出以下几点理由。

判例及通说以“自由竞争的原理”和“交易的安全”为理由，认为无须区分第三人的善意或者恶意。对此之批判已经在其他文章中详细地讨论了（镰田、引注文章）。关于这一点，星野教授等认为，第177条是对怠于登记者的一种制裁，并不是以对第三人保护为直接目的的制度。但是，如果是对登记懈怠者课以刑事处罚或者行政处罚也就罢了，通过使第三人取得权利的形式来进行的制裁，当然也就需要第三人一侧有值得保护的事由才是。这也当然地应该属于民法的一般原则吧。在通谋作出虚伪表示的情形存在下，更加需要强调第三人的善意了。民法第109条规定的对第三人善意、无过失的要求就是基于这一原理，最近通过判例、通说迅速确立的民法第94条第2款的扩大适用同样也是这一原则的一个体现。我们应当在对登记懈怠者的“归责性”与对登记信赖之人的“保护”的必要性以及平衡之上寻找“妥当之解决”。

当然，星野教授及铃木教授对这一点也并非完全无意识。前文引用的铃木论文的（1）（2）两点诚然可以理解为未登记权利人的规则原因以及第三人的保护原因。但由于第三人即便恶意也同样要保护这一观点有着同民法的一般原则相异的特殊性，其适用范围原则上应当仅限于典型的二重转让，此外的情形应当进行个别的、政策性的考量来决定是否适用。然而，一方面，背信的恶意者排除说得以确立，同时伴随着恶意者排除说的深入，对抗问题的特殊性开始淡化，另一方面，随着民法第94条第2款的扩大适用，登记的纠纷解决机能有着飞跃式的扩张。多样化的处理方法中，如何选择一个“妥当”的方案完全交给解释者进行“政策性”的判断是否真的合适存在疑问（最近有关撤销与登记的讨论就是一例）。川井健教授所提出的将第94条第2款的类推适用吸收进第177条的适用范围中，以保持前后贯通的统一的判断基准这一尝试就是一个上佳的方案，其中也可以读出“公信力说”那样的价值判断。

曾经博瓦索纳德学说被排斥，恶意者排除说被驱逐之时，仅依据登记簿进行迅速、活力的不动产买卖的社会为大家所追求确实也是事实。但随着登记惯例的确定，今天的社会，关于不动产买卖以及不动产所有权的应然之道的想法有着很大的变化。将已经居住的未登记所有权人赶走并赋予恶意人所有权，这种所谓的“促进登记”，确保“自由竞争的原理”，“制裁”懈怠登记人是否还有必要十分成疑。“公信力说的抬头”也正是时代推移的体现吧。

参考文献

本文中引用的各位教授的物权法教科书以及舟桥谆一、德本镇编：《新版注释民法（6）》（1997）（原岛重义、儿玉宽）等；铃木禄弥：“民法第177条‘得以对抗’的意义”，载《物权法研究》（1976）；篠塚昭次：“物权的二重转让”，载《论争民法学1》（1970）；篠塚昭次：“对抗力问题的原点”，载《论争民法学4》（1977）；镰田薰：“不动产二重买卖中第二买主的恶意与交易的安全——围绕着法国判例中的‘转换’”，载比较法学9卷2号；川井健：《不动产物权变动的公示与公信》（1990）；Symposium“不动产物权变动与登记的意义”私法37号；泷泽聿代：《物权变动的理论》（1987）；星野英一：“物权变动论中的‘对抗’问题与‘公信’问题”，载《民法论集6》（1986）；好美清光：“围绕着物权变动论之现在的问题”载《书斋之窗》199号。

39

法律行为的撤销与登记

日本大学教授　山田卓生

所谓“法律行为的撤销与登记”，一般是指，有关不动产的法律行为的撤销权行使之时（民法第96条、第6条第2款、第9条），在与第三人的关系上，作为对抗要件的登记究竟有着怎样的意义这一问题。在这里有以下三个问题：第一，撤销权人在向第三人主张撤销权行使结果时，登记是否必要。第二，第三人出现的时间点在撤销权行使的前或后，结果会否不同。第三，与第三人之间的关系仅仅由登记的有无来决定，还是说与第三人是否知晓撤销原因或者撤销权行使的事实（善恶意）也有关系。即这个问题不仅仅是民法总则中撤销效果的问题，同时也是第177条所称要登记的物权变动是否也包括法律行为的撤销这一物权法上的问题。

最典型的例子便是，AB之间成立了一项不动产买卖合同，之后A撤销了该合同，但在B将该物转卖给C的情形下，A是否可以对C主张撤销。

1. 首先，我们来分析一下，在AB间买卖合同被取消之前B向C转卖的情形。A可以以与B之间合同的取消来对抗第三人C吗？AB之间的合同若是被取消的话，B就无法获得所有权，于是，C自然也无法取得权利。因此，A以合同被取消，自己是所有权人为由，可以对C作出返还请求。但是，当取消原因有欺诈的情形，第三人C若是善意，则A不得行使取消抗辩（民法第96条第3款）。

这时候，A以取消对C进行对抗是否要求以登记为必要呢？战前的判例（大判昭和4年2月20日民集8卷59页）认为A无须登记即可主张基于强迫的撤销。学说也大部分赞成判例的观点。若是A也需要以登记为必要的话，A在将登记转移给买主之后，便已然无法以限制能力或者受到强迫为理由行使取消权了，这对于限制能力人以及受强迫人的保护而言是不利的。当然，同样存在要求A有登记的学说。

其次，撤销原因为欺诈的情形下，为了保护善意第三人，是只需要善意就可以了呢，还是说需要转移登记，就存在争议了。虽然存在着认为，善意第三人仅仅取得债权是不够的，登记同样必要的学说（我妻），但对于这个问题没有深入的探讨。最判昭和49年9月26日民集28卷6号1213页认为，在农地买卖中，C经过预告登记的情况下，作为善意第三人，“并不必须是所有权等其他物权的受让人，且也无须以获得对抗要件为必需”来对C进行了保护。未经过登记（正式登记）就对C进行了保护，因而可以理解为该判决认可C并不以登记为必要（下森）。另外，也有学者认为，在农地关系中，正式登记需要以知事的许可为必要，因而若是从强调C在其限度了做了所能做的极致（预告登记）这一点来看，也可以等同视为具备了正式登记，即便前文判旨这样写，从登记必要说的角度来看也是可以解释的（星野，川井、岡，须永等）。从条文上来说，第 96 条第 3 款并不问登记的有无，从没有登记也可以的角度来解释反而更为通畅。但是，登记必要说在承认这一点的基础上认为，进一步增加登记的有无应该会更好。此外，与第 94 条第 2 款的第三人之间如何衔接就成了问题，最判昭和 44 年 5 月 27 日民集 23 卷 6 号 998 页认为，亦须保护未登记的善意第三人。

2. 接着，再来看一下撤销之后的问题。A 对 B 作出了撤销意思表示，但在登记回复之前 B 就向 C 转卖，且 C 进行了登记的情形下，A 是否可以向 C 要求返还不动产登记就有了争议。这一争论体现在了大判昭和 17 年 9 月 30 日民集 21 卷 911 页上。原审认为，第 96 条第 3 款限制了撤销的溯及力，作为其相反解释，对于撤销后的第三人，即便没有登记也得以对抗。大审院认为，基于撤销而产生的从 B 向 A 的物权恢复，应当做物权变动理解，这与从 B 向 C 的移转可以视为二重转让，那么先行登记者应当占优。原审让 A 胜诉的理由不充分，因而撤销原判发回重审。这一判决的说理方式得到了我妻博士的赞成，成了学界有力说。拍卖处分被取消之后，登记名义人向他人出卖标的物的案件，最判昭和 32 年 6 月 7 日民集 11 卷 6 号 999 页同样作出了依登记进行处理的裁判。

对于此，存在着认为第 96 条第 3 款中的“善意”只需符合形式要件，无论其处于撤销的前后都应当予以保护的学说（川岛），此外，不实登记存在阶段，受到对登记信赖的买受人，通过类推适用第 94 条第 2 款进行保护的一系列判决（参考本书 27）的影响，在 A 作出撤销的意思表示之后未积极更改登记的情形下，应当对信赖名义人即为所有人的善意的 C 进行保护的观点（几代）成为有力说。

然而，判例却认为这与不实登记的情形不同，撤销后的问题并不类推适用第 94 条第 2 款来对善意人进行保护。不仅如此，判例认为，即便 AB 之间的合同因撤销或者无效作出了预告登记（旧不登第 3 条，新法（平成 16 年法 123 号）进行了废止），C 若是经过了登记，那么 C 将胜诉。即将撤销后的问题都视为二重转让，谁先登记则谁获得物权（最判昭和 35 年 11 月 29 日民集 14 卷 13 号 2869 页）。

3. 判例所取的这种，撤销前无须登记即可对抗，撤销后依据登记的先后分别对待的做法存在以下几点问题。第一，C 即便知道 AB 之间合同被撤销，仍然能够通过登记获得物权的做法是否真的合适。对此，作为对抗要件不管善意还是恶意，哪怕恶意都可以通过登记获得物权的做法同二重转让一样，给人以奇怪之感的反论是存在的。然而，二重转让的情况下同样如此，排除所谓的失信恶意人的判例（参考本书 40）是存在的，因而不能简单地说即便 C 是恶意的也是可以获得物权。关于这一点，通过类推适用第 94 条第 2 款，只在 C 善意的情形下予以保护的学说，考虑非常巧妙，也很有说服力，但有如后文中进一步阐述，并不是一点问题都没有的。

第二，撤销前，除了第 96 条第 3 款的情形，撤销权人无须登记就可以对抗第三人，撤销后不经登记的不得对抗第三人这种，区分撤销前后的做法是否妥当。认为第 96 条第 3 款应当不问撤销的前后，都对善意的第三人进行保护的学说（川岛），就持区分撤销前后不当的观点。此外，对于撤销前后对待方式不同的做法，倘若 A 迅速地行使自己的撤销权，在寻求登记恢复的期间内，B 向 C 转卖并移转登记的情形下，A 将丧失物权。相反，应当行使撤销权却不行使的 A，在等到 B 向 C 转卖完成之后再行使撤销权的情况下，由于 C 是撤销前的第三人，A 即便没有登记也将获得物权。这两种倾向下的差异很难称得上妥当（铃木、几代）。这种情况，在类推适用第 94 条第 2 款的观点下，应当行使撤销权却怠于行使的，在应当行使撤销权的时点之后，以行使了撤销权对待，在未经登记的情况下，不得对抗相信名义人 B 并从 B 处转移登记的 C。

4. 如前所述，对于判例所取的观点，学界进行了精致而周密的讨论，问题集中在撤销权与第三人保护、登记与善意人保护等分歧较大且最为根本的点上。此外，与解除的比较也同样重要。具体内容需要额外进行讨论，因而关于这个问题进行以下整理。

（1）首先，对于撤销权的形式，是否以登记为必要的问题，如前述昭和 4 年（1929 年）判例所示，登记并非必要。撤销权的行使，对于那些已经移转了登记，并想要恢复登记之人而言最有意义。若是撤销权的形式也需要以登记为必要的话，撤销的意义也就显著地降低了。

（2）欺诈的情形下，善意第三人是否必须要具备登记这一点，笔者认为登记是必要的。这一点与前述昭和 49 年（1974 年）判决的观点相左。一如前述，这个判决本身是否可以称为登记不要说就存在问题。即便为了保护没有登记的第三人，在登记属于 A 的情形下，C 究竟依据怎样的理由请求移转登记都有疑问。此外，对于没有登记的第三人，即便其属于善意，笔者也觉得不予保护为好。

（3）撤销后 A 与 C 之间的关系，虽然认定为二重转让比较好，但与二重转让的情况一样，应该排除背信的恶意人。有如前述昭和 17 年（1942 年）的判例所言，虽然只要经过登记即便恶意也应当保护 C 的做法不是很好，但在撤销的情形下类推适用第 94 条第 2 款同样也存在难点。即若是基于第 94 条第 2 款，若是知晓 AB 之间的合同被撤销，那么就将得不到保护。但实际中，A 通过自称行使撤销权的方式与 B 产生纠纷的情况并不鲜见。即便 C 在善意的情况下能够得到保护，那么究竟在什么情况下能够称为善意（是否以无过失为要件的情况除外）确实是一件非常困难的事。因此，AB 之间存在撤销原因，完全知晓 A 的撤销权行使得到了认可，C 仍然从 B 处移转获得登记的情况才能称为恶意。这种考虑方式与排除背信的恶意人的考虑方式并非完全类似，因为作为 A 而言，在行使了撤销权之后迅速进行一个处分禁止的假处分的话，是可以防止 C 的出现的，在没有做出这样的预防措施下，C 即便是知道 A 行使了撤销权，也应当认为 C 能够取得物权。

参考文献

我妻荣：《民法讲义Ⅰ民法总则（新订版）》（1995）；川岛武宜：《民法总则》（1965）；几代通："法律行为的撤销与登记"，载於保不二雄先生还历纪念《民法学的基础性课题（上）》（1971）；几代通："撤销与登记"，载石田喜久夫编《判例与学说 2 民法Ⅰ（总则、物权）》（1971）；铃木禄弥：《物权法讲义（4 订版）》（1994）；下森定："'民法 96 条 3 款所谓第三人与登记'再论"，载药师寺志光博士米寿纪念《民事法学的诸问题》（1977）；星野英一："昭和 49 年 9 月 26 日判决评释"，法协 93 卷 5 号 813 页（1976）；广中俊雄："法律行为的撤销与不动产买卖中第三人保护"，载法时 49 卷 6 号 48 页（1977）；加藤一郎："撤销解除与第三人"，载加藤一郎《民法 note（上）》（1984）；山田卓生："法律行为的撤销与登记的关系"，法学新报 79 卷 4 号 1 页（1972）；山田卓生："新判例法的展开"法学 Seminar 244 号 56 页（1975）。

40

民法第177条的“第三人”——背信的恶意人

九州大学教授　七户克彦

一、从“第三人”无限制说到“正当利益”限制说

一般来说，“第三人”是指，当事人及包括继受人以外的人。然而，在使用“第三人”这一用语的民法典的各项规定中，通过条文以及解释的方法对“第三人”的范围进行限制的情况比较多。那么民法第177条中的“第三人”又如何呢？

1. 法国法、博瓦索纳德旧民法

在对抗要件主义的母法法国法以及博瓦索纳德旧民法中，关于不经登记不得对抗的“物权变动”要件与“第三人”要件，通过限定列举的方式进行了限制。这其中，关于“第三人”要件，法国法上规定，(1) 基于法律行为或者判决的取得人取得权源来自同一个前者，(2) 需要取得登记，旧民法要求了同样的客观要件，同时进一步要求了主观要件，即 (3) 要求第三人善意。对此，法国法虽然并未对第三人的主观状态进行直接的规定，但立法者却是采取背信的恶意人排除说的，现在的判例以及学说将之进一步发展，直至采取了恶意人排除说。

2. 现行民法

然而，与上述民法不同，日本现行民法第177条无论是“物权变动”要件，还是“第三人”要件，在条文上都没有设置任何限制。结果就是，若是按照条文文义进行适用的话，所有的“物权变动”都没有办法对抗所有的“第三人”，这与采取成立要件主义的结果是完全一致的。这一结论也完全是现行民法起草者的意图所在，即起草者试图在采取“物权变动”要件与“第三人”要件之间的无限制说来贯彻公示的要求。

3. 明治41年（1908年）12月15日“第三人”限制联合部判决

但是，对于这种过激的立法政策，判例却并不完全认同。即紧接着立法之后的判决，同法国法以及旧民法一样，关于“物权变动”要件，在限定基于意思表示方可物权变动的同时，“第三人”要件同样采取限制说。然而，关于“第三人”要件，在这之后，与立法者意见相同的采取无限制说的判例渐渐增多。最终大审院在明治41年12月15

日，通过两个民事联合部判决对第 177 条的两个要件的解释进行了统一。

作为其内容，关于“物权变动”要件，从上述意思表示限制说转变为与立法者意思相同的无限制说（民录 14 辑 1301 页），关于“第三人”要件，限制为“当事人或者概括继受人之外的对不动产物权的得失以及变更的登记主张享有正当利益的人”，通过这两个判决，“物权变动”要件一侧不再设置任何的羁绊，而完全通过在“第三人”要件一侧设置限制，在规范第 177 条的适用范围方面，这一判例理论正式确立。

其实，这其中的“第三人”限制联合部判决本身是在第三人即便是无权利人情形下是否仍可以适用第 177 条的争议案件。判旨也将“正当的权源”这一用语置换为“正当的利益”，即明治 41 年判决中的“正当的利益”的概念完全是描绘“第三人”客观要件的基准，并不涉及主观要件的问题。

二、面向“正当的利益”概念的主观样态的作业

一方面，关于“第三人”客观要件，在现行民法典制定之后的学说，认为遵照立法意思采取无限制说的见解占大多数。在上述明治 41 年“第三人”限制联合部判决之后，赞同判例的“正当的利益”限制说的见解逐渐成为通说。另一方面，关于“第三人”的主观要件，通说同立法者一样，认为基于登记划一的定型的处理具有必要性，采取不问善意恶意的观点。但是，在昭和初期以后，围绕着“第三人”主观要件的学说理论发生了变化。

1. 背信的恶意人排除说登场

作为这一学说的发端，舟桥谆一在其论文“关于应当主张登记欠缺的‘第三人’”（《加藤正治先生还历祝贺论文集》1932 年 639 页）一文中主张，登记在作为交易安全制度之上，应当仅保护对该制度信赖之人，并不应当保护恶意人。

但是，对于此观点，牧野英一在其《民法基本问题（4）信义则相关若干考察》（1936 年 203 页）中指出，随着围绕自由竞争的社会观念的变化，就会出现两种考虑方式：(a) 原则上应当保护恶意人，但对违反信义则的恶意人应当例外性地排除；(b) 恶意人视为当然的违反信义则，作为例外，有些情形下不具有违法性。

于是，在该说的影响下，舟桥谆一在《不动产登记法》（1937 年 182 页）中有了观点上的改变，原则上恶意第三人不得主张登记的欠缺，但基于自由竞争的原理在被认为不违反信义则的第三人，即便是恶意人也例外地受到第 177 条的保护（上述牧野 (b) 的观点。此后，舟桥进一步让步到了牧野 (a) 的观点。舟桥《物权法》1960 年 183 页）。

2. 判例中背信的恶意人排除说的采用

对于以上学说的动向，战前的判例仍然维持了不问善意恶意的立场，但在战后，下级审中，从昭和 20 年代开始，以违反信义则、权力滥用等为理由排斥第三人的判决接连出现，昭和 30 年代以后，终于最高裁也将第三人的主观样态作为问题来对待。

(1) 法律构成

关于法律构成，存在着类推适用旧不动产登记法（明治 32 年法 24 号）第 4 条、第 5 条（新法平成 16 年法 123 号第 5 条第 1 款、第 2 款）；准用物权变动当事人地位；直接适用违反公序良俗、违反信义则、权利滥用的规定等各种学说。之后，判例的见解定位在，恶意且违反信义则的不属于上述明治 41 年联合部判决所称具有“正当利益”的

第三人（最判昭和 43 年 8 月 2 日民集 22 卷 8 号 1571 页等）。在这里，判例中“正当利益”的概念不仅仅是一直以来的客观要件，连主观样态也已经吸收进去，作为确定“第三人”的范围基准得到应用。

（2）要件

若是依照判例理论，单纯的恶意人应当属于有“正当利益”的第三人。但是，恶意人中也存在被认定为违反信义则之人的背信的恶意人，就不属于享有“正当利益”的第三人，即判例理论中有 1）恶意 2）违反信义则两个要素，缺一不可。

但最近，设定通行地役权的土地的恶意受让人，不基于背信的恶意人排除论而直接被认定为无“正当利益”第三人的判例（最判平成 10 年 2 月 13 日民集 52 卷 1 号 65 页），以及超过时效后的受让人的背信的恶意人认定标准的缓和案件（最判平成 18 年 1 月 17 日民集 60 卷 1 号 27 页）逐次出现，之前的判例理论开始出现变化。

（3）效果

一方面，这一判例理论如同违反公序良俗的构成一般，第二次转让本身并不无效，背信的恶意人仍然属于有效的权利取得人，只是仅仅无法将取得的权利向第一受让人主张而已。结果，背信的恶意人之后的转得人同样也是权利人之后的取得人，第一受让人通过主张证明转得人本身是背信的恶意人等活动，在无登记的情况下得以对抗转得人（最判平成 8 年 10 月 29 号民集 50 卷 9 号 2506 页。七户克彦“本案评释”民商 117 卷 1 号 104 页参考）。

3. 针对判例所持背信的恶意人排除说的学界评价

针对以上现在的判例的立场，学说大多表达了支持之意。但是，学说中基本在依据判例所持背信的恶意人排除说之上，对其法律构成、要件、效果等进行修正的见解，以及立足于二重转让法构成（本书 38）的公信力说、失权说而得出的恶意人排除的结论同样存在。

（1）法律构成

从根本上讲，上述判例所持背信的恶意人排除的法律构成并不排斥违反公序良俗等其他的法律构成。因此，当第二次转让被认定违反了公序良俗的话，以此为理由第二次转让无效，第二受让人及其转得人都可能被认定为无权利人。

（2）要件

此外，关于背信的恶意人的要件判断，针对判例理论所持有的要求 1）恶意及 2）违反信义则两个要素的观点，学说中存在着，1）恶意不过是是否 2）违反信义则的判断要素之一罢了，只需要 2）违反信义则一点即可以作为有无“正当利益”的判断标准，这样的观点（基于这种观点，即便是善意人，也有被认定为背信的恶意人的情形。广中俊雄）。另一边，还有学说认为，判例中 2）违反信义则的认定，实际上并没有有效运用，判例的立场从结果来说等同于恶意人排除说（松岗久和）。

而公信力说（半田正夫、篠塚昭次、石田喜久夫、米仓明、镰田薰）以及部分失权说（七户）则完全主张恶意人排除说。虽然法律构成并不相同，但大多数的见解认为，第 177 条“物权变动”与“第三人”两项要件应当回复到，作为权利外观法理的一般要件的当事人的“归责性”以及第三人的“信赖”这两项要件上去。从而，一直以来的判例以及通说中“第三人”的客观要件以及主观要件就将进行以下重构：客观信赖——从取得权源的客观性质来看，能够被认为进入以登记为基础的买卖关系中去的人（有登记能力的权利取得人）；主观信赖——确实相信没有登记就没有先行转让的人。另外，虽然关于主观信赖的具体内容，学说的立场并不一致，但在满足客观信赖要件的情况下，一般也推定第三人善意。因而，在第一受让人无法证明第三人存在现实的恶意（重大过失、过失）的情况下，同样保护第三人。因此这与背信的恶意人排除说之间从结论来看也并没有什么太大的差别。

(3) 效果

另外，效果论中转得人的问题，成为围绕着绝对的构成、相对的构成的讨论的一环。结果，对于判例、通说所采取的背信的恶意人排除说所归结的相对构成，有着永远也无法确定权利关系的批判。对此，与背信的恶意人的法律构成相关的公序良俗违反说、与二重转让的法律构成相关的从无权利人处取得的法律构成（公信力说、失权说）中，背信的恶意人作为无权利人，他的转得人同样也是无权利人，通过类推适用第 94 条第 2 款，在不存在保护从其他无权利人处的取得人的法理适用下，转得人无法取得权利。

参考文献

见正文。

41

不动产登记法

东北大学教授　小粥太郎

一、前言

根据几代*（法学家人名）a的观点，不动产登记制度的目标在于，“将实体的物权变动正确且迅速地公示，以此来保障不动产买卖的安全与顺利”（13页）。然而，为了实现这一目标的法律的应然样态却是多样的，首先应当想到的就是不动产转让法。在所谓的法国法主义中，所有权转移作为其原因的买卖合同的效果而产生。进行公示的是合同，通过义务性的公证确保公示的真实性。在所谓的德国法主义中，所有权转移基于脱离自其原因的债权合同的抽象合意而产生。为了确保登记的真实性，这种抽象的合意（物权行为）若是成了登记官的审查对象的话即能得到保证。对此，日本的不动产登记制度在确保登记的真实性之上，登记官不仅只有“窗口性”审查权（铃木110页），所有权转移也是作为登记官的实质审查所涉及不到的买卖合同的效果而产生的。而且在这种合同也没有进行公证之时（镰田a），就只能强调共同申请主义的意义了。但是，依赖共同申请主义（登记义务人的登记申请意思）却并不能很好地防止不实登记的产生（吉野35-36页）。当前民法第94条第2款类推适用论的盛行（抑或说是横行）的背后，可以说是民法采用意思主义、对抗要件主义的结果，未登记物权会不可避免地产生，同时，这样的登记制度也存在着问题。

与不动产物权变动相关的判例与学说虽然是支持所谓的法国法主义的，但平成16年（2004年）的大改正之前的不动产登记法（以下，改正前的不动产登记法称为“旧不登法”，改正后的不动产登记法称为“新不登法”）实务，却是轻视作为物权变动原因的合同的公示的。从登记的申请程序来看，不使用原因证书（旧不登法第35条第1款第2项）的合同书而是使用买卖交付完了证书，或是代替原因证书的申请书副本（旧不登法第40条）等进行申请也是被允许的。与之对应，登记簿中的登记原因的记载也同样进行了省略。另外，从登记的效力来看，表面上登记应当是反映物权变动的过程的，判例以及学说认为，在登记与物权现状一致的情况下，其效力应当得到更宽的肯定

* 几代道，1923—1991年，日本民法学者，1962年以《不动产登记法》获得东京大学法学博士，东北大学名誉教授。

(将作为登记原因的赠与表示为买卖，以及中间省略登记的承认等)。

在这种情况下，应当追求的方向有两个。第一，应当重视自旧不登法实务延续而来的简便登记制度以及“物权现状”的公示（→二)，第二，重视意在确保真实性的更为严格厚重的登记制度以及“物权变动原因（合同）”的公示（→三)。

二、英国式

第一种方向，在几代通的研究中已有体现。其论证的特征如下所示。(1) 登记程序的轻量化：几代认为，为了确保登记的真实性，在消极对待登记官的审查权限扩大及充实的前提下（（1）几代 b10 页注 4)，应当对共同申请主义进行若干的补强（（2）基于保证书的申请程序（旧不登法第 44 条，第 44 条第 2 款）严格化（几代 c44 页））。此外，在申请登记时，不需要附上原因证书（（3）几代 a134～135 页)。在这样的背景下，除了考虑到买卖的迅速以及当事人的便利之外，其观点完全是基于登记申请意思来确保登记的真实性（这属于对物权行为独立性说的亲和?)。(2) 较之公示对象的“物权变动原因”更为重视“物权的现状”：在公信力不被认可的登记制度之下，想要取得不动产之人需要对登记簿记载的前所有人、前前所有人、前前前所有人进行回溯调查，包括取得实效完成是否经过了必要的期间等权源调查（几代 c40 页)。为了这种回溯的权源调查，登记簿上的物权变动的过程、原因的记载都应当是有用的。但是，几代认为，这种调查是困难的，对相关人进行这样的要求是苛刻的（（1）几代 c40～41 页)。几代对已然成立的中间省略登记的效力是无条件肯定的（（2）)，且对新的中间省略登记请求也持积极态度（（3）几代 d57～58 页)，另外再将前述（1）之“（3）”进行综合考虑之后，其所构思的登记制度最为重要的，不是物权变动或是其原因（合同)，而是物权现状的公示。（3）买卖安全保护的目标：登记的真实性确保上是有些薄弱的（前述（1)），回溯的权源调查若也无法期待的话（前述（2)），这样的登记制度就是一种会将，“苦心勤劳工作并积蓄了多年，终于看到了即将在将要购置的土地上进行经营或者生活的希望的人们一瞬间拉入完全落空的危险”（几代 c42 页）中的一项制度。几代在立法论的角度希望赋予不动产登记以公信力（几代 b)，在解释论的角度提倡将民法第 94 条第 2 款进行类推适用的活用（几代 e、几代 f26 页第 2 段的几代发言）也就成为很自然的展开。

如前所述，以上的解释论、立法论给人以一个一以贯之的登记制度形象。这些可以从几代的代表作英法研究中看出其萌芽，即对登记官严格审查的嫌恶（前述（1）“(1)”。几代 g（1）796 页)，对回溯的权源调查的否定评价（前述（2）“(1)”。几代 g（2）855 页)，通过公信力保护买卖的目标（前述（3）几代 g（2）859 页以下）等。

三、法国式

第二种方向在镰田 a 中有体现（镰田 b 同样也是参考)。在此将论题稍加变化并简化之。即民法继受了法国法，而不动产登记法则继受了德国法，且有着向法国法——物权变动作为其原因的合同的效果而产生——转移的改革倾向。这种改革倾向的特征如下。(1) 登记程序的厚重化：为了确保登记的真实，在确保作为物权变动原因的合同的真实之上，有将之公示的必要。扩大登记官的审查权限也是一种方法，但与法国的公证人进行合同的公证以及通过公示担保合同的真实进行对比，在日本，考虑到公证员的业务范围这一点，通过司法书士来确保合同登记的真实性也是值得期待的（对于共同申请的期待较低）。此外，在重视作为物权变动原因的合同之上，在进行登记申请时原因证书是必须提供的，这里所说的原因证书不是买卖交付完了等简略化的书面材料，而是合同书本身。(2) 对作为公示对象的“物权变动的原因”及“合同”的重视：一般而言，我们说对抗物权或者物权变动，但是镰田的表述是对抗合同。应当公示的不是“物权的现状”（几代），而是“物权变动的原因”及“合同”。因而，强调以公示内容为线索进行回溯性权源调查的重要性。作为这一观点的体现，1）在面向学生的物权法教科书中，其强调“登记连续原则”应当是不动产登记法的重要原则（镰田 c34 页，虽然笔者认为这稍稍显得特例）。2）作为取得时效制度的机能，其强调应当为回溯性权源调查的调查对象期间设定界限（镰田 d32～33 页），此外，3）作为应当否定中间省略登记请求的理由，不应当仅仅记载作为登记制度的基本原则的——应当真实反映物权变动的过程这一事项，还应当强调作为回溯性权源调查资料，物权变动过程的正确公示也很重要（镰田 d152～153 页）。(3) 权利保护的价值取向：镰田认为，交易安全保护的主要课题并不是对于不实登记的信赖保护，而是通过确保登记的真实等形式来防止事后纷争。较之动态的安全，其更倾向于静态的安全（镰田 e39～40 页，镰田发言）。这一点，也可以从镰田在登记制度的目的规定中增加了几代 a 所没有的“权利保护”要素上推测得出来（“不动产登记是指，通过不动产有关的物权变动公示，在保护物权取得人权利的同时，避免第三人蒙受不测损害，确保交易安全为目的的制度”镰田 a2 页，下划线为作者添加）。即便是在类推适用民法第 94 条第 2 款时，与真正的权利人通谋作出虚伪表示之人是否也承认同等的归责事由是值得关心之处（镰田 f54 页）。

四、平成 16 年（2004 年）年新不动产登记法

新不动产登记法究竟向何种方向发展呢？平成 16 年修改的主要项目除了导入在线申请程序、艰涩用语的口语化（清水）之外，本文认为，补强共同申请主义的诸修正（保证书制度的废止参见“‘二’之（1）之‘(2)’”，导入了基于代理人的本人确认制度，登记识别信息制度）的同时，在申请登记时，登记原因证明信息的提供成为必要条件（新不登法第 61 条）非常重要。新不登法第 61 条的着眼点虽与法国式更为接近，但在如何确保登记原因证明信息的真实性上并未展开制度上的论述（英国式?）。此外，在买卖交付证上记载的简略信息已然足以作为登记原因证明信息的这一做法显然有所回归旧不登法实务，但同时，也有观点认为，对登记原因的真实确保的责任移交给了司法书士界（司法书士责任扩大化趋势的判例及其对应见镰田 g54 页。问题状况见七户）。虽然对于将来的预测是困难的（中间省略登记的对应即为一个关键点，详见镰田 h），但新不登法第 1 条仍然做了如下值得注目的规定：“本法为不动产表示以及不动产相关权利公示而制定登记相关制度（下划线为著者画），以实现国民权利的保护，进而助于交易的安全与圆满为目的”。

参考文献

见本文。

几代 a：几代通、德本伸一补订：《不动产登记法（第 4 版）》(1994)；几代 b：几

代通："不动产登记与公信力"同《不动产登记法的研究》（1973）3 页以下；几代 c：几代通："关于不动产登记的公信力问题的若干补论"几代 b31 页以下；几代 d：几代通：《登记请求权》（1979）；几代 e：几代通："虚伪表示——民法 94 条 2 款的类推适用及其界限相关讨论"，载奥田昌道等编：《民法学 1》（1976）173 页以下；几代 f：不动产登记制度研究会（几代通代表）：《不动产物权变动的法理》（1993）；几代 g：几代通："英美不动产买卖法与登记制度（1）"法协 68 卷 7 号 774 页，"同（2）"法协 68 卷 8 号 848 页以下；镰田 a：镰田薰："不动产物权变动的理论与登记程序的实务——日本'法国法主义'的特质"民事研修 360 号 1 页以下；镰田 b：镰田薰："不动产登记制度的基本原理"，载镰田等编：《新不动产登记讲座（1）》（1998）23 页以下；镰田 c：篠塚昭次、川井健编：《物权法、担保物权法》（1982）20～62 页（镰田执笔）；镰田 d：镰田薰：《民法 note 物权法 1（第 2 版）》（2001）；镰田 e：不动产登记法施行 100 周年纪念研讨会"日本不动产登记制度就这样可行吗?"日本司法书士会联合会会报 THINK96 号 83 页以下；镰田 f：镰田薰："通谋的虚假表示"川井健、镰田薰编：《基本问题 seminar 民法 1（总则、物权）》（1987）44 页以下；镰田 g：镰田薰："司法书士的登记申请业务相关注意义务（下）"登记先例解说集 30 卷 4 号 38 页以下；镰田 h：镰田薰等："不动产法 seminar 第 2 回"Jurist1292 号 64 页以下；七户：七户克彦："新不动产登记法的制定与司法书士的职责"法政研究 71 卷 3 号 471 页以下；清水：清水响编：《一问一答：新不动产登记法》（2005）；铃木：铃木禄弥："不动产登记中的实质与形式审查主义"同《抵押制度研究》（1968）97 页以下；吉野卫："登记原因证书相关问题"登记研究 624 号 9 页以下。

42

动产转让公示制度

东京大学教授　森田修

一、动产物权变动与公示

1. 民法上的制度设计

民法规定动产物权变动的公式方法为交付，即占有的转移（民法第178条）。该条文所称的交付，除了伴随着现实的物的支配的变更而产生的现实的交付之外，简易交付、占有改定、基于指示的占有转移同样也属于交付的范畴。但是，后二者由于并不是该物权权利人直接的物之支配，而是通过代理占有进行的间接公示，其公示效果显著微弱。A接受了B所有的动产已设定的让与担保，基于占有改定依据第178条取得了交付。此时B向A的物权变动公示对第三人而言没有任何表示，即便B重复向C设定让与担保，由于C并不知晓前述情况，根据第178条的规定A的让与担保具有优先性，那么C的交易安全将很容易受到侵害。

基于第178条的公示制度陷入了机能不全的境地，对处于对抗关系的A与C的利益调整，实质上不是可否基于同一条对A的权利进行对抗，而是以此为前提，基于民法第192条从反面来论证是否认可C的即时取得。第192条以B的无权处分以及C的善意无过失为保护要件之外，还需要增加C的占有是基于B、C间有效的交易行为这一要件（学说以及判例对该条中要件的解读由平成16年民法修正得到了明文化）。

问题在于第192条中“交付”究竟含有何种程度的占有转移的意味。C所接受的交付若是尚处在占有改定的情形下，那么其占有状态从“外观而言并未变更”，进而否定了其适用第192条进行保护的判例早已确立（最判昭和35年2月11日民集14卷2号168页。另外大判昭和7年2月18日法学1卷（下）208页认为，在A的代理占有尚未消灭的情形下，C的代理占有并不能重复成立）。虽然学说间分歧较多（生熊长幸《民法的争点1（初版）》（1985）129页参考），但折中说（我妻荣《民法讲义2物权法》（1952）137页等。虽然C在未获得现实意义上的交付时确实不能获得第192条的保护，但即便交付时出于恶意，只要其占有改定时为善意便可）处于较为优势的地位。但是折中说对围绕着目的动产的转移助长了A、C之间的私力救济冲突这一点会受到否定说的批判。

此外，C在基于指示取得了占有改定的情形下肯定第192条的适用属于学界的通说。判例同样对此持肯定态度：A对自己的所有物在保留所有权的前提下向B进行了交付，B将该物托付给M之后，任意的交付给C并通过占有指示向C移转占有的情形下，即认可C的即时取得（最判昭和57年9月7日民集36卷8号1527页）。但与本案不同，若是A将自己所有物寄托于M处，无权利人B将之任意地交付给C，基于指示从B向C转移占有的，A通过M的代理占有尚未消灭，C的即时取得应当予以否认的学说同样有力（川岛武宜编《注释民法（7）》（1968）124页（好美清光）。此外还可参考米仓明“昭和57年最判评释”法协101卷4号665页（1984））。

2. 特别法上的公示制度

然而，对于部分种类的高价动产，特别法规定了相应的登记登录制度。这些制度既有排除民法上公示制度的适用的（船舶（商第686、687条）、汽车（道路运输车辆第4、5条）），也有承认并用的情形（建设机械（建设机械抵押第3条））。这种不同会使得特别法与民法的适用顺序成为问题。例如，B对其所有的汽车在对A设定了让与担保之后重复向C设定让与担保的情形下，C是否可以通过民法第192条获得保护就值得讨论了。判例对于属于前者的汽车，在登录完成的情形下，不适用本条（最判昭和62年4月24日判时1243号24页，但本案属于所有权保留的案件，登录名义人为A），对未登录或者取消登录的情形下适用本条（最判昭和45年12月4日民集24卷13号1987页。在此之上，对于C是否善意无过失，登录等的调查义务也将成为问题）。虽是A所有的汽车，但以B的名义进行了登录，对为B所有形成信赖的C的保护反而不如汽车未登录情形下的对B的占有形成信赖的C的保护力度来得大，不可谓不有违常理。但即便没有第192条的保护（不动产同样如此），通过类推适用第94条第2款也是存在保护的可能性的，最终问题的实质就要根据如何评价虚假的权利外观对A的可归责性以及C的信赖的正当性（作为过失前提的调查义务的内容为何）来实现了（安永正昭“昭和62年度重判解”Jurist910号（1988）72页参考）。

最近，导入了将动产的一般转让吸收进适用范围的全面登记制度（关于动产以及债权转让的对抗要件的民法特例等相关法律（以下简称“动产债权转让特例法”）第4条。动产转让登记，在承认与民法第178条的交付并用的前提下与之同等视之，具体内容将在本文“三”部分详述）。于是，动产转让公示制度无论是理论上还是实务上都迎来了大转折期。

二、集合动产让与担保制度与公示

无论是实务上还是理论上，动产转让公示中有着重要意义的点在于，仓储货物担保这样的集合动产上的担保交易（动产担保交易的类型见森田修《债权回收法讲义》（2006）第5章）相关法律问题。

1. 问题所在

集合动产中的单个物的价值并不高，但通过集聚后的整体作为担保物则有了相应的可利用的经济价值。为了维持集合动产的担保价值，对于其中个别物的更新替换（replacement）就尤为重要了。对于仓储货物而言，更新的周期较短，对于设备类动产而言，其更新周期较长。这种“新陈代谢”是必要的，但此时为实现该集合动产的担保目的的动产转让公示相关法律问题也就产生了。

2. 分析构成

债务人B为1 000万日元债权的债权人A设定了将其商店所有在库商品的让与担保权，设定日期为4月1日。对于所有物品中在4月1号已经存在物品X，A基于民法第178条的占有改定的规定应当具有对抗要件，但是仓储货物担保交易即在每一个个别物之上都存在了担保交易这一朴素的看法的前提下，以下难点不可避免地出现了：(1) B在将个别构成物X于5月1日向C转移的情形下，若是AB间并未合意达成针对该特别物解除担保的前提下，C对X只有在承担转移担保的负担之下才能够取得该物；(2) 相反，C在满足民法第192条要件的情形下，AB之间 (1) 所举的担保解除的合意即使没有，C也可以完全取得X的所有权，A丧失X上的让与担保权；(3) B从D处新购进的货物中的个别物Y在6月1日搬入仓库的情形下，若是AB间未对其达成新的占有改定合意的，A不享有对Y之上的让与担保权的对抗要件（这种立场称为分析构成）。

当然在分析构成之下，对于 (1) 的难点，在4月1日这一合同设定的时点，若是对将来B出于正常经营事务的需要在销售相应货物时，达成了当该销售目的物解除让与担保权的概括性合意的话，5月1日时并不需要重新缔结个别的让与担保权相关合意。同样，对于 (3) 的难点，4月1日订立合同的时点，若是达成了对于将来进货商品上设立让与担保权的概括性合意的话，6月1日这一时点也就不需要AB间对Y重新达成个别合意就可以设定让与担保权。但需要注意的是，即便4月1日事前作出了将来购入物的概括性占有改定合意，A基于民法第178条的交付获得的Y之上的对抗力的开始日期是6月1日，而不是4月1日。A对于Y基于占有改定而取得的间接占有是以B将Y搬入仓库这一现实占有为前提条件的，从这一角度来看，“事前的占有改定”是不应被认可的。

3. 集合物构成

为了解决无法回应担保交易需求的诸难点而提出了集合物构成理论。基于此，AB间的让与担保合同作为物权对象，在特定要件充分的情况下，将B店头在库的商品作为一个集合物对待：a. A在当初的在库担保设定时的4月1日基于这一集合物上的占有改定具备第178条的对抗要件；b. B出于日常经营的需要转移X之时，由于将所有店头在库商品作为一个集合物来对待，在订立的合同中，若是A允许B为这样的行为的，X就当然地从A的担保权对象中脱离了出来；c. 在Y搬入B仓库之时，Y作为集合物中的构成部分当然地被4月1日AB间达成的占有改定合意所涵盖，A对Y所享有的第178条的对抗要件则从4月1日起就具备。根据集合物构成b理论，(1) 的难点可以得到克服，进而根据a、c的论说，分析构成中难以克服的公示相关的点以及 (3) 的难点也将得到克服。

最高裁同样采用了集合物构成理论，对于集合物的特定基准通过“指定其种类、所在场所以及量的范围等各种方法来特定目的物的范围”，在此基础上将集合物作为一个物进行特定化对待成为一般论（最判昭和54年2月15日民集33卷1号51页。集合物的特定标准的法技巧上的意义以及判例法的展开详见森田，前注第5章）。

三、动产转让登记制度

1. 集合物构成的两个难点

然而，A在设定完担保权之后被善意的受让人侵害这一分析构成中的上述 (2) 中的问题却仍然没有被集合物理论解决。此外，(4) 若是在4月1日设定担保之时B已经向A以外之人设定了该店铺在库商品的担保权等情形的话，反过来，A在即时取得的要件不充足的情况下，并不能确保担保权，在库担保的情形下一般而言，A具有的作为交付的占有改定并不能满足第192条的要件，即便A的担保权取得是基于即时取得也无法得到保护。为了处理这两个问题，动产债权转让特例法于平成16年（2004年）修改，导入了动产转让登记制度。

2. 制度的概要

根据平成16年的修法，动产债权转让特例法中规定了即便是动产转让也可以利用登记制度。动产转让登记仅限于法人的转让（动产债权转让特第1条），并且不仅限于集合动产也及于一般动产，不仅限于担保目的的转让也及于单纯转让（真正买卖行为）。在进行了动产转让登记之后，即视为践行了民法第178条基于交付的对抗要件（动产债权转让特第3条第1款）。因而并不当然具有民法第192条、第333条所说的“交付”的意味。此外，船舶或者汽车等即便具备了动产转让登记，也并不意味着具备了特别法上的登记登录的效果。

在担保物记载上，通过制造号码等来特定具体项目的动产物，对于在库商品担保权，则通过动产的种类以及特质等特定方法（动产债权转让登记规则第8条第1款第1项）以及动产所在地的特定方法（同款第2项）来实现。

动产转让登记与不动产登记不同，并不采取以物为主的编写方式，而是采取以转让人的名义进行检索的实质上的以人为主的编写方式（植垣胜裕编著《一问一答动产、债权转让特例法》(2005) 66页）。

对B将要进行融资的人，输入B的名字进行检索，对于B的所有动产，α. B所有的没有进行动产转让登记的动产（动产、债权转让登记令第16条第2款第2项所谓“未登记”证明）或者β. B作为转让人所为的动产转让登记中除了担保物记载相关事项之外的事项，都可以请求作出登记事项概要证明书（动产债权转让特第11条第1款）。此外γ. 可以请求包含担保物记载相关事项在内的登记事项请求书的主体除了转让人、受让人之外，还包括该动产的扣押债权人等动产债权转让特例法第11条第2款所规定的主体。动产转让登记制度维持了债权转让登记制度以来的两阶段的开示制度。

3. 制度的实践

自平成17年（2005年）10月施行后，动产转让登记的件数为，该月14件72个，同年11月35件310个，同年12月181件14 386个，累积到2005年12月共230件14 768个（土手敏行“现在动产转让登记、债权转让登记的利用状况及今后的动向”NBL831号 (2006) 25页）。尤其在集合动产让与担保中通过适用特例法登记进行公示的实例已有报告。例如，商工中金以及福冈银行在对西昆（股份公司）进行融资时，组合利用了集合债权让与担保以及集合动产让与担保对企业的收益性进行担保，作为资金调配手法（ABL）中的一个组成部分利用了动产转让登记（中村廉平“法务话题”金法1753号 (2005) 6页）。这一制度作为实现“新型担保”的重要手段为大家都关注（例如ABL研究会报告书 (2006) 22页）。

四、实务上理论上的问题

综上所述，动产转让公示制度通过动产转让登记对民法第178条进行了补充，但仍然有几个问题尚未得到解决。

1. *动产转让登记制度自身的问题*

动产转让登记制度的立法由于仅仅修改了公示制度，对于动产担保交易在实体法上如何设计的观点十分薄弱，因而产生了以下一些问题。

第一，前述两阶段的开示中，计划向B贷款之人或者说计划向B贷款进行动产执行之人，取得相应必要的信息十分困难。这些人由于不属于动产债权转让特例法第11条第2款中的主体，因而不能单独获得上述γ中的信息，必须要通过请求B才能取得相关信息。前述“未登记”证明同样，在该抵押对象动产之上不存在抵押权的情形下，执行债务人是否设定了什么动产担保权是无法得知的。也就是说，对于这种状态下的B是无法得出“并无相关动产登记”这一特定信息的。

第二，动产债权转让特例法中担保物记载的要件也会在担保物的特定上产生一些问题。动产、债权转让登记规则第8条第1款所规定的上述两种特定方法是将最高裁判例中关于集合物特定基准的法理进行法条文化的产物，但从集合物担保的活性程度来看不免过于详细，另外对于欺诈行为的处理方式也不够完备。若是根据动产、债权转让登记规则的解说（高山崇彦“伴随‘债权转让对抗要件相关民法特例法律的部分修改法’的实施相关行政法规修改的概要（下）”NBL818号（2005）28页）来看，该规则第8条第1款第1项是基于“动产的特质”的特定方法之下，“动产的种类”以及“动产的记号、序号和其他同种类物区别的必要特质”来进行担保物记载的。关于“动产的种类”有“X射线CT检查装置、笔记本电脑、电器设备、冲床、衣物、贵金属等”宽窄不一的各种示例，因而“在库所有动产”这样的概括性的担保物记载可能就没法得到认可（但是，土手登记官在其前引用论文中写道，在实际操作中“（××某种动产）一套”“所有××”“××等”这样的登记也是存在的，也没有必要驳回这样的申请。现场确认的辛苦可以想象，但申请的受理与否根据每一个具体的事例完全交由登记官判断，而最终的裁判所判断的风险却都由当事人承受（土手前注26页），很难说响应了经济主体的需求）。此外，“动产的特质”的举例就更为琐细到了制造序号、商品序号这样连续性记号的地步（高山，前注30页）。在该规则第8条第1款第2项“动产所在地”的特定方法之下，担保物记载同第1项的情形相同，在“动产种类”的特定之上加上“动产保管场所所在地”，通过保管场所的地址编号以及住所表示序号来实现（高山，前注31页。但是平成17年法务省告示502号中看不出这样的要求）。

采取基于“动产特质”的特定方法的担保物记载过于详细，至少对于在库商品担保而言利用起来有些难度。前引法务省告示在在库商品担保上仅仅预设了基于“动产所在地”这一种特定方法（同告示第二2（2）登记事项资料注20以及（3）规则表4“动产区分规则”参考）。此外，在适用后者方法时，第8条第1款第2项的“动产种类”也在不允许概括性担保物记载之上，需要以具体地址编号作为所在场所的确定方式。这导致的结果就是，若是B将在所在地X的担保物向在库担保权人A做了动产转让登记之后，又将同一在库商品向另一债权人C设定了二次担保并将在库商品搬到了Y，在C将Y地作为动产转让登记担保所在地之后，基于民法第178条，A的担保权就将处于劣势地位。名古屋地判平成15年4月9日（金法1687号47页）对于依占有改定而为的传统在库商品担保，对占有改定的合意进行规范性解释，将X地与Y地视为同一地，将这种搬出视为欺诈性搬出行为。但从动产转让的文义来看，这样的规范性解释是有难度的。

2. 动产债权转让特例法与民法的关系

特例法登记与占有改定之间有着怎样的关系在实务上是非常难的课题。立法者希望解决的前述“三、中的（2）及（4）”的难点，仍然没法通过动产转让登记得到解决。

首先在（2）中，在库担保权人A即便完成了动产转让登记，不进行动产转让登记调查，径直从B处获得二重在库担保的C并不能当然地否定其无法获得民法第192条的保护。虽然可以通过将动产转让登记的调查义务强制化、一般化来加强对A的保护，但是立法者对于第192条以无过错要件为前提的C的注意义务究竟应当在交易实务中对在库担保权人的动产转让登记的掌握强制化到何种程度是难以说清的。

另外关于（4）这一点，在比A先行通过占有改定获得在库担保权的D存在的情形下，A可以通过先行进行动产转让登记的方式获得权利保障的解决方法（颠覆了先到先得的原则）在起草过程中也有过提案，最终还是以D的占有改定合意时与A的登记时的先后来决定顺序。于是，即便A进行了动产转让登记，但D的占有改定合意在其之前能够得到证明的话，A仍然处于劣势地位。也就意味着A在不具备第192条要件的前提下无法得到保护这一点与没有导入动产转让登记制度之前没有任何变化。今后可能需要进一步讨论是否要把作为民法原则的占有改定即视为动产转让公示方法这一条不再予以认可以寻求在实体法上的根本解决（上述（1）（2）的问题详见森田修《美国破产担保法》（2005）中的比较法考察）。

3. 集合物概念的命运

由于动产债权转让特例法并不涉及实体法上的讨论，因此其立法资料中以下两个问题是不明确的。（5）动产转让登记是对集合后的一个物进行动产物权变动的公示，还是（6）对每一个构成物上的动产转让进行概括性的公示。这两个问题今后，在基于占有改定的传统的集合动产担保和基于动产转让与登记的担保并用的情况下有着重大的意义。

最判平成13年（2001年）11月22日（民集55卷6号1056页）中，关于集合债权让与担保，采用的是（5）中的构成。作为前提，判决认为将来债权也是可以在现在进行转让的，但是动产债权转让特例法认为“将来动产”的现在处分在实体法上是否得到肯定是一个解释的问题。站在肯定的立场上，将来动产（上述“二、”2的Y）基于转让合同的归属的变更，就将在合同订立时发生效果；若是将动产转让登记视为民法第178条的交付的话，合同时点（4月1日）就将获得对抗力。在这样的立场下，为了解决从不得有“事前的占有改定”概念为出发点产生的动产让与公示中的难点而创设的集合物概念，在理论上也就不是什么不可缺的存在了（森田宏树“着眼于事业收益性的资金调配模式与动产、债权转让公示制度”金融法研究21号（2005）尤其是91页以下参考）。在这个立场上再进一步，一直以来的集合动产转让担保权的实行中必不可少的“固定化”的要求也就不需要了，另外，在固定好一直“新陈代谢”的在库商品之前的转让（称之为过往集合物的转让）也是可能的了。这也是与“新型担保”的理念十分契合的担保权实现方法中重要的手段（详见森田修“‘新型担保’的理念与执行程序”Jurist1317号（2006）205页1）。另外，在这个新的分析的构成的基础上，B在日常经营过程中向C转让个别构成物X之时，AB在达成了对将来转让的所有个别物的担保解除合意的传统分析构成（上述“二、2.（3）”）之下（集合物理论中对B的集合物利用的构成，见上述“二、3. b”b），C就无须等待即时取得要件的践行而得以取得不存在A的担保权负担的X。

但是，即便认可基于新的分析构成动产转让登记对构成个别物上的让与担保权进行公示，与之并行，一直以来的裁判法理中承认的作为整个集合物的在库担保权在权利清单上也仍然得到承认。

参考文献

见正文。

43

占有概念的现代意义

东京大学教授　木庭显

一

现代日本社会中，占有概念将形成怎样的“争点”这一本质的探讨本身是非常难的课题，但是本书 37、44、65、95、145、146 等文章都分别实质上涉及占有的概念，可以说从不同角度对这个概念中的争点进行了切割。这时候已经排除了直截了当的占有概念，而是讨论与之有差异的占有的概念。最纯粹的占有本身也与“实力占有”相去甚远，这是毫无疑问的。但是在讨论占有概念时所需要的严密严谨的度却从以前至今就一直体现出了模糊不清的状态，并且，还存在与纯粹的占有不同种类的（当然与实力占有离得就更远了）占有这一区分理解从 19 世纪开始就渐渐消失了。然而，随着经济社会成熟到一定程度，与后者的概念相关的问题就越来越多了。在此，虽然作者对前者的问题也很感兴趣，但是本文仅从后者的角度进行浅显的探讨，从占有概念现在的状况中探寻些许微弱的闪光。同时，由于篇幅所限并不能展开网罗式的体系性考察，仅从概念确认以及文献综述的角度进行片段式的论述，以指出还存在着一个尚未开拓的领域。

二

关于银行存款归属这一重要的讨论已是众所周知的事了，其中隐藏着“金钱是不存在所有权与占有的区别的”这一教条的（比如西岛良尚“金钱的管理与归属（1）——‘金钱的所有与占有的一致’的法理的若干探讨”NBL810 号（2005）89 页以下）。物的占有即便“行使”完之后，仍然存在保留所有权等一些途径，但金钱一旦占有“行使”完了其所有权也就当然地“行使”完了，仅剩下不当得利返还请求权等债权权利了。即便如此，“占有＝所有权”理论是如何在特殊的情况下产生并最终影响到判例的也都有了仔细翔实的确认工作，德国法上的特殊学说所特有的偏颇却在日本成为通说和基本概念（能见善久“金钱的法律地位”星野英一等编《民法讲座别卷 1》（1990）101 页以下为必须好好品读的文献，尤其是卡泽尔的时代（1937 年）书写的罗马法解释带来了意想不到的误导）。从宏观角度来看，1960 年以降对于同样的偏颇有过实质性的批判并进行回归传统问题探讨的尝试，对于银行存款也有继受了同样的问题意识的优秀的研究出现过（岩原绅作《电子决算与法》(2003)，尤其是132页以下，当然在之前还有来栖三郎的“债券的准占有与免责证券”，民商33卷4号（1956）1页以下)。若是将上述偏颇视为对于占有概念的理解淡薄化倾向的副产品的话，那么这次论争中（使用论争这个词但并无任何指向)，实质上就是站在试图对占有概念进行恢复的立场而展开的。对这个问题进行举例说明：(1）最判平成15年2月21日（民集57卷2号95页）认为（保险公司为委托人，保险代理店受委托人的情形）“受委托人所受取的物的所有权当然地移转给委托人，但对于金钱，由于占有和所有是合一的，金钱的所有权常常归属于作为金钱的接受人（占有人）的受委托人，受委托人不过是承担着需要向委托人支付同等额度金钱的义务罢了”。于是受委托人名义的存款与受委托人的债务进行了抵销。(2）最判平成15年6月12日（民集57卷6号563页）同样也作出了受委托人处的存款属于受委托人这样的表述，因而两个判决具有连贯性。但是首先，根据这样的论理，“实际上的结果”却是不一样的，因为其排除了对委托人的扣押。进而（2）中，若是受委托人破产了，被扣押的情况下就会得出相反的结论了。正因为如此，裁判补充意见才会想要类推适用信托制度。若是认同这样的立场，那么金钱既不属于委托人也不属于受委托人，而是属于类似于破产财团的第三个平面（较之“破产隔离”而言称之为自力执行隔离以保持透明性)。无论哪一方首先发动，都将被对方推后（renvoi)。(1）中的委托人保险公司或者另一个潜在的委托人顾客被扣押的话会如何呢？而且无论是被扣留还是被推后的对象都不是所有权。所有权是以占有为要求的请求权为基础的权利，这儿（最终将归属于谁）并不是请求权这样悠哉的问题。首先无论谁扣留，哪一方都可以以债权人的身份向破产财团申请，然后悠然地等待财产的取回自然无须讨论，但为了确保归属正义与普通人不同，法律人会首先设定破产人是资不抵债的，这个分歧点恰恰是症结所在，因而才有了传统占有概念的使用环境。这样考虑的话，(1）和（2）就会有两个截然不同的结论了。在认可受委托人成立占有，这种占有是某种事实上的支配的前提下，进而认为这种“占有”就是“所有权”(第三个平面的相反一极)。进而，对（与银行和存款人的关系相区别）通过银行进行交易的当事人之间的关系进行实质性的考量，在这里想要对某种类似于“物权”的金钱归属进行概念化的立场（岩原绅作“存款的归属——存款人的认定与误转账、转账欺诈等”江头宪治郎先生还历纪念《公司法的理论（下)》(2007年）421页以下）的重要性是存在的（在这里不做事实详细讨论，最判平成11年4月16日金法1554号77页是一个对合伙进行实质性考察的案例，这里存在“第三种占有”，最判平成14年1月17日民集56卷1号20页，金子敬明评释，法协123卷1号222页有关于承包的透彻分析)。但是，“物权”的本来的样态应该是占有（因而本来不应叫物权)，这与通常所说的占有是不同的（岩原，前注“存款的归属”的“相对性”的把握除了需要根据不同案件不断深入探讨之外，对于二重的占有概念的回应也十分精巧)。当然，这种情况下使用“所有权”这一模糊的用语是近代固有的不明晰所致，与其固守判例、学说固有的界限，不如让大家一起来讨论这一课题。

三

当然，委托中不可思议的占有的出现，多与银行存款这一形态有着密切关系。当存款体现其流动性时，概念就发生变化了（森田宏树“转账交易的法构造”中田裕康、道垣内弘人编《金融交易与民法法理》(2000）137页)，这时叫消费预存款。在消费预存款中，存款人的占有是保留的，但这是针对接受存款人而言的关系，这种关系本身在移转给第三人（代偿付）之时，存款人既不能对抗第三人的占有，反过来也失去了对接受存款人的占有。这有着占有转移的性质（森田，前引 161 页以下在将指示本身作为合同对待的基础上，划款和接受银行间的操作视为独立的合同，后者的有效与前者的无效之间没有任何关系。但是拒绝指示的“合意”（?）或者两银行间不存在不操作的自由，一口气“实行”完了的话就与占有转移十分相似——从外表看来误以为成了“无因”），并不受原因关系左右。这种情况下对于“实行”完了之后的物只能寻求返还了，也就是说只能成立债权了，理由正是已经丧失了占有。在误汇款的案件中，“反正还存在着不当得利返还请求权呢”这样的立场能否成立是一大争点；究竟是“实行”完了之后的取回还是尚未“实行”从银行处获得回款是最大的争执点所在；这也正是占有还留有悬念的证据所在。本来，占有转移本身就存在各种复杂的形式。依存在原因债权之上（有因性），无效之后发生不当得利返还请求权。而这里的“缺少法定原因”与误汇款中的“缺少原因”是不同的（森田，前引 157 页）。再而，其中的“无权限转移资金”（岩原，前引《电子决算》83 页以下）也必须加以区别。占有的转移与符号操作之间本来必须有着明确的“原因关系”，此处本人的符号行为（signifiant 词音）存在着伪造、变造、盗用等情况，典型的 signifiant（词音）与 signifié（词义）* 之间乖离的失误的情况下，在理论上占有本身也是并不发生变化的（因为符号本身没有成立）。然而，（现在那些虽然是可以流转之物）实际上出于交易便利的考虑对于占有的侵害还是受到很大的容许的。虽然这样到底恰不恰当存在着分歧，但是消费预存款的这种扩张本身是建立在高度的信用基础之上的，系统中的所有参加人都应当有着高度的善意，只要金钱还在账目上，在误操作的当事人属于善意的情况下，那么其他当事人也应当基于善意进行恢复原状的行为，这应当不是一个多么苛刻的期待吧。并且也确如被明确指出的那样（岩原，前引“存款的归属”），这一问题与存款人与接收存款之间到底谁占有着金钱（探求存款合同中的实际当事人）这个问题完全是不相干的两个问题，归属的模糊显然是因为不健全的信用制度所致（岩原，前引“存款的归属”。缘何这种状态会如此横行是一个极其重要且意义深远的法学本质性课题）。以上种种正是围绕着各当事人善意与恶意的攻防行为。无论如何，通过第二部分和第三部分所讨论的“争点”，不仅对现今社会占有理论的深度，对于测定私法秩序的成熟以及信用构建的强度也同样是很好的材料。

四

众所周知，基本上同样类型的占有在继承的过程中也有发生。具体论述可见其他文献（金子敬明“继承财产的多重性（1）”法协 118 卷 11 号（2001）1645 页以下连载），继承过程中的“共有”状态设置了类似于破产财产的机构，也就是说，承认了继承财产固有的占有独立性，并不发生直接分割财产的效果，而是需向继承财产占有人申请并促使继承人之间达成协议，通过这样的障碍来制约继承债权人以及一部分继承人（例如家族企业），同时，对实际物的占有人（例如事实婚中的妻子对房屋的占有，少数继承份额的继承人对家业的继承）的调整（最判平成 8 年 12 月 17 日民集 50 卷 10 号 2778 页通过“使用借贷”这种迫不得已的手段达成了这样的理论）、清算进行透明化。这都是资

---

* 即一词多义。——译者注

产形成中很现实的课题，包括立法论在内的大量“争点”渐渐形成。在遗产分割前基于每一个实体性占有而产生的孳息的归属在分割后，并不由取得人分别回溯取得，也是按照继承份额比例取得，做出这一认定的最判平成 17 年 9 月 8 日判决（民集 59 卷 7 号 1931 页）认为，“作为共有时取得债权的问题，与遗产分别处理”。结论虽然可能是对的，但若这样的话，继承人在继承前任意地将可分债权进行处分的话，就剥夺了通过自由协议进行处理的余地了（道垣内弘人，平成 17 年度重判解（Jurist1313 号）90 页）。继承财产本身固有的占有与孳息必须概念化。当事人进行共同管理正是基于这样的理会。

五

乍一看属于本次讨论范围之外的显然的占有事例，租赁的占有问题中存在一个我们平时不怎么关注的死角。而对这一死角进行关注的案例出现了（最判平成 14 年 3 月 28 日民集 56 卷 3 号 662 页）。转借人的占有通常是不受保护的，但是转租中的“诚实信用原则”得到强调通过论理构成对此进行了认可。退回到概念分析对比，所有权人的占有至少在这种转租的前提下是与经营收益相对的概念，其成立之后就不得不考虑相关状况。在这个案件中，第二承租人占有的保护本身是某种反射后的产物（金山直树，平成 14 年度重判解（Jurist1246 号）71 页等，限定射程的解释为通说），是一种与所有权人一侧的真正的所有权相适应的某种程度的占有（行使限度也要与之相对应）。虽然与通常租赁的区别在这一判决中并不明显（金山，前引 72 页），但是第一承租人与第二承租人的占有一加对比问题就很明了了。出租人保留了最表面的占有，同承租人在同一层面上（正当理由的）发生争执的案例，与在转租关系中，第二承租人与转租人的关系属于商业上高度信赖关系（可以任意地通过经济赔偿解决）的案例中，无论从谁的角度出发，占有的概念都是不一样的。理论上这属于 locatio conductio（租赁）的类型精致化的问题，但成为其识别或者类型化前提的社会构造相关的、宏大的、基础的洞察已然明晰（濑川信久《日本的土地租赁》(1995)——对问题的复合型方法以及时空的广阔视野)。

同样涉及所有权人占有（当然是另一种情况）的判决是最判平成 6 年 2 月 8 日（民集 48 卷 2 号 373 页），建筑物转让虽然已经经过登记，但尚未向受让人转交的情况，土地取得人的建筑物交付请求应当对登记名义人的受让人而为（但是，本来在没有登记的情况下应该基于所有权，对于从来没有过所有权仅仅是名义人的人本来也不能向其请求），但是这个判决基于有因性所有权（权源）考虑，在遵照某些学说的情况下将原审进行了部分推翻。无论如何，基于意思主义的产物（横山美夏“请求的对方当事人与登记”法学论业 154 卷 4、5、6 号（2004）364 页以下）既不是“所有权”也不是登记，即便说是像承租人的占有也完全不是，好像某个第三种存在。所有权的转移基于与登记有关联的有因主义（对抗要件主义），所有权转移中不仅要求合意，也要求交付。这种交付从外表来看与转移占有没什么不同（普通人意义的占有），登记作为其表象上的替代。一般而言，这种替换是可以自洽的，例外的不得不对“普通人意义的占有”进行实质性考虑的情况也是存在的（横山，前引举了本案这样的情况以及民法第 717 条第 1 款但书的例子）。交付、排除妨害、侵权或是危险责任等，无论是追及权源还是追及登记都会有无法开展的情况，本案中这样登记与所有权乖离的情况，即便这两种方法都具备，也存在着不得不与比如说基于时效取得的对方当事人进行对抗的可能性。本来这仅仅是被告适格的问题（横山、前引确实也提到“对方当事人的明确化”），接受原告主张的原审在理论上应当驳回起诉才是。同样，这个判决也是从具体案件（不仅仅只根据“是否登记”这一点）出发，实质上存在着普通人意义的占有在出让人一边的可能性进而发回重审的。日本实务中存在的怎么样都不行这样混乱局面的一个原因正是没能抓住占有概念所致。于是我们现在就如同本案一样，为实质上被告是否适格苦恼不已（判例集的记载非常之短，案情也基本弄不太清楚的原因正是在于没能真正进入本案实质的缘故，也就是说，这个判决的射程实际上普遍涉及基于所有权的返还请求上）。说出“这是若找不到真正的所有权人就没有办法起诉的问题”这样的话已然揭示了（忘记了占有）混乱的理由。通常在确认完登记之后认定这人就是实质上的所有权人然后进行相应的行为，接着在要求该主体实质性地搬离房屋时，才能真正确认主体的存在（偷偷地进行占有转移反而更省事）。即便登记于此有所偏离，但这个判断还是很简单的（必须符合诉讼要件）。因而，登记一般来说是可以自洽的判断材料，但却不能马上认为就属于普通人意义上的占有（横山，前引虽也谈到了这一点，但对于“明确化”有些强拉硬拽从结论而言也过于倾向于登记了，但其在《民法判例百选 1（第 5 版）新法对应补充版》（2005）104 页中进行了些许的修改）。

六

最大判平成 11 年（1999 年）11 月 24 日（民集 53 卷 8 号 1899 页）以及其他周边的立法以及学说，对于围绕着表面的直接占有的问题状况的深刻程度是有着很强烈的认识的，但回到其本质，进行探求解决方法的工作却十分有限，尤其是学说若是万一这次对判决和立法加以认可，最终不过“暂时搁置一下这个话题”的话，将留下很大的祸根。虽说将这个论点转移部分给其他方向，从这个课题的角度来看也存在着值得注意的变化，即最判平成 17 年 3 月 10 日（民集 59 卷 2 号 356 页）中登场的“抵押权人……取得的占有……是为维持管理抵押不动产为目的的”。很显然将之与直接占有进行了区别对待，进而对关于其内容的讨论的深入也是值得期待的（松冈久和，平成 17 年度重判解（Jurist1313 号）77 页）。若是将单纯的“占有”进行移转的话，将正中“作为妨害者的其他债权人的抵押权人”的下怀（一丘之貉）（山野目章夫，判例 times713 号（1990）44 页，松冈久和，NBL683 号（2000）41 页），这也正是对平成 11 年判决最明确批判的地方（平成 11 年判决中，债务人宛若是为了债权人才请求为相关行为，允许债权人介入占有，这样的记述属于典型的作为妨害人的债权人的考虑方式，其述说着日本市民社会、经济社会中最致命的界限的深处——无法排除“占有侵害”中阻碍信用形成产生的原因与意识）。但是若是不承认担保权人以及债权人有着某种权利的话也是无法解决问题的，此外，“为了我的目的扣押之后不准任何人介入”，“但自己也没法介入债务人”（镰田薰，“抵押权的侵害与移交请求”高岛平藏教授古稀纪念《民法学的新展开》（1993）286 页，“试图论证对目的物的占有关系进行自由干涉的尝试，若是对之进行尽情宣扬和推行的话……反而会偏离本意，进一步走向空虚化的概念”），能否构筑透明的（完全是另一种的）占有概念（bonorum possessio）成为关键所在。当然，对想要创设这样的概念，要件和程序的详细构建是必不可少的（泷泽孝臣，银行法务 647 号（2005）9 页，有关 bonorum possessio 的孳息详见三上徹 NBL807 号（2005）5 页）。在大幅剥夺债务人的权利之后，无论“代位”构成如何，债务过限要件都非常重要，若是存在资不抵债的情况的话，即便个别执行也应当将概括性最大化。民事执行法修改（公示保全）中已有这样的萌芽，抵押的效力除了集体程序型以外不再有，若不是这样的话，“管理占有”的实质就无法得到保证。此刻“为了众人利益进行扣押”的“管理人”之争的路径是不可缺少的。必须对抗虚假以及通谋的行为。为此，无论如何在这之前，都需要将基本的占有概念确定化（将占有侵害的日常化即所谓“占有屋”* 完全排除也不是那么简单的）之外，也需要对执行的相关基本理念进行明确化，若是没有这些，信用构造的再建是不可能实现的。

参考文献

见正文。

* 所谓“占有屋”是指故意滞留在租赁房屋中，向竞买买受人要求大额退出房屋费用的人，多为假借善意第三人的人。这一现象在 2002 年 4 月日本民法第 395 条“基于短期房屋租赁合同得以继续租赁”的规定没有废止之前尤甚，如今法律规定短期租赁权不能对抗抵押权，仅给予 6 个月的返还犹豫期，基于这一理由，“占有屋”现象开始减少。——译者注

44

占有之诉与本权之诉的关系

明治大学教授　青山善充

一、引言

民法第202条规定，“（第1款）占有之诉不妨碍本权之诉，并且本权之诉不妨碍占有之诉。（第2款）对于占有之诉，不得基于本权之理由进行裁判。”（平成16年法147号的改正之前，规定如下，“（第1款）占有之诉与本权之诉互不妨碍。（第2款）占有之诉不得以基于本权之理由为裁判。”）。前述规定为何意？

由于渊源于罗马法的占有诉权制度，仅基于单纯的占有事实而产生，因此在以观念绝对的近代所有权为中心的物权法体系中，该如何圆融地加以理解，自古以来便是民法中的好议题（相对近期的文献有水边芳郎“占有制度”星野英一主编：《民法讲座（2）》（1984）265页以下），而自诉讼法学的立场视之，特别是在关于诉讼标的的争论中，该如何结合对诉讼标的的理解来解释该条文历来也是一个问题（从新诉讼标的理论的立场出发，基于对占有诉讼比较法与系谱上的考察，试图在占有诉权与诉讼法理论间架设新的桥梁的文献，三月章：“占有诉讼的现代意义”同《民事诉讼法研究（3）》（1966）1页以下。参照同样是从新诉讼标的理论的立场出发，关于所有物返还与占有回收之诉的关系，小山升“关于所有物返还请求与占有回收请求”同《诉讼标的论集》（1966）117页以下）。

诉讼标的争论曾经盛极一时，尽管争论的两种基本立场继续保持对立，但在具体问题的处理上，因为两说的相互趋近已暂时得到了解决，因之诉讼标的所具有的意义已经大不如前。本文拟以前述诉讼法学的研究现状为基础，以诉讼法的视角对民法第202条加以分析，以期得出一些解释论上的结论。

二、民法第202条第1款与诉讼标的、重复起诉和既判力

1. 问题状况

（1）传统的物权法教科书对民法第202条第1款的说明如下：在占有诉权与本权归属于同一人的场合（例如，所有权人自己所占有的物被他人夺取的场合），该人无论是同时、还是分别提起占有之诉（民法第200条）与本权之诉，都不存在障碍，另外，一

诉败诉之后还可以再行提起另一诉。此即该条第 1 款的含义。(例如，林良平《物权法》(1951) 179 页，我妻荣著、有泉亨補订《民法讲义Ⅱ 新订物权法》(1983) 514 页，末川博《物权法》(1956) 267 页，舟桥谆一《物权法》(1960) 327 页，川岛武宜《民法Ⅰ 总论·物权》(1960) 121 页，吾妻光俊《新版物权法·担保物权法》(1966) 97 页，於保不二雄《物权法（上）》(1966) 232 页，柚木馨、高木多喜男《判例物权法总论（補订版）》(1972) 418 页，山本进一等编《物权法》(1973) 200 页［冈本诏治］，星野英一《民法概论Ⅱ（物权·担保物权）》(1976) 101 页，石田喜久夫《物权法》(1977) 103 页，原岛重义等《民法讲义 2 物权》(1977) 203 页［田中实］，田中实编《不动产法概说（1）民法篇》(1979) 32 页［田中］，筱塚昭次、川井健编《讲义物权法·担保物权法》(1982) 92 页［圆谷峻］，最近的作品有，内田贵《民法Ⅰ（总则·物权总论）（第 3 版）》(2005) 414 页等)。

不过，碰上这样的学说，诉讼法学者估计不管是谁都会抱有如下疑问。亦即，上述的说明，是不是在前提上也将“占有之诉”默认为是诉讼法上的一种特别诉讼类型了——就如同当今的票据诉讼一样？另外，民法论者到底是如何理解“占有之诉”的诉讼标的的？以下详述。

认为“既可以同时提起，也可以分别提起”、“其中一诉败诉之后还可以提起另一诉”，也就意味着，将占有之诉与本权之诉在诉讼层面上存在差别当作前提，等言于这两种诉讼既不触及禁止重复起诉的规定（民诉第 142 条），判决既判力也不相互及于对方（民诉第 114 条）。补充一点，民法教科书仅在此处使用上述诉讼法中的表述，并非出于逻辑上的必然，而是受到了“占有之诉”这一用语的影响。也就是说，“占有之诉”“占有诉权”这一法典或学术上的用语只不过是一直被沿用下来而已，民法教科书多认为，前者作为权利，在排除占有侵害的意义上，其实是一种物权请求权（应该称为“占有保护请求权”或者“占有请求权”的权利）。解释论所做的上述努力，与近代法学由诉权体系演变为权利体系的发展方向也一脉相承，从诉讼法学的立场观之，也可以得到肯定的评价（以下本文虽继续使用“占有诉权”“占有之诉”这样的用语，但意指占有保护请求权）。

但是，以上的事暂且不论，问题在于，无论是在民事诉讼法学界，还是昭和 30 年代中期之后诉讼标的论战的著作中，上述传统民法学说的论述一直都在被沿用。在新诉讼标的理论出场之前，民法教科书中即使偶见涉足于诉讼法领域的论述，也是与将各实体请求权刻画成相应诉讼标的的旧诉讼标的理论音声相和，并未对两者特意作出区分。然而，当新诉讼标的理论也在日本得到提倡之后——新诉讼标的理论主张将诉讼标的建构在比民商法各条规定的实体请求权再高一级的层次上，上述论述仍继续得到维持，其理由或是将占有诉讼设想为特别诉讼类型的一种，此诉讼与本权无关，仅就占有保护请求权是否存在进行审理，或是就诉讼标的的理解，有意识或无意识地站在旧诉讼标的理论的立场上。

(2) 在此为了进一步地得以明确问题现状，首先来看铃木禄弥教授的体系书（《物权法讲义（改订版）》(1972) 34 页，同（2 订版）(1979) 43 页）以及广中俊雄教授的体系书（《物权法（下）》(1981) 362 页），两者的民法学说延续了诉讼标的的争论，与之针锋相对的同时，自成一说。

铃木教授最初全面批判传统的民法学说，认为在同为所有权人和占有人的甲因乙的侵夺而失去占有的情况下，尽管甲对乙同时享有占有回收请求权与所有物返还请求权，但“甲的诉讼最终都是为了要求返还标的物，只不过对此存在两个理由罢了。……假使甲只就其中之一进行主张（未主张另一理由）……并败诉的话，由于既判力的结果，甲不得再以另一主张为理由另行起诉”（前揭（改订版）36 页。初版（1964）同页）。然而，此后他却完全回到了传统学说的立场上，甚至于在诉讼法上一般采新诉讼标的理论的场合下，也认为“就占有回收请求权与基于本权的返还请求权的关系而言，两者成为不同的诉讼标的，乃民法第 202 条第 1 款法定的结果，因此意味着该款是民事诉讼法的特别规定”（前揭（二订版）第 45 页）。

与此相对，就诉讼上两请求权的行使方式，广中教授认为“主张两请求权之一的 A 同时再行起诉主张另一请求权，因构成二重诉讼而不应准许；仅主张其一而败诉的 A 另行起诉主张另一请求权，因败诉判决的既判力所及，也不应准许（在一个诉讼中主张两者的场合下，并不发生诉的合并（请求的合并），只不过是就一个请求提出两种根据（两种诉讼攻击方法）而已）”（前揭《物权法（下）》第 362 页），由此全面接受新诉讼标的理论，并作出结论：照此并不会不当地对 A 造成不利益，反倒是若再允许 A 另行起诉，将会对 B 造成再次应诉的烦扰。

简言之，铃木说与广中说同是在继受诉讼标的论战的成果之上展开自己的学说，超越本条的诉权构成，考察了在诉讼中主张占有保护请求权的问题点，并为此作出了真挚的努力。

（3）现对问题整理如下。对前述传统民法学说的解说，从诉讼法的角度该作何评价？具体可分为以下三个问题：第一，占有之诉与本权之诉的诉讼标的是否不同？第二，在占有之诉的系属中，再提起本权之诉（或者顺序对调）也不构成重复起诉吗？第三，其中一者诉讼的判决既判力不会及于另一者吗？此三者，此前一直认为只要回答了诉讼标的问题，另两个问题便迎刃而解，现在来看并非如此。以下分别进行考察。

2. 诉讼标的

（1）学界指出现行民法第 202 条是法国法与德国法融合的产物。亦即，以法国占有诉讼制度为范本，充满其程序特质——禁止并行、提起本权诉讼后占有诉讼的失权、两诉并行时本权诉讼的中止、占有诉讼的判决内容只要未作出就不允许提起本诉等制约——的日本旧民法财产编（第 207 条至第 212 条），在现行民法典的制定过程中一步步地向德国的占有诉讼制度——除禁止两诉合并（经 1898 年民诉法改正被废止）之外，无论在事物管辖还是程序方面都不存在特别规则——靠拢，最终形成了现行民法中的占有之诉制度（三月章前揭《研究（3）》33 页以下。关于民法典编纂过程，详见川岛武宜编《注释民法（7）》（1968）178 页［广中俊雄］，广中前揭《物权法（下）》313 页以下、359 页以下）。

民事诉讼法上，不存在任何将占有诉讼作为略式诉讼的规定。曾经在法院组织法的时代，占有诉讼与诉额无关，一度属于区法院的专属管辖（本法第 14 条第 2 项），但该规定现在已经不存在。因此，基于占有权的诉讼，在诉讼程序上与本权诉讼不存在任何区别。

那么，今后为保护占有权，是否有必要设置为略式诉讼，以对专属管辖、证据限制、合并或反诉的禁止以及申请复议等方面作出特别规定？私见以为，现在并不存在相应的立法现实，而通过假处分和平常诉讼的快速处理即可应对。

（2）所谓“占有之诉”与“本权之诉”不相妨碍，抛开诉权构成方式，换用请求权的构成进行表述，就是指占有保护请求权与本权请求权是不同的权利，主张其中一方并不妨碍主张另一方，而且除此之外理应没有更多的意思。加之，作为民法学本来的研究范围，只要明确上述这点就已足够，至于在诉讼上主张上述请求权时，该如何理解诉讼标的的范围从来都是诉讼法学的问题。

而且就此问题，众所周知，用旧诉讼标的理论可以解释，用新诉讼标的理论以及之后的新实体法理论也同样可以进行解释。因此，即便民法学者要作出前述诉讼法上的论述，也应该只有在上述梳理的基础上，针对诉讼标的的理解，有意识地采用对立学说当中的一种之后，才有可能进行；若从条文的文句径直便导出旧诉讼标的理论所持的结论，难免失之草率，而且从诉权构成的立场出发又努力克服诉权构成，本身就是自相矛盾的（不过话说回来，就这点责备民法学者有些严酷了。因为旧理论便是将该民法第202条1款作为解释论的根据之一。例如，参照兼子一“裁判的脱漏与判断的遗脱之间的差异——占有回收请求与所有权返还请求为诉讼上同一之请求吗”兼子一编《实例法学全集民事诉讼法（上）》（1963）351页。另，关于这一点的评价，三月章《民事诉讼法（法律学讲座双书）》（1979）118页）。

根据旧诉讼标的理论与实务见解，在主张占有保护请求权与本权请求权的诉讼中，诉讼标的并不相同。前者的诉讼标的是实为“物的交付请求权”的占有回收请求权（民法第200条）、“排除妨害请求权”的占有保持请求权（民法第198条）和“消除危险请求权”的占有保全请求权（民法第199条），均基于占有权而产生；后者的诉讼标的，例如实为“返还请求权”“排除妨害请求权”“消除危险请求权”的物权请求权，均基于所有权产生。只不过若在同一诉讼中同时提出两种诉求，将发生选择的合并。故此，两者的要件事实也存在差异。例如，在占有回收请求权的场合，“原告的原先占有”和“被告的侵夺”是要件事实，而在基于所有权的返还请求权的场合，“原告的所有权”和“被告的占有”是要件事实。

站在新诉讼标的理论的立场上，无论是占有保护请求权还是本权请求权，只不过是证成原告法律地位（受给权）的不同请求原因（或诉讼攻击方法）而已，诉讼标的均是相同标的物的交付，或是对此物排除妨害和消除危险，原告只应该从中获得一次给付（即使在新诉讼标的理论看来，如果当事人仅陈述占有保护请求权的主要事实，到最后也未在辩论中提出本权请求权的主要事实的，则本权请求权将不能成为判决的基础，这是辩论主义的限制。关于辩论主义与主要事实，参见青山善充《主要事实与间接事实的区别以及主张责任》新堂幸司主编《讲座民事诉讼4》（1985）367页以下）。

那么，新实体法说是如何看待的呢？新实体法说认为，没有必要把占有保护请求权与本权请求权看成两种相异的请求权，即便在实体法上也应当考虑成结合了两者属性的单一请求权，因此融合过后的单一请求权便构成了诉讼标的（关于该学说对诉讼标的的理解，Henckel, Prozeßrecht und materielles Recht, 1970, S. 163 ff. 上村明广“诉讼标的争论的回顾与展望”冈山大学法经学会杂志21卷2号1页以下，42页（1971）；中野贞一郎等编《民事诉讼法讲义》（1976）154页［上村明广］。反对说，广中前揭《物权法（下）》364页。关于该问题，同时参照奥田昌道“请求权与诉讼标的（上）（下）”判时213号、214号（1968），四宫和夫《请求权竞合论》（1978））。

3. 重复起诉与既判力

（1）禁止重复诉讼（民诉第142条）的旨趣在于防止二重诉讼对被告造成诉累，让法院徒劳审理，并避免矛盾判决引起的既判力抵触。

根据新诉讼标的理论，占有保护请求权和本权请求权均是正当化同一物的交付——

或排除妨碍、消除危险——这一单一诉讼标的的请求原因而已，因此无论以哪种请求权提起诉讼后，若要在诉讼系属中主张另一种请求权，必须在同一诉讼中作为另一种攻击手段进行追加，如果另外提起诉讼，后诉将构成重复诉讼而被驳回。新实体法说也同此说。

旧诉讼标的理论和与此相关的实务采何见解？在旧诉讼标的理论框架中，占有保护请求权与本权请求权的诉讼标的并不相同，如果在一个诉讼中同时主张，将被作为诉的选择的合并而处理。

此前一度认为禁止重复起诉的适用范围与诉讼标的的范围是相同的，发生重复起诉只要驳回后诉即可，现在通说则超越诉讼标的的框架，对禁止重复诉讼的旨趣进行类推适用。换言之，哪怕后诉的诉讼标的和诉讼请求与前诉并不相同（例如，前诉为所有权确认，后诉为基于所有权的交付请求），也以请求基础与主要争点的共通为判断标准，类推禁止重复诉讼的旨趣，认为后诉应作为诉的变更（民诉第 143 条）在同一诉讼中提出，若已另外起诉的，则尽可能地合并辩论（上田彻一郎《民事诉讼法（第 4 版）》（2004）157 页，新堂幸司《新民事诉讼法（第 3 版补正版）》（2005）206 页，中野贞一郎等编《民事诉讼法讲义（第 2 版补正版）》（2006）164 页［堤龙弥］等）。在最判平成 3 年 12 月 17 日民集 45 卷 9 号 1435 页，利用另诉诉讼请求中的债权进行抵销的抗辩被认为是不适法的，此即超出诉讼标的的框架，扩大禁止重复起诉的事例。若作此考虑，那么分别提起占有之诉与本权之诉的做法，尽管有民法第 202 条第 1 款，但应理解为因与禁止重复起诉的原则相抵触而不被允许。

(2) 占有之诉败诉的原告之后能否提起本权之诉，或者对调起诉顺序又当如何？就此问题，新诉讼标的理论与新实体法说以两者相互之间存在既判力为由而持否定态度。

旧诉讼标的理论和与实务如何？由于旧诉讼标的理论的出发点便是占有保护请求权和本权请求权各自的诉讼标的不相同，因此在占有之诉败诉后，不能以既判力为由，否定再提出本权之诉。

但是，就诉讼标的与既判力的关系而言，学界曾经认为两者范围相同，不过最近则倾向于认为，虽然诉讼标的是一个重要的考量因素，但既判力的范围仍应当单独加以考虑（上田前揭书 471 页；新堂前揭书 659 页；中野等编前揭（第 2 版补正版）464 页［高桥宏志］等）。最判昭和 51 年 9 月 30 日民集 30 卷 8 号 799 页判示，经过当事人的主张与法院的审理，前诉的既判力并不及于后诉，即便如此也应根据信义则遮断后诉。就此问题，在占有之诉中，当事人并不提出本权请求，但是在审理中主张本权而被否定的情况下，占有之诉败诉的原告再提起本权之诉，便是旧案重提，有适用信义则遮断后诉的余地。

三、民法第 202 条 2 款与基于本权的抗辩、反诉和另诉

1. 基于本权的抗辩

(1) 接下来，民法第 202 条第 2 款是何含义？传统民法学说所能达成的最大共识是，在占有诉权与本权分属双方当事人的场合下（例如乙作为所有权人，侵夺甲对物的占有），法院不得以对方当事人具有本权为由驳回占有之诉（前揭各教科书）。简言之，重点在于占有之诉具有相对于本权的独立性，相对人不得主张本权作为抗辩。

那么，仍是在占有诉权与本权分属双方当事人的场合，本权人针对占有之诉能否以

反诉的形式主张其本权？众所周知，最高法院对此持肯定意见（最判昭和 40 年 3 月 4 日民集 19 卷 2 号 197 页。在该案件中，针对甲的占有保全之诉，乙以排除妨害请求权为由提出要求腾地的反诉，本诉与反诉请求均获支持），但对此判决评价不一。另外，若允许提出反诉，判决主文的写法以及执行顺序该如何安排也存在问题。

更者，不管是否允许提出反诉，若占有之诉的被告另案提起本权之诉，认为其与本诉全然无关而任其起诉是否妥当？是否应当根据其与本诉之间的关系作出些调整？这些也将成为问题。

接着，围绕上述问题，考虑民法第 202 条第 2 款的含义（参照岛田礼介“基于本权的反诉是否被允许”民法判例百选Ⅰ总则・物权 150 页（1974），同（第 2 版）154 页（1982））。

（2）民法第 202 条第 2 款所谓“对于占有之诉，不得基于本权理由进行裁判”，是指对于占有之诉不得将本权作为抗辩进行主张。原因想必在于，以维持暂定秩序为目的的占有诉权与以维持恒定秩序为目的的本权，两者处于不同的次元。也就是说，在没有配备任何着眼于占有诉权这一特征并实现简单快速审理的诉讼法措施的情况下，将占有诉讼的形象残存于民法之中的，正是该条文。

若以占有回收之诉（民法第 200 条）为例就要件事实进行说明，请求要件为 1）在侵夺发生之前一直占有，2）被告进行侵夺（也有认为该要件以被告的占有为足，被告可以占有的继受取得作为抗辩）。抗辩可以为：1）被告为第三人（占有侵夺人）之后的特定承继人（民法第 200 条 2 款正文），2）诉讼提起距占有侵夺（被告开始占有）之时已经过 1 年（民法第 201 条 3 款），以及 3）（若认为请求要件以被告的占有为足）被告从原告处继受取得占有。“被告有所有权所以不必返还”的主张不能构成抗辩，因为其本身就是不妥当的（参照大江忠《要件事实民法（上）（第 2 版）》（2002）465 页）。

2. 基于本权的反诉

（1）学说上，与上述最高法院的判决相同，允许基于本权针对占有之诉提出反诉为多数说（稚本朗造“反诉论”同《民事诉讼法文集》（1928）160 页，末弘严太郎《物权法（上）》（1921）293 页，松冈义正《民法论物权法》（1931）171 页，岩松三郎、兼子一编《法律事务讲座民事诉讼编第 2 卷》（1958）187 页，三月前揭《研究（3）》59 页，前揭《注释民法（7）》198 页［广中］，广中前揭《物权法（下）》367 页，我妻荣等《判例评注物权法》（1964）217 页，柚木、高木前揭，石田前揭；对上面最高裁判决的赞成评释有，伊东乾判评 83 号［判时 416 号］16 页，上村明广冈山大学法经学会杂志 15 卷 3 号，八木良夫法学研究 40 卷 4 号，广中民事诉讼法判例百选（第 2 版）140 页等）。根据在于，占有之诉与本权之诉的合并是得到承认的，并且诉讼防御方法（抗辩）与独立的请求（反诉）两者存在区别，第 202 条并非禁止后者。不过在允许基于本权反诉的学说内部，存在理解上的差异，如主张反诉并不违法而无须驳回的消极容许说（於保前揭 233 页，奥田昌道民商 53 卷 4 号 618 页［前揭最判批评］），以及主张如果不在本诉中提起反诉将会失权，进而不得另案起诉的积极容许说（也称反诉强制说。铃木，前揭《物权法讲义（改订版）》36 页。不过，（2 订版）45 页改为与多数说立场一致）。

与此相对，少数说认为不应当允许基于本权提起反诉（岛田礼介“民法第 202 条的考察”道工隆三先生还历纪念《民事法特殊问题的研究》（1962）7 页以下，星野英一法协 82 卷 6 号 782 页（前记最判评释），星野英一前揭 102 页［最高裁的事例，即在占有保全之诉对交付请求的事例中，由于本权人并无占有侵夺的事实，因而最高裁允许反诉的结论尚可站得住脚，但是要一般化则存在疑问］，船越续民事诉讼法判例百选 106 页)。理由之一，根据禁止自力救济的原则，有必要认可占有人对通过自力救济侵夺占有的本权人行使占有诉权，以使占有首先得到回复（星野。对此，有观点认为我国过于强调自力救济的禁止，有必要作出缓和，故将反诉视为合法，米仓明“自力救济”法教 17 号 23 页)；理由之二，既然不可以将本权作为一种防御方法进行主张，那么禁止提起反诉是理所应当的，第 202 条第 2 款正是排除反诉关联性要件（民诉第 146 条）的规定（船越）。

总之，以上学说对立的背后，可以窥见在如何看待占有诉权抑或占有诉讼，以及是否承认占有诉讼具有独立性的问题上存在着根本对立。

（2）至此，在上述学说对立的背景之下，应当如何考虑该问题呢？以下阐述笔者个人的观点。

1）是否该允许针对占有之诉提起基于本权的反诉，并非一个仅涉及反诉关联性要件的解释问题，其实更是一种政策判断，既要考虑实体法上该如何理解占有诉权的存在意义，也要考虑诉讼法上在允许或不允许反诉时，将直至执行阶段的程序安排都统统纳入视野范围之内。

首先，需要考虑的是，将占有诉权独立于普通物权请求权之外有何意义？就此，学说不一而足，多数说（法秩序维持说）认为，通过占有诉权可以防止占有的现状免遭私人力量的破坏——即便是自力执行。第二种观点（本权保护说）认为，通过对事实的支配进行保护，在大多的场合下能够免去所有权人进行“恶魔的证明 probation diabllica”的负担，而对完全没有权源的纯占有进行保护并非制度本来的目的。第三种观点（债权利用保护说）认为，像承租人这样无法对第三人主张本权的债权利用者，只有通过占有诉权才能够排除来自第三人的占有侵害（川岛武宜《所有权法的理论》（1949）159 页)。

与极难证明本权存在的罗马法时代不同，在通过占有或者登记即可推定本权存在，对本权的证明相对简单的今日，认为占有诉权是为保护本权而存在的第二种观点视野略显狭窄。再者，第三种观点认为债权利用者除了占有诉权之外没有排除第三人侵害占有的方法，这个前提本身便与当今的通说和判例相左，而且仅将占有诉权的保护功能限定于债权利用者也过于狭窄了。终究，第一种观点对占有诉权的功能作了最全面的理解，可以说令人信服。

不过，对于法秩序维持说也出现了下述批判的声音，鉴于占有诉权要发挥维持法秩序的作用，那就必须在诉讼法上设置简单快速的相应程序（占有诉讼），但是现在不但没有这种程序设置，而且为暂时维持现状另有假处分的制度可供使用（川岛前揭《民法Ⅰ总论・物权》153 页，铃木前揭《物权法讲义（2 订版）》48 页）。诚然，就如论者所言，没有与占有诉讼相配的简易程序，占有诉权便无法有效发挥维持法秩序的功能。另外，认为已经有假处分因此无须占有诉权的主张，是把占有诉权设想成了一种特别诉讼类型。无论哪一种观点，大概都不会认为在实体法上不需要占有保护请求权这种权利吧。因此毋宁说，诚然在一些场合下，占有是用以排除不当执行的第三人异议之诉（民执第 38 条）的唯一事由（例如无权源占有者将标的物出租于他人，承租人的债权人扣押了该租赁物的场合）（三月前揭《研究（3）》64 页），还有在审查假处分中被保全权利时的一些场合下，占有的事实要比本权更加容易证明（广中前揭《物权法（下）》

321 页)，但是从法秩序维持的观点看来，承认占有诉权等价于占有保护请求权依然是有意义的。

2) 其次，在禁止或允许对占有之诉提起反诉的情况下，诉讼程序分别如何？若禁止对本诉提起反诉，那么审理将只集中于原告占有的事实以及被告有无侵夺（妨害或妨害危险）的事实，这与占有诉权的历史沿革相一致。但是，这种情况下只能承认本权者还有另案起诉的权利，从而围绕着同一物的占有关系，将有两个不同的法院各自进行审理，且互不相关，这将不仅浪费司法资源，还会在出现矛盾判决时产生执行上的复杂问题（后述)。

相较而言，若允许提出反诉，法院可在一起诉讼中对占有保护请求权与本权请求权进行合并审理，并作出一个判决。如此，尽管较只审理占有关系要花费更多的时间，但是较分开各自审理更节省诉讼资源，并且因为只作出一个判决，还能有效防止执行时出现混乱。

另外从文义解释上，比较那些禁止反诉的明文规定（例如，民诉第 351 条关于票据诉讼，第 369 条小额诉讼)，并不能将民法第 202 条第 2 款理解为禁止提出反诉的规定。还有一点，反诉请求必须与本诉的请求或者针对本诉的防御方法存在关联（民诉第 146 条)，占有之诉与基于本权的反诉都是围绕着占有关系展开，因此明显具有请求上的关联性。

3) 如上面 1) 2) 所言，尽管承认作为占有保护请求权的占有诉权有其意义，但是在诉讼法上如果不存在将其与通常的物权请求权区别对待的理由，那么就没有理由禁止对占有之诉提起基于本权之反诉，或者对本权之诉提起基于占有的反诉，其实，就我个人而言，是支持积极鼓励反诉的。具体来说，当占有保护请求权与本权请求权分属不同当事人时，既然是围绕同一占有关系的争论，从禁止重复起诉的旨趣来看，我认为，只要本诉还在系属并且有条件提出反诉，那么被告最好应诉诸反诉，而非另诉。若占有之诉与本权之诉是分别提起的，只要条件允许，受理法院应当通过移送（民诉第 17 条）与合并（第 152 条）在同一诉讼中进行处理。处理方法与前述（“二、3（1）”）占有诉权和本权请求权同属一人的场合相同。

4) 然则，在此基础上更进一步的反诉强制论，即主张只要被告针对占有之诉可以提起本权的反诉——或与此相反——却不提起，则在原告胜诉之后被告便不可另诉主张其本权的观点该如何看待（铃木前揭《物权法讲座（改订版）》36 页。不过，此后改变观点，[2 订版] 45 页)？该学说将一次性解决纠纷的正当观念扩张到双方当事人各自权利正相对立的场合，从而可以避免因为允许另诉带来的所有问题，因此颇具吸引力。

但是，上述观点还是殊难认同（同旨，船越前揭第 107 页)。因为，第一，禁止另诉（强制反诉）意味着另外独立的权利将发生失权的效果，只要对此没有明文的规定——典型如在人事诉讼中禁止另诉（人诉第 25 条)，那么就不该做此理解，这是诉讼法的原则。第二，从实质上考量，在占有之诉中享有本权的被告，应当享有以诉讼外的手段解决本权纠纷的自由，同时就算提起诉讼也应当享有选择何时起诉的自由。第三，关于占有诉权与本权的关系，民法的大原则一方面在维持现有秩序方面重视占有诉权，另一方面通过本权决定面向未来的恒定秩序，认为本权发生失权的观点无异于本末倒置，而与该原则相悖。

若此，在与上述相反的情况下，即对于本权之诉未基于占有保护请求权提起反诉的话，是否发生占有诉权的失权？由于占有诉权上存在期间限制（民法第 201 条)，实际上若在本权诉讼的事实审的口头辩论终结之前未提起反诉——只有在这个时点之前才能提起反诉，效果只是占有诉权的行使期限（民法第 201 条）徒过，尚不发生问题。然而，若解释论采纳先行确定的本权之诉消灭占有保护请求权的立场（后述），问题将凸显出来。也就是说，只有在无法对本权诉讼提起反诉（本诉系属于上告审），而占有诉权的行使期限尚未届满时，占有人能否另案起诉行使占有诉权才成为问题。此际，我认为还可以另诉主张，并不发生占有诉权失权的效果。理由在于，没有明文规定的情况下，只是因为没有通过反诉行使独立于本权的占有诉权这一程序上的理由便发生失权效果，实在难谓妥当。

5）还存在一个问题，即对占有之诉提起本权的反诉从而合并审理的场合，判决主文该如何书写的问题。判决主文只得以口头辩论结束时的占有状态为基准，并必须对本诉与反诉的诉讼请求作出回应。而且，具有执行力的判决主文需要对执行机关可否执行以及执行的期间作出明确无误的指示。

对本诉与反诉一并审理，在驳回双方各自请求或者支持一方、驳回另一方请求的情况下，并无问题。问题在于，同时支持本诉与反诉两者请求的情况下的主文。在一方提起占有保持（或占有保全）之诉，另一方请求返还的场合下，也无问题。前述最判昭和40 年 3 月 4 日即为一例，在此再回顾一遍案情。X 将自己的建筑物拆除再移建至本案土地上，进行修缮工作之时，主张土地所有权的 Y 派人再三催促其拆除建筑物，不仅如此还侵入土地阻碍施工进行，妨碍了 X 的土地使用，因此 X 对 Y 申请禁止其进入土地和妨害占有的假处分，得到支持后，基于占有保全之诉请求判决“Y 不得妨害 X 对该案土地的占有”。对此，Y 对 X 提出反诉，基于所有权的返还请求，要求除去建筑物并让出土地，法院同时支持了本诉与反诉。两项判决主文都是给付判决，内容上不矛盾。亦即，X 在占有持续期间，Y 被禁止利用私力妨碍 X 的占有（否则将触发间接强制），不过这并不妨碍 Y 根据反诉胜诉判决，申请执行机关完成收去建筑物以及交付土地的强制执行。

像这样针对占有保持或占有保全之诉，提起基于本权请求返还的反诉，一般情况下，即便同时支持双方请求也不会产生矛盾的判决。与此相对，针对占有回收之诉提出基于本权的返还请求的反诉，便出现问题。此时，既然以口头辩论结束时的占有状态为基准进行判决，那么对当时处于占有状态的人给予妨害排除（或保全）的保护，对已失去占有的人给予占有回收（或返还）的保护就两厢满足，因此对其中一方占有回收（或返还）的请求通过部分承认的法理予以缩减，在妨害排除（或保全）的限度内进行承认，似可避免出现矛盾的判决。然而，实际上并不是所有的情况都得到了解决。例如，侵夺者未形成完全的占有支配，被侵夺者也存在占有的情况，或是到底处于假处分执行官的保管之下还是处于私法上的占有尚不明了的情况，再或是双方对占有进行交互侵夺的情况，在上述各情况下，只要本权人请求最终向自己返还，就可能同时认可双方的请求。此时，是否仍然宣告存在矛盾的判决便是一个问题。

我认为，此时法院有如下两种方法可资采用。方法其一，给予占有诉权者以现在的给付判决，给予本权者以将来的给付判决，从而为执行机关明确执行的顺序（东京地判昭和 45 年 4 月 16 日判时 606 号 50 页判示，在 Y［所有权反诉原告］将本案店铺交付给 X［占有回收本诉原告］，由后者受领之后，X 再将上述店铺交付给 Y。关于本案，参照石川明昭和 45 年度重判解［法律家 482 号］118 页）。方法其二，采用本权者取得现在给付胜诉判决便消灭占有保护请求权的解释论立场，仍然宣告执行上存在矛盾的判决。

第一种方法的意义在于，让本权者实施的不被允许的自力救济归于无效，暂时恢复到原状。第二种方法中，在判决内容执行上存在抵触的限度内，对于占有诉权者的强制执行，赋予本权人以异议事由（民执第 35 条），因此，占有诉权胜诉判决实际上仅仅具有在裁判上宣告本权人自力救济违法的意义。

两种解决方法在理论上均能成立，不过由于本诉和反诉在同一诉讼中进行审理，只得到一个终局判决，因此比起写成矛盾的判决把问题留到执行阶段的第二种想法，在判决主文中另外确定执行顺序的第一种想法更胜一筹。

3. 基于本权的另诉

若未对占有之诉提起基于本权的反诉，而是另案起诉，则占有之诉与本权的另诉将处于何种关系？如上所述，我认为，既然两诉都是围绕同一标的物的占有而展开的，就有必要类推禁止重复起诉的旨趣，最好通过移送与合并的方式将其作为反诉在同一程序中加以解决。但是，并不是所有情况都能做此处理。所以，当占有诉权与本权请求权分属不同人时，占有之诉与本权的另诉之间存在何种关系便是这里的问题。

这种情况下，占有诉权的诉讼与本权诉讼各自无关联地进行，判决的确定时间也不一致。首先，在与本权相关诉讼的判决先行确定的情况下，若本权者败诉，不生问题，若本权者被判胜诉，那么应理解为占有保护请求权在与此胜诉判决内容矛盾的限度内消灭（参照德民第 864 条第 2 款。菊井维大判民昭和 8 年度 56 事件评释，岛田前揭“民法第 202 条的考察”15 页。另，广中前揭《物权法（下）》368 页，对于在以占有诉权为由起诉之前本权者胜诉判决已确定的场合，采此说）。之所以主张该解释论，是因为尽管占有秩序与本权秩序各自独立，但在两者发生冲突时，以本权为准解决问题——即占有秩序被本权秩序所吸收，这是民法的思考方式。故而，若本权者在占有诉讼的基准时之前获得胜诉判决的，因被告援用该判决结果，占有之诉将会在与本权判决相矛盾的限度内被驳回。由于驳回的理由并不是单纯被告拥有本权，而在于本权者的胜诉判决消灭了占有保护请求权，因此并不违反民法第 202 条第 2 款。

即便到了占有诉讼胜诉判决的基准时之后乃至生效之后本权者才获得胜诉判决的，也应成为占有保护请求权消灭的异议事由。由此，就可以对占有诉权与本权相矛盾的判决作出调整，从而事先防止在执行阶段出现混乱。

其次，在与占有之诉相关的判决先行确定的场合下，该判决不应对本权诉讼不产生任何效力。占有之诉若胜诉，可允许申请强制执行，本权者不可以本权之诉尚在进行中为由要求停止执行。不过，在占有之诉判决被执行前，若本权者胜诉判决已生效且内容与之相冲突，如前所述，占有保护请求权将因之消灭——亦即出现异议事由，执行将不再可能。占有胜诉判决的确定不影响本权诉讼是为原则，然而，因为占有胜诉判决得到执行或者出于对此的预计，本权诉讼的原告事实上被迫变更诉讼请求的，自然另当别论（例如，由于占有回收判决得到执行，将之前基于所有权的妨害排除请求更改为返还请求的情形，或者预计对方要进行占有回收的执行，追加若被告回复标的物占有则必须将此物交付原告的请求）。

四、结论

占有诉权，作为占有保护请求权这一纯粹私法上的请求权，时至今日仍具有一定的存在意义。但是，十分有必要彻底清理关于占有之诉的错误印象，即占有之诉是有别于本权诉讼的特别诉讼。

本文便是立足于此，讨论占有之诉与本权之诉之间的关系。现将本文的结论简述如下：首先，当占有保护请求权与本权请求权归属同一人时：(1) 关于占有保护请求权与本权请求权诉讼中的诉讼标的，新诉讼标的理论与新实体法说认为是一个，而旧理论认为是两个（同时请求将发生选择的合并）；(2) 与禁止重复起诉的关系，新理论与新实体法说认为两者构成重复起诉应禁止，与此相反，旧理论认为虽不触及禁止规范，但应类推禁止重复起诉的旨趣，尽可能地进行诉的变更；(3) 与既判力的关系，新理论与新实体法说认为既判力相互及于对方，旧理论原则上认为既判力不相互波及，唯在纠纷实质重复的情况下，应借助信义则遮断后诉。其次，在两请求权分属不同之人时；(4) 拥有本权并不对占有之诉构成抗辩；(5) 但是，对占有之诉应允许提起本权反诉，更确切地说，相较于另诉，本权人更应该提起反诉；(6) 在这第二种情形下，应当尽量避免本诉与反诉的判决主文出现内容上的矛盾；(7) 占有之诉与本权之诉分别起诉的场合，应当解释为，因本权之诉胜诉判决的生效，占有保护请求权在与其抵触的限度内相应消灭，从而避免执行阶段出现矛盾。

不过，这样的结论与民法第 202 条的文义已存在不少距离。立法论上，从法秩序维持的观点看来，即便保留占有诉权的说法，也应当清除其诉讼法上的残余，将其作为纯粹实体法上的权利对条文重构，与此同时，在保护暂定秩序的占有保护请求权与意在维持恒定秩序的本权请求权相冲突的场合，应当以优先保护后者为基本点，设计一些调整规范。

参考文献

本文中所载。

45

土地所有权的规制

东京大学教授　原田纯孝

一、近代民法中的所有权规定与土地所有权

近代民法中的所有权乃所有人“对物进行自由使用、收益及处分的权利”（民第206条）。在近代社会中，自由的商品交换之所以在法律上自由平等的市民之间成为可能，所有权是一个不可或缺的因素（作为商品所有权的近代所有权），同时所有权具有私的性质、观念性及绝对性（对世绝对性）等属性（川岛武宜《所有权法的理论》[1949]）。学理上，认为所有权是对物直接且全面地实现排他性支配的权利，这无非是从另一侧面对此加以理解。而土地与其他物品一样也属于商品，是所有权对象之一（民第85条、第86条第1款、第207条）。特别是在大陆法系的语境下，最后这一点的确立在民法制定中具有重要的历史意义（试想法国大革命以及明治维新时期的土地改革）。

不过，民法第206条所规定的所有人“自由”并非毫无限制，而是止于“法令限制内”。作为该条文渊源之一的法国民法典（1804年）第544条也对这种限制作出明文规定，即“所有权是以最绝对的方式享用和处分物的权利，但法律或条例禁止使用的除外”，并且限制所设想的主要对象便是土地所有权。而且，添加“以最绝对的方式”这一用语，意在“绝对地”保障（直接对封建制与土地分封的废除予以确认，以及保障革命时期国有财产买受人的安全）经过革命性的土地变革才建立的土地所有权（这是一种自由的、个人主义的、全面且排他的，并具有对世绝对性的所有权），但存在法律和规定的限制或因公共原因而被征用的（法民第545条）除外（原田后揭34页、310页，近年小柳春一郎的研究，J.-L. Halpérin的著作等）。对于以上说明，提请大家留意以下几点。

第一，关于土地所有权的规制，问题在于所有权自由的范围（所有人在使用、收益、处分方面所应具有的自由）。尽管19世纪中叶的法国民法学说一般认为所有权具有绝对性、排他性和永久性这三大属性，但这种解释论带有对社会主义者的所有权批判论进行反驳的意味。另一方面，无论是法国民法典还是日本民法的立法者（如梅谦次郎）都从未将所有权，尤其是土地所有权理解为毫无限制的绝对权利（上述Halpérin和小柳的著作等）。因此，最好避免出现“土地所有权的绝对性及其限制”这样的表述（原田，后揭39页）。

第二，关于土地所有权因法律或准则受到的限制，不管在哪个国家，最为典型的例子莫过于相邻关系与征用。不过，当时19世纪的法国，在与农业、水利以及市区利用、建筑相关的领域，广泛存在着警察规制法，属于法令限制的范围。早在法兰西第二帝国时期，便出现过巴黎城市改造征用特别法等法律。由于土地所有权只能在上述规制的范围之内实现自由，因此20世纪——特别是1919年之后城市规划制度的发展等都可以理解为这一想法的延伸。反观日本，尽管在国家或是政府主导的设施修建和公共基础设施方面，很早就引入了征用等其他强有力的规制，然而从生活利益、环境景观的观点出发，对城市住宅区上的土地使用与建筑行为进行规制的制度框架，在旧城市规划法和城区建筑物法制定（1919年）之后基本没有得到发展（原田编著，后揭52页以下）。

第三，在法国民法典中，用益物权的限定（法民543条）以及永久土地使用权的设定禁止（1790年的政令。最长期限为99年或者不超过子孙第三代）被视为土地所有权（或土地所有权人）自由范围的重要边界之一（同样的意思，见原田后揭33页、312页）。日本民法上，类似的法律思想也体现在既存永小作权*的整理（民法施行法第47条）以及永小作权存续期间的限制（第278条）之上，但地上权未作同样的规定，现今的解释立场不一。

第四，上述限制或禁止跟土地所有权所具备的特性相关。亦即，土地对人类的生活生存与生产活动而言不可或缺，并且正因为被人利用才获得价值，同时物理上属于自然界有限地表的一部分，因此具有连续性及位置特定的特征。是故，以土地为对象的近代所有权，（1）其客体是特定的土地，亦即地表的一部分，（2）一方面先于资本（宽泛言之为利用）存在，具有私人独占的性质，（3）另一方面对某宗土地的利用自然将对周围土地的利用造成影响。相邻关系等诸多规制与特性（3）相关，而征用与特性（1）（2）存在联系。另外，在土地上，不可避免将发生所有人与使用人的分离，与所有权相关的使用权该采何种法律构成，是必须要解决的重要课题，这是特性（2）引起的。土地所有权的这些特殊性随着近代社会的发展以及现代社会的转型，表现得越发明显，也引出了有关土地所有权规制等各类新问题（→“三、”）。

二、民法内在的土地所有权的规制

1. 土地租赁权的强化与“近代土地所有权”论

第二次世界大战后，日本民法学遇到的一个巨大问题便是土地使用权的法理构成，在1960年代中期之前，出现了“土地租赁权物权化即近代土地所有权”的观点。在借家借地法制定与永小作权的立法动向中，出现了强化租赁权保护的趋势，而将此趋势理解为“租赁权物权化”的视角在二战之前便已出现，即便作为解释论的依据也得到了我妻荣等人的支持。上述理论一般性地揭示了如下的规范论命题：由于土地使用权的法律构成（典型如物权构成）的实现——该构成方式可以保障投入土地及其定着物中的资本不被剥夺——先于资本主义存在的、私人独占的土地所有权其自由便开始受到限制，这正是近代社会中“近代土地所有权”的本来面貌（小仓武一《土地立法的历史考察》（1951），渡边洋三《土地、建筑物的法律制度（上）》（1960），水本浩《借地借家法的基础理论》（1966），甲斐道太郎《土地所有权的近代化》（1967）等）。该“原理论”在

* 根据日本民法第270条，永小作权是利用他人土地进行耕作或者畜牧的一种用益物权。——译者注

历史和理念上的原型，便是在 19 世纪中叶英国的“三分割制”下资本主义农业中（在贵族所有的大土地上，作为资本家的借地农业者雇佣农业劳动者进行经营的大规模借地农业经营模式），农地“租赁权（lease hold）”的法律构造（特别是水本，前揭）。各学者之间的学说存在差异（另外，也有基于别的观点的批判说），但总的来说理论的视角是正确的，对学界产生了巨大影响。以此为契机，关于历史上“近代土地所有权”法律构造的实证研究出现了新进展（戒能通厚《英国土地所有权法研究》（1980），原田后揭），结合理论与历史进行分析的讨论也更加深入（原田后揭《序论》，渡边、稻本编后揭，水本浩“土地所有权的规制”《民法的争点Ⅰ》（1985）138 页，东海林后揭，池田后揭，加藤等编后揭等）。这些内容中尚有未定论的观点，值得继续推敲，以下只提出几个留意点。

（1）上面的理论清晰地说明，明治民法中关于近代所有权与租赁权的规定，其作用是为天皇制国家下的寄生地主制提供法律制度上的保障，为克服其弊端，必须通过设置强行法规范强化对土地租赁权的保护。不过，（2）若将强化保护理解为“物权化”，则主要意图保护的是住宅用地的租赁。实际上，如果承认土地使用权人建造的建筑物是独立于土地的另外不动产，即承认建筑物所有权的话，那么认为构成建筑物存立之法律基础的土地使用权也应具有相应的物权属性乃当然之理（法国与德国同样如此）。此中的“物权化”理论可以说是为了应对因明治民法的相关规定及其解释、适用引起的我国不动产法上的特殊问题（在城市土地所有人的土地上，借地人基于存续期间、对抗力与可让渡性都不充分的债权性土地租赁权进行建造并对建筑物所有已成一般态势）所必然引发的讨论。是故，（3）就依据英国农地“租赁权”的法律构造所建构的“原理论”，将其作为支持第（2）点直接的论据，本来就存在龃龉之处。另一方面，（4）强化农地租赁权的课题，由于农地改革，在战后退居幕后。而自 1970 年代后半开始，通过有意识地削弱对定期租赁权（农用地使用权）的保护，促进农地的流通成为新的政策课题。这是在非农因素导致农地价格上升的背景下，向希望可将农地所有权作为土地商品自由流通的需求作出的让步，也使农地租赁制度该往何处发展变得错综复杂。

但是，今天又有新的情况出现。（5）随着利用借用农地扩大经营规模的趋势，人们开始思考真正农地租赁法的应然样貌。一方面，让人再度想起前述各种的讨论，例如战后法国农地租赁特别法（债权构成。笔者做过一系列的研究）的显著发展等成为新的比较对象。另一方面，（6）在住宅用地方面，1991 年修改了借家借地法，并创设了定期借地权制度。这是在地价居高不下的背景下，向土地所有权的自由流通作出的妥协（在这点上，与上述（4）类似），但在理论上与“住宅地租赁权物权化”并不矛盾。

2. 城市社会化带来的新规制

作为与民法上土地所有权规定直接相关的规制，现有 1983 年建筑物区分所有法修改后禁止对专有部分与土地使用权分别进行处分的规定，确立可无偿对深度地下进行公共利用的特别措施法（2000 年。第 207 条的特则），判例对相邻关系规定的现代适用（法定袋地通路等），以及承认带有人格权性质的“通行自由权”等。

三、现代社会中土地所有权的规制

今日的重要课题是如何满足城市型社会的公共要求，对“法令限制”的内容进行充实。在经历高速成长期之后的日本，由于工业化与城市化的推进以及产业结构的高度成熟与转型，伴随着土地价格的持续升高，城市土地不断进行扩张以及再配置，所谓的“土地问题”开始显现。为了解决复杂多变的难题，数量庞大的立法出台，强化对土地所有权的规制成为这些立法共同的基本议题。例如，与规制土地再配置、整改和开发、建造行为相关的城市规划和建筑法律制度，公共土地取得的法律制度，抑制投机交易与获取开发利益的框架，以及保护生活、居住与自然、环境、景观等各类制度。这些问题根源于土地与土地所有权的特殊性质，并为土地基本法（1989 年）所确认。这也是各发达国家面临的共同问题。

因此，在 1980 年前后，基于跟欧美制度的比较，出现了“现代土地法”论，该理论（1）从“土地问题——土地政策——土地法”的角度，对新出现的土地法现象进行全面且体系的分析解释，与此同时（2）关注“土地问题”的社会实际（对谁而言以及怎样的土地问题），并将“土地法”在规制土地所有权方面表现出的现实作用作为研究问题。在此理论延伸上，1980 年代末，“现代城市法”论登场（概要见吉田克己《现代市民社会与民法学》（1991）31 页以下）。笔者将上述（1）中的视角发展为“城市问题——城市政策——城市法”，在此之上，（2）将城市法制展开的依据建立在有关土地的如下基本事实之上，即土地构成了我们共同生活空间（城市空间）的物质基础，同时在法律上可以被细分成为私人、个别的支配权客体这一事实，从而提出如下的理论假说，即（3）将包含土地法的“城市法”理解为，旨在调整和驾驭根源于土地所有权二重性格（作为私人个别支配权的同时，也是公共土地空间的一部分）的矛盾，以有目的地形成理想城市空间的法律体系。在该理论假说中，（4）土地使用权在土地空间上充当土地所有权的媒介，也成为被规制的对象，与此同时，（5）对于决定城市空间内在目的具体内容以及对各种“场”* 中的土地利用价值进行排序的程序方法，理当重视该程序所具有的公共性或者说市民共同性（原田等编著，后揭《序说》）。

以上的事情也是行政法上的问题。但是，土地所有权在法律层面上的内容如果脱离了该问题就无法理解。而且，与“近代土地所有权”论占主流的时代不同，时至今日，通过发达金融系统获得资本，直接取得土地所有（权），自行行使土地所有权已成为常态。因此，围绕着土地所有与使用，矛盾与对抗关系的表现形式也将发生变化，例如该如何调和生活、环境、景观利益和以与地价相称的方式的高度利用这两者之间的紧张关系，将成为重要的问题。是否要对土地缓和规制的议论也由此而生。在此意义上，鉴于对现代市民社会中土地所有权进行公共规制的讨论，对肇始于土地所有权的“建造（权）自由”问题，日本民法学是否也有必要展开严肃的讨论呢？另外，在行政法对土地所有人的“空间自由”欠缺适当规制措施的情况下，包括判例法在内的民法规范也可能发挥填补空缺的协助功能，一如有关国立景观诉讼等的最近讨论所示。

参考文献

除本文中所载文献之外，原田纯孝：《近代土地租赁法研究》（1980）；渡边洋三、稻本洋之助编：《现代土地法研究（上）》（1982）第 1 章［渡边］，第 2 章［稻本］；东海林邦彦：“‘土地所有权近代化论争’的批判性检讨”北大法学论集 36 卷 3 号（1985）；池田恒男：“战后近代土地所有权论的到达点与问题点（1）（2）”大阪市立大

* 这里的“场”可理解为城市空间。参见原田纯孝等编著：《现代都市法》（1993 年）第 5 页。——译者注

学法学杂志 35 卷 3、4 号，36 卷 2 号（1989）；原田纯孝等编著:《现代都市法》(1993) 序说［原田］；加藤雅信等编:《民法学说百年史》(1999) 2－01（镰田薰），2－02（吉田邦彦），2－22（田山辉明），5－22（吉冈祥充），5－24（广渡清吾）；原田纯孝编著:《日本都市法Ⅰ 构造与展开》(2001)。

46

附合的现代问题

庆应义塾大学教授　松尾弘

一、附合法的现代课题

所谓附合，是指两个以上分属不同所有人的物发生结合，并超过一定结合程度时，将整体作为一个所有权的对象，决定其归属的制度。与该制度直接相关的规定只有现行民法的第 242 条至第 244 条，个别问题交由裁判例与解释论灵活处理。

在有关附合的纠纷案件中，一些反映了时代的特征（如大正后期永小作权争议中的农作物与土地，第二次世界大战后在住宅问题背景下的租房扩建改增部分与建筑物，高度经济成长期中在土地需求增大背景下的海面填土与海床，成为近几年环境问题之一的废弃物及被填埋的废弃物处理设施与土地等），而另一些则在各个时期反复出现（土地上的建筑物、在建筑中铺设的设备等）。在应对新问题与再次探究本质问题的过程中，重新检视附合的要件及效果，即谓附合法的现代课题。

二、不动产的附合

1. 土地与建筑

不动产的所有人取得“作为不动产之从属的附合物”的所有权（民第 242 条原文）。这种附合物不以功能上的附属为足（参照民第 87 条），但也未必要达到物理结合的程度（参照民第 243 条）（星野英一《民法概论Ⅱ》［1976］125 页）。尽管如此，判例和通说均认为建筑物不与土地发生附合（参照民第 370 条、第 388 条）。照此，即便没有权源的 B 在 A 的土地上修造建筑物并且取得所有，A 也不能擅自处分该建筑物，但可以向 B 请求除去建筑物（大判大正 3 年 12 月 26 日民录 20 辑 1208 页，大判昭和 6 年 12 月 9 日民集 10 卷 1210 页，最判平成 6 年 2 月 8 日民集 48 卷 2 号 373 页等）。不过，在下级审中，也有判决认为没有权源的 B 在 A 承租的土地上修造的建筑物部分归属于基地所有权人，以此驳回 A 对 B 的建筑除去请求，但同时认可其对 B 的建筑迁出请求（东京高判昭和 61 年 12 月 24 日判时 1224 号 19 页［生效］）。学说上，自起草者以来，便存在主张建筑物附合于土地的有力说（濑川后揭 328 页）。而附合否定说（通说与判例）的实质理由，除了通行观念上认为土地与建筑物是两个不同的不动产，也是为了确保建筑承包人的报酬债权（大判明治 37 年 6 月 22 日民录 10 辑 861 页，大判大正 4 年 5 月 24 日民录 21 辑 803 页等）。但是，(1) 即便是采取了附合肯定说，承包人也可以价金请求权（民第 248 条）为被担保债权，通过行使留置权（民第 295 条）来实现债权，且 (2) 即使认为无权原的建筑物与土地发生附合，所有权人仍然可以就土地与建筑物分别进行处分，并不至于颠覆通行观念。因此，主张无权原建筑物附合于土地的附合肯定说，就算在解释论上，也值得再做进一步考虑。

2. 土地与沙土

因沙土的自然堆积形成沙洲的，邻地所有人因附合取得所有权（民第 242 条），并作土地面积增加的处理（昭和 36 年 6 月 6 日民事三发第 458 号民事局第三课长电报回答）。但是，判例认为既然河流用地属于国有土地，那么沙土在其上自然累积的沙洲也应属于国有土地，不与邻接的民有土地发生附合（大判明治 37 年 7 月 8 日民录 10 辑 1061 页）。不过，若沙洲形成于海床等非“土地”（民 86 条 1 款）之上的，则有认定为附合的余地。

另一方面，在公有水域进行人工填埋的场合，若取得填埋许可，填埋权者自竣工认可的通知日起，取得由海床与投入沙土形成的土地的所有权（公水第 24 条第 1 款）。但是，若未取得填埋许可的，由于投入的沙土为原状恢复义务的对象（公水第 35 条、第 36 条），所以只不过是堆于海床之上的独立沙土（动产），不发生附合（参照最判昭和 57 年 6 月 17 日民集 36 卷 5 号 824 页，最判平成 17 年 12 月 16 日民集 59 卷 10 号 2931 页）。

3. 土地与种苗、树木

无权源而在土地上播种、栽植的种子与苗子将与土地发生附合（大判大正 10 年 6 月 1 日民录 27 辑 1032 页，最判昭和 31 年 6 月 19 日民集 10 卷 6 号 678 页）。因此，播种者或栽植者不负有除去义务（最判昭和 46 年 11 月 16 日判时 654 号 56 页）。学说上，出于保护永小作权争议中耕作者的考量，也有观点认为即便在无权源情况下种苗也不与土地发生附合。但是，若无权源，则无法通过培养、收获和明认进行处分，土地所有人也有可能提出除去请求，还是无法实现对耕作者的保护。

4. 土地与废弃物

无权源的 B 将废弃物抛弃并堆积在 A 的所有地之上，并不与土地发生附合。若该废弃物可能发生崩塌或释放有害物质从而对 C 的土地造成危险的，则 C 可对 B 请求除去废弃物（东京高判平成 8 年 3 月 18 日判时 928 号 154 页）。另一方面，若 B 是用水泥将有害物质封装进处理槽中再进行填埋，由于对两者进行分离“欠缺社会经济的合理性”，因此与土地发生附合，从而 A 对 B 的撤去请求将不能得到支持（东京地判平成 8 年 8 月 27 日判时 1609 号 99 页）。关于上述这些事例中附合发生与否，是否应不惜费用进行除去或分离，规范性判断与法政策方面的考量也占据很大的比重。

5. 建筑物与建筑物

当 A 所有的建筑物 α 与 B 所有的建筑物 β 因为墙壁打通而合并为单独的建筑物 γ 时，一般认为将发生附合，若 α 与 β 之间不存在主从关系的，A 与 B 将按合并时 α 与 β 的价格比例共有建筑物 γ（民第 244 条的类推适用。参照最判平成 6 年 1 月 25 日民集 48 卷 1 号 18 页）。

6. 建筑物与扩建改造部分、附属设施

B 在 A 所有的建筑物上进行扩建的部分，如果构成单独的建筑物（以构造上的独立性与功能上的独立性为判断基准。最判昭和39年1月30日民集18卷1号196页，参照建物区分第1条）便不发生附合，但存在是否附合于基地的问题（前述“1”）。不过，不具有独立性的扩建改造部分与附属设施，将与A的建筑物发生附合（另参照后述“7（1）”）。

7. 权源的意义与功能

（1）即便B的财产附合于A的不动产，但如果B是基于“权源”使之附属，则B仍然保留其所有权（第242条但书）。但是，（a）附合二分论主张，第242条但书在B的财产构成A的不动产的组成部分即强附合的情况下，并不适用，只有在不构成其组成部分，即弱附合的情况下，才得适用。据此，即便承租人得到房主的承诺进行扩建改造，其中形成的高结合度之物，以及收获期前的农作物都不能进行分离。与此相对，（b）按多数说的见解，权源是指，将在B所有的财产附属于A的不动产的前提下进行所有和使用视为当然内容的权利，因此，以播种和栽植为内容的农地租赁权因符合该条件，故可以在收获期前自由地改变耕作，相反，即便获得房主的许可，建筑物租赁权也不构成扩建改造的权源（新田后揭20页。是否包括善意无权源者［民189条］存在讨论）。尽管有观点认为，如果得到房主特别的承诺，承租人也可以保留扩建部分的所有权（濑川后揭330页），但权源的内容有必要在一定程度上客观地加以确定（与后述“四、”附合法的目的相关）。

然则，若液化石油气的经销商B取得建筑物所有人A的承诺，以B自己的费用架设了液化石油气管道等消费设施，B能否基于权源而保留消费设施的所有权呢？若作出否定回答，即便A与B缔结了“附停止条件的买卖合同”，即约定双方在中途解除石油气供应合同之时，由A以残值买下石油气消费设施的条款，该买卖合同也自始履行不能，因其并不具备B对附合于A所有物的设施可以保留所有权的前提，故而B针对中途解除合同的A提出的价金请求可能被否定（琦玉地判平成17年7月22日平成15年（ワ）第2868号）。但是，如果将上述合同理解为，A与B之间存在将该设施作为B的折旧资产进行计提折旧费用的会计处理，超过折旧年限便无偿归属于A的利益调整合意，那无论认为附合是否发生或者权源存在与否，均可认为合同有效（东京高判平成18年4月13日判时1928号42页，认定合同有效）。

（2）B基于权源保留对附属物的所有权属于一物一权主义的例外，因而最好能设置一定的公示方法。本来A的所有物之上只成立一个所有权，例外地由B保留了所有权，因此多数观点认为B需要对抗要件或者明认方法（新田后揭27页）。不过，因为附属物原本就是B的所有物，因此对第三人的保护就要适用权利外观法理（民第94条第2款的类推适用等。广中俊雄《物权法（第2版）》（1982）409～410页）。

三、动产的附合

动产与动产是否发生附合，以分离是否对动产造成毁损，或者是否需要花费过大费用为标准（民第243条）。判例采此标准，既有肯定附合的事例（大判昭和12年7月23日判决全集4辑17号3页［B的发动机安装到A的渔船上的情形］，大判昭和13年9月1日民集17卷1697页［认定B进行焊接附设的专利机械附合于A所有的机器，驳回B对A的交付请求等］），也有否定附合的事例（最判昭和24年10月20日刑集3卷10号1660页［已被安装的B自行车的车轮与踏板并不附合于A的自行车架，其构成赃物］）。

附合的动产中，何者为“主要动产”并非形式化地加以判断，而是通过价格比较等方式进行实质性判断（大判昭和18年5月25日民集22卷411页［B的发动机的价格显著高于装有该发动机的A的船舶时，原判决驳回了B对船舶受让人C提出的发动机所有权确认请求，该判决认为有将发动机理解为主要动产的余地，撤销原判决并发回重审］）。

四、附合法的目的、性质与附合的判断标准

(a) 若将附合法的目的看作是对私主体间的利益调整，则无论是就附合的发生与否，还是就所有权的归属而言，都是将附合法视为任意法规（濑川后揭326页、329页）。与此相对，(b) 若认为附合法的目的在于保全社会利益（公益），则至少有关是否发生附合的规定将带有强行法规的性质。其中，(b-1) 就公益的内容而言，有侧重于避免国民经济因附合之物的分离而遭受损失的观点（通说），从而将一般情况下分离对物造成的损伤大小以及是否会支出过大的费用，作为是否发生附合的核心标准。与此同时，(b-2) 也有侧重于确保交易安全，将交易观念（商业交易）上物的独立性作为附合的主要标准。

比照附合法功能的扩大以及多样化的倾向（前述“二”、“三”），用单一尺度解释附合法的目的、性质以及附合的发生与否已经越发困难，因而逐渐形成了以 (a) 说为基底，其上叠加 (b-1) 说、(b-2) 说，形成类似于金字塔状的理解方式。今后有必要根据附合标的物与纠纷类型，极为细致地加以判断。

五、附合法的修改与添附法的重编

附合法功能的扩大与多样化，促使解释论对不充分的规定进行补充，如对不动产之间的附合类推适用第244条（前述“二、5”）等。另外，基于无权源建筑物附合于土地的解释（前述“二、1”），当出现B在A的土地上将建筑物建造到一半，而后由C进行后续施工并竣工的情形时，可以作建筑与A的土地发生附合的处理（依据民第242条原文，A原始取得所有权）。而判例认为，只要B还未完成建筑物的建造，则视为对动产的加工（依据民第246条2款，C取得所有权，其后因A与C的合意A取得所有权，因此结论相同。最判昭和54年1月25日民集33卷1号26页）。学说上有观点认为，即便B的建造物已经完工成为建筑物，也应对不动产类推适用第246条，作相同的处理。无论如何，对添附法全体进行解释论上的统合已迫在眉睫。

参考文献

濑川信久：《不动产附合法研究》(1981)；新田敏：“附合”，载星野英一等编：《民法讲座（3）》(1984) 1页；平田健治：“判例附合法”，阪大法学52卷5号1183页(2003)。

47

共有的对外主张

东京大学教授　高桥宏志

1. 就共有（通常的共有）而言，它是一种共同所有人之间人合性较低的共同所有形态，各共有人对标的物享有的支配权能（持份权）相互独立，从而可对其持分权自由处分。但是，由于受到标的物同一的限制，尽管保存行为可由各共有人单独完成，但管理行为仍需经过占总持份价格过半数的共有人决定（民法第252条），而共有物的变更需经共有人全体的同意（民法第251条）。不仅是变更，通说认为，对共有物进行事实或法律上的处分也需经过全体同意（另参照川岛武宜编《注释民法（7）》（1968）322页［川井健］）。

实体法的规定如上，那么，在共有人以原告的身份起诉第三人的情况下，各共有人能否单独起诉，还是只能全体共有人共同起诉？亦即，这是关于民事诉讼法学上当事人适格，进而是否构成固有必要共同诉讼的问题。

2. 判例的数量庞大且错综复杂（详见山田诚一“共有人间的法律关系（1）～（4·完）”法协101卷12号1855页，102卷1号74页、3号492页、7号1292页），不过以下判例值得注意。在确认之诉中，持分权的确认可由各共有人单独完成（最判昭和40年5月20日民集19卷4号859页），但“共有权（数人共同享有一个所有权）的确认必须由共有人全体一起进行”（最判昭和46年10月7日民集25卷7号885页）。在给付之诉中，各共有人可单独为引水妨害排除请求（大判大正10年7月18日民录27辑1392页）、抵押权登记涂销请求（大判昭和15年5月14日民集19卷840页），就连共有物交付请求也可以单独主张以向自己作出交付（最判昭和42年8月25日民集21卷7号1740号）。理由或是基于保存行为，或者基于不可分债权的类推适用。但是，所有权移转登记请求必须由全体共有人共同提出（前揭最判昭和46年10月7日）。

学说上的通说，以此为前提，区别共有关系（特定人对同一物的共有）与持分权，认为前者为固有必要共同诉讼，后者可由各共有人单独起诉（参照我妻荣《民法讲义Ⅱ物权法》（1935）217页，舟桥谆一《物权法》（1960）381页，三月章《民事诉讼法》（1959）218页，伊藤真《民事诉讼法（第3版再订版）》（2006）588页，上田徹一郎《民事诉讼法（第4版）》（2004）523页，内田贵《民法Ⅰ（第3版）》（2005）393页）。这是借鉴了传统的思考方式，即认为拥有实体法上管理处分权的人属于当事人适格的一种情形。

然而，判例与通说面临着两种批判。

3. 首先，第一种批判质疑，在持分权之外再设置共有权（判例）或共有关系（学说）的概念是否妥当。在以个人主义为底色形塑起来的民法共有中，只要有持分权的观念便已足够，除此之外没有必要再行设置共有权或共有关系的概念（兼子一“共有关系的诉讼”同《民事法研究（2）》（1954）149 页，前揭注释民法（7）317 页［川井健］，栗原良扶“判批”判时 278 页 52 页，福永有利“共同所有关系与固有必要共同诉讼——原告方的场合”民事诉讼杂志 21 号 1 页等）。这些论者提出了如下问题：在共有人恰好全部是原告的诉讼中，是只能基于共有关系提出请求还是仍可以基于持分权提出请求？在其中一共有人基于持分权提起诉讼的场合，是否还能基于共有关系提起另诉？基于持分权的诉讼判决其效力是否及于基于共同关系的诉讼？诸如此类，犀利地指出共有关系与持分权的二分在理论上存在的暧昧之处（福永前揭 28 页）。

诚然，在持分权之外再搬出共有关系（共有权）作为物权请求权的根据有叠床架屋之嫌，将持分权与共有关系（共有权）置于同一层次上去理解多半是徒劳的（铃木禄弥《物权法讲义》（1964）19 页）。

不过，完全断言共有关系的概念毫无实益仍然会存在问题。如果以管理协议或处分协议为例可以清楚地看到，持分权因为受到其他共有人持分权的制约，因此必须也将共有人的范围考虑在内。故而，若在标的物为谁共有的问题上出现争议，此时确认共有人的范围很可能是有其实益的（小山升《判批》判评 160 号［判时 664 号］24 号）。而且，为了能统一共有人的范围，仅确定各人的持分权是不足够的（在 A 和 B 两人共有的场合，即便 A 与 B 合并提起持分权的确认请求，既判力也仅及于各自的请求，因此被告针对 A 就 B 的持分权，或针对 B 就 A 的持分权仍有争讼的余地。与此相对，若确认了共有关系，则被告就 A 和 B 共有的事实无论针对 A 还是针对 B 都将无可争辩）。

即便是在移转登记请求的情形下，持分权一元说也存在疑问。A 与 B 共同从甲处受让不动产但仅有 A 请求移转登记时，由于 A 只占一半的持分权因此只能请求持分权的移转登记，从而登记簿上将出现该不动产由甲与 A 共有的公示，这与实体关系并不相符。然而，持分权一元说将会反驳，A 的持分权在登记簿上已经正确公示，就登记的作用而言已经足够，问题还是得回到明确共有关系的实益或必要性上（小山前揭，福永前揭）。

不管怎样，在上述讨论中值得注意的是，共有的纠纷被设想成有广义与狭义两类。广义的纠纷被认为是还包括共有人是哪些人在内、涉及人合关系的共有纠纷，狭义纠纷则被认为是限定在各自持分权内、无涉人合关系的共有纠纷。另外，如果将待解决的纠纷理解为广义的纠纷，那么倾向于将该民事诉讼认定为固有必要共同诉讼，如果理解为狭义的纠纷，则表现出否定的倾向。

4. 对判例与通说的第二种批判提出，由保存行为或共有关系等实体法上的原理（或者说性质），通过概念演绎唯一决定固有必要共同诉讼成立与否——这种做法是否可行存在疑问（参照霜岛甲一《续民事诉讼法判例百选》42 页）。应当说，这种做法是一种过于朴素的实体法主义（松浦馨“环境权侵害停止假处分诉讼中当事人适格与合一确定的必要性”山木户克己教授还历纪念《实体法与程序法的交错（上）》（1974）283 页。值得一提的是，以保存行为为由允许单独起诉的思考方式在母法德国法中并不存在。鹤田滋“现行德国法关于共有人共同诉讼必要性的沿革与现状”松本博之、德田和幸编《民事程序法研究》1 号 125 页）。有学者指出，原本判例上出现有时允许、有时却不允许各共有人进行个别诉讼的状况，就不是实体权利的性质使然，而是以固有必要共同诉讼为原则，只不过在例外场合允许个别诉讼以作妥协，因为若严格贯彻原则，只要共有人中的一部分人拒绝共同起诉，其他共有人也将无法提起诉讼，从而产生不当（五十部丰久“必要共同诉讼与两种纠纷类型”民事诉讼杂志 12 号 165 页）。要言之，是否成立固有必要共同诉讼，应当分别衡量实体法的规则与诉讼上的局面以定之。

若从诉讼上进行考量，允许各共有人分别进行诉讼将出现如下的不合理之处。首先，提起诉讼之人的判决可能会对未提起诉讼之人的诉讼防御权造成不利影响（不过并非法律上而是事实上。例如，虽然即使一个共有人基于持分权提起妨害排除之诉而后败诉，既判力根据民诉法第 115 条也不及于其他共有人，而且，依据民诉法第 114 条，既判力的效果也只发生在妨害排除请求权之上，并不及于败诉共有人有无持分权的事项。但是，由于判决本身具有的高度权威，可以想见其中一人已经败诉的事实将对其他共有人通过另诉获得胜诉造成事实上的困难）。被告也会因各共有人分别起诉而疲于应诉。再者，各共有人的判决出现矛盾的话，将会对实际生活造成混乱。正是因为允许个别进行诉讼将出现上述的不合理，重视诉讼考量说主张应当要求全体共有人共同提起诉讼，通过一次诉讼统一解决纠纷（五十部前揭，小岛武司“共同所有的纠纷与其集团处理”特集·判例展望［法律家 500 号］328 页）。

不过，问题仍然存在。固有必要共同诉讼除了程序复杂的缺点之外，还存有一大缺陷，即如前所述一旦有共有人拒绝共同起诉，诉讼将无法进行。于此场合，重视诉讼考量说提出如下的解决方案：或者将拒绝共同起诉者排除在外进行诉讼，或者将拒绝者列为被告进行诉讼（有关分界确定这种特殊类型，最判平成 11 年 11 月 9 日民集 53 卷 8 号 1421 页），并在其他方面缓和固有必要共同诉讼的规则（民诉第 40 条）。这样的解决方案将招致更多质疑，即其是否可能从现行法解释中得出结论。

5. 如上所述，共有的对外主张这一问题，以如何理解诉讼法上的固有必要共同诉讼为前提。如果按传统观念去理解，并在共有的实体法理论上承认共有关系，那么便走向通说与判例的立场。相反，如果在实体法上只承认持分权的话，就没有形成固有必要共同诉讼的余地（但是，恰好全体共同起诉的场合，有理解为类似必要共同诉讼而非通常共同诉讼的余地。福永前揭 57 页，中村英郎“特别共同诉讼理论的再构成”中村宗雄先生古稀祝贺纪念《民事诉讼的法理》（1965）187 页）。

与此相对，也有观点认为，应将诉讼上的政策因素考虑在内，灵活地判断是否成立固有必要共同诉讼（即便是在主张持分权的妨害排除诉讼中）。若采此立场，原则上作为固有必要共同诉讼处理即可，不过根据个案状况也可以认定为是个别诉讼（新堂幸司《新民事诉讼法（第 3 版補正版）》（2005）706 页，高桥宏志《重点讲义民事诉讼法（下）（補订版）》（2006）215 页以下。另参照，松本博之、上野桊男《民事诉讼法（第 4 版補正版）》（2006）620 页）。

参考文献

除本文中所载文献之外，小山升：《共同诉讼》（1963）（总判研（4）民事诉讼法（7））；谷口安平：“共同诉讼”，载小室直人编：《判例演习讲座（8）民事诉讼法（1973）》53 页；高桥宏志：“必要共同诉讼试论（3）”法协 92 卷 10 号 1259 页；中村英郎“必要共同诉讼”，载铃木忠一、三月章监修：《新实务民事诉讼讲座（3）判决程序通论》（1982）3 页；德田和幸“通常共同诉讼与必要共同诉讼”，载新堂幸司等编：《讲座民事诉讼（3）当事人》（1984）227 页。

48

管理组合的权限与功能

早稻田大学教授　镰野邦树

一、区分所有法与管理组合

1. 管理组合的权限及其功能的强化

在区分所有建筑物中，因其构造上的特点，在业主之间有管理建筑物及其用地的必要性，因此业主理所应当是管理团体（管理组合）的成员。对建筑物或用地的管理，以该团体为基础，依据《有关建筑物区分所有的法律》（以下称为“区分所有法”，涉及该法的规定只注明条文序号）之相关规定，通过召开集会或制定规约共同决定，已决事项由管理者执行（第 3 条）。管理组合在以上方面，跟民法上基于成员意思设立的合伙（民第 667 条以下）与法人（民第 33 条以下）相区别，也同民法上通过财产结合在一起、但可以请求分割的共有人团体（民第 249 条以下）存在区别。

区分所有法于 1962 年（昭和 37 年）年制定（下称“62 年法”），之后经 1983 年（昭和 58 年）（下称“83 年法”）与 2002 年（平成 14 年）（下称“02 年法”）的修改，沿用至今。区分所有法作为民事特别法在制定后历经两度修改，经历了“多数决的导入、扩张和强化”，或谓之“团体性（反对者亦受到团体决定之拘束）的强化”，即“管理组合权限与功能得到强化”的过程。下文在梳理这一变迁过程的基础上，拟对此过程提出如下两个问题：其一，“依多数决为共同决定的范围有多大”；其二，“现行的多数决方式会引起什么问题”。

2. 业主间有关区分所有建筑物等事项

业主间有关区分所有建筑物、用地等事项大致包括：(1) 在业主大会上经多数决可得决定的事项（与管理或使用相关的事项［参照第 30 条 1 款］），(2) 需要全体合意的事项，(3) 即便全体合意也不能决定的事项。事项 (1) 属于管理组合的权限，也是管理组合实际上起作用的地方。不过，即便属于多数决议事项，若严重影响部分业主权利的，还应经得相关业主的同意（第 31 条第 1 款后段。以下用 α 表示）。前述事项 (2) 超出了管理区分所有建筑物、用地等的范畴，例如出售部分的用地，或在用地上单独新建建筑物。对于前述 (3) 事项，规约以及业主大会决议即便经过全体合意，但若破坏业主之间的利益均衡的（第 30 条第 3 款。以下用 β 表示），或者违反区分所有法中的强行规定的（例如通过规约将法律规定的特别决议事项变为普通决议事项），或者违反公序良俗的（例如禁止向外国人转让专有部分），业主的共同决定也不生效力。

3. 规约与业主大会决议

关于规约的制定，62 年法规定“需经业主全体的书面同意”（不过不妨碍规约对此另行规定），而 83 年法将此作为特别多数决议事项（第 31 条），自此许多基本事项可以通过多数决决定，由此管理组合的权限与功能得到了加强。只不过，如此一来便有必要通过前述 α 和 β 条款另外进行调整。

在业主大会的普通决议中，只要规约未另行规定，就需要同时考虑业主人数与表决权数，而在特别多数决议中，通常要将业主数与表决权数考虑在内。62 年法只将管理者的选任与解任规定为业主大会决议事项，并采用双重多数决的表决方式，到了 83 年法，新增了诸多业主大会可决议事项，并规定所有这些新增事项都采用这种表决方式。此外，原则上表决权比例通过计算占共有部分的持分比例得到，后者通过计算专有部分面积占建筑物总面积的比例得到（第 14 条 1 款），不过规约可对此另行作出规定（同条第 4 款）。虽然规约在决定多数决的方式上发挥着重要作用，但是前述 α 和 β 条款也可以适用于规约。

二、依多数决进行共同决定的范围多大

1. 共有部分的变更

民法规定共有物的变更要经过全体的合意（民第 251 条），而 62 年法就“以改良为目的且无须显著大额支出的变更”（轻微变更），规定依据特别多数决议即可进行。不过，由此将会解释出，进行大规模的修缮因支出巨大需要经过全体合意的结论。于是，83 年法对于共有部分的变更，即包括大规模修缮在内，改为需经过特别多数决议决定，而对于轻微变更，改为需经过普通决议决定。而到了 02 年法，对于定期的大规模修缮，法律甚至不再要求对费用的多少进行判断，规定只要“不发生形状或作用上的显著变更”，均得适用普通决议（第 17 条第 1 款）。“多数决的扩张和强化”从中可见一斑，也可以看作是管理组合权限与功能得到扩张的典型。今后立法上的课题在于探讨是否应当进一步把下列情形也纳入多数决的适用范围之内：即就老旧公寓等有待翻修的公寓，对其共有部分进行大规模的（有时也连同对专有部分的增建或重建）拆除或重建，以及对其一部分用地进行卖出或购入的情形——二者程度均超出了“共有部分的变更”。若作出肯定回答，那么这类情形与重建之间将不再存有实质差别，或许用公寓的“再生”这样的概念就可以涵盖两者。由于重建中存在费用负担的问题，所以在实践中取得 4/5 以上的同意并非易事，故而有必要为公寓的“再生”在制度上配备多样化的多数决方案。

2. “小区关系”等其他问题

62 年法规定小区内的业主团体（小区管理组合）的管理范围为小区内的共有土地与附属设施，而依据 83 年法，只要经过特定程序，小区管理组合也可对小区内的所有区分建筑物享有管理权限（第 65 条、第 68 条），02 年法又将管理权限扩张至重建（第 70 条）。不过，出现了如下的问题。例如，在某小区（该小区内所有建筑物都为区分所有建筑物）中，第 1 期（5 栋）、第 2 期（5 栋）依次进行分售，则用地（顺序为甲地、乙地）依次为各分售期中的区分所有建筑物的所有人（业主）所共有，并由“各期小区管理组合”管理。在小区中，除去第 1 期、第 2 期的各自共有用地之外，若还存在两期小区业主全体共有的土地（“丁地”），并与甲地、乙地相接壤，则以丁地为核心，将成

立以该小区所有业主为成员的小区管理组合（“全体小区管理组合”），对丁地进行管理（第 65 条）。只不过，针对各“各期小区管理组合”负责管理的用地与各区分所有建筑物，全体小区管理组合是否也能一并进行管理倒未必明确（笔者认为根据第 68 条的规定应作肯定解释）。

另外，关于决定一栋区分所有建筑中专有部分与共有部分的范围，以及专有部分的用途和例如将专有部分用作店铺的营业时间，是否落在管理组合的权限范围之内，这样的问题引发了激烈的讨论（就前者，关于最判平成 12 年 3 月 21 日判时 1715 号 20 页，参照镰野邦树《Remarks 2001（下）》30 页，就后者，关于东京高判平成 15 年 12 月 4 日判时 1860 号 66 页，参照镰野邦树千叶大学法学论集 19 卷 1 号 161 页）。

三、现行多数决方式与问题点

如前所述，业主大会决议基本上要经过“表决权与业主人数”的双重多数决，与此同时，通过规约通常可以对表决权规则另行规定。道理在于，前者的目的是为调和区分所有关系中的财产关系与人合关系，而后者则是为尊重私法自治。然而，这两者之间并非没有问题，在现今居住、店铺复合型的公寓中就存在着问题。下面的例子便关乎双重多数决的要件。根据依法制定的规约，在店铺部分的表决权（以专有部分面积所占比例计算）超过半数，但此部分业主人数只占少数，且住宅部分的表决权在半数以下，但业主人数占据压倒性多数的情况下，若店铺部分与住宅部分的业主出现完全对立，那么根据多数决实际上将无法作出任何决定，从而管理组合将无计可施（积极的管理已然停滞）。

此外，法律允许规约另行规定，不过也引发了就规约效力进行争讼的案件。例如在一起案件中，一位业主店铺的专有部分面积占到总建筑面积的约 47%，在该复合型公寓（住宅部分的业主人数为 22 人）中，规约（另行）规定（第 38 条）了“成员每人享有一份表决权”，也包括该类业主在内。针对该案件（请求确认规约无效等），东京地判平成 18 年 3 月 23 日（判例集未登载）认定（规约）有效。于此场合，若将来要在楼道中安装电梯等，构成对“共有部分进行显著变更”的（第 17 条第 1 款），在提请决议之时，哪怕为此有可能要承担约 47%费用的店铺部分业主表示反对，但只要获得 3/4 以上的同意，决议便告成立。这时，应该灵活运用 02 年法中新设的第 30 条第 3 款（业主间的利益平衡性）之规定（上述 β），并且有必要进行立法上的检讨。

参考文献

镰野邦树、山野目章夫编：《公寓法》（2003）；稻本洋之助、镰野邦树：《注释公寓区分所有法（第 2 版）》（2004）。

49

区分所有建筑物的修复与重建——公寓的重建

中央大学教授　丸山英气

一、重建法律制度的整合

昭和58年（1983年），区分所有法进行修改，其中一条规定“因老化、损坏、一部灭失等原因，参酌建筑的造价等因素，若为维持或修复建筑物的功能需支出过大费用的，可在业主大会上经业主人数与表决权各五分之四以上的多数作出决议，以决定拆除建筑并在建筑用地上新建主要用途相同的建筑物”（建物区分第62条第1款），从而构建了如下关于重建的制度框架：允许赞成重建决议的业主（指定买受人）以时价向不赞成重建决议的业主就区分所有权和用地使用权行使出卖请求权，通过这种利益平衡的方式排除后者，以让前者顺利推进重建。

但是，新法施行后，在有关重建决议效力纠纷的诉讼中，关于老化的程度、修复费用是否过大经常引起争论（一审大阪地判平成11年3月23日判时1677号91页，二审大阪高判平成12年9月28日判时1753号65页［新千里樱丘公寓］，神户地判平成11年6月21日判时1705号112页［Grand Palace高羽］），诉讼呈现出长期化的趋势，已经对商业环境造成了影响。特别是有批评指出，由于按照统一标准确定修复费用是否过大难以操作，因此法院承受着过大的压力。另外也有人批判说，如果严格贯彻用地的同一性，那么对现存不合规*的建筑物进行重建将是不可能的。但是，也有反对观点认为，从保障所有权的观点出发，有必要设置费用过大的要件。

平成14年（　年），该法进行了修改，尽管立法过程中存有异论，但仍确立了下述三点：(1) 只要通过业主大会的特别多数决便可以对重建事项进行决议（建物区分第62条第1款）。这不但明确了以1栋楼为单位的要件，而且对之前一直不明确的小区重建立法进行了整合。(2) 而在小区中对某栋建筑（特定建筑）进行重建，除了在该栋楼

* 这里是指，公寓在建造时不存在问题，但之后因建筑基准法与城市规划出现修改，因而变得不符合现行法规要求的情况。——译者注

中通过（1）中的决议，还要在小区管理组合（法人）的业主大会上，经占表决权 3/4 以上的多数同意通过认可的决议（建物区分第 69 条第 1 款）。并且，（3）在小区中建筑物规定规约的场合，在所有各楼中已经业主人数与表决权的 2/3 以上赞成重建的，小区管理组合在业主大会上通过业主人数与表决权各 4/5 的多数同意，可以作出一并重建的决议（建物区分第 70 条第 1 款）。（3）是在立法过程的最后阶段才突然加入的内容。

昭和 58 年的法律对在合意达成后如何实现重建欠缺考虑，作为应对，平成 14 年颁布了重建便利化法，赋予重建团体以法人人格，并引入权利变换这种城市再开发法中的制度，以支援重建参加人。重建便利化法经过平成 14 年的区分所有法修正，其中一部分得到了修改。

上述重建二法的整合，对有意愿和能力进行重建的业主来说可谓雪中送炭，但是由于达成重建合意的障碍依然未被化解，加之受最近城市紧缩化的影响，故而对最适合作为重建候补地的城市近郊小区进行重建也较过去增加了不少困难。这是因为，一直以来，成功完成重建的多为有充裕容积率、进行公共分售的小区，今后需进行重建的多为市中心的小型公寓和市郊外的大型小区。然而，前者中有不少是现存不合规的建筑，进行重建后建筑物面积势必发生缩减，此时将难以达成合意，后者即便有多余的容积率，但由于人们对市郊外住宅的需求在不断萎缩，要出售多余专有部分的困难可以想见，故而在重建中扮演重要角色的开发商参与兴致并不高。

二、重建方式的选择

业主进行重建时，以何种方式进行是一大问题。现今存在两种方式：一是在重建合意达成后，仍由业主自己完成（自主重建方式）；二是合意后，业主将区分所有权与用地使用权卖给开发商，在建筑物重建后再重新取得（等价交换方式）。合意形成后，将成立重建参加者的团体，其与管理组合不同，一般被视为民法上类似合伙的团体，不具有法人格，因此在建筑物重建完成之前一直采取这种形态不可谓不困难。此际，必须在以下两种选项中进行选择：是坚持自主重建方式以与重建便利化法的制度设计相对接，还是将重建的核心业务交由开发商完成。在之前的重建中，都是经业主全体的合意，将区分所有权与用地使用权出卖于开发商，在开发商的主导之下完成重建，再行交付回来。但是最近出现了一种开发商以业主（买受指定人）的身份加入重建团体以实现重建的新方式。于此情形，重建组合与开发商需要缔结业务委托合同，以确定后者参与的部分。

毫无疑问，重建的主角是参加重建的业主。无论区分所有法，还是重建便利化法都是照此原则而制定。但是，不得不说对于作为门外汉的重建参加者而言，要完成形成合意、评估先前的区分所有权与用地使用权、设计重建建筑物并将其分配给赞成重建的业主、通过缔结建筑承包合同进行建造、出售多余的面积等事项相当困难。因此，必须要借助顾问、律师、建筑师、鉴定师、税务师等专业人士以及开发商、承包商等企业的力量。自主重建方式中的重建团体灵活运用专家和企业，与此相对，等价交换方式中的重建团体退居次席，依靠企业的信用与知识。在对今后不断增加的老化公寓的重建中，由于很多高龄业主、承租人的存在，领导者的缺位，临时迁居发生的费用，以及手上只握有用地（利用权）的重建团体信用度不够，因此如果没有企业充当重建的主力则根本无法实现重建。实际上，重建地区的吸引力、重建组合的热情度与经济实力将决定企业的参与度。可以想见，当城市住宅变得过剩，“少子化”现象日渐显著时，企业对是否参与重建会变得更加谨慎。尽管区分所有法与重建便利化法未加以明确，但不能忘记企业这个隐藏在公寓重建中的主角。

三、区分所有法上的重建

1. 重建的调查费用

在达成重建合意的场合，判断是进行重建还是通过改修延长建筑物的使用寿命，这一点十分重要，在昭和58年的区分所有法中，对两者的比较包含在客观要件之中（费用的过分性）。而就在现行区分所有法中所处的位置而言，也是在说明会上必须提出的资料——召开该说明会是一项法律上的义务（建物区分第62条第5款）。判断老化程度、比较与改修之间的费用大小、对重建建筑物进行设计都需要相当的费用。在先前成功实现的等价交换重建中，由于上述费用由企业承担，并通过出卖多余面积等方式进行回收，因此业主并没有负担。不过，在今后对老化建筑进行重建时，不能再期待这种资金筹措方式。当下可作考虑的是，从管理费中转用，或者从修缮准备金中支取。严格来说，管理组合的成员并非全部都成为重建参加者，因此理应加以否定，但由于重建“终极管理”这一定位，也只好从中支出（标准管理规约第48条7号［单栋型］）。不过，同意进行支出的合意必须要服从于规约。

2. 重建决议

无论是自主重建方式，还是等价交换方式，其出发点均是根据区分所有法依特别多数决作出的重建决议。但是现实中，在确定重建计划，评估区分所有权与用地使用权价值，确定重建建筑位置以及提出追加支付款之前，会多次召开意向调查和说明会，重建决议倒是在最后的阶段。该特别决议以取得业主大会上业主数与表决权各4/5以上的多数为必要。当一位业主对多个专有部分享有所有权时，业主数也应按照一人进行计算（神户地判平成13年1月31日判时1757号123页［东山公寓］）。

重建决议只需经过特别多数决即可以通过，关于这一点，在与宪法对财产权保障的关系上，将招致是否违宪的疑问。因为，依据多数决就能侵害专有部分的所有权，那么所有权所获的保护分明还弱于普通的房屋租赁权。

3. 事前程序

由于仅通过特别多数决就可以通过重建决议，作为补偿，召集人的事前程序得到了加强。

（1）业主大会的召集程序：发信日从业主大会日一周前提前到两个月前（建物区分第35条第1款、第62条第4款）。（2）召集通知事项：除了会议目的（建物区分第35条第1款），还必须通知下列事项（建物区分第62条第5款）。（i）需要重建的理由，（ii）进行修补或者保持现状所需的费用及细目，（iii）若有修缮计划的，该计划内容，（iv）修缮准备金的数额。（3）事前说明会的召开：在业主大会日的一个月前必须就项目（2）召开说明会（建物区分第62条第6款）。由于重建决议中的客观要件已经全部删除，因而决议反对者若要对决议效力提起诉讼，只可能以下述的出卖请求权时价，或者以上述过程中存在程序瑕疵为由，因此可以说程序重要性已经提升。

4. 基于时价的出卖请求

重建决议作出后，业主大会召集人需催告不赞成重建决议的业主是否参加重建（建物区分第 63 条第 1 款），收到催告之日起 2 个月内未作回复者视为作出不参加的表示（建物区分第 63 条第 2、3 款），其可向不参加重建的业主提出区分所有权与用地使用权的出卖请求（建物区分第 63 条第 4 款）。通过行使出卖请求权，确定重建参加者，由此视为达成依决议进行重建的合意（建物区分第 64 条）。享有出卖请求权者，为各位参加重建业主或者指定买受人（建物区分第 63 条第 4 款）。这里所言的指定买受人是指，经赞成决议的业主以及经催告作出参加表示的业主的全体合意，确定为可以买取上述权利之人（建物区分第 63 条第 4 款），实际上多为承担重建工作的开发商。出卖请求权为形成权，行使人作出意思表示之时，所有权发生转移（民第 176 条）。因此，从该时点起发生交房义务，若拒绝交付的，只得依靠诉讼解决。出卖请求权必须在催告是否参加的期限届满之日起 2 个月内行使，若不在该期间内行使，则不得再对建筑物进行破坏（建物区分第 63 条第 4 款）。

问题在于时价上。有关时价，值得探讨的案件并不多，而法律论与鉴定论都尚停留在不成熟的阶段。立法者提出以下两种计算方式：(1) 以重建完成时重建建筑物与用地使用权的价格扣除重建费用所得的价额进行计算，(2) 以未来将用作重建建筑物的新地价格扣除现存建筑物的拆除费用所得的价额进行计算，并认为 (1) (2) 的计算方式是一致的。判例中既有根据第 (2) 种方式进行计算的例子（前揭神户地判平成 11 年 6 月 21 日），也有“先根据 (1) 和 (2) 两种算法算出各自的具体数值，再对两者数值进行比较考量”的例子（一审东京地判平成 16 年 2 月 19 日判时 1875 号 56 页，二审东京高判平成 16 年 7 月 14 日判时 1875 号 52 页［同润会江户川公寓］）。值得考虑的是如何计算第 (1) 种方式中的重建经费，结果大概将因所预想的建筑物类型，以及是否应当考虑开发商的利益（若要考虑，则考虑到何种程度）而异。如果不考虑这些因素，那么第 (2) 种方式将干脆利落，不过由于现实中多有必要建造可加以出售的闲余户室，因而同润会江户川公寓事件中综合 (1) (2) 两种方法的判断方式也有其吸引力。

总之，今后最重要的课题便是寄希望于法理论与鉴定理论的发展。时价的计算方式一旦稳定下来，其对形成合意造成的影响将会大为减小。

四、重建便利化法的若干问题

1. 组合参加人

重建便利化法通过以下方式为自主重建方式的实现提供助益，即重建合意达成后，对于由合意者组成的民法上类似合伙的团体，向其赋予法人格（便利化法第 6 条、第 13 条），以使对外法律关系变得简单。但是，该重建组合中的成员对于重建并不具备专业知识。而且，不少情况下，重建组合仅享有对用地的权利，而为应付工程各阶段支出的财力并不充足——如支付给搬迁者的补偿金、各阶段因行使出卖请求权根据时价计算而产生的费用、支付承包合同的价金。这些情况将延缓各阶段行政程序的审批，并且建筑公司估计也不愿缔结建筑合同。于此场合，如果有组合参加人在场，提供专业知识，卖出闲余户室，并筹备好负担金*（便利化法第 36 条第 1 款），事业便将顺利推进。欲设立组合之人可与企业（开发商为典型）订立组合参加合同，并将与组合参加人相关的

* 负担金是指，国家或地方自治体在推进公共事业之际，为了筹措经费，向因该公共事业而享受特别利益之人收取的费用。——译者注

事项（“将分配给组合参加人的再建公寓区分所有权与用地使用权的概要以及负担金的概算额等”……）记载到组合的章程之中（便利化法第 7 条 5 号）。但是，这同时也存在组合参加人发言权过大，自主重建方式被架空的危险。

2. 出卖请求权

除了区分所有法上配置了在重建决议后可向不赞成的业主行使的出卖请求权（建物区分第 63 条第 4 款）之外，重建便利化法还设定：（1）对非重建参加者的出卖请求权（便利化第 15 条），（2）对不申请权利变换者的出卖请求权（便利化法第 56 条 1 款），（3）针对权利变换计划反对者的出卖请求权（便利化法第 64 条 1 款），（4）由权利变换计划反对者主张的买取请求权，上述 4 类请求权。需要注意的是，区分所有法上出卖请求权的行使人为各业主（买受指定者），有所不同的是，（1）（2）（3）中的行使人为重建组合，而（4）中是由权利变换计划反对者主张的买取请求权。

顺带一提，（1）中的出卖请求权，实质上是重建组合在重建组合的许可公告*作出之日起 2 个月内，针对区分所有法第 63 条第 4 款中规定的那些作出不参加重建表示的业主，可得行使的出卖请求权。以下两者的关系是个问题。区分所有法上的出卖请求权以反对重建决议的主体为对象，并不适用于之前赞成重建决议而后又反对重建的主体，因而在只有根据（1）才可以行使出卖请求权的情况下，该法的规定具有优势。

3. 房屋承租人、抵押权人

即便重建决议成立，其效力也不及于作为第三人的房屋承租人和抵押权人。若房屋承租人拒绝立即退房，那么业主作为房主必须得提起诉讼，如此一来就会耽误拆除，重建工程就有可能发生停滞。另外，在抵押权人要求还款，不同意抹销登记的情况下，拆除便无法着手，在用地上进行重建也将无法进行。因此，过去不得不将区分所有权与用地使用权卖于不动产商，以所得价款抹销抵押权。有了重建便利化法，通过权利变换程序，上述权利在法律上当然平移至重建建筑物之上（尽管认为抵押权是平移［便利化法第 73 条］，承租权是重新取得［便利化法第 70 条第 1 款］，但不存在实质差别），由此扫清了重建当中的最大障碍。然而问题仍然存在，即认可借家人对权利变换的同意权。如果作为出租人的业主今后要被迫承受更多的额外负担，大概不会去赞成自己无法入住的重建，这么一来，重建组合便不得不为借家人另寻住处，这个负担也不小。重建便利化法所设想的房屋承租人的状况与现实情况存在一定的出入，就这些出入有必要再行定位。另外，在重建参加者融入追加资金的场合下，即便重建建筑完成，如果无法支付的话，重建组合将势必扣押重建公寓的区分所有权与用地使用权，不过在其上已设定了抵押权的情况下，将有无法收回的可能性。因此，抵押权人与重建组合之间的利益平衡也有必要再作考虑。

参考文献

太田知行等编：《公寓重建之法与实务》（2005）；丸山英气：《公寓的重建与法》（2000）；戒正晴：“公寓重建相关法律与诸问题”，载东京辩护士会编：《平成 16 年度专门辩护士养成连续讲座不动产》360 页（2006）；村辻义信“公寓重建的方法与法律程序”公寓学 27 号 102 页（2007）。

---

* 根据《关于公寓重建便利化法》第 9 条、第 13 条及第 14 条的规定，重建组合必须要经过都道府县知事的“许可”才能设立，该许可公告作出日为重建组合的成立日。——译者注

关于公寓法的解释论，稻本洋之介、镰野邦树：《评注公寓区分所有法（第 2 版）》（2004）；玉田弘毅编：《评注公寓区分所有法》（2005）；水本浩等编：《基本法评注 公寓区分所有法（第 3 版）》（2006）；镰野邦树、山野目章夫编：《公寓法》（2003）；丸山英气编：《区分所有法（改订版）》（2007）；坂和章平编著：《注解 公寓重建便利化法》（2003）。

50

现代的“入会”

上智大学教授　加藤雅信

一、引言——民法入会权的规定与学说的入会权观

民法典规定，对于具有共有或者地役权性质的入会权，除了要遵从“各地方的习惯”，还要适用共有这一节，或者准用地役权这一章的规定（民第263条、第294条）。不过，现实中就入会适用共有或者地役权的规定几乎不生问题。

是故，民法对入会权所作的规定仅为以下两点。第一，入会权存在两种，即入会权人享有土地所有权的入会权（具有共有性质的入会权），以及入会权人对第三人所有的土地进行使用的入会权（具有地役权性质的入会权）。第二，不论是具有共有性质的入会权，还是具有地役权性质的入会权，两者的权利义务关系均依各地的习惯而定，而非事前法定，民法的规定仅仅是空白条款而已。

进而，关于习惯，民法代表性的教科书认为，“入会权是指一定地域内的居民，处于特定山林原野之内，进行共同收益——主要为采集杂草、饲草和作柴火用的杂木——的习惯上的权利”（我妻荣《民法讲义Ⅱ 物权法》［1966］294页）。笔者本人的教科书对入会权所作的定义，基本上与通说并无二致，认为“所谓的入会权，是一种习惯上的权利，其典型便是一方面服从于入会团体的统一管理，另一方面入会团体的成员在特定的山林原野中，共同采集用作饲料的草木和用作炭火的杂木等，从而取得收益。于此，入会地的管理权能属于入会团体，而采集、收益等这些具体的用益权能分属于各团体成员”（加藤雅信《新民法大系Ⅱ 物权法（第2版）》［2005］314页）。

前段对入会权所作的理解，作为对古典入会权的历史性认识并不存在什么问题。这是因为，即便到了战后，有关古典入会权的纠纷仍然存在着。亦即关于入会收益这种事关共同收益权的纠纷，例如，某部落中的分家向本家确认享有平等的共同收益权（针对地上产出物的共同收益权），并且以只准本家采伐、破坏地上林木不当为由要求损害赔偿的案件（最判昭和48年3月13日民集27卷2号271页）。只不过，尽管存在上述事例，鉴于有许多入会权正在瓦解之中，尤其是考虑到一下子进入21世纪的日本入会权的现状，前面的表述实际上颇有问题。这一点待到“三、”再行论述。

二、“入会权”的普遍性与现代性

不过，这里有必要事先说明的是，尽管现代日本农村中很多入会权已经解体或正处于解体的过程中，但是入会权作为超越了农村入会权的“一般权利构造”，依然不失其现代的意义。在进入对这一点的讨论之前，先得确认入会权为何物。如果就古典的农村入会权而言，沃力良好，适合进行耕作、灌溉和施肥等农业资本投入的土地多以旱田等形式被私有。与此相对，沃力并不充足，不适合耕作但尚有利用价值的土地，会被用于采集作饲料用的草木和作炭火用的杂木。在投入（农业）资本因土地不够肥沃并没有多少产出，而过度利用又会妨碍土地再生产循环，进而导致土地贫瘠的这类地方——一旦过度采伐收割草木，次年甚至之后便无法再采集用作饲料的草木和用作炭火的杂木的地方——一般不会投入资本，便产生了只限制利用的入会权。此种利用限制通常由入会团体进行，分为针对入会团体成员的内部利用限制（入会团体的管理功能）与针对入会团体成员以外之人的外部利用排除（行使基于入会权的排除妨害请求权）两个方面。所有是实行个人独占，而入会是实行共同体独占，并同时伴有内部限制。而如果土地更加不肥沃，以团体形式对土地进行利用限制的成本还超过土地生产力的，像这样的土地，不会出现荒地、沙漠等所有权、入会权或其他权利观念，要么成为游牧、狩猎或采集的对象，要么被弃之不管最后成了无用地。这种土地在历史上一直是无主之地，但随着许多近代国家的出现便成了国有土地。若不论这种国有土地化的现象，根据土地的生产能力即肥沃程度的差异，土地可以划分为私有地——入会地——无主地三个阶段。

以享用自然的产物为目的，为防止过度利用对再生产循环造成不利影响从而出现了入会权，这是入会权的本质特征。渔业入会权便是为防止过度捕捞导致渔业资源枯竭而出现的权利。历史上的渔业入会权——尽管挂在渔业法下，披着现代外衣——在现今社会中仍存续着。为了不让渔业资源枯竭，必须每年进行捕捞限制，防止渔场生产力下降，确保渔业资源的再生产循环。为此，在不同海域，有必要将渔业主体限定为特定之人，禁止成员之外的人进行捕鱼作业，同时还要限制成员对渔场的利用。此即渔业入会。现在虽然从法律角度而言，只要设立渔业协同合伙等其他水产业协同合伙，都被作为法人对待（水协第 5 条），但其现实状况无非是入会的近代版。

相同的原理经常表现在有限的自然资源上，此时便会产生入会权。牧场的入会权就是为防止因过度放牧造成提供草木等饲料的自然资源枯竭而产生的。温泉权是为了防止无法永世不竭的自然温泉水枯竭而出现的。

并不是只有这样明确带有传统“入会”意识的东西才是入会权。现在已经有非常多现代版的“入会权”。就曾经的自由捕鲸到现在因暂停捕鲸决议而实际禁止捕鲸的中间这段时期的状况而言——细言之，基于 1946 年的《国际捕鲸管制公约》，在国际捕鲸委员会的监管下，在一段时期内，南冰洋周边各国可在各自的配额范围内捕鲸——，尽管是基于国际条约这种“近代的”法形式，但其实质与主要为确保鲸鱼再生产循环的入会并无二致。这一点我也另文阐述过（参照加藤雅信《〈所有权〉的诞生》[2001] 148 页以下），当时《国际捕鲸管制公约》所形成的规制，就相当于成立了一个巨大的世界性渔业入会权——以南冰洋为渔场，以国际捕鲸委员会为管理渔场的入会规制机关，并将各国作为入会团体的成员。

但是，“入会权”之所以会产生，是因为还处于如对资源过度利用将会威胁到资源再生产的阶段。就渔业而言，若渔场的捕鱼量尚小，还不至于影响到渔业资源再生产的，就表现为自由捕鱼的状态，不会产生任何的限制。实际上，在捕鲸一事上，过去一度是自由捕鲸。情况放到农村入会上也是相同的，如果自然产物较采集量还有富足，就不会出现入会权。虽不能说已经到了富足的程度，但如果离枯竭还相去甚远的话，也会出现中间阶段的入会权，即仅针对入会群体的外部人存在利用限制，对团体成员不存在内部限制。在笔者实际考察的泰国北部山丘地区，就发现只存在外部限制而不存在内部限制的入会权（加藤雅信"《原初所有权》的产生形态——以对泰国北部山丘少数民族的所有权、入会权的纪实性速写为视角"，名古屋大学法政论集 201 号 27 页以下）。

现在正在从自由利用向入会限制发生转变的，正是举世关注的"环境资源"问题。在自然的自我恢复能力大于人类制造的环境污染量的时代，尚不存在环境问题。这时与自由捕鱼类似，也允许对环境资源的自由利用。但是，随着人类生产活动范围的扩大，环境的污染量也随之增加，我们进入了一个依靠自然净化能力难以维持"环境资源"再生产的时代。对此，于环境之上是否会产生"入会"性质的权利便成为问题。

根据《联合国气候变化框架公约》，在 1997 年召开的防止全球变暖的京都会议上，"京都协议书"得到表决通过。其中，就发达国家的 CO_2 等温室气体的排放量，为各国设定了具有法律约束力的减排目标数值。尽管在温室气体排放国中，美国以及包括中国、印度在内的发展中国家未参与该协定，具有局限，不过从思考方式上来说，也不妨理解成在利用环境资源方面引入了入会式的规制方法。

如上所述，对于难以再生产或者进行维持的资源，通常会出现"入会"式的法规制。其实，入会权是为了防止发生哈丁笔下所言的"公地悲剧"（Hardin，*The Tragedy of the Commons*，162 SCIENCE 1243（1968））——对入会地等公地过度利用而导致的恶化——的一种"人类智慧"，以便排除入会团体以外之人的利用行为，并对入会团体成员的利用行为实现共同体的限制。哈丁所言的"公地悲剧"是在出现他所说的"公有地自由"之后才会发生的事情，而历史上的先人们凭借他们的智慧、为防止出现"公有地自由"所创设的法律工具，正是"入会权"。另外，先不管是否用"入会"这样的叫法，我想先确认以下这一看法：入会权既是社会必要性之一，也曾是必然会出现在私有与无主之间的中间形态，而即使是现在，在有同等必要性的场合，入会权也会像在捕鲸规制以及 CO_2 排放规制这样大气方面的环境资源利用规制中所见到的一样，披着别的名字出现（全世界的大气污染水平在低于自然的净化能力的阶段，不会出现全球性的规制，而一旦超过自然的净化能力时，便会对污染总量进行入会式的规制）。

三、农村入会权的历史性——"入会权"的消亡之路

如上"二、"中所述，入会权这种权利带有普遍性，不管过去、现在还是将来，在一定的利益状况下时常可能出现。

尽管如此，着眼于农村入会权的入会权定义，就像前面我妻在《民法讲义》和笔者在《新民法大系》中所述的，虽然包含着历史意义，但却在渐渐失去现代意义。这背后有经济结构与社会结构发生变化的一面。

第一，大概从江户后期到明治初期，之前在农村中一直存续的——至少就与入会地的产品相关的范围来看——自给自足的经济体制不断瓦解，由于商品经济的发展，入会地的产品开始商品化。随之，入会地完成了从入会团体的共同利用，到个人利用的过渡。此即向来提及的"入会权的解体"。

第二，我国产业结构的中心从农业等第一产业，经第二产业，转变为第三产业。这

种转变一直缓慢进行着，但在昭和 30 年代中期开始的高度成长期之后，产业结构的转换十分明显。随之带来的是农村人口向城市的大量移动，农村入会权的比重继而下降。

第三，明治时期之后，入会权处于慢慢解体过程中，对此推波助澜，进而导致“入会权消灭”的是农村内部生活模式与生产方式的变化，具体而言是燃料革命以及农业上的化肥革命这样的社会变化。即便是现在，如果去到尼泊尔和坦桑尼亚的农村，会发现木柴仍是重要的燃料，因此树木受到重视。但是，我国从昭和 30 年（1955 年）开始经过“燃料革命”，石油与液化石油气取代柴火与木炭走入千家万户。此外，农业也经历了“化肥革命”，化学肥料投入使用，依赖收割与落叶进行的堆肥以及通过燃烧木柴得到的草木灰逐渐被淘汰。更者，农村的建筑走向了现代风格，而深山中的木材不再使用。而且，若是茅草房顶转变为瓦片房顶，将茅草地作为入会地来共同利用也将变得没有必要。即便不是这样，至少采集“杂草、饲草和作柴火用的杂木”这种习惯上的权利，作为入会权，其社会重要性一直在下降，在昭和 30 年代之后，几乎已经失去了意义。此外，曾经一直作为入会舞台的深山，也变得无人问津。

如果社会单纯地照此发展下去，估计带有地役权性质的入会权将因时效而消灭（民第 291 条），有着共有性质的入会权会随着入会团体的解散而转变为单纯的共有。进一步，丧失了利用价值的土地将变为共有，不但土地的经济价值会下降，而且随着有关人员关心程度的下降，法律纠纷可能也不会那么频发。但是，日本经济的发展使人口向城市集中，也使一些人口过稀之地出现了抛荒。土地即便不能用作收割与采伐杂木，如果能建为滑雪场，也能产生巨大的经济价值，从而引起人们的兴趣。如果土地仅能用作收割与采伐杂木的话，那么离乡进城的人对于“入会权”中的“离乡者失权原则”大概也不会抱有什么异议；不过，要是此时土地被当作滑雪场被卖掉变现，离乡之人对此过问也无可厚非。就入会的“离乡者失权原则”而言，入会利用权只要是限于农村中收割与采伐杂木的权利，所谓的“利用”就只可能在当地进行，“离乡者”并没有什么好值得抱怨的。然而，只要入会权被变现，体现为货币价值，其价值便会成为抽象之物，立马就变成一种无论是给当地乡民还是给离乡者都可以带去同种利益的东西。此时，离乡者的“失权”就蕴含着与之前完全不同的意味。

至此，入会权的解体从法的视角也表现出与传统入会权纠纷相异的另一副面貌。今后，对处于消亡过程中的入会权的现状认识，或者是对围绕着已实质消灭之入会权的权利关系，有必要进一步加以研究。

参考文献

石田文次郎：《土地总有权史论》（1927）；戒能通孝：《入会的研究》（1943）；渡边洋三：“入会权的实态与性格（1）”社会科学研究 9 卷 3 号 5 页以下（1958）；川岛武宜编：《注释民法（7）》（1968）501 页以下；川岛武宜：《川岛武宜著作集（8）·（9）》（1983·1986）；川岛武宜、潮见俊隆、渡边洋三：《入会权的解体Ⅰ·Ⅱ·Ⅲ》（1959·1961·1968）；加藤雅信：《“所有权”的诞生》（2001）109 页以下等；加藤雅信：“从战后的判例来看‘入会权’解体的法理·序说”，载平井宜雄先生古稀纪念《民法学的法与政策》（2007）197 页以下。

51

留置权的现代意义

青山学院大学教授　关武志

一、序言

民法上关于留置权的问题可以说根源于留置权的下述两个性质：(1) 留置权为法定担保物权，并且 (2) 留置权是对标的物继续占有的正当权源。也就是说，占有他人之物的债权人会将法定的留置权作为实现债权最后的凭借而紧握不放，相反，债务人则会主张留置权不成立以恢复对标的物的占有。由于债权人与债务人的相互较量，关于留置权存在与否将会出现解释上的争议。其次，既然留置权为占有权源，则留置权人可以从该标的物处收取孳息（民第 297 条），还可以在一定条件下对占有物进行使用（民第 298 条），故而，他主占有者若欲继续收取孳息，或者使用占有物，即可通过主张留置权成立而实现。如是，债权人与债务人间的各自主张引起了关于留置权成立的解释问题，同时也对留置权效力（或者消灭）的思考方式产生影响。

下面便以上述情况为背景，对有关留置权的成立与效力（以及消灭）的问题，特别是复杂难解的部分展开论述。

二、关于留置权成立的问题

1. 对民法第 295 条中“就该物所生之债权”的解释

(1) 与留置权相关的条文为民法第 295 条至第 302 条，其中从第 296 条到第 299 条是关于已成立留置权的效力规定，后续的第 300 条到第 302 条是对留置权消灭的规定。这样一来，对留置权成立进行规定的条文仅有第 295 条而已。该条规定了如下的成立要件，1) 存在占有“他人之物”的事实，且 2) 占有人享有“就该物所生之债权”（第 1 款本文），除此积极要件之外，还存在排除留置权成立的消极要件，即 3)“就该物所生之债权”不能未届清偿期（同款但书），以及 4) 占有不得“起始于侵权行为”（同条第 2 款）。

上述要件中，时至今日在解释上仍极为难解的问题便是 2) 这个要件（此即所谓“物与债权之间的牵连性”要件）。具体而言，留置权是建立在公平原理之上的法定权利。因此，虽然只要在个案中满足留置权的成立要件，便可允许占有人拒绝交付该标的物，不过毫无疑问，这一结论必须符合公平（妥当）以正当化。关于这一点，一直以来，为实现结论的公平性而起到调节作用的，正是前述的牵连性要件。

(2) 上述分析从文义解释的角度，容易得到民法第 295 条第 1 款“就该物所生之债权”这一文义的支持。质言之，尽管条文只提到要求占有物与债权之间存在一定的关联，但学界通说（川井健《民法概论 2 物权（第 2 版）》（2005）236 页，高木多喜男《担保物权法（第 4 版）》（2005）16 页等）主张应缓和对该关联性的要求，例如在债权与物的返还请求权产生于同一法律关系的场合（卖家的价金债权与买受人的标的物交付请求权之间的关系等即为此例），甚至在双方互负债务的当事人之间认定存在一定关联性的场合也承认牵连性的存在。通过这种缓和解释的方法，在具体个案中获得了结论的妥当性，因此可以说，牵连性要件起到了直接左右结论公平性的作用。

另外，主张留置权一旦成立之后，占有人便可向任何人主张权利的解释论，牢牢地占据着支配地位，但就连这样的地方，还是有上述调节功能渗入的可能性。详言之，前述解释论的依据在于，留置权被规定为物权的一种，并且，不仅在与债务人，就算在与其他人的关系中，留置权都是一种只要对物进行占有就可以保持始终的权利。但是，关于能否允许拒绝交付占有物的价值判断，在向合同当事人或者在向非合同当事人主张拒绝交付的不同情况下，并不能一概而论。例如，在不动产的二重转让中，针对已具备对抗要件的第二受让人所提出的交付请求，第一受让人能否在其对转让人的债权得到清偿之前加以拒绝，就此问题，必须将其纳入与不动产物权变动的对抗要件主义的关系之中进行考虑（参照大阪高决平成 7 年 10 月 9 日判时 1560 号 98 页）。

对此，根据前述解释，为避免与对抗要件主义发生抵触所作的调整，就将在某个要件中展开。而且，一直以来，便是在对“就该物所生之债权”这一概括性文句的解释中进行这种调整。简言之，为了得到公平（妥当）的结论，在对牵连性要件是否成立的判断中，就已经将各种因素考虑在内了（以上的详细展开，参照关·后揭 3～13 页）。

(3) 笔者认为有必要适当地对这种臃肿化的牵连性判断进行修正（关·后揭的著作以此修正为目的），但如果非要通过牵连性要件实现调整的话，就意味着今后在对“就该物所生之债权”进行解释时，要为正当化结论展开具体的利益衡量。

2. 与同时履行抗辩的关系

(1) 一方面，允许拒绝交付标的物并不仅限于行使留置权的情形，也可能是主张同时履行抗辩的情形——后者与前者一样均基于公平原则。因牵连性作为留置权成立要件之一，如前所述，为实现结论的公平性而作了宽松的解释，于是便引出了衍生的问题。其中一例，便是其与同时履行抗辩之间的关系。例如，前述卖家为实现买卖价金的债权，一般认为其可对买卖物行使留置权，与此同时，该卖家当然也可主张同时履行抗辩，那么就会出现留置权与同时履行抗辩发生竞合的法现象。这种法现象也因为存在民法第 533 条的类推适用被广泛认可这一因素，而被普遍承认。

学说中的通说肯定两者的竞合关系（内田贵《民法Ⅲ（第 3 版）》（2005）503 页，道垣内弘人《担保物权法（第 2 版）》（2005）14 页等），并允许债权人任意择一行使（判例则可参照东京高判昭和 24 年 7 月 14 日高民集 2 卷 2 号 124 页）。与此相对，很早以前也有观点认为应尽力区分开两者的领地，然而论者的主张未必统一（对此情况的详细论述，参照关·后揭 592 页以下）。

(2) 留置权与同时履行抗辩之间的关系被视作问题的背景在于，尽管两者都基于公平原理，但前者是以法国法为母法，而后者则汲取了德国法的做法，两者处在不同的系谱之中，因此在处理二者关系时，必须在债权法与物权法的体系差异之下，从我国自己的视角出发加以调整。

最近几年，有学者通过确定可向债务人以外之人主张留置权的情形，从而提倡界分留置权与同时履行抗辩适用领域的峻别论（参照后揭〈参考文献〉所载的学说），但是所提出的区分标准异常复杂。不可避免出现这样的情况，也正是因为前述事实根植于两者的深处。

3. 对存有建筑物的用地的留置

（1）在土地与建筑物法律上被作为不同不动产对待的我国法律制度下，会出现下述这一问题，即对建筑物可得行使留置权，是否使债权人也可对用地进行留置？例如，借地人通过行使建筑物买受请求权取得了买受价金债权，为实现该债权，除了该建筑物，是否连该处用地也可以留置的问题。虽然这属于可得留置的标的物范围的问题，但是可以说本质上仍起因于债权人与债务人的相互对抗。

原本有学说认为留置权的标的物不包括不动产（古积健三郎"关于留置权的射程与性质的考察"法学新报 111 卷 3·4 号 35 页（2004）以下），但是判例并不区分动产或不动产，均承认可以成立留置权，在此基础上，于上述事例，首先在用地所有人是买受义务人的情况下，因借地人留置建筑物产生的反射效果，也承认对用地进行留置（大判昭和 14 年 8 月 24 日民集 18 卷 877 页），反之，如果用地所有人并不负有买受义务的情况下，便判定借地人不可留置用地（大判昭和 9 年 6 月 30 日民集 13 卷 1247 页）。

（2）以上涉及的是民法上的留置权，不过也有涉及商人留置权（商第 521 条）的事例，特别是在经济泡沫以后出现的问题。由于这种留置权无须牵连性要件，因此出现过很多像建筑承包商为回收施工价款，主张在建筑物的用地上成立商人留置权的案件，继而就是否承认对用地的留置出现了巨大争议。

有支持成立用地留置权的立场，也有与此相反的立场，还有观点在肯定对用地成立商法第 521 条留置权的基础上，认为还要根据留置权成立与用地抵押权登记时点的先后来决定优先顺序，如此这般不一而足，裁判实务的见解未必一致，而且学说也是众说纷纭（关于判例以及学说状况，参照关武志"商人留置权的成立范围与效力"银法 601 号 61 页［2002］以下）。

（3）针对平成 15 年（2003 年）民法修正而公布的《关于担保、执行法制修改的要纲中间试案》，一方面否定商法第 521 条可在不动产上成立留置权（参照法律家 1221 号 186 页［2002］），但是出于强化对建造承包价款债权进行保护的必要性，又提议缓和保全不动产工事先取特权效力这一要件的方案。

在前述关于是否成立用地留置权的问题中，有必要对转包商、再转包商等承包商各自所享有的工事代金债权的保护施以特别的考量。对此，前述提案是否果真能提供适当的保护并非没有疑问。

三、有关留置权效力（及消灭）的问题

1. 留置权的效力范围

留置权因占有的丧失而消灭（不承认基于留置权的物权请求权。民第 302 条），且不具有物上代位性。此外，留置权并不是支配交换价值的权利（参照民执第 195 条），与其他担保物权相比对标的物的支配力也更弱，例如通过提供替代担保便可消灭留置权

（民第 301 条）。但另一方面，留置权的担保功能（或者说性质）又很醒目，既具有事实上的优先受偿效力以及极其严格的从属性，也被认为具有不可分性（民第 296 条）。

在留置权强弱相见的担保效力中，立足于哪个侧面进行解释，将会在对债权人和债务人各自的保护力度上产生差异，因而可能出现解释上的对立。近来的解释关注债权担保方面的效力，有关的例子比如认为留置权所具有的不可分性与其他的担保物权基本上不存在区别（最判平成 3 年 7 月 16 日民集 45 卷 6 号 1101 页），再比如认为在标的物转让于第三人之前，若留置权人已取得可以使用或出租的承诺，那么该承诺效力也及于该新所有权人等（最判平成 9 年 7 月 3 日民集 51 卷 6 号 2500 页）。

2. 意图实现继续占有的留置权所导致的执行妨害

承前所述，一旦认定成立留置权，就可以继续占有标的物。在此基础上，由于在不动产执行中对留置权采用承受主义（民执第 59 条第 4 款、第 188 条），且法律条文并不过问留置权的成立时间，因此人们很早就注意到由此引发的弊端——意图继续占有之人通过主张留置权可以妨害执行（特别是在泡沫经济后期，这类不良案件已经难以视而不见）。妨碍执行的典型例子，诸如租赁权不具有对抗效力的承租人，以支出了必要费用或者有益费用为由，以主张在被卖售的不动产上成立留置权等。由于该费用偿还请求权被认为是典型的“就该物所生之债权”，因此为继续占有出售的不动产或从中获取不当利益，而恶用留置权主张的例子并不在少数（关于妨碍事例，参照广谷章雄“留置权与现状调查”执行官杂志 29 号 1 页以下）。

不但在占有人对无权源存在恶意时还支出费用的场合下（大判昭和 6 年 5 月 30 日报纸 3293 号 12 页），甚至在对不知无权源存有过失的场合下（最判昭和 51 年 6 月 17 日民集 30 卷 6 号 616 页），判例也已经开始认可民法第 295 条第 2 款的类推适用。而且，实务中的一般倾向是，即便妨碍执行的占有人在占有过程中支出了有益费用，从而主张对占有物的留置权的，也可推定其存在前述的恶意或过失进而否定留置权成立（东京地裁民事执行实务研究会编著《改订不动产执行的理论与实务（上）》［1999］264 页）。

3. 执行程序与破产程序上的归结

（1）由于留置权并非支配标的物交换价值的权利，因此在现行法下，尽管留置权人可以请求启动实现担保权利的拍卖程序（参照民执第 195 条），但是并不能从拍卖价款中优先受偿。另一方面，即便其他债权人对留置物申请执行，若留置权是动产，只要留置权人拒绝交出该动产，那么执行程序便无法进行（民执第 124 条、第 190 条）。

而在留置物是不动产的情况下，尽管程序本身不受妨碍，但留置权并不因售出而消灭。就此不动产执行上的做法，有立法论的观点主张索性也承认留置权具有优先受偿权，即采所谓的消除主义（椿寿夫《民法研究Ⅱ》［1983］39 页以下等）。但是，针对前述立场提出的慎重论也很有力（山野目章夫《物权法（第 3 版）》［2005］198 页）。

（2）另外，在破产程序中，留置权的处境因民法上的留置权（民事留置权）还是商法或公司法上规定的留置权（商事留置权）而有显著的不同。质言之，商事留置权在破产财团中被视为特别的先取特权（破第 66 条第 1 款），即便在再生或重整程序中，商事留置权人也被作为别除权人（民再第 53 条第 1 款）或重整担保权人（会更第 2 条第 10 款）对待。相比之下，破产程序开始时，若属于破产财团的一财产之上存有民事留置权的，其将对破产财团失去效力（破第 66 条第 3 款）。而在再生或重整程序中，尽管留置权得到保留，但是法律并未规定将之作为别除权或重整担保物权来对待。

破产程序中，民事留置权与商事留置权如此不均衡的现状，已遭到强烈的批判，而在破产法修正（平成16年（2004年））的审议过程中，也曾就民事留置权的处境该如何修正进行过探讨，不过到最后关头，这一修正被搁置了（详情参照山本和彦等《破产法概说》［2006］118页）。这也是今后需要讨论的问题。

参考文献

清水元：《留置权概念的再构成》（1998）；清水元：《留置权》（1995）；关武志：《留置权的研究》（2001）。

52

先取特权的现代意义

立教大学教授　角纪代惠

一、引言

先取特权是指，依本法及其他法律的规定，债权人就其债务人的财产，能够优先于其他债权人进行受偿的担保物权（民第 303 条）。先取特权根据标的物的不同，可分为以债务人总财产为客体的一般先取特权，以债务人特定动产为客体的动产先取特权，以及以债务人特定不动产为客体的不动产先取特权。

我妻荣将先取特权描述为一种“受到近代物保制度极度排斥”且无公示的担保物权，认为尽管近代法对规定先取特权制度持慎重态度，但是日本民法自旧民法制定以来，便效仿法国民法广泛规定了先取特权，“从近代法上物之担保制度的发展进程来看，不可否认日本稍显落后”（我妻荣《民法讲义Ⅲ新订担保物权法》［1968］50 页以下）。诚然，近代法的基本立场是在落实债权人平等原则的同时，也允许当事人通过特别约定，利用意定担保制度赋予债权人优先的地位。但是，另一方面，有时候由于债权人处于弱势，或者为了实现特定的经济政策等原因，不可否认也应对一些债权进行特别保护。而作为法定担保物权的先取特权便是保护这些债权的策略之一。根据以昭和 39 年（1964 年）10 月 1 日为基准时所做的调查，民法制定后通过特别法新创设的先取特权达到了约 130 种（林良平《注释民法（8）》［1965］167 页以下［甲斐道太郎］），而在此后，特别法上的先取特权还在不断增加（远藤浩等监修《民法注解财产法（2）物权法》［1997］61 页以下［松冈久和］）。

固然，无公示的担保物权有可能对第三人造成不期的损害。但是，先取特权种类不断增加的态势反映出，随着社会变得更加复杂，不可避免要增加需特别保护的债权种类。因此，在以民法为主的现行法中，问题就在于以下几个方面：被赋予先取特权的债权，时至今日是否依然是真正值得特别保护的债权？即便是，将赋予先取特权作为保护策略是否真能充分发挥作用？又或者，即便是值得特别保护的债权，利用先取特权予以保护是否妥当？更者，由于先取特权采用了物权构成，其在多大程度上尊重公示原则也是一个问题。

二、民法上的先取特权

民法规定了 15 种先取特权。民法上承认先取特权的理由主要有债权人之间的公平、社会政策方面的考量以及可推知的当事人意思。但是，就如下文所见，在现代，民法的先取特权中，具有存在意义又实际发挥作用的并不多。

1. 一般先取特权

一般先取特权有共益费用的先取特权（民第 307 条），雇佣关系的先取特权（民第 308 条），葬礼费用的先取特权（民第 309 条）和日用品供应的先取特权（民第 310 条）这四类。

这其中，后两种先取特权在现代是否还具有存在意义，本身便值得怀疑。葬礼费用的先取特权旨在通过特别保护与葬礼费用相关的债权，以让穷人也容易办得起葬礼。但是，即便可以在葬礼费用上成立先取特权，在构成担保的债务人财产本来就短缺的情况下，并不会因为葬礼费用先取特权的存在，就让葬礼变得更为容易。而且，为让穷人也能操办葬礼的制度重任，现在并非由民法，而是由生活保护法等社会保障法（生活保护第 18 条、老福第 27 条）来承担。至于日用品供应的先取特权，在民法立法的当时还曾有过意义，那时赊卖还是社会的普遍现实。然而，现在购买日用品几乎采用现金支付，因此债务人能否通过日用品供应的先取特权来确保一时的生活资料供应，不无疑问。

与此相反，雇佣关系的先取特权为劳动者的债权提供特别保护，该被担保债权在社会政策上所具有的重要性，即使是在现代，无论如何强调都不为过。不过，雇佣关系的先取特权如今能为劳动债权提供多大程度上的保护，还是一个疑问。易言之，对于一般先取特权可否进行登记这个问题，尽管存在争论，但现在肯定说占据多数（例如几代通、德本伸一《不动产登记法（第 4 版）》［1994］51 页）。因此，如果一般先取特权经过登记，便按不动产登记顺位承认其优先效力。但是，由于雇佣关系的先取特权为使用人各自成立，各使用人只得对该先取特权各行登记，还因其从属性，从而，在现行登记制度下进行登记将遭遇诸多障碍，如只有在拖欠发放工资等之后才有可能进行登记等（参照劳动省［当时］研究会于 2000 年发表的《有关劳动债权保护的研究会报告书》，山野目章夫《关于租金担保权公示方法的诸课题》民研 527 号 17 页），因此对雇佣关系的先取特权进行登记实属不可能。因此，现实中，雇佣关系的先取特权只具有优先于一般债权人的效力（民第 336 条）。除此之外，根据平成 16 年（2004 年）通过的《关于动产与债权转让对抗要件的民法特别法》（对平成 10 年出台的《关于债权转让对抗要件的民法特别法》的修改法），不仅在应收账款与库存商品上设定担保物权将更加容易，而前两者向来是向一般债权人进行分配的资金来源；而且，根据平成 15 年修改后的民事执行法，如下面“2”中所述，动产买卖的先取特权也变得更加容易执行。这便意味着可用于实现雇佣关系先取特权的债务人财产在不断减少，故而可以说雇佣关系的先取特权保护劳动债权的功能在相应范围内遭到了削减。

而至于共益费用的先取特权，其被担保债权主要是在强制执行、实现担保物权的拍卖以及破产程序中产生的费用，对此以民事执行法为主的程序法已在分配事项方面作出了规定（民执第 42 条第 2 款、第 194 条，破第 148 条第 1 款 1 号、2 号，会更第 127 条 1 号，民再第 119 条 1 号等）。换言之，民法并不是对这些费用进行直接规定，而是为这些费用在分配环节中得到优先处理提供实体法上的依据（另参照三月章“‘任意拍卖’

概念的终结”铃木竹雄先生古稀纪念《现代商法学的课题（下）》[1975] 1627页）。

2. 动产先取特权

动产先取特权有8种（民第311条），这其中能在现实中派上用场的，估计只有为实现债权人之间公平而存在的动产买卖的先取特权了。

由于出卖人在将标的物交付于买受人之前，可以行使留置权或同时履行抗辩权，因此动产买卖的先取特权发挥作用的时间点是在标的物被交付于买受人之后。但是，在平成15年修改之前的民事执行法中，只有债权人在向执行官提交相应动产，或者向其提交了用以证明相应动产占有人承诺扣押的文书之时，动产执行才能启动（修正前的民执第190条）。但是，在标的物交付于买受人之后，自不待言要满足上述要件是十分困难的。因此，就动产买卖的先取特权而言，在标的物被转卖的情况下，就转卖价金债权行使物上代位权的方法，要比先取特权的一般行使方式更为可行。不过，经过平成15年的修改，债权人通过申请得到执行法院的许可，并将此许可决定书提交于执行官，也可启动动产执行（民执第190条）。因此，现在可以预计，动产买卖的先取特权将比过去发挥更大的用处。

3. 不动产的先取特权

不动产的先取特权中存在不动产保存的先取特权（民第326条），不动产工事的先取特权（民第327条），不动产买卖的先取特权（民第326条）三种类型，均是为了实现债权人之间的公平。

不动产的出卖人可以通过设定以抵押权为主的意定担保物权，对买卖价金进行担保，也可以选择不向买受人移转登记直至后者付清价款，以此确保买卖价金债权得以实现。因此，与动产买卖不同，在不动产买卖情形下，并不存在通过不动产买卖的先取特权这种法定担保物权对买卖价款进行保护的必要。与此相对，尽管人们期待着不动产工事的先取特权保护承包人的承包工程款债权，但是登记要在网上进行，现实中难以发挥作用。具体而言是因为，虽然不动产工事的先取特权经过登记，其效力可以优先于登记在先的抵押权，不过该登记必须要在施工开始之前办理（民第338条第1款主文）。但是，承包商若真去登记，便说明其对发包人的支付能力抱有怀疑，这将招致发包人的不悦，所以登记是不具有现实可能性的（加藤木精一“不动产工事、保存的先取特权”星野英一等编《担保法的现代诸问题》[别册NBL10号] [1983] 28页）。

三、特别法上的先取特权——代结论

在特别法的先取特权之中，现实当中运行得最好的是以财税的先取特权为主的先取特权，这类先取特权以国家和地方自治体的债权为被担保债权，诸如国税（税征第8条）、地方税（地税第14条）和社会保险费（健保第182条、国健保第80条第4款、厚年第88条、劳保征第28条等）。总之，先取特权在保护国家与地方公共团体的债权时，以财税债权为代表，发挥了最大的功用，但其保护弱势债权人的功能，难言在现实中发挥了多少。

参考文献

本文中所载。

53

抵押权的范围

立命馆大学教授　生熊长幸

一、问题的所在

关于抵押权效力所及的标的物范围，民法第 370 条规定，抵押权及于“附加于标的不动产（以下称‘抵押不动产’）而与之合为一体之物”（称为“附加物”或“附加一体物”）。附加一体物包括不动产的构成部分或者附合物（民第 242 条），这殊无疑问（对建筑物而言，指墙壁内的黏土、壁纸、地板；对土地而言，指防护墙、树木、难以取走的点景石等）。问题在于，抵押不动产之从物（民第 87 条）是否也为抵押权的效力所及。从物是指，“为达到物通常的使用目的，而将自己所有的其他物附属于此物时，该附属之物”（同条 1 款），其独立于主物而存在（对土地而言，如可取走的点景石等；对建筑物而言，如榻榻米、拉门隔窗和附属建筑物等）（关于标的物的范围，可另参照本书 58）。

二、民法第 370 条规定与外国法的继受

民法典的立法者认为，民法第 370 条效仿了抵押权的效力及于发生在不动产上的增加或改良（改善）的旧民法与外国立法例（梅谦次郎《民法要义卷之二物权编（订正增补版）》[1911] 510 页）。根据我妻荣博士对民法第 370 条与第 87 条立法过程的研究，以下两个方面得以明确：(1) 民法第 87 条中从物的概念与旧民法中的概念不同，其沿袭了德国民法典第一草案，即从物非属物的构成部分而是独立存在，(2) 旧民法债权担保编第 200 条作为民法第 370 条的原型，其中规定的增值或改良包括对应于从物的“依用途之不动产”的附加，但是现行民法与前者相异，并不承认存在“依用途之不动产（依用法而定的不动产）”（我妻荣“抵押权与从物的关系”我妻荣《民法研究Ⅳ》[1967] 29 页以下 [初出 1933]。参照角・后揭 595 页以下，605 页以下）。故此，附属于抵押不动产的从物是否为抵押权的效力所及，并不明确。

三、判例与学说的变迁

1. 判例的变迁

(1) 抵押权设定时已发生附属的从物

早前的判例认为，就算是抵押权设定时既已附属的从物，抵押权的效力也不及于其上（大判明治 39 年 5 月 23 日民录 12 辑 880 页）。该判例阐述了下述理由，由于抵押权是非占有担保，而动产的相似物多且容易遗失，因此只有在成为不动产的一部分之后，才为主物的抵押权效力所及，此即民法第 370 条的立法旨趣所在。但是，未过多久，这一判例立场便被更改。大连判大正 8 年 3 月 15 日（民录 25 辑 473 页）判决认为，民法第 370 条旨在规定当某物在物理上成为抵押不动产的附加一体物时，其将为抵押权效力所及，而抵押权设定时既已附属的从物为抵押权效力所及这一点，依据民法第 87 条第 2 款即可知晓，该条款旨在根据经济上的用途确定物的主从关系，并使主物与从物服从于同一法律关系。

最高裁判例（最判昭和 44 年 3 月 28 日民集 23 卷 3 号 699 页，最判平成 2 年 4 月 19 日判时 1354 号 80 页）也判定抵押权效力及于抵押权设定时既已附属的从物，但是没有列明条文依据。其中前揭最判昭和 44 年 3 月 28 日的判决，引用了前揭大连判大正 8 年 3 月 15 日的判决，只是认为凭借主物的抵押权设立登记，根据民法第 370 条，则从物也取得抵押权的对抗效力。

(2) 抵押权设定后才发生附属的从物

关于抵押权的效力是否及于抵押权设定后才发生附属的从物这一点，判例仍未完全确立。有似乎持肯定立场的判例（大决大正 10 年 7 月 8 日民录 27 辑 1313 页），但由于案件是关于抵押权设定后增建的餐室，因此与其说是针对从物，不如说正好是对附加一体物（构成部分）所作的判断（濑川信久“抵押物与从物”谷口知平、加藤一郎编《新版判例演习民法（2）物权》[1982] 230 页），而且没有给出所依据的条文（大判昭和 9 年 7 月 2 日民集 13 卷 1489 页写道，民法第 87 条第 2 款是针对处分对象是否仅限于主物并不明确时的规定，本案中由于就将来会发生附属的榻榻米与拉门隔窗不为建筑物抵押权效力所及这一点已达成了合意，因此抵押权效力不及于前述物体）。下级审的裁判例，就抵押权设定后才发生附属的从物，虽未明确将民法第 370 条作为根据，但有判决认为抵押权效力及于前者（东京高判昭和 53 年 12 月 26 日判时 383 号 109 页。大决昭和 9 年 3 月 8 日判决在民集 13 卷 241 页中判定，抵押权设定之后，在主建筑物之上建造的附属建筑物也为抵押权效力所及，不过由于其与主建筑物被登记在同一用纸之上，因此是将其作为附加一体物，而非作为从物来看待）。

2. 学说的变迁

(1) 之前的学说

民法典的立法者认为，民法第 370 条规定的是抵押权的效力及于抵押权设定后发生附加之物（相当于抵押土地上种植的树木和抵押建筑物的增建改造部分等构成部分或附合物），因此抵押权设定后才发生附属的从物（榻榻米、拉门隔窗等）并不为抵押权的效力所及，虽此，不过对于抵押权设定时既已附属的从物，适用民法第 87 条第 2 款，可为抵押权效力所及，并以此批判前揭大判明治 39 年 5 月 23 日的判决（梅•前揭 510 页以下）。此见解为前揭大连判大正 8 年 3 月 15 日所采纳，并成为学说的多数观点（关于学说，参照汤浅后揭62页以下)。与此相反，我妻博士立足于对民法第370条与第87条立法过程的研究（参照Ⅱ），认为：(1) 民法中本应该像德国民法一样作出抵押权的效力及于从物的规定，(2) 民法第87条第2款是基于主物与从物之间客观、经济方面的结合关系，安排从物跟随主物命运的规定，由于抵押权是一种在存续期间内每时每刻都对客体状态进行掌控的权利，因此抵押权的效力理所应当也及于抵押权设定后才发生附属的从物（我妻前揭53页），而且认为对民法第370条应当作此解释（我妻荣《民法讲义Ⅲ担保物权法（新订版）》［1968］258页)。曾经一度支持判例理论的柚木馨博士，后来也改变了观点，认为抵押权设定后才发生附属的从物，依据民法第87条第2款，随主物一道由买受人取得（柚木馨“抵押权与从物”柚木馨等编《判例演习 民法(2) 物权法》［1963］204页)。

(2) 现在的学说

现在的通说赞同我妻说，主张从物发生附属的时期无论是在抵押权设定之前还是之后，均属于民法第370条中的附加一体物，从而均为抵押权的效力所及（铃木禄弥《物权法讲义（4订版）》［1994］196页，星野英一《民法概论Ⅱ（新订版）》［1976］246页、248页，川井健《民法概论2（第2版）》［2005］337页，内田贵《民法Ⅲ（第3版）》［2005］397页，道垣内弘人《担保物权法（第2版）》［2005］236页，山野目章夫《物权法（第3版）》［2005］236页，濑川前揭235页等)。其理由在于，不同于民法第87条第2款是对处分时意思表示的解释所作的规定，民法第370条是对抵押权效力所及的标的物范围所作的规定，故而，抵押权效力是否及于抵押权设定后才发生附属的从物这一问题，应当作为民法第370条的解释论加以考虑，并且，抵押权效力所及的附加一体物，从经济效用的角度来看，是指与抵押不动产构成统一体的东西，故而从物应包括在内（铃木等)。可以说，通说的解释论不失妥当。

四、待解决的问题

1. 从物价格高于主物时的处理

以上通说的见解，尽管一般情况下没有问题，但是在从物的价格远远高于主物的事例中，是否妥当便成问题。判例上认为，即便在此情形，抵押权的效力也及于从物（前揭东京高判昭和53年12月26日［该案中，舞台照明设备、音响器械作为附属的从物，其价格高于兼作歌厅的剧场这一抵押建筑］。前揭最判平成2年4月19日的判决，虽是关于抵押权设定时即已附属从物的案件，不过该案中，抵押建筑为加油站，从物为地下油罐、non-space型计量器、洗车器等，其价格是建筑的数倍)。关于这一点，有观点认为应解释为抵押权的效力及于抵押权设定时可合理预测的范围（林良平“抵押权所及范围”民法的争点Ⅰ［1985］159页)，问题便在于，将相关动产等作为从物纳入抵押权的效力范围是否妥帖。为了使抵押权效力不及于被视作从物之物，应在抵押权设定的当事人间预先缔结表明该意旨的特约（民第370条但书)，并行登记（不登第88条第1款4号）（田中克志《抵押权效力论》(2002) 304页，对于高价的从物，即便不存在排除特约，从当事人的意思出发，也该解释为不为抵押权的效力所及，但似乎也不能一概而论)。此际，应将何者作为从物对待成了重要问题。就工厂、店铺、写字楼等商用建筑而言，尚比较容易区分（以商用建筑的设备为核心，电梯的升降机、配电盘和空调设备等也为从物)，但就住宅中的动产从物而言，除了榻榻米、拉门隔窗以外，几乎未曾讨论过。整体厨房、单元卫浴、浴室吹风机、嵌入式空调、室外热水器等可以认为是从物，分离式空调等认为不构成从物为妥（镰野邦树“‘抵押权与从物’论”早稻田法学64卷3号115页以下，着眼于生产信用或消费信用，而笔者着眼于抵押不动产的用途）。

2. 从物的所在

从物虽是独立于主物的别物，但由于辅助于主物的日常使用（民第87条第1款），加之除了主物抵押权设定登记之外，不存在别的抵押权公示方法，因而有必要在空间上处于邻近于主物之地。但是，由于抵押权效力及于此从物，即便抵押权设定人与第三人将其随意带离，抵押权也并不失其效力，抵押权人可以请求归还原处。只不过，在被带离的动产从物被买卖的场合，买方很有可能取得该动产的所有权（存在主张必须具备民法第192条关于即时取得要件的学说［星野前揭252页，高木多喜男《担保物权法（第4版）》（2005）132页，川井前揭342页，内田前揭444页］，以及主张即便买方是恶意人但只要不是背信恶意人即可的学说等［我妻前揭民法讲义Ⅲ372页，铃木前揭198页，近江幸治《民法讲义Ⅲ（第2版）》（2005）139页，道垣内前揭180页］）。

3. 立法论

在我国，“从物”的概念指独立于主物之物乃约定俗成。因此，认为“从物”包含在民法第370条的附加一体物中的解释论，文义上并不自然。若以通说为前提，则将民法第370条正文改为“抵押权，及于附加于标的不动产（以下称‘抵押不动产’）而与之合为一体之物以及从物”，并且将关于土地与建筑为各自独立的不动产的规定置于民法“第1编 总则、第4章 物”之中，不知是否更为妥当？

参考文献

汤浅道男：“抵押权的效力的所及范围”，载星野英一等编：《民法讲座3》（1984）47页；角纪代惠：“民法第370条、第371条”，载广中俊雄、星野英一编：《民法典的百年Ⅱ》（1998）593页。

54

扣押在物上代位中的意义

原东京高等法院法官　吉野卫

一、问题的所在

关于作为物上代位要件的扣押（民第 304 条、第 350 条、第 372 条），大致存在如下三个问题。第一，作为物上代位权行使要件的扣押是何意，为何为之。第二，先取特权人等权利人为保全物上代位权，是否以亲自扣押为必要。第三，临时扣押是否包含在扣押之中。在第一个与第二个问题上，判例与学说历来存在争论，而第三个则是近来判例上围绕动产先取特权的物上代位所展开的问题。本文集中处理第一个与第二个问题，而就第三个问题仅对论点作简单的介绍。

二、物上代位中扣押的意义、目的以及效力保全的要件

物上代位中的扣押是指什么，其欲达成什么目的？享有先取特权、质权或者抵押权的债权人是否必须亲自扣押？对此，大体上，历来存在以下两种观点的对立。

第一说认为，扣押的作用在于防止金钱或其他财产等先取特权、质权或者抵押权标的物的价值变形物，因混入债务人的一般责任财产而丧失特定性，从中可得，扣押并不以前述债权人亲自实行为必要，即便是其他一般债权人进行扣押也已足够（鸠山判例民事法 40 事件评释，横田“论物上代位”法学论集 281 页，我妻《新订担保物权法》288 页，我妻《漫话联合部判决Ⅰ》第 25 话 306 页，柚木《担保物权法（旧版）》252 页，铃木《物权法讲义》42 页，川井《担保物权法》61 页等）。

第二说认为，先取特权等担保物权随着原标的物的灭失，本应归于消灭，但基于价值权的性质，其效力还可追及至金钱这种价值变形物之上，并且该扣押是保全效力的条件，也是一种公示，自以前述权利人亲自实行为必要（畔道，京法 11 卷 6 号 68 页，京法 11 号 70 页，石田《担保物权法论（上）》81 页，三潴《全订担保物权法》155 页）。

判例最初采纳了第一说（大判大正 4 年 3 月 6 日民录 21 辑 363 页，大判大正 4 年 6 月 30 日民录 21 辑 1157 页），而后又改变观点（大连判大正 12 年 4 月 7 日民集 2 卷 209 页），认为物上代位是为保护担保物权人由法律特别确立的一种效力，因此扣押乃“为保全其优先权所不可或缺的要件，从条文上看实属显然”（该案的案情为，一般债权人

先于抵押权人对火灾保险金请求权进行扣押，并获得转付命令，继而请求向其支付保险金，而对此大审院联合部判决认为，因转付命令从债务人的责任财产中逸出的火灾保险金债权不能成为物上代位的客体）。该判例的观点承认了“法无明文则无物上代位”的原则（Absence de subrogation sauf texte formel），也与立法的沿革相一致。

但是，鸠山博士对大审院联合部的该判决持反对意见，我妻博士也追随其后，自此在学说上，第一说便开始占据通说的位置。然而，随着昭和 54 年（1979 年）重新制定了民事执行法，对强制执行法进行了全面修改，并在该法第 193 条与第 165 条中新设了申报分配的终期制度，便有人指出以往的第一说在新法下或难以维持，而最近，试图综合第一说与第二说的折中说逐渐变得有力（高木《担保物权法》128 页以下，清水“为物上代位所必须的扣押”民法判例百选 I（第 2 版）194 页等）。折中说主张，对于指向金钱及其他代位物的请求权，虽说是物上代位权人，若不经过某些程序也无法确保其优先权，因而在针对上述请求权的强制执行程序中，必须要申报分配。其理由在于，民事执行法对申报分配设置了终期制度，规定若债权人未在此上述终期前提出分配要求的，则债权人的权利将发生失权，权利的行使便不再被允许，既然采用了这种体系设计，那么只要物上代位权人未在上述终期前进行扣押或者提出分配要求，则其物上代位权也将失效，从而无法保全其效力。不过，依据该说，没必要将物上代位中的扣押理解成仅是为了保全其效力，将其理解成是为了特定标的的请求权也无妨。在此意义上，可以说该学说折中了第一说与第二说。

就如下文所述，我认为，参照物上代位的立法沿革，即便强制执行法没有经过修改，第二说的立场基本上也是妥当的（只不过，物上代位权的优先效力并不是因扣押才产生，而是在扣押之前便当然及于代位物，并且优先权顺位仍根据原来担保物权的顺位来决定），因此，我对折中说也表示赞同（参照拙稿“关于物上代位的基础性考察（上）（中）（下）”金法 968 号 6 页，971 号 6 页，972 号 6 页），而该立场在民事执行法制定之前，也得到过学者的有力支持（林“抵押权的效力”《新版民法演习 2 物权》179 页）。而且，这种观点经过民事执行法的制定，已获得了有力的支柱。

三、立法的沿革

民法第 304 条，如起草者穗积陈重博士所言，是在旧民法债权担保编第 133 条的基础上作了若干修改形成的（第 38 回法典调查会议事速记录）。而据布瓦索纳德博士所言，此债权担保编第 133 条又是来源于意大利旧民法的第 1951 条（Boissonade，Projet de Code Civil pour l'empire du Japon accompagné d'un commentaire，§ 1138）。具体而言，意大利旧民法第 1951 条第 1 款规定，“当先取特权或抵押权的标的物发生灭失或毁损时，保险人因该灭失、毁损原因应支付金钱的，该金钱按其顺位，构成因先取特权或抵押权存在而被保全债权的担保。但是，其中要用于修复受损财产的费用，不在此限”；第 2 款规定，“不过，保险人若没有受到 opposizione，且于发生灭失、毁损的 30 日后向（被保险人）进行支付的，免此（责任）”（另，该条规定被现行意大利民法第 2742 条所继受），而由于法国民法中不存在这样的规定，布瓦索纳德博士借鉴意大利民法，起草了日本民法草案第 1138 条，将其第 1 款规定为，“负担先取特权之物因第三人而灭失、毁损，且第三人因此对债务人负有赔偿义务的，有先取特权的债权人可先于其他债权人，就此赔偿行使债务人的权利。但是，该先取特权债权人须在清偿之前依法提出

opposition”。不过，问题在于，此中 opposizione 或 opposition 是何含义。从词语的通常义项来看，是“异议”之意，而作为法律术语的 opposizione 则解释为 l' opposizione al pagamento（针对清偿提出的异议），是 sequestro conservative（保全性扣押）的一种。现假设 A 为物上代位权人，B 为债务人，C 为次债务人（债务人 B 的债务人），则 opposizione 这制度的本质便在于禁止（un divieto）C 对 B 进行清偿（另参照，F. Messineo, Manuale di diritto civile e commerciale, volume terzo, Milano, Giuffrè, 1959, p. 74 e 213）。本来 C 对 B 负有偿还旧价值的变形物——新价值（代位物）的义务，但依法律规定（意大利旧民法第 1951 条第 1 款，意大利民法第 2742 条第 1 款），新价值（代位物）构成 A 债权清偿的担保，因此对 C 来说，若未受到 A 的 opposizione，只要自灭失、毁损发生还未经过 30 日，就不得向 B 偿付新价值。倘若 30 日的期间未满便对 B 偿付新价值，并且 A 在该期间内提出 opposizione 的话，则 C 还必须向 A 偿付与新物价值相当之物。正是因为存在这种双重给付的风险，因此 C 并无必要在上述期间内向 B 偿还新价值。布瓦索纳德博士在前述第 1138 条的注释中说道，“在代位中最需要保护的人莫过于偿还该价值的债务人自身（前设例中的 C——笔者注），应尽可能让该债务人免于不当支付的风险。故而，法律特别要求先取特权债权人要通过 opposition（提出异议）的方式使次债务人得到通知，从而实现上述考量”。从中易知，opposition 是为保护次债务人 C 而提出的要求，既非为特定代位物，也不是为了防止代位物混入 B 的一般责任财产。此外，前面第 1138 条原封不动地成为旧民法债权担保编的第 133 条，其中 opposition 被翻译为“支付扣押”。而且，布瓦索纳德博士还就 opposition 的程序，撰写了日本诉讼法财产扣押法草案与注解（一濑勇三郎译），在“第五章 制止扣押即申请异议相关”的部分，甚至设计了与法国民事诉讼法第七章（第 557 条至第 582 条）的 saisie-arrêts ou oppositon 内容相同的规定。由此可知，此 opposition 显然与直接移植德国法而成的我国民事诉讼法旧第 594 条所指的扣押存在本质区别，非得比较的话，则相当于我国的临时扣押（民诉旧第 737 条，民执旧第 178 条）。然而，我们民法与民事诉讼法的起草者却将之视同为德国法上的 Pfändung 或是 Beschlagnahme，从而将“支付扣押”的头两字删除，挂到民事诉讼法旧第 594 条以下的债权扣押程序之中，这不得不说是一个立法失误（民事执行法在这一点上也犯了同样的错误）。本来应当在民事诉讼法中设计物上代位中的扣押程序，作为保全性扣押，以起到禁止一般债权人基于对代位物的扣押而获得转付命令以及禁止债务人对代位物作出处分的作用。由于缺少了这样的前期准备，才出现解释上的混乱丛生，前述判例与学说存在的对立实际上也肇始于此。

如上，物上代位是鉴于担保物权具有价值权的性质，由法律特别赋予的效力（在此意义上，“法无明文则无物上代位”），民法第 304 条应当理解为，一方面以担保物权的效力及于代位物之上为当然的前提，但另一方面将物上代位权人亲自扣押作为保全效力的要件（这种理解方式也与民事执行法的原则相一致）。折中说看上去像是重视特定性，但如果原本作为代位物的请求权都还未特定的话，那连扣押都无从谈起，因此若按照文字表面意思去理解，将此理解为扣押的目的，就会变得十分奇怪（特定性维持是扣押的结果，而非扣押之目的）。就如母法意大利民法的前述注释书中所言，扣押的本质在于禁止次债务人为支付，而折中说大概是换了种说法，用特定性维持这一用语进行表述。

四、物上代位中的临时扣押

如前所述，物上代位中的扣押是为保全物上代位权而进行的。所谓的保全性扣押，与我国的临时扣押相近，不过，由于民事执行法对此只设置了若干特别规定，而基本上准用本法第193条关于强制执行债权及其他财产权的规定，于是便引发了物上代位的扣押中是否包括临时扣押的讨论。下级法院的多数判例都表现出否定的倾向（东京高决昭和59年10月2日判时1137号57页等），其判决理由在于，由于强制执行与担保权的实行这两种制度所依据的根据截然不同，因此目的是保全强制执行（依据的是执行根据*）的临时扣押命令，自无适用于（担保权实行的）余地。但是，根据这样形式上的理由而否定物上代位中的临时扣押，实在令人难以理解。众所周知，临时扣押与临时处分的裁判程序，民事执行法制定之后没有发生任何变化，（只能）留待于未来的修改。因此在这一点上，过去的处理没有发生改变。而且，向来也并不存在否定物上代位临时处分的观点（富井“论物上代位”法学志林10卷6号8页，三潴前揭156页，石田前揭83页。不过，横田《改版增补物权法》610页，认为无论被担保债权的清偿期是否届至，都可以进行本扣押），若否认此点，则物上代位制度有丢失根基之虞（同旨，三潴前揭156页）。德国法中没有担保物权的临时扣押制度，而在我国法中，如前所述，物上代位中扣押的程序已基本被纳入强制执行的框架之中，对此未做特别的法律规整，因此否定物上代位的临时扣押，不要说在立法论上并不妥当，即便在解释论上也站不住脚。否定物上代位临时扣押的主张，只能说是被德国民诉法牵着鼻子走的讨论，岂是民法起草者所能想见的？

参考文献

除正文中引用，铃木禄弥：“物上代位制度”抵押制度之研究115页；新田宗吉：“物上代位”，载《民法讲座（3）物权（2）》105页以下；小川英明：“物上代位”，载《不动产体系Ⅱ担保》49页以下；柚木馨：“物上代位”，载《判例百选》42页，同（第2版）54页。

* 日语原文为“债务名义”，是指载明请求权的存在事实、范围、债权人与债务人的官方文书，为启动强制执行程序所必要，接近于中国民事诉讼法中“执行根据”的地位。不过，在日本法中，仅有“债务名义”这一文书尚不足以启动强制执行程序，还需通过在债务名义正本末尾附记执行文的方式才可获得执行力（参照中野贞一郎：《民事执行法（第2版）》，青林书院1991年，第236页），因此又不完全等同于中国法下的“执行根据”。但考虑到上下文脉，译为“执行根据”并不影响对原文主旨的理解，故采此译。——译者注

55

抵押权的物上代位、收益与执行

独协大学教授　新井刚

一、引言

物上代位是指，对于债务人因担保物的出卖、出租、灭失或者毁损等可取得的金钱或其他物（代位物），担保物权人也可行使其权利（民 304 条）。民法第 372 条*规定准用关于先取特权的前述第 304 条。因而，抵押权的物上代位看似在第 304 条提到的所有情形下都应得到肯定。但是，就一般先取特权而言，从权利性质上讲，第 304 条的适用是难以设想的。因此，对于抵押权，也有必要从权利性质的角度去分析在各种情况下是否应当承认物上代位。此际不可忽视的是，物上代位是基于公平理念，为确保担保物权的实效性而创设出的政策性权能（参照内田贵《民法Ⅲ（第 3 版）》（2005）401～402 页等）。

近来，物上代位被认为存在代偿性（替代性，例如出卖、灭失、毁损）以及派生性（附加性，例如出租或物权的对价）两种类型（高桥真“租金债权之上物上代位的构造”金法 1516 号 6 页，松冈久和“物上代位权的成立与否及其界限（1）”金法 1504 号 12 页等）。前后两者的区别在于：（1）代位物是否为担保不动产的代偿（替代），（2）物上代位是否与拍卖不可并存，（3）是否承认清偿期前的物上代位。另外，关于物上代位要件之一扣押的意义，请参照本书 54 吉野的解说。

二、卖售——抵押权对卖售价金的物上代位

学说存在以下两种（具体参照柚木馨、高木多喜男编《新版注释民法（9）》（1998）153 页［小衫茂雄］）。第一种学说重视法条的文义，肯定物上代位的存在，如果行使物上代位权，则抵押权消灭（我妻荣《民法讲义Ⅲ担保物权法（新订版）》

* 该条规定的是关于抵押权的情形。——译者注

(1968) 281 页、293 页等旧通说)。第二种学说是否定说，其理由为：(1) 第 304 条之所以承认对出卖价金的物上代位，是因为动产先取特权不具有追及力（即对于有追及力的抵押权应予否定），(2) 对于想用出卖价金回收债权的抵押权人，尚有代价清偿制度（第 378 条）（道垣内弘人“对抵押不动产出卖价款的物上代位”神户大学法学 40 卷 2 号 401 页以下，高木多喜男《担保物权法（第 4 版）》（2005）141 页等现多数说）。私见认为，既然抵押权在性质上具有追及力，其实效性并不缺少保障，因此应采否定说。

三、灭失、毁损——抵押权对损害赔偿请求权、保险金请求权等的物上代位

1. 损害赔偿请求权

一般认为抵押权在其上成立物上代位并无异议（大判大正 6 年 1 月 22 日民录 23 辑 14 页，我妻前揭 282 页等）。

2. 保险金请求权

对此存在不少讨论（具体参照田村谆之辅“对保险金请求权的物上代位”商法的争点Ⅱ 280 页)。(1) 否定说看重保险合同的旨趣，认为保险金请求权是因支付了保险费作为对价才发生，所以不能成为物上代位的对象（西岛梅治“对保险金债权的物上代位”九州大学法政研究 23 卷 1 号 63 页以下等)。(2) 肯定说则重视抵押合同的旨趣与实质的政策性考量，认为“一、”否定说只会让所有人享受免去抵押权负担的利益，这有违抵押合同的旨趣，“二、”从“一、”中所述的物上代位的旨趣中应得出肯定的结论（道垣内弘人《担保物权法（第 2 版）》（2005）149 页，内田前揭 402 页等通说)。判例也持该立场（大判明治 40 年 3 月 12 日民录 13 辑 265 页等)。(3) 私见认为，在此情形若不承认物上代位，不但会造成抵押关系当事人之间的不公平，而且会威胁到抵押权的实效性，故应采肯定说。但是，实务当中，抵押权人多半会就保险金请求权设定质权，所以物上代位很少成问题。

3. 保险金请求权上的质权与抵押权物上代位间的优劣

然则，在抵押权人未对保险金请求权设定质权，而抵押权登记后又有人对保险金请求权设定质权的情形下，该如何决定两者的优先顺序？学说莫衷一是（具体参照中马义直“保险金请求权上的质权与抵押权的物上代位”法律家 300 号 142 页)。在此介绍具有代表性的两种学说。(1) 第一说认为应当根据质权获具对抗要件与抵押权人进行扣押的先后顺序决定优先顺位。这种观点认为出质即构成“支付”，因而质权优先，实务也以此为前提（福冈高宫崎支判昭和 32 年 8 月 30 日下民集 8 卷 8 号 1619 页等)。(2) 第二说认为应当根据质权获具对抗要件与抵押权人登记设定的先后顺序决定优先顺位。该说对扣押的制度目的以采特定性维持说为前提，认为出质并不构成“支付”，物上代位权在保险金的现实支付之前均得行使，因而抵押权优先（鹿儿岛地判昭和 32 年 1 月 25 日下民集 8 卷 1 号 114 页，我妻前揭 292 页等)。(3) 以上两说均将出质行为是否构成第 304 条第 1 款但书中的“支付”作为问题。但是，说到底这里只是同一标的物上担保物权人相互间的优先劣后问题，那么应根据本来担保权的顺位来决定两者的优劣（相同意见，清原泰司《物上代位的法理》（1997）39 页等。需留意，清原教授认为这里不是第 304 条第 1 款但书的适用问题)。故而，我个人的观点与第二说结论相同，不过理由不同。

四、租赁、物权的对价——抵押权对租金等的物上代位

1. 对租金的物上代位

对此，存在肯定说、否定说与折中说三种学说的对立（具体参照镰田薰“抵押权人对租金的物上代位”石田、西原、高木先生还历纪念（下）《金融法的课题与展望》（1990）25页以下，松冈前揭7页以下），不过自下述三点观之，即（1）最判平成元年（1989年）10月27日（民集43卷9号1070页）判决采纳了所谓的无条件肯定说，（2）在该判例的基础上，就派生问题形成了判例法理，（3）经过2003年担保法、执行法的修正，民法第371条被改正，旧第395条（短期租赁的保护）被废止，如此看来，采纳否定说和折中说的解释并不自然。而且考虑到（4）若采肯定立场，有时可避免拍卖，对抵押设定人也有有利的一面，（5）当抵押人是债务人时，其陷入债务不履行的同时，却还可以收取租金，难谓公平，（6）在日本的不动产观念完成了“由所有到利用”转变的今天，不动产本身的价值建立在整体收益之上，因此，若对不动产设定抵押权，则抵押权的效力及于其收益应属当然。是故，私见采肯定说（具体另文详述）。

2. 派生问题

以下围绕派生问题，就前面平成元年最高裁判决以来形成的判例法理进行整理。

（1）立论的前提

1）因抵押权登记，抵押权人潜在的物上代位权得到公示（参照下述“判例10）”）。2）为具体化物上代位权，抵押权人必须亲自为扣押（参照“判例11）、14）”。3）此扣押的目的主要是为了保护次债务人（参照“判例10）”）。4）基于物上代位对租金进行扣押，其以履行迟延为要件（实务）。5）扣押之后的程序遵照民事执行法（参照最判平成5年3月30日民集47卷4号3300页）。

（2）中间的推论

6）若抵押权人不为扣押，而已发生的租金债权因清偿等而消灭的，则抵押权人不得对其行使物上代位权（根据1）2））。7）于前述场合，由于在租金债权因清偿等原因消灭之前，抵押权人未实现物上代位权的具体化，因而其对租金受领人等也不享有不当得利返还请求权（根据1）2））。8）反之，对于虽已发生但未被清偿的租金，抵押权人可以行使物上代位权（根据1）2）3））。9）对于尚未发生的将来租金债权，抵押权人同样可以行使物上代位权（根据1）2）3））。

（3）判例

10）即便租金债权被转让，但由于抵押权人的物上代位权因抵押权登记已被公示，其可对债权受让人主张优先权（已支付的租金部分除外）（最判平成10年1月30日民集52卷1号1页。参照6）9））。11）当抵押权对租金的物上代位与承租人的抵销发生竞合时，根据抵押权登记设立与承租人取得主动债权的时间先后决定优先顺序。在物上代位扣押之前已为抵销的，抵销优先。另外，即便是在扣押之后才行抵销的，如果承租人在抵押权登记设立之前便取得主动债权的，为保护承租人的抵销期待起见，也应当让抵销优先（最判平成13年3月13日民集55卷2号363页。6）9）以及对抵销期待的保护）。12）不过，若涉及押金的抵销与物上代位两者的优劣，由于租赁物返还时剩余的租金债权等因押金的抵充当然发生消灭，故而不可能就此行使物上代位权（最判平成

14年3月28日民集56卷3号689页。考虑到押金的特殊性，对11）进行修正）。13）当一般债权人的扣押与抵押权物上代位的扣押发生竞合时，则根据扣押命令送达次债务人与抵押权登记设立的时间先后来决定两者的优先顺序（最判平成10年3月26日民集52卷2号483页。参照1）3）5））。14）基于抵押权欲行使物上代位权的债权人，仅凭借在债权扣押事件中提出分配要求，并不能获得优先清偿（最判平成13年10月25日民集55卷6号975页。参照2）5））。15）除非存在可以将抵押不动产的承租人视同所有人的情形，否则就该承租人应取得的转租租金债权不得行使物上代位权（最决平成12年4月14民集54卷4号1552页）。

五、收益与执行

1. 物上代位的问题点

由上，抵押权人从收益中进行债权回收也已得到认可。但是抵押权就租金进行物上代位也存在（i）无视抵押权的顺位关系，（ii）管理费用得不到支付，（iii）承租人频繁更换将导致权利行使困难，（iv）对不合理利用的应对不充分，（v）无法让新承租人入住空房等问题点（参照道垣内弘人等《新担保·执行制度（补订版）》（2004）33页等）。为克服上述难题，最好是能确立基于抵押权的强制管理申请权。为此，2003年便通过修改担保、执行方面的法律，创设了担保不动产收益执行的制度。

与此同时，对作为该制度实体法依据的民法第371条也进行了修改。修改后，该条文的法律意义在于，1）在债务不履行发生之后，对收益行使权利成为可能（对前述判例法理4）的明文化），2）明确规定了租金的物上代位以及担保不动产收益执行两者的依据，3）明确规定了抵押权就租金进行物上代位的执行程序，4）明确了天然孳息与法定孳息两者都可成为行使对象等。

2. 担保不动产收益执行

这是一种由管理人代所有人对担保不动产进行管理和利用（可应对物上代位中的问题（iii）（iv）（v）），从所得收益中扣除必要费用，将所得盈余分配给债权人的制度（可应对上述之（ii））。由于该制度独立于拍卖制度，因而抵押权人可以从拍卖与收益执行中任选其一或者同时选择（民执第180条）。

对于问题点（i），采取了只要顺位在先的抵押权人不申请收益执行，便不会获得优先清偿的立场。理由在于要对最高额抵押权人进行保护等（避免主债权本金的确定）。同时，与抵押权对租金进行物上代位相关的判例法理，也基本适用于担保不动产收益执行（道垣内前揭《担保物权法》223页）。

3. 两者的关系

抵押权人可在物上代位与收益执行二者之中任意选择。不过，在对租金进行物上代位之后，又启动收益执行的，原则上物上代位的效力便停止（民执第188条、第93条之4）。

尽管租金的物上代位作为简易制度对小型不动产而言效果不错，但存在前述的不少问题。在这点上，担保不动产收益执行虽然合理，但由于要对管理人支出报酬等费用，更适合于大规模的收益型不动产。另一方面，在德国每年有超过3万件的强制管理申请，有必要像德国一样引入无报酬的职业管理人制度。而在此之前，对于那些无法向管理人支付报酬的不动产，今后也还是会利用物上代位。不过，不应该放任物上代位的问题点（ii）继续存在。有必要进行法律修改，对物上代位也要扣除管理费用（参照德国民诉第 851 条 b）。

参考文献

可供推介的文献不少，在此特列出生熊长幸：《物上代位与收益管理》(2003)。

56 抵押权与不动产利用

庆应义塾大学教授　片山直也

一、引言——作为“价值权”的抵押权

依传统的见解，非占有担保之一抵押权是一种将标的物的利用价值保留在所有权人（设定人）处，仅掌控标的物交换价值（担保价值）的“价值权”，因此是可以发挥不动产双重功用的理想担保形态，然而也正因此，一般认为抵押权人原则上不能介入标的不动产的利用（使用或收益）（我妻荣《民法讲义Ⅲ新订担保物权法》（1968）208～211页）。但是，随着法律的修改和判例法的变迁，以及背后担保法思考方式（范式）发生转换，以上这种传统的抵押权像正在发生巨大变化（有关近来的理论动向，参照太矢·后揭⑨41页以下等）。

本文旨在，围绕不动产的利用（使用或收益），对抵押权理解方式的变化过程进行一番整理，在此之前，先设定以下两个坐标轴或将有所助益。第一个坐标轴是抵押权人参与的类型，大抵可分为针对不动产收益（租金等）的抵押权效力问题（在多大程度上允许通过收益回收债权），以及抵押权人介入不动产使用的问题。就后者而言，将因谁在进行使用（设定人、承租人还是不法占有人）而出现差异。第二个坐标轴是时间轴，即有必要区分从抵押权设立到执行（卖售）的各时间点（具体而言为：（1）从抵押权设立至被担保债权的不履行，（2）从不履行至执行开始（扣押），（3）从执行开始到卖售，（4）卖售之后），对是否允许介入利用展开讨论。

二、不动产的收益与抵押权的效力

对于作为占有担保的不动产质权，其收益的效力作为该担保权本身的效力之一而被承认（民第356条），而对于非占有担保抵押权而言，至少从前法律一直规定抵押权的效力在执行之前不及于不动产的收益（孳息）（民旧第371条）。另外，关于是否可就租金债权进行物上代位，由于条文的表述是“债务人因租赁而可收取的金钱”（第304条1款），因此在战前肯定说占据多数（租金即是“交换价值分期摊付的具体表现”［我妻前揭281页］，可资说明），不过未过多久，以抵押为非占有担保的理由，否定对租金债权进行物上代位的学说便压倒性地占据了多数（铃木禄弥《物权法讲义（4订版）

（1994）》206 页等）。

但是，随着日本泡沫经济发生破裂，不动产遭遇不景气，在此背景之下，实务界强烈希望能从租金中回收被担保债权。作为回应，最高裁肯定了对租金债权无条件（故也有认为是从时点（1）开始的余地）的物上代位（最判平成元年 10 月 27 日民集 43 卷 9 号 1070 页）。此后，最高裁的判决不断积累，通过判例法理承认：抵押权可通过对收益行使物上代位，以回收被担保债权。然而，认为租金债权的物上代位优先于租金债权转让或者抵销的判例法理（最判平成 10 年 1 月 30 日民集 52 卷 1 号 1 页，最判平成 13 年 3 月 13 日民集 55 卷 2 号 363 页），招致了强烈的批判（参照生熊后揭①233 页以下等）。

此后，通过平成 15 年（2003 年）对担保法和民事执行法的修改，创设了担保不动产收益执行制度（民执第 180 条），该制度作为担保执行程序，允许在被选任管理人的管理之下，将不动产的收益（租金）用于优先清偿被担保债权，与此同时对前者的实体法根据——民法第 371 条进行修改，从而使抵押权的效力从被担保债权债务不履行之始便及于孳息。另外，在立法修改时，曾出现过否定租金债权的物上代位，统一于收益执行制度的提案，不过最终还是采用了两种手段并存的提案（有关平成 15 年的修改，参照道垣内弘人等《新担保・执行制度（補订版）》（2004）32 页以下等）。对于从何时起抵押权具有从孳息中回收债权的效力，旧第 371 条把时间点定为扣押之后（时点（3）以后），而新第 371 条则认为即便在执行前，只要是在债务不履行之后便予以认可（时点（2）以后）。由此可以看出，建立在传统价值权理论之上的抵押权图式已经发生了巨大变化。

另一方面，关于物上代位，循着平成元年以后展开的判例法理，主张应区分——针对保险金请求权和出卖价金债权等价值代偿物的“替代性（代偿的）物上代位”，以及针对租金债权等抵押标的物收益的“附加性（派生的）物上代位”——两种物上代位的类型论是有力学说（以价值权理论为基础，高桥后揭②，和基于包含使用收益价值在内的全价值把握说，松冈后揭③等）。平成 15 年修改之后，根据第 371 条，以抵押权的效力及于收益（租金）为前提，将物上代位（民第 372 条、第 304 条）定位为抵押权简易执行程序的学说正成为多数说（道垣内弘人《担保物权法（第 2 版）》（2005）143 页，高木多喜男《担保物权法（第 4 版）》（2005）139 页等）。

三、不动产的使用与抵押权的效力

1. 抵押权与租赁权的关系

首先，抵押权与承租人使用之间的关系是个问题。一直以来其是作为抵押权与利用权（租赁权）的协调问题而被论及（参照内田后揭④，内田后揭④⑤等）。由于抵押权只是支配交换价值的权利，故而可与旨在对不动产加以利用的利用权（承租权）并存，直到实现交换价值的执行阶段（时点（4）），两者的对抗关系才以买受人是否要承受租赁的形态显现出来（民执第 59 条第 2 款）。对于上述这点，民法旧第 395 条规定原则上根据取得登记（对抗要件）的先后来决定对抗关系（民第 177 条），而对于短期租赁（民第 602 条），例外设置了短期租赁保护制度，即便租赁发生在抵押权设立登记之后，也可对抗抵押权人。但是，鉴于现实中该制度被滥用于妨害执行，平成 15 年的修正废止了短期租赁保护制度，从此往后，在抵押权设立登记后发生的租赁，将一律因卖售而失去效力（民执第 59 条第 2 款），承租人便不得不交出占有。只不过，在建筑物租赁的场合下，尽管还是无法对抗抵押权人，但可在买受之时起6个月内暂缓交付，作为抵押建筑使用人，继续进行使用收益，以此作为救济措施（民第395条第1款）（关于平成15年改正，参照道垣内等前揭49页以下）。

此次修法一方面强化了抵押权的效力，置后了对利用权（承租人）的保护，另一方面彻底实现了不动产观念的转变。详言之，在母法法国法中，设想的是像农地和公寓楼这种能预期取得收益的不动产（"作为投资财产的不动产"），在其出卖前设定的租赁，认为原则上（例外地，租期超过12年的长期租赁需要公示）由买受人继续承受；如果与此相比，我国显然是作了彻底的法改正，反转了原则与例外，连短期承租都因出卖而消灭。有分析指出，这背后存在着"作为使用财产的不动产"观，似有其理（空地意向、再开发意向型不动产观）（关于该分析视角，参照吉田后揭⑤691页以下）。但是从这个角度来看，废止短期租赁保护制度不仅将与租金债权的物上代位与收益执行两者的实践在理念上相矛盾——后两者均以租赁关系的存续为前提——而且实际上在抵押物是办公楼等场合，恐怕还会对卖售造成困难。尽管新设了经抵押权人的同意可赋予租赁以对抗力的制度（关于平成15年的修正，参照道垣内等前揭63页以下等），但由于要件严格，其实效性存疑。

2. 基于抵押权排除妨害的判例法理的展开

在传统价值权理论的框架中，由于抵押权是非占有担保，因此抵押权人原则上无权干涉不动产的使用（占有关系）。但是，昭和50年（1975年）之后，对于实践中横行的执行妨害行为，抵押权人能否在拍卖之前排除此类占有人便是个问题。最高裁最初否定了抵押权人的交付请求（最判平成3年3月22日民集45卷3号268页），而后改变判例立场，允许排除不法占有人。据此判决（最判平成11年11月24日民集53卷8号1899页），尽管抵押权人原则上不能干涉所有权人就其抵押不动产进行的使用或收益，但"若出现像第三人不法占有抵押不动产，妨害拍卖程序的进行，致使卖售价格有可能跌落到正常水平以下等，妨碍抵押不动产交换价值的实现，致使抵押权人难以行使优先受偿权的情况时，将此评价为对抵押权的侵害并无不妥"。除此，就算是对有权占有人（无法对抗抵押权人的承租人），"若能认定设定占有权的目的是为妨碍实现抵押权的拍卖程序，且因该占有的存在，妨碍抵押不动产交换价值的实现，致使抵押权人难以行使优先受偿权的"，也认为可以排除妨碍（最判平成17年3月10日民集59卷2号356页）。

首先，可以确认最高裁仍然基本上沿袭了关于抵押权是价值权的传统见解（参照松冈后揭⑥179页等）。无论是认为抵押权人原则上不得干预所有人对抵押不动产进行使用或收益的观点（平成11年判决），还是将侵害抵押权的本质理解为阻碍抵押权所支配的交换价值的实现，或对行使优先受偿权造成困难的观点（两判决），均表现出了这一点。

其次，关于平成17年的判决是否将占有权源的无效作为前提，出现了两种观点（生熊长幸"批判"民商133卷4、5号804页（2006），松冈后揭⑦78页等）。对此，有必要做如下的考虑。一般来说，占有权源构成对返还请求的抗辩，但是对于妨害排除请求，占有权源本身不能直接构成抗辩事由。由于抵押权是对交换价值的支配权，因此只要第三人侵害到交换价值的支配（如果能够认定阻碍交换价值的实现，导致优先受偿权的行使发生困难），那么就必须允许对此侵害进行妨害排除。不过，在第三人占有引起侵害的情形下，只要第三人的占有是基于所有人的所有权（使用收益权），那么并不是直接允许排除妨碍，而是有必要对两者进行协调。可以看出，最高裁是将“抵押不动产的妥善维持与管理”作为协调点。而作为妨害排除的内容，根据侵害的样态与程度设定了各种方法（停止请求权、一定的行为请求权、向设定人交付和向抵押权人交付等）。其中关于交付（占有排除），应当认为平成17年判决虽认定占有权的设定具有妨害目的，不过妨害目的并非必不可少的要件，实质上是根据是否超越了维持、管理抵押不动产的合理范围（与违法性判断相近）来判断能否适用排除妨害。归根结底，还是会回到如何调整设定人的所有权（使用收益权）与抵押权（价值权）的问题上。

四、担保法的范式转换与抵押权

近来，在金融实务中，对项目融资（Project Finance）与资产支持贷款（Asset Based Lending）等总括式担保的需求在增加，这类担保以担保权人进行排他性担保管理为前提，担保法经历着“从不动产担保到收益担保”的范式转换。在这样的语境下，有学者认为担保物权已“从价值权中脱离”，得出了“担保价值握有人通常有必要对使用方法进行管控”的新命题（内田后揭⑩18页）。与此相对，值得注意的是，担保物权并未丢失以下样貌——重视建立在所有权基础之上的“设定人管理财产的自由”，以及以此为前提的利害关系人（后顺位担保权人、一般债权人等）之间的“各种利益的调整”（关于这点，参照片山后揭⑪）。正如本文所分析的，现阶段我国实在法上的抵押权理解方式，与从前一样仍将抵押权看作交换价值支配权，同时还允许通过附加性物上代位对收益进行回收，并且就设定人超越维持管理抵押不动产的合理范围所为的利用行为，在其害及交换价值实现时，评价为抵押权侵害，从而允许排除妨害，或视情况由抵押权人进行“管理占有”（参照生熊后揭⑧等），故而说到底，设定人（所有人）对标的不动产的自由利用（使用收益）仍是原则。

参考文献

①生熊长幸：《物上代位与收益管理》（2003）；②高桥真：“对抵押权所及租金的理解”，法学杂志（大阪市立大学）46卷3号331页（2000）；③松冈久和：“关于抵押权的本质论”，载高木多喜男先生古稀纪念《现代民法学的理论与实务的交错》（2001）3页；④内田贵：《抵押权与利用权》（1983）；⑤吉田克己：“民法395条（抵押权与租赁权的关系）”，载广中俊雄、星野英一编：《民法典的百年Ⅱ 个别的观察（1）总则编·物权编》（1998）691页；⑥松冈久和：《民法判例百选Ⅰ（第5版新法对应补正版）》178页（2005）；⑦松冈久和，平成17年度重判解（法律家1313号）77页（2006）；⑧生熊长幸：“基于抵押权的不动产交付请求与不动产的管理占有”银法647号18页（2005）；⑨太矢一彦：“基于抵押权的妨害排除请求”，东洋法学49卷2号41页（2006）；⑩内田贵：“担保法的范式”法教266号7页以下（2002）；⑪片山直也：“2006年法国担保法修改概要——关于不动产担保的修改”法律家1335号49页（2007）。

57 营业转让与最高额抵押权

早稻田大学教授　山野目章夫

一、问题的整理

1. 问题的所在

“营业转让和最高额抵押权”这样的标题乍一看，可能大家不知道要谈什么。不过，尽管人数不多，但在提出问题并参与讨论的人中，存在如下共通的议题。即假设一家企业在经营过程中，对交易方有债权，而且享有一项最高额抵押权——约定的债权范围能够将该债权纳入担保，当该企业将营业转让于第三人时，该最高额抵押权将如何变动？抑或不受影响？更进一步，与此相关，在解释论与立法论上会存在什么样的问题？

2. 考察的准备（i）——营业转让的概念

营业转让是指，企业等经营体将为一定的目的、被组织化为有机体从而发挥机能的财产转让于他人，由后者继受的行为（在最大判昭和 40 年 9 月 22 日民集 19 卷 6 号 1600 页，就平成 17 年修改前的商法第 245 条第 1 款第 1 号作出的判示，其核心判旨被认为是对一般营业转让所作的说明）。其核心意义在于，营业人作为转让人将开展的营业活动让与受让人继受，从发挥实效的角度来看，是否当然对转让人课以竞业禁止义务便是个问题。成为转让人的营业主体，多数情况下是以股份公司为代表的公司，此时将服从于组织法上的规范，如必须要经过股东大会的特别决议（公司法第 309 条第 2 款 11 号、第 467 条）。不过，一般而言，自然人商人也可能为营业转让（商第 16 条。关于概念整理中的注意点，岩原绅作“新公司法的意义与问题点”商事法务 1775 号 10～11 页（2006）），而当一般社团法人等成为营业转让的主体时，理论上也并非不可能落入本文的主题范围之内（关于一般社团法人与一般财团法人法律第 147 条、第 201 条）。

关于营业转让的效果，前述的竞业禁止义务自不必说，这里需特别留意的是，营业转让的合意并当然不具备处分的效果，要对构成营业有机体的各财产分别为处分行为，并在必要时获具对抗要件或采取其他措施，合意才得到履行（山下真弘《营业转让、转移受让的理论与实践（新版）》［2001］10～14 页）。至于构成有机体的财产范围有多大，因其外延存有弹性，首先要根据营业转让合意的解释加以界定，与此同时再根据其履行，确定外延现实的轮廓。

3. 考察的准备（ii）——设例的预备

假定A就B所有的不动产设定了一项最高额抵押权并取得之，用以担保与B的贷款交易所产生的债权，而且A贷款给B，由此取得对B的甲债权。若之后出现A决定将此提供融资的营业转让于C，随之甲债权也将转移至C处，并且意欲将其最高额抵押权转让于C的情况时，鉴于要顺利完成最高额抵押权的移转，将会触及如下三个问题：(1) 最高额抵押权的主债权本金未确定而进行移转是否可行，(2) 不论B的意思为何是否都能实现移转，以及（3）即便未得到B的协助是否也能完成公示最高额抵押权移转的登记手续？其中最让人头疼的莫过于问题（2）。在经过2003年担保、执行法修改，以交易结束为主债权本金确定事由的规定（民法旧规定第398条之20第1款1号）被废止之后，(1) 的严重性已相对下降（关于之前的问题状况，道垣内弘人“最高额抵押权人的信用不安与最高额抵押权的确定”金法1483号［1997］）。而对（2）只要作否定的回答，(3) 便不成大碍，因此问题的关键还是在于（2）。

二、关于解决方法选择的问题

1. 由民法解释得到的结论

关于问题（2），如果先比照相近情况的解决方法，则在最高额抵押权人发生继承、合并或公司分立的情况下，诚然就承继关系的细节处理存在需要注意的规定（民法第398条之8到第398条之10，各条的第2款除外），但立足于上述情形所具有的概括继受性，基本上来说，开启了不依赖于最高额抵押权设定人的意思便移转最高额抵押权的可能性。相反，在营业转让中，一般认为如果未得到设例中B的同意，则无法将最高额抵押权转移于C（民第398条之12、第398条之13）。然则，规定最高额抵押权的转让需要得到设定人的同意，有何背景？这既与交易状况有关，也跟原理层面上的问题有关。首先，仅就过去经济运行的实际状况来看，转让最高额抵押权的需求多半起因于债务人方的濒临破产或经营不善。从裁判例中拾得一典型事例如下，“由于最高额抵押权人信用合作社以债务人（同时为设定人）经营不善为由，拒绝提供新的融资，因此债务人从贷款公司处获得融资，并以该资金向最高额抵押权人清偿全部剩余债务，以清算交易关系。另一方面，债务人为向贷款公司对其所负债务进行担保，将最高额抵押权移转至贷款公司。如此，交易清算、为获清算资金的融资与最高额抵押权的转让这一连串的行为在三方商议下完成”（引用部分，是对高木多喜男“最高额抵押交易的清算与最高额抵押权的转让”金法1207号（1998）［此后被收录于高木多喜男《金融交易的法理（2）》（1996）］中出现的、大阪地判昭和61年12月26日金法1188号32页案件的事实概述）。于此场合，设定人参与最高额抵押权的转让再正常不过。与此相反，本文的主题所考察的是作为最高额抵押权人的金融机构破产或营业重整，而观察到经济需求中的反转正是催生本文主题的背景之一。

那么，既然背景已经变化了，是否就可以不用将设定人的同意这一动因看得那么重要了？然而，事实并非如此。在这里，还留有一个更侧重于法律关系构造的原理性问题。“要是完全允许自由转让，则最高额抵押权一旦设定之后，如果债权人不再需要便可转让于他人，如此最高额抵押权便被辗转转让至各处，导致最高额抵押权［难以］消灭”，设定人将蒙受不利益（铃木禄弥《最高额抵押权概说》（第三版）（1998）［5.4.1.3］282页，原文用的是［无论到何时］，改替为现括号中的部分）。如果考虑到这个问题，那么即便是在营业转让的场合，允许最高额抵押权在没有设定人同意的情况下移转也将存在阻碍。此外，就一般的营业转让而言，被转让的财产范围并非清晰明确，其外延存有弹性。从交易关系人观察到法律关系的明确性以及从登记实务上的平稳处理的角度来看，这一点也定将成为一个障碍。

2. 立法论的考察

不过，如果认为阻碍最高额抵押权不能伴随营业转让而当然移转的，正是上述这些理由的话，反过来则在能够消除这些理由的情形，亦即在被转让的营业边界范围清晰，设定人的利益有办法得到保护，设置例外具有政策合理性的情形下，在立法中引入特例也并无不妥。实际上，我们也知道有这样的例子。《关于为恢复金融机能的紧急措施法律》第 73 条规定，当被管理的金融机构要将主债权本金确定前的最高额抵押权，连同所有被担保债权一并转让于承继银行，作为营业转让其中一环的，则其可以进行公告，要求最高额抵押权人在一定期间内提出异议，如果不存在异议，则拟制为同意（关于此时Ⅰ（3）中登记程序的简易处理，见该法第 74 条）。

三、关于概念整理的问题

但是，如果要说本文主题对民法学的助益仅在立法政策是否妥当这一问题层次上，则答案是否定的。尽管属于少数，也有解释论对上述问题持有不同见解，此处潜藏着对民法学一直使用的概念进行反思的契机。详言之，有论者指出，在民法第 398 条之 7 第 1 款的规定中，关于债权受让人不得行使最高额抵押权的情形，并未明言“继承、合并和公司分立的情形除外”，依据解释尚有扩大例外情形的余地，立足于此，认为即便是就因营业转让受让而来的债权也可以行使最高额抵押权（商事法务研究会编《新最高额抵押法解说》（1971）148 页［清水湛发言］）。可是，这个逻辑当真站得住脚吗？其未将最高额抵押权的转让要件与被转让最高额抵押权的债权范围的问题相区分令人抱憾，这暂且不论，这种设想真能够成立吗？实际上，很多参加本文主题讨论的论者，多多少少都意识到阻碍最高额抵押权随营业转让平稳移转的障碍，是对附随性的否定（即民法第 398 条之 7 第 1 款的规定）。

诚然，如果不是营业转让，当设例中的 A 发生的是合并，D 成为合并后继续存续的法人时，D 将继受取得 A 对 B 曾经享有的最高额抵押权。但是，这并不是因为甲债权从 A 处转移到了 D 处。而是，最高额抵押权本质上作为“与被担保债权没有特定结合关系”的担保物权，且作为独立的担保价值支配权（清水诚“关于最高额抵押权被担保债权的不特定性”票据研究 418 号 9 页（1988）），其自身基于合并引起的概括承受效果移转至 D 处。如此一来，移转了的最高额抵押权之债权范围基准，必须由法律重新加以规定，而甲债权正是因法律的预先规定（民法第 398 条之 9 第 1 款前段）被纳入被担保债权之中。更何况，为说明 D 在合并后对 B 取得的贷款债权也为最高额抵押权所担保这一情况（同款后段），并没有适用附随性概念的余地。限制附随性的民法条文（第 398 条之 7 第 1 款），与继承、合并和公司分立处在不同层次上，立法者未将后述几项作为例外加以规定，实为妥当。

即便是对于本文的主题营业转让，也可作相同的分析。以《关于恢复金融机能的紧急措施法律》第 73 条为例，根据本条，最高额抵押权与债权发生一并移转的现象，绝不是因为附随性的回复，无非是在外观上被立法赋予了“与附随性被承认时相同的效果”（铃木淳人“关于贷出债权转让中最高额抵押权的移转”金融研究 18 卷 5 号 173 页［日本银行金融研究所，1999］）。

四、本文主题的意义

对本文主题的考察不经意间变成了如何廓清“附随性”这一概念应予适用的案件类型的工作。在设例中的 A 向 C 为营业转让之际，假设存在一些场合，无须 B 的参与将最高额抵押权转移至 C 被认为是妥当的，那么在这些场合中，最高额抵押权绝不是“因为”甲债权移转到了 C 处而移转，真实情况应描述为甲债权转移到 C 处，“并且”最高额抵押权移转至 C 处。这种场合无法用附随性概念进行说明。

相反的情况，虽与本文主题并不直接相关，对于债权发生转让，随之为此债权担保的普通抵押权移转至债权受让人处的情形，就应该完全通过附随性概念进行说明。有时也会通过“债权转让”概念的内在性质对此加以说明，便有学说认为债权“不仅就其本身的内容，而且就附随的担保物权以及限制债权行使的抗辩权，也以原来的状态而存续的”，乃债权转让（铃木禄弥《债权法讲义（四订版）》（2001）［562］510 页）。不过，这样便会出现不少问题，如对同一件事用附随性和债权转让的概念两者进行重复说明的问题、在解释最高额抵押权不发生附随性移转时存在障碍、难以对债务承担的概念作出对称的说明等。故而，债权转让的概念只应该借助给付内容的未变更与抗辩的保持来构成。

如之前所考察的，关于营业转让与最高额抵押权这个主题，解释论上并没有特别激烈的争论。承前所述，未经设定人的同意将最高额抵押权移转至营业受让人的解决方法，作为民法上的解释并无被采用的可能，问题的实质在于立法该在多大程度上允许这种例外的解决方法。在此意义上，本文的主题可能没法称为“争点”。但是，在让人觉得似有“争点”存在的考察过程中，促使民法学再次认识到慎重对待以附随性为主的诸多概念的重要性，也算是一大意外收获。

参考文献

本文中所载。

58

最高额抵押权与被担保债权的关系

学习院大学教授　荒木新五

一、引言——关于被担保债权的问题点

对于最高额抵押权所担保的债权（被担保债权），可以设想有以下三个“框”。第一个框是债权的“一定的范围”（民第398条之2第1款。被担保债权），即限定最高额抵押权设定行为（最高额抵押权设定合同）应担保的范围。第二个框是最高额抵押权本金确定后，被担保债权的范围（不过在确定后，“框”这样的形象未必准确）。第三个框是最高债权额（民第398条之2第1款、第398条之3第1款）。

关于被担保债权的范围，具体发生的各债权是否落入此“框”中将是一个问题。而关于本金确定后的被担保债权，其发生的变动与最高额抵押权的消长将是一个问题。关于最高债权额，其意义和功能为何值得考虑（特别是超出最高债权额部分的债权是否能接受分配）。本文首先在区分本金确定前后的基础上，分别就最高额抵押权与其担保债权之间的基本关系进行论述，再就有关被担保债权的范围、最高债权额的各问题进行讨论。

二、最高额抵押权与被担保债权的基本关系——本金确定前被担保债权的变动与最高额抵押权的消长

1. 被担保债权的存在与否与最高额抵押权

最高额抵押权是为担保“一定范围内不特定的债权”（民第398条之2第1款）而设定的特殊抵押权，并不以具体、特定的债权存在为前提（另，此所谓的“特殊”是就民法规定上的位置而言，在交易实务中，最高额抵押权较之普通抵押权得到了同等或是更为广泛的运用）。详言之，在债权还未实际发生之际，最高额抵押权便可有效成立，并对最高额抵押权成立后发生的债权也进行担保，甚至于即使发生的债权已全部消灭，最高额抵押权也有效存续。因此，作为担保物权共性的附随性，至少从严格的意义上

讲，并不存在于（主债权本金确定前的）最高额抵押权之上（若以“被担保债权的范围”这个“框”的存在为前提而论，尽管放宽了要求，但也可认为附随性得到了维持）。与被担保债权之间如此稀薄的关系，可以说正是这类以最高额抵押权为代表的“最高额担保”的特色。

2. 被担保债权的转移等与最高额抵押权

当最高额抵押权人在主债权本金确定前将被担保债权转让于他人时，该债权将不再为最高额抵押权所担保（民第 398 条之 7 第 1 款前段）。也就是说，在主债权本金确定前从最高额抵押权人处转让出的债权，将逸出被担保债权之框外，仅此而已，最高额抵押权并不附随于该债权（担保权所共有的附随性，并不存在于主债权本金确定前的最高额抵押权之上）。同理，在主债权本金确定前因第三人的代位清偿，被担保债权移转至该清偿人处时，最高额抵押权也不发生移转，故该债权成为无最高额抵押权担保之债权（同款后段）。

不仅在债权移转的场合，在主债权本金确定前发生债务承担的场合，亦同。亦即，主债权本金确定前，被担保债权发生债务承担的，最高额抵押权并不对该承受人所承担的债务进行担保（民第 398 条之 7 第 2 款。当然，若发生的是并存的债务承担，最高额抵押的债务人所负的被担保债权，依然与之前一样为最高额抵押权所担保）。

另外，（尽管依据民法第 518 条的条文，债之更改的当事人原则上可将旧债务的担保权利转移到新债务之上）主债权本金确定前，若因债权人或债务人的更换而发生更改的，则当事人不得将最高额抵押权转移至更改后的债务上（民第 398 条之 7 第 3 款）。除此之外，关于被担保债权的移转等事项，民法就最高额抵押权人或者债务人，为继承开始时（原则上继承开始时主债权本金将会确定）以及合并发生时（当然主债权本金不发生确定）设置了特别的规定（民第 398 条之 8、民第 398 条之 9）。

尽管如前所述，在主债权本金确定之前，转让被担保债权也不导致最高额抵押权的转移，不过在主债权本金确定之前，可以将最高额抵押权与实际发生的被担保债权相分离，单独转让于他人（民第 398 条之 12。最高额抵押权将构成该受让人对其最高额抵押债务人所享有的债权之担保。也可将此看成是最高额抵押权附随于被担保债权之框本身发生的转移）。

三、被担保债权本金确定后的最高额抵押权

1. 本金确定的意义

最高额抵押权的被担保债权本金，或因当事人约定的本金确定期日到来（民第 398 条之 6 第 1 款），或因本金确定事由（民第 398 条之 20 第 1 款。另，也可约定法定确定事由之外的确定事由），或因当事人的本金确定请求（根据民法第 398 条之 19 第 2 款，最高额抵押权人随时可为请求，而最高额抵押权的设定人，根据民法第 398 条之 9 第 3 款与第 398 条之 19 第 1 款，只得在一定条件下请求）而得到确定。被担保债权本金的确定意味着，最高额抵押权只对该确定时特定的被担保债权（该本金与利息或损害赔偿）进行担保（换言之，除了确定时本金所产生的利息和损害赔偿，最高额抵押权不担保本金确定后发生的债权）。

因此，在本金确定后，与普通抵押权一样，若成为特定债权的被担保债权因清偿等原因消灭的，则最高额抵押权便消灭，若被担保债权因转让等原因发生移转的，最高额

抵押权也相应移转（此即，本金确定后的最高额抵押权具有了从属性与附随性）。

2. 本金确定后的最高额抵押权与普通抵押权

承前所述，最高额抵押权，在被担保债权本金确定后，虽然在只对确定时特定的被担保债权进行担保这一点上，与普通抵押权具有相同的性质，但并不意味着就变为普通抵押权。例如，在通过拍卖程序进行分配之时，普通抵押权就利息与迟延违约金只能在到期之后的最后两年范围内，获得优先受偿，但在最高额抵押权的场合，并不受最后两年范围的限制，（可与本金一并）在最高债权额的限度内获得优先清偿（关于最高额抵押权与普通抵押权的其他差异，参照本书 59“普通抵押与最高额抵押”。另外，以上“二”、和“三、”的内容为民法的明文规定，在学说上并无异论）。

四、被担保债权的范围

1. 关于被担保债权范围的规定

设定最高额抵押权时，必须要约定“一定的范围”（民第 398 条之 2 第 1 款。被担保债权的范围）以限定可担保的不特定债权（将“对债务人取得的一切债权”作为被担保债权——所谓的概括性最高额抵押并不被认可）。可当作最高额抵押权的被担保债权大体可分为因债权人（最高额抵押权人）与债务人之间的交易而产生的债权（此为原则），以及非因两者间的交易而产生的债权两类。而且，就前者可进一步分为：（1）基于与债务人间特定的连续交易合同所生之债权（如关于企业之间反复持续进行交易的买卖框架合同与承揽框架合同等。标的物没必要特定，但必须对合同本身的缔约日进行特定），（2）因与债务人进行一定种类的交易（如买卖、承揽和消费借贷等）所生之债权（对上述（1）（2），民第 398 条之 2 第 2 款），就后者可进一步分为：（3）基于特定原因（如机场与高速公路的噪声，以及施工期间内的噪声、震动和电波侵害等）与债务人持续发生的债权（在上述例子中，一般为损害赔偿请求权），以及（4）票据上或支票上的债权（对上述（3）（4），同条之 2 第 3 款）。

2. “一定种类的交易”的确定与其界限

在确定被担保债权的几种类型中，最棘手的问题是“一定种类的交易”（上面（2））。在上面例示的“买卖交易”、“承揽交易”与“消费借贷交易”等之中，作为债权发生的原因，各自的交易内容还算明确。但是，在设立最高额抵押权的登记实务中，允许“银行交易”“信用金库交易”“信用社交易”这样的概括式约定方式，但却不允许“商事交易”“商社交易”这样的约定方式（昭和 46 年 12 月 27 日民三第 960 号民事局第三课长回答。另外关于登记实务，参照青山后揭 38 页）。因此，在大型综合商社接受最高额抵押权的设定时，将以“买卖交易”为主、只要能想到的交易种类统统写上，以基本涵盖所有的交易类型的做法，如今已成为通例。像这样“无所不有”的约定方法，想来已经在规避法律不允许概括性最高额抵押权的旨趣了（清水湛“最高额抵押权中被担保债权范围的限定方法”民法的争点Ⅰ（旧版）176 页。但是，即使承认概括性最高额保证，由于在与后顺位担保物权人等第三人的关系中，优先权的范围已为最高债权额所限定，并不会为被担保债权的种类与内容所影响，因此只要设定人同意，即便允许概括性最高额抵押也并无大碍——这种立法论上的声音值得倾听）。

“银行交易”“信用金库交易”等，虽说银行等业务内容为银行法或信用金库法等所法定，但终究内容的范围过大，因此用笼统的“银行交易”加以概括，其实质仍是“无所不有”，从前述的立法旨趣来看是个问题。

另外，与此相关的是，就“信用金库交易”的被担保债权是否包括信用金库对最高额抵押债务人享有的保证债权存在争议的案件，有持肯定立场的最判平成 5 年 1 月 19 日判决（民集 47 卷 1 号 41 页）（笔者在“判批”判时 817 号 51 页（1993）中，以有时会超出设定人的预见或预想为由，对该判决作了批判）。

五、最高债权额及其作用

1. 最高债权额的意义

设定最高额抵押权时，必须要就“确定的本金以及利息等定期金和因债务不履行所生的损害赔偿之全部”约定最高债权额（民第 398 条之 2 第 1 款、第 398 条之 3 第 1 款。后者规定已明确，最高额是指债权的最高额，不得规定为债权本金的最高额）。并且，此最高债权额意味着基于最高额抵押权可得优先受偿的上限（在这点上，与普通抵押权的民法第 375 条第 1 款属同种规定）。

最高债权额是向后顺位担保物权人和一般债权人表明优先权的范围（限度），并不代表被担保债权自身。因此，无论是本金确定之前还是之后，当被担保债权的总额超过最高债权额时，如果只清偿与最高债权额相当的金额，最高额抵押权并不当然消灭（但是，本金确定之后，物上保证人或受让人可依据民第 398 条之 22，通过支付或提存与最高债权额相当的金额，提出最高额抵押权的消灭请求）。当以超过最高债权额的被担保债权为请求债权申请拍卖（担保）不动产时，消灭时效中断的效力不仅仅及于最高债权额的部分，而是当然及于作为请求债权的被担保债权全体（最判平成 11 年 9 月 9 日判时 1689 号 74 页）。

2. 被担保债权中超出最高债权额的部分可否得到分配

在拍卖程序中的分配阶段，就普通抵押权而言，超出最后两年部分的利息与损害金（未经申报分配等）也可与一般债权人处于同一顺位接受分配，不过就最高额抵押权而言，关于被担保债权中超出最高债权额的部分是否同样能得到分配，存在不同观点（持肯定见解的有铃木禄弥“判批”判评 157 号（判时 655 号）12 页（1972），高木多喜男《担保物权法（第 4 版）》（2005）262 页等。不过，对于超过最高额在什么情况下可以得到分配，论者存有不同见解。否定说有清水湛“新最高额抵押法的逐条解说（上）”金法 618 号 4 页（1971）等）。判例则认为最高额抵押权的最高额，不仅限制了优先受偿请求权——考虑与第三人间的关系，而且体现了换价权能的限度，故采用否定说。但是，如前述，最高债权额只不过反映了优先权的界限，并不是对被担保债权本身的限定，就算在本金确定后也不失却该属性，因此应当允许被担保债权中超出最高债权额的部分也可与一般债权人在同一顺位上得到分配（拙文“因别除权的部分放弃可否获得破产分配”樱井孝一先生古稀祝贺《破产法学的轨迹与展望》（2001）353 页）。

参考文献

贞家克己、清水湛：《新最高额抵押法》（1973）；铃木禄弥：《最高额抵押法概说（第 3 版）》（1998）；青山修：《最高额抵押权的法律与登记（改订版）》（2005）。

59

普通抵押与最高额抵押

东京大学教授　道垣内弘人

一、最高额抵押是特殊类型吗

1. 教科书介绍最高额抵押权时，多半会在介绍普通抵押权之后新起一节。毕竟从条文来看，最高额抵押是以附编号的形式加在了抵押权一章的末尾。

如此想来，最高额抵押权让人感觉极其特殊，不过在金融实务之中，除了住房贷款等少数情形外，倒不如说设定最高额抵押是原则。若此，反而让人觉得以最高额抵押为中心展开论述会更胜一筹。至少，将最高额抵押理解为一种特殊类型是否妥当似乎还可以推敲。

2. 以上述视角展开的探讨意外地少见。反而有观点认为，对最高额保证、最高额抵押、最高额质押与最高额让与担保，展开着眼于最高额担保共同性的横向讨论才是必要的（参照荒川重胜“最高额担保论”星野英一主编《民法讲座别卷（1）》（1990）143 页以下）。不过，即便认为最高额抵押是一种特殊类型，为获此结论，先试着将其理解为与普通抵押差别不大的事物，再宣告失败也为时不晚。

3. 故此，以下就普通抵押与最高额抵押之间一般会被提及的差异点，依次进行检讨。

二、被担保债权的确定方法

1. 与普通抵押将特定的债权作为被担保债权不同，最高额抵押将属于一定范围内不特定的债权作为被担保债权。由于民法典“第四节 最高额抵押”中的第 398 条之 2 第 1 款规定，“抵押权，……也可在最高额的限度内为一定范围内不特定的债权设定担保”（着重号笔者所加），因此可认为原则上是为“特定的债权而设定”。

不过，之所以有必要对被担保债权进行确定，归根到底还是因为在实现抵押权时，要明确到底对哪些债权可以优先回收。若此，只要能够清楚区分哪些债权是被担保债权，哪些不是就可以了，而作为实现方法，可以考虑对个别具体的债权加以特定与通过约定范围加以明确这两种方法。

2. 实际上，某抵押权是普通抵押还是最高额抵押，有时并非一目了然（详细状况参照铃木禄弥《最高额抵押法概说（第3版）》（1998）525页以下）。例如，担保将来租金债权总金额的抵押权被认为是普通抵押权，而非最高额抵押权，那么可能出现的问题是，一直为将来租金债权进行担保的抵押权，是否也都是普通抵押权？现假定每个月的租金为20万日元，考虑为10年期的租金设定一项抵押权担保。若区分是个别具体的特定，还是通过约定范围加以特定，则理论上，以20万日元×12月×10年＝2 400万日元为被担保债权的，是普通抵押，如果想着"即便发生迟延最多就6个月"，而在最高额为120万日元的限度内为该租赁合同产生的租金债权设定担保，并将本金确定日约定为10年后的话，则像是最高额抵押权。

但是，首先，在将为特定债权进行担保的抵押权设定成最高额抵押权时，该如何看待此时抵押权的效力，存在争议，其中认为前者只具有普通抵押效力的观点很有说服力（参照柚木馨、高木多喜男编《新版注释民法（9）》（1998）667～668页［高木多喜男］）。照此说法，在10年分的租金全部确定的本例中，无论再怎么约定为最高额抵押权，似乎也只能认定为普通抵押权。然而，尽管债权人与债务人之间只存在一份租赁合同，但只要约定为"因两人间所有租赁合同所生之租金债权"，亦即只要在形式上将未来可能缔结的租赁合同所生之债权规定为被担保债权，就不存在上述问题，作为最高额抵押权便得以有效。

另外，即便对于普通抵押权，由于可以就被担保债权的部分进行担保而设定抵押权，因而也可以设定抵押权只用于担保2 400万日元债权中的120万元。此时，基于"即便发生迟延最多就6个月，因而在2 400万日元的现存债权中相当于120万日元"的相同判断，或约定为不特定债权并不超过120万日元，或在列举所有债权的基础上，约定不超过该债权当中的120万日元，但前者是最高额抵押权，后者是普通抵押权，效力竟出现如此大的变化也着实奇怪。

三、对被担保债权的从属性

1. 普通抵押，被担保债权若不存在而设定为无效（成立的从属性），因被担保债权的消灭而消灭（消灭的从属性）。与此相反，最高额抵押，可以在当事人之间尚未发生交易时，为未来可能进行的交易所生之债权进行担保而设定，而在中间的阶段，即便有时被担保债权会全部消灭，也不因此消灭。说是两者存在这样的差异。

但是，从属性到底是怎样的原则？这原则是指，担保物权是一项以债权担保为唯一存在目的且不具有独立价值的权利。如此一来，判断是否存在从属性，就应当取决于担保权离开了债权担保的目的，是否还具有独立价值。

2. 以此观点来看待问题的话，便会发现上述的差异只不过是因为被担保债权的确定方法存在差异而当然产生的结果，与有无从属性的问题并不相关。

在普通抵押的情形下，被担保债权被个别具体地特定。因此，若该债权不存在或消灭的话，则被担保债权便绝无存在的可能，此时如果不认定抵押权不成立或者消灭，则相当于承认了抵押权无须被担保债权而具有独立的价值。

与此相对，对于最高额抵押而言，由于被担保债权被约定在"一定范围内"，即便在成立阶段与中间阶段不存在，被担保债权也并不是绝无存在可能。将来仍有出现的可能性。于是，即使认为其成立或未消灭，也不至于承认担保权无须被担保债权而具有独立的价值。而且，实际上进入实行最高额抵押、获得优先受偿的阶段时，由于只允许就现存的被担保债权进行优先回收，因此就算在此层面上，其也不具有脱离于被担保债权的独立价值。

四、债权人与债务人的变更

1. 在普通抵押中，被担保债权的受让人基于附随性取得该抵押权。并且，为债务人利益或者代债务人对被担保债权进行清偿之人，为确保求偿权的实现，可代债权人之位行使抵押权（民第 500 条）。被担保债权发生更改，同时发生债权人变更的，抵押权可转移至更改后的债务之上（民第 518 条）。与此相对，在本金确定前从最高额抵押人处受让个别被担保债权的受让人，无权行使最高额抵押权。为债务人利益或者代债务人清偿被担保债权，而取得代位权的，亦同（民第 398 条之 7 第 1 款）。依更改发生债权人变更之时，最高额抵押权也不得转移至更改后的债务之上（同条第 3 款）。

关于最高额抵押权，民法第 398 条之 8、9、10，就发生债权人或债务人的继承、合并与公司分立时的处理进行了规定。对此，普通抵押不存在这样的规定。

以上这些也被认为是两者的不同之处。

2. 但是，这一点也只是因被担保债权的确定方法存在差异而必然产生的结果，想必也无法评价为普通抵押与最高额抵押在性质上的差别。

要言之，由于普通抵押是具体个别地确定被担保债权，因此即便债权人发生变更，也不失债权的同一性，故而被担保债权仍处于被指名的状态中。即使债权人或债务人出现继承、合并与公司分立的情况，亦同。

与此相对，最高额抵押权是通过以某人为债权人（债权人基准）、以某人为债务人（债务人基准）的债权，落入何种范围内（债权范围基准）的方式来确定被担保债权。因此，个别的债权发生债权人的变更，自然脱离于被担保债权，这一结果无非是因为被担保债权是如此这般地加以规定而已。另外，在一定情况下有必要设置排除这一结果的规定，民法第 398 条之 8 以下的条文即为此故。

五、共同抵押

1. 在普通抵押的共同抵押之中，即便未对共同抵押权的要旨进行登记，也适用民法第 392 条，被担保债权被分配至各不动产之上。与此相反，在最高额抵押的情形，只有在共同抵押权的要旨被登记的场合，才适用民法第 392 条、第 393 条（民第 398 条之 16），而在未为此登记时，最高额抵押权人可就任意不动产在各自最高额的范围内行使优先权（民第 398 条之 18）。

2. 但是，这点差异实质上只是关于意思推定的规定，并非出于被担保债权不特定之故。当然，也并非全无关系，意思推定的根据在于，最高额抵押的被担保债权总额有时会出人意料的高，故最高额抵押权人要对此类事态作出应对，这便与对具体个别且数额确定的债权进行担保的场合所应推定的意思有所不同。而且，最高额抵押权可就任意不动产在最高额的范围内行使优先权的效果，是发生于最高额抵押权的实现时，亦即被担保债权的本金确定之后。亦即，这并不是因债权不确定所导致的性质。

六、总结

由上观之，普通抵押与最高额抵押之间被认为存在的诸多不同点，并不是因为两者的性质存在本质的差异，似乎仅通过被担保债权的确定方法不相同这一点（不过，两者均清楚确定了被担保债权）即可说明。

望各位再行考虑。

参考文献

本文中所载文献。

60

让与担保的法律构成与效力

中央大学教授　古积健三郎

一、问题的所在

1. 为担保金钱债权等，将不动产、动产或其他财产权让与债权人，即谓让与担保。既然让与的是为了担保债权，那么当事人预设的前提便是，只要被担保债权得到清偿，标的物上的权利关系便回到合同缔结前的状态。

如同让与担保一样，还存在一种为融资进行担保而转移财产的交易方式，名为回购担保。回购担保是一种实质上以融资与担保为目的，以在受领财产出卖价金的同时缔结回购特约（民第 579 条）或者再买卖的预约（民第 556 条），并允许日后以偿还价金（本金）及其利息为对价从买受人处取回标的物为内容的合同。因此，在法律形式上，相较于让与担保中存在被担保债权，回购担保中则并不存在。于是，在回购担保中也便没有发生后述清算问题的余地。但是，如果说交易的实质目的在于担保融资，那么在这点上就不应特意将回购担保跟让与担保相区别。学说上这一见解近来处于支配地位，也有最高裁判例表现出了这一倾向（最判平成 18 年 2 月 7 日民集 60 卷 2 号 480 页）。

2. 那么，债权人依让与担保合同对标的物取得的权利该如何定位（以下将此权利称为“让与担保权”）？若重视物之让与这一合同形式，似可以说作为让与担保权人的债权人取得了所有权。但若重视债权担保这一合同的实质目的，也可以说债权人仅具有担保权利，所有权仍留存在让与担保设定人手里。如是，该如何定位当事人所获权利的性质与内容，便是让与担保法律构成的问题。

二、判例的动向

1. 大审院的判例采取了尊重所有权让与的立场，只是，让与担保被分为所有权无论自外部看来还是在当事人之间都转移至债权人的类型，以及所有权仅自外部看来发生转移的类型（大判明治 45 年 7 月 8 日民录 18 辑 691 页），最终表明以前一种类型为原则的立场（大连判大正 13 年 12 月 24 日民集 3 卷 555 页）。然而，该类型论本身是否具有实益存有疑问，最高裁判所也放弃了此种类型论。

实际上，最高裁的立场是，在让与担保权设定人进入公司重整程序后，涉及标的动产的，将让与担保权人比照重整担保权人的地位来对待（最判昭和 41 年 4 月 28 日民集 20 卷 4 号 900 页）。而且，无论让与担保权人是采用自己确定地取得标的物所有权以满足债权的方式（归属型），还是采用以处分所得价款满足债权的方式（处分型），只要标的物的评估价额高于被担保债权数额的，让与担保权人便负有清算两者差额的义务（不动产让与担保的案例。最判昭和 46 年 3 月 25 日民集 25 卷 2 号 208 页）。甚至还有判例基于让与担保权设定人有可能通过清偿以恢复完整所有权的理由，支持其向不法占有人主张的标的不动产的交付请求权（最判昭和 57 年 9 月 28 日判时 1062 号 81 页），以及有判例认为让与担保权人可对标的动产的转卖价金债权主张物上代位（最决平成 11 年 5 月 17 日民集 53 卷 5 号 863 页）。

2. 但是，另一方面，最高裁又认为，在让与担保权设定人的其他债权人扣押标的动产的场合，只要不存在特别情事，让与担保权人可以提起第三人异议之诉以停止强制执行（最判昭和 56 年 12 月 17 日民集 35 卷 9 号 1328 页）。另外，在集合动产让与担保中，如果动产买卖先取特权的标的物被纳入让与担保的对象之中，则因为让与担保权人构成民法第 333 条的受让人，从而先取特权的行使不再被允许（最判昭和 62 年 11 月 10 日民集 41 卷 8 号 1559 页）。除此，在一个让与担保权人，于设定人已清偿被担保债权但未回复标的不动产登记之际，将其转让于第三人并转移登记的案件中，判例认为，只要第三人不构成背信的恶意人，设定人就无法取回标的物的所有权（最判昭和 62 年 11 月 12 日判时 1261 页 71 页）。

总之，判例一方面重视让与担保的合同目的在于债权担保这一点，另一方面也没有摆脱所有权根据合同已被转移至债权人这一点。

三、学说的状况

1. 学说上，最初的有力说认为，在当事人之间，让与担保权人虽然受到了债权性质的约束，不得对标的物为担保目的以外的处分，但所有权本身还是归属于让与担保权人（参照四宫和夫，总判研（2）民法（17）让与担保（1962）70 页）。不过之后，重视让与担保合同的目的与当事人间实质的利害关系，认为物权性权利仍应保留在让与担保权设定人处的观点成为有力说。

比较早先的观点是，债权人从设定人处仅获取了在担保目的范围内处分标的物的权限（石田文次郎“回购担保的两种形态”法学论丛 32 卷 2 号 183 页、204 页以下（1935））。不过，此后不久一度成为有力说的观点认为，所有权一旦根据合同移转于债权人处，除去担保权能的那部分权能又复归于设定人处（铃木禄弥“让与担保”石井照久等编《经营法学全集（9）企业担保》（1966）293 页）。另外也有观点主张，依据让与担保合同，尽管所有权转移至债权人，不过设定人具有通过清偿取回所有权的物权性期待权（竹内俊雄《让与担保论》（1987）28 页以下）。近来，又有学者主张早初的观点，即认为所有权中除去担保的权能保留在设定人处（道垣内弘人《担保物权法（第 2 版）》（2005）298 页）。以上立场均是重视契约中所有权转移的形式的同时，又吸收了其作为担保的实质。

但是，如果要贯彻合同目的在于担保债权这一点，干脆直接根据目的论解释，不拘泥于“物之让与”的文言，认为为债权人设定的是担保权，特别是抵押权，而设定人依然享有所有权的观点才是彻底的。果真，这样的观点也得到了有力的主张（米仓明《让与担保的研究》(1976) 41 页以下。主要是围绕动产让与担保展开的讨论)。其后，还有观点主张，在让与担保的公示得到贯彻的条件下（例如在动产让与担保中设置铭牌)，可以理解为设定的是担保物权（吉田真澄《让与担保》(1979) 72 页以下)。

2. 而在现今，虽然具体内容存在差异，但采用物权性权利归属于设定人的构成占据多数。不过，问题在于，法律构成为何，对于让与担保中的具体法律关系有何意义？例如，如果将让与担保权纯粹理解为抵押权，那么只有认为其权利行使方式也适用担保权的法定程序才是一致的。但是，将让与担保当作抵押权进行构成的立场却仍以权利的私人执行为前提（米仓前揭 87 页)，更者在其他债权人对标的动产提出的强制执行中，有观点考虑到让与担保权人具有私人执行的利益，认为应当允许其提出第三人异议之诉（民执第 38 条）(田高宽贵《担保法体系的新展开》(1996) 174 页)。另一方面，无论采取何种法律构成，在让与担保权的执行阶段将发生债权人的清算义务，关于此点在今天几无异论。

四、试论

1. 鉴于上述的讨论，首要问题便是，让与担保的法律构成是如何决定让与担保在具体法律关系中的效力的。对此，即便根据让与担保合同，采取物权性权利只归属于让与担保权人的立场，也不能否定合同当事人间按照担保债权的目的进行权利行使的拘束力。因此，关于让与担保权的执行阶段中权利人将产生清算义务这一点，无论采用何种法律构成都必须得到承认。

毋宁说，对法律构成的讨论所具有的最大意义表现在对第三人的关系中。例如，在让与担保权人向第三人不当转让的情形下，如果认为让与担保权人具有所有权，则一旦同时具备对抗要件，设定人便再也无法取回所有权，反之如果认为让与担保权人只具有担保权，则设定人可以向第三人主张该所有权。另外，在让与担保权设定人进入强制执行程序与破产程序的场合，如果按照所有权的构成，则认可让与担保权人的第三人异议之诉与取回权（破第 62 条）是很自然的结论，而如果采用担保权的构成，似乎只能允许让与担保权人以获得优先清偿为目的行使权利（例如民执第 133 条的申报分配)。

2. 但是，前述一系列判例的结论，与贯彻某一种法律构成的基本立场所得到的结论并不完全一致，在担保权构成说所得的结论中也可以看到这种倾向。故此，法律构成本身是否具有实益便颇生疑问。但话说回来，如何理解合同当事人持有权利的性质应该说具有解释论层面的意义。这是因为，对当事人的权利到底属于现行法下规定的哪种物权进行追问，就是在具体问题上为结论作出方向性的指引，即便因存在其他附加的因素而不得不对轨道作出若干修正，但在提示大原则这一点上仍然不失其意义。

在此之上，笔者支持所有权在让与担保合同中移转于债权人的立场。从适用于抵押权等担保物权的公示原理来看，欲要承认担保物权的对外效力，必须要有完备的登记制度对其内容，尤其是非占有担保中被担保债权的内容进行明确。但是，在让与担保中并不存在这样的公示制度，当事人在此前提下选择了让与标的物所有权的方法。尽管如此，如果将让与担保权定位成担保物权，那么公示阙如的风险很可能会转嫁给第三人。当然，在不存在这种风险的法律关系中，也可按照担保目的处理当事人的利害关系（参照松尾弘、古积健三郎《物权法》(2005) 363～366 页［古积］)。一系列判例的结论或许也可依上述观点得以正当化。

参考文献

除本文所载，还有安永正昭、道垣内弘人：《民法解释讨论会②物权》（1995）144页以下［道垣内弘人］。

（追记）本文脱稿后，有关该主题出现了重要判例（最判平成18年10月20日判时1950号69页）。

61 复合交易与所有权保留

名古屋大学教授　千叶惠美子

一、引言

向来，关于所有权保留的讨论都是以动产的分期买卖为范本展开的。不过，由于利用分期买卖无法立刻收回价金债权，所以对资金筹措能力有限的销售商而言，分期买卖并非理想的合同类型。因此，在动产销售的实务中，欲利用赊销提升销售量的销售商，与精通授信业务和债权回收业务、且资金充足的信用卡公司或金融机构等进行合作，各自负责销售与授信的交易形式（第三人授信型信用销售交易）十分发达（小峰胜美“信用卡交易与车辆的所有权保留（1）”NBL430 号 20 页以下）。这种交易是复合交易的一种，其特色在于有三个以上的当事人参与一个交易，由多个合同组成。

本文拟将第三人授信型信用销售交易中的所有权保留（以下称作“第三人所有权保留”）与以动产分期买卖为范本的所有权保留（以下称作“卖方所有权保留”）进行对比，同时将关注点聚焦在此前以卖方所有权保留为中心的讨论中未提及的点上。

二、第三人所有权保留的各种形态

第三人授信型信用销售交易之中，采用所有权保留的代表交易形态有分期信用购买*与贷款支持销售。

（1）单品分期信用购买是指，以从特定销售商处购买商品为条件，信用卡公司向销售商支付商品的价额，并接受客户分期清偿的交易体系（参照割贩第 2 条第 3 款）。信用卡公司与客户之间多缔结垫付合同（垫付型）或者委托保证合同（委托保证型或贷款支持型）。

在利用垫付合同的情况下，会约定客户同意信用卡公司向销售商代为垫付商品价额的余款，并由客户向信用卡公司分期支付等额价款再加其他手续费等，而且约定一经信

* 日语原文为“割賦購入斡旋”，其中“斡旋”意指信贩公司介入到消费者与销售商中间，以自己先行垫付价款的方式为消费者提供信用支持。着眼于此类交易的核心在于信用卡公司为买卖合同提供“信用”，故译为“分期信用购买”。——译者注

用卡公司向销售商垫付剩余价额，商品的所有权便直接转移至信用卡公司，并且在垫付款完全结清之前被保留在信贩公司（参照最高裁判所事务总局编《关于消费者信用案件的执务资料（其二）》（1987）403 页标准格式条款）。在作为典型综合分期信用购买的信用卡交易中，也总括地规定了与垫付型相同的约定（参照前揭《关于消费者信用案件的执务资料（其二）》419 页标准格式条款）。

与此相对，在利用委托保证合同的情况下，购入商品时，客户通过信用卡公司的居间，从与信用卡公司合作的金融机构处借入与商品价额相当的金额，此借款根据客户的委托从金融机构经信用卡公司支付给销售商。另一方面，客户向信用卡公司分期还款，金融机构委托后者处理贷款回收业务。若客户逾期未偿还借款，金融机构将请求信用卡公司履行保证债务——后者因客户的委托成为客户的保证人，而后再由信用卡公司为债权回收。与垫付型相同，商品的所有权由销售商转移至信用卡公司，在客户完全偿清求偿债务之前被保留在信用卡公司（参照前揭《关于消费者信用案件的执务资料（其二）》430 页标准格式条款）。

（2）在贷款支持销售中，销售商与金融机构之间缔结概括性保证合同，客户以购入商品为条件，从与销售商存在合作关系的金融机构处获得贷款，以此借款支付买卖价款（参照割贩第 2 条第 2 款 1 号。还有一种被称为委托保证型的形式，销售商不成为客户的保证人，而是委托信用卡公司来充当）。若客户逾期未偿还借款，金融机构将请求销售商履行保证债务，而后由销售商回收债权（在委托保证型的场合，信用卡公司先向金融机构履行保证债务，之后信用卡公司对销售商、销售商对客户分别基于委托保证合同进行求偿）。商品的所有权作为对求偿权的担保保留在销售商处。

在贷款支持销售中由于销售商保留着所有权，因而许多人指出其与卖方所有权保留具有功能的相似性。但是，在贷款支持销售中，只要从金融机构处获付买卖价款，销售商并无必要为了回收价款债权而事先保留物品的所有权。毋宁说，销售商作为客户的保证人，是出于实现求偿权的目的，才事先保留了商品的所有权，以备在向金融机构偿还融资金额时能够取回商品，并且即便在实现所有权保留时也没有必要解除买卖合同。从上述几点看来，贷款支持销售中销售商的所有权保留，与下述分期信用购买中信用卡公司的所有权保留（权）在法性格上有着不少共同点。

三、分期信用购买中的所有权保留

1. 所有权保留设定中当事人的法律地位

学说中有观点认为，对卖方所有权保留的讨论大体上也可适用于分期信用购买中的所有权保留（高木多喜男、柚木馨编《新版注释民法（9）》（1998）911 页［安永正昭］）。但是，分期信用购买中的所有权保留具有以下几点卖方所有权保留所没有的特色。

（1）就信用卡公司而言，其接受客户的支付委托清偿了销售商的价金债权，通过所有权保留获得担保的债权，除了买卖价金的余款（委托事务费用）和自向销售商清偿之日起的法定利息（民第 650 条第 1 款，商第 513 条第 2 款），还包括报酬（商第 512 条）以及延期支付前述债务所产生的手续费。而且，（2）由于买卖价金债务已经清偿完毕，因此实现所有权保留时，不得以该价金债务不履行为由解除买卖合同。而只能基于客户逾期履行分期付款债务，主张其丧失期限利益，请求一次性付清剩余债务，如果仍无法履行的，可以取回商品。(3) 因信用卡公司向销售商支付了买卖价金的余额，商品所有权直接从销售商处转移至信用卡公司，即商品的所有权保留在从事债权回收业务的信用卡公司之处。

对于销售商而言，在信用卡公司还未支付买卖价金余额之前，就将商品所有权转移给客户存在风险，因此，在分期信用购买的买卖合同中，商品所有权有必要在买卖价金债务完全得到清偿之前保留在销售商处。但是，一旦信用卡公司基于客户的支付委托，向销售商清偿了剩余的买卖价款，则在顾客和销售商之间，所有权保留的目的已达成，从而商品所有权完全移转给客户。

另一方面，对于完成代位清偿的信用卡公司而言，商品所有权有必要从销售商处直接转移给自身。因此，应当认为，为担保信用卡公司对顾客的求偿权起见，作为法定代位的效果，充当原债权担保的所有权保留（权），与原债权即买卖价金债权一道，从销售商处法定转移至信用卡公司，从而所有权保留（权）在信用卡公司与客户之间继续存在（福永有利编著《新种、特殊合同与破产法》(1988) 42 页以下［千叶美惠子］）。

若作此理解，销售商所保留的所有权，仅在其与客户之间相对消灭，作为清偿代位效果，当然法定移转至信用卡公司。学说中，为了担保信用卡公司的求偿权，有观点认为，在信用卡公司与客户之间，存在就客户所购入的商品设定所有权保留的合意（前揭《新版注释民法 (9)》911 页［安永］），也有观点认为是设定了让与担保（佐藤昌义“信用卡公司的所有权保留” NBL 463 号 39 页）。但是，前述见解除了与上面的事实 (3) 不相契合，还会害及销售商的利益。而且，如后所述，还会发生信用卡公司要通过何种方法才能获得所有权保留（权）的对抗要件这样的问题。

即便在第三人所有权保留的情况下，只要客户未完全结清分期还款，便不能取得所购商品的完整所有权，在这点上与卖方所有权保留并无二致（东京高判平成 13 年 10 月 23 日判时 1763 号 199 页等）。

2. 对外的效力

(1) 一般地，为向第三人主张意定担保物权，需具备对抗要件，不过在卖方所有权保留的情形下，由于所有权未从卖家转移至买家，因此向来认为卖方所有权保留没必要进行公示。第三人为取得不附载所有权保留的完整所有权，必须要满足善意取得的要件。由于动产买卖的先取特权在买卖标的物被交付至受让人之后便不得行使（民第 333 条），因此对于动产卖家而言，所有权保留成了强有力的担保手段。

与此相对，在分期信用购买的情形下，该如何处理居间业者所有权保留（权）的对抗要件便生问题。对于已登记的车辆，通常将销售商与客户分别登记为所有人与使用人，信用卡公司的名义并未被登记（小峰前揭（5·完）NBL 435 号 24 页）。但是，如果认为所有权保留（权）是基于法定代位的效果从销售商转移至信用卡公司，那么就应当认为代位人信用卡公司即便不具有对抗要件，也能够以所有权保留对抗第三人。因为信用卡公司原本就未承继比销售商更多的权利（福永编著前揭 43 页［千叶］）。

另外，在客户破产的场合，客户的分期付款债务，与信用卡公司在该债务被清偿之后必须向客户转移所有权的债务，两者是否构成破产法第 53 条、民事再生法第 49 条或公司重整法第 61 条中的双方未履行之债务也是一个问题。不过，如果认为信用卡公司对客户的求偿权是基于代位清偿而生，而所有权保留（权）是求偿债权之担保，那么两种债务之间便不具有双务性（虽是关于贷款支持销售，相同的旨趣见于东京高判昭和 56 年 5 月 14 日判时 1011 号 57 页，最判昭和 56 年 12 月 22 日判时 1032 号 59 页）。除此，在单品分期信用购买的情形下，客户尚未清偿完垫付款等债务便告破产的事例中，信用卡公司的取回权不被允许（札幌高决昭和 61 年 3 月 26 日判时 601 号 74 页）。

（2）而在讨论分期信用购买中所有权保留的对外效力时，有必要留意有时会出现销售者不交付商品的情况，这一点与卖方所有权保留不同。首先，如果能够依据分期付款贩卖法第 30 条之 4 以及信义则，向信用卡公司主张买卖合同上的抗辩，那么客户便享有对分期付款的拒绝权（抗辩的延续），从而信用卡公司便无法实现所有权保留（权）。

其次，在客户还未受领商品之时销售商就破产的情况下，有见解认为信用卡公司已通过垫付清偿了客户的买卖价金债务，仅仅是销售商未履行交付商品的义务，因此无法适用破产法第 53 条，此为通说（梶村太市等编《全订版·分期付款贩卖法》（2004）145 页［福永有利］）。若依上述见解，在销售商破产情形，客户只能将因商品交付债务不履行所生的损害赔偿请求权作为破产债权进行申报。但是，不应该仅将问题局限在买卖合同中来判断破产法第 53 条中的双务性，有必要考虑到分期信用购买作为一种复合交易的事实。从承认抗辩的延续这一点来看，买卖合同中的标的物交付债务与垫付合同中的分期付款债务，在发生、履行与存续上均存在牵连关系，应当认为可以类推适用破产法第 53 条（福永编著前揭 57 页以下［千叶］）。

四、理解的深化

分期付款买卖是一种分段支付价金的特殊买卖，由于一直以来都认为所有权保留是基于买卖合同上的特约条款，因此即便向来认识到所有权保留实质上发挥着回收价金债权的作用，但却很少讨论到其作为非典型担保的意义。但是，如上考察所示，在第三人所有权保留的场合，将其定位为依靠所有权形式的非典型担保的一种形态，实属必要。不过，就算是对所有权保留（权）采用担保权的构成方式，由于标的物价格实际上会很少超过被担保债权额，因而很多时候担保权人的清算义务并不成问题。另外，如果不算公司重整的场合，理解成取回权还是理解成别除权、重整担保权，区别并不是特别大。就算是将其理解成一种依靠所有权形式的非典型担保，还是有必要在考虑到所有权保留特殊性的基础上，探讨其效力。

其次，在流通过程中利用所有权保留的情况下，由于买家在担保设定阶段就已经预定了转卖，因此有必要进行不同于本文中关于所有权保留效力的探讨。除了在买卖合同连锁的复合交易中利用所有权保留的情形下，如何去保护转买人的问题外，另外在买家就在库商品等设定集合动产让与担保的情形下，考虑到卖家会通过引入所有权保留条款进行对抗，所有权保留（权）与让与担保权两者间的调整也是一个研究课题。

参考文献

除本文所载文献，关于所有权保留的基本文献，米仓明：《所有权保留的实证研究》（1977）；米仓明：《所有权保留的研究》（1977）；关于卖方所有权保留，安永正昭：“所有权保留的内容与效力”，载加藤一郎、林良平编《担保法大系（4）》（1985）370 页以下等。

62

集合债权的让与担保

早稻田大学教授　近江幸治

一、集合债权让与担保的意义

“集合债权让与担保”是一个比较新的概念，是将已经发生的债权（既存债权）与将来发生的债权（将来债权）合起来理解为一个“债权群”（集合物），并将其作为让与担保的对象，而并非单纯将流动的债权作为担保的对象（堀龙儿“《集合债权让与担保担保合同》制作中的注意点（上）”NBL201号12页，同编著《Q&A债权、动产让与担保的实务》（2005）90页以下［堀］）。因之，虽标的债权的内容与数额未必确定，但由于是以基于一定交易发生的将来债权为对象，故而作为担保物容易捕捉，是一种毫不逊色于设定不动产抵押权的担保手段。

这种担保手段自1980年代起，以下述方式得到运用：不持有实物资产的融资租赁公司或信贩公司在向银行获取融资时，将其对客户的小额债权整体转让，又或者普通企业对其应收账款债权整体设定担保；而时至今日，随着将来的收益债权开始被用于担保，企业融资朝着债权流动化与证券化的方向发展，它已成为金融担保的重要手段。例如，计划建造可实现众多承租人入住的出租公寓之时，可将未来会发生的收益债权（租金）整体用于设定让与担保，以获得建设资金（于此场合，由于当前还不存在次债务人［承租人］，因此当作“次债务人未特定”的情形来处理）。

二、集合债权让与担保的设定合同

1. 债权的特定（集合债权范围的限定）

（1）特定（限定）的必要性

由于要将未来发生的债权一并用于担保，因此必须要对标的物“债权”进行特定。该特定在保护“设定人”（让与人）的问题上以及在与“第三人”（其他债权人、后顺位受让人）关系中的对抗力问题上发挥着作用。

由于存在这层关系，不作任何限定地对将来债权进行的概括让与，以及约定极其漫长的债权发生期间等情形将成为问题，判例认为当“合同内容对让与人的经营活动等所施加的限制远远超出社会通念所认为的合理范围，或对其他债权人造成不合理的不利益”时，构成对公序良俗（第 90 条）的违反（最判平成 11 年 1 月 29 日民集 53 卷 1 号 151［注意旁论］。东京高判昭和 57 年 7 月 15 日金判 674 号 23 页，与东京地判昭和 60 年 10 月 22 日判时 1207 号 78 页，就不加任何限定地将一切将来债权用于担保的让与担保，否定了其效力。同旨，高木多喜男“集合债权让与担保的有效性与对抗要件（上）”NBL234 号 11 页）。

其次，曾经的观点认为将来债权需要具备“发生可能性”，对此，有说是指法律上的可能性，也有说以事实上的可能性为足。受此影响，最判昭和 53 年 12 月 15 日判决（判时 916 号 25 页）就医生于其将来诊疗报酬债权之上设定的担保，认为对医疗保险基金的诊疗报酬债权的“债权发生原因业已确定，并且其发生确实可得预测”，因而判定为有效。但是，这招致了强烈的批判：既然探讨的是实际上已发生的债权，那么以不具有发生可能性而认定无效的逻辑就不可能成立，以此为由认为无须发生可能性（高木前揭 10 页，田边光政“集合债权的让与担保”担保法的现代诸问题［另册 NBL10 号］70 页（1983）。参照角纪代惠“集合债权让的与担保”民法的争点Ⅰ188 页以下（1985））。受此批判，近来判例认为，“应该将下述部分——当出现债权未按预期发生的情形，就受让人所遭受的不利益，将因对让与人承担合同责任的追及而发生清算——看成是［债权让与］合同订立的内容，因此前述合同缔结时前述债权发生可能性很低之情事，并不当然影响前述合同的效力”（前揭最判平成 11 年 1 月 29 日）。

（2）限定基准

此即集合债权范围的限定（特定）。可考虑如下基准（高木前揭 12 页以下。除此，关于体系性的问题，参照千叶惠美子“集合债权让与担保与标的债权的特定性”民事研 528 号 18 页以下，三林宏“集合债权让与担保”NBL766 号 86 页以下）。

（a）债权的“种类”，即债权“发生原因”的特定。理解为产生债权的交易种类即可。

（b）债权的“始期”与“终期”，即债权“发生期间”的特定。关于该“期间”，由于在前揭最判昭和 53 年 12 月 15 日判决中，将来一年之内的诊疗报酬债权其有效性成了问题（承认有效性），于是此后对“1 年”期间的债权进行扣押的做法便固定了下来。但是，由于这种做法并无根据，因此并没有必要划定为“1 年”的长度（前揭最判平成 11 年 1 月 29 日判决中，期间是 8 年 3 个月）。不过话说回来，如果期间设定得异常之长，将对设定人与其他债权人造成不利益的，另当别论（参照上述“（1）”）。

只不过，在集合债权让与担保的场合下，问题在于债权发生的“终期”未必被特定。对此问题，将于“三、2（3）”中再行论述。

（c）“金额”，即债权的最高限度。

（d）“次债务人”？　在一般的集合债权让与担保中，由于次债务人多半可以特定，因此不成问题。但是，在如融资租赁或者信用卡债权这种有大量次债务人存在的集合债权让与情形下，对次债务人进行“通知”（获得对抗要件），实际上近乎不可能。并且，在建造出租公寓时，欲将未来发生的租金债权用于担保或进行证券化来获得建设资金的，无须对次债务人进行特定。总之，无须对次债务人进行特定。基于该理由，在动产、债权让与对抗要件特例法中，即便债务人（次债务人）未特定，也可以进行登记（参照该法第 8 条第 2 款 4 号。在平成 16 年修正之前的债权让与对抗要件特例法中，次债务人的特定曾是必要事项）。

2. 设定合同的形态

(1) 问题点

承上所述，集合债权让与担保尽管具有与不动产抵押同样的经济意义，不过作为一种着眼于债权保全的担保制度，并非没有问题。其问题就表现在，“集合债权”让与担保的功能与其设定方法之间存在着相矛盾之处。就集合债权让与担保的功能而言，其与不动产抵押权几乎一致，只有在债务人陷入不履行之后，该集合债权才开始用以优先清偿（→对债权催收的开始）。不过，在此时点之前，由于集合债权是债务人的营业资产，因此催收仍有必要让债务人处理，相反，债权人对于债权催收则并不关心（因此，“最高额”让与担保较多被利用。堀前揭 NBL201 号 16 页，同（下）204 号 38 页）。

然而，就设定让与担保（对抗要件的获得）而言，由于其形式上是债权让与，因而集合债权的催收权将移转给让与担保权人，从而上述债务人继续开展营业活动的需求就无法得到满足。因此，无论如何都要求存在一种能在平常状况下将“催收权”保留在债务人处的法技术。

集合债权让与担保的设定合同，基本上采用了债权让与的形式，带着上述问题，从两者的经济关系与授信目的出发，可能设想如下的合同形态（饭岛敬子“集合债权让与担保合同的否认”判时 1108 号 20 页）。

(2) 效力发生型（本约型 · A 型）

这是让与担保合同缔结的同时发生效果（债权让与效果）的合同形态。可有以下的方法。

[A-1] 普通通知型　这是一种依照民法的原则，在缔结合同时，对次债务人为债权让与“通知”的方法。凭借于此，其让与担保就可以对抗次债务人及其他第三人，但是，如此一来，债权的催收权就归于债权人，因而并不适合上述集合债权让与担保的理想状况。

[A-2] 通知保留型　这是一种债权人事先留存由债务人签发的空白（让与日期、债权额、债权内容、收件人等）“寄次债务人债权让与通知书”，在债务人出现信用不足与经营恶化之时，自行在空白处填写内容，再迅速寄送于次债务人的方法。这也是以往的一般方法（堀前揭 NBL201 号 16 页，羽田野宣彦“债权让与担保与合同技术”NBL279 号 12 页）。于此场合，由于“通知”并非在让与担保设定时，而是在债权人实际上送出上述通知书之时作出，因此在通知作出前，尚欠缺对抗要件。还有，有人指出该形态与后揭（3）—1“条件型”实质相同（长井秀典“附停止条件集合债权让与的对抗要件否认”判时 960 号 41 页，长井秀典“附停止条件集合债权让与和否认”金判 1060 号 107 页）。

[A-3] 催收权限赋予型　这是一种于合同缔结时即向次债务人 C 为债权让与“通知”（故而，让与担保合同的效力发生，并具备对抗第三人的要件［参照上述 A-1 型］），不过在该通知中将关于债权人 A 在作出实行通知之前将债权的催收权限赋予债务人（让与人）B 的内容告知次债务人 C 的方法。判例承认该方式，认为 1）在此情况下，标的债权已由 B“确定地转让于”A，2）内容为“设定了让与担保权”的通知可作为债权让与担保的第三人对抗要件，3）不得根据在让与担保权实行通知作出之前将催收权限赋予 B 的记载，便否定通知具有民法第 467 条中的效力（最判平成 13 年 11 月 22 日民集 55 卷 6 号 1056 页）。

(3) 效力未发生型（预约型・B型）

这是让与担保合同缔结时尚不发生效力，在债务人（让与人）发生支付停止等情事时才发生效力的形态。一般称为预约型，在法律上可有两种构成方式。

[B-1] 停止条件型　在此方式中，以出现支付停止或申请破产程序开始等事由为停止条件，发生让与担保的效力。在条件成就之时，由债权人代债务人向次债务人发出该通知为一般做法（最判昭和48年4月6日民集27卷3号483页［在该事例中，A向C提出将自己对$B_{1\sim3}$的赊销债权用作让与担保，如有任一贴现票据出现不能兑付的情况时，C可选择$B_{1\sim3}$公司中的任意一家并收取债权］）。

不过，最近有判例认为，这样的合同“违反破产法［旧］第72条2号［现第162条1款1号］的旨趣，会让后者失去实效性，……应将其视为债务人出现支付停止等进入危机期之后所进行的债权让与”，认定其为“危机否认”（参照后揭（4））的对象，从而否定其效力（最判平成16年7月16日民集58卷5号1744页［在支付停止之后，债权让与的通知才由B向C作出］）。

[B-2] 预约完结权型　在此方式中，缔结合同时只是缔结让与预约合同，在发生支付停止等事由后，债权人再行使预约完结权。

预约型的问题在于，第一，在“预约”时债权需要特定到何种程度。对此，判例认为，“只要特定到，在预约完结时，能将用于让与担保的债权跟让与人的其他债权识别开来的程度即可”，因而认为只要特定了债权人与债务人，以及“发生原因是关于特定商品的买卖交易”，便具有识别可能性（最判平成12年4月21日民集54卷4号1562页）。

第二，关于让与预约的通知或承诺，能否作为预约完成型债权让与中的对抗要件。判例认为，为预约以附确定日期证书的形式作出的通知或承诺，仅能让债务人“知道因预约完结权的行使将来相关债权的权属会发生变更的可能性，而并非让其认识到相关债权的权属已经发生变更的事实”，因而否定其对抗力（最判平成13年11月27日民集55卷6号1090页）。

第三，不仅有遭到后揭“对抗要件否认”的风险，还存在被认定为破产法上“危机否认”的可能性，正如前揭最判平成16年7月16日所示。这对一般的预约型都说得通（伊藤真《破产法（全订第4版补订版）》（2006）389页）。

(4) 保留催收权与“对抗要件否认”“危机否认”的问题

在上述各类形态中，存在着与债权让与中债权“催收权”相关的问题。

(a)“保留催收权”的必要性。如上所述，由于在债权人与债务人之间一直持续进行交易，因而一般情况下均将催收权保留给债务人。因此，在上述“(2)”效力发生型（本约型）中，有必要采用［A-2］通知保留型或者［A-3］催收权限赋予型。不过由于采用“催收权限赋予型”会让次债务人知道让与担保设定的事实，可能会招致对债务人信用的不安感。因此，所用场合有限。所以，通知保留型是为实务界采用的一般方法。

(b)“对抗要件否认”“危机否认”的问题。1）但是，若采取通知保留型，从合同缔结到作出债权让与的通知（具备对抗要件时）通常要经过15天以上，故而有遭到破产法中“对抗要件否认”（对抗要件获具行为的否认）（破第164条第1款）的风险。也就是说，在支付停止或破产申请之后发出的通知，会被视为15天以前原因行为的“对抗要件获具行为”。

继而，为避免对抗要件被否认，便开始主张上述“（3）”效力未发生型（预约型）中的［B-1］停止条件型或者［B-2］预约完结权型。照此构成，由于让与担保的效力在停止条件型与预约完结权型中，分别自停止条件成就时、预约完结权行使时产生，因而便可以巧妙地规避对抗要件否认（宫回美明“将来债权的概括让与预约及否认权的行使”法时55卷8号117页，梅本弘“有关集合债权担保的问题点”判时510号71页）。

但是，对此，认为附停止条件和附预约完结权的债权让与合同原本就不是破产法第164条所欲保护的通常交易，以此为由主张应当允许行使该条规定中的否认权的学说很具有说服力（长井前揭判时37页以下，长井前揭金判104页，伊藤前揭361页，饭岛前揭33页等）。

2）另一方面，前揭最判平成16年7月16日判决认为，应将停止条件型债权让与担保视为进入危机期之后所进行的债权让与，从而对“原因行为”本身予以否认（危机否认）。亦即，将从支付停止或者破产申请时起，到法院受理破产的这段时期作为法律上的“危机期”，对这段时期内所为的担保提供与债务清偿等害及其他债权人的行为予以否认（破第162条第1款1号。参照伊藤前揭383页）。上述判断，不仅对停止条件型，对一般预约型也得适用（伊藤前揭389页）。照上述理解来说，今后也难以指望预约型（效力未发生型）——作为集合债权让与担保的一种形态——具有有效性。

（c）有效性的认识。确实，难以否认停止条件型和预约完结权型都只是为了规避对抗要件否认的权宜之计。因此，如果集合债权让与担保要采用这样的形式，遭到对抗要件否认或危机否认都是没有办法的。但是，集合债权让与担保本身并非破产法第164条、第162条所针对的“具有加害意图的破坏破产财团”的行为。因为，它是一种公认的担保方法，只不过是由于缺少将催收权保留在设定者处的方法，才利用了条件和预约。

于此，前揭最判平成13年11月22日判决认可了效力发生型（本约型）中的“催收权限赋予型”，因而今后“效力未发生型（预约型）”应当会向前者靠拢（饭岛前揭37页）。采用这种方式的话，将不会侵害到一般债权人的信赖（此时，对这种方式可能会“诱发信用不安感”的担忧，完全是当事人之间的问题而已）。

三、集合债权让与担保的对抗要件

1. “通知或承诺”

集合债权让与担保的对抗要件，即为债权让与和债权质押中的对抗要件——“通知或承诺”（民第467条、第364条的类推）。因此，对次债务人而言是“通知或承诺”，对扣押债权人和债权的二重受让人等第三人而言，便是“附确定日期的通知或承诺”。

（1）概括通知的对抗力

在设定让与担保时，概括通知是否能使将来发生的债权具有对抗力？反过来讲，对于之后发生的具体债权，为对抗第三人是否还有必要再为个别的通知？关键在于，即便债权尚未发生，只要次债务人与其他第三人可能知道将来的债权会发生转让即可。若此，概括通知应该具有对第三人的对抗力。前揭最判昭和53年12月15日的判决便承认经过这种概括通知的全部债权均有对抗力。长井法官将附停止条件债权让与中的概括通知类比为假登记担保中的假登记，也认为只要作出概括通知，就可以担保权的取得对抗管理人，从而否认权不得行使（长井前揭判时42页）。

（2）通知的效力发生时期

通知是在通知到达时，还是在债权实际发生时发生效力？由于通知是对次债务人作出，只要次债务人认识到将来债权已经被转让的事实即可（其他第三人会通过次债务人这个信息源介入进来），因此即便定为通知到达时，也并不存在障碍（高木前揭（下）NBL235 号 25 页。认为定于债权发生时的观点，小川幸士“将来应收账款的让与担保”法时 52 卷 9 号 120 页）。

2. “登记”——“动产、债权让与对抗要件特例法”

“法人”在转让债权（指名债权且标的为金钱的支付），或者对债权设立让与担保之际，凭借“让与登记”可取得对抗要件（动产债权让与特第 1 条、第 4 条）。所谓法人进行转让，是让与人为法人的情况，受让人不是法人也没关系。“债权”不问是现有债权还是将来债权。并且，“让与”无论“真正让与”还是“让与担保”。

（1）第三人对抗要件：登记

在“债权让与登记文档”中完成“让与登记”时，视为对债务人（次债务人）以外的“第三人”作出了民法第 467 条中的“以附确定日期证书的方式所为之通知”（动产债权让与特第 4 条第 1 款前段），并以登记日期为确定日期（同款后段）。

（2）第三人对抗要件：登记事项证明书

在让与人或者受让人将“登记事项证明书”（动产债权让与特第 11 条第 2 款）交于相关债权的债务人（次债务人）进行“通知”之时，或者经次债务人“承诺”之时，对次债务人也具有对抗力（动产债权让与特第 4 条第 2 款）。民法第 468 条第 2 款的规定适用于该通知存在的场合，而次债务人在收到通知之前，可以其对让与人的事由对抗受让人（动产债权让与特第 4 条第 3 款）。

还有，由于本法中不存在“假登记”的制度，通知保留型、停止条件型或预约完结权型均无法从本法中获得依据。因此，以下的方式可得运用：完成集合债权让与担保的“登记”，通过当事人间的特约达成合意——在出现特定事由之前，由债务人作为债权人的代理人进行催收，并且不对次债务人为让与通知，直到出现支付停止等情况，才作出让与通知，并由债权人行使催收权（长井前揭金判 1060 号 108 页）。

（3）债权的始期与终期

根据平成 16 年修改之前的债权让与特例法，债权的终期可任意记录（平成 10 年法务省告示第 295 号）。因此，如果债权让与的登记只记录债权的始期而未记录终期的，是指转让当天发生的债权，还是也包括当天以后发生的所有债权，曾出现过争议。最判平成 14 年 10 月 10 日（民集 56 卷 8 号 1742 页）的判决认为“第三人不可能认识到始期当天之外发生的债权已被转让，因而不能看成公示存在”，从而未认可其对抗力（参照近江幸治判评 536 号［判时 1828 号］25 页以下）。针对此状况，“基于动产、债权让与登记令第 7 条第 3 款之规定法务大臣指定的磁盘记录方式等事项（法务省告示）”第 2－3（5）项目第 25 规定“债权发生的年月日（终期）”为“必须”，并在注 14 中进行如下说明，“当债权发生日为单独一天时，必须填写为相同的年月日（项目第 24（始期）的同一年月日），当债权发生日长达数日时，必须填写为最后一天的年月日”。

尽管如此，问题并未获得解决。因为将来债权作为集合债权让与担保的对象，何时发生，是否会发生很多时候都不确定，继而“终期”的日期也不能确定。于是，提出了以下几种记载“终期”的方法。

第一种方法是记载“暂定的终期”。即认为应先设定一个“暂定的终期”并填入，在该终期到来后还想延长的，再次进行登记（池田真朗判时 1068 号 92 页。同旨，吉田光硕，判评 525 号［判时 1794 号］32 页）。但是，对此有批判质疑，“对‘暂定的终期’的约定将成为对抗力的决定因素，这一事情本身难道不存在问题吗?”（森井英雄，判时 1089 号 56 页）。

第二种方法是约定让与债权的“上限额度”。从对将来债权的特定以及对第三人进行公示的角度来看，这种方法当属有效（森井前揭 56 页。同旨，堀龙儿金法 1652 号 37 页）。

第三种，如前揭最判平成 14 年 10 月 10 日判决所示，直接记载“终期”是一种方法，另外只要有方法能明示在始期当天之外发生的债权也将成为让与标的，便也是可行的。详言之，即是像前揭法务省告示第 2、3（5）项目第 32 的“备注”栏中填入“有益记载事项”这一做法（对这点展开论述的，田原牧夫，金法 1622 号 5 页；千叶惠美子，法律家 1246 号 70 页等）。

要言之，要对“让与对象中包括将来债权”这一点进行公示，“暂定的终期”带有技巧性，而“上限额度”的做法也不是对债权特定的标准。从“为特定债权填入有益的内容”（上述项目第 32 之注 18）这一说明来看，以第三种方法为宜。

参考文献

本文中所载文献。

63

抵押权消灭请求

东京大学教授　冲野真已

一、总论

1. 总论

抵押权消灭请求（民第 379 条至第 386 条），是指由抵押不动产的受让人主动向抵押权人提出一定金额作为抵偿款，经抵押权人的“承诺”，以该金额对抵押权人的抵偿，使抵押权消灭的制度。虽然是以抵押权人的“承诺”为基础，但抵押权人只得通过执行抵押权申请拍卖的方法来表明“不承诺”，且在法定期间内未提出申请的将被拟制为“承诺”（民第 384 条）。另一方面，当抵押权人“不承诺”时，由于要进行拍卖，因而在此情形下抵押权也归于消灭（申请拍卖被撤回、被驳回的情形，或基于申请的拍卖程序被撤销的情形亦同）。因此，无论抵押权人作何选择，抵押权均消灭（但是，也有例外［民法第 384 条 4 号括弧中内容，后述“二、3”］），是故抵押权消灭请求是一项不问抵押权人意思而使抵押权消灭的制度。

2. 受让人的地位与抵押权消灭请求的制度旨趣

受让人，即抵押不动产的所有权取得人，取得带有抵押权负担的所有权，因此将处于可能因执行抵押权的拍卖而丧失所有权的地位。尽管有偿取得抵押不动产的受让人在因抵押权的执行而失去所有权时，可以对卖方追究担保责任（民第 567 条），但受让人在消灭抵押权以保全所有权一事上仍存有法律上的利害。在方法上，有第三人清偿（民第 474 条）。于此场合，鉴于担保的不可分性（民法第 372 条、第 296 条），必须得全额清偿被担保债权。而抵押权消灭请求在第三人清偿并不现实或者抵押不动产的价额低于所有抵押权人的被担保债权总额的情况下，具有意义。在实际交易中，通常情况是，意欲买受抵押不动产之人，事先与卖方以及抵押权人达成合意以消灭抵押权，再取得抵押不动产。如果有受让人不采取此种做法，明明从登记中可以获知抵押权的存在，还是硬要受让带有抵押权负担的不动产，那么对这样的受让人是否还应允许其可以反于抵押权人的意思而消灭抵押权，在政策判断上分成两派。本制度在抵押不动产出于其价额低于被担保债权额等各种情事而无法由抵押权人申请拍卖，流通受阻之时（“套牢”状态），能够发挥促进流通的功用。而且，有学者指出，个别情况下，如在取得抵押不动产乃法律上的义务，或者极为必要的情况下，该制度也有用处（具体例子，山野目、小粥后揭

51～52 页)。与其说，抵押权消灭请求的目的在于“保护受让人”，不如说该制度是通过“保护受让人”的方式促进抵押不动产的流通，并且在有必要取得抵押不动产的个别情况下也实现这一点。

3.2003 年修改——“涤除”制度的修改

上述制度旨趣得以明确，并落实为现行的制度设计，是基于 2003 年的改正（平成 15 年法 134 号)。在这之前，抵押权消灭请求制度还是一项冠以“涤除”之名，被指弊害严重，废止呼声强劲的制度。在“涤除”的构造中，抵押权人的对抗措施是增价拍卖，当抵押不动产不能以高于受让人出价 10%的价格卖出时，则抵押权人将负有以高于出价 10%的价格买下的义务，为此需要预先提供保证，除此之外其需要在为期 1 个月的短暂期间内决定是否申请增价拍卖。由此造成抵押权人负担沉重，以致其不得不接受廉价的涤除，此外，执行抵押权需要事先通知涤除权人，被人诟病不是保障了正当涤除的机会，而是给涤除的滥用创造了机会。

2003 年改正聚焦于前述“2”中“涤除”制度的有用性，纯化其作为旨在促进抵押不动产流通的制度本色，并剔除“招致滥用”的要素。具体而言，进行了以下修正，(1) 涤除权人的范围从之前的“所有权、地上权、永小作权”的取得者改为“所有权”的取得者，将“利用权的保护”排除在涤除制度目的之外，(2) 将抵押权人的对抗手段改为普通拍卖，废止增价拍卖制度，(3) 将抵押权人的考虑期间从 1 个月改至 2 个月，(4) 废止抵押权执行的事前通知，将原先以事前通知为基准的“涤除”的时间节点，改为抵押权执行拍卖的扣押效力发生时等（此外还有承诺拟制事由的整合、对撤回拍卖申请要件的修改［无须其他债权人的同意］以及伴随着事前通知的废止对抵押权执行的等待期间的相应废止等)。另外，从现代语化的观点出发，将制度的名称改为“抵押权消灭请求”。以上终究是一种“改造”而非“创设”，因而先前有关涤除的解释论只要不与 2003 年修改的实质内容相矛盾，可仍旧适用于抵押权消灭请求之上。

另一方面，也有一些内容虽经过讨论但未得到修改，如引入可以质疑受让人出价合理性的其他方法（借助鉴定的价格决定程序，以及允许更高价位买受申请的导入)，法院作出的分配，及抵押权登记涂销中依嘱托或依职权的涂销（山野目、小粥后揭 59 页)。抵押权消灭请求制度由于其本质是由受让人主导并在当事人之间了结，无须法院的参与，因此虽然具备简易性且迅速性，但其代价便是在对价相当与终局解决方面存在不足。应该将平衡点设置在何处是一个制度设计的问题，现行法尽管提供了一种方案，但也绝非唯一。

更为理论性的问题在于，该如何理解抵押权消灭请求限制抵押权人的换价时期选择权，并且构成不可分性的例外。这便是对如下的“政策判断”——认为换价时期选择权或不可分性的任一者都并非绝对，而是承认存在限制与例外——进行反思（关于不可分性民法第 380 条［旧第 379 条］的意义，山野目、小粥后揭 53 页)。

4. 类似的制度——特别是与破产程序上担保权消灭制度的关系

作为与抵押权消灭请求相类似的，通过支付与被担保权所支配的担保标的财产的相当价额以消灭担保权的制度，还有破产程序中的担保权消灭制度（破产程序中担保权的消灭［破第 186 条至第 191 条］，民事再生程序中担保权的消灭［民再第 148 条至第 153 条］，公司重整程序中的担保权消灭请求［会更第 104 条至第 112 条］。此外，对于商事留置权，在破产程序与公司重整程序中还有商事留置权消灭请求［破第 192 条，会更第 29 条］)，以及民法上的最高额抵押权消灭请求（民第 398 条之 22)。公司重整程序中的担保物权消灭请求内容上虽未必相同，不过大体上，上述制度允许在被担保债权额高于担保权所支配的担保标的财产的相当价额时，可以不支付被担保债权的全额便消灭担保物权，在这点上构成了不可分性的例外。各种制度相异其趣，相应地在实体要件、申请主体、时期、具体程序等细节上也存在差异（关于破产法上制度间的异同，小川秀树编著《一问一答新破产法》［2004］251～254 页，伊藤真《破产法（第 4 版补订版）》（2006）476～479 页）。这其中，在功能上起到类似作用的便是推动"任意卖售"的破产程序上担保权消灭制度。在此场合下，尽管抵押权消灭请求也可适用，不过担保权消灭制度是作为更具兼容性的制度而另行设置的。相较于抵押权消灭请求制度，后者适用在处于法院监督下并由破产管理人处理财产管理事务的破产程序中，在程序构成上以破产管理人为申请主体，并有法院参与（法院的许可决定、法院作出的分配、向法院的金钱缴纳、担保物权登记或登录的嘱托涂销），此外，其制度目的还在于对破产财团之内的财产进行顺利的换价以及通过收入卖售价金的一部分以扩充破产财团，而至于担保权人的对抗手段，除了允许其申请拍卖以执行担保物权外，还允许其提出更高价格的买受申请，并不保障由破产管理人在任意卖售中向最初相对人（买方）所作出的卖售，即在此意义上的"受让人保护"并不作考虑。

二、抵押权消灭请求制度的概要

1. 主体

可得利用之人，限于"受让人"亦即取得抵押不动产所有权之人（民第 379 条。在 2003 年修改之后，2004 年作出现代语化的修改之前，第 378 条为"就抵押不动产取得其所有权之第三者"。2004 年的修改未作出实质性的变更）。不过，当所有权取得人是主债务人、保证人或前列的承继人时，则不具有该制度的利用资格（民第 380 条）。另外，以已经取得所有权为必要，若所有权取得附停止条件的，则在条件是否成就未确定的期间内，亦无利用资格（民第 381 条。如担保权执行之前的让与担保权人［最判平成 7 年 11 月 10 日民集 49 卷 9 号 2953 号］与假登记担保权人等）（在以特约约定所有权的移转时点取决于价金支付的情况下，即便在价金未支付处于所有权转让之前，也可主张抵押权消灭请求，这在法律设想的范围内［参照民第 577 条］，不过存在登记的问题）。关于对抗要件的取得，在仅有假登记的情况下存在讨论，一边有判例认为有假登记即已足够（大判昭和 10 年 7 月 31 日民集 14 卷 1449 页），而另一边学说则主张一般以取得本登记为必要。在单独一个不动产全体被设定抵押权的情形下，若第三人仅取得了共有的持分权，而不是抵押不动产整体的所有权，则不得主张抵押权消灭请求（最判平成 9 年 6 月 5 日民集 51 卷 5 号 2096 页）。

2. 时期

受让人从登记簿上之记载可知悉抵押权的存在，可自其取得所有权之后，至抵押权执行的拍卖程序开始之前，也就是到抵押权执行的拍卖中的扣押生效为止的任何时候，主张抵押权消灭请求（民第 382 条）。抵押权执行程序的开始虽然为抵押权消灭请求的行使时间划定了界线，但抵押权人并无必要在执行抵押权时向受让人通知此事。

3. 程序、抵押权人的对抗措施与承诺拟制、抵押权的消灭

抵押权消灭请求以受让人向已登记的各债权人寄送如下书面材料的方式作出（民第 383 条）：1）记载有关抵押不动产取得的信息的书面材料（取得原因，年月日，当事

人，抵押不动产的性质、位置、对价等其他负担），2）有关抵押不动产的登记事项证明书，3）记载内容为，如果债权人 2 个月内不执行抵押权申请拍卖的，则以 1）中的对价或另行指定的金额按照债权的顺位作出清偿或提存的书面材料（民第 383 条）。

各债权人在收到 1）至 3）的书面材料之后，享有 2 个月的考虑期间，在此期间内决定是否申请拍卖以执行抵押权。若在期间内未申请拍卖的，视为已认可受让人在 3）中提出的对价或指定金额（民第 384 条 1 号）。另外，在法定期间内，即使债权人申请了拍卖，如果该债权人撤回申请的，又或者申请被驳回且驳回决定已生效的，承诺将被拟制（同条 2 号、3 号）（还有一点，撤回无须取得其他债权人的同意。于是，对受让人的出价不满意的债权人，即便其他债权人申请了拍卖，由于还存在申请撤回的可能性，自己也一定会申请拍卖）。在例如拍卖程序因无剩余分配价值被撤销等，基于申请的拍卖程序被撤销且该决定已生效的情形下，亦同（民第 384 条 4 号）。与此相反，如出现拍卖申请因无人提出买受而被撤销（民执第 188 条、第 63 条第 3 款、第 68 条之 3 第 3 款），以及抵押权执行程序因进入公司重整程序而被撤销（会更第 50 条第 6 款、民执第 183 条第 1 款 5 号、第 2 款）等情形的则除外（民第 384 条 4 号括弧中内容）。这是因为，对于前者而言，一者若将其包括在内，恐对抵押权人课加买受的负担，可能与废止增价拍卖制度的立场实质上相矛盾，另者，受让人的买受并不受到妨碍（民第 390 条），对于后者而言，抵押权人并无可得归咎之处（山野目、小粥后揭 56 页）。

若抵押权消灭请求被提出，则抵押权人可以争议的是受让人出价的合理性，而争议的方法则是作为抵押权执行的普通拍卖。由于是针对受让人出价的对抗手段，因而并不要求被担保债权处于债务不履行的状态。但是，若要提出申请的，必须在此 2 个月的期间内，向债务人与抵押不动产的转让人通知此事（民第 385 条。不过，认为即便怠于通知，也不影响拍卖通知的有效性的观点具有说服力［道垣内弘人《担保物权法（第 2 版）》（2005）170 页］）。

当所有已登记的债权人认可了受让人出价，并且受让人已支付或者提存了相应金额时，抵押权消灭（民第 386 条）。如果存在不承诺的债权人，即便只有一人，抵押权消灭请求也无法奏效。此时，抵押权最终经过拍卖程序而消灭。虽然受让人可以在拍卖中成为买受人，但地位并无保障（无先买权等）。而且，在拍卖程序因无人应买而被撤销，不发生承诺拟制的情形下（民第 384 条 4 号括弧中内容），抵押权不消灭，于是，受让人继续回到就不动产所有权负担抵押权的状态中。此时，并不妨碍受让人再一次主张抵押权消灭请求。

如果其中一部分已登记的债权人是因为没有收到规定的书面材料而没有作出承诺的，则未满足抵押权消灭请求的要件（但是，已对其他债权人支付了出价全款的，存在认为前述债权人所持抵押权发生消灭的余地。因为一方面部分已登记的债权人未收到书面材料可归责于受让人，另一方面，有必要对已作出“承诺”并接受清偿的抵押权人的信赖进行保护［道垣内前揭 169 页］）。

向各债权人所为的支付（或者提存）端赖受让人与各债权人间的两边当事人。因抵押权消灭而进行抵押权登记涂销程序也与此相同。另外，作为买方的受让人，在抵押权消灭请求程序结束之前，有权拒绝向卖方支付价金（民第 577 条）。

4. 作为对象的担保权

抵押权消灭请求的制度准用于先取特权（民第 341 条）与不动产质权（民第 361 条）。因此，当不动产上同时存在经登记的先取特权与不动产质权时，可以分别提出先取特权消灭请求与质权消灭请求。进而，当一个不动产同时成为抵押权、先取特权还有质权的标的物等，数种担保权的标的之时，抵押权消灭请求、先取特权消灭请求与质权消灭请求将被合并一同行使（合称“担保权消灭请求”）。前述的准用规定意味着，不仅对先取特权与质权也主张消灭请求，而且构建了一套制度，通过该制度，不管担保权的种类如何，就某一不动产上经登记的所有担保权都能使其消灭。抵押权消灭请求是与抵押权直接相关的规定（例如有关担保权的执行与担保权的消灭用了“抵押权”的特定表现，而非“担保权”），条文中的“已登记的债权人”（“受寄送的债权人”）（民第383条至第386条）虽采用的是“债权人”这一宽泛的表述，但直接连起来是“作为抵押权人的债权人”，诚然如此，不过通过前面的准用规定，“已登记的债权人”最后便意指有登记的抵押权人、先取特权人与质权人之全体（梅谦次郎《民法要义卷三（复刻版）（1984）555页》）（2003年修改之前“涤除”这一称法还肩负着总称的使命——这一总称不被各担保权种类所割据，而随着改称“抵押权消灭请求”之后，“使得存在于担保不动产之上的一切有登记的担保权都归于消灭”这一制度特征反倒变得模糊了）。

参考文献

关于2003年的修改，山野目章夫、小粥太郎：“平成15年法改正担保物权法·逐条研究（4）抵押权消灭请求”NBL792号50页（2004）；道垣内弘人等：《新担保执行制度（补订版）》（2004）82页以下；谷口园惠、筒井健夫编著：《改正担保执行法的解说》（2004）20页以下。

关于与涤除制度有关的问题点与立法发言，生熊长幸：“我国涤除制度的矛盾与涤除制度废止论”冈山大学法学会杂志44卷3、4号515页（1995）；福田诚治“替代涤除的新制度的研究——为促进任意卖却”帝塚山法学6号219页（2002）。

64

新式资金筹集的结构与民法

立命馆大学教授　大垣尚司

本文拟回避琐细的技术性观点，从新式资金筹措的手法中，选取若干能够在民法思考上提供新视角的结构来展开解说。

1. 作为操作责任财产法技术的资产证券化

(1) 假设股份公司X发行的无担保普通公司债其评级为BBB，并持有评级为AAA的资产S。此时，若用S为公司债持有人设定担保物权，则公司债的评级会上升为AAA吗？

回答是否定的。因为公司重整法适用于股份公司，该法并不承认担保权人的别除权。因而，当重整申请被受理时，担保权人也进入该程序，其在支付日发生债务不履行的可能性与无担保债权并无差别，进而其债权也有可能最终基于重整计划被削减。

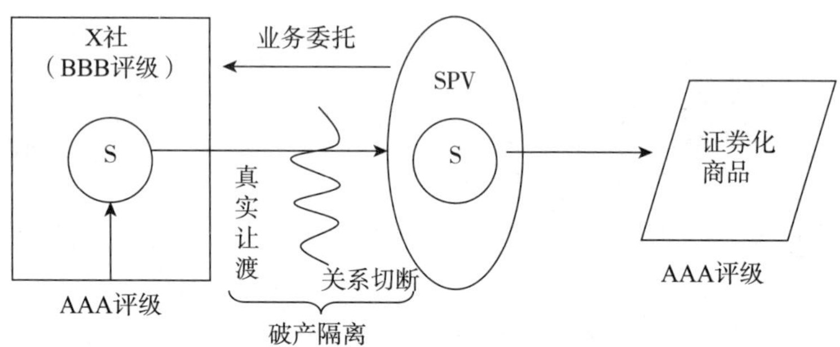

于此场合，自出借人的角度看来，由于S的评级要高于X，还是选择买取S并用该价金向X提供资金更好。但是，如果S仍为营业资产的话便无法进行。因此，先将S转让给被称为SPV（special purpose vehicle）这一用于融资的实体，SPV再通过发行证券筹集该价金。SPV另外再与X缔结债权回收合同这种业务委托合同，委托X继续对S进行占有与债权回收。上述构架便叫作资产证券化（asset securitization）（此外，还有一类被称为风险证券化的领域，其采用与合成型CDO［(6)］相同的构架转移信用风险以及保险合同所欲规避的风险）。

与让与担保所不同的是，SPV会切断实际出借人与X之间的联系。通过将S完全让与给与X全然无关的SPV，就可以排除X的破产债权人对S的追及。为了使交易在破产法上不被视为实质上是X对投资者的让与担保，既要在确保让与的真实性上，也要在使 SPV 成为与 X 独立无关联的实体上等各个方面下足工夫。通过这种名为破产隔离（大垣尚司《结构化融资入门》（1997）74 页，高桥正彦《证券化的法与经济学》（2004）第 3 章等）的处理，对于证券化产品而言，取得的就是 S 的而非 X 的评级。

在让与担保的场合，难的是如何将外观上是转让的东西说成是担保，而对于证券化，问题正好反过来。

若对融资的法技术追问到底，便触及对债务人责任财产的操作。担保是一种仍将特定资产留在责任财产之中，但通过限制物权的设定打破债权人平等的法技术（基于一般先取特权与特别法的一般担保物权为例外。这些最好归纳为事业担保权，可以与事业证券化［whole business securitization］相对照），而证券化则是一种将特定资产从责任财产中分离出，更加有效地获得其融资价值的法技术（附责任财产限定特约的无追索权贷款处于无担保贷款与附担保贷款的中间位置）。在证券化以外，还可以考虑如下构架，即由 X 设立特殊目的的一般社团法人（基于《关于一般社团法人于一般财团法人的法律》［平成 18 年法 48 号］的非营利法人），用 S 向基金现物出资以实现 X 的资金筹集。

2. SPV 与法人论

（2）就采用法人形式的 SPV（在日本多采用有限公司形式［在新公司法中或为合同公司］。另外，也有基于关于资产流动化法律设立的、专作为证券化 SPV 的特殊目的公司及特殊目的信托）这一实体而言，只不过是整个构架中的一个外壳，除了被完全禁止开展其他所有业务，出资人与董事在筹集期间中的“无为”成了最重要的任务。作为社团，这种完全不具有实体的 SPV 不会被否定法人格是何原因?

即便 SPV 只不过是一个“外壳”，但只要在架构上起到不可或缺的作用，便难以说已形骸化（另参照（5））（关于法人格否认的要件，最判昭和 44 年 2 月 27 日民集 23 卷 2 号 511 页）。但是，将以商业运营为前提的传统法人理论直接套用在 SPV 之上，会有相当不协调的感觉。

另一方面，以契约型 SPV 为代表的信托根据修改后的信托法，其受益权进行有价证券化的做法受到广泛认可（信托法第 8 章，金融商品交易法第 2 条第 1 款 14 号），因而与法人型 SPV 几乎能发挥相同作用。另外，结构化信托与典型信托两者在实体上还是存在巨大差异。如此看来，通过法人或非法人而对“实业组织”还是“融资组织”作出的区分在考虑组织法的基础上变得重要起来。

3. 集合债权的资产价值

（3）将向个人发放、单笔信用度较低的贷款债权池进行证券化，为何能得到 AAA 评级?

对不同债务人的金钱债权集合，即便单笔的信用度较低，但从整体来看可以期待风险分散的效果，像汽车贷款这类小额大量的情形，符合大数法则。因此，基于最保守的情况通过运算设想最糟糕的坏账金额，再对这部分施以某些增信措施的话，其余部分的信用度将无后顾之忧，因而就能获得高信用评价。同样的道理也适用于集合物上价值变动的风险。

从融资的角度如此看来，集合债权与集合物具有单个构成物所不具备的财产价值。所谓的集合物论（例如道垣内弘人《担保物权法（第 2 版）》（2005）325 页以下）从中也能得到印证（参照上书 65 页）。

4. 不动产证券化

（4）一项不动产投资信托（REIT）持有 20 栋办公楼，投资总额达到 1 000 亿日元，其中购得相当于10万日元投资份额的投资者所持有的是物权还是债权?

物同时具有使用价值与融资价值。就像股份公司制度在运营中所有与经营分离，利用证券化也可以实现资产使用价值与融资价值的分离。典型便是基于关于投资信托与投资法人的法律设立 REIT，将不动产转换为代表份额的证券，并由投资法人持有不动产。

将 REIT 持有的物件出租给租客，从中所获的收益则由另外的投资者收取。还有，REIT 的份额与股份一样也可以在证券交易所上市，并作为证券被买卖。其定价不是单纯各物件价值的总和，而是既在很大程度上受到“谁来运营资金”的左右，也受到证券市场整体趋势的影响。

随着像上述将物权的价值进行分离并当作债权进行流通的产品得到普及，其结果便是，我妻博士所揭示的不动产的债权化（我妻荣《近代法上债权的优越地位》（1953）第3章第2节）正逐渐在原来的意义上成为现实。另一方面，在与传统租赁权物权化的不同语境中，债权中类似于物权的财产属性在不断加强。这一点，尤其是在考虑到该由谁来负担相对于权利而言的义务时，将可能成为棘手的问题。

（5）因归属于 REIT 的物件产生的民法第717条第2款中的所有人责任该由谁负担?

条文上，名义所有人是 REIT 中的 SPV，不过根据个案情况，对于原本就已经形骸化的 SPV，或许有否定其法人格，追究投资者直接责任的余地（当 SPV 为信托时，在第31回信托法学会上，佐佐木哲郎以“受托人对无过失责任的应对”为题，就相关内容作了报告）。而且，尽管运用 REIT 的资金管理人与物件管理人并非占有人或投资者，但如果考虑到他们作为搭建产品的主体支配着物件，由此从产品中获得诸多利益，是否只能根据民法第709条追究其过失责任也将是一个问题。

5. 保证、损害填补合同、信用违约互换、合成型 CDO

在资金筹集时，发挥人保性增信作用的保证跟损害填补合同，无论何者都以债权债务的存在为前提，并以债务不履行作为执行的触发点。与此相对，信用违约互换（CDS）不问原债权是否存在，约定以特定债务人信用状况的恶化为触发条件（破产、评级下降等当事人可自行约定），向对方支付一定金额（相当于本金），作为对价从对方那里收取一定的金钱（相当于保险费），是掉期合同的一种。

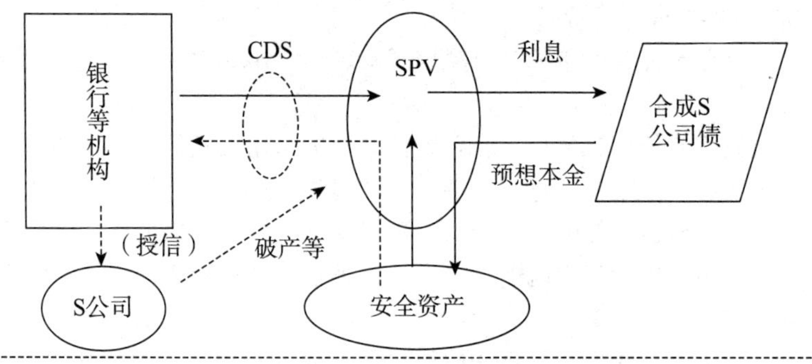

（6）证券公司等设立SPV，与如欲减少针对S公司的信用风险敞口的银行等机构缔结了CDS合同。与此同时，SPV从投资者处筹集到与预想本金相当的资金数额，并投资于国债与银行存款，加之从CDS中所获的收益，向投资者支付较高的利息。另一方面，一旦出现了CDS的支付事由，需要用运营资金充当对CDS的支付，投资者便无法获得清偿。承上，SPV的公司债与S公司的公司债实质上为同物。这被称为合成型CDO（synthetic collateralized debt obligation）。然则，合成型CDO的债务人是谁？

合成型CDO法律名义上的债务人尽管是SPV，但在投资人眼里看来是S公司。但是，S公司与投资人之间根本不存在债权债务关系。如果CDS的相对人是对S公司没有信贷余额的单纯投机者，那么原本S公司就不用负担债务的可能性就大。

如上，合成型CDO是一种通过衍生品转移风险并借助SPV人为地构建责任财产，创造出无资金筹集人的债务（投资商品）的结构。实务上，这种产品应用范围极广，今后很有可能衍生出各种各样的产品（例如，Satyajit Das，*Structured Products*（3rd ed.）（2006）Volume I，II）。

6. 资产支持融资

资金筹集可以大致分为，为筹集作为运营基础的固定资产与启动资金所作的投资用融资，以及在营业循环过程中填补进货与销售之间时间差的商业融资。并且，就为清偿所用的担保资产而言，前面两种情况下理应分别用固定资产与流动资产加以应对，但是在经济泡沫破裂之前，只要在作为固定资产的土地上设定了最高额抵押权，就还可以用其担保余额进行商业融资。不过，在经济泡沫破裂之后，回归了原则，商业融资要在动产或赊销债权等流动资产上设定担保，资产支持融资的必要性不断增加（ABL研究会"活用动产或债权等的资金筹集手段（教材 金融事务编）"（2006）经济产业省主页[www. meti. go. jp/report/data/g60704a04j. html]）。

是故，在新设并充实动产及债权让与的公示制度（本书42、65）广泛认可债权让与禁止特约一事上，关于其得失引起了激烈的讨论（本书87）。还有，2007年通过了关于以电子方式流通转让的新型支付债权即电子记录债权的法律（本书84）（大垣尚司《电子债权》（2005））。

四　债权总论

65

金钱的特殊性

名古屋大学教授　田高宽贵

一、序——“金钱”概念的多义性

在讨论金钱的特殊性时，首先应厘定金钱究竟指什么，但这并不是一个简单的问题。(1) 毫无疑问，法律赋予其强制通用力的现金通货（货币、日本银行券）属于金钱，现金通货一旦交付，则依金钱债务之本旨而生清偿的效力（参照民法第402条）。但如果将其他有可能作为金钱债务支付手段的物品也作为金钱及通货的话（承认自由货币），(2) 考虑到常见的银行账户间的转账交易，存款也可算作通货（经济学上即使用存款通货的定义）。此外，(3) 法律上认可的在一定范围内有清偿效力的邮票或有价证券等，(4) 仅在使用人相互约定范围内通用的商品券、预付卡（prepaid card）及电子钱包等也包含在金钱的概念之内。下文，首先围绕现金通货来讨论金钱的特殊性及其法律地位，然后再讨论金钱的构成要素及其外延。

二、金钱的所有权及返还请求

1. 金钱的高度替代性、流通性及金钱所有权否定论

金钱具有高度的替代性（不特定性）与流通性。假设A被B骗五百张一万日元，此时对A而言，B只要归还五百万日元即可，至于这五百万是否被骗取的那五百张纸币，则在所不问。如果B用从A处骗来的五百万日元清偿对C的债务，那么就交易安全而言，A原则上不能向C请求五百万日元的返还。

战前的判例与学说在此类“骗取金钱用以清偿债务”的事例中，均将金钱作为物来把握，继而认可A对C的不当得利返还请求，认为被骗取人A享有金钱所有权，同时承认C的即时取得。但在末川博的《货币及其所有权》(貨幣とその所有権)(《民法论集》(1959年，初出1937年）第25页以下）一文发表之后，关于这个问题的议论风向为之一转，该论文将金钱抽离出物的领域，将其作为抽象价值的表现物，认为“金钱所有权原则上随占有一同移转”。依此推论，原则上金钱一旦脱离占有，即丧失所有权。换言之，在金钱上不承认物上请求权，仅承认不当得利返还请求权。这一理论一经提出，很快便成为通说，亦为判例所采纳（最判昭和29.11.5刑集8卷11号1675页，最

判昭和 39.1.24 判时 365 号 26 页)。

2. 对金钱的物权性保护——优先效力及追及效力

然而，如果完全否认金钱的物权性，不免产生如下的问题。在骗取人陷于无资力的情况，依照债务人平等的原则，被骗取人只能和其他债权人一样按份受偿。相比起其他有体物被骗取人可以行使物上请求权，金钱的被骗取人所受保护显然过于薄弱。因此，有学说认为，只要金钱价值可以维持其特定性这些前提成立，就应该承认被骗取人就金钱享有物上请求权（亦称为价值返还请求权）（四宫和夫《关于物权性的价值返还请求权》（物権的価値返還請求権について），载《四宫和夫民法论集》（1990 年，初出 1975 年）第 97 页以下，加藤雅信《财产法的体系与不当得利法的构造》（財産法の体系と不当得利法の構造）（1986 年，初出 1981 年）第 654 页以下等）。此外，在追及效力的问题上，四宫说认可金钱与有价证券一样可以成立即时取得，而加藤说则认为，骗取金钱进行清偿应当依诈害行为撤销权的法理进行处理，依其学说，只有在满足骗取人无资力及清偿受领人有诈害意思等要件的情形下，才能认可对清偿受领人的物上返还请求权。

3. 判例中的追及效力与金钱所有权

判例立足于“金钱占有即所有”的立场，并未认可具有优先效力的返还请求权，但却认为不当得利返还请求在一定范围内就金钱的价值具有追及效力。在骗取金钱用以清偿债务的情形，判例认为对自骗取人 B 处受领金钱的 C 若存在故意或重大过失，则在 C 与被骗取人 A 之间成立不当得利（最判昭和 49.9.26 民集 28 卷 6 号第 1243 页）。这一判断基准与认可金钱即时取得的战前判例立场近似，换言之，就主观方面而言，在已不需要考虑流通性的情形下，判例认可其追及效。

除此以外，从客观方面来看，在能够维持价值特定性、流通性亦无甚问题的情形下，判例也认可所有与占有的不一致。下文亦将论及，在定期存款人的认定中，资金的归属问题（此处虽非现金）就是其中一例。另外，在一则最高法院的判决中（最判平成 4.4.10《判时》第 1421 号第 77 页），共同继承人之一 B 将被继承人 A 原所有的现金以“A 的遗产管理人 B”的名义存入银行，其他共同继承人则请求 B 支付遗产分立前与法定继承份额相对应的金钱数额，最高法院否定了共同继承人的请求，可以说这一判决也与“金钱所有权＝占有”的立场相左（参照道垣内弘人《判批》，《家族法判例百选》（第 6 版）第 135 页）。需要注意的是，前述末川说也认为，在为他人保管金钱的情形，管理者的占有并不导致所有的移转。

4. 金钱价值返还请求争论的现状与课题

(1) 价值返还请求权在民法体系中的位置

就价值返还请求权在民法体系中的位置这一问题，加藤说认为，现行法将权利明确区分为物权与债权两大体系*，但就社会实际而言，权利的对世性保护的必要性则是连续的。为应对此一需要，在一定情形下，对居于两者之中的“给予债务”给予其物权性保护，这就是金钱所有权（加藤雅信《新民法大系 2 物权法（第 2 版）》（2005）270 页以下）。可以说，加藤说为学界提示了实体法上返还请求权的理论基础。

(2) 非以金钱所有权为基础的进路

与此相对，多数学说对给金钱以物权性的保护相当慎重。除了在实体法上无有根据之外，有学说认为，给金钱以物权性保护予以法定是货币法的任务，以解释创造出金钱

* 即对世权与对人权。——译者注

的物权性，将破坏交易秩序，难免有损“货币行政上的要求”（久保田隆《金钱是什么》（金銭とは何か），载《金法》1702 号 11 页）。

近期的学说也多认为，有必要给予金钱被骗取者优先地位，但论证的路径则与金钱的物权性保护不同。道垣内说以信托法理为基干，认为对金钱的优先效力应可从将金钱所有人作为委托人的基础上推导出来（道垣内弘人《信托法理与私法体系》（信託法理と私法体系）（1996 年）底 202 页以下）。松冈的系列论文也指出，非基于金钱所有权理论的价值返还请求，在外国法也在所多有，如德国法上的“价值追踪”和美国法上的 Trcaing 法理等，松冈在参照上述外国法理论的基础上，对认可优先效的要件进行了具体探讨（松冈久和《美国法上追及的法理与特定性》（アメリカ法における追及の法理と特定性），林良平先生献呈《现代物权法与债权法的交错》（現代における物権法と債権法の交錯）（1998 年）第 357 页以下，该论文中所引松冈其他论文亦请参照）。相比对物权债权明确区分体系给予积极评价的加藤说，松冈说提示了债权的价值归属概念等，从中可以窥见其超越物债两分体系的想法，因此可以说，两者学说虽有共同的问题意识，但在解决问题的方向性上却迥然相异。

（3）价值返还请求的优先效力、金钱的追及效力的范围

无论是否承认金钱的所有权，认可金钱价值返还优先效力和追及效力的见解多认为，此处的要件在特定性。不同学说对特定性的基准容有不同，但通常对特定性的认定都比较缓和，例如会认可金钱混合而生共有状态等（前述昭和 49 年最判即认为，被骗取的金钱即使通过混同、换钞、存款、消费等途径用于清偿，此时也成立不当得利）。金钱作为有体物，在物理上显然是非特定的，因此此处的特定性，不妨说是交易上的特定性（参神田秀树《国际交易中相关法律问题》（国際取引に関する法的諸問題），载《金融》第 547 号第 5 页）。

因为金钱具有绝对的替代性，所以这里不可避免地需要缓和特定性的要件，但仅因有特定性就认可优先和追及效力，也并非没有问题。正如判例与部分学说所主张的，如对骗取金钱清偿的受领人进行请求（追及效力），应具备一定的主观要件。另外，对照同样以公示为基础的物上代位的有关讨论，在骗取人与清偿受领人的一般债权人之间，如要认可金钱的优先效力，也同样应加以与公示公信相关的要件。就比较法而言，“金钱占有即所有”的论断难称多数，时至今日，学界也已普遍认识到其适用范围及问题所在，但翻转此一论断的理论基础何在，与效果对应的要件又如何设立，仍是今日残留的课题。

三、“金钱”概念的外延——电子货币的法律性质

1. 电子货币及其特征

本文开头所提及的广义的金钱中，最为受关注的莫过于近年迅速普及的电子货币。电子货币的形态本身多种多样，事先依缴纳的资金量发行电子货币，方便利用者以电子货币进行结算，这通常是最典型的形态。

法定通货以外，有金钱价值可以作为一般交换物的有证券形式的商品券等金券，预付式电子卡，预付式电子货币也有类似性质。不过相比之下，电子货币具有应用广泛、制度设计上数据可自由流通的特点。随着利用者利用可能领域扩大，（至少就利用者的感觉来说）电子货币与现金已经极其接近。

2. 金钱的一般理论与电子货币的类型——森田说

关于电子货币法律上的性质有多种见解，本文仅介绍从金钱的私法地位进行论述的森田说（森田宏树·后揭文献外，同《围绕电子货币的私法上的诸问题》（電子マネーをめぐる私法上の諸問題），载金融法研究 15 号 52 页以下等）。森田说对于金钱乃至通货作如下分析。金钱债务的清偿是基于金钱的价值＝支付单位的转移，而促成这一转移的“通货”包括两个要素：（1）构成支付单位的“通货媒介”，（2）使支付单位的转移成为可能的“通货手段”。现金通货是以纸或者金属作为通货媒介，其所有权转移属于通货手段。而对于存款通货，从判例来看，其交付属于金钱债务的本旨清偿（最判昭和 37·9·21 民集 16 卷 9 号 2041 页），故也可视作通货媒介，而银行汇款、支票、信用卡、借记卡则为转移存款通货的通货手段。

森田说以包括现金通货外的通货的金钱统一观为前提，认为电子货币可分为“指示型”（转移现金通货以及存款通货等通货媒介的通货手段）和“媒介型”（构成金钱价值的通货媒介本身）两种类型。这两者并非是排他的，而可以共存，从而以多元的角度捕捉了电子货币的法的性质。

3. 电子货币的“金钱性”——从替代性·流通性看

从替代性·流通性的角度看，电子货币的多样性具有如下表现。开放型电子货币（从 A 处收取的电子货币原样让与至 B 处。现在尚未实际运用）作为媒介型的一种，其法律处理应等同金钱。然而从属指示型的闭环型电子货币（零售店等直接将电子货币返还给发行者）以及具有定位和追踪每一笔交易制度设计的电子货币，应基于金钱的流通性与不特定性，或可在限定情形下承认价值返还请求权。另外，电子货币比起现金存在伪造巨额货币的风险，因而不应轻易采用可通过消除或骗取数据来保护数据原持有者的媒介型电子货币，也不能强行用现金逻辑来解释电子货币。

对于包含了金钱构成要素的广义上的金钱以及通货，与上述介绍的指示型电子货币相同，其流通性与替代性（不特定性）与现金相比程度更低，因而可以说存在应用类似于金钱的价值返还请求权的可能性。若如此考虑，则作为金钱特征的流通性与替代性（不特定性）或也可作为判断价值追及和返还请求成立与否的指标。

参考文献

除文中已记录的内容之外，古市峰子：《现金、金钱相关的法的考察》，金融研究 14 卷 4 号 101 页以下；能见善久：《金钱的法律上的地位》，载星野英一编辑代表：《民法讲座（别卷 1）》（1990）101 页以下；磯村保：《基于诈害的清偿与不当得利》，载石田喜久夫·西原道雄·高木多喜男先生还历纪念（下）《金融法的课题与展望》（1990）251 页以下；电子货币研讨会：《从私法看电子货币》，金融研究 16 卷 2 号 1 页以下；森田宏树：《电子货币的法的构成——基于私法上的金钱的一般理论（1）～（5）》，NBL616 号 6 页·617 页 23 页·619 号 30 页·622 号 33 页·626 号 48 页等。

66

当事人的认定

东北大学教授　河上正二

一、问题的所在

从混沌的社会事实中，解析出何者之间有何种法律关系（此处限于债权债务关系），这在处理法律问题时是极为重要的功课，对于合同法来说尤其如此。不夸张地说，当事人的认定与债务内容的确定是一切讨论的出发点。以往这些课题虽然在一些个别问题上有所讨论，但总的来说并没有讨论得很充分，随着通信方式的多样化，交易关系的复杂化、协同化，出现了实际的行为人或名义人并非法律效果的归属方的情况，这就使我们有必要从理论上厘清“当事人”这个概念。下面笔者希望针对“合同当事人的认定”这个课题，做个概览与展望。

二、所谓合同的“当事人”

1. 认定合同当事人的意义

之所以要接受合同的拘束（负担债务），原则上可以归于缔结合同者本人的意思也即私法自治。因此按照传统的理解，既然合同是“相对的意思表示的合致”，那么“合同当事人”就是将相应的意思表示出来，并想要让一定的法律效果发生并归属于自己的行为人本人。

通常来说，合同的名义人也即作出缔结行为与意思表示的人与法律效果的归属主体是一致的，当然在使者、代理（包括署名代理）以及利益第三人合同等情形，民法上也认可两者不一致的情形（同时可参照日本商法第 504 条）。但不论如何，交涉当事人所形成或实现法律关系究竟归属于谁，这一点的重要性是毋庸置疑的。不过，如果将眼光扩展到说明义务等合同的附随义务以及多数当事人之间的法律关系的话，我们不妨先来分别讨论一下合同缔结行为主体和效果归属主体（於保博士称之为“行为当事人”和“效果当事人”，见於保编《注释民法（4）》，1967 年第 6 页（於保执笔））。

（1）缔结行为主体

在关于合同缔结行为人的讨论中，最主要的问题集中在合同缔结过程中当事人的能力、认识等主观状态的认定上。在合同缔结时，法律有时会对当事人课以一定的说明义务和信息提供义务。在当事人与交易相对人直接接触和交涉的过程中，需要去认定当事人是否具有判断力、是善意还是恶意、是否有归责事由等事项，而这些事项的认定都会关系到合同是否成立，以及是否负担因诚信原则所生的责任的判断（从这个意义上说，代理理论上“代理人行为说”和“本人行为说”的对立绝非已经过时的讨论）。此外，如果着眼于交易相对人，究竟欲与谁缔结合同还关系到信赖保护这一重要问题。以表见代理为代表的外观法理，就提供了将无主观意图但有归责性的当事人纳入合同关系的一种可能。

（2）效果归属主体

合同当事人在法律上最重要的意义，就在于其为合同效果归属主体或曰合同上利益的归属主体。一旦成为合同当事人，则可以对相对人行使基于合同的履行请求权等权利，同时也负担因之所生之债务而成为义务人。不过在效果归属的问题上，尚存在几项重要的例外。

（a）代理/代表。代理要求“显名主义”，在行为“为何人以何人名义”均明确的情形，作为效果归属主体的“当事人”并非代理人或代表人，而是“本人”自身。因为有授权与显名的代理行为，会产生改变效果归属主体的效果，若无显名，则原则上视为代理人自身的行为，这时候就可能延伸出处分他人之物等问题。比较麻烦的问题会出现在意思表示是机关或组织作出的，还是个人或作为个人的集合作出的这一问题并不明确的情况（如适用法人格否认的法理时），特别是在一人公司和无权利能力社团方面，此处不拟深论。

（b）利益第三人合同。像人寿保险这种典型的以第三人为受领人的利益第三人合同中（民法第 537－539 条），合同当事人一方（承诺人）与合同相对人（要约人）约定，其对第三人（受益人）直接负担债务。此种合同的特点是，合同的有效性，是否有撤销事由以及合同上的抗辩等，均应在要约人与承诺人之间进行判断（在此意义上受益人并非合同当事人），而合同所生效果（利益）归属则是朝向作为第三人的受益人的。这是合同相对效的一个重要例外。

（c）信托。权利归属点中的新问题，在信托中也多有讨论。所谓信托，委托人 B 根据合同等设定信托，并将信托财产移转给受托人 A，受托人 A 则依照信托行为所定者以自己的名义对该信托财产进行管理、处分，运营公益营业，并将因之所生的利益归属于受益人 C（参照信托法第 1 条、第 2 条）。信托行为的当事人是委托人和受托人，但效果的归属形态则与通常的情形大不相同。名义上作为财产归属人的受托人只是享有信托财产的管理权与处分权，其负担信义义务，并被要求按照信托目的作为善良管理人对财产进行分别管理。这种情形下，法律上以独立的责任财产为中心创造了权利义务的归属点，并有意地与利益归属主体分立，因此可以说存在“隐藏的当事人”（更全面的讨论参能见善久《现代信托法》（2004 年））。

2. 合同的相对效力

以上这些问题与“合同的相对效力”（也即合同的效力仅及于合同当事人之间）这一原则切切相关（山田诚一《合同的相对效力》，《法学教室》第 152 号第 39 页（1993））。若非合同的当事人，则不必负担基于该合同所生之义务，同时也不享有与合同利益相关的直接请求权。因此，合同当事人的债权债务关系原则上就与一般的法律关系不同，与此相对，对“第三人”关系就只能交由侵权行为法（债权侵害等）或物权法来处理。当然，除了上述的“利益第三人合同”等例外，在债之保全的情形下债权人也可能介入债务人与第三人之间的合同（债权人撤销权/债权人代位权），合同还有“保护第三人效力”，狭义的合同当事人间的免责特约与抵销特约也可能有对第三人的效力，各种各样的情形还很多，否定其为“当事人”（也即认定为“第三人”），也并非就完全切断了合同关系，更勿论还有租赁权的物权化这种例子存在。如今与严格的物债两分一样，“合同的相对效力”这一原则也应该从根本上进行重新讨论。

三、分论性问题

1. 存款合同的当事人

（1）名义人/出款人

存款合同中存款行为人/名义人与出款人非属一人的情形，究竟将何者作为存款人（存款合同的当事人），关于这个问题有很多议论（中舍宽树《存款人的认定与银行的免责》，《名古屋大学法政论集》第 97 号第 77 页（1983）），安永正昭《存款人的确定与合同法理》，石田喜久夫・西原道雄・高木多喜男先生还历纪念（下）《金融法的课题与展望》（1990 年）第 161 页以下，太田知行《记名式存款中存款人的认定》，加藤一郎先生古稀纪念《现代社会和民法学的动向（下）》（1992 年）第 247 页以下，太田后揭）。在涉及无记名定期存款的最判昭和 48 年 3 月 27 日（民集 27 卷 2 号 376 页）中，法院即以“客观说（出款人说）”为基础判断存款人，在记名式定期存款的判决中，法院也承袭此立场（最判昭和 52 年 8 月 9 日民集 31 卷 4 号 742 页）。

针对存款返还请求问题，一方面需要尊重实际出资者的利益，另一方面银行如果尽其必要的审查而返还存款，那么作为对债权的准持有者的偿还能够避免造成实际上的利益损害。然而如果是流动性高的普通活期存款和活期支票存款，因为难以确认每一次存款的出款人等原因，银行开户时的“名义人”应该被作为存款者，这一见解近来被有力主张（森田宏树《汇款交易的法律构造》中田裕康＝道垣内弘人编《金融交易与民法法理》（2000）137 页以下，同・平成 15 年重要判例解说（ジュリ1269 号）83 页等。并参照了提倡相对存款者概念的岩原绅作《存款的归属——存款者认定与误汇款・汇款欺诈》江头宪治郎先生还历纪念《企业法的理论（下）》（2007）421 页以下）。但如果以以往的判例为前提，客观说的射程应加之如下能够保持存款债权特定性的限定条件：对外部第三人而言，采取了汇款独立、分类管理等手段。关于存款的归属，可以考虑将合同当事人与被解释者作为存款人的合同法方法，以及直接将资金归属于谁作为问题的物权法路径，但至少在处理缺乏个人性的金钱债权的存款问题上，通过合同法来进行统一处理对于问题处理的简明性而言是更优的。特别是在实施“本人确认法”后开设的存款账户，政策上也希望将重心转移到在出款和存款管理形式上进行存款者认定（同法参照后藤健二《依据金融机关等的顾客本人确认的法律概要》金法 1647 号 6 页（2002））。

（2）信托的存款

当存款承认“信托”的概念时，应该留意到现实中因管理存款的名义人（受托人）而存在的信托财产形式的存款（最判平成 14・1・17 民集 56 卷 1 号 20 页（关于公共工程预付款保管账户），最判平成 15・6・12 民集 57 卷 6 号 563 页（关于律师存款账户））。近来的判例比起以往的主观说与客观说的对立，存在新主观说的倾向，认为应以“名义”为基轴，从当事人的认识、该种存款的目的和管理形式等内容来判断存款人

(实际的存款归属者)。更何况也需要考虑存款合同当事人的效果归属问题和责任财产的归属·保护问题之间的紧张关系。

2. 不动产买卖合同的当事人

在不动产买卖方面，如果合同缔结行为者·合同名义人与购入资金出款人不一致，也会产生存款人的认定及类似的问题。判例中存在依据合同名义认定的案例，事实上也有把原本的出款人当作合同当事人的取向（最判昭和52·2·17民集31卷1号29页等。详细参照鹿野·后文)。在这种情况下，如何调整不动产所有权的实际归属及对第三者登记等的信赖保护，经常成为关键问题。这与纯粹的合同当事人认定问题之间存在着不一样的要素。登记行为因为会影响到公信力，故而必须反映真实的物权变动。假设A通过B的出款购入甲地，登记以B的妻子C的名义进行，后来C将甲地出售给D（参照东京地判昭和54·11·6判タ416号164页)，此时合同当事人的认定问题先搁置不理，仅靠民法第94条2项的类推适用也可确定D的所有权。然而，如果考虑到经常会因为债权关系的变化而产生特定承继的所有权归属问题，那么把在原则上将以名义为基准的合同关系作为前提来处理或许会更加简洁（例如A·C之间的买卖，A·B之间的买卖→B·C之间的赠与→A·C之间的中间省略登记等)。假设合同缔结行为者·名义人·出款人均不相同（仅限于代理及心中保留等问题并不明显的情况下)，应将缔结行为者·名义人判断为第一义的合同当事人。

3. 诊疗合同的当事人

依据诊疗合同确定合同当事人，则是审议“谁对谁拥有诊疗报酬请求权”和发生医疗事故时“谁应该对谁追究责任”这两个问题的先决条件。如果是侵权责任，抓住有责的加害者和受害者作为当事人即可，无须另添烦恼（这一点可以说是债务不履行构成的难点之一。辻伸行《关于医疗合同当事人》独协法学31号149～150页（1990)），但在确定行为人对有关受害人究竟负有什么样的注意义务以及应在多大程度上承担责任时，仍应考虑这个问题。从诊疗债务的特殊性来看，通常医院开设者和患者本人应当是当事人，如果是保健医疗，则医疗行为与诊疗报酬相关的合同在保险人与保险医疗机关之间成立（为第三方而签订的合同)，这也有依照患者受益的意思表示（民537条第2项）进行诊疗的余地（大阪地判昭和60·6·28判565号170页等)。但是，从患者自由选择保险医疗机构，直接向保险医疗机构承担部分负担金的支付义务，以及根据患者和保险医疗机构的合意确定具体诊疗内容的过程来看，其本质与免费诊疗是连续的，将保险纳入医疗费用支付体系符合当事人的意愿（在这方面存在三方合同)。如果把公法规定的权利义务与私法规定的权利义务分开来理解，或许会更符合当事人的本意（东京地判昭和56·2·26判タ446号157页等)。

4. 复合合同的当事人

即便是复合给付·复合交易关系，关于合同当事人的认定·确定还面临着诸多问题（关于这个问题，参照山田诚一《有关〈复合合同交易〉的备忘录（1）（2·完)》NBL485号30页·486号52页（1991)，河上正二《复合的支付·复合的合同以及多数当事人的合同关系》矶村保《民法裁决教室》(1999) 282页，千叶惠美子《从〈多数当事人的交易关系〉看合同构造的法律评价的新结构》椿寿夫教授古稀纪念《现代交易法的基础课题》(1999) 1661页等)。

首先，当一组复杂利益出现问题时，可能存在两种看问题的方法：一种是在考虑合同当事人之间的关系后，基于整体的紧密经济关系，考虑合同当事人之间在法律上相互独立的每一个具体利益的关系；另一种是将合同当事人之间就单个复杂利益的关系作为一个整体直接看问题。在判例中，休闲场所入会合同与度假住宅购买合同，两者之间有着紧密关联，例如有人认为“在社会一般观念上，如果甲合同或乙合同的任何一个都无法从整体上达成缔结目的，那么债权人可以以不履行甲合同的债务为理由，通过行使法定解除权，一并解除甲合同和乙合同”（最判平成8·11·12民集50卷10号2673页，北村实·民法判例百选Ⅱ《第五版新法对应补正版》100页，河上正二·判例470号（判时1628号）13页，池田真朗《“复合合同”或“混合合同”论》NBL633号6页（1998））。如果是这样，依据债务内容的替换，法律形式上的当事人概念也会扩张。同样，康养房屋购入合同和高尔夫俱乐部的入会合同也会有相关问题。

其次，在复合交易关系中，若在法律形式上存在其他主体之间的多个合同结合·合同连锁，可以评价为形成某种“类型”或“合同结构”，以实现单一合同目的的效果，有时需要以实质当事人为前提，再在重组当事人关系的基础上进行法律处理。例如众所周知，在因信用卡产生的商品购买合同中，抗辩权的延伸是被认可的（分期付款法第30条第4），在连续运输或复合运输合同中的承运人责任问题上，或在主承包人与分承包人的关系及对订货人的责任问题上，很少要求当事人人数的扩大或当事人关系的重组。这是关系到合同的法律性质的问题，也包含了对不当脱法行为的处置。比方说消费者租赁合同和分期付款合同的适用问题，金融上的融资保证和利息限制法的适用问题，虚假承包和派遣法的适用问题，等等，着眼于实质经济关系的法律问题处理也是当下的课题。

四、具体问题

1. *“名义冒用”·“名义借用”的责任*

存在合同的缔结行为者X经过或没有经过A的同意，却以A的名义与Y缔结合同的情况时，该如何确定当事人呢?

（1）名义冒用

在未经允许冒用名义的情况下，原则上名义人A与Y之间不成立合同关系（福冈地小仓支判夕昭和60·2·20判554号282页等）。A并没有缔结合同的意思，仅仅是Y与假冒A的X之间缔结了合同（仙台高判昭和57·12·10金判676号22页等）。因此，就像是酒店的住宿合同一样，在缔结行为当事人（尤其是Y）并没有被重视名义的情况下，姑且先成立了X与Y之间的合同（X·Y能够互相请求履行合同），但是如果Y在合同签订过程中看中的是A的信用的话，就产生了身份误解问题。在这种时候，如授信合同，Y的意思表示仅面向A的话，其与X之间的意思表示并不一致，因而会得出无权代理或合同不成立的结论（山本敬三《民法讲义Ⅳ-1合同（2005）58页》。因为此时意思表示失去了效果的归属对象。

（2）名义借用

另一方面，如果经过了A同意，X以A的名义缔结合同（称为名义借用），因为得到了A本人的名义适用许可，因而可以理解为“成为合同当事人也没关系，实际上的经济效果由X享有”的意思，认为A·Y之间成立合同的可能性很高（东京地判昭和27·5·24判夕27号57页，东京地判昭和57·3·16判时1061号53页等，以及鹿野菜穗子《〈名义借用〉中的当事人确定及表见法理》河内宏等编《市民法学的历史·思想展开》(2006))。但是也存在这样的判例，如果Y认识到了名义借用的事实，或是可以认识到名义借用的发生，依照民法第93条但书的类推适用条件，名义人A可以主张合同无效（参照福冈高判平成元年·11·9判时1347号55页)。总之在消费者信用这一话题中，经常发生借用名义人信用在店家消费筹款的事件（长尾治助《信用卡合同的名义借用》立命馆法学237号959页（1995))，将“名义借用”参与者认定为侵权行为，或追究其名义借用责任（商法第14条）时，此时应从参与的程度、是否对销售员进行误导、加盟店管理是否松懈等多维度进行综合考虑，以过失相抵的类推适用进行调整。

2. 一方盗用或一方消失的应对方法

虽然匿名性在电话时代就已经造成了一些问题，但由于网络的普及，电子交易变得盛行，匿名性引发了更多问题。例如在网上A以B的名义与C进行了交易，A从C处收到了商品，但却让B承担了支付款项的责任（一方盗用)；以及店主从顾客处收取了款项，但并未将商品送到顾客手中，甚至自身消失无法联络（一方消失)，这些情况极易发生。尽管这是因技术而产生的问题，却造成了严重的危害（汇款诈骗就是其中恶性的一例)。为了应对这种事态实施的《电子签名法》，将特定商业法上的表示义务，以及非本人无法制作的痕迹作为数据来代替签名，但仍旧存在许多问题（总体参照松本恒雄《电子社会的合同法》，谷口知平＝五十岚清编《新版注释民法（13）（修订版）》(2006) 288页以下)。

五、当事人理论的将来

北川教授认为合同中存在着经济上的当事人和法律上的当事人两者，法律构成需要考虑经济上的当事人的存在（北川善太郎《现代合同法I》(1973) 151页)。当事人理论可能会成为一个越来越重要的法律问题，尽管现在很难轻易言说未来。然而，现今的交易中会同时存在着多种当事人，例如合同的履行请求权者，合同覆灭权者（取消权者·解除权者)，合同的债务负担者，合同的效果归属·利益享有者，他们之间有着微妙的区别。最起码今后仍有必要探讨当事人选取的一定“名义”。另外，像银行账户、终端、信托财产等可以认为其是利益与风险的独立主体的情况，虽然其不能与“法人”同视，但如果设想一些暂定的效果归属点，在此基础上讨论交易关系的实质性风险分配，这样也许能使现代合同问题的处理变得更简明。

参考文献

除本文中已刊载的文章，还参照了池田真朗：《合同当事人论》别册NBL51号147页以下（1998)；太田知行：《合同当事人的认定及名义》法学53卷6号671页（1990）·55卷3号411页·55卷4号611页（1991）·56卷1号26页（1992)；鹿野菜穗子：《合同当事人的认定——以借他人名义的不动产买卖为中心（1）》立命馆法学238号1223页（1995)；潮见佳男：《损害保险代理店的保险费保管专用账户和存款债权的归属（上）（下）——合同当事人层次的归属法理及责任财产层次的归属法理》金法1683号39页·1685号43页（2003)；内田贵/佐藤政达：《有关存款人认定的近期最高法院判决》NBL808号14页，809号18号；金融法务研究会：《存款的归属》(2003)。

67

当事人的变更

立教大学教授　野泽正充

一、问题所在

1. 民法的规定

继续性合同由于需要长期履行，经常出现合同当事人之一因为某种理由无法维持该合同关系。在这种情况下，有时可以依据当事人的合意而结束合同（合意解除），有时也会因该当事人不履行债务，对方当事人解除合同。但是也可以考虑在维持合同关系的同时将当事人一方变更为第三人的可能性。因此民法中个别设置了以合同当事人的交替为前提的条款，也即租赁合同中出租人的变更（第 605 条）和承租人的变更（承租权的转让＝第 612 条），雇佣中雇主和雇员的变更（第 625 条）。此外，虽然没有形成明文规定，但也存在工会中工会成员的变更，以及非合同法的领域中的应继份的转让（参照第 905 条）中继承人的变更。但是继承本身，包括承继（第 896 条），并不属于本项的讨论对象。

放眼民法典之外还有许多例子，例如企业（营业）转让（商第 16 条～第 18 条，公司第 21 条以下・第 467 条以下）中的合同转让，保险合同中当事人的变更（商第 650 条，保险第 135 条以下），特定目的信托中委托人的变更（有关资产流动化的法律第 237 条），等等。

2. 合同转让的意义

(1) 合同转让的作用

民法中并没有明文规定如上这样的承认合同中当事人变更的制度，但存在“合同当事人地位的转让”的相关条款。这是一种依据合同以及法律规定，将合同中当事人的地位转让给第三人的制度（特定承继）。法国称为“合同转让”（cession de contrat），德国称为“合同承担”（Vertragsübernahme），我国则名称尚未统一。但合同转让作为一种可将个别因债权转让（民第 466 条）和债务承担无法转让的撤销权・解除权等形成权变为可转让的制度，得到判例和学说的承认（大判大正 14・12・15 民集 4 卷 710 页，最判昭和 30・9・29 民集 9 卷 10 号 1472 页）。判例中并无有关撤销权转让的争议，有主张认为解除权的转让应该依照当事人的利益衡量而决定，故而并不需要存在合同转让这一概念（加藤一郎《债务承担和合同让与》柚木馨等编著《判例演习民法 债权法

(1)》(1963) 167 页，铃木禄弥《债权法讲义（4 订版）》(2001) 534 页，加藤雅信《新民法大系Ⅲ 债权总论》(2005) 350 页)。确实，假如承认这一制度的实际益处仅限于形成权转让，那么合同转让对于社会经济而言并无太大作用。但是，合同转让是现在的法律制度中唯一承认继续性合同中当事人一方变更后合同关系依旧存在的制度，它的作用不可小觑。实际上就如同上文所言，合同转让在多个法律领域被灵活运用，所以否定合同转让的概念不能解决任何问题，而是要实事求是看待问题，明确这一制度的要求、效果和作用。

(2) 和债权转让·债务承担的关系

与合同转让相比较，债权转让·债务承担是已经确立的制度，但从长久历史看，这三个都属于新制度。在罗马法中，债是债权人和债务人连结的纽带，若任何一端发生变动，债的纽带就会因其同一性的丧失而解开，债务承担也是如此，故而包括债权转让也没有得到承认。但出于现实的经济需求，首先 1804 年法国民法典规定了债权转让，之后 1896 年的德国民法典（BGB）在债权转让的基础上承认了债务承担，1942 年的意大利民法典和 1966 年的葡萄牙民法典规定了两者合在一起的合同转让。继承了罗马法的大陆法系由此阶段性地承认了这三种制度。

虽说如此，我国民法的起草者并不知晓债务承担和合同转让，对于债务人的变更参考了法国法，认为更改（第 514 条）是一种机能。但是根据更改，旧有债务将会消灭（第 513 条第 1 项），随之担保和抗辩权原则上也会消灭，这并不符合交易需求。故而从民法施行后的早期阶段，债务承担就得到了一般承认。

以下将在探讨合同转让的要件·效果（“二”）后，明确其在实务中如何被活用。最后将再一次确认合同转让所起的作用（“四”）。

二、合同转让的类型、条件及效果

1. 要件

(1) 租赁合同中当事人的变更

如上述所说，在民法中并无有关合同转让的明文规定，但如果从要件的方面入手，便是租赁合同中的当事人变更（民法第 605 条·第 612 条）。以下将以不动产的租赁合同为例进行讨论。

首先，如果具备承租权的对抗要件（民法第 605 条，借地借家第 10 条·第 31 条），即便不动产已经被转让了，租赁合同仍旧能够被新所有人承继。这个结论通常以德国法中主张的“状态债务”概念来说明，也即租赁合同是“与租赁标的的所有权相结合的一种状态债务关系”，与租赁标的的所有权一同转让（我妻荣《民法讲义 V_2 债权各论中卷一》(1957) 420 页，铃木·前揭 535 页，潮见佳男《债权总论Ⅱ（第 3 版）》(2005) 697 页)。但是，如果对承租人有对抵力的话，仅考虑作为保护承租人法定效果的租赁合同的承继便已足够，没有必要用内容尚不明确的“状态债务”概念来说明，而且状态债务的概念已经在德国失去了支持，法国也在 19 世纪末放弃了它，从这一点来考虑，保持这一概念，能够发挥何种程度的实际效益是值得商榷的（野泽·后揭书 125 页）。

问题是如果承租权没有对抗力，最高法院认为应依据新旧两位所有人的合意即可转让出租人的地位，并不需要另一方（承租人）的承诺（最判昭和 46·4·23·民集 25 卷 3 号 388 页)。其理由一为如果出租人只要是不动产的所有人则可以履行出租人的义务；二为对于承租人来说承认租赁合同的存续对其是有利的。

关于这个问题，在承租人地位（承租权）的转让中，另一方（出租人）的承诺成为明文上的要件（民第 612 条第 1 项）。而关于其中要旨，有见解认为也应当包括免责的债务承担中的债权人（出租人）的承诺（星野英一《借地·借家法》（1969）285 页）。但是民法起草者并不认可债务承担，因而民法第 612 条第 1 项的“出租人的承诺”与债务承担中债权人的承诺并不相同。从这一条款的沿革来看，“出租人的承诺”应依照如下理解。租赁合同中承租人的地位（承租权）原则上应禁止转让，这一禁止事实上考虑到了如果承租人变更，标的使用方式也会有异，从而对出租人产生不利影响。在此基础上，如果获得了出租人的承诺，那么承租权转让的禁止也可解除，第 612 条第 1 项的“承诺”则可被认为是承认针对承租人的承租权转让的意思表示（我妻·前揭 449，455～456 页，野泽·后揭书 334 页）。

（2）合同转让的两种类型

以上关于租赁合同的讨论中，即便同样都是合同转让，（a）不需要相对人承诺，（b）必须要相对人承诺，两种情况得出的结果也不相同。差异主要是当事人缔结继续性合同时注重标的物还是相对人。也就是说，（a）租赁不动产时，承租人通常并不注重它的所有者，而是注重物质条件（房间布局·租金·光照·周围环境等），故而即便标的不动产的所有者变更了，承租人也可预料到租赁合同被新所有者承继，从而在出租人的地位转让时，并不需要对方（承租人）的承诺。但相对的，（b）所有者将自己的不动产出租时，承租人的因素将产生很大影响，因而承租人的变更在原则上需要对方（出租人）的承诺。但是若在无出租人的承诺却变更承租人，且并没有对标的使用形态造成太大变化的情况下，可认为“不足以造成对出租人的背信行为”而“本条解除权（第 612 条第 2 项）不生效”（最判昭和 28·9·25 民集 7 卷 9 号 979 页）。

参考以上种种租赁合同中当事人的变更情形，近来有关合同转让的学说主要分为两种类型：（a）若为伴有特定财产转让的合同转让时，不需要对方的承诺；（b）若为与特定财产转让无关，根据出让人与受让人的合意形成的合同转让时，需要相对人的承诺（野泽·后揭书 301 页）。

判例之中有关（b）基于合意成立的合同转让，承认债权转让对抗要件（民第 467 条）的准用（关于高尔夫会员券的转让的最判平成 8·7·12 民集 50 卷 7 号 1918 页）。因为知晓合同当事人的变更对相对人是有益的，故而从作为前者必要程序的民法第 467 条来看，判例是妥当的。但是在（a）伴有特定财产转让的合同转让中，确定该财产的归属者是极为重要的。比如在不动产中，登记是为了明确所有权的归属。为了向相对人主张合同当事人的地位（租金要求等），登记程序是必要的（大判昭和 8·5·9 民集 12 卷 1123 页，最判昭和 25·11·30 民集 4 卷 11 号 607 页等）。

2. 效果

（1）一般效果

在上记两种类型里共通的合同转让的效果中，对于将来可能产生的债权债务以及解除权·撤销权等形成权向受让人转让一事并无争议，但是对于出让人将会发生的债权债务，学说仍未明确。关于这一点，判例认为若非个别的债权转让以及债务承担，已发生的债权债务不向受让人转让（参照最判平成 3·10·1 判时 1404 号 79 页）。以继续性合同为合同转让中的固有领域为前提，以合同当事人地位转让的时间为基准来考虑效果的发生（效果的时间分配），已发生的债权债务在原则上并不向受让人转让，其转让必须存在个别的债权转让·债务承担。

(2) 出让人是否可免责

首先，关于（a）伴有特定财产转让的合同转让中受让人是否应当免责，学界观点尚未统一。多数认为有关出租人的地位转让，出租人的债务主要是修缮义务，对于承租人并不会造成很大影响，故而出让人可从租赁条约中脱离出来。

另一方认为，关于（b）基于合意成立的合同转让，如前述所说，1）原则上并不承认合同转让，但为了使转让成为可能，对方的承诺是构成要件。对方的承诺在理论上与2）出让人免责的意思表示，以及3）作为合同转让的债务人对抗要件的对方承诺相区别。故而即便对方承诺了合同转让，但出让人的免责并不被认可的话，那么出让人与受让人共同承担责任。但是在现实中，如果没有对方关于合同转让的承诺，1）和2）可以都成立。

三、合同转让的具体案例

上述合同转让的相关理论是以租赁合同中当事人的变更为模型构筑的。这一理论应当在实务中如何被运用，还需要检证。以下将以个别合同为例探讨合同转让理论的适用性。

1. 保险合同

和租赁相同，保险合同的当事人变更也区分为（a）伴有特定财产转让，（b）基于合意两种情况。

首先，保险合同中的损失保险合同是考虑特定标的而缔结的合同。因而投保人在为所有物投保后若将标的转让给第三人，由于出让人失去了其被保险的利益，原则上该保险合同应当终止。但是贯彻这一原则的话，受让人如果不重新为标的投保，则标的将陷入无保险的状态。另外，出让人不能退回其保险费，保险公司也会失去顾客。这种情形，保险合同应当随着保险标的的转让也转让给受让人（野泽·后揭书305页以下）。这是（a）伴有特定财产转让中的一例。

其次，有关（b）基于合意的合同转让，保险业法规定了人寿保险合同中的“保险合同的概括转让”（第135条以下）。当保险公司全部或部分营业难以持续时，原本可废止部分营业或解散公司。如果废止或解散，通过返还一定金额，一些保险合同能够被自然消灭，但是这么做可能会对投保人产生不利影响，并且合同数量多的保险公司的清算处理程序十分复杂。因此，该种情况下的保险公司可以考虑向其他公司转让其业务。因为依据营业转让，关于个别合同上的权利义务需要个别的转让行为，所以这对于应当一体化处理的保险合同来说是不适宜的。保险业法采用了保险合同的概括转让制度（大森忠夫《保险法（修订版）》（1985）380页，石田满《概括转让和保险合同人的保护》同《保险业法研究Ⅰ》（1986）111页）。也就是说，保险业法中保险合同的概括转让制度，是作为难以持续经营的保险公司清算程序的一环，即便变更了保险公司，从前的保险合同也可以维持下去，这对投保人而言是有利的。而作为前者的要件，保险业法允许保险公司将任意合同转让给其他公司（第135条第1项），并且为了保护相对人（投保人），规定相对人的承诺为必要前提。但保险业法也规定，由于投保人数量众多，所以简化了该程序，如果公告后没有出现一定比例的异议，则视为投保人已承诺（第137条第5项）。如上所述，保险业法指出，合同转让是在长期人寿保险合同的一方当事人即保险公司破产的情况下维持、继续原有保险合同的制度（详细请参照野泽正充《保险合同的概括转让和合同转让的基础理论》民刊 558 号（2003）3 页）。

2. 劳动合同——伴有特定财产转让的合同转让

由于经济下行和泡沫经济崩坏后企业负债累累，近年来诸行业都在进行企业重组。其具体手法除了公司合并（公司法第 748 条以下）和公司分立（公司法第 757 条以下），还有营业转让（公司法第 467 条）和股份转让（公司法第 772 条以下）等。此时成为问题的是，现存的劳动合同是否应被承继给新组织。关于这一点，欧洲从古至今一直颇有争论，法国将其视为伴有特定财产（营业）转让的合同转让中的一例。我国民法在解释时关于民法第 625 条第 1 项是否适当存在争论。

首先，公司合并之中存在吸收合并（公司法第 749 条以下）和新设合并（公司法第 753 条以下）。但是无论如何，在合并中，由于存续公司或新设公司全面承继被吸收公司的权利和义务，被吸收公司员工劳动合同自然也由合并后的公司继承，这一点是没有异议的。相对的，营业转让与合并不同，由营业构成的权利义务可以被个别承继。理论上劳动合同的承继“当事企业达成劳动合同转让的合意，加之得到雇员的同意（民法第 625 条）即可成立”（菅野和夫《劳动法（第七版修订版）》（2006）409 页）。这里所说的“营业”是“出于一定经营目的而组织化的，有机一体的财产”（最大判昭和 40・9・22 民集 19 卷 6 号 1600 页），从上述的合同转让理论（a）来看，如果伴有营业转让，劳动合同原则上可以承继给受让人。许多下级判例认为如果营业转让中没有特别的事由，“应推断为存在将用人单位在劳动合同中的地位全面转让给企业受让人的合意”，此时雇员的承诺（民第 625 条第 1 项）不是必须的（例如名古屋地判平成 4・9・9 劳判 614 号 21 页，名古屋高判平成 7・8・23 劳判 689 号 68 页（控诉篇））。此外很多学说也肯定伴有营业转让的劳动合同转让。其理由为基于劳动合同，即便雇主变更了，劳务内容也没有发生变化，此外，雇主的义务并不受其个人因素影响，也就是说，企业与雇员之间的关系没有发生变化（田中耕太郎《改正商法总则概论》（1938）343 页，我妻荣《民法讲义 V_3 债权各论中卷二》（1962）568 页，大隅健一郎《商法总则（新版）》（1978）312 页，几代通＝广中俊雄编《新版注释民法（06）》（1989）65 页（几代）等）。

平成 12 年（2000 年）5 月的商法改正设立了“公司可以将其营业有关的权利义务的全部或部分承继给其他公司”（公司法第 757 条）的公司分立制度。这一制度采用了“部分的概括承继”，即分立合同（吸收分立）和分立计划（新设分立）中记载的权利义务全部承继给分立后公司（菅野・前揭 410 页）。以这个改正为基础，成立了“伴随公司分立的劳动合同承继”的相关法律，此后承继劳动合同时不再需要雇员的同意（第 2 条・第 3 条・第 4 条）。不过，该法与合并中的同样是基于概括继承探讨合同特定继承问题的合同转让没有直接关系。

3. 经销合同——基于合意的合同转让

基于合意的合同转让中也有存在争议的地方，例如委托合同。以前的大审院判例中委托合同需要以“当事人之间存在信任基础”为前提，委托合同产生的“权利关系”“其性质上能够允许转让”，且转让需要对方的承诺（大判大正 2・3・31 判例评论全集 2 卷民法 127 页）。另外，也有判例认为，如果合同当事人一方承担包括提供持续性劳务在内的“行为债务”，该当事人的变更（合同转让）也需要经相对人同意（参照最判昭和 30・9・29 民集 9 卷 10 号 1472 页的原审高松高判昭和 29・9・16 民集 9 卷 10 号

1479 页)。

在实务上，继续性合同中的特许经营合同里经常会加入一个条款：未经许可，被特许不得转让合同当事人的身份（川越宪治《特许经营系统的法理论》(2001) 523 页)。特许经营合同在考察被特许人的经验·能力·意图等资质后才进行签约，对于特许人来说被特许人的人选是十分重要的。比起一般的继续性合同，由于它对当事人有着长期限制，因此通常缔结合同时必须进行慎重的调查后方可做出选择（加藤新太郎等《（座谈会）持续性合同及其解消》判タ1058 好（2001）7 页（吉田和彦发言））。既然如此，合同当事人的地位原则上不能自由转让，变更时必须经过对方的同意。

四、总结和展望

1. 传统的见解（我妻·椿）

过往有关合同转让的学说，对于这一制度经济上的机能作出如下之解。与个别的债权债务相同，“合同当事人的地位”也是一种财产权，在经济社会中，债权（本文参照民法第 466 条第 1 项）不可自由转让。实际上，在法律中应将这一点贯彻到何种地步本来就存在意见分歧。我妻十分重视债务承担，认为对于合同转让，相对人的承诺这一要件可以容缓（我妻荣《民法讲义Ⅳ 新订债权总论》(1964) 580 页)，但椿认为将合同转让比作债权转让时，转让人不可免责，相对人的承诺也并不是必须的（西村信雄《注释民法（11）》(1965) 478 页（椿寿夫））。确实，有关“合同当事人的地位”形成了一定的交易市场，假设是为了确保其流通性而存在的股份或是高尔夫会员权等，这个见解是妥当的。这也意味着过往的学说敏锐地察觉到了资本主义经济的特质，并尝试构筑了配套的法理论。

2. 合同转让的新视角

但是考察合同转让时必须着眼于这个制度的特色。如同文章开头所述，这个制度是民法典中唯一一个给予第三人合同当事人地位的制度。换言之，即便合同当事人的一方产生了变更，合同转让过往的合同效力也能够存续下去，但不管是沿革上还是实务上，合同转让在以租赁合同为首的继续性合同中存有一定争议，两者综合考虑，可以认为这个制度保持了继续性合同的安定性。也就是说，为了继续性合同能够长期履行，合同当事人一方可以将营业或所拥有的标的转让给他人，但有时也会因为陷入负债而无法维持合同关系，这种情况下，解除合同也是一种选项。继续性合同在当事人之间或是当事人与顾客之间保持着一定的经济稳定性，因而为了维持这种稳定性，即便合同当事人之一发生变更，通过合同转让也可以使合同效力存续。由此，与为了使债务关系清算简易化的债权转让和债务承担不同，合同转让是一种独立的制度，合同当事人发生变更后也可维持从前的债务关系。本稿所示的合同转让的例三也支撑这样的想法。期待今后能在多种领域内看到以这种理解为前提搭建的合同转让制度。

参考文献

野泽正充：《合同转让的研究》(2002)。

68

减轻损害原则与履行请求权

北海道大学副教授　吉川吉树

一、问题所在

最近我国暂停了对于传统债法体系的批判，转而顺应国际潮流重新探讨起履行障碍法的问题（这种倾向导致的结果之一是产生了各种立法提案。参照能见善久等·债权法修正的课题和方向——民法 100 周年（别册 NBL51 号），内田贵等《特别座谈会 关于债权法的修正——民法修正委员会议论的现状（上）（下）ジュリ1307 号·1308 号》）。学界将债权发生原因作为理解履行障碍法的必要基础，认为有必要重新探讨债权的概念与债务不履行的概念，进而探讨违反合同的救济手段（履行请求权、损害赔偿请求权、解除权等）。这样做虽然对救济方法进行了针对性探讨，但它们之间有着何种关系，应对履行障碍法构筑怎样的体系——部分论者认为需要意识到将这些问题解释清楚的必要性（研讨会《民法 100 年与债权法修正的课题及方向》私法 61 号 94 页（森田宏树发言），内田等·前揭ジュリ1307 号 116－117 页（潮见佳男发言））——应该把这些留待作为今后的课题。

基于以上状况，本稿试图整理“减轻损害原则及履行请求权”的相关学说，以解答上记问题。本稿将从上述角度出发，先驱性地讨论履行请求权与损害赔偿请求权的关系，批判以传统通说为前提的履行请求权的原则性，旨在构建新的履行障碍法律框架（履行请求权的学说史参照椿·后揭论文）。考虑到未来履约请求权原则的学说发展状况，重申其重要性将是今后学术讨论的重要基础工作。

以下，本稿将检讨内田贵教授和森田修教授对于减轻损害原则和履行请求权的有关讨论（本文“二”）；并整理履行请求权的原则中有关减轻损害原则地位的学说（本文“三”）；最后将介绍笔者对于今后学术讨论的方向的一些见解（本文“四”）。

二、围绕减轻损害原则和履行请求权的争论

在不履行以交付样的物为目的的债务时，如果债权人要求强制履行债务，能否认可这种做法？如果债务人被认为可以履行债务，那么似乎也可以认同在债务清偿期前对其实施强制履行。但是如果通过替代交易就能买到交付替代物的，则并不需要使用强制履

行，仅用损害赔偿就已经足够。从这一角度出发，内田教授开创性地提出了传统通说中将强制履行视为债权法律效力原则的问题，并以损害赔偿法上的“减轻损害原则”这一法理为中心，论证了强制履行与损害赔偿两个原则与例外关系的颠覆（同·后揭论文）。

当一方违约并造成损害后，受害人为减轻自身受到的损害需要采取合理行动，若受害人没有采取适当措施造成损失扩大，将无法获得对应赔偿，减轻损害原则即是这样一种法理。在英美法律之后，联合国国际货物销售合同公约、德国法中也明示了这一点。我国在较早阶段便已对其进行了介绍与探讨，主要围绕损害赔偿额的减少调整或损害赔偿额的计算基准时间进行讨论，最早研究它与履行请求权的行使可能性关系的是内田教授（关于减轻损害原则的学说史参照森田修《关于减轻损害原则——履行请求权存在意义的备忘录（其二）》法学志林 91 卷 1 号（同·后揭书所收录））。

以下将围绕内田教授的问题提起和维持履行请求权原则性立场的森田教授的批判展开探讨。

1. 内田贵教授提出的问题

内田教授认为在上述情况中，债权人的强制履行请求权是不现实的，不应得到承认，他从这一常识背后的法理缺失问题出发展开了论述。虽然减轻损害原则的运用在我国判例中一向不明朗，但可以通过分析过失相抵和赔偿额算定基准时间相关的判例明确它的概念（参照《民法Ⅲ（第三版）》（2005）166－168 页）。

基于减轻损害原则的观点，当履行利益的赔偿被减少时，行使履行请求权或将造成结果上的失衡，这是不妥当的，因此在强制履行的要件中，应添加无法通过替代交易使得损害减轻这一条件。当无法强制履行时，现实中会存在多个可能的损害赔偿的债权，这就意味着强制履行原则上并非债权效力。

2. 森田修教授的批判

森田教授对于内田教授的主张进行了详细的批判（同·前揭论文）。森田修教授研究了内田教授对我国实定法结构的理解与减轻损害原则之间的关系，实定法表示履行请求权根据原则允许的解除能够将当事人从合同束缚中解放出来。当减轻损害原则与实定法相抵触时，内田教授指出的减轻损害原则，其对于强制履行的否定违背了我国的实定法构造，而履行请求权这一实定法原则对于减轻损害原则的制约才是正当的。

针对森田修教授的批判，内田教授认可就替代交易需要解除而言，减轻损害原则同时与适时解除义务相关，因此在森田主张的履行义务因解除消灭转化为损害赔偿债务这一理论框架（“债务转化论”）中，相比原初的德国模式其实内田的观点已经相对改良。

三、围绕履行请求权的新讨论与减轻损害原则

针对履行请求权，按照传统的说法，森田宏树教授认为没有必要将合同的拘束力本身与履行请求权的原则结合考虑（参照同《买卖合同中有关瑕疵修补请求权的一种考察（1）～（3·完）》法学 53 卷 6 号，54 卷 2 号，55 卷 2 号；同《合同责任的规则构造》（2002）所收）。之后学界展开了新的讨论，近来一种强势观点认为不需要给予履行请求权特定地位，而是将它作为违反合同的一种救济手段（有关履行请求权的讨论现状，参照窪田·后揭论文）。

以下将介绍有关减轻损害原则的讨论现状及未来学说展望。

1. 能见善久的债权法修正提案与减轻损害原则

能见善久教授在自己的债权法修正提案中提出受害当事人应当能自由选择债务不履行的三种救济手段，即履行请求、损害赔偿、解除（同《履行障碍》前揭·债权法修正的课题与方向收录）。

在此基础上，关于履行请求权和损害赔偿请求权的关系，能见教授指出，当需要在不同条件下的两者之间作出选择时，有必要根据其与“履行请求权的界限”的关系讨论减轻损害原则的适用范围。也就是说，需要探讨修正提案中明文规定的减轻损害原则，是否仅影响损害赔偿，还是对履行请求权也有影响。但可惜的是这块内容的讨论被搁置了。

2. 潮见佳男教授提出的救济手段方式与减轻损害原则

潮见佳男教授在过往对传统通说提出的问题的基础上，从对方违反合同时是否允许债权人在合同关系中采取何种行动这一论点出发，采取了构建救济路径（救济手段的方式）。潮见教授认为，为了实现原本的合同目的而采取何种方式，原则上应该由债权人自由选择，但不能随意选择救济手段。也就是说，当债务被不履行时债权人有多种救济手段可选，但需要在合理考虑“合同拘束力”与“债务不履行的债务人的归责性”后作出选择，这一选择也涉及“救济手段选择中的减轻损害原则”造成的制约（同《债权总论Ⅰ（第2版）》(2003) 368～370页）。

不过，内田教授基于减轻损害原则提出了有关履行请求权限制的主张，并对此进行了批判。对已承认合同拘束力的债务人的自己责任的保障，以及对债权人的期待利益的保障，不应该因其效率性和经济性被否定（同·前揭书173-175页，奥田昌道编《新版注释民法（10）Ⅰ》(2003) 383-384页（潮见佳男））。

3. 森田修教授提出的债务转型论的放弃与减轻损害原则

森田修教授认为，在这样新的讨论展开中，虽然履行请求权本身已经不能维持其特殊地位，但是它作为系统化救济方法相互关系的依据，表示了坚持“履行请求权的第一义性”的立场（同·后揭书）。但是在那种情况下，为了不抵触“履行请求权的第一义性”，减轻损害原则只能作为法理存在。

四、今后的展望

以上即为我国有关减轻损害原则与履行请求权的学说发展状况。内田教授与森田修教授的争论并未引发日后更大的争论，但已促使学界关注到，在将履行请求权作为对违反合同的救济方法并试图赋予其地位时，减轻损害原则能够对履行请求权的体系化给予一些启示。

展望未来有关“减轻损害原则与履行请求权”的讨论，也即减轻损害原则的适用领域时，能见教授的评论或许能够给予我们一些启发。有关履行请求权的限制以及选择救济方法时它所发挥的机能，能否适用于英美法以及联合国国际货物销售合同公约；而坚持履行请求权原则性的德国法中，减轻损害原则发挥着何种效果，它又在履行请求权中承担着何种角色？从这种角度出发，通过真正的比较法研究，理解内田·森田争论的意义，并确定减轻损害原则在履行障碍法的体系化中应起的作用，这是今后追求的方向。

参考文献

(1) 内田贵：《强制履行和损害赔偿——基于减轻损害义务的观点》曹时42卷10

号（同《合同的时代——日本社会与合同法》(2002）所收)；(2）森田修：《合同责任的法学构造》(2006)；(3）椿寿夫：《履行请求权（上）～（下2·完）》法时69卷1号·2号·3号，70卷1号；(4）窪田充见：《履行请求权》Jurist 1318号等。

69

强制履行

名古屋大学助理教授　吉政知宏

一、问题提起

今日诸法体系中，国家设置了强制性措施以保障私人权利。例如日本法的民法第414条以及民事执行法中规定了强制履行债权内容的有关规定。以下将总结债权强制履行的内容及其实现方式的近期理论动向。

二、债权的内容

首先有必要明确债权人拥有何种债权。在探讨如何实现权利的强制履行前需要确定法律保障的权利的内容，而这需要通过讨论债权的产生原因来确定。基于法定债权关系的债权，需要通过有关债权的法律规范来解释；基于合同产生的债权，则依靠合同的解释以及补充，来确定债权人拥有的债之内容以及债务人负担的债之内容。

在债权的强制履行的诸多讨论中，必然涉及自然债务这一议题。该种债务债权人不可以请求强制履行，但当债务人自愿给付时可以被视为有效清偿。具体的例子有不法原因给付及其返还债务（民法第708条），超过限制利息的支付债务（利息第1条第2项（平成18年法115号修正之前）），援用消灭时效的债务等，这些债务的总称即为自然债务。学界讨论了将自然债务这一概念作为解释论引入的意义。依照学说，自然债务即法律基于一定的考量，明确排除强制履行的债务。法律只是保障了债务人在任意情况下如若履行了债权，则可算作有效给付。

基于合同的债务也可属于自然债务。过去存在否定合同债权人的强制履行的事例，例如为买女招待欢心而提出资金援助的案件，在实际的裁判中就出现了自然债务的问题（丸玉咖啡店事件·最高法院判决昭和10·4·25报纸3835号5页）。在这类事例中，最为关键的并非抽象地探讨是否适用自然债务的概念，而是应当依据有关合同成立的法律行为法以及合同的解释和补充，明确是否成立了具有强制力的合同。最近对于运用自然债务这一概念的统一性出现了有力的批判性见解，这一主张认为，应当基于不同债权产生的依据，也就是不同规范的解释，来明确债权人拥有的权利内容（参照奥田昌道编《新版注释民法（10）Ⅰ》（2003）417页（奥田昌道＝潮见佳男））。

像上述这样着眼于债权发生原因的观点，在近期的合同责任论中也是有力观点，这与重视合同规范的理论构建也相符合。如果要例举与强制履行密切关联的议题，则有不能法理和情事变更法理两项（参照本书 73・93）。在这些法理导致的问题中，较多的为合同当事人双方将在何种事态下承担风险，而这应该依靠合同内容进行确定（参照吉政知宏《合同缔结后的情事变动和合同规范的意义（2・完）——情事变更法理中的自律与他律》民商 128 卷 2 号 180 页以下）。这之中，依据合同法规的解释来确定合同当事人所拥有的权利的内容，这一步骤有着重要意义。

三、债权的贯彻可能性

法律保障债权，但债权人能否强制债务人履行该债权，抑或债权人只能使用损害赔偿请求等手段促使债务人履行债务，这被称为债权的贯彻可能性问题。由于日本法中存在民法第 414 条，司法机关原则上承认可以强制执行债权，但也存在若干例外。

首先，当债务人的人格利益被显著损害时，不可强制执行债权。代表性的债务有履行订婚的义务，夫妇的同居义务（民法第 752 条）（参照大决昭和 5・9・30 民集 9 卷 926 页）等。此外还有不依靠债务人的意志就无法实现的债务，例如作家的执笔债务和艺术家的作品创作债务。更有依照名誉损毁相对的名誉恢复处分（民法第 723 条）实行的道歉公告，也可以相同观点来探讨强制执行的允许与否。判例则依据后述的代替执行认可了强制履行（最大判昭和 31・7・4 民集 10 卷 7 号 785 页）。

以上是基于债权特性，对是否可以强制履行的探讨。此外，不区分债权的特性，履行不能也是无法强制履行的典型情形。最近有观点认为，在虽然无法评价为履行不能，但依照减轻损害原则，应该对强制履行加以限制（有关损害减轻原则，参照本书 71）。根据这一见解，当可以进行替代交易时，即使出卖人的债务不履行已经确定，但买受人不能请求强制履行债务。买受人负有通过替代交易防止损失发生和扩大的责任，只有当替代交易无法减少损失时，才可以认可强制履行这一手段（内田贵《合同的拘束力——强制履行与损害赔偿》同《合同的时代——日本社会与合同法》（2000 170 页））。这一主张，与传统的出于债权的效力而应当强制履行债权的观点有较大不同，它将切合实际的强制履行作为对面临债务不履行的债权人的一种救济手段，贴合了近来的国际动向。不过，也有其他国际动向敏感的论者，对于扩大不允许强制履行的案件范围持否定态度。关于这一点的讨论，今后仍值得继续关注（参照潮见佳男《债权总论Ⅰ（第 2 版）》（2003）172 页以下）。

四、强制执行的方法

当强制执行债权可行时，使用何种方式执行便成为问题。日本法中承认直接强制、代替执行、间接强制三种方法。直接强制意味着司法机关依靠其强制力达成债权内容，该项可适用于金钱债务、物的交付・腾退债务。代替执行指债权内容通过第三人实现，而第三人向债务人收取相关费用的一种方法，适用于代替性的作为债务。间接强制指通过对债务人施加罚金等手段，从经济方面强制债务人履行债务。关于此项的适用条件，学说经历了几度变迁。

传统通说认为，基于执行法的历史，执行法的理念是平衡对债权人权利的保护及对债务人人格的尊重。依据该理念，间接强制是对债务人的不当压迫，可能会违背尊重人格这一理念，所以应当仅限于无法使用其他手段的情况下使用，这一点也即“间接强制的补充性”（我妻荣《民法讲义Ⅳ 新订债权总论》（1964）87 页以下）。这种“间接强制的补充性”理论，在 1979 年制定民事执行法时在立法上被采用，当时的民事执行法第 172 条认为，当不能进行直接强制和代替执行时，也即仅限于非代替性的作为债务时，可以使用间接强制。

但是在这之后，出现了对上述观点的强烈批判。批判的要点为，如果细究执行法的历史，通说的执行法理念并不恰当，并且当债务人愿意协助执行时，比起直接强制，间接强制的方式更加有效和实际（参照森田修《强制履行的法学构造》（1995）315 页以下，该研究为重要的基础研究）。基于以上批判和实务要求，2003 年的民事执行法修订提出可以根据债权人的申请，对物的交付·腾退债务以及可替代的作为债务进行间接强制（民事执行法第 173 条）。而有关金钱债务的强制执行，考虑到滥用的危险性暂未对其修订，但在 2004 年的修订中，提出了当金钱债务与抚养义务相关时可使用间接强制（民事执行法第 167 条第 5 项）。如今立法上已经克服了“间接强制的补充性”，并适当调整了债权人与债务人之间的利益，定下了应当善用间接强制的准则，当下执行法的重要课题是如何适当运用间接强制这一手段（参照山本和彦《强制执行程序中对债权人及债务人的保护》竹下守夫先生古稀祝贺《权利实现过程的基本构造》（2002）273 页）。

相对于传统通说，批判学说有强调债务人的协助意愿的倾向，近期的理论也偏离了司法机关单方面实现债权人的权利这一原有的理解，认为在执行程序方面应当尊重和支持债权人和债务人自己解决纷争（关于这种倾向，参照西川佳代《民事纷争处理过程中执行制度的机能（1）（2·完）——以判决程序与执行程序的相对化分离为目标》民商 109 卷 3 号 444 页，4·5 号 759 页）。而放眼今后的课题，除了关注与债权人的权利保护之间的矛盾外，还需要探讨应如何以及在多大程度上促进非正式争议的解决。

参考文献

除了本文中提到的内容外：（1）大濱しのぶ：《法国的逾期罚——第二次世界大战之后的发展》（2004）；（2）奥田昌道：《民法 414 条——从解释论和立法论的视角》同《请求权概念的生成与展开》（1979）281 页；（3）窪田充见：《履行请求权》ジュリ 1318 号 103 页；（4）福永有利：《是否应当在民法中规定有关强制履行的民法 414 条》，载椿寿夫编：《讲座·现代合同与现代债权的展望（2）债权总论（2）》（1991）95 页；（5）森田修：《合同责任的法学构造》（2006）；（6）我妻荣：《以作为和不作为为目的的债权的强制执行——民法 414 条和民诉 733·4 条的沿革》同《民法研究Ⅴ》（1968）81 页；（7）加藤新太郎等：《座谈会 间接强制等现在与将来》判タ 1168 号 23 页。

70

履行不能

京都大学教授　潮见佳男

一、问题所在

债务不能履行被称为履行不能。有些国家围绕着履行不能的定义展开了一定讨论，其中有些制定了复杂的解释框架，我国则采用了较为变通的说法，除了物理上无法履行债务的情况外，也包含社会通识中履行不能的概念（关于对错，此处暂且不表。对此有兴趣的人请阅读潮见佳男《债权总论Ⅰ（第二版）》（2003）162 页以下）。

今日合同法和债权法已经进入现代化，在此背景下，民法学中有关履行不能的问题，主要围绕着运用这一概念具有何种法学功用展开讨论，其主要领域具体如下。

（1）以自始不能的给付为标的的合同是否有效；

（2）当论述债务不履行时，履行不能概念包括哪些内容；

（3）以履行不能为核心概念的风险负担制度（对价风险），在合同解除制度的现代化过程中拥有什么意义。

考虑到读者层和篇幅，以下将对各问题的核心内容进行解说（本书并非企图强调自己的意见，而是试图将当下的学说体系通俗易懂地介绍给读者。如果想了解笔者的见解，请参照潮见・前揭 35 页以下・158 页以下・426 页以下，同《合同责任的体系》（2000）2 页以下，同《合同法理的现代化》（2004）339 页以下）。

二、自始不能

1. 自始不能主义

关于自始不能，我国受到德国法的影响，传统上支持“以自始不能之给付为标的的合同无效”的观点（以下称为自始不能教条）（截至 2002 年，德国民法旧规第 306 条规定“以履行不能［注：客观不能］的给付为标的的合同无效”）。自始不能教条以以下两种观点为基础（矶村哲《Impossibilium nulla obligatio 原则的形成及其批判理论》石田文次郎先生还历纪念《私法学的诸问题（1）》（1995）397 页以下）。

（1）**【物质层面的契机】**合同的对象必须是存在的（物之转让时，合同对象必须是外界存在的实体有形物）。

(2)【意思层面的契机】当合同当事人在缔结合同时已知合同内容无法给付，则不负担以该给付为标的的债务。

传统的理论（我妻荣《民法讲义 V_1 债权各论上卷》（1954）39 页以下 · 80 页以下）认为，以不能之给付为合同标的时，其合同无效，承认以当事人在合同交涉阶段违反注意义务为由的信赖利益赔偿（依据德国民法旧规第 307 条）。

2. 对自始不能教条的批判

（1）认为自始不能的合同有效

相对于传统理论，1960 年代以后，认为以自始不能的给付为标的的合同有效的理论登场了。这一理论主要以如下的观点为基础（星野英一《民法概论Ⅳ（合本新订）》（1986）50 页以下，广中俊雄《债权各论讲义（第 6 版）》（1994）78 页）。

1）于合同而言，因偶发的、外在的情事导致的所谓“履行不能”的情况与合同成立与否，在法理上并不直接相关。

2）合同赔偿的内容不一致。即合同为嗣后不能时认可履行利益赔偿，而合同为自始不能时承认信赖利益赔偿，两者法律效果有较大差异是不合理的。

这一理论以认为合同有效且在自始不能的情况下也承认履行利益赔偿为特点。

（2）基于合同当事人的评价处理自始不能的问题

以自始不能的给付为标的的合同是否有效，以及该合同的债务是否成立，应当基于合同当事人的意思表示来评判（奥田昌道《债权总论（增补版）》（1992）32 页，潮见 · 前揭 45 页以下）。

这一理论基于以下的观点。决定合同是否有效的，并非为合同对象是否为物理存在的事物，而是合同当事人在缔结合同时，对于合同对象存在与否以及给付的可能性抱有何种观点，对于自己将负担的风险作出了何种假设。

这一理论否定了自始不能（教条），与（1）不同，认为有关自始不能，首先合同的有效与无效应当基于当事人的意思判断，以此区别自始不能与嗣后不能，以自始不能的给付为标的的合同有效与否与应当基于当事人对该合同作出的判断。

三、债务的不履行与履行不能

1. 履行请求权与履行不能

关于如何认知履行请求权，目前有很多关于其基本框架的讨论，但无论是从什么立场出发，对于成立履行不能时不能行使履行请求权这一点已经达成了共识。

存在的问题主要为以下几点：（1）不能行使履行请求权是否仅限于成立履行不能的时候（是否应当将妨碍履行请求权实现的条件扩大到履行不能以外）；（2）履行不能时，债权人能否请求替代交易；（3）（基于（2）理解）合同缔结后无法履行合同债务时，受不利益方能否更改合同内容。关于（1）请参照本书 68，关于（2）请参照本书 71、89，关于（3）请参照本书 90（（1）参考了潮见 · 前揭 158 页以下，（2）参考了窪田充见《履行请求权》Jurist 1318 号 103 页以下［2006］。（3）参考了森田修《合同责任的法学构造》［2006］535 页以下）。

2. 履行不能与损害赔偿——填补赔偿请求权与“变形”论

（1）传统观点——“变形”肯定论

债务人不履行债务时，债权人能否对债务人请求填补赔偿，我国对这一问题的看法大多是从债权・债务内容“变形”的角度出发的（参照森田・前揭 102 页以下的整理内容）。

基于该角度，由于债权成立，债权人相对于债务人，拥有作为债权内容（效力）的原给付（第一次给付）的履行请求权（给付请求权）。当给付不能时，以原给付为标的的履行请求权有以下两种情况：1）给付不能归责于债务人，则可依据填补赔偿请求权变更内容（变形。债权・债务维持其统一性而存续），其结果是债权・债务能够存续（债权・债务并未消减）；2）给付不能归责于债权人，则债权・债务因履行不能而消减。

与上述 2）相关联的是，当原给付的履行请求权因不可能而消灭时，填补赔偿请求权成立（在第一次给付的履行请求权的存续期间内，第二次的填补赔偿请求权不成立）。这一观点近来很盛行。

（2）对“变形”论的批判

近来的合同责任法学对因履行不能而导致的债权・债务的“变形”构造提出了质疑。学界指出，债权人何时必须提出履行请求与债权人何时可以提出填补赔偿请求是不同问题，并强调为了使填补赔偿请求权得以成立，原给付义务因履行不能而消灭这一点并非必要条件。原给付的履行请求权与填补赔偿请求权同时存在也是有可能的。

基于这样的思考，接下来要问的是债权人在何时可以向债务人主张填补赔偿请求。

（3）确定不履行导致的填补赔偿请求权的成立

今日我国的合同责任论中承认填补赔偿请求权成立，有以下两种情景：1）除无法履行原本的合同（不能事例・解除事例）外，2）已经确定债务人不会履行债务（确定的拒绝履行事例及催告后经过相当期间事例）（之间的细微差异请参照森田修・前揭 7 页以下・535 页以下，森田宏树《合同责任的归责构造》（2002）256 页以下）。因此处引入了 2)，故而否定了“填补赔偿请求权是原本的履行请求权的变形，原本的履行请求权消灭后成立填补赔偿请求权”这一见解（变形论）。

（4）债务不履行时填补赔偿请求权的成立及基于债务人追认权（治愈权）的调整

同样是否定“变形论”，类似的观点还有认为在债务不履行发生时直接请求损害赔偿以代替履行（潮见佳男・前揭 367 页以下）。在已经发生债务不履行的情况下，债权人应当请求履行原本的债务内容，还是应当请求与原本的债务内容相当价值的赔偿，这一点应取决于债权人自身的想法。当然，还应当考虑因债务的迟延履行而导致的债务人的获益。具体而言，当迟延履行并没有对债权人造成不便时，对于债权人提出的填补赔偿请求，应当承认债务人拥有追认权（治愈权）。

四、履行不能与风险负担制度

1. 风险负担制度的意义

风险负担制度（对价风险）指因不可归责于双方当事人的事由而导致履行不能时，该债务在法律上自然（ipso jure）消灭。当合同为双务合同时，需要关注对待给付将受到何种影响。由于给付与对待给付之间的关联性，对待给付原则上也会自然消灭（债务人主义。问题是当对待给付已被履行时，能否以不当得利为由提出返还请求），当履行不能归责于债权人时，如果债权人构成受领迟延，则对待给付可以存续（债权人主义）。

2. 产生的新问题

由于解除理论的发展，在今日，风险负担制度的存在意义受到质疑。关于解除制度，有力学说认为，解除是为了从“合同的拘束力”中解放出来而存在的制度，应将作为解除要件的归责事由去除。其结果是，从前的学说认为，因债务人而履行不能时应认为是有关解除的问题，而并非因债务人而履行不能时应认为是有关风险负担的问题；对此，最近的解除理论认为，不能履行债务时，不管是否应当归责于债务人，均需要处理是否能够通过解除制度而从“合同的拘束力”中解放——继而从对待给付中解放——的问题。根据这一点，同样是面对履行不能，基于解除制度的对给付·对待给付的回复·清算问题的处理，和基于风险负担制度的对给付·对待给付的调整问题的处理，两者之间产生了矛盾。如何恰当处理这一矛盾关系，是今日的课题。最近的解除学说的强势观点认为，应在将风险负担制度纳入解除制度的基础上将两者重组（学生们不能因为这只不过是立法论就一笑置之。这也是法律思维的基本功）。

为了理解这个问题，首先要理解本书 90 中提出的关于解除制度再构建的问题。请反复咀嚼这些内容后再进行检讨（参照潮见·前揭 426 页以下·477 页以下，参考了松冈久和《以履行障碍为由的解除与风险负担》，Jurist 1318 号 138 页以下［2006］的整理内容）。

参考文献

本文中刊载的内容。

71

债务不履行的类型论

东京大学教授　早川真一郎

一、问题提起

我国的学说与判例在传统上将债务不履行分为履行迟延、履行不能、不完全履行三类。但是近来对债务不履行三分说（以下简称“三分说”）出现了有力的批判。20 世纪初，我国在介绍与引入德国民法相关的解释论时形成了三分说，然而它与日本民法并不一致，并因此受到了批判。在此基础上，债务不履行的类型论还与整个债务不履行制度的定位（乃至合同责任的结构）相关联。以下将在整理三分说及其争议点的基础上，围绕着债务不履行类型的相关理论动向进行总结。

二、三分说及其争议点

1. 三分说

关于民法第 415 条规定的因债务不履行的损害赔偿，三分说的代表学者我妻荣作出了如下阐释。

“债务不履行指债务人没有按照债的本旨履行债务，包括了三种样态：(1) 履行期届满，有能力履行而未履行（履行迟延）；(2) 出于某种原因而无法履行（履行不能）；(3) 给付无法充分满足债务内容（不完全履行）。民法中尚未明确承认不完全履行，即便是在与我国民法一样只规定了履行迟延和履行不能的德国民法中，不完全履行也是后来才被提出的”（我妻荣《民法讲义Ⅳ 债权总论（新订版）》［1964］99 页）。

三分说就这样把“债务人没有按照债的本旨履行债务”作为债务不履行的客观要件，并包括了履行迟延、履行不能、不完全履行三种样态。日本民法虽然只明确规定了前两者，但第三种样态的不完全履行在解释上也能够被认可。此外，要件还包括了归责事由和不履行则违法（当留置权和同时履行的抗辩权等不存在时）。

1906 年冈松参太郎将德国的学说介绍到我国后，学界逐渐形成了三分说这一学说，此后经由石坂音四郎、川名兼四郎、鸠山秀夫等人，三分说被导入我国的债权总论体系，1940 年我妻荣所著的有关债权总论的体系书初版刊行，其确立了三分说的通说地位。三分说在这之后长期被视为通说，判例也基本上根据三分说来进行判断。

2. 问题点——与日本民法的整合性

三分说来源于以德国民法为前提的德国学说，因而与日本民法第 415 条必然不能完全相合。

当时的德国民法只规定了履行迟延与履行不能两种形态的债务不履行，德国的学说认为这两种形态无法完全覆盖债务不履行，还应当存在其他的形式（后被称为“不完全履行”和“积极侵害债权”的第三种形态）。

此外，参考日本民法第 415 条的文字内容及其立法过程，可以认为该条并非只规定了履行迟延和履行不能两种形态，而是将债务不履行的概念进行了更宽泛的解释。从文字来看（与平成 15 年现代语化前的民法第 415 条的文字内容相同），该条的“债务人没有按照债的本旨履行债务”不仅仅指履行迟延，还包含了德国学说中被称为不完全履行的各种案例（例如债务人的给付不能完全符合债的内容）。从立法过程来看，比起德国民法，该条更像是法国民法（宽泛地规定不履行），不太能理解为仅承认履行迟延与履行不能两种形态（我妻荣在上述引用中展现了这样的意识）。

三、理论动向与展望

由于三分说的缺陷越来越明显，最近对于三分说的批判也逐渐变多。关于应该如何看待债务不履行制度这一重要问题（关于这一问题，最近基于外国法和国际规则的动向——德国债法修改、联合国国际货物销售合同公约、国际商事合同通则、欧洲合同法通则等——我国也展开了活跃的讨论），学界从多种角度讨论了债务不履行的类型理论。主要理论方向（解释论）整理如下：（a）维持三分说并对其修正、补充；（b）否定三分说，采取债务不履行的一元化理论。

1. 修正三分说的见解

上述（a）方向的见解以债务不履行的三分说为前提，反映了有关不完全履行的研究成果，并将传统的三分说修正和补充。依据不完全履行相关的研究进展，在论述合同之债的不履行时，有必要将因违反给付义务（基于买卖合同的标的物交付义务和价款支付义务等主给付义务）、附随义务、保护义务而产生的损害赔偿义务纳入讨论范围。关于给付义务之外的义务，学界对其名称、内容、地位有着各种见解，例如（a）方向的代表论者奥田昌道认为，传统三分说无法覆盖义务违反的全部场景，并作出了如下解释。

“既存的债务不履行（传统意义上的债务不履行）包含了迟延、不能、不完全履行，但第 415 条的债务不履行责任即损害赔偿责任的范围比这更广。除了前三种情况，在债权法上如果因侵害某一义务（传统‘债权’概念无法囊括的内容）而造成损失，依据第 415 条也应当承认损害赔偿责任，而这种情况应与‘不完全履行’相区分”（奥田昌道《债权总论（增补版）》［1992］158 页）。

在奥田说之外，还有许多有力学说提倡暂且将三分说作为前提，对其进行修正与补充（详细的整理请参照淡路刚久《债权总论》［2002］93～98 页）。

2. 一元化观点

与此相对，上述（b）方向的见解则将债务不履行的要件，即“债务人没有按照债的本旨履行债务”（以下简称“本旨不履行”）作一元化处理。如上述所说，以德国民法为前提的三分说不能与第 415 条完全整合，所以应否定此种见解。作为该条的解释

(但在该条第二句中，认可履行不能作为债务不履行的类型之一是必要的，这一点另当别论）的本旨不履行应当构成统一性要件（代表性观点参照平井宜雄《债权总论（第二版）》[1994] 44 页以下)。

故而，“债务的本旨”是什么，作为前提的“债务”是什么，这些是判断债务不履行的要件的决定性问题。有论者认为，可以依据对合同的解释确定拥有何种义务（如果是因合同产生的债务)，无须确立上记（a）观点所主张的附随义务、保护义务等（平井·前揭书 48～50 页)。

关于合同解释方法，可以具体参考法国合同法的研究成果，其对“结果债务”和“手段债务”进行了区分。当合同内容重在达成一定结果时为结果债务，当合同内容重在债务人以一定谨慎注意义务来行为时为手段债务，区分结果债务与手段债务为确定债务的本旨与债务内容提供了重要手段。依据这一有力观点，可以根据是结果债务还是手段债务，围绕归责事由等内容来判断债务不履行是否成立，为讨论债务不履行的类型论提供了一种新角度。

3. *总结与展望——向立法论发展*

是以，曾作为通说的三分说已经无法维持过去的形态，关于今后应当如何思考债务不履行的类型论，应以上述的（a)、(b）等诸见解为轴心（这些见解中也存在着不同)，加之新的提案（例如平野裕之《合同中的“债务不履行”与“归责事由”》椿寿夫教授古稀纪念《现代贸易法的基础课题》[1999] 489 页 · 524 页以下的“新二元论”；加藤雅信《新民法大系Ⅲ 债权总论》[2005] 108 页以下的“债务不履行二分论”等)，来进行讨论。

最近学界除了关注民法第 415 条（损害赔偿）的解释论，还关注起除损害赔偿外的违反合同的救济方法，包含立法论的观点在内，学界试图修正债务不履行的概念，重新考虑债务不履行的分类方法（例如能见善久《履行障碍》，见山本敬三等《债权法改正的课题与方向——民法 100 周年（别册 NBL51 号）》[1998] 103 页（尤其是 114～121 页)；内田贵等《（特别座谈会）关于债权法的修正（上）(下）——民法修正委员会的讨论现状》Jurist1307 号 102 页 · 1308 号 134 页（尤其是 1307 号 113～119 页、1308 号 134～136 页））。这一点在即将开始的债权法修正中会被怎样处理，包括所谓的“remedy approach（救济进路）”在内（关于 remedy approach，请参照内田贵等 · 前揭特别座谈会，潮见佳男《总论——合同责任论的现状与课题》Jurist 1318 号 81 页，森田修《履行请求权还是 remedy approach——为了债权法修正的文脉化》Jurist 1329 号 82 页等)，得到了世人的关注。

受到以上动向的影响，今后债务不履行的类型论的发展或许会随着立法论观点的出现，与债务不履行制度以及合同责任制度将以何种形式重新构筑这一民法学基本问题，更紧密关联在一起。

参考文献

除本文中记载的内容以及各类体系书、教科书、注释书外还包括：

早川真一郎：《不完全履行、积极侵害债权》，载星野英一等编：《民法讲座（4）》(1985) 48 页；吉田邦彦：《债权的种种——“归责事由”论的再检讨》，载星野英一等编《民法讲座别卷（2）》(1990) 1 页（同《合同法、医疗法的关系的展开》[2003] 2 页)；森田宏树：《关于区分结果债务 · 手段债务的意义——债务不履行的“归责事由”》，载铃木禄弥先生古稀纪念《民事法学的新展开》（1993）109 页（同《合同责任的归责构造》［2002］1 页）；潮见佳男：《债务不履行与合同责任论史》，载水本浩/平井一雄编：《日本民法学史・各论》（1997）183 页；中田裕康：《民法 415 条、416 条（因债务不履行的损害赔偿）》，载广中俊雄/星野英一编：《民法典的百年Ⅲ》（1998）1 页；潮见佳男：《债务不履行的构造与要件事实论》，载大塚直等编：《要件事实论与民法学的对话》（2005）229 页；加藤雅信/加藤新太郎/潮见佳男：《［三人座谈］论债务不履行的当下》判 T1191 号 4 页；加藤雅信/加藤新太郎/森田宏树：《［三人座谈］论瑕疵担保责任》判 T1212 号 4 页；小粥太郎：《债务不履行的归责事由》，Jurist 1318 号 117 页（也想参照同号特集《合同责任论的再构建》的其他论文）。

72 清偿的过程

庆应义塾大学教授　北居功

一、问题提起

清偿意味着达到债的目的后债权的消灭，一般指债务人的给付行为。在许多重要的债务关系中，债务人的给付行为加上债权人的协助，两者结合才可达到债的目的。实现债权的最终过程包含了债务人的清偿与债权人的受领两部分。本文将从传统的主流视角与新近的批判视角，对债权的最终实现过程进行对比研究。

二、主流的清偿观

1. 提供的机能

清偿的提供指债务人完成了己方的给付（参照民第 493 条），从而免除了债务不履行责任（民第 492 条），从而不再陷入履行迟延的状态。债权人如果接受了清偿，则给付完成、债权消灭；如果债权人没有接受清偿，则债权人为受领迟延（民第 413 条）。因而根据是否存在提供清偿，可判断是债务人的履行迟延还是债权人的受领迟延。

2. 受领迟延论

债务人如果按时提供清偿，可以避免支付迟延利息与迟延赔偿，并阻止实行担保权。但债权人如果没有按时受领，债权人将会被判定为受领迟延。债权人的受领是债权人的权利，但权利此时没有伴随着义务，故而债权人的受领迟延不构成债务不履行。受领迟延作为一种因债权人没有受领导致债务人的损失转嫁给债权人的法定责任，否定了基于债务不履行的损害赔偿和合同解除的法律效果（最高法院判决昭和 40・12・3 民集 19 卷 9 号 2090 页，鸠山秀夫《债权法中的信义诚实原则》[1955] 101 页以下，奥富晃《今后如何看待受领迟延论与受领迟延责任的关系（5）》南山法学 21 卷 4 号 [1998] 94 页）。

3. 机械的履行论

传统的债务关系论认为，债务人负有履行义务，债权者拥有受领权利，两者根据民法第 492 条与第 413 条调整其履行过程中的利害。债务清偿需要债务人的清偿提供和债权人的受领行为，因而债务人与债权人的意思表示是必要的。债务人有效地根据债务内容进行给付，债权人随之受领，即为清偿。纵使债务人以借贷或是赠与的想法进行了给付，但给付内容与债务内容客观匹配，则可以认为清偿成立（我妻荣《民法讲义Ⅳ 新订债权总论》[1964] 216 页）。由此清偿可被认为是既定法规的机械实现。

4. 作为基本模式的特定物买卖

当特定物买卖作为基本模式时，标的物已经在缔结合同时被确定，而该给付行为只有交易行为，因而也能适用机械的履行论。例如在瑕疵担保责任中，即便缔结合同时确立的给付与合同内容有差别，出卖人也仅负有交易义务。这就是瑕疵给付也可以被认定为债务清偿的特定物教条。

三、批判的清偿观

1. 提供清偿的意义变化

债务人如果提供清偿，则可免除债务不履行责任，但在免除债务不履行的条件中提供清偿并非必要。债权人明确拒绝受领时，判例也以诚信为上，认为债务人不提供清偿也不会被认定为债务不履行（最高法院大法庭判决昭和 32・6・5 民集 11 卷 6 号 915 页）。这种情况下，债务人即使已经提供清偿，也可认为给付尚未完成。这并非是有关债务人是否提供清偿的问题，当债权人并未做好受领准备或表达受领意思时，债务人不会被判定为履行迟延，这是有关履行迟延的成立要件的问题（北居功《迟延论的对称性》法学研究［庆应义塾大学］72 卷［1999］309 页）。

依据这一见解，仅当债权人准备受领或表示了受领意思时，债务不履行责任的免责需要债务人的提供清偿，债权人受领给付后才算完成清偿；反之如果债权人没有准备受领或没有表达受领的意思，则债务人不做任何举动也不会构成债务不履行，此时债务人如果进行了给付，则债权人可被认为是受领迟延（参照民法第 413 条）。该种情况下清偿的提供具有判定债权人是否为受领迟延的功能。

2. 受领迟延论的变化

近来对于传统理解中债权人仅拥有权利而不负有义务的观点有着大量批判。债务关系是债权人与债务人为了协力完成共同目的而建立的关系，债权人也应当诚信至上，承担起受取义务（我妻荣・前揭 238 页）。然而也有有力观点立足于债权人无须负有受取义务的传统观点上，并提出了仅需承担建立在诚信原则上的标的物的占有转移的交易义务见解（远田新一《提供返还与受领迟延序论》谷口知平先生追悼论文集（2）［1993］189 页，奥田昌道《债权总论（增补版）》［1992］226 页）。判例中硫黄矿石的出卖人出于诚信原则，为了履行交易义务而接受了买受人提出的损害赔偿请求（最判昭和 46・12・16 民集 25 卷 9 号 1472 页）。

有关受取义务，是通过以诚信原则构建的债务关系的权利义务对立结构来理解，还是通过双方当事人的协同构造来理解，在见解上出现了根本性对立。近来不仅是债务人，债权人也逐渐认可多种样态的协同义务，从而展现出了利益对立构造将被协同构造取代的趋势（后藤卷则《消费者合同的法理论》［2002］166 页以下）。一方面，从协同义务的角度出发，民法第 413 条被定位为交易义务违反的相关规定，从而尽可能限缩债务关系对立结构的法理（北居功《民法 413 条与买受人的交易迟延制度之间的关系

(2)》法学研究(庆应义塾大学)70卷8号［1997］63页等);另一方面,如果将合同关系理解为为了实现债权人利益这一共同目标成立的协同关系,则也可把受领迟延作为债权人债务(受法律法规拘束的地位)的不履行(不适合)(潮见佳男《债权总论Ⅰ(第二版)》［2003］502页以下)。

3. 有机的履行论相关的线索

在有关清偿的法律性质论中,如果该履行符合债的本旨,则履行就导致债权的消灭,因此是不是仅探讨履行行为存在与否就已足够,这点也有学者提出了疑问(平井宜雄《债权总论(第二版)》［1994］164页)。有观点认为清偿行为中债务人的给付意图也是重要的因素(前田达明《口述债权总论(第三版)》［1993］437页以下)。而且在不当得利类型论中,给付作为有目的的增益他人财产的概念是基于如下假设,即清偿债务的债务人是以清偿债务为目的进行增益他人财产的。也就是说,给付由增益他人财产与目的组成,根据这一点可重新评估债务人方的清偿意思(藤原正则《不当得利法》［2002］43页)。

另外,在瑕疵担保论中,一种有力的见解认为,瑕疵担保责任是指债务不履行责任因债权人的受领行为而消灭,为了使瑕疵能够得到救济,隐藏的瑕疵也是一种责任(森田宏树《合同责任的归责构造》［2002］308页)。这种观点尝试为债权人的意思表示即作为履行的受领赋予积极的评价(推进这方面探讨的是池田清治《不特定物与瑕疵担保》民刊566号［2004］3页以下),也可能会导致对债权人的受领意愿的重新评估。

4. 从作为基本模式的特定物买卖中解脱

把特定物买卖作为基本模式的理论中,也出现了分歧。尤其当以劳务给付为内容的合同越来越重要,传统的针对特定物给付的思考方式无法解决问题(松本恒雄《劳务合同的法理与课题》池田真郎等《多边民法》［2002］291页以下)。另外,正如瑕疵担保责任的学说中强调受领概念的见解可指出的,即使在物的给付中,在种类物买卖时,作为当事人之间利益的调整依据,标的物现实提供这一履行时点的重要性是不可忽视的。

进而言之,将特定物买卖视为种类物买卖的一种特殊类型的这类尝试(北居功《出卖人瑕疵担保责任与风险负担的关系(4)》法学研究(庆应义塾大学)69卷9号［1996］100页以下),则是对将特定物买卖作为基本模式的这类思考的反论。这种将种类物买卖与特定物买卖相对化的方向最终恐将带来"特定物概念的危机"(田中宏治《德国新债法中的特定物买卖的今日课题》民商133卷1号［2005］20页以下)。

四、总结——作为交涉程序的履行过程

总之,合同关系中当事人双方为履行债务承担多种义务。在多数情况下,债务内容的实现同时需要债务人的提供行为与债权人的受领行为。清偿是债务人与债权人最后作利益调整的时刻,与缔结合同时一样,可以设想通过某种交涉程序来履行,甚至可以设想经过交涉程序可对债务不履行的债权进行重新清偿。事实上已有人以交涉程序的视角探讨过基于债务不履行的合同解除事例(森田修《合同责任的法学构造》［2006］414页以下,488页以下)。笔者认为,作为当事人的利益调整时刻,不仅是合同订金时,还有履行时,其中均仍存在很多因素需要重新审视。

参考文献

石田穰：《口头的提供返还》，载森岛昭夫编：《判例与学说（3）民法Ⅱ（债权）》［1977］85 页以下；早川真一郎：《民法 492 条（债权返还）》，载广中俊雄/星野英一编：《民法典的百年Ⅲ》［1997］211 页以下；河上正二：《〈债权返还〉的分论》，载矶村保等：《民法训练教室》［1999］172 页以下。

73

代位清偿

京都大学教授　松冈久和

一、制度目的与本稿主题

1. 制度目的

当债务由第三人清偿，或是由债务人的担保人清偿，该债务将因为原本的债务人以外的人的履行而消灭，且这一履行并非是对原本的债务人的赠与，所以履行的第三人取得了对原本的债务人的求偿权。此时出于债权的效力和担保人的地位，在其求偿权范围内第三人可以行使债权人所拥有的一切权利（民第 501 条第 1 项原文）。这就是代位清偿（弁済による代位）或称清偿人代位（弁済者代位）（也存在代位清偿的说法，但需要注意这一用法强调的是第三人代位清偿）。

原本的债务人所面临的原债权人的债权（称为原债权）以及根据债权设立的担保权（为与求偿权设立的求偿担保相区别，本文用原担保权相称），本应该基于清偿和担保权的付随性而消灭，但依据代位清偿制度，原本的债务人与清偿人的债务关系并未消灭，原债权以及原担保权应当向清偿人转移。代位清偿制度是为了保护清偿人的求偿权而存在的法律制度，求偿权需要确保的重要一点是可以代位债权人行使原担保权。

代位清偿制度的直接目的是强化清偿人的求偿权，避免清偿人因原本的债务人不能给付而无法回收债权，进而遭到损害；其间接目的是通过奖励第三人清偿的善意和降低债务不履行的风险，提高债务人自身的信用度。

2. 本稿的课题与基本观点

根据民法第 392 条、第 393 条和第 501 条可调整相关当事人间的利益关系，然而这些法规并不明确，因而其解释运用过程中存在许多争议，很多判例也与之相关。同时这些法规之间的相互关系也有待商榷。本稿将以最高法院判例为中心概览上述问题。因篇幅有限，只选取其中的一部分。

代位清偿的基本观点是确保求偿权，并限制代位债权人非必要的利益。无论是负有求偿债务或是原有债务的原债务人，还是受领了全部清偿的债权人，都能够通过代位清偿避免遭受损失。但是针对部分受领的债权人，原本的债务人面对的其他债权人，因担保物权而产生的后顺位担保权人和第三方取得权人等，需要比较他们没有发生代位的情形，以免对其不利益。

二、求偿权与代位权的关系

求偿权与原债权为相区分的两种债权。原债权仅在求偿权的存续期间存续，在求偿范围内可行使（潮见佳男・后揭 280 页，称为债权区分性与主从性竞合）。以下将结合具体问题进行分析。

1. 求偿权与原债权金额不同的情况

当求偿权的金额比原债权低时，代位债权人能够在求偿权范围内行使原担保权（最判昭和 61・2・20 民集 40 卷 1 号 43 页）。此时已足以确保求偿权。反之如果求偿权的金额比原债权高，则代位债权人只能在原债权范围内行使原担保权（也要注意民法第 375 条的制约）。虽然此时不能充分确保求偿权，但如果允许原债权额以上的原担保权的行使，将对原担保标的的后顺位担保权人或第三取保人带来不利益。有力说曾主张因代位而原担保权可以担保求偿权的嫁接说，并以嫁接说为前提，认为求偿权范围的特约不得对抗第三人。不过目前判例认为，原担保权作为对原债权的担保，与原债权一体转移以确保求偿权的呈现（最判昭和 59・5・29 民集 38 卷 7 号 885 页），依此见解，即使不限制求偿权扩张特约的第三人效力，也不会影响后顺位担保权人。

2. 有关求偿权的部分清偿的效果

当代位清偿人行使求偿权时原债务人部分清偿亦将抵充原债权（最判昭和 60・1・22 判时 1148 号 111 页）。当求偿权的清偿金额小、求偿权的约定利率远高于原债权时，经过期间后求偿权的数额将会远大于原债权，如果不认为抵充原债权，则将对后顺位担保权者等人造成不利影响。但在上述括号中判例里，持反对见解的观点认为，此判例中原担保权为最高额抵押，后顺位担保权人应该认识到在最高额范围内原债权人是优先的。因此即使不抵充原债权，亦不会对后顺位担保权人带来不利益。主从性竞合构造并不能直接推导出结论。

3. 时效中断

求偿权与原债权是分别的债权，故而其时效期间有时并不一致，一方债权时效中断不会影响另一方。最判平成 7・3・23（民集 49 卷 3 号 984 页）是一个关于破产程序的案例，保证人在原债权人申报原债权后完全清偿并变更了申报名义，则该求偿权的消灭时效从申报名义变更起到破产程序终结为止才中断（但在原担保权拍卖决定后，连带保证人清偿并申请承过债权人地位，最判平成 18・11・14 民集 60 卷 9 号 3402 页认为这种情况下求偿权的消灭时效同样也是在拍卖程序终结后才中断）。然而这并非是基于行使原债权的时效中断效果影响到了求偿权的缘故，申请变更申报名义只能影响原债权的行使与求偿权的行使。只有求偿权的行使的情况下同理，从主从性竞合的关系来看，原债权的时效中断效果在理论上也并非是必然的。

三、部分代位的效果

当债权为第三人部分清偿时，清偿人取得对应清偿额的代位权，并能与债权人共同行使相关权利（民法第 502 条第 1 项）。立法者认为基于权利行使的变价金应以债权额按份分配给原债权人与代位债权人。大决昭和 6・4・7（民集 10 卷 535 页）更进一步认为部分代位人可以单独行使债权人的权利。但是许多学说认为如果允许单独的权利行使，这将会损害原债权人选择担保权实施时期、从担保标的物处全额回收被担保债权等期待权益。最判昭和60·5·23（民集39卷4号940页）认为由于确保求偿权的代位并不一定会损害原债权人的利益，原债权人应被优先分配。根据这一观点，昭和6年（1931年）判决的立场也就被推翻。当然，原债权人并不会因为部分代位而制约其原担保权行使，仍可单独实施权利。不过，最近的学说中，也存在从保护部分代位人的角度出发，对按份主义和昭和6年判决进行重新评价的观点（潮见·后揭298-299页）。

由抵押权担保的多个债权中的部分债权的保证人，在清偿了自己负担的全部保证债务后，可被认为是全部清偿。该保证人根据代位，与原债权人准共有原抵押权，从实行原抵押权的变价金中和原债权者按债权额分配。

四、代位权人的相互关系

1. 民法第392条与第501条的目的

第392条与第501条各自规定了代位权人的相互关系。代位债权人对于原本的债务人的财产行使物的担保时，代位权的行使没有必要限定在求偿权限度内（参照“二”）。但是面对保证人、物上保证人和担保财产的第三取得人，如果代位债权人可对其行使的权利与对原债务人行使的权利相同，原本的债务人可能会无法清偿的风险要么将转移给上述人员（无法再代位时，上述人员由于没有代位的权利而难以确保求偿权），要么陷入无用的求偿的循环（能够重新代位时，最初的代位权人会失去由代位得到的部分利益）。因此，第392条与第501条预设了原本的债务人无力清偿的情况，并分配了相关当事人应当负担的风险，当超过该负担限度时，不管担保权的实施以及偿还的顺序，将对相关当事人间的无力清偿的风险进行公平调整。

此时应该注意的是，通说的理解认为除共同保证人之间外（民第465条），第501条各款项认为相关人之间不存在求偿权。换言之，代位是为了确保对原本的债务人的求偿权。

2. 保证人与取得担保标的财产的第三取得人的关系

第三取得人无法代位保证人可获得的债权人的权利（民法第501条2号）。这是因为第三取得人即便实现了担保物权，也因承继了无法向他人求偿的原本的债务人的地位，因而无法取得代位权。与此相对，保证人可以根据担保标的财产的事后让与而代位取得债权人的权利。民法第501条1号规定了不动产担保物权的代位需要重新进行代位登记，但若第三取得人的移转登记发生于清偿前，重新代位登记则无必要（最判昭和41·11·18民集20卷9号1861页，通说也赞成这一点）。一方面，在清偿之前，代位人无法进行代位附加登记，另一方面，第三取得人既然购买了有担保物权负担的不动产，则应预见到代位的可能性，同时由于还存在根据担保责任的追及、变价清偿、抵押权消灭请求的保护，因而无须通过代位附加登记予以警告。可以认为该条款旨在保护误信因清偿而致担保物权消灭的第三取得人。

此外，第三取得人知晓代位人的清偿时，没有附加登记第三取得人不会遭受意外损失。更进一步，如果清偿后没有涂消抵押权设定登记，那么没有附加登记时第三取得人是否应意识到代位，这一问题值得考虑（石田喜久夫·担保法的判例Ⅱ252页［1994］中也存在同样的疑惑）。

另外，第501条1号～3号在原本的债务人已设定担保权益的情况下适用是妥当的，但不应当否定作为物上保证人的第三取得人行使代位权，因为一旦担保物权被实现，作为物上保证人的第三取得人就取得了能够行使代位权的地位，应当与第 4 项和第 5 项中的物上保证人同等对待（依据奥田昌道《债权总论（增补版）》［1992］549 页等有力见解）。

3. 保证人与物上保证人的关系

民法第 501 条 5 号规定了依据人数的负担分配和依据担保物权标的财产价格的负担分配（后者与后述“4”为同种思路）。问题是存在同时作为保证人和物上保证人的情况。此时以双重负担为主旨的二人论或可数论的二人说（我妻荣《民法讲义Ⅳ 新订债权总论》［1964］261 页）较为主流，其他还有保证人一人说、物上保证人一人说、资格竞合说、资格融合说等。对此，最判昭和 61・11・27（民集 40 卷 7 号 1205 页）在未对这类情况作出规定的情况下，以简明和实效性为基准，将双重资格者视为一个人（人数一人说）。最判平成 9・12・18（判时 1628 号 50 页）在此基础上以法律关系的简明性为由，认为如果清偿前已开始物上保证人的共同继承，则将继承人的人数作为评判标准。具有共同担保权的物上保证人在只让与一个标的不动产时，或许随着人数的增加，其负担会减轻。但是如同平成 9 年判决反对意见中指出一样，在设定担保物权时决定的负担限度若在随后的让与中因偶发事件而大幅度降低，也并不适当，缺乏理论依据。

4. 第三取得人与物上保证人的相互关系

民法第 392 条和第 501 条 3 号、4 号通过按照标的物价值分配共同担保物权的负担，目的是消除根据担保物权等偶然的执行顺序可能产生的不公平，同时也为后顺位物上保证人或第三取得人明确各财产的剩余价值，以确保此类交易的安全性。这些规定的前提是共同担保标的财产的负担没有优劣之分。但是在债务人的不动产和物上保证人的不动产为共同抵押权的标的时，由于前者应当优先负担，故而此类条文不应被适用。也就是说，物上保证人的财产的第一抵押权优先实行的时候，物上保证人可以代位债务人所有的不动产的第一抵押权（民法第 500 条），物上保证人的财产中存在的第二抵押权人依因代位而转移给物上保证人的第一抵押权，可以享受与物上代位人同样的优先清偿（最判昭和 53・7・4 民集 32 卷 5 号 785 页。此处不需要登记和保全）。

另外，共同抵押标的不动产均属于债务人，以及均属于同一物上保证人的情况适用第 392 条（最判平成 4・11・6 民集 46 卷 8 号 2625 页）。共同抵押标的不动产属于不同的物上保证人时，各个物上保证人可依据第 501 条 4 号代位，各不动产的后顺位担保权人可以凭借代位的抵押权优先接受清偿（大判昭和 11・12・9 民集 15 卷 2172 页）。反之若两者为同一人，则无法区分求偿和代位，所以第 392 条的规定是必要的。

5. 第三取得人与后顺位担保权人的关系

原债务人设定共同抵押权后，转让一部分不动产，又为其他不动产设定后顺位担保权时，此时并无相关规定。通说认为，依据第三取得人和后顺位抵押权人的出现时间（具备对抗要件时），可区分适用民法第 392 条的情形和不可适用的情形。也即先出现第三取得人时，后顺位抵押权人不需要分担归属于第三取得人的不动产也即共同抵押负担，而是考虑其担保价值，尽可能根据债务人所有的不动产进行债务清偿（我妻荣《民法讲义Ⅲ新订担保物权法》［1968］462 页等）。而在后顺位抵押权人先出现的情况中，本就是由于缺少可代位不动产共同抵押权人的人，后顺位抵押权人才拥有了后顺位抵押权，故而应保护其期待，第三取得人不得代位（高木多喜男《担保物权法（第四版）》

[2005] 251 页)。

然而如上述所说，第 392 条以及第 501 条 3 号和 4 号的主旨与后顺位抵押权人和第三取得人的出现时间无关，而是应当根据他们出现前分配负担。加之第三人依据共同担保登记很容易认识到相关内容，故以出现时间为基准区分是否可以代位是不妥当的。此外，第三取得人获得了相应负担的不动产的分配，因而不应当因为债务人所有的不动产而清偿债务。这一情况也应适用第 392 条。

6. 变更代位比例的特约

例如在信用保证协会等的机关保证时，相关主体间会有如下特约：当信用保证协会履行了保证债务时，信用保证协会可以代位其他保证人与物上保证人的全额求偿权，但当其他保证人或是物上保证人即便偿还了债务，他们对信用保证协会没有求偿权，也不能进行代位。当事人之间只要没有违反公序良俗和诚信原则，这个特约就有效。但是该特约是否可对抗物上保证人的设定了担保权的标的不动产的第三取得人以及后顺位担保权人，则是一个问题。另外，由于原担保权只能在原债权的范围内行使，求偿特约不会影响到第三人，这点不存在问题（上记“一、1.”）。

前揭最判昭和 59·5·29 基于以下原因承认对第三人可按照特约行使代位权：(1) 即使认可基于特约的代位，代位人的权利也不会超过原债权额及最高额抵押的最高额，故不会造成第三人利益受损；(2) 民法第 501 条规定仅是特约无特别事由时的补充规定，并不妨碍特约本身；(3) 第 501 号 5 条没有像第 392 条那样积极承认第三人权利并规定代位的分配，第三人因特约受到的损失，仅仅是基于没有自主处分权限的他人间的法律关系的反射性产物而已。

如上，第三人本不可能取得超越特约当事人即原本的债务人与物上保证人的地位，故其应当预见到此种不利益。第 392 条与第 501 条虽然有着不同的目的，但两者都可以被视为保护了对第三人的剩余担保价值的合理预期，以非公开的特约否定该预期，有损害交易安全的嫌疑。

参考文献

全文参考潮见佳男：《债权总论Ⅱ（第三版）》(2005) 280 页以下及其关联文献。此外还参考了山田诚一：《求偿与代位》民商 107 卷 2 号 169 页以下 (1992)；镰田薰：《求偿与代位》，载矶村保等编：《民法裁判教室》(1999) 365 页以下；高桥真：《清偿人代位与求偿权》，载椿寿夫/新美育文编著：《解说 从关联事件看民法Ⅱ》(2007) 102 页以下。

74 ◀

债权侵害与侵权行为

北海道大学教授　吉田邦彦

一、问题现状

（1）债权侵害（英美称为违反合同的诱因、合同侵害［inducing breach of contract; interference with contractual relations］）属于交易的侵权行为（经济的侵权行为［economic tort］）之中最严重的类型，在当代具有重要的意义（需注意过去的侵权行为论主要讨论的是交通事故、公害问题等通过物理行为造成的侵权行为）。或许这是由于80年代后期，我国这一领域的法理发展尚未成熟，再加之这方面的讨论在比较法中也具有特殊地位（该主题本身很好地体现了德国的学术传统，以理论先行展开了讨论，然而它只参考了德国法学的一种观点（德国民法第823条第1项有关侵害绝对权的规定）。由德国法中关于债权侵害的全部规定以及德国民法第826条和德国反不当竞争法第1条来看，在侵权行为的认定方面，德国法比日本法显得更为积极。英国法最早对于该领域进行判例法的研究，我国立法者明知该情况却依旧选择了忽略）。

过去我国一直强调“自由竞争”原理（虽然在我国这意味着“侵害他人债权、合同的自由”，但在其他国家并不通用），其结果就是造成了对竞争的秩序、伦理、公平的漠视。教科书普遍承认了债权侵害的侵权行为，但实务中最为重要的（在过去的类型论中）“给付侵害下债权未消灭的情形”却原则上并没有承认其违法性。

（2）其理由是，除1）前记独特的“自由竞争论”外，还有2）债权无排他性，3）债权人平等原则，4）债权属于弱权利（从相关理论来看，为了承认其侵权性，需要有恶性的强侵权样态），5）债务人的主体性等学说，每一种观点论据均不充分。

美国法学界根据法经济学者（legal economist）（［法与经济学］的论者）的观点，受到功利主义（社会财富最大化）的启发，鼓吹“违反合同自由”论，我国也有一部分人追捧该种观点（樋口等），但需要注意，该学说建立在与该国判例的合同侵害法理相对抗的对抗原理的基础上（我国因没有这种背景，实际效果将有不同。加之“违反合同的自由”论的论者所举的实例大多为可代替性（fungible）合同，债权侵害的具体事例主要为与特定物交付和行为债务等非代替性的、非特定（idiosyncratic）的关系性（relational）合同的通例，和讨论案例有所不同，需要留意）。

（3）对于该种状况，笔者强调了合同的对第三方保护——侵权行为法中对关系性利益（交易关系）的保护，并详细说明了有关“自由竞争”的交易伦理与公平性（光明竞争）问题（吉田邦彦《债权侵害论再考》（有斐阁，1991）［初版，1985－88］。在《民法的争点Ⅱ》（旧版）也略有提及，但由于其压缩了篇幅，上述《再考》更易于阅读）。

二、批判

1. 故意侵权行为（意图性侵权行为）要件的放宽

如今有人呼吁放宽之前的要件论（实际中的侵害债权事例属于“给付侵害中债权未消灭”的事例，原则上不具违法性。通例认为侵权行为的判定需具备故意之要件（或通谋、教唆），以及违反公序良俗等样态），而主张广泛的债权侵害。然而即便如此，根据交易自由原则（经济性侵权行为的特征之一），原则上当事人需对被侵害合同及造成的损害具有认知层面的故意。

关于这一点，有人认为狭义的“故意”与放宽后的“故意”都可置于过失侵权行为的框架内（平井、内田）。这或许是法国法式的处理方式，两者的实质立场并没有太大差别，为避免语义混乱，此处按英美法称其为故意侵权行为（intentional tort）（吉田）。

2. 作为过失侵权行为的要件论

（1）债权侵害之中还存在过失侵权行为。第一，当事人有特殊地位之时，应承担信息提供义务和说明义务，例如 1）已知晓企业业绩、资产状况的银行（我国判例对此进行了否定），2）泡沫经济时的融资人（lender liability）（由于银行 Y 介绍的承包商和房地产商 A 破产了，与之缔结合同的 X 受到了损失），相关案例多次发生（名古屋地判平成 6・9・26 判时 1523 号 114 页，东京高判平成 7・12・26 金法 1445 号 49 页）（也存在与变额保险、担保证券相关的直接双当事人的事例。详细请参照吉田邦彦《融资人责任与债权侵害［上］［下］》NBL598 号，599 号［1996］）。

（2）第二，企业损害与间接损害（间接受害人）（公司的重要人物遭遇了交通事故，该公司能否向交通事故责任方主张对关联损失的赔偿）也属于债权侵害，但应该将其往物理侵权行为（事实的侵权行为）（交通事故）的“损害赔偿范围”问题（因果关系论）等法国法式的思考方向上靠拢（同主张，星野、平井）。

本来即使是营业损害的事例，在判断是否需要赔偿时，作为判断的实质性影响因素，投保状况（VIP 保险等）也会对判断产生间接影响。对此，我国判例主张该类型的要件有个人公司，（受害人公司机关的）非替代性与（受害人与公司的）经济一体性（最判昭和 43・11・15 民集 22 卷 12 号 2614 页）。

然而过去的学说多数继承了德国法的观点：原则上限制赔偿请求权人仅为直接受害人（好美，德本伸一，潮海等。最近吉村的观点也略显德国色彩）。因而有必要对我国侵权行为规定的立法过程及间接损害侵权行为的比较法构造的异质性进行反思（德国、法国、英美的法律构成立场都是不同的）。

三、类型论

1. 过往类型论的难解及其重构

（1）首先将论述通说的类型论在实例及理论上的费解之处。过往的类型论将债权侵害分为“归属侵害”与“给付侵害”两类，后者还细分为“债权消灭”和“债权不消灭”。

需要注意的是，1）几乎所有的实例（后述）都属于给付侵害用债权未消灭的情形。2）归属侵害的主观要件只要过失即可。如对债权准占有者的清偿即成立侵权行为（民第 478 条），但几乎没有这样的实例（德国也无）；即便有也是因为准占有者故意侵权。3）侵权法理的保护多为对债权归属的保护（英美及在继受德国学说之前的日本，财货归属的概念较宽，包括合同在内，都有广义的归属），能否以给付侵害和类型论的视角来处理，尚且存在疑问（给付侵害也同时属于归属侵害，也即债权侵害均可归于归属侵害（吉田））。

（2）因此，有必要重新归类具体事例，构建新的类型说（重要的事例类型请参照下述），更进一步可探索体系性的类型基准：1）前述的“意图性（故意）侵权行为”或是“过失侵权行为”；2）造成经济损失的侵权行为是属于“交易行为”还是“事实行为（物理行为）”（同旨，北川、内田）。这两种分类可能产生交叉，因交易行为而产生的侵权，由于需要保护交易自由，原则上是知晓先合同的存在的“故意侵权行为”，“过失交易侵权行为”仅限定于加害人拥有特殊职业、地位或因与受害人的关系形成了个别、例外的特殊交易义务（经济上的损害回避义务）的情形（在物理侵权的情况下，只要存在过失即可，之后可根据因果关系考虑对经济损失的救济）。

从被侵权的合同的角度看，如上所述，3）要考虑合同是关系合同（继续性合同）还是一次性合同，4）是交付债务（往往是经济价值高的特定物合同）还是行为债务（麦克尼尔对 3）从合同法理视角进行了整体性解说，4）则为平井所强调）。

2. 双重转让

第二买受人知道并侵害第一买卖合同，抢先登记不动产的情形，有民法第 177 条和民法第 424 条的类推适用。这一问题在过去已有了诸多讨论，与该问题相关的侵权问题需综合分析。

过去日本在进行双重让与问题的讨论时，将其作为民法第 177 条的解释问题而大书特书，因其缺乏违法性故未将其作为侵害债权的行为（判例的要件认定也较狭窄［最判昭和 30・5・31 民集 9 卷 6 号 774 页］）。但在比较法上中世纪以来有 jus ad rem 的传统（好美的论文中详细讲述了这一点），其中重要的正是侵权的问题，且与其他的债权侵害问题不同，多数学说认为此种侵权行为的效果是原状回复（将不动产返还给第一买受人）。我国的侵权行为论因受到金钱赔偿主义（民第 722 条第 1 项）的制约，最终通过的机械的比较法解释，将问题的核心归结于民法第 177 条恶意第三人的认定。而相对于判例学说将第三人的主观要件解释为背信恶意人排除，单纯恶意人排除说（见战前的舟桥说。从沿革来说，旧民法财产编第 350 条、财产取得编第 45 条第 1 项中，起草者博瓦索纳德也持此立场）则为债权侵害说提供了补强的新根据。

至于这里的责任标准，认为过失人也需要承担责任（过去民法第 177 条的公信力说［半田、篠塚、石田喜久夫、镰田等］）不免过苛。反之如果是恶意人，则不应当成为被公示制度保护的“第三人”（同旨矶村［矶村论文的主题本来是民法第 424 条的类推适用，但如果民法第 177 条的解释变化，那么第 424 条的解释将会回归维持后述责任财产这一原本功能］）。近年来学界的观点发生了几多变化，以往多对民法第 177 条独立考察，将来恐怕有必要与法国法一样，将公示原则与侵权行为法理融合考虑。

＊有关这一项，除参考吉田・前揭书 570 页以下外，另参好美清光《Jus ad rem 与其发展性消灭》一桥大学研究年报法学研究 3（1961），矶村保《双重买卖与债权侵害

(1)～(3·完)》神户法学杂志35卷2号、36卷1号、2号(1985—1986)。

3. 竞业禁止义务的违反

随着终身雇用制在日本型经济系统中逐渐固定，公司挖人的情况几乎不再发生，但由于最近劳动市场的流动化，人们越来越关注竞业禁止义务和保密义务（平成2年修正的不正当竞争防止法新设了保守商业机密的规定，并在之后进行了强化，后为了放宽举证上的要求，在平成15年再次进行了修正。另外平成14年的知识产权基本法第2条第1项也规定了商业机密属于知识产权。与过去讨论寥寥的情况相比有恍若隔世之感。）近期也公布了几个相关的下级法院判决（对责任的认定也有区别，例如（1）私塾老师的挖角案例中，大阪地方法院平成元年·12·5判时1363号104页［╳］，东京地方法院平成2·4·17判时1369号112页［○］，东京地方法院平成5·8·25判时1497号86页［╳］；（2）英语教材销售公司的挖角案例中，东京地方法院平成3·2·25判时1399号69页［○］（存在非故意的集团人事移动计划））。

此时一方面应考虑保护公司机密和个人资产的投入资本，另一方面也要考虑被雇佣者的转业（职业选择）自由（宪法第22条第1项）（竞业禁止义务中存在对此项的制约）（同旨，土田）。由此，近来的判例对与商业机密无关的竞业禁止义务增加了“必须为必要最小限度，并采取充分的补充措施”的要件，值得肯定（东京地决平成7·10·16判时1566号83页以下［对违反了司法考试预科学校招牌讲师的竞业禁止义务的同种预科学校的新设业务和营业请求停止侵害的案例。法院认为这种竞业禁止义务因违反了公序良俗而无效，同时因并不存在违反保密义务的可能性，从而驳回了诉请］）。

＊除吉田·前揭书604～605页外，还参照了土田道夫《围绕劳动市场流动化的法律问题（上）》Jurist1040号［1994］。

4. 对先行交易的侵害（不正当竞争其一）——违反附条件交易的诱因

不正当竞争的情形需分开讨论。过去国外主要关注市场交易中后登场的第三人对先登场的买受人所订立之合同的债权侵害（如排他性合同以及一手出卖权这些有竞争限制的合同）。

此时为保护静止的（static）竞争秩序，可根据情形之不同，将后交易人从市场中排除，使交易无法进行。但这与战后反垄断法的宗旨存在不相容，从侵权行为的角度看，对竞争限制合同的保护也将限制对侵权行为的认定。然而历史上的欧洲，尤其是1930年代的战争期间，此类事件（出卖协定、排他性的合同、价格协定（二次出卖的指定价格））被广泛认定为侵权行为，笔者对于相关社会背景有着极大兴趣。

＊此项参照吉田·前揭书474页以下、519页以下、592页～595页。

5. 对后行交易的侵害（不正当竞争其二）

当交易先手侵害后手（例如平行输入者）的合同时，如平行输入妨害、间接交易拒绝等（《有关不公正的交易手段的一般指定》，请参照2项·11项），此时侵权行为的认定关系到反垄断法对不公正交易手段的规制（尤其是前述《一般指定》的15项），即便是从确保交易自由的角度看（自由市场），这种侵权行为在今天仍有重要的意义（《一般指定》的15项以美国法中有关不当竞争的侵权行为法理［交易的侵权行为］为前提）。

我国以往就有明显的流通系列化趋势（因而过去很少看到有关不正当竞争的债权侵害事例），为了将这种交易秩序转变为动态的（dynamic）竞争秩序，此类侵权行为法理与公正交易委员会的行政规制具有同样重要的地位（例如劝告审决平成2·9·5审决集37集29页，同平成5·9·28审决集40集123页等有关平行输入的审判案例）。但是，现下的流通系列化正处于流动期（与其说是趋向崩坏，不如说是正在向更为巨大的流通系列化转变）。中小的中介行业日渐式微，大型店铺与连锁店铺迁往郊外而形成市区空洞，因而有必要关注城市规划乃至居民福利问题。

＊该类型请参照吉田邦彦《关于不正当竞争的一点拙见》Jurist 1088 号（1996）[同《民法解释与动摇的所有论（民法理论研究（1））》（有斐阁，2000）10 章]。

6. 劳资纠纷事例

详细内容应当参照劳动法，此类问题英国法中积累了大量相关事例。需注意在英国，债权侵害（合同侵害）是压制劳资纠纷以及示威抗议（劳动争议行为）的法理依据，20 世纪初该国为了保护劳动者的争议权，积极地进行了相关立法。

我国劳动组合法第 8 条继承了英国法的保护立法，添加了免责规定，但作为前提依据的债权侵害法理在民法界仍未成熟（有关劳动争议侵权行为的劳动法学者［尤其是菅野］除了以营业权侵害［仿效德国民法第 823 条第 1 项的学说观点］为依据，也受过去德国式民法学说的影响，尽管这种结构方式并非必要）。

在争议行为越发无声的今日，更为必要的是考察日英两国劳资纠纷样态出现差异的社会背景的不同，以及在就业情况恶化和工作环境两极分化的现代社会，该如何从实质上保障争议行为（宪法第 28 条，劳动组合法第 1 条第 2 项）（例如通过重新构筑日本特殊的工会制度）。

＊除吉田・前揭书 182 页以下（英国劳资纠纷事例分析），612 页以下（日本的案例）外，还参照了菅野和夫《争议行为与损害赔偿》（东京大学出版社，1978）。

7. 责任财产侵权案例（金钱债权侵权案例）

该种情况下因存在与债权人撤销权（民第 424 条）的平衡问题，需要考虑到货币债权的特殊性（例如存在一般债权侵害的扩张问题［川岛、我妻、铃木］），同时考虑债权人平等的要求，应当限制侵权行为的要件，将故意乃至有害意的不当行为（通谋、欺诈、强迫）设定为要件（此类判例相当多［有名的大判大正 4・3・20 民录 21 辑 395 页也属于这种类型，此外还有大判昭和 8・3・14 报纸 3531 号 12 页，战后最判昭和 35・6・24 民集 14 卷 8 号 1528 页，最判昭和 40・1・28 判时 400 号 19 页等］，但有必要重新对其进行探讨）。

有关与民法第 424 条竞合的问题，学界的意见尚未统一（竞合否定论占上风［鸠山、川岛、加藤一郎］），但即使肯定了竞合论——与诈害行为撤销权相比（依此亦可优先受偿）——该类型的侵权行为也不具有实益。

参考文献

该主题的关联文献数量庞大，因篇幅有限无法一一详述。为使学说展开更为立体，稿内所提及的文献皆作为引用文献。

75

违反利息限制法的效力

一桥大学教授　小野秀诚

一、利息限制法第 1 条与贷款业法第 43 条

利息限制法第 1 条第 1 项与第 2 项通过“任意”的清偿这一表述来调和法条的对立，但最高法院大法庭判决则否定了第 2 项的法文，完全追随了第 12 项的法理。依据判例理论，债务人支付的超额利息可充当本金（最大判昭和 39・11・18 民集 18 卷 9 号 1868 页），如果本金已全部清偿，则超额利息可作为不当得利请求返还（最大判昭和 43・11・13 民集 22 卷 12 号 2625 页）。

这一严格适用利息限制法第 1 条第 1 项的理论由于 1983 年贷款业法的制定而被废弃。依据同法第 43 条第 1 项，对违反利息限制法的超额支付的利息的清偿需要在一定要件下视为有效。然而利息限制法第 1 条第 1 项与贷款业法第 43 条第 1 项之间存在同样矛盾。

最高法院对于该问题的观点发生过几次转变。起初最高法院在最高法院第二小法庭平成 2・1・22（民集 44 卷 1 号 322 页）中，关于贷款业法第 43 条第 1 项的“作为利息而任意支付”，不再认为利息限制超过部分的合同无效，而放宽了适用的实质要件。然而在最高法院第一小法庭平成 11・1・21（民集 53 卷 1 号 98 页）中认为形式性要件应按照贷款业法第 18 条严格解释（关于该判决参照了森泉章・判评［判时 1682 号］46 页，川神裕・平成 11 年读主要民事判例解说［判タ1036 号］81 页，佐久间邦夫・Jurist1158 号 114 页，饭塚和之・NBL690 号 60 页，小野秀诚・民法判例百选Ⅱ（第五版）124 页）。也即当支付为任意却没有满足法定要件的时候，无法适用贷款业法第 43 条第 1 项，该支付应当作无效清偿，因而回到利息限制法第 1 条第 1 项的无效原则，超过限制的利息作为不当得利可请求返还。

二、出资法与其灰色地带

出资法对金钱利息的规定较为宽松，对年利率超过 109.5％的消费贷款才有罚则。因而如果利率超出利息限制法的上限而又低于出资法规定，虽然违法却无罚则，也即属于灰色地带。

出资法对利率的限制从贷款业法制定起（1983 年）便对有关行业不断强化。如下图所示，逐步进行了 73%、54.75%、40.004%、29.2%的分段限制（灰色地带也相应减少）。如果满足了法定要件，可认为适用上述贷款业法而有效，因而许多融资机构在灰色领域从事商业活动。而如今被称为“黑色金融”的，是指无视出资法限制利率的高利贷业（例如暴力团体年利率达到 100%），则属于其他类型（关于最决平成 18・3・7 判例集没有登载的年 1200%的高利贷案件，法院认为合同无效，甚至否定了本金的返还义务。原审・札幌高判平成 17・2・23 判时 1916 号 39 页）。

现下出资法的上限利率被不断降低，与利息限制法的差额正逐渐缩小，并且无效的利息可视为对本金的清偿，这是对可行使返还请求和不可行使返还请求这两种情形的平衡。此外，由于 1990 年代后的超低利息政策和零利息政策，一般贷款利率调整变低，从而扩大了与市场利率的差距。该种消解也是最近的课题。

出资法限制的利率的变迁

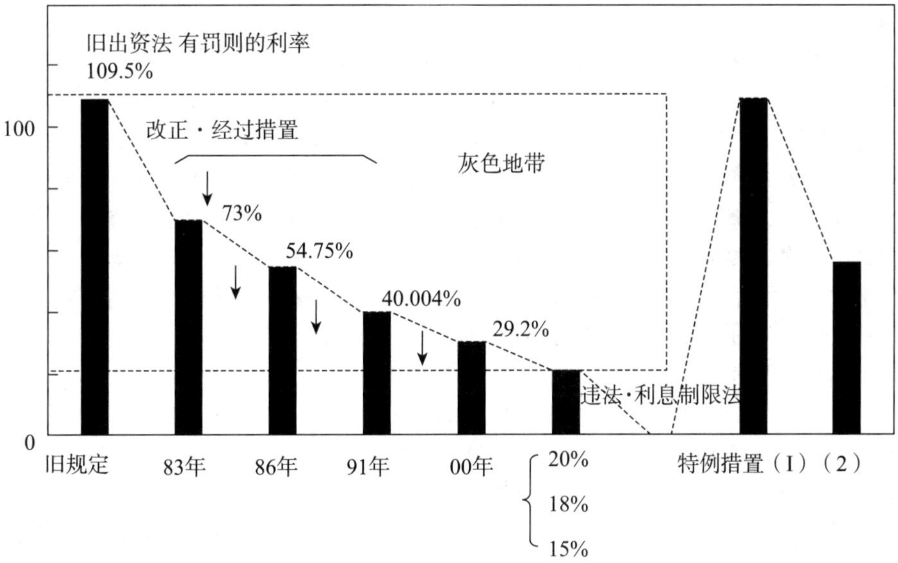

迟延损害金 最初×2（后来×1.46）

三、最高法院的判决与立法的动向

在平成 15 年（2003 年）的 3 份判决中，最高法院对下级法院此前一直存在争议的工商业贷款中给担保公司的信用担保费问题进行了判断，（最高法院第二小法庭平成 15・7・18 民集 57 卷 7 号 895 页，最高法院第一小法庭平成 15・9・11 判时 1841 号 95 页事件①，最高法院第三小法庭平成 15・9・16 判时 1841 号 95 页事件②）。依据该判决，在连续性交易中，当先行交易存在超额支付时，超出部分可作为对后续交易的付款，此外，在对贷款人及其合作信用担保公司的清偿中，超额部分可视作利息限制法第 3 条所规定的“视为利息”（过往判例参照小野秀诚《利息限制法理的新展开（上）（下）》判评 519 号［判时 1776 号］2 页，520 号［判时 1779 号］2 页）。

2004 年 2 月的两个判决认为（①最高法院第二小法庭平成 16・2・20 民集 58 卷 2 号 475 页［平成 15 年（才）第 386 号・同年（受）第 390 号］，②最高法院第二小法庭平成16·2·20民集58卷2号380页［平成14年（受）第912号］）当贷款业者间的借款合同的利息已经被预扣时，该预扣利息不适用贷款业法第43条第1项的情况，而此时关于贷款业法第43条的适用要件，应严格判断。

这两个判决关注到了交易的连续性以及预扣的非任意性，认为超额支付的利息可充当本金。此处最高法院回归到了此前实质上的任意性清偿的观点。

此后最高法院就判决不断出现。最高法院第二小法庭平成16·7·9（判时1890号12页）也认为需严格贯彻贷款业法第18条的书面内容（有关交付时期）。以及前述的最判平成16·2·20的两个判决也明确要求严格贯彻贷款业法第43条第1项的前提，即同法第17条书面、第18条书面。

最高法院第三小法庭平成17·7·19（民集59卷6号1783页）以债务整理为前提，认可了债务人提出的交易历史公开请求，并承认消费融资机构有公开义务（违反时则有损害赔偿义务）。此后最高法院第一小法庭平成17·12·15（民集59卷10号2899页）认为即便是技术上不可能作成严密的法律文书的循环融资，金融业者也具有交付严格依照法定要件的文书的义务，使其能够适用贷款业法第43条第1项。

另外，还出现了诸多有关期限利益丧失条款的判例，如最高法院第二小法庭平成18·1·13（民集60卷1号1页），最高法院第一小法庭平成18·1·19（判时1926号17页事件②），最高法院第三小法庭平成18·1·24（民集60卷1号319页），最高法院第三小法庭平成18·1·24（判时1926号28页事件②）（24号刊登的判例有两件）。这些判决认为条件为不支付超出利息限制法上限利息的期限利益丧失条款部分无效，且强调了该条款事实上的强制性，并否定了其支付任意性。最高法院的判决深刻把握了所谓的“支付任意性”这一贷款业法第43条第1项的核心。最近，最高法院第三小法庭平成18·1·24判决有关贷款业法附则对于日息贷款（允许54.75%的高利率）适用要件的解读也值得关注。

此外还有最高法院第三小法庭平成18·2·7（民集60卷2号480页）限制通过虚假交易获取高额利息，以及最高法院第二小法庭18·3·17（判时1937号87页）允许对承认适用贷款业法第43条的原判的上诉等案例。

这些判决超越了严格解释法定要件的技术性方法，展现出了最高法院对利息限制实质论的回归，使人联想起1960年代对利息限制法相关判例的讨论。这样的回归趋势是对近年来司法改革以及司法消极主义的反省，其后是企业实质性合规等多样化背景。判决的倾向也影响到了最近的立法工作，包括通过降低出资法的上限利率以减少灰色地带，以及废除贷款业法第43条第1项等与贷款业法制定当时（当初有彻底修正最高法院判例思想的意图）不一样的举措。

因此，2006年12月通过了修法（平成18年法115号），废除了灰色地带的利率，但在彻底修正之前仍需要经历非常复杂的过程（总共分五阶段施行），例如在修正法公布一年内强化收贷规定，导入业务改善命令机制，成立新贷款金融业协会；在修正法施行一年半内，对贷款业务主任实施考核，实施指定信用信息机关制度，并上调财产基础（2 000万日元）；在施行两年半内，废除对程序费的清偿，下调出资法的上限利率，导入放贷总量规定，上调财产基础（5 000万日元）（修正过程中出现的25.5%的特例利息以及利息限制法的限制利率等建议则被采纳）。

参考文献

文中已标注的内容，以及最高法院诸判例的评注。

76

损害赔偿的范围与判断框架

北海道大学教授　濑川信久

一、问题的定义与两种法系

债务人与加害人对因债务不履行及侵权行为造成的损害应负有何种程度的责任，这就是损害赔偿范围的问题。例如［例 1］汽车买家 X，（1）因卖家 Y 的履行迟延（ア）减少了营业收入，（イ）支付了租车费用；（2）因卖家 Y 的不履行，（ア）无法获得转卖汽车的钱款，（イ）对转卖合同的另一方当事人支付了违约金，（ウ）损失了原本因汽车价格上涨而能够获得的利润。［例 2］汽车司机 Y 导致（3）乘客 X 受伤，乘客 X（ア）支出了医疗费，（イ）因病停职。受伤的 X 因医生的误诊而死亡，（ア）花费了丧葬费，（イ）失去了一生积蓄（以上的（ア）为积极损害，（イ）为消极损害）。

关于该问题，比较法上有两种思考方式。

首先是中世纪罗马法以来到当今法国法、英国法的传统思考方式。例如法国民法典（1）规定了违约的赔偿范围（第 1149 条以下），（2）当损害具有可预见性时，可根据债务人的过错程度对损害赔偿的范围进行分级，也即当债务人非恶意违约时，只对其签订合同时预见的或可预见的损害负有损害赔偿责任（第 1150 条）；当债务人恶意违约时，需对于所有的直接损害负有赔偿责任（第 1151 条）。

其次是 19 世纪中叶以后形成的德国法的思考方式。（1）由于侵权行为责任可以纯化为损失赔偿制度，因而可以抽象出债务不履行及侵权行为之间共通的准则。（2）法官无须核算赔偿额，而是通过衡量损失与加害行为的因果关系，以及债务人的过错程度，对赔偿范围进行分级，不再需要确定债务人的可预见性（完全赔偿原则），也无须区分直接损失与间接损失。这一点体现在 1896 年的德国民法典中（第 249 条、第 252 条）。

二、旧民法典与现行民法典

我国旧民法典（1890 年公布）除了不区分直接损失与间接损失的做法，其余均参照了法国法。当债务人违约时，当事人只对签合同时预见的或可预见的损失负有赔偿责任。当债务人为恶意时，需对损失中无法回避的部分负有赔偿责任（财产编第 385 条）。但旧民法典对侵权行为没有规定。

现行民法典继承了旧民法典的思想，(1) 仅对债务不履行规定了赔偿范围（第 416 条）。此外还作了两处变更。(2) 如果存在因果关系，原则上需承担赔偿责任。不再依照债务人的过错程度划分赔偿内容，而是根据因果关系进行划分，此时赔偿制度的目的不再是对债务人的制裁，而是为了回复债权人所蒙受的损失。(3) 参照英国判例 Hadley vs. Baxendale 的法理，以当事人的可预见性来限制赔偿范围（限制赔偿主义）。也就是说，通常损害一旦产生就可以得到赔偿，而如果是因特殊原因造成的特别损害，只有在当事人能预见到该情况时才能得到赔偿，这是出于对债务关系的性质以及对债务人的保护的考虑。而另一方面，由于侵权行为千态万状，由法院判决更佳，所以没有进行相关规定。

由此，现行民法典对 (1) 和 (3) 维持了法国法及英国法的观点，而对 (2) 采用了更贴近德国法的观点。

三、相关学说

1. 相当因果关系论

19 世纪末至 20 世纪初，德国学说为了对根据完全赔偿原则而变得过大的赔偿范围进行限制，形成了相当因果关系理论。该理论将相当因果关系定义为造成损害的一种条件关系，它能够一般地提高同种结果发生的客观可能性。由此，赔偿责任得以限定在那些存在相当因果关系的损失上。判断“造成损失的客观可能性”的依据是最富洞察力的人行为时所认知到的情况。

我国学说在 20 世纪前半期受到了德国法的强烈影响，将立足于限制赔偿原则的第 416 条，用基于完全赔偿原则的德国相当因果关系理论进行了解释。例如第 416 条第 1 项概述了相当因果关系原则，第 2 项则规定了作为这一原则基础的特别事由的范围。根据该见解，可预见性考察的是债务人违约时的情况。此外，由于相当因果关系理论适用于一般性的损害赔偿，故而第 416 条也可适用于侵权行为（我妻）。该学说在因价格变动而造成损失的案例中被广泛采用（富喜丸事件［大连判大正 15 · 5122 民集 5 卷 386 页］后的许多判例），已成为一种通说。

该学说 (1) (2) 点采取了德国法的观点，第 (3) 点因为是依据债务人的可预见性来确定赔偿范围，因而与根据造成损失的客观可能性进行判断的德国法有所区别。

2. 保护范围论

1960 年代前半期，有学者指出秉承限制赔偿原则的第 416 条与德国法的完全赔偿原则相矛盾，其第 (3) 点所展现的日本的相当因果关系论也被指出与德国的相当因果关系论有差异（来栖、北川、平井）。因而平井把第 416 条看作是根据政策性价值判断而对债务不履行的赔偿范围作出的限制（称为“保护范围”）。这一主张得到学界的广泛接受，此后围绕着保护范围的内容及其基准展开了学术讨论。

首先，当发生债务不履行时，根据第 416 条，损害分为通常损害和特殊损害，通常损害只要发生就可以得到赔偿，特殊损害只有在当事人预见到了该情况时才能得到赔偿。判例中将［例 1］的 (1) （甲）（乙）和 (2) （丙）作为通常损害，将 (2) 的（甲）（乙）作为特殊损害（然而如果赔偿了（丙）的价格损失，之后不可对 (1) （甲）（乙）的损失请求赔偿）。对此，学说认为通常损害一般都可以被预见，因而没有必要和特殊损害作出区分。确定赔偿范围时，应该按照合同的类型，基于当事人职业（是否为商人)、标的物种类、合同的样态等因素综合考虑。

如今，关于特殊损害的可预见性仍旧有争议。大多数认同第 416 条与相当因果关系理论有区别的学说，鉴于第 416 条是合同责任中的固有内容，认为如若（i）缔结合同时债权人与债务人双方均具备可预见性，则需对特殊损害进行赔偿。但是如果仅对缔结合同时双方预料到的损失免于赔偿，则会显得不合理，所以也有学说认为（ii）赔偿特殊损害的要件是违约时债务人单方的可预见性。判例虽然支持了（ii）的观点，但可以认为存在着两种合同类型，第一种仅赔偿签订合同时所设想的合同利益，第二种还赔偿包括原有给付利益在内的损失。

在平井之后的学说，对于侵权行为造成的损害的“保护范围”不再沿用第 416 条，而是参考评判侵权行为的固有基准，不过这些学说之间也存在分歧。

义务射程说（平井）认为，应当赔偿在加害人注意义务范围内的损害（权利侵害)。该注意义务的范围包括该行为导致损失产生的盖然性，以及该行为可能侵害的利益（盖然性与利益之间呈正相关)。这些在义务射程内产生的损失（权利侵害）由法官量定赔偿额（损害的金钱评价)。

对此，危险性关联说认为，首先应当分为权利侵害（［例 2］X 的受伤及死亡）的赔偿范围，与权利侵害造成的对受害人总财产的损失（结果损害。［例 2］的治疗费、丧葬费、积蓄的丧失）两类（这两类体现了责任设定的因果关系与责任充足的因果关系的区别)。其次，关于权利侵害的赔偿范围，应当进一步分为第一次侵害（受伤）和后续侵害（死亡。由最初的侵害引发的次生侵害）两种情况。第一次侵害属于义务射程内则应当赔偿，然而即便后续侵害发生在义务射程外，如果它的加害行为导致了危险结果，则也应当赔偿。由此，根据权利侵害的类型可以考虑结果损害的赔偿范围。此时积极损害的判断基准是“社会必要性”及“相当性”，消极损害的判断基准是“取得的确实性”。

四、保护范围外的问题

以上为保护范围相关的问题，但并非全部。平井从相当因果关系理论中提取了政策性价值判断的部分，把它称为“保护范围”，而将剩余部分分为“事实因果关系”和“损害的金钱评价”。

这一三分法被广泛采纳，然而目前“事实因果关系”这一概念尚未明确（参照本书 110)，并且各个学者对于“损害的金钱评价”中的“损害”概念的理解也有所不同。平井本人十分重视损害赔偿额裁定的非讼性，主张“结果损害”的赔偿范围应根据金钱评价而确定。因此，平井把其他学说中的权利侵害等同于损害（损害＝事实说)。但是在许多学说以及实务中，除精神损害赔偿外，赔偿额的裁定基本上服从于辩论主义，主要根据因侵害形成的必要支出（积极损害）和丧失的收益（消极损害）来算定赔偿额。根据这一观点，损害即等于支出的钱款以及丧失的收益额（损害＝金钱说)，损害的金钱评价只能适用于赔偿额能够以损失的财产的市场价格进行计算的情形。

参考文献

国井和郎：《债务不履行的损害赔偿范围》，载星野英一等编：《民法讲座（4）》（1985）499～564 页；中田裕康：《民法 415 条与 416 条》，载广中俊雄/星野英一编：

《民法典的百年Ⅲ》(1998) 1～56 页；奥田昌道:《债权总论》(1982) 172～210 页；前田达明:《口述债权总论(第三版)》(1993) 170～200 页；平井宜雄:《债权各论Ⅱ侵权行为》(1992) 109～138 页；同《债权总论(第二版)》(1994) 88～105 页；难波让治:《民法判例百选Ⅱ》(第五版新法对应修正版) 22～23 页。

77

请求权的竞合——以实务的观点

一桥大学教授　小林秀之

一、问题提起

回想起初学民事诉讼法之时，笔者曾了解到新诉讼标的理论不仅是民事诉讼法上的“四个试金石”问题，而且能使民法上的难题“请求权的竞合”问题化解为一个诉讼标的而解决，因而时常对于该理论抱有学问上的感激之情。此后它也成为促使我决心学习民诉法的理由之一。然而笔者在近期编修的教科书（《法学讲义民事诉讼法》［2006］）中，也曾指出诉讼标的理论的作用在当今十分有限，并且在本稿中也将再次提出，在实务方面，新诉讼标的理论对于请求权竞合的问题作用有限。这在某种程度上与当初相比，实显讽刺。

虽然判例中所采用的请求权竞合说与旧诉讼标的理论（包含依据诚信原则禁止再诉）在实务上几乎不存在阻碍，但首先请还是容许笔者先介绍长期处于我国私法学界风暴中心的请求权竞合说相关的学说与判例。

二、请求权竞合说与其判例

判例以及传统通说认为，如果一个事实关系能够满足多个法规的构成要件，则可以成立多个请求权并形成竞合，也即请求权竞合说。

请求权竞合说的形成原因如下：要件不同而形成的请求权及法律效果不同，因违反不同的法律义务，成立的各请求权并存且竞合，法律为了加大对权利人的保障，允许权利人能够行使多个救济手段，因而产生了请求权竞合。然而传统的旧诉讼标的理论认为原告需对每一个请求权提起不同的诉讼，这就导致了同一个案件将被反复诉讼。

判例则贯彻了各请求权独立且互不影响的纯粹的请求权竞合说。例如在房屋承租人因失火造成租借房屋烧毁的案件中，判决认为即便承租人可以因不符合失火责任法而免责，但也可以根据租赁合同，认为承租人造成了结果上的违约而无法免除损害赔偿责任

(大判明治 45・3・23 民录 18 辑 284 页)。当租赁终止后承租人没有返还租赁房屋并持续不法占有时，出租人对于承租人的违约或侵权行为均能够提起损害赔偿诉讼（大连判大正 7・5・18 民录 24 辑 976 页)。此外，即便运输人的违约责任时效消灭，也可以追及其侵权责任，纵使不适用商法上的特别条例，仅是凭借侵权行为的构成要件也可以成立请求权（最判昭和 38・11・5 民集 17 卷 11 号 1510 页)。

三、法条竞合说与新诉讼标的理论

(1) 为解决前述的请求权竞合说存在的问题，法条竞合说应运而生。

我国首先提倡法条竞合说的是川岛武宜博士（同《有关违约与违法的关系》法协 52 卷 1～3 号，同《民法解释学的诸问题》[1949] 1 页以下收录)，此后在昭和 30 年代到 40 年代，民法以及民诉法中许多有力学说也支持这个观点（加藤一郎《侵权行为法[增补版]》[1974] 52 页，广中俊雄《债权各论讲义[第四版]》[1972] 416 页以下，兼子一《实体法与诉讼法》 [1957] 75 页，同《新修民事诉讼法体系[增订版]》[1965] 166 页等)。

法条竞合说认为，即便同一个自然事实看上去可以满足多个请求权的构成要件（要件事实)，但这仅仅是法条之间的竞合，应该遵从特别法优先于一般法的原则，选择合适的法条并仅保留该法条对应的请求权。例如合同责任与侵权责任竞合时，前者为特殊法后者为一般法，因而构成合同责任时应当排除适用侵权责任。

但有批评认为，该种情况有可能会因短期消灭时效及对责任额的限制造成过失相抵（排除民第 509 条的适用)，导致虽然满足了侵权责任的构成要件，却造成了有利于义务人、不利于权利人的局面，进而违背了双重保障的法律意图。

也有批评认为，当满足多个请求权的构成要件时，如何确立法条的优先顺序并非一件易事，如果在解释论上无法形成共识，则单就法条的优先顺位也会引起诉讼争议，从这点而言，法条竞合说并不实用（参照三月・后揭书 154 页)。

(2) 新诉讼标的理论凭借诉讼法的处理方式弥补了请求权竞合说的缺点。

即使在实体法上有多个请求权竞合，但作为诉讼对象的诉讼标的只有一个，而这多个请求权不过是从法律角度来看，该诉讼具备多个可作为支撑诉讼标的的理由而已。实体法中的请求权并非简单构成诉讼标的，而是赋予诉讼标的“实体法上能够请求一次性给付的法律地位”以及“受给权”，并成为诉讼中防御的基础。由此，在请求权竞合的情况下，当一个请求权败诉，并试图以其他请求权再度提起诉讼时，由于两者是同一个诉讼标的，因而可以直接沿用前判的结果。

由于新诉讼标的理论认为，争议的核心为是否具备获得给付的法律地位，而请求权只具有作为诉讼基础的工具性意义，因此，如何解决因请求权性质不同而产生的实际性问题是一个难题。例如原告主张了占有权，然而根据民法第 202 条第 2 项不可对占有权进行抗辩，如果原告在后续诉讼中无法主张本权，则该判决会被人诟病无视了占有权与本权两者的差异。

四、新实体法说

新诉讼标的理论认为请求权竞合时，虽然存在多个请求权，但只构成一个诉讼标的。而新实体法更进一步，能够在请求权竞合时在实体法上只成立一种请求权。

（1）奥田教授认为当观念上存在多个请求权竞合，但实际中只存在一个请求权，例如当合同责任与侵权责任竞合时，观念上有多个请求权，然而实际上仅存在作为诉讼标的的损害赔偿请求权。法院应依据各观念性请求权的性质，合理选出作为最终诉讼标的的请求权。

奥田教授将请求权分为观念上的请求权与实体法上的请求权，因而也被称为请求权二重构造说。

（2）四宫博士进一步推进了奥田教授的理论，主张面对请求权竞合，不仅要统一其法律性质，还有必要统一其构成要件。也就是说，需调整竞合的请求权的内容规范，并依据解释论找到统一的构成要件以及法律性质。该学说被称为请求权规范统合说。

（3）加藤雅信教授提出的统一的请求权说认为，在诉讼程序的流程中，最初阶段（请求原因阶段）请求权并没有竞合，而是到之后的再抗辩等阶段才形成纵型的请求权竞合，该纵型的请求权竞合与过往学说中横型的请求权竞合一起构成统一的请求权。加藤教授认为，在基于所有权的强制腾退请求（请求原因）、租赁合同的存在（抗辩）、租赁合同的终了（再抗辩）这系列流程中经常会出现其他请求权，该纵型的统一的请求权可以根据对应各流程的实体法规范，决定作为诉讼标的的统一的请求权的属性。

但是作为请求权竞合的解决方法之一的新实体法说，仍旧存有一些亟待解决的问题。

第一，权利人只主张竞合的请求权规范之中的一个要件的自然事实时，该如何处理（实务中时常出现这种情况）。第二，主张的自然事实不符合侵权行为要件时，法院根据新实体法说应当如何判决。第三，尽管新实体法说展现出了定性处理部分请求权的思考模式（奥田・后揭《请求权与诉讼标的》381 页），但由于它允许权利人依照剩余请求权规范提起后诉，这一行为不仅回归到了旧诉讼标的理论，而且会因为将单一的请求权拆分为多个诉讼而违背该理论整合请求权规范的本意。

在实务上，如果没有调查完所有竞合的请求权规范，法院及当事人在庭审时也无法安心。

五、从实务角度看理论的落地点

从实务角度来看，新理论带来的问题是释明义务的增加。采用新理论时，法院是否有必要对于其他的请求权承担释明义务？学说上一般认为这并非法院必须承担的责任，但当产生纷争时，为合理解决纷争，法院在必要范围内具有释明义务。从辩证法来看，可以援引现有判例理论中对其他请求权的释明，没有必要对一个请求权内部所有的可能的主张进行释明（参照最判昭和 45・6・11 民集 24 卷 6 号 516 页）。

更麻烦的问题是与要件事实的关系。首先是因为，按新实体法说，要件统合只要尚未全部结束（其实也不可能统合完全），则只能对各请求权的要件事实进行主张与举证。其次是因为，如果是侵权责任与违约责任竞合的问题，即便是以请求权竞合与旧诉讼标的理论为前提，在实务上也应当划分为两种请求权，这样就不会在后续诉讼中反复争辩另一种未被主张的请求权。再者，最近的判例立足于请求权竞合说，认为一种请求权败诉后再就另一种请求权重新提起诉讼的行为违反了诚信原则，应当对其持否定态度（最判昭和 51・9・30 民集 30 卷 8 号 799 页等）。

基于以上实务的观点，尽管新诉讼标的理论与新实体法说的理论建构宏大而繁复，但我认为真正在实务中运用的仍是请求权竞合说。

参考文献

三月章：《法条竞合论的诉讼法评价》同《民事诉讼法研究（1）》［1962］129 页以下；奥田昌道：《请求权与诉讼标的》同《请求权概念的生成与展开》［1979］313 页以下，同《债务不履行与侵权行为》，载星野英一编集代表：《民法讲座（4）》［1985］565 页以下；四宫和夫：《请求权竞合论》［1978］；加藤雅信：《从实体法学看诉讼标的争论》，载新堂幸司编著：《特别讲义民事诉讼法》［1988］121 页以下。

78

安全保障义务

大阪市立大学教授　高桥真

一、定义

最判昭和50・2・25（民集29卷2号143页）将安全保障义务定义为“国家在为履行公务而建设的场所中，在场所内的设施及器具的管理，以及公务员在该场所执行的国家或上司的命令等方面，应当负有保护公务员的生命及健康的义务”（参照最判昭和59・4・10民集38卷6号557页有关民营公司的事件），其理由为，“右边呈现的安全保障义务，在因某种法律关系而产生特殊的社会接触的当事人之间，作为该法律关系的附随义务，以及当事人的一方或是双方对对方的诚信义务而得到广泛承认；在国家与公务员之间无须另外解释，为使公务员能够安心且诚实地履行前述义务（专心于自己的职务——笔者注），国家对公务员负有安全保障义务，该义务是必要不可或缺的”。

二、特征

依据上述判决所展现的定义及解释，安全保障义务拥有怎样的特征呢？以下将以雇佣关系为例进行说明。

1. 内容

安全保障义务的内容为整合安全进行劳务的物质及人力条件。由于它是保障雇员能够安心工作的必备条件，这意味着雇主在有关劳务的物质和人力管理方面，需要为防止或减轻雇员在进行劳务时潜在的生命及健康风险而采取必要措施。

第一，由于安全保障义务是为保障雇员的劳务时能够安全进行而形成的义务，在同样是面对生命和健康问题时，它与医疗行为中对直接接触对方身体的行为（给付）而负有的注意义务不一样。即便是有关学校发生的事件，像体罚等直接侵害行为也并不属于违反安全保障义务，而是应当属于基于直接作为的侵权行为。

第二，雇主需要充分认识到相应劳务内容的危险性，并在其基础上采取必要的防范及减轻措施。关于措施内容，由于判例规定了“应根据具体状况而定”（前揭最判昭和50・2・25），所以不仅要参照有关劳动安全卫生关系的法律，还要明确对于相应劳务应当采取何种措施。

而必要的措施，不仅仅是要按照业务类型罗列出来，还应该对于该劳务的全部内容有具体的、结构性的把握。例如在过劳死和过劳自杀的案件中，基础性要求是不加诸员工长时间的过重劳务（如有必要应增加担当员工）；在不得不加班的时候，为减轻负面影响需要采取必要措施，而在工作过程中雇员出现异常情况的时候，应当让该员工休假（参照最判评出 12・3・24 民集 54 卷 3 号 1155 页《雇主责任的事例》）。由此，在实际工作中，如果雇主没有掌握劳务进行的状况，则可视为违反了安全保障义务。

2. 适用领域

（1）在前述定义部分中，安全保障义务被认为存在于“因某种法律关系而产生特殊的社会接触的当事人之间”。在昭和 50 年（1975 年）的判决案例中，与该说明直接相关的是自卫队的勤务关系事件，该判例否定了自卫队的勤务关系为“特别权力关系”，并认为该关系适用民法。然而“某种法律关系”究竟是什么？学说上很早就确定了雇佣合同中雇主对雇员负有安全保障义务，但该义务还适用于哪些雇佣合同外的领域？

在下级法院判例中，在 1）雇佣以及劳动合同，2）自卫队及其他公务员关系，3）私立、公立学校的在学关系，4）住宿合同、各种设施的使用合同，5）旅游合同以及各种大型活动合同，6）客运合同等合同中，最起码 1）～3）类合同可适用安全保障义务（淡路・后揭 456 页以下）。最高法院对于 1）2）以外的合同的安全保障义务应用问题持慎重的态度。例如当学生在课外活动中遭到雷击时，判例认为“由于学生在负责老师的监督指导下进行活动，所以负责老师应当尽可能地估算活动的潜在风险，并采取防范事故发生的措施，对参加社团活动的学生负有保护注意义务”（最判平成 18・3・13 判时 1929 号 41 页），该判例并没有采用安全保障义务的解释。为了学生能够在负责老师的指导监督下安心地参加社团活动，负责老师需对其尽到必要的关注义务，尽管在这一点上似乎符合第一部分的描述，但最判昭和 58・5・27（民集 37 卷 4 号 477 页）有关自卫队员的交通事故的判决认为，安全保障义务需要伴随着对人力物力的管理，与道路交通法通常所讲的注意义务不一样。参照该判例，前述的学生雷击判例实际上是认为，只有学校管理者为防范潜在风险而事先采取了对策时才属于安全保障义务，而个别的教职员对于现场具体可预见的危险所负有的注意义务与该种义务不同。也就是说，这并非属于雇佣类似关系，还是学校事故等有关适用领域的问题。剩下的问题是对判例思路的解释以及它是否合理的探讨。

（2）“特殊社会接触关系”是什么？在（1）的 1）2）中是雇主的指示及命令，在 3）中是教职工促使雇员以及儿童在自身指导下从事含有危险的活动，反之为雇员或是儿童、学生为回避危险而听从雇主或是指导者的指挥等包含这些行为的关系。在住宿或是乘坐交通工具移动的时候，其条件应当比 1）～3）更加严格，例如在顾客突发疾病的情况下，酒店老板或司机必须采取适当的措施以保障顾客的安全。像这样的当事人一方将风险规避措施委托给另一方的关系，可以被认为是前述的“特殊社会接触关系”。

由此，当事人之间是否有直接的合同关系并非决定性因素，即便没有像承揽、转承揽这样的直接雇佣关系，现场管理人员也必须对听从他指挥、命令的劳务提供者提供足够的安全保障，如现场管理人员没有对他们发出命令，则这一行为本身就违反了安全保障义务。

3. 安全保障义务建立在诚信原则上

即便没有直接合同关系，当事人一方也负有安全保障义务，此处根据为何？昭和 50 年的判决将诚信原则作为根据，这也意味着安全保障义务并不基于当事人的合意。

在当事人双方签订合同的时候，该合同的解释本身就导入了采取安全确保措施的义务。然而像雇佣合同、劳动合同这样当事人双方立场严重对立的情况，各自应当采取的安全措施的内容并不一致。由此，关于安全保障义务的存在与必要的安全措施的内容，必须要从法律秩序的角度进行决断，但也不应该否定基于合意的安全保障义务。这就是以诚信原则为根据的含义。

三、实际效果

1. 关于消灭时效

债务不履行构成的实际效果，主要存在于消灭时效期间。而违反安全保障义务实际上是由过失造成的人身侵害事件，本质上为侵权行为，故而有见解认为它不应当适用民法第 167 条，而是应当适用第 724 条。然而第 724 条所规定的起算点以及时效的停止时间是否合适（松本·后揭），以及在现实中能否根据第 724 条对现任雇主提起诉讼，还存在这般那般的问题。同时，当当事人之间存在“基于某种法律关系而产生特殊社会接触的关系”时，证据逸失的风险也会相对降低。由此，没有必要急于否定民法第 167 条的适用。如肺尘病等存在长时间潜伏期的职业病案例中，无论是构成违反安全保障义务还是侵权行为，都应当按照实际情况进行判断（最判平成 16·4·27 民集 58 卷 4 号 1032 页，最判平成 16·4·27 判时 1860 号 152 页等）。

2. 证明责任

过去认为，不同于侵权责任，安全保障义务因过失的证明责任被转移到雇主方，因此可以认为这对于受害人的救济是有利的。然而最判昭和 56·2·16（民集 35 卷 1 号 56 页）认为，安全保障义务的内容是特定的，并认为证明违反义务的事实的责任应当由主张被告（债务人）违反义务的原告（债权人）承担。也就是说关于违反义务与归责事由的证明责任，尽管需要根据案情具体分析，但因为采债务不履行构成，故而不能直接减轻受害人方的证明责任。

但是如果是在雇主的管理下发生的事件，或是考虑灾害性质和违反的义务类型（是否物质人力资源不充分）等因素，则应当根据具体的情况减轻受害人方的证明负担。

四、课题

1. 与侵权行为规范之间的关系

安全保障义务规范与侵权行为规范之间有着怎样的关系？一方面，有见解主张因为是人身侵害，故应当主要以侵权行为的规范为依据。但是“基于某种法律关系而产生特殊社会接触的关系”，不仅仅是指用人单位为雇员方提供了逗留场所，还意味着这种关系以给付为媒介成立于当事人之间，因而存在充足理由支持该关系中包括“确保安全”的“债务”。另一方面，也有见解认为以积极保障他人安全为目的的义务不应当以侵权行为为根据，而可以尝试以合同规范（安全保障义务）为根据。关于这点，近来针对不作为的侵权行为的基础性研究取得了一些进展（桥本·后揭），可以在此基础上再讨论。而如果是两种规范均可适用的情形（请求权竞合），则有必要再具体调和两种规范的适用。

2. 履行辅助人的过失与用人单位的责任

民法第715条没有用人单位对雇员的加害行为负有责任这一规定，而在安全保障义务的情形，履行辅助人应当实现用人单位的安全保障义务（参照“二、2”最判昭和58·5·27）。因此，若采履行辅助人构成，则当履行辅助人负有安全保障义务，此时若因为雇员的同事发生机械操作事故等，只能向履行辅助人而不能向雇主追责。这是安全保障义务相比雇主责任不足的一面。此时其实应从雇主提供的劳务的人和物的条件出发，考虑操作事故的风险来源，从安全保障义务的内容而非履行辅助人责任进行进一步思考。

参考文献

淡路刚久：《安全保障义务》，载广中俊雄/星野英一编：《民法典的百年Ⅰ》(1998)；下森定编：《安全保障义务法理的形成与展开》(1998)；高桥真：《安全保障义务的研究》(1992)，同《安全保障义务的性质论》，载奥田昌道先生还历纪念《民事法理论的诸问题（下）》(1995)；宫本健藏：《安全保障义务与合同责任的扩张》(1993)；新美育文：《安全保障义务》，载山田卓生等编：《新·现代损害赔偿法讲座（1）》(1997)；潮见佳男：《安全保障义务的缩减理论（要件论）》同《合同规范的构造与展开》(1991)；松本克美：《时效与正义》(2002)；桥本佳幸：《责任法的多元构造》(2006)。

79

债权人代位权行使的要件——债务人无资力之需要与否

律师　天野弘

1

笔者在过去担任法官之时，有幸在昭和 45 年（1970 年）受命从事司法研究，得到以实务角度就我国债权人代位权制度的相关问题进行研究的机会。在翌年 4 月至该年 12 月的九个月间，笔者利用公务余暇，或多或少整理出了研究报告书的原稿。彼时笔者的研究主题不单单是整理和介绍从前的判例以及学说，而是希望能够基于新的观点展开更为积极的讨论。具体而言，笔者所探讨的是与土地、房屋等于民众而言极为重要的财产密切相关的不动产登记制度，其相关理论的实态显示出了游离实际且高傲的思考方式，而笔者的研究内容为以下几部分：(1) 首先就明治 43 年（1910 年）提出的判例理论“登记请求权的代位行使”进行发问，并讨论与该理论相关联的，也即民法解释中最基本的不动产物权变动的根本性问题 (2)“未登记不动产相关的对抗要件的有无”；其次讨论昭和 4 年（1929 年）首次登场的 (3)“不动产出租人妨害排除请求权的代位行使”理论的矛盾性；最后试图解明“债权人代位权的无资力理论”的不合理性，而这一点也是本稿的主题。

如上所述，本稿选取了过去笔者所研究的四个问题之一，即“无资力理论的不合理性”为主题，该问题因篇幅关系无法涵括在前记的司法研究报告书之中，其研究报告书借判例“タイムズ”杂志，于昭和 47 年（1972 年）秋以《债权人代位权的无资力理论的再检讨（上）（下）》之名被刊载（判タ280 号 24 页，282 号 34 页所揭）。

在昭和 49 年（1974 年），该无资力理论在汽车事故受害人对保险公司的任意保险金请求权的代位行使案例中被最高法院采用（最三小判昭和 49・11・29 民集 28 卷 8 号 1670 页），并以此为契机得到了广泛的讨论。毫不夸张地说，不仅是笔者，当时的国人或许都没有预料到会有这样的效果。

2

关于本稿的主题，笔者将围绕过去刊登在判例タイムズ280号、282号的文章，以及昭和49年所写的《债权人代位权制度的现代机能》(《民法学（4）》)，《对妨碍权利人行使权利的法律解释的修正》(末川先生追悼论集［民商78卷临时增刊号］法律与权利（1）264页)，和在NBL杂志要求下所执笔的《有关债权人代位权的实务问题（上）》(同杂志153号6页)，涉猎相关判例及学说，努力提出自己浅拙的见解。而上述拙稿之中并非没有荒唐无稽之言论，但学界对笔者的拙见仍有不少友善的评论，昭和50年初春的最高法院判例也认同了这一观点，认为“代位权行使的无资力理论是非必要的”(最一小判昭和50·3·6民集29卷3号203页)。实际上民法第423条本身对于代位权行使的要件，没有明文规定债务人无资力，很难从中读出在金钱债权人行使代位权时，有必要要求债务人无资力。

上述几点在前述各拙稿之中已反复被提及，而关于“1”中所提及的最高法院昭和49年11月29日判决，此处将介绍西岛梅治教授所作判例评释的一小节，因为该评释在相关批判之中最富权威性。虽然“若非债务人无资力时没有必要行使代位权”这一理论为过往判例学说之中不变的命题，但如果一味赞同并反复强调该种言论，将妨碍债权人代位制度的合理运用，并会显著减损该制度的效果。不仅是因为债务人对债权人、次债务人对债务人都应当履行各自的债务，如果不允许债权人通过行使代位权的方式干涉债务人的财产关系，则债权人的不当损失将会成为对债务人及次债务人的当然保护，而无资力理论是对真正需要被保护的债权人的一种苛责，是对相反立场的债务人以及次债务人的一种过度保护，它的运用将会造成不公平的结果。加之如果考虑债务人毫无诚信，恶意转移或藏匿财产以妨碍债权人行使权利的情况，则从代位权的目的，即债务人对次债务人的债权的流动性看，无资力要件论的不合理性就能渐渐显现出来（天野《债权人代位权的无资力理论的再检讨（上）》判タ280号30页以下；《基于债权人代位的保险金请求》，《交通事故判例百选〈第二版〉》157页)。

3

从甚为久远的明治39年（1906年）的判例起，一个世纪中，学界对无资力理论深信不疑，但随着一些疑义的出现，该理论也受到了一些批判，因而如果想要重新批判该理论，需具备十二分的用心和一定的勇气。以前述的西岛说为中心，学界对该理论的探讨正徐徐推进，但最近学说动向转向了笔者期待的方向。

回到前述的昭和49年判例，在该案件尚未得到终局判决之时，曾有见解提出“在我们期待最高法院的判决的同时，也是重新讨论金钱债权的代位行使相关的无资力理论的绝佳时机……”(天野弘《债权人代位权的无资力理论的再检讨（上）（下）》判タ280、282号［昭47］)，实际上，早就应该思考无资力理论是否还能够在当下的经济社会中发挥它的作用（参照前揭天野论文，植木哲《最新判例批评》判评186号［判时743号］7页以下)。在该案件判决后，星野英一教授评价道：“出现了放弃将无资力作为一般要件的有力理论（天野弘《债权人代位权的无资力理论的再检讨（上）（下）》判タ280、282号)，如今判例也不再仅遵循一种思想（《判例研究》法协93卷10号

1571页）”，虽然没有直接确认，但星野教授似乎也赞同笔者的观点。由此，有必要探讨过去被认为是通说的无资力理论，今后是会以更贴合实务的方式运用到代位权制度的运用方面，还是会继续固守陈规和游离实际。

也因此，很多学说，包括前述的最高法院昭和49年判决，都为反思无资力理论是否合理提供了契机。

4

因篇幅有限，若想了解与本稿主题相关的判例、学说的介绍、分析以及批判，请参考前述“2”所列举的各拙稿。

其中最为基础的想法是，如果从民法第423条自身的解释来看，涉及前记“1”所讲的“登记请求权的代位行使”以及“妨害排除请求权的代位行使”这类特定债权时，债务人无资力并不在要件之列，但在面临金钱债务时，无资力却成为要件之一，那么出现两种截然不同的情况是否合理？如果无资力在某种情况构成要件，另一种情况不构成要件，即便这一理论已被人广泛接受，笔者仍难以认同。

关于该点，笔者的自问自答中已经有所陈述，在面对特定债权时如果承认“无用的代位”，则前记的两个判例理论完全是错误的（关于“登记请求权的代位”请参考天野弘《债权人代位权相关的实务研究》［司法研究报告书24辑1号］以及天野弘《即便买主转卖名义人仍拥有转移登记请求权》民法判例百选Ⅰ〈第1版〉；关于“妨害排除请求权的代位”请参考天野弘《对不动产出租人妨害排除请求权的代位行使理论的再检讨（上）（下）》判タ286号、288号以及同《妨害排除请求权的代位》民法判例百选Ⅱ〈第1版〉）。更何况如果是金钱债权人行使代位权的情形，把债务人的无资力作为构成要件是毫无根据的，而若是遵从笔者的观点，则能连贯地解释上述几点且没有矛盾。

5

简而言之，债权人代位权的行使范围为债务人所拥有的权利，唯一的限制是专属于债务人的权利并不包括在内（民第423条第1项但书）。因此债务人行使自身权利的时候大体是自由的，但很多学说认为一旦债权人代位行使债务人的权利，则会被附加一些限制，而这些限制是没有正当依据的。也就是说“当债权人行使代位权时会额外增加要件限制”，笔者认为这违背了我国债权人代位制度的本意。

虽说如此，但以本稿再三引用的最高法院昭和49年判决为开端，学界关于债权人代位权无资力理论是否合理的讨论，历经多年终于迫近了问题核心。但是笔者认为，关于本稿“1”和“4”所涉及的对债权人代位权既往判例理论的再探讨，学界至今仍没有形成定说。希望以这篇“解明无资力理论的不合理性”为契机，今后代位权制度的机能能够变得更加明确。

参考文献

本文所提及的文献。

80

诈害行为撤销权的法律构成

上智大学教授　佐藤岩昭

一、问题所在

1. 有关诈害行为撤销权法律构成的争论

围绕诈害行为撤销权，主要有以下几项争议：(1) 如何解释民法第424条规定的撤销权的法律性质、行使方法、效果；(2) 民法第425条"前项规定的撤销，为全体债权人利益发生效力"这一规定如何理解；(3) 平成16年（2004年）破产法修正后，有关代物清偿、依本旨的清偿和担保供与的诈害行为的构成要件，旧有判例理论与民法学说存在何种关系。

2. 大审院判决对"判例准则"的明示

(1) 大连判明治44·3·24民录17辑117页确立了诈害行为请求权效果的判例准则。根据该判例，1) 诈害行为请求权包含以撤销诈害行为为目的的形成权和以收回逸失财产为目的的请求权（折中说）。2) 关于撤销的效果，该判决不再坚持以前的绝对效力说（债务人、受益人之间的法律效力无效［大判明治38·2·10民录11辑150页］)，而是采用了"相对性撤销"理论，即根据撤销权形成的撤销效果发生在原告（=撤销债权人）与被告（=受益人）及转得人之间，并不发生在债务人和受益人之间，该判例由此成为"相对性撤销"理论的先例。3) 该判例认为债务人没有诈害行为撤销诉讼的被告资格，这一判示也成为先例，这是由于前记大判明治38·2·10认为债务人包括受益人以及转得人，他们构成共同被告，而明治44年大连判改变了这一观点，以判例理论的形式构建了撤销债权人为原告，受益人以及转得人为被告的诈害行为撤销诉讼的基本形态。4) 明治44年（1911年）大连判指明了撤销债权人拥有选择被告的自由。也就是说，当受益人以及转得人为恶意时，如果逸失财产已交至转得人手中（例如不动产的所有权归属于转得人，并登记在转得人名下），债权人可以选择将受益人作为被告请求价格赔偿，也可以将转得人作为被告请求现物返还（根据涂销登记程序请求）。

(2) 上述的诉讼形态论与该判例形成的"相对性撤销"理论紧密结合，最高法院作出如下判示："诈害行为的撤销与一般法律行为的撤销性质不同……对于涉及诉讼的被告而言相关法律行为因撤销而失效，而对没有涉及诉讼的债务受益人及转得人而言，该诉讼不妨碍相关法律行为的存立。"从字面意思看，该判示展现了判决效果的相对性原则，并成为“相对性撤销”理论的实体法依据（例如鸠山秀夫《增订改版 日本债权法（总论）》［1993］224 页以下；我妻荣《民法讲义Ⅳ 债权总论［新订版］》［1964］174 页以下；柚木馨＝高木多喜男补订《判例债权法总论［补订版］》［1971］189 页以下等），也为后续形成诈害行为撤销权性质及效果的相关学说提供了契机。

3. 形成权说与请求权说的争论

（1）关于上记判例理论，存在形成权说和请求权说两种学说的争议，主要是对诈害行为撤销权性质和效果的探讨。

（2）形成权说由石板音四郎博士在大正 2 年（1913 年）提出，并引发了学界的系列论争（石板音四郎《债权人撤销论（撤销权）》，同《民法研究（2）》［1913］82～173 页收录）。其内容为：1）对于判例中体现出折中说的部分进行了批判，认为民法第 424 条包含了请求权这一观点缺乏明文上的根据。同时由于判例使得诈害行为撤销权这一单一权利之中混杂了形成权与请求权两种不同的权利，形成权说也对此进行了批判。2）认为民法第 424 条规定的撤销与民法第 121 条规定的法律行为的撤销相同（绝对撤销理论），并主张第 424 条规定的权利属于形成权。石板博士还认为诈害行为撤销权凭借形成权提起诉讼，故而该类诉讼属于形成诉讼，被告方只可能是由债务人和受益人构成共同被告。

（3）雉本朗造博士于大正 4 年（1915 年）年在一篇名为《债权人撤销权的性质》的论文中，提出了请求权说（法学志林 17 卷 12 号 63 页，18 卷 1 号 19 页）。他对判例以及形成权说进行了如下批判：1）欺诈行为撤销权的标的为逸失财产从受益人手中返还给债务人，故而他主张债权人之于受益人，可以根据民法第 424 条获得逸失财产的返还请求权，即请求权说。因此，诈害行为撤销权为请求权，诈害行为撤销诉讼属于给付诉讼。2）对于形成权说，他认为如果根据该学说，则在请求撤销诈害行为的时候必须提起基于债权人代位权（民第 423 条）的请求返还标的的给付诉讼，但是现实中没有必要采用双重诉讼这样迂回的方法。3）对于判例理论（前记明治 44 年大连判），则与形成权说相同，认为不可以将撤销权这一单一权利视为形成权与请求权合并而成的权利。总之，请求权说主张的是，诈害行为撤销权属于请求权，债务人可以使用该权利请求受益人归还逸失财产。

二、判例支持说的通说化和对其的批判

1. 折中说＋“相对性撤销”理论的通说化

（1）尽管该判例理论中从形成权说或从请求权说的角度看或多或少存在瑕疵，因此受到了学界的批判，但理论中的折中说获得了认可。学界认为：1）如上文所说，形成权说使得撤销诈害行为时必须提起双重诉讼，显得有些迂回。2）关于请求权说，有人批判它没有考虑到对民法第 424 条的“撤销”的解释。

（2）折中说则没有上述学说的缺点，并得到了多数学说的支持而成为通说。但折中说只是一个总称，它还细分为以下几种学说。1）支持明治 44 年大连判中体现的“相对性撤销”理论的学说（我妻荣，前记书 176 页，柚木＝高木修订・前记书 208 页），2）以法规中“撤销”两字为重点，主张“撤销”拥有绝对的效力，债务人一般情况下也应当为被告的学说（鸠山・前记书 224 页，胜本正晃《债权总论 中卷之三》［1936］435 页，板木郁郎《否认权相关的实证研究》［1943］509 页），3）比判例理论更加注重

“请求”二字，主张请求撤销的债权人只要表示出了“撤销”的意思即可，而不一定得依靠诉讼行使撤销权（加藤正治《撤销诉讼权》同《破产法研究（4）》［1919］335页收录）。在这些学说之中，支持“相对性撤销”理论的1）成为通说，其支持理由如下：(i)“判例的根本思想是考察这一制度的目的，并将制度的效力局限在必要范围内”（我妻荣·前记书176页）；(ii)“形成了相当强大的判例法”，“那些仅凭些许争议就会被推翻的理论，从法律稳定的角度来看不该是法律评释的正道”（我妻荣·前记书176页，柚木＝高木修订·前记书189页）。从这两个支持理由来看，通说对支持“相对性撤销”这一理论并未陈述何积极的理由，因此可以说“相对性撤销”这一理论本身潜藏着理论上的缺陷。

2. *通说存在的问题*

（1）尽管折中说＋“相对性撤销”理论这样的组合已经通说化了，但是依旧存在一些问题，例如“相对性撤销”概念尚不明确，债务免除等情况下虽然判例允许原告仅提出撤销诈害行为的请求，但从经济的角度看这可能不合理，等等（我妻·前记书175页以下）。

（2）为解决这些疑问，出现了一种名为责任说的学说，该学说指出了判例和通说的理论缺陷。1）如果按照判例理论，在不动产让与诈害的案件中，债务人若是想收回不动产，需要先涂销受益人的名义，再登记债务人的名义（大判昭和7·8·9民集11卷1707页等多数判例），但由于不动产登记法对于涂销登记程序没有规定“相对性涂销”这一方法，因而这与判例的“相对性撤销”理论相矛盾（下森定《债权人撤销权相关的考察（2）》法学志林57卷3·4号213页［1959］）。简而言之，如果遵循判例的涂销程序请求原物返还，将形成“绝对性撤销”效果，责任说正是对此进行了批判。2）只要立足于“相对性撤销”理论，就无法以该理论解释为何逸失财产会作为债务人的一般财产成为强制执行的对象（参照中野贞一郎《民事执行法［新订4版］》［2000］272页）。按照判例理论对逸失财产的强制执行通常发生在撤销债权人与债务人之间，而若撤销效果不及于两者之间，强制执行根本无法实行。这一批判命中了“相对性撤销”理论的要害（在实操上没有发现这一问题，是因为执行机关没有审查实体关系的权限。详细内容请参照中野·前记书272页）。

三、近期的学说动向及其评价

1. *责任说*

（1）责任说诞生于昭和34、35年（1959年和1960年），由受到了德国责任法说影响的森定教授以及中野贞一郎教授提出。1）该学说将诈害行为撤销权视为能够产生“责任法上的无效”效果的一种形成权。原标的物因诈害行为而不再属于债务人的责任财产，进而不属于强制执行的对象，“责任法上的无效”效果则是可以使标的物恢复为执行对象的一种效果。2）因而该理论主张，诈害行为撤销诉讼（民第424条）能够使受益人成为被告，创造出“责任法上的无效”这种法律效果的形成诉讼（中野《债权人撤销诉讼与强制执行》民诉杂志6卷53页，收录在《诉讼关系与诉讼行为》［1961］）。3）与判例和通说不同，责任说将财产归属与“责任（强制执行的资格）”分开考虑，因而没有必要考虑标的物在现实中是否被收回（如果是不动产，则是登记名义的恢复；如果是动产，则是占有权的恢复）。其原因为，撤销债权人可以提起形成诉讼，并把受益人和转得人作为共同被告，对他们提起“执行容忍诉讼”，从而撤销债权人可把胜诉的判决作为债务名义，对受益人和转得人手中的标的物实行强制执行，实现对自己的债权的保全。

（2）该责任说获得了其他学说的大力支持（例如林良平等《债权总论［变更版］》［1982］168页以下，奥田昌道《债权总论［增补版］》［1992］284页等）。但是因为“责任法上的无效”是德国法式的思考方式，而“执行容忍诉讼”这种诉讼形态在日本法中并不存在，所以责任说没有成为通说。不过将“执行容忍诉讼”导入日本法这一点，对后述的诉权说产生了很大影响，这也是该学说的功绩所在。

2. 诉权说

（1）诉权说把诈害行为撤销权作为司法过程中可以行使的一种权利（民第424条第1项正文），考察了这种权利的性质和效果。该学说从比较法的角度和历史沿革出发，认为诈害行为撤销权并非只是实体法上的权利，而是实体法权利与诉讼法权利融合而成的一种诉权（action）（参照川岛武宜《债权法讲义（总则Ⅰ）》［1948］81页，佐藤岩昭《诈害行为撤销权的理论》［2001］9页、285页以下）。到责任说为止，相关理论都把诈害行为撤销权当作一种实体法权利，而诉权说对此提出了异议。诉权说主张，当诈害行为撤销权为必须以诉讼行使一种权利时，首先应当探讨它的诉讼形态，随后还要探讨这种权利的性质与效果。总之，传统学说以逆转固有思维为特色，但通过比较法国法和德国法以及研究博瓦索纳德民法草案，可以认为该权利的诉讼形态及其机能与德国法的执行容忍诉讼基本一致（参照佐藤·前记书285页以下）。

（2）诉权说的概要如下所示。1）诈害行为撤销权属于“诉权”（action），它的诉讼形态为执行容忍诉讼。2）债务人不可作为被告。3）原告债权人（撤销债权人）可向恶意的受益人和转得人请求强制执行返还标的物（现物返还）。4）当面临转得人为善意取得而无法请求现物返还时，可将恶意的受益人作为被告向其请求价格赔偿。该种情况下，由于受益人的一般财产中增加了与逸失财产相当金额的财产（共同担保），所以原告可以在增加额限度内，对受益人的一般财产请求强制执行（受益人必须接受这种方法）（参照佐藤·前记书334页）。这种方法不仅贯彻了执行容忍诉讼，在价格赔偿时还能回避撤销债权人接受优先清偿是否违反了民法第425条的争议（判例对此持肯定意见）。

（3）1）关于民法第425条，如果回溯博瓦索纳德民法草案，即能探明该条文的技术性意义，其内容与其他学说、判例的论理内容完全不同。过去的学说认为，第425条表明了当撤销债权人从归还的标的物中取得被保全债权的清偿时，撤销债权人无权享有优先权（我妻·前记书202页，於保不二雄《债权总论［新版］》［1972］201页）。2）对此，诉权说认为，第425条基于Boissonade民法草案及其制订依据的Colmet De Santerre学说（法国的绝对效力说），将对原告即撤销债权人的判决效力扩张至其他债权人（除担任被告的受益人外）。换言之民法第425条正是民事诉讼法第115条第1项中存在的有关判决效力相对性原则的例外。其结果是，当原告债权人胜诉时，其他债权人也能够凭借撤销的结果而享有被保全债权的清偿，反之撤销债权人败诉时，败诉结果也对其他债权人生效，且他们同样不再享有提起诈害行为撤销诉讼的权利。从这种角度看，为了保障其他债权人的权益，有必要健全参加诈害行为撤销诉讼的程序。3）关于撤销的范围，诉权说与判例和通说（将撤销债权人的被保全债权额作为基准）不同，主张将逸失财产的总额作为基准（参照佐藤·前记书325页以下）。

(4) 解释论的局限与立法论的提案

在过去的解释论中，从来没有被论及判决效力的扩张。由于民法第 425 条的文言较为简略，解释论无法解决所有的争议点（参照佐藤・前记书 424 页以下）。由此立法论提出：1) 设置公告程序，向原告债权人以外的债权人公布诈害行为诉讼的开始；2) 反映依据选定当事人制度，无法构建拥有多个原告债权人的诈害行为撤销诉讼的问题（佐藤・前记书 427 页以下）；3) 以上一点为前提，把诈害行为撤销权制度视为简易版的民法破产程序。

3. 价格赔偿说

(1) 该学说由平井宜雄教授所倡导，其中把诈害行为撤销权作为“诉权”这一点与诉权说是一致的，但以下几点与诉权说有所区别：1) 与判例结论一样，不重视民法第 425 条的意义，而是将其“极小化”处理，否定了诉权说主张的判决效力的扩张论；2) 认为诈害行为撤销权的原状恢复方法是价格赔偿的原则（否定了大判昭和 9・11・30 民集 13 卷 2191 页所展现的现物返还原则）；3) 认为没有必要导入执行容忍诉讼制度；4) 认为撤销债权人通过价格赔偿得到的事实上的优先清偿，是了解此制度的人（现在的判例理论）利用该制度进行的对价，应当作为“合理的债权人举动”被肯定。在这一点上，价格赔偿说肯定了判例原则（参照平井宜雄《不动产的二重让与与诈害行为》铃木禄弥先生古稀纪念《民事法学的新展开》［1993］169 页以下）。

(2) 1) 价格赔偿说为了尽可能不偏离判例原则，而试图在诉权说的基础上取得新进展，这也导致了它依旧保留了判例原则上所犯的解释论上的问题。例如作为逸失财产的不动产的价格低于撤销债权人的被保全债权额时，为了满足撤销债权人的被保全债权，只能追求返还全部的不动产。在该情形下，应当肯定对债务人的现物返还，即返还登记名义，但这也会遭受跟判例准则一样的批判。2) 比较法上，价格赔偿是仅限于现物返还不可行的情形下可使用的第二性原状恢复方法，而价格赔偿说将价格赔偿作为第一性原状恢复方法使用，关于这一点还留有疑义。

4. 诉权说与价格赔偿说的对比

这两种学说之间存在两点不同。(1) 是否可将执行容忍诉讼作为现物返还方法而导入。在价格赔偿说中，执行容忍诉讼有偏离判例原则的可能，但是为了回避判例理论的缺陷，我国必须导入这一诉讼形态。(2) 是否要保留民法第 425 条。诉权说对于民法第 425 条设想了一种多个原告债权人参与同一个诈害行为撤销诉讼时可使用的诉讼形态，并在此基础上提出了一些立法方案。因此，是否应善用民法第 425 条，是非常值得探讨的。

四、诈害行为的成立要件与破产法的修正

1. 破产法的修正

(1) 平成 16 年对破产法进行了全面修正，尤其是在否认权*方面有了大幅度的修正。新破产法第 160 条对于诈害行为否认有了详细的规定，但由此也产生了该条文与民法第 424 条之间的关系的问题。新破产法关于诈害行为的否认作出了如下规定（参照伊藤真《破产法［第四版补订版］》［2006］369 页以下）。诈害行为的否定分为两种类

* 我国称破产人撤销权。——译者注

型。第一，不管构成问题的时间，将诈害行为作为对象否定。第二，从停止支付到开始申请破产程序，这期间的诈害行为的认定需要有充分的要件（破第160条第1项2号）（伊藤·前记书377页）。

（2）新破产法在立法上否定了诈害行为否认之中欠缺均衡对价的代物清偿（破第160条第2项——诈害的债务消灭行为）。新破产法第161条第1项规定，"等价财产的处置行为"原则上并非诈害行为，只有满足同法第161条第1项1号～3号的要件才能进行否定（诈害行为否认的特别原则——参照伊藤·前记书381页以下）。

（3）新破产法还明确了立场，区分诈害行为否认与偏颇行为否认，并明确了以旧法中留有问题的按本旨清偿否认为首的债务消灭行为，不作为诈害行为否认的对象（破第160条第1项）。关于偏颇行为否认，其否认的对象为截至支付停止前的支付不能中的偏颇行为（破第162条第1项1号）。

2. 诈害行为撤销权中清偿、代物清偿、担保设定行为等的欺诈性

（1）民法第424条所规定的诈害行为，其主要的成立要件为债务人的无资力、债务人的恶意、受益人以及转得人的恶意，司法过程中则将综合考虑诸种要件以判断诈害性的有无。判例所展现的"统一的总体的要件主义"可在实际中发挥很大作用，这种方法也与秉持个别列举主义和精确规定要件的新破产法不同，差别体现在民法与新破产法对诈害行为的成立要件的解释中。例如在新破产法中，代物清偿时（诈害的债务消灭行为）如果标的物的价值不超过债务总额，则不作为诈害行为（破第160条第2项）。对此，民法第424条相关的判例理论认为，由于代物清偿不属于债务人的义务，所以等价的代物清偿也算是诈害（最判昭和48·11·30民集27卷10号1491页——事例中以代物清偿形式让与的债权额没有超过债务人负担的债权总额）。

（2）新破产法第160条第1项规定对部分债权人提供的担保和按本旨清偿等债务消灭行为（偏颇行为）不算诈害行为。民法第424条的判例理论则认为：1）虽然既存债务的清偿一般不会变成诈害行为，但如果有意图与部分债权人通谋并对他们实行优先清偿，就算作诈害行为（大判大正5·11·22民录22辑2281页，最判昭和33·9·26民集12卷13号3022页）。这种通谋在学说中被称为"通谋的害意"。况且在判例中几乎不存在肯定按本旨清偿的诈害性的案例，只有在最判昭和46·11·19民集25卷8号1321页有一件例外（债务人向主要债权人进行了清偿，被认为是诈害行为。但是案件的特殊性在于，有学者认为它的清偿实质上是代物清偿。参照奥田昌道编《注释民法（10）》[1987]823页（下森定）；佐藤岩昭《有关诈害行为撤销权的成立要件的一种考察》星野英一先生古稀祝贺《日本民法学的形成与课题（上）》[1996]444页以下）。2）有多个判例认为对部分债权人提供担保属于诈害行为（大判大正8·5·5民录25辑839页，最判昭和32·11·1民集11卷12号1832页，最判昭和35·4·26民集14卷6号1046页）。3）为获取生活费和子女的教育费而进行的让与担保（最判昭和42·11·9民集21卷9号2323页），以及小型乳业公司在合理限度内为成为供应商而进行的让与担保（最判昭和44·12·19民集23卷12号2518页）不被视为诈害行为。4）总体来看，不能绝对地说民法第424条相关的判例对代物清偿、本意清偿和担保提供有很强的肯定诈害性的倾向，也不能断言民法第424条与新破产法的立法趣旨完全不相容（参照《研究会 新破产法的基本构造与实务（16）》Jurist 1315号178～179页[2006]中山本和彦教授的发言）。

（3）1）民法第424条的判例认为，对于不动产的转卖行为，即便成交价与房产价

值不等价，原则上也把该行为视作诈害行为（大判明治 39・2・5 民录 12 辑 136 页，大判昭和 3・11・8 民集 7 卷 980 页）。这是由于不动产变成了容易消费的金钱（前记《注释民法（10）》815 页［下森］）。2）但是债务人为了偿还债务而以相当价格转卖了不动产，如果该转让取得的钱款被用于支付税款则不算为诈害行为（大判明治 37・10・21 民录 10 辑 1347 页等）。3）由是，对"以相应对价获得的财产的处置行为"，新破产法第 161 条第 1 项 2 号将"债务人有秘密处置对价取得的金钱及其他财产的意图"视为成立诈害行为的要件之一，如果把这一点与民法第 424 条相关判例理论相比较，则可以发现，后者在若干个判例中肯定了以合理价格进行的转卖行为存在诈害性，当然，也不能仅凭这一点，就认为两者之间存在多大的差异。笔者期待，日后能有更多判例探讨和比较这两者的区别。

参考文献

本文中记载的内容。

81

连带债务的一体性与相互保证性

上智大学教授　福田诚治

一、问题所在

当债务为连带债务时，债权人可以向债务人全员中的一员请求清偿债务总额（全额请求权），而如果债务人中的一员全额履行了债务，则该债务对全员消灭（给付的一体性）。基于这点，当债务人中的一人可以抵销时，依据给付的一体性，该抵销对全员有效。

此外，即使是无法满足债权，如更改、免除也有绝对的效力（民第435条以下）。

连带债务是担保的一种，相对于按份债务这一原则，它例外地承认全额请求权，以此来确保债权的满足。因此，从满足债权的角度来看，如果无法满足债权，则债务消灭效果不应及于他人。既然如此，民法为何要广泛肯定绝对效力说呢，这即是问题的出发点。

二、连带二分论

如果法律规定违背了担保的目的而弱化债权的效力，则在解释论中会遭到反对。当存在不同主体间侵权行为责任竞合的时候，若是难以弥补债权人即受害人的损害，则有可能会背离侵权行为制度的宗旨。为此，通说和判例上将民法中的连带债务视为真正连带债务，而将侵权行为责任的竞合视为不真正连带债务，并将其置于在连带债务规定的射程之外（我妻荣《民法讲义Ⅳ 新订债法总论》[1964]，大判昭和12・6・30民集16卷1285页等）。

那么真正连带债务和不真正连带债务的区分基准是什么？该问题一直以来是争议的中心。传统通说着眼于债务人之间主观的共同关系，将连带债务人是否具有一体的团体关系作为区分基准（我妻・前记402页）。对此，有力的反对论将真正连带债务视为共同担保关系以及相互保证关系，而不真正连带责任只存在于不同主体间请求权竞合的情况下，并承认该条件下的不真正连带责任具有法定担保的性质（於保不二雄《债权总论（新版）》［1972］224 页）。

通说和反对论的共同点在于，两者都关注债务人的相互团体关系，并将团体关系的有无作为区分基准，而区别在于它们所关注的团体关系的要素不一样。由此，争议逐渐从二分论转变为了类型论。

类型论提出了多种有关不真正连带债务的法律关系，其中有不存在团体关系的，也有团体关系微弱的（淡路刚久《连带债务的研究》［1975］9 页）。由于不真正连带债务都缺乏强有力的团体关系，因此没有必要一律放弃连带债务规定的准用，而是可以根据团体关系的强弱程度进行弹性的分析（淡路・前记 234 页）。

三、社会实体与绝对效力的关联

（1）以上的议论通过把特定的社会实体作为真正连带关系的原型，将实体中的共同关系与绝对效力联系到一起。的确，旧民法设想了连带关系，通过将社会实体以相互代理这一法律构成，对多种事由赋予了绝对效力，例如时效中断和判决（债权担保编第 59 条、第 61 条第 1 项），而缺乏共同关系者则不得准用（同第 71 条第 1 项）。但需注意的是，所有发生绝对效力的事由并非都与相互代理，即连带关系相结合，债务消灭事由的绝对效力即缺少与共同关系的关联（福田诚治《19 世纪法国法中的连带债务与保证（6）》北大法学论集 50 卷 3 号 505 页）。

而现行法除了履行请求外，将其他具有连带关系的事由都变更为了相对效力。此外，由于现行法理论否定了相互代理结构，起草者还试图废除关于连带关系的规定（福田・前揭（7・完）北大法学论集 50 卷 4 号 766 页以下）。

（2）当然，起草宗旨并不能决定解释论。例如民法设想了共同营业关系以及共同生活关系等连带关系，这说明了通过请求、更改和混同等事由可以产生对全部债务的整体效力。但由于免除和时效等事由属于负担部分型，它们的绝对效力也只在负担份额内有效，而关于这一点不能通过连带关系进行说明。

其次，基于请求的时效中断可强化债权的效力，但这与连带关系模型之间存在违和感。若将履行请求的效力与连带关系模型相结合，在不真正连带债务的情况下则将否定履行请求的绝对效力，但这违背了强化担保功能的本来目的。从真正连带强化担保的角度来看，能够理解绝对效力扩张至请求以外的时效中断事由，但学说在民法第 434 条的扩张解释方面十分慎重，此处毋宁应当探讨时效中断的效力与时效制度的存在理由之间的关系（“四、”）。

（3）再者，相互保证模型的解释也存在一些问题。如果试图以该种模型来说明负担部分型的效力，则前提是此模型与效力论的结合应当是适切的。依此，缺乏相互保证实体的法定担保关系（不真正连带）之中则可以排除掉负担部分型效力。有学者认为，即便真正连带关系中存在相互保证实体，但如与保证相比来考虑连带债务的特征，则应在法律上否定互相保证的效力（补充性）（淡路・前记 20 页、161 页）。而相互保证模型无法对这种否定评价充分反驳，因为该模型只是立法论上的一种批判而已。

相互保证模型对于负担部分型效力的说明而言并非是必要的，如免除即完全可以认可相对性免除（西村信雄编《注释民法（11）》［1965］94 页（椿寿夫））。因此，即便没有相互保证模型，也可以达成强化债权效力的解释论目的。反之，如果把免除的效力与此模型结合在一起，或许可以得出不真正连带债务具有相对效力的结论，但现今学说多肯定了不真正连带关系中也存在求偿关系，若是如此也应该考虑对求偿期待的保护（参照民法第 504 条）。换句话说，免除并非是相对免除，而是债务的免除，不管是真正连带还是不真正连带，都可以适用民法第 437 条，但是相互保证模型却无法解释此问题。

（4）本来模型就是将实物化繁为简，通过提纯将实物变得理想化、近似化，使人们能够更好地理解理论（来栖三郎《模型与拟制》同《法与虚构》［1999. 初版 1983］114 页）。仅凭某模型存在无法说明的现象，就把模型一票否决，是不可取的。

不过连带债务规定的模型能够说明的内容太少，在法发现方面作用不大。而且模型化存在误导风险和争议复杂化等缺点，这些缺点不可轻视。既然如此，不如直接从出发点的问题入手，只讨论文章开篇提到的“民法以绝对效力的赋予的形式展现的对利益的调整是否合适”这一问题。

当然如果探讨过后发现法律规定并不合理，那么在解释论的制约下，为了方便说明对规定射程的限制，该模型仍有使用价值。

（5）依据笔者的见解，作为更改合同的解释规定而规定一体型效力的民法第 435 条，与肯定抵销适状时债务人负担部分的额度可以与其他债务人抵销的民法第 436 条第 2 项，这两条在利益调整方式上还存在一些问题。因此，有必要放宽对排除第 435 条的特约的认定（前记·注释民法（11）85 页［椿］），或是将抵销“援用”的文言理解为是对履行拒绝以及宽限履行的抗辩而不是抵销的形成（同旨，我妻·前记 413 页）。基于模型的连带二分论如果导出这样的解释论，则是可被采纳的。换言之，从理论上说，两条文的问题不在于团体关系的有无与强弱，而在于条文不能无视团体关系的存在，最起码也要进行限缩解释，不能扩及缺乏团体关系的不真正连带债务。

但这只是一种权宜之计的解释，如果真就这么解释，就需要严格质疑这种解释的实际价值。如果从将侵权行为责任竞合的角度思考解释的实际价值，则可能不会有更改合同的缔结、抵销适状的成立等问题。因此，笔者认为没有必要模型化。

四、问题所在——再论

以上是基于重视担保标的的债权的效力强化观点进行的一些讨论，与此相对，立足于不同的出发点，有学说不仅考虑债权人的利益，还考虑到了债务人的利益（平林美纪《不真正连带债务论的再构成（3）》名大法政论集 181 号 283 页，同《重叠的债务承担（并存的债务承担）》名大法政论集 201 号 382 页）。比如在并存的债务承担时，在原债务人已知承担人的情况下，如果承担人已经接受了请求，则效力不应当波及原债务人。为此，应该考虑到债务人相互间是否有联络以及时效中断的效力。这种情况下可以肯定基于团体关系模型的连带二分论的价值。

或许是出于对原债务人的法的安定性的重视，该观点关注了原债务人对于承担人是否接受了请求的认知可能性的问题。但如果是这样，时效制度的存在理由才应当是值得讨论的问题，因为如果把消灭时效当作是对债权人权利不行使的非难，那么关于能否意识到请求的存在就不再是问题。另外，从对举证困难的清偿的救济角度考虑，时效制度违背了原本的宗旨在结果上保护了清偿人，从这一点看应当对时效完成有所限制（星野英一《时效制度的备忘录》同《民法论集（4）》［1978，初版 1974］298 页·303 页），这样，时效是对债务人的保护则缺乏妥当性。

为避免误解，笔者必须解释此处并非是想批判对债务人的保护，主要关注点还是在其他方面。想要解释连带债务的问题应当思考如下问题：关于债权人的满足，民法为何要规定绝对效力——民法原本规定的是债务消灭，还是宽限履行的抗辩，还是作为意思解释规定等等。而在没有充分意识这些问题的时候就进行理论化，其害处是十分巨大的。

参考文献

除本文记录的内容外，还参考了椿寿夫：《民法研究Ⅰ》（1983）中收录的各论文。

82 最高额保证（继续性保证）中保证人的地位

庆应义塾大学教授　平野裕之

一、最高额保证的意义等

1. 最高额保证的意义

民法默认的保证指的是对特定债务的担保。然而如果债权人与债务人之间未来会继续产生债务，鉴于每次成立新债权都需要再次向保证人寻求担保，为减少麻烦，实务上把将来发生的多个不特定合同以一个担保合同进行总体性担保，这即是继续性保证。如果面对的是最高额抵押，则被称为最高额保证。“保证”一般具有保证债务与产生保证债务的保证合同两种含义，最高额保证也是如此。

2. 最高额保证的类型

最高额保证有许多种分类。如果按照形成被担保债务（主债务）的原因，可分为：(1) 担保信用交易以及继续性供给交易债务的信用保证（狭义上的最高额保证），(2) 担保租赁合同中承租人债务的租赁保证，(3) 担保劳动合同中雇员债务的身份保证。

其次，当不规定保证人的担保额度和期间时，可把承担了主债务人同等债务的继续性保证称为概括最高额保证，反之如果存在对担保额度和担保期间的限制时，则称为限定性最高额保证。限定性最高额保证还分为规定额度上限的额度限定性最高额保证、规定保证期间的期间限定性最高额保证，以及对双方均有规定的额度及期间限定性最高额保证。

3. 最高额保证相关的民法规定

关于身份保证，昭和 8 年（1933 年）制定了身份保证法，伴有着大量判例成果。除身份保证外的其他最高额保证则沿用判例法。平成 16 年的民法修正在第 465 条之 2 以下新设了“贷款等最高额保证合同”一项，使得贷款等债务的最高额保证与最高额抵押权一样有了单独条文。民法的最高额保证规定的使用要件必须满足以下两项：(1) 为贷款等债务的最高额保证，(2) 保证人不是法人。如果不能满足这两个要件，则依旧适用从前的判例法理。

而在租赁保证方面，由于保证人原则上不会担保超出预期的巨额责任，所以即便不适用民法中关于信用保证的规定也并无不合理之处。但关于继续性供给交易的最高额保证，过去的判例赋予了保证人与金融交易相当的保护以区别于贷款等债务，这一点并不合理（由于立法有所限制故而不可类推适用）。未来，应当重新探讨最高额保证规定的适用范围。

4. 最高额保证的法结构

（1）作为继续性合同关系

起初最高额保证也叫作继续性保证（以西村信雄《继续性保证的研究》［1952］为代表），被作为一旦产生主债务就会产生保证债务的继续性合同关系来理解。最高额保证将个别保证债务与产生该种债务的基本保证债务进行了区分。依照这样的理解，似乎只要主债务仍处于清偿期，债权人就可以向保证人请求履行个别的保证债务，不过有学者认为"基本债务关系正常维持时，除非另有说明，否则债权人不可向保证人请求履行各个债务"（我妻荣《民法讲义Ⅳ 新订债权总论》［1964］475页）。

（2）作为对某一确定时刻产生的债务的保证

对此，荒川教授认为，最高额保证类似于最高额抵押权，是对将来某一确定时刻存在的特定债务的保证。他提出只有确定了保证对象和特定时刻后保证债务才能成立（荒川重胜《最高额担保论》星野英一编集代表《民法讲座别卷（1）》［1990］181页以下）。该立场把最高额抵押权中的"确定"法理导入了最高额保证制度之中，从而过去最高额保证中的解约权变成了确定请求权，保证期间变成了确定期日，终了事由变成了确定事由，两种最高额担保得到了统一。

（3）平成16年民法改正对"确定"制度的导入

平成16年民法改正模仿最高额抵押权的相关规定，在最高额保证的规定中导入了"确定"制度，这一立法使得上记问题得到了解决。由于最高额保证之中导入了"确定"这一概念，所以即便没有明文规定，也可以期待今后贷款等债务以外的最高额保证能够得到相同的法律处理。

二、概括最高额保证的有效性以及责任限度

1. 概括最高额保证的可否

（1）不受民法规制的最高额保证

概括最高额保证没有限制保证人的责任，因而保证人存在承担巨额责任的风险。为此，比起对保证人的责任追及，很久以前就有人主张概括最高额保证违反公序良俗应当无效，但根据合同自由的原则，判例从未认可违反公序良俗的主张。由此，对概括最高额保证的限制也成为立法上亟须解决的问题之一。

（2）平成16年民法改正

平成16年民法改正对于非贷款等债务的最高额保证，不承认概括最高额保证的效力（第465条之2的第2项）。其结果是，虽然个人企业的经营者的概括最高额保证无效，但除法人作为担保人外的概括最高额保证是否应当一律禁止还值得探讨，这为限缩解释留下了讨论余地。

但无论是哪种结果，如果第465条不适用，则概括最高额保证依旧有效。

2. 概括最高额保证人的责任限制

(1) 信义原则对概括最高额保证人的责任限制

尽管判例承认概括最高额保证有效，但为了防止保证人的责任过大，一直以来都把信义原则作为依据，基于各种事由限制保证人的责任范围（平野•后记参照）。例如最高额保证人在签订保证合同时意识到了多少责任；债务人与债权人在未通知保证人的情况下将双方交易扩大了很多倍；债权人考虑到对保证人的债权回收，不管主债务人是否会对信用有疑虑，依旧选择了继续交易；等等。

继续性供给交易债务的概括最高额保证可沿用过去的判例法，身份保证则有特别法，但租赁保证方面还存在一些问题。原则上租赁债务是担保对象，不可能发生超出保证人预期的巨额责任，故而不太需要去保护最高额保证人。为此，如果租赁合同更新，那么租赁保证人的责任的存续期间也应当延长（最判平成 9•11•13 判时 1633 号 81 页）。但是如果承租人已经多个月都没有交纳租金，出租人对其不闻不问，亦未解除合同，那么保证人不需要对滞纳租金的全额负有责任，而是应当依照诚信原则承担其中相当金额的责任，因而没有必要一律否定基于信义原则的对租赁保证人的责任限制。

(2) 限定性最高额保证

虽然最有必要根据信义原则限制责任范围的是概括最高额保证，但毕竟是与特定保证不同的最高额保证，故应对额度限定性最高额保证的责任范围作出同样的限制。第一，需要考虑到保证人对自己承担的责任额度有多大程度的认识。第二，假如债权人对主债务人的信用存在疑虑，但其仍旧选择继续交易，没有向主债务人回收债权，则其借最高额保证将风险全部转嫁给保证人是不合理的。实际上，很多判例都认可基于诚信原则对限定性最高额保证的担保责任的限制。因此，对于民法中的贷款等债务的最高额保证，依然有可能凭借诚信原则对其责任范围有所限制。

三、最高额保证的确定事由以及继承性否定和解约权

1. 最高额保证人的死亡

(1) 非规律性最高额保证

关于概括最高额保证，判例否定了最高额保证合同中保证人地位的继承性（大判大正 14•5•30 报纸 2459 号 4 页，最判昭和 37•11•9 民集 16 卷 11 号 2270 页）。这是考虑到了责任有波及他人的风险，并且担保行为立足于当事人的信用，概括最高额保证人这一地位具有排他性（第 896 条但书）。不过继续性合同关系的“一、4.（1）”中的理论仍然适用，已经发生的具体的保证债务的继承性可以得到承认，判例只是否定了基本的最高额保证债务的继承性。但如果导入了确定法理，则可认为继承开始时最高额保证也就确定，就此部分可以继承。与此相对地，判例并没有否定额度限定性最高额保证的继承性。

(2) 平成 16 年民法改正

贷款等债务的最高额保证中存在的问题随着概括最高额保证的禁止而得到了解决，但平成 16 年民法改正将保证人的死亡甚至主债务人的死亡列为贷款等债务的最高额保证以及限定性最高额保证的确定事由（第 465 条之 4 第 3 号）。但如果是不适用民法的限定性最高额保证，则不可类推适用此条文。

2. 最高额保证人的任意解约权（确定请求权）

(1) 非规律性最高额保证

仅限于概括最高额保证的情形，判例认可超过相当期间（2 年）后，最高额保证人可以自由解除保证合同（参照西村信雄编《注释民法（11）》［1965］164 页（西村））。由于突然解约会对债权人造成一定的困扰，所以必须要设置一定的预告期间（判例对此的态度并不明确），若解约在没有设置预告期间的情况下发生，则一旦经过了相当期间就具备效力。而限定性最高额保证不承认任意解约权，但承认下述的特别解约权。而如果承认确定法理的话，解约权就相当于确定请求权。

(2) 平成 16 年民法修改

平成 16 年民法修改的最高额保证规定中关于贷款等债务的最高额保证，只承认限定责任额度的最高额保证，并且还对保证期间有所保护。当事人双方就保证期间达成合意时，保证期间的长度最多为 5 年，超过 5 年就无效（第 465 条之 3 第 1 项）。如果没有约定保证期间，则保证合同超过 3 年可确定为最高额保证合同（同条第 2 项）。

3. 最高额保证人的特别解约权（确定请求权）

(1) 不受民法规制的最高额保证

区分特别解约权和任意解约权实际上并非易事。包括限定性最高额保证在内，判例在主债务人存在情事变更时承认最高额保证合同的解约（特别解约权）。例如最判昭和 39 · 12 · 18（民集 18 卷 10 号 2179 页）肯定了不限定于概括最高额保证的特别解约权，“没有确定保证期间的继续性保证合同如果损害了保证人与主债务人之间的信赖关系，保证人若试图以合理理由申请解约，除非是违背诚信原则之类的特殊原因，否则可以单方解约”。虽然也有学说将限定性最高额保证人的特别解约权限制在没有确定保证期间的情况下（我妻 · 前记 472 页等。前记最判昭和 39 · 12 · 18 等判例也是如此），但是作为情事变更原则的一种适用，不问保证期间确定与否的见解成为有力学说（奥田昌道《债权总论［增补版］》［1992］416 页，前田达明《口述债权总论［第三版］》［1993］382 页等）。此外，特别解约权并没有要求预告期间。

(2) 平成 16 年民法修正

平成 16 年民法修正的规定只承认限定性最高额保证，并且在对保证期间有所限制的情况下，把特别解约权承认的部分事由作为当然之确定事由（第 465 条之 4）。该规定不仅保护确定了保证期间的最高额保证人，由于保证人如果不知道解约事由则有可能解约（确定请求权）无效，所以该项明确关于“当然之确定事由”的规定受到了很高的评价。而那些第 465 条没有明文规定但承认特别解约权的事由，它们并非第 465 条之 4 的类推适用，而是参考了过去的特别解约权（确定请求权）。这些事由必须是能够明确认定的，特别是那些当然之确定事由，如果是不明确的事由而把它作为当然之确定事由，则是不合理的。

参考文献

吉田彻/筒井健夫编著：《民法修正〈保证制度 · 现代语化〉的解说》（2005）；平野裕之：《保证人保护的判例综合解说［第二版］》（2005）及其参考文献。

83

债权转让禁止条款的现代性机能与效力

立教大学教授　石田刚

一、问题所在

债权法世界中，并无物权法定主义之类的束缚。债权的内容只要不违反公序良俗和强制性规定，它的形式可以是任意的，形成基于当事人合意的不可转让的债权也是可行的。但是由于民法典是以债权的自由转让性为出发点（第466条第1项），如果不对缺少公示手段的债权转让禁止特别条约的对外效力有所规定，就有可能会妨碍交易安全。考虑到这点，应使得债权转让禁止约定不得对抗善意第三人，并在自治性与交易安全性之间达成平衡（同条第2项但书）。以上规律乍看之下似乎是解决该类条款之争的稳妥方法，但从民法典制定之初以来，债权交易的情形发生了巨大变化，无论是立法论还是解释论都急切需要重新探讨这个问题。

二、债权转让禁止特别条约的机能与效力

1. 特约的意义

(1) 特约的对外效力

对于第466条第2项但书，有两种理解方式。其一是否定特约的对外效力的观点（债权效果说）。特约只要求转让人履行不作为义务，违反特约的转让被认为是有效的，但特约赋予债务人以恶意的抗辩（前田达明《口述债权总论［第3版］》［1993］400页）。其二，承认特约的对外效力的观点（物权效果说）。该观点也是判例的通说，以第三人的认识为分水岭，只否定特约对善意第三人的效力。

判例更进一步，将第三人无重大过失作为但书中的保护要件（最判昭和48・7・19民集27卷7号823页），其结果是如果受让人有恶意或有重大过失，则转让无效（但是特约不影响强制执行，恶意人也可以因转让行为而取得债权［最判昭和45・4・10民集24卷4号240页］）。由此，比如像存款债权等业界例常使用此类特约的情形，固其公

开性，如果业界相关人员的转让违反了条款，则其转让无效。而债务人为公共团体以及大企业的承揽账款债权和应收账款债权也是如此。

（2）违反特约的转让的事后承诺

虽然受让人如果恶意或有重大过失则的转让无效，但如果因此特约而受益的债务人本人在事后作出了承诺，则转让可被认为有效。从特约可排除债权的转让性来看，可以认为一旦债务人作出了承诺，债权的不可转让性能够改变，该转让在那一刻也变为有效（民第 119 条）（富越和厚《判批》金法 1581 号 107 页）。虽然判例认为承诺可以使得转让具有溯及的效力（最判昭和 52・3・17 民集 31 卷 2 号 308 页），但其前提是不能损害第三人的利益，此处是参考了民法第 116 条但书的法意（最判平成 9・6・5 民集 51 卷 5 号 2053 页）。可以认为，以追认法理为依据的判例是基于这样的理解，即债务人从一开始就试图通过特约保留转让过程中的相关权利。

2. 特约的机能

（1）第 466 条第 2 项但书的立法宗旨

设立民法第 466 条第 2 项但书的立法者试图在近代法尊重债权自由转让性的要求下，寻求与既往习惯的妥协（米仓・后记①41 页，池田・后记①362 页），其主要目的是为了保护弱小的债务人免于因债权转让陷于恶性催收。法条预设的前提，是既有债权的个别转让，此时债权转让特约均能获得债权人同意。但是对于弱小的债务人而言，其难以签订此类条款。而现实生活中使用此类条款的，大多数是那些与不特定多数者有着交易关系的强大的债务人（其典型为银行等大企业和公共团体），他们会利用存款债权、承揽账款债权和应收账款债权等的转让禁止条款来单方面地为自己牟利（池田・后记①381 页）。最近虽然有以公共团体为中心自发解除这类条款的动向，但有人认为这还远远不够（大垣・后记 102 页）。

（2）特约的效力限制论

然而这种偏离立法宗旨的特约形态长期以来并没有被当作问题，这或许是由于对于存款债权、承揽账款债权和应收账款债权的处分（转让）需求并不大，而且债权转让禁止特约似乎并不会对债权人造成大损失。但是随着将债权的资产价值最大化的风潮，转让禁止特约作为交易的绊脚石，成为人们的批判对象。此时效力限制论就登场了。尽管债权效力说可被认为是一种效力限制论，但是真正的效力限制论的滥觞于米仓明的论说。米仓对于第 466 条第 2 项但书规定的债权转让禁止特约可对抗恶意第三人这一点发出了质疑，他认为特约本身所追求的利益主要包括以下内容：1）防止错误支付，2）避免事务程序繁杂化，3）确保抵销的利益等。米仓认为应在比较衡量债务人基于转让禁止能够享受到的利益与凭借转让自由债权人能够享受到的利益后，再决定条款是否具有对外效力。其结论是，在存款债权方面有必要限制特约的对外效力（米仓・后记①64 页）。在重视债权流通性的当下，效力限制论旨在基于当事人的具体利益决定是否赋予特约对外效力，这一观点正显得越来越重要。

三、债权的流动化与特约的现代机能

1. 新的决算方式与特约的新机能

随着 IT 技术的发展，交易趋向无纸化、电子化，故有盗失风险和印花税负担的票据使用越来越少。作为替代性决算手段的一并决算采用了债权转让的形式，由于该类决算方式中缴纳企业的承揽账款债权和应收账款债权等由受托机构（代收账款的公司等）垫付，致使缴纳企业存在债权双重转让的可能性，此时转让禁止特约又有了新的用武之地（池田·后记①335 页。关于一并性决算，参照大村·后记 311 号 60 页以下，池田·后记②4 页以下）。虽然这种决算系统由强大的债务人主导，但如果能依靠特约提高该系统的稳定性，更能保障到债权人的利益。因此，在当事人双方同意的基础上通过特约可以保障双方利益。

另外关于近期导入的电子记录债权制度中的全面债权转让禁止特约的效力，讨论分成了赞否两派（始关正光等《电子登记债权法制相关的中间试案的概要》NBL839 号 31 页［2006］。关于电子记录债权法的全体内容，参照始关正光＝高桥康文《电子记录债权法的解说（1）》NBL863 号 10 页［2007］为首的连载报道）。否定派认为承认特约的效力将阻碍电子记录债权的流通性，这违反了该制度设计的本意。而肯定派认为如果善用电子债权的高度公开性，反而能够使得特约得到有效利用（《〈资料〉电子债权相关私法论点的整理——电子债权研究会报告书》NBL825 号 47 页［2006］）。由此可见，为调度资金而产生的债权流动化需求，在限制对外效力和允许对外效力两方面都有其道理，这使得这一问题变得更为复杂。

2. 国际上对债权转让法的调整

随着贸易的国际化，协调国内法与国际法显得日渐重要。在外国法的实践中，有很多不承认特约对外效力的立法例（池田·后记①309 页）。而观察与债权流动化相关的国际规则，对以资金调度为目的的金钱债权转让，存在一律否定（UNIDROIT 国际商事合同通则 9.1.9 条（1）：内田贵《UNIDROIT 国际商事合同通则 2004——变更版的解说（2）》NBL812 号 73 页［2005］）或是通过列举特定的债权类型（联合国国际债权转让条约 9.3 条，草案的日文版由池田真朗等译《UNCITRAL 国际债权转让条约草案工作部门最终译版》法学研究［庆应义塾大学］74 卷 3 号 215 页［2001］）来否定条款的对外效力的倾向。此外，欧洲合同法原则（PECL11：301 条）规定发生以下情景时违反特约的转让有效：（1）债务人对转让作出了承诺，（2）第三人能够认识到特约的存在，（3）概括转让将来产生的金钱债权。上述情况之外均为无效。（石田·后记 137 页，特别是相对无效说的详细内容参考 114 页以下）。因此现下各国国内法的内容多种多样，做到与复杂的国际规则之间共通并非一件易事。

四、特约所求利益与违反特约的转让的效力

1. 特约解释的精致化

现下将流通记名债权乃至一并处分含将来债权在内的债权集合的金融需求增长之快，已经远远超出了立法者的想象。民法第 466 条第 2 项仅把第三人的对特约的认识可能性作为判断基准，正日渐显出其局限性。

由此，今后探求的方向应当是对特约解释的精致化。应考虑从意思解释层面来限制合意的内容，而不是拘泥于当事人所用文言的字面（平井宜雄《债权总论［第 2 版］》［1994］136 页）。举例而言，防止错误支付靠对债权准占有人的清偿和提存制度即可，故将其作为特约对外效力的正当化理由就显得缺乏说服力。而在转让致使债务人利益受损时，债务人可追究转让人的违约责任，也即特约应被解释成只有债法效果。

这样可以尽可能排除第 466 条第 2 项的适用。

2. 格式条款规制的善用与类型讨论的必要性

即便是在特约明确肯定对外效力的情况下，也不能无限制地承认特约的对外效力，而是应当如效力限制论所主张的那样，平衡各方利益。

第一，如果问题的本质在于条款利用议价能力和情报搜集能力的悬殊而订立了不合理规定（典型的消费者合同），那么通过格式条款规制来具体判断其效力不失为一种有效手段。

第二，按特约的目的类型化处理（米仓·后记②54 页，石田·后记 158 页）。当特约的目的为避免事务程序繁杂化时，债务人即便是以转让违反特约为由追及债务不履行责任，通常损害的取证也十分困难。此时为保护债务人的利益，只能判定转让无效。但即便是这样，若是比较衡量债务人借助特约所享利益和债权人因禁止转让而蒙受的损失，当后者远超前者时，则应当否定特约的对外效力。

第三，当特约的目的为确保继续性交易关系中抵销的利益时，如果条款不具有对外效力则该特约没有意义。与对债权转让禁止特约立场一样，判例认为不公开的抵销合同的合意也可通过“公知性”来获得对外效力（最大判昭和 45·6·24 民集 24 卷 6 号 587 页）。当特约内容具备一定的合理性（抵销的担保功能得到了认可）以及“公知性”时，或许可以讨论是否存在使私人之间的合意具备对外效力的法理（角纪代惠·金法 1428 号 38 页 [1995]，也参照了大村·后记 311 号 66 页）。

此外，若只是想允许或禁止对特定人的转让，或是债务人参与债权转让的过程以保留自由选择新债权人的权利，该种情况下有必要承认特约的对外效力。防止一并决算时构成双重转让及欺诈性债权转让也属于这种情况（米仓·后记②29 页。但是池田·后记①337 页认为违反特约的人能在事实上被排除在交易之外即可）。当然这些情形如果牺牲了过多的债权人利益，则也有必要对特约的对外效力作出一定限制。

最后，参考国际规则，从立法论来看，可以根据债权的种类作出不同的规定（是否是金钱债权），或是为调度资金而进行的金钱债权转让特设新的规则，等等。

参考文献

米仓明（①）:《债权转让——禁止特约对第三人的效力》（1976）；同（②）《对债权转让禁止特约的重新探讨》爱知学院大学 论丛法学研究 47 卷 2 号 1 页（2006）；池田真朗（①）:《债权转让禁止特约再考》同《债权转让法理的展开》（2001）304 页收录；同（②）《一并决算方式及电子记录债权法制的应对方式》法学研究 80 卷 5 号 1 页以下（2007）；吉田邦彦：《金融交易中民法典规定的意义（上）》法时 71 卷 4 号 56 页（1999）；大垣尚司:《电子债权》（2005）；大村敦志:《抵销与债权转让其一·其二》法教 310 号 34 页·311 号 60 页（2006）；石田刚:《对债权转让禁止特约的效力限制的基础性考察》立教法学 70 号 55 页（2006）。

84

债权转让法的新展开

庆应义塾大学教授　池田真朗

一、债权转让交易的变化

在民法学之中，债权转让研究从1970年代后半萌始之后，历经30多年取得了非常大的进展。尽管研究论文的量总体上还比较少，债权总论的体系书中也时常将其放置在末尾（例如我妻荣《民法讲义Ⅳ 新订债权总论》［1964］）。但该领域就如同其名，是与物权变动并列的民法中的两大权利移转之一，在近年来逐渐成为民法学中非常重要的研究领域，取得了飞跃性发展。

其中原因可归根于实务之中对债权转让交易的意义与评价的转变。从1990年代后半起约10年间判例中的债权转让案例看，债权转让完成了从作为一种危机处理方式的纠纷处理交易到作为一种正常业务的资金筹措交易的转变，在交易社会中的地位发生了极大的改变（池田真朗《债权转让的判例法理的展开与债权转让交易的变迁——从危机应对型交易到正常业务型资金筹措交易》川井健＝田尾桃二编《转换期的交易法——交易法判例10年的轨迹》［2004］295页以下）。

具体而言，也就是说从采用到达时说的最判昭和49・3・7（民集28卷2号174页）到同顺位受让人对于提存款返还有争议时以按份取得来处理的最判平成5・3・30（民集47卷4号3334页），是形成关于二重转让的优劣基准的判例法理的时代。其中最判昭和55・1・11（民集34卷1号42页）认为通知同时到达（先后不明）时，同顺位受让人中的任何一位都可以向债务人请求返还债权全额，关于该判例的评释学说林立，也是自该判例起，债权转让成为民法学中的一个争议点（椿寿夫《债权的二重转让与对抗要件》谷口知平＝加藤一郎编《新版・判例民法演习3债权总论》［1982］171页），此后有了广泛的讨论与研究。然而那些成为判例法理形成基础的事例都属于转让人面临经营危机时进行了多重转让导致多个债权人扣押竞合的纠纷事例，发生在该时代的债权转让并非值得肯定的交易行为。与此相对，后述的从平成11年（1999年）起接连出现的与未来债权转让（乃至转让担保）相关的最高裁判例，其中虽然也有因转让人的经营不振导致的纠纷，但无论是哪个案例，其中的债权转让合同都可以被归为是以资金筹措为目的的正常业务交易。

这些在交易实务之中可被作为范例的债权转让案例当然与法律的调整息息相关，这种调整现在也在持续。今日我国的民事法迎来了“民事大立法时代”，其中关于债权转让关系的立法与改正占据了非常象征性的位置。我们不应当停留在旧的法解释学的视角上，而是应当深刻理解当代的债权转让在金融交易之中的地位，并且为了让债权转让能够发挥它应有的作用，我们需要去探讨法律应当如何改进。

二、资金筹措交易与债权转让

在分析特别法的立法与法令的修正之前，让我们先理解为什么债权转让能够被运用在资金筹措交易之中（现代的债权转让问题超出了过去民法学的框架而属于金融法学的问题，对于经济上的和会计上的背景的理解是必需的）。从结论上讲，中小企业比起大企业更需要通过债权或在库动产等流动资产来达到筹措资金等目的，甚至这对它们来说是必然的。

我国企业的资金筹措极大地依靠着以传统的不动产担保而向银行贷款的方式。而中小企业本身持有的不动产量就很少，时常会超额而设置抵押权。然而这样的不动产担保借款，在泡沫经济崩坏后因为不动产价值的断崖式下跌导致担保不足，从而形成了大量的不良债权。而属于人的担保的个人保证，其过度设定也已经成为一种社会问题。为此，平成 16 年（2004 年）民法改正对以贷款为标的的个人最高额保证设置了上限规定。然而为避免对不动产担保和人的担保的偏重，即便在资金筹措渠道多样化方面作出了许多努力，对于信用力低下的中小企业来说，通过直接金融即新股发行来增强资本或是发行公司债券来筹措资金，本身就很困难。由此，如果无法像过去那样通过不动产担保而向银行贷款的话，留下来可作为资金筹措的可用原始资产的只有应收账款的债权之类的在库动产了（关于该点详细请参照池田真朗《ABL 的课题与展望——其应有的发展形态与“延续型担保”论》NBL864 号 22 页以下）。因此，债权转让交易重要性的增加是必然之事。即便是对于大企业，例如少有不动产担保而多有债权的信托业，同样有借助债权流动化（将包含未来债权的垫付款债权等大量出卖给投资人以获取资金的直接金融）来筹措资金的必要。

况且按法人企业数来统计的话，我国企业拥有的应收账款债权，其总量几乎与土地相当。我国在活用债权转让交易以达到对流动资产的资金筹措方面已经相较迟缓了（2000 年美国达成了约 13％的应收账款债权的流动化，与此相对我国只达到了约 1％。参照中小企业厅·中小企业债权流动化研究会报告书《基于债权的流动化等方式的中小企业资金筹措的流畅化》[2001] 10 页）。其理由之一，是濒临经营危机的企业对于债权转让这一交易方式有很深的偏见。

三、各项立法及法令修正的分析

1. 债权转让特例法（旧法）的修订及其地位

在这一背景下，随着近期一连串在立法上的关于债权转让的讨论，债权转让的意义与作用逐渐明晰，即它并非是一种“限制交易手段”，而是一种“促进交易手段”。

在我国，关于债权流动化以及集合债权转让担保之类的交易，由于民法第 467 条规定的对抗要件的存在（对债务人的通知和承诺。如果是第三人对抗要件，则必须有确定付款日期的证明文件），大额债权的转让变得十分烦琐且成本巨大，该要件已经成为阻碍交易的要因。由此，为了使通过债权转让达成资金筹措变得相对容易，平成 10 年（1998 年）开始施行比民法所规定的对抗要件更为简易的《債権讓渡の対抗要件に関する民法の特例などに関する法律》（债权转让特例法，以下称“旧法”），该法创设了债权转让登记制度（立法经过请参照池田真朗《债权转让法理的展开》[2001] 137 页）。

在这之前，平成 5 年（1993 年）制定了可测量租赁债权与信贷债权的债权流动化效果的《特定債権等に係る事業の規制に関する法律》（特定债权法）。民法第 467 条第 2 项规定可通过在全国性报纸上刊登公告以完成对约定日期的通知，而特定债权法简化了民法规定的第三者对抗要件，成为我国债权流动化立法方面的先驱，然而该法是限定于经济产业省所辖行业的立法，我们期待更普遍的，不限定债权种类的，不管是债权流动化还是债权转让担保都能够运用的概括性立法（特定债权法在完成当初的目的后在平成 16 年 12 月 30 日被废止）。

债权转让特例法（现在的旧法）第 2 条第 1 项（新法中则为第 4 条第 1 项）认为，如果在法务局（在东京总部集中处理）通过把数据记入磁盘完成了债权转让登记，则可视为民法第 467 条第 2 项所规定的对约定日期的通知（债权转让的第三人对抗要件）。原本只进行转让登记的话，债务人有可能不知情，所以只把登记作为对债务人的对抗要件（权利行使要件）不符合保护债务人的观点，该法在充分意识到这一点的基础上，在第 2 条第 2 项（新法第 4 条第 2 项）中为使债权人能够向债务人请求返还，规定了债权人需要以登记事项证明书的形式通知到债务人。也就是说，仅凭登记，只具备了第三人的对抗要件而不具备对债务人的对抗要件（权利行使要件）。原本为了具备对债务人的对抗要件，该法要求的程序比民法还要繁杂（民法第 467 条第 1 项规定无方式的通知也可），但如果是在为了筹措资金而进行债权转让的情形，通常转让人作为原债权人会被受让人委托去回收债权，被回收的债权就作为对转让人的返还。本来只要转让人的业绩没有恶化，就没有必要通知债务人，但该法规定该类情况下转让标的必须为金钱债权，转让人（资金筹措人）必须为法人，其他情况则不对债权的种类等有要求（原本在当时第三债务人的名字为必要登记事项，包括还需要在商业登记册中记录登记内容概要，这些后来成了实务中的问题，并在后述法令修正过程中得到了修改）。

在债权转让特例法实施之初，有信用调查机构声称进行债权转让登记的中小企业有信用风险，产生了中小企业风评受害的问题。但这类问题连同登记量过多等问题，随着债权转让在我国逐渐以“作为资金筹措手段的企业正常交易行为”被广为人知而自然消失了，后来登记债权总额一年甚至能达到数十兆日元。债权转让登记在当代的债权转让交易中，作为一种重要的对抗要件具备方法，得到了确立（后来法人可以在线上进行债权转让登记，成为我国登记电子化的首例。以上参照后藤博《债权转让登记线上申请制度的概要》Jurist 1201 号 74 页，池田真朗《债权转让特例法——实施三年后的综合检证》みんけん [民事研修] 534 号 3 页以下）。

况且债权流动化的框架以破产隔离与会计上的表外融资为目的，为达到流动化还设立了特殊目的处理部门（SPV）（其手段包括成立特别目的公司或组合，利用既有信托银行，借助中间法人等），通常从这些公司、部门的创始人（想筹措资金的主体）处转移债权。为此平成 10 年（1998 年）制定了《特定目的会社による特定資産の流動化に関する法律》（资产流动化法），从而使得“特定目的公司”（实务上称为 TMK）这一制度得到了法律上的认可，但由于该法中存在详定了多种不同登记事项，使得原本只会在债权大规模流动时使用的 TMK 现在也在事务中也被用于不属于法定对象的特别目的公司（SPC）以及中间法人（参照加藤雅信等《〈对谈〉债权转让、债权担保的新动向》判タ1185号7页）。但不管是哪种方法，从资金筹措主体到SPC等主体的债权转移过程属于民法上的债权转让，因而债权流动化相关的民法以及特例法依旧十分重要。

2. 动产债权转让特例法的成立

（1）改正法的制定过程与概要

出于企业金融多样化的必要性，为了使企业资产中尚未得到充分利用的动产和债权可以作为担保标的和流动化标的被转让以筹措资金，人们寻求能够支持和保障该过程的法律制度，为此还对债权转让特例法进行了增补修正。平成16年（2004年）12月公布的改正法创设了与过去债权转让特例法登记制度形式相同的动产转让登记制度，法律名称也变更为了《動産及び債権の譲渡の対抗要件に関する民法の特例等に関する法律》（动产债权转让特例法。以下称“新法”）（平成17年［2005年］10月3日施行）。关于动产登记，本书42已进行了介绍，该新法关于债权转让登记作出了如下规定：1）过去无法登记的第三人债务人的不特定将来债权也能进行登记了，2）被转让的债权中如果包含了将来债权，则可以不登记债权转让特例法中要求的债权额一项，3）由于债权、动产同样存在风评被害的可能性，废止需要在商业登记簿中转载转让的概要的规定，制作债权转让登记事项概要文档以供阅览（池田真朗《动产债权转让特例法的制定过程与概要》银法642号6页以下。关于立法负责人的解说，有植垣胜裕＝小川秀树编著《一问一答动产债权转让特例法》［2005］）。

（2）修改内容

1）对债务人不特定的将来债权的转让登记进行了极大的改良（新法第8条第2项4号）（关于将来债权的转让，债务人信息并不属于必要登记事项）。在平成10年（1998年）制定旧法时国际上就对这一点提出了疑问，假如某大楼还没有确定承租人就试图将租赁债权流动化，或是信托公司为担保将来的（新顾客）信托债权而接受融资时，这类情形无法使用登记制度将导致不便（由于债务人还没有确定，所以民法上的通知手段当然也不能使用）。但借本次对法条的修正，可以说运用场景已追上国际水准。

2）另外，在未来债权的转让登记中，转让总额一直以来都属于必要登记事项。以前填写的都是估算额，但如果是每个月都会产生并回收的债权作为一定期间的担保，即便每个月的数额都很少，但累积的总额也数额巨大，登记后容易引发信用危机。如今在转让将来债权时（包含将来债权与既存债权合并登记的情况），债权总额不再属于登记事项（新法第8条第2项3号）。

如果无法确定债务人的名称和债权总额，那么是否能将将来债权作为特定债权，该方面还留有悬念，但或许可以通过债权发生的始期与终期，债权的种类等法务省规定的其他要素，来使它成为特定债权。此外，判例认为实体法对将来债权的特定只要能够达到与其他债权相区分就已足够（最判平成12·4·21民集54卷4号1562页）。

3）再者，债权转让特例法在制定之初就存在一定弊端，即登记的债权概要被公开展示在商业登记册中，这种做法容易使企业遭遇信用危机而风评受害。本次修正，不管是债权转让登记还是动产登记，都取消了在商业登记册中详细登记并公开债权内容概要的要求，而改为在登记事项概要文档中登记相关信息，这样做可以使所有人都能获取最简要的信息，且不会不利于登记的企业（新法第12条·第13条）。

四、新判例法理的形成

1. 判例对将来债权转让（担保）所采取的做法

如果债权转让属于正常业务型的资金筹措交易行为，则该种情况下企业会把应收账款债权等作为让与担保来获得融资，或是采取债权流动化手段，把多个债权出卖给特别目的公司（真正转让）以获得资金。这类资金筹措交易的对象若能够包含将来债权，则交易的实效性就会降低。基于这点，将来债权被广泛运用到了转让和让与担保之中。关于将来债权转让（担保）的问题，自最判平成 11・1・29（民集 53 卷 1 号 151 页）承认将来数年的债权转让合同有效之后，判例法理迅速成形。本书 62 已对此进行了详细介绍，需要注意的是，国际上并不区分真正转让与让与担保（联合国国际债权转让条约等）。我国近年的最高法院判例在讨论债权让与担保时采用了一种一目了然的处理方式，即如果存在可认定为债权转让的行为，则债权发生了转移，反之则不存在债权转移（从权利转移的结构进行分析）。例如最判平成 13・11・22（民集 55 卷 6 号 1056 页）认为：(1) 在集合债权转让担保合同中，在通知第三债务人前，即使有转让人承诺债权回收的合同，债权仍确定性地被转让给受让人；(2) 这类债权转让的对抗要件可以参照记名债权转让的对抗要件的具备方法（此处的让与担保通知可被认为是民法第 467 条中说的债权转让通知）。另外最判平成 12・11・27（民集 55 卷 6 号 1090 页）认为，即便通过写有约定日期的证明文件进行了通知或作出了承诺，但记名债权转让合同的债权转让不具备与第三人对抗的效力，该类合同不存在权利转移。

2. 将来债权转让中债权的转移时期

将来债权让与（担保）中的权利转移时期问题是一个新论点。目前还不存在能够明确解答该问题的判例，但最近国税当局与让与担保权人的纷争牵扯到了这个问题。该纠纷就是上记最判平成 13・11・22 中的事件。在民法层面，国税当局的查封比受让人（让与担保权人）的转让通知晚了一步，使得当局最终在最高法院败诉，但当局又以国税征收法第 24 条为根据提起了诉讼，即规定在法定缴纳期限截止前让与担保权人对于非让与担保财产的财产负有纳税义务。然而该结论在理论上并不能与前述最高法院形成的债权转让法理相整合，而遭受到了强烈批判（参照池田真朗・原审评释・金法 1736 号 8 页以下等）。由于实务中转让人滞纳税金会损害受让人的利益，所以这一点也成为以筹措资金为目的的债权让与担保交易中最大的阻碍因素（江口直明・原审评释・1739 号 9 页以下），不过最高法院近期作出了完全否定这一判决的逆转判决（最判平成 19・2・15 金判 1266 号 22 页。撤销原判后改判）。但该判决也是基于上述的最高法院判决的法理的当然的归结，虽然它没有对将来债权的权利转移时期作出明确的判断，但是根据这个判决，日后只能采取发生时说（关于同判决的评价请参照 NBL854 号 10 页以下的特集）。

五、下一阶段的立法——电子记录债权法的制定

1. 电子记录债权法成立的经过

随着 IT 技术的发展，诞生了一种既不可算作记名债权，也并不使用纸质票据的新债权，即电子记录债权（电子记录债权法在平成 19 年［2007 年］6 月 20 日成立，预计

于平成 20 年末施行)。实质上是把债权的产生、转移以电子的形式进行记录的金钱债权。在政府 IT 战略本部的方针指导下，经济产业省、金融厅、法务省三省厅在平成 17 年（2005 年）年中检讨了相关内容，于平成 18 年（2006 年）在法制审议会与金融审议会对法令纲要进行了审议。

对于应收账款债权等记名债权，由于确认债权的存在与产生原因会产生一定成本，并且有构成二重转让的风险，因而具有难以完全保障受让人的权益、流动性差等问题（平成 17 年度经营者的应收账款总额达 201 兆日元）。而作为决算手段的票据由于利用了纸质媒介，进而存在保管费用、丢失风险和印刷税费用等问题，近年来利用大幅度减少（平成 2 年度为 72 兆日元，平成 17 年度只有 31 兆日元）。基于记名债权与票据各自的缺点，有必要找到一种两全的方法，能够同时满足经营者的资金筹措需求和决算的便利性。

电子记录债权法制应运而生，它的概要如下（涉及私法的部分）。

（1）电子记录债权的性质

首先在民间创立了多个电子债权记录机关，把登记信息用电脑录入磁盘中。该录入的电子记录可被认为是金钱债权产生、转让的效力要件（也就是说在电子记录债权中，转让记录不再是对抗要件，而成为转让的生效要件）。具体的各债权的权利内容可依据录入内容而定（与票据不同，任意的记载事项也能被广泛认可）。如果发生了转让事实，记录内容也不用从原录入机关转移到其他机关。但如果关系到债权的消灭，由于债权在支付（转账）的那一刻就消灭了，所以消灭的记录（条文则为支付等记录）并不作为生效要件。

（2）对电子记录债权交易安全的保护

与票据一样建立了避免善意取得和人的抗辩的制度；同时，还建立了对登记在册的债权人免于支付的制度。

（3）其他

建立了类似于票据担保的独立电子记录担保制度和把电子记录债权作为标的的质权的制度。

2. 今后的课题

从今日的民法学看，今后的课题大概有以下几个方向（详细请参照池田真朗《电子记录债权法制立法试论——从应收账款债权活用的观点观察》金法 1788 号 10 页以下）。

（1）由于债权转让禁止条款也可能适用于电子记录债权（转让禁止可作为内容项被记录），所以转让禁止条款或许会在以记名债权筹措资金时成为阻碍因素（关于债权转让禁止条款参照本书 83）。但是如果是记录中没有记载的转让禁止条款，那么它原则上不具备效力。（2）电子记录债权与应收账款债权的票据性质相同，属于对债权的产生的记录。基于这点，尽管电子记录债权很难构成二重转让的问题，但是或许会导致作为原因债权的记名债权与电子记录债权两种不同的转让（处分）形式。该种情况下，可以借鉴判例对于记名债权与票据两者关系的处理（最判昭和 35・7・8 民集 14 卷 9 号 1720 页指出，债务人面对记名债权的受让人，可以以没有兑换票据就不用支付为理由进行抗辩），即债务人面对原因债权的受让人可以用如果没有涂销电子记录债权（条文表述为支付等记录）则不用支付作为抗辩理由（在结果上保护了债务人）。但这样做会导致之前接受了原因债权的转让而依靠债权转让登记具备了第三人对抗要件的受让人，在之后转让电子记录债权时，相对于电子记录债权的受让人，在顺序上反而处在了后位。由此，电子记录债权与现行使用记名债权的债权让与等资金筹措方法存在竞合问题。(3) 现下的规定认为电子记录债权是基于记录而产生的债权，因而记录对象不可以是将来债权。但是从整体来看，为了筹措资金，将来债权的使用是不可欠缺的。为此必须要对日后能否让将来债权让与担保也成为电子记录债权这一问题进行探讨。(4) 电子记录债权可以根据抵销合同而消灭。这样做的好处是可以在不完全转移资金的情况下对债权进行决算（票据债权在理论上也能抵销，但现实中票据都通过票据交换所一对一地决算），今后可以考虑在频繁产生被动债权的企业集团间决算时运用这一规则，以上几点，将来可能会有详细的讨论。

参考文献

除本文中已提到的文献外，还参考了始关正光等：《电子记录债权法的解说》（金法1810号以下，连载于NBL863号以下）。

85

抵销的现代机能

神户大学教授　山田诚一

一、存在问题

（1）抵销，即在两人拥有同类型标的物的债务的情形，当互负债务到期时，各债务人可根据对方的意思表示（该意思表示指抵销）免除对等金额的债务的一种制度（民第505条·第506条）

基于抵销的意思表示，当进行了意思表示的人所负的债务（被动债权）消灭时，对方所拥有的债权（主动债权）也同时消灭。从被动债权的角度看，抵销可被认为是一种消灭债务的简易方法，在债务人与债权人身隔两地，距离遥远之类的情形具有很大作用。而从主动债权的角度看，本来债务人的配合是债权满足的必要条件，当债务人不配合时只能在取得债务名义的基础上进行强制执行，而相较于该种情况，抵销不必经由强制执行等程序即可满足债权（主动债权），非常简便迅速。

（2）由于抵销无须强制执行即可满足债权，在同一债务人的诸多债权人之中，能够行使抵销权的债权人具有更优先的地位。实际体现这一规则的是破产法。破产债权人可以不经过破产程序，在程序启动时就将所欠破产人的债务抵销（破第67条第1项）。除某些禁止抵销的情形外（同第71条·第72条），在其他不加以禁止的情形承认行使抵销权的破产债权人比起其他债权人居于更优先的地位，破产债权人可在同等额度内实现破产债权（主动债权）的全额满足（参照伊藤真《破产法（第4版补订版）》［2006］342～343页）。

在同一债务人的若干债权人之中，抵销权人是否能够拥有优先地位，以及如果承认其优先地位，应该在何种程度承认何种内容；另一方面，当抵销权人负有的债务（被动债权）已经被其他债权人扣押时，抵销权人与扣押权人之间的法律关系应当为如何，这一类的问题还需要具体化，一般称其为“扣押与抵销”问题（也有扣押后抵销的叫法）。

（3）关于抵销，如果把双方债务的标的物类型相同（通常为两项金钱债务）一项作为要件（抵销适状时），那么只要根据一方的意思表示（金钱债务的情形不伴有现金的转移，例如相关存款的转移），债务就有可能瞬间消灭，而与对等金额的多少无关。由此可以考虑在金融机关相互间的决算交易之中运用抵销这一机制。再进一步，如果能把优先地位规则确定下来，则在运用了抵销的决算交易之中即便一方当事人破产了，抵销的效力也可以与破产管理人对抗。以上即为抵销在当代的机能，其中关于扣押与抵销相关的规则的问题具有重要的意义。例如在探讨一并清算中冲抵结算的有效性时，一种有力的观点就以扣押与抵销的问题为基础而展开（详细参照神田・后记 10 页）。当今讨论抵销的功能问题时，抵销与扣押的冲突已成为无可回避的话题。

二、扣押与抵销

1. 争论的内容

（1）关于扣押与抵销的冲突问题，现有的法律规定分为多个层次。第一，当甲债权被先行扣押时，对于第三债务人而言甲债权是被动债权，而他自己拥有的债权为主动债权（乙债权），法律规定了第三债务人的抵销是否可与扣押债权人对抗的不同情况。在此基础上，第二，在扣押权人扣押甲债权之前，债务人与第三债务人之间发生一定事由使乙债权丧失了清偿的期限利益，法律也规定了该种情况下的处理方式。关于这两点，前者被称为法定抵销，后者被称为抵销预约（例如奥田昌道《债权总论［增补版］》［1992］582～588 页）。

以下将从作为基础性问题的前者出发进行探讨。

（2）对于法定抵销，目前存在诸多分歧，简要分为以下几点。1）主动债权先于扣押债权成立与取得时，即便两债权的抵销适状晚于被动债权的扣押，第三债权人也可以主张抵销并与扣押债权人对抗。2）主动债权先于扣押债权成立及取得，如果主动债权比被动债权先到期，第三债务人可主张抵销并可与扣押权人对抗，但反之如果被动债权先于主动债权到期，则即便两债权抵销适状，第三债务人也不可与扣押权人对抗。1）为无限制说，2）为限制说。还有一种见解与 1）2）都不同，它并非以主动债权与被动债权的到期先后为判断基准，而是期待第三债务人能合理地根据抵销满足主动债权，使得抵销可以与扣押权人对抗，该观点被称为合理期待说，有时也把它叫作限制说。但此处为使法定抵销更为直观，将只把 2）称为限制说，并与 1）（无限制说）相比较。

2. 无限制说

（1）无限制说认为“第三债务人的债权取得先于扣押或是与扣押同时的情况下，不管主动债权与被动债权谁先到期，只要两债权抵销适状，即便抵销适状晚于扣押，该债权也可作为主动债权而抵销”（最大判昭和 45・6・24 民集 24 卷 6 号 587 页）。其理由如下。

无限制说对于扣押的效力，主张“扣押是与债务人的行为无关的客观事实，且无法阻却因第三债务人的行为导致债权消灭或债权内容变更的效力，因而如果第三债务人根据单方面的意思表示行使抵销权，扣押权人不能够以债权已被扣押为理由而禁止债权的抵销”，对于民法第 511 条，它解释为“该条把第三债务人面对扣押权人可进行抵销作为当然的前提，只有债权是在扣押之后形成或是在扣押之后从他处取得时可作为例外，不能被当作主动债权抵销，除此之外均可根据民法第 511 条而调整扣押权人与第三债务人的利益关系”（前记最大判昭和 45 年）。基于无限制说，在被动债权到期之后，主动债权到期之前，两债权并未抵销适状之时，第三债权人不可行使抵销权，由此需要注意，扣押债权人对债权的催收不能够被拒绝履行。

（2）被动债权与主动债权到期的先后顺序时常是由偶然事件决定的，因而也有学说以此为理由支持无限制说（奥田・前记 589 页）。

3. 限制说

(1) 限制说主张“扣押时两债权已抵销适状的情况毋庸提，即便主动债权在扣押时并未到达清偿期，但该清偿期先于作为被扣押债权的被动债权的清偿期时，……根据民法第511条的反向解释，第三债权人可以抵销权与扣押权人对抗”，“但反之对待给付的清偿期后于被扣押债权的清偿期时，抵销不可与扣押债权人对抗”（最大判昭和39·12·23民集18卷10号2217页）。

原因在于，限制说认为扣押具有“禁止被扣押债权的债权人以及债务人关于上述债权的清偿进行催收等一切处分”的效力，对于民法第511条，限制说认为“第三债务人在扣押前凭取得的债权进行的抵销作为例外可与扣押债权人对抗”。限制说还着眼于将来抵销的情形，认为主动债权比被动债权先到期时，第三债务人对于未来可能发生的抵销的合理期待应当受到保护，而在主动债权比被动债权后到期的情况下，认为第三债务人不存在债权抵销的正当期待（前记最大判昭和39年）。无论是对于扣押的效力还是对于民法第511条的理解，限制说与无限制说之间存在明显的区别。

(2) 对于支持限制说的理由，有学者认为在拒绝清偿有清偿义务的被动债权的同时，还保护第三债务人在主动债权到期前对抵销的期待，这样的民法第511条解释论是不妥当的（平井宜雄《债权总论［第2版］》［1994］231页）。也有学者认为，强制实现扣押债权人的被扣押债权（被动债权）须届至被动债权的清偿期，而强制实现第三债务人的被动债权须届至主动债权的清偿期，如果被动债权先于主动债权到期，则第三债务人不可对抗扣押债权人（潮见佳男《债权总论Ⅱ［第三版］》［2005］389～390页）。

参考文献

好美清光：《银行存款的扣押与抵销——以最高法院大法庭昭和45·6·24判决为缘起（上）（下）》判タ255号2页·256号10页；伊藤进：《扣押与抵销——第三人的权利干预与抵销理论》，载星野英一编集代集：《民法讲座（4）债权总论》（1985）373页；神田秀树：《抵销结算的法律性质与破产法》金法1386号7页；山田诚一：《抵销的基本内容与其应用（1）（2）》法教233号87页，234号66页。

五　债权各论（一）

86

信息提供义务

早稻田大学教授　后藤卷则

一、问题提起

合同当事人之间在信息收集、信息分析能力上面（以下合称“信息能力”）存在显著差距时，签订合同的时候一方当事人有义务向另一方提供信息，该项义务被称为信息提供义务或是信息说明义务（在下述“缩小信息能力的差距”“否定合同效力”“原状恢复的损害赔偿”等情形中大多使用信息提供义务一词，但本稿对信息提供义务与说明义务不作特别区分）。一般认为信息提供义务（缔结合同过程中的信息提供义务）建立在诚信原则基础上，但这一义务的正当化根据是什么，什么类型的合同能够运用该义务，违反义务时应该被如何处理，目前诸如此类的问题尚未被解决。

二、信息提供义务的根据与适用领域

1. 信息提供义务的根据

在私法自治原则之下，合同的签订是基于当事人各自的意愿，要求当事人在各自收集并分析信息的基础上，基于分析结果明确合同符合自己的目的后再进行签约。但关于为何还要规定信息提供义务的理由，目前存在几种说法。

第一，当事人双方信息能力的差距。(1) 在当事人双方信息能力存在显著差距时，能力弱的一方有可能会在交易中遭受损失，为能够实质性地保障其合同自由并使其能够合同自决，有必要要求另一方的信息提供义务以缩小双方的认知差距。

由此，大多数学说把对劣势者的合同自由以及自我决定权的保护作为信息提供义务的依据（小粥太郎《“违反说明义务的损害赔偿”的备忘录》自由与正义 47 卷 10 号 [1996] 44 页以下，山本敬三《交易中的侵权行为相关的制度间竞合论——总览》Jurist1097 号 [1996] 127 页以下（同《公序良俗论的再构成》(2000) 所收），潮见佳男《投资交易与民法理论（4・完）》民商 118 卷 3 号 [1998] 372 页以下（同《合同法理的现代化》[2004] 所收），同《说明义务・信息提供义务与自己决定》判夕1178 号 [2005] 9 页以下）。(2) 有学说从经营者的专业性角度对信息提供义务进行了说明。在高度复杂化、专业分化持续发展的现代社会，非经营者的顾客不得不依赖于具有专业知识储备的经营者。经营者基于顾客对自己的信赖开展经营活动，为回应社会的信赖，经营者需要对顾客履行信息提供义务（横山美夏《合同缔结过程中的信息提供义务》Jurist1094 号［1996］128 页以下，同《消费者合同法的信息提供范式》民商 123 卷 4・5 号［2001］571 页以下，同《说明义务与专业性》判タ1178 号 18 页以下）。

第二，信息的性质。比如当合同极有可能会对当事人一方造成生命、身体、财产上的损害时，无论交易主体是何种属性，当事人都有告知对方该合同的危险性的义务。这与其说是保护信息能力弱势者的合同自由与自我决定权，不如说是保护对方生命、身体、财产等实质性的权利（山本敬三《民法的“合意的瑕疵”论的展开与检讨》棚濑孝雄编《合同法理与合同惯行》［1999］170 页）。

2. 信息提供义务的适用领域

信息提供义务的主要适用领域包含（1）不动产交易，（2）金融交易，（3）特许经营合同等。例如金融产品之一的变额人寿保险在 1980 年代后半到 1990 年代初期即泡沫经济时期，因其保险金运用了股票等，导致所获利润远高于银行存款而受到了广泛关注，但在泡沫经济崩坏后，其利润急转直下，致使解约返还金的价值远比所支付的保险金低。因而如果保险公司乃至为支付保险费而融资的银行在没有告知变额保险的危险性的情况下劝诱他人签订合同，可认为它们违反了说明义务（最判平成 8・10・28 金法 1469 号 49 页，东京高判平成 14・4・23 判时 1784 号 76 页等）。

三、违反信息提供义务的法律解释

1. 损害赔偿请求

许多判例认为，如果表意人在获得适当信息后未签订合同，则存在违反信息提供义务的问题（潮见佳男《基于规范竞合的视角看损害论的现状与课题（1）》Jurist1079 号［1995］99 页注（7）［同《合同法理的现代化》收录］）。这是因为当表意人违反信息提供义务促使双方完成合同的签订时，将导致另一方当事人由于以合同名义支付了钱款的缘故而蒙受财产上的损失。然而若是承认对这类型的损害的赔偿，其结果上就等同于否定了合同的效力（从该含义上此处的损害赔偿可称为原状恢复损害赔偿）。该情形下最首要的是合同有效性的问题，尤其是在原状恢复损害赔偿的情形中，有必要探讨是否存在否定合同自身效力的可能性（潮见・前记《基于规范竞合的视角看损害论的现状与课题（2・完）》Jurist1080 号［1995］92 页，山本・前记 Jurist 1097 号 128 页）。

2. 合同效力的否定

问题在于依据怎样的法律构成可以否定合同的效力（关于该问题的全部内容，可以参考森田宏树《“合意的瑕疵”的解释与扩张理论（1）～（3・完）》NBL482～484 号［1991］）。首先，当事人积极提供错误信息的行为可认为是欺骗行为，此时如果满足其他要件则可根据民法第 96 条成立欺诈。与此相对，在当事人没有向陷入错误认知的另一方当事人提供正确信息的消极情形，例如当事人违反信息提供义务没有提供适切的信息时，同等于违法的欺骗行为（后藤卷则《法国合同法的欺诈、错误与信息提供义务（3・完）》民商 102 倦号［1990］458 页［同《消费者合同的法理论》［2002］收录］）。关于要件中的故意一项，一般认为拥有信息提供义务的当事人如果认识到该信息对于另一方当事人具有重要意义，但没有向对方告知该信息，则可推定为欺诈的故意（横山・前记 Jurist1094 号 135 页，同・前记民商 123 卷 4・5 号 576 页）。

当无法成立欺诈时，有学说主张错误论，即主张是信息的不充分造成了当事人的认知错误，进而导致了错误的处理行为（参照平野裕之《投资交易中的受害人救济法里德相互关系（2）》法律论丛 71 卷 2·3 号［1998］119 页以下）。错误制度是重视表意人的动机的制度，但根据判例的分析，如果另一方存在欺诈行为，错误无效的认定也较易成立。据此，判断错误无效是否成立十分重视另一方当事人的行为样态（后藤·前记民商 102 卷 4 号 460 页）。也有学说主张不应该纵容利用表意人的错误的行为，需要重视错误的要件论（内田贵《民法Ⅰ［第三版］》［2005］72 页）。基于以上的学说动向，如果当事人一方存在违反信息提供义务的行为时，应当谨慎地认定错误无效是否成立）。

有学者认为信息提供义务的违反的构成被认为是缓和欺诈的要件，有学者则认为是缓和了构成错误的要件，有学者更进一步，主张信息提供义务的违反的构成同时缓和了欺诈与错误的要件（后藤·前记《消费者合同的法理论》72 页）。在平成 12 年（2000 年）制定的消费者合同法的立法过程中，有提案曾主张如果当事人没有对重要事项提供必要信息则可撤销合同，但最终该法将经营者的信息提供义务认定为倡导性规定（该法第 3 条第 1 项），并且关于经营者的不实告知（该法第 4 条第 1 项 1 号），断定性判断（第 4 条第 1 项 2 号）以及未告知不利事实（第 4 条第 2 项），该法承认在一定要件下消费者可撤销基于误解的合同签订的意思表示。

四、其他问题

1. 信息提供义务的对象

下述情况与“三、”中提到的原状恢复的损害赔偿问题有所不同。假设当事人得到了需要的信息并签订了合同，但由于对方没有提供完整的信息或是提供了不实的信息，导致无法通过合同得到期待的结果（例如没有告知食品保存方法而食品腐烂），有提案主张此时需要区分合同签订的信息提供义务与合同履行的信息提供义务。根据信息提供义务违反的相关定义，前者产生的是错误无效或欺诈撤销等基于侵权行为的损害赔偿义务，后者产生的是债务不履行责任（横山·前记 Jurist1094 号 130 页。潮见佳男《债权总论Ⅰ［第 2 版］》［2003］583 页也进行了类似的区分）。

2. 信息提供义务与忠告义务

信息提供义务的提供对象，即信息本身，是关涉表意人达成合意的重要事实，因此合同在结果上对表意人是否有益之类的评价不属于义务的对象。这类信息的提供义务叫做忠告义务（参照森田·前记 NBL483 号 60 页）。忠告义务的支撑依据有多种（潮见·前记《投资交易与民法理论（3）》民商 118 卷 1 号［1998］18 也以下）。从经营者专业性的角度考虑，严格区分信息提供义务与忠告义务并没有太大意义（横山·前记判タ页），因为这方面的信息提供义务中已经包含了帮助顾客选择对其有益的交易的义务，该立场也积极肯定经营者作为专家的忠告义务，并认为在明确说明义务的程度的基础上，区分信息提供义务与忠告义务具有重要意义（说明义务包括缩小“信息收集能力”差距的“信息提供”义务，缩小“信息分析能力”差距的“说明”义务，介入对方“选择”的“忠告”义务。参照横山·前记判タ22 页）。与信息提供义务是保护弱势方当事人的合同自由以及自我决定权的观点相对，忠告义务建立在顾客对专家的信赖的基础上，是更为积极的支援义务（后藤·前记《消费者合同的法理论》103 页，同《金融交易与说明义务》判タ1178 号 42 页）。

参考文献

除本文中已记载的内容外，内田贵：《民法Ⅱ［第2版］》（2007）27页以下；大村敦志：《消费者法［第2版］》（2003）81页以下；野泽正充：《信息提供义务（说明义务）的违反》法教273号（2003）34页以下。

87

格式条款

京都大学教授　山本丰

一、“格式条款”的定义

格式条款为一般交易条款的简称，源自于德语 allgemeine Geschäftsbedingungen。类似用语有来自法语 contrat d'adésion 的附合合同。

前者指（潜在的）合同条款的存在形式，即“为能够统一处理大量合同，事先以书面拟制好的格式化的合同条款”（山本敬三《民法讲义Ⅰ［第 2 版］》［2005］102 页）。与此相对，后者主要是指客户遵循公司拟定的合同条款的方式，以及作为合同订立背景的合同议价能力的差异。尽管两者有时指向同样的合同现象，但各自的着重点很不相同。

日本的法律并没有对格式条款进行严密定义，也未规定其法律效果，致使格式条款仅为停留在教学上的概念。

现代民法教科书在描述格式条款时称其为“当事人预先做成的统一的合同条款”（大村敦志《基本民法Ⅱ［第 2 版］》［2005］35 页），或是“为了能在多数交易中适用，由经营者在事先制成的格式化的合同条款”（潮见佳男《民法总则讲义》［2005］86 页），等等。

笔者认为只要满足以下两个基准即可被定义为格式条款：(1) 一方当事人为能反复使用而在事先准备的合同条款，(2) 并非经由实质性的交涉而达成合意的条款（交涉条款）（山本丰《合同的内容规制》债权法改正的课题与方向［别册 NBL51 号］75 页［1998］）。从 (1) 的角度看，当事人一方只为了一次性合同而事先准备的合同条款（个别事例条款）不算为格式条款。

以上介绍的格式条款的定义非常宽泛，甚至连运用于特定的多个合同中的固定格式，以及少数印刷在票券上的难解的条款也可算作为格式条款。书面性对于格式条款而言也并非绝对性要求（口头的格式条款也存在）。

狭义上的格式条款概念指为在不特定多数的交易中使用而制作的含有大量条款的文书，并且与合同书和申请书有所区别（典型如保险格式条款、银行交易格式条款、运输格式条款等）。但现在格式条款的概念正如前文提及的诸种定义，有了明显的扩张，使得无法用一句话对其归纳（关于格式条款概念的扩张倾向与其背景，山本丰《格式条款规制》Jurist1126 号 114 页)。

二、格式条款是合同还是法规

有学者主张格式条款是一种法规(法规说)。尽管各学者对法规说的理解有所不同，但总体上可认为格式条款是“某交易领域中的自治法”。经典学说认为一般性格式条款均具有法源功能，但现代的学说认为只有一定的格式条款才具有法律规范性效果(背景为格式条款概念的扩张)。例如有一种有力观点认为，如果各类行业法之中有承认监管部门对格式条款之规制的规定，则或许也可认为该规定同时也承认了格式条款之法律规范作用(大村敦志《消费者法［第 3 版］》［2007］207 页。其他可参照石原全《格式条款法的基础理论》［1995］224 页以下)。

然而在现代民法学之中，主流学说(合同说)认为格式条款仅在制定法并无特别授权，但因符合合意而被合同采用的前提下，才对当事人具有拘束力(山下友信《普通保险格式条款论(4)》法协 97 卷 1 号 65 页［1980］，河上正二《格式条款规制的法理》［1988］184 页等)。

笔者自身也支持合同说，理由和既往学说一样，(1)法规说存在根本性的问题，即企业(格式条款使用者)并非国家，为何具有制定法规的权力；(2)讨论格式条款不应该在脱离法律行为论和合同法一般理论的语境下进行，而是应当如后述那样从格式条款的采用、解释、效力等角度综合考虑各类格式条款不同的特质，进而讨论格式条款在法律行为论及合同理论框架内的位置(这也是法律行为论与合同理论的题中之义)；关于格式条款与其规制(后述“四”)之间的关系，(3)法规说的内容规制(中立的内容审查)与合同说的内容规制(对顾客片面的保护。即便格式条款使用者使用的格式条款内容对自身不利也不可主张无效)并不一致，后者是否应当被主张需要得到探讨。

三、条款的依据

民法中格式条款涉及的问题，除了已在“二”中提及的外，还有格式条款的理论依据问题。

简单来说，在以下四种情形，是否需要区分基于格式条款的合同条款(格式条款)与一般合同条款(即交涉条款与个别事例条款)。

第一，当事人一方在合同中使用的格式条款为合同的组成部分时。

第二，解释作为合同组成部分的条款时。此时，应如何确定每项作为合同条件的内容，是问题的关键，例如各个格式条款应当具有什么内容，或是双方达成的合意与格式条款不一致时合同内容应以何者为优先，等等。

第三，判断成为合同内容的条款的有效性(内容规制)时。

第四，格式条款构成合同的组成部分之前被禁止使用时。

在这些情形，格式条款比起普通合同具有什么样的特质(抑或没有特质)，基于这些特质又应当对格式条款采取怎样的特别对待？限于篇幅，以下将以上述的一、二、四点为中心进行解说。

四、合同中格式条款的纳入

合同说认为格式条款基于当事人的合意而成为合同组成部分，对当事人具有拘束力（尽管用了“拘束”一词，但需注意这里仅仅指格式条款被合同纳入一事，而最终能否对当事人形成拘束此时并不能决定）。这一过程叫将格式条款纳入合同（有时也称“编入”或“采用”）。那么为使格式条款纳入合同，需要具备何种要件呢？

关于这个问题，作为先例的大审院判决（大判大正 4・12・24 民录 21 辑 2182 页）对于火灾保险格式条款中的免责条款是否属于合同内容的问题采用了意思推定理论，即顾客根据保险公司的格式条款填写了申请书，假设在签订合约时顾客不知道格式条款的内容，但可以推定顾客姑且是根据格式条款的意思签订了合同。

但判例并非认为任意格式条款都可以适用意思推定。例如当事人一方在签订合同的时候对格式条款内容并不知情，假设此时格式条款内容违背了当事人对合同的合理期待，使得当事人无法认同该格式条款，那么在该种情况下格式条款不构成合同的组成部分。

否定一般损耗修补格式条款的最判平成 17・12・16（判时 1921 号 61 页）就是其中一个案例。该判例认为“房东对于出租行为造成的房子的一般损耗具有原状恢复义务，然而这一义务并非是房东预期内的，为使房东能够接受该项义务，至少需要在租赁合同中具体写明房东需要承担的损耗的范围，若是合同中没有明确相关内容，则需要租客的口头说明，以让房东能够确意识到这些要求，最终使得双方能在合意的基础上签订合同……合意是合同成立的必要条件”。

另外，判例认为保险柜上的格式条款仅仅是“告示”（商第 594 条第 3 项），而不属于合同。例如秋田地判平成 17・4・14（判时 1936 号 167 页）主张存放在高尔夫俱乐部的贵重物品保险柜内的银行卡失窃时，场地经营者未尽到注意义务（商第 594 条第 2 项），失主可以提出损害赔偿请求。该案例也反对在合同中随意采用格式条款。只是，该类判例与后述的“隐性内容规制”其实不易区分。

总而言之，格式条款试图寻找交易的合理处理与保障知情的顾客的利益之间的平衡点，而如何依靠法律行为论与合同的一般理论来找到这个平衡点，目前还留待解决。

与就业规则相关的判例法理（最大判昭和 43・12・25 民集 22 卷 13 号 3459 页，最判平成 3・11・28 民集 45 卷 8 号 1270 页）采取了相对独立的观点，笔者对比较它与格式条款论的异同抱有很大兴趣，但此处不作展开（参照山本敬三＝野川忍《对谈 劳动合同法制与民法理论》季刊劳动法 210 号 113 页以下）。

五、格式条款的内容规制

格式条款条款与合同条款有所不同，问题在于前者相较于后者是否需要服从更严格的内容规制。关于格式条款的合意，通常顾客只是附带性地接受了格式条款，而合同内容是由格式条款使用人单方面决定的（为使交易合理化，法律允许这一点），所以需要对格式条款的内容进一步审查（河上・前记 392 页）。

合同条款的内容规制的着重点并非是审查其形式是否属于格式条款，而是关注合同当事人之间广义上的交涉能力的不均衡（狭义上不仅指经济权力关系的差距，还包括交易经验与法律知识储备的差距，以及格式条款的使用等合同签订形式造成的交涉上的优势与劣势），并主张格式条款的使用是造成交涉能力不均衡的要因之一（山本丰《不当条款规制与自我责任、合同正义》[1997] 75 页）。

判例在规制具有不当内容的合同条款的时候，并没有采用一般理论的框架，而是采纳了公序良俗和诚信原则，并运用了解释合同条款等手法（即“隐性内容规制”。最近的事例有最判平成 15・2・28 判时 1829 号 151 页，该判例认为，对于客人没有寄存在酒店前台的物品、现金、贵重物品，住宿格式条款中规定的在客人没有明确告知物品的种类和价格的情况下酒店的赔偿额度为 15 万日元的条款不可适用于酒店方具有故意或重大过失的情形），具体纷争具体处理。由于没有格式条款规制之类的一般论式的框架，当格式条款存在问题时应当如何裁量，很多判文都没有明确这方面的问题。尽管有判例认为无论当事人知情或不知情，约束当事人的格式条款均具有制度性与法规性，而采取了对保险格式条款的裁判管辖条例合理的解释和对格式条款使用者不利的解释；也有判例主张格式条款一般由大企业方设立而建立在企业的立场和企业占据经济优势的基础上，往往轻视另一方当事人的利益而偏重企业自身的利益，这一类的格式条款应当无效，但这些判例属于例外。

与此相关的是消费合同法中有关规制不当条款（侵害消费者利益的条款）的规定。基于该法第 1 条的目的规定，该法在肯定了消费合同中存在信息的偏颇与交涉能力的差距的基础上，作出了内容规制，主张第 8 条至第 10 条中涉及的消费合同条款无效。在该法的立法过程中，有提案主张应当限定法规的适用对象，但最终立法否定了该提案，没有在法条之中作出相应限制，使得该法规的适用对象涵盖了一般的合同条款。

六、不当条款使用禁止请求权

2006 年的消费合同法修正首次将消费者团体诉讼制度导入日本，该制度在涉及合同条款方面（消费合同第 12 条第 3 项、第 4 项），规定由内阁总理大臣认定的消费团体（适格消费团体）就消费合同法第 8 条至第 10 条规定的条款类型向经营者申请或是进行了承诺的意思表示时，可以请求停止合同的履行（不当条款使用禁止请求权）。

保护消费者不受不当条款的侵害，仅仅停留在个别消费者就消费合同提起诉讼时判定合同中包含的不当条款无效是远远不够的，也需要救济未签订含有不当条款的合同的消费者。而该制度的立法宗旨在于，将请求停止签订含有不当条款的合同的权利赋予了作为消费者集体的最佳守护者的适格消费团体。

该禁止使用请求权的对象主要为格式条款，但并没有严密地说明，理由有两点。首先，法律中并无“格式条款”这一用语。其次，使用禁止请求权需要在经营者和不特定多数的消费者签订了含有问题条款的合同且该合同有可能被履行的情形才能使用，依照“一”中对格式条款定义的说明（如果为“多数”，则“不特定多数”并非必要项），法律的规定比一般意义上的格式条款更为狭义。另一方面，消费合同法主张属于合同交涉对象的交涉条款在先验上无须特别对待，从该法的立法旨趣看，交涉条款也属于使用禁止请求权裁量的对象。从这一层面看，禁止对象比格式条款更为广泛。

七、再论“格式条款”是什么

综上所述，格式条款具有合同条款的隐秘性、书面性、格式化、大量性、附合合同性、附随条款性、捆绑条款性等特质，格式条款可对以上特质形成的相关法律问题进行统一化处理而极具方便性。

但严格来说，格式条款这一用语在法律之中起到了很大作用这一断言并非是绝对的。也就是说，格式条款在细分之下各自的涵盖范围不同，例如有在纳入时需要特别注意的合同条款，有需要对其内容规制的合同条款，有应当被列为不当条款使用禁止请求权对象的合同条款。因此，日本的实定法与判例并没有把格式条款作为法技术上的概念而运用是有其充分理由的。

参考文献

已在前文中指出的内容。

88

买卖合同

东京大学教授　内田贵

一、买卖法之背景变化

自前版《民法的争点Ⅱ》(1985) 刊行后的20余年间，社会经济发生了很大变化。该变化之大，恐远超于民法典施行后的任何20年。

变化之一，是国际贸易的国际统一立法趋向（包括合同法）。1980年成立的联合国国际货物销售合同公约（也称维也纳公约或CISG公约）于1988年生效，随后加盟国增加至70余国（截至2007年5月），日本目前尚未加入，但已经朝着未来的批准而着手相关程序了。日本法务界可能不太清楚，实际上全世界CISG的判例已积累超过1 000件（四分之一出自德国的法庭。Zimmermann，*The New German Law of Obligations*，Oxford University Press，2005，at 96 - 97)，作为国际贸易的规范性文件有很大的影响力。由于日本迟迟没有批准加入，因而无缘参与这一国际判例法的形成，对此笔者感到十分痛心。

此外国际统一私法协会（UNIDROIT）在1994年公布了国际商事合同通则(PICC)，并在2004年对此进行了较大幅度的修订。该通则不只是针对于买卖，还体现出了国际贸易之中合同法的统一倾向。

变化之二与以上趋向紧密相关，即买卖法的地域性统一，尤其是欧洲合同法之统一倾向（还有民法）。后述的成为德国债务法修订的重要契机的EU《消费品买卖指令》，它不仅将消费者合同作为指令对象，还对于普通买卖法有着重要意义（Directive 1999/44/EC of the European Parliament and of the Council of 25 May 1999 on certain aspects of the sale of consumer goods and associated guarantees，OJL 171/12. 与德国债务法修订有关的讨论，有今西康人《消费品买卖指令及标的物瑕疵的出卖人责任——指令的国内法化》判タ1117号38页［2003］)。更能体现该趋向的是欧洲合同法原则（PECL)，第1部与第2部在2000年公布（オール・ランドー＝ヒュー・ビール编［潮见佳男等监译］《欧洲合同法原则Ⅰ・Ⅱ》［2006］)，第3部在2003年公布，在起草合同法分则规定的同时，买卖部分的草案也在2004年进行了公示。另有其他组织机构进行了统一法草案的起草（平野裕之《欧洲合同法典草案（パヴィア草案，Pavia Draft）第1编（1)（2・完)》法律论丛72卷2・3号［2004］75页以下，6号［2004］115页以下)。尽管这些草案并没有法律拘束力，但体现出了欧洲制定统一的合同法的目标在于统一各国的国内合同法（买卖法），有超越于变化一之势。

变化之三，受到上述变化一、二的变化动向影响，各国急切地展开了国内法的修订工作，令人瞩目的是对日本学界有很大影响的2002年德国债务法修订（参照本书14）。德国民法之修订明显是意识到了变化二中提及的欧洲民法统一趋向，而试图掌握这一改革的主导权（Zimmermann，op. cit，at41）。它的修订，尤其是买卖法的部分，对日本的学说影响颇大，而支持该修订的学说可谓是曲高和寡。

变化之四，受上述趋向之刺激，施行以来并未进行较大幅度修订的日本债权法，现在也准备进行根本性修正。因而这本《民法的争点》应当成为将来改革的参照，对改革的方法性给予一些预期。

本稿基于以上现状，试图概述（广义上的）买卖法在“现阶段”的争议点。其中一些是笔者设想的未来可能的争议点，并没有完全停留在现阶段的问题。

二、买卖法的争点

1. 合同法总则之中有不少关于买卖合同的规定，因而下述对于现阶段“争议点”的讨论也包括了合同法总则。

合同法总则之中的规定具有下述三个特征。第一，关于合同成立所采用的发信主义缺乏合理性（民第526条1项），仍待改正。关于电子合同，2001年颁布了特则（電子消費者契約及び電子承諾通知に関する民法の特例に関する法律4条），但对于普通合同，国际上一般秉承到达主义。

第二，风险负担相关的规定虽然放置在总则中，但实际上与买卖合同关联性最高。民法第534条规定的债权人主义的风险负担，日本从早期即开始批判其合理性（末弘严太郎《双务合同与履行不能（1）～（4・完）》法协34卷所收［1916］是以德国学说为中心的学说史研究，并从立法论上批判了债权者主义。之后日本的解释论以我妻荣为代表，我妻荣《民法讲义V_1债权各论（上）》［1954］85页以下），但从长久的历史看，启蒙时期的法典起草者就对这一来源于罗马法的原则表示了怀疑，例如德国民法第446条（旧）的风险转移规定便已显示出了从罗马法的传统脱离的倾向（债法修订后仍维持这一立场）。尽管法国民法、瑞士债法、英国判例法实质上继受了罗马法的传统（Zimmermann，*The Law of Obligations*，*Roman Foundations of the Civilian Tradition*，1996，291-292；我妻・前揭86～87页），但基介于今日买卖之形式多样，原则上继续严格维持债权人主义难以具有说服力。此后该方面的争议点或许在于，风险负担制度是应当进行德国法一样的修正而继续维持，还是归于解除等制度而消解。

第三，合同解除也是重要的争议点，本书90・91会对此进行讨论。目前无须归责事由便可承认解除的立场在解释论中得到了越来越多的支持。如果这一理论得以确定，之后债权人在遇到嗣后不能时，即可通过解除权而应对，由此似乎可舍去风险负担制度；但民法第536条第2项规定，如果嗣后不能由债权人导致则该债权人无法行使解除权，履行不能的债务人可以获得对待给付。这一规定有其合理性，无论风险负担制度最终归于何处，从其立法旨趣来看有维持这一规定的必要。

2. 民法中买卖章节的争议主要围绕着定金与担保责任的相关规定。定金方面已经有了详尽的讨论，判例也形成了统一的见解（吉田丰・民法的争点（旧版）Ⅱ 124参照)。瑕疵担保责任方面则与前述“一”中指出的社会经济变化有很大关联，笔者将在剩余纸幅内就其争议点展开论述。

三、瑕疵担保责任

1. 瑕疵担保责任是属于特定物的法定责任（法定责任说），还是仅仅为买卖合同债务不履行责任的特则（违约责任说），学界对此有着激烈争论（详细可参考柚木馨＝高木多喜男编《新版注释民法⒁》［1993］259 页以下［柚木＝高木］）。两方阵营都有着新的学术进展（有关学说分布可参照山本敬三《民法讲义Ⅳ-1 合同》［2005］262 页以下），近期瑕疵担保责任是风险负担制度基础上的对价性责任一说得到了有力主张（风险负担的减价请求权说。加藤雅信《新民法大系Ⅳ合同法》［2007］233 页以下。山本·前揭 272 页则主张合同责任说）。

法定责任说之中细分许多方向，较为主流的学说肯定了一定情形下买受人的瑕疵修补请求权，在这一方面法定责任说与违约责任说没有太大差异（差别在于标的物为种类物时是否适用短期时效限制的问题）。此外，违约责任说对于是否承认扩大损害的无过失责任也不明确，换言之，在这一点上两者在理论上也没有根本性差异。

基于两种学说在解释论上差别不大，因此近半世纪的争论点主要在于法定责任说与违约责任说两者性质上的对立。法定责任说认为，作为特定物的名画，其出卖人的义务只有使买受人取得标的物所有权的交付义务，而没有交付不含潜在瑕疵的标的物的义务，即所谓“特定物教条”，或者说自始不能的合同属于无效合同，如果标的物具有瑕疵则该给付属于自始的一部不能。而违约责任说主张，如果标的物（名画）具有瑕疵，但出卖人将其作为没有瑕疵的物品定价并出售，可视为出卖人违反了合同上的义务。从条文的文言来看两种理论都行得通，但在解释论上两者是对立的。

另外，德国民法虽明文规定了自始不能的合同当为无效（旧第 306 条），但由于该原则受到了大量批判（磯村哲《Impossibilium nulla obligatio 原则的形成与其批判》石田文次郎先生还历纪念《私法学的诸问题（2）民法》［1955］），在本次债务法修订之时已进行了改正（新第 311a 条）。这一原则在国际上基本已失去了它的拥趸，笔者认为日本也没有必要再支持该原则。若是如此，上述有瑕疵的名画完全有可能作为特定物缔结买卖合同，在该情形中如果瑕疵被发现了，将构成违约，即产生债务不履行责任（英美法为保证责任）。也即对于（不可替代的）特定物，交付不具有瑕疵的标的物之债务是由当事人的合意产生的（采取法定责任说的下森教授对此表示了明确的肯定。下森定《不完全履行与瑕疵担保责任——以非替代性特定物买卖的瑕疵修补请求权为中心》加藤一郎先生古稀纪念《现代社会与民法学的动向（下）》［1992］327 页等）。不过当事人也可以约定即便标的物有瑕疵，出卖人也不需要承担责任。由此，如果不采用法定责任说，即“当事人虽形成合意，但由于无瑕疵特定物在世上本不存在，故而该交付义务也不存在”之见解，则在当事人对特定物没有明示的保证，并以没有瑕疵为前提而定价并出售的情形，将会产生能否推定当事人没有保证责任的问题。因学说的立足点不同，法定责任说与违约责任说在这一问题上存在分歧，但从违约责任这一立法政策角度理解也是可以的。

当今世界在立法上普遍明显地倾向于保护买受人而加重出卖人的责任（除国内法之外，有 CISG、PECL、UPICC 等）。笔者认为相较于将保证意思强加于出卖人，不如在法律之中将交付无瑕疵标的物这一合理义务确定下来。

引发这一世界性趋势变化的原因在于，当下与过去把特定物买卖作为典型事例的时代相比发生了许多变化，现在主张法定责任说的见解，依旧把古罗马的奴隶和家畜买卖作为特定物买卖的典型（罗马法在奴隶与家畜的特定物买卖规则的基础上建立了瑕疵担保责任法理，Zimmermann，*The New German Law of Obligations*，82ff.）。

2. 依照风险负担减价请求权说，瑕疵担保规定只适用于出卖人对特定物无过失的情形。由于出卖人的无过失不属于要件事实，因此瑕疵担保责任制度极具便利性，因此多少与其他制度存在不协调。但从制度理解角度看，很难过于限缩该制度的适用领域，而且如果该制度与风险负担制度是出于相同的立意，那么也很难说明为什么要对瑕疵担保责任设置短期的期间限制。

3. 今天学界主要倡导违约责任说，但从违约责任说看来，民法的规定也问题重重。比如在合理范围内承认买受人的瑕疵修补请求权，那么应该是在缔约时明示该权利，并为修补请求规定一个短期的期间限制，还是从买受人发现瑕疵存在起计算期间限制等问题还有讨论空间。

4. 综观瑕疵担保相关的判例，有下级审判明确表示采法定责任说的立场，但最高法院并没有表露出在理论上采取何种立场（最判平成 13・11・27 民集 55 卷 6 号 1311 页“买受人根据出卖人的瑕疵担保而行使的损害赔偿请求权，是基于买卖合同而在法律上产生的金钱支付请求权”，言辞微妙）。但是作为先例的最判昭和 36・12・15（民集 15 卷 11 号 2852 页）对于非特定物（放映机）买卖，认可了买受人主体的因债务不履行解除，并作出了如下判示。

“姑且不论债权人在认识到瑕疵之存在后向债务人追究瑕疵担保责任之情形，即债权人在受领后对债务人享有更换等继续履行请求权，若不完全给付可归责于债务人，则该情形属于债务不履行，债权人在该情况下另享有损害赔偿请求权以及合同解除权。”

尽管已有许多研究试图说明该判决与先行的大判大正 14・3・13（民集 4 卷 217 页）之间的关系，但这并非易事。加之按照上述判例的基准，非特定物适用瑕疵担保规定似乎仅限定于例外情形，判例法理很难将这一制度正当化。应该说，法院之所以被迫作出如此牵强的解释，也是条文之不明确所致。

5. 总之，随着对瑕疵担保责任性质讨论的深入化，学说的对立也逐渐失去了实际效益。此外，如果肯定买受人对于隐蔽瑕疵的检查、通知义务的期间限制规定，那么有必要重新考虑在什么情形行使什么权利的限制性规定的合理性。笔者认为是时候修订并明确民法第 570 条的规定了。

参考文献

除文中提及的内容外，潮见佳男：《合同责任的体系》（2000）第 3 部；森田宏树：《合同责任的归责解释》（2002）第 3 编、第 4 编。

89 情事变更原则

成蹊大学教授　北山修悟

一、1990 年前后之转变

概括而言，所谓情事变更原则，是指在合同有效成立后，因事由之明显变更而难以依约履行当初之合同时，有必要修改当初之合同的效力的法律原则。该原则主要根据战前勝本正晃、战后五十岚清两位学者的研究，而形成了系统的学说（勝本正晃《民法中的情事变更原则》[1926]，五十岚清《合同与情事变更》[1969]）。

在 1990 年前后，学界对此展开了新的讨论，有以下几项契机：（1）1980 年代德国债务法修订过程中提出的“再交涉义务”；（2）1980 年代起美国展开的长期合同的相关研究；（3）1990 年代陆续公布的《国际商事合同通则》（PICC）与《欧洲合同法原则》（PECL）中对于艰难事件（hardship）与情事变更的规定；（4）2001 年公布的德国新债务法对“交易基础理论”的条文化；（5）1990 年代我国因泡沫经济崩坏而出现的各种法律纠纷，等等。

下面将首先概述情事变更原则的内容，其次将介绍 1990 年以后出现的新争议点。

二、情事变更原则

1. 要件与效果

情事变更原则的要件为：（1）合同成立时的情事在履行完成前发生变更；（2）当事人不可预见且没有预见该情事变更；（3）不可归责于当事人；（4）继续履行合同违背诚实信用原则（五十岚・前揭 152・154 页，谷口知平＝五十岚清编《新版注释民法（13）[补订版]》［2006］72 页以下［五十岚］，我妻荣《民法讲义 V_1 债权各论上卷》[1954] 26～27 页・179 页～182 页）。满足以上要件，可解除合同或变更合同（五十岚・前揭 164～165 页，前揭《新版注释民法（13）》88～90 页［五十岚］）。该原则的法的依据为诚实信用原则（五十岚・前揭 148～150 页，前揭《新版注释民法（13）》70～71 页［五十岚］）。

2. 判例

最高法院已肯认了情事变更原则及其要件（最判昭和 26・2・6 民集 5 卷 3 号 36

页，最判昭和29·2·12民集8卷2号448页等。最近的有最判平成9·7·1民集51卷6号2452页），然而对于该规则的具体运用，最高法院表现出了极为消极的倾向，尚未出现肯认适用的判例（战前大审院有肯认的案例，例如大判昭和19·12·6民集23卷613页）。

不过在下级审的层面有不少肯定该原则之适用的例子，除了承认合同解除效果，还承认合同变更效果（对于判例的分析，包括下级法院审判，饭岛纪昭《情事变更的效果——合同的适合与解消》东京都立大学法学会杂志35卷1号127页［1994］有参考价值）。

3. 争议点

一直以来的争议点有：（1）情事变更原则的效果，除合同解除之外，是否应该认可法官对合同内容的变更；（2）当货币价值大幅下跌时，是否应该放弃货币名目论（Nominalism）而变更金钱债务的金额（最判昭和36·6·20民集15卷6号1602页，最判昭和57·10·15判时1060号76页，两者皆持否定态度）；（3）德国的“交易基础理论”是否应该导入日本（尤其是主观的交易基础丧失与错误论之间具有什么关系）；（4）履行不能与情事变更原则的适用情形的差异，等等。以上的争议点尽管具体内容在不断改变，但讨论仍在持续。

三、1990年后的学说讨论

1. 长期继续性合同的特征

以1980年法院积极变更合同内容的Alminium Co对Essex事件判决为契机（Alminium Co. of America v. Essex Group，Inc.，499 F. Supp. 53［Penn. 1980］），美国对于是否应当让法院对合同内容进行变更一事展开了热烈的讨论，其中以建立在O. Williamson的新制度派经济学与I. Macneil的关系合同论基础上的R. Speidel的研究最为重要，我国也介绍与讨论了这一学说（久保宏之《经济变动与合同理论》［1992］148～150页，森田修《美国的“再交涉义务”论》同《合同责任的法学构造》［2006］315页以下）。

R. Speidel指出，长期继续性合同有以下几项特征：（1）合同缔结时限制性的合理性（合同缔结时由于信息的不充分，不可能完全预测到未来之事，加之当事人完全采取经济合理的行动也与现实不符）；（2）长期合同的特异性（如果是与典型的市场交易不同的非替代性交易，当事人将难以从该交易中抽身）；（3）存在特殊交易投资（当事人在该交易中投入了大量先行投资，为回收投资，只能继续交易）；（4）抑制机会主义行为的问题（当事人一方通过压迫另一方别无选择的当事人而扩大自己的利益）等。

通过上述分析，R. Speidel指出了宜根据情事变更原则修订合同内容的合同类型，以及法律介入这一过程时须关注的要素。

2. “再交涉义务”论

在德国债务法修订的有关讨论中，主要有N. Horn与A. Nelle倡导的“再交涉义务”在我国引起了活跃的讨论。再交涉义务指合同成立后因情事的变化，为了变更合同内容而与当事人交涉的义务。相关的争议点有：该义务是否应当作为法律规定的义务被承认，以及该义务的法律效果是什么，等等。

支撑再交涉义务的依据在于：（1）法院干涉合同内容的变更有违私法自治原则，为确保当事人能够私法自治，须给予再交涉的机会（和田安夫《长期合同与情事变更原则》Jurist1126号244页［1998］）；（2）比起法院，当事人更了解合同的内容与各自的利害得失（久保・前揭244～246页）；（3）合同缔结后的当事人之间的交涉能够真正实现私法自治（山本显治《再交涉义务论（1）》法政研究63卷1号1页以下［1996］）；（4）存在首先通过交涉解决当事人间的问题的内在规范，该规范被吸纳进了法律规范之中（内田贵《作为过程的合同》同《合同的时代》［2002］89页以下）；（5）再交涉义务能够作为一种创新渠道而解决合同纠纷（山本・前揭，内田・前揭，石川博康《“再交涉义务论”的构造与其理论基础（1）（2・完）》法协118卷2号234页，同118卷4号520页［2001］等）。

与此相对，否定再交涉义务作为法律义务的学说主张：（1）难以确定违反再交涉义务后的法律制裁手段；（2）存在被试图违约的当事人滥用的风险；（3）实务上的再交涉与作为法律义务的再交涉并不在同一维度，等等（石田喜久夫《再交涉义务论备忘录》同《现代合同法［增补版］》［2001］247～251页，加藤雅信《新民法大系Ⅰ 民法总则［第2版］》［2005］284～285页）。这其中有一种现实应该迎合法律，还是法律应当迎合现实的微妙的对立感。

近期出现了一些研究，认为再交涉义务并非结果关联性规范，而是过程关联性规范，并提出了该义务的要件和效果，以及违反该义务的不利益后果（石川・前揭）。今后对于过程关联性规范与结果关联性规范的相互依存性，以及结果关联性合同变更规范的明确化的研究将会变得十分重要。

3. UNIDROIT原则中的艰难事件变更规定

1994年颁布的UNIDROIT国际商事合同通则的第6.2.2条将艰难事件（hardship）定义为，在“出现某突发事件，导致当事人的履行所需要的费用增加或当事人受领之履行的价值减少，造成合同均衡关系发生重大变更的情形”，如果满足（a）合同成立后该事件发生并被不利方的当事人知晓；（b）对于不利方的当事人而言，该事件在订立合同时并不合理；（c）该事件超出了不利方当事人的可支配范围；（d）不利方当事人难以承受该事件的风险，即为艰难事件。另在第6.2.3条规定，艰难事件的效果有再交涉请求权的产生，以及再交涉不顺利时法院可解除或变更合同（曾野和明等译《UNIDROIT国际商事合同通则》［2004］146～147页参照。与上述规定基本相同的有欧洲合同法原则第6：111条“情事变更”规定）。

有学者从实务的立场批判艰难事件条款没有实益（富泽敏胜＝伏见和史《国际贸易合同中的不可抗力与艰难事件》山形大学法政论丛26号118～119页［2002］，柏木昇《国际商事交易与纷争解决手段》新堀聪＝柏木昇编著《国际贸易与纷争解决》［2006］27页），但这些否定论者也对再交涉义务在长期、复合合同之中的有用性表示了肯定（柏木・前揭25页）。此外，UNIDROIT原则的注释还主张制定更详细的合同条款，而不是汇集针对个别交易的规定（曾野等译・前揭152页），这些规定应当成为涵括基本争议点与纷争解决过程框架的原则性规定。

另有批判者认为UNIDROIT原则中的艰难事件规定只能应用于等价关系型破坏案型，而无法覆盖目的达成不能型事案（渡边达德《艰难事件条款（情事变更原则）的国际潮流》法学新报105卷6・7号313～314页［1999］）。鉴于此点，也需要考虑艰难事件规定与不可抗力免责和履行不能概念规定的整合性。

4. 风险分配确定问题还原论

将交易基础论明文化的德国新民法第 313 条第 1 项，在判断交易基础丧失与否的基准之中加入了“考虑合同和法律上风险的分配”一项，由此，在讨论德国法学界对于相关问题的研究时，近期国内对于情事变更问题的探讨主要在于合同的风险分配问题（因情事之变更而产生的损害应当由哪方当事人负担）。有人提出该问题仅仅属于最初合同的解释问题（合同内容的确定，吉政知弘《合同缔结后的情事变更与合同规范的意义（2·完）》民商 128 卷 2 号 188 页［2003］，山本敬三《民法讲义Ⅳ$_{-1}$合同》［2005］103 页），这些论者还强调了当事人自律的理念，但这与当今合同法领域的根本理念对立。

有学者也对合同解释还原说进行了批评，主张情事变更原则是对风险的一种事后处理，该风险超出了当初合同分配的风险，而仅凭确定当初订立的合同内容不足以解决该风险（潮见佳男《债权总论Ⅰ［第 2 版］》［2003］221 页）。反对意见认为任意法规与市场经济中的某些准则也构成合同内容，合同解释也需要参照这些规定（山本·前揭 103～104 页）。对此观点，笔者不得不提出如下疑问：前述的合同解释中是否必须有过度的拟制，过去的判断框架是否能适切地解决情事变更问题。

5. 泡沫崩坏后的各类诉讼与情事变更原则

伴随着泡沫的破灭，出现了几类合同诉讼，其中最多的是围绕合同的解除与变更的纠纷。例如（a）转租诉讼与类似构造的附涨价特约或不降价特约的地租减额诉讼（参照本书“95　转租”［松冈久和］）；（b）分让公寓及分让地的降价出卖诉讼（最高裁的判决有最判平成 16·11·18 民集 58 卷 8 号 2225 页）；（c）高尔夫会员保证金的返还请求诉讼（对该纠纷过程的分析有北山修悟［判批］阪大法学 50 卷 6 号 1073 页［2001］）；（d）附农业用地宅地税的佃租涨价诉讼（最大判平成 13·3·28 民集 55 卷 2 号 611 页），以及数量很多的（e）变额保险诉讼。

不得不说，光凭情事变更原则难以解决这些类型的纠纷，这是由于许多问题至今还没有得到充分讨论，如：（1）没有明确的法规规定能否变更合同以及如何获得变更的合同结果；（2）依赖于合同解释的风险分配与市场原理互相结合，往往导致不利方当事人承担全部风险；（3）狭义的情事变更原则与广义的情事变更原则之间的关系（参照中村肇《后发的情事变更的顾虑及其妥当性（4·完）》富大经济论集 48 卷 1 号 185～186 页［2002］）；（4）因金融机构等第三方的介入而导致的问题复杂化、困难化，等等。

四、总结——情事变更法理的未来

在此笔者将简单介绍情事变更法理的未来。

第一，笔者认为在民法典之中设立对应情事变更的合同变更过程相关的一般规定，是有利而无弊的。这将以个别合同类型的判例法理的形成以及特别法的制定为基点。

第二，加设“继续履行合同关系的必要性”之要件后，情事变更原则不仅会是关乎合同解除的制度，还将是关乎合同变更的制度。在这一基础上，需要明确情事变更原则与履行不能法理的区别。

第三，合同当事人的意思表示与合意是在一定时间、地点的情况下形成的，笔者认为可以探讨一下将这一“环境”背景汲取到法律判断中的“环境酌量原则”（勝本·前揭 450～459 页）。

参考文献

除本文中已记录的内容外，五十岚清：《情事变更·合同调整·再交涉义务》札大企业法务 2 号 47 页（1997），同《德国行为基础论小史——至德国民法新 313 条的成立（1）（2·完）》札幌法学 15 卷 2 号 47 页（2004），同 16 卷 1 号 87 页（2004）；和田安夫：《合同内容与合同环境》姬路法学 29·30 号 411 页（2000）；中村隆《情事变更法理的债务解放功能与债务内容变更功能》成城法学 72 号 220 页（2004）。

90 ◀ 解 除

东京大学教授　森田修

一、各类解除权

双务合同一方违约时，作为对被违约者 A 的救济，法律赋予了 A 诸种请求权，其中之一就是法定解除权。民法典规定了两种层面的解除权：一为有关一般债务不履行的合同整体层面的解除权，如延迟解除（民第 541 条）、不能解除（民第 543 条）等，二为与几类典型合同相关的合同分则层面的解除权。后者可能会限制、放宽、扩大前者的要件效果，但后者是否会排斥前者还留待解释。

买卖合同之中，除了规定了作为出卖人担保责任的无过错解除、无催告解除（通说）与放宽要件的解除（参照本书 92）之外，还设置了基于定金的保留约定解除权的推定规定。

对于委托合同，合同法认可无须构成违约即可成立的解除权（下称“任意解除权”，民第 651 条）。该解除权没有溯及效力（即告知。民第 652 条・第 620 条）。民法第 651 条的立法重视当事人之间的信赖关系（我妻荣《民法讲义 V_3 债权各论中卷二》[1962] 689 页。不过信赖关系破裂理论在租赁合同之中从限制解除的反方向起到了作用。关于该条与一般继续性合同解除权请一并参照本书 95、102），但如果受托人的利益也属于合同目的，则该情形下的解除权会受到限制（大判大正 9・4・24 民录 26 辑 562 页。该种情形下若是有不得不解除合同的事由 [最判昭和 43・9・20 判时 536 号 51 页] 或是委托人无法放弃解除权 [最判昭和 56・1・19 民集 35 卷 1 号 1 页]，则不适用相关限制。以上参照中田裕康《基于民法 651 条的委托的解除》法教 129 号 37 页以下）。民法第 651 条针对委托合同保留了违约解除权（我妻・前记）。

合同法对于承揽合同，除了规定了定作人单方面具有任意解除权外（民第 641 条），还承认属于承揽人担保责任的解除权，但后者在建设工程合同中存在限制（民第 635 条但书），例如在建筑物完工之前不可任意解除合同（根据工作完成义务，建筑承揽人的担保责任属于违约责任，为债务不履行责任的特例。不过最判平成 14・9・24 判时 1801 号 77 页认为赔偿重建费用与解除合同同效）。

合同法规定的法定解除权一般为任意解除权（但是最判平成 11・2・23 民集 53 卷 2 号 193 页认为民法第 678 条第 2 项对合伙合同的规定为强制性规定）。上述学说及判例尽管原则上是基于合同约定的当事人义务而决定解除要件，但也有可能通过任意性规定补充当事人作为心理事实的意思，即表示意思（下称“当初合同意思”）之外的内容来确定解除要件。

二、违约解除的要件论

1. 客观要件论——“根本违约”

解除权因能够结束合同的债务关系而具有重要地位，因此，作为解除的要件的债务不履行比作为损害赔偿的要件的债务不履行显得更为重要。主流学说主张在迟延履行等比履行不能程度更轻微的情形需要有催告等程序要件，而针对不完全履行，需合同目的不能实现方允许行使解除权（例如内田贵《民法Ⅱ》［1997］105 页）。对于一般继续性合同，有力说主张需合同无法存续等重大事由时方认可解除权的行使（参照本书 91 · 98）。

最近受到《联合国国际货物销售合同公约》（CISG）、《国际商事合同通则》（PICC）、《欧洲合同法原则》（PECL）之类的合同法的国际统一立法趋向的影响（参照本书 16），履行不能概念在债务不履行体系之中的特权地位受到了批评。针对解除权，否定履行不能与其他债务不履行的二分法，主张以“根本违约”这一解除权的实质性要件进行整合的一元论的学说逐渐成为主流（山田到史子《合同解除的“严重违约”与归责事由（2 · 完）》民商 110 卷 3 号 486 页，潮见佳男《债权总论Ⅰ［第 2 版］》［2003］433 页以下）。

“根本违约”指某违约行为严重损害合同的情况，该情况下即便当事人自身可以继续履行，但“合同目的”已经不可能实现了。这点体现在民法典中的定期行为解除（民第 542 条）与担保责任解除（民第 566 条 · 第 635 条）的相关规定之中。通说在此基础上提出了基于不完全履行的无催告解除的要件（我妻荣《民法讲义 V_1 债权各论上卷》［1954］174 页。然而最判平成 8 · 11 · 12 民集 50 卷 10 号 2673 页认为合同目的实现与否涉及复合合同之中催告解除的问题）。

2. 主观要件论——“解除与风险负担”

关于违约解除的要件，民法第 543 条规定了违约人的可归责事由，而第 541 条催告解除的条文之中并未对此有所要求。通说主张包括第 541 条的主观要件，要求一般违约解除具有可归责事由。而主张不要求归责事由的学说尽管早已产生，但近期受到判例对要件功能的分析以及“1”中提及的“根本违约”论的影响，才得到了越来越多的支持。该学说认为如果删去第 543 条对归责事由的限制，则被违约人 A 虽然无法向违约人 B 请求赔偿，但可以请求解除合同。此外在违约人 B 不具备归责事由的履行不能的场合，为将被违约人 A 从对待给付中解放出来，有 536 条的风险负担与第 543 条的解除两种制度，但此刻存在两者竞合的问题。合同的终止是基于 A 的意思表示，而在立法论之中风险负担废止论占据主导（松冈久和《履行障碍下的解除与风险负担》Jurist1318 号 138 页以下）。

3. 程序要件——催告解除的存在意义

“根本违约”的解除要件一元化主张逐渐吸纳了废弃解除权行使要件中的催告程序的主张。就合同解除的实质性要件即“严重违约”而言，即便能够通过催告手段使得违约方再度履行债务，最终也无法完成合同，这与买卖合同之中“无法达成合同目的”时的瑕疵担保解除恰巧相同，均主张原则上一般性违约解除时不需要催告程序（森田宏树《合同责任的归责解释》[2002] 255 页，261 页）。

现行民法典之中催告解除与无催告解除的二分结构，是迟延履行情况下对履行请求权的一种存续，其中履行请求权的排除事由包含了履行不能到严重违约，但如果采用解除要件一元论，或许催告解除就没有存在必要了。

但迟延履行催告解除的传统框架以履行请求权对被违约人同样具有拘束力为前提，试图通过催告程序来平衡被违约人的解约与违约人继续履行之间的利害。而催告的严重违约解除一元论主张违约即可解除合同，进而消解了上述的传统框架。加之如果是根据当初合同意思而决定合同内容的情形，违约要件具有很大的制度风险。

在考虑催告的要件及是否可继续履行时，违约后的当事人双方可以不被当初合同意思所束缚，而是在维持合同关系的情况下经过交涉自行解决（“合同的尊重” favor contractus），相关判例及学说的研究成果也不应被否定（以上参照森田修《合同责任的法学构造》[2006] 第 5 章）。国际立法也不再贯彻根本违约情况下的无催告解除一元论，而是坚持了催告解除制度（GISG49 条 2 项，PECL § 9-301（2），PICC7-3-1（3）。山田 · 前记 493 页以下，潮见 · 前记 437 页以下）。

三、违约解除的效果论

解除权的效果之中，需要关注解除权对违约后当事人关系的影响（关于解除对第三人的效果请参照本书 92）。

1. 损害赔偿的范围——mitigation 与解除义务

行使解除权的被违约人 A 可请求违约人 B 赔偿履行利益，但判例尚未拥有统一的赔偿基准。解除时说将 A 的履行请求权转变为填补赔偿请求权之时作为评判基准点，此后如果标的物价值上升，则买家 A 可通过替代交易迅速回避损害，转而将风险转移给违约人 B，不过这一点还存在一些问题。有力说主张 A 需要承担损害减轻义务，假使 A 没有积极履行该义务，则相应地减少 A 的赔偿（即 mitigation，损害的减轻。内田贵《强制履行与损害赔偿》曹时 42 卷 10 号 2639 页以下，参照本书 68）。此处由于 A 对 B 行使解除权是以 A 进行替代交易为前提，故而 mitigation 不得不承认 A 具有适时解除义务（参照森田修 · 前记第 4 章）。作为立法的参考，合同法的国际统一立法过程之中有一个提案引发了关注，该提案提出应当把解除权的行使限制在从 A 应知 B 不履行的时间点起的一定时间内（PICC7-3-2（2），PECL § 9-303（2））。

2. 标的物的消灭与原状恢复义务

如果被违约人行使解除权前标的物已消灭（例如 A 买了定价 200 万日元的新车但被交付了时价 150 万日元的旧车），那么仅当 A 的行为或过失导致了标的物消灭时，解除权也相应消灭（民第 548 条第 1 项）。问题在于合同解除后，因不可归责于 AB 双方造成标的物无法返还，此时该如何处理。对于该情形下的原状恢复关系，有可适用风险负担规定之说与不可适用风险负担规定之说的对立。适用肯定说（本田纯一《民法 548 条的系谱性考察（下）》判夕 557 号 45 页）针对标的物的返还义务，主张如果作为“债权人”的违约人（例如卖家 B）对于标的物的消灭不构成过失，根据第 536 条第 1 项，A 的标的物返还义务与 B 的价款返还义务同时消灭，而作为解除要件的 50 万日元的损失由 A 负担。适用否定说则主张即便是在 B 没有过失的情形原状恢复关系也应当存续。该学说针对 B 的价格赔偿债权与 A 的价款债权相抵销的问题，认为当 B 存在过失时，根据民法第 548 条第 1 项的立法宗旨（潮见·前记 456 页）以及风险支配的思想（内田贵《民法Ⅱ［第 2 版］》［2007］98 页），A 不用承担价格赔偿义务，其论据为 B 如果没有过失，A 的原状恢复义务则必须以对价均衡为前提。B 有过失的情形，肯定说与否定说有时可以得出相同结论（最判昭和 51·2·13 民集 30 卷 1 号 1 页），但在 B 没有过失的情形，由于存在抵销，否定说需要考虑到对价均衡的问题，但相关的法律解释还未完善（特别是关于 B 的价额赔偿债权）。

关于行使解除权后的当事人关系，一直以来存在直接效果说与间接效果说的对立。直接效果说主张合同关系的消灭有溯及效力。间接效果说主张存续的合同关系。而判例与通说采用了折中说，主张基于履行利益赔偿的有限度的合同关系存续（我妻·前记《民法讲义 V_1 债权各论上卷》188 页以下）。随着近来的国际立法动向，间接效果说得到了越来越多的支持。

参考文献

前文记载的内容。

91

继续性合同关系的消灭

一桥大学教授　中田裕康

“继续性合同关系的消灭”之含义并不明确，无论是“继续性合同关系”还是“消灭”都显得很含混。下述“一”将解释“继续性合同”的“消灭”，“二”将解释“关系”的“消灭”，最后将在“三”中对整个概念进行讨论。

一、继续性合同的解除

1. 概念

租赁合同和雇佣合同等需要经过长时间的履行的合同称为“继续性合同”或“继续性履行合同”，与此相对，像买卖合同等即刻履行的合同称为“一时性合同”或是“即时履行合同”。但像买卖合同之中也有标的物在合同签订的半年后才交付的合同，该类合同的履行需要经过一定时间，那么存在能否将该类合同视为继续性合同的问题。又比如买卖标的物分别交付的“可分别履行合同”，该类合同也与“一时性合同”不同（联合国国际货物销售合同公约第73条）。另一方面，在继续性合同之中有像租赁债务一般持续履行的合同，也有像天然气供给合同与报纸订阅合同一样反复供给的合同（也有人称之为“继续性供给合同”）。而破产法还规定了“以继续性给付为标的的双务合同”（破第55条等）。

在这一类的继续性合同之中，存在着许多难以区分的辅助概念和类似概念，这是因为继续性合同之中包含了许多元素。例如，（1）具有特殊解除要件与效果，（2）情事变更原则的主要适用对象，（3）在债务履行过程中极大依赖诚信原则，（4）容易产生合同当事人变动，（5）时常需要担保与保证，此外还经常在（6）执行与破产以及（7）行政法相关的领域出现。因此，继续性合同不具有统一的概念，在不同的情境下会产生不同的外延概念（中田·后记①211页）。

消灭这一用语也极具暧昧性。基于解除、终止、合同期满后不更新、合意解除等含义，本稿的消灭意指合同终止一项。

以此为前提，下文将讨论继续性合同的消灭。

2. 消灭的要件

（1）原则

继续性合同有定期合同与不定期合同之分。定期合同原则上到期后自动终止，合同是否更新取决于当事人新的合意。不定期合同在当事人终止后消失。这里的终止指一方当事人单方面表示了想要终止合同的意思，并且当事人不需要提出解约理由。其依据是未规定持续期间的合同不能够永久持续（根据包括当事人的合理意愿，对个人自由的尊重等）。

此外，特殊事由也可以导致合同的消灭。1）法定原因导致的合同消灭。单方面的消灭包括违约解除（民第541条～民第543条），根据个别规定解除（民第610条·第628条等），根据个别规定消灭（民第617条·第627条等），根据情事变更原则解除等。2）因当事人的约定而消灭。尽管已经规定了合同终止事由，但当事人拥有约定解除权（有一定事由即可解除合同）与约定解约权（无须理由即可单方面终止合同）。有人将约定解约权的行使也称为终止，这一项也作用于定期合同（参照民第618条。没有约定解除权的当事人在合同到期之前都会被合同拘束），而终止本身就是不定期合同的合同消灭理由之一。3）合意解除（基于当事人的合意的合同消灭）。

（2）修正

上述（1）的原则之中，有不少需要修正之处。

修正的方向多为加强合同的继续性。例如规定持续期间的合同在合同最短期间的限制（借地借家第3条·第4条·第9条），合同更新的推定（默认的更新。民第619条），拒绝更新的正当事由（借地借家第5条·第6条·第26条·第28条）等方面寻求进一步规范。而不定期合同为防止突然的提议解约造成对另一方的损害，试图制定一定期间的预告措施（参照民第617条），以及寻求在终止时导入正当事由的制度（借地借家第27条·第28条）。关于借地借家合同的解除，判例认为不仅需要构成债务不履行，还得形成信赖关系破坏（最判昭和39·7·28民集18卷6号1220页等），还有不少判例对于特约加盟合同、代理商合同的消灭要求“不得已的事由”（加藤编·后记）。关于反复更新的固定期限劳动合同的停止，有判例主张该情形与不定期合同不具有实质性差异，因而可以类推适用解雇法理（最判昭和49·7·22民集28卷5号927页等）。

对此，法律也在保障脱离合同关系方面进行了修正，例如限制合同的最长持续期间（民第604条，劳基第14条），或是赋予了解除权的同时也规定了解约赔偿金额的限度（特定交易第48条·第49条）。

（3）继续性合同的消灭之诸理念

（1）的原则与（2）的修正的背后，关于继续性合同的消灭之诸理念存在矛盾之处。

理念一为“尊重合意”。该原则为最基本的理念，其依据为意思自治原则。

理念二为“防止长期合同的弊端”。该理念源自于：1）保护个人自由（认为合同长期的拘束会损害个人自由），2）保护消费者等（保障消费者可以从长期合同中脱离），3）保持不确定性的平衡（在未来的不确定性与风险负担无法平衡时，抑制合同长期化导致的不平衡的扩大），4）在签订合同后能够随机应变，5）防止长期合同带来的道德危机（过长的租赁合同将使得出租人与承租人双方都不再修缮标的物，而加盟店合同过长将导致加盟商不再为延续加盟权而努力），6）交易的流动性高能够增大社会利益（促进市场竞争而提高效率）。

理念三为“保护合同关系的稳定性”。这是出于：1）保护当事人对于维系合同关系的信赖（确保生活、经营的基础），2）抑制合同成立后当事人的机会主义行为（为防止当事人利用另一方恐惧合同消灭导致巨大损失的心理，而以不更新合同为由强加不合理的条款），3）保护社会、经济上的弱势群体（从社会政策性判断以及缩小交涉能力的差距的角度来保护交易自由），4）提升交易效率（促进适当投资，积累信息和情报，形成信赖关系），5）提高交易稳定性而增大社会利益（寻求合适的投资以促进效率化）。

上述诸理念的关系如下所示。于定期合同而言，若是依照“尊重合意”原则，则合同期满就应当终止合同，然而根据“保护合同关系的稳定性”理念，合理的做法应当为默认更新，对拒绝更新进行限制，补偿金钱损失等。另一方面，从“尊重合意”的角度看，在合同持续期间内一方当事人不应当解除合同，但根据“防止长期合同的弊端”的理念，当事人原则上可以因情事变更而解除合同。对于未定期合同而言，根据“尊重合意”（该合意指未规定持续期间）以及“防止长期的弊端”理念，无论何时一方当事人都可以解除合同，但“保护合同关系稳定性”的理念又要求预告并限制终止。综上所述，解约可在债务不履行的基础上进行，如果有约定解除权或约定解约权，则根据“尊重合意”原则或许能够通过解除·解约权而解除合同，同时“保护稳定性”理念也对各种解约方式的要件作出了更严格的限制，使得合同的消灭受限于诚信原则。

实际的制定法与裁判过程根据继续性合同具体的种类，对上述各理念有所调和。由于如果在签订后限制合同自由会对当事人造成影响，故而有必要在制定法与裁判之中考虑到合同消灭相关规定所产生的影响。

3. 消灭的效果

（1）溯及力的有无

继续性合同的解除经常难以恢复原状。像租赁合同或雇佣合同，由于承租人的使用经历与被雇佣者工作过的经历是无法抹去的，因而没有溯及力。已履行的继续性合同原则上维持其效力，合同的消灭只在未来生效（民第620条·第630条）。该种解除与具有溯及力的解除不同，称之为“告知”。

事实难以原状恢复与不需要清算既有履行部分本质上是不同的。例如承租人以长期租住为由低价租到了别墅但他又中途解除了租赁合同，此时如果单纯以租住的时间来核算租金，则等同于他以低廉的租金租到了短期租住的别墅。像这种情况可以认为，具备溯及力的合同解除有时可以用不当得利的思路去解决，因而并非所有的继续性合同的解除都没有溯及力。

（2）解除时的措施

在继续性合同的存续期间，随着标的物自身的变化有时需要清算与复旧。例如租赁合同中有益费用的偿还（民第608条第2项），承租人的腾退义务（民第616条·第598条）。与此同时，承租人具有收购请求权（借地借家第13条·第33条）。

（3）解除后的措施

例如雇佣合同终止后员工具有保密义务和竞业避止义务，雇主需要出具在职证明书，等等，这些可以认为是合同终止后的余效，也可以理解为合同义务的一部分，其效力与范围值得探讨。

二、整体关系的消灭

1. 概念

继续性交易具有部分的交易与整体的交易两重概念。

首先存在的问题是“整体的交易”属于事实上的关系还是一份合同，该问题在实务中涉及合同成立的认定问题（交易基本条件的合意与如何评价当事人的发言等），本质上是关于如何认定合同这一概念的问题。其次如果能把“交易整体”作为合同看待，那么在个别交易无法履行的时候，这些交易涉及的部分能否作为合同（个别合同）处理。以及合意是否只在签订合同的时候发挥作用，还是在合同履行期间也具有作用。在考虑这些问题的时候，“框架合同”的概念十分有效（中田·后记②32页）。

2. 消灭的要件

“整体性交易”可作为合同的时候，如果它属于继续性合同会出现“1”中提到的问题。但即便“整体性交易”不属于合同，交易相关人员也具有诚信原则上的注意义务，在合同消灭时需要履行该义务（如果违反了注意义务则需要承担损害赔偿责任，中田·后记①485页）。

3. 消灭的效果

整体关系消灭的时候，需要有事后措施，例如处理未履行的单个交易，处理库存，继承加盟店、代理店原有的客户群等。

三、继续性合同关系概念的意义

有学者认为继续性合同关系这一领域涉及很多问题，概念并不确定，着重于“继续性”这一点上没有意义（白石·后记）。但是我们无法在合同签订之时就预测到将来发生的一切（现在化），为此产生了可以锻炼当事人种种能力（短期合同与更新合同的组合，基本合同与个别合同的组合等），并有立法与司法介入的合同组合。这样的合同群以将来的不确定性（可以察觉但不可检证的事态）为前提，谋求约束与自由的并存，因而无论是基于传统的合同理念还是新的合同理念（例如“关系性合同”，内田·后记），这样的合同群可以作为一种问题领域而探讨，并具有一定的现实意义（参照平井·后记）。

参考文献

平井宜雄：《对继续性合同的考察》，载星野英一先生古稀祝贺《日本民法学的形成与课题（下）》（1996）697页；白石忠志：《合同法的竞争政策性剖面》，Jurist 1126号125页；内田贵：《合同的时代》（2000），载加藤新太郎编：《判例Check继续性合同的解除、解约》（2001）；新堂幸司/内田贵编：《继续性合同与商事法务》（2006）；中田裕康①：《继续性合同的解除》（1994），同②《继续性交易的研究》（2000），同③《合同的更新》，载平井宜雄先生古稀纪念《民法学之中的法与政策》（2007）311页。

92 ◀

合同对第三人的效力

北海道大学助理教授　新堂明子

一、合同相对性原则与利益第三人合同

(1) 利益第三人合同指合同所生权利直接归合同当事人以外的第三人的合同。例如，1) 根据AY之间的买卖合同，出卖人A向买受人Y交付所有物，而Y直接付款给A以外的第三人X，此时A为要约人，Y为承诺人，X为受益人。

(2) 罗马法规定了无论是谁都不可因为他人而缔结合同，因而不承认利益第三人合同（本稿只触及对第三人有利的合同，而不采用对第三人有害的合同）。

(3) 法国法继受了罗马法的规定，规定原则上“任何人只能自己接受约束并以自己之名义订立合同”（第1119条），但也有例外规定“若利益第三人合同之订立是为本人订立合同的条件或是向他人赠与财产的条件，则可订立利益第三人合同”（第1121条）。后者在学说与判例中得到了广泛承认。德国法打破了相关限制，规定“基于合同，第三人有直接请求给付的权利”（第328条）。日本法也规定根据利益第三人合同，第三人有直接向债务人请求给付的权利（民第537条）。

(4) 根据英美法的合同当事人关系原则，合同不可向当事人以外的第三人赋予权利或要求义务，但美国19世纪中叶的判例法以及英国的制定法（Contracts（Rights of Third Parties）Act 1999）承认利益第三人合同。

二、合同法与侵权行为法的交叉——附保护第三人作用的合同

(1) 如上所述，合同（债权债务）关系的建立基础是当事人的合意，原则上合同不可利他，但也有像利益第三人合同这样的例外，该类合同同样建立在当事人的意思表示的基础上。也即在具有明示或默示的意思的前提下，根据私法自治（合同自由）的原则，利益第三人合同是有效的。然而若是不具备当事人的表示意思，那么合同是否对第三人具有效力，效力的形成依据、要件和效果又分别是什么？

(2) 首先从德国法的角度讨论。2) 家长A与孩子X乘坐Y公司的列车，X不慎从车门处跌落而负伤，3) 家长A带孩子X在医生Y处就诊并签订了医疗合同，但治疗过程中发生了误诊，4) 出租人Y的员工y没有合适地制作床的尺寸，导致承租人A的家

人X跌落负伤，5）承揽人Y的技术员y没有正确安装煤气，导致定作人A的客户X在未注意到煤气泄漏的情况下点火，进而因爆炸而负伤。请问上述各情形中的X是否能对Y请求损害赔偿？

德国的判例及学说认为在2）～5）的情形下Y需要对X承担责任。20世纪初，判例以利益第三人合同（Vertrag zu Gunsten Dritter）为依据承认Y的责任，但在20世纪中期，受学说影响，判例转而采用了附保护第三人作用的合同（Vertrag mit Schutzwirkung für Dritte）的解释。废弃前者的理由有两点：第一，Y对X的责任无法根据Y与A默示的合意形成；第二，利益第三人合同赋予了X对Y的给付请求权，但2）～5）的事例中只具备损害赔偿请求权。换言之，从利益第三人合同看，Y对X有合同上的给付义务，但在2）～5）的事例中Y对X只有合同上的注意以及保护义务。

德国的判例及学说能像这般扩大合同责任人范围，其背景在于德国具有严格的侵权行为法。在德国法之中，不仅是上述的三者关系，对于一般的二人关系，侵权行为法相较于合同法而言要件更严格，适用范围小，对赔偿的权利人更不利（对赔偿的义务人有利）。也就是说两法就下述几点存在差异。第一，侵权行为法对可产生赔偿义务的被侵害权利的种类进行了规定（后述“三、1”）。第二，侵权行为法规定了如果是雇员y违法而造成的损害，雇主Y有免责余地（Y选任并监督y时给予了相当的注意的情形，以及尽管给予了注意但依旧发生了损害的情形），但合同法主张履行辅助人y的过失等同于债务人Y的过失，由y的过失造成的损害，Y必须承担责任。第三是举证责任，第四是消灭时效，这两者与日本法中的区别是一样的。第五，侵权行为法承认精神损害赔偿金而合同法不承认（就这一点而言侵权行为法相较于合同法，更偏向赔偿的权利人）。关于第二点，日本的侵权法主张的方向是不承认Y的免责，而对于第五点，日本的合同法主张的方向是承认精神损害赔偿金制度，判例则已经有了实际操作。对于第三点与第四点，学界目前还在讨论（奥田·后记，半田·后记）。

（3）其次为英国法。6）供货商Y在给A的饮料中混入了异物，致使从A处购买饮料的消费者X死亡。7）X向A银行（X的交易银行）调查公司甲的信用状况，随后A又向Y银行（甲的交易银行）调查。从Y银行处得知甲的信用状况为良好的X与甲展开了交易，但事实上该信息并不正确，不久后由于甲的破产，X遭受了经济损失。请问在6）7）的情形中，X对Y能否请求损害赔偿？

由于英国目前为止没有利益第三人合同（contract for the benefit of third party）的制度，所以上述情况只能以侵权行为责任（negligence）的形式来问责。1930年代讨论事例6）与1960年代讨论事例7）的最终结果均为侵权损害赔偿。

（4）为解决上述各事例，日本法的法律构成分为三大类。(i)赔偿范围构成，日本法基于合同责任扩大了损害赔偿范围，将第三人遭受的损害也纳入其中（篇幅关系，本稿不作展开）；(ii)合同构成，该构成扩大了合同法的义务范围，主张债务人违反了对第三人的义务而需要承担合同责任（附保护第三人作用）；(iii)侵权行为构成，该构成认为第三人遭受的损害属于侵权行为（山本·后记）。

德国的侵权行为法十分严格，导致2）～5）只能作为（附保护第三人作用）合同解释，而英国法不承认利益第三人合同，故而6）7）只能作为侵权行为解释。日本法没有这两种限制，又该采取哪种构成呢？

三、合同法与侵权行为法的交叉——纯粹经济损失

（1）如果讨论事例7）依照侵权损害赔偿处理的可能性，则有必要讨论X侵害了什么权利及利益，并因此造成了什么损害和损失。英国侵权行为法原则上将没有伴随人损（受害人死亡或负伤）与物损（受害人所有物的消灭与损毁）的纯粹经济损失（pure economic loss）排除在赔偿对象之外，不过也存在事例7）与事例8）（遗嘱人A委托律师Y处理遗嘱事宜，但Y未能适切地履行相关义务，导致A原定的受益人X无法继承遗产）这两种例外。而德国的侵权行为法规定了只有绝对权（生命、身体、健康、自由、所有权等）的损害才可作为赔偿对象（第823条第1项），而相对权（XA间的合同等产生的X对A的债权）侵害造成的经济损失不在赔偿范围之内（参照"二、（2）"）。由此，纯粹经济损失赔偿的认定方法分为英国式（基于产生损害的类型）与德国式（基于侵害的权利类型）两种。

（2）除了像7）8）这类由银行或是专家Y违反与委托人A之间的信息提供、建议、专业服务合同，致使第三人X遭受纯粹经济损失的事例之外，关于纯碎经济损失还有下述几种类型。9）出卖人A保留所有权，为转移风险将标的物出卖给了买受人X，运输过程中因运输人Y的过失，标的物灭失——此时X无法从A处取得标的物的所有权，但又不得不向A支付钱款，因而遭受纯粹经济损失（标的物灭失毁损）的人是X而不是A，这类案例称为损失转移案例（transferred loss）。10）Y过失造成电线切断，导致钢铁公司X因无法从电力公司A处获得电力供给而休业——该情形中直接受害人A承受了物质损失（电线切断），间接受害人X承受了经济损失（营业利益），该类案例称为间接损失案例（ricochet loss）。此外还有因Y的过失造成公共市场、公共道路、公海封闭，导致使用这些区域谋生的个体X蒙受了损失，等等（能见·后记）。

四、问题的整理

（1）下述将归纳上述诸事例的三角关系的法律构成。"二"讨论了AY之间具有合同关系，债务人Y违反合同致使第三人X遭受损害乃至损失的情形，是依据合同责任扩张还是侵权行为责任来处理的问题。"三"讨论了X对A具有债权与期待权，加害人的侵权行为导致受害人X承受了纯粹经济损失时，能否根据侵权行为对相对权的侵害，赔偿相应的纯粹经济损失的问题。

（2）案例7）8）同时涉及了"二"与"三"的讨论内容。德国的判例与学说依据附第三人保护作用的合同法理承认Y对X的赔偿责任，而英国的判例也根据侵权行为法承认这一点。由于事例9）10）中的YA没有合同关系，只能归在"三"中讨论。关于赔偿对象，德国法不承认侵害相对权的损失赔偿，英国法不承认纯粹经济损失，尽管存在一定的例外（如加害人对死亡者A的近亲X的责任等），但原则上不承认侵权行为的赔偿责任。

（3）在扩大违约责任和承认侵权行为责任这两方面，日本法没有德国法与英国法的限制，因而存在一定的可能性。今后将在收集上述事例相关判例的基础上，详细分析其得出结论的过程。

参考文献

文初的定义参考我妻荣：《民法讲义 V_1 债权各论上卷》（1954）113 页以下。法国与德国民法典的日版翻译参照神户大学外国法研究会编：《法兰西民法第 3 财产取得法第 2》［现代外国法典丛书第 16］（1956）30 页以下，载椿寿夫/右近健男：《德国债权法总论》（1988）234 页；奥田昌道：《合同法与侵权行为法的连接点——合同责任与侵权行为责任的关系以及两种义务的性质》，载於保不二雄还历纪念：《民法学的基础课题（中）》（1974）207 页以下；半田吉信：《德国债务法现代化法概论》（2003）55 页以下（2002 年 1 月 1 日施行的该法在时效方面进行了较大修正，本稿并未展示相关内容）；山本宣之：《近期对合同的第三人保护作用的讨论与展望》，载石田喜久夫先生古稀纪念：《民法学的课题与展望》（2000）615 页以下；能见善久：《从比较法看当代日本民法——对经济利益的保护与侵权行为法〈以纯粹经济损失的问题为中心〉》，载广中俊雄/星野英一编《民法典的百年Ⅰ》（1998）619 页以下；新堂明子：《纯粹经济损失的历史分析与经济分析及其介绍》北大法学论集 57 卷 4 号 1840 页以下。

93

现代的无偿合同

龙谷大学副教授　森山浩江

一、问题提起

无偿合同与有偿合同的显著区别在于无偿合同只具有极弱的法律拘束力。其基础理论由广中俊雄在《有偿合同与无偿合同》（广中·后记，初出版1956）中提出。尽管之前该领域的讨论并不活跃，但随着近年来无偿合同在现代社会之中拥有了新的意义，相关讨论也逐渐增加。本稿将以该领域的主要研究对象也即赠与合同为中心，介绍无偿合同论的发展与近期的研究成果，并从无偿合同的效果论出发整理既有的研究课题。

二、广中的理论与日本民法中赠与的特殊性

1. 广中的理论

广中在前记论文中从合同法的历史出发，讲述了有偿合同与无偿合同的差异。赠与合同属于典型的无偿合同，但原本它作为无偿行为是有偿的，然而它与有偿合同在法律保护上具有本质的区别。有偿合同因商品流通交换而诞生，仅根据合意产生法律拘束力。无偿合同属于人与人之间某种稳定关系的一部分，它的给付“无法独立于这些关系”（广中·后记35页）。一旦需要依法提出给付请求时，通常当事人之间的稳定关系已经破裂了。为此，对于无偿合同，法律不规定强制给付，最多是对给付受领人的给付保持力有所保护（同39页）。法律层面上无偿合同与其给付背景事由相分离。

广中提出的理论建立在历史等多维度的研究基础上，在今天仍具有较强的影响力。近来研究的主要方向为民法典起草者并没有采纳以无偿为由削弱法律保护的立场（后述“2（1）”）与裁判例将赠与的背景事由纳入考量范围此二者之间的关系（冈本·后记37页）。此外学界还谋求修正无偿行为的地位（大村·后记36页），并在重新讨论无偿合同原理的积极意义（吉田·后记231页）。

无论如何，广中·前记论文是为讨论合同法理论中的有偿合同与无偿合同的差异而做的准备性工作（同8页），并非是想脱离民法典的规定而轻视无偿合同的法律拘束力。正如广中所指出的那样，在近代合同法理的形成过程中，有偿合同与无偿合同已经走上了不同的道路。

2. 日本民法中的赠与

日本民法典中的赠与和广中所介绍的近代诸法典中的赠与有什么区别？明确回答这一问题的是来栖三郎・后记论文。

(1) 来栖三郎的分析

日本民法与其他诸法典不同，规定赠与属于诺成合同，并只在第 550 条中规定了赠与的撤销事宜。来栖・后记论文指出相关法条的起草者比国外诸法典更强调自由合同的尊重——只要是自由意思合意的合同就拥有效力。来栖认为日本的赠与观与欧洲大陆的赠与观不同，欧洲大陆的赠与观主张赠与是出于好意，而日本的赠与观认为赠与是“因义务、义理乃至恩惠形成的义务”（来栖・后记 45 页），故而不能因为赠与属于无偿行为就轻视它。他指出这种赠与观与尊重自由合同的思想“微妙地一致”，是赠与行为的有力维护者（来栖・后记 46 页）。

关于有偿合同与无偿合同，确实不可无视差别一概论之，但来栖又主张“该理论是关于有偿合同而确立的意思的拘束力理论，不过我不想否定它或许能够对赠与合同的法律保护有所影响。”（来栖・后记 28 页）。

(2) 判例重视合意的倾向

为了解法律如何保护赠与之合意，必须分析民法第 550 条对于赠与之撤销的规定应当如何去解释与运用。池田・后记论文已对此做了详尽的研究。他犀利地指出，尽管第 550 条正文中的“书面”与但书中的“履行”的定义会影响撤销与否的判断，但这两者在判例及裁判文书之中语意空洞并有扩张，实务之中通常会结合赠与的目的与经过进行综合考量（池田・后记 303 页）。特别是关于“书面”二字的定义，判例主张涉及第三人的文书（最判昭和 53・11・30 民集 32 卷 8 号 1601 页等）以及受赠人不参与订立的文书（最判昭和 60・11・29 民集 39 卷 7 号 1719 页）也能够认定为第 550 条指涉的“书面”，并具有赠与的合意所产生的拘束力。

三、无偿合同近期的研究概况

近期的无偿合同理论研究主要有以下两个共同特征。

1. 关注赠与的实际类型

第一为关注赠与的类型（吉田・后记 235 页以下，概论书为潮见・后记 33 页以下，山本・后记 330 页以下。专题论文有小岛奈津子《赠与合同的类型化》[2004]）。不再对赠与一概而论，而是关注赠与的多样性。

学者的分类方法以及分类理由各有不同，总体而言在各细分之中，好意性赠与（如慈善赠与、爱情赠与等）与社会道德义务性赠与（如社交谢礼型赠与等）是最为重要的。赠与的效果并不一定能够按照类型区分，但像小岛・前记书中指出的那样，在德国与瑞士的法律之中好意性赠与是理念型，它与义务性赠与的处理方式不同。日本也主张按照这种区别而划分类型。赠与的类型拥有怎样的法律意义，这一问题与下文要探讨的问题相关联，今后也有再讨论的必要。

2. 对无偿合同的肯定

另一个特征是对无偿合同（及其拘束力）的肯定。各学者给出的理由也不一样。一方面，有学者主张捐献血液、器官和生殖细胞等志愿行为也属于无偿合同，基于这点，有必要修正对无偿合同和赠与合同的认知，肯定其社会及经济意义（（1），各内容之间有差异，参照吉田・后记论文与大村・后记论文)。另一方面，有学者从合同拘束力来源于自我决定的立场出发，认为需要重新讨论来栖・后记论文提出的重视当事人意思这一观点的意义，主张不需要就拘束力一事而特殊对待无偿合同（(2)，潮见・后记 37 页，山本・后记 335 页以下)。

(1) 可以说是从现代共同体的角度出发做的一种修正。但是需要注意，像志愿活动与慈善捐赠等得到肯定评价的好意合同中的“共同体”概念，与过去无偿合同理论中指涉的，今日已渐渐消去的“共同体”概念（如亲属扶养等“对价”赠与等，它们随着“共同体”的扩张而市场化）并不一定重合。此外，吉田・后记论文展现出了原则上强烈肯定赠与合同的法律拘束力的倾向（吉田・后记 263 页)，但他认为社会给予无偿合同肯定性评价，与无偿合同的法律拘束力得到强化一事没有直接关联，应当根据情形的不同而讨论“法律的射程”（吉田・后记 267 页)。

关于 (2)，的确，如果合同的法律拘束力只是来源自当事人的自身决定，其结果是无论有偿合同还是无偿合同，只要是基于合意而订立的合同就应当有相同的拘束力。该种情形也需要确定法律的射程（山本・后记 336 页)。

四、无偿合同的法律效果与相关课题

如果在无偿合同及赠与合同具有多种类型的前提下，无法将无偿合同一律放置在法律场域外讨论，那就需要有意识地进行法与非法的区分——哪部分合同涉及了法律，哪部分没有。因篇幅有限，本稿暂且搁置这一难题。但由于涉及法律中的无偿合同的法律效力也不尽相同，此处依照不同类型整理如下。

首先是过去一直作为“法律保护”问题而讨论的能否给予合意法律拘束力——给付的诉求可能性——的问题。尽管很难判断当事人是否有给付意图，但民法第 550 条规定了以书面形式订立的赠与合同在未履行情况下也不可撤销，因而如果是书面形式的赠与合同，原则上是具有拘束力的。然而正如前文所述，“书面”二字已发生了语义扩张，法・非法这一区别基准难以发挥功效，其结果是，在讨论相关问题时必须根据能否赋予法律拘束力而进行分别的探讨（池田・后记论文指出学说的任务是解析出用于评判的事件要素后，从正面确认评判基准的正误)。赠与的类型划分，或许是确定能否给予拘束力的一种方法，但法与非法的区分会受到上述 (1) (2) 观点的影响而获得不同的结果，目前相关课题还有很多讨论余地。

其次是给付之后的问题。对于履行给付之后请求撤销赠与的情形，目前就赠与的背景事由，对解决方案已经有了多样化的探索（例如忘恩行为相关的讨论)。通常这类拘束力消灭的问题可以以法律途径解决（往往此刻社会共同体的规范已经无法形成制约)。原则上如果无偿性不会减弱拘束力，那么撤销的认定也会变得困难。但若面对的是不明确的非对价合同，那就应当从自我决定角度责问“为什么当初决定承担义务（但又不准备履行)”。在考虑这些的基础上，再去讨论拘束力消灭的问题（以上相关请参照潮见・后记 33 页以下、48 页以下)。

关于给付后，还有给付义务人的注意义务及责任的相关问题，为了补充当事人的意思此时同样需要法律发挥作用，尤其是像志愿活动等准无偿委托合同在这一点上还有很多问题（志愿活动相关的近期判例有东京地判平成 10・7・28 判时 1665 号 84 页)，因而必须给出一个法律解决方案（大村・后记 36 页)。若是重视无偿行为的社会意义，那么也需要考虑限定无偿行为人的相关责任，此时要根据给付的内容进行具体判断，不能一概而论。

参考文献

池田清治：《民法550条（赠与的撤销）》，载广中俊雄/星野英一编：《民法典的百年Ⅲ》（1998）255页；大村敦志：《无偿行为论再探讨——以无偿行为的现代地位为中心》，载广中俊雄先生伞寿纪念：《法的生成与民法的体系——无偿行为论·法过程论·民法体系论》（2006）33页；冈本诏治：《无偿合同的当代意义》，载椿寿夫编：《讲座·现代合同与现代债权的展望（5）》（1990）31页；来栖三郎：《日本的赠与法》，载比较法学会编《赠与研究》（1958）1页（《来栖三郎著作集Ⅱ·合同法》［2004］收录）；潮见佳男：《合同各论Ⅰ》（2002）33页以下；广中俊雄：《有偿合同与无偿合同》同《合同法的理论与解释》（1992）4页（初出版·尾高朝雄等编：《法哲学讲座（8）》［1956］收录）；山本敬三：《民法讲义Ⅳ$_{-1}$合同》（2005）330页以下；吉田邦彦：《赠与法学的基础理论与今日的课题》同《合同法与医事法的关系》（2003）226页（初出版·Jurist 1181号～1184号［2000］刊载）。

94

典型合同与合同内容的确定

学习院大学副教授　石川博康

一、问题提起

民法典第3编第2章节第2节以下规定了赠与、买卖等13种合同类型，这些合同一般称为典型合同。民法典中对于典型合同的规定由（典型合同规定）规定成立要件的典型合同定义规定与规定该典型合同之适用的（以任意性规范为中心）法律规定构成。由该典型合同规定体现出的典型合同制度，过去学界普遍对其意义评价消极，但近期也有潮流试图重新评价该制度的功能与存在意义。本稿将概述典型合同制度的诸学说，并按照合同类型的功能来讨论如何实现合同的类型化规范。

二、典型合同制度的相关讨论

1. 消极评价

民法典中的典型合同类型是伴随着法律与社会历史的推移而渐次形成的，制定各类型标准内容的典型合同规定，也是近代历史的产物。经由长年实践与经验所得的典型合同类型，一方面说明法典中规定的是在一定程度上具有通时的普遍性的、极为基本的合同类型，另一方面也说明，典型合同类型包含的交易类型与交易范围只能是限定性的。加之在合同自由原则下，当事人可以自律地形成各类合同关系，民法典自身其实本就不期待仅通过典型合同类型而涵盖所有合同类型。为此，传统的学说往往对典型合同类型论持消极的评价（我妻荣《民法讲义V_1债权各论上卷》［1954］47页以下，同《债权各论中卷一民法讲义V_2》［1957］219页以下，来栖·后揭736页以下等）。换言之，实际的交易关系大多偏离民法典预计的各合同类型，当需要把具体的合同归类于某一典型合同类型时必须慎之又慎，而且在认定典型合同时，不应轻易类推适用个别典型合同规定（如存在近似的典型合同时）。

需要注意的是，以上的传统性见解往往限定性地理解典型合同的作用，也即认为典型合同的作用主要有：在当事人的合意不明确的情况下提供解释的基准，对于合意不完整的部分补充合同的内容。确定合同的内容，应寻求当事人具体的意思，以及合同背后的习惯或交易惯例，而无法还原当事人意思的典型合同类型须在考量合同自由之原则的前提下谨慎地使用。

2. 对典型合同作用的再评价

与给予消极评价的传统见解相对，近期对典型合同功能的再检讨重新讨论了该制度的存在意义（尤其是大村·后揭 310 页以下，山本·后揭 4 页以下）。根据近期的研究，典型合同不仅是确立合同内容时的参考基准，还具有：(1) 内容形成功能，(2) 分析基准功能，(3) 创造辅助功能这三个积极作用（以上的整理参照潮见佳男《合同各论Ⅰ》[2002] 10 页以下）。

(1) 内容形成功能

由各典型合同汇集而成的典型合同规定，将该合同类型通常具有的内容与人们认知中的合理的合同规范结合在一起，以保障所形成的合同内容符合正义。因而典型合同规定不仅具有解释合同以及填补合同空白内容的功能（内容补充机能），还通过若不具有合理理由则不可脱离典型合同规定这一方式（内含一定的正义命令），作为半强制性法规而发挥作用（后者称为内容调整功能，大村·后揭 352 页）。例如消费者合同法第 10 条规定，比起任意性规范，限制消费者权利以及加重消费者义务的条款如果违反了诚实信用原则而单方面损害消费者利益，则无效，这是消费者合同法领域中对任意性法规的半强制性法规化的一种模式。需要留意的是，在过去传统的见解中，典型合同的功能是内容补充功能，但从上述讨论来看，这只不过是作为任意性法规的典型合同规定的众功能中的一个侧面，而内容调整功能包含了上述功能。

(2) 分析基准功能

以上对内容形成功能的分析，是对作为任意性法规的典型合同规定功能的一种扩充，而以下的分析基准功能与创造辅助功能并不能与过去的个别功能相对应，而是关乎“类型化”的功能。

法律之中规定了一些合同类型，在分析具体的合同时可借助典型合同确定合同的类型，提高信息处理的效率，即所谓分析基准功能。具体而言，在分析具体合同的法律结构时，必须决定合同的性质和选择对应类型的法律规范，此时通过在当事人的合意之中找到成立合同类型的本质性要素，可以确定合同类型的性质。在此基础上，如果难以从既存的合同类型中确立该合同的性质，那么该合同可作为非典型性合同进行个别的分析，并可参照类似合同的处理规范（以上参照大村·后揭 352 页以下）。

上述的分析基准功能借助了认知科学理论，合同类型是以目标对象的定义特征为基础而建构的类目，可以借典型合同来谋求减轻认知上的信息处理过程中的风险，这两点也同样重要（大村·后揭 318 页以下）。换言之，人类认知对象的前提是，具有处理感觉情报、赋予对象意义的框架知识，即基模（scheme），典型合同正是作为法律上的基模而发挥着共通的设定依据框架作用（即典型合同的设定依据框架作用。以上参照山本·后揭 8 页）。由此，典型合同作为类目和框架，并非固定性的合同类型，相反，它具有开放性和可变性，并依附于一定的文化和社会脉络。

(3) 创造辅助功能

分析基准功能是司法者在将具体的事实寻找对应的法律框架时运用的思考方法，而创造辅助功能是当事人制定合同内容时对于典型合同的“类型”机制的运用。具体而言，创造辅助功能不仅是帮助当事人填充原为一张白纸的合同，还包括让当事人能够对应典型合同的规范而修正自己的合同设计。为此，当事人可以根据典型合同而更容易地制定标准的合同内容，同时通过合同实践的经验还可以修正既存的合同类型而创造新的合同类型，以实现个人创新导致的社会秩序的再生产（参照大村 • 后揭 348 页以下）。此处笔者希望从个人合同实践所带来的合同类型变化及创新的可能性的观点，再次强调典型合同的开放性与可变性。

（4）小结

近期倡导重新评价典型合同制度的见解，就作为任意性法规的典型合同规定的功能这一问题，作出了典型合同不仅具有解释合同、补充合同的功能，还具有一定的限制、调整合同功能的扩张性解释；而通过指出某些无法还原到个别的典型合同功能的功能（分析基准功能及创造辅助功能），可以重审学界对典型合同的消极评价。以上对于典型合同多种功能的探讨，使得典型合同兼具了面向司法者的思考框架，与支援个人合同实践和实现合同正义的制度性基础的特征。

三、合同类型的相关法规

1. 非典型合同的有关规定——从混合合同论到合同的实际类型

以上述的典型合同的诸功能为前提，在讨论典型合同制度的意义及界限时，对于不包含在典型合同内的非典型合同的规范方法的探索，与前述的讨论处于不即不离的关系。

在过去有关非典型合同的讨论中，关于制造物供给合同等混合合同（聚合多种合同类型构成要素的合同），有（1）吸收说，即将该合同归类于类似性高的典型合同中，以判断当事人是否按照个别典型合同规定予以修改；（2）结合说，即分解各个典型合同规定的规定，将这些规定的构成因子再重组，以构成适合该合同的法规（综合多个典型合同类型）；（3）类推适用说，即以该混合合同无法包括在特定的典型合同类型中为前提，类推适用与该合同的构成因子具有共通性的个别典型合同规定。上述的所有学说都是把既存的典型合同类型的结构和具体合同的构成因子作为分析基准，并着重探讨各类典型合同规定的适用问题。基于此点，混合合同论与过去的典型合同论同样都着重合同的解释补充功能，两者有着密切的联系，这也使得混合合同论存在局限性。

对于混合合同论，另有批判见解认为，合同的形态分析不仅仅是确定合同内容的决定性因素，也影响着以该合同的目的及当事人意思为基础的合同全体的结构（北川善太郎《债权各论［第 3 版］》［2003］109 页以下，潮见 • 前揭 17 页以下）。该见解并没有把非典型合同与典型合同割裂论述，而是把合同的实际类型，即现实的交易关系中的频度、重要性、法律特征展现的定型化的合同类型作为基础而把握具体的个别合同——例如分期销售合同是典型合同中的买卖合同在消费者信贷消费中的具体运用——通过这种手段来有机结合非典型合同与典型合同。

上述观点对于非典型合同的讨论，与近期对于典型合同的重新评价中按照合同的实际类型进行规范的主张相一致。换言之，分析基准功能与创造辅助功能这两项与认知科学中的类目与基模相关联的作为“类型”而发挥作用的功能，并不仅仅体现于典型合同类型之中——例如在特许加盟合同与租赁合同等非典型的合同类型之中——上述功能也能通过法的类目与基模的形式，对司法者与合同当事人产生类似典型合同类型中的作用。实际上主张典型合同类型具有开放性与可变性的观点的前提，是对于合同类型的理解一定程度上也可运用于非典型合同，且非典型合同的有关规定比典型合同更为灵活。因而重视“类型”功能，在面对非典型合同时可以通过比照合同的实际类型，在理论上得到启发，进而找出对应的妥当的法律规范。

2. 合同的法定类型与实际类型

如上所述，我们有必要超出典型合同的框架做一些扩展性的尝试，而这些工作的前提则是对合同的类型理论作出一些理论性的整理。

（1）从典型合同类型扩张而得的法定类型

首先除民法典中的典型合同之外，民法和特别法还规定了保证合同、预告登记担保合同、任意监护合同等合同类型。这种经由法律具体规定而定型化、并得到法律肯认的合同类型称为法定类型（或法的类型），属于典型合同在法律上的扩张类型，与典型合同拥有近乎相同的功能与构造。有人认为法定类型与典型合同类型的区别在于法定类型在方式及内容上更具有强制性，但从典型合同规定的半强制性法规化的倾向来看，前述差异并非决定性的区别。

某一合同类型如果想要成为法定类型，首先须作为实际合同类型而在社会之中定型、标准化，在此基础上再经由法律肯认其必要性（法定化的必要性），最终依托于法律的政策性决定取得法定类型的地位。实际生活中存在着大量重要性与定型程度超于法定类型，但没有被法定化的合同类型。因此，法定类型的特征可以说是通过具体规定定型化合同，根据法律规定补充与调整合同内容。

（2）基于社会规范而作为制度性存在的实际合同类型

如果想分析法定类型以外的合同类型，则需关注合同的实际类型。合同的实际类型是因社会的相互行为而自发形成的，是由现实的合同关系背后的社会规范与社会共识建构的社会存在。

要确定合同的实际类型，首先需确定合同的社会定型化程度，只有具有一定程度的定型化的合同类型才可以成为实际类型（例如北川・前揭 109 页以下）。但是就分析基准功能与创造辅助功能等“类型”相关的功能而言，对实际类型的定型化要求不一定需要达到法定类型同样的高度，否则这种思考方式就会过于僵化。

合同本身并非由眼睛、耳朵等感觉器官而感知到的物理存在，而是一种以规范当事人行为为核心的“制度”——一种从内部和外部制约和型塑当事人行动的社会建构产物（此处与制度和类型有关的社会学理论，参照了アルフレッド・シュッツ［森川真规雄＝浜日出夫译］《现象学的社会学》［1980］78 页以下，盛山和夫《制度论的构图》［1995］247 页以下等）。换言之，合同是具象化了的现实中的社会相互行为，其以当事人主观上认知到了由具体的合同行动形成的各类规范性要求为前提。但合同类型伴随的规范性要求是否具有法律及社会上的正当性，以及该类型体现出的定型化程度的高低，与该合同类型作为社会性制度的普适性没有关系。由合同产生的类型性规范性要求具有主观间性，一旦合同当事人将其与自身的主观认知相关联，该合同作为“类型”的制度普适性就得以确保（以上对于制度基础的理解参照盛山・前揭 258 页以下）。因此，实际类型只能是建立在合同相关当事人所认知的定型的期待基础上的，考虑到合同类型背后的法律、社会规范状况而由判断者建构的解释学（hermeneutisch）式的产物。通过上述的理解以及根据类型制定合同内容，可以将当事人的合意放置于背后的社会文脉之中，乃至可以通过包含合意的产物的合同上的诸规范而整体性地把握合同类型。

与此相关的是，近期的合同法理论也开始倡导积极运用诚实信用原则，并一再主张将社会规范与习惯纳入合同之中（参照曽野裕夫《商人的秩序与国家法》绢卷康史＝斋藤彰编著《国际合同规则的诞生》［2006］47 页以下）。笔者认为既然把合同的实际类型作为社会规范的定型性“制度”理解，在依照这类社会规范与习惯而补充合同内容时，就应当探究该合同所属的实际类型以及该类型规定的规范内容。

（3）法定类型与实际类型的关系

法定类型与实际类型两者并不相悖，而是一种层级关系。例如有见解主张，即便某合同符合典型合同类型的一定特征，亦不妨按照实际类型去分析（北川・前揭 111 页）。如果某合同可同时归类于法定类型与实际类型，那么应当在多大程度上适用法定类型的法律规定？若想回答这一问题，必须参考相关法律规定的目的与实际合同类型的具体内容等以进行个别的判断。理解典型合同制度对于把握合同的多重类型身份有着重要意义，换言之，基于具体法律规定的法定类型有着固定性与僵化性，而基于个别类型性规定的实际类型有着可变性与开放性，把握两者的复合型结构是确保典型合同制度自身不僵化的关键。此外，新的合同类型（法定类型）的诞生也需要先通过法定类型与实际类型的相互作用，从而得到法律的肯认。

3. 法定类型与实际类型的类型化规定

法定类型与实际类型除了是合同的“类型”，还是合同的“内容”。在此意义上，根据民法典的典型合同规定而制定的合同规范，还具有作为某种类型合同的范式而让一般合同参照的作用。例如，当事人如果能在合意之中找到符合典型合同定义规定中明确的某种合同类型的特征的条款，则根据该合意成立的合同可适用相关规定。对于典型合同之外的法定类型及实际类型来说，应首先探究当事人合意中与合同类型相关的本质性要素。在当事人无合意时则应探究合同的常素，以此为基础来形成合同的内容。

由于特定合同类型规定了该类合同的本质性要素，因此当事人在制定相关内容的条款时并不能改变此类要素，拥有的最多是基于双方的合意而选择合同类型的自由。因此删减合同类型的本质性要素，或是订立无法包含于某一特定合同类型的合同的行为，都与合同的类型化规定相抵触（否定当事人之自由的见解参照河上・后揭 294 页以下）。

法定类型与实际类型的内容形成功能在具体规范方法上非常不同。首先在法技术上，法定类型对合同内容的塑造基本依据法律上的个别规定，而实际类型则是遵照了诚实信用原则等社会行为规范与领域的内在规范来补充、规制合同的条款。其次在调整合同内容方面（内容规制），法定类型认可建立在当事人无合理事由不可解除合同（任意性法规的半强制性法规化）观点上的内容规制；而实际类型认为这种具有指导形象功能的（类型上的）任意性法规并不存在，限制合同脱离任意性法规的程度的内容规制并不能充分发挥它的机能。关于这点，学说上对于限制该合同类型之本质性权利义务、妨碍合同达成目的的合同条款，主张同时适用以“基于合同类型的内容适合性（禁止合同类型与相应评价体系的空洞化）”为基础的内容规制和以任意性法规为基准的内容规制（潮见佳男《不当条款的内容规制——总论》消费者合同法——立法课题［别册 NBL54 号］159 页以下［1999］）。以上的主张参照了建立在禁止格式条款基本义务空洞化的判例法理基础上的德国民法第 307 条第 2 项 2 号（石川博康《“合同的本质”的法理论（9）》法协 124 卷 5 号 1166 页以下［2007］），而对于不具有任意性法规的非典型合同，必须否定这类限制性条款的效力。由此，即便是没有相应针对性规定的实际合同类型，在基于其类型性而设计内容规制时（法定类型规制的方法则不同），也具备了内容调整功能。

过去认为只有个别的典型合同规定方才具有合同类型的内容形成功能（内容补充功能以及内容调整功能），但如今非典型合同也能够以合同的类型为基础补充、规制合同的内容。在这方面，法定类型与实际类型中的类型化规定各自作用的路径不同，但两者都提高了合同内容的类型性（合同规范的内在整合性），共同发挥着作用。

四、合同内容的确定方式与合同的类型化规定

以上介绍了典型合同制度（合同类型制度）的相关问题，以下将论述合同类型及其相关法律规定的功能。

合同内容的确定分为合同解释与合同补充，前者指解明当事人的合意的意思，后者指根据法律规定填补合同的空白部分。合同解释还细分为主观性解释和客观性解释，前者解读当事人内部的共通意图，后者从（基于诚实信用原则和习惯等）规范出发探求合意的客观意思，无论是哪种，都是根据合意解读当事人自律订立的合意内容。与此相对，合同补充超出了基于合同解释而确定的合意内容，而根据任意性法规等补充合同的内容，是将他律的规范吸纳进合同内容的一种过程。

对于上述两者的关系，传统学说在解读合意内容上更为拘束，而在设想应当采取他律性规范的情形时更为宽泛。相对而言，近时的学说在解读合意时更为变通，在补充合同内容时也多吸纳诚实信用原则上的附随义务、保护义务等（他律的）规范（关于学说的推移参照山本敬三《合同的拘束力与合同责任论》Jurist 1318 号 99 页以下［2006］）。但应当注意的是，即使不采附随义务、保护义务论这种不问债之发生原因的抽象的义务构造论（也展现了债权总论式的思考），而改采依具体的合同个别处理的方式，也不必然会给合同解释这一过程造成过大的负担。无论如何灵活地理解合意内容，都必须严格避免恣意解读进当事人具体的合意内容中未有的合同规范。补充性合同解释功能位于解释与补充的交界处（依据当事人的合意对当事人订立的条款中欠缺的部分进行补充性的解释），这是在认识到以合同解释确定合意内容的界限后，依旧想通过当事人自治而补充合意所欠缺部分而构筑的法理。

在不单方面依赖于合同解释手段的前提下实现“根据具体的合同而解决”，方法之一是以任意性法规和诚实信用原则的他律性规范补充。作为以法定类型和实际类型为基础的类型性合同的内容形成作用的一环，应积极承认该方法的作用。这种确定合同内容的方法应注意以下两点：其一，把当事人的自治放置于选择合同类型（及类型对应的规范）和修改相应规范的框架中理解；其二，将当事人的合意内容及补充该内容的他律性规范在特定合同类型下进行整体性把握（山本·前揭 101 页以下呼吁融合论，而反对区分合意内容的确定与他律性规范的补充的二元论立场）。当然，合同中当事人合意的法律介入并不仅限于上述在合同类型制度中的形成作用，还包括公序良俗法理和强制性规定，以及出于政策性考量的法律规定。包括这些内容在内，我们应对合同内容确定法理进行体系性整理，并对其中的理论问题进一步进行探讨。

五、总结

从民法典制定以来已历经一个多世纪，当下再度审视典型合同制度的立法政策——例如重编典型合同类型和修订个别典型合同规定——其必要性不可谓之不大。在修订之时，有必要基于合同类型的各项功能完善法定类型；不仅如此，还要根据合同的实际类型细化类型化规定的一般理论，更要在此基础上构建出关于合同内容确定方法的一般理

论，这些工作是使典型合同制度有效发挥其机能的极为重要的前提。

参考文献

来栖三郎：《合同法》(1974)；河上正二：《合同的法定性质与典型合同》，载加藤一郎古稀纪念：《现代社会与民法学的动向（下）·民法一般》(1992) 277 页；大村敦志：《典型合同与性质》(1997)；山本敬三：《合同法的修订与典型合同的作用》债权法修订的课题与方向［别册 NBL51 号］4 页 (1998)。

95 ◀ 转 租

京都大学教授　松冈久和

一、问题所在

1. 转租（sublease）的定义

转租合同*是在1990年以后新出现的合同类型，目前定义尚未确立。本稿所述的转租，指的是建筑物所有人将整个建筑物长期租赁给承租人，承租人又将各楼层转租给实际入住者（通常为复数）。

2. 背景与存在问题

（1）时代背景与合同特色

转租合同以不动产协会于1987年公布的不动产营业受托方式的形式登场，在泡沫经济最盛期，因能够同时满足土地所有人在不转让高涨中的土地的前提下获得稳定收入的需求，以及不动产业者（以下简称“业者”）在不投入巨资购地建屋的前提下依靠少量投资赚取管理委托费的需求而普及开来。多数的转租合同来自业者的提案，他们希望能够承租已建好建筑物的土地（预先承诺会转租）。由于巨额的建筑费用需要长期的贷款供给，租金收入一般会用于偿还贷款，因而租赁合同的存续期间通常为10年～20年，并附有解约禁止条款及高额解约金。早期的租赁合同所规定的租金很多与转租额相关联，大多为转租额的80％～90％，后来由于出租人想要获得稳定的租金收入，加之同行竞争越发激烈，市场价格体现出强烈上升倾向等原因，转租合同大多会附带最低租金额保证以及租金自动增额变更特约。

（2）核心争议

泡沫经济崩坏后租赁价格整体下跌，业者只能从次承租人处获得市场价的租金（转租合同适用借地借家法第32条，这一点不存在异议），但又因特殊条款的限制必须向出租人支付原定的租金，导致某些情形租金额将高于转租额，长此以往业者背负了巨额赤字。但如果出租人可以相应降低租金额，那么他自身就会面临无法偿还建地贷款的问题。此处的核心争议是，能否根据借地借家法第32条（以下，条文为借地借家法）请求租金减额，以及可以减额时租金额应当为多少。还有的问题是当转租合同因拒绝更新

---

* 中文亦有译为“公租”者，因实际居住人并不必然为复数故本文仍译为“转租”。——译者注

而终止时，应当如何保护转租人。对于该问题，最判平成 14・3・28（民集 56 卷 3 号 662 页）主张基于诚信原则，出租人无法就合同的终止与转租人对抗。由于该纷争与租金特约无关，本稿暂且割爱。

二、研究现状

1. 学说与判例

关于第 32 条，有单纯适用说、修正适用说、适用否定说几类。

单纯适用说主张转租合同也具备租赁合同的要素，因而可以正常适用第 32 条。根据该学说，相当租金额应定于约定价与市场价之间。典型纷争的判例都没有采用该学说。

修正适用说主张尽管第 32 条可以适用于转租合同，但也要考虑到转租合同的特殊性，压缩其减额幅度，某些情形甚至可以否定减额请求。具体而言，很多判例将转租合同的减额幅度压缩得比普通租赁合同更小，如果转租合同违反了诚信原则或是不满足第 32 条的不相当性要件，则可否定减额请求。

适用否定说主张如果满足一定要件就可以否定第 32 条的适用。比如有观点尽管承认转租合同属于租赁合同，但在业者面临租金市场价变动风险的情形，依旧主张不能适用第 32 条；也有观点认为典型的转租合同属于一种共同营业，而非租赁合同，虽然它含有租赁合同的要素，但不可以适用第 32 条。自 2000 年左右起，以东京高等法院为中心，越来越多的判例选择采用修正适用说与适用否定说，以否定业者的减额请求。

2. 主要论点

主要论点有：(1) 转租合同是否属于租赁合同；(2) 第 32 条是否作为强制规定否定了租金特约的效力；(3) 如何看待泡沫经济崩坏后不动产租赁市场的长期低迷；(4) 公平分担损失与遵守原初的合同，这两种想法孰优孰劣；(5) 否定减额请求要件的明确性等。

三、最高法院判决及其射程

1. 转租判决

(1) 基本的判断框架

最判平成 15・10・21（民集 57 卷 9 号 1213 页世纪塔大厦事件）明确了最高法院的判断框架，同日的横滨仓库事件判决（判时 1844 号 50 页），最判平成 15・10・23（判时 1844 号 54 页三井不动产出卖事件），最判平成 16・11・8（判时 1883 号 52 页长谷工事件）都承袭了这一框架。

判旨主张：1) 由建筑物的使用・收益义务与相当于对价的支付租金义务构成的合同属于租赁合同，自然能够适用借地借家法；2) 第 32 条第 1 项属于强制规定，即使订立了租金自动增额特约，承租人也可以请求租金减额。这一判示表明了最高法院并没有采用转租合同并非租赁合同的立场。判旨还继续指出，转租合同具有以下特征：3) 在援引第 32 条以判别租金减额请求能否得到承认或决定相当租金额时，需要考虑到当事人决定当初租金额时的理由，所以单纯适用说不能被采用。这一判决与横滨仓库事件判决吸收了法庭意见，也补充了需要遵循诚信原则以及需要保障基于侵权责任的对出租人的救济等意见。

横滨仓库事件判决还判定了在房屋使用·收益前不可适用第32条。三井不动产出卖事件认为在具有明确的最低租金额保证特约的情形可以遵循上述1）～3）判旨。长谷工事件判决也保持了相同意见，并以适用否定说为出发点，提出了补充意见，即减额的限度应不高于承租人贷款利息的最低额。

（2）具体的考虑要素

世纪塔大厦事件判决在上述判示的基础上，认为还应当充分考虑以下因素：(a) 租赁合同之中租金额的决定经过与订立租金自动增额特约的理由，(b) 租赁合同约定的租金额与当时该类建筑物租金市场价的联系（参照市场价的有无与程度），(c) 影响承租人对转租营业的预测的因素（当事人对租金额联动型转租价格的预测），(d) 出租人的押金与银行贷款的返还。

（3）对最高法院判决理解的分歧

最高法院判决在理论解释上有暧昧之处，因而上述各学说只从对立的理论之中选取对自己有利的部分（内田·后记所述，批判是笼统的、和解性判决）。

单纯适用说认为转租合同就是租赁合同，即便有租金额限制特约，但第32条属于强制规定所以仍旧能够适用。问题的关键是泡沫经济崩溃之后，那些意料之外的损失应当如何公平负担。第32条具体化了情事变更的原则，作为实现风险分担的公平分配应当然适用。例如当事人约定的租金额过高时就应当大幅减少，很少会否定减额请求。

修正适用说与单纯适用说一样，将风险的公平分担作为出发点，很少否定减额请求，但由于业者有诱导合同签订的可能性，所以不能够根据第32条全面否定相关特约的效力，需要将签订合同时的背景连同订立特约的理由都纳入第32条的框架内考虑，该条的效果即为前述的转租合同的减额幅度应当比普通租赁合同更弱。

适用否定说认为第32条并非纯粹的强制规定，该条在一定范围内承认了相关特约的效力，是一种复合型结构（参照了1999年修正的第38条第7项）。该学说主张比起公平分担经济损失，法律应当更重视合同严守原则，当事人即便不能预测租金市场价的具体变动，也不能因为预测到了租金价格变动具有的风险而将该风险转嫁给对方当事人。最高法院指出了转租纠纷的特征，并认为应该充分考虑合同签订时的背景条件。最高法院还主张，处理相关事件时应当最先考虑的是减额请求的可否与不相当性要件满足与否，在某些情形不仅可以大幅压缩减额幅度，甚至可以否定减额请求。

2. 转租纷争的后续判决与转租判决的射程

（1）转租纷争的后续判决

对于最高法院判决的解读方式有很多种，下级法院就转租纷争而言，具有以下几种解决方案。东京地判平成16·4·23（金法1742号40页）采用了类似于单纯肯定说的结论，但上诉的结果是达成和解，维持了现行租金额。东京高判平成16·12·22（判タ1170号122页三井不动产出卖事件的下级法院重审）受到长谷工事件判决的补充意见的强烈影响，也维持了现租金额。当合同附带了最低租金保证和增额自动变更特约时，减额请求可能会被否定，但也很可能会在利息和税金的减少限度内轻微地减额。

（2）转租判决的射程

最高法院的转租判决确实体现了转租的特殊性，但它这套包含第32条的判断框架本身沿用了借地合同方面的最判昭和44·9·25（判时574号31页）和最判平成5·11·26（民集170号679页）的思想，具有很高的普适性。例如最判平成16·

6・29（判时 1868 号 52 页借地合同）与最判平成 17・3・10（判时 1894 号 14 页预定租赁合同）就直接引用了世纪塔大厦事件的判旨。此外像不动产变更贷款（东京地判平成 18・3・24 金判 1239 号 12 页）或是特定优良租赁住宅（神户地判平成 18・3・24［平成 15 年ワ第 2054 号。判例集未刊登］）等出租人想通过特约保持稳定收入而建造了用于出租的房屋的事例，同样也有转租合同纷争中的问题，此类问题应在最高法院判例的射程之内。

参考文献

松冈久和：《建筑物转租合同与借地借家法 32 条的适用》法学论丛 154 卷 4～6 号 131 页，同《最高法院转租判决的倾向性（上）（下）》金法 1722 号 49 页，1723 号 29 页（以上，2004）；内田贵：《判批》法协 121 卷 12 号 2145 页；近江幸治：《〈转租问题〉再论》早稻田法学 80 卷 3 号 21 页（以上，2005）；山本敬三《借地借家法的租金增减限制的意义与判断框架》，载潮见佳男等编：《特别法与民法法理》153 页（2006）。

96 定期借地权与定期借家权

东京大学教授　佐藤岩夫

一、问题所在

在以建筑物的所有为目的的土地租赁（借地）及房屋租赁（借家）方面，特别法即借地借家法是极为重要的规范。借地借家法于 1991 年颁布，统合了建筑物保护法、借地法与借家法，基本沿袭了过去基于正当理由之存续保护以及基于相当性之地价・租金限制的框架。同时，针对借地权，借地借家法对于无合同更新、存续期间为 50 年以上的合同，新设了三种类型的“定期借地权”，即附有更新排除特约的借地权（借地借家第 22 条）、附有建筑物转让特约的借地权（同第 23 条）、营业用借地权（同第 24 条）。另外针对借家权，该法在借家人具有异地调职、疗养、亲属看护等特殊事由的情形（同第 38 条［旧规定］）以及建筑物计划会被拆毁的情形（同第 39 条），规定了两种附期限的建筑物租赁权。1999 年的立法修正（《优良租赁住宅供给促进法》）在附期限的建筑物租赁权的第一种类型之中导入了“定期借家权”，规定无特殊事由，借家合同不更新（借地借家第 38 条［现规定］）。

今日法律体系之中，借地权与借家权原则上和一般上都具有正当事由制度（“普通借地权”与“普通借家权”），相对地，“定期借地权”和“定期借家权”就成为例外与特则。然而目前有观点主张限缩正当事由制度的适用范围甚至废弃正当事由制度，使“定期借地权”与“定期借家权”取代普通借地借家权的原则性、一般性地位，其理由是借地、借家合同基本上应尊重当事人合意（合同自由）。

本稿所要讨论的是与借地、借家合同的限制（正当事由制度及地价、租金限制）相关的对立观点。借地与借家的问题状况很不相同，另外，土地、房屋的利用是出于居住目的还是营业目的也会产生不同的问题，因纸幅的关系本稿对此不作详细讨论。以下将主要围绕居住目的的借家进行讨论，最后将简单提及居住目的的借地以及营业目的的借地、借家。关于转租合同，本书 95 已有论及。

二、放宽与废弃借家限制（合同自由化）的观点

近年来对于放宽乃至废弃借家限制的呼声越来越大，笔者整理之后主要有以下两种

观点（详细请参照阿部泰隆等编《定期借家权》［1998］中收录的各论文，福井秀夫《借地、借家的法律及经济分析㊤㊦》Jurist 1039 号，1040 号）。

1. 借家人通常为弱势者吗

过去一直把保护处于相对弱势地位的借家人作为借家限制的目的。由于借家人相对于房屋所有人更居弱势，因此基于合同自由而订立的合同内容有可能倾向于出租人的利益，故必须对合同内容有所限制。但有批判观点认为如今借家人相对于出租人而言并不一定是经济或是社会上的弱者，根据这种想法，借家合同的内容应当以当事人的自由交涉为原则（定期借家权的原则化最终将达成正当事由制度的废除），而对于那些真正经济贫困难以负担房租的人，政府可以提供公租房或是租房津贴。

2. 借家限制的反作用——阻碍优良租赁住宅的供给

与欧美诸国相比，日本的出租住宅大多狭小而劣质，很少有面向有孩家庭的优质且经济的住宅。笔者认为其原因在于，借家限制规定中对继续性租金金额的规定，影响了对优质租赁住宅建设的投资，导致阻碍了优良租赁住宅的供给，在结果上起到了反作用。基于这点，笔者主张放宽或是废弃借家限制，以促进优质房源的供给及借家居住的稳定。

三、借家限制支持论

除了主张放宽和废弃借家合同中限制的观点之外，也有学者仍支持这些限制，其理由如下。

1. 正常事由制度的新理论基础

由于如今的承租人相对于出租人并不一定在社会、经济方面居于弱势，因而许多学者试图从其他角度讨论借家合同限制（指正当事由制度）的意义。

其一，基于借家合同的继续性。继续性合同是由对继续性的合理期待支持的，所以继续性合同法理上认为若无“不得已的事由”，合同不可解除。正当事由制度则是该法理在借家合同方面的具体体现，是其合理依据（参照内田・后记《管见〈定期借家权构想〉》。

其二，基于居住目的。有观点从住宅的生活性意义及住宅作为生活起点、塑造社会关系的角度出发，讨论正当事由制度的合理性。以各类住宅为中心，人们进行职业、教育、兴趣、社交、社会实践、社区活动等活动，构建各种社会关系网络。这种立基于住宅之上的社会活动及社会关系的继续性，在法律层面应予尊重。正当事由制度规定出租人可以因正当事由在合同期满后终止合同关系，这也是出于对出租人利益实现的考虑；同时它也保障在无正当理由的情形下，当事人的借家关系可以继续，进而保障以借家（住宅）为中心的借家人及其家族的社会活动及社会关系可以继续发展（佐藤岩夫《社会关系的形成与借家法》法时 70 卷 2 号 27 页以下）。

以上两种观点，前者关注的是合同的继续性，学说射程不仅涵括居住目的的借家，还涵括营业目的的借家，而后者主要针对居住目的的借家；但前者的论据更为具体，例如“借家人如果与家人长期一同居住，会对工作场所、孩子的学校等与生活息息相关的场所进行特殊的投资，并负有心理上的责任感”（内田・前记论文 13 页参照），只有在居住目的的借家中，两者观点类似。

2. 借家限制与优质租赁住房供给的兼得

借家限制确实会在一定程度上限制租赁住房的供给，但施行借家限制的国家的租赁住房并非都是量少且品质恶劣的。例如德国与法国的借家限制与日本相同，但德法的租赁用房质量好且数量多，其关键在于两国政府为了促进优良租赁住房建设，施行了积极的住宅政策（对优质住房有建设补助和税金优惠）和借家人租房津贴（租金补助）制度（租房津贴制度不仅能减轻家用负担，还试图通过提高借家人的家用负担能力而促进优质租赁住宅的建设）。两国在长年实施这种政策之后，达到了借家限制与保证房源供给的平衡。

该事例展现出放宽借家限制并非促进优良租赁住房供给的唯一途径，比较各国住宅制度的研究成果显示，施行合理限制加上积极住宅政策的国家（德法），比完全依赖于借家规制自由化手段的国家（英美），在促进优质租赁住宅供给方面更成功（佐藤岩夫《现代国家与一般条款：借家法的比较历史社会学研究》[1999]，小玉彻等《欧美的住宅政策》[1999]）。

四、检讨

1. 基本角度

讨论上述问题时，应注意以下三个重要且基础的观点。

第一，不可孤立地研究借地借家法制度本身，而是需要将借家限制与住宅、都市相关的政策、制度相结合。

第二，研究的落脚点不在于“放宽限制”而在于“制度改革”。近年来学界从多种角度推动了借家限制的放宽，其中定期借家权居于讨论的中心，但推进过程并不顺利。放宽是构建美好社会的一种手段，但放宽不是目的本身，如果存在不合理、不必要的限制，则限制的放宽乃至废除是必须的，与此同时，保留必要的限制乃至强化部分限制也是必要的。重要的是区分出哪些限制必要、合理，哪些限制不必要、不合理，即“制度改革”。

第三，研究上述问题时实证依据非常重要。为此，除了比较法的研究，还需要结合社会学、住居学、都市规划学等各社会科学学科进行实证研究。

2. 笔者观点

基于以上观点，笔者认为对于居住目的的借家，保持以正当事由制度及相当租金制度为中心，辅以住宅、都市相关政策的框架有合理的理由，具体如下。第一，以住宅为出发点的社会活动及社会关系的继续性，在无正当事由、合同关系终止的情形值得被保护。第二，如果政府可以为租赁住房建设提供补助，并为借家人提供租房津贴，则有可能达成借家限制与优良租赁住宅供给的兼得（佐藤·前记书 269～314 也，佐藤·前记论文 27～32 页）。而且如果站在借家限制与相关政策的分工的立场看，需整备相关制度，以使公众享受到都市规划与土地开发的好处（这类制度可以减轻正当事由制度的负担，明确正当事由制度的判断基准，并限缩腾退费制度的适用范围）。

最后需要讨论的是营业目的的借地和借家以及居住目的的借地。首先无论是借地还是借家，如果是出于营业目的，就基本上不属于正当事由制度及相当租金制度的限制对象，其原因在于，该类合同的当事人双方有合理期待经营效果的可能性。不过对于通常具有较长持续期间的借地合同，最好能够设置分配合同风险的规定，借地借家法之中的

"定期借地权"制度正是因此而设。

居住目的的借地则比较复杂。近年来借地形式的住宅供给在急剧减少，支撑这种形式的历史性社会及经济条件正在逐渐消失（濑川信久《日本的借地》[1995]）。目前一部分开发商推广的附借地权的住宅虽然短期来看价格上比附土地所有权的住宅更低廉，但长期而言产生复杂的法律问题的风险更大。尽管有购买房产意向的人基本上都会买附土地所有权的住宅，但对于没有这种需求的人也应当能有优良的租赁住宅供给，以回应他们的相应的需要。笔者认为恰当的做法是适当关注现有借地人的居住需求的同时，不再干涉居住目的的借地的自然减少（参照濑川·前记 231 页）。

参考文献

阿部泰隆等编：《定期借家权》（1998）；内田贵：《管见〈定期借家权构想〉》NBL606 号 6 页以下（1999）（同《合同的时代》[2002] 收录）；佐藤岩夫：《日本民法的展开(2) 特别法的诞生——借地借家法》，载广中俊雄/星野英一编：《民法典的百年Ⅰ》(1998)；同《现代国家与一般条款：定期借地制度的创立与发展》(1997)；《[特集] 都市、住宅问题与限制的放宽》法时 70 卷 2 号。

97

合同的预约、交涉与成立

北海道大学教授　池田清治

一、问题提起

依据传统的理解，合同订立前，当事人有决定合同订立与否之自由（合同自由原则），一旦合同订立，即对当事人形成约束（合同的拘束力）。也就是说，以合同的成立为分水岭，分为自由之世界与约束之世界。然而民法典与判例学说发展的法理之中存在着一些例外，对此，本稿将围绕合同成立之诸问题，于“二”中讨论合同交涉阶段的法律限制，于“三”中讨论合同成立之方式，于“四”中讨论成立后的相关法律制度，最后在“五”中进行总结。

二、交涉阶段的法律限制

民法典对要约与承诺（第 521 条以下）及预约（第 556 条）作了分别规定。例如作为对受要约人的信赖保护的一种“交涉限制”，民法典规定即使合同最终并没有成立，要约也具有拘束力（第 521 条第 1 项、第 524 条）。与此相对，单方预约之中则赋予当事人的一方以预约完结权（成立正式合同［本约］的权限）。虽然单方预约作为一种独立的合同，难以归类于“交涉限制”，但在本约缔结前具有拘束力这一点上与要约是相同的。

（有拘束力的）要约与单方预约的类似点，还在于两者均在一定期间内对当事人一方有拘束力。事实上在不承认要约的拘束力的法律体系之中，单方预约（如期权合同）代替要约承担了这一功能。日本法已明确规定了要约的拘束力，但在技术上规定了要约不可登记，预约可办理登记的区别。尽管预约给人留下了经常运用于担保法的印象（如代物清偿预约等），但其实证券交易中也经常使用期权交易，该领域甚至把期权交易形成的预约完结权也作为交易对象。

在这样的实定法的基础上，判例学说提出了如下几项法理。

第一，判例认为交涉阶段也由诚信原则支配，当事人双方都具有考虑对方利益的义务。由此，在当事人错误传达合同订立之可能性的情形，以及合同订立前无理由放弃既有交涉成果的情形，背信当事人需要赔偿对方支出的准备费用（最判昭和 58・4・19 判时 1082 号 47 页，最判昭和 59・9・18 判时 1137 号 51 页）。另外判例还认为即便合同已成立，在成立前的交涉阶段因一方错误的说明致使另一方后续遭受损害的情形，错误说明方也应当承担责任。

第二，如果当事人认可交涉阶段形成的合意有拘束力，该合意可认为具备了合同式的拘束力（最决平成 16・8・30 民集 58 卷 1763 页）。为了能与预约相区别，我们将其称为预备合同，例如有交涉义务的合同以及在合意基础上赋予对方垄断性交涉权的合同均属于此类合同。但在违反交涉义务的情形，预备合同的效果，尤其是预备合同的损害赔偿范围常常存在争议。另外预备合同如果含有违约金条款一般就按照该条款即可，但如果没有违约金条款时是应当规定合理的违约金，还是应在考虑当事人在尽其交涉义务情形下的缔约盖然性基础上进行判断，这些方面仍值得商榷。

交涉过程中对合意的中间性整理只不过是对交涉结果的"确认"，在某些情形并不具有拘束力，因此具体为有拘束力的预备合同还是交涉结果的"确认"，应依照当事人的意思而定。单方预约与设定交涉义务的合同之中，如果双方达成的合意与最终想订立的合同内容不同，那么不妨认定成立其他合同，但如果过去讨论所得的合同条款只是一种表列，则其拘束力很难被承认——如果想要让其具备拘束力，可以先签订合同，其他有争议的条款日后再个别决定。像要式合同与要物合同之类的合同，合同的成立不只需要当事人的合意，假如订立时存在阻碍事由，则合意可以对当事人先构成暂时的约束。此时也会使用双务预约，这种预约约定了当事人双方都具有履行订立合同本约的义务，但是该情形下是否承认预约的拘束力，在法律上还需要确认（法律为避免当事人轻率地作出意思决定，要求具备书面合同，承认非书面双务合同的拘束力是有违法律宗旨的）。

三、合同成立的方式

合同自由的原则体现在方式和内容自由之上，从意思自治以及私法自治出发，诺成主义是原则，民法典也以此作为前提。但有些情形下民法典并不认可单纯意思可产生约束力，而将物的交付与书面合同的作成作为合同的成立要件以及效力要件。比如当事人之间存在口头约定，但因为没有发生物的交付，合同不具备拘束力，换言之也即认可"反悔的机会（=后悔的权利）"。综观民法典，有两点理由可支持此种立法。

第一，无偿性。例如使用借贷与（无息）消费借贷均属于要物合同（第 593 条・第 587 条），即便当事人作出了口头约定，在实际交付前均可以反悔。另外赠与合同属于诺成合同，非书面式的赠与合同在履行完成前都可以撤销（第 549～第 550 条，也有观点认为即使作成了书面合同它依旧属于自然债务）。另外，（无偿）委托合同虽然属于诺成合同，但该类合同认可合同的任意解除（第 643 条・第 651 条第 1 项），实际上规定了"可以不履行，但在不履行前要联系相对人"。由于是无偿合同，法律对受益方的保护并不强，并给予了施惠方重新考虑的可能性（参照本书 93）。

第二，风险性。有息的消费借贷虽然属于有偿合同，但与租赁合同有所不同，它伴随着所有权的转移，使得标的物变成了借款人的责任财产。考虑此类风险之时，即使有息，也应当给予重新考虑口头合意的机会，这种想法是可能的政策判断（参照第 587 条）。反之，像设有担保等风险回避措施的情形也可以承认口头合意的拘束力，事实上民法典也承认了消费借贷的预约（第 589 条）。另外当贷款人有意识分散风险时，合同而非预约，而是属于诺成性的消费借贷这样的无名合同（尽管无撤销自由的赠与合同不被认可为无名合同［因而第550条为强制规定］，但诺成性消费借贷有其合理性）。因而对有息消费借贷不可一概而论，需要更细致的分析。对于订立时不一定能预判风险的保证合同，也需要深思熟虑，故要求书面形式（第446条第2项）。其他像最高额保证（第465条之2以下）或身份保证（身份保证相关的法律，尤其是第3条·第5条）等复杂的情形，有时候仅凭订立书面合同仍不足以规避风险，故还有其他特别规定。

另外在处分重要财产的时候，比如不动产买卖的情形，从比较法的角度而言公证书制度十分有效。日本仅规定任意监护合同需要有公证文件（任意监护合同相关法第3条），在买卖合同的情形，包括不动产买卖，一般都贯彻诺成主义（第555条）。当然实际的判例很少会肯定无书面合同的不动产买卖合同的成立，但公证书是由公证人等法律专家出具意见制成的，与一般的书面文件相比更加慎重。因此对于相对欠缺这类制度保障的日本，即便在合同成立后也有必要给予当事人重新考虑的机会。

四、合同成立后的法律制度

解约定金（第557条）是一项合同成立后允许反悔的制度。民法典制定之时考虑到当时的实务需要导入了解约定金制度，今日该制度多被运用于不动产买卖之中（定金一词的解释在学界仍有争议）。

预约完结权给予了当事人成立具有拘束力的合同的权利，而解约定金给予了当事人从合同拘束力之中解脱的权利，尽管这两者作用相反，但性质相似。需注意，期权合同的预约完结权通常明确规定了存续期间，但解约定金的存续期间一般截止至“履行的开始”，因其缺乏明确性，故难以运用于股票交易等情形。

任意解除制度也给予了当事人重新考虑的机会。关于委托合同的解除，无偿委托与其他无偿合同相同故应限制其约束力，而有偿委托也承认任意解除（第651条第1项），因此可以说此规定是考虑到了委托的基础即人际信赖关系的结果。与此相对，承揽合同虽然承认任意解除（第641条），但定作人必须赔偿承揽人的损害。不过定作人可以主张损益相抵，如果是在初期中止，可以节省一定的材料费。该制度的立意在于保护承揽人的利益的同时，避免不必要的劳动以减少社会的浪费。同样情形在其他合同类型中也有，因而需要善用损害减轻义务的相关法理论（参照本书68）。不过，承揽合同中由于扣除的只限实际节约的费用，因此赔偿范围的确定是一项相当困难的工作。

此外，还有冷静期制度（特定商事交易法与分期付款买卖法等特别法）。该制度运用于上门推销、电话推销等消费者不备的情形，或是分期购买等会对将来造成负担，故有必要重新考虑的情形。尽管日本法之中不认可电子商务中可适用此制度，但有些国家认为只有见到实物后才能真正体验，因此在该情形也承认冷静期制度，日本有些电商业者也会自行遵守该制度。因此关于该制度的法律仍需完备，该制度的立法依据也需要再讨论。

五、总结

传统的理解认为交涉阶段是自由的，但合同成立之后就会产生拘束力，上述介绍的诸制度只是该“原则”的“例外”。多种法律要素（交易的必然性、无偿性、风险性、重要性、社会性视角、消费者合同的特性）可以使无拘束力的合同产生约束，使有拘束力的合同的拘束力减弱。在解决相关问题时必须最终明确“合同拘束力的依据”，而当事人的意思表示是最重要的要素之一，也是说服当事人另一方的理由，这一点无须怀疑，但与此同时，合同也是社会性的存在、社会性的制度，因而有必要同时以一种社会性视角和手段，对其进行审视。

参考文献

除教科书、体系书、注释书外，单行本有：池田清治：《合同交涉的撤销与责任》(1997)；内田贵：《合同的再生》(1990)，同《合同的时代》(2000)；椿寿夫编：《预约法的综合研究》(2004)。

98

"信赖关系破坏"法理与人的要素

东北大学名誉教授　广中俊雄

一

租赁合同解除的效力可依"信赖关系破坏"的有无而决定，这一法理现已得到了最高法院判例的肯认。最初明确说明该法理的关于民法第612条之解除的事案中，争议的核心在于"背信行为"的成立与否（最判昭和28·9·25民集7卷9号979页以下），其后在其他类型的解除中，"信赖关系破坏"也成为问题点（最判昭和39·7·28民集18卷6号1220页以下），加之与上述民法第612条之解除类似的判例也时常出现（最判昭和40·6·18民集19卷4号976页），因此如今统一将这一法理称为"信赖关系破坏"法理。判例在讨论无催告解除的合理性与"背信行为"要件时（最判昭和27·4·25民集6卷4号451页以下），最初并没明确认为合同解除需成立信赖关系之破坏，但后来有判例在认可无催告解除时，同时说明"系信赖关系已遭破坏，故无须催告"（最判昭和50·2·20民集29卷2号99页）。

不过，在讨论"信赖关系破坏"法理时，是否也应当考虑人的要素？

二

因上述问题的提起者正是笔者，故以下将介绍该问题的提起动机与该问题的内容。

基于民法第612条之解除中的背信行为的判例，从最判昭和31·5·8（民集10卷5号475页）开始，在最高法院的三个小法庭中轮转了一遍，笔者虽支持该判例的观点，但对"背信"等词的使用较为担心。当然也有其他判例的观点站在了该判例的反对面，如最判昭和31·12·20（民集10卷12号1581页），这一判例作出了如下判示，即"法律无须考虑租赁合同的内容，无权转租属于当事人的背信行为，出租人可依此解除租赁合同"。于是笔者在第二年，一是为了支持前述"背信行为"判例，二是为了提出限制第612条以外的解除的限制法理，连续撰写了两篇论文（收录在论文集中，广中

［著作集③］《不动产租赁法研究》［1992］4～72页）。笔者在细究解除限制法理之中的词汇时，受到“背信行为”判例的启发，以及出于对“背信”“信赖关系的破坏”等词汇使用的担心——比如有可能将转让租赁权给“自己（出租人）不喜欢的人”或是有悖于合同旨趣的人等情形归于“背信行为”的担心——开始尝试明确了“信赖关系“的本质。具体而言，笔者提议只有承租人的义务违反达到了信赖关系破坏的程度时才可承认第612条及其之外的解除（上揭书71页），而对于该前提即“信赖关系”，笔者指出信赖关系为“人际之间特殊的关系（马克斯·韦伯所指的persönlich）。今日不动产租赁合同中的‘信赖关系’以及……‘背信’是属物的（sachlich，unpersönlich）关系，应受法律制裁”（上揭书24页）。

三

对于笔者的上述观点，一方面，有学者认为将民法第612条以外的解除按民法第514条处理的传统解释修正“信赖关系破坏”法理的可能性很小；另一方面，也有学者认为“信赖关系”不能够作为“前近代的＝人的”而考虑，而应当作为“近代的＝人的”而考虑。笔者曾在1962年5月发行的《民商法杂志》中对后者予以否定（上揭书126～129页），对此，同年11月石田喜久夫教授提出了反对观点：“下述铃木［禄弥］教授所举的例子，即（1）承租人将房间之一转租给了卖淫女［即世人所嫌恶的职业］的情形；（2）承租人的行为举止［遭人厌恶的、违反伦理的］不断遭到邻居投诉的情形；（3）出租人与承租人订立了不可转租特约的前提下，承租人违约转租获得了巨额权利金，但出租人没有获得权利金的情形”应当如何处理?（［］内也为原文，末川先生古稀纪念《权利的滥用（上）》［1962］191页。但开头的“铃木教授……”几字或为石田教授之笔误。在其提出该观点的约三年前，铃木教授在文章中写道，“或许守礼之人普遍认为卖淫女是不受欢迎之社会存在，然而法律或多或少放任了她们的存在，至于她们是不是属于应当被嫌恶的那一类人，得归结于公民个人的社会观……在肯定解除之情形，如果扩张解释立法的旨趣，则很有可能存在以借家人的宗教、政治信仰、人种、出身等因素而对借家人实施不正当压迫的风险。即使在法律上已对借家人进行否定评价的情形（如罪犯），仅凭该理由就拒绝出租，也是不合理的……”（再录＝铃木［民法论文集③］《借地借家法研究Ⅱ》［1984］504页。石田［民法研究①］《不动产租赁研究》［1980］16页删除了上述“铃木教授……”［几字］）。

第二年，我在法哲学年报1963（下［发行于1964］）中刊登了一篇文章，回应了反对意见，并在注记中指出上述修正“信赖关系破坏”法理应有希望（同书262页后半括弧内）。对于反对意见，我的回复是：民事纷争处理中“人的［近代的·市民的］”“信赖关系”只适用于家族关系以及无偿合同关系，此为基本立场；在文中示例的各情形之中出租人应采取的手段，可以是就居住环境的保全、净化而寻求其他市民的协助（住民运动之一），也可以是对相应问题中的人物采取合理的行政以及刑事手段，等等，解除合同并非必须之手段（我在同时期的司法研修所的判事补实务研究会上详细阐述了私见，并指出了在上述情形，可采取的民事手段有出租人和附近住民对承租人提起排除妨害的诉讼等。前揭著作集③259页以下）。

而我所作的修正“信赖关系破坏”法理应有希望判断是来源于前述最高法院昭和39年7月28日判决，“信赖关系破坏”法理并未被固定下来。如前所言，在民法第612

条规定之外的情形，若承租人没有违反义务或债务不履行但却破坏了“属人的信赖关系”，出租人能否解除合同就成为问题。

四

即使承租人存在民法第 612 条的义务违反，但若仅是属人而非属物的信赖关系破坏，那么则不应认可解除。

以转租给卖淫女的例子而言，我曾表示过：“如果借家人完整地支付了租金……没有损毁所借之家，或是在广义上损害出租人的经济利益……卖淫女这一身份也不会降低该房间的出租价值和出租效用……，出租人也不会因为转租的借家人之一为卖淫女而空置其他房间……。要言之，如果只是转租人的身份为卖淫女，其他情事一切如常，并且完全不会对出租人的经济利益造成损害，那么仅凭该点能否解除合同呢”，我的答案是“否”（前揭著作集③257～258 页）。不过该论断的前提是，借家人也即同居的卖淫女没有把借家作为卖淫的场所。有学者对我的上述见解提出了反对意见，指出“无论如何，在广义上影响出租人经济利益的可能性很高……例如造成心理负担……而致使经济上的不利……”（石田・前揭民法研究①29 页）；之后更是有学者脱离了转租的情形，提问道：“如果因其他的借家人以及邻居投诉而致使出租人感到困扰和不快，该如何处理”；也有人主张在“不经意转租给了卖淫女”的情形下，“出租人蒙受的损害包括了经济上的和精神上的……和对自己造成精神损害的对方切断财产关系，是一种可行的手段”（星野英一《借地借家法》［1969］115～116 页）。但问题并不在于出租人“不经意”地缔结了合同这一点，而在于出租房的居住人后续变成了卖淫女这一点；而我觉得不妥的是将居住者称为“卖淫女”一事。如上所述，如果仅凭某人具有某种属性——尤其是没有能力购入自己的房屋，而不得不租借他人房屋的人——即便他没有债务不履行，但因为“受到了近邻的‘投诉’（例如实行村八分制度时期，即江户时代村民对违反村规的人家实行的断绝往来的制裁的制度）就不得不驱逐［该居住者及其亲属］”，这种解释能否得到肯认（广中・前揭著作集③170 页参照），该问题应当慎重地进行讨论。

参考文献

本文主要参考了截至 1970 年代中期的文献，关于因篇幅的关系而割爱的 1972 年的水本（浩）说，请参照广中著作集③291 页～292 页［附记］。另外，原田纯孝：《承租权的转让・转租》，载星野英一等编：《民法讲座 5》（1985）345～346 页的文献整理与概述也很重要。笔者最终的观点，请参照广中著作集④511～513 页。

99

公共工程承揽合同法规之特色

专修大学教授　坂本武宪

一、问题所在

国家与地方公共团体等行政主体（行政机关）为购买公共储备品或是建设公共工程，经常会与私人或私法人缔结民法意义上的买卖合同或者承揽合同并产生权利义务关系。这之间涉及民法，由于行政主体为合同当事人，所以还涉及一些特殊法令，近期行政法学界也认同这种观点，认为这类合同不单单是私法合同，也是行政合同的一环（碓井・后记 2 著书将其作为公共合同）（浜川清《行政合同》雄川一郎等编《现代行政法大系（2）》［1984］166 页，原田尚彦《行政法要论［全订第 6 版］》［2005］208 页，芝池义一《行政法总论讲义［第 4 版补订版］》［2006］238 页以下，今村成和＝畠山武道《行政法入门［第 8 版补订版］》［2007］118 页以下，等）。相关的特殊法令在处理后述合同时采用招投标优先原则，该原则毫无疑问可适用于公共工程承揽合同，在此之外还存在特别法。另外像建设业法就将合同公平性作为目标之一（第 1 条），并在第 34 条中规定了中央建设业审议会制度，审议会可制订标准格式合同并建议当事人执行。根据第 34 条，目前制订了区别于民用工程用格式合同的公共工程标准承揽格式合同（下称“公共工程格式条款”），各行政机关可以以此为基础结合各部门具体情况进行调整（碓井・后记详解 372 页以下）。问题是，在这一连串举措的基础上，为什么还要对行政主体缔结的民法层面的合同——尤其是其中非常重要的公共工程承揽合同——在针对私人关系的一般法令之外再制定特别法。本稿将围绕该问题概述特别法的内容，并讨论其必要性之依据。

二、公共工程承揽合同的订立相关的法律

1. 公共工程承揽合同的定义

因公共建筑工程的招标经常出现内定等舞弊行为，制定针对承揽合同的订立相关的

法律就显得极为重要。相关法律将公共建筑工程定义为“国家、特殊法人及地方公共团体招标的建筑工程”（公共工事の入札及び契约の適正化の促進に関する法律［以下称“適正化法”］第2条第2项），并就合同成立及施工的公平化进行了规定。如此定义的公共工程承揽合同毫无疑问属于前述行政法学界提及的行政合同，该类合同基本上是由行政主体站在财产管理者的立场订立的合同（今村＝畠山·前记118页），而不是规定国民义务或是限制国民权利的限制性合同，属于有关给付与对待给付的非限制性合同（宇贺克也《行政法概论Ⅰ［第2版］》［2006］329页）。

2. 公共工程承揽合同的订立相关的诸规定

公共工程承揽合同的成立一般依据会计法第29条之3与地方自治法第234条第1项·第2项规定的基本程序，原则上需公告招标信息，让不特定多数参与“一般竞争投标”（一般竞争投标优先原则）。而行政主体预先指定若干竞争者参与招标的“指定竞争投标”与不进行投标竞争的合同，只有在会计法第29条之3规定的有特殊事由的情形（同条第3项～第5项）以及政令规定的情形（自治第234条第2项）才能使用。行政主体需要预告公共工程的招标，并公示投标人、中标人、投标过程等其他相关情报。《促进公共工程品质确保的相关法律》为实现此目的，尤其是为了确保招标与订立合同的透明性与竞争的公正性，将排除舞弊等不正行为、经济性与其他因素综合考虑等作为基本理念（如会计法第29条之6第2项等规定“综合评价中标方式”。东真生《公共工事の品質確保の促進に関する法律》Jurist 1298号68页）。

3. 合同订立之法律限制的依据及性质

在无特殊事由的情况下，公共工程承揽合同需遵守一般竞争投标的规则，也即意味着民法上的“合同自由原则”——特别是当事人另一方的选择自由——对行政主体（行政机关）也有拘束力。然而这一约束根据是什么（山田卓生《行政中的合同》成田赖明先生退休纪念《国际化时代的行政与法》［1993］755页注7指出该问题的相关研究数量很多），相关的限制性规定的性质是什么（是否是行政主体的内部规定），这些疑问还留待解决。就约束的根据而言，有人认为行政主体订立的合同必然伴随着公费的支出（税金的使用），因而为了确保合同的公正性与经济性需要对民法予以修正适用（大桥洋一《行政法［第2版］》［2004］351页，盐野宏《行政法Ⅰ［第4版］》［2005］175页等。持类似观点的有山田·前记763页）；也有人认为行政合同具有行政作用，需要遵守行政法的一般原则，即相对人平等原则，低经费高效率原则，过程公开公示的透明性原则等（宇贺·前记330页以下）。就法律的性质而言，有人继承了过去学说的观点，认为相关规定是“行政体系内部的训令性程序规定”（高柳岸夫＝有川博《官公厅合同详解［平成18年度增补修订版］》［2006］106页，自治体合同研究会编著《详解地方公共团体的合同》［2003］14页），但问题是，行政机关是否有权要求行政体系外的合同当事人以及潜在当事人遵守会计法等内部法规。随着国家与地方公共团体近期引入了处理竞标争议事件（投诉）的程序，状况有了很大的改善（碓井·后记详解446页以下），此外在地方公共团体层面，住民诉讼通过将财务会计法规的解释适用争议至法院的方式使得财务会计法规得以为外部所见（盐野·前记175页注1）。

三、公共工程承揽合同的施工与支付价款相关的法规

公共工程承揽合同的施工与民间工程承揽合同有着不同的法律规定。第一，全面

禁止公共工程承揽合同的一揽子转包（适正化法第 12 条），为了让这一点成为当事人之间的权利义务，公共工程格式条款之中也设置了确认该点的条款（第 6 条）。其原因是为了保证中标资格之类的招标程序能够被准确执行（后记·适正化法解说 90 页以下）。

第二，为确保国家与地方公共团体能够适切地履行合同，必须有监督程序（会计法第 29 条之 11 第 1 项，自治第 234 条之 2 第 1 项），而公共工程格式条款之中必须有详细的条款以能够体现这一点（第 9 条等）。

第三，一直以来，官厅土木工程承揽合同的承揽人面临着苛刻的“单方义务”（川岛武宜＝渡边洋三《土木工程承揽合同论》［1950］3 页以下），例如基于民法第 632 条与第 536 条的解释，工程的风险以及由薪酬与物价变动导致的承揽价款不对等的风险原则上由承揽人全部承担（例如来栖三郎《合同法》［1974］476 页以下），而“公共工程格式条款”详细规定了承揽人所负担的费用和承揽价款额的变更请求的要件及变更时招标人应负担的份额——而且与民间工程格式条款相比承揽人的风险更小（第 25 条·第 29 条）。公共建设工程通常工程规模大，工期长，因而出于不可抗力和非合理事由的合同变更只会对承揽人造成风险，被评价为苛刻的“单方义务”是有其合理性的（后记《公共工程格式条款解说》213 页以下，244 页以下）。

最后是有关公共工程承揽合同的终止与价款支付的法规。首先，在给付完成后国家与地方公共团体应对给付的完成进行再度确认，即检查（会计法第 29 条之 11 第 2 项，自治第 234 条之 2 第 1 项）。其次，关于检查的时期，规定了国家与地方公共团体在收到完成通知的 14 天之内必须完成检查，否则需按照约定的利息支付迟延利息（防止政府契约延迟支付法律第 5 条·第 9 条·第 14 条，以下“政府契约法”；公共工程格式条款第 31 条第 1 项·第 32 条第 3 项）。再者，关于支付价款时期，规定原则上在检查完毕后收到对方提出的支付请求的 40 日之内需完成支付，40 日之后需支付约定的迟延利息（政府契约法第 6 条·第 8 条，公共工程格式条款第 32 条第 2 项·第 45 条第 3 项）。

四、笔者观点

公共工程承揽合同相关的特别法规之所以如此制定，是因其有公费的支出（税金的使用）等。行政主体若想以低价获得高质量的工程，需要使用招投标的方法，在订立合同过程中也应当对纳税人公示相关信息，然而仅凭想通过低价获得高回报这一理由就认为需要完备招标程序以保证潜在竞争者能够机会均等（一般竞争中标优先原则），以及导入相关程序以处理竞标争议（投诉），说服力显得略微不足。行政主体作为协调人与人之间的权利与自由的权力机构（包括辅助这一任务的行政机关），在合理情况下应当以合同自由原则（特别是当事人另一方的选择自由）与合同缔结机会均等原则两全的方法来以低价获得优良的工程设施。

其次，关于施工与支付价款相关的法律之所以有特别规范，是由于公共工程比民法中一般工程规模更大、工期更长。除此之外，行政主体在公共工程的招标方面居于专家地位，对工程有监督权，故行政主体也应当与作为施工专家的承揽人共同分担超出合理范围内的风险，并将尽早检查与决算引为自身的义务。

参考文献

碓井光明:《公共合同的理论与实际》(1995);同《公共合同法详解》(2005);公共工程招标合同公平化法研究会编著:《公共建设工程招标·合同公正化法的解说》(2001);建设业法研究会编著:《公共工程标准承揽合同格式条款的解说[变更版]》(2001)。

100

私人间建设工程合同的管理——住宅品质确保促进法

东洋大学教授　山下理惠子

一、问题

1. 背景

广义上的私人间建设工程合同指国家、地方公共团体以外的民间团体招标的建筑工程、建筑设施工程、土木工程等的承揽合同的总称，其中建筑工程合同的对象涉及非居住用建筑物（如多用途的事务所、店铺、工厂、仓库等）及住宅（其中独栋住宅尽管工程规模小，但总量占据了我国每年度工程建筑栋数约 100 万户之 70%）。建设工程承揽合同相关纠纷的特征，一般有：(1) 长期性，即从合同成立到完成交付的期间内，如何回避长工期内发生的天灾、材料费高涨等意外事件导致的不良影响（工程中断及费用增加等）；(2) 工程承揽费用高昂；(3) 需要技术性专业知识等。加之当工程对象为住宅建筑时，通常住宅取得者一生只会拥有一次或两次相关的体验，一旦住宅 (4) 存在结构上缺陷；(5) 有能动摇生活根基的健康安全隐患；(6) 法律程序不全，将会造成严重问题。

伴随着近期民众对建筑物的品质与安全性的关心度的提高，瑕疵住房的相关纠纷与各类办事窗口的咨询事例也有所增加。其后的社会背景，首先是大规模地震灾害让人们有了房屋倒塌这类严重事故的受灾经验，其次是第三方机构木质瑕疵住宅事件、伪造耐震强度事件开始进入人们的视野，最后是我国将完备住宅市场条件及形成优质住宅储备列作住宅政策目标（住生活基本法［平成 18 年法第 61 号］参照）。

为解决瑕疵住宅问题，平成 12 年（2000 年）4 月开始施行《住宅品质确保促进法》（《住宅の品質確保の促進に関する法律》，平成 11 年法第 81 号。以下称“住宅品确法”）。住宅品确法 (1) 对于新建住宅的建设工程合同（以及买卖合同）中的瑕疵担保责任规定了民法上的特例；(2) 制定了日本住宅性能展示制度与评价制度；(3) 成立了能便捷且合理处理住宅纠纷的应对体制。

2. 建筑法律限制的诸框架

就建筑而言，除住宅品确法外，还存在其他方面的限制。第一，确保建筑物的结构、防火设施、卫生条件以及土地开发环境保护的法律，该法律不仅与建筑工程的发包人，还与周围土地的利用人和公众安全相关。以往，民法在相邻关系的规定（第 2 编第 3 章第 2 款）中就建筑相关的私人关系的利益调整进行了规定。而公共建筑以建筑基准法作为一般法，该法“制定了建筑物的占地、结构、设施及用途的最低标准，力图保护国民的生命、健康与财产安全，并提高公共福祉”（同法第 1 条，此外还有都市规划法等相关法）。第二，对从事建筑业的专家的限制。通常建筑施工时，定作人（建筑工程发包人）与承包人（建设业者）之间会缔结以完成建筑工程为标的的建设工程合同（民法第 632 条）。鉴于建筑工程之于社会的重要性，建设业法采取了建设业者登记制，以确保施工者有一定的技术与财力。另外，对于一定规模以上的建筑工程，根据规模与构造的不同，建设工程合同当事人以外的参与建筑施工的人员需具有设计以及监督管理工程相关的建筑师资格（建筑士第 3 条～第 3 条之 3，建基本第 5 条之 4）（但是我国建筑工程的建筑商一般会让旗下的建筑师进行设计和监督管理，因而独立建筑师的有效利用，尤其是监督工程按照图纸进行的工程监管角色（建筑士第 2 条第 6 项［平成 18 年法第 114 号修正，现第 2 条第 7 项］的明确化是当下的课题）。由于存在一连串的瑕疵住宅问题，平成 18 年对建筑基准法（平成 19 年再度严格化了建筑的确认审查、中期审查和验收程序，强化了建筑构造审查）、建设业法、建筑士法、建筑关联法规进行了修订。

前述的住宅品确法在新建住宅的品质确保与促进方面，因其规定性能展示制度与瑕疵担保责任可以说同时具有公法与私法的特质（安藤一郎《住宅品质确保促进法》后记 368 页）。本稿将以发包人与承包人之间的住宅建设工程为切入点，讨论建设工程合同与民法原则之间的差异（“二”）以及相关纠纷处理程序（“三”）（对住宅品确法的讨论仅限于建设工程合同方面）。

二、建设工程合同

1. 合同的书面

建设工程合同属于民法上的承揽合同，也即基于工程的交付与报酬的支付而成立的诺成合同。只是建设业法第 19 条为了防止纠纷的出现，规定建设工程合同需制成并交付明确记载工程内容、报酬金额、支付时间及方法等事项的书面文件。

为此，实务之中多使用包含了当事人、工程地点、工期等原属于合同内容的格式条款（使用较多的为《民间联合协定工程承揽格式条款》［平成 19 年修正，也称之为“实施格式条款”］。另外，日本律师协会站在保护身为消费者的发包人的立场，也发表了《住宅建筑工程承揽格式条款》）。

“三”中将论述仲裁合意的成立，此时必须制成仲裁合意书（仲裁第 13 条第 2 项）。不过即便具备仲裁合意书，“消费者”（此时为发包人）也可以解除合同订立时为将来的纠纷而准备的消费者仲裁合意（同法附则第 3 条）。

2. 瑕疵担保责任

(1) 建筑物的瑕疵

在因承揽人的原因导致“工程标的物有瑕疵”的情形，民法关于承揽人的责任（瑕疵担保责任）规定了特则（第 634 条～第 640 条）。承揽合同中的瑕疵指的是“完成的建筑物与合同所规定的内容不符”，例如有使建筑物的使用价值与交换价值降低的缺陷，当事人预设的性能存在欠缺等（我妻荣《民法讲义 V_3债权各论中卷二》［1962］632页）。与买卖合同中的瑕疵概念不同，承揽合同的瑕疵包含了隐性瑕疵与显性瑕疵，其法律效果有瑕疵修补请求权，损害赔偿请求权（民法第634条第1项・第2项），合同解除权（同第635项）。关于责任的性质，承揽合同的瑕疵担保责任无须确认承包人是否有归责事由，属于无过失责任（谷口知平等编《新版注释民法（16）》［1989］138页［内山尚三］），这一点与学说的观点基本一致，通说根据第634条第2项认为即便承揽人没有过失也应当赔偿履行利益（我妻・前记。我妻认为无瑕疵的给付属于原本的债务内容），对此，也存在部分批判的学说（山本敬三《民法讲义 $Ⅳ_{-1}$》［2005］395页，加藤雅信《新民法大系Ⅳ 合同法》［2007］394页）。

住宅品确法的住宅性能展示制度之中，规定了住宅建设工程的承包人如果交付或在合同之中附有住宅性能评价书或是其复印件，只要承揽人没有与合同相左的意思表示，即表示该承揽人承诺会按照展示的性能实施建筑工程（第6条）。也就是说，住宅性能评价书中展示的建筑性状将成为判断瑕疵的基准（可以说是基于保证内容的严格责任化）。

由于现实纠纷之中经常难以证明建筑的瑕疵，因此住宅品确法立法期间讨论了基本结构部分（后述）的瑕疵推定规定（法律上的事实推定），但最终该规定没有被导入住宅品确法之中（平山正刚《住宅纷争审查会》自由与争议50卷6号95页，伊藤滋夫等《［座谈会］住宅品质确保促进法的制定》Jurist 1159号27～32页）。

（2）瑕疵担保责任的存续期间

关于（1）的瑕疵担保期间，民法第638条第1项根据工作物的种类，规定了普通建筑物为交付起的5年内，石造、土造等建筑物为10年（即除斥期间。关于权利行使期间限制参照大判昭和5・2・5民集4卷32页）。若担保期间在10年的上限以内，可根据合同当事人的合意延长或缩小（最判昭和49・3・28金法718号32页），通说认为超过10年的部分无效。实际上格式条款规定原则上木造建筑物为1年，混凝土建筑物等为2年（民间（旧四会）格式条款［平成12年修正前］第27条第2项正文，不过若瑕疵是因故意或重过失导致的，则分别为5年、10年［同项但书］）。

住宅品确法针对所有新建住宅（无论有无住宅性能评价书）基本结构部分的瑕疵，即“结构支撑的主要部分”与“防水层部分”的瑕疵，规定了承揽人在交付的10年内需承担瑕疵修补责任与损害赔偿责任（第94条第1项），并规定缩短该时长的特别条约无效（单方面的强行法规化，同条第2项）。基本结构部分指地基、墙壁、柱子、地板或是屋檐，按照现在的施工方法以及技术水准，一般经过上述规定的时间，建筑物会产生倾斜、龟裂等问题。此外，考虑到实务之中存在的长期担保，住宅品确法允许前记的基本结构部分以及之外的部分的责任期间可基于当事人的约定延长至20年以内（第97条）。

三、建设工程合同纠纷的处理

建设工程合同纠纷的解决有两项特征：第一，需要具备专业性、技术性知识（在检定以及伴随破坏检查的情形需耗费一定的费用、劳力、时间）；第二，工程的中断造成的对合同当事人和分包商的影响需要迅速地处理。纠纷处理手段包括诉讼（民诉第133条），法院的调解（一般民事）（民调第2条），仲裁法的仲裁，除此之外还有建设工程合同特有的制度，即建设业法中的建设工程纷争审查会的斡旋、调解、仲裁（建设第25条第1项·第2项）。

针对建筑关系诉讼，近期地方法院设立了专门部门、集中部门以协调这类专门诉讼，还在需要调解（调解前置，民调第20条）的情形规定至少有1名建筑专家参与。另外，平成15年（2003年）的民事诉讼法修改规定这类诉讼之中需要有专业委员的参与（民诉第92条之3·第132条之4）。

建设工程纷争审查会是昭和31年（1956年）以来，为解决建设工程合同相关的纠纷而在中央（国土交通省）以及各都道府县设置的常设的法庭外纷争处理机关，已积累了相当的仲裁实绩（基于私人间的合意选任第三人［仲裁人］给予仲裁判断，以最终解决纠纷的制度）。建设仲裁需要由法律与建筑、技术方面的专业委员进行对当事人的非公开审理及必要的证据调查和入室调查。

在这些纷争处理程序之外，住宅品确法还针对拥有住宅性能评价书的新建住宅（不管是否有承揽合同与买卖合同），新设了指定住宅纷争处理机关（第66条）。为能够廉价、便捷地解决纠纷，各地的全国律师联合会分会均设置了住宅纷争审查会等机构，纷争处理方法有斡旋、调解、仲裁（第67条。与建设业法的纷争处理制度并存，对象竞合）。此外为了支持指定住宅纷争处理机关的运行，还成立了财团法人住宅纷争处理支援中心（第82条），该中心不仅能够给予资金上的支持，而且可以提供住宅性能展示制度的使用信息（第83条）。

四、总结

以往，私人间建设工程合同除去其本身的特殊性，基本参照公共建设工程承揽合同。然而私人间建设工程合同的当事人双方的社会经济地位，尤其是住宅的供给方与获取方之间的专业信息、交涉能力的地位差距可能会导致“消费者问题”（日本律师联合会，后记3页）；而且施工方的建筑商相对于公共建设工程的承揽人而言属于中小规模（建设政策研究所《〈住宅品质确保促进法〉与中小建筑业》［2000］），因而该类合同需要有针对性的处理办法。在这方面，住宅品确法针对新建住宅的瑕疵担保责任规定了民法上的特例，并新导入了纷争处理程序，显示出了重要意义。

参考文献

1. 住宅品确法

伊藤滋夫编著：《逐条解说住宅品质确保促进法》(1999)；安藤一郎：《住宅品质确保促进法》，载盐崎勤/安藤一郎编：《新·裁判实务大系（2）建筑关系诉讼法》(1999) 367～379页；犬塚浩：《Q&A住宅品质确保促进法解说［第2版］》(2000) 国土交通省住宅局住宅课监修：《必携〈住宅品质确保促进法〉［改定版］》(2006)。

2. 其他

犬塚浩编著：《住宅纷争处理100问100答》(2001)；日本律师联合会消费者问题对策委员会编：《瑕疵住宅受害救济指导［全订增补版］》(2002)；大森文彦：《建筑工程瑕疵责任入门》(2002)。

101

服务合同（1）——信贷合同

明治学院大学副教授　角田真理子

一、导语

随着市场经济的发展以及服务化程度的提高，合同的形式不再局限于过去民商法规定的两位当事人之间的合同，而可以是复数当事人之间的合同，其代表性的有分期付款销售法（《割賦販売法》）所规定的信贷合同（クレジット契约）。信贷合同的概念未有明确的定义，但该词被运用于多种情形，本稿将出卖人与信贷公司协同使用的第三方授信型消费者信用交易作为信贷合同。

信贷合同发生于买卖合同与劳务提供合同（以下称“买卖合同”）的当事人与授信当事人并非同一人的交易情形，有分期购入中介、协助付款销售等交易方式。分期购入中介（割赋第 2 条第 3 项）指的是经营者将商品销售给消费者，与经营者合作的信贷机构（加盟店合同）向经营者支付对价，再向消费者收取价款的交易方式（信贷机构与消费者之间的合同为代付款协议（立替金契约），分为使用信用卡的综合分期购入中介与不使用信用卡的个别分期购入中介。协助付款销售（割赋第 2 条第 2 项）指的是经营者担保消费者的银行消费贷款的交易方式。

二、问题提起

当合同的当事人只有经营者与消费者时，经营者如果有正当事由即可拒绝消费者支付价款，而在信贷合同之中，由于价款债务的对象是信贷机构，当存在商品有瑕疵，债务不履行，买卖合同解除、无效、消灭等事由时，就会构成这些事由能否与信贷机构对抗的问题，即“抗辩权的接续（或“抗辩权的对抗”）。

三、抗辩权的接续问题相关的立法、判例

1. 在分期付款销售法作出规定以前

昭和 50 年代，个别分期购入中介形成的消费者纠纷成为社会性问题。格式合同之中规定了否定抗辩权的条款，导致向与买卖合同的抗辩事由无关的信贷机构请求贷款的

消费者与经营者之间经常产生纠纷。

对于抗辩权的接续，当时的下级审判之中呈现出肯定与否定两种态度的对立（冈孝《合同 个别分期购入中介合同的纷争与对消费者的保护》判タ493号97页等）。持肯定观点者如高松高级法院昭和57·9·13（判时1059号81页）认为消费者与信贷机构订立的代付款协议无效，否定抗辩权的条款违反了诚信原则；又如大阪简易法院昭和55·11·27（法时54卷8号158页）主张买卖合同与信贷合同在合同的成立、履行方面具有密切不可分的联系，因而承认抗辩权的接续。主流学说主要从保护消费者的立场，肯定了消费者可以拒绝向信贷机构支付价款（植木哲《消费者信用法研究》[1987] 161页等）。

2. 昭和59年（1984年）修订

昭和55年（1980年）政策性地修订了标准格式合同，将抗辩权的否定条款修改为抗辩权的接续，然而消费者与经营者的纷争并没有沉寂。这是由于唯一规制信贷消费合同的分期付款销售法之中，虽然有限制损害赔偿额之类的消费者保护规定，但没有与抗辩权相关的规定。因此，昭和59年修订了分期付款销售法，规定消费者与经营者之间的抗辩事由也可以与信贷机构对抗，即抗辩权的接续（割赋第30条第4款）。

但是本次修订还留下了一些争议点，例如该规定的适用对象仅限于指定商品的分期购入中介交易，该规定适用对象以外的交易类型能否类推适用第30条第4款，以及能否承认民法上的抗辩权的接续；又例如已支付价款能否得到返还；等等。

该阶段的判例之中，持肯定观点的有名古屋高判昭和60·9·26（判时1180号64页）等，持否定观点的有东京高判昭和61·9·18（判时1212号112页）等。

3. 最高裁平成2年（1990年）2月20日判决

在上述背景下，最高裁平成2年2月20日判决（判时1354号76页）对于昭和59年修订以前的交易案例，作出了不认可抗辩权的接续的判断。该判决主张买卖合同与代付款协议在法律上属于两个合同，“即便不可否认两个合同在经济上有着实质性密切联系”，但也不能想当然地承认抗辩权的接续，只有在具有“特别的合意”以及信贷机构违约或是诚信原则上与违约相当的“特殊情事”的情形，消费者才可以拒绝支付价款。

另外该判决对于分期付款销售法第30条之4第1款的立法意旨，认为此规定“基于保护购入者的观点”，采取了“仅于修法限度中新认可这些情形”的创设说（与此相对，还有认为该规定确认原本归属于消费者的权利的确认说（千叶惠美子《分期付款销售法中的抗辩权接续规定与民法》民商93卷临增（2）280页等），故难以类推适用至该条适用对象外的交易。

4. 在最高法院判决之后

学说对于最高裁判决的严格要求大多持批判态度（执行秀幸·リマークス1991㊦73页等。另有指出该事例特殊性的石川正美《否定抗辩权接续的最高裁判决的相关事例㊤㊥㊦》NBL513号23页·514号44页·515号37页等）。尽管该判决对之后的判例形成了很大影响，但很多下级法院不管最高裁判决的意见，大多承认抗辩权的接续。

平成11年（1999年）再次修订了分期付款销售法，除分期购入中介以外也承认了协助付款销售的抗辩权的接续（割赋第29条第4款），指定劳务、指定权利也成为适用对象。此外，平成12年的修订承认了个人推销合同（業務提供誘引販売個人契约）的抗辩权的接续。

分期付款销售法的数次修订，使得抗辩权的接续的适用范围不断扩大，近期的判例对于消费者的抗辩是否违反了诚信原则，是否应认可返还已支付价款的请求等问题上争议颇多。例如静冈地浜松支判平成 17・7・11（判时 1915 号 88 页）这一与监督商法（モニタ一商法）相关的案子中，以信贷机构违反加盟店调查管理义务为理由，认为信贷机构基于违约及侵权行为负有与已支付价款相当的损害赔偿义务；又如未记载于判例集的东京简判平成 16・11・29，认可了依据消费者合同法的代付款委托合同的撤销。

四、主要学说

1. 个别分期购入中介合同的法律性质

对于个别分期购入中介合同的性质，有消费者委托信贷机构向经营者支付买卖价款的准委托（合同）说（太田幸夫《代付款合同的若干问题》判タ457 号 26 页等），有信贷机构通过代位清偿特约（民第 474 条）代替消费者向经营者支付价款从而代位取得对消费者的买卖价款债权（民第 499 条・第 500 条）的代位清偿说（来栖三郎《合同法》［1974］175 页等），有认为代付款协议是一种将经营者与消费者在买卖合同上的地位转让给信贷机构的合同地位转让说（岛川胜＝金子武嗣《代付款协议与抗辩权的切断㊦》NBL274 号 41 页），还有关注信贷机构拥有融资者性质的金钱消费借贷说（浜上则雄《信贷型交易与消费者保护（2）》NBL240 号 30 页，等等。实务之中多采用准委托说（梶村太市等编《分期付款销售法［全订版］》［2004］10 页）。

2. 信贷合同的抗辩权的接续

主要的学说有如下几种。

首先是合同主体间距离说，该学说承认买卖合同与代付款合同各自具有法律上的独立性，同时经营者与信贷机构拥有密切的联系，当因经营者的行为形成抗辩事由时，信贷机构应当承担交易中的风险。附随义务说也认为两个合同是独立的，并在此基础上从信贷机构违反授信合同的附随义务角度对抗辩权的接续进行正当化（长尾治助《消费者信用法的形成与课题》［1984］170 页以下等）。立法者与判例大多主张合同主体间距离说。以上两个学说仅针对信贷合同，讨论交易中的风险应该由谁负担的问题。

与此相对，主张复合合同论的有以下几种学说。第一，合同形式重组说认为，在合同组合中，当当事人选择的合同形式脱离交易的经济实质时，原本应当实现而未能实现的内容可进行合同形式的重组，信贷机构行使的是从经营者手中转让得来的债权（山田诚一《“复合合同交易”的备忘录（1）（2・完）》NBL485 号 30 页・486 号 52 页）。第二，协同合同说在经营者与信贷机构的协作关系的基础上，认为既然一方能以另一方的合同的有效成立为前提，享受“共同的利益”，那么当另一方合同效力消灭时该合同的效力也理应消灭（新美育文《协助付款销售的探讨㊦》Jurist 897 号 101 页等）。第三，合同结合说认为“结合型合同”具有相互依存性，例如在个别分期购入中介合同的情形，“买卖合同与代付款协议属于相互依存的关系，两者附解除条件地成立与存续”（北川善太郎《格式条款——法与现实（4・完）格式条款与合同法》NBL242 号 84 页等）。第四，给付关联说以合同结合说为前提，当代付款协议与买卖合同构成同一笔交易时，一方合同的内容包含了另一方合同的构成要素，因而两项合同形成的债务关系有一定的关联性（千叶惠美子《多数当事人的交易关系之视角》椿寿夫教授古稀纪念《现代交易法的基础课题》［1999］175 页等）。第五，还有更进一步的三分合同关系说，该学说将信贷合同作为一种三方合同关系，认为信贷合同属于新的合同类型（半田吉信《协助付款销售与抗辩权的否定条款㊦》判タ725号27页)。后两者将“顾客面对的双重的法律效果归于一体”，使两者之间有着一定的牵连关系，当买卖合同因债务不履行而无效、撤销、解除时，可承认抗辩权的接续。复合合同说并没有将信贷消费中的合同分别看待，而是将其作为一个由消费者使用的整合的系统，笔者认为该学说作为抗辩权的接续的依据是合理的。

五、总结

围绕信贷合同的纷争并没有沉寂，随着近来恶意上门推销等恶性加盟店问题以及对老年人的“过量销售”等过度授信问题越发严重，人们开始讨论分期付款销售法的再度修订（参照平成18年6月7日产业构造审议会分期付款销售分科会基本问题小委员会报告书《信贷交易相关的课题与论点整理》)。尽管信贷机构的适度授信（即加盟店管理）义务的明文化以及规制违反该义务行为的民事规定的导入受到了广泛关注，但基于交易实际与立法史，笔者认为法律应当考虑规定对个别分期购入中介采取从业者登记制，对分期购入中介交易采取涵括一次性付款的合理授信政策。

参考文献

除文中已记录的内容，还有大村敦志:《典型合同与性质决定》(1997) 179页；千叶惠美子:《消费者合同法与分期付款销售法·特定商业交易法》，Jurist 1200号29页；都筑满雄:《抗辩权的接续与复合合同论（1）（2）》早稻田法学79卷4号107页，80卷1号131页；桶舍典哲《第三方授信型消费者信用交易的抗辩权的对抗（1）（2）》法学志林90件1号115页，91卷3号45页等。

102

服务合同（2）旅游合同

庆应义塾大学教授　鹿野菜穗子

一、旅游合同及其类型

旅游合同一般指旅游经营者与旅游者订立的，为实现旅行这一目的而提供一定有偿服务（劳务）的服务合同。

通常旅行中计划的“交通”“住宿”等初级服务（第1次的サービス）并非由旅游经营者自身提供，旅游经营者提供的是确保交通住宿等服务能够顺利执行的服务，或者说旅游经营者以提供并实现这些初级服务组合而成的计划书的形式，间接地提供初级服务（旅行第2条第1项各号参照）。旅游合同的一大特点即在于初级服务的提供者属于合同的第三方，这导致旅游合同存在许多不确定的要素。

旅游者与旅游经营者之间订立的旅游合同主要有代办旅游合同（手配旅行契约）、募集型企划旅行合同（募集型企画旅行契约，相当于2004年旅行业法修订前的“主催旅行”），定制型企划旅行合同（受注型企画旅行契约，相当于修法前的“包括料金特约付き企画手配旅行”，即附总费用特约的企划代办旅行）三类。其中代办旅游合同指旅游经营者接受旅游者的委托，以旅游者代理的身份替旅游者安排交通、住宿等服务的合同（旅行第2条第5项）。募集型企划旅行合同指的是旅游经营者预先制定了包含旅行目的地、行程、交通、住宿、费用等内容的旅游计划书，并招募旅游者参加的合同（同条第4项），也即包价旅游合同。定制型企划旅行合同指旅游经营者根据旅游者的委托，基于旅游者的期待制订相应旅游计划的合同（旅行第2条第1项1号后段·同条第4项）。

代办旅游合同之中，旅游者具有主动权，旅游经营者只不过是旅游者的代理、中介、传达者，从法律性质上讲，该类合同属于委托合同。因此旅游经营者只有尽到了作为受委托者的注意义务（民第644条）时，才可以对达成的结果免责，这一点适用于交通与住宿客满导致不可预定的情形。

与此相对，在企划旅行合同之中，旅游经营者扮演了将初级服务组织化的角色，尤其是募集型企划旅行合同中的旅游经营者，在旅行计划的制订与实施之中拥有着主体性，其自身的作用超越了代理与中介的范围。因此一直以来，特别是在募集型企划旅行合同的情形，如果初级服务不履行或不完全履行，或是初级服务没有按计划执行而有了行程变更，通常此时若想追究旅游经营者的法律责任，就需要考察合同的法律性质及格式条款的内容。

二、募集型企划旅行合同中旅游经营者的债务

1. 旅游业法与旅游业格式条款

旅游业格式条款对于旅游合同而言具有重要意味。根据旅游业法，关于旅游经营者与旅游者订立的有关旅行业务的合同，旅游经营者制定的旅游格式条款必须受到国土交通大臣的认可（旅行第 12 条第 2 款第 1 项）。为使格式条款能够被认可，格式条款本身不可侵害旅游者的正当利益，对于费用的收取与返还等相关事项，以及旅游经营者的责任等相关事项，必须根据代办旅行与募集型企划旅行等旅游类型的不同进行区分性规定（旅行第 12 条第 2 款第 2 项），假如旅游经营者制定的格式条款与国土交通大臣公示的旅游业格式条款相同，则该格式条款可被视为得到了认可（旅行第 12 条第 3 款）。

2. 格式条款之中的旅游经营者的权利义务

根据现行的《旅游业格式条款 · 募集型企划旅行合同部分（以下称“条款”）》第 3 条规定，旅游经营者应使旅游者能按照该社制订的旅程安排接受相应的旅行服务，旅游经营者需进行“组织安排”与“旅程管理”。此处的“旅程管理”指的是当旅游者有可能无法体验到原定的旅行服务时，旅游经营者应根据合同采取必要的措施以继续提供原定的服务，如果确实无法提供服务而不得不变更合同内容时，应准备好替代性服务（格式条款第 23 条）。因此，旅游经营者的主要债务有：（1）组织安排义务，（2）旅程管理义务。

格式条款对于合同内容的变更及解除设置了几项规定。第一，当发生旅游者无法参与之事由时，为使旅行能够安全且顺利地进行，在必要时刻，旅游经营者可在向旅游者说明的基础上变更旅行日程及服务内容等（格式条款第 13 条）；当合同内容有重要变更时，旅游经营者应根据规定的比例支付“变更补偿金”（平成 7 年的条款修订导入的“旅程保证制度”：第 29 条）。第二，当发生旅游者无法参与之事由使得旅程不能继续时，旅游经营者可解除合同（格式条款第 17 条 · 第 18 条。旅游者的解除权在第 16 条中有规定），对于合同解除相关的价款返还，格式条款也进行了规定。

第三，格式条款设置了“特别补偿制度”（第 28 条），对于旅游者在参与企划旅行过程中生命、身体、行李等受有损害的情形，规定无论旅行社是否有过失，都需要向旅游者支付补偿金与精神损害赔偿。

3. 旅游经营者的附随义务

除上述格式条款所规定的义务之外，判例认为诚信原则上的“安全保障义务”属于旅游合同之中对旅游经营者的附随义务（东京地判昭和 63 · 12 · 27 判时 1341 号 20 页②事件，东京地判平成元 · 6 · 20 判时 1341 号 20 页①事件等）。

三、募集型企划旅行合同之中旅游经营者的法律责任

1. 旅行事故中的责任

因初级服务的提供者的过失（观光巴士追尾事故等）导致旅游者遭受损害的情形，旅游经营者是否应当承担责任？一直以来这一问题都与募集型企划旅行合同的法律性质

为何的问题相关。由于前述格式条款中导入了“特别补偿制度”（昭和57年格式条款修订时），此问题如今有所缓解，但因该制度不能覆盖所有损害，经营者是否具有责任依旧是个问题（条款第28条第2项·第3项规定，在判明法律责任的情形需在扣除已支付的补偿金后进行赔偿）。

如果把募集型企划旅行合同当作委托合同，旅游经营者自身若无过失就不必承担责任，判例也通常遵循这一立场（静冈地判昭和55·5·21判タ419号122页，前记东京地判昭和63·12·27，前记东京地判平成元·6·20等）。与此相对，有学说主张该类合同属于承揽合同（石田·后记188页，同《委托—旅游合同》法セ303号100页），也有学说主张包价旅游合同属于买卖合同（高桥弘《旅行业条款》法时54卷6号28页），这些学说以此来肯定旅行事故中旅游经营者的责任。

但是募集型企划旅行合同的构成比较复杂，以委托或是承揽一言以蔽之是不合理的。即便该类合同某一方面与承揽合同类似，但如果旅游经营者把旅行中的初级服务都作为自身的债务而承担，显然是行不通的。以往的学说还参照了政策性观点，认为旅游经营者应当承担一种无过错责任。尽管该理论有着很大的意义，但保护旅游者利益并不应仅立足于此，笔者认为应当首先承认旅游经营者的债务为手段债务，在此基础上，通过细化旅游经营者的义务内容与程度以及过失推定来实现对旅游者的保护。在此基础上，立法论还应就旅游经营者是否应当承担初级服务提供者的代位责任进行讨论（参考了1990年6月13日附EC指令第314号与各国的对策）。

2. 旅程变更时的责任

关于旅程变更，如上所述，1995年修订时对格式条款导入了旅程保证制度，但旅游经营者的违约责任是否成立的问题还没有解决。

以往的判例中，肯定债务不履行的有：（1）东京高判昭和55·3·27判时962号115页（因超额预订而将机票改签到其他航班），（2）神户地判平成5·1·22判时1473号125页（加拿大滑雪之旅的住宿从酒店改成了单元公寓），（3）东京地判平成9·4·8判タ967号173页（澳大利亚蜜月旅行之中，包价旅游中原定的游船在执行前夜改成了小型水上飞机），（4）名古屋地判平成11·9·22判タ1079号240页（W杯观赛旅行因门票不足而中止，原告参加了不含观赛门票的相当于原旅程七折的新旅行，尽管认可该案存在债务不履行，但因为没有造成损害，结论上驳回了原告的请求）等等；否定债务不履行的有：（5）东京高判平成5·3·30判タ863号216页（原定经雅典去巴黎，但因收到雅典机场的罢工通知而变更了行程，没能执行原定的雅典观光），（6）京都地判平成11·6·10判时1703号154页（W杯观赛旅行中已明确比赛门票不足，旅行社为现场抽票而没有抽中的游客进行了全额退款，但原告抽到了门票并观看了比赛）等等。

总体而言，上述判例讨论了两个问题：第一，对于初级服务的确保与履行，在旅游经营者有管理可能性的前提下，该行程的变更是否是旅游经营者违反注意义务而造成的结果；第二，在不得不变更旅程的情形，旅游经营者是否以适时适切的方式对旅游者进行了说明（例如（5）中的罢工在旅游经营者支配范围外，旅游经营者在采取了对应措施并尽到了说明义务后无须对旅程变更负责；而另一方面，（1）（3）之中如果旅游经营者能够尽早进行预约，就可以避免行程的取消，（2）之中旅游经营者在变更前没有事先说明，导致旅游者没有解除合同的机会，因此这些判例中的旅游经营者需对旅程的变更负责）。

笔者暂且支持这一基本框架，但就注意义务的具体履行方式而言，笔者尚抱有一些疑问，尤其是（6）的判决，关于其中的代办债务的内容，笔者认为旅游经营者只需做到缔结观赛门票购买合同（与官方代理店）并支付价款即已足够，考虑到买到门票的可能性，经营者应当提早收集门票信息，采取迅速适切的对策。

四、总结

在旅游合同之中，由于提供住宿、交通等初级服务的人是合同的第三方，因此会形成一些特殊问题。对此，近来的学说主张旅游经营者的责任属于“因他人行为而产生的责任”，是违约责任一般原则的例外，是一种“特殊保障责任”（森田·后记）。关于这种违约责任的法律构成，将是今后继续检讨的课题。

参考文献

岛十四郎：《旅行中介合同（代办旅游合同）·包价旅游合同》，载远藤浩等监修：《现代合同法大系（7）》（1984）101 页；佐佐木正人：《旅游的法律学［新版］》（2000），同《修订旅行业法·格式条款的解说［最新变更版］》（2005）；石田喜久夫：《海外包价旅行》石田＝田中康博补订：《消费者民法的推荐［补订 2 版］》（2005）185 页；森田宏树：《“基于他人行为的合同责任”的二元性》同《合同责任的归责解释》（2002）101 页；大村敦志：《服务合同——以旅游合同为素材》法教 297 号 36 页。

103 服务合同（3）教育合同

骏河台大学教授　织田博子

一、教育合同的性质

学说和判例认为私立学校与大学生（学生）、中学生（生徒）及小学生（儿童）（以下的“学生”指大学生与中学生）之间的就读关系属于合同关系；通说也认为国家公立学校与学生之间的就读关系属于合同关系。那么教育合同的法律性质是什么？

在教育合同中，校方需为学生提供教育服务，学生需对公立义务教育学校以外的学校支付学费，除此之外，(1) 学校需为学生的教育与研究提供必要的教育设施；(2) 学生凭加入学校这一特殊小社会（团体）取得了特定身份，因此需遵守学校制定的校规；(3) 学校的教育活动需遵守教育基本法、学校教育法等教育法规。由此，教育合同大致可分为教育法上的合同关系与私法上的合同关系两类，而私法上的合同关系又可细分为：(a) 包含上记诸要素的私法上的无名合同（最判平成 18・11・27 民集 60 卷 9 号 3437 页以下）；(b) 承揽合同或类似于准委托合同的无名合同；(c) 准委托合同等；目前这一问题还没有定论。

主张教育合同属于教育法上的合同关系的理由有：第一，合同的内容受到了教育法规的修正与规制；第二，教育合同并非对等当事人之间的合同。但从今天来看，教育合同虽然叫作“合同”，但其内容并非完全基于合意；教育合同尽管像医疗合同一样并不只看重经济性，但它的处理方式遵循着私法理论；教育关系并不是一种特殊权力关系，而是一种合同关系。基于以上观点，如果强调对等当事人的非权力性关系，并考虑到树立重视儿童受教育权和学习权的教育观的社会潮流，那么教育合同属于“教育法上”的合同的观点是有待商榷的。

如果把教育合同当作一种私法上的合同关系，则作为无名合同的教育合同的内容是含混的，无法以之解决具体问题。对于教育合同而言，第一，施教方与受教方的信赖关系是极为重要的因素；第二，其要件并不一定包括报酬的支付；第三，教育的结果因学生的能力与学习态度而异，因此不能一概而论。可以说教育合同的性质因情形而异，若认可学校设置方应任用具有教师资格的教师，教师也应尽最善义务来提升教育效果，那么就应肯定合同是一种准委托合同或是类似准委托合同的无名合同。

二、教育合同的当事人

当受教育者为大学生或高中生时，教育合同的当事人必然为实际受教育的学生；但如果受教育者是义务教育阶段或是幼儿园的学生，则合同的当事人有可能是：(1) 受教育的学生，(2) 学生的监护人。

观点 (1) 受教育的学生的情形下，如果当事人还不具备意思能力，则由法定代理人的监护人代替学生签订合同；如果当事人具备意思能力，则经由法定代理人同意后本人可自行签订合同，也可以由法定代理人代理学生签订合同。观点 (2) 学生的监护人的情形，教育合同属于为第三方受益人的学生签订的合同。后者的根据在于义务教育阶段或以下的学生没有意思能力，且他们属于指定教育，但从法律层面看，当事人是谁与是否具备意思能力之间没有必然联系，同时国家要求监护人保障儿童的受教育权。因此，不以学生的年龄为区分，将受教育者作为合同当事人的观点 (1) 是妥当的。

三、教育合同的内容

1. 教育劳务提供义务

学校为履行教育目的而向学生提供教育服务是教育合同的核心要素。在提供教育服务时，学校的教育义务由身为履行辅助人的教职工直接履行，教育的成果因学生的学习能力与学习态度而有所不同。因此，判断学校是否尽到了教育服务提供义务的基准并非为学生是否达成了教育目标，而是学校是否对教师进行了适切的教育，以及教师是否基于自身的专业判断尽到了提升教育效果的义务。

2. 学费支付义务

作为接受教育劳务的对价，学生具有支付学费的义务。如果学生违反了该义务，学校应设置相当的催告期间，如若学生在催告期间内未及时缴纳学费，学校可以解除教育合同（开除处分）。但需注意，教育合同并非只遵循以经济合理性为前提的民法合同理论，法律规定教育不可基于经济原因而有差别性对待（教基第 4 条第 1 项）。有判例否定学校滥用开除裁量权的做法（东京地判昭和 47 · 12 · 14 判时 695 号 76 页），有判例认为学校应给予学生复学的余地（大阪地判昭和 40 · 10 · 22 判时 438 号 19 页）。

此外，学生在缴纳入学金等费用后退学，学生是否可以请求返还入学金等费用？对于该问题，判例将学费分为了入学金与课业费，入学金是取得大学入学地位的对价，课业费（包含了实验实习费、设施设备费、教育充实费、学生自治会费、校友会费、家长会费、伤害保险费等）是提供教育劳务的对价（前记 · 最判平成 18 · 11 · 27）。当完成缴纳入学金等入学程序后，教育合同即在大学与学生之间成立，退学可认为是对教育合同的解除（判例根据宪法第 26 条第 1 项保障受教育权的理念，认为学生有解除合同的自由，但根据教育合同属于准委托合同或类似准委托合同的无名合同的观点，该解除权依照民法第 651 条）。学生在入学前（通常为入学年度的 4 月 1 日）解除教育合同，因学生取得大学入学资格，大学无须承担返还入学金义务；而对于课业费，尽管学生已取得了该大学的学生身份，但本人并未接受教育，因此课业费属于大学的不当得利，应当予以返还。

学费经常附有不返还特约，该特约的有效性存在争议。判例认为，若是不返还特约之中含有违约金条款，或规定了损害赔偿额度，则该合同可适用消费者合同法；若是解除发生在入学可能性很高的时间点以前（4 月 1 日），课业费不属于平均损失（有返还义务），反之则属于平均损失（无返还义务）。

3. 安全保障义务

学校在实施教育时，对学生的生命、身体，负有教育合同上的安全保障义务。学说与判例均认同该安全保障义务是发生学校事故时的损害赔偿请求权的依据。留待讨论的课题有：在何种情形对学校有防范事故的措施请求权（履行请求权）、说明义务及事故发生后的报告义务、说明义务；违反上述义务将有怎样的法律效果；为保障这些义务的履行可以采取哪些措施。

4. 学生的处分

如果学生有违反校纪校规、扰乱学校秩序行为，学校可给予一定期间的停学处分或退学处分。该处分基于学校制定的校规而生，但关于学生与约束学生的校规之间的关系，存在（1）该约束效果属于教育合同中承诺的效果；（2）约束是身份取得的结果；（3）校规是附合合同；（4）学生加入了特殊小社会·取得了学生身份，理应受到学校自治规范拘束等观点。

可以认为校规问题与劳动合同的就业规则及劳资习惯的拘束力相同，属于继续性、集体性合同中条款的拘束力问题。

参考文献

兼子仁：《教育法［新版］》（1978）400 页以下；伊藤进：《教育法与民法的交错（2）——在校关系与合同理论》季刊教育法 30 号 149 页以下；加藤永一：《学校教育合同》《现代合同法大系（7）》（1984）255 页；织田博子：《教育合同与安全保障义务》，载伊藤进教授还历纪念：《民法“责任”概念的横向考察》（1997）263 页。

104

服务合同（4）融资租赁合同

立教大学教授　角纪代惠

一、问题提起——融资租赁的特征

日语リース一词来源于英语的 lease，我国一般指融资租赁（ファイナンス・リース，financial lease），下文也均指融资租赁。融资租赁之中包含以下几个角色：租赁公司（L，lessor＝出租人），使用租赁物的用户（U，user），物的所有者，也即向用户供给物件的供货人（S，supplier）（以下 S・L・U 的简称分别指代供货人、租赁公司、用户。L・U之间的合同称为租赁合同，包含 S 的三方租赁交易关系称为融资租赁）。*

融资租赁通常含有如下特征。(1) 需要特定物的 U，在与 S 交涉的基础上选定对象物并决定价格。(2) S 与 L 之间为对象物订立“买卖合同”，形式上物的所有权转移给 L，物直接从 S 处转移到 U 处或 U 指定的场所。(3) U 与 L 缔结租赁合同（法律形式上为传统租赁合同），基于该租赁合同在一定期间内可使用・收益对象物，同时向 L 支付租金。但与传统租赁合同不同的是，融资租赁合同一般将物件的经济寿命期限作为租赁期间，L 的物购买费用属于投资资金，将以租金的形式回收。其次，根据合同特约，租赁期间不可中途解约，当因 U 的债务不履行导致租赁期间结束时，U 必须支付剩余租金的相当金额。目前判例认为（最判昭和 57・10・19 民集 36 卷 10 号 2130 页）L 在回收对象物时具有清算义务。此外，对于对象物，L 无须承担瑕疵担保责任，而由 U 负担保养、修缮义务。

如上所述，在融资租赁之中，当 U 想要购买某物时自身无须购买，而可以让 L 去购买，U 再向其租赁。法律形式上，U 并非租赁物的所有者，但在经济寿命期限内，即租赁期间内拥有物的使用权；同时，L 虽然为租赁物的所有者，但 L 主要关注的是自身在物中投入的成本能否被回收的问题（加藤雅信《融资租赁（1）》Jurist948 号 62 页）。也就是说，融资租赁的实质并非 U 向 L 贷款以作为向 S 购买物的担保，它采用的是 L・S之间缔结买卖合同，L・U 之间缔结租赁合同的法律形式。那么问题是，为什么如今的交易形式偏离了这一实质？其理由一言以蔽之，即“二”中所述的合法避税效果（加藤一郎等《论坛・融资租赁与私法理论》私法 49 号 70 页（铃木禄弥发言））。

---

* 因日本法上融资租赁并未典型化，因此本文不依中国法译出相关主体法律地位。——译者注

二、融资租赁与合法避税

租赁交易可以让U和L合法避税，U的避税主要发生在融资租赁（ファイナンス・リース）之中，L的避税主要发生在杠杆租赁（レバレッジド・リース）中，此处省略对后者的说明（关于杠杆融资租赁参照加藤（雅）・前记（1）（2・完）Jurist 948号65页以下，950号105页以下）。

U选择以买卖的方式购入某物时，该物将变成U的资产，需承担法定使用年限之后物件的折旧损失。与此相对，如果选择用融资租赁的形式，L・U之间签订租赁合同，不仅该租赁合同的租赁期间短于法定使用年限，而且L的物件购入费用也能够作为投资，在租赁期间中以租金的形式回收（这类的租赁合同被称为"フル・ペイ・アウト形式のリース契约"，full payout lease）。该种情形下，一年的租金将远高于折旧费，如果把融资租赁的租金按照普通租赁的方式进行会计处理，则租金可以抵扣折旧，这期间U的利润只减少了融资租赁租金与折旧费的差额，即达到了避税效果。

在融资租赁普及之初，有人将租赁期间设置得极短以达成避税目的（加藤（雅）・前记（1）64页）。但从昭和53年（1978年）国税厅通知的《融资租赁的法人税及所得税的处理办法》（「リース取引に係る法人税及び所得税の取扱いについて」）开始，限定了可按普通租赁会计处理的融资租赁合同范围，一定程度上抑制了融资租赁的避税效果（法人税法施行令第136条第3款，所得税法施行令第184条第2款）。即，禁止中途解约；以全额付款的融资租赁合同（フル・ペイ・アウト形式のリース契约）原则上在税务上以普通租赁处理，融资租赁的租金可按普通租赁会计处理，但如果租赁期间比法定使用年限短很多，或是按普通租赁处理后在课税上有弊端，则按照合同的经济实质以买卖合同或金融合同处理。由此，融资租赁的内容受到了税法的很大影响（加藤一郎《I序论——融资租赁的特色》私法49号6页），因此说融资租赁为"税法的产物"也不为过。

三、融资租赁的法律性质

如"一"中所述，融资租赁的形式偏离了实质。学界对于融资租赁的法律性质进行了许多角度的探讨，目前未达成一致（本稿省略了对各见解的一一引用。关于现有的讨论内容可参照河上正二《合同的法律性质与典型合同——以融资租赁合同为例》加藤一郎先生古稀纪念《现代社会与民法学的动向（下）》[1992] 277页及其引用文献）。

研究主要的争议点在于应该更看重融资租赁合同的租赁性还是金融性。学说上更偏重后者，最高法院亦如是。例如讨论物件交付问题和租金支付债务问题的最判平成5・11・25（金法1395号49页）中有如下判示：融资租赁合同本质上给予了U金融上的优惠，合同订立的同时也产生了租金的全额支付债务，只不过U通过每月支付租金的方式获得了一定期限内的利益。讨论U破产时融资租赁合同中未履行的双务合同的解除能否适用修订前的《公司重整法》第103条问题的最判平成7・4・14（民集49卷4号1063页）也持同样的见解。在偏重金融性的见解之中，认为租金是被担保债权，L拥有租赁物的担保权的观点为有力说，这种观点也多被实务采纳（中西正・平成7年度重判解［Jurist 1091号］123页）。但是融资租赁与让与担保和所有权保留不同，即便租赁到期时U清偿了L所付的物的价款，也无法确定U是否拥有物的所有权，因此需要确定担保的标的。关于这一点，大阪地决平成13・7・19（判时1762号148页）主张担保的标的是U对物的使用权（东京地判平成15・12・22判タ1141号279页也持同样观点）。

对于当事人之间的合同关系，民法原则上只承认两当事人之间的合同关系，三方关系只有“利益第三人合同”这一例外。融资租赁在法律形式上分别有L・S之间的买卖合同与L・U之间的租赁合同，S・U之间并没有直接的合同关系。因此学界一直以来将L・S・U当作独立的当事人，把L・S之间的融资租赁合同单独拿出来讨论。与此相对，近来，有力学说将L・S・U三位当事人之间的关系作为三方关系来考虑融资租赁的法律性质。这一思考方式在理论上讨论了当事人之间的相互关系，在实践中承认了U对S的瑕疵担保责任有直接请求权。换言之，偏重金融性的观点并不能充分解释U对租赁物的用益，而通过承认S・U之间的合同关系，可以给U的用益一个理论基础。

四、总结

尽管前面已有述及，但此处想再次强调，融资租赁的形式其实偏离了其实质，这种偏离同样存在于让与担保与所有权保留等非典型担保之中。举例而言，让与担保的偏离是形式上所有权被转移给了让与担保权者，但实质上其实并不需要赋予让与担保权者多于“担保权者”的地位。也就是说，此类非典型担保的问题主要在于合同的形式远超于它的实质。与此相对，融资租赁的问题在于金融・担保的实质与租赁合同的形式有着质的不同，这一差别在二者均须借用其他法制度的形式这一点上是相同的。对于非典型担保而言，借用其他法制度的形式的理由是典型担保之中不存在动产的非占有型担保，同时可以避免像效率低下的拍卖等的典型担保的不完善之处；但对于融资租赁而言，如同“二”中所述，融资租赁容易成为恶意避税的手段。加之“三”中已经提及，融资租赁与非典型担保不同，有L・S・U三方当事人，问题更为复杂，尤其是在U破产的情形，还可能出现L・S・U以外的其他法律主体。因此，仅凭法律解释解决问题是不够的，应尽快考虑立法这一途径。

参考文献

参考了融资租赁研究成果的集大成者，加藤一郎/椿寿夫编：《融资租赁法讲座㊤㊦》（1987・1986）。

105

合伙合同

神户大学教授　山田诚一

一、问题提起

（1）合伙合同指多方出资约定经营共同营业的合同（参照民第667条第1项），形成的法律性组织架构称为合伙，合伙不具有法人格（公司法中的公司也属于出资建立的从事经营目的的法律性组织，但公司法中的公司具有法人格［公司第3条］）。

合伙合同之中，合同的当事人（合伙人）与用于共同营业的财产是两项极为重要的要素，后者称为合伙财产，包括合伙人的出资，以合伙名义取得的收益，由合伙财产产生的财产，以及合伙负担的债务（合伙人的出资属于合伙财产，参照民法第668条。以上参照我妻荣《债权各论中卷2》［1962］798～800页）。

（2）合伙财产属于合伙人全体共有（民第668条），合伙人持有的财产份额不可与合伙或与合伙交易的第三人对抗，合伙人不可在清算前请求分立财产（第676条），这一点与按份共有人相关规定不同，按份共有人拥有自己份额的处分自由，并且按份共有人随时都可请求分立财产（关于共有物的分立，第256条）。因此，合伙财产与共有物之间存在差别（例如我妻・前记800页）。

然而合伙财产不仅指物（动产，不动产），还包括债权与债务，这些应当如何分割给全体合伙人，民法虽有一些指引性规定（关于合伙债务人的抵销，第677条等），但并没有体系化，规范的全貌还有赖于司法解释。

（3）关于合伙财产中的债务（合伙的债务）应当如何归于全体合伙人这一问题，需要考虑各合伙人承担怎样的责任。

各合伙人对合伙债务负有直接责任（我妻・前记811～813页），并且是不以出资额为限度的无限连带责任，而股份有限公司的股东以及合同公司的社员承担的是有限责任（股份有限公司，公司法第104条；合同公司，同第576条第4项・第580条第2项）（参照神田秀树《公司法［第9版］》［2007］8页・10页）。

（4）此外还有与民法规定的合伙合同不同的，由个人或法人出资，按出资额划定责任限度，约定共同经营以营利为目的的营业的合同，称为有限责任合伙合同（有限責任事業組合契约，有限組合第3条）。依据有限责任合伙合同成立的合伙，称为有限责任合伙（有限責任事業組合，同第2条，相关法律的立法参照了海外的 Limited Liability

Partnership [LLP] 制度，因而暂且将有限责任合伙称为 LLP。立法背景参照了石井·后记 95～96 页)。有限责任合伙之中，合伙人的责任为有限责任，与民法中的合伙有着根本性的不同，但两者都不具有法人格。

以下将论述合伙与有限责任合伙的财产相关的法律规定。

二、合伙财产

1. 个人债权人对财产的强制执行

(1) 由于合伙的财产归全体合伙人共有（合有），合伙人个人的债权人（与合伙无关，合伙人个人所负债务的债权人）不得对合伙财产（动产、不动产、债权等个别积极财产）强制执行（与 A 的债权人不能对 AB 或全体的共有物进行强制执行同理），于是产生了合伙人个人的债权人能否强制执行合伙财产中合伙人份额的问题（A 的债权人可以强制执行 AB 的共有物中 A 的份额）。答案是合伙人个人的债权人不可对合伙财产中合伙人的份额强制执行（例如山本敬三《民法讲义Ⅳ－1 合同》[2005] 787 页)。因为合伙人对自己所占份额的处分不得对抗合伙及与合伙交易的第三人（民第 676 条第 1 项，参照“一”(2)）（我妻·前记 805 页认为该处分在物权上无效)，同理，债权人对份额的强制执行也不可对抗合伙。

支持该解释的依据认为：合伙的财产应当运用于合伙的经营，如果个人债权人能够强制执行某合伙人的份额，则强制执行的结果就是，合伙财产将归属于合伙人之外的人(买受人)，那么这些财产将难以再运用到合伙的经营之中，因此应当进行否定性解释。以上的观点也可以适用于债权。

因此，即便合伙的债权资产属于可分债权，也不能由全体合伙人分立（不适用民法第 427 条，我妻·前记 808 页)，而是归属于合伙人全体。合伙人个人的债权人不得对合伙人所持债权份额强制执行。

(2) 有限合伙可适用民法第 676 条（有限组合第 56 条)，个人债务人对所占份额的强制执行的相关规定与合伙相同（参照 (1)）。

不过《有限责任营业组合合同法》具体规定了强制执行的事项。“除形成合伙财产前发生的权利以及由合伙业务产生的权利外，不得对合伙的资产强制执行、临时扣押、临时处分以及拍卖”(第 22 条第 1 项)。合伙人个人的债权人的债权即便发生在形成合伙财产之前，也不属于因合伙业务产生的权利，因而不得强制扣押合伙企业的财产（个人所持份额)。这与民法第 676 条第 1 项之解释规定（参照 (1)）相同。

鉴于民法第 676 条第 1 项并不是有关强制执行的直接规定，因而强制执行的相关规定并没有基于该条进行解释，尽管两者内容相同，但立法上还是做了其他的具体性规定。

2. 企业债权人对财产的强制执行

(1) 民法规定合伙的债权人（合伙的营业产生的全体合伙人共同负担的债务 [合伙的债务] 的债权人）可以强制执行合伙财产（动产、不动产、债权等个别积极财产，我妻·前记 811 页)。这是因为合伙企业的债权人享有的债权是全体合伙人共同负担的债务，全体合伙人共有（合有）的财产理应能够被债权人强制执行。

(2) 有限责任合伙的债权人（合伙的营业产生的全体合伙人共同负担的债务 [合伙企业的债务] 的债权人）也能够强制执行合伙的财产（动产、不动产、债权等个别积极财产）。

3. 合伙债权人对合伙人个人财产的强制执行

（1）民法中的合伙的债权人（合伙债务的债权人）可以强制执行合伙人的个人财产（非合伙人持有的合伙资产）（参照“一”（3）），即合伙的债权人既可以强制执行合伙资产，也可以强制执行合伙人的个人资产。合伙人将个人财产作为担保财产而承担的合伙的债务（可以强制执行个人财产的债务）原则上属于可分债务（民法第 675 条规定了比例）（我妻·前记 812 页），但是合伙人因自身的商业行为产生的债务，基于商法第 511 条第 1 项，属于连带债务（最判平成 10·4·14 民集 52 卷 3 号 813 页）。

（2）有限责任合伙之中，“合伙人以出资额为限对合伙债务承担责任”（有限组合第 15 条）。有限责任合伙合同依据“各当事人认缴的出资额和履行的给付”生效（同第 3 条第 1 项）。有限责任合伙成立的同时，合伙人的出资全部认缴完成，意味着合伙的债权人不得对个人财产强制执行。有限责任合伙之中，合伙人承担的是有限责任，这使得合伙人一定限度内可以回避合伙产生的风险，可以促进合伙踊跃参与高风险高回报领域之中的共同营业及共同研究开发（参照石井·后记 96 页）。

关于有限责任合伙，还设立了保护合伙债权人的规定。（1）合伙财产的纯资产，超出 300 万日元的份额不可分配（出资总额不到 300 万日元的，按出资总额算，有限组合第 34 条第 1 项·有限组合施行规则第 37 条）。若违反该规制，取得该分配的合伙人需要向合伙支付相当于分配额的金钱，并在分配额超过可分配额的范围内承担合伙债务的清偿责任（同第 35 条）（与股份有限公司对违法剩余金分配的返还的规定相同（公司第 462 条·第 463 条第 2 项））。（2）合伙人履行职务时存在恶意以及重大过失时，该合伙人需对第三人的损害承担赔偿责任（有限组合第 18 条第 1 项）（与股份有限公司中雇员对第三人的损害赔偿责任的规定相同（公司第 429 条第 1 项））。由于民法中的合伙的合伙人承担的是无限连带责任，所以不适用上述规则。

参考文献

石井芳明：《LLP 制度的创设——〈有限责任营业组合合同法〉的概要》金法 1746 号 95 页（2005）；山田诚一：《团体性合同》债权法修订的课题与方向［别册 NBL51 号］250 页（1998）。

106

无因管理

大阪大学教授　平田健治

一、论点与问题点

无因管理为法定债权关系之一，与委托合同有着很深的关联，日本民法对其当事人的权利义务关系准用委托合同（民法第 701 条·第 702 条第 2 项）。管理人对本人的意思及利益的考量影响其成立要件及法律效果（民第 697 条·第 700 条·第 702 条），故与合同法理有着共通之处，这也使得在合同的成立及其效果因解释而多有扩张的当下，合同的扩张与无因管理补充合同的功能发生了重叠。很多判例虽然不属于救助行为或紧急行为，却也因此被归类于无因管理，例如东京地判平成 16·11·25（判时 1892 号 39 页，公寓管理公司向公寓所有人请求偿还一部分建设费用），东京地判平成 12·9·26（判夕1054 号 217 页，停在加油站的车被假装车主的人开走，加油站工作人员需承担注意义务），东京高判平成 11·2·3（判时 1704 号 71 页，外勤人员被委托整理保险书却致使保险失效，应承担赔偿责任）等。

与此同时，由于无因管理并非义务，而是一种对他人权利领域的有意的介入，是一种法定债权关系，因此无因管理与不当得利、侵权行为如何区分也是一个问题。无因管理与不当得利的区别主要在于费用及得利（围绕民法第 702 条第 3 项讨论获利与本人的意思、利益的关系），与侵权行为的区别主要在于管理人与本人的损害赔偿义务的问题（前者参照民第 698 条）。学界争议的焦点在于各条文的解释（无因管理的成立要件与本人的意思表示两者的关系，对限制行为能力者的适用等），增加未明文规定的效果的可否（管理人的代理权、损害赔偿请求权、报酬请求权、基于准无因管理的取得物交付义务等），以及无因管理的类型化尤其是救助行为的特别立法化。从根本而言，以上的争议依附于无因管理与合同、不当得利、侵权行为三者相互关系的体系化解释，随着这些领域的法学研究的推进，无因管理在这三种制度中的地位也会产生一定的改变。以下将从上述争议之中选取两点展开论述（关于争议的全貌，请参照谷口知平＝甲斐道太郎《新版注释民法（18）》[1991] 105 页以下 [高木多喜男]）。

二、无因管理人的代理权

1. 学说

学说大多在原则上否定无因管理人的代理权，但也存在例外的情形（於保不二雄《财产管理权论序说》［1954］234 页）。关于应该如何整体性地把握判例，存在多种见解。在一则判例中，船舶买卖合同的代理人只被授予了船舶受领与价款支付权限，但面对出卖人的涨价请求，考虑到解除将导致的违约金与转卖利益的丧失，代理人承诺并支付了本人的资金，结果买受人本人主张出卖人的涨价所得价款为不当得利。对此判决肯定了无因管理成立，故被管理人本人应向对方直接负担债务（大判大正 6·3·31 民录 23 辑 619 页）。与此相对，有判例则主张，共同买受人的其中之一根据自身想法而代表其他买受人进行了解除的意思表示的行为属于处分行为，尽管可作无因管理诠释，但该意思表示的效力需经由本人的追认，若无追认，则该解除无效（大判大正 7·7·10 民录 24 辑 1432 页。最判昭和 36·11·30 民集 15 卷 10 号 2629 页也持相同观点）。整体来看，上述判例的立场有矛盾之处，前者还展现出了代理权肯定说向代理权否定说的转变，以及从事务的内容判断紧急性与必要性的基准。如果考虑到个案的特殊性，总体来说判决还算一贯，但早期的判例的法律解释多有不明确与不稳定之处，并未形成统一的判断标准。该问题并非代理权的肯定与否定的简单选择，不同的案件类型会构成不同的考虑因素，导致对代理权不同程度的限定性肯定（同旨，四宫和夫《无因管理·不当得利·侵权行为㊤》［1981］38 页）。

2. 无因管理的名义

无因管理人在为法律行为之时是以本人的名义还是以管理人自身的名义，两者的效果不同。对于后者，只有有益债务才可适用民法第 702 条规定准用第 650 条第 2 项的管理人对本人的代为清偿请求。此时管理人将债务作为自己的债务，故应准用此条。而前者的问题在于该行为会产生怎样的效果。第 702 条的反向解释通常主张，本人名义的债务是由无权代理人所致，处于未定的无效状态。但是大判大正 6 年（1917 年）为使债务能够被认定为本人的直接债务，而援引了第 702 条规定作为当然解释的依据。即前述的第 650 条将管理人以自身名义承担的债务解释通过代为清偿请求的方式来认可第三人清偿的强制性，尽管这是一种过渡性法律构成，但其实想法发端于让本人与债权人之间直接清偿，从而可让管理人以本人的名义灵活处理债务。事实上，这一想法的支持论有着悠久历史，虽然学说内容都不尽相同，但应予以关注（前记·新版注释民法（18）311 页［三宅正男］，更进一步的有加藤雅信《新民法大系Ⅴ 无因管理·不当得利·侵权行为［第 2 版］》）。

3. 类型化

前述大判大正 6 年是对代理人的越权代理的一种评价，涉及代理法上表见代理的成立与否，委托法上的善管注意义务（参照民第 644 条，商第 505 条）等问题。欲评价代理人或称受托人的越权行为，评价标准除了代理人自身的代理权限，还有无因管理的因素，如本人意思和利益。一般而言，最重要的衡量因素是无因管理的成立与否，换言之，管理人是否侵入了他人的权利领域，或者说是否干涉了他人的意思决定。早期的判决在这一点上做得还不够充分。就代理权否定论而言，前述大判大正 7 年（1918 年）讨论的是共同买受人之一所作出的解除的意思表示的不可分问题；最判昭和 36 年讨论的是同居人对不动产的处分，类似于继承人对财产的处理问题。就代理权肯定论而言，通常包括紧急无因管理行为以及救助行为，这些情形中的无因管理行为的内容（不包括违法无因管理）能够对本人产生效果。鉴于无因管理是对第三人权利领域的干涉，其干涉的程度应当尽可能地小。如果想让代理权的成立更为简单，并不意味着需要排除代理法规定的基本要件，但要件一旦被满足，能否根据成立的代理权让本人与第三人直接缔结合同关系，这一问题还需要考虑政策因素。

4. 委托与代理

作为根本问题，尽管在概念上可以区分为内部的无因管理关系与外部的代理权授予，但从社会事实来看，两者的关系密不可分。无因管理中本人与管理人存在某种社会事实或法律关系（家族关系、代理关系）的情形，有可能根据本人的默示意思而行使代理权及处分权。虽然无因管理的成立不一定伴随着代理权，但前者的判定与后者有共通之处，因此或许可以从本人的“意思”之中推定代理权的成立。此一判定过程通常与表见代理的判定相类似。

三、准无因管理

1. 学说

以往学说主张，侵权行为与不当得利的救济需受到损害额、损失额的制约，救济不够充分。而无因管理的成立需自始即有无因管理之意思，该意思表示不可事后追认。因此，学说参考德国民法的做法提出准无因管理概念，该概念借用了无因管理的相关规定（类推适用），本人可请求返还所得财物（管理人有报告义务）。大判大正 7・12・19（民录 24 辑 2367 页）可以理解为遵从了这一观点的判决（鸠山秀夫・法协 37 卷 7 号 1077 页）。与此相对，反对说认为准无因管理应适用侵权行为与不当得利的法理。另外，针对违法行为人因自身才能的得利这一问题，围绕着管理人的偿还费用请求与不当得利返还请求能否成立这两点，学说也存在对立，这其中涉及当出售价格远大于客观价格时，管理人能否请求返还全额的问题（“3. 主观要件”）。从法律解释看，准无因管理之中管理人无管理之意思，因此有商法的介入权说（平田春二・名大法政论集 3 卷 2 号 29 页），侵权行为制裁的效果说（好美清光《准无因管理的再评价》谷口知平教授还历纪念《不当得利・无因管理研究（3）》［1972］427 页）等等，各学说都认为，现存的法理无法说明准无因管理这一概念。向加害者提出的制裁及费用偿还请求与加害者的主观认知息息相关，问题是要选用什么法理来调整这之间的利害关系。

2. 追认法理

作为对无权代理的追认权的类推适用，判例承认非权利人对处分的追认有溯及效力（最判昭和 37・8・10 民集 16 卷 8 号 1700 页）。尽管许多判例处理该类事件时将偿还全部费用作为前提，但须注意这类判例存在与前文同样的问题。前述大判大正 7 年也可以理解为运用了追认法理（前记・新版注释民法（18）284 页［三宅］）。

3. 主观要件

问题的中心点在于行为者是否有恶意或重过失。当所得财物的价值与客观价值不同时，若要请求返还前者，作为请求权正当化之依据，在主观要件上需有管理人的恶意及重过失（四宫・前记 45 页）。

4. 知识产权法

著作权法第114条，第114条第2、3、4、5款，各自对于损害额的推定、明示义务、文书提出命令、说明义务、损害额的认定等，参照准无因管理法理进行了相应规定。

四、国外的动向

欧洲民法典研究团体提议制定欧洲无因管理法（PEL/v. Bar，Benevolent Intervention in Another's Affairs，2006）。该法肯定了管理人的代理权（3：106，对本人有益的情形）、损害赔偿请求权（3：103，无因管理导致损害发生的可能性很高，该风险最好能与本人的风险相平衡）与报酬请求权（3：102，仅限于管理人的职业及营业的合理范围内）。

参考文献

（1）平田健治：《无因管理法的解释、功能的再探讨（1）（2）（3·完）》，民商89卷5号619页，89卷6号777页，90卷1号36页（参考德国民法的讨论而对无因管理法的要件及实质运用进行了分析，并探讨了该法的发展方向）；（2）副田隆重：《无因管理法的功能及其适用范围㊤㊦》判タ514号226页，522号133页；（3）《特辑 急救措施的促进与法》，Jurist 1158号69页以下（樋口范雄、冲野真已、久保野惠美子的各论文）（急救措施特别法的提案意图在于，通过明确责任基准而促进人们积极实施救助行为）；（4）潮见佳男：《著作权侵害的损害赔偿、得利返还与民法法理》，法学论丛156卷5·6号216页（尽管详细检讨了返还所获之利的法理依据，但并没有得出答案）。

107

三角关系的不当得利——转用物诉权论

北海道大学教授　藤原正则

一、转用物诉权的特殊性

当事人三者间的不当得利的类型有许多种，近期我国判例及学说的争议点在于转用物诉权，它属于三角关系中的不当得利问题。转用物诉权指“合同上的给付不仅对相对人（B）有利，第三人（C）也能从中获利时，给付者（A）可向第三人（C）请求返还不当得利”（加藤雅信《财产法的体系与不当得利的解释》［1986］704 页）。通常 A 应当向 B 请求履行合同即可。A·B 之间的合同关系无效或撤销时，A 向 B 或 C 的不当得利返还请求与转用物诉权不同。转用物诉权来源于罗马法，罗马法之中不存在直接代理制度，家子·奴隶（B）也无债务负担之能力。假设 A 与 B 订立合同并履行给付，若该给付归属于 B 的家父（C）时，A 对 C 的得利返还请求之诉权为转用物诉权（吉野悟《罗马法务官的判断模型与其社会目的性》川岛武宜编《法律社会学讲座（9）》［1973］146 页）。像 A 误以为与 B 的债务为 20 万元而多付了 10 万元，而后向 B 请求返还 10 万元之非债清偿的不当得利之情形，由于其中的不当得利为“无法律原因之得利”，因而该情形中的诉权不是转用物诉权。现在不当得利的一般条款（民第 703 条）通常指非债清偿之不当得利，但根据上述的转用物诉权的定义，A·B 间、B·C 间的得利存在法律上的原因（有效的合同关系）。

现代的转用物诉权的功能与下述情形类似：动产出卖人 A 同买受人 B 订立合同，A 因 B 未支付价款而解除合同，A 除了向 B 或是受让人 C 请求返还原物之外，还基于动产买卖先取特权（民第 321 条）代位取得了 B 对 C 的价款债权（民第 304 条）。也即在 A 的给付为有体物的情形，合同无效、撤销或 A 解除合同时，A 对 B 和 C 可以行使所有物返还请求权。我国判例中转用物诉权产生的情形是，AB 的承揽合同中 A 的给付为材料及劳务，然而此时该给付无法作为所有物返还请求对象这种事例。因而虽然转用物诉权定义较广，但关于转用物诉权成立与否的争议性案例实际是有限的。

二、判例

我国最高法院的判例有以下两个。(1) C出租推土机给B，B委托A修理推土机，A修理完毕后将推土机返还给B，暂未收取B费用。C以B不支付租金为由与其解除了租赁合同，并取回了推土机。由于B无资力，A向C请求返还修理费相当额的不当得利。另有BC之间的租赁合同规定，标的物的修理费用由承租人B负担，相应的C收取的租金要比市场价低。最高法院进行了如下判示：推土机的修理造成A的损失与C的得利；修理委托的定作人为B一事并不会对得利与损失之间的直接因果关系产生影响；以修理费用债权系无价值为限，A可向C主张不当得利返还请求；BC之间修理费用由B负担的特约不会妨碍AC之间的不当得利返还请求（最判昭和45·7·16民集24卷7号909页）。(2) 承揽人A根据承租人B的委托对大厦进行了改造，在B尚未支付完承揽费用全款时，出租人C以B无权转租为由解除了BC间的租赁合同，随后B行踪不明，A由此向C请求返还剩余费用相当额的不当得利。另有BC之间约定，由B负担大厦的改建修缮费用，相应地，C免除B的权利金支付义务。最高法院认为，从BC租赁合同的整体来看，C因A之负担而得利的前提是BC之间无对价关系；当BC之间须以某种形式给予或负担相当利益时，C的利益受领乃是基于法律上原因（最判平成7·9·19民集49卷8号2805页）。换言之，该判决修正了昭和45年最判的观点，后者认为B无资力导致A债权无价值时可以肯定A对C的直接请求，但前者主张只有BC间的财产利益移动系无偿之时，才可承认AC间的请求。

三、学说

(1) 昭和45年最判之基础为传统学说（衡平说）。与金钱诈害的不当得利的判例（最判昭和49·9·26民集28卷6号1243页）相同，该学说认为即便AB间、BC间各自存在合同关系，只有在被移动的财产利益存在特定性时才可承认得利移动的因果关系（社会观念上的因果关系），即损失者A对得利者C（而非中间人B）有法律上原因时才可成立A之请求。我妻（我妻荣《民法讲义 V_4 债权各论（下）1》［1972］1040页）、松坂（松坂佐一《无因管理·不当得利［新版］》［1973］94页）对昭和45年最判给予了肯定的评价。

(2) 受不当得利类型论的影响，许多学者对转用物诉权持限制性肯定或否定的观点（关于衡平说与类型论，参照好美清光《不当得利法的新动向（上）（下）》判タ386号15页，387号22页，藤原正则《不当得利法》［2002］9页）。具体而言，加藤说主张BC间的得利为无偿之时，可容忍A对C的直接请求（转用物诉权）。换言之，(a) 如果清算BC间的得利，A的直接请求对C而言是双重经济负担，并不合理；(b) 即便不清算BC间的得利，A的直接请求对于B的一般债权人G而言，将会剥夺G抵押B对C的请求权的机会，其结果是A比G优先受偿，这抵触了债权人平等原则；(c) BC间的得利系无偿之时，从无偿得利者C与损失者A的利益衡量来看，应当允许A的请求（加藤·前揭713页。好美·前揭（下）28页也持几乎同样观点）。平成7年（1995年）最判可认为是认可了上述加藤之观点而变更了前记判例之见解。

(3) 四宫说主张合同有效之情形，A的请求不可向合同相对人B以外的人主张。尤其是BC之间的得利为无偿之时，C的得利具有法律上原因，即有效的合同。若要承认A对C之请求为有效，前提是AB间合同为无效，BC间得利移动为无偿。因此，当AB间存在有效合同时，转用物诉权不可能成立（四宫和夫《无因管理·不当得利·侵权行为（上）》［1981］242页。内田贵《民法Ⅱ》［1997］543页）。

（4）三宅说认为转用物诉权并非属于不当得利问题，而是事务处理关系问题。例如在昭和45年最判中，承租人B与出租人C之间存在推土机修理的事务处理关系。一旦BC之间存在事务处理，B即为受托人或是无因管理人。但无论是否成立事务处理，B基于事务处理都可以向C主张偿还对A之债务的代偿请求权（民第650条第2项·第702条第2项）。三宅说的核心主张为，A直接行使B的代偿请求权的行为属于转用物诉权。代偿请求权是由B拥有的让本人C支付AB间债务的权利，即便B的一般债务人G想进行抵销，由于该请求是请求对A的清偿，A自然能够比B的一般债权人优先受偿（三宅正男《无因管理者的行为对本人的效力》谷口知平教授还历纪念《不当得利·无因管理研究（1）》［1970］338页）。加之前提是C可以用对B的对待债权抵销B的代偿请求（最判昭和47·12·22民集26卷10号1991页），现实中C如果已对B清偿则另当别论，但BC之间以低价租金导致得利的合意的有效性本身也不无疑问。

四、评价与展望

正如加藤说指出的那样，转用物诉权的情形或是AB间合同关系无效、撤销的情形，A可以向第三人C直接请求偿还不当得利的核心问题在于C之交易安全（双重经济负担），以及A比B的一般债权人享有优先受偿权的合理性。当BC间的得利系无偿时，例如假设昭和45年最判中C没有承诺降低租金而免除了B因修理租赁物而产生的对C的请求权（费用偿还请求权［民第608条］。B对A的清偿作为费用偿还请求权的成立要件见民第650条第2项），B的一般债权人G可根据B的免除之意思表示而行使债权人撤销权（民第424条）。换言之，即便BC间为无偿之得利，A对G的优先受偿权的合理性也值得质疑。因此，比起限制肯定转用物诉权的加藤说，全面否定说更显合理。不过从另一方面看，如果强调B的财产（给付）在保留特定性的情况下被归于C，此时基于A对财产的追及，在BC间的得利移动尚未决算即B对C的债权仍旧存在的情形，或许A对C的转用物诉权能够成立。

事实上在昭和45年最判的事例之中，如果推土机是归B所有，则成立A对推土机的动产保存先取特权（民第320条）。平成7年最判中如果建筑物归B所有（现实中很困难），则存在A行使不动产工程的先取特权的可能性（民第327条）。在承揽合同之中，工程的交付与价款的支付不可能同时履行，承揽人负有先履行义务（交付与报酬支付的同时履行［民第633条］），加之使用的材料为标的物的一部分，因而承揽人先取特权制度的设计初衷在于合同解除后劳务、材料的返还请求无法实现。以上讨论了建筑承揽合同中（完成的）建筑物的所有权应当由定作人直接取得，还是由承揽人取得后（作为报酬请求的担保手段）在支付价款时转移给定作人的问题，也就是说在定作人并非物的所有者的情形，承揽费用担保的问题可以转化为转用物诉权的问题。上记两个最判事例之中存在A→B→C的财产转移特定性，即事案类型中包含了A的财产追回可能性，因而面对该类事案时可以考虑A对B的一般债权人G之优先受偿权（承揽费用债权的担保与转用物诉权，藤原·前揭377页）。

由此，将承揽费用债权的担保方法作为先取特权制度问题而考虑时，倾向于全面否定转用物诉权，与此相对，无论 BC 间的得利移动是否为无偿，只要存在 B→C 的债权，转用物诉权就有可能成立。又平成 7 年最判的事例中，在 A 施工完毕后 B 没有立即回收工程之价值，期间内 BC 解除了合同，因此 BC 间的财产移动是否有偿并非没有疑问，故或许 C 的得利可能被认定为不具有法律上原因。“三”中介绍的转用物诉权的相关学说，包括三宅说，运用了历史性的、比较法式的研究方法（关于转用物诉权的历史与比较法，参照磯村哲《不当得利论考》[2006]）。如果只考虑直接请求能否以不当得利解释的问题，则或许只需要确定第三人 C 是否具有法律上原因即可。

参考文献

本文中记载的内容。

六　债权各论（二）

108 ◀ 权利侵害论

早稻田大学教授　大冢直

一、引言

以下首先简单总结以往关于民法第709条的权利侵害论，即“二”，然后对有关第709条现代语化的立法宗旨和新解释的可能性进行说明，即“三”，其后将涉及作为权利侵害论具体类型的公害、生活妨害中的忍受限度论和环境权，即“四”。

二、以往的民法中的权利侵害论

1. “权利侵害”要件在旧民法中没有规定，是在现行民法中予以规定的。现行民法的起草者对民法第709条中的“权利”进行了广义的理解，其被解释为除了财产上的权利和人的生命、身体、自由、名誉以外，还包括债权等权利（法务大臣官房司法法制调查部监修：《法典调查会民法议事速记录》40卷155丁、157丁［穗积陈重委员发言］，商事法务研究会1984年版。* 然而，众所周知，“桃中轩云右卫门事件”判决（大判大正3年7月4日刑录20辑1360页）不当地对本条的“权利”进行狭义解释，认为浪曲的创作不是作为音乐性著作物而应受《著作权法》所保护，即使在没有授权的情况下将浪曲复制贩卖，也不能说著作权受到了侵害，进而判决不能依据本条要求损害赔偿。由此，“权利”侵害要件受到了极大的关注。

其后，判例被实质性地受到了修正，第709条中的“权利侵害”在“大学汤事件”判决（大判大正14年11月28日民集4卷670页）中被理解为“法律上所保护的利益”，而学说接受了该判决，从末川博博士开始，将权利侵害作为违法性的表征而将其包括在违法性中的观点占据了支配性的地位（末川博：《权利侵害论》，弘文堂书房1930年版，第300页以下）。在此基础上，一方面在“从权利侵害到违法性”这一命题下，将权利侵害吸收到违法性当中的同时，把作为主观要件的过失与作为客观要件的违法性对峙起来，而另一方面通过对被侵害利益的种类、性质与侵害行为的样态进行相关

---

* 关于该速记录有几种版本，当然其内容是相同的，但大冢教授引用的是哪一个版本译者不得而知。前引书只是其中之一。——译者注

关系性的衡量来判断是否存在违法性的我妻荣说（相关关系说）占据了通说性的地位（我妻荣：《事务管理·不当得利·侵权行为［新法学全集］》，日本评论社 1937 年版，第 125 页以下；加藤一郎：《侵权行为［增补版］》，有斐阁 1974 年版，第 35 页、第 106 页）。昭和 22 年（1947 年）制定的《国家赔偿法》第 1 条将违法性作为要件来规定也和当时的民法学说有着很大的联系。

2. 但是，关于民法第 709 条，传统通说在昭和 40 年代以后开始受到了种种批判。这些批判性见解中具有最重要意义的是如下的主张，亦即：过失与违法性之间存在着概念的重合，并认为违法性概念因已打开了扩大法律保护的途径（与权利侵害概念一道）而完成了其使命，因此，应在第 709 条要件中赋予过失核心地位（过失一元说）（平井宜雄说［氏著：《损害赔偿法的理论》，东京大学出版会 1971 年版，第 394 页以下、第 413 页；氏著：《债权分论Ⅱ》，弘文堂 1992 年版，第 23 页、第 39 页以下］。此外，新忍受限度论也可以认为是过失一元论的一种。最近采过失一元论的有洼田充见：《侵权行为法》，有斐阁 2007 年版，第 90 页。）与此相对，也存在着既承认过失与违法性概念的重合，而将违法性置于第 709 条要件核心地位的见解（违法性一元说）（前田达明说［氏著：《民法Ⅵ2（侵权行为法）》，青林书院新社 1980 年版，第 122 页以下］）。以上这些一元说已经拥有了很多支持者。

3. 与上述各种一元说相对，也存在着想用某种形式将权利侵害要件予以保留下来的立场，说此种立场最近反而有重振旗鼓之势也是不为过的。

第一种为结合法律条文将故意·过失、权利侵害分别作为要件的见解（来栖三郎：《债权分论》，东京大学出版会 1953 年版，第 225 页。此外，虽然森岛昭夫：《侵权行为法讲义》（有斐阁 1987 年版）第 251 页的宗旨与其不同，但也采二元说）。可以说，其中以我妻相关关系说为基础（但在不使用违法性概念这一点上与我妻荣说有很大的不同），将该说中的“被侵害利益的种类·性质”划分为“权利侵害”，将该说中“侵害行为的样态”与故意·过失包含在内的概念划分为“故意·过失”的星野英一说（氏著：《故意·过失、权利侵害、违法性》，载《私法》41 号第 183 页（1979 年））是最忠实于第 709 条条文的。

第二种见解为，区分绝对权和绝对权以外的法益，通过此种区分对是否从正面进行侵害行为样态的衡量予以区别对待。这是受到《德国民法典》第 823 条、第 826 条结构影响的见解。亦即，泽井裕博士首先将民法第 709 条中的侵害区分为（1）生命·身体·健康等“绝对权类型”，（2）舒适而健康的生活、自由权、名誉权、隐私权等“衡量类型”，（3）侵害债权、侵害期待权等“行为类型”，在此基础上，提出如下见解：对于（1），只要不符合违法性阻却事由，就承认损害赔偿；对于（3），应依据行为的样态决定是否承认损害赔偿；而（2）当中同时存在着（1）和（3）的类型（泽井裕：《Textbook 事务管理·不当得利·侵权行为［第 3 版］》，有斐阁 2001 年版，第 138 页以下）。藤冈康宏教授也指出：“（ⅰ）比如通常像侵害生命、身体或物件受到毁损等权利性强的利益受到侵害的场合，只要可以认定其中存在过失的话，就可以认为存在违法行为；（ⅱ）而诸如被侵害利益的权利性较弱或损害的程度轻微等场合，只具有过失是不够的，只有该权益作为一个整体被评价为以社会上不能认可的样态而受到了侵害，才能积极地评价为其是违法的”（藤冈康宏、矶村保、浦川道太郎、松本恒雄著：《民法Ⅵ－债权分论［第 3 版］》，有斐阁 2005 年版，第 249 页、第 237 页【藤冈撰写部分】）。对此，加藤雅信教授认为：就绝对权、绝对性利益的侵害而言，只要存在故意·过失，就可以产生损害赔偿请求权；而就相对权、相对性利益的侵害而言，仅仅存在故意·过失是不能产生赔偿请求权的，尚需存在从某种意义上以恶劣的形态来进行的侵害（违法侵害）（加藤雅信：《新民法大系Ⅴ 事务管理·不当得利·侵权行为［第2版］》，有斐阁2005年版，第183页以下）。注重只要存在权利侵害的事实即为违法这一结构的原岛重义教授的见解（原岛重义：《我国权利论的演进》，载《法的科学》4号第98页以下（1976年））也属于此种谱系。

上述第二种学说与相关关系说有着类似的一面，而在区分权利侵害与权利侵害以外的违法性这一点上，与其说与我妻说，毋宁说是与末川说更为接近（以下，将该说称为“法益的二阶段结构说”）。

此外，作为与上述第一、第二种学说不同层面的问题，判例中开始出现了提倡权利侵害概念的保留或复活的第三种主张，特别是在1980年代以后，最高法院就“内心平稳的感情不受侵害的利益”是否值得法律保护的问题作出了几个判决，其中“权利侵害”要件被予以应用（最大判昭和63年6月1日民集42卷5号277页，最判昭和63年12月20日判时1302号94页，最判平成3年4月26日民集45卷4号653页等。此外，作为《民法》即将现代语化之前的判例有最判平成16年2月13日民集58卷2号311页）。对此，学说上也开始出现了积极评价此种判例动向的见解（大冢直：《作为保护法益的人身与人格》，载《Jurist》1126号36页（1998年））。此处所说的“权利侵害”指的是值得法律保护的利益，其设想的并非是绝对权的侵害或者类似于绝对权的侵害。可以说，该见解虽然与纯粹的一元说不相容，但是与其他的学说是可以并存的（从此种意义上来说，在将权利侵害概念定位为以便于思考而使用的基础上，也可以考虑采过失一元说或相关关系说）。

第四种也主张权利侵害概念的复活、再生，该观点意欲通过以宪法为顶点的法秩序所保障的个人权利为何为基点来决定本条中作为“权利”的需要保护性（潮见佳男：《侵权行为法》，信山社1999年版，第26页；山本敬三：《侵权行为法学的重新审视与新展望：从权利论的视角》，载《法学论丛（京都大学）》154卷4·5·6合并号第348页（2004年））。站在此说的山本敬三教授认为侵权法的功能在于保护权利，并试图从以往以我妻说为代表的社会本位的法律观转换到权利本位的法律观中来（氏称为“回归”）。其背后存在着将宪法规定的国家保护公民基本权的义务扩大到民法当中的主张。然而，因该立场所讨论的是与其他学说不同层面的问题，此处不再赘述。

三、民法的现代语化与第709条的解释

1. 综上所述，在有关第709条中的权利侵害·违法性·过失的学说错综复杂的情况下，立法进行了民法的现代语化，在2004年11月通过的修订民法中，本条被修改为：“因故意或过失侵害他人权利或法律上所保护的利益之人，负因此所生损害的赔偿责任”（画线部分由笔者所加）。

不过，立法负责人明示了上述修改没有试图改变现代语化之前本条的宗旨（吉田彻、筒井健夫编著：《修订民法的解说》，商事法务2005年版，第115页）。但是，是否可以认为因条文的解读方式不同，可以进行与以往不同的解释呢？如果此种解释能更好地说明判例等以及其他条文之间关系的话，是否应该认为此种解读方式比以往的解释更具价值呢？从此种意义上来说，也可以认为本条的修改成为一个产生新的议论的素材。

2. 本条现代语化的立法负责人的意图暂且不论，本条的描述与上述关于权利侵害的各种学说处于何种关系呢？从保留了“权利”侵害要件这一点上来看，可以说，其没有采纳一元说或我妻说，与上述第一种～第四种学说具有亲和性。特别需要指出的是，其与第二种学说之间的亲和性大大提高了。可以说，在特意区分权利侵害和权利以外的受法律上所保护的利益这一点上，其容易与区分权利侵害（绝对权侵害）的情形和权利以外的利益侵害情形的德国流派的立场结合在一起（参见池田真朗编：《新民法：现代语化的经过和解说》，有斐阁 2005 年版，第 101 页【水野谦撰写部分】；藤冈前引书，第 237 页），与第一、第三、第四种学说相比，更加接近于第二种学说。此外，“法律上所保护的利益”之“侵害”这一描述已足以使人们联想到了“违法性”。可以说，上述结果从立法负责人的角度来看是其“没有预想到的结果”，但是，从对法条的客观性解释的观点来说，此种结果是不能视而不见的。

假如认为本条采纳了类似于第二种学说的观点的话，其结论将是：(1) 在权利侵害（或者绝对权侵害）的场合，只要存在故意过失，就可认定为违法（以不存在违法性阻却事由为限）；(2) 而对于那些未能达到权利侵害（或者绝对权侵害）的法益侵害的场合，将导入认为此种场合特别需要违法性的“法益的二阶段结构”。此处需要注意的是，在 (2) 的场合也需要将“故意过失”作为要件。此外，还将产生诸如与“此处所指的权利侵害为何?（是否为绝对权侵害，还是其范围比绝对权更广）”、“此处所指的违法性为何?”等解释有关的新的课题。

3. 有关本条的上述解释，有可能发展为区分绝对权侵害和绝对权以外的法益侵害而注重绝对权侵害之观点的导入。可以说，这是今后学界需要讨论的课题。

另一方面，对第 709 条的此种解读方式不无实质性的好处。

第一，可以看得出此种解释是与判例的趋势相似的。根据濑川教授的分析，有关第 709 条的判例可区分为（ⅰ）对身体、财物的物理性侵害和（ⅱ）其他的侵害。其中，对于（ⅰ）只用过失来判断是否构成侵权行为，与此相对，对于（ⅱ）主要是通过利益的要保护性和行为的违法性来判断是否构成侵权行为的（濑川信久：《民法第 709 条（侵权行为的一般构成要件）》，载广中俊雄、星野英一编：《民法典的一百年Ⅲ》，有斐阁 1998 年版，第 559 页以下）。由于（ⅰ）属于绝对权侵害的情形，因此可以认为其通常不需要违法性。正如该教授正确指出的那样，昭和 40 年代的判例主要是针对（ⅰ）作出的，从此点来看，可以认为当时一元说引起了很大的共鸣是有其理由的，但是现在一元说未必能维持下去。

第二，当然，通过导入违法性概念，体系性地认识与民法的其他领域以及其他法律规定之间关系的可能性被予以扩大了。在民法的其他领域中，可以举出基于物权请求权或人格权的停止侵害* 请求。作为其他法律，可以举出国家赔偿法、防止不正当竞争法、反垄断法等。

特别是在与停止侵害的关系中，假如重视如上所述的客观性解释的可能性被予以扩大这一事实的话，可以认为，(1) 将区分权利侵害（或者绝对权侵害）和权利以外的保护法益侵害的“法益的二阶段结构”贯穿于损害赔偿与停止侵害两者当中的立场（泽井前引书，第 124 页、第 138 页以下；原岛前引文，第 95 页；吉村良一：《侵权行为法［第 3 版］》，有斐阁 2005 年版，第 36 页、第 112 页）和 (2) 在对损害赔偿采用“法

---

* 日语原文为“差止”，下同。——译者注

益的二阶段结构”的同时，认为停止侵害只要存在违法侵害就足够的立场（藤冈前引书，第 182 页以下）正在增大其所占的比重（对判例是站在何种立场的问题解释上会存在分歧，但以濑川教授的上述分析为前提的话，应该是属于前一种的）。其中，从合理地说明停止侵害与损害赔偿之间的关系这一点上来看，可以说（1）是具有魅力的见解，而通过本条的现代语化，可以认为其可能性稍有扩大的趋势。特别是在与证明责任论或要件事实论的关系中，针对损害赔偿和停止侵害的两者可以进行“权利侵害→只要不存在违法性阻却事由，原则上即属违法”（亦即，就违法性而言，其证明责任被予以转换）和“权利侵害以外的保护法益侵害→需以违法性为要件”的一贯性的处理（参见大冢直等编著：《要件事实论与民法学的对话》，商事法务 2005 年版，第 78 页以下【大冢撰写部分】）。不过，与损害赔偿的情形相同（或者单独地），在停止侵害的场合，也产生在此所使用的“权利侵害”概念是否只限于“绝对权侵害”的问题（参见大冢直：《关于民法第 709 条的现代语化与权利侵害论的笔记》，载《判 T》1186 号第 21 页（2005 年））。

4. 另一方面，就此种第 709 条的解释来说，存在着很多不得不解决的难题（参见大冢前引文，《判 T》1186 号第 19 页）。

第一个需要提出的问题是，以往主要是过失一元论对传统性通说进行批判的、过失与违法性概念重合的问题。当然，对此问题已提出了几个建议。其中之一着眼于与（作为构成要件的）过失不同，违法性有着评价性的一面（指的是因其是违反法秩序的行为而被加以了制裁）这一点，立足于以过失为基本的一元说性理解的基础上，认为还是有必要将违法性设定为有关被侵害利益要件的主张（参见藤冈前引书，第 248 页）。

第二是将本条所称的“权利”理解为绝对权还是理解为还包括了绝对权以外的其他权利的问题。关于这一点，依据只重视绝对权的德国法上的议论未必有其必然性，应该说只要有必要，就可以进行我国自己的议论。笔者认为，也可以理解为更加宽泛的诸如“具有社会明确性的权利”“作为社会构成原理的基本的保护法益”等。此种“权利”当中除了生命、身体的侵害、财物的毁损、其他绝对权以外，即使是合同上的利益，只要是明确的话，都可以纳入进来（藤冈前引书，第 237 页）。就侵害人格权来说，可以认为只要存在某种精神性损害就构成权利侵害（但是，单纯的不快感不包括在内）。就被动吸烟来说，也可以认为只要对肺产生了某种污染就构成权利侵害。作为不构成权利侵害的法律上保护之利益，可以举出如下的例子：自己的姓名被正确称呼的利益（最判昭和 63 年 2 月 16 日民集 42 卷 2 号 27 页），在法庭中受审的被告所拥有的、描写自己容貌的插图不被随意公开的利益（最判平成 17 年 11 月 10 日民集 59 卷 9 号 2428 页），超越被允许的自由竞争的范围而受到侵害的营业自由（最判平成 19 年 3 月 20 日判 T1239 号 108 页）等。

四、公害、生活妨害中的忍受限度论与环境权

作为权利侵害与违法性之间的关系成为问题的具体情形之一，可以举出公害、生活妨害中的忍受限度论与环境权之间的关系。

1. 忍受限度论，是指在公害、生活妨害当中，综合考虑加害人和受害人的种种情况（受害的程度、加害行为的公共性、加害行为是否违反规制标准、损害防治设施的设置情况、加害人和受害人之间的先住后住关系）和周边情况（地域性）等后，判定具体个案当中应忍受的受害限度，进而判断加害行为是否存在违法性的立场。可以说，这是

判例和多数说所采的立场。在损害赔偿和停止侵害中，忍受限度论沿用至今。

昭和40年代以后从两个方面针对忍受限度论提起了强烈的批判。其一是环境权说。该说拒绝考虑加害人一方的情况，认为只要与自己相关的环境以某种形式受到侵害或者有受到侵害之虞的，原则上就应当命其立即停止侵害，并认为只要存在环境权的侵害，就应当承认存在第709条所规定的违法性（大阪律师会环境权研究会编：《环境权》，日本评论社1973年版，第102－103页）。其二为强调权利论结构的原岛重义教授等的见解（原岛前引文，第98页以下）。原岛教授认为，如果是站在德国的古典性权利论的话，只要存在对物权的侵害并且没有违法性阻却事由，就可以立即行使物权请求权。该教授站在此种立场的同时，认为即使损害未达到侵害生命·健康的程度，并且加害行为存在公共性的场合，加害人只有证明已经实施了与环境影响评价以及替代方案有关的调查和对居民进行了说明和交涉的两种事实时，才能驳回停止侵害请求。此外，该教授还认为，就第709条而言，只要存在权利侵害和没有违法性阻却事由的话，该行为就应当立即被认定为违法。

2. 关于忍受限度论的第二种批判说在早期就对所谓的“从权利侵害到违法性”这一命题提出了异议，在权利侵害的场合否定对行为的样态等进行综合衡量的意图下，主张了权利侵害论（第一种和第二种批判说都是特别针对停止侵害来进行主张的）。

不过，环境权说将上述观点贯彻始终，主张对与加害行为的样态有关的因素一概不以考虑。与此相对，如上所述，原岛说承认了考虑几种因素的余地，在此点上两者存在差异。环境权说对与加害行为的样态有关的一切因素不予考虑的主张没有被判例采纳，而且，就即使是与人们的健康等无关的环境因素的破坏也可以构成环境权的侵害进而可以承认损害赔偿和停止侵害这一环境权说的主张而言，对环境的负面影响根本就没有被理解为构成“权利”的侵害（最近，国立景观诉讼最高法院判决［最判平成18年3月30日民集60卷3号948页］承认了对特定的景观而言环境可成为私人的利益，在此点上该判决极受关注，然而否定了环境的“权利”性）。

另一方面，采忍受限度论的加藤一郎说也没有将忍受限度作为请求理由，而是解释为抗辩（忍受限度抗辩说），此点被认为是忍受限度论与权利滥用论之间的不同之处（加藤一郎：《序论》，载氏编：《公害法的生成与发展》，岩波书店1968年版，第28页）。因此，可以认为，加藤说与原岛说的不同之处在于作为抗辩应承认什么的问题。作为公害、生活妨害中的违法性阻却事由应承认什么，对此问题我国民法没有规定，其正是属于解释论的问题，有必要就此对个别的因素进行讨论。关于加藤一郎说和原岛说之间的分歧，往往被认为是基于两者对民法结构的不同理解而产生的，但实际上可以理解为是两者对抗辩事由的解释论之争。

对此，判例（有关《国家赔偿法》第2条的判例，但也对民法第709条作出了判断）被理解为是采用了以“超过忍受限度”或者据以证明该标准的事实为请求理由的学说（忍受限度请求理由说）（最大判昭和56年12月16日民集35卷10号1369页，最判平成7年7月7日民集49卷7号1870页）。判例对噪声或大气污染是否超过了忍受限度的问题，在损害赔偿请求案件中主要是对（1）被侵害利益的性质和内容，（2）忍受与受益之间的互补性，（3）有关防止侵害措施的有无·内容·效果，（4）侵害行为所具有的公共性或于公益上的必要性这四种因素进行综合考虑的，而在停止侵害案件中衡量的是（1）和（4）。

3. 在具体的因素中，就损害赔偿案件而言最能成为问题的是上述因素中对（4），即公共性的考量。如上所述，判例对此因素虽在违法性的判断中加以考虑但不是那么重视，其所采用的是与其他因素一起进行综合考察的立场。上述两个最高法院判决在将（4）与（1）进行比较时，显示出了对（2）和（3）进行探讨的态度。虽然学说中支持判例立场的学说占多数，但也可以看到认为在判断是否赔偿损害时不应考虑公共性的学说（公共性考虑否定说）（淡路刚久：《公害赔偿的理论［增补版］》，有斐阁 1978 年版，第 239 页；泽井裕：《公害停止侵害的法理》，日本评论社 1976 年版，第 115 页）。笔者认为，考虑到以下两点，公共性考虑否定说是妥当的：一旦因公害产生损害后，在某种程度确定性的认识之下，受害将持续性产生；因公共性大的设施而付出了特别牺牲之人给予补偿的必要性更大，其负担应转嫁给社会。

4. 如果是站在上述“法益的二阶段结构说”立场的话，对于公害、生活妨害的问题而言，区分权利和权利以外的利益也是重要的。对于这个问题的一个回答是，由于像噪声、大气污染等所谓的积极性侵害已经超过了土地之间的分界线，因此应以权利侵害（绝对权侵害）来处理，与此相对，应将日照妨害·眺望侵害等所谓的消极性侵害（考虑到其不是理所当然而取得的，且存在不少因各人的嗜好其重要性亦会改变的情形）视为法律上保护的利益（大冢直：《关于生活妨害中停止侵害的基础性考察（8·完）》，载《法协》107 卷 4 号第 520 页以下（1990 年））。国立景观诉讼中近邻的良好景观也可以视为后者的一种（不过，这些利益不属于权利这一事实并非就表明基于其侵害的救济难以得到认可）。在此基础上，应决定将何种因素作为违法性阻却事由或违法性的考虑因素而适用于各类侵害类型的问题。

如上所述，可以说，即使在采忍受限度论的场合，如果依据“法益的二阶段结构”时，也不能轻易地肯定其综合考量性，有必要以判例的形式事先将以怎样的标准考虑何种因素这一问题予以确定下来，对此，学说有必要奠定其基础（大冢前引文，《法协》107 卷 4 号第 542 页以下是针对停止侵害的一个小小的尝试）。

五、总结

最后，依据以上的讨论，针对在民法现代语化后，尊重其规定形式时对第 709 条进行何种解释为适当的问题作一个总结。可大致分为如下的两种见解。

第一种为立法负责人的见解，是只重视保留了权利·利益侵害要件这一事实的看法。该见解认为，既然没有明文规定违法性要件，违法性就不会成问题。此外，其还认为，违法性中侵害行为的样态和过失概念是重合的。如上所述，有不少判例将（我妻说中的）侵害行为的样态视为需要解决的问题，此时对于这个问题将以有关过失的问题来处理。作为其代表性的主张，可以举出将权利·利益作为思考之便而予以保留的同时，如同星野说那样，将被侵害利益和侵害行为的样态分别划分为“权利·利益侵害”和“故意、过失”来进行衡量的立场［此时，权利·利益侵害将被考虑两次］（上述第一种学说与第三种学说的结合）。

第二种是认为“法律上所保护的利益的侵害”这一概念中包含了违法性概念的立场。此立场容易与只要权利受到侵害且不存在违法性阻却事由即为违法、而权利以外的其他法益侵害还需违法性的立场结合在一起（基于上述第二种学说的解释）。此外，还可能存在这样的看法，亦即，第 709 条的规定只是将我妻相关关系说中的“被侵害利益的种类·程度”区分为“权利侵害”的场合和“权利以外的法益侵害”的场合而已，其实际上是采用了我妻说（基于我妻说的解释）。

可以说，上述两种看法的最大的不同之处在于，是否使用违法性概念和如何考虑违法性和过失重叠的问题。

（脱稿后，接触到了能见善久等编、平井宜雄先生古稀纪念：《民法学中的法与政策》，有斐阁2007年版中收录的前田阳一：《有关侵权行为中的权利侵害·违法性论的谱系与判例理论之发展的笔记》，樫见由美子：《关于权利保护和损害赔偿制度》，两篇重要的论文）。

参考文献

本文中所举文献。

109

过失论的新发展

神户大学教授　洼田充见

一、对过失的意义与定位的变迁

过失向来是在侵权行为法要件中讨论最为激烈的对象之一。但是，回顾这些讨论，我们会发现与其说是对作为侵权责任的几个要件之一[*]的过失进行了激烈的讨论，倒不如说是对如何理解包括过失在内的侵权责任的几个要件这一层面上提出了许多见解，主流观点也与此相应地发生了变化。

在此，作为理解现代社会中的过失论都承载着哪些课题或问题的前提，我将限于与过失的意义和定位有关的范围内，并在考虑其他要件的基础上，对有关过失的讨论的发展历史作一极为简单的回顾。

1. 以往的主流观点——违法性与过失的二分论

民法第709条没有提及违法性这一要件。但是，通过以作为客观要件的违法性和主观要件的（故意或）过失（有责性）来说明侵权责任成立的立场确立了支配性见解的地位（下称“传统性见解”。关于确立此种传统性见解的经过，请参见参考文献中的锦织文，第159页以下）。

也就是说，传统性见解在一方面通过将第709条中的权利侵害解读为违法性，从而成功地将违法性要件作为第709条的一般性要件纳入其中（从权利侵害到违法性。末川博）。此后，此种违法性通过对侵害结果与行为样态进行相关性的判断而决定的见解确定了下来（相关关系理论。我妻荣）。

另一方面，如上所述，过失是以相较于违法性的形式，作为侵权责任的主观要件来予以定位的。在当时的讨论中，虽然对过失本身没有那么明确地下定义，但既然是主观要件，就可以认为其是针对加害人的心理状态的，诸如过失是违反预见义务的说明也将在此种意境中来理解。

2. 面向作为行为样态的过失的一元化——过失定位的转变

此种传统性见解取得了几乎完全确立的地位，侵权行为法理论也长期处在了几乎安定的状态。虽然在第二次世界大战后，也展开了许多针对作为社会性问题而开始出现的

---

* 原文中为着重号，画线由译者所加，下同。——译者注

汽车事故和公害等个别类型的讨论，但是通过作为客观性要件的违法性和作为主观性要件的过失而组建起来的侵权责任要件的框架基本上维持了下来。

然而，从 1970 年前后开始，此种传统性见解受到了强烈的批判。这些批判性见解对传统性见解提出的问题是很多的（这些批判性见解对传统性见解提出了多种多样的问题），特别是提出了如下的问题：(a) 不能区分作为客观性要件的违法性和作为主观性要件的过失（比如，虽然违反刑罚法规被认为是有关作为客观性要件的违法性的问题，但是如果不考虑主观性要件就不能判断是否符合了刑罚法规的构成要件）；(b) 将过失理解为主观性要件的同时，却以标准人（合理人）为前提来判断过失是缺乏一贯性的；(c) 在实际的裁判中判断过失时，其核心不是放在加害人的心理状态，而是放在了行为的客观性样态。

从上述问题意识出发，在结合比较法研究等的基础上，主张毋宁说过失是对客观的行为样态的评价这一立场开始变得有力。如果说过失是对客观行为样态的评价的话，在侵权责任要件中已不能再维持像作为客观性要件的违法性和作为主观性要件的过失这种区分。虽然存在是统一为过失（新过失论。平井宜雄），还是统一为违法性（违法性一元论。前田达明）的不同，但是在认为已不能单纯地维持违法性和过失这两个要件的问题上几乎取得了共识。可以说，其中，将过失理解为客观行为样态的评价（违反结果回避义务这一行为样态），进而将两个要件统一于过失的立场（下称“新的过失论”）成为现在的多数说。

因此，即使是同样使用“过失”这一语言，其基本属性与传统性见解中的“过失”是完全不同的，在新的过失论中与过失相对应的将是传统性见解中的违法性（后述的行为违法）。

不过，违法性在现代侵权行为法理论中是否就完全丧失了其定位、应该怎样处理侵权责任中加害人的主观方面（在传统性见解中是由过失来处理的）等问题尚未完全明确。以下将结合此种视角阐述当下过失论中的争点。

二、在以作为行为样态评价的过失为前提之下的结论与问题

1. 有关加害人的责任能力等的几个问题

(1) 责任能力的定位

责任能力在过去是作为过失能力来进行定位的。亦即，其是作为主观性要件的过失之前提来考虑责任能力的。因此，既然过失被作为要件，作为过失能力的责任能力就是不可或缺的，在此意义上来说，诸如民法第 712 条、第 713 条等条文应理解为确认性的规定。

另一方面，在将过失理解为客观的行为样态的场合，即使就未成年人而言，在判断其客观的行为样态是否相当于过失的问题上也不存在理论上的障碍。第 712 条和第 713 条是具有保护弱者这一政策性目的的规定，只有通过这些规定，才能说明为何这些人* 不承担责任的问题。

关于此种责任能力的定位，在理论上并不存在那么大的分歧。实际上，且不说是理解为确认性的规定还是创设性的规定，从其结果上来看，在对无责任能力人不承认产生

* 指的是未成年人。——译者注

责任的结论上是没有不同的，两种见解之间的分歧也没有显现出来。

不过，在判例中也可以看到与此种切断作为客观行为样态的过失和责任能力这一趋势正好相抵触的判断。亦即，最判平成 7 年 1 月 24 日（民集 49 卷 1 号 25 页）在对由无责任能力人的少年引起的失火场合适用《失火责任法》时，指出："就不具有辨别责任能力的未成年人之行为而言，是不能考虑是否存在相当于过失之物的"，进而表明了将《失火责任法》中的重过失要件未针对作为失火行为人的未成年人而是针对其监护人进行探讨的立场。于此场合，责任能力是定位为过失能力的。

此外，即使在将责任能力理解为通过政策性的判断来对弱者进行保护之规定的场合，也因如何理解保护弱者的意思的不同，就那些是继续考虑与过失尚有一定的联系，还是认为已经与过失完全脱离了关系等问题而言，还是不够明确的。上述问题，在是否将责任能力规定扩大适用于不以过失为前提的责任（如工作物责任中的所有人责任）这一层面上会产生不同的结果。

（2）有关法人的过失与行为适格的问题

就法人而言，除了像民法第 715 条规定的用人者责任以外，是否可以直接承认第 709 条所规定的责任，对于这个问题是向来有议论的。

1）如果像传统性见解那样，将过失理解为心理主义性因素的话，对于那些根本就不具有心理状态的法人而言，是不存在承认过失之余地的（采此立场的有东京高判昭和 63 年 3 月 11 日判时 1271 号 3 页）。

2）与此相对，如果将过失理解为客观的（行为）样态（违反了避免结果发生的义务）的话，对法人也承认此种过失是不存在理论性障碍的。不过，法人的过失与过失论之间的关系呈现出了稍微更复杂和扭曲的关系。

A. 也就是说，即使在传统性的见解当中，也并非彻底排除了法人所承担的第 709 条的责任，通过设定相当于过失的因素进而意欲承认第 709 条责任的见解也是有力的。

B. 另一方面，如上所述，如果以新的过失论为前提的话，在对法人承认过失的问题上不会存在理论性的障碍，但是，在学说中以此种过失论为前提的同时却否定法人的第 709 条责任的见解也是有力的。该见解主张，应以行为适格要件（必须被评价为是一个行为）作为第 709 条要件的前提，就法人而言，其与自然人不同，既然不能认定其存在行为，就不存在承认第 709 条责任的余地（平井宜雄：《债权分论Ⅱ 侵权行为》，弘文堂 1992 年版，第 227 页、第 29 页）。

顺便提及的是，在传统性的见解中对于此种行为适格要件特别是作为侵权责任要件是没有被提及过的。可以说，在主观性地理解过失的立场中，诸如相当于行为适格的要件是当然地作为其前提的，因此其未能作为一个独立的要件而显现出来。与此相对，在将过失予以客观化的立场中，可以认为，是否还需考虑一定的主观性要件这一问题是以行为适格要件予以显现出来的。从此种意义上来说，行为适格是派生于过失论的重要问题之一。在此基础上，需要考虑如下问题：亦即，（a）作为侵权责任的要件，是否真的就需要行为适格？（b）在采用行为适格要件的场合，是否真的就不能承认法人的第 709 条责任呢？

关于上述（a）问题，在以往的讨论中未必就充分地进行过探讨，也未能确立起一致的见解。此外，关于（b），也存在将行为适格作为侵权责任要件的同时承认法人的第 709 条责任的见解（前田达明：《民法Ⅵ2（侵权行为法）》，青林书院新社 1980 年版，第 23 页），就此点来看，学说的讨论状况是极其错综复杂的。

2. 维持违法性要件的可行性

正如上述，既然不是作为心理状态而是作为对客观行为样态的法律评价来定位过失，就不可能像传统性的见解那样维持作为客观性要件的违法性和主观性要件的过失这种区分方式。

问题在于，以此为前提，是否说违法性这一概念在法律世界中已经变得毫无用处，还是说在一定范围内仍发挥着一定的作用这一点上。

(1) 违法性的两个方面

作为客观性要件的违法性在以往的讨论中有两个方面的内容。

其一，被称为行为违法（行为不法），是将客观行为样态的违法性作为其考察对象的。此种作为客观性行为样态的违法性是以一定的行为义务为前提而将违反其义务评价为违法的。在将过失作为客观性的行为义务违反来理解的场合，此种行为违法正好与其发生重合。因此，随着新的过失论的出现，行为违法概念将消解于该种过失论当中。

另一方面，就违法而言，还存在被称为结果违法（结果不法）的违法性。这是将侵害一定的法益（绝对性保护法益）本身评价为违法的立场。即使将过失理解为对客观性行为样态的评价，此种结果违法概念并不能必然地消解于该过失当中。在上述过失论的展开之情境中，是否认为违法性概念已经完成了其使命这一问题是与对此种结果违法采何种态度有关的。

这个问题将具体显现于是否维持违法性阻却事由这一点上。因为，所谓违法性阻却事由是以一定的权利侵害当然地被评价为违法为前提的，是为了避免此种不合理性而发展起来的概念。

1）如果以在侵权行为法体系中不需要将一定的权利侵害评价为违法这一结构本身的立场作为其前提的话，即使就以往作为违法性阻却事由来进行处理的因素而言，也可以认为只在作为客观性行为样态的过失以及法益的要保护性这一框架中进行探讨即可（洼田充见：《侵权行为法》，有斐阁 2007 年版，第 89 页）。

2）另一方面，如果将过失理解为是对客观性行为样态的评价的同时，承认将一定的权利侵害本身评价为违法具有积极意义的话，维持结果违法概念和与其相对应的违法性阻却事由这一框架的可能性将会保留下来。

此外，虽然在时下的侵权行为法教科书层面上来说，也有不少维持违法性阻却事由这一概念或用语的著作，但就以往作为违法性阻却事由来进行阐述的因素而言，其中也不乏仅仅是利用以往的用语进行说明的情形。在判断论者是否积极地采纳了 2）的立场时，特别需要确认该论者对结果违法采何种立场。

(2) 主要由违法性来判断的类型之存在

通常的解释认为，与其说判例是一贯地将过失理解为加害人主观性的心理状态，还不如说是作为客观性的行为样态来理解的（不过，从前引最判平成 7 年 1 月 24 日等判例中是不太容易如此断定的）。但是，在判例中也不乏使用违法性这一语言或概念的情形（关于违法性的多样性，参见濑川后揭文，第 598 页以下）。在与新的过失论之间的关系中如何定位此种违法性是尚存分歧之处。

1）也可能存在此种立场，亦即，以新的过失论为前提，认为原则上侵权责任的要件是过失，并将此种违法性定位为判断过失的线索。以往，对违反强制性法规与过失之间的关系通常认为，违反强制性法规只是在事实上推定了过失而已。然而在此处，违反强制性法规这一违法性并未定位为独立的侵权责任要件，其不过是为了判断作为原有要件之过失的过程而已。

2）与此相对，在侵害债权或营业上的利益等相对性利益之情形中，认为通过违法性这一概念来奠定责任基础不失为一个妥当的方法的立场也是有力的。不过，即使在此种立场中也并不是像传统性见解那样认为需要违法性和过失这两个要件的。其强调的是，不是通过过失而是通过违法性来奠定责任基础这一层面（加藤雅信：《新民法大系Ⅴ事务管理·不当得利·侵权行为［第2版］》，有斐阁2005年版，第191页）。当然，也可以将此种违法性称为过失，新的过失论并不必然出现破绽。但是不能否认，也会存在与其用过失这一语言，还不如用违法性这一语言来奠定责任基础更为合理的情形。

关于上述问题，到目前为止，并没有进行过充分的讨论。但是，正如下文所述，在理解侵权责任时，在已出现了以一定的秩序规范为前提来理解侵权责任之立场的当下，今后将不得不对这个问题下意识地进行探讨。

3. 过失的判断标准

新的过失论是以一定的行为义务之违反这一客观性行为样态来理解过失的。不过，在采此种立场的场合，最能成为问题的是该如何设定作为该种前提之行为义务这一问题。

（1）作为前提之义务的存在形式

1）在考虑作为前提的义务时，通过此种义务意欲保护的是什么这一视角是最为重要的。

作为应通过侵权行为法上的义务来受保护的法益，我们很快能够想到的是受害人的法益。从侵权行为法是将侵权行为中的受害人救济视为第一性目的的制度这一事实来说，上述结论可以说是不言而喻的。在此，“受害人vs加害人”这一存在形式将成为设定行为义务的基础。

2）不过，对于可否理解为通过此种“受害人vs加害人”这一存在形式来说明一切问题，是存在讨论的余地的。特别是，最近有学者极力主张应在包括侵权法在内的私法理论当中考察维持竞争法等中的一定的秩序规范（吉田克己：《现代市民社会与民法学》，日本评论社1999年版，第175页以下、第184页）。可以认为，从此种视角来看，在奠基侵权责任基础的义务违反这一评价当中也将纳入不能消解于“受害人vs加害人”这一方案中的因素。

当然，上述1）和2）不是简单地处于非此即彼的状态中。即使以2）为前提的场合，诸如在不能确定受害和受害人之情形中，将不存在侵权行为法发挥功能的余地。此外，即使在承认2）的场合中，其并非不能与1）并存。但是不能否认的是，1）和2）之间，特别是包括如何理解侵权行为法的功能在内，将会存在不能忽视的基本立场上的分歧。

（2）对汉德公式的理解方式

在判断作为过失之前提的义务时，作为其有力的线索，存在着汉德公式。汉德公式是指，在衡量（a）产生危险的盖然性、（b）危险已发生时所生损害的重大性、（c）因采取预防措施而产生的负担的基础上，当（a）×（b）大于（c）时，承认存在为了避免结果之发生的义务。

当然，虽说在汉德公式中衡量（a）×（b）和（c），但也不过是一种比喻而已，并不是说通过此种衡量就能立即自动得出具体的结论。不过，正如从汉德公式将（a）（b）这两种因素作为相对于（c）的衡量因素而列举出来这一事实中可以看出，其基本属性在于通过与受害人的法益之关系来理解义务这一点上，从这个方面来说，其基本采用了上述（1）1）的立场。然而，对如何理解（c）是存在分歧的（比如，将（c）中的负担理解为是仅限于加害人的负担，还是理解为诸如像社会性负担等更为宽泛的负担?）。此外，对于将（a）和（b）这两种因素在与（c）的关系中进行衡量这一事实本身，也存在着从是否只要存在社会有用性、侵权责任就被排除这一视角进行的有力批判。反过来说，这表明，（c）这种视点将有可能把那些对该行为的社会性评价等不能消解于上述（1）1）之中的“受害人 vs 加害人”此种形式也纳入其中。

正如上述，可以说，在判断作为过失之前提的义务标准中所讨论的问题，与其说仅仅是个别的解释论层面上的对立，倒不如说是与如何理解和认识侵权行为制度与其目的这一极为基础性的问题相关的。

三、今后理解过失论时所需的基础性视角

过失论也称为侵权法的脊梁，因此，如果说意欲描述过失论之发展的话，就是等于描述整个侵权法。在此，笔者只是提出了其中的一部分而已。比如像预见可能性和忍受限度论、停止侵害等与过失之间的关系、针对各种保护法益的分析等应该涉及但未能对此进行说明的问题也很多。在确认存在上述问题后，以下将对今后理解过失论时所需的基础性视角作一个极其简单的说明。

1. 过失与其他要件之间的关系

正如本文开头已说明的那样，就侵权责任要件而言，并不是说除了过失以外的部分已经稳定下来而以往的讨论仅限于过失。过失论的难点在于，因如何理解过失的不同，其常常会体现在以与其他要件连接在一起的形式发生变动这一点上。传统性见解中的违法性与过失这一二分论和新的过失论中的一元性判断是其中的一例，但也不限于此。可以想象，特别是其与违法性之间的关系，今后也将会改变其形式或视点而以种种形式成为问题。此外，过失与“权利或法律上所保护的利益”和因果关系之间的关系也会成为问题，这将是不可避免的。在此种意义上理解过失论时，有必要始终意识到与其他要件之间的关系来进行探讨。

2. 与侵权法制度目的之间的关系

此外，正如前已述及，在考虑如何判断具体过失这一问题时，不能排除侵权法为何种制度、其拥有何种目的和功能这一视点而进行探讨。以往是以侵权法的制度目的为受害人的救济而制裁或预防等功能只是从属性反射性地得到承认而已这一理解作为其前提的。但是，就此种制度目的本身而言，还是存有讨论的余地的（洼田前引书，第 18 页以下）。在今后的讨论中，将要求我们考虑此种视点的同时，对过失的含义或具体的判断标准进行探讨。

参考文献

锦织成史：《违法性与过失》，载星野英一等编：《民法讲座（6）》，有斐阁 1985 年版，133 页以下；濑川信久：《民法第 709 条（侵权行为的一般构成要件）》，载广中俊雄、星野英一编：《民法典的一百年Ⅲ》，有斐阁 1998 年版，559 页以下。

110

事实上的因果关系

学习院大学教授　水野谦

一、事实上的因果关系理论之问题所在

当今的多数说认为，为了使侵权行为的加害人承担损害赔偿责任，需要以加害行为与所生损害之间存在事实层面上的因果关系（以“无彼即无此”公式来判断），此问题应与赔偿范围的问题或损害的金钱性评价相区别而进行讨论（以批判“相当因果关系理论”的平井宜雄：《损害赔偿法的理论》东京大学出版会 1971 年版为滥觞）。但是，对此存在如下问题，亦即：(1)“无彼即无此”公式是否适合于事实上的因果关系之判断？(2) 事实上的因果关系具体是怎样判断的？(3) 事实上的因果关系与赔偿范围是否可以截然分开？是否有必要始终讨论“原因”与结果之间的关系？以下将按上述顺序进行探讨。

二、“无彼即无此”公式的意义

1. 原因的重叠性竞合事例

对于“无彼即无此”公式的疑问多是在原因的重叠性竞合事例（其单独可以引起结果 b 之发生的加害原因 a 与其他原因竞合而产生 b 的情形）中被提起的（因为即使没有 a，也发生 b）。有力说将该事例定位为“无彼即无此”公式的例外（平井宜雄：《债权分论Ⅱ侵权行为》，弘文堂 1992 年版，第 84 页），而另有学者在此处发现了该公式的局限性，进而强调从原因到结果这一现象经过中的规律结合关系之重要性（符合规律性条件公式。最近主张此观点的有潮见佳男：《债权分论Ⅱ侵权行为法》，新世社 2005 年版，第 41 页、第 43 页等）。然而，需要注意的是，即使在实验科学中为了发现原因而早在很久以前就开始使用的差异法中，除了原因与结果之间的反复可能性以外，还需要作为研究对象的现象中只包含一个应探究的原因（富永健一：《现代的社会科学家》，讲谈社 1993 年版，第 125—126 页）。

2. “无彼即无此”公式的适用情形

(1) 也就是说，1) 可以认为，在不能辨别何为原因的情况下，基于从一定的反复现象中归纳出的假说，将 a 视为原因而提出“如果没有 a”这一提问时，需要将另外存

在的、似可认为原因的因素从物理上或思考上予以排除，这与其说是该公式的例外或技巧性处理，倒不如说是此种公式赖以有效发挥其功能的当然之前提。不过，2）如果在可涵盖与 a 同种原因（a1，a2……）的 A 与可包含与 b 同种结果（b1，b2……）的 B 之间已经成立一般的因果法则的话，等于是在主张“如果没有 a，就没有 b”这一命题由 AB 之间的因果法则（以反复可能性为其前提）来支撑且 a 与 b 之间亦存在可将启动归责判断之程序予以正当化的个别之联系。

（2）综上所述，“无彼即无此”公式存在着两大适用领域，而 1）与 2）之间存在的区别在那些通过兼具“假说”性属性与“法则”性属性的经验法则来认定因果关系之情形中将成为一个相对性的区别（水野谦：《因果关系概念的意义与极限》，有斐阁 2000 年版，第 87 页）。此外，即使在那些从正面上呈现出 2）之属性的情形中，从 a 到 b 的外界变化之连锁本身也并非是重要的。因为，在讨论加害人之归责问题时，与选择因果关系的起始点和终结点的问题相并列，在何种程度上要求因果之连锁这一问题是一个极具实体法属性的课题。从此种意义上也可以说，与符合规律性条件公式保持一段距离而维持“无彼即无此”公式是稳妥的（也请参见米村滋人：《作为法律评价的因果关系与侵权法的目的（2·完）》，载《法协》122 卷 5 号第 844 页以下）。

三、事实上的因果关系之具体判断

1. 因果关系的起始点与介入其他原因之可能性

（1）在具体判断事实上的因果关系时，首先成为问题的是该如何把握因果关系的起始点这一问题。此问题将在那些 1）医生实施神经或血管高度密集的脑手术之场合或 2）公害事例中需要判明企业内部原因物质的生成和排放的问题之情形中，受害人具体证明加害行为在客观上存在困难之场合中予以显现出来。于此场合，判例或者 1）着眼于手术过程中的“某种操作上的错误”而概括性地来把握因果关系的起始点（最判平成 11 年 3 月 23 日判时 1677 号 54 页），或者 2）当疾病的原因物质到达受害人的路径得到证明之场合，事实上推定了其生成与排放的机理（新泻地判昭和 46 年 9 月 29 日判时 642 号 96 页。此与好美清光、竹下守夫：《判例释评 154 号》，载《判时》646 号，第 6 页中所谓的间接反证理论近似）。

（2）与此相对，虽然作为起始点的加害行为（物质）明确，但存在介入其中的其他原因引起结果之可能性之场合是如何的呢？这个问题在 1）需要判明医生所积极实施的手术中是否存在失误之情形中，是医方经常主张的论点，2）而在公害事例中，当受害人罹患可由种种原因引起的非特异性疾病时容易成为问题。与 1）相关的最判昭和 50 年 10 月 24 日民集 29 卷 9 号 1417 页认为，诉讼上的因果关系之证明与自然科学上的证明有所不同，是按照经验法则而证明“高度盖然性”的过程且其判断应按照“普通人”所具有的真实性之确信程度来进行，以此为理由，没有采纳无法判断医生所实施的不适当的腰椎穿刺手术（由此引起的脑溢血）为病变之原因这一鉴定意见而认可了（两者之间存在）因果关系。就 2）而言，围绕在大气污染事例中如何从疫学性因果关系中证明个别因果关系（特别是在那些污染物质提高团体罹患率的危险度不够高的场合成为问题）以及，在其症状相对轻微的水俣病事例中如何斟酌个别症状由有机汞引起的可能性，展开着议论。比如，东京地判平成 4 年 2 月 7 日判 T782 号 65 页认定即使不存在受害人的症状由水俣病引起之高度盖然性的场合，只要存在“相当程度的可能性”，就可将其在保守计算赔偿额（抚慰金）的过程中予以考虑。

（3）上述（2）2）中的“可能性”理论——该理论连接于概率性心证论（森岛昭夫：《因果关系的认定与赔偿额的减轻》，载星野英一、森岛昭夫编，加藤一郎先生古稀纪念：《现代社会与民法学的动向（上）》，有斐阁1992年版，第233页以下），并且也与盖然性说的再评价（吉村良一：《公害・环境私法的展开与今日之课题》，法律文化社2002年版，第218页以下）有关——在形式上是与腰椎穿刺事件判决中的“高度盖然性”理论（（2）1））相矛盾的（与此相对，大阪高判平成13年4月27日判时1761号3页相当大胆地对水俣病的病象论进行重新梳理而避免了与该理论之间的矛盾）。但是，在加害人存在一定的注意义务之违反的案例中，将“医学的极限”（前引东京地判平成4年2月7日）或“以现在的科学所不能澄清之不利益”强加于受害人是不合理的。并且可以说，这一基本的价值判断在腰椎穿刺事件判决诉诸“普通人”之确信而将医学上慎重的鉴定意见予以排除这一点上以及在（1）中已涉及的、证明因果关系的起始点在客观上存在困难之情形中的处理方式上都是共通的。

2. 因果关系的终结点与权利侵害论

（1）在医生长期未能对患有肝硬化的患者实施为了及早发现肝细胞癌的检查，而使患者因肝细胞癌死亡的事例（最判平成11年2月25日民集53卷2号235页）中，一般可成立如果实施检查就能及早发现肝细胞癌这一因果法则（正因为如此，才使得在没有采取可抽象预见的防止危险发生的措施这一意义上［在该不作为的阶段］构成医生的过失）。但是，以此种理论来支撑（二2（1）2））进而证明存在个别因果关系并非轻而易举之事。正是因为医生没有实施检查才（即使在口头辩论结束的阶段）无法确定患者肝细胞癌的发生时期以及具体的样态等，且很难说“只要实施了检查，就可以及时发现肝癌且不会死亡”。

（2）此时，判例提出了如果实施合理的诊疗，患者在“死亡阶段”是否还能存活这一追问，并从此种观点来出发而承认了与“死亡”之间存在基于高度盖然性（“三、1（2）”）的因果关系。在此需要关注的是，因果关系的终结点被设定在了于“死亡阶段”已经死亡这一点上（由八木洋一撰写的本案评释（载《最高法院判例解说民事篇平成11年度（上）》，法曹会2002年版，第148页）将其表述为特定的“权利”侵害）。在此基础上，判决认定在计算赔偿额时应考虑患者还能存活多久这一问题。如果站在此种立场，由于较能容易认定如果没有医生的过失，至少可将“死亡阶段”往后推，因此与“死亡”之间的因果关系较容易得到承认（不过，当患者存在急速的病情变化时，也存在在此种观点下否认与死亡之间具有因果关系的情形（最判平成12年9月22日民集54卷7号2574页））。

（3）但是，如果说在死亡阶段些许往后推延这一点上寻求法益性的话，就会产生判决的思考方式是否与以往的“延长生命的利益之侵害”论不同这一疑问（也请参见桥本佳幸：《责任法的多元结构》，有斐阁2006年版，第71—72页）。不过，该判决在肯定过失与死亡之间存在因果关系这一语境中只关注于患者的权利（或法益）在“某个阶段”受到了侵害这一点上，似乎没有直接认定“何种内容的”权利（法益）受到了侵害这一问题。但是，应该说，即使是在该判决之立场下，也可在权利（法益）侵害论的层面上明确于“死亡阶段”所受侵害的“生命”之具体内涵。笔者认为，在涉足损害论之前，公开讨论作为因果关系之终结点的法益内容（比如，可延长生命之利益是否属于该事例中的法益抑或是否可将其他法益作为“生命”之具体表征来理解等）将使得归责论整体的展望更加清晰（对此问题的详细阐述，参见水野后引文）。

四、事实上的因果关系概念之极限

（1）如A利用Y错误发行的空白货物领取证而从X处诈取金钱的事例那样，存在着A利用Y的过失而给X造成损害的场合。此时，A与X都是相互追求利润的交易当事人，Y的过失与由X的权利（法益）侵害而产生的损害之间可成立反复可能性。此种基于人们行动规律的反复可能性使判断个别因果关系成为可能的同时，也可推导出“Y的过失提高了发生同类损害的客观可能性（对于Y来说，X的损害不是偶然性的）”这一归责判断。在此处，可以说以反复可能性为媒介，因果关系的判断与归责判断融合为一体，难以截然区分“事实”上的因果关系与“政策”性判断（赔偿范围论）。判例（大判大正9年4月12日民录26辑527页，最判昭和43年6月27日民集22卷6号1339页）也被理解为在此种事例中是借“因果关系”之名而同时进行归责判断的（水野前引书，第264页以下）。

（2）如同其名，因果关系是表示原因与结果之间关系的概念。但比如，交通事故受害人在受到后遗症的痛苦后最终自杀之场合，是否可认为交通事故是自杀的“原因”呢？从将与结果之间存在反复可能性作为成立因果关系（规律）之前提的本文立场“二”来看，应否定此种场合成立因果关系（另外，亦请参见四宫和夫：《侵权行为》，青林书院1987年版，第409－410页）。倒不如认为交通事故不是自杀的原因而是其“理由”——这不是语言的问题，而是属于哲学上反因果性行为论的立场——即使是在法律层面上也应通过重构受害人的内心状态来判断“是否因为有了彼而产生了进行此的理由”（而不是判断“无彼即无此”），才是符合事态的（有关对此问题的详细论述，请参见水野前引书，第24页［注释14］、第194页以下、第277页以下）。必须注意的是，在人们面对眼前的情况不是以可肯定反复可能性的形式来作出回应的情形中，已没有必要拘泥于探究原因与结果这一关系（因果关系）。

参考文献

除本文中所举文献外，有如下文献：

濑川信久：《裁判例中因果关系的疫学性证明》，载星野英一、森岛昭夫编，加藤一郎先生古稀纪念：《现代社会与民法学的动向（上）》，有斐阁1992年版，149页；加藤新太郎：《减轻证明度的法理》，载木川统一郎博士古稀祝贺论集刊行委员会编，木川统一郎博士古稀祝贺：《民事裁判的充实与促进（中卷）》，判例Times社1994年版，110页；桥本英史：《医疗过失诉讼中的因果关系问题》，载太田幸夫编：《新·裁判实务大系（1）医疗过失诉讼法》，青林书院2000年版，180页；水野谦：《医疗过失诉讼中的因果关系论与赔偿额的计算》，载《法的支配》* 137号46页（2005年）等。

* 日本法律家协会会刊。——译者注

111

法人的侵权行为

北海道大学教授　濑川信久

一、问题

比如因其所有的建筑物之墙壁脱落而给他人造成损害的话，法人也和自然人一样，应依据民法第717条*承担侵权责任。对此是不存在异议的。问题在于，如法人企业排放废液而给他人造成损害之场合是否基于第709条**承担侵权责任这一点上。要想回答这个问题，就必须明确法人的第709条责任的内涵。

二、传统见解

1. 民法典起草者与判例

民法典的起草者从法人拟制说的立场出发，认为：法人没有被赋予实施侵权行为的能力，因法人为不持有意思的“无形体”，所以不可能实施侵权行为。但是，为了保护受害人，针对法人的理事等所为的侵权行为而设置了第44条***。如上所述，（对于法人的侵权责任而言）将第44条理解为法人特有的侵权责任规定，除此之外，还可以适用作为一般规定的第715条****和第717条，但是没有考虑到基于第709条的责任。当民法典制定后，产业化开始兴起，多数企业成为法人、因企业活动而引起的损害逐渐被扩大时，正如起草者所预想的那样，对于法人的责任，通常依据的是第715条，另外还依据了第717条和第44条。

---

* （1）因土地工作物的设置或保存有瑕疵，致他人损害时，工作物的占有人对受害人承担损害赔偿责任。但是，占有人为防止损害发生已尽必要注意时，损害应由所有人赔偿。（2）前款规定，准用于竹木的栽植或支撑有瑕疵情形。（3）于前二款情形，就损害原因另有责任者时，占有人或所有人可以对其行使求偿权。——译者注

** 因故意或过失侵害他人权利或法律上保护的利益时，负因此而所生损害的赔偿责任。——译者注

*** “（1）法人对于其理事或其他代理人在执行职务时加于他人的损害，负损害赔偿责任。（2）因法人的目的范围外的行为，有损害于他人时，于表决该事项时表示赞成的社员、理事及实施该行为的理事或代理人，负连带赔偿责任。”根据平成18年法50号令，已删除了原民法中的第38条至第84条的规定。——译者注

**** 因某事业雇佣他人者，对受雇人因执行其职务而给第三人造成的损害，负损害赔偿责任。但是雇佣人对受雇人的选任及其事业的监督已经尽相当注意时，或即使尽相当注意损害仍会发生时，不在此限。——译者注

2. 第 715 条的极限

然而，第 715 条将受雇人的侵权行为作为用人者责任的要件这一事实成为认定法人责任时的障碍（对于如下的阐述，也请参见本书“112　用人者责任的适用范围”）。

第一，受害人应当指明受雇人的行为并举证证明该行为符合第 709 条的构成要件，但是对于企业内部的情况不得而知的受害人来说，指明引起该损害的受害人（因果关系）并证明其行为违反注意义务（过失）是过重的负担。——问题（a）

第二，既然以受雇人的侵权行为为其前提，当企业对受害人承担赔偿责任时，受雇人也总要对受害人承担赔偿责任（受雇人的对外责任）。此外，受雇人还对受害人进行赔偿的用人者承担责任（第 715 条第 3 款的求偿权。受雇人的对内责任）。的确，在受雇人就执行该事业时相对于用人者而言具有独立的能力和权限的场合（比如说，民法典起草者所举的人力车夫就对其驾驶具有独立的能力和权限），受雇人承担此种对外和对内责任是妥当的。但是，就用人者组织和管理事业的执行而受雇人的裁量性判断被受到限制的场合（如本文开头所举的排放废液的事例）而言，这些对外的和对内的责任对受雇人是不适当的。——问题（b）

其中，关于（受雇人的）对内责任，在出现了限制用人者求偿的下级审裁判例后，最高法院也承认了该限制法理（最判昭和 51 年 7 月 8 日民集 30 卷 7 号 689 页）。然而，就对外责任而言，只要是基于第 715 条的话，就不能将其予以否定。此外，实际上即使受雇人没有被追究对外责任，对受雇人课以高度的注意义务而认定其过失也会引起社会的不满。此种现象曾在铁路事故中认定驾驶员和铁路道口看守人的过失，以及在梅毒输血事件（最判昭和 36 年 2 月 16 日民集 15 卷 2 号 244 页）和一连串的接种疫苗事故中认定医生的过失时实际发生过。

第三，在应当适用危险责任・报偿责任的场合，一般来说，企业自身的结果回避义务和防止义务相较于受雇人而言是更为宽泛和更高的。比如，就药害*的危险而言，由于制药公司的一个职工所能做到的事情是有限的，因此其调查义务和防止义务也不可能太高。与此相对，由于制药公司作为一个组织而能够采取的调查手段和防止措施可以是多样的，因此其应当承担更为宽泛和更高的义务。可以说，判例在对用人者为企业的场合不承认以尽了选任和监督上的注意义务为由的免责（第 715 条第 1 款但书）这一事实表明，（对用人者）课以了相较于受雇人更为沉重的责任。然而，只要是依据第 715 条而将受雇人违反注意义务作为企业责任的前提的话，企业就有可能以受雇人轻度的注意义务为由被免除应由其承担的责任。这是（b）中对外责任问题的反面。——问题（c）

三、应对的尝试

1. 第 44 条责任的利用

由于法人的理事等比起受雇人具有更大的权限，因此依据第 44 条的话，可以通过课以理事等宽泛且高度的注意义务来推导出法人的责任（解决（c）的问题）。不过，实际上课以理事等高度的注意义务而承认其法人责任的裁判例除了产品责任（后述的氯硅药害事件）、安全保障义务（札幌地判昭和 58 年 4 月 27 日判 T502 号 145 页［在因观众蜂拥而至而死亡之情形中，举办摇滚乐队演唱会的公司的责任］和大阪地堺支判平成

* 是指因药剂的过量投放或缺陷以及副作用等而对人体产生不良反应和影响的受害。——译者注

15 年 4 月 4 日判时 1835 号 138 页［对因过度疲劳而急性心脏死亡事件，承认了用人公司的实施体检义务等的违反］）以外，限于有关接种疫苗事故的国家赔偿责任（名古屋地判昭和 60 年 10 月 31 日判时 1175 号 3 页［承认了厚生大臣*等的没有将接种年龄予以调高的政策实施上的过失］）等案件类型。

2. 第 717 条责任的利用

作为克服第 715 条之局限性的理论，学说很早就开始关注了工作物责任。该理论是以企业“拥有客观常规性的厂房而将危险内含在其中”为依据，认为，“即使不能说以与土地有关的设备为基础”，进而言之，“即使对那些因受雇于企业的受雇人之行为而造成的损害”“不追究直接行为人责任而意欲承认企业自身之绝对责任的解释论”（我妻荣：《事务管理·不当得利·侵权行为》，日本评论社 1937 年版，第 173 页、第 182—183 页）。但是，由于“土地之工作物”这一文字上的缘故，裁判例中对那些因职工之行为而引起的侵害自不待言，即使对那些因轻易移动的机械等引起的侵害也未适用第 717 条。

3. 法人的第 709 条责任的提出

在此种情况下，法人自身的第 709 条责任在 1960 年代的公害诉讼和药害诉讼中开始被提出来，在 1970 年代以后的一些裁判例中开始得到了承认。其中，特别是在熊本地判昭和 48 年 3 月 20 日判时 696 号 15 页（熊本水俣病损害赔偿事件）、福冈地判昭和 52 年 10 月 5 日判时 866 号 21 页（Kanemi** 食用油中毒事件）、熊本地判昭和 54 年 3 月 28 日判时 927 号 15 页（熊本水俣病民事第二次诉讼）将（法人自身的责任与）法人对每个受雇人之行为所负的责任进行了区别，进而承认了法人自身的过失。此种趋势被扩大到了药害诉讼和药害诉讼以外的产品责任诉讼以及追究医院责任的医疗过失诉讼当中（横滨地判昭和 58 年 5 月 20 日判 T506 号 167 页在有关新生儿的脑性麻痹事故中否认了参与其中的医生以及护士的过失，而将医院的监督体制之缺陷视为了第 709 条中的过失）。

然而，到了 1980 年代以后，东京地判昭和 57 年 2 月 1 日判时 1044 号 19 页（氯硅药害事件）、东京地判昭和 62 年 5 月 18 日判时 1231 号 3 页（前引判例的第二次诉讼）、东京高判昭和 63 年 3 月 11 日判时 1271 号 3 页（前引东京地判昭和 57 年 2 月 1 日的上诉审判决）、大阪地判平成 11 年 3 月 29 日判时 1688 号 3 页（信乐高原铁路相撞事件）等驳回了法人自身的第 709 条责任之主张，判决应当依据第 44 条和第 715 条。不过，这些判例课以公司的代表人高度的注意义务而承认了其过失，进而承认了公司的第 44 条责任。此外，这些判决在第 44 条和第 715 条中指出，无须指明代表董事（相当于中国的总经理）和受雇人，只需指明公司事业的负责部门即可。因此，虽然（b）的问题没有得到解决（由于没有将代表人作为被告，因此该问题没有被显现出来），但在（a）（c）两点上，实际上采用了“法人的侵权行为”这一观点。

四、探讨

法人的第 709 条责任是对因法人的活动引起的侵害，通过（a）减轻（受害人的）

---

* 相当于中国的民政部部长。——译者注

** 公司名，全称为 Kanemi 仓库株式会社。——译者注过失以及因果关系的举证责任，(b) 不问法人的理事以及受雇人等的责任，(c) 将法人的注意义务变更为宽泛而高度的注意义务来试图保护受害人的理论。如上所述，如果将法人的第 709 条责任分解为其实质的话，就可以发现已经存在相同宗旨的法律和判例。比如，除了前已述及的民法第 717 条中的所有人责任以外，《机动车损害赔偿保障法》第 3 条、《产品责任法》第 3 条等也对物件参与其中的侵害规定了上述 (a) (b) (c) 的效果。上述法律均对物件的所有人・提供营运者・生产者的赔偿责任 (a) 没有要求指明直接的制造加害原因之人・加害行为人以及其过失行为，(b) 不问瑕疵的制造人・驾驶人・生产责任人等的责任，(c) 而对所有人・提供营运者・生产企业课以了宽泛而高度的注意义务（在规定无须“过失”的基础上，或以物件所持有的“瑕疵”“缺陷”为要件，在提供营运者等履行了注意义务与受害人或第三人存在故意过失以及机动车不存在缺陷和功能障碍的情形中免除了其责任）。此外，仅就从 (a) 的层面来看，也有未指明加害公务员而承认国家的用人者责任的判例（最判昭和 57 年 4 月 1 日民集 36 卷 4 号 519 页［某税务署署长在体检中发现了本单位工作人员（原告）有早期肺结核症状，却未进行适当的处理，而使原告不得不接受长期治疗］）。

上述法律和判例针对一定的事故类型而承认了 (a) (b) (c) 的全部或一部分效果，而就“法人的侵权行为”而言，其没有局限于事故类型，而是概括性地承认了 (a) (b) (c)。但是，此种没有限定的处理方式将导致不合理的结果。就“法人的侵权行为”而言，应分解为上述 (a) (b) (c) 的问题而进行讨论。

从此种观点来看的话，应将 (a) 理解为“过失推定”，特别是应将其作为在医疗事故中连接于因果关系和过失的择一性概括性认定的问题来理解（参见垣内秀介：《概括性择一性认定》，载伊藤真、加藤新太郎编：《［从判例学］民事事实认定》，有斐阁 2006 年版，第 66 页以下）。而对于 (b) 中的对外责任应以面向用人者的不可避免的从属性等为由、对于对内责任应通过判例中的求偿限制法理来减免其责任。与此相对，(c) 属于法人论的问题。也就是说，为了理解法人自身的行为・注意义务过失，必须说明：1) 其自身无法认识和判断事物从而采取行动的法人负有注意义务这一事实以及，2) 其注意义务的范围和程度。对此问题，可以理解为：以法人的实体性契机（四宫和夫：《侵权行为》，青林书院 1987 年版，第 295 页）为基础，1) 应对那些拥有处分和管理法人责任财产权限之人或者从该人处被授予指示和权限之人在为了法人而实施行为和活动的过程中给他人造成的损害，应由法人财产来承担赔偿责任，从此种意义上说，也不妨将其作为法人的行为・注意义务；此外，2) 法人与理事以及受雇人个人不同，其处于组织事业的地位中，其还可以通过将风险转嫁于商品以及利用保险制度来分散责任，因此不妨课以其高度的注意义务（所谓的“组织体的过失”）。如果按照上述观点来理解的话，可以认为下级审裁判例在几个事故类型中承认“法人的侵权行为”的一部分或全部效果是有其理由的。

参考文献

后藤勇：《法人基于民法第 709 条的侵权责任》，判 T856 号第 42－58 页（1994）；神田孝夫：《“企业或组织体的侵权行为”之法理》，载国井和郎编：《新・现代损害赔偿法讲座（4）用人者责任等》，日本评论社 1997 年版，1－36 页；潮见佳男：《侵权行为法》，信山社 1999 年版，31－32 页、370－384 页；田上富信：《用人关系中责任规范的结构》，有斐阁 2006 年版，345－384 页。

112 用人者责任的适用范围

早稻田大学教授　浦川道太郎

一、引言

现行民法中的用人者责任（民法第 715 条［现代语化前后的内容相同］）与规定同样责任的由（法国人）博雅苏纳德起草的旧民法财产编第 373 条相比，是在两个方面以减轻用人者所负责任的构想下编纂而成的。第一点是，旧民法规定责任所及的范围为“执行［职务］之际”，而现行民法规定为“就事业的执行”（第 715 条第 1 款本文），由此将责任的成立范围予以限缩。此外，第二个方面是，旧民法将用人者选任不适合之人的过失作为其归责的出发点，并课以用人者就受雇人的侵权行为不存在免责余地的责任，而现行民法却将用人者有关选任受雇人以及监督事业的过失作为其归责的出发点，并承认了用人者证明已尽选任和监督所需的相当之注意时免责的余地（该条第 1 款但书）。然而，此种起草者的意图没能在其后的判例法发展中得到贯彻，反而用人者责任所及的范围继续被扩张，正如本论文标题所示，现在有必要对其适用范围进行探讨了。

因此，本论文将在以下的论述中确认用人者责任的适用范围被扩张的经过，即本文“二”，并在追溯其扩张的轨迹的同时，在“三”对有关划分扩张之外延标准的学说进行探讨。

二、有关用人者责任的责任原理之解释论的变迁与其适用范围的扩张

现行民法规定的用人者责任虽然将（无）过失的证明责任倒置给了用人者一方，但是以在选任和监督受雇人时的过失作为归责事由来起草用人者过失责任的。但是，可称为过失（自己）责任说的这一见解在大正时代*用人者中近代性企业所占的比重逐渐扩大和要求企业责任之严格化的呼声中，被可称为代位责任说的解释论予以取代。倡导这一解释论之变迁的是鸠山博士。该博士认为民法第 709 条中的过失与第 715 条第 1 款但书中的用人者选任和监督上的过失为两个不同的概念，在此基础上，指出用人者责任的归责基础中存在用人者基于雇佣受雇人而获取事业上之利益的报偿责任以及基于伴随事

* 1912 年 7 月 30 日—1926 年 12 月 25 日。——译者注

业而制造危险的危险责任，并将民法第 715 条解释为其是用人者对受雇人有责性的侵权行为代负其责任的替代责任（由此，选任和监督上的注意成为免责条件，并被空文化了）（鸠山秀夫：《增订日本债权法分论（下卷）》，岩波书店 1924 年版，第 908 页）。此后，该见解得到了我妻博士以及加藤教授的支持（我妻荣：《事务管理・不当得利・侵权行为》，日本评论社 1937 年版，第 161 页；加藤一郎：《侵权行为［增补版］》，有斐阁 1974 年版，第 165 页），从而形成了其后学说的主流。

此外，判例也通过不轻易承认基于选任以及监督上的无过失而免责接受了该解释论的变迁，在近年亦有判决认为“民法第 715 条第 1 款的规定主要是着眼于用人者处于通过受雇人的活动而获取利益这一关系中，进而从使存有利益之处亦将损失归于其中的观点出发，在就受雇人执行用人者的事业活动而给他人造成损害的场合，用人者也应承担与受雇人相同内容的责任”（最判昭和 63 年 7 月 1 日民集 42 卷 6 号 451 页），从而明确表明其已经站在了替代责任说。

即便如此，在理解作为责任之适用范围的责任所及范围时，如果是站在过失责任说的话，用人者责任是通过用人者对受雇人的选任以及事业的监督之注意义务来划分其范围的。这是因为，就过失而言不存在注意义务之处是不会产生责任的。与此相对，如果是站在替代责任说的话，由于用人者代负受雇人的侵权责任，因此用人者责任所及的范围将按（受雇人的）过失责任之大小而扩大——因为第 1 款但书所规定的选任和监督上的过失被空文化了——确定责任界限的因素变成了只有一个，亦即作为要件的“就事业的执行”。再者，“就事业的执行”此一要件也在判例的转换过程中被扩张，用人者责任的适用范围已远远超出了起草者的预想而被扩大了（关于用人者责任要件的解释论的变迁过程，参见田上富信：《用人者责任》，载星野英一等编：《民法讲座（6）》，有斐阁 1985 年版，第 459 页；森岛昭夫：《侵权行为法讲义》，有斐阁 1987 年版，第 22 页）。

三、有关“就事业的执行”之解释论的转变与用人者责任扩张的轨迹

“就事业的执行”这一要件作为确定用人者责任客观范围的要件，是起草者以“为了”事业的执行过于狭窄，而执行事业“之际”又稍微过于宽泛为由而选择的（法务大臣官房司法法制调查部监修：《日本近代立法资料丛书（5）法典调查会民法议事速记录（5）》，商事法务研究会 1984 年版，第 341 页）。对于该要件，立法当时也是采用了狭义的解释（一体不可分说），亦即，只有在受雇人的侵权行为为执行用人者的事业本身或与执行事业有关且处于一体不可分之关系的场合下才肯定其责任。但是，如果依据该说，诸如像受雇人滥用自己的职务权限，不为用人者而是试图为自己或第三人谋取利益的、在其外形上与执行用人者的事业不存在差异的事例中，也因受雇人的行为从用人者所命令和委托的事业的执行中脱离出来，由此就会得出用人者不承担任何责任的结果（大判大正 5 年 7 月 29 日刑录 22 辑 1240 页）。因此，试图扩大用人者责任的鸠山博士等指出“相信扩张其范围是正当的”，并主张“其*包括……具有与执行事业相同外形的行为”这一见解（前引鸠山书，第 917 页），而对一体不可分说进行了批判，此后，此种观点被大连判大正 15 年 10 月 13 日（民集 5 卷 785 页）所采纳。亦即，大审院在股份公司的庶务科长滥用其地位而伪造和发行股份的案例中，判决：“‘执行事业之际’

---

* 是指“就执行事业”。——译者注

这一表述……应以广义来解释最为合理，本院认为以往的判例……鉴于立法之精神且按照一般交易之通常观念过于狭隘”，从而表明了其已经放弃了一体不可分说。

如上所述，在作为用人者之事业而实施的交易中，在诸如受雇人滥用其职务权限而进行侵权行为的交易型侵权行为中，一体不可分说被予以抛弃，对其进行更为宽泛的解释被视为是妥当的。此后，在此领域，鸠山说所主张的外形理论（外观标准说）作为“就事业的执行”之解释标准而逐渐在判例上予以确立。而到了最判昭和 36 年 6 月 9 日（民集 15 卷 6 号 1546 页），外形理论被赋予了如下的定义，亦即：“应理解为也包括虽然不属于受雇人的执行职务行为本身，但从其行为的外形来观察的话，其恰似属于受雇人职务范围内的行为之情形”（关于“就事业的执行”之解释，参见浦川道太郎：《84 数人承担用人者责任之场合与求偿权的范围》，载星野英一、平井宜雄、能见善久编：《民法判例百选Ⅱ［第五版新法对应补正版］》，有斐阁 2005 年版，第 172 页）。此后，在交易型侵权行为中，外形理论着眼于作为其实质的受害人对交易外观的信赖保护这一功能，并在受雇人的行为没有呈现出像可称之为执行职务之外观那样与正常的业务以及职务有关联性的场合，排除适用该理论的同时（最判昭和 58 年 10 月 6 日判时 1111 号 104 页等），针对那些无须保护受害人的信赖和交易行为不是合法进行的情况，在受害人存在故意或重过失的场合也排除适用该理论（最判昭和 42 年 11 月 2 日民集 21 卷 9 号 2278 页等），（由此可以看出，）外形理论在判例法上扮演着确定用人者责任范围的功能（关于交易型侵权行为，也请参见本书“113　交易型侵权行为”）。

不过，在用人者责任当中也有不少这样的情形，亦即，受雇人不是作为交易的一个环节而是作为纯粹的事实行为，以与执行用人者的事业相关的方式违法地给第三人的生命、身体、财产造成损害的情形。如上所述，为了限制责任范围，在旧民法与现行民法之间存在着从“之际”到“就”这一语言上的变化，这是为了将此种侵权行为，也就是说，将诸如受雇人在派去他人家“之际”行窃这种行为从用人者的责任范围中排除出去为目的的。然而，与起草者的意图相反，在事实性侵权行为领域中，判例也正在努力试图扩张用人者责任所及的范围。

作为其手段，最高法院一方面在诸如因滥用职务权限而引起的事实性侵权行为中、职工在工作时间外以私人目的驾驶公司的机动车而造成事故的案件中，指出：“从外形来看……不妨将其认定为执行公司的事业”，从而表明了在上述情形中适用外形理论的态度（最判昭和 37 年 11 月 8 日民集 16 卷 11 号 2255 号等）。但是，另一方面，在虽与事业有关但其为与职务权限无关的事实性侵权行为、土建公司的员工在作业现场因与他人的纠纷而对该人实施暴力行为的案件中，以是否为“以事业的执行行为为契机，由被认为与此有着密切关联的行为而施加的”损害为判断标准，肯定了用人者责任（最判昭和 44 年 11 月 18 日民集 23 卷 11 号 2079 页等）。近年来，这一“与事业执行行为的密切关联性”（下称“密切关联性”）在黑社会底层组织的对立抗争中，作为对底层组织成员的杀伤行为肯定最上层组织头目的用人者责任之时的判断标准而被采纳（最判平成 16 年 11 月 12 日民集 58 卷 8 号 2078 页）。

四、有关划定用人者责任适用范围标准的讨论

正如上述，与立法当时的见解相反，用人者责任的适用范围被判例法明显地予以扩大了。在此种扩张责任范围的趋势下，围绕被赋予扩张责任范围的同时划定其范围之功

能的“就事业的执行”之解释标准，起初出现了外形理论，而近年来，在事实性侵权行为（暴力行为）中又开始出现了“密切关联性”。然而，就这些标准是否就不存在漏洞这一问题，学说中也存有疑虑。

此种学说上的疑虑，其中之一存在于如下之处，亦即：将具有在交易型侵权行为中保护对外形的信赖而确保交易安全之功能的外形理论，适用于受害人对“行为外形”的信赖不会成为问题的事实性侵权行为这一点上。此外，也有学说批判外形理论过于抽象且缺乏明确性，并指出依据对判例的分析，即使在交易型侵权行为中成为问题的不是行为的外形而是用人者与受雇人之间的内部关系，在此基础上，该学说试图以更为实质性的判断框架来创设新的判断标准（关于学说的动向，国井和郎：《事业的执行》，载山田卓夫等编：《新·现代损害赔偿法讲座（4）》，日本评论社 1997 年版，第 63 页以下有详细的论述）。

学说的主张是多样的，呈现出各说各话的状况，但大体可以区分为抛弃外形理论的和想要维持外形理论的主张。此外，在这两种主张当中，又有提倡单一标准的和提倡双重或多重标准的主张。

比如，在抛弃外形理论而试图确立更为实质性标准的学说当中，作为在交易型侵权行为以及事实性侵权行为中采用一元性标准的见解，几代教授以及德本教授提倡对加害行为通常是否可从受雇人这一地位上，预见到加害行为与受雇人职务之间的接近程度、加害工具的状况以及场所性状况、受害人的善意和无过失等进行综合性评价的学说（几代通著、德本伸一补订：《侵权行为法》，有斐阁 1993 年版，第 207 页）。此外，田上教授指出应抛弃外形理论，进而提倡对交易型侵权行为和事实性侵权行为应以用人者一方所制造出的危险与防治措施的欠缺为判断标准，而对于受雇人的暴力行为应以加害行为与用人者事业之间的关联性为判断标准（田上富信：《用人者责任中“就事业的执行”之意义》，载乾昭三编：《现代损害赔偿法讲座（6）》，有斐阁 1974 年版，第 58 页）。另外，平井教授在批判外形理论的同时，作为同样适用于交易型侵权行为与事实性侵权行为的实质性判断标准，他举出了职务关联性和作为其补充的接近加害行为的程度这两个判断标准，并主张前者还须有对外形的信赖这一要件且以受害人的恶意与重过失为免责条件，他还认为对暴力行为需要密切关联性（平井宜雄：《债权分论Ⅱ侵权行为》，弘文堂 1992 年版，第 235 页）。

与此相对，在作为承认外形理论之有效性的学说中，一方面存在着主张该理论同样适合于交易型侵权行为与事实性侵权行为的立场。采此见解的泽井博士虽认为对“实际的内部支配（监督）与职务关联”的考虑是不可或缺的，但指出在交易型侵权行为中从信赖原则来看外形理论是妥当的，而在事实性侵权行为中，他认为从用人者应就那些与呈现于社会的活动之外形相对应的活动承担责任这一思想来看，该理论也是妥当的（泽井裕：《Textbook 事务管理·不当得利·侵权行为［第 3 版］》，有斐阁 2001 年版，第 301 页。潮见佳男：《侵权行为法》，信山社 1999 年版，第 361 页的宗旨也与此基本相同）。另一方面，森岛教授在继承加藤教授的见解并承认外形理论的有效性的同时，将判断标准予以二元化，一方面将该理论的适用领域限定在交易型侵权行为中，而在事实性侵权行为中以受雇人的行为“是否处在其职务性质所决定的通常可产生的危险范围之内（或者说是否处在用人者的支配领域内）”为判断标准（森岛前引书，第 44 页；加藤前引书，第 182 页。四宫和夫：《侵权行为》，青林书院 1987 年版，第 693 页的宗旨也与此相同）。此外，内田教授也按案件类型的不同而适用不同的判断标准，具体来说，他提倡在交易型侵权行为中以外形理论作为其判断标准，而在事实性侵权行为中又区分两个类型亦即，在由机动车等危险物引起的侵权行为中以支配领域内的危险作为判断标准，而在受雇人实施暴力的情形中以密不可分性作为其判断标准（内田贵：《民法 2 债权分论［第 2 版］》，东京大学出版会 2007 年版，第 468 页）。

不过，在确认了上述判例法发展的基础上，该如何理解此种多样的学说呢？我个人认为，外形理论作为发挥着保护受害人对受雇人交易行为的信赖这一功能，已在判例法中扎下了根，其还与考虑受害人之恶意重大过失的判例相结合而成为积极划定用人者责任范围的标准，因此，应在交易型侵权行为中坚持该理论。此外，由于在事实性侵权行为中对行为外形的信赖不会成问题，因此，作为实质性的判断标准，应以是否处在用人者对人为危险的支配领域内作为划定其责任范围的标准。

参考文献

本文中所举文献。

113

交易型侵权行为

京都大学教授　潮见佳男

一、问题的核心——在何处寻找“问题之所在”?

近年来，“交易型侵权行为”这一表述适用于种种场合。然而，纵观截止到1990年代中期左右的状况，（我们可以发现）在“交易型侵权行为”这一主题下所讨论的主要问题在于表见代理和侵权行为竞合这一点上。亦即，在无权代理人所实施的代理行为符合表见代理要件的同时，也符合以用人者责任或理事的侵权行为为由的法人之损害赔偿责任要件的场合，该如何处理这一点上（森岛昭夫:《交易型侵权行为与表见代理》，载加藤一郎、米仓明编:《民法的争点Ⅱ》，有斐阁1985年版，第172页；星野英一:《交易型侵权行为（第715条、第44条）中相对方的要保护性》，载《法教》127号（1991年），第26页以下；安永正昭:《无权交易中的信赖保护与损害赔偿》，载《Jurist》1081号（1995年），第86页以下；中舍宽树:《交易型侵权行为》，载矶村保等:《trial民法教室》，有斐阁1997年版，第374页）。

从现在的视角来看，从“交易型侵权行为”这一观点出发是值得将有关侵权行为的问题中与“交易”有关的问题单独区别开来进行讨论的，且对其并非只限于表见代理和侵权行为竞合的场合这一问题是不存在异议的。然而，与此相对，那么为何必须得从“交易型侵权行为”这一观点来把握问题以及其对民法的解释论具有何种意义等来自语用学观点的讨论却没有开展过。

如果站在从“交易型侵权行为”这一观点出发的讨论对民法的解释论具有何种意义这一观点来回顾以往的讨论的话，我认为，其中（如果将那些不具有明确外形的侵权行为也包括在内的话）存在如下的问题意识。

第一种问题意识属于侵权责任体系化的问题，其认为以往的讨论中所设想的是有关人身侵害以及所有权侵害的案件，然而为了适应这些案件类型被体系性地构筑起来的侵权理论是否适合处理那些于“交易”场合所实施的侵权行为呢?此种问题意识也将连接于从是否有必要将那些适合处理在“交易”场合所实施的侵权行为的范式作为一个独立之物而确立起来这一观点出发的主张。此种问题意识特别显现于那些代表于诸如二重让与、妨害经营、不正当竞争行为等因第三人的交易行为而引起的侵害合同（侵害债权）之情形中。

第二种问题意识认为，在“交易”场合所实施的侵权行为中，是否应与将成为问题的“交易”（法律行为）作为有效的来处理这一判断相结合而考虑侵权责任的成立呢?该问题意识是与此种问题相关的，亦即，正如首先探究“交易”（法律行为）本身的有效性，其次考虑侵权责任的成立那样，区分顺序而进行考虑是否是恰当的呢?此种问题意识特别显现于本文开头已述及的表见代理与以用人者责任以及理事的侵权行为为由的法人的损害赔偿责任之场合。

第三种问题意识认为，作为在“交易”场合所实施的侵权行为中成为问题的损害赔偿，在以金钱来恢复（恢复原状型损害赔偿）若未缔结“交易”（法律行为）时所处的状态时，此种认可损害赔偿的处理方式不是等于将成为问题的“交易”（法律行为）评价为无效吗?既然如此，如果将该“交易”（法律行为）评价为有效的话，不就产生与其相矛盾的结果吗（评价矛盾论）?该问题意识是针对如下的问题而提出的，亦即，其是以对在投资交易和消费者交易等情形中，一方面基于侵权行为而推导出以违反说明义务以及违反提供信息义务为由的恢复原状型损害赔偿的同时，另一方面却不将当事人之间所缔结的“交易”（法律行为）本身以无效来处理的学说以及由实务提出问题的形式来提出来的（该问题意识是在1996年的私法学会研讨会——“制度间竞合论”中讨论的课题之一。该讨论情况整理在奥田昌道编：《交易关系中的违法行为与其法律处理——从制度间竞合论的视角出发》，有斐阁1996年版中）。

第四种问题意识认为，本来在设想以“交易”场合实施的行为为由的损害赔偿责任时，将其定性为基于“侵权行为”的损害赔偿责任本身究竟是否合适呢?与此相反，倒不如将其定性为合同责任或类似于合同责任的基础上，是否应针对要件·效果以及其属性进行处理呢?此种问题意识特别显现于在合同的准备以及交涉阶段中因一方交涉当事人不合理的举动而加损害于另一方交涉当事人时，受害当事人基于什么可对加害当事人请求损害赔偿这一情形中（所谓的缔约过失责任的问题）。

回首已显现于学界中的上述问题意识，可以发现其中存在着如下两个问题：(1) 其一为，是否在损害赔偿制度内部考虑“交易”的特点而从要件和效果层面来进行处理以及应否构建责任体系成为问题的情形。(2) 其二为，在承担评价“交易”的有效与否之功能的意思表示和法律行为制度与承担填补因“交易”而生之损害功能的侵权行为制度发生竞合时，到底是承认竞合还是在制度适用层面上进行某种优先顺序的区分成为问题的情形。上述第一种和第二种问题意识与第三种和第四种问题意识分别与前者（(1)）和后者（(2)）相对应。

以下将从(1)和(2)两方面来出发，提出在把握“交易型侵权行为”问题时的视点。

二、支撑交易型侵权行为之体系化的原理

1. *从受害人的权利利益的观点出发时*

在交易型侵权行为中，首先应对受害人一方的权利层面，亦即应以与人身侵害以及所有权侵害情形所不同的观点来把握权利法益侵害要件。因为，在此成为问题的并非是所谓的绝对权以及绝对性利益。正如显现于侵害经营权之场合以及投资受损和消费者受害之场合那样，在此成为问题的是由事业活动而生的经济性利益或者是自行决定是否利用自己的财产而参加交易的权利（自我决定权）。到目前为止，由于其不具有排他性、

权利本身的外形模糊（特别是经营性利益）以及是否缔结交易应以自己责任来决定（既然具有行为能力且在意思形成过程以及意思表示过程中不存在瑕疵，就不允许将本人决定之失败后果转嫁给他人），所以，与绝对权以及绝对性利益相比，感觉这些权利被置于了较低的地位。但是，由于此种权利（不管如何把握宪法与民法之间的关系）也属于诸如“经营权”·“经营的自由”·“职业的自由”或“自我决定权”这些基础性权利，因此，应以与诸如人身权和所有权等权利并驾齐驱的权利来把握这些权利。

在此基础上，接下来的问题在于，当此种权利和利益受到侵害时，在理论上该如何理解对其状态以金钱来进行赔偿的意义。

就由事业活动所生的经济性利益而言，特别是，不但将来的发展取决于社会经济政治等诸种情况以外，还不得不考虑该具体受害人是否确实能够取得在此成为问题的利益。况且，事业活动本身也在很大程度上取决于该具体受害人对事业活动的判断和决定。这些因素将作为与人身侵害以及所有权侵害之场合中判断责任结构层面的不同而予以显现出来。亦即，在此种交易型侵权行为中，一方面难以以定型化的方式来把握损害，且在不适合适用具体性损害计算的场合采用统计数据的所谓的“保守的计算”这一金钱性评价的法理也不能以原封不动的形式来予以适用。在人身侵害以及所有权侵害的情形中，作为减免损害赔偿责任的法理而在过失相抵以及减轻损害义务的场合对其进行评价的诸种情形本来就具有为了确定“损害”而被考虑这一特征。此外，（虽属于今后的探讨课题）在此种交易型侵权行为的场合，从防止“实施”侵害“之可能性”这一预防性观点出发的话，不妨（在不正当竞争等场合）认可所谓的以剥夺利益为目的的损害赔偿（洼田充见：《侵权行为法与制裁》，载矶村保等编、石田喜久夫先生古稀纪念：《民法学的课题与展望》，成文堂 2000 年版，第 685 页以下）这一视角也可成为讨论的对象。

此外，我认为就于交易情形中以侵害自我决定权为由的损害而言，以往的主流观点是以自我决定权受到侵害为由的损害是对丧失自行决定机会的抚慰金来进行把握的。但是，就此点来讲，如果认为作为自行决定的结果而缔结的交易存续至今本身即为损害，且将以侵害自我决定权为由的损害赔偿之目的理解为恢复到未缔结交易之状态的话，也可从将受害当事人的财产状态恢复到交易之前的状态这一层面出发来肯定赔偿财产性损害。

2. *从加害人行为的观点出发时*

一般认为在交易型侵权行为中，即使在从加害人行为的不当性这一观点出发的评价这一相同语境中，也适合适用与人身侵害以及所有权侵害之场合所不同的框架。这一般是在侵权行为的违法性要件或故意过失要件中所讨论的问题。亦即，以往认为：由于在自由主义市场经济下交易参与人的经营自由或其他的活动自由是得到保障的，因此，只要被评价为属于自由竞争范围内的自由且公正的交易，其行为就会被视为是正当的，只有当该行为转变为反良俗性的和反伦理性的行为或者该行为具有加害之故意时，该行为才会被评价为违法和不当的行为。这是显现于在探讨以第三人侵害债权为由的侵权责任时的视点。

不过，就加害人一方亦具有经营的自由和其他活动的自由（除此之外，还具有自我决定权）这一点来说，特别是在受害人一方的权利和利益也以经营的自由或其他活动的自由（还包括自我决定权）来显现时，不能避而不谈如何对加害人与受害人之间处于相同级别的权利和利益进行调整这一问题而进行相关的讨论。在以为了使得不过小保护受害人的权利和利益，且不过多地制约加害人的权利和利益而应在具体情形中进行调整这一框架作为其基础的前提上，是否将那些基于其他秩序支配原理之上的价值（不能消解于个人权利的公共性和公益性的价值）也考虑在内来评价违法和不当性将成为一个分界点（对此问题，请参见山本敬三："合同关系中的基本权利之侵害与民事救济的可行性"，田中成明编：《现代法之展望》，有斐阁 2004 年版，第 3 页以下）。

此外，还有学者开始极力主张以往被深信为在自由竞争范围内作为自由且公正的交易的行为，其实不能通过自由竞争的原理来将其正当化（吉田邦彦：《有关不正当竞争的一个管见》，载《Jurist》1088 号第 42 页以下（1996 年））。上述问题正在不动产二重让与、拉拢其他公司的职工以及其他不正当竞争事例中成为问题。虽然在我国很少提及，但与此问题相关的是，也存在交易型侵权行为中故意概念的规范化（潮见佳男：《侵权行为法》，信山社 1999 年版，第 143 页）这一留待今后解决的问题。不过，对上述问题，由于本书将在"74 债权侵害与侵权行为"中有详细论述，且因字数的限制，我将全面委诸该处。

三、意思表示·法律行为制度与侵权损害赔偿制度的竞合

1. 缔约阶段中的当事人行为与损害赔偿责任

由于该问题属于应该主要在本书"71 债务不履行的类型论"、"86 信息提供义务"以及"97 合同的预约、交涉与成立"中所探讨的主题，此处只涉及其概要（作为笔者的整理和分析，请参见潮见佳男：《债权总论Ⅰ》（第二版），信山社 2003 年版，第 529 页以下）。

截止到 1990 年代的主流理论，一方面在合同协商阶段课以协商当事人依据诚实信用原则之注意义务的同时，另一方面将目标锁定在当出现违反此种义务的情形时，如何将合同责任的法理扩张适用到未缔约之协商阶段这一点上。诸如以"缔约过失"为由的责任是属于违约责任抑或侵权责任还是属于第三种责任类型的讨论是以上述问题意识为前提，关注如下问题而进行分析的，亦即：将基于不存在合同（第一性给付义务）的债权关系的义务违反定性为"合同责任"是否妥当，将以违反一般的不可侵性义务为其典型的侵权责任规范作为适合在处于特殊的交易型接触关系之中的当事人之间予以适用的规范而适用是否妥当。

与此相对，在 1990 年代兴起了围绕所谓的现代性合同法的讨论，在把握调整合同协商过程的观点中也纳入了一些新的观点。此种观点就是结合协商过程中当事人行为义务的依据何在这一问题而探究归责之原理的观点。在此出现了基于一致意思（阶段性合意）的行为义务之正当化、基于共同体规范·关系性合同规范的行为义务之正当化、从支持自我决定权的观点出发的行为义务之正当化等主张。与此相关，对诚信原则的适用领域也进行着讨论。而另一方面从协商当事人所拥有的自我决定权以及其他权利利益之保护与限制这一观点出发，亦进行着在权利保护框架内从侵权法（权利保护法）观点出发的讨论。对这些问题，请读者参照本书"71 债务不履行的类型论"、"86 信息提供义务"以及"97 合同的预约、交涉与成立"中的相关解说各自进行探讨。

2. 合同的有效·无效之评价与恢复原状型损害赔偿

因该问题为构成本书"86 信息提供义务"之核心主题，因此本文将委诸该部分的解说。即便如此，就与此主题的关系，需说明如下两点。

第一，以往在讨论交易型侵权行为成为问题之情形中的表见代理与侵权责任之关系时，提出了各种见解（参见前引中舍宽树文，第 379 页以下的整理）。其中，在交易中实施了侵权行为的场合，首先从应将合同视为有效来进行处理这一观点出发，将其纳入意思表示以及法律行为法的框架中来而探究合同的有效成立以及归属可能性为其宗旨的主张曾占据过有力的地位。但是，首先应探讨的是为何应将合同视为有效来处理这一问题。该理论似乎是以将合同视为有效而承认合同的成立以及其归属有利于保护受害当事人为其前提的，但是也存在受害当事人的利益指向合同关系之解除这一场合，因此，不能断言将合同视为有效成立来进行处理就有利于保护受害当事人。

第二，我认为，正如“一”中所述，在存在违反缔约时的说明义务以及提供信息义务时，1990 年代后半期以后围绕将合同视为有效与认可恢复原状型损害赔偿这两者之间是否存在矛盾这一问题而进行的讨论揭示了如下的问题（潮见佳男：《合同法理之现代化》，有斐阁 2004 年版，第 1 页以下）。

首先，批判评价矛盾论而支持上述命题的立场一般认为，认定合同有效或无效的处理结果为 100 或 0，而作为侵权行为来处理时可利用过失相抵制度来予以灵活解决。但是，在处理合同的部分无效（包括给付得利的清算）时也并非不能得到相同的结果。因此，不足以据此将上述命题中存在的评价矛盾予以正当化。

其次，在存在交易过程的情况下所生之一个情形中给当事人课以一定的行为时，如果认为对违反该行为规范的制裁后果在从意思表示或法律行为法这一观点推导出的结果与从侵权损害赔偿法的观点推导出的结果可以相反的话，对一个行为规范将产生复数的且相互矛盾的法律效果，就不能在统一的原理或思想下来说明对行为人行为的保障与制约这一问题。因此，可以认为，在诸如认可恢复原状型损害赔偿的场合将合同解释为无效（全部无效或部分无效）是一以贯之的主张。即使退一步，承认通过意思表示或法律行为法的处理与通过侵权损害赔偿法的处理二者可以并存，但无论依据何种制度，都必须使一个事件可供选择的解决方式及其处理结果是相同或同质的。

参考文献

本文中所举文献。

114

共同侵权行为

东京大学教授　能见善久

一、引言

关于共同侵权行为，以往是以作为其构成要件的关联共同性（民法第 719 条第 1 款前段所规定的“共同”）是否需要主观共同（“意思之共同”），是否以客观共同为已足的形式来进行讨论的。其后，有学者开始指出这一古典性论争的实质在于赋予共同侵权行为这一特殊侵权责任以何种意义与功能这一问题上（淡路后引文，第 4 页以下，平井后引文，第 289 页以下），据此，讨论的重心转移到了在何处探究“第 719 条的存在理由”这一点上（不过，由于“第 719 条的存在理由”这一构想给人以其是在第 709 条之外探究第 719 条存在之抽象的理论性意义的印象，因此是不适当的表现形式。反而其被拷问的问题在于面对现实中的纠纷，需要阐明人们通过共同侵权行为而意欲解决的是何种问题这一点上）。

具体来讲，第一，就民法第 719 条第 1 款前段所谓的狭义的共同侵权行为而言，如下事项被当作了（需要回答的）问题。作为第 719 条第 1 款前段之要件，以往的通说（我妻荣：《事务管理・不当得利・侵权行为（新法学全集（10））》，日本评论社 1939 年版，第 193 页以下；加藤一郎：《侵权行为（法律学全集）［增补版］》，有斐阁 1974 年版，第 207 页；加藤一郎编：《注释民法（19）》，有斐阁 1965 年版，第 323 页以下［德本镇撰写部分］等）以及判例（大判大正 2 年 4 月 26 日民录 19 辑 281 页等）要求每个人具备侵权行为的要件以及每个人的行为处于客观共同的关系中，并认为每个共同侵权行为人的赔偿范围限于与每个人的行为存在相当因果关系的损害之内。然而如此一来，使得共同侵权行为不仅与数个加害人依据第 709 条独立地对同一损害承担责任的情形没有什么不同，亦不能说明作为第 719 条要件的关联共同这一被加重了的要件。此外，正如后述，对实际存在的判例的分析也已表明共同侵权行为发挥着其独特的功能（参见“二、1・（1）”），但通说没有形成反映此种情况的要件。第二，就第 1 款后段而言，如下事项将成为问题。依据以往的通说，第 1 款前段的共同侵权行为属于每个“直接的违法行为”之间存在（客观）共同的情形，而第 1 款后段的共同行为是指对“产生违法行为有危险的行为”存在（客观）共同的情形，进而对二者进行区分的。然而，此种区分方式不够明确，作为一种区分方式其未能发挥应有的功能。只有通过明确第 1 款前段与后段各自所发挥的功能，才能明确二者之间的关系与功能分担。由此，(关于共同侵权行为的）讨论转向了包括第 719 条第 1 款前段和后段在内的整体共同侵权行为的功能性分析当中。

其后，有关共同侵权行为的讨论再次发展为重新探讨诸如共同侵权行为与寄与度*减则、共同侵权行为与过失相抵等第 719 条所规定的“连带责任”的意义和妥当性这一点上。正如后述，这些议论蕴含着修正连带责任的契机（连带责任的弹性化)。对责任分担的应有之状态有必要进行彻底的检讨。其实，这在美国也有类似的趋势。加州法院修正以往在加害人不明场合承认连带责任的判例而采用了划时代的“依据市场份额的比例责任”这一观点（Sindell vs. Abborit Laboratories 案。藤仓皓一郎等编：《英美判例百选》(第三版)，有斐阁 1996 年版，第 174 页)。在由服用叫作 DES 的预防胎儿流产药物的母亲那里出生的女婴中发现了癌症的该案中，法院在不能证明几个被告制药公司与受害人损害之间的因果关系的情况下，承认了销售本案药物的几个公司基于市场份额的按份责任。该案在重新审视连带责任的妥当性这一点上，与日本有关共同侵权行为连带责任的弹性化的议论存在着相似之处。

二、共同侵权责任的意义与功能

1. 狭义的共同侵权行为（民法第 719 条第 1 款前段之情形）

(1) 共同侵权行为的功能与关联共同性

到目前为止，有关共同侵权行为的议论主要是围绕其构成要件而展开的。亦即，作为民法第 719 条第 1 款前段之要件的“共同”是否必须为主观共同，抑或客观共同已为足这一议论。在民法施行后不久也存在过主张主观共同说的有力学说（冈松参太郎：《注释民法理由下卷》，有斐阁书房 1897 年版，第 492 页。此外，梅谦次郎：《民法要义卷之三［第 33 版］》，和佛法律学校** 1912 年版，第 907 页虽然例举存在主观共同的情形而加以说明，但其宗旨是否为只限于此种情形不得而知)，但其后的学说宽泛地承认共同侵权行为的成立，客观共同说逐渐占据了通说的地位（川名兼四郎：《债权法要论》，金刺芳流堂 1915 年版，第 743 页以下；鸠山秀夫：《增订日本债权法分论（下）》，岩波书店 1924 年版，第 927 页以下；我妻前引书，第 194 页；加藤前引书，第 208 页；前引《注释民法（19）》第 325 页【德本镇撰写部分】；我妻荣等：《判例评注 事务管理 · 不当得利 · 侵权行为》，评注刊行会 1963 年版，第 294 页等)。然而，在此种情形下，虽为少数但也存在过主张仅凭单纯的客观共同还不够的有力说（末弘严太郎：《债权分论》，有斐阁 1918 年版，第 1100 页；川岛武宜：《133 骚乱中的共同侵权行为关系》，民事法判例研究会（东京大学）编著：《判例民事法（昭和 9 年度)》，有斐阁 1941 年版，第 431 页)。

此种分歧源于何处呢？客观共同说作为其依据举出了如下的理由：第一个理由认为，作为民法第 719 条前身的旧民法财产编第 378 条规定了作为承担“连带”责任的要件需要“共谋”，而现行法却特意将其予以删除。第二个理由认为，从其实质来说，将共同侵权行为之成立限于存在共谋的场合将对保护受害人不利。但是，这些理由却存在

---

* 指的是每个加害人对造成损害后果的贡献度或参与度，具体由每个人所具有的过错程度以及行为的原因力和违法性的大小等来综合判断。——译者注

** 法政大学的前身。——译者注

着问题。现行法之所以将“共谋”从要件中予以删除是为了废除旧民法所采之连带债务（以债务人之间存在相互代理关系为必要）与全部义务此种区别进而整合为连带债务的，不能仅凭删除了“共谋”这一语句就断言现行法不以共同侵权行为人之间存在主观的关联共同为必要。此外，对于那些以为了救济受害人而应扩大其适用范围的主张而言，只有首先明确共同侵权责任在何种意义上救济受害人，并且明确共同侵权行为在何种意义上加重了加害人的责任这一问题，才能进行相关的讨论。虽然客观共同说对此是如何考虑的不甚明确，但其多数似乎是在排除按份责任（民法第427条）这一点上寻求共同侵权责任之意义的（川名前引书，第745页；我妻等前引书，第293页；前引《注释民法（19）》第323页【德本镇撰写部分】）。如果在排除按份责任这一点上寻求共同侵权责任的意义的话，其适用范围尽可能宽泛应更为适当（不过，最近对此也是存在议论的。对此将在“二、1.（2）”中阐述）。但是，共同侵权责任的意义并非只在于排除按份责任这一点上。主观共同说对这一问题进行了批判。

主观共同说作为其依据所举之理由也与共同侵权行为的功能相关。亦即，主观共同说赋予了共同侵权责任以不局限于排除按份责任的意义，正是因为在此种意义上加重了责任，所以该说意欲对作为要件的关联共同进行狭义解释。比如，要求存在“共同之意识”的末弘说是以共同侵权行为人除了对各自行为直接造成的损害以外，还须对其他加害人造成的损害承担责任为其理由的（末弘前引书，第1100页）。在理论上以更为明确的形式对此进行说明的是川岛说。亦即，该说认为，比如在骚乱等场合，其参与人A因AB之间存在“共同”，亦应对由其他参与人B的行为而产生的后果承担责任。由此，该说在“超越现实性的相当因果关系而对他人行为亦承担责任”这一点上寻求了共同侵权责任的意义，因此，认为单纯的客观共同还不够，尚需“共同之意思”（川岛前引释评，第440页）。

综上所述，是否以存在主观共同为必要抑或客观共同为已足的议论是基于如何理解共同侵权责任的意义和功能的差异而产生的。其后的共同侵权行为理论（平井宜雄、前田达明、森岛昭夫等）都继承了此种议论的趋势，从应赋予共同侵权责任以何种意义和功能这一观点出发而提出了重新构筑其要件与效果的主张。

面对学说的上述分歧，判例采取了何种立场呢？判例与以往的通说相同，作为共同侵权行为的构成要件，将其定型化为每个人需满足侵权行为的一般要件且不以加害人之间存在主观共同为必要，只需存在客观共同已为足（前引大判大正2年4月26日是有关过失交付存在错误内容的仓库证券的仓储业者与故意使用该证券的寄存人之间的共同侵权责任成为争点的案例，大判大正2年6月28日民录19辑560页是有关因两艘船舶碰撞而给第三人造成损害的案例）。在上述案件中，因果关系相对简单，其存在与否未成为争点，倒是一些共同侵权行为人认为因自己的责任比其他人小，因此使其承担连带责任是不当的。与此种案件不同，虽为少数，也存在过由于因果关系甚为复杂而对究竟是否可以证明每个人的个别行为与损害之间的因果关系产生质疑的案件。比如，大判昭和9年10月15日民集13卷1874页在有关水利合伙之间的纠纷中，对支持骚乱之人以加害人之间存在关联共同为由判决其亦对其他参与人直接造成的损害承担赔偿责任（此外，东京地判昭和32年5月9日侵权行为下级民集昭和32年度（下）1073页在包括被告在内的几个债权人为了向债务人讨回债务而一同闯进债务人的商店掠夺商品等的案件中，对已经判明只掠夺一部分商品的被告亦命其赔偿全部损害）。此外，对这些判决进行分析的学说指出，在这些案件中的关联共同不是单纯的客观共同，其属于每个加害人之间存在与其他加害人共同行为之意思的情形（川岛前引释评）。亦即，川岛认为判例在存在主观共同的场合，对每个人的行为与由共同行为所生之损害之间的因果关系要件进行了缓和。

判例中也存在将上述结论予以进一步扩张而在只存在客观共同的场合不要求证明每个人的行为与损害之间的因果关系的判例。比如，新泻地长冈支判昭和 46 年 1 月 29 日交民集 4 卷 1 号 149 页在行人被 Y 驾驶车辆撞倒后又被 A 驾驶车辆拖行一段距离而死亡，但不能判断成为死者死因的伤害是基于与哪个车辆的碰撞之情形中，适用民法第 719 条第 1 款前段而认可了其责任。可以认为，该判例的宗旨是允许由加害人提出不存在因果关系的反证，因此可将其视为“推定了因果关系”。

综上所述，共同侵权责任在判例中的功能并非单一的，除了排除按份责任以外，减轻因果关系之证明等亦被予以了肯定。既然如此，通过迄今为止的定型化是不可能充分把握判例理论的。从理解判例这一观点来讲，亦需要关注这些共同侵权行为的功能的同时，应重构其要件（参见后引参考文献）。

（2）作为效果的连带责任

以下再来关注共同侵权责任在其效果层面都有哪些特点。

1）首先成为问题的是有关赔偿范围的问题。这也是在多大范围内可产生连带责任的问题。一方面有判例以每个人的行为与损害之间需存在相当因果关系为由，对于因特别情形所生的损害，只判令预见到该特别情形的共同侵权行为人承担责任，而否定了未能预见之加害人的赔偿责任（大判昭和 13 年 12 月 17 日民集 17 卷 2465 页）。与此相对，亦有判例指出每个共同侵权行为人应对“与共同侵权行为存在相当因果关系的”损害承担责任（大判大正 14 年 10 月 23 日民集 4 卷 640 页在 Z 的受雇人 Y 按照 Z 的指示而违法砍伐 X 所有土地内 X 所有的树木的案件中，认为虽然与 Z 相比，Y 只发挥了从属性的作用，但命其与 Z 一同承担因共同侵权行为而生的全部损害之赔偿责任）。在此成为问题的是，该如何把握划定赔偿范围之相当因果关系（或相当性之判断）的起始点这一问题。亦即，是以“每个人的（个别的）行为”为起始点抑或将由关联共同关系联结而成的全体行为人的“共同侵权行为”作为起始点。如依据后者的观点，即使每个人的行为与损害之间不存在相当性，只要共同侵权行为（每个侵权人的行为之集合体）与损害之间存在相当性就为已足，就赔偿范围而言，共同侵权责任具有了其特殊的意义。虽然学说很少讨论该问题，但从其一般认为大正 14 年（1925 年）判决与昭和 13 年（1938 年）判决不存在矛盾这一点来看，学说并不认为共同侵权行为对损害赔偿范围具有特殊的意义（加藤前引书，第 212 页）。然而，在即使对共同侵权行为人中的一人来说不具有可预见性的损害，而对其他共同侵权行为人来说具有预见可能性之场合，将共同侵权责任的意义寻求于使任何侵权人都对该损害承担赔偿责任这一点上，其并非可笑的想法（淡路后引文，第 5 页、第 7 页注释（13））。使具有主观关联共同的共同侵权行为人承担此种责任虽无问题，而问题在于使只具有客观关联共同的共同侵权行为人亦承担相同责任是否合适这一点上。

2）第二个成为问题的是该如何把握寄与度这一问题。关于寄与度为何物以及该如何把握寄与度虽多有议论，在此处将按照如下标准来理解寄与度，亦即某行为人虽对损害具有“非彼即此”的事实上的因果关系，但综合评价该人的归责程度（故意或过失之不同、过失程度等）、有无预见可能性以及对其他在全部责任中所起作用之评价（此种因素不能通过“因果关系”来加以评价）来确定该人对损害的“寄与度”。因此，此种寄与度是一种带有评价性的概念。虽然寄与度在不属于共同侵权行为的单独侵权行为中也会成为问题（诸如在当加害人的行为与自然原因竞合等场合，是否应认可考虑依据寄与度的责任或寄与度而减轻其责任这一问题），而在共同侵权行为之场合是以如下形式成为问题的，亦即一方面从使所有侵权人承担连带责任出发的同时，当一些共同侵权行为人的寄与度弱小时，是否以此为由可认可减轻该人所承担的责任或者此种处理方式是否合适这一形式来显现出来的。一言以蔽之，可以认为基于寄与度的减责发挥着在一定程度上否定连带责任的功能。

因此，在以连带责任为其原则的共同侵权行为中是以不认可基于寄与度之减责为原则的（这一点与后述之过失相抵稍有不同。过失相抵并非直接与连带责任原则相抵触）。但是，当考虑该共同侵权行为人的寄与度之弱小程度时，使其承担连带责任将使该人承担过于沉重的责任时可以考虑例外地认可基于寄与度的减责（在此种意义上亦可将其称为基于诚信原则的减责）。可以说，当该人的过失程度低或者拟制或推定因果关系之场合，对寄与度弱小的人来说也可能存在连带责任可评价为严酷的情形。于此场合，是否可以考虑对该共同侵权行为人认可以基于寄与度的减责呢（关于即使在一般侵权行为中过失概念也被予以扩大而当加害人的归责程度低时基于寄与度的减责将被予以正当化这一观点，参见能见善久：《寄与度减责》，载加藤一郎、水本浩编，四宫和夫先生古稀纪念：《民法·信托法理论的展开》，弘文堂 1986 年版，第 215 页以下）?

3）第三个问题是有关共同侵权行为中过失相抵方式的问题。亦即，是在由于 A 和 B 实施的共同侵权行为中的受害人 X 也存在过失，因此过失相抵成为问题时，该如何进行过失相抵的问题。对此，判例在交通事故与医疗过失竞合而给受害人造成一个整体损害的案件中，将交通事故加害人 A 与医疗过失中的医生 B 认定为共同侵权行为人，且在受害人 X 对交通事故和医疗过失分别具有 30%和 10%的过失的本案中肯定了 A 和 B 的连带责任，与此同时，在受害人 X 与医生 B 之间的损害赔偿请求中认为只应考虑受害人对医疗过失所具有的 10%的过失，不应考虑受害人对交通事故所具有的 30%的过失（最判平成 13 年 3 月 13 日民集 55 卷 2 号 328 页。该判例的释评，请参见：《Jurist 临时增刊 1224 号 平成 13 年度重要判例解说》，有斐阁 2002 年版，第 92 页［洼田充见撰写部分］）。在与共同侵权行为的关系中，该判决应为关注的地方在于最高法院否定了原审法院所采的基于寄与度的按份责任这一观点，以及诸如在交通事故与医疗过失相继竞合之类型的共同侵权行为中明确了过失相抵应在每个加害人与受害人之间相对性地进行这两点上（在与医生之间的过失相抵中不考虑受害人对交通事故所具有的过失程度［30%］）。亦即，从连带责任出发的同时，在医疗过失中的医生（被告）与受害人就医疗过失所具有的过失之比较中考虑过失相抵（在此意义上，其为相对性过失相抵），进而减轻了医生的损害赔偿额。与此相对，最判平成 15 年 7 月 11 日民集 57 卷 7 号 815 页（该判例的释评，请参见：《Jurist 临时增刊 1269 号 平成 15 年度重要判例解说》，有斐阁 2004 年版，第 93 页［水野谦撰写部分］）在 ABC 三辆汽车参与其中的事故中，在将 C 和 AB 分别认定为受害人和共同侵权行为人的基础上，以三者对事故的绝对性过失比例为 A∶B∶C=4∶1∶1 为前提，判决 A 和 B 应对扣除 C 自身过失比例的 1/6 后所剩 5/6 连带承担责任。这是否定进行 C 对 A，C 对 B 此种相对性过失相抵之立场的判例。亦即，其在过失相抵的关系中将 AB 二者的过失视为一个整体而与受害人的过失相对峙。从 A 的角度来看，B 的过失也计算到了 A 的过失当中。此种责任是否适合于所有承担连带责任的共同侵权行为之场合，抑或只限于存在一定强度的关联共同（或主观关联共同）之场合是一个问题（参见水野前引释评）。

2. 加害人不明之情形（民法第 719 条第 1 款后段）

由于该规定为有关“推定因果关系”的规定，因此对承认因果关系不存在之反证这一点现在不存在争议。现在的争点在于：第一，在何种场合适用第 1 款后段这一适用范围的问题以及第二，通过适用第 1 款后段或者通过每个侵权行为人的反证是否可以推导出诸如“依据市场份额的比例责任”这一按份责任这两点上。后者属于受美国判例理论影响的问题，在此省略对此的议论，但我认为作为加害人不明之情形的解决方式之一，在我国也是充分可行的。以下将只涉及与共同侵权行整体的类型论有关的第一个问题。

有关第 1 款后段适用范围的问题不能脱离第 1 款前段的共同侵权行为之意义和功能以及在何种场合承认此种意义和功能这一问题而进行讨论。虽存在种种议论，其中，第一种见解主张将第 1 款前段之适用限定于加害人之间存在主观共同的场合，而在只有客观共同的场合适用第 1 款后段（前田后引论文（2），第 12 页；森岛昭夫：《公害中的责任主体》，载 Jurist 458 号 370 页（1970 年））。最近的学说中支持此种立场的为多数，似乎可称其为现在的通说。第二种见解将客观共同之情形也包括在第 1 款前段的适用范围之内来对其进行广义解释，由此一来，如果将第 1 款后段的适用范围限定在存在客观关联共同的场合必将削减第 1 款后段自身特殊的意义，因此，该见解将第 1 款后段的适用范围予以扩大，认为连加害人之间的关联共同也无必要（虽然其中也不乏存在微妙差异的学说，但作为此种立场的代表而被列举的有：平井后引文，第 306 页；几代通著、德本伸一补订：《侵权行为法》，有斐阁 1993 年版，第 229 页注释（3）等）。笔者虽赞成第二种立场（比如，诸如在几辆汽车时隔一段时间而接连将行人撞伤等场合，虽然可以证明每个车辆撞伤行人之事实，但无法确定哪个车辆伤害了哪个部位而最终不能确定给予致命伤的车辆，于此等场合可以适用），但无论如何，有必要重新审视第 1 款前段之共同侵权行为与第 1 款后段之加害人不明场合的适用范围。

三、共同侵权行为的展望

本文不可能谈到有关共同侵权行为理论的种种主张的具体内容。本文将讨论范围限于何种论点成为争点、此种争点对共同侵权行为理论产生何种影响这一基础性部分的说明。笔者希望此种说明能对在理解有关共同侵权行为理论的种种主张时有所裨益。最后，对今后的议论中存在的课题予以说明。

以往的侵权行为理论不知是出于有意还是无意，都受到了当时的核心性纠纷类型的影响（关于此点的提出，请参见濑川后引文）。然而，在现时的社会中，由多数加害人参与其中的案件类型包括公害、交通事故、交易型侵权行为、专利侵权等，其类型是极其多的。在此种情况下，共同侵权行为理论被要求能够应对这些各种案件类型。因此可以说，今后的共同侵权行为理论有必要具有弹性的结构。但是另一方面，在截止到目前为止的判例和学说的积累当中也逐渐明确地呈现出了一些未必是属于上述案件类型所特有的、反而超越了案件类型的具有交叉性的争点。比如，要么在复杂因果关系型的案件中减轻因果关系的证明成为课题（拟制因果关系或因果关系的推定等），要么在数人参与其中的案件中，由于对那些寄与程度低的加害人来说，对全部损害承担连带责任等于使其承担意外的承重负担，由此是否承认部分连带（川井健：《共同侵权行为成立范围之限定》，载《判 T》215 号 58 页（1968 年））或基于寄与度的减责成为问题。后者属于蕴含着重新审视连带责任之可能性的问题。为了妥善应对此等问题，不能仅考虑单纯的弹性结构，还有必要考虑能够明确解决之方向的类型化（此处所说的“类型化”与在称为案件类型之场合的“类型”不同）。以往学说将共同侵权行为类型化为存在主观关联共同（或者强的关联共同）的共同侵权行为与存在客观关联共同（弱的关联共同）的共同侵权行为这一尝试，基本上是应受到支持的。

不过，问题在于即使在相同的“存在主观关联共同的共同侵权行为”或“存在客观关联共同的共同侵权行为”中也存在着不能以相同方式处理的问题，因此类型化处理的方式不能过于呆板。笔者认为，在类型化当中有必要进行弹性的处理。比如，因多个企业的煤烟而给受害人造成损害的共同侵权行为中，由于加害人之间的关联共同而扩大了危险且使因果关系变得复杂，因此，通过共同侵权行为理论来减轻因果关系的证明是有其合理性的。此外，一旦共同侵权行为成立，全体加害人应对全部损害承担连带责任为原则。但是，在诸如中小企业与大企业一同成为被告之场合，使寄与度弱小的中小企业承担对全部损害的责任是否合适，这是一个十分棘手的问题。与此相同，在公路公害等中将普通的汽车驾驶人纳入共同侵权行为人之中，或者是在大气污染案件中将普通家庭也纳入其中之情形，也将产生类似的问题（以往是以这些汽车驾驶人或普通家庭不具有“过失”或“违法性”为由，展开了否定其责任的议论，但此种议论是否可始终成立不无疑问）。由此，可以考虑建构诸如将寄与度减责纳入其中的弹性的共同侵权行为理论等。

有关侵权行为一般理论的发展也将对共同侵权行为理论产生极大的影响，因此有必要对此予以关注。比如，诸如在与过失相抵有关的平成 13 年度最高法院的案件中亦成为问题的那样，好像是由于按份责任（基于寄与度的按份责任）这一观点被理解为最终能够推导出合理的结果，其受到了众多法官的支持（该案原审的立场）。从很早开始，与比例因果关系论等一道，就对那些原因竞合之场合中的按份责任展开了议论。可以说，此种议论之趋势将在思考共同侵权行为之意义时产生极大的影响。因为如果将按份责任视为原则的话，将得出共同侵权行为在排除此种按份责任而适用连带责任这一点上具有一种功能的结论（笔者虽反对适用按份责任，但认为有必要重新审视责任分担方式）。在美国的判例中得到承认的“依据市场份额的按份责任”* 在使其承担连带责任将使责任过于沉重之情形中作为进行合理的责任分担的手段而受到瞩目，也属于相同的问题。今后，在有关侵权责任整体议论的发展中将有必要不断审视有关共同侵权行为的议论。

参考文献

平井宜雄：《有关共同侵权行为的一个考察》，载来栖三郎、加藤一郎编，川岛武宜教授花甲纪念：《民法学的现代性课题（2）》，岩波书店 1972 年版，289 页；淡路刚久：《近期的公害诉讼与私法理论（2）》，判 T271 号 2 页（1972 年）（收于氏著：《公害赔偿的理论》，有斐阁 1975 年版）；前田达明：《共同侵权行为法论序说（1）～（3・完）》，法学论丛 99 卷 4 号～6 号（1976）（收于氏著：《侵权行为归责论》，创文社 1978 年版）；能见善久：《共同侵权责任的基础性考察（1）～（8・完）》，法协 94 卷 2 号～102 卷 12 号（1977—1985）；濑川信久：《共同侵权行为论转型的案件类型与理论》，载能见善久等编，平井宜雄先生古稀纪念：《民法学中的法与政策》，有斐阁 2007 年版，657 页。

* 此为笔者的用语，其与前已述及的“依据市场份额的比例责任”应是相同的。——译者注

115

精神损害赔偿金的机能与计算

中央大学教授　山口成树

一、精神损害赔偿金以及精神损害的意义

精神损害赔偿金是指对精神性损害或者民法第 710 条所言“财产以外的损害”（以下简称非财产损害）的赔偿金。

如果说精神性损害是生理肉体的痛苦、心理精神的痛苦，即人意识中经历的难以忍受的不快感的话，那么丧失意识的受害人按道理是不会有精神损害的，但是我国一直以来都是承认这种情况下的精神损害赔偿金的（大判昭和 11.5.13 民集 15 卷第 861 页）。这与直到最近还在纠缠于无意识与精神损害不能两全的法国法与德国法有着天壤之别。这是因为我国采用非财产损害这种宽泛概念而非精神性损害的概念，其根据还可能在于：根据法益之不同将侵害视作为损害，应当认可精神损害赔偿金。

在侵害非营利性法人的案件中，最高法院提出了非财产损害而非精神损害的“无形损害”（最判昭和 39.1.28 民集 18 卷 1 号第 136 页）。这种“无形损害”实际上既可以理解为是侵害名誉而产生的必要费用，即财产损害（几代通＝德本伸一补订：《侵权行为》，有斐阁 1993 年版，第 279 页），也可理解为阻碍非营利法人的活动本身便被视为一种损害。

精神损害绝对依存于受害人的主观感受，受害人一般不易客观地证明损害的发生以及规模。过失与损害之间的因果关系亦是如此。这就不得不以一般人的感受作为标准了。精神损害赔偿被认为具有社会认可个人感情价值的机能也是此故（四宫和夫：《侵权行为》，青林书院 1987 年版，第 595 页）。随着社会经济发展与文化的成熟，人格性利益的重要性逐渐增加。因此，精神损害赔偿金中被侵害利益与侵害形态的范围也是多种多样的（比如隐私与网络），不可避免需要探讨应对多样性的各种类型。

二、精神损害赔偿金的目的及机能

损害赔偿是用金钱填补损害至损害发生之前的状态，也就是没有侵权行为的状态。但是这里的“损害＝填补”得以实现的只是财产性损害。这是因为财产是对属于特定人格的物品以及权利都可以用通约的金钱价值表示的统一概念，意味着抽象的、没有个性

的以及客观的价值。但是，精神损害是不具备金钱价值的，所以在概念上必然不可能用金钱赔偿。即便如此，近代法制无一例外地都不禁止精神损害的赔偿，不拒绝对受害人的救济。我国民法没有采用德国法模式，而是采用法国的立法模式，并没有特别限制广泛承认的精神损害赔偿。如果不是为了填补损害，那么精神损害赔偿金的目的又在哪里呢？

通说填补赔偿说认为，即便金钱填补是不可能的，给予金钱上的代价还是可行的，用精神损害赔偿金购入快乐使其忘却痛苦，代偿从某种意义上也可以视为一种填补（前载四宫和夫，第 268 页）。虽然在身体有遗留症的情况下代偿目的某种程度上是有效的，但是在侵害近亲属的生命的情况，则可能带来反效果。这是因为如果用金钱可以忘却苦恼，那么可能带来否定近亲属感情的深远性和纯洁性的结果。另外，由于给予无意识的受害人以代偿本身也是无意义的，因此此时并不能说明给予精神损害赔偿金的判例立场。

将代偿强辩为补偿，在精神损害赔偿金的计算中，只要斟酌受害人痛苦的程度，即损害的规模即可，这点两者是一致的。填补赔偿说对于加害人的行为样态或行为后的态度，只要增加了受害人的痛苦，便允许斟酌。但是，即便对加害人的恶意或者不诚实产生愤恨或者报复的感情，也不可能增加后遗症的痛苦。因此，私人制裁说认为精神损害赔偿金具有赎罪或者民事惩罚的功能，满足受害人的愤恨以及报复感情（戒能通孝："侵权行为中无形损害的赔偿请求权"，《法协》50 卷 2 号，第 53 页）。另外，预防说认为精神损害赔偿金具有抑制效力，可以避免潜在加害人的侵权行为（后藤典孝：《现代损害赔偿论》，日本评论社 1982 年版，第 163 页）。但是，制裁乃至预防目的与刑事处罚存在重叠，其在没有责难可能性的无过失责任中并不妥当，加害人通过损害保险予以规避的情况则减弱了效果。

总而言之，用填补赔偿理论上不可能解释精神损害，结果是，根据责任构造、受侵害利益的性质、侵害行为的样态等的差异，应当分别使用或者并用代偿、制裁、预防等各种机能。具体来说，根据代偿目的确定基本额度，根据制裁或者预防目的增减赔偿额（三岛宗彦："损害赔偿与抑制性技能（续）"，《立命馆法学》108＝109 号，第 140 页）。确实，有不少地方法院判例正面依据制裁或者预防目的否决增加精神损害赔偿（比如东京高判昭和 63.3.11 判时 1271 号第 3 页），但从允许斟酌所有因素来看，很难说判例采取了填补赔偿说。

三、精神损害赔偿金的计算以及计算标准

从某种意义上来说，如果依据填补赔偿的框架"精神损害赔偿额＝损害额"，那么精神损害赔偿金的计算是事实认定而不是创造性决定。但是，这种虚拟性被法官允许事实认定上的裁量所隐蔽。由于精神损害赔偿金额是由法官在综合考虑诸般情况的基础上计算得出的（大判明治 43.4.5 民录 16 辑第 273 页），因而法官没有必要表明计算的根据（大判明治 36.5.11 刑录 9 辑第 745 页），原告也无须证明损害额（大判明治 34.12.20 刑录 7 辑 11 卷第 105 页）。正是由于这种不透明性，所以说是"计算额＝认定额"就变得更为谨慎了。

结果是，精神损害赔偿金变成了一种确实发生却难以证明数额的财产损害赔偿金。最高法院认为精神损害赔偿金具有补充性和调整性的机能（最判昭和 48.3.5 民集 27 卷

3 号第 419 页)。学说上认为，数额的认定需要法官的裁量，应当减轻原告的证明负担(民事诉讼法第 248 条)，也就是从正面承认其作为一种财产损害赔偿（前载四宫和夫，第 596 页)。另外，在公害等案件中，原告概括性请求财产损害与非财产损害，或者侵害诸利益产生的损害，被告往往辩称该方式剥夺了自己的防御权因而是违法的。对此，法院以概括请求以及精神损害请求为前提，多支持包括财产损害在内的精神损害赔偿金(比如熊本地判昭和 48.3.20 判时 696 号第 15 页)。虽然学者的理由各有不同，但是为了迅速而有效地救济受害人也支持这种做法（淡路刚久：《侵权行为法中的权利保障与损害的评价》，有斐阁 1984 年版，第 176 页；吉村良一：《人身损害赔偿研究》，日本评论社 1990 年版，第 165 页)。

考虑到以一般人为基准的推定以及同样情况得到相同的对待，随着大量类似事件的处理，精神损害赔偿金存在定额化的倾向，即形成了所谓精神损害赔偿金市场。考虑到迅速救济受害人的必要性以及促进非诉纠纷解决的必要性，自然形成的市场也具备基准性，也是有意识制定的基准所追求的（佐佐木一彦：“东京地方法院民事交通部关于精神损害赔偿金的计算标准”，《判 T》257 号，第 26 页；冲野威：“东京地方法院民事交通部关于损害赔偿计算的标准与实务动向”，《判 T》257 号，第 57 页；东京第三律协交通事故处理委员会、财团法人日本律协交通事故咨询中心共同编著：《民事交通事故诉讼 损害赔偿额计算基准 2006 年版》，2006 年（红本)；财团法人日本律协交通事故咨询专业委员会：《交通事故损害额计算标准（20 订版）》，2006 年（蓝本））。比如，就死亡精神损害赔偿金而言，如果是一家主要经济来源的赔偿 2 800 万日元，母亲或者配偶的赔偿 2 400 万日元，其他赔偿大概在 2 000 万日元～2 200 万日元（前载红本，第 91 页)。

虽说从个别计算的原则来看，这种精神损害赔偿金的计算标准不过是一种参考，但是从相当数目的案件处理中得出的结果逐渐成为非规范性的事实认定惯例，接近于一种经验法则的结果。从此意义上来说，不但制约着法官的裁量行使，而且若当事人想要脱离标准，都需要提出具体情况的相关理由。因此，也有部分学说批判减少了法官裁量权，以及精神损害赔偿金低额化的倾向（前载后藤典孝，第 238 页；楠本安雄：《人身损害赔偿论》，日本评论社 1984 年版，第 308 页)。

四、精神损害赔偿金计算的酌定事由以及计算的透明化

为了实现代偿、制裁以及预防等各个目的、机能，必要事项应当是可以斟酌的，所以判例中考虑所有情况综合计算的立场是正当的。重要的是根据被侵害利益的性质的不同，斟酌的事由也是不同的。比如在离婚精神损害赔偿金的计算中，需要考虑是否与分割财产有密切关系，以及有责配偶（加害方）的资力（东京高判平成元成·11.22 判时 1330 号第 48 页)。此外，更为重要的是精神损害与财产损害不同，区分侵害和损害是困难或者是无意义的，此时过失乃至违法性判断与精神损害赔偿金计算的考虑因素是重合的。比如，超过忍受限度的因素，尤其是行为的恶劣性质等也是增加精神损害赔偿金的事由。

详细指明斟酌事由的判例并不多，有些即便表明了斟酌事由，也难以得知如何影响精神损害赔偿金的增减。如果可以将斟酌事由数量化，并规定每个数量单位的金额的话，决定精神损害赔偿金额的过程将变得更透明。在侵害名誉诉讼的确定精神损害赔偿

金中已经开始运用这种尝试。比如说，故意＋10，性质极其恶劣＋8，性质恶劣＋6，其他＋3，具有公共利益或者公益目的的—6，受害人是明星的＋10，国会议员＋8，其他人＋5，社会评价低下较大＋10，中等＋7，较小＋5，等等，每个点代表 10 万日元（司法研修所："损害赔偿请求诉讼中损害额的计算——平成 13 年度损害赔偿实务研究会结果概要"，判 T1070 号，4 页）。这种尝试大概会成为今后的争点。

参考文献

植林弘：《精神损害赔偿金计算论》，有斐阁 1962 年版；齐藤修：《关于精神损害赔偿金的若干问题》，载山田卓生等编：《新现代损害赔偿法讲座（6）》，日本评论社 1998 年版，195 页；东京第三律协交通事故处理委员会精神损害赔偿金部：《交通事故精神损害赔偿金计算论》，行政出版社 1996 年版；千叶县律协：《精神损害赔偿金计算实务》，行政出版社 2002 年版。

116 ◀ 过失相抵

京都大学教授　桥本佳幸

一、问题之所在

过失相抵制度舍弃了全有或全无原则，采用了比例化判断框架，在侵权法上具有独特的意义。而且随着侵权诉讼的增加，更多责任得以成立，通过过失相抵的比例性解决对于加害人和受害人之间调整利害关系具有重大意义。因此，围绕过失相抵制度，判例和学说都已经超越了严格意义上的“受害人的过失”（与责任成立要件的过失相互平行的过失），问题的关键是过失相抵可以扩张到何种程度，即民法第722条第2款，只要受害人存在“过失”，那么即便在受害人欠缺责任能力甚至辨别事理能力的情况下，是否也可以适用“二”？另外，除了被害人的“过失”，民法第722条第2款的比例性解决是否还扩张至其他因素“三”？

二、过失相抵的要件

1. 判例

受害人缺乏责任能力或者辨别事理能力的情况下是否可以适用民法第722条第2款呢？

关于这个问题，过去的判例采取了加害人的成立要件与过失相抵的要件完全平行的做法，因而对于无责任能力人一般不适用过失相抵。但是，昭和30年代至昭和40年代随着交通事故诉讼的急剧增长，最高法院追随有力说（加藤一郎：《侵权行为》，有斐阁1957年版，第247页）转变为责任能力不要说，即所谓的辨别事理能力论以及受害方的过失论。

也就是说，关于受害人的能力要件，根据辨别事理能力论，过失相抵不要求具备责任能力，只要具备辨别事理的能力即可（最大判昭和39.6.24民集18卷5号第854页）。理由是，过失相抵与责任成立的问题是不同范畴的问题，其只不过是从公平的角度斟酌受害人的注意义务而已。在该准则之下，受害人幼儿只要五六岁便可以适用过失相抵。

此外，关于过失的人的范围，根据受害方的过失论，“受害人的过失”不仅仅是受害人本人的过失，还包括与受害人在身份、生活关系上具有一体性的人的过失（最判昭和 42.6.27 民集 21 卷 6 号第 1507 页）。如果监督义务人的监督过失适用该原则的话，那么受害人幼儿即便没有辨别事理能力，监督义务人（父母等）只要存在没有防止受害人过失的监督过失，也可以适用过失相抵。这种处理方式近乎于斟酌欠缺辨别事理能力的受害人本人的过失，实际上使得辨别事理能力要件接近于空洞化。

2. 学说

（1）能力要件不要说

如今的学说一致支持判例中放弃责任能力要件的做法，但是对于受害人过失要件的构成以及过失相抵制度的适用范围存在争论。

多数见解认为，受害人的过失要件内容与责任成立要件的过失是不同的，受害人的过失只需从行为的客观面进行判断，而无须考虑主观能力之有无与程度。该理论的正当化依据有下述两个方向。

第一，从加害方看，过失相抵制度中，加害方的责任依据（过失、违法性以及因果关系）的数量上的减少，通过其责任范围得到反映。也就是说，在过失相抵的情况下，需要考虑对受害人行为，加害人的应对的违法性程度（多少），根据该程度划定赔偿范围（川井健：《现代侵权行为法研究》，日本评论社 1978 年版，第 291 页以下。西原道雄："生命侵害、伤害中的损害赔偿额"，《私法》27 号，第 110～111 页）。作为原因竞合的一种情形，同时也考虑加害人的行为是否是结果的充分条件，以决定责任范围（四宫和夫：《侵权行为》，青林书院 1983、1985 年版，第 412、418、621 页以下）。

第二，从受害方看，在过失相抵制度中，受害人承担了超越过失责任的独特责任（领域原理），使其负担部分责任。也就是说，在过失相抵制度中，受害人即便欠缺责任能力，依据领域原理（对自己权利领域内的特别损害危险所产生的结果负有保证责任），受害人本身应当承担起因于无责任能力的损害（过失行为的自我加害）（后载桥本佳幸(4)，第 36 页以下）。

（2）辨别事理能力说

与此相对，相反意见认为，受害人过失的内容与责任成立要件的过失相对应，支持判例准则上的辨别事理能力要件。

该见解认为，与责任成立情形相对应，过失相抵制度是受害人过失责任的问题，通过将辨别事理能力作为加害人责任能力要件的对应物以正当化。根据该说观点，在过失相抵制度中，受害人可以避免损害，避免是可期待的，因而让受害人分担损害，因此要求受害人具有可期待的避免损害的能力才是说得过去的。受害人只要具备辨识危害自己法益的能力，就具有回避该危险的机会，所以受害人的能力要件不是责任能力而是辨别事理的能力（后载滏田充见，第 201 页以下；前田达明：《民法Ⅵ2 侵权行为法》，青林书院 1980 年版，第 358 页以下）。

三、过失相抵的类推

1. 判例

民法第 722 条第 2 款的比例性解决方式是否可以进一步扩展到受害人的其他因素（特别的性格、性情或者特别的身体要因）？

对于这个问题，地方法院很早便通过各种法律依据（因果关系的比例认定、贡献程度减额、过失相抵的类推适用）采取比例性地解决。近些年来，最高法院也基于损害的公平分担概念肯定了过失相抵的类推适用。即受害人的心理因素或者受害人罹患的疾病与损害发生竞合之时，可以通过类推适用民法第 722 条第 2 款，在确定损害赔偿额之时斟酌该因素或疾病（最判昭和 63.4.21 民集 42 卷 4 号第 243 页，最判平成 4.6.25 民集 46 卷 4 号第 400 页）。

鉴于以下情况，这种做法的目的可能在于调整责任范围的比例：通过缓和责任成立要件使加害人的责任根据变得更缺乏，因受害人个人因素而产生了超越一般范围的结果（参见能见善久："贡献程度减轻责任"，四宫和夫教授古稀纪念《民法、信托法理论的展开》，弘文堂 1986 年版，第 250 页）。

2. 学说

但是，即便是在最高法院判决出现之后，学说上对于能否斟酌其他因素这一点还是存在非常大的争议。

一方面，斟酌肯定说是基于过失相抵的类推适用这一法律构成之上（参见加藤新太郎："因果关系的比例认定"，盐崎勤编：《交通损害之诸问题》，判例 Times1999 年版，第 144 页以下），就比例性解决的理论基础也作出了类似于过失相抵的能力要件不要说的说明。也就是说，在因素竞合的情况下，加害人行为的违法性较弱（川井健：《民法概论（4）债权分论》，有斐阁 2006 年版，第 515 页），或者对结果的贡献程度有限（前载四宫和夫，第 419、457～458 页）。根据受害方特有的责任原理——领域原理，受害人对于自身因素（自己权利领域内的特别损害危险）的损害不能免除保证责任。

另一方面，斟酌否定说认为，其他因素（特别是身体因素）并不包含受害人回避可能性，所以不能适用过失相抵及其类推。该说依据"侵权行为人必须接受受害人本来的状态"的原则，对斟酌肯定说的价值判断进行了如下批判。其他因素对于损害的发生和扩大并没有值得责难的地方，不应当将这种因素与加害人的违法行为并列进行责任分配。此外，生活中具备某种因素的人不在少数，如果斟酌因素减少赔偿额的话，将极大限制这些人的行动自由（后载漥田充见，第 70 页；川井健等编：《注解交通损害赔偿法（2）（新版）》，青林书院 1996 年版，第 28 页（饭塚知之执笔）；吉村良一："原因竞合"，池田真朗等：《Multilateral 民法》，有斐阁 2002 年版，第 398～399 页）。

四、原因竞合的比例责任限定

对于"一"中所提的两个问题，判例不断缓和过失相抵的要件，（实际上）肯定了这两点，多数说也是支持的（能力要件不要说、斟酌因素肯定说）。对此，也有有力说认为应当尽量忠实按照民法第 722 条第 2 款的条文，采取限制、否定性的意见（辨别事理能力说、斟酌因素否定说）。最后，本文将从侵权行为法的现代化课题以及减额论（过失相抵及其类推）的定位的视角出发，对比探讨上述两种观点。

首先，关于侵权行为法的现代性课题，辨别事理能力说以及斟酌因素否定说的根本在于以下共识：通过责任成立要件的推进总算实现的受害人保护，不应该通过过失相抵的扩张使之退后。但是，如今侵权行为法的课题不仅在于推进责任成立的可能性，也在于建立更为公平的损害转移的比例性解决框架。原因竞合的比例性责任限定便是这种框架。

其次，关于减额论的定位，辨别事理能力说和斟酌因素否定说的理论前提如下：受害人的损失因为成立要件的满足而全部转嫁给加害人，而减额论则将部分损害再次转嫁给受害人。无论是成立要件还是减额论，通过过失责任转嫁损害都是关键。只要依据损害的再次转嫁或者受害人的过失责任这一图式，将一定的主观能力作为过失相抵的要件，并且排除对因素的斟酌理所当然。

但是，从成立要件论的现状看，即便是在原因竞合事例中，因满足成立要件，损害就暂且认为全部转嫁给加害人，这种理解前提本身是否正确也是存在很大的疑问的。这是因为在被缓和的责任成立要件（责任成立的推进）前提下，即便在竞合原因才是主要原因的场合，加害人的责任也可以宽松地成立。成立要件论毋宁是以加害人的行为为主要评判对象、进行全有或全无判断的评价框架，仅限于判断是否可以将损害转嫁给加害人。此时，还有必要在减额论中将竞合原因作为评价对象，再次审视尽管有其他原因竞合却转嫁所有损害给加害人是否合理（关于竞合原因的风险分配）。从这个意义上来说，减额论无非就是原因竞合的比例性限制的框架。

另外，按照能力要件不要说以及斟酌因素肯定说对制度的理解，加害人责任根据量上的减少会反映到责任范围。由于受害人的过失、因素发生竞合，将全部损害转嫁给加害人就缺乏正当化根据，这种法律评价意味着责任成立要件在量上的减少。此外，受害人基于领域原理而不得不负担损害的说明，正好说明了受害人过失、因素的竞合原因将阻碍向加害人转嫁所有损失的根据，同时提出了竞合原因在分配风险的领域标准（后载桥本佳幸（4），第 31 页以下；（5），第 21 页以下）。

参考文献

漥田充见：《过失相抵的法理》，有斐阁 1994 年版，3 页以下、130 页以下；桥本佳幸：《过失相抵法理的构造与射程（1）～（5）》，法学论丛第 137 卷 2 号 16 页，4 号第 1 页，5 号 1 页，6 号 1 页，第 139 卷 3 号 1 页。

117

律师费用的赔偿请求

律师　三笘裕

一、律师费用的定位

行使权利，或者请求回复损害之际需要律师的建议和帮助，所需费用能否向对方请求？这就是律师费用的定性问题。大体上可以分为：将律师费用作为损害（民法第416条、第709条）中的一个项目，和将律师费用作为诉讼费用（民事诉讼法第61条）中的一个项目。作为损害的一个项目的情况，还可以分为不当诉讼的情形、侵权损害赔偿的情形以及债务不履行损害赔偿的情形，下文将分别讨论。

二、作为损害项目的请求

1. 不当诉讼的情形

自大审院时代以来，为了回应不当起诉（参照最判昭和63.1.26民集42卷1号第1页）而应诉所产生的律师费用，判例都认为这种不当提诉本身是侵权行为（参照大连判昭和18.11.2民集22卷第1179页）。被告造成的不当应诉同样如此。

2. 侵权行为损害赔偿请求的情形

(1) 通常损害的律师费用

民事诉讼法没有采取律师强制主义，本人可以选择是否聘请律师进行诉讼。向来提起侵权行为损害赔偿之诉时，律师费用与该侵权行为之间是否是具有因果关系的损害存在争论。对于这个问题，最判昭和44.2.27民集23卷2号第441页（以下简称昭和44年判决）在侵权行为的受害人为了保护自己权利不得不提起诉讼的案件中指出："现在诉讼越来越要求当事人有能力进行专业化和技术化的诉讼，因而一般人单独应对诉讼活动是几乎不可能的"，"委托律师进行诉讼而产生的律师费用，考虑案件难易程度、请求额、判决额度等诸因素，只要是在相当范围内的额度，可以认为这与上述侵权行为存在相当因果关系的损害"，即法院认可作为一般损害的律师费用。其后，以交通事故损害赔偿案件为中心，侵权损害赔偿诉讼中赔偿律师费用就成了实务上的定论了。

即便是在国家损害赔偿诉讼中，也采取了相同的做法（最判昭和44.3.6讼月15卷4号第392页，最判平成16.12.17判时1892号第14页）。

（2）迟延履行的期间

侵权损害赔偿诉讼中的律师报酬是委托律师进行诉讼才产生的，定金、成功报酬等支付时间是不同的，因而迟延履行的起始时间也存在争议。对此，最判昭和 58.9.6 民集 37 卷 7 号第 901 页（以下简称昭和 58 年判决）认为，律师费用损害赔偿债务是侵权行为引起的损害赔偿债务，所以始于该侵权行为产生并陷入迟延（侵权行为时说）之时。

（3）赔偿对象的金额

如前所述，昭和 44 年（1969 年）判决认为，赔偿的对象是与侵权行为存在相当因果关系的律师费用，其范围为“考虑案件难易程度、请求额、判决额度等诸因素，只要是在相当范围内的额度”，未必是赔偿所有支付的额度。另外，上述昭和 58 年（1983 年）判决采取了侵权行为时说，“关于损害额度，受害人的律师费用是侵权行为时到支付之间产生的，而不计算中间利息”。

3. 债务不履行损害赔偿的情形

（1）一般情况

在债务不履行损害赔偿的情形下，律师费用的赔偿问题需要根据该债务的内容分别探讨。

在金钱债务不履行的情况下，最判昭和 48.10.11 判时 723 号第 44 页以规定金钱债务特别规则的民法第 419 条为依据，认为即便证明了产生超过法定利率或者约定利率的损害，也不可以请求赔偿。因此，不可以请求律师费用以及其他催收费用。

另一方面，关于金钱债务之外债务不履行的情形，最高法院没有相关判例，见解也有分歧。有些地方法院判例在债务本不是金钱债务而且其债务不履行构成侵权的情况（名古屋高金泽支判昭和 52.1.30 判时 889 号第 57 页。另外，东京地判平成 15.1.29 判时 1836 号第 82 页提出考虑具体的要素，只有与侵权行为请求律师费用一样的情况下才可以赔偿，所以该案中并不支持律师费用的请求），以及本来债务是保护生命或身体的情况下（违反安全保障义务）（东京地判平成 3.3.22 判时 1382 号第 29 页，大阪地判平成 10.4.30 判时 1685 号第 68 页等。但是，京都地判平成 5.3.19 判例地方自治 115 号第 39 页认为，律师费用与债务不履行的违反安全保障义务不存在具有相当因果关系的损害，不支持律师费用请求），考虑到与侵权损害赔偿案件的平衡，多数支持相当因果关系的损害赔偿。

（2）有特别约定的情形

如果合同上特别约定，基于债务不履行的损害回复所需律师费用可以向引起债务不履行的当事人请求的话，虽然根据案情可能通过权利滥用、违反公序良俗等限制其效力，但是原则上是有效的。近些年，特别是在商业交易中，这种设置特别约定的做法正在增加。另外，关于特别约定的内容，参见下文中律师费用败诉人负担制度的相关讨论。

三、与诉讼费用的关系

1. 现行法的做法

民事诉讼中诉讼费用原则上由败诉人承担（民诉法第 61 条），但是除了法院指定的情况，这里的诉讼费用是不包括律师费用的（民事诉讼费用法第 2 条），所以胜诉方并不能从败诉方回收部分律师费用。

2. *律师费用败诉人承担制度*

关于律师费用败诉人承担制度的是非，过去学者以及实务人士多有讨论，平成 9 年（1997 年）1 月 31 日发表的法务省关于民事诉讼费用制度研究会报告（后载 Jurist 1112 号）也对该制度有所涉及。比较海外的制度，美国的律师费用原则上是各自负担的，而德国英国等采用律师费用败诉人承担制度。支持该制度的理由有：(1) 如果律师费用不能从败诉当事人回收的话，那么经过诉讼制度实体法上赋予的权利内容由于律师费用的自负实质上就减少了。(2) 侵权行为以及一定的债务不履行诉讼中虽然胜诉原告也可以回收律师费用，但是胜诉被告必须通过反诉或者另诉回收律师费用，考虑到不当诉讼的严格要件，胜诉被告回收律师费用的可能性大大降低了。同时，反对理由也有：(1) 在胜诉还是败诉不明的案件、产品责任诉讼、国家赔偿诉讼、居民诉讼、所谓政策形成诉讼等，可能具有限制提诉上诉的危险性。(2) 包括律师费用在内的诉讼费用是为了解决纠纷的共益费用，基于败诉这种结果责任让败诉当事人承担是不合理的。

平成 13 年（2001 年）6 月 12 日发布的司法制度改革审议会意见书（后载 Jurist 1208 号）指出："对于即便胜诉也不能从对方回收律师费用从而不得已回避诉讼的当事人，为了负担公平化以及诉讼制度更加容易为人们所利用，应当在一定要件下，将部分律师报酬视作为必要费用，导入让败诉人负担的制度"。受此影响，《民事诉讼费法修改法律案》于平成 16 年（2004 年）6 月 12 日提上国会议程，希望导入合意律师报酬败诉人负担制度。但是，由于日本律师协会和市民团体等的反对，该法案于同年 12 月成了废案。在这一过程中，日本律协以导入合意制的律师报酬败诉人负担制度为契机，担忧私人合同中普遍加入律师费用败诉人负担条款（"将来就原合同发生诉讼之时，由败诉当事人负担胜诉当事人的律师费用"等条款），主张立法上规定消费者合同、劳动合同、独家经销合同等一定类型中的合同中相关条款无效。

四、若干考察

是否由一般的败诉人负担诉讼费用中的律师费用，需要探讨包含例外、败诉人负担范围如何设定等问题，也是今后会继续讨论的课题。另一方面，侵权行为和债务不履行（民法第 419 条的适用，除了金钱债务不履行）在实务处理的差异表现在，侵权行为一般当事人之间不太可能缔结关于律师费用负担的特别约定，与此相对，债务不履行的话，在契约自由原则之下，不排除这种可能性。当然，在医疗过失、安全保障义务等情形下，合同当事人之间能力大小是不均衡的，往往弱者原告在缔结合同之时是难以要求缔结特别约定的，因此法院应当灵活解释损害的范围以追求结果的妥当性，实际债务不履行的情形下支持律师费用的赔偿大多属于这种类型。上面提及日本律协对律师费用败诉人负担条款的担忧就是这个问题的表里，认为合同当事人之间存在能力大小不均衡的情形时，有时也应当限制或者否定合同中规定律师费用败诉人负担条款的效力。

参考文献

小仓显：《最判解民事篇昭和 44 年度》，167 页；加藤和夫：《最判解民事篇昭和 58 年度》，326 页；濑户正义：《最判解民事篇昭和 63 年度》，1 页；岨野悌介：《律师费用的损害赔偿》，铃木忠一/三月章监修：《新实务民事诉讼法讲座（4）》，日本评论社

1982年版，第103页；伊藤真：《诉讼费用的负担与律师费用的赔偿》，中野贞一郎教授古稀纪念：《判例民事诉讼法的理论（下）》，有斐阁1995年版，89页；森肋纯夫："报告书——从败诉人负担积极论的立场出发"，Jurist 1112号，47页；本林徹：《"律师报酬败诉人负担法案"失败的轨迹》，《自由与正义》56卷4号，49页；太田胜造：《民事诉讼法判例百选Ⅰ（新法对应补订版）》，34页；我妻学：《民事诉讼法判例百选（第三版）》，248页；《司法制度改革审议会意见书》，Jurist 1208号，185页；日本律师协会：《关于律师报酬败诉人负担制度的意见书》，《自由与正义》54卷6号，99页。

118

特殊的人际关系与侵权行为

上智大学教授　前田阳一

一、绪论

侵权行为一般发生在无关系的人之间，但是也可能发生在夫妇关系、基于好意的关系等特殊的人际关系中。此时，对侵权行为的成立与效果等方面是否会有什么影响？下面将此问题（包含机动车损害赔偿保障法上的责任）分为两类进行探讨：(1) 夫妇关系与责任，(2) 好意、无偿关系与责任的问题（(2) 中同时探讨与问题相关联的合同责任）。

二、夫妇关系与责任

1. 对配偶的侵权责任

(1) 从婚姻法与侵权行为法的制度竞合来看，配偶之间是否成立侵权行为是一个值得探讨的问题（过去的讨论，参见后载藤冈康宏文）。以下以丈夫驾驶失误致使同乘妻子负伤为例，讨论夫妇一方因一般市民间的侵权行为导致他方受损的情形。

下述 (2) 大审院判决是以亲属间当然成立侵权行为为前提的，判例在丈夫驾驶机动车致使同乘妻子受伤的最判昭和 47.5.30（民集 26 卷 4 号第 898 页）中指出："原则上作为加害人的配偶对作为受害人的配偶承担损害赔偿责任"，即认为夫妻之间存在侵权行为。学说也认为夫妻间当然成立侵权行为（早期见胜本正晃："离婚损害赔偿"，《家族制度全集法律篇Ⅱ离婚》，河出书房 1937 年版，第 193 页以下）。但是也有学说认为日常杂事缺乏违法性，因此不承认侵权行为的成立（参见四宫和夫：《侵权行为》，青林书院 1987 年版，第 644 页。后载藤冈康宏，第 399 页。后载小野幸二，第 423 页）。

上述判例的理由是，1）夫妇之间存在独立平等的法律人格，2）现行法中采取了夫妇分别财产制，夫妇之间可以成立基于侵权行为的损害赔偿请求权。但是即便是在夫妇共有财产制之下夫妇间也可以成立损害赔偿请求权（水野纪子：《交通事故判例百选（第四版）》，有斐阁，第 68 页以下），可以说 2）有画蛇添足之嫌。

(2) 那么损害赔偿请求权是否可以行使？大判昭和 18.7.12（民集 22 卷第 620 页）认为，关于不法侵害子女财产的父母的损害赔偿请求权，"违反道义的诉权是不被允许的”，因而“除非存在相当的事由不法侵害了财产上的利益”，否则是不允许的。也就是说，法院采取了限制性的态度。与此相对，上述昭和 47 年判决，“损害赔偿请求权的行使破坏了夫妻共同生活等情形下，只不过是权利滥用而难以行使”，所以限定了不允许“行使”的情形（最近的相关判例有神户地判平成 14.8.19 交民集 35 卷 4 号第 1099 页）。

学说上虽然也存在亲子间通过权利滥用进行限制一说（前载四宫和夫，第 644 页），但是多数学说批判了以上述判决的理由限制权利行使（后载上野雅和，第 86 页；后载四宫和夫，第 644 页；铃木録弥：《亲属法讲义》，创文社 1988 年版，第 48 页）。正如上文所指，学说认为夫妇关系虽然会因权利行使受到影响，但是并不能因此正当化限制权利行使（只是，对于婚姻解除后行使某些事项的损害赔偿请求权，正如前载铃木録弥，第 48 页以下所言，有可能对其进行限制）。

2. 对配偶的提供运营者责任

上述昭和 47 年判决指出，对于同乘“妻子”，不能仅仅以此为理由认为其不属于机动车损害赔偿保障法第 3 条中的“他人”，而否定丈夫的提供运营者责任。机动车事故遭受人身损害的人是否属于该条规定的“他人”，与加害人的损害赔偿请求权是否属于保险的保护对象有关，争论颇多。最判昭和 42.9.29（判时 497 号第 41 页）认为，“他人”指的是“除了为自己驾驶机动车的人以及该机动车的驾驶者之外的其他人”。

在上述判例法理的关系上，该判决认为即便不能仅仅因为“妻子”就区别对待，但是夫妇之间的法律人格具备独立性。

三、好意、无偿关系与责任

1. 对好意同乘人的提供运营者责任

（1）上述最判昭和 42.9.29 在“二、2”中引用的一般论之下，认为该案中好意、无偿的同乘人员属于机动车损害赔偿保障法第 3 条中所指的“他人”。该判决认可了对好意同乘人的提供运营者的责任，但是根据好意同乘的样态，责任也受到某些限制。以此判决为契机，过去有不少讨论，提出了下述种种理论。第一是修正责任相对说，对好意同乘人，按照比例理解驾驶人的提供运营者性质，通过过失相抵的类推适用减少赔偿数额（仓田卓次：“无偿同乘论”，《判 T》268 号，第 33 页以下）。第二是个别解决说，指的是根据好意同乘的具体情况，根据机动车损害赔偿保障法第 3、4 条的规定，限制民法上的规定，从而减少额度（並木茂：“关于无偿同乘的反对说的要点”，《判 T》237 号，第 52 页以下）。这些讨论盛极一时（参见山下理惠子：《交通事故判例百选（第四版）》，有斐阁，第 74 页下），但最近相关讨论已降温了。

（2）另一方面，除了理论构成，通过过失相抵的类推适用，将好意同乘的样态作为损害赔偿额计算之时的减额事由来考虑（但是只是好意同乘的话一般是不考虑的），这是最近判例的大势所趋（平成 12 年之前的分析，参见龙泽孝成：“好意同乘”，盐崎勤＝园部秀惠编：《新裁判实务大系（5）交通损害诉讼法》，青林书院 2003 年版，第 98 页以下）。

也就是说，判例中考虑好意同乘多是以认识到了驾驶人的酒后驾驶为理由的（名古屋地判平成 17.3.30 交民集 38 卷 2 号第 549 页，东京地判平成 13.10.3 交民集 34 卷 5 号第 1367 页，名古屋地判平成 13.9.7 交民集 34 卷 5 号第 1244 页，东京地判平成

10.6.24交民集31卷3号第887页等），其他理由还有驾驶人的疲劳认识（名古屋高判平成14.12.25交民集35卷6号第1506页，大阪地判平成9.2.21交民集30卷1号第246页等）、高速驾驶的认识及容忍（神户地判平成17.6.9交民集38卷3号第786页，神户地判平成9.10.14交民集30卷5号第1478页等）。

与此相对，如果认为好意同乘人没有认识、容忍、参与危险驾驶的话，除了下述一部分判例——作为计算精神损失赔偿的一个要素而考虑好意同乘（名古屋地判平成14.3.25交民集35卷2号第408页，大阪地判平成8.3.21交民集29卷2号第443页等），多次好意接送的情形也考虑到这一点（鹿儿岛地判平成12.5.19判自311号第50页，松山地判平成8.7.25交民集29卷4号第1083页）——在不存在上述情形的话，多数判例只要是好意同乘就不予考虑（东京地判平成16.7.12交民集37卷4号第943页，神户地判平成.14.8.19交民集35卷4号第1099页，大阪地判平成13.12.26交民集34卷6号第1709页，东京地判平成12.10.18交民集33卷5号第1680页等）。

（3）最近的讨论中也有仅仅是好意同乘就否定减少赔偿额的倾向（桥诘均："好意同乘与赔偿额的减额"，盐崎勤编：《现代民事裁判的课题（8）交通损害、工伤损害》，新日本法规出版社1989年版，第478页以下；伊藤文夫："机动车损害赔偿补偿法第3条中的'他人'的意义"，饭村敏明编：《现代裁判法大系（6）交通事故》，新日本法规出版社1998年版，第115页；园井义弘："好意、无偿同乘与减额"，盐崎勤编：《交通损害赔偿之诸问题》，判例TIMES出版社1999年版，第464页（注37）；损害赔偿计算标准研究会编：《注释交通损害赔偿计算标准（3订版）》，行政出版社2002年版，第448页）。

2. 关于好意、无偿与儿童等事故的责任

（1）好意或无偿帮助照看儿童发生人身事故的裁判中，包括下述三种责任。1）无偿让别人照看儿童的人的责任（①大板地堺支判昭和43.8.8判时552后第66页，②大阪地判昭和50.11.18判时823号第81页，③神户地判昭和51.2.24判时831号第75页，④津地判昭和58.2.25判时1083号第125页（邻居诉讼事件），⑤东京地判昭和51.3.24判T342号第231页。①是附近的儿童交给店员照看之际发生了火灾而受伤，肯定了民法第715条的责任。②③④是幼儿溺死的情况，肯定了民法第709条的责任（其中②③有工作关系）。⑤是在自己的花园边上让与自己孩子一起玩的儿童受伤，承担的是民法第709条的责任）。2）儿童会等陪伴志愿者的责任（⑥津地判昭和58.4.21判时1083号第134页，⑦福冈地小仓支判昭和59.2.23判时1120号第87页，⑧札幌地判昭和60.7.26判时1184号第97页。⑥⑧是溺水死亡事故，承担民法第709条的责任。⑦是因其他儿童的行为导致受伤的情形，承担民法第714条第2款的责任）。3）护理志愿者的责任（⑨东京地判平成10.7.28判时1665号第84页。否定违反了善良管理注意义务）。

上述判例中，无论是采取侵权行为根据的①～⑧，还是采取准委托合同根据的⑨（虽然稍微有些不明确），并没有因为是好意、无偿而减轻注意义务。①⑥⑦⑧正面指出无偿性不会左右注意义务，作为一般原理，⑨认为志愿者也负有善良管理注意义务（民法第644条）。只是，④⑥以无偿性以及本人或者父母的归责性等为理由，②⑤以母亲的过失为由，⑧以本人以及父母的过失为理由，大幅减少了赔偿额度。

（2）有学说以合同为依据，认为好意、无偿照看子女的合同内容类似于无偿托管（民法第659条），因此可以减轻注意义务（后载星野英一，第20页（森岛昭夫发言），第 24、147 页（星野英一发言））。有学者以侵权行为为依据，同样认为注意义务应当考虑无偿关系（加藤雅信：《判 T》507 号，第 107 页）。

3. 若干考察

（1）否定仅仅因为好意同乘而减少额度的倾向背后存在下述三个考虑因素。1）仅仅因为好意、无偿而减少赔偿额缺乏法律根据。2）既然对人的生命、身体具有危险性的驾驶不应当以好意、无偿为理由减轻责任，那么减轻对该事故发生的危险性没有认识、容忍、干预的好意同乘人的赔偿额，实质上就部分否定了提供运营者的责任。3）在多数场合，提供运营者可以通过责任保险负担直接赔偿金。

（2）好意、无偿照看孩子的时候，判例没有减轻注意义务的背后也有下述两个因素。1）无论是侵权行为还是准委托合同，至少从正统的解释论上难以得出因好意、无偿而减轻注意义务的结论（参照大村敦志："无偿合同"，《法教》299 号，第 64 页）。2）既然是对生命、身体的注意义务的问题，那么就不应当与以物为对象的无偿保管相并列，不应当因为无偿而简单地减轻注意义务（对此，后载星野英一，第 148 页（星野英一发言）认为照顾孩子的危险性与好意同乘是不同的，因而可以减轻注意义务）。

另一方面，与上述好意同乘判例情形不同（时期上也不同），也有判例以好意、无偿为理由减少额度，或者以本人或者父母的归责性为理由过失相抵从而减少额度（而且是大幅减少额度）。此时，多半是儿童自己不合常规的行动导致了事故，父母即便是在身边也是难以避免的，或者父母教育的问题等相关，同时很少加入责任保险，所以处于与好意同乘中否定减少额度的做法相当不同的利益状态。

（3）总而言之，想要正当化基于好意、无偿关系的注意义务减轻以及赔偿额的减额，基于好意、无偿的公平、诚信原则，以及典型合同中无偿合同的一般理论的相关讨论是不充分的，因而需要建立可以应对具体情况的全新理论框架（前载大村敦志，第 64 页提出创设全新的无偿合同类型）。

参考文献

上野雅和：《夫妇间的侵权行为》，载奥田昌道等编：《民法学（7）》，有斐阁 1976 年版，83 页；藤冈康宏：《配偶间的侵权行为》，载中川善之助教授追悼：《现代家族法大系》，有斐阁 1980 年版，375 页；小野幸二：《家族间的侵权行为》，载中川善之助教授追悼：《现代家族法大系》，有斐阁 1980 年版，400 页；星野英一编：《相邻诉讼与法的作用》，有斐阁 1984 年版；小岛武司等：《相邻诉讼研究》，日本评论社 1989 年版。

119

侵权行为的停止侵害诉讼

立命馆大学教授　吉村良一

在公害等持续性侵权行为，或者侵害名誉隐私的情况下，比起事后救济的损害赔偿，侵权行为的停止侵害更具有重要意义。但是，由于民法没有明文规定停止侵害，所以其理论根据便成为不得不探讨的问题了。其次，停止侵害请求权的要件也是一个重要的论点。

一、停止侵害请求的法律依据

1. 权利说

首先是权利说，该说认为某种绝对权或者排他性支配权受到侵害，就可以基于这种权利请求停止侵害。按照停止侵害根据何种权利，权利说还可以分为若干分支，其中基于人格权请求停止侵害的学说最为有力。比如说，大阪机场公害诉讼上诉审判决（大阪高判昭和 50.11.27 判时 797 号第 36 页）就采用了该观点。最高法院也在侵害名誉的北方月刊事件中指出："基于人格权的名誉权，可以请求加害人排除正在进行的侵害行为，或者预防将来可能产生的侵害，即可以请求停止侵害行为"（最大判昭和 61.6.11 民集 40 卷 4 号第 872 页）。

在公害的领域，还有人主张环境权论，即以享受并支配良好环境的环境权为根据，在环境受到污染的情况下，可以根据环境权请求停止侵害（大阪律协环境权研究会编：《环境权》，日本评论社 1973 年版）。此外，过去的人格权论进一步发展，提出了新的权利论。即在附近居民要求禁止使用黑社会组织事务所办公场所的事例，以及停止垃圾处理场运行的事例中，存在以下新观点："任何人都有权要求其生命、身体的安全不受侵害，度过平稳的生活。超过忍受限度违法侵害这种权利的，可以视作为人格权侵害，可以请求排除这种侵害行为"（大阪高判平成 5.3.25 判时 1469 号第 87 页）。如果以这种全新的人格权类型（平稳生活权）作为停止侵害的根据的话，那么侵害生命身体的危险便是以一般人为基准的严重的危机感或者不安感，如果认定侵害这种精神上的平稳以及生活上的平稳，那么即便没有侵害身体的事实，也可以支持停止侵害请求。

2. 侵权行为说

停止侵害的法律依据的第二种类型是，在公害等持续性侵害的情形下，严格区分侵权行为损害赔偿的恢复原状与停止侵害是困难而且无意义的，所以停止侵害不是被侵害权利的效力而是侵权行为的效果（侵权行为说）。这种类型还可以再细分为若干学说，其中忍受限度论最为有力。该说在比较衡量被侵害的利益种类、侵害的程度、侵害行为的种类和性质、支持停止侵害对双方的影响以及对社会的影响等各种要素的基础上，认为在超过忍受限度的情况下可以支持停止侵害请求。

3. 二元说

权利说与侵权行为说（尤其是忍受限度论）的区别在于，前者在判断停止侵害之时排除利益衡量，主要着眼于权利是否受到侵害得出相应结论，而后者考虑受害和加害行为以及其他要素，进行综合性、灵活性的利益衡量。这两种类型中，环境权论与忍受限度论围绕停止侵害的要件展开了激烈的争论，但是其后两种观点正在相互接近。结果是产生了复合构造说。该说提出，停止侵害应该区分场合，在某些场合下只要发生了一定的受害便应该排除利益衡量支持停止侵害，而有些场合原告如果证明受到损害的话，便认定原则上违法，被告可以主张受害在忍受限度值之下（泽井裕，后载第 29 页以下）。

除此之外，还有其他二元说。该说区分大气污染、噪声等积极性侵害与日照妨害等消极性侵害，在消极性侵害中采用侵权行为根据，因而以加害人的注意义务违反（过失）为要件。在积极性侵害中支持权利根据，此时不问加害人的主观，也限制利益衡量论的运用（大冢直，后载第 525 页）。

4. 违法侵害说

最近提出了一个新学说，该说认为在法律值得保护的权利或者利益受到违法侵害之时，法益保护免受违法侵害的必要性本身就是停止侵害请求权的直接根据。也就是说，该说是根据违法的侵害，摄取侵权行为说、权利说等各自优点，将这些成果统一起来的学说（根本尚德："停止侵害请求权的发生根据的理论考察（1）"，《早稻田法学》80 卷 2 号，第 122 页；藤冈康宏："侵权行为与权利论"，《早稻田法学》80 卷 3 号，第 178 页）。

二、公害的停止侵害

1. "停止侵害的寒冬时代"

在公害裁判中，进入 1970 年代以来，诉讼中不只提起了损害赔偿这种事后救济，还请求停止侵害的诉讼开始增多。这意味着，在熊本水俣病等诉讼中明确企业法律责任的基础上，法院的重点转变到更为根本的停止侵害措施上来了。另外，大阪机场上诉审判决也全面支持了原告以人格权为依据提出的请求。

但是，此后进入 1980 年代，情况突然变得对受害者不利了。转机就在大阪机场诉讼最高法院大法庭判决（最大判昭和 56.12.16 民集 35 卷 10 号第 1369 页）。即最高法院的多数意见认为，大阪机场是国营机场，航空行政权与机场管理权这两项职权归属于运输大臣，两者是一体不可分的，因而受害人不能通过民事诉讼请求停止使用机场，从而驳回了停止侵害请求。最高法院对停止侵害的消极态度直接影响了其他公害停止侵害的案件，此后的多数诉讼中，尽管采取了不同的理由，法院驳回了停止侵害请求或不予立案。"停止侵害的寒冬时代"到来了。

2. 公害停止侵害判例的新动向

上述"停止侵害的寒冬时代"从 1980 年代贯穿至 90 年代，但是 90 年代后半叶以后，随着环境法和环境政策的新发展，判例出现了新动向。特别值得注意的是 2000 年的两个判例支持因道路大气污染的停止侵害请求，分别是尼崎公害诉讼判决（神户地判平成 12.1.31 判时 1726 号第 20 页）与名古屋南部公害诉讼判决（名古屋地判平成 12.11.27 判时 1746 号第 3 页）。这些判决在认定浮游粒子物质与健康损害的因果关系的基础上，要求停止排放一定程度以上的该物质。对于道路的公共属性，判决认为考虑到侵害并非简单的生活妨害而是对呼吸器官疾病的现实而重大的影响以及不能全面禁止道路的使用，所以即便需要考虑该道路的公共性，也具有支持停止侵害的充足违法性（尼崎判决）。

此外，最近还出现了支持核电产停止运行的判决。即在请求志贺核电站 2 号机组停止运行的民事诉讼中，金泽地方法院认为："本案核电站运行可以推定周边居民受到了超过容许的具体危险"，并以人格权为停止侵害的根据，支持了原告的请求（金泽地判平成 18.3.24 判时 1930 号第 25 页）。

三、侵害名誉、隐私的停止侵害

1. 绪论

在名誉以及隐私等人格性利益受到侵害之际，为了有效保护这些利益，停止侵害，尤其是事前停止侵害是非常必要的。但是，这些利益侵害往往牵涉包含大众传媒在内的言论活动，所以在与言论自由的关系上，需要判断在什么情况下才可以支持停止侵害请求。

2. 停止侵害的要件

向来名誉的停止侵害（尤其是事前）往往是对表现自由的重大约束，因此存在下述学说："只有高度权利侵害的违法性"才支持停止侵害请求的高度违法性说（东京地决昭和 45.3.13 判时 586 号第 41 页）；"对受害人不采取排除或者预防的措施而遭受的不利益的状态、程度，与侵害人因上述措施制约活动自由而导致不利益的状态、程度的比较衡量"（东京高决昭和 45.4.13 判时 587 号第 31 页）的比较衡量说。上述北方月刊事件中，最高法院指出："对表现行为的事前抑制不符合保障表现自由、禁止审查的宪法第 21 条的宗旨，只有在严格且明确的要件之下才被允许。"对于公务员或者公职候选人的评价、批判等表现行为的情形下，原则上是不支持停止侵害请求的，但是符合下述要件可以例外地支持停止侵害请求："该表现内容是不真实的，且明确不是为了公共利益，而且受害人有可能遭受重大且显著难以恢复的损害。"

此外，在模特小说侵害隐私的案件中，东京高等法院指出："侵害行为对象人物的社会地位、侵害行为导致受害人遭受的不利益与支持停止侵害之时加害人遭受的不利益进行比较衡量"才可以决定是否支持事前停止侵害。在此基础上，"侵害行为是明确可预料，侵害行为可能使受害人遭受重大损失，且事后恢复是不可能或者显著困难之时"，就可以支持停止侵害请求，禁止该小说的出版（东京高判平成 13.2.15 判时 1741 号第 68 页）。对于基于人格权中的名誉权而禁止出版的高等法院判断，最高法院也认为并没有违反宪法第 21 条第 1 款（最判平成 14.9.24 判时 1802 号第 60 页）。

参考文献

除了文中所载，泽井裕：《公害停止侵害之法理》，日本评论社 1976 年版；大冢直：《基于人格权的停止侵害请求》，《民商法杂志》116 卷 4=5 号，501 页；吉村良一：《公害停止侵害法理的展开与课题》，载牛山积教授古稀纪念：《环境公害法的理论与实践》，成文堂 2004 年版，215 页。

120 ◀ 产品责任

明治大学教授　新美育文

一、绪论

因产品缺陷导致利用者及其周遭人群遭受损害的产品责任自古便有。民法上针对这种损害的赔偿，规定了瑕疵担保责任、债务不履行责任以及侵权责任。但是，不得不说这些并不能公正有效地救济现代社会中的缺陷产品的损害。

在现代社会，制造者制造了大量的商品，经过流通业者最终为消费者使用。正常的流程下，商品由制造业者进行排他设计制造，在密封的状态下捆包，交付给流通业者并摆放于店内。在此，流通业者与消费者几乎不能直接干预商品的质量和功能。由此可见，因缺陷商品造成利用者损害的，应当由制造人承担第一次责任（课题 1)。另外，在高度自动化机械化制造过程下被制造的商品，一般难以特定产生缺陷的环节，也不适合以过失为要件讨论制造业者的赔偿责任（课题 2)。

二、民法的应对及其界限

产品责任相关准则最初是在民法规定的瑕疵担保责任、债务不履行责任以及侵权责任之下展开而形成的。但是，民法的规定存在下述缺陷。

瑕疵担保责任以隐藏的瑕疵（缺陷）的存在为要件，所以即便卖方无过失也需要承担责任，这点可以解决缺陷产品导致损害赔偿的课题 2 的问题。但是瑕疵担保责任是一种契约责任，追究这种责任需要请求主体以及责任主体都是合同的当事人。但是，多数情况是制造业者与缺陷商品的受害人直接没有直接的合同关系，所以要解决上述课题 1 是存在困难的。学说中希望通过“合同的第三人保护效力”解决这个问题，但是显然这样过于取巧，因而判例以及多数学者并不支持。另外，瑕疵担保责任是有偿合同中对有偿性的一种平衡，是一种特别责任，这就有赔偿范围的问题了。

交付缺陷产品并不是根据债务本旨的履行，可以追究债务人的债务不履行责任。另外，债务不履行责任的情况下，如果证明债权人不履行的事实（交付了有缺陷的产品）的话，债务人便被课以证明不存在归责事由（债务人的过失以及诚信原则上等同于前者的事由）的证明责任，这样便可以解决上述课题 2 的问题。但是，这也是一种契约责任，就难以解决课题 1 的问题。

侵权责任不需要存在合同关系，受害人可以直接追究缺陷产品的制造者的责任，所以解决上述课题 1 的问题是没有问题的。但是，制造贩卖缺陷商品并没有规定像民法第 717 条这样的无过失责任，那么在民法第 709 条之下，受害人必须证明制造业者制造贩卖缺陷商品存在过失，不然便不能追究损害赔偿责任。也就是说，追究侵权责任的，课题 2 的问题便吃重了。判例和学说的基本观点认为，公害案件等企业活动产生的损害应当课以严格责任，以此为背景，有观点倾向无须特定具体的过失行为，只要根据企业是否具有回避企业活动产生损害的义务进行判断即可（过失的抽象化乃至客观化）。在论证这种企业回避损害义务时，要求高度的损害回避义务（过失的高度化乃至严格化）。由于存在上述应对，产品责任得到了公正的救济。但是，在个别的判例中，法院作出了不同的判断，课题 2 的解决变得模糊了。

三、产品责任法

1. 从过失到缺陷

正如上文所述，民法并不能充分应对产品责任。产品责任法于平成 6 年（1994 年）制定，并于次年 7 月 1 日实施。该法正视现代社会中缺陷商品的损害特征，在出现危险性的情况下，以这种危险性为根据，肯定了缺陷产品的制造业者的损害赔偿责任。因此，归责的根据从“过失”转向了“缺陷”。

2. 何为制造物

产品责任法是以有缺陷的制造物（有体物）为规制对象，而不是以所有缺陷商品为对象。产品责任法的目的是在大量生产、大量消费的现代社会中公平地赔偿缺陷产品导致的损害。因此，人为的操作或者处理而导致的损害应当就是救济的对象。产品责任法规定“制造或者加工的动产”为制造物，并不包含自然产物。但是，如何判断“制造或者加工”可做宽泛理解，可以说如今市场上的几乎所有的商品都是被制造或者加工的（福冈高判平成 17.1.14 判时 1934 号第 45 页中作为自然物的竹子在做防虫处理后作为建材使用时，也被认为是制造物）。对于投放了饲料、抗生素等药品的养殖场的产出是否是被加工之物，也有过讨论。虽然也有观点认为，主要是自然生产的情况下，即便是养殖物也是自然产物，而不是加工物。但是，如何判断主要是自然的力量又是不明确的。产品责任法的对象如此模糊处理显然是不妥当的，人为操作进行加工的动产，就应当全部作为制造物处理。而且由自然力产生的危险性完全可以通过后述“缺陷”的判断进行考虑。

另外，立法阶段就讨论了产品责任法是否应当包括服务，但是结果并没有将其包含在内。理由是，服务是多种多样的，不能像有体物的制造加工一样进行统一处理，加上多数服务缺陷导致的危险并不重大。但是，作为服务的一部分提供制造物的情况下，服务的缺陷带来制造物缺陷的（比如，后文中关于制造物的说明、警告的缺陷等理由），是可以追究产品责任的。

最后，民法第 717 条可以应对缺陷不动产，所以产品责任也不包括不动产的情形。但是，在土地物件的情况下，作为动产制造并附着在土地上的，成为土地物件的一部分，也可能追究产品责任。也就是说，其占有人或所有人在承担土地物件责任的同时，该物件部分的制造业者也需承担产品责任。

3. 何为缺陷

产品责任是如下定义“缺陷”的：考虑到该制造物的属性以及通常预见的使用状态，其制造业者等交付该制造物的时期等有关该制造物的事项，缺乏该制造物所通常应当具备的安全性（第 2 条第 2 款）。问题是如何判断是否具有通常的安全性。条文明文规定了通常预见的使用形态、制造物的出货时期等考虑（另外，参见判例东京高判平成 16.10.12 判时 1912 号第 20 页）。但是除此之外应当考虑哪些因素？学说上提出了下述因素：（1）该产品的有用性以及期望，（2）为了满足同一需求是否可能存在更安全的代替产品，（3）受害的盖然性和重大性，（4）危险的明确性，（5）具有共同知识的一般人可以认识到危险，（6）使用产品时，使用人的注意是否可以回避损害，（7）显著阻碍产品的有用性，或者花费过多费用除去危险的可能性。在考虑上述因素的基础上，推定知道该产品的危险，以及合理注意的人是否将该产品推向了市场。总之，通过上述考量决定缺陷之有无。有人指出，这些受到了美国产品责任讨论的影响（森岛昭夫：《侵权行为法讲义》，有斐阁 1987 年版，第 73 页）。此外，需要考虑的因素虽然存在相同的地方，但是需要强调的是，在无须考虑危险预见可能性这点上，缺陷的判断与过失的判断是不同的。

4. 缺陷的类型

缺陷类型一般可以分为制造上的缺陷、设计上的缺陷以及警告上的缺陷。

制造上的缺陷指的是在制造过程中发生了问题，制造物没有按照设计意图制造，因而缺乏安全性的状态。这是产品责任中标准的缺陷类型。虽然是产品责任法制定之前的案例，但 KANEMI 油中毒事件是制造上缺陷的典型。这是在食用大米、油的制造过程中发生了问题，混入了有毒的 PCB，造成食用消费者严重健康受损的案件（福冈高判昭和 59.3.16 判时 1109 号第 24 页，福冈高判昭和 61.5.15 判时 1191 号第 28 页）。制造物如果按照设计样本制造本可以确保安全，所以如果可以证明没有按照设计进行制造便可以证明存在缺陷。

设计上的缺陷指的是设计本身欠缺考虑制造物的安全性，没有选择确保制造物安全性的零部件，因而导致制造物陷入危险状态。这种缺陷，由于按照设计规格制造的全部制造物都缺乏安全性，因此屡屡导致大规模的受害。也是产品责任法制定之前的案件，奎诺仿药剂导致健康受损的 SMON 事件（东京高判平成 2.12.7 判时 1373 号第 3 页等），氯喹药剂的副作用的氯喹事件（最判平成 7.6.23 判时 1539 号第 32 等）都是药品损害典型（产品责任法实施之后还有东京地判平成 16.3.23 判时 1908 号第 143 页等）。在判断设计上的缺陷之时，一般需要考虑该设计潜在风险的认识之有无、有无可能设计更为安全的替代方案等（参见奈良地判平成 15.10.8 判时 1840 号第 49 页），与判断过失几乎没有差异。

警告、标识上的缺陷指的是没有向消费者就制造物内在危险性提供充分的信息以回避该危险。这是制造上的缺陷和设计上的缺陷不被承认的情况下才会被视为问题的缺陷。是否存在这种缺陷以认识到警告标识对象事项的危险性为前提，与医疗事故中医生是否违反说明义务是一样判断的，无须判断过失（参照前载奈良地判）。

5. 免责要件

产品责任法规定，即便制造物存在缺陷，但是能证明下述事由，其制造业者可以免责（第 4 条）：（1）交付制造物时的科学技术水平难以认识到缺陷，或者（2）该制造物使用其他制造物的零部件或者原材料的，缺陷是按照其他制造物的制造业者设计而引起的，而且对缺陷的发生没有过失。

(1) 是损害预见性的问题，先不论证明责任，缺陷的判断框架与过失的判断框架同一化了。因此，在立法讨论中存在尖锐的批评意见。但是，制造上的缺陷不存在 (1) 的问题，警告标识上的缺陷如上文所述与说明义务违反进行相同的判断，所以 (1) 的免责理由上存在对立的只是设计上的缺陷的问题。随着科学技术的进步，逐渐开发出更为安全的制造物，那么过去被认为是安全的制造物也可能变得不安全（以前汽车不装备安全带并不认为是缺陷，而现在显然就是缺陷了）。因此，(1) 免责是有理由的。

四、结语

上文介绍了产品责任的部分内容。关于产品责任，还有缺陷的存在期间、责任主体以及责任的限制期间等若干重要论点，本文只好割爱了。

参考文献

限于篇幅，难以引用文献。关于产品责任整体概况，可以参见升田纯：《详解产品责任法》，商事法务出版社 1997 年版。

121

医疗事故的损害

东北大学副教授　米村滋人

一、论点概要

医疗过失诉讼是一种难以判断责任的类型诉讼，其原因之一便在于认定医疗事故中因果关系的困难。即便是不恰当的医疗行为之后患者死亡的，在患者患有不治之症或难以期待出现正常治疗效果的情况下，一般认为，由于无法证明恰当的医疗行为本能救治患者，即由于无法证明不恰当的医疗行为对死亡具有高度盖然性的因果关系，因此追究医疗事故的责任存在困难。就此，有学说提出，在不能证明“因果关系”的情况下，应当肯定赔偿责任，这些学说大致可以分为以下两类。第一，利用某种理论依据（灵活运用所谓盖然性说、“一定的推定”以及比例因果关系等），缓和因果关系的认定。第二，将过去并不是侵害生命的“延寿利益”“期待权”等认定为某种“损害”，从而肯定赔偿责任。其中，第二个观点在理论上更加容易接受，而且可以界定医疗事故的恰当的责任范围，本文主要探讨这个问题。

二、判例和学说的展开

1. 总论

首先简单概括判例和学说的内容。对于这个问题，向来都是由裁判实务引导着学说讨论的走向。昭和 50 年代，根据“延寿利益”论、“期待权”论，地方法院中相继出现了肯定医疗一方责任的判例，学说中赞成与反对的意见都存在。下述最高法院判决则给地方法院以及学说带来了新的气息。下面，具体探讨这个问题（另外，限于篇幅，地方法院判决的引用将简化。判例研究参见后载吉田信、矢泽久纯论文。此外，向来的判例和学说都认为依据侵权行为还是债务不履行对于问题的解决没有差异（也有不同意见，参见后载浦川道太郎文），下文将不作区分）。

2. 延寿利益、期待权、机会丧失

（1）地方法院中首先出现的是如下判决。甲：该判决认为，医疗事故导致死期的过早到来，因而侵害了“延寿利益”（东京地判昭和 51.2.9 判时 824 号第 83 页等）。这种构成易于肯定理论上的利益侵害，但是如果不能证明恰当的医疗行为可以延长寿命的话，便不承担赔偿责任，所以适用范围并不广。

（2）其次，乙：患者接受恰当的医疗的“期待权”或者“治疗期待权”受到侵害（福冈地判昭和 52.3.29 判时 867 号第 90 页等）。该理论依据包含“延寿利益”侵害难以认定的事例。有人以背叛患者的信赖利益（后载石川宽俊、吉田邦彦文；古濑俊介：“损害的发生（1）”，根本久编：《裁判实务大系（17）医疗过失诉讼》，青林书院 1990 年版，第 312 页）、保障生活质量（后载新美育文文⑨）等为理由，赞成该理论依据。另一方面，也存在下述批判：实质变成“无因果关系责任”（樱井节夫：《判评》232 号，第 23 页）；“期待权”不过是诊疗债务本身或者主观性利益，缺乏要保护性（后载稻垣乔文②，养庭忠男：《医疗事故的焦点（改订新版）》，日本医事新报社 1987 年版，第 75 页以下；渡边了造：“有过失无因果关系情况下的精神损害赔偿金”，《判 T》686 号，第 66 页）。

（3）第三种，丙：“治疗机会”或者“延寿可能性”的丧失（宇都宫地足利支判昭和 57.2.25 判 T468 号第 124 页等）。该理论构成与“期待权”论的异同尚不明确（后载吉田邦彦文将此作为“期待权”论的一种）。

另一方面，还有学说提出“机会丧失”是一种独立的法益侵害或者损害，进一步可分为：丁：接受恰当的治疗本身的机会丧失也是损害（后载石川宽俊文）；戊：将延寿等的机会、可能性的丧失视为损害的见解（后载泽野和博、中村哲文）。丁观点将对医疗等医疗一方的“行为”的信赖视作法益的本质，这点与“期待权”论相似，而戊观点将得到“结果”的可能性视作保护对象。这些见解可能克服“期待权”论的不足。但是，比如，肯定损害赔偿法上的一般性“机会丧失”的赔偿等，对于理论上是否存在兼容可能性，尚存疑虑。

3. 两个最高法院判决

（1）基于上述发展，最高法院也在两个判例（ 1）最判平成 11.2.25 民集 53 卷 2 号第 235 页，2）最判平成 12.9.22 民集 54 卷 7 号第 2574 页）中扩张了医疗方的责任范围。

（2）判决 1）是关于医生怠于进行必要检查的不作为案件，判决认为如果可以证明进行恰当的治疗，“患者死亡时点存在高度盖然的生存可能性”的话，就可以认定对死亡存在因果关系。对本判决在理论上有若干解读，但是显而易见的是将因果关系终点的“死亡”解读为“死亡时点的生存可能性”，从而较为容易满足侵权行为的成立要件。

判例 2）中医生没有对急救患者进行必要检查，15 分钟后患者心肺停止死亡。判决认为，在医疗行为不符合医疗水准的情况下，“虽说无法证明医疗行为与患者死亡之间存在因果关系，但是如果可以证明若当时实施了符合医疗水准的医疗行为，患者在死亡时点还存在相当程度的生存可能性的话”，便可认定发生损害赔偿责任。最高法院将死亡时点生存的“相当程度可能性”本身也视作为一种法益，侵害这种法益便可认可赔偿责任。另外，最高法院还在重度后遗症的案例中采用了相同的法理（最判平成 15.11.11 民集 57 卷 10 号第 1466 页）。

（3）受到上述两个判决的影响，地方法院实务开始频繁采用特别是判例 2）的理论（大阪地判平成 15.12.18 判 T1183 号第 265 页等）。另一方面，采取“期待权”等过去的理论依据的判例正在减少。学说多对上述两个判决表示赞同，也有学者指出判例 2）中的“相当程度”的水准比较含糊（后载大冢直文），将导致滥诉的可能性（后载③稻垣乔文），“可能性”作为法益范围（何种程度严重的健康损害的“可能性”）过于宽泛

（溜箭将之：《法协》118 卷 12 号，第 1954 页）。

三、问题整理与探讨

1. 问题的构造

基于上述概况，试做若干探讨。首先，需要确认问题的整体构造。一般认为，损害填补是一次性的，我国损害赔偿法并没有英美法中的名义损害赔偿制度。只要承认这一点，即便存在恶性的义务违反，只要不存在法益侵害或者损害，便不发生赔偿责任。因此，在上述事例中责任成立的前提是肯定传统的生命侵害之外的某种法益侵害或者损害的发生。此时，中心课题变成了权利法益侵害（传统通说的违法性）之有无的问题了，“损害”之存否则是第二层次的问题（本论点受到了传统“损害”论的分类，以及民法第 415 条的用语，平井说以后的“损害”包含权利法益侵害的观点等影响。即便是“损害”问题，也区分为损害内涵的要保护性的表征机能与表示损害赔偿对象的机能（参照高桥真：《损害概念论序说》，成文堂 2005 年版，第 183 页），本论点理解为前者的问题）。因此，以下限定在法益侵害、违法性之有无进行讨论。

2. “行为相关法益构成”与“结果相关法益构成”

过去的学说整理虽然不是非常明确，但是上述甲～戊的依据可以分为以下两类：与恰当的治疗等“行为”有关的期待、机会等法益（乙和丁属于这类，以下简称“行为相关法益构成”）；延寿等“结果”以及获得其机会可能性的法益（甲与戊属于这类，以下简称“结果相关法益构成”。丙不能归类）。

对“期待权”论等行为相关法益构成的直接批判认为，这样的构成将利益的主观性等同义务违反，以丁为中心的学说可以克服前者，而后者的问题仍然存在。从违背信赖等医生的义务违反的要素本身推导出法益性，与我国损害赔偿法上除了义务违反还需要另外的权利法益侵害的构造存在不协调的问题（相同意思，见后载文⑨新美育文，第 62 页）。法益侵害或者违法性要求特定“行为”本身的手段性价值（一般“医疗行为”与义务违反相区分的“手段性价值”，采取行为相关法益构成而肯定责任成立，但是至少要承认因医疗行为的重要性等引起的差异），或者以相关关系说为前提，以医疗方义务违反的恶劣性为要件。

另一方面，结果相关法益构成扩张了生命等的范围，产生了其派生性利益。因此，法益性的论证比较容易，不符合医疗水准的医疗行为的责任是比较肯定的，其技术优越性也是难以否定的（最高法院的上述两个判决也属于这类）。

3. 思考本论点的实质性观点

（1）自然，仅仅通过法技术的优劣探讨本论点是不够充分的，下面就两个实质性观点谈两点。

（2）第一，与上述两大构成相关，如何理解法益性实质根据的“医疗的目的”。强调保护生命的立场比较接近结果相关法益构成，而重视患者信赖等医患关系的立场则更接近行为相关法益构成，这也是医事法整体的难题。笔者认为，无论何者都是不充分的（前者容易轻视眼科诊疗、末期治疗等不以延寿为目的的医疗，而后者对患者的期待与客观性利益本质上存在的紧张关系缺乏考量）。两者的调整过程是重要的，总而言之有必要从这个观点出发，从根本上探讨法益性的实质。

第二，过去的讨论中，不符合“医疗水准”的医疗行为应该得到抑制，但是这个前提是值得再探讨的。问题是如何理解“医疗水准”的内容，笼统地减低医疗风险的“医疗水准论”不见得可以降低个别的风险（特别是未承认药品使用之可否）。因此，还有观点认为司法规制的医疗风险需要是现实发生的。特别是期待权的一般性法益的责任范围过于宽泛，除了没有发生结果（弄错药剂在使用前发现等所谓的“意外事故”），都不容易发生。关于这点，应当按照医疗的目的、情况，根据案情类型考察应当于何种程度上追求风险回避。

（3）基于上述考察，今后的方向应当按照医疗目的等相对化把握法益的选择与保护的程度（平成 12 年最高法院判决中的“相当程度”也应该按照医疗目的等进行相对化把握）。为此，应当进一步探讨相应的法律构成的内容和理论上的兼容可能性。

四、结语

本论点中判例实务主导了讨论，在个别情况下有过度重视赔偿责任之可否的感觉；同时，没有探讨医疗事故整体上的恰当的责任范围，对于扩张专家责任以及侵权行为要件论，没有提出更加精炼的法律构成。但是，其重要性是不言自明的。对包含本文没有提及的理论上的诸多问题（过失概念、对赔偿范围论的影响等），还有不少问题值得继续讨论。

参考文献

①石川宽俊：《期待权的展开与证明责任的应有之义》，判 T686 号，25 页；②稻垣乔：《医事诉讼与医生的责任》，有斐阁 1981 年版；③稻垣乔：民商法杂志 123 卷 6 号，908 页；④浦川道太郎：判 T838 号，54 页；⑤大冢直：《不作为医疗过失导致患者死亡与损害、因果关系论》，Jurist 1199 号，9 页；⑥泽野和博：《关于机会丧失理论（1）～（4）》，《早大法研论集》77 号 99 页，78 号 95 页，80 号 87 页，81 号 163 页；⑦高波澄子：《机会丧失（LOSS OF CHANCE）理论（1）（2）》，《北大法学论集》49 卷 6 号 1183 页，50 卷 1 号 119 页；⑧中村哲：《医疗诉讼中的因果关系》，判 T858 号，23 页；⑨新美育文：《关于医疗事故案件中的期待权侵害》，《自由与正义》47 卷 5 号，57 页；⑩新美育文：REMARKS2002（上），59 页；⑪矢泽久纯：《机会丧失论及其周边问题》，法学新报 105 卷 4＝5 号，207 页；⑫吉田邦彦：判评 490 号，27 页；⑬吉田信一：《罹患致命疾病的患者因医生的义务违反而遭受的损害》，《千叶大学法学论集》6 卷 3＝4 号，第 137 页。

122

医疗诉讼中过失的认定

神户大学教授　手嶋丰

一、医疗诉讼的动向

医疗事故专业性极强，在这个特殊领域内，需要诉讼解决的可能性极其有限。纠纷事例多发生在外科、妇产科等重大事故领域。事故的原因从单纯失误到高度的医学判断是否恰当等，种类多样。损害类型也包括从死亡、高度残疾到自我决定权受侵害等广泛的范围。最近 10 年医疗案件数量也增长显著，关于医生的责任的讨论由来已久（加藤一郎编：《注释民法（19）》，有斐阁 1965 年版（加藤一郎执笔））。在日本，由于不存在对一般医疗事故的补偿制度，因此这也便成了民法上损害赔偿责任的问题（在药品损害、预防接种事故中建立了救济制度，还有人提出对生产起因的事故的部分损害通过保险进行解决）。

二、债务不履行构成与侵权行为构成

通常医疗行为是基于医疗合同（通说认为这是一种准委托）而实施的，合同的当事人分别是医疗机构或者个人医生与患者。但是，医疗过失也同时符合债务不履行和侵权行为两方面的特征。

医疗合同的中心内容是，医生利用其所拥有的专门知识和技术，给患者以诊断治疗，提供符合治疗当时医疗水准的医疗服务。当然，也有意见认为，医生不仅负有实施医疗技术的义务，同时应当尽到缜密、真挚且诚实的医疗义务，这也就是最近学说主张的信义义务，其质疑通过合同便可以规制医疗行为的妥当性。从医疗的发展性这种特别属性可知，在事先制定包含具体合同内容的条款是困难且意义不大的。另一方面，以侵权行为作为依据的话，判例多以下述理由，支持违反行为义务的立场：在确定医疗水准的基础上，探讨偏离该水准是否是被允许的；以人体为对象的医疗中经常存在招致不符合预期的结果，即便如此还是有必要实施医疗行为。

侵权行为构成情形下受害人一方应当证明的“故意或者过失的事实存在”，与债务不履行构成情形下债权人必须证明的“债务人履行不充分”“不完全履行是归责于债务人的事由而引起的”，基本上是相同的内容，除了治愈达到某种效果这种特别约定，一般实务上不会因为采取的依据不同而得出不同的结论。但是，在迟延损害金的发生时期、近亲属的精神损害赔偿、律师费用、诉讼时效期间等方面，两者还是存在差异。除此之外，学术讨论还包括：特别约定是否可以限制责任，重视医疗合同的宣示权利的功能，法律依据上更加注重各种说明义务，等等。

三、医疗诉讼中的责任根据

医疗诉讼的责任根据是过失或违反义务，为此必须证明医疗技术上有过失或者违反了说明义务。在诉讼上，往往同时主张两者，学说上则有见解试图协调两者。

1. 技术上的过失

医疗相关人员根据人的生命以及健康管理上的业务性质，为了防止危险应尽到临床上所必需的最善的注意（最判昭和 36.2.16 民集 15 卷 2 号第 244 页），是否尽到最善的注意则是通过下述方式判断：依据治疗当时所谓的临床医学的医疗水准，实施的措施是否恰当（最判昭和 57.3.30 判时 1039 号第 66 页）。这种判断必须符合经验法则（如最判平成 18.1.27 判时 1927 号第 57 页）。治疗方法是否符合医疗水准的问题多出现在新治疗方法还在普及阶段，不能进行治疗，因而不能享受其恩惠的情况（幼儿网膜症中的光凝固法，乳癌手术方法选择之一的乳房温存疗法等）。关于这点，需要根据多种因素进行个别判断：治疗医生是否是该领域的专业医师，医疗机构的环境、地理因素等，该医疗机构的性质、所在地区的医疗环境特性等（最判平成 7.6.9 民集 49 卷 6 号第 1499 页）。诊疗机构尽其所能，在其认为必要的限度内，医生有义务将患者转院至有能力提供更高度的医疗服务机构（最判平成 9.2.25 判时 1598 号第 70 饿，最判平成 15.11.11 民集 57 卷 10 号第 1466 页）。

即便医生按照医疗习惯进行治疗，如果该医疗习惯与应当达到的医疗水准不一致，也不能否定医生责任的成立。在使用药品之际，如果没有遵循医药中的随附说明书所提供的确保安全性、副作用等的说明指示的，则推定医生存在过失（最判平成 8.1.23 民集 50 卷 1 号第 1 页）。随附说明书应当参照最新情况，便于理解（最判平成 14.11.8 判时 1809 号第 30 页）。为了在特定临床情况下做出合适的判断，网上有体系化的说明书，以作为治疗上的指南（http：//minds. jcqhc. or. jp），这也是考虑到临床医生和患者双方的利益，是考量医疗水准的有力材料。

医生没有实施超越医疗水准的医疗行为的义务（最判平成 4.6.8 判时 1450 号第 70 页），没有义务让患者知道这点的义务，也没有为患者转院的义务（最判昭和 63.3.31 判时 1296 号第 46 页）。但是，虽然没有达到医疗水准，但如果专业医师间给予积极评价，相当数目的医疗机构采取这种治疗方法，治疗方法将对患者的生活方式产生重大影响的，医生知道患者的希望或者新治疗方法的特殊情况下，还是有义务提供相关信息（最判平成 13.11.27 民集 55 卷 6 号第 1154 页）。

并不是所有判断实施的医疗行为内容是否合适都需要判断医疗水准，虽然判例多言及“当时的医疗”（最判平成 14.11.8 判时 1809 号第 30 页），但是其含义还是存在探讨的余地的，意见有分歧：有意见肯定不依据医疗水准的判断手法；还有意见认为，医疗水准判断中并不包含特别的意义，或者对医疗行为本身包含的危险性认识不充分，因而采取否定意见。

对于医疗诉讼是否必须要医疗水准的判断也是存在异议的，有人认为只要指出违反注意义务，便无须判断医疗水准，医疗水准如果是个别判断的水准的话，那么其本身意义并不大。也有人认为偏离案情的医疗水准绝不是毫无意义的。有力说认为，医疗水准变成了医疗机构免责的手段，因而对其持否定态度。还有批判说认为，判例中根据医疗机构的性质加以区分的做法与医疗实际是不同的。但是，反驳意见认为，为了正确把握医疗案件的政策导向性质、医疗的性质，不应该过小评价医疗水准论的作用。

2. 违反说明义务

医生的说明可以分为：(1) 为了得到承诺的说明，(2) 疗养指导的说明，(3) 始末报告的说明。与患者的自我决定权相关比较重要的是 (1)。(2) 是对出院时患者父母的说明等（最判平成 7.5.30 判时 1553 号第 78 页），涉及医疗水准的问题，而 (3) 是作为医疗合同中的附随义务而处理的。

在实施医疗行为之前，医生需要说明将要进行的医疗行为的内容、危险性、不实施的不利影响等，同时需要得到患者的同意。不履行该义务而实施治疗行为的，即便患者的健康状态得到改善，医生也被认为侵害了患者的自我决定权，必须赔偿损失（对基于宗教上的原因拒绝输血的人进行说明的判例有，最判平成 12.2.29 民集 54 卷 2 号第 582 页）。

正常精神状态的成年人具有最终处分自己生命和身体的权利，没有得到承诺的接触即便是以改善患者健康状态为目的，也是不被允许的。这点也得到了最高法院的认可，医生负有向患者或者其法定代理人说明手术内容以及危险性的义务（最判昭和 56.6.19 判时 1011 号第 54 页）。最近，最高法院采取了向患者提供更为宽泛的信息的立场，要求在说明之后给患者一定期间考虑（最判平成 18.10.27 判时 1951 号第 59 页）等等，进一步提出了提供信息的各种要求。

患者的同意必须在检查以及治疗之前，也只能在同意的范围内实施治疗行为。同意必须是患者自由的意思决定，原则上说明的对象必须是患者本人。在患者没有同意能力的情形下，监护人或者亲权人可以代替本人同意，但是能力之有无，有必要探讨 15 岁～20 岁未成年人的意思的处理。

应当说明的项目包括诊断的内容、患者的现状、预定的治疗方法的概要目的方法、治疗的危险性和副作用、是否有替代治疗方案、今后可以期待的效果、不治疗的后果、治疗期间，等等，而且这些信息提供的范围原则上也是由医疗水准决定的。有些情况下，即便超过了医疗水准也需要进行说明（前载最判平成 13.11.27）。还有学说认为，医生应当说明的范围是以合理的医生、合理的患者、具体的患者为基础的，知道或者可能知道个别具体的患者的情况的，应当采取二重标准。一般提供的信息程度需要考虑到与患者的自我决定是否相容，还要考虑到是否成为医疗现场的负担。在美容整形等对患者的生命身体并非必不可少的情形下，提供尚处于研究阶段的治疗方法的（名古屋地判平成 12.3.24 判时 1733 号第 70 页），尤其需要提供详细的信息。

但是也有不进行说明的情况：患者已经知道治疗内容的、急救、强制治疗、患者放弃说明权利的、可以预料告诉患者产生重大不利影响的（治疗上的特权）。这是医生合理裁量可以决定的，但是癌症一般来说具有说明义务（最判平成 7.4.25 民集 49 卷 4 号第 1163 页），在不告知本人的情况下，有必要检讨（是否应）告知家属病名（最判平成 14.9.24 判时 1803 号第 28 页）。

对于治疗后的说明义务，地方法院认为，医生需要正确告知治疗内容，这也是医疗合同的附随义务。

对于这种说明义务的应有之义，有人主张还应当进一步扩张至一般项目中所难以包含的医生自身的经验状态等信息。而另一方面，有人对患者是否能作出最合适的自我决定以及患者是否也希望这么做等提出了怀疑。

参考文献

古川俊治：《治疗上的医生注意义务与“医疗水准”》，《庆应法学》7号，337页；稻垣乔：《医疗诉讼入门（第二版）》，有斐阁2006年版；加藤良夫编著：《实务医疗法讲义》，民事法研究会出版社2005年版；新美育文：《医生的过失：以医疗水准论为中心》，法律论丛71卷4=5号，69页；手岛丰：《医生的责任》，载山田卓生等编：《新现代损害赔偿法讲座（3）》，日本评论社1997年版，317页；加藤新太郎：《医疗过失诉讼的现状与展望》，判T884号，4页；泷井繁男/藤井勳：《“医疗水准论”的现状及其批判》，判T629号，12页。

123

名誉、隐私

成蹊大学专任讲师　中岛雅

一、名誉、隐私是所谓的人格性利益中的代表性法益，其保护框架是通过最高法院的判决为中心而形成的。

但是，把目光转向学说的话，名誉、隐私各自的定义以及两者之间的关系并没有一致的理解。另外，有学者还提出："我国个别问题的解决每每容易受到外国法的影响，而名誉、隐私的保护框架所必要的整体特质尚不明朗"（藤冈康宏："侵害名誉、隐私"，藤冈康宏：《损害赔偿法的构造》，信山出版社 2002 年版，第 151 页）。

本稿在简单概述名誉、隐私的保护现状之后，通过学说讨论，探究现状中包含的问题、由此产生的课题。

二、1. 受到刑法第 230 条之 2 的影响，以最判昭和 41.6.23（民集 20 卷 5 号第 1118 页）为基础，关于侵害名誉的侵权责任是否成立，判例确立了下述判断框架：真实性、相当性之法理以及公正的评论之法理（判例之集成，可见最判平成 9.9.9 民集 51 卷 8 号第 3804 页）。根据判例，即便存在侵害"社会性名誉"的事实或者评论，只要满足一定的要件，也可以否定侵害名誉的违法性或者故意或过失（具体案例，参见五十岚清：《人格权法概论》，有斐阁 2003 年版，第 48 页；堀部政男＝长谷部恭男编：《媒体判例百选》，有斐阁 2005 年版）。

对于侵害名誉中的一个类型，最判平成 15.3.14（民集 57 卷 3 号第 229 页）提供了一个框架（不是该框架的侵害名誉事件已经在最判 15.9.12 民集 57 卷 8 号第 973 页中有所涉及）。根据该框架，随意公布某人不想为他人所知的事实的情况下，如果公布该事实的理由优越于不公布该事实的法律利益的话，则侵权行为不成立。

2. 侵害名誉隐私构成侵权行为的，不仅需要对精神性损害、财产性损害进行金钱赔偿（关于精神损害赔偿金，参见本书 115，山口成树："精神损害赔偿金的机能与计算"），对于难以区分精神损害还是财产损害的损害，也需要作出赔偿（最判昭和 39.1.28 民集 18 卷 1 号第 136 页（关于侵害法人名誉的案例），批判说提出应当缓和财产性损害额的证明度，平井宜雄：《债权分论 2》，弘文堂 1992 年版，第 163 页）。

除了金钱赔偿，侵害"社会性名誉"的（最判昭和 45.12.18 民集 24 卷 13 号第 2151 页），根据具体案情，还有恢复原状等处分手段，如基于民法第 723 条的登报道歉（关于合宪性，参见最大判昭和 31.7.4 民集 10 卷 7 号第 785 页）。另外，如果认为有必要预防、中止（有些学者认为还包括排除）侵害名誉隐私的行为的，比侵权行为构成要件更为严格的要件之下（最大判昭和 61.6.11 民集 40 卷 4 号第 872 页，最判平成 14.9.24 判时 1802 号第 60 页（到目前为止，仅仅是侵害隐私的情况下，最高法院判例中还没有支持停止侵害的先例）），还可以利用民法没有明文规定的停止侵害的救济手段（关于金钱赔偿之外的效果，详见须加宪子："非金钱救济"，奥田昌道＝潮见佳男编：《法学讲义民法 6》，悠悠社 2006 年版，第 277 页）。

三、1.（1）隐私保护历史尚短，人们也认识到了其定义的流动性（东京地判昭和 39.9.28 下民集 15 卷 9 号第 2317 页，伊藤正已："'宴后'判断的问题点"，《Jurist》309 号，第 47 页认为："隐私权是具有丰富多彩内容的权利"）。因此，可以相对容易地认识到学说上存在诸多争议：哪些事例可以作为侵害隐私处理（山田卓生：《私事与自我决定》，日本评论社 1987 年版），侵害隐私的侵权责任成立要件有哪些（竹田稔：《侵害隐私与民事责任（增补改订版）》，判例时报社 1998 年版；田岛泰彦等编著：《表现的自由与隐私》，日本评论社 2006 年版）。

（2）与隐私保护不同，名誉保护不仅是民法制定之初便考虑到的，而且确立了以一定的名誉概念为前提的侵害名誉之法理。但是，目前的侵害名誉之法理还有值得探讨的问题。

比如说，对于判例中侵害名誉之法理，有学者就如何调整名誉保护与表现自由提出了疑问（松井茂记："侵害名誉与表现的自由"，藤冈康宏编：《新现代损害赔偿法讲座（2）》，日本评论社 1998 年版，第 100 页；阪本昌成：《媒体判例百选》，有斐阁 2005 年版，第 76 页），还有学者提出应当精确界定其内容（山口成树：《判例评论》552 号，第 21 页）。

此外，对于判例区分侵害名誉的违法性、故意过失（但是前载最判平成 15.3.14 没有采取区分违法性、故意过失的用词），学说分为两派：积极评价最高法院这种态度的学说（道垣内弘人：《媒体判例百选》，有斐阁 2005 年版，第 47 页），认为该决定受到了昭和 41 年（1966 年）当时通说的强烈影响的学说（淡路刚久：《媒体判例百选》，有斐阁 2005 年版，第 51 页）。

再次，还有学者指出，最高法院判例内部也存在矛盾，这种矛盾迫使我们需要再次检讨侵害名誉法理中的基础，即名誉的概念（滏田充见："所谓的'洛杉矶疑惑'引发的侵害名誉诉讼"，《法学教室》271 号，第 37 页）。

以上种种可见，侵害名誉之法理中需要探讨的要素不仅包括侵害名誉的裁判要件与侵权行为体系的关系（从昭和 41 年当时就有学者对裁判的要件论提出了异议，参见加藤一郎：《法协》84 卷 5 号第 744 页）的问题，还有名誉概念本身等许多尚需要探讨的问题（其他问题还包括法益主体的类型，藤冈康宏："侵害名誉、隐私"，藤冈康宏：《损害赔偿法的构造》，信山出版社 2002 年版，第 162 页）。

2. 关于侵害名誉、隐私的法律效果，主要包括以下几个问题。"吐出"侵害得利与计算赔偿额的关系（潮见佳男："著作权侵害损害赔偿、返还得利与民法法理"，《法学论丛》156 卷 5＝6 号，第 216 页），道歉广告之可否，代替道歉广告恢复原状的方法（几代通："道歉广告"，伊藤正已：《现代损害赔偿法 2 名誉、隐私》，日本评论社 1972 年版，第 243 页），恢复原状处分对象的法益种类（五十岚清：《人格权法概论》，有斐阁 2003 年版，第 266 页）。

另外，判例中的"违法性"与停止侵害并不是必然的关系，关于停止侵害的具体内容以及其法理根据要件等也多有争论（和田真一："侵害名誉的特定救济"，藤冈康宏编：《新现代损害赔偿法讲座（2）》，日本评论社 1998 年版，第 115 页；大冢直："关于民法第 709 条用语现代化与侵害权利论的笔记"，《判 T》1186 号，第 21 页；山野目章夫："私法与隐私"，田岛泰彦等编著：《变现的自由与隐私》，日本评论社 2006 年版，第 27 页）。

四、1. 通过判例分析，有学者提出了"侵害名誉中何为'名誉'"的问题（漥田充见："所谓的'洛杉矶疑惑'引发的侵害名誉诉讼"，《法学教室》271 号，第 42 页）。在此基础上，深入"社会性名誉"概念的基础（栗生武夫：《人格权法的发展》，1929 年版；小野清一郎：《刑法中的名誉保护（增补版）》，1970 年版，初版 1934 年版；宗宫信次：《名誉权论（增补版）》，1961 年版，初版 1939 年版），便可以发现各位学者背后的价值判断以及对于具体侵害样态等见解是不同的（刑法理论中，对小野学说进行了相对化发展，参见佐伯仁志："侵害名誉与隐私的犯罪"，芝原邦尔等编：《刑法理论的现代化展开——分论》，日本评论社 1996 年版，第 76 页）。其次，从名誉保护的沿革可见（《民法讨论速记本》，第 447 页（富井政章发言）；远藤浩："关于名誉概念与侵害名誉中的违法性阻却之考察"，我妻荣教授还历纪念：《损害赔偿责任之研究（上）》，有斐阁 1957 年版，第 423 页），从制定民法典之时到目前为止，名誉保护的案例也发生了变化（濑川信久："民法第 709 条"，广中俊雄＝星野英一编《民法典的百年 3》，有斐阁 1998 年版，第 559 页）。

也就是说，即便就"社会性名誉"的保护而言，其考虑因素也随着讨论的人以及时代的变化而发生变化，可以说确立判例和学说都一致认可的名誉概念是非常困难的。对于以"社会性名誉"为前提的判例中的侵害名誉之法理，有必要讨论的是实际考虑的因素（或者应当考虑的要素）如何恰当地排列组合，在此基础上重新探讨与侵权行为要件论的关系，与隐私等其他人格性利益保护的关系（指出将人格利益放入既存的侵权行为法体系中是一个困难的课题的有加藤雅信：《新民法大系 5 事务管理、不当得利、侵权行为（第二版）》，有斐阁 2005 年版，第 231 页）。

虽然名誉概念的内容是模糊的，但是不容忽视的是名誉、隐私具有人格利益的不同侧面（为了应对名誉保护难以处理的全新社会问题，有人主张通过隐私加以保护，参见前载伊藤正已编书）。因此，首先碰到了下述问题：名誉与隐私在侵权判例中实际上发挥了何种功效，两种法益包含了人格利益的哪些侧面（栋居快行：《人权论的新构成》，信山出版社 1992 年版便区分了两大法益的功能）。同时，还不得不探讨此前在"社会性名誉"的影子下定位模糊的"名誉感情"的保护所应当发挥的作用的问题（最近谈及"名誉感情"的判例有最判平成 17.11.10 民集 59 卷 9 号第 2428 页）。

2. 到目前为止的判例和通说都将"社会性名誉"概念与恢复原状连接起来进行考虑（前载最判昭和 45.12.18，几代通＝德本伸一：《侵权行为法》，有斐阁 1993 年版，第 89 页）。但是，如果说"社会性名誉"概念本身就不那么明确的话，那么民法第 723 条所言"名誉"的内容也有必要进行再检讨。另外，关于停止侵害，"作为人格权的名誉权"与隐私需要分别讨论其要件。

五、在讨论名誉隐私的保护框架之时，可能碰到下述诸多难题，是不得不研究的：探讨民法整体框架中关于人格性利益的保护（广中俊雄：《新版民法纲要 1 总论》，创文社 2006 年版，第 13 页；山本敬三："人格权"，本书 19），与人格利益相关的信用、隐私等相关讨论的关系（中村哲也："营业批判与德国侵权行为法"，《法政理论》25 卷 3 号，第 1 页；五十岚清：《人格权法概论》，有斐阁 2003 年版，第 180 页），与宪法学说的关系；等等。但是，随着社会的发展，不断有难以包含在过去的名誉隐私保护框架之内的新事物产生（高桥和之＝松井茂记编：《互联网与法（第三版）》，有斐阁 2004 年版）。那么，便应当在正确把握当前框架的同时，提炼出其中包含的问题点，建构新的框架，这也有实务上的意义。此时，需要在侵权行为法整体中的新方向性（浦川道太郎等："谈谈侵权行为法的新世代（座谈会）"，《法律时报》78 卷 8 号，第 4 页）的基础上，进一步深入探讨。

参考文献

三岛宗彦：《人格权的保护》，有斐阁 1965 年版；齐藤博：《人格权法的研究》，一粒社 1979 年版。

124 性骚扰

东京大学教授　内田贵

一、从侵权行为法看性骚扰

性骚扰属于刑事案件以及职场惩戒的对象，在民法上问题就变成了基于侵权行为或者债务不履行（职场雇佣人违反注意义务的情形）的损害赔偿纠纷。

有人将性骚扰分为对价型与环境型两类（《雇佣平等法》第 11 条也作出了明文规定，出处可能是 Catharine A. MacKinnon 村山淳彦等译：《Sexual Harassment of Working Women》，kouchi 书房出版社 1999 年版，第三章。但是，事到如今，这种分类几乎已无多大意义了。水谷英夫：《性骚扰的现状与法理》，信山出版社 2001 年版，第 89 页注 31）。这是从职场性骚扰的角度进行的分类，但是从侵权行为法的解释论来看，几乎是没有意义的。因为无论是对价型还是环境型，只要认识到侵害了受害人性自由、人格利益的法益侵害，或者认识到了怠于注意，给对方以不快感，都成立侵权行为。

此外，到目前为止，关于性骚扰的判例对是否存在实际发生的恶劣行为多有争议，如果认定行为存在的话，许多判例便不再多问故意过失问题而认定侵权责任。在性骚扰纠纷中，由于多是密室行为而较难认定，这种困难是事实认定的困难，并不是侵权行为理论的特别问题。

然而，某种类型的性骚扰，在侵权行为的要件论上看，存在其他侵权行为所不具有的困难。为了说明这个问题，以下二元化分类是有意义的：单发型和持续型、同意不存在型和强迫同意型。首先，性骚扰可以分为特定行为的单发型和持续性的持续型。单发型中争点在于是否存在特定的行为，这与一般纠纷围绕事实存否是一样的。与此相对，持续型由于分为中断的个别事实，很难正确事实认识，需要根据详细的事实经过进行综合判断，再加上个别举动，当事人性格等，要求进行全部人格评价等。被告主张存在恋爱关系的，多属这种类型。

其次，如果存在对方的同意便也不存在性骚扰的问题，所以是否存在同意是争点之一，但是同意和不同意并不能简单地一分为二。许多案例中，虽有被视为同意的事实但实际上不是真正的同意，本稿称之为“被强迫的同意”。

最困难的情形是持续型加上“被强迫的同意”型性骚扰。在讨论这个问题之前，下面首先探讨性骚扰中同意的意义。

二、性骚扰中的同意

除了强奸等性暴力以及附随的暴力行为，性行为本身在行为性质上并非不法。犯罪、侵权行为是由于被害人的不同意。刑法规定了“利用暴力或者胁迫”的要件（刑法第 177 条），因此判例要求受害人的抗拒达到显著困难的程度（最判昭和 24.5.10 刑集 3 卷 6 号第 711 页）。与此相对，如果对方同意的话，即便存在同意的性行为也不构成任何法律问题。

因受害人同意而否定侵权行为之成立，这也并不是性骚扰所特有的。但一般来说，以“受害人承诺”为理由阻却侵权责任的行为，像暴力行为等本身就是对受害人法益的侵袭行为。受害人故意指的是认识到了侵袭行为，由于受害人的承诺而阻却了侵权行为的成立（或者违法性）。因此，如果否定受害人的承诺，那么侵权行为自然成立。

与此相对，性行为只要存在同意，便是双方满足欲望的行为，本不属于法益侵害。也就是说，性行为中有无同意是决定法益侵害存否之关键。因此，性行为成为性骚扰，其中故意过失不是对进行的行为的故意过失，而必须是对进行没有同意的性行为的故意或者过失。这点与过去理解的“受害人承诺”的事例是不同的。

“被强迫的同意”型表面上是存在同意的，而且加害人至少在主观上是存在好感或者恋爱感情后才采取的行动，其并没有意识到自己的行为构成侵权行为。特别越是厚颜无耻之辈，越是难以感受到受害人的厌恶之情。这种类型的性骚扰中的同意具有下述特殊性。

第一，“被强迫的同意”与不存在同意还是不同的。极端地说，如果性行为认定欠缺同意，没有同意也是加害人可以认识到的，所以加害人的主观要件不会成为多大问题，可以认定侵权行为的成立。过去的性骚扰诉讼多是认定不存在同意以解决问题（因此，小岛妙子＝水谷英夫：《性别与法 1DV、性骚扰、跟踪狂》，信山出版社 2004 年版，第 272 页认为加害人的故意过失要件“通常不是案件的争点”）。这种处理在理论上问题不多，在笔者掌握的“被强迫的同意”型判例中多数也采用这种手法（熊本地判平成 9.6.25 判时 1638 号第 135 页，仙台地判平成 11.5.24 判 T1013 号第 182 页，广岛地判平成 15.1.16 判 T1131 号第 131 页等。另外，京都地判平成 9.3.27 判 T992 号第 190 页指出，对受害人是否构成侵权行为并无争议，“被强迫的同意”型性骚扰的判例中可能认定为“违反意思”）。此时，也偶尔援用没有拒绝男性的行为并不意味着同意的经验法则（水谷英夫：《性骚扰的现状与法理》，信山出版社 2001 年版，第 272 页以下）。

但是，在持续型关系诸多问题的“被强迫的同意”型中，受害人的自由意思并没有完全受到压制，也存在表示同意的事实（如受害后女性给加害男性送礼物等，水谷英夫：《性骚扰的现状与法理》，信山出版社 2001 年版，第 307～308 页中介绍的仙台地判平成 11.7.29）。在这类案件中，通过“被强迫的同意”型的认知，可以正确认识到其不同于强奸等特殊案件的性质。即在“被强迫的同意”型中看起来存在同意，实际上并不是在保障拒绝自由情形下真实的同意。加上后述权力关系的存在，认定一般意义的“意思之存否”是有困难的。同时，还存在加害人认为受害人同意的问题。

更为麻烦的是，在持续型性接触的案件中，从初期存在同意到某个阶段成为“被强迫的同意”，尤其是女性见到男性具有强大权力，在最初阶段女性自愿接受男性的好意的情况。然而当亲密程度超过某个阶段，女性就会感到困惑以及不快。但是，背后由于存在某种权力关系，以及事情发展的过程，女性也确实存在难以明确表达拒绝意思的情况。

第二，如果背后没有权力关系的话，“被强迫的同意”便是私领域的问题，便不是法律问题。在平等的男女关系中，即便没有明确的同意，只要进行的性行为不符合刑法上的强奸、强制猥亵，通常都被认为是自我责任支配的私人领域的事情。尤其是表明上存在同意的因素，首先考虑到这不是法律问题。但是，在当事人背后存在职场上的上下级关系、学校中老师与学生的关系等具有一定权力关系存在的情形下，同样的行为便可能成为“被强迫的同意”型性骚扰。

在职场中，背后的某种权力关系既有加害人拥有人事权等制度性权力的情形，也可能是在心理上难以反对的事实上的权力关系的情形。对于这种事实上的关系是否阻碍了表达自由意思提出拒绝，需要在考虑女性性格的基础上进行审慎判断（有些女性的性格是由于事实上的权力关系难以自由拒绝，不可否认有些男性有意识无意识地利用了这种性格）。

三、被强迫的同意型性骚扰的主观要件

“被强迫的同意”型性骚扰构成侵权行为的，既有加害人纯粹抱着恋爱感情，并没有给对方不快感的意图，又有通过表面的同意确信对方对自己也有好感的情形。在这类事例中又该如何判断侵权行为的主观要件?

如果没有认识到违反对方的意思的话，便是过失的问题，而过失是以预见可能性为基础的违反结果回避义务。一般来说，预见到违反对方的意思，怠于回避违反意思的行为义务的，便存在过失。但是在“被强迫的同意”型中，由于存在类似同意的事实，应当认识到这不是一种任意的同意而没有认识到，进行了性行为，这便是过失的具体内容。

看似同意的事实之所以被评价为“被强迫的同意”，是因为在评价时实际上想要拒绝的受害人主观的背后存在着权力关系。因此，加害人理解到自己与对方的“关系”是一种“被强迫的同意”，应当注意到对方看似同意的言行实际上是被强迫的。而且在“被强迫的同意”的情形下，存在过持续的性行为便可以在事实上推定加害人强迫的过失。

比如说，大学经常发现教师和学生之间疑似恋爱关系的性骚扰，教师一般主张恋爱关系的存在，而学生则主张看似同意的事实不是真实的同意，而是“被强迫的同意”。假设该学生为了继续研究而不得不答应导师的引诱，此时似乎存在自发性的同意。尽管如此，事后被认定为“被强迫的同意”，加害人教师不能仅仅以性行为时存在确定的同意而主张无过错。在这类案件中，教师被课以的注意义务包括注意到自己与对方之间的“关系”，以及这种“关系”导致对方所处的境地（当然，这里的注意义务是加害人对受害人的注意义务，与雇佣人在雇用管理上的注意义务是不同的）。认定为被强制的同意就在事实上推定强制的教师存在过失，教师除非证明已尽到注意义务，就可以判断其存在过失。大学、职场等存在的严肃的权力关系导致形成完全自由的人际关系是极其困难的，从这个意义上来说，想要推翻这种过失推定是极其困难的。判断是否尽到注意义务之际，需要综合评价加害人在职场的（制度上、事实上的）权限、地位，加害人是否有引诱行为，引诱的强制性，看似同意的事实内容等性骚扰受害人的行动的共同特质。

四、结语

过失的前提是注意义务的内容，加害人、受害人之间“关系”如何理解，以及由此产生对方的注意义务，这种类型在一般侵权行为中并不常见。但是，在侵权行为中，这是一种类似于安全保障义务的义务（比如说最判平成 12.3.24 民集 54 卷 3 号第 1155 页（电通公司过劳自杀事件）通过追究使用人责任的形式，对过度劳动的注意被认定为与安全保障义务是同质的注意义务）。如果在高度亲密的人际关系中，相关侵权行为增长，其他事例中也就需要判断类似情况。持续型、被强迫的同意型性骚扰是这种特殊侵权行为中最为困难的类型，还是有必要进一步分析。

参考文献

除文中所载外，角田由纪子：《性别差异与暴力》，有斐阁 2001 年版。

七　亲属

125

婚姻法、亲子法的国际动向

东北大学教授　水野纪子

一、本文对象与日本法

本文虽题为婚姻法、亲子法的国际动向，但是仅限于探讨日本民法之母法的德国法与法国法。众所周知，明治民法是以上述两法为模型制定的，通过比较上述两国法在制定之后的变化，来探讨日本法的当下与未来。

与日本当年师事这些国家的时代相比，上述两国法律已经变得相当自由化与平等化。男性与女性平等化，嫡出与非嫡出的平等化，即男性与嫡出的特权被废除了。此外，婚姻的纽带变得更加自由化。在过去，已婚产生的效果是没有例外的，采取了严格的有责主义离婚法，离婚是非常困难的。如今，婚姻效果中当事人的自由度变得非常高，导入了破裂主义离婚法，离婚变容易了。另外，近些年来，以婚姻家庭为主要模式的家庭法，变得更加多样性，而且这种多样性逐渐受到尊重。即，法律允许当事人可以通过合意创设以事实婚的存在为前提的自由的新型家庭关系。

再反过来看日本法，明治民法创设了“家制度”，规定了禁止法定推定家督继承人之间结婚等不合理的规制。从不平等的角度来看，男女之间、嫡出与非嫡出（庶出或者私生子）之间的不平等自不必言，嫡出之间也存在不平等。但是，从自由的视角看，将所有事务交给“家”的自治的结果是，原则上在离婚方法上采取自由婚姻法的协议离婚制度等，明治民法认可的自由是相当宽泛的。第二次世界大战之后，判例上采取了未登记婚姻准婚理论，即在事实婚上类推适用法律婚的效果，同时民法通过修改也一举成为最为平等化的法律。但是，即便自由与平等是相同的字眼，但是德国法、法国法与日本法的内容却大相径庭。最大的不同在于，在德国法与法国法中，为了保护家庭内的弱者，公权力积极介入家庭中。以下分别从平等化与自由化两方面介绍相关情况。

二、婚姻法、亲子法的平等化

作为明治民法母法的当时的德国法以及法国法，也以赋予夫与父强有力权力为特征，以家长型的传统家族为理念的传统家庭法，夫妇之间的权利义务也是不平等的。此后，各国规定都趋向平等化，1947 年战后修改日本民法时，德国民法尚残留“妻承担家务劳动的责任”的规定（德国民法第 1356 条，1976 年修改），法国民法同样存在“夫为家庭之首”的不平等规定（法国民法第 213 条，1970 年修改）。关于夫妇财产制，当初两国在民法中规定了妻的从属性以及无能力的相关内容，或者即便稍有修改，赋予妻的行为能力，从而承认妻的特定财产处分管理权，但是共有财产的管理决定权还是长期属于夫方。另外，双亲在亲属归属以及行使等方面也存在不平等。即便此后规定原则上双亲共同行使亲权，但是当两者发生对立时，拥有决定权的还是父方。可以说，最初平等化上两国法是落后于日本法的。

但是这些不平等规定在现在的德国法以及法国法中已经变得更为平等了，而且删除了夫的决定权，由夫妇平等行使。夫妇意见不一致，按照少数服从多数原理难以决定时，有必要解决这个问题的“自觉性”正是与日本法的平等化是不同的。而且，这种解决方法往往是交由法院判断，这也就扩大了法院介入的可能性。与此同时，法官需要发挥极其复杂的调整机能。介入的方法也从最初的机械适用法律的方式变为法院掌握夫妇的权利和义务，认可夫妇间的合意，合意难以成立之时，既可以裁判，也可以通过调解、仲裁等方式形成类似内容。这种介入扩大化的趋势也称为家庭法的司法化。

比如说姓氏的决定。如果认可夫妇异姓的话，那么夫妇的姓氏是平等的。德国法过去规定夫的姓氏作为夫妇的姓氏。随着姓氏平等化，双亲对子女姓氏意见不一致时，法院认为父母任何一方都有绝对的权限，可以说贯彻了平等化。法国法中，出生时取得的姓氏原则上是不能改的，夫妇的同姓被认为是一种姓氏的使用权。因此，夫妇的姓氏不需要改变。但是，子女的姓氏一般是随父姓的。进入 21 世纪后，法国民法修改使得子随母姓也成了可能。如果父母意见不一致时，不像德国法交由法官判断，而是规定随父姓，在这个意义上还是不平等的。日本法在文字上虽然是平等的，但是如果放弃姓氏权采用不同姓的话，那么变相变成了不能结婚的婚姻制度，因为法律没有规定姓氏权与婚姻权两全的决定方法，所以这是实质不平等的规定。

在亲子法中，嫡出子与非嫡出子也逐渐变得平等化。关于父子关系的成立，过去法国法并不承认强制认领。关于父子关系的效果，过去德国法并不认可扶养请求权。以上等等，过去嫡出与非嫡出的差别待遇是非常大的，但是这些规定已经废除了。同时，严格的嫡出推定得到了缓和，非嫡出的身份也变安定了，所以在子女的身份争议诉讼中，嫡出子和非嫡出子的诉讼要件也相同了。另外，嫡出子、非嫡出子这种用词本身也通过法律修改从民法典中消失了（德国 1997 年修法，法国 2005 年修法）。只是妻所生之子与非妻所生之子在亲子关系要件上，即父子关系的成立方式上还存在差异。亲子关系效果的平等化方面，法国在 2001 年修法中规定了私生子（已婚父母生的婚外子）的平等继承权，同时强化了配偶的继承权。如果与夫妇财产制的清算以及继承份额的增额放在一起考虑的话，在世配偶的份额已远比日本法要多，所以夫的财产流向嫡出家庭的程度也更大。日本法对于继承份额差异的立法也正是当务之急，特别是日本民法采取了夫妇分别财产制，更有必要确保在世配偶上年纪之后的生活的安定。

三、婚姻法、亲子法的自由化

自由化指的是上述严格婚姻制度规定得到缓和，同时并不仅仅以婚姻家庭为考虑模式，而是意味着将不结婚的事实婚以及伴侣关系等也放入家庭法视野中来。这些变化也可以称为家庭法的契约化。

从严格的婚姻制度得到缓和来看，法律需要作出修改，缓和夫妇财产制的僵硬规定，允许婚后自由约定等，这也是离婚法改革的最大变革。1970年代，两国都废除了严格的有责主义离婚法，代之以破裂主义离婚法，扩大了离婚的自由。德国法上彻底贯彻了夫妇关系破裂后的破裂离婚主义，而法国法则采取了例举法，例举了有责离婚、协议离婚、破裂离婚等几种方法。离婚的成立要件中已经不需要有责性，离婚给付也无须有责性，除了出于衡平考虑的极其个别的情形，原则上离婚给付定位为婚姻本身所带来的责任归结。这种对于陷于有责性激烈争论的日本判决离婚而言是具有借鉴意义的。

不管如何，离婚变容易了，也就丧失了婚姻的永续性，带着前段婚姻的子女与再婚夫妇形成的再婚家庭也不再少见了。而且事实婚以及离婚后的亲权也是共同行使的。关于行使亲权，为了保护子女，规定了法官宽泛的介入权限。这种介入并不是机械适用普通家庭模式的条文，而是根据弃权的样态，在裁量范围内，采用多种方法进行介入。在应对虐待儿童等情况中，法官实际上肩负了监督或者正当化社会福利调查员等行政权活动的作用。所以，法官需要与行政进行某种关联。

四、与日本法的比较

过去日本民法的母法都强调“婚姻中的夫妇与其子女之间形成的嫡出家庭模式”，同时在家庭内部包含有效的保护弱者的内容。这些国家的家庭法改革放弃了其强制性，家庭开始变得多元化以及自由化。但是并没有因此弱化保护弱者的机能，而是强化了对家庭的介入。

日本同样用家庭法的自由化或者说契约化这样的词汇探讨着将来的家庭法模式。但是，日本与母法国的讨论并不是一致的，甚至是南辕北辙的。母法的自由化、契约化最大的论点是离婚的自由，日本最大自由化的协议离婚制度成了原则性的离婚形态。此外，过去夫妇强制相同姓氏的做法是“家”意识残留的法律婚，此后理论上推进了夫妇更为平等的事实婚，这就是日本传统的未登记婚准婚理论，这种理论与母国法中的承认事实婚家庭是有关联的。但是，未登记婚准婚理论是一种强制赋予没有婚姻意思的当事人以婚姻效果的理论，所以这是东方文化圈不推崇当事人自由的象征，可见是一种与母国法不同的，带有异质的理论。母国法中的事实婚的大前提是脱离法的拘束的自由存在。另外，与过去的强制模式不同，更加重视夫妇合意的自由化条文与交由当事人协商的日本民法规定尤其相似。但是日本法欠缺合意的程序以及履行强制力等，这与母法是不同的。

日本法欠缺家庭保护机能的缺陷在民法修改中没有得到矫正，而《防止儿童虐待法》《防止家暴以及保护受害者法》等法律都是通过议员的推定而制定的。但是，如果不调整民法亲权规定而制定单行法的话，从法律体系的可预见性上来说是不妥的，同时是一种欠缺安定性的立法。这就需要对日本民法作出修改，使其成为一部与关联领域以及行政有连接的、可以有效保护家庭的民法。

参考文献

水野纪子：《比较法看当今日本民法——家庭法》，载广中俊雄、星野英一编：《民法典的百年Ⅰ》，有斐阁1998年版，651页；水野纪子：《家族》，载北村一郎编：《法国民法典的200年》，有斐阁2006年版，159页。

126 ◀

户籍与民法

东北大学教授　水野纪子

一、绪论：户籍与民法的关系

家庭法的基本法是关于亲子、夫妇身份关系以及家庭成员间权利义务关系的民法，特别是与财产法相对应的第 4 编亲属法以及第 5 编继承法。户籍法并不是家庭法的内容，而是记录民法规定的身份关系的身份登记簿而已。但是，正如下文所述，明治民法中创设了家制度，而户籍制度则体现了家族秩序或者家庭法，从而强烈影响了国民意识。战后虽然废除了家制度，编制户籍的基准也变成了以夫妇为单位。但是，“家破姓氏在”，由于户籍法的意识，直到今日日本的家族法中仍然残留了“家”的意识。

二、户籍制度的成立与明治民法的立法

为了掌握国民情况，明治政府在形成姓氏秩序的同时，整顿了户籍制度。在明治初年（1868 年），大概只有 6%的人口才被允许有姓氏。从士农工商平等的角度出发，明治 3 年（1870 年）政府公布了《平民姓氏许可令》*，5 年后进一步发布了《平民名字必称令》。** 明治政府彻底进行了姓氏的制度改革，在此之前广泛存在的袭名、改名的习惯因为这些政策瞬间就消失了。同时，明治政府推进了以住所为单位登记同居者的户籍制度。明治当初的户籍是以宅地号码为单位进行登记，与如今的居民基本登记册相似。但是，随着居民的不断移动，与户籍一起作为联络记载的寄留簿***（此后发展为居民登记册）也得到推广。随之，户籍变成了与现住所相脱离的身份登记册，宅地号码也变成了籍贯地。明治民法之前，已经形成了现行户籍制度的基础。

户籍与姓氏的合体就形成了明治民法中的家制度。明治民法利用立法前形成的户籍

---

* 日语“平民苗字許可令”。明治之前，日本只有贵族、武士以及一部分有财力的庶民才有姓氏。1870 年的政令开始允许平民也可以取姓氏。——译者注

** 日语“平民苗字必称義務令”。平民姓氏许可令发布之后，当时的平民并没有都去取姓氏，甚至故意不取姓氏，于是明治政府发布了本政令，取姓氏变成了强制义务。——译者注

*** 日语“寄留簿”，相当于居住证。按照旧“寄留法”，寄留指的是在非本籍的一定居所居住 90 日以上或者拥有住所。——译者注

制度，规定了“家”这种家族集团。也就是说，一个户籍就是一个“家”，户籍登记的人中户主是这个“家”的统括人。同时，属于“家”的家族用同一个姓氏，“姓氏”就是“家名”。在明治民法成立之前的户籍实务中，由于东方形式传统，夫妇是不同姓氏的。但是明治民法之后，夫妇都属于一个“家”，从而变成了一个姓氏。

居住在某房子中的家族变成了一个紧密的家族团体，当然就形成了紧密的生活上的相互依存关系。拥有家产所有权的家长自然对家庭成员拥有一定的权力。户籍成为一种稳定的制度的理由正反映了这种家族同居的实际状况。另一方面，户籍制度反过来还塑造了国民的意识。即“将家具体体现在户籍这样一种纸面之上，横向上的构成以及纵向的继承都可以在纸上可见。这种可视的存在感通常反映到人们的意识中，且这种意识起作用之后，抽象存在的家也变得实体化了”（呗孝一教授）。“家”通过与不以实际共同生活为要件的户籍制度相连接，使人们逐步形成了“家”的规范意识。明治民法通过规定户主权等，给予家制度以法律上的权利义务。

家制度是作为国家公认的意识形态得以推进的。比起规定家制度的明治民法，户籍制度及其行使在形成国家意识形态方面也许发挥了更大的作用。按照公开原则，无论是否是本人意思，他人可以容易获得户籍信息的家族簿，在国民人生的重要场合中，其记载的内容成为难以回避的身份证明，其记载的内容也可能带来各种差别待遇。因此，自己户籍的记载内容是各人关系的重大内容，户籍的存在当然也就给国民造成了重大的影响。

三、作为继受法的民法与既存户籍制度的统一与矛盾

民法典中的家庭法本来是规定家族间权利义务关系的法规，通过确保这些权利义务的实际履行维持家族，尤其是发挥保护家庭中弱者的机能。在判断这种保护机能是否发挥作用之时，往往是家庭关系不好之际，尤其是离婚时，能够在何种程度上实现权利义务以保护弱者，将成为重要的判断材料。作为日本民法母法的德国法以及法国法都是通过法院干预裁判离婚确保了保护机能，但是明治民法并没有采用该制度。明治民法第一草案中的许多条文被元老院删除，其实际效力也受到削弱，以这种旧民法的条文为基础，整合了此前的户籍实务制定了明治民法。明治民法采用了下述体系，即婚姻、协议离婚、收养、协议脱离关系等可以由当事人自由进行，并将这些情况登记到户籍中来。结果是日本民法家庭法就严重丧失了保护法的机能，除了继承的效果，主要发挥了规定户籍登记基准的机能。在战后民法修改中，民法保护法机能丧失的情况基本上没有改变。

众所周知，日本民法是继受法，其母法德国法以及法国法中，户籍制度是以各种身份证书制度这种身份登记簿为前提而存在的。身份证书是从原来的教会制作的证据文件的出生证书、婚姻证书、死亡证书等发展而来的。从其起源来说，这与以居民登记为基础的户籍制度是根本不同的。明治民法的立法者虽然整合了之前的户籍实务并进行了谨慎的立法活动，即便如此日本民法与户籍制度之间还是出现了若干细微的矛盾，这些矛盾难以解决，一直影响到当前现行法规。举个例子，母亲的认领规定（民法第 779 条），以及父亲对胎儿的认领要求母亲的同意，但是出生后无须统一的规定（民法第 783 条第 1 款）都是继受了法国法。根据法国法，不记载母亲一栏的出生证书是可能的，可见法国允许存在母亲的匿名生产权。这种制度是以身份证书制度的存在为前提的，否则是不

可能的。在母亲的户籍栏里写入出生子女的户籍制度使匿名生产成了泡影。反映到判例中，判例只能解释为母子关系是通过分娩而成立，也就是说只能架空民法规定的解释来解决这个问题。

四、战后家庭法与户籍法的修改

根据日本国宪法，日本战后进行了民法修改，废止了家制度。* 民法的条文中删除了与“家”有关的条文，并废除了家长继承制度，实现了男女平等以及继承份额的均等。在明治民法中，由于“家”的异同，或者说由于姓氏的异同，在亲权、扶养请求权、继承权等重要的法律权利义务方面都存在差异。现行民法则大大改善了，仅仅在祭祀财产的继承方面才会出现因为姓氏的不同而存在不同的法律效果。

户籍法也进行了大规模修改，体现“家”制度的户籍制度得到废除，与夫妇相同姓氏的子女可以编制到户籍中来。在现行户籍中，与战前以“家”为单位的户籍相比，范围是极小的。与一般观念上的户籍印象相比，现在的户籍已经丧失了团体性，变成了一个个人化的户籍。丧失了“家”这种基准，在户籍实务中，划定同籍者之时，就需要运用姓氏的概念了。结果，现行户籍实务中的姓氏概念就显著偏离了一般常识上的姓氏概念，成了一种特殊的户籍技术意义的定义。昭和 51 年（1976 年），通过离婚复姓制度的立法（民法第 767 条第 2 款），离婚的配偶成立不同的户籍，户籍实务往往是通过姓氏来划定同籍者的范围。这是“民法上的姓氏”与“称呼上的姓氏”的理论所驱使的。用该理论决定亲子间的户籍异同是极其困难的，通过通知极其复杂地被运用着。现行户籍实务沿袭了明治时代以来的传统技术以及用语，对于身份行为，则进行转移户籍、编制新户籍。伴随着移居的转籍制度，个人的身份行为履历被分别记载在若干枚户籍之上。仅仅依据现在的户籍并不能判断是否存在子女等所有情况。因此，作为一种身份登记簿，户籍在机能上存在极大的问题。

战后民法修改，虽然在意识形态上实现了巨大的转变，但是“家”意识根深蒂固，姓氏尤其发挥了重要的机能。即便不与民法上的效果相连接，作为个人表象的姓氏对本人来说具有人格权上的意义，是非常重要的。但是，违反本人意思随着婚姻而改变姓氏的制度依旧维系下来了，也就是说婚姻是“家”的变形，存在“家”这种家族集团仍然残存于人民的意识之中。

五、结语——夫妇异姓选择制立法与婚姻制度

平成 8 年（1996 年），法制审议会提交了一个夫妇选择异姓的草案，但是由于众多反对而没有通过。作为战后“家”意识的保留，难以推进有损于姓氏机能的立法，从某种意义上来说是必然的。在相关讨论中，本来相互独立的夫妇同姓与婚姻制度与户籍制度交织在一起，难解难分。在这种错综复杂的讨论中，户籍制度、婚姻制度等合为一体，无意识中就形成了家族制度的意识。同时，户籍担负了本来家庭法所不具备的宣示

---

* 家制度是具日本特色的家族制度，法律上由明治民法所确立，在具有亲属关系的家庭中，户主作为一家之主具有统率全家的权限。——译者注

特定意识形态的机能。从这段日本民法的历史看出，比起冷静地探讨并构筑法律制度，制度背后的某种意识形态存在着严重的对立态度。

婚姻制度一旦被打上潜在的“家庭制度”的构成要素的标签，婚姻就可能变成女性的枷锁或者说阴影。但是，有充分理由认为，家庭法本来就具有保护法的机能。如果这样理解的话，那么婚姻制度则是夫对妻以及子肩负责任的制度这一点也就不言自明了。那么，为了子女的利益，我们就应该修改民法的婚姻制度，在法律上最大程度地保护必要且安定的夫妇关系。同时，对夫妇异性选择制进行立法，在不侵害姓氏权的前提下，发挥好婚姻制度的作用。

参考文献

水野纪子：《户籍制度》，Jurist 1000 号，613 页（1992）；水野纪子：《夫妇的姓氏》，户籍制度第 428 号，6 页（1993）；利谷义信：《户籍制度的作用以及问题点》，Jurist 1059 号，12 页（1995）。

127

财产法与身份法的关系

中央大学名誉教授　沼正也

一、身份法、家族法的概念

在家族制度为法所承认的时代，亲属法包含在继承法之内，共同构成了身份法。到了市民社会法的时代，否定了封建社会法，家族制度也就失去了其存在的基盘，亲属法开始从继承法中独立出来，成为与财产法相对的内容。于是，财产法、亲属法、继承法三者的关系以及三者各自的本质就成了市民社会法（民法）的开篇性问题，再次呈现在人们视野中。

随着身份法失去其存在的基础，许多学者提议将此改名为家族法（川岛武宜编：《民法 3》（改订增补版），1955 年，第 30 页等）。说到底这只是用语的更换，如果采用家族法的用语，那么就要严格限定为亲属法。

主张将上述惯用的“家族法”理解为“家族的法”“近代家族秩序的法”的观点变得更为主流了。但是家族法的对象还包括超越近代家族理想型框架的法律现象（比如婚外子、孤儿等）。过分倾向近代家族的应然状态或者目标状态地理解家族法，将难以将近代家族之外的法律现象涵盖至民法的体系中来。

二、财产法与亲属法

学界对于民法典中的物权和债权两编是财产法是没有争议的。如果再加上总则编的话，虽然也有学者这么认为，但有许多学者表示质疑（关于总则编的本质以及构造，参见沼正也：《潘德克顿体系中法学阶梯体系的交错》），三和书房 1984 年新版，第 1 页以下）。

那么，财产法和亲属法到底是什么关系呢？学者一直以来将亲属法和继承法一起并称为身份法（家族法），与财产法相对应。但是真正带着问题意识讨论两者的关系是昭和时代以后的事情了，是由中川善之助提起的。

1. 奥田说及其战后再发掘

中川说出现之前，对财产法与亲属法关系进行深入探讨的学者是奥田义人，但在中川说出现之前未引起学界注意。与奥田说基本一致，但是不连续，在战后再次登场的是利谷义信等人的学说。在奥田之前是这么说明的：财产法是有关财产的法，亲属继承法是与亲属身份有关的法。奥田连接起了两者，强调“民法中亲属法的范围仅限于亲属中与财产有关的规定”，相对于“一般法的物权以及债权”，“亲属法是特别法”（在东京法学院发行的《亲属法》第12页使用了“亲属法是应当归属于民法的一分类”字眼，而在东京法学院大学发行的《亲属法》第32页则使用了“我从今天起向诸君讲习亲属法的内容”字眼）。该说长期处于中断状态，再次出现就是利谷的学说，利谷如下论述。财产法与家族法（包括继承法）是“A与A’的关系，也就是一般法与特别法的关系”。用A与A’这种数学论理学的记号表现本质构造，除了上述引用的一般法与特别法表现之外，至今并没有发表精致论述的相关业绩（利谷义信等：“现代私法的思想（2）——关于家族以及家族法”，载《福岛正夫教授还历纪念：现代日本的法思想》，日本评论社1972年版，第384页。与利谷同门的渡边洋三在其《家族与法：法社会学研究5》，东京大学出版会1973年版，第9页以下指出，“家族法就是家族财产法”。可以说，这与奥田说的源流是一样的。关于一般法、特别法区别的学说以及批判，参见沼正也：《与Pan Pam Peliska的对话》，三和书房1981年新版，第130页以下。另，可参照160页以下对利谷说的批判）。

2. 旧法下中川说的登场

从昭和初年（1926年）到昭和10年代，中川说是在下述一系列的大作中逐步提出的，从《略说身份法学》到《亲属法》（新法学全集第11卷），再到《身份法的基础理论——身份法以及身份关系》。该说认为，财产法与身份法不见得就是A与非A的关系，也不是A与A’的关系，两者是一种模糊的不同性质的对立关系（严格来说，A与非A是界限分明的统一次元的事物，但是这矛盾性概念的财产法与亲属法（或者身份法）并不在统一次元，而仅仅是一种不同性质的对立关系）。在指出两者不同性质的基础上，中川说作如下论证。财产法和身份法的规制对象包括“人世间生活中完全不同的两个方面”，身份法“根据与财产法完全不同的原理运作”。这两个方面分别是：“在人的私生活中，大致是以财物的生产流通为目标的经济生活的一面，与保持种族的生产生活的另一面。前者是规制生活关系的，称之为财产法，后者则是身份法”。“吾等身份关系的特质是一种公民共同社会，与此不同财产关系是完全利益社会的产物”等。但是，对于为何这两种完全不同性质的法律领域一起规定在民法中，相互之间到底有何关联，并没有说明（久贵忠彦等：《民法讲义7》，1977年，第6页。该说成为通说之前得到了广泛的支持。正如后文“3.”以下的新学说多少有该说的影子，但是直到最近也没有克服该说的脆弱性，却出现了下述动向：“最近，学说强调了家族法与财产法的整合性，其实中川善之助教授的理论早就开始主张家族法的独特性了。虽然中川理论容易被大家忽略，但是我还是觉得有必要再次考察一下中川理论在当今家族法中的地位”。有地亨：《家族》，《岩波讲座基本法学2——团体》，岩波书店1983年版，第99页）。

3. 新法下川岛说的登场

在新法下，促成财产法与身份法（家族法）关系通说转变的是川岛武宜提倡的学说。该说强调“家族法与财产法的本质同一性”（渡边，前注第12页）。“近代社会的家族、亲属关系是纯粹私法性质的市民关系，因此构成亲属关系的是‘权利义务’这种特殊的法律范畴”（川岛，前注第32页等）。但是，对于财产法和家族法的关系，该说贯彻了“区分A与非A关系，排除中间状态的entweder—oder（不是……就是……）逻辑”（川岛武宜：《民法讲义第1卷序说》，岩波书店1951年版，第12页）。笔者认为其主要思想并不具有一贯性。如果认为财产法和家族法是同一原理支配下的，就应该赋予家族法与财产法相同的法律效力。那么，作为学术体系，就不应该区分财产法和家族法。

4. 批判诸多学说的笔者的立场

笔者提出的有关财产法与亲属法（严格排除继承法）的学说，是与封建社会法相对立的市民社会法的数学构想。民法是市民社会的法，市民社会的成员（市民）必然是独立、平等、自由的关系。民法就是实现千万市民独立、平等、自由，并保障市民相互“自由意志”的对抗关系的法律。由于是对抗万人的法，因而应保证其现实独立、平等和自由不受任何人侵害。笔者的学说可以整合成以下两部分，即通过这种私法手段补充无条件的要保护性的领域就是亲属法的世界，对万人补充要保护性的其中所谓完全人之上的对抗关系的领域就是财产法的世界。家族乃至亲属关系之间是人的自然属性，对于这种自然属性，在市民社会中不允许赋予与他人不同的法的效力，从要保护性补充的无条件原理出发，只有限于强行要求赋予保护，方可允许赋予与他人不同的法的效力。强调要保护性补充的优先、无条件，该学说固定化了私的保护，阻碍了社会保障的发展（更为严厉的批判是《为何理想的社会中，按照人的自然属性，即有男女亲子的难以使其享受人的幸福》。二宫孝富：《家族法理论史的总括及今后的课题》，载《家族史研究4》，1981年，第166页以下。在此，市民社会下男女亲子之间无须保护为媒介，不需要赋予任何与他人之间不同的特别效力，而这才是近代保障夫妇、亲子关系的幸福的应有之意）。

三、继承法的本质

按照笔者的学说，财产法与亲属法属于A与非A的关系。A与非A从次元上来说是统一的，所以两者属于同一次元上的相对关系。这就是继承法（正如温德沙伊德Windscheid所指，财产法与亲属法是规制共同生活的人的生活关系的法律，与此相对继承法是有关清算死者生前生活关系的法律）。A与非A这种矛盾概念的分类规定了同样矛盾概念分类的强制力（有效无效），容易造成一方的区分机能的形骸化。如此，市民社会法与封建社会法的对立，财产法亲属法仍然发挥其机能，而继承法则陷入形骸化的境地。继承法其实是从财产法中借来无限制尊重意思原则（尊重个人意思自治原则）构成遗言法，以及从亲属法中借来无条件要保护性补充原则（扶养）来构成法定继承法，区分这些各自的支配领域，成为一种复合型法律。

在此，并不能像中川善之助教授所代表的通说那样，可以强力推进遗族的生活保障（如果强行推进的话，那么可能造成财产法、亲属法的形骸化。参照沼正也：《赋予的强制与剥夺的强制》，三和书房1982年版，第92页以下）。

四、避免财产法形骸化的基础理论

以上理论不仅限于财产法对亲属法这种A对非A的关系。亲属法中要保护性补充的优先无条件性，在市民社会的理想的达成阶段，必然存在财产法形骸化的危险。

那么，应该如何克服这种自我矛盾？那就只能亲属法的轻量化，即私法保护的公法化。一句话概括，私法保护向社会保障方向升华。私法保护最终必须是通向社会保障的

"联系的存在"。然而，高度社会保障并不能消除市民社会达成阶段形骸化的问题。为此所要准备的资金，由于要受到要保护性补充的无条件性所指导，强制征收可能伴随着社会保障税等高税负问题，真正落实阶段将成为市民负担。

如果规定了这种运动法则，那么人世间恐怕无论如何都不能形成完美的市民社会。

以上考察的摆脱财产法形骸化的法理，与通说那种对于要保护性补充的无条件原理的第三人保护、交易安全乃至公益优先等理论是完全不同的两个理论（沼正也：《家族法的基本构造》，三和书房 1984 年版，13 页；沼正也：《民法学中的不确定性》，三和书房 1985 年版，323 页以下）。

128

彩礼的法律性质

京都大学名誉教授　太田武男

一、问题之所在

犹如《全国民事惯例类集》所言“但凡，由媒介人周旋，缔结契约的称之为彩礼。据家之贫富，赠妇家以物品，于妇家开祝宴，携媒介人亲属共宴，行新妇涅齿之礼。此程序之后，即为夫妇契约之成立。非大事故而不变约为一般也”（司法省藏版《全国民事惯例类集》，第79页）。众所周知，婚约准备完备之时，作为标志，为了纪念诚实地履行成立的婚姻，就会接受金银、布帛等，即所谓的“彩礼的习惯”，自古使然，延绵至今。但是，遍寻任何时代的法律而不得彩礼之法理基础，现行民法亦是找不到一条条文。因此，现实中只能依靠学说以及判例解决关于彩礼的诸多法律问题了。关于彩礼，法律上主要有以下几个问题：如何理解其法律性质的问题，作为法的评价对象的婚约成立是否需要接受彩礼的问题，婚约或者撤销婚姻之后的彩礼返还请求权的问题。但是最基本的问题，也是争论最大的问题就是如何理解彩礼法律性质的问题。因此，本稿将以此为中心（关于彩礼的习惯以及彩礼在法律上的诸多问题的详细，参见太田武男，后载《彩礼的研究》。）

二、学说以及判例的态度

那么，学说以及判例对于社会上普遍存在的彩礼习惯采取了什么法律构成，又是如何理解其法律性质的？学说以及判例的态度多少随着时间的推移可见一二，也是一个饶有兴致的话题。

首先学说上大致可以分为订金说、赠与说、折中说等。稍微详细展开：(1) 彩礼是一种订金，特别是类似于证明婚约的附带订金的证约订金说（中岛玉吉：《民法释义4》，1937年版，第255页）。(2) 彩礼是一种赠与，特别是可以理解为婚姻不成立视为撤销条件的附解除条件的赠与说（中川善之助：《日本亲属法》，1942年，第186页，同《新订亲属法》，第156页）。(3) 彩礼类似于一种赠与，是以婚姻成立为最终目的的赠与，即目的性赠与说（岛津一郎：《家族法入门》，有斐阁1964年版，第59页；松坂佐一：《民法提要：亲属法继承法（第三版）》，有斐阁1981年版，第52页。此外，参见我妻荣：《亲属法》，有斐阁 1961 年版，第 192 页）。(4) 折中说认为彩礼既具有证明婚约的订金性质，同时也具有赠与准备婚姻资金的性质（谷口知平＝加藤一郎：《新民法演习 5》，有斐阁 1968 年版，第 7 页（山主执笔））。(5) 还有一种折中说认为，彩礼根据接受的形式其法律性质有所不同。婚姻当事人互为接受时，就是证明婚约的订金，而婚姻当事人之外接受的情况，应该理解为以婚姻不成立为解除条件的赠与（和田于一：《婚姻法论（第 5 版）》，第 744 页）。

另一方面，判例认为彩礼的法律性质是一种赠与，但是并不如此单纯。判例认为，这种赠与在法律行为的内容上，是以婚姻的预约以及将来婚姻成为为前提的，以增强这种亲属关系之间的情谊为目的的，即具有证明婚约订金的性质的同时，还具有目的性赠与的性质（大判大正 6.2.28 民录 23 辑 292 页，最判昭和 39.9.4 民集 18 卷 7 号 1394 页）。但是，无论是大审院判决，还是《民事判决录》《民事判例集》收录的判例，还是地方法院的判例，都存在下述情况。(1) 彩礼类似于一种赠与，但是这既不是附解除条件的赠与，也不是目的性赠与，而是以结婚意思为前提赠与对方的（东京控判明治 35.5.11 新闻 90 号 4 页）。(2) 彩礼是以婚姻不成立为解除条件的赠与（高崎区判昭和 13.4.13 新闻 4286 号 13 页，神户地判昭和 32.4.23 侵权行为下民集 2 卷上 500 页，大阪地判昭和 43.1.29 判时 530 号 58 页）。

由此可见，学说以及大部分判例都将彩礼的法律性质理解为赠与或者类似于赠与的事物。但是对于这是一种什么性质的赠与，理解并不相同。有力说为将彩礼理解为以婚姻不成立为解除条件的赠与——附解除条件的赠与说。但是近些年来，以婚姻成立为最终目的的"目的性赠与说"正在变得更加有力。

三、论点的考察

那么，附解除条件赠与说与目的性赠与说有哪些优缺点或者说差异？(1) 首先，附解除条件赠与说是以近代法意识为前提的，所以以此说为根据，接受彩礼之际，当事人之间婚姻没有成立的话，需要返还彩礼。而且有必要存在要求返还的明示或者暗示的意思，或者有支配这种意思的习惯。与此相反，目的性赠与说并不以上述近代法的法意识存在为前提。因此，该说认为未必存在上述意识或者支撑上述意思的习惯。在这点上两者显然是不同的。(2) 两者在以下方面显然是殊途同归的，即两说皆认为解除婚约乃至婚姻的场合下，返还彩礼的法理依据在于民法第 703 条不当得利的法理。另一方面，即便两者都以不当得利为依据，但是对于适用法律中的"无法律上原因"有不同的理解。附解除条件赠与说认为依据在于解除条件的成就，而目的性赠与说认为依据在于没有达到目的。(3) 两说都认为，对解除婚约或者婚姻有责任的一方如果是彩礼的接受人，则两说都认为，其导致婚约或婚姻的解除，不能主张返反彩礼。但是，在理论构成或者说法理根据方面，两者并不相同。前者在故意成就条件的情况下，类推适用民法第 130 条*（四宫和夫：《民法总则（新版）》，青林书院 1976 年版，第 281 页）。与此不同，后者的根据是违反诚实信用原则，行使彩礼返还请求权违反了民法第 1 条的规定。

但是，基于以下两个理由，笔者支持后者。第一，婚姻观正在变得现代化，所有的

---

* 日本民法第 130 条：因条件成就而受不利益之当事人故意妨害该条件成就的，相对人可以视为该条件已成就。因条件成就而受利益之当事人不正当地促成该条件成就的，相对人可以视为该条件未成就。——译者注

意识正在变得合理化。有些地方在接受彩礼之际，有下述明确的意识或者默示的存在，即如果解除婚约或者婚姻的话就应该返还彩礼。即便可以期待以此为前提的惯例存在，但是一般场合下是不存在这种期待的，现状是在接受彩礼之际，用尽所有的办法希望不解除婚约或者说成立婚姻。这从接受彩礼之际的“受书”* 中的用词“如目录所示，接受彩礼”可见一斑。因此，暂且不论存在上述意识或者惯例的特殊地区，不存在上述前提的地区（大部分情况都是这种地区），以婚姻的不成立作为解除条件的彩礼赠与是不恰当的。第二，至少应当避免下述解释：拒绝返还有责任的彩礼授与人的请求，故意成就条件的情形下，其条文根据在于民法第 130 条。正如民法第 1 条以及第 1 条第 2 款（现民法第 2 条）是民法整体的规则，而民法第 130 条作为一条技术性非常强的规定原则上并不适合作为亲属继承编的根据。基于上述理由，笔者认为比起前说，显然后说更为有力。

但是，在许多地区或者地方确实存在接受彩礼的社会性习惯，此时确实存在的“婚姻大致准备好之后，彩礼是印证”或者“确认的印证”意识。所以，不可否认的是在彩礼众多的情形下，正如上文部分学者所指出的，彩礼具有“证明婚约的一面”。因此，笔者认为，存在社会性习惯的场合下，彩礼同时具有目的性赠与的一面与证明婚约的一面。也就是说，即如上述最高法院昭和 39 年（1964 年）判决所指出的“彩礼既确认证明婚约的成立，同时在婚姻成立的场合下，出于当事人两家增进情谊的目的，而给予的一种赠与”。

但是在现行民法之下，不存在一条关于证明婚约订金的规定，所以彩礼的证明婚约订金性质并不能解决关于彩礼的诸多法律问题，尤其是解除婚约后的彩礼返还请求权的问题。为了解决这个问题，只能重视目的性赠与的性质。因此，在解除婚约或者婚姻的情形下，请求返还彩礼的问题只能通过未达成目的的不当得利的理论来解决了。此时，解除责任是在接受一方还是给予一方则应该具体问题具体分析。但是，由于自身原因解除婚约或者婚姻关系的有责给予人请求返还彩礼的，违反了诚实信用原则，可以根据权利滥用法理而不予支持。

四、剩余问题

剩下的问题是“何时”可以说达成了目的而“成立了婚姻”。在以登记主义为原则的现行民法之下，自法律上受理登记之日起视为婚姻成立。但是，一般认为在彩礼方面需要考虑社会习惯的意识。所以社会意义上的婚姻，即事实婚或者未登记婚姻关系成立之后，原则上也达成了彩礼的目的。即便此后该事实婚或者未登记婚姻关系解除了，也不成为返还彩礼的事由。但是，比如即便举行了仪式并同居了，然而时日尚短，且当初并没有诚实的持续婚姻的意思，争吵不断，亲属间也尚未建立深厚情谊，邻里之间也是流言蜚语的情况下，可以说彩礼没有达到目的，甚至可以说没有达到事实婚或者未登记婚姻关系的程度。因此，在上述特殊情况下，即便达到了事实婚或者未登记婚姻关系的程度，比照解除婚约的情形，可以支持返还请求权。这也同样适用于法律婚的情形。

还有一个问题是，上述对法律性质的理解是否对所有存在社会性习惯的彩礼都恰

* 正式的彩礼需要男方写好彩礼物品的名目目录，女方接受彩礼并盖上印章的文书。——译者注

当？当然我们希望如此。但是，这种理解存在于下述情形：彩礼作为一种“捐出”的财产，是无偿的，可以理解为一种赠与或者类似事物，而且当事人之间不存在特别约定。因此，接受彩礼之际，当事人之间存在特殊约定，或者即便没有特殊约定但是存在地区特殊习惯的情况下，由于情况有所不同，这么就应该优先考虑特殊约定或者习惯。因此，笔者希望或者说实际上也是如此，为了解决彩礼法律性质的问题，需要特别重视该地域社会当时的习惯以及当事人之间的意思，在此基础上应当处理个别的具体的情形。就此搁笔。

参考文献

中川善之助：《关于彩礼》，判例评论第 77 号（判时第 398 号），8 页；川井键：《彩礼的返还义务》，载加藤一郎等编：《家族法的理论与实务：家庭裁判所的三十年》，别册判 T 第 8 号，214 页；太田武男：《婚约与彩礼》，《高梨公之教授还历祝贺：婚姻法的研究（下）》，有斐阁 1976 年版；太田武男：《未登记婚与彩礼》，《堀内节教授丁年退休纪念号 1》法学新报第 83 卷 7—9 合并号，55 页；太田武男：《彩礼》（民法综合判例研究丛书 45），一粒社 1977 年版；太田武男：《彩礼的研究》，一粒社 1985 年版。

129 身份行为的登记与意思

北海道大学名誉教授　山畠正男

一、身份行为与立法者意思

身份行为（婚姻、收养、离婚、断绝子女关系）的成立方式是制定现行法之时重要的立法任务。立法者舍弃了旧民法的仪式成立（报告登记）主义，过去离婚、断绝子女关系的形式要件的“申请”成为上述四种身份行为共同的意思表示方式。但是，在登记的性质上并没有采取当事人到场主义，仅仅在禁止代理登记（户籍法第 37 条第 3 款但书）上与其他登记有所差异，身份行为只有经过“登记”才成立，这点大概并没有遵从立法者的意思。

另一方面，关于身份行为的意思，对四种不同的身份行为采取了与旧民法一样的态度，即区分婚姻、收养与离婚、断绝子女关系两种类别。所以，身份行为的撤销或者无效也要区分两者，不同对待。但是，对此立法上的探讨并不充分，也为此后的学说带来了困难和争议。

下面简单介绍立法者对身份行为意思的态度。首先，身份行为通过登记而“成立（梅兼次郎：《民法要义卷四》，1899 年版，第 107 页）并发生效力”（民法第 739 条第 1 款，第 764 条，第 799 条，第 812 条）。即登记是身份行为的意思表示方式，欠缺登记则意思表示不发生效力。而且仅有身份行为的意思本身并不产生身份行为的效力。此举修改了旧民法仪式成立主义，规定了婚姻的预约。民法第 742 条第 2 项、第 802 条第 2 项中的“欠缺登记”就是这个意思。虽然立法者并不是不知道成立要件与效力要件的区别，但是由于否定了无效身份行为的追认，也就是说并不认为两者存在区别。此外，既然将登记作为成立要件，那么当然可以推导出登记时需要存在身份行为的意思。对于登记意思与登记之间存在时间差的委托登记的情况，如何对待这个问题并没有一个明确的答案，学说上意识到这个问题已是多年以后的事情了。

其次，对于身份行为的无效、撤销与民法总则一般通则的关系，存在限定性无效、撤销的婚姻以及养子，不适用民法第 90 条的规定。无效原因的“欠缺意思”也不适用于总则意思表示的规定。此外，离婚、断绝子女关系的无效、撤销不存在与旧民法一样的规定，对于离婚，立法者的意思是，既然作为一种婚姻关系，其无效、撤销是受到限制的（梅兼次郎·前载，第 204 页），也不适用于民法第 90 条。离婚的无效限于欠缺意思与欠缺登记，而根据法律行为的一般原则，离婚的撤销限于欺诈和强迫的情况（梅兼次郎·前载，第 198 页～第 200 页，第 203 页～第 205 页）。

二、身份行为与登记

（1）登记前的身份行为的法律认可

之所以需要修改立法者的意思在于婚姻预约的有效化问题。根据立法者的意思，登记前的事实上的夫妇关系只能说是婚姻预约，而判例上否认存在婚姻预约的效力。但是，过去大审院认为这是债权的效力（大连判大正 4.1.26 民录 21 辑 49 页）。以此判决为契机，家族法学说朝着两个不同的理论方向展开了论战。

一个方向是，婚姻是由仪式（意思表示）而成立，由登记产生效力。区分婚姻预约与内缘（未登记婚），前者是无效的，后者是婚姻本身，因解除未登记婚而产生的损害赔偿原因是基于不履行登记义务。而且婚姻成立之时要求具备婚姻的实质性要件。登记是效力发生要件这一点类似于物权变动中的登记。但是登记本身要求当事人存在自由意思，所以可以作出支持登记请求权的给付判决，但是不能强制登记。冈松博士的主张就是如此，这样登记就与意思表示分离了。奥田博士也认为我国民法上的婚姻是非要式行为。此后就有下述学说产生了，即婚姻通过无形式的意思表示而成立，通过身份登记（现行法上的户籍登记）产生效力，进一步增加了登记与物权变动之间的相似性。栗生博士认为，登记的性质就变成了身份登记这一申请行为。这两个见解都认为已经成立的婚姻具有不完全的效果。仪式上支持登记义务，且没有强制的方法，可以说是不彻底的。此外，合意中如果不包含登记意思的话，这种合意并不是婚姻的合意而是未登记婚（不完全婚）的合意。因此，为了得到与旧民法的仪式主义（只有通过意识婚姻才成立并发生效力）一样的结果，就有必要通过判决强制登记了。战后的学说肯定了这点（山中、黑木、有泉、福地等）。如果在解除事实婚（死亡、破裂）的情况下彻底贯彻这种观点的话，也就意味着事实主义完全复活了，登记婚的诸多机能（已登记为前提的离婚、婚姻的解除等）将丧失殆尽。

与上述学说不同，还有一个方向的见解是，同样是未登记婚的救济方面，将婚姻预约从不同于法律婚的事实婚中分离出来，赋予其与法律婚不同的效果。穗积重远教授持有此观点，此后发展出了非正统婚或者准婚姻的观念，朝着切断与婚姻实质性要件的关系的方向上展开（中川）。而且中川理论认为，以登记为成立要件，以身份行为意思＝身份性生活事实为效力发生要件，这样就可以使得登记与身份行为意思彻底分离。此举最大的优点是，最大程度认可了无效身份行为的追认。因此，完全没有实际的登记也可以承认身份行为的成立。从法律行为的一般理论来看，登记如果欠缺当事人（的意思），身份行为是“不成立”的。如果将其视为成立要件的话，那么就需要通过事后的意思补全（中川）、事后的登记补全（我妻）才承认有效的身份行为的成立。这与通常的法律行为中的“成立要件”是不同的，可以说是我国独有的理论。

（2）登记效力的一般理论

遵从立法者意思将登记视为身份行为成立要件的情况下，允许包括邮寄在内的委托登记，所以有必要注意的是身份行为的成立时一开始就缺乏保障意思具备的制度。登记合意与登记时期之间存在时间的错位，委托登记后有可能发生当事人死亡、丧失意思能力等事态，将这些情况视为无效的登记怎么说都是不合理的。实务中很早便认定为有效，学说上也存在适用民法第 97 条第 2 款解决登记效力问题的学说（森本、药师寺）。但是，一般认为登记合意时以及登记时（正确说是登记受理时）都需要双方的意思（野上），战后学者更是明确提出了这点（中川）。从这个立场上来看，当事人死亡后的登记受理（邮寄提交，户籍法第 47 条）是登记一般效力要件的例外。

与此相对，在登记的效力普遍适用民法第 97 条第 2 款的情形下，存在以下见解：身份行为并不因登记而成立，而是于填好申请书之时成立，登记之时发生效力（加藤）。根据此观点，也考虑了委托填写申请书的情况。一般来说，登记合意时成立身份行为，经由登记发生效力。如果将登记合意视作成立要件，那么欠缺登记合意的登记当然意味着不成立身份行为，民法理论上也主张同样的见解（兼子，山木户）。如此，无效身份行为的追认问题就是接下来要探讨的问题了。

但是，这种见解是为了下述问题的便宜行使：登记合意后当事人死亡或者丧失意思能力的场合下，如何说明登记的效力。在临终前婚姻的场合下，本来立法者的意思是让户籍官吏上门（梅兼次郎，前载第 108 页），但是并没有沿着立法者意思展开。因此，至少对委托登记后丧失意思能力的情况还是有益的。最高法院也改变了过去登记时当事人丧失情况下判定登记无效的做法，只要不存在反悔等特殊事由，登记便是有效的（最判昭和 44.4.3 民集 23 卷 4 号第 709 页，最判昭和 45.4.21 判时 596 号第 43 页，最判昭和 45.11.24 民集 24 卷 12 号第 1931 页）。问题是其理论根据为何。最高法院只是提到了下述理由，如果登记时丧失意思能力而使登记归于无效的话，其后回复意思能力的情况下登记也就不能是有效的，显然这是不合理的。此外，从登记成立要件的角度来说明这个问题就不可避免出现说不通的问题。笔者认为，如果以登记为成立要件且承认委托（使者）登记的话，对于当事人死亡或者丧失意思能力的情形，就应当设立明文规定从制度层面解决这个问题。从解释论角度看，这种情形将登记解释为效力要件更容易说明问题。

另外，加藤说特别重视登记合意后的反悔（意思的撤回）的问题，认为离婚、断绝子女关系的登记合意后，不应当支持违反诚信原则的意思撤回。但是，考虑到登记（方式）的重要机能是在成立时期的明确化以及最终确定意思，对这个学说可能会出现不同意见。当然，区分婚姻、收养与离婚、断绝子女关系这点与立法者的意思是接近的。

三、无效身份行为的追认

关于无效身份行为的追认，几乎所有的战前学说都保持与立法者意思的一致性，采取否定的立场，即便是积极认可的少数说也认为这种追认是不可溯的。判例基本也是如此，认为只能再次登记（关于放弃户主登记参见大判昭和 12.6.12 法学 6 卷 10 号第 85 页、大判昭和 13.2.15 民集 17 卷第 601 页）。而且就对非代为承诺权人的代为承诺收养所作出的追认，法院也否定其效力（大判昭和 4.7.4 民集 8 卷第 868 页）。

然而此后的学说区分了登记与身份行为的意思，即便不是本人意思的登记，只要事后经本人追认便可自始有效。只是这种情况下，学说之间还有不同，有从登记方式本身寻求理论根据的见解（兼子），还有从登记与事实的结合中寻求理论根据的见解（中川）。这些学说的基本构想是区分身份行为的不成立与无效，分离登记与身份行为的意思，但是各种身份行为追认的具体理论根据，学说上并没有充分的论述。

此后，判例上对无效身份行为的追认问题出现了新情况，最判昭和 27.10.3（民集 6 卷 9 号第 753 页）便是代表。对于非代为承诺的权利人（户籍上实际的亲属）代为承诺的收养，养子 15 岁后追认的情况，法院认为这种追认自始有效。其根据是这种收养关系是一种无权代理，无权代理的追认、撤销可以类推适用于收养关系的追认。这与上述兼子说几乎是相同的想法，而事实关系上与兼子说的情况并不相同。对此判例，学说上全面支持其结论，但也有不少学者提出了下述疑问，即对于代为承诺收养这种特殊的情况，本判例的理由是否对其他无效的身份行为也适用呢？此后判例的动向受到了人们的关注。此后，最多的判例是支持无效协议离婚的追认的情况，但是并没有说明具体理由（最判昭和 42.12.8 判时 511 号第 45 页）。最判昭和 47.7.25（民集 26 卷 6 号第 1263 页）支持了无效婚姻的追认，其根据是与处分他人权利的类似性。这种追认并不是民法第 119 条*的追认，而是类推适用民法第 116 条。** 战后的判例理论便认为，民法第 116 条包含无权代理人之外的他人权利的处分。因此，表见代为承诺养子与一方不知情的情况下另一方的登记身份行为就可能有其依据了。这种观点和“允许追认的无效”（川井）理论是一致的。

确实，两者在由本人之外的人登记这点上是有共同点的。但是另一方面，两者之间也存在下述不可忽视的差异，即表见代为承诺养子中本来当事人之间并不欠缺身份行为的意思，而一方不知的登记中另一方欠缺身份行为意思。换言之，表见代为承诺养子本来就具有违反真正代为承诺权利人进行登记的性质，违反方式的登记的典型，与虚假的嫡出子出生登记差不多。与此不同，一方不知的登记的情况是“无意思登记”的有效化的问题。即便都是追认无效登记的问题，其含义与内容并不同。这种差异与追认溯及效力、无效原因的认识与否等问题密切相关。学说上的对立主要是因为将两者作为同一个问题来处理而产生的。简单言之，表见代为承诺收养中，登记自然是自始有效，15 岁以后养子溯及追认也是相同的结论。从这个角度看，就必须考虑是否需要认识到无效原因的问题。另一方面，对于当事人不知的登记，追认的溯及效力本身就是一个问题，未登记婚的一方当事人申请的情况还算说得过去，分居中的夫妇一方提出离婚申请的情况下，就会出现溯及既往承认离婚意思的不合理结果。本来在意思（=不存在这一事实之处）认可身份行为的效力方面，在理论上是不可能的。无效身份行为的追认本来就是对无效登记的诉权的放弃，身份行为意思的形成与无效登记的“借用”问题。但由于将此理解为对无效登记事后补全身份行为意思，讨论就出现了混乱。总而言之，对于这个问题，学界讨论还是不够充分，有待进一步整理。

四、身份行为的意思

如前文所述，立法者区分婚姻、收养与离婚、断绝子女关系，对于后者适用民法总则的意思表示的规定。最初，判例和学说都是遵从这一观点。此后，判例认为离婚与婚姻具有相同的性质，所以并不适用总则的规定（大判大正 11.2.25 民集 1 卷第 69 页）。与此相同观点的学说开始增加，不久之后，围绕身份行为的意思，家族法上出现了两个不同见解的对立。

第一种观点认为，身份行为的意思指的是社会观念上想要形成各种身份行为的实体

---

* 日本民法第 119 条：无效行为不因追认而发生效力。但当事人明知该行为无效仍予以追认的，视为新行为。——译者注

** 日本民法第 116 条：追认，无特别意思表示时，溯及至契约时发生效力。但不能损害第三人的权利。——译者注

上的意思。像判例中出现的那种欠缺实质的，表面假装的身份行为由于欠缺意思是无效的（中川）。因此，其也被称为实体性意思说。

还有一种观点认为，身份行为的意思就是登记意思，只要当事人本身有登记的意思，即便是为了达成其他目的，也不能说没有身份行为的意思（谷口）。因此，该说也被称为形式性意思说。

以登记为身份行为成立方式的形式性意思说更接近立法者的意思，也简单明了。但是登记与意思分离的实体性意思说往往要根据效果意思的内容。对于仅仅是为了让子女成为嫡出子的婚姻，判例认为即便存在“设定法律上的夫妻这种身份关系的意思”，也欠缺“真正的社会观念上的夫妻关系的效果意思”，因而是无效的（最判昭和 44.10.31 民集 23 卷 10 号第 1894 页）。实体性意思说表示支持该判例（中川），而形式性意思说则表示反对（末川、沼）。另一方面，对于旧法下户主地位变更而导致的离婚（再婚），判例以“与解除法律上婚姻关系的意思相一致”为理由，判定有效（最判昭和 38.11.28 民集 17 卷 11 号第 1469 页），对此，同样形式性意思说表示反对而实质性意思说表示赞成。关于判例对婚姻和离婚是否采取了完全不同的态度，前者对于离婚后主张婚姻（离婚）无效的情形，后者对没有再婚而主张离婚无效的情形，只能通过判决来认定了。学说还有见解认为，应当区分形成性身份行为和消灭性身份行为，来寻求身份行为的意思。身份行为的意思仅以子女的嫡出身份或者户主地位的变更为目的的话，对前者中婚姻的离婚，后者中离婚的再婚都是不可分的前提条件。但是，两者确实存在下述差异：前者登记对应的身份实体是不存在的，而后者随着登记可能变成未登记婚关系。前者存在裁判离婚的法律手段，而后者不存在强制婚姻的方法。因此，区分两者并分别对待的解决初看是有其理由的。尽管如此，即便是再婚前当事人一方死亡的情形，此时是否意味着未登记婚随其死亡而消灭，这当然是有疑问的。

实体性意思说将法律上并没有问题的习俗限定为身份行为的意思，所以难以应对以特定效果意思为目的的身份行为。反过来说，形式性意思说中对于与身份效果没有关系的单纯的“假想身份行为”，也认为成立身份行为，导致强加身份行为的意思，也是有问题的。简言之，这些是以协议离婚为条件的婚姻、以再婚为条件的离婚，即便是站在形式性意思说的立场上，是否具有身份行为效力也不是一个简单的问题。在这点上，有必要与下述案例相区分：为了避免债权人冻结财产而离婚，等风头过了再婚（大判昭和 16.2.3 民集 20 卷第 70 页）。此时，如果没有特殊事由，便应当认定是有效的离婚。离婚后再同居的情况，这也是单纯的同居或者准未登记婚，不妨碍离婚的有效性。但是，完全没有离婚事实时程序上打算再婚的情况就另当别论了。婚姻的情形也是一样的，即便肯定身份行为意思，还有必要考虑是否还存在撤销身份行为的余地。

此后，学说上进行了持续的讨论，但是并没有解决实体、形式两大学说所提出的问题。比如说，现行制度认为与死囚犯也可以成立婚姻或者收养关系，但是如何考虑这种效力呢？并不能简单地得到答案。总之，笔者认为，身份行为意思的一元化构成是困难的，而且不存在这种必要性。

参考文献

山畠正男：《身份行为的理论》，《北大法学论集》第 31 卷第 3、4 号；泉久雄：《身份行为》，载星野英一编辑代表：《民法讲座 7》有斐阁 1984 年版；大村敦志：《家族法（第 2 版修正版）》，有斐阁 2004 年版。

130 假装婚、同性婚

立命馆大学教授　二宫周平

一、问题之所在

日本在婚姻的成立上采取了登记婚主义（民法第 739 条）。登记采用书面形式，但是户籍事务官员并没有确认签名当事人的意思的权限。结果出现了下述现象（假装婚）：为了取得日本签证、就业资格或者国籍，或者为了确保配偶的继承权、遗族养老金等目的，虽然合意后提交了婚姻登记，但是并没有形成社会观念上的夫妻共同生活的意思。另一方面，虽然没有进行登记，但是存在夫妇共同生活的实体关系（未登记婚、事实婚）。这些都是法律婚与社会共同生活的实体之间的间隙。问题就出现了，没有实体关系就因为存在婚姻登记的合意就可以承认其婚姻效果么？或者说因为没有登记但是具有婚姻实体就可以承认其类似于婚姻的效果么？

二、假装婚——没有实体的婚姻

1. 婚姻的意思

民法第 742 条第 1 号规定“没有婚姻意思的”婚姻无效，所以假装婚中是否存在婚姻的意思便成了问题的关键。婚姻的意思包括：a 婚姻的登记意思（形式性意思），b 建立社会生活观念上的夫妇关系的意思（实质性意思）。从登记婚主义的构造出发，学说上存在 ab 都需要的学说（实质性意思说）以及只要满足 a 即可的学说（形式性意思说）的对立（这种对立涉及离婚、收养、断绝子女关系等行为的整理，参见本书 129）。

实质性意思说的根据在于没有生活事实的法律不应得到认可。根据此说观点，假装婚由于欠缺要素 b 而无效。但是，现实生活中还存在与将死之人缔结婚姻而没有婚姻事实的婚姻，这种情况是否应归于无效呢？形式性意思说认为，合意登记后因没有成为夫妇的意思婚姻便归于无效的做法过于随意，缺乏婚姻制度的安定性。因此，从登记便是一种承担责任的角度看，只要存在登记的意思即可，所以假装婚具备 a 要素而有效。但是，没有生活实体的婚姻全面有效是否妥当呢？两说似乎各有各的问题。

2. 判例

判例上，对婚姻关系，采取了实质性意思说。婚姻外生子的男女为了给予子女嫡出子的地位，打算在婚姻登记后再协议离婚。可是登记结婚后，女方不答应离婚，男方提起诉讼主张婚姻无效。对于这个案例，最判昭和 44.10.31（民集 23 卷 10 号第 1894 页）认为“所谓‘当事人之间没有婚姻的意思’指的是当事人之间不存在想要建立真正的社会观念上的夫妇关系”，本案中的婚姻登记是为了子女获得嫡出子地位的便宜之计，并没有上述想要建立夫妇关系的效果意思，因此婚姻是无效的。

另一方面，最高法院在这十几年里的下述判例中，认可了婚姻登记的有效性：事实上存在夫妇共同生活关系的情况（最判昭和 44.4.3 民集 23 卷 4 号第 709 页），或者以将来婚姻为目的保持持续性性关系情况（最判昭和 45.4.21 判时 596 号第 43 页），知道自己将死的男性委托第三人登记婚姻。在这些案例中，并没有将来共同经营夫妻生活的意思，在生命的最后登记婚姻，主要是考虑通过确立正式关系来确保继承权或者遗族养老金。因此，判例中的“想要建立社会观念上的夫妇关系”并不包含实际上经营夫妻共同生活的意思。

3. 法律意思说

根据上述判例的理解，有学说提出所谓的婚姻意思指的是想要通过婚姻产生法律效果的意思（参照大村敦志：《家族法（第 2 版补订版）》，有斐阁 2004 年，第 123 页以下）。由于婚姻的效果是法定的，所以无论是积极的还是消极的，都会产生法律上全面的效果。如果建立法律上的夫妇关系的话，就全面产生婚姻的效果，那么形式性意思说和法律意思说的区别就仅仅在于，从夫妻关系的设定层面来看，还是从结果的法律效果来看。学说上还有下述观点。作为行为规范的婚姻意思意味着全面享受婚姻带来的法律效果，即便只是想要享受其中一部分效果的情况，如果结果上即便全面产生了法律效果也不至于在当事人之间产生问题的话，那么就应该认可婚姻的有效性（内田贵：《民法Ⅳ（补订版）》，东京大学出版社 2004 年版，第 62 页）。还有学说认为，需要存在享受婚姻基本效果的意思（大村敦志，前载第 127 页）。

但是，在价值观以及生活方式已经多样化的今日，即便是一对夫妻也不必是同居并保持性关系，也就是说已经不能定型化地理解婚姻了。既然取得国籍等也是婚姻的效果，那么当事人寻求婚姻的法律效果也必然是多样化的。既然当事人寻求婚姻的法律效果，且具有婚姻的意思，笔者支持广义上的法律意思说。

三、未登记婚、事实婚、伙伴关系——具有实体的非婚姻

1. 对非登记婚的法律处理

判例以及学说将非登记婚的法律性质比照婚姻来处理（准婚姻关系），通过准用婚姻法来处理相关问题（最判昭和 33.4.11 民集 12 卷 5 号第 789 页等，准婚姻理论）。具体来说，法律认可具有现实夫妇共同生活的法律效果（民法第 752 条、第 760～762 条、第 768 条等）。另外，社会保障法也以现实的夫妇共同生活为对象，所以未登记婚的配偶虽然没有“进行婚姻登记，但是具有与事实上婚姻关系一样的情况”，也可以给付遗族养老金（养老金法第 3 条第 2 款，劳动保险法第 16 条之 2 第 2 款）。

未登记婚的成立必须符合当事人之间存在实质的婚姻意思以及存在夫妇共同生活的实体两个条件。但是，正如前文所述，夫妇共同生活形态已变得多样化了，再加上夫妇异姓的实践以及对传统婚姻的质疑等，双方主体在自己的意思之下选择不登记的情况就产生了（与未登记婚相区别，称之为事实婚）。像准婚姻理论那样，用一个婚姻模型解

决婚姻之外所有的伴随共同生活的法律问题是否妥当呢（大村敦志，前载第238页）？

2. 伙伴关系的应对

所谓的伙伴关系指的是当事人之间不存在同居以及维持升级关系，但是存在排他性性爱，在各自的住所之间往来的一种形态。对此判例认为“无论是精神上，还是日常生活中都形成了一种相互帮助的共同的生活形态”，所以在病死男性的死亡退职补助的接收权上支持了女性的权利（大阪地判平3.8.29家月44卷12号第95页）。另一方面，判例认为伙伴关系并不具备与“婚姻以及准婚姻一样的存续保障”，对于单方提出解除关系的男性，驳回了女方的精神损害赔偿请求（最判平成16.11.18家月57卷5号第40页）。

对于伙伴关系的应对，笔者认为可以参考下述学说。即可以根据该未登记婚的效果相对性地确定未登记婚的成立要件（相对性效果说，参见中川良延：“未登记婚的成立”，《中川善之助教授还历纪念：家族法大系Ⅱ》，有斐阁1959年版，第303页；我妻荣：《亲属法》，日本评论社1961年版，第200页；内田贵，前载第145页等）。也就是说，该关系解除之后的效果（不当毁约损害赔偿、事故死亡损害赔偿、遗族养老金等）、与第三人之间产生的效果（日常家庭债务的连带责任等）是事后处理的问题或者说是保护第三人信赖的问题，对重婚性质的未登记婚或者近亲婚的未登记婚等情况也同样适用。更进一步，对于婚姻意思以及夫妇共同生活的实体，根据各自问题的法律效果以及与谁之间的效果等情况，缓和认定的要件（铃木禄弥：《亲属法讲义》，创文社1988年版，第79页；二宫周平：《事实婚的判例综合解说》，信山社2006年版，第27页）。

但是，婚外关系的当事人生活保障是为了需要保护者而设立的（沼正也：《私的保护法的理论》，二宫周平，后载第15页）。因此，根据该关系的解除是否产生了需要保护的状态，应当支持损害赔偿以及遗族养老金等权利（需要保护状态意味着欠缺一般劳动者的生活水准）。

四、同性婚——难以登记婚姻的伙伴关系

1. 学说的观点

社会上虽然存在不爱异性而爱同性的人，但是对同性恋的偏见是根深蒂固的。日本也是想当然地认为婚姻是男女之间的结合（我妻荣，前载第14页等），否定同性婚（中川善之助：《新订亲属法》，1965年版，第160页等）。但是，以繁衍子嗣为目的的传统婚姻已经发生了改变，对于登记婚姻的男女关系，哪怕是没有生殖、性关系的可能性，哪怕没有共同生活，也已经认可了其婚姻法上的效果，而对于除了生殖之外具有实质性共同生活的同性之间的结合却拒绝保护其利益，到底合理性根据在哪里（青山道夫＝有地亨编：《新版注释民法（21）》，有斐阁1989年版，第179页（上野雅和执笔））？

宪法第24条规定：“婚姻仅以两性的自愿结合为基础而成立”，但是其立法主旨是废除了明治民法时代婚姻是由父母或者户主的意向而定的习惯，确立女性权利。也就是说，有学者解释道，宪法第24条的意义在于保障婚姻合意，而在民法中承认同性婚方面，宪法并没有任何障碍（角田由纪子：《性的法律学》，有斐阁1991年版，第212页）。

2. 法的应对的应有之义

关于同性之间关系的保护，存在下述四种方案：(1) 同性婚（认可同性间的婚姻），

(2) 登记伙伴关系（不认可婚姻关系，但是建立公共的登录伙伴关系，保障类似于婚姻的权利义务），(3) 伙伴关系契约（当事人之间通过契约处理权利义务关系），(4) 将其作为事实婚保护。到 2006 年为止，有荷兰、比利时、西班牙、加拿大采取了 (1) 方案，北欧诸国、德国、英国、葡萄牙、瑞士以及美国的几个州采用了 (2) 方案。法国的判例否定了 (4) 方案，而立法通过 (2) 方案解决了问题。

人根据自己的性取向与自己的伙伴形成亲密的关系并共同生活，作为个人的尊严应当受到保护。如果认可这点的话，那么就没有必要区分这种结合是同性还是异性。笔者认为可以承认同性之间的婚姻，如果实在是没有办法获得社会的承认，可以设立 (2) 的制度（二宫周平："从家族单位到个人单位——从个人决定权看家庭伙伴法"，赤杉康伸等编：《同性伙伴关系——同性婚、DP 法入门》，社会批评社 2004 年版，第 66 页以下）。在此实现之前，可以认定 (3) 方案有效，没有缔结契约的可以根据其共同生活的实体通过 (4) 方案保护。

参考文献

上野雅和：《假装的婚姻和离婚》，《岛津一郎教授古稀纪念：讲座现代家族法 (2) 》，日本评论社 1991 年版，205 页；前田阳一：《所谓假装的身份行为》，立教法学第 34 号，77 页；二宫周平：《婚外关系的法律保护应该保护到什么程度》，户籍时报第 594 号，2 页；棚村政行：《同性恋间的婚姻在法律上是否有可能?》，法学 Seminar 第 476 号，16 页；渡边泰彦："欧洲同性夫妇的法律保护"，《东北学院大学论集法律学》第 63 号，1 页。

131

离婚原因再审视

庆应义塾大学教授　犬伏由子

一、离婚原因与离婚法

法律上的“离婚原因”指的是国家认可的婚姻解除＝离婚的正当理由，“离婚原因”的法定意味着国家对婚姻以及离婚的控制。通过离婚法的国家控制，不仅表明了在“什么场合下”通过“什么程序”可以认可离婚的“离婚原因与离婚程序”的法定化，同时也建立了离婚的效果（财产分割、子女亲权监护权、子女见面权、养育费）的制度。因此，“离婚原因再审视”这个题目本来就是离婚法中应当探讨的一个重要的问题。最近以欧美为首的诸国都在进行离婚法的改革，原则是通过法院的干预，在离婚程序中将离婚本身与离婚的效果有机地联系在一起，以解决上述问题（关于诸国离婚程序的状况，参见专题“家庭法院的组织论、制度论的再构成——围绕其作用”，《社会与法》第21号中的几篇论文）。欧美离婚法改革彻底贯彻了离婚原因从“从有责主义到破裂主义”的转变，婚姻法中离婚原因的含义相对变得不是很重要了，而离婚效果的重要性与日俱增。

但是，我国希望离婚的人未必希望法院进行干预。如果当事人之间对离婚存在合意，那么就可以协议离婚。实际上这种情况占到离婚整体的将近90％（2005年协议离婚89％，调解离婚8.7％，审判离婚0.1％，和解离婚0.9％，判决离婚1.2％）。此外，由于我国采取了调解前置主义（家庭审判法第17、18条），所以法院在裁判离婚中如果没有离婚原因的话便不支持离婚。因此，“离婚原因的再审视”是围绕规定判决离婚原因的民法第770条的问题，与离婚的效果并没有直接关联。

二、现行法中的离婚原因

1. 民法第770条（判决离婚原因）的构造

民法第770条被认为是较早采用破裂主义、具有先进性的规定。但是，由于第2款的存在，以及第1款第5项将认定“婚姻破裂”的权限交给了法官的判断，因而在当事人离婚请求权成否一事上法官的裁量权过大，有人指出在保障“离婚的权利”上来说日本法是非常薄弱的（水野纪子：“日本离婚法律规制的应有之义”，《case研究》第262号，第7页以下，濑木比吕志＝水野纪子：“有关离婚诉讼、离婚法律规整的现状与问题点”，《判 T》第 1087 号，第 6 页以下）。

关于第 770 条的构造，虽然学说上也有包括第 2 款的解释（大村敦志：《家族法（第 2 版补订版）》，有斐阁 2004 年，第 145 页以下），但是通说认为第 770 条第 1 款规定了“婚姻破裂”是唯一的离婚理由，而第 5 项是其中心规定（＝绝对性离婚原因），第 1 项至第 4 项则是例举而已。也就是说，即便满足了第 2 款第 1 至 4 项的规定，如果没有达到破裂的程度也可能驳回离婚请求（第 1 项至第 4 项是相对离婚原因）。学说上对于判例中（比如与第 1 项有关的有东京地判昭和 30.5.6 下民集 6 卷 5 号第 896 页，千叶地判昭和 40.2.20 判 T175 号第 144 页，与第 4 项有关的采用“具体方式论”的最判昭和 33.7.25 民集 12 卷 12 号第 1823 页）适用第 2 款离婚请求的裁量性驳回的做法往往是批判性的。

根据通说，不应当根据婚姻是否破裂，只要确认存在难以恢复至婚姻的形骸化的“婚姻之死”的事实即可。第 1 项至第 4 项只不过是破裂的事例而已，仅仅作为个别离婚的原因，并不具有多大意义。但是，法官认定婚姻破裂并不是简单地认定事实，还可能考虑婚姻解除后的社会相当性等法律评价或者伦理性要素。有评论指出，否定婚姻破裂驳回离婚请求的判决中，有些判断是不正确的（名古屋地冈崎支判平成 3.9.20 判时 1409 号第 97 页，东京高判平成 13.1.18 判 T1060 号第 240 页）。因此，作为对法官裁量判断的框架，需要通过客观事实认定婚姻是否破裂。另外，是否应当考虑离婚请求方的有责性也是一个争论已久的问题。

2. 有责配偶提出的离婚请求

第 770 条最大的争论在于是否允许有责配偶提出的离婚请求。即便是在破裂主义之下，常年以来判例采取的消极破裂主义立场，不支持有责配偶提出的离婚，理由是有不贞行为并自己导致感情破裂的有责配偶以“婚姻破裂（第 1 款第 5 项）”为理由请求离婚，这无异于帮助有责配偶达到离婚效果（以最判昭和 27.2.19 民集 6 卷 2 号第 110 页为代表）。消极破裂主义通过保障无责配偶的“不离婚的权利”达到保护目的，但是长期形骸化的婚姻对无责配偶来说最多也不过得到一个配偶继承权。此外，有责配偶往往限定为对婚姻破裂仅仅是有责一方的责任（最判昭和 30.11.24 民集 9 卷 12 号第 1837 页）、直接原因人（最判昭和 46.5.21 民集 25 卷 3 号第 408 页），所以产生了下述弊端：在离婚诉讼中双方都有责任的情况下，法庭争论变成了揭发隐私的竞技。此后，昭和 62 年（1987 年）最高法院判决（最判昭和 62.9.2 民集 41 卷 6 号第 1423 页）则向积极破裂主义迈出了一步，改变了否定有责配偶提出离婚请求的态度，在极其慎重的条件下支持了其离婚请求。虽然对本判决众说纷纭，但是对是否允许有责配偶提出离婚请求，应当根据诚信原则进行判断的前提下，主要看以下三方面的内容（所谓的三要件说），即（1）夫妇相当长的时间内分居；（2）没有未成年子女；（3）对方不会因离婚陷入精神上的、社会上的、经济上的极其残酷的状况。对于（1），比起一般婚姻破裂中认定的分居期间还要长的时间（如以八年前后为基准），（2）和（3）并不是一个明确的要件，因此需要综合判断加以考虑（二宫周平＝榊原富士子：《离婚判例手册（第二版）》，有斐阁 2005 年版，第 64 页以下）。

三、离婚原因再审视

1. 如何规定离婚原因

对于第 770 条再审视的问题，有学者认为明示离婚原因的方法，以及是否应当规定苛刻的条项、违反诚信条款驳回请求的内容等都存在问题（铃木真次："是否应当修改第 770 条（离婚原因）?"，载《民事研修》435 号，第 7 页）。虽然离婚法构造不同，并不能进行简单比较，但是德国法中规定了婚姻破裂是唯一离婚原因，明确规定在没有离婚合意的情形下，如果分居超过 3 年视为婚姻已经破裂。同样，英国也是将婚姻破裂视为唯一离婚原因，将有责行为、分居期间（没有离婚合意的情形下 5 年）等作为婚姻破裂的基准。英国还于 1996 年修改家庭法，经过一定的熟虑期间（大概 12 个月）便可认定为婚姻破裂。法国除了合意离婚还规定了有责离婚、破裂离婚等多元化的离婚程序，2004 年婚姻法修法只要 2 年（过去是 6 年）以上分居便可认定为婚姻破裂。参考这些立法例，有必要在民法第 770 条第 1 款规定婚姻破裂为离婚原因的同时，设置认定破裂的一定期间的规定。1996 年民法修改草案（"修改民法部分内容的法律草案纲要"，载 Jurist 1084 号，第 126 页以下。小池信行"'修改民法部分内容的法律草案纲要'之概要"，载《广场》49 卷 6 号第 13 页说明，修改的主旨在于明确破裂主义的立场）中提出建议，有责配偶提出离婚请求的前提是 5 年的分居期间，认定婚姻已经破裂。如此一来，未满 5 年主要婚姻破裂的案件中，将再次出现对于请求者一方有责性的争论。为了客观地认定破裂事实，如果可以设置分居期间的规定的话，只要法定通常婚姻破裂的认定期间便足够了（最多 3 年）。

最后，对于是否维持现行法第 1 项至第 4 项这种例举婚姻破裂的做法，民法修改草案中只是建议删除第 4 项"精神病离婚"的规定。没有达到法定分居期间的情形下，举例说明婚姻破裂的典型事例也是有益的，但是例举有责离婚的不利之处显然更大（离婚诉讼使双方陷入有责性责难的境地）。因此，笔者认为分居期间之外的举例是没有必要的。

2. 残酷条款、诚信条款

1996 年民法修改草案删除了第 770 条第 2 款的裁量驳回事由，为了应对第 2 款的问题，草案前半段新设了残酷条款（"离婚将导致配偶或者子女生活上显著的困难或者难以忍耐的痛苦"的情形驳回请求），后半段新设了诚信条款（"显著怠于配偶协助以及扶养，离婚请求违反诚信"的情形驳回请求）。德国、英国（1996 年修法得以维持）、法国等国都规定了残酷条款（英国和德国参见《家族（社会与法）》第 8 号中三木妙子、神谷游的论文，法国参见《家族（社会与法）》第 9 号中犬伏由子的论文）。但是，法国 2004 年修法已经废除了破裂离婚中的残酷条款，特别是通过损害赔偿应对重大的离婚结果（Emmanuuelle Vallas-Lenerz，Divorce Le Guide Pratique，2005，p. 161，165）。残酷条款是针对离婚结果的条款，诚信条款是针对过去的不诚实的条款。后者只是为了应对分居中的婚姻费用分担义务的履行确保问题（近些年得到若干改善）。然而，残酷条款应当是通过离婚效果的强化和充实（财产分割内容、基准的明确化、子女共同养育责任的确立）来应对的问题。包含判决离婚在内的所有离婚，应该通过保障程序同时决定离婚本身与离婚的效果。这点也要同时加以考虑，笔者反而认为没有必要规定残酷条款。

参考文献

文中所列。

132 ◀ 财产分割请求权

东海大学教授 高桥朋子

序言

关于财产分割请求权，涉及其内容，分割的程序、方法、作为财产权的性质，与税金的关系等，所涉甚广。本文限于篇幅，仅仅集中讨论财产分割的内容。

一、财产分割制度的沿革与意义

关于财产分割制度的讨论可以追溯到明治民法制定之前，但是首次导入这一制度已是二战后的民法修改。在明治民法中，仅仅是在判例上支持了虐待侮辱等有责、不法等行为的侵权精神损害请求而已（大判明 41.3.26 民录 14 辑第 340 页）。

现行法虽然创设了财产分割制度，但是条文上（民法第 768 条）不过是规定了“应当考虑当事人双方因协力所得财产的数额及其他一切情况”，并没有明确规定相关内容。由此，学说上产生了对立。学说中主要讨论的是下述三要素：(1) 婚姻中夫妇协力所得财产的清算，(2) 离婚后生活困难的配偶的扶养，(3) 损害赔偿。（立法者的意思是以 (1) 为核心，包含这三个要素。参见高野耕一：“财产分割与精神损害赔偿金的关系”，《判 T》151 号，第 5 页以下）。其中讨论最为激烈的是 (3) 损害赔偿是否应当放在其中的问题。下面以三要素为项目，分别讨论财产分割的内容。

二、财产分割的内容

1. 清算性财产分割

(1) 财产分割的清算要素

正如前文所述，财产分割的清算要素主要指的是离婚时清算婚姻中夫妇协力所积累的财产。作为夫妇分别财产制，严格解释法定财产制的话，那么作为家庭主妇的妻子清算之时便没有任何自己名下的财产。但是，众多学说和判例都认为，即便是仅仅依靠丈夫一方收入，即便是共同使用的财产是其中一方名义的情形，实际上也是应当视为夫妇共有财产（我妻荣：《亲属法》，日本评论社 1961 年版，第 154 页；东京地判平 4.8.26

家月45卷12号第102页等)。

另一方面，也有学说认为，夫妇一方婚前财产、婚后赠与、继承所得的财产等各自的特有财产不是清算的范围。但是，从学说和判例上来看，实质上以夫妇双方为目的的婚后赠与（大津千明：《有关离婚给付的实证研究》，日本评论社1990年版，第115页），构成夫妇共同生活的基础，且为婚后生活不可欠缺的财产（加藤永一："夫妇的财产关系（2完）"，载《民商法杂志》46卷3号第490页），包含一方对维护财产有贡献等特殊财产（东京高判昭和55.12.16判T437号第151页）为清算对象。

（2）清算性财产分割的对象财产

清算性财产分割的对象财产中包括下述问题。1）离婚之前的退职金是清算对象。至于将来获得的退职金，过去由于不确定因素过多，认为不包含在清算对象内，但是最近的不少判例中，如果存在给付退职金的高度盖然性，也认为是清算对象。

2）对于养老金，考虑到这不是接受者本人而是夫妇双方老年后的生活保障，以及得到养老金之前夫妇之间相互协力，所以一般认为这属于清算范围。已经发生养老金受领权的情况下，判例做法各异：有些以每期养老金金额进行分割（支付定期金。仙台地判平成13.3.22判时1829号第119页），有些对将来发生的养老金也要考虑"所有的因素"（名古屋高判平成12.12.20判T1095号第233页）。2004年修改了福利养老金保险法，(i) 2007年4月1日之后离婚夫妇通过合意，按份分割（上限为1/2）婚姻中产生的福利养老金接收权（保险金缴纳记录）。(ii) 2008年4月之后，过去由被保险人负担的福利养老金保险费由被扶养配偶共同负担，基于此，离婚后被扶养配偶可以请求被保险人标准报酬额度的1/2（福利养老保险金法第78条之13、14）。

3）婚姻债务中，伴随共同财产形成中的义务，比如说房贷等应当属于清算范围而属于夫妇共同负担债务。有判例以不动产价值减去贷款等作为清算范围（新泻家审昭和42.11.14家月20卷7号第49页），有判例根据债务发生的贡献程度（受到利益的程度。原则上平等）（东京地判平成11.9.3判时1700号第79页）等。

（3）清算比例

判例中对财产分割几乎采用概括裁量的方式，所以很少单独区分清算。仅从明示的判例中可以看出，多数情况是根据财产分割请求者对财产形成的贡献程度来计算的。双方都工作的情况下，根据夫妇的收入比进行计算（岐阜家审昭和38.5.31家月15卷9号第197页），或者采用1/2的比例（大阪高决昭和48.9.5家月26卷3号第35页）。对家务劳动的评价也是多种多样的。虽然没有最后通过，1996年民法修改纲要规定，难以探明各当事人贡献程度的，视为份额相等（所谓1/2规则）。

2. 扶养性财产分割

（1）财产分割中扶养性要素

财产分割中的扶养要素指的是离婚后为了维持穷困一方配偶的生计的扶养费用。扶养义务一般是，清算夫妇财产以及损害赔偿之后一方配偶仍然生活困难的情况下产生的。但是，离婚后的夫妇为什么还必须要相互扶助呢？援助生活困难的人本来应该由亲属来完成，再不济也可以由公共扶助机构来完成。那么，离婚后扶养的依据到底在哪呢？有学说认为是婚姻的后续效力，有学说认为是社会保障充实之前的政策性考量，有学说认为因婚姻中家务劳动而减少了获取财产的能力，作为离婚后的生活保障得以清算，等等，学说诸多（大津千明，前载第155页以下）。

(2) 扶养性财产分割的计算

扶养性财产分割的前提条件是请求配偶者存在扶养必要性，而对方有扶养之能力。如果请求者有资产，或者已经就职，多数判例便不支持分割请求。从判例来看扶养的程度，多数判例对于因离婚而导致的暂时性生活危机往往只判令不多的数额（东京地判昭和 38.5.27 判时 341 号第 33 页）。只是在精神病人离婚的情况下必须支付治疗费（札幌地判昭和 44.7.14 判时 578 号第 74 页），高龄离婚的情况下必须考虑继承权的丧失（东京高判平成元年.11.22 家月 42 卷 3 号第 80 页）等因素。

3. 精神损害性损害赔偿金财产分割

(1) 财产分割中的精神损害赔偿金要素

与离婚有关的精神损害赔偿可以分为两类：一是离婚原因的个别有责行为导致的精神痛苦，二是离婚本身造成的精神痛苦。多数说认为应当区分两者，前者通过侵权法解决，财产分割仅仅是后者的问题（立法者基本也持此观点，参见高野耕一，前载第 6 页以下）。但是，也有意见指出，离婚本身并不是违法的，所以后者是有问题的（二宫周平：《家族法（第二版）》，新世社 2005 年版，第 113 页注 11）。

后者这种情况的精神损害赔偿金是否包含在财产分割的范围之内呢，学说意见各异，存在以下对立。包括说认为财产分割包括清算性要素、扶养性要素以及精神损害赔偿性要素，限定说认为财产分割并不包括精神损害赔偿金。包括说的优点是一次性解决关于财产的纠纷。限定说认为精神损害赔偿金是侵权行为的问题，理由是侵权行为与财产分割在诉讼管辖（财产分割是家庭法院、侵权行为是地方法院）、请求权的诉讼时效（财产分割的除斥期间是 2 年，侵权行为的短期诉讼时效是 3 年）等方面存在差异。对于这个问题，判例认为财产分割请求之时并不必须要求对方存在有责性，所以其与精神损害赔偿请求权在性质上未必相同。但是，在决定财产分割之时，应当考虑所有的因素，所以应当确定包括精神损害赔偿金在内的财产分割的额度以及方法，也被称之为折中说。财产分割之后，请求者如果进一步以对方侵权行为为理由请求精神损害赔偿的，如果认定财产分割并不能使得所有痛苦得以抚平的话，那么财产分割所得也并不使精神损害赔偿请求权全部消失（最判昭和 46.7.23 民集 25 卷 5 号第 805 页）。

(2) 精神损害赔偿性财产分割的计算

精神损害赔偿请求权的发生要件是对方配偶的有责行为导致离婚，并给请求者造成精神上的痛苦。从判例上来看，判断有责行为要看是否存在不贞行为、暴力等多种要素。在计算精神损害赔偿金额之时，需要考虑离婚的经过、原因、责任比例、有责行为的实际情况、资产收入、婚姻的实际情况等因素（仙台高判昭和 61.1.30 判 T603 号第 75 页）。

代结语

尽管有上述种种讨论，但是目前财产分割还是处于一种低额化的状态。为了改善财产分割，保障妻子离婚自由，不至于因经济原因而被剥夺离婚自由。最近的学说认为财产分割请求权应当合并上述诸要素，朝着统一理解的方向展开。也就是说，将离婚给付请求权看作是因离婚导致的不利益的补偿、夫妇间不均衡的消解（最早提出类似观点的是川岛武宜："离婚抚慰金与财产分割的关系"，载《我妻教授还历纪念：损害赔偿责任的研究（上）》，有斐阁 1957 年版，第 281 页）。统一考虑之时，把重点放在三要素哪个上，学说上各有不同。有的将重点放在清算性要素（高野耕一，前载第 27 页以下），有的将重点放在扶养性要素（水野纪子："离婚给付的谱系性考察（2 完）"，载《法学协会杂志》100 卷 12 号第 2210 页），有的清算和扶养并重（铃木真次："离婚给付的性格及其决定基准"，川井健等编《讲座现代家族法第 2 卷》，日本评论社 1991 年版，第 258 页以下）。包含立法在内，今后关于财产分割请求权的讨论将往何方发展，我们将拭目以待。

参考文献

久贵忠彦：《财产分割请求权与精神损害赔偿金的关系》，载《民法的争点》，有斐阁 1978 年版，360 页。

133

母子关系的成立

明治大学教授　石井美智子

一、序言

我国民法没有规定嫡出子的母子关系，大概是因为生产的女性在遗传上便是母亲，当然就被视为实际上的母亲。对于非嫡出子，民法第 779 条规定了母亲的认领，但是最高法院还是通过分娩的事实来认定的。此后，判例和通说都认为母子关系当然通过分娩事实而产生，户籍实务也是这么处理的。

但是，随着体外授精技术的发展，出现了新情况：从其他女性接受卵子并怀胎、生产的情况，以及反过来自己的卵子与丈夫的精子授精后转移到其他女性的子宫并生产的情况（代孕）。于是就产生了新问题，即母亲是生产的女性还是遗传上有关联的女性。

我国并没有规制生殖辅助医疗的法律，并通过日本妇产科学会的通告禁止代理生产。但是，报道中不乏祖母替代女儿生产以及去国外代理生产的情况。在这些案件中，最高法院不支持代理生产的子女的嫡出子登记请求。

如今，有必要再次审视法律上母子关系的成立基础。

二、母亲的认领

1. 民法第 779 条原封不动地沿袭了明治民法第 827 条。大审院判决认为抚养义务并不以认领为前提（大判昭和 3.1.30 民集 7 卷第 12 页），但是对于法律上母子关系的成立，一贯以认领为必要前提（大判大正 10.12.9 民录 27 辑第 2100 页，大判昭和 7.7.16 法律新报 303 号第 11 页）。

战后，法制审议会民法部会身份法小委员会在“暂时决定以及保留事项（二）”中提出：“母子关系通过生产的事实而当然产生。”但是，并没有修改民法。

2. 最高法院于昭和 37 年（1962 年）指出“母亲与非嫡出子之间的亲子关系原则上不以母亲的认领为前提，通过分娩的事实而当然产生”（最判昭和 37.4.27 民集 16 卷 7 号第 1247 页）。出生后作为他人的嫡出子而登记，但是一直养育到承认为止，法院支持了母亲提出的亲子关系存在确认之诉。最高法院采用了附条件的当然产生说，其后没有判例认为法律上的母子关系成立是以认领为必要前提的。

3. 由于非嫡出子的母子关系由分娩而当然产生，所以其与以认领为必要前提的母子关系在要件以及效果上存在重大差异。首先，即便子女已经成年，母子关系的确认并不需要子女的承诺。此外，母子关系确认之诉并不限于母亲死后 3 年之内（最判昭和 49.3.29 家月 26 卷 8 号第 47 页）。再次，遗产分割后即便确认了母子关系，也不适用民法第 784 条但书*以及第 910 条**规定（最判昭和 54.3.23 民集 33 卷 2 号第 294 页）。除此之外，还有不同之处在于，母亲是日本人的话，当然取得日本国籍。

4. 多数说也支持当然发生说。当然发生说认为，即便没有养育的母亲也有权请求扶养以及继承权。除此之外还有下述学说：以认领为前提的少数说；考虑到条文之间的整合性，在弃子等场合下例外以认领为必要条件的附条件当然发生说。根据该说观点，分娩而产生的法律亲子关系由于弃子等而消灭，但是弃子等可能由于适用民法第 784 条但书以及第 910 条而遭受不利益。

三、代理怀孕

1. 首先来看下面这个案例。日本人夫妇（妻子 55 岁）接受美国女性的卵子，与丈夫的精子结合的受精卵转移到其他女性并生产了子女。该夫妇得到了加州高等法院认可其作为该子的父母的判决，以此为根据加上出生证明书，该夫妇向日本提出了出生登记，但是登记机构不予受理。法务省认为生产的美国女性是母亲，子女与日本妻子之间不存在母子关系。该夫妻对不受理决定向家庭法院提出撤销申请，但是被驳回，向大阪高等法院提出上诉同样被驳回（大阪高决平成 17.5.20 判时 1919 号第 107 页）。大阪高院以日本法为准据法，母子关系之有无由分娩事实决定，上诉人与子女之间不存在母子关系。分娩者＝母亲的规定即便是在生殖辅助医疗发展的今日也应当得以维持，既然法律上并没有特别规定生殖辅助医疗而出生的子女的亲子关系，便不应当认可这种例外。（1）通过分娩这种外部事实，可以以客观性基准判断母子关系。（2）女性从怀胎到分娩的过程是培养母性的过程，从子女的福祉观点来看，分娩的女性为母亲也是合理的。此外，代理怀胎合同违反了公序良俗，应当否定其效力。最后，代理怀胎而生产的子女，如果例外地认可除了分娩者之外的人为母亲的话，就相当于认可了这种医疗手段，这是不恰当的。其后，最高法院也于平成 17 年（2005 年）11 月 24 日驳回了特别上诉（判决尚未公布）。

2. 其次，妻子由于癌症摘除了子宫，夫妇的精子与卵子体外授精形成的胚胎于美国内华达州生产了双胞胎。最高法院的判断如下（平 18（许）47 号）。妻子虽然没有分娩，但是在遗传上是母亲。基于内华达州地方法院认可该夫妇为父母的判决（以下简称内华达判决）而制作了出生证明书。该夫妇向日方提出以自己为父母的出生登记，但是没有被受理，于是提出撤销不受理处分的申请。东京家庭法院驳回了申请，但是东京高等法院撤销原判，要求区长受理该出生登记（东京高决平成 18.9.29 判时 1957 号第 20 页）。

高等法院详细探讨了内华达判决，认为适用或者类推适用民事诉讼法第 118 条，该

---

* 日本民法第 784 条：认领溯及至出生时发生效力。但不得损害第三人已经取得的权利。——译者注

** 日本民法第 910 条：在继承开始后因认领而成为继承人的人欲请求分割遗产的，其他共同继承人已经进行分割及其他处分的，享有仅基于价额的支付请求权。——译者注

判决具有效力，本案中的子女是该夫妇的嫡出子。因此，应当受理出生登记。

但是，高等法院认为如果内华达判决不符合民事诉讼法第 118 条所规定的外国法院的确定判决的话，根据法例法第 17 条第 1 款，日本的法律是准据法，我国民法在母子关系的成立上，认为该夫妻并不是法律上的父母。

但是，高等法院认为在内华达州该夫妇是法律上的父母，子女被夹在各国法律制度之间的缝隙，处于没有法律上父母的状态。所以内华达州判决是否违反民事诉讼法第 118 条第 3 项中所说的公序良俗，就需要根据个别以及具体的内容进行判断。换句话说，子女是由夫妇的卵子和精子的结合，与夫妇有血缘关系。为了得到具有夫妻遗传基因的子女，除了代理生产别无他法。代理母亲基于志愿者的精神，不当怀疑这种动机和目的是不恰当的。本案中代理生产合同虽然是有偿的，但是该手续费是给代理母亲提供相关经费的最低费用（内华达州修法认可这种经费的提供），这并不是该生产子女的对价。从合同的内容看也并没有侵害代理母亲尊严的要素。代理母亲的家庭并不希望与该子女有亲子关系以及养育关系，本案中的夫妻从该子女出生之日起就开始养育，今后也强烈希望养育该子女。因此，认可代理母亲并不会侵害子女的福祉，反过来在我国认可本案夫妇为法律上的父母，由本案夫妻进行养育对于子女的福祉是有利的。

与此相对，最高法院于平成 19 年（2007 年）3 月 23 日撤销高等法院的决定，驳回起诉。最高法院认为内华达判决“包含我国身份法秩序中并不认可的母子关系，与当前我国身份法秩序的基本原则。这属于民事诉讼法第 118 条第 3 项中规定的违反公共秩序的情况。因此在我国没有效力”。结果是“日本法是准据法（关于法律适用的通则法第 28 条第 1 款）”，日本民法认为“生产事实当然成立法律上的母子关系”，而且“怀胎生子的女性与提供卵子的女性不同的情况下”，“民法中并没有规定没有怀胎、生产的女性可以成为出生的子女的母亲的内容”，“实际的亲子关系与公益以及子女的福祉密切相关，应当采取统一明确的基准加以确定。鉴于此，现行民法应当如下解释，即怀胎生产的女性才是出生的子女的母亲，没有怀胎生产的女性即便提供了卵子也不成立母子关系”。

同时，最高法院认为，“代理生产已经成为众所周知的事实”，“希望需要通过立法以快速应对”。法务大臣以及厚生劳动大臣现在正在咨询学术会议，并展开相关探讨。

四、母子关系不存在确认之诉

为了防止虚假出生登记，50 岁以上的女性为母亲提出出生登记的情况，市町村长需要通过通告，在咨询管辖法务局、地方法务局或者支局的基础上进行处理（法务省民事局长通告昭和 36 年 9 月 5 日民事甲第 2008 号）。因此，“三、1.”的案件中，发现了代理出生没有受理出生登记。但是，许多在外国代理产子的情况，就受理了以申请人夫妇为父母的出生登记，户籍上成为申请人夫妇的嫡出子。此时，可能通过亲子关系不存在确认之诉否定母子关系。

在此之前的判例一贯不认可所谓“蓬蒿上的收养”，即通过虚假的出生登记将他人的子女作为自己的子女抚养的情况。但是，最高法院在平成 18 年（2006 年）7 月的判决中认为亲子关系不存在确认之诉可能导致权利滥用（最判平成 18.7.7 民集 60 卷 6 号第 2307 页）。考虑到“与实际的亲子一样长期的共同生活”，“确定亲子关系不存在可能导致子女以及关系人员遭受精神上的痛苦以及经济上的不利益”，“亲子关系不存在确认请求的经过以及请求的动机、目的"，"不确定亲子关系的情况下，是否给申请人之外的人造成显著不利益。考虑以上所有要素，如果亲子关系不存在之诉带来显著不恰当的结果的话，那么这种确认请求显然是权利滥用，不应被允许"。该判决虽然并没有从正面认可实际的亲子关系，但是请求被驳回的场合下，确定判决具有对世效力，所以结果是没有分娩的女性成了法令上的母亲，反过来分娩的女性却不是法律上的母亲。

五、结语

最高法院通过昭和 37 年（1962 年）判决明确了母亲不需要认领，分娩者＝母亲的规则。其后，随着生殖辅助医疗技术的发展，分娩者未必是遗传上的母亲了。即便如此，分娩者＝母亲的规则还是应当保留。但是，另一方面通过权利滥用法理，分娩者＝母亲规则变得不是那么绝对了。

母子关系是亲子关系的基础，也是至关重要的。考虑到子女的福祉，有必要在其出生之时便要明确谁是法律上的母亲。从这点来看，分娩者＝母亲具有合理性。德国的新亲子法再次在法律中明确了母亲的定义。我国也有必要在立法上明确母子关系的成立要件。

参考文献

五岛京子：《母亲的认领》，载中川高男编：《民法基本论集Ⅶ》，法学书院 1993 年，155 页；田村五郎：《母亲的认领》，《中川善之助教授还历纪念：家族法大系Ⅳ》，有斐阁 1960 年版，32 页；真船孝允：《最判解民事篇昭和 37 年度》，423 页；石井美智子：《家族法判例百选（第六版）》，56 页；大村敦志："生殖辅助医疗与家族法"，Jurist 1243 号，12 页；石井美智子："人工授精等的母子关系"，《NBL》743 号，34 页。

134

父子关系的成立

神户大学教授　窪田充见

一、序论——问题的出发点

关于父子关系的成立，民法学上存在下述争点。围绕判例中出现的“难以推定的嫡出子”或者“难以推定嫡出的子女”等实际亲子关系的个别规则问题，以及最近辅助生殖医疗出生的子女的亲子关系问题。

这些个别问题的根本问题在于“亲生子女到底是什么”。当然，在“难以推定的嫡出子”、“推定不及的子女”这些问题出现的时点上，这个问题显然是不言自明的问题，因而未必意识到问题性。但是，到目前这个时点上，处理这些问题的时候，这个问题作为最基本的问题变得不可避免了。

下面将以此为视点，在民法中规定的实际亲子的基本规则的基础上，在个别的论点上，探明究竟存在哪些对立，并希望勾画出基本的轮廓。另外，从广义上看，“父子关系的成立”当然也包括养父子关系的问题，这里暂且不论，集中探讨亲生父子关系的成立以及存否的问题。

二、有关父子关系成立的民法规定概要及特征

民法第 4 编第 3 章“亲子”分为亲生子女与养子，第一节规定了“亲生子女”。亲生子女规定中的核心制度是“嫡出推定与嫡出否定”以及“认领”制度。

1. 嫡出子的含义

民法上并没有明确规定嫡出子的概念。民法第 772 条是嫡出推定的规定，严格来说并不是规定“嫡出子为何”的条文。因此，在教科书等中，存在不同含义的说明，如“婚姻中生产的子女”、“处于婚姻关系的夫妇间生产的子女”等。其实，民法第 772 条第 1 款是以“怀胎”为焦点而规定的，该条第 2 款规定自婚姻成立后 200 天之内生产的子女不适用第 1 款的推定。所以民法中嫡出子被定义为“妻子在婚姻中由于丈夫而怀胎的子女”（阿部徹后载第 59 页），或者“由于母亲的丈夫而怀胎的子女”（二宫周平：《家族法（第二版）》，新世社 2005 年版，第 160 页）（怀胎主义）。

民法其实认可非嫡出子父母在子女出生后通过婚姻使该子女成为嫡出子的做法（转

正。民法第789条）。此时，嫡出子的地位不见得是通过婚姻中的怀胎而给予的，最终通过父亲的认领（父子关系、母子关系由分娩事实决定）以及父母的婚姻，可以给予嫡出子的身份。

2. 亲生子女的含义

民法典在标题层面上选择了“亲生子女”的概念，但是并没有明确规定什么是亲生子女，如何确定亲生子女关系是否存在。对于如何理解这些问题，民法典的规定可以往两个不同的方向理解。

(1) 法律亲子关系的独特性

首先，民法第772条规定的嫡出推定的情况下，可以通过嫡出否定制度而否定父子关系。这里仅仅是事实问题，而不是否定推定成立的父子关系。否定权利人被限定为“丈夫”（民法第774条），行使否定权的方法仅限于诉讼（民法第775条）。行使期限是知道子女出生1年之内（民法第777条）。丈夫承认嫡出之后，就不能再行使否定权（民法第776条）。也就是说，即便父子之间不存在遗传上的亲子关系，知道这点的父亲仍然承认父子关系的情况，以及随着时间推移不能行使否定权的情况下，法律也不承认再次颠覆父子关系了。亲生亲子关系一部分的嫡出亲子关系的这种性质表明，法律上的亲子关系并不是单纯的遗传上或者生物学上的亲子关系。

(2) 法律判断先行的亲子关系

另一方面，民法第779条规定了认领，“非嫡出子可以由父亲或母亲认领”。此时，这并不是法律上判断的亲子关系，而必须是以事实层面的决定为前提的。

民法上关于亲生子女的含义并不能统一定义，这点对于探讨具体问题是非常重要的。在不少情景下，对于具体问题，采取何种定义可能推导出不同的结论。

三、有关嫡出推定的问题

嫡出推定是父子关系成立的主要支柱。下面通过判例，推导出嫡出推定上两个重要的概念。

1. 难以推定的嫡出子

首先在未登记婚的情况下，判例认为民法第772条第2款规定的婚姻成立以后没有达到200日出生的子女也应作为嫡出子对待（大连判昭和15.1.23民集19卷第54页）。本判决是关于未登记婚情况下的处理方式，户籍官员没有经过实质审查，不问未登记婚关系之有无，在户籍上直接以嫡出子对待。

对于这种“难以推定的嫡出子”，虽然户籍上是作为嫡出子而处理的，但是由于不适用民法第772条，所以不是通过嫡出否定程序，而是通过一般的亲子关系不存在确认之诉，存在否定这种亲子关系的可能性。亲子关系不存在确认之诉中，如果存在诉讼利益便可以提起诉讼，与嫡出否定不同，也不限制权利行使的期限。所以，与嫡出推定相比，该嫡出子的地位是不稳定的。

此外，对于“难以推定的嫡出子”，即便像判例一般让未登记婚关系先行，但是还有必要说明为什么作为嫡出子处理是正当的。对于这个问题，一般是通过与婚姻转正的均衡来说明的，但是本身这个问题并不见得得到了解决。

2. 不适用嫡出推定的子女

另一方面，亲生亲子关系的观点更为明显得到体现的是“嫡出推定不及的子女”。

判例中，在形式上即便满足民法第 722 条的要件，但是如果外观上明显看出怀胎中的妻子不能怀上丈夫的子女的话，就是嫡出推定不及的子女（最判昭和 44.5.29 民集 23 卷 6 号第 1064 页，最判平成 10.8.31 家月 51 卷 4 号第 75 页）。

在第 772 条的嫡出推定被排除的情形下，该子女的嫡出子身份就可以通过上述亲子关系不存在确认之诉陷入争论。

在什么情况下“嫡出推定”所不及的问题，本来就与亲生亲子关系是什么的问题，以及应当何种程度上维持嫡出推定制度的问题，密切相关。从理念上，存在以下两个基本立场的对立。

（1）血缘主义的亲子观

首先，亲生亲子关系以及以此为前提的嫡出亲子关系是血缘关系的立场。从这种立场的角度看，在较大范围内可以承认上述推定不及的子女。也就是说，通过血液鉴定、DNA 鉴定可以否定亲生亲子（父子）关系，那么无须借助民法第 772 条的嫡出推定机能，可以通过亲子关系不存在确认之诉否定关系（血缘说）。

如果采取这种立场的话，用 DNA 否定生物学上的亲子关系，那么就无须适用第 772 条嫡出推定的固定，第 772 条也就失去了实质意义。

还有学说在采取血缘主义亲子关系的基础上，为了避免上述问题，主张采取家庭破裂说（仅限于户籍上的父母家庭关系已经破裂的情况，才可以从血缘主义的立场支持亲子关系存在争论）、合意说（如果子女、妻子、丈夫存在合意，就可以请求确认是否存在血缘上的父子关系）。

（2）承认法律亲子关系的独立性的立场

另一方面，还有学说认为民法典规定的亲生亲子关系并不能仅仅依靠血缘关系决定，应当重视嫡出推定、嫡出否定这两个现行法的制度。也就是说，民法第 722 条规定的嫡出亲子关系并不是单纯的生物学上的亲子关系，即便不存在血缘关系，也可能成立法律上的嫡出亲子关系，并不能否定这种嫡出亲子关系。从对嫡出推定以及嫡出否定的制度理解来看，对于“嫡出推定不及的子女”，应当采取否定立场。

对于这个问题，现在的判例只在下述情形承认嫡出推定不及：怀胎期间妻子难以怀上丈夫的子女。最近的判例也是认为，如果不存在这种特殊事由，就不支持亲子关系不存在确认之诉（最判平成 12.3.14 家月 52 卷 9 号第 85 页）。

外观说虽是判例的一贯立场，但是在外观说登场的时点上，第 772 条的推定合理性在“外观上”难以正当化的情形，排除第 772 条的适用的做法，本来就是确定困难的父子关系的处理方式。采取外观说并没有多大的独立性。但是，随着技术的发展，现在判断是否存在生物学上的父子关系已非难事。即便不借助外观等手段，也可以通过 DNA 鉴定等手段确定生物学上的父子关系。新形势下依然维持外观说意味着嫡出亲子关系的问题并不是单纯的生物学亲子问题，而具有其独立的积极意义。这种意义是判例依然采取外观说的理由。

3. 否定权之有无以及行使否定权的若干问题

有人指出，现行法的问题是只有父亲可以行使否定权，而且权利行使期限还相当有限。

后者是否定权利人行使否定父子关系的权利，由于涉及子女身份关系的稳定，虽说值得衡量，但也说不上过于严格。但是，只有父亲行使否定权的做法就有合理性的问题了。

对于这个问题，立法论的大势所趋是不限定父亲为否定权利人，理由有：(1) 事实主义亲子观；(2) 亲子关系应当根据当事人的属性进行考虑。(1) 的情形否定权人的范围较广，而后者 (2) 的情形将其限定于当事人的子女（或者母亲）。

四、认领问题

现行法规定，父母可以认领非嫡出子（任意认领，民法第 779 条），子女及其直系卑亲属或其法定代理人可以提起认领之诉（强制认领，民法第 787 条）。现在的判例认为母子关系由分娩而成立，不需要认领（最判昭和 37.4.27 民集 16 卷 7 号第 1247 页），所以认领仅仅是父子关系成立中的问题。

从亲生亲子关系的视角看，认领制度包含两方面不同性质的内容。

一方面，认领具有通过意思成立亲子关系的侧面（意思主义）。

另一方面，在认领之诉（强制认领）的情况下，与父亲（或者母亲）的意思没有关系，而是以一定的事实为前提，判断亲子关系（事实主义）。这里的前提事实（除去后述生殖辅助医疗的情形）就不得不考虑遗传上的、生物学上的亲子关系。

我国既然存在强制认领制度，认领的父子关系是以事实主义为原则的。另一方面，制度上却并没有完全贯彻这种事实主义。首先，(1) 认定制度仅限于非嫡出子。正如上文所述，现在判例以及一般观点认为嫡出子的依据并不仅仅是事实主义。因此，认领制度就需要从其出发点的事实主义进行修正。其次，(2) 认领成年子女的情形需要子女的同意（民法第 782 条），(3) 对胎儿的认领需要母亲的同意（第 783 条第 1 款）。在上述情况下，认领受到诸多意思的左右。因此，父子关系的认领不仅仅是以事实为基础而决定的。

此外，关于如何理解认领的法律性质，这与如何定位认领之诉、认领无效有关。从认领而再次形成了父子关系的角度看，认领之诉是形成诉讼（最判昭和 29.4.30 民集 8 卷 4 号第 861 页）。另一方面父子关系由事实（血缘关系）决定的情形下，认领之诉是确认诉讼。同样对于认领无效，通过无效判决使得认领归于无效的立场（形成无效说）与确认无效说之间存在对立。

五、生殖辅助医疗问题

亲生亲子到底是什么的问题，虽然是一个一般性的问题，但是深层次问题还有待研究。促使人们更直接地追问亲生亲子关系是近些年来生殖辅助医疗技术的发展。

对于这个问题重要部分的代理母亲、代理生产的问题，参见本书 133 “母子关系的成立”，这里探讨一下与父子关系有关的 AID 与利用死后冻结精子生产的问题。

1. AID 中的父子关系

丈夫的生殖机能存在障碍的情况下，使用第三人（捐献人）的精子妊娠怀孕的就是 AID，在我国已经被广泛利用。

此时如若贯彻生物学的亲子观，问题是丈夫与其子女之间是否存在父子关系？到目前为止，一般承认 AID 的请求人夫妇与子女之间成立亲子关系。但问题是，如果丈夫、子女、妻子或者其他第三者请求否定父子关系的话又该如何呢？

首先，形式上可以适用民法第 772 条的情况下，否定父子关系仅限于嫡出否定，否定人仅限于父亲。在丈夫同意 AID 的情况下，行使否定权属于权利滥用，这样可以保护子女的法律地位。因此，适用民法第 772 条，AID 中的父子关系并不会成为一个问题。

但是，目前即便形式上适用第 772 条，“嫡出推定不及的子女”就可以排除该条的适用。正如上文所言，对于如何理解嫡出推定不及的情形，与如何理解法律亲生亲子关系，在基本立场上是不同的。如果以血缘主义的亲子观为前提的话，那么 AID 刚好可以理解成第 772 条嫡出推定不及的情况。此时，第三人可以通过亲子关系不存在确认之诉，否定 AID 请求人的丈夫与子女的父子关系。捐献人与子女是否存在父子关系是另外一个问题。从血缘主义亲子观的角度否定捐献人与子女的父子关系需要某种特别追加的说明。

不可否定的是，现在 AID 亲子关系正处于一种不安定的状况。因此，笔者认为在立法化的方向上，应当认可同意 AID 的丈夫与子女之间的父子关系，不认可提供精子的捐献人与子女之间的父子关系（不支持捐献人的认领以及对捐献人提起的认领之诉）。

2. 利用丈夫死后冻结精子的生产与父子关系

近年来，产生了新的问题，利用丈夫死后的冻结精子，妻子妊娠生产的，是否应当认可生产的子女与丈夫之间的父子关系呢？有见解认为，视丈夫生前有无同意为前提，认可父子关系的成立（高松高判平成 16.7.16 家月 56 卷 1 号第 41 页），但是最高法院并不支持（最判平成 18.9.4 家月 58 卷 12 号第 44 页等）。

其实这个问题就是认可这种关系具有什么法律意义的问题。其中，此时有人认为存在代位继承的可能性，但是最高法院否定了代位继承的可能性，即“代位继承是代位继承人继承被继承人的财产而设置的制度……不处于可继承被代位人父亲的地位的死后胎儿，从其与父亲的关系来看，并不能成立代位继承关系”。已经死亡的丈夫与子女之间不存在产生法律上亲子关系的基本法律关系的余地。

另外，在生殖辅助医疗亲子关系的讨论中，有观点认为，应当从哪些是被允许的，哪些是被禁止的行为规则出发，重新审视亲子关系。但是，判例中否定亲子关系的情形下，是以亲生亲子关系不存在可能性为前提；此时，应当制定合适的行为规则。

参考文献

（1）关于这个问题的基本问题现状，可参见福永有利：《难以推定的嫡出子》，载星野英一编辑代表：《民法讲座 7》，有斐阁 1984 年版，179 页以下；石川稔：《认领——以意思主义与事实主义的对立为中心》，载星野英一编辑代表：《民法讲座 7》，有斐阁 1984 年版，489 页以下；阿部徹：《民法第 772 条、第 774 条（嫡出推定、嫡出否定）》，载广中俊雄/星野英一编：《民法典的百年Ⅳ》，有斐阁 1998 年版，53 页。

（2）本文引用的最判平成 12.3.14（外观说）的判例评论有：伊藤昌司：判 T1039 号，72 页；梶村太市：《平成 12 年度主要民事判例解说（判 T）》1065 号，162 页；床谷文雄：Remarks22 号，78 页；水野纪子：《平成 12 年度重要判例解说（Jurist）》1202 号，80 页；村重庆一：户籍时报 529 号，50 页；野泽正充：法 Seminar 45 卷 10 号，112 页；泽田省三：户籍 720 号，29 页。最判平成 18.9.4（死后冻结精子的生产与父子关系）的判例评论有：家永登：法时 78 卷 12 号，1 页；丸山绘美子：法 Seminar52 卷 1 号，109 页；村重庆一：户籍时报 603 号，29 页。

（3）生殖辅助医疗亲子关系法律修改的方向，参见福利科学审议会先端医疗技术评价部会生殖辅助医疗技术专门委员会：《精子、卵子、胚胎的提供等生殖辅助医疗的应有之义报告书》（2000 年 12 月） http：//www. mhlw. go. jp/shingi/2003/01/s0109－2h. html；法制审议会生殖辅助医疗亲子关系法制部会：《有关精子、卵子、胚胎的提供等生殖辅助医疗出生的子女的亲子关系的民法特例的纲要中期草案》（2003 年 7 月） http：//www. moj. go. jp/MINJI/minji07 _ 00071. html 。另外，法律修改的讨论，参见内田贵等：《特别座谈会：家族法修改的方向（下）——民法修改委员会的讨论的现状》，Jurist 1325 号，148 页以下。

135

收养法的课题

立命馆大学教授　本山敦

一、前史——理解问题的前提

民法典起草之时，有议论认为，由于收养制度存在诸多弊端，所以应当禁止。但是，因为存在家族制度、社会上广泛存在、对社会也有有益的部分等理由，所以并没有全面禁止，而是用法律手段消除其弊端（梅谦次郎：《民法要义卷四（复刻版）》，信山社1984年版，第273页）。

收养法在民法典中相对也是变化较大的。旧民法（博瓦索纳德民法）人事编规定只有户主可以收养，收养成立需要仪式，以及遗言收养等封建性的内容。另外，人事编同时规定收容孤儿的设施机构长有收养的承诺权。明治民法基本沿袭了旧民法的规定，但是将收养要件扩展至一般成年人，排除了仪式而采登记程序，另外去掉了儿童福利性规定等。

从旧民法到明治民法，收养制度主要是为了确保“家”的后继有人。但是现实中收养的目的却是包括确保养家劳动力等各种目的的。梅博士虽然没有列举弊端事例，但是可以推测其考虑到了将养女作为艺妓的“艺妓养子”。实际上明治民法制定后不久，大审院就支持了被收养父母强行卖春的养子提出的解除收养关系的请求（大判明治38.11.2民录11辑第1534页）。判例中有不少艺妓养子请求解除收养关系或者判定收养无效的情况。因为法律上可以简单地进行收养，所以消除这些弊端并不容易。

战后日本制定了新宪法，废除了不符合宪法精神的家制度。由于时间有限，修改并不充分，情况如下。废除了遗言收养以及解除收养关系原因的有损家名等内容，增加了收养未成年人原则需要家庭法院许可的内容（民法第798条），考虑到了未成年人的福利。艺妓收养等收养问题随着劳动基准法、防止卖春法的制定也得到了解决。但是，仅仅依靠登记进行收养的基本构造还是没有任何改变，家制度消失之后，收养的自由度相反有增无减。

昭和37年（1962年）对解除收养关系进行了小幅度修改（民法第811条等）。最大的修改是昭和62年（1987年）新设了特别收养制度（民法第817条之2～第817条之11）。随着特别收养的导入，传统的收养在讲学上就被称为普通收养。

二、普通收养

普通收养可以从被收养人的属性以及收养的目的进行说明。从属性上来说，被收养人是收养人的亲属还是非亲属、被收养人是成年还是未成年是重要的问题。日本存在根深蒂固的“异姓不养”的传统，即不同姓氏的非亲属不可以成为被收养人（汤泽雍彦：“收养制度的概要与日本的实情”，养子与养父母之会编《养子与养父母》，日本家除出版社 2001 年版，第 21 页）。

1. 亲属收养

（1）成年收养

“女婿收养”是典型例子。结婚后的丈夫以妻子的姓氏为姓氏，与妻子的父母建立收养关系。收养后即便结婚也可以（民法第 734 条第 1 款规定：直系血亲或三等内的旁系血亲之间，不得结婚，但是养子女与养父母方的旁系血亲，不在此限。）。舍弃姓氏的补偿是被收养人获得收养人的继承人地位。夫妇中大概 98%是以夫为姓，所以通常妻子和丈夫的父母不会建立收养关系。妻子改变姓氏是无偿的，这在性别论上是有问题的。

（2）未成年收养

“拖油瓶收养”是典型例子。离婚后，作为子女亲权人的女性再次结婚的情况，再婚对方的男性与女性的子女建立收养关系。养父成为养子的亲权人（民法第 818 条第 2 款），养父子成为相同姓氏（民法第 810 条），某种意义上来说带来了便利。如果子女未到 15 岁，母亲可以代为承诺建立养子关系（民法第 797 条），不需要家庭法院的许可（民法第 798 条但书）。不希望建立养子关系的 14 岁子女的意思可能被母亲和养父忽视。这种收养关系有时包含截断亲生父子关系之间交流的意图，亲生父亲与子女的会面需要谈判。子女与亲生父亲的会面使得其与养父关系并不融洽，再婚家庭中导致新的风波，亲生母亲一方就不希望再进行面谈的交涉。既要尊重亲生父子间的交流，又要考虑到新家庭的圆满关系的形成。两者的调整着实是一件难事。

（3）避税收养

这与被收养人的年龄关系不大。被收养人是收养人的继承人（民法第 809 条）。继承税的基础扣除额度计算如下：5 000 万日元＋1 000 万日元×继承人数目（继承税法第 15 条第 1 款）。可见，继承人增加，基础扣除额也相应增加了。高龄老人就会与子女的配偶、子孙之间建立养子关系。在泡沫经济时期，高龄老人死之前频繁建立收养关系。收养人的收养意思显然是存在疑义的。其次，收养亲子关系也是一种“亲子关系”，而避税收养不符合亲子的实际情况。最后，由于根据收养亲属的多少决定纳税额的多少是不公平的。因此，昭和 63 年（1988 年）继承税法修改中对可以计算的收养数目进行了限制（继承税法第 15 条第 2、3 款）。尽管如此，避税收养还是在限制的范围内被认可。

2. 非亲属收养

（1）成年收养

在歌舞伎等传统曲艺世界，存在“艺术收养”（与上述艺妓收养不同）。为了高龄老人的护理、扶养以及继承事业，成年人与没有亲属关系的人建立收养关系（东京地判平成 16.8.23 判 T1177 号第 262 页）。但是，也存在社会上不希望出现的收养关系。比如，与情人建立收养关系（古代有“妾养子”一称）。另外，由于我国不认可同性婚、合伙婚等（参见本书 130），同性恋之间可能建立收养关系。这些收养关系是传统所不愿看到的，但是对这个问题视而不见也不是个办法。在欧美有以下讨论：对于女性“情侣”中的一方利用他人的精子生产子女的情况，该子女是否可以与另一方建立收养关系就引起了讨论。

（2）未成年收养

根据统计，昭和 27 年（1952 年）度收养总数是 10 万零 7 151 件，家庭法院许可的数目是 3 万零 2 007 件（叔叔与侄子的收养需要得到许可，所以许可数目并不是非亲属间未成年收养数目）。平成 17 年度的数目分别是 8 万零 8 511 件和 1 037 件。可见，非亲属间未成年收养的数目大幅减少了。原因包括出生人口的减少、治疗不孕不育的进步、特别收养制度的导入等。

三、虚假的收养

1. “蓬蒿上的收养”

所谓“蓬蒿上的收养”指的是，将别人刚出生的子女作为自己的亲生子女进行出生登记的情况。这符合公证证书原件不实登记罪，是虚假的嫡出子出生登记，也是导入特别收养制度的原因之一，是一种不良习惯（中川高男：“亲生子女斡旋事件”，jurist 900 号，第 216 页）。登记之后经过数十年之后，围绕户籍上的亲生父母的继承，对蓬蒿上的被收养人（户籍上的亲生子）提出亲子关系不存在确认之诉（人事诉讼法第 2 条第 2 号），这才发觉虚假收养。虚假登记后长期形成的“亲子关系”就被颠覆了。学说上为了维持法律上的亲子关系而在解释论上费劲了心思，但是判例还是否定存在法律亲子关系（深谷松男：“虚假的嫡出子登记与收养的效力”，载《民法的争点Ⅰ》，有斐阁 1985 年版，第 212 页）。但是，最近最高法院的态度发生了变化（最判平成 18.7.7 民集 60 卷 6 号第 2307 页以及另一案件平成 18.7.7 家月 59 卷 1 号第 98 页）。今后关于这方面的讨论值得关注。

2. 假装收养

收养登记以及断绝收养关系的登记都不是必须由当事人本人出面，邮寄登记也是可能的（户籍法第 47 条）。因此，当事人特别是收养人不知道的情况下提交了收养登记；被收养人利用收养变更姓氏（民法第 810 条），就变成了另一个人，从金融机构贷款。由于该现象多发，法务省发出了“关于户籍登记中本人确认的办法”的通知（平成 15 年 3 月 18 日法务省民一第 748 号法务省民事局长通知），要求地方政府确认本人身份。但是，户籍法并没有规定确认本人的义务，所以各地的做法各异，并不能保证所有人都进行本人确认。其后，户籍法修改（平成 19 年 5 月 11 日法律第 35 号），规定登记时需要确认本人（该法第 27 条之 2），还设置了对虚假登记的罚则（该法第 132 条）。这与婚姻登记等有着相同的问题（参见本书 129“身份行为的登记与意思”）。

四、特别收养

第一次世界大战后产生了许多战争孤儿。对于孩子的健康成长而言，重要的并不是孤儿养育设施而是有必要提供家庭的养育环境。因此，20 世纪初的欧洲诸国开始创设收养制度的目的并不在于家的继承或者收养人的扶养，而是为了子女的福利。断绝亲生亲子关系，仅仅让收养人成为法律上的父母，让收养亲子关系无限接近亲生亲子关系。

第二次世界大战之后，我国导入了相同的收养制度，虽经过讨论其后还是遭受了挫折。但是，以亲生子女斡旋事件（前述“三、1”）为契机，议论再起，立法设置了特别收养制度（细川清：《收养法修改解说》，法曹会 1993 年版）。颁布 20 年后的特别收养还有许多问题需要解决。此外，收养的数目在不断减少。数量从导入该制度的第一年［昭和 63 年（1988 年）］的 730 减少到平成 17 年（2005 年）只有 307 件。随着生育率下降，子女数目也在减少。另一方面，由于虐待儿童，不能由亲生父母监护的情况却在相应增加（本书 139“DV（夫妻间的家庭暴力）、虐待儿童”）。笔者认为，法律上严格的要求是（收养）数目下降的原因之一。比如说，被收养人的年龄原则上是未满 6 岁（民法第 817 条之 5），但是法国是不满 15 岁，德国和英国则不满 18 岁。另外，特别收养必须考虑到儿童福利。特别是养父母期待与其养育的子女之间建立收养关系，但是实际上登记的养父母的数目正在减少。

五、国际（涉外）收养

世上有因“非本意怀孕”而出生的子女，也有不少十几岁的断绝生育能力的女生。有企业专门斡旋让海外收养人收养这些子女。企业斡旋之际要求高额金钱的时候问题就产生了（高仓正树：《婴儿的价格》，讲谈社 2006 年版）。为了增进儿童福利，收养斡旋事业是需要咨询政府的事业（社会福利法第 2 条第 3 款第 2 项），必须向都道府县知事提出登记（该法第 69 条）。另外，原则上禁止以营利为目的的儿童养育的斡旋。但是，由于难以掌握流向海外的收养情况，规制并不能充分发挥其机能。当务之急是批准 1993 年联合国制定的《跨国收养方面保护儿童及合作公约》（清水响：“海牙国际私法第 17 次大会的概要”）以及完善国内法。

六、代结语

我国的收养法是否可以说内容丰富，运行良好？应该这么说，“女婿收养”“避税收养”发挥了收养的主要作用，但是从现代收养制度的目的，即保障不能得到亲生父母监护的子女的家庭养育环境来看，我国还远不尽如人意。希望读者铭记我国与世界水准的收养制度的差距。

136

子女的养育费与婚姻费用

早稻田大学教授　棚村政行

一、序言

婚姻费用指的是维持夫妇与未成年子女家庭共同生活所必要的费用。已婚夫妇根据其资产、收入以及其他情况，分担婚姻所产生的费用（民法第 760 条）。这种婚姻费用分担义务一般指的是所谓的“保障生活义务”，即维持与自己一样的生活水准的义务，其与其他亲属间的扶助义务（生活扶助义务）是不同的。婚姻费用分担义务中的问题往往发生在婚姻破裂后分居中的夫妇之间。此外，我国年离婚数从平成元年（1989 年）（15 万零 7 811 件）到平成 15 年（2003 年）（28 万零 9 000 件），记录每年都被打破（但是平成 16 年（2004 年）27 万零 809 件，平成 17 年（2005 年）26 万零 1 929 件，有些许降低）。于是，围绕离婚后子女监护以及养育费用的支付产生了大量纠纷。特别是在离婚后的监护人或者亲权人对另一方请求养育费的情形下，其计算方法、确保履行等都是可能面临的问题。下文将探讨子女养育费以及婚姻费用的实际情况、计算标准和方法、履行确保的途径等问题。

二、子女的养育费

1. 子女养育费的现状以及请求方法

平成 15 年厚生劳动省对全国母子户口调查显示，“现在正在接受”养育费的比例是 18%，“曾经受过”养育费的是 16.4%，而“从来没受过”的比例达到 60.1%。离婚母子平均年收入是 212 万日元，是一般一户人家平均所得 589 万日元的 1/3 而已。另外，平成 16 年家庭法院调解以及审判后订立的由丈夫向妻子支付的额度大多是每月 2 万日元至 4 万日元。子女有 2 个的情形，倾向于每月 4 万日元至 6 万日元。这个金额接近于平成 16 年（2004 年）的儿童抚养津贴额、生活保障基准额度。

请求未成年子女养育费的方法如下：如果父母处于婚姻中，养育子女的一方可以请求另一方分担婚姻费用（民法第 760 条，家事审判法第 9 条第 1 款乙类 3 号）或者夫妇之间的扶助（民法第 752 条，家事审判法第 9 条第 1 款乙类 1 号）。但是，离婚后父母的一方作为亲权人、监护人养育子女的情形下，可以就子女监护所必要的事项，向非监护方请求监护费用的分担（民法第766条，家事审判法第9条第1款乙类4号）。另外，子女本身可以请求父母对自己进行抚养（民法第877条，家事审判法第9条第1款乙类8号）。平成8年（1996年）民法修改纲要在第766条插入了子女监护所需必要费用的分担的内容，明确了父母分担养育费。

2. 养育费的计算方法

（1）过去的计算方法——按份方式

与婚姻费用一样，过去子女养育费用的计算方法有实际费用方式、标准生活计费方式、生活保障基准方式、生活保障基准比例方式、劳动科学研究所方式，所有的方式都各有长短（参见斋藤启昭："养育费的计算方式与判例"，《判T》1100号，第168页）。因此，近年来许多家庭法院采取了"生活保障式的按份方式"。比如说，父亲的基础收入比母亲更高的情况下的计算方式如下。

1）子女必要生活费的计算

$$\begin{aligned}&\text{子女的必要生活费}\\&=\text{父亲的基础收入}\\&\quad\times\frac{\text{子女1类费用}+\text{父亲与子女的2类费用}-\text{父亲的2类费用}}{\text{父亲与子女的1类费用}+\text{父亲与子女的2类费用}+\text{父亲的2类费用}}\end{aligned}$$

2）抚养余力的计算

$$\begin{aligned}\text{父亲的抚养余力}&=\text{父亲的基础收入}-\text{父亲的最低生活费(父亲的1类费用}\\&\quad+\text{父亲的2类费用)}\\\text{母亲的抚养余力}&=\text{母亲的基础收入}-\text{母亲的最低生活费(母亲的1类费用}\\&\quad+\text{母亲的2类费用)}\end{aligned}$$

3）父亲分担额的计算

$$\text{父亲的分担额}=\text{子女的必要生活费}\times\frac{\text{父亲的抚养余力}}{\text{父亲的抚养余力}+\text{母亲的抚养余力}}$$

这种过去的按份方式的计算法具有根据双方当事人的实际生活情况计算养育费的优点，但是由于计算导致审判的长期化，如果生活情况不好把握的话，计算额度的预测也是非常困难的（参见右近健男等编：《家事事件的现状与课题》，判例Times社2006年版，第16页以下）。

但是美国却有着更为简单的计算养育费用的指南，即按照子女人数的一定比例乘以父母所得总额就是子女的最低生活费用。日本上述方法的缺点是，在计算方式上都过于复杂，对普通人来说难以理解。目前，日本正在推进养育费计算方式客观化、合理化、简便化，东京、大阪养育费研究会在"为了简单迅速的养育费计算——养育费婚姻费用的计算方式与计算表的提案"中提出了倡议，正在被各地方法院灵活运用（参见东京地高决平成15.8.15家月56卷5号第113页，大阪高决平成16.1.14家月56卷6号第155页，仙台高决平成16.2.25家月56卷7号第116页）。

根据子女的数目（1～3人）以及年龄（0～14岁，15～19岁两档）养育费计算表可以区分为九个小表。用这些表格计算养育费时，首先计算出养育子女的父母（权利人）与支付养育费的父母（义务人）的年收入。这里所说的年收入，如果是工资所得的，按照源泉征收票*上的“支付金额”，个体业主则是确定申告书上的“课税所得金额”。另外，权利人接受儿童抚养津贴的，儿童抚养津贴等社会保障给付不算入权利人的年收入。其次，根据子女的数目与年龄选择适用表格。比如说，有 1 个 8 岁的子女的话，就选择表格 1，有 2 个子女分别是 15 岁与 12 岁，就选择表格 4。而且所选择的表格的权利人（横轴）年收入与义务人年收入（纵轴）各自延伸至交叉一栏便是养育费金额的范围。有 2 个以上子女的情况下，也可以计算每个子女的养育费金额。从计算表中算出的养育费按照子女的指数按份计算。所谓子女的指数是指假设父母为 100，子女所应得的生活费的比例。标准是 0 岁～14 岁是 55，15 岁～19 岁是 90。比如说，养育费的总额是 10 万日元，第一个子女是 16 岁，第二个子女是 13 岁，每个子女的养育费是：第一个子女是 10 万日元×90÷(55＋90) 的方式计算而出是 6 万日元，第二个子女则是 10 万日元×55÷(55＋90)＝4 万日元（参见后文“养育费计算表”）。

对这种养育费计算表，也有如下批判：计算的结果降低了子女的教育水准，缺乏保障儿童生存权、发育的视角（松岛道夫：“关于养育费的安全网与指南”，载《法律时报》75 卷 13 号，第 314 页）。

(2) 履行确保

由家庭法院调停、审判决定养育费的情形下，存在劝告履行义务的履行劝告制度以及命令履行制度（家事审判法第 15 条之 5、之 6，第 25 条之 2）。这是由权利人提出申请，由家庭法院调查是否正在支付调停审判所决定的养育费，劝告、命令履行的制度。义务人不遵从履行义务的，可以处以 10 万日元以下的罚款。另外，也可以以审判调停确定的养育费支付为债务名义，申请强制执行（家事审判法第 15 条、第 21 条）。但是，强制执行向来存在耗时耗钱的问题，对于养育费、抚养费等少额将来给付来说是不合适的。在欧美诸国，创设了许多具有时效性的确保履行的制度，如由社会保障机关垫付养育费，之后向义务人收取，或者从工资中直接扣除，如果不支付养育费可以处以刑罚，剥夺驾照等许可证。日本于平成 15 年（2003 年）修改了担保法、执行法，与养育费等的抚养义务有关的定期金钱债权的债务人怠于履行到期确定债权的，债权人可以申请强制执行（民事执行法第 151 条之 2），强制执行之际，可以最多扣押债务人工资等债权的 1/2（原则上是 1/4，参见民事执行法第 152 条），可见往后可以扣押少额的将来给付了。

三、婚姻费用

1. 婚姻费用的意义

夫妇根据其资产、收入以及其他一切情况，分担婚姻所产生的费用（民法第 760 条）。婚姻费用分担义务既具有夫妇相互扶助义务的经济性一面，也是其实现方法。婚姻费用是指为了维持夫妇与未成熟子女的家庭共同生活所必需的费用，也可以说是夫妇间生活费的请求。

婚姻费用的具体费用包含衣食住行的费用，子女的生产费、医疗费、养育费、一定

---

* 源泉征收票，是公司职员等工资收入的所得税申告书副本。工资支付者（公司等），每年年底通过年末调整把记载着精算出来的税额等的源泉征收票至翌年最初的工资支付日为止交给公司职员等本人。所以源泉征收票记载着这个人的有关工资计算税金的全部项目。——译者注

的娱乐费等。教育费中包含高等教育的费用，即如果子女具有学习的欲望以及能力的情形下，参照父母的经济状态以及资力，一定范围内的入学费、学费以及教材等费用也包含在婚姻费用之内（大阪家审昭和 41.12.13 家月 19 卷 7 号第 73 页，广岛高决昭和 50.7.17 家月 28 卷 4 号第 9 页，东京家审平成 9.10.3 家月 50 卷 10 号第 135 页）。此外，未成熟子女比未成年人的范围更为狭窄，独立经营生计的未成年子女不含在内。另一方面，即便达到成年，但可能是学生，或者生病入院治疗，这些人必须受到家里的关照，或者虽然独立但是不能自己经营生计的情况下，也包含在未成熟子女的概念之内（参见东京高决昭和 46.3.15 家月 23 卷 10 号第 44 页）。

此外，对于如何分担婚姻费用，首先由当事人之间协商确定。当事人协商不成或者调解不成的时候，由家庭法院根据夫妇资产、收入以及其他情况决定（家事审判法第 9 条第 1 款乙类 3 号）。关于民法第 752 条的扶助义务与民法第 760 条的婚姻费用分担义务的关系存在争议，通说和判例在观念上存在差异，但是在机能上是重合的，所以夫妇间生活费请求的根据只要择其一即可（大阪高决昭和 44.5.23 家月 22 卷 2 号第 45 页）。

2. 婚姻生活的破裂与生活费支付的程度

现实中生活费的分担与支付中问题之一就是分居中的夫妇。那么是否即便夫妇关系长期疏远、冷淡，夫妇一方还是需要分担婚姻费用呢？婚姻费用的问题是如何分担才能维持夫妇共同生活所必要的费用的问题，所以多数说认为应当根据婚姻生活的破裂程度减轻婚姻费用的分担数额。特别是婚姻生活处于破裂状态，双方都没有回复圆满的夫妇共同生活的努力的情况下，应当减轻分担额（东京家审潮河 47.9.14 家月 25 卷 11 号第 98 页，长崎家审昭和 54.6.4 家月 32 卷 3 号第 108 页）。在此之前，不少判例都不支持对婚姻破裂以及分居有责一方提起的婚姻费用分担请求（东京高决昭和 40.7.17 家月 17 卷 12 号第 121 页，最决平成 17.6.9 家月 58 卷 3 号第 104 页等）。

但是，最近的判例对夫妇间生活费的请求，并不以是否有责任为理由否定一切费用，而是支持生活扶助义务，以及以一般社会人所必要程度的最低限度为基准的婚姻费用分担义务（参见福冈高宫崎支决昭和 62.1.12 家月 39 卷 10 号第 86 页，札幌高决平成 3.2.25 家月 43 卷 12 号第 65 页，大阪高决平成 16.1.14 家月 56 卷 6 号第 155 页）。其次，于婚姻费用之前抢先支付对丈夫的母亲或者高利贷的负债自然不是真实的负债，判例还是决定分担额度（东京高决平成 8.12.20 家月 49 卷 7 号第 72 页）。再次，还存在以下判例（大阪高决平成 11.2.22 家月 51 卷 7 号第 64 页）：在婚姻费用分担申请时间的审理中，成立离婚的情况下，如果没有特殊事由，先前程序中婚姻费用负担这一项就变成财产分割程序的一部分了。对方消费共同财产的存款、生命保险等的金额大幅超过应当分担的婚姻费用的额度的话，不支持婚姻费用的分担请求。

与此相关联，由于丈夫不负担生活费而导致妻子不得不接受生活保障的，此时丈夫的婚姻费用分担义务是不是随之消灭了呢？有学说认为，受到公共扶助的生活保障金会影响婚姻费用的负担，由于接受生活保障金使得经济必要性消失，所以婚姻费用分担义务也随之消灭。但是，判例和通说认为即便接受生活保障给付，婚姻费用分担义务也不会消灭。也就是说，决定民法规定的婚姻费用分担义务之时，生活保障金并不能被视作为收入，从公共扶助的补充性原则、亲属扶养优先原则来看，即便接受了生活保障法的扶助，夫妇间的婚姻费用分担义务也不消灭（东京高决昭和 63.11.22 家月 41 卷 5 号第 57 页，名古屋高决平成 3.12.15 家月 44 卷 11 号第 78 页）。

3. 生活费用分担额的计算方法

夫妇间生活费的计算方法与养育费的计算方法一样，有各种方式。从妻子实际必要的生活费与丈夫的收入决定分担额的“实际费用方式”；计算个人的生活保障基准额，根据其比率按双方的收入进行计算的“生活保障基准比率方式”；根据总务省家庭收支调查，人事院公布的以公务员工资为标准收支费用为基础计算分担额的“标准生活收支费方式”；劳动科学研究所公布的用综合消费单位分配生活费的“劳动消费单位方式”；等等（详见松本明敏：“婚姻费用分担额的计算方法与判例”，载《判T》1100号，第33页）。各种方式各有长短，从保持生活义务的程度的角度，有人倾向于劳动研究所消费单位方式、生活保障基准比率模式，而从生活扶助义务的角度，有人倾向于标准生活收支费方式，根据各自案情选择合适的计算方式。但是，实务中则是灵活运用各种方式的优点的同时，参考税法以及统计资料推算出公租公课、特别经费、职业费等标准比例、平均生活指数等，利用这些简单的计算表（前载“为了简单迅速的养育费计算”），计算婚姻费用、养育费（参照东京高决平成15.12.26家月56卷6号第149页，大阪高决平成16.1.14家月56卷6号第155页，札幌家审平成16.2.6家月57卷8号第96页，仙台高决平成16.2.25家月56卷7号第116页等）。

四、结语

在计算养育费、婚姻费用的分担额之际，基于租税、统计资料推算而出的职业费、特别经费等，按照一定比例推算出基础收入，以其合计额为一户收入，按照生活费的指数按份制作简易计算表，并可以活用之。关于这个计算表，虽然有批判认为全国整齐划一，依据的只是推演计算，是危险的，但是基于双方当事人的收入、家庭构成的按份方法是有一定合理性的，并且在简单迅速地计算金额这点上也是值得推崇的。但是对于超过2 000万日元的高收入的情况，应当根据自营业者的收入认定、私立教育费、支付贷款等情况，修改计算表，以灵活运用。

此外，关于养育费、婚姻费用的分担与会面交涉的关系，如果支付了养育费、婚姻费用的话，事实上也确实促进了会面交涉。但是，两者未必是同时履行的关系。总而言之，今后必须探讨的是，如何采取更为有效确定的具体措施确保已经决定的养育费、婚姻费用得到履行。

参考文献

文中所载之外，全国家事调停委员恳谈会：《有关最近养育费、婚姻费用实务处理上的问题点》，case研究286号，97页以下。

137

分居、离婚与子女的监护

东北大学副教授　久保野惠美子

一、序言

有关父母离婚、分居后子女的监护纠纷呈显著增长之势（家事审判法第 9 条第 1 款乙类 4 号家事调停案件从 1994 年 9 950 件到 2002 年 1 万零 9 112 件，几乎增长了一倍）。法律规定是有限的，就只能从解释、立法两方面进行探索（监护费用在本书 136 另行处理，这里不讨论）。

二、家庭法院的程序集中与确保实效性的课题

1. 首先，重要的是程序侧面。一方面运用家庭法院调查官的专业知识以及调查能力，从监护的立场尊重依职权裁量判断的家庭法院的家事审判的程序。

(1) 协议离婚时、离婚后，子女监护人的指定以及其他有关子女监护的处分、亲权人的指定或者变更本来就是家事审判法中限定例举的家事审判事项（第 9 条第 1 款乙类 4 号、7 号）。

(2) 裁判离婚时，离婚诉讼同时解决了亲权人的子女监护的处分。2004 年实施的人事诉讼法规定，这些事项是家庭法院在离婚诉讼程序中，根据事实的调查、子女意见的陈述等由家事审判程序进行处理（人事诉讼法第 33 条、第 34 条、第 32 条第 4 款。详见梶村太市＝德田和幸编：《家事事件程序法》，有斐阁 2005 年版，第 208～216 页（高田昌宏执笔））。

(3) 关于分居夫妇间的纠纷，法律没有明文规定。最高法院的判例认为，原则上应当由家庭法院解决。基于人身保护法交付子女的请求仅限于下述场合：行使亲权缺乏妥当性的例外监护状态的情形，或者违反家庭法院调停程序中合意、审判前的临时处分或者审判的情形（最判平成 5. 10. 19 民集 47 卷 8 号第 5099 页（特别参见可部恒雄法官的补充意见），最判平成 6. 4. 26 民集 48 卷 3 号第 992 页，最判平成 6. 7. 8 判时 1507 号第 124 页），并指出了家庭法院的程序优先原则。实务中，与分居、婚姻破裂中的父母一方的子女的会面交涉也是家事审判的对象。

2. 关于家庭法院的程序，重要的课题是其迅速性以及实效性。1980 年新设并灵活

运用了具有执行力的审前保全处分（家事审判法第 15 条之 3 第 1 款第 6 项）。但是，有关交付子女监护的保全处分以及审判结果的实际有效的实现可能性仅限于家庭法院履行劝告制度（家事审判法第 15 条之 5）的效果，所以最终有赖于民事执行程序的强制执行（参见家事审判法第 15 条之 3 第 6 款、第 15 条、第 21 条但书）。会面交涉采取间接强制，子女交付采取直接强制的方法，实务上正在继续探讨这个问题，但是还有许多问题尚待解决（右近健男等编，后载第 178 页以下；青木晋："子女交付的执行实务"，载《家月》58 卷 7 号，第 93 页）。

刑事处罚也是考虑之一。过去只是在立法论上提倡刑事处罚（水野纪子，平成 5 年度重判解 Jurist 1046 号，第 97 页），但是最近最高法院的判决中出现了讨论发动刑事处罚与家庭法院程序关系的动向（最决平成 17.12.6 刑集 59 卷 10 号第 1901 页，最判平成 18.10.12 判时 1950 号第 173 页）。为了确保家庭法院程序的有效性，还存在下述问题：其与所谓 DV 法上的禁止接近命令（2004 年修法新设，管辖为地方法院）的关系，以及其与涉外子女争夺抚养权纠纷的国际合作的关系。

三、民法第 766 条的类推适用及其边界

1. 离婚时、离婚后

民法规定，父母离婚时或者离婚后关于子女的监护人的指定、变更以及其他有关子女监护的事项，由当事人协商或者家庭法院确定（民法第 766 条第 1 款，第 771 条）。该规定是放在"离婚"一章中，而离婚之时，父母一方成为亲权人的内容规定在"亲权"一章中（民法第 819 条第 1、2、5 款）。这些规定使用了概括性的语言，为了具体指明亲权、子女监护（人）的判断基准，有必要在解释论上进一步明确化。

（1）处分子女监护事项中判断对象有哪些

通过家庭法院实务可以发现，焦点问题是子女的交付、监护费用的分担、会面交涉，学说上的讨论也集中在这些问题（同时参考家事审判规则第 53 条）。1996 年有关婚姻制度等的"修改部分民法的法律案纲要"（以下简称修改纲要）参考了最高法院的动向（最决昭和 59.7.6 家月 37 卷 5 号第 35 页），明确提出"会面与交流"（以及子女监护费用的分担）是"子女监护中的必要事项"（修改纲要第 6.1.1）。但是，该"事项"包含了子女教育方法及其他广泛的子女教育有关事宜（我妻荣：《亲属法》，有斐阁 1961 年版，第 192 页）。家事审判需要注意赠送物品的频率以及额度、是否出席学校的活动等内容。

（2）可能被指定的监护人

父母以及第三人中谁可能被指定为监护人还存在疑义（参见石川稔："监护人的地位与权限"，《判 T》747 号，第 277 页）。1987 年修改了代为承诺收养的同意权人（民法第 797 条第 2 款创设），明确了可以指定父母一方为监护人。在家事判例中，第三人也可以被指定为监护人，但是对于第三人是否具有指定申请权，意见上有分歧。如今，在不能有效应对恰当监护、教育的亲权人的背景下，根据民法第 766 条指定第三人为监护人的方法就更加引人注目了（铃木隆史："养父母制度的改革与法律对应"，石川稔编：《家族法修改的课题》，日本家除出版社 1993 年版，第 403 页以下；右近健男编，后载第 113 页以下（二宫周平执笔））。第三人指定亲权人违反亲权人的意思的情况下，具有限制亲权人行使亲权的机能，所以需要探讨其与亲权剥夺制度的关系。这与后述亲

权与民法第 766 条规定的监护的关系是有关联的（沼田幸雄，后载）。

（3）子女亲权人或者监护人的指定、变更以及与子女监护有关的处分判断基准

修改纲要规定必须考虑子女的利益，这只不过是确认了民法第 766 条第 2 款中已经明确的内容，以及该条第 1 款的基准已经得到了适用而已（关于判断基准，参见松原正明："家庭法院决定子女亲权人、监护权人的基准"，《判 T》747 号，第 305 页）。但是，问题是应当如何考虑"子女的利益"呢？民法第 766 条的第 1 款和第 2 款对于考量"子女的利益"的方法并不相同（松原正明，前载第 305 页）。对于子女利益，是作不违反子女利益的确定性结论这种消极性制约因素的理解，还是作以增进子女利益为最高目标这种积极性实现该目的的理解，两种角度的差异还是不小的。与此相关联，多大程度上重视子女的意思的听取方法（家事审判规则第 54 条，人事诉讼法第 32 条第 4 款。另外，实务上对于未达到法定年龄的子女也是听取对象）、已经表明了的子女的意思，还需要谨慎判断（大村敦志：《家族法（第 2 版修正版）》，有斐阁 2004 年版，第 112 页）。

2. 离婚前

子女监护纠纷并不只是发生在离婚时或者离婚后。但是，民法没有直接规定父母在婚姻中的子女监护纠纷（虽然可能适用民法第 818 条第 3 款但书，但是笔者认为该条款一般化是有困难的）。上述有关分居父母间子女交付请求事件中，在父母离婚前家庭法院也可以介入纠纷解决，问题是以什么为根据，如何进行判断。在判例中，分居父母的一方提出的会面交涉申请，家庭法院类推适用民法第 766 条，认为这是家庭法院的审理范围（前载平成 12 年最判）。地方法院审判中，对于父母分居中子女的监护人的指定，一般也是类推适用民法第 766 条。对此，也有批判认为，这是行使共同亲权的婚姻中的父母间的纠纷，所以这是民法第 752 条夫妇相互扶助义务的问题。多数说认为这不是夫妇的问题，支持子女监护问题类推适用民法第 766 条的方法。类推的理由是，夫妇即便最终没有离婚，为了子女的利益也有必要由法院进行处分，这与离婚时的情况是一样的，而且这种纠纷中的当事人父母处于与分居离婚纠纷中相似的准离婚状态。

但是，值得注意的是，在这些争议中，家庭法院审判程序的对象具有共同的前提，以此为基础是法条选择优劣的问题。如果重视多数说的观点，即这不是夫妇间而是子女的问题，离婚确实是典型的例子，但是为了子女利益法院进行干预的场合并不限于夫妇离婚或者准离婚的情形（参见铃木隆史，前载第 432 页注 23）。此外，如果从形式上看，婚姻中的父母都是亲权人，此时有关子女监护的处分的实质是共同亲权人所具有的亲权各机能的调整（沼田幸雄，后载第 98～100 页）。民法第 766 条是以夫妇离婚为基点，以离婚后单独亲权为前提的，所以其类推适用是有限度的，离婚之外的情形有必要从立法上应对子女监护纠纷的问题（参见后载 Jurist 1325 号，第 159 页中登载的条文草案 M—2 条第 5 款）。

四、全新亲权、监护法制的立法课题

上述几个问题的根本在于战后民法修改没有搞明白亲权与民法第 766 条规定的"监护"之间的关系（石川稔，前载第 277 页）。上述代为承诺收养的同意权人的修改也只是对这个问题的个别应对，没有根本解决这个问题（修改纲要亦是如此，Jurist 1050 号，第 246 页）。

如今，立法论上需要考虑以下诸多问题：离婚后的共同亲权制度，离婚后父母一方再婚（以及再婚对方与子女的收养）的情形下非亲权人父母与再婚收养父母的关系（关于会面交涉，参见大阪高决平成 18.2.3 家月 58 卷 11 号第 47 页），子女与祖父母的会面交涉、收养父母等第三人的监护人指定与限制亲权人的亲权行使的关系，等等。对各个问题需要从儿童利益的观点进行评价，同时对亲权以及监护等相关法制进行再次检讨（新井诚＝佐藤隆夫编：《高龄社会的亲子法》，劲草书房 1995 年版，第 13～18 页（田中通裕执笔）；田中通裕《判 T》1099 号，第 85 页）。此外，还需要探讨协议离婚时仅仅依靠父母协议就可以决定子女的监护，以及相关规定分属两个章节等现行法的体系（参见后载，Jurist 1324 号，第 59 页（大村敦志发言））。

参考文献

（1）内田贵等：《家族法修改（特别座谈会）（上）（下）》，Jurist 1324 号，46 页；1325 号，148 页。（2）沼田幸雄：《指定监护人是什么》，载右近健男等编：《家事事件的现状与课题》，判例 Times 社 2006 年版，88 页。

（3）道垣内弘人/大村敦志：《民法解释 seminar5 亲属继承》，有斐阁 1999 年版，87 页以下。

138

家庭法院中审理的性质

东京家庭法院法官　松原正明

1. 家事审判程序中当事人主义审理

家庭法院中审判的案件，由于合目的性且裁量性的处理，所以是一种非诉案件，程序上采职权主义。与此相对比的是，民事诉讼程序上有当事人主义的构造，程序上采作为当事人主义程序的辩论主义。家事审判案件中分为甲类审判与乙类审判，乙类审判案件具有当事人对立构造，这点与民事诉讼程序相似，是否应该采取民事诉讼程序中的当事人主义审理程序是不得不讨论的问题。本稿主要讨论乙类审判案件中的遗产分割程序。

遗产分割程序中当事人主义的审判包括下述内容。

(1) 当事人权利的实质性保障

职权主义的非诉案件程序中，并不认可当事人对法院的审问请求权。但是，在职权主义之下，应当通过当事人主义运用程序，实质性保障当事人权利。在争诉性较强的遗产分割程序中存在保护当事人权利的强烈需求。

(2) 当事人程序协助义务以及探明案情义务

即便是在职权探知主义之下，客观性证明责任概念也是必要的。法院有调查义务，当事人未被课以收集资料责任以及证明负担，不存在主观证明责任。但是，如果没有当事人的协助，仅仅依靠法院依职权将难以调查是否存在遗产以及贡献度等诸多情况。此时应当向当事人课以程序协助义务乃至探明案情义务，让当事人承担查明案情的角色。

(3) 当事人合意的尊重

由于职权探知主义不适用辩论主义，法院不应当拘束于当事人的主张，不论当事人是否存在合意，而判断是否存在事实。但是，在有关遗产不动产价格的案件中，当事人对价值评价方法存在合意，或者价值本身存在合意的情况下，只要该价值不是特别不相当，通常是以该合意为基础进行审判的。当然，这与适用辩论主义之时坦白的拘束力是不同的。当事人之间不存在争议也只是法院审判判断的材料之一罢了。

笔者认为有必要进一步研究这种当事人主义审理。

2. 遗产分割前提问题中程序的当事人主义审理（上文（1））

在遗产分割程序中，对于遗产范围等遗产分割的前提问题存在不少争议。这种争议中的事项最终依靠地方法院的诉讼程序得以解决。因此，是否允许家庭法院审理遗产分割案件便成了一个问题，判例倒是对此乐见其成。但是，地方法院也可以对此进行审理判断，所以两种法院的判断可能存在抵触。此时，对于解决问题，往往优先考虑具有既判力的地方法院的判断（最大决昭和 41.3.2 民集 20 卷 3 号第 360 页）。但是，在抵触的程度内，家庭法院的审判便归于无效，所以应当避免两种法院的判断出现龃龉。为此，诉讼材料必须一致，审判程序必须一样。因此，家庭法院的审理程序也应该采用地方法院相同的审理形态，即当事人主义。前提问题的诉讼程序与以此为前提的遗产分割审判程序只不过是关联而存在，所以各自采取不同的审理形态也是完全可能的。地方法院中的共有物分割诉讼中，对于该物件是否为共有物，这就是共有物分割诉讼的前提问题，对此采用当事人主义，适用辩论主义。并不能因为共有物分割是非诉案件，分割程序受职权主义影响为理由而采取职权主义。这与遗产分割案件前提问题的审理是一样的。

3. 当事人主义审理的理论根据

在遗产分割程序中，这种当事人主义审理的根据又在哪里？只是当事人主义有利于恰当迅速地处理案件这一点作为根据显然是不充分的。

遗产分割审判程序是非诉案件而采取职权主义的观点的理由是，遗产是复数继承人之间的分配程序，分配财产的程序必须不限当事人的主张而应当符合裁量合目的性。因此，在遗产分割程序中，遗产的具体分配的情形当然受职权主义的支配，但是除此之外的情形完全可以肯定当事人主义的审理。

4. 贡献度、特别受益认定程序中的当事人主义审理（上文（2））

分配财产的比例，即具体的继承份额是由贡献度与是否存在特别受益而确定的，应当采用当事人主义。遗产分配又必须合目的性，是非诉案件，而采职权主义，但是贡献度与特别受益又与此不同，两者都无须裁量的合目的性。民法第 903 条规定了特别受益，第 904 条之 2 规定了贡献度。这些规定中包含了“生计的资本”“特别的贡献”等难以准确界定内容的概念，但这也并不意味着肯定了法院的裁量认定。特别受益也是减少特留分请求权中的问题，从减少特留分请求权的纠纷诉讼案件来看，此时特别受益的有无属于诉讼事项，当然适用辩论主义。遗产分割的特别受益也应当如此解释。因此，认定贡献度与特别受益应当去掉其裁量性，采取当事人主义而非职权主义。只有当事人申请认定贡献度，法院才可以进行认定，这与当事人主义的精神是一致的。在家庭法院的实务中，主要贡献度和特别受益的就必须进行证明。

5. 基于当事人合意的当事人主义审理（上文（3））

（1）关于遗产范围的合意

遗产即遗产分割的对象的财产范围需要继承人全体的合意，这也拘束法院的判断。最判昭和 61.3.13 民集 40 卷 2 号第 389 页认为遗产范围是确认之诉，所以继承人全体的合意与权利关系的和解具有相同的效力。法院不能进行与相关合意相反的认定。

（2）关于遗产分配的合意

继承人全体对不动产遗产的评价方法以及评价额度的合意是对法院职权主义决定的合意，所以不能直接拘束法院。法院需要认定该合意是充分的。对于法院而言，当事人之间不存在争议的事实只是认定事实的材料之一。

（3）关于贡献度与特别受益的合意

成立贡献度合意的情形下，由于贡献度与遗产分割是个别调停事项，所以这也就意味着贡献度的调停成立了。实务上就会制作调停书。因此，相关合意是调停成立的效果，自然拘束当事人以及法院。特别受益与贡献度不同，并不是独立的调停事项，所以不能与贡献度作相同理解。但是，考虑到贡献度与特别受益都是计算具体继承份额的要素，也应该相同对待。成立特别受益合意的情况下，不能认为成立了调停，但是对法院还是具有拘束力。

（4）遗产分割对象中包含准遗产的合意

继承开始后遗产分割之前的期间内，遗产因火灾等而灭失、毁损，或者继承人处分了部分或者全部遗产的，结果就产生了火灾保险金请求权，或者留下了出售金额。另外，遗产是不动产的可以获得租金，银行存款会产生利息，利用被继承人遗产的农地渔船等可以收获农作物、鱼虾等。在遗产分割之时怎么处理这些遗产的变动呢？前者是代偿财产的问题，而后者是遗产的孳息或者收益的问题。成为遗产分割对象的财产是被继承人在死亡之时所有的财产，即遗产，并不包含继承开始后所产生的财产。此外，遗产中在分割时灭失的财产也不是遗产分割的对象。如此一来，继承开始后发生的代偿财产、受益乃至孳息并不是遗产分割的对象。但是，从以继承为契机产生的纠纷一次性解决的旨意来看，有必要在解决遗产分割纠纷的同时解决上述分配纠纷。因此，在实务上，对于相关代偿财产以及遗产产生的收益乃至孳息，如果在当事人全体之间存在“包含在遗产分割对象中的合意”的话，一般将此作为遗产分割的对象对待。

在银行存款等可分债权为遗产的情况下，判例认为可分债权在继承开始的同时自然分割，根据法定继承份额归属于各继承人，不会成为遗产分割的对象（最判昭和29.4.8民集8卷4号第819页等）。但是，从遗产分割是综合性分割的立场出发，将可分债权放在遗产分割的对象之内具有较高的必要性。与上述代偿财产以及孳息一样，在实务中对可分债权，只要继承人之间存在将此作为遗产分割的对象的合意，一般也是作为遗产分割对象进行处理的。

有必要探讨一下“包含在遗产分割对象中的合意”的法律性质。篇幅所限，不能详细展开（参见：松原正明：《判例先例继承法Ⅱ（全订版）》，日本家除出版社2006年版，第282页）。对于这种合意，最判昭和54.2.22家月32卷1号第149页认为，在遗产分割之前，“共同继承人全体将（不动产）出售给他人。不动产就从遗产分割对象的继承财产中分离出来，除非存在将其保管在共同继承人中的一人且包含在分割对象中的合意，其销售所得并不能算在继承财产上，而应当是共同继承人各自所得，并应当分割分配”，所以说这里应该包含了合意的理论构成。可见，这种合意是将本来不属于遗产分割对象的财产，使其可能成为遗产分割的对象，其法律性质是将本来遗产分割程序难以分配的财产，使其可能通过分割程序进行分配。由此可见，这种合意产生了程序上的效果。虽然实体效果上并不认可这种关于遗产归属性的合意，但是从遗产分割程序的合目的性角度看，还是希望拘束法院。

参考文献

文中所列。

139

DV（夫妻间的家庭暴力）、虐待儿童

茶水女子大学教授　戒能民江

一、家庭与暴力

长期以来，人们认为家庭是与暴力无缘的世界。但是许多人还是认识到了暴力的存在，家庭暴力作为一种“看不见”的事物潜在化存在。家庭是隐私的“神圣领域”，即便其中发生了些什么，只要不超过一定限度，是不能从外面问责的，暴力也就更加“不被看到”了。

到了20世纪后半叶，虐待子女、DV以及虐待高龄者的家庭中发生暴力再次被“发现”。日本在1980年代前期，子女对父母的“家庭内暴力”成了一个社会问题。其后，1980年代的子女虐待问题，90年后DV、对子女的性虐待等问题引起了人们的注意。再之，高龄化社会的推进还出现了虐待高龄人的情况。20世纪末到21世纪初，日本相继制定了防止虐待儿童法（2000年）、防止配偶暴力法（DV法，2001年）、防止虐待高龄人法（2005年）。

“家庭内暴力”的措辞向我们展示了违反近代家庭理念的“暴力”和家庭的两难关系，“爱的共同体”这种家族幻想开始摇晃。“家庭内暴力”为何如此受到注目？这包括子女对父母的暴力（叛逆）。另一方面，父母对子女的暴力本身已经不是什么新鲜事了。过去谁也没有称之为暴力，而称之为“管教”。法律上称之为“惩戒权”，只要不至于滥用，是一种正当化的亲权行使。DV亦是如此。英美普通法基于庇护法理（丈夫支配，对妻子的庇护），19世纪后半叶之前在法律上也承认丈夫对妻子的“惩戒、制裁”。对虐待儿童、DV、虐待高龄者的再发现与对暴力的再定义是再次审视家族“神话”和再构成与家庭有关的法律言辞的紧迫任务。

二、家庭暴力的法律应对与“介入”

对家庭暴力，除了特别法的应对，还有离婚中婚姻法的应对，丧失亲权后儿童的保护，禁令制度，侵权损害赔偿等民事法上的应对，刑事法以及福利法上的应对。从保护支援的观点看，发现、危机介入、照顾、自立支援以及预防等各个阶段都需要法律作出应对。法律应对的特征是：首先，这是福利、警察、医疗保健、咨询、住宅、就业、教育等多元化社会资源综合应对的一个环节；其次，即便制定了特别法，如果没有综合应对本身的法律依据的话，有必要与不以暴力为着力点的现行关联法律进行协作与调整。应对家庭暴力问题不仅需要再次探讨夫妻一体观、一户单位主义、传统亲权概念、民刑分离原则、犯罪概念等近代法的概念，还是回复人格统一性的支援这种全新法律机能的要求。

过去"尊重家庭自律还是强权介入"，即对家庭是否需要国家介入一直争议不断。比如说，向虐待父母要求交付需要保护的儿童，刑事法上是否需要应对"带走子女"等问题不断出现。最近，最高法院作出了下列判决：DV 法保护令期间，带走了妻子监护的子女，该丈夫成立掠取拐卖未成年人罪（最决平成 17.12.6 刑集 59 卷 10 号第 1901 页）。反对意见认为，即便共同亲权人强制带走了子女，也应当适用家庭法院的程序，极力避免刑事司法的介入。另外，还有学者对 DV 法以及防止虐待儿童法中警察权的扩张表示担忧（小田中聪树："刑事法制的变动与宪法"，载《法时》73 卷 6 号，第 43 页）。

即便对权力的介入采谨慎态度，笔者还是想要再次确认 DV 法以及防止虐待儿童法的制定意味着打破了"法不入家门"原则。近代国家区分家庭的私人领域与公共领域（公私二元论），在私人领域法律上认可家长的支配权，原则上国家权力不介入。DV、虐待儿童被视为私人领域内的问题，国家允许丈夫、父亲或者父母对家庭的暴力。这种国家不作为导致生命、身体的自由受到侵害的状况是不被允许的，DV、虐待儿童意味着个人的人权受到了侵害。

三、家庭暴力的现状与特质

现行法对 DV、虐待儿童的定义是极其有限的。比如说 DV 法中的"配偶对身体的不法攻击，危及生命或者身体的行为"（第 1 条第 1 款），而国际人权法对 DV 的定位是"基于性别的暴力"，有力观点是"亲密关系中利用暴力支配对方"。

想要把握日本家庭暴力的实际情况是一件非常困难的事情。根据我国统计，每 20 人中便有 1 个成年女性正在经历丈夫、同居人的"感到生命危险的暴力"（2003 年内阁府调查）。全国儿童咨询所应对儿童虐待的数目一直在增加（2006 年度 3 万零 7 343 件），儿童虐待致死案件有 70 例（86 人）。

家庭暴力具有以下特质：(1) 使用一切暴力或者手段，(2) 暴力不断重复，并有可能逐步升级，(3) 逃跑之后，想要分开之时，暴力危险增强，受害人经常处于被加害人跟踪的恐惧之中，(4) 暴力控制受害人的精神状况、情感、所有行动，受害人经常处于紧张和恐怖状态，全部生活受到极大影响。利用介入困难的封闭空间的力量，暴力给女性和儿童的身心健康造成了长期影响，还不能忽视 PTSD 等精神健康的侵害，生殖健康的影响。

家庭暴力具有复合性构造。多数虐待儿童与 DV 并不单独发生。根据美国的研究，儿童保护的案件中 60%以上伴随有 DV（Lundy Bancroft&Jay G. Silverman（幾岛幸子译）：《DV 之下的儿童》，2004 年，第 185 页）。通过暴力支配影响家庭力学，带来家庭危机，有必要整体把握 DV、虐待儿童。反过来，在福利以及法律层面应对之时，需要直面同居关系与亲子关系的交错的困难。以“家庭的再统和”为最终落脚点的虐待儿童和 DV 之间的关系应该如何进行调整，仍然有不少理论、政策上的课题有待解决。

四、DV 法的保护命令

法律应对的第一目的在于“保护”（确保安全）受害人。DV 法的一大手段是创设了违反 DV 法处以刑事处罚的保护命令制度与都道府县都有义务设置的“配偶暴力咨询支援中心”（第 3 条，第 10 条）。保护命令是守护受害人安全的选择项之一，在各国立法例中也较为常见，是重要的民事应对手段。保护命令一般是在暴力危险的时候，法院命令加害人禁止暴力行为、接近、联络，从加害人的住宅离去的制度。保护命令制度由受害人向地方法院申请，从尊重当事人的主体性以及司法中立干预的角度有其优点（参考的实际事例，佐佐木茂美：“大阪地方法院保全研究会报告：防止 DV 法实施回顾”，载《判 T》1115 号，第 29 页）。

2004 年以及 2007 年修法之后，保护命令的对象从离婚后以及同居儿童扩大至亲属、支援人等第三人（第 10 条）。如果不禁止加害人接触第三人，那么就会危及受害人亲属、支援人等第三人，结果是受害人就放弃出逃，相反减弱了保护命令的主旨。但是，DV 法的对象限定于丈夫与妻子并排除交往对象等是对既存婚姻秩序维持的表现和解释；此外，还有必要考虑难以上得了台面的同性恋关系。

申请保护命令的要件是严格的，对象只限于对身体的暴力以及对生命等的胁迫（第 10 条）。如果仅仅是精神暴力的话，只有在罹患 PTSD，且相当于刑法上的伤害的情形下才可以申请（非以直接身体暴力为对象的保护命令案例有静冈地决平成 14.7.19 判 T1109 号第 252 页）。在制定 DV 法时，由于并不认可经验法则上威胁生命身体的危险，并没有规定保护命令的申请要件，2007 年修法中加入了“对生命身体的胁迫”。另外，连续的电话和邮件也可以申请禁止命令，但是法条上并没有涉及全面禁止电话骚扰等的内容。这就是保护命令的保护法益问题了。保护命令的法益不仅仅是防止生命身体的危害，而应该是生活的平稳与安全的保障。笔者希望在制度设计上考虑“家庭暴力”的特质。

五、DV、虐待儿童与民法

围绕 DV 与离婚存在下述各种纠纷。其是否可以成为离婚的理由（详见林阳子：“DV 是离婚原因的事例”，载《判 T》1100 号，第 29 页），暴力的损害赔偿问题（同居中男方暴力认定为 DV，导致女性自杀，女方父母请求精神损害赔偿和逸失利益的案例有熊本地判平成 16.2.5 判例集未登载），儿童会面交涉问题（认定丈夫 DV 是离婚原因，显著侵害未成年人的福利，驳回了会面交涉的申请，东京家审平成 14.5.21 家月 54 卷 11 号第 77 页等），拐走儿童问题（除了上述判例之外，命令 DV 丈夫交付子女的案例有仙台高秋天支决 17.6.2 家月 58 卷 4 号第 71 页），母子避难地的保密问题（市政府对亲权人丈夫的询问没有回答，法院认为这没有妨害亲权行使，名古屋高判平成 13.12.11 判时 1795 号第 117 页），与日本人结婚的外国女性的“日本人配偶”的在留资格问题（最判平成 14.10.17 民集 56 卷 8 号第 1823 页）。DV 法制定后，虽然法院对 DV

受害实况以及紧急程度的认识发生了转变，但是暴力原因还是没有引起实务界和理论界的关注。围绕虐待儿童的应对问题，由于儿童咨询所裁量范围广泛，激化了父母与儿童咨询所的矛盾，结果相反妨碍了对儿童的保护。有人主张，采取违反父母意思的措施之时，应当赋予父母解除的程序保障，制定家庭法院司法干预制度、部分暂时停止亲权制度。最后，有必要对以惩戒权（民法第822条）为代表的民法亲权制度作出根本的修改，必须考虑对虐待受害人的综合性支援。

此外，2007年5月防止虐待儿童法修改后，规定了基于法院许可的儿童咨询所的强制入宅以及禁止保护人接近等内容，强化了公共力量的介入。

参考文献

戒能民江编著：《DV防止与今后受害当事人支援》，minerva书房2006年版；川崎二三彦：《儿童虐待——来自现场的建议》，岩波书店2006年版；南野知惠子等监修：《详解修改DV法》，行政出版社2004年版；吉田恒雄编著：《防止虐待儿童法制度》，尚学社2003年版。

140

高龄人的财产管理、监护

筑波大学教授　本泽巳代子

一、新成年监护制度及其运用现状

民法上保护认知障碍高龄人等判断能力不足的成年人制度，过去有宣告禁治产、准禁治产以及以此为前提的监护、保佐制度。这些制度通过监护人、保佐人补充本人不充分的判断能力，以达到保护本人利益的目的，同时保护交易安全（成年监护问题研究会:《成年监护问题研究会报告》，金融财政情况研究会出版社 1997 年版，第 6～7 页）。但是，认知障碍高龄人等的判断能力、保护必要性的程度是多种多样的，有批判认为过去僵化的制度难以应对多样化的需求，难以得到运用。顺便一提，1998 年度家庭法院新受理禁治产宣告以及解除案件数目约 2 750 件（高村浩：《Q&A 成年监护制度的解说》，新日本法规出版社 2000 年版，第 8～10 页）。

随着高龄化的推进，判断能力不断弱化的认知障碍老龄人人数不断增长，同时对脑力障碍以及精神障碍人的人权保护意识也不断高涨，以及伴随国际上认可的全新理念（尊重自我决定，活用剩余能力、正常化理念*），欧美诸发达国家相继修改了成年监护制度。为了调和这些新理念与过去本人保护的理念，在考虑支撑制度的人的物的资源的情况的基础上，我国也讨论了制度修改中的个别具体问题（谷口知平＝石田喜久夫编:《新版注释民法（1）改订版》，有斐阁 2002 年版，第 280 页（铃木録弥执笔））。1999 年修法后新成年监护制度自 2000 年 4 月 1 日开始实施。

成年监护关系案件的申请数目从 2000 年的 8 907 件增长到 2005 年的 2 万零 1 114 件。其中，几乎所有的年份中监护开始的申请件数大概占到 85%，新导入的辅助制度以及任意监护制度的申请案件虽然年年增加，但是占到全体的比例也就几个百分点（最高法院事务总局家庭局:《成年监护关系案件的概况——从平成 17 年 4 月到平成 18 年 3 月》，最高法主页，第 3 页）。另外，2005 年度成年监护关系案件的申请动机是为了处分财产的占到大半（58.1%），接下来是人身监护 16.9%，遗产分割协议 9.5%，诉讼程序等 3.4%，护工保险契约 3.4%，其他 8.7%（前载，成年监护关系案件的概况，第

---

* 正常化理念指的是高龄人、残障人士等与年轻人、健康人一样具有自己的自尊与价值，并在相互帮助中生活的理念。——译者注

9 页)。下面以占到成年监护关系案件全体 85%的成年监护为中心，在成年监护制度基础的人身照料的理念基础上，探讨监护人职务的财产管理与监护内容以及相互之间的关系。

二、成年监护制度基本理念的人身照料

1. 家庭法院作出的人身照料

在对监护案件开始审判之时，家庭法院可以依职权选任成年监护人（民法第 843 条第 1 款），在选任之际，必须考虑成年被监护人的身心状况、生活财产状况等一切因素（同条第 4 款），也有必要同样考虑其程序费用。比如，在区市町村长申请案例中，选任社会福祉士为监护人的基础上，根据被监护人的资产状况，由申请人市长负担（东京家审平成 14.5.8 家月 55 卷 1 号第 106 页）。还有的案例中，在选任律师为监护人的基础上，鉴于被监护人的财产状况，由本人负担（东京家审平成 14.5.14 家月 55 卷 1 号第 108 页）。另外，在交通事故损害赔偿请求案件中，有判决判定成年监护人的申请费用包含在损害赔偿额之内（大阪地决平成 13.10.11 交民集 34 卷 5 号第 1372 页）。

关于成年监护人的报酬，“法院可以根据监护人与被监护人的资力以及其他一切事由，从被监护人的财产中给监护人支付相当的报酬”（民法第 862 条）。值得一提的是，对于成年监护人的报酬，因交通事故陷入植物人状态，由家庭法院选任律师为成年监护人，该律师向加害人提起损害赔偿诉讼，在事故损害之外，还可以向加害人请求该报酬（神户地判平成 17.5.31 判时 1917 号第 123 页）。本案已经上诉，正在等待上诉法院的判断。

2. 成年监护人的人身照料

“成年监护人在照料成年被监护人的生活、疗养以及财产管理等事务时，必须尊重成年被监护人的意思，并且必须照顾到其身心状态与生活状况”（民法第 858 条）。本条规定的背景是，在监护关系申请中，存在下述情况：在继承中，利用监护人的有利立场的案件在显著增加；另外，不少老龄人的实际情况是，虽然拥有相当的财产，但是不能将其在生活中充分运用，过着悲惨的高龄生活（於保不二雄＝中川淳编：《新版注释民法（25）改订版》，有斐阁 2004 年版（吉村朋代执笔））。

也即是说，在目前的成年监护制度下，成年监护人不仅需要管理被监护人的财产，还对跨越财产管理、人身照料的全部事务，承担被监护人高龄人的“身心状态与生活状况”的照料义务，即所谓的人身照料义务（前载，《新版注释民法（25）改订版》，第 405 页（吉村朋代执笔））。因此，成年监护人的职责除了尊重被监护人的意思照料人身之外，还有：(1) 被监护人的生活、疗养看护，比如行使护理合同、进入设施的合同、医疗合同的代理权，从被监护人的财产中有计划地支出被监护人所必需的费用。(2) 管理被监护人的财产，行使财产相关的法律行为代理权，行使被监护人做出过的法律行为的解除权（参见二宫周平：《家族法（第二版）》，新世社 2005 年版，第 247 页）。

三、成年监护人的职务

1. 财产管理

财产管理指的是以财产保存、不改变财产性质的利用、改良等为目的的行为（包含

一切事实行为、法律行为)。在财产管理的目的范围内,即便处分财产亦无碍(前载,《新版注释民法(25)改订版》,第408页(中川淳执笔))。还存在下述案例:成年监护人在就任之前是证券公司从业人员,其任意进行股票买卖行为,从成年监护人的立场出发,由于卖出行为类似于保存行为,对其进行了追认,但是对买进行为,从投机风险观点出发不予追认。法院认为,该行为没有违反诚信原则(东京地判平成16.9.27LEX/DB28092586)。

监护开始之时,有必要明确成年监护人管理财产的范围,为此必须特定化财产管理客体的被监护人的财产。因此,监护人在就任一个月之内必须调查被监护人的财产,制作财产目录,附送家庭法院(民法第853条)。此外,还需要制订被监护人生活、疗养、护理的计划,制订包含财产管理必要费用在内的每年收支预算(民法第861条)。再次,为了确保成年被监护人的居住,防止成年监护人滥用权限,成年监护人在代替本人进行住房不动产的买卖、租赁、租赁契约解除、设定抵押权等之际,必须得到家庭法院的许可(民法第859条之3)。

除此之外,为了让监护人恰当地管理被监护人的财产,监护人的财产管理必须承担善良管理人的注意义务(根据民法第869条准用第644条)。成年监护人违反这种善管注意义务的,可以追究监护人的侵权责任。虽是1999年修改法律之前的禁治产制度之下的事例,监护人律师违反了善管注意义务,判例认可了侵权责任(东京地判平成11.1.25判时1701号第85页)。但是,在禁治产人的监护代理人或监护人从管理的财产中大量借给继承人经营的公司,导致不能回收的案件中,判例认为并没有违反善管注意义务(东京高判平成17.1.27判时109号第47页)。

2. 监护

(1) 疗养护理

正如前文所述,成年监护人在管理被监护高龄人的生活、疗养护理事务之际,有义务尊重成年被监护人的意思,照顾到其身心状态与生活状况(民法第858条)。至于成年监护人对被监护人生活、疗养护理的事项,即人身监护中是否包含疗养护理等事实行为的问题,一般是持否定性意见的(前载,《新版注释民法(25)改订版》,第402页(吉村朋代执笔))。

但是,实际上亲属被选定为成年监护人的情况占到了将近八成(前载,成年监护关系案件的概况,第12页),特别是作为抚养义务的方法,从与高龄人有偿扶养的关系来看,不可否定的是往往难以明确区分同代内的看护、护理以及家事事实行为与看护保险合同、医疗保险提供的监视等法律行为。护理保险使得护理更加社会化,由此减轻了高龄人护理对精神上肉体上的负担。但是,护理保险在制度上优先于在家护理,还有上限额度,以一定的非正式护理为前提,监护人是负有扶养义务的同居亲属的情况下,护理等事实行为是可期待的。另外,进入机构或者医院的情况下,即便不期待直接的护理事实行为,会面、访问等精神照料的事实行为也是可期待的。作为成年监护人的人身照顾义务,这些事实行为对亲属是监护人的情形是如此要求,还是对第三人是监护人的情形同样如此,两者在频度、密度上是否有差异,这些问题并没有明确答案。

(2) 医疗行为、保护入院等

关于成年监护人是否具有同意医疗的权限,学说上分为肯定说与否定说(小贺野晶一:"人身监护的现状与展望",载《家族(社会与法)》20号,第50页)。与未成年人医疗行为的亲权人代为承诺问题一样,对于医疗行为,只要本人具有意思能力就应该尊重本人的意思（参见大村敦志：《家族法（第 2 版修正版）》，有斐阁 2004 年版，第 282 页以下）。关于高龄人，不仅仅是医疗行为，包括延长治疗、尊严死等关系，本人的意思与家庭意思不一致的，这是高龄社会中需要讨论的重要问题。

与此相对，根据精神保健以及精神障碍者福利法的规定，精神障碍者的成年监护人原则上应该是第一顺位的保护人（该法第 20 条），被监护人为精神障碍者时必须接受治疗（第 22 条），医院治疗后出院或者暂时出院之际，（监护人）有义务接回被监护的精神障碍者（第 41 条）。更为实际的是，为了让违反本人意思的精神障碍者入院，采取非公费负担的措施而是医疗保护的手段，必须得到保护人（或者说扶养义务人）的同意（第 33 条）。就这样，精神障碍者的保护与住院费用的负担这两个不同的问题就浑然一体了。所以，为了高龄精神障碍者有必要再次检讨该法的应有之义（前田泰："侄子指定扶养义务人、选任保护人被驳回案"，载《民商法杂志》125 卷 2 号，第 238 页以下）。

参考文献

文中所列之外

小贺野晶一：《成年人身监护制度论》，信山出版社 2000 年版；野田爱子/田山辉明编：《新版 Q&A 高龄人财产管理的实务》，新日本法规出版社 2001 年版；池田惠理子等：《成年监护与社会福利》，minerva 书房 2002 年版；《研讨会：成年监护》，《家庭（社会与法）》20 号；新井诚/西山诠编著：《福利契约与利用者的权利拥护》，日本家除出版社 2006 年版。

141

私人扶养的界限

东京大学教授　大村敦志

一、绪论

在战后初期的短暂期间内，扶养一直是家族法的课题之一。过去扶养费请求以及求偿一直是个技术性问题，此外围绕以下原理性问题，存在种种见解的分歧：是否有必要维持“生活保障义务”与“生活扶助义务”的区别，私人扶养是否需要满足家族法的特性，是否应当促进从私人扶养向社会保障的转变（1980 年代之前的相关讨论，参见上野雅和：“扶养义务”，星野英一编辑代表：《民法讲座（7）》，有斐阁 1984 年，第 285 页以下）。

然而近年来不得不说关于扶养的学说趋于低调了。实际上，如果回顾过去十年，关于扶养的研究极其罕见（除了与继承的关系、与护理的关系的散见研究之外，而关于扶养费的催收、养育费婚姻费用的计算标准等实务性操作则非常活跃。研究中值得关注的是下述德国法与法国法的基础性研究：长冈史子：“离婚中养育费的决定与子女的需求——从德国法看扶养的程度与教育的重视”，载《独协法学》64 号，第 1 页以下；冷水登纪代：“德国法中血亲扶养的基本构造与根据（1）（2 完）”，载《阪大法学》53 卷 2 号第 159 页以下、5 号第 117 页以下；神田桂：“伴随老后扶养负担的财产转移与情谊关系的破绽（1）～（3 完）”，载《一桥法学》3 卷 3 号第 1267 页以下、4 卷 1 号第 261 页以下、2 号第 451 页以下等）。

但是，这是当今社会少子化、高龄化推进、收入差距扩大的过程中的长期性课题之一，考虑到该问题的重要性以及生活保障，可以说多角度探讨扶养问题是现代家族法（古老而）全新的课题。下面在把握扶养的整体状况、从微观角度考察其将来趋势的基础上，整理关于民法亲属编规定的扶养义务的相关讨论（“二”），同时探讨民法亲属编之外的法律领域中关于扶养的讨论（“三”）。

二、亲属编内部的讨论

1. 扶养义务的种类

根据当事人的关系程度的差异，一言概之的扶养义务也是各不相同的。对于这点，下述见解无论二战之前之后都是有力学说：夫妇间的义务以及父母对未成年子女的义务的程度相对较高（生活保障义务），与此相对，其他亲属间的义务程度较低（生活扶助义务）（中川善之助："亲属扶养义务的本质"，载《法学新报》38卷6号第2页以下、7号第76页以下）。但是，也有学者提出了下述批判：义务的程度根据场合不同而有所不同，这种类型区别在解释论上缺乏实际意义（铃木録弥："'生活保障义务'与'生活扶养义务'到底有何区别"，几代通等编：《民法的基础知识（1）》，1964年，第181页）。

即便认识到了上述区别，但是关于实体法上根据为何的问题，还是存在争议（是根据民法第877条第1款作出区别，还是父母对子女的义务根据在他处）。另外，夫妇间的扶助义务（民法第752条）与婚姻费用分担义务（民法第760条）的关系、父母对未成年子女的抚养义务与监护费用（民法第766条）的关系，也是意见不一，各有讨论。

总之，有必要从整体上整理关于扶养的各种义务并进行体系上的排序。

2. 扶养义务的范围

如何划定发生扶养义务的亲属的范围是立法政策上的问题。像现行民法一样不限直系亲属，连旁系亲属以及姻亲等也负有扶养义务，在比较法上是罕见的（泉久雄：《亲属法》，1997年版，第295～296页等）。特别是二战后修改家族法之际，围绕丈夫死后妻子是否负担丈夫父母的扶养义务就是争论之一。对此，民法规定了意思表示导致婚姻关系终了的内容（民法第728条第2款），保持了一定的平衡性（参见我妻荣：《亲属法》，1961年，第117页）。此外，限定扶养义务成立范围的观点是有力说。比如，只有在三等亲之内的例外情形下认可亲属扶养义务的解释论（我妻荣，前载书，第405页；泉久雄，前载书，第308～309页等），有必要再次讨论兄弟姐妹之间课以扶养义务的立法论（我妻荣，前载书，第405页。最近的学说有内田贵：《民法Ⅳ（补订版）》，东京大学出版社2004年版，第292、302页等）。

另一方面，有见解认为同居的过继亲子间应当积极承认扶养义务（大村敦志：《家族法（第2版修正版）》，有斐阁2004年版，第278页等）。还有，在并非扶养义务本身，而是在其前提的亲属关系的讨论中，有观点认为，兄弟姐妹的配偶间不发生亲属关系的观点未免太过狭隘（铃木禄弥：《亲属法讲义》，创文社1988年版，第215页）。

综上所言，笔者认为有必要进一步探讨成立扶养义务的亲属的范围。

3. 扶养义务的内容

现行日本民法没有关于扶养义务（扶养的方法）内容的特别规定（明治民法规定："扶养义务者应当从其选择，接纳扶养权利者，扶养之抑或向其给付生活资料"。旧民法第961条）。然而，如果扶养义务人希望的话，接纳扶养也是可能的。但是，如果从扶养权利人的立场来考虑的话，一般认为以金钱扶养为原则（我妻荣，前载书，第410～411页）。与此相对，有见解认为应当更为积极地认可扶养义务人的接纳扶养请求。

如此对立的背景是，一方面有偿扶养在经济上、心理上的成本变得更高了，另一方面对年事已高的父母进行扶养的基本态度也存在差异（我妻荣教授在前载书中指出，用公共扶养取代私人扶养的理想需要严格的要求。与此相对，米仓明教授更加重视老亲的私人扶养，认为应当对子女课以较高的作为扶养义务的生活保障义务（米仓明："老亲扶养与民法"，载米仓明著《家族法的研究》，1999年，第206页以下））。

4. 扶养义务的性质

民法明文规定了扶养请求权的一身专属性（第881条），而且有一段时期，该请求权随着时间的经过而有时候是不需要的（称为绝对性定期债务）。但是，从二战前开始，就有学说认可这是过去的扶养费的请求或者求偿（近藤英吉："扶养的义务"，载《法学论丛》29卷4号，第44页以下；谷口知平："关于扶养费的求偿（1）（2完）"，载《民商法杂志》19卷3号第35页以下、5号第30页以下等），目前还是有力见解。

与这些问题关联的是扶养请求权何时发生的问题。在与扶养义务人的关系上，因请求而发生权利，如果代为支付的人也有权求偿的话，结果就变成扶养义务人从接受请求之前便承担扶养义务。关于如何调整这个问题存在各种讨论，问题是这与扶养义务的法律性质是有关系的。尤其是考虑到扶养义务人之间的求偿问题，尽管扶养义务人与扶养权利人之间不存在不当得利，但是必须解决扶养义务人之间为何可以清算的问题。这点与贡献度（以及特别受益）的法律性质也是相关联的。

三、与亲属编外部的关系的讨论

1. 与民事程序法的关系

2003年、2004年民事执行法修改后，特别加强了扶养费收取的执行实效性的工作（期限未到的执行——民事执行法第151条之2，导入间接强制——民事执行法第167条之5）。与该制度相关联的是，有必要在解释论以及立法论上进行研究。同时，有必要设置扶养费的特别规则。

2. 与继承法、财产法的关系

目前扶养中的清算是问题之一。如今，继承中可能考虑生前扶养的对价（对价继承观）。与此相对，通过当事人之间缔结契约，让继承与扶养完全割离进行清算（扶养契约）。扶养提供人可能是亲属，也可能是亲属之外的第三人的情况下，如何界定各自契约的内容，如何调整扶养与继承规则的关系，仍然是不得不考虑的问题。

3. 与社会保障法的关系

另一方面，还需要进一步讨论的问题不仅包括如何充实私人扶养的制度，还包括再度以新视角探讨社会保障的充实问题。在构筑有效率的制度的基础上，尽量保障所有市民的一定程度的收入，为此有必要确立明确的理念。另外，在这种社会保障制度下，还应当探究私人扶养的补充性作用的可能性。

参考文献

除了文中所列，还参考了社会保障法的概说教材（堀胜洋：《社会保障法总论（第2版）》，2004年；西村健一郎：《社会保障法》，2003年；岩村正彦：《社会保障法Ⅰ》，2001年等）。另外，关于日本生活保障的历史，参照副田义也：《生活保障制度的社会史》，1995年。此外，还参照了托尼菲茨帕特里克（武川正吾/菊川英明译）：《自由与保障——基本收入争论》，2005年；都留民子：《法国的贫困与社会保障——通往最低收入（RMI）的道路以及经验》，2000年。

八　继承

142

法定继承份的意义

大阪大学副教授　幡野弘树

一、绪论

民法规定了在没有遗言遗嘱指定继承份额（民法第 902 条）情形下对继承财产的抽象持有的法定继承份额。关于法定继承份，实务上学说上的重要争点之一是非嫡出子的继承份额与嫡出子继承份额相比处于不利地位的合理性问题。另外，对于配偶的法定继承份的意义也存在各种讨论。下文将分别概观上述问题。

二、非嫡出子的法定继承份

关于子女的法定继承份，嫡出子与非嫡出子之间的差异主要设置在继承中的嫡出子与非嫡出子出现竞合的情况。此时，非嫡出子的继承份额是嫡出子的 1/2（民法第 900 条第 4 款但书前半段）。实务以及学说上对于这种差异是否违反宪法第 14 条规定的平等原则，以及是否应当通过立法使其份额均等化都存在争论。

从判例上来看，在地方法院的审判中有判例认为民法第 900 条第 4 款但书前半段的规定违宪（以东京高决平成 5.6.23 判时 1465 号第 55 页为滥觞）。与此相对，最大决平成 7.7.5（民集 49 卷 7 号第 1789 页）指出："现行民法采取了法律婚主义，所以上述本案规定的立法理由是有其合理依据的，本案规定的非嫡出子继承份额为嫡出子的 1/2，从立法理由看不存在显著不合理，并没有超越立法机关赋予的合理裁量界限"。因此，最高法院法官中的多数意见（10 位）认为该规定合宪（另有 5 名法官表明了反对意见）。其后，最高法院于平成 12 年（2 判决）、平成 15 年（2 判决）、平成 16 年（1 判决）中维持了合宪判断。但是，所有判决中都存在反对意见，即便是在多数意见中也存在补充意见，表明希望通过立法实现继承份额的平等化。

从立法动向上来看，平成 8 年（1996 年）2 月法制审议会公布的"修改民法部分内容的法律草案纲要"（参照家月 48 卷 3 号第 217 页以下）提出："非嫡出子的继承份额应当与嫡出子的继承份额同等"，表示应当修改本规定。但是，到目前为止并没有真正立法化。

学说上的意见也是存在分歧的。比起是否违宪的问题，学说上更加关注立法论上如何规定更为合理的问题。下面，对几种意见加以概况。对于既然存在法律婚制度，那么嫡出子与非嫡出子的分类是否合理、必然，立场上存在分歧。(1) 首先，有观点认为即便存在法律婚制度，父母是否处于婚姻状态也应当尽量不影响到子女。即不应进行嫡出子与非嫡出子的区分，尽可能用统一的制度规定亲子关系。该立场反对继承方面区分嫡出子与非嫡出子。与此不同，不采用 (1) 的立场，有观点认为既然存在法律婚制度，嫡出子与非嫡出子分类本身有其合理性与必然性，在此基础上还分为以下两种观点：(2) 反对继承份额差异的合理性；(3) 肯定继承份额差异的合理性。最大决平成 7.7.5 便在上述 (2) 与 (3) 之间存在分歧。

此外，还有一种观点处于 (2) 与 (3) 之间。即嫡出子区分为未婚男女所生之子女与父母一方与其他人有婚姻关系的子女，为了尊重婚姻正当性，所以只有在后者的情况下支持民法第 900 条第 4 款但书前半段的合理性。该观点认为，可以更加具体地说明设置继承份额差异的目的。假如，被继承人 X 与妻子 Y 之间有嫡出子 A，而在婚姻期间 X 与另外女性 Z 生了非嫡出子 B，然后 X 死亡。此时，A 与 B 之间存在继承份额差异的正当化事由是，X 由于不贞行为给 A 造成了精神损害，需要向 A 赔偿这种损害。也就是说，第 900 条第 4 项但书前半段被认为是保护不贞行为受害人的嫡出子的相关条款。但是，不得不说这种观点也存在理论上的难点。第一，不贞行为的直接受害人应该是妻子 Y。由于首先需要保护的是 Y，所以说 A 遭受的仅仅是间接损害，而且这也无须通过继承份额保护。第二，实际上法国在过去曾经采用过这种立场，但是 2001 年修改法律时废除了这种立法，其立法背景是 2000 年欧洲人权法院的判决中指出，法国这种规定违反了平等原则。

处于 (2) 与 (3) 之间的立场违反了欧洲的平等原则，所以立法论上便需要修改法律，并以子女继承份额的平等化为前提。但是，如果将配偶与子女的继承都考虑在内的话，对于子女继承权是否在任何场合都没有区别的问题，尚有讨论余地（详见“三”）。总之，子女继承份额平等化还有诸多问题：在法定继承份额以外的亲子关系的问题上，是否也需要废除嫡出子与非嫡出子的差异？即此时是采取 (1) 的立场还是 (2) 的立场？

三、配偶的法定继承份额

配偶是法定继承人（民法第 890 条），子女同配偶同为继承人的，配偶的法定继承份额是 1/2（第 900 条第 1 项），配偶同直系尊亲属为继承人的，配偶的继承份额是 2/3（第 900 条第 2 项），配偶同兄弟姐妹为继承人的，配偶的继承份额是 3/4（第 900 条第 3 项）。配偶的继承份额已经通过昭和 55 年（1980 年）的法律修改得以提高（修改前配偶的继承份额是，与子女同为继承人的，1/3；与直系尊亲属的，1/2；与兄弟姐妹的，2/3）。在修法之前，在法制审议会民法部会身份法小委员会的审议过程中，意识到了配偶继承份额与夫妇财产制的关系，探讨了将夫妇财产制改为共有制。但是，由于存在法律技术上的困难，采用了提升妻子继承份额的基本方针以实现优待妻子的目的（加藤一郎：“继承法修改（上）”，载 Jurist 721 号，第 71 页）。可见，昭和 55 年修法的立法者考虑到了配偶继承份额与夫妻财产清算之间的关联。问题是，配偶继承份额中是否包含了夫妇财产清算之外的因素（以及是否应当包含）。对此，笔者认为有待进一步讨论。

在这里，为了加深对现行法的理解，也考虑到立法论，笔者希望通过统计数据再次探讨现代配偶继承份额的意义。首先，平均寿命大幅提高是非常重要的一点。平成 16 年（2004 年）所有的婚姻（包括初次结婚和再婚）夫妻的平均结婚年龄是丈夫 31.5 岁，妻子 29.2 岁（厚生劳动省平成 16 年人口动态统计）。同一年，32 岁男性的平均剩余寿命是 47.56 年（厚生劳动省平成 16 年简易寿命表。下同），即平均寿命是 79.56 岁。29 岁女性的平均剩余寿命是 57.16 年，平均可以活到 86.16 岁。31.5 岁的男性活到 79.6 岁为止，婚后剩余寿命是 47.9 年。29.2 岁的女性在 47.9 年后是 77.1 岁，到 86.2 岁的平均寿命还有 9.1 年。此外，婚后丈夫活了 47.9 岁的话，假设子女在婚后 2 年出生，那么子女在父亲死亡时大概是 46 岁。假设子女婚后 8 年才生产，那么父亲死亡时子女大概是 40 岁。而昭和 22 年（1947 年）民法修改之时男性的平均寿命是 50.06 岁，女性为 53.96 岁。假设父母在 20 岁～25 岁结婚并马上生产的话，子女在父亲死亡时还只有 25 岁～30 岁；假设父母在 25 岁～30 岁结婚，那么父亲死亡时子女的年龄是 20 岁～25 岁，加上后来生产的，甚至可能还有十几岁的子女。

上述虽然是统计上的数据，但是不得不说是继承的平均状况，当前与昭和 22 年（1947 年）民法修改之时已经发生了天翻地覆的变化。法定继承是不包含遗赠以及指定继承之外的所有情况的继承，所以其前提应当是尽可能应对多种类型又保持其合理性。因此，以上述平均状况的差异为前提，就应当分析继承规则的意义，或者讨论其立法论。从这些数据看，笔者认为可以得出下述结论。目前，健在配偶多是妻子，其在丈夫死后还可以存活 9 年。当然，高龄生存配偶（妻子）的生活环境，尤其是住所的确保，还是一个必须探讨的问题。其次，妻子与子女共同继承的情况下，子女多已经 40 岁以上，多可以独立经营生计。因此，比起子女更应该优先考虑高龄配偶的生活，其中选择之一是设计继承法上的制度。但是，此时必须注意到继承人的子女是否是夫妇共同的子女这点可能导致子女的利益产生差异。这是因为夫妇共同的子女，极可能取得转移到存世配偶死后的财产，但是非夫妇共同子女便不存在这种可能性。另外，假设新的立法确保了继承法上的配偶的居住条件（比如说承认配偶具有与被继承人住所的利用权），那么非夫妇共同子女与存世配偶之间对于同一财产（再婚等情形，还可能是长时间）便可能发生权利竞合。为了防止纠纷，是否存在某种“补贴”？虽然有些偏离本文“继承份额”的框架，但是笔者认为子女是否在任何场合下都具有相同的权利这一问题是存在讨论余地的。

其次，被继承人没有子女（以及直系卑亲属）的情形下，配偶与直系尊亲属，或者配偶与兄弟姐妹共同继承。此时，是应当重视以爱情为基础的夫妇关系，还是更重视血缘关系就变成一个极其尖锐的问题了。初看，如今大部分财产是通过劳动取得的，而不是从祖先传承而来，所以在血缘亲属内部维持财产是落后于时代的一种思想。但是，还是有必要进一步谨慎的探讨。这是因为在没有子女和卑亲属的情形下，存世配偶者优先于血缘亲属的话，从统计数字看 9 年之后该财产转移到了存世配偶的血缘亲属那去了。也就是说，血缘亲属还是夫妇的问题背后是一方的血缘亲属和另一方的血缘亲属的问题。因此，配偶的直系尊亲属以及兄弟姐妹的优待并不是绝对的。

由上文分析可知，法定继承份额的大题目下还存在各种各样的论点，现状是必须根据时代变化作出相应调整。另外，子女的继承份额与配偶的继承份额都与继承法的应有之义以及更深层次的家族法的应有之义密切相关。

参考文献

关于非嫡出子的继承份额

二宫周平：《为了废除“非嫡出子”的继承份额歧视（1）（2完）》，立命馆法学223＝224号，581页，225＝226号，970页；水野纪子：《子女的平等权——以非嫡出子为中心》，家族（法与社会）10号，155页；大村敦志：《消费者、家族与法》，东京大学出版社1999年版，301页（最大决平成7.7.5判例评论）；久留都茂子：《妻子的继承权》，来栖三郎教授古稀纪念《民法学的历史与课题》，东京大学出版社1982年版，319页；原田纯孝：《扶养与继承——从法国法的比较看日本法的本质》，奥山恭子等编：《扶养与继承》，早稻田大学出版社1998年版，第167页。

143 ◀ 继承份额的计算

冈山大学副教授　中川忠晃

一、具体继承份额的计算

1. 具体继承份额的计算与法律性质

共同继承人中已经从被继承人处获得某种财产性利益的，如果不考虑这种利益平等分割遗产的话，必然在共同继承人之间就被继承人所受利益之多寡产生不满。因此，计算上对遗产财产回到被继承人处分一定“特别受益”之前，即处分在继承开始之时存在的财产，将其“视为继承财产”，以此为基础计算继承份额，乘以法定或者指定继承比例（本来的继承份额），扣除特别受益的数额便是“其继承份额”，各共同继承人从被继承人处接受平等份额（民法第 903 条第 1 款）。讲学上将这种继承份额称为“具体继承份额”，对于其法律性质，学说上分为以下两说：将其视为遗产继承比例的实体性权利的学说（伊藤昌司：《继承法》，有斐阁 2002 年版，第 223 页等），将其视为遗产分割之际的基准的学说（田中恒朗：《遗产分割的理论与实务》，判例 TIMES 出版社 1993 年版，第 219 页）。两说显著差异之处在于，具体继承份额为零的情形下，对各种继承财产是否可以提起共有持有份额确认诉讼（前者表示否定，后者肯定）。当然也存在折中说，该说认为需要区分是继承人间的问题还是与第三人间的问题（谷口知平＝久贵忠彦编：《新版注释民法 27》，有斐阁 1989 年版，第 215 页等（有地亨执笔））。

2. 存在超过特别受益人的情形下的具体继承份额的计算

特别受益额超过其具体继承份额的情况下，该继承人不能从现存遗产中受让继承份额（民法第 903 条第 2 款），但无须返还超过部分（同条同款的相反解释）。那么，其他共同继承人应当如何负担超过部分？此时的计算方法有以下四种：(1) 超过特别受益视为不存在，(2) 以各自具体的继承份额为基准的方法，(3) 以本来的继承份额为基准的方法，(4) 着眼于配偶继承权与血缘亲属继承权的差异，特别照顾配偶的方法。各说都有不少问题，学说以及实务上多采方法 (2)（前载，《新版注释民法 27》，第 238 页（有地亨执笔））。

3. 通过贡献份额加以修正

(1) 新设贡献份额制度及其法律性质

共同继承人中的某人为被继承人的事业提供了劳务、财产上的给付，或者照顾被继承人等其他方式，由此维持或者增加了继承财产，这就是特别贡献，如果不评价这种特别贡献而实现继承人在形式上的平等，那么其与其他共同继承人之间便极可能产生不公平。因此，为了给特别贡献的共同继承人增加相当程度的数额，实现共同继承人之间的实质公平，1980 年（昭和 55 年）日本新设了贡献份额制度（民法第 904 条之 2）。贡献份额制度修正了法定继承份额与指定继承份额，多数解说文献认为，这成为继承开始计算具体继承份额之时重要的修正要素或者修正理由之一（太田武男："继承法的修改与贡献份额的问题"，载《现代私法学的课题与展望（下）》，有斐阁 1982 年版，第 248 页等）。还有有力说认为，法定继承份额并非继承人对遗产的实体性权利义务本身，应该考虑贡献份额对具体继承份额的修正（伊藤昌司，前载《继承法》，第 308 页等）。笔者支持该见解。

（2）可以接受贡献份额的人

这个问题包含以下几个问题：代位继承人是否可以主张代位继承人本身或者被代位人的贡献？被继承人过去配偶的贡献其子女是否有权主张？与继承人有相同的权利义务的概括性受遗赠人（民法第 990 条）是否可以主张？理论上以及实务上比较重要的问题是：1）继承人的配偶，2）未登记婚配偶，3）与被继承人没有养子关系的再婚对方的子女（即所谓的"拖油瓶"）等虽是家族成员，但是并非继承人的，是否可以主张贡献份额？即便存在上述"（1）"中所指出的差异，只要对于贡献份额的性质是修正继承份额这点没有异议的，单纯来说没有继承份额的人是不可以主张贡献份额的。但是，显然这对于该贡献人来说过于残酷了。因此，对于 1）这种情况，配偶的贡献其实可以理解为继承人的履行辅助者或者其"手足"，即通过所谓的"履行辅助者论"或者"手足论"主张配偶的贡献（加藤一郎："继承法的修改（下）"，载 Jurist 723 号，第 118 页等）。但是，也有不少观点认为这种理解是有问题的（锻冶良坚："继承法修改的问题点"，载《法学论丛》53 卷 3＝4 号，第 34 页；佐藤义彦："关于贡献份额的实体性要件的若干问题"，载《判 T》663 号，第 12 页；斋藤秀夫＝菊池信男编：《注解家事审判法（改订版）》，青林书院 1992 年版，第 471 页（叶和夫执笔）；前载，《新版注释民法 27》，第 264 页（有地亨执笔）等）。另外，对于情形 2），可以考虑的方法有，视作为物权法上的共有（大阪高判昭和 57.11.30 判 T489 号第 65 页），或者类推适用关于财产分割的民法第 768 条（大阪家审昭和 58.3.23 家月 36 卷 6 号第 51 页）的方法，如果提供了无报酬的劳动，那么这种对价额度可以请求不当得利（恐怕情形 3）也可以采取相同的方法）。通过上述方法确实一定程度上可以救济，但是在遗产分割程序中这些概括性处理的方式至少不为现行遗产分割实务所接受的。而且，几乎没有疑义的是，现行规定中的贡献份额并不是遗产保留份额扣除的债务（民法第 1029 条）。也就是说，贡献份额的性质虽然没有上升到一种权利，但是从继承法的平衡的角度来说是应当考虑的一个要素（伊藤昌司，前载第 309 页）。但是这就产生了另外一个疑问，即在贡献份额中是否包含民法上的权利。不仅如此，即便存在贡献份额的规定，上述手段也难以做到有效救济。

二、继承份额的计算与生命保险金（请求权）

我们经常看到下述现象：被继承人以自己为被保险人，以共同继承人中的一人（或数人）为保险受益人，和保险公司缔结生命保险合同。在生命保险合同人死亡、开始继承之时，便产生了生命保险金请求权或者保险人基于支付义务支付金额的问题。如果将其限定为计算继承份额的范畴的话，(1) 生命保险金（请求权）是否属于民法第 896 条所指“被继承人所属财产的一切权利义务”？(2) 生命保险金（请求权）是否是取回的对象？对于问题 (1)，有见解认为，生命保险金的受领人所指定的人不能继承生命保险金请求权，而是作为自己的固有权利，是原始取得，生命保险金请求权是保险金受领人的指定人的固有权利（大森忠夫：“保险金受领人的法律地位”，大森忠夫＝三宅一夫：《生命保险和契约法之诸问题》，有斐阁 1952 年版，第 44 页以下；大判昭和 11.5.13 民集 15 卷第 877 页，最判昭和 40.2.2 民集 19 卷 1 号第 1 页）。对此见解，几乎不见异议。但是，关于问题 (2)，存在肯定取回的见解和原则上否定取回的见解之分（千藤洋三：“否定生命保险金特别受益性的 2 个案例”，载《民商法杂志》122 卷 10 号，第 63～64 页）。其中，肯定说中对于应当取回的份额还可以分为以下几种见解：1) 保险合同人支付的保险金总额（柳川胜二：《日本继承法注释（上）》，1918 年版，第 596 页等），2) 保险合同人死亡时解约后返还的金额（大森忠夫，前载第 59 页等），3) 保险金受领人取得的全部保险金（园田格：“继承份额的计算”，中川善之助教授还历纪念《家族法大系Ⅵ》，有斐阁 1960 年版，第 291 页等），4) 被继承人实际支付的保险费与全额保险费的比例乘以生命保险金所得金额（安达龙雄：“大阪家庭法院家事部决议録 (109) 问题 142：生命保险金是否应当加算到继承财产中?”，载《民商法杂志》42 卷 3 号，第 273 页；前载《新版注释民法 27》，第 103 页（三岛宗彦、右近健男执笔）等），或者根据保险合同的类型分别加以考虑（藤田友敬：“保险金受领人的法律地位 (2)”，载《法协》109 卷 6 号，第 1057 页以下）。在地方法院实务肯定取回的判例以及继承税法中则采用了学说 4)。过去的判例多采否定说（大判昭和 11.5.13 民集 15 卷第 877 页（明示保险金受领人），最判昭和 40.2.2 民集 19 卷 1 号第 1 页（保险金受领人的特定人姓氏非明示），最判平成 14.11.5 民集 56 卷 8 号第 2069 页（争点是，将非继承人变更为保险金受领人的行为是否可以成为减少遗产保留份额请求的对象）），但是最决平成 16.10.29（民集 58 卷 7 号第 1979 页）认为只要满足“特殊的情况”，便可以支持取回，于是探讨是否存在“特殊情况”的地方法院判例便出现了（东京高决平成 17.10.27 家月 58 卷 5 号第 94 页，名古屋高决平成 18.3.27 家月 58 卷 10 号第 66 页，大阪家堺支平成 18.3.22 家月 58 卷 10 号第 84 页）。

三、继承债务的分担方法

继承开始存在继承债务的情况下，债务的分担方法有以下两种观点：(1) 从积极财产中扣除继承债务，各继承人根据继承份额负担上述纯积极财产的差额（中川善之助编：《注释继承法（上）》，有斐阁 1954 年版，第 176 页（药师寺志光执笔），前载《新版注释民法 27》第 226 页（有地亨执笔））。(2) 继承债务与积极财产相互分离，各共同继承人根据继承份额各自承担。其中，方法 (2) 还可以细分为以下三种：1) 各共同继承人根据本来的继承份额分担继承债务（中川善之助编：《注解继承法》，1951 年版，第 125 页（岛津一郎执笔）等），2) 各共同继承人按照具体的继承份额分担继承债务（柚木馨：《判例继承法论》，有斐阁 1953 年版，第 208 页），3) 各共同继承人根据继承利益承担继承债务（我妻荣＝立石芳枝：《亲属法继承法》，日本评论社 1952 年版，第 437 页等）。

参考文献

除文中所载

太田武男等编：《贡献份额——期制度及课题》，一粒社 1998 年版；高木多喜男：《继承的平等与取回制度》，加藤一郎教授古稀纪念《现代社会与民法学的动向（下）》，有斐阁 1992 年版，433 页以下。

144

继承回复请求权的性质

南山大学教授　副田隆重

一、序言

对于“继承回复请求权”，民法只规定了消灭时效一条而已（第 884 条），欠缺该请求权意义、要件以及消灭时效之外效果的明确性规定。此时，该请求权的制度目的、沿革等都是解释之际的重要指针，但是对于我国民法中的继承回复请求权的概念以及制度目的的理解，观点上存在基本对立，许多情况下如何解释法律概念以及制度目的将产生巨大的差异。关于继承回复请求权的制度目的，学说上存在较大对立：是在于保护遗产受到侵害的继承人，还是通过消灭时效限制继承人的权利（如此，其目的又为何）。这对要件、效果等的解释产生了巨大的影响。作为本文探讨中心的继承回复请求权性质论，还需要考虑如何理解该制度，更进一步还需考虑继承的财产传承的特性（包含战前的户主（家督）继承的特殊性），以及以继承财产的概括性为前提，在继承时正当的继承没有实现的情况下，如何设计权利回复制度等。

二、独立权利说（保护继承人），还是集合权利说（早日确定法律关系）

（1）一般来说，说起继承回复请求权往往是以下述情况为中心展开的：对于实际上没有继承权却以继承人自居占有并支配遗产的表见继承人，请求回复遗产。真正的继承人通过继承遗产的所有权（民法第 896 条），按理说可以基于各自分别的财产所有权行使物权请求权（称之为个别请求权）。这种个别请求权与继承回复请求权是何关系便是继承回复请求权“法律性质”的问题。假如说个别请求权与继承回复请求权是两样事物，那么就有必要搞清楚作为独自存在的继承回复请求权的意义、要件、效果。反过来说，如果两请求权并无差异，继承回复请求权只是期间受到限制的个别请求权的话，不适用消灭时效的物权请求权为何要设置短时间的期间限制（关于判例和学说的状况，参见副田隆重：“继承回复请求权”，星野英一编辑代表《民法讲座 7》，有斐阁 1984 年，第 437 页以下）？

（2）独立权利说

在二战前民法旧规定中，继承分为家督继承（户主死亡后户主地位以及财产的继承）和遗产继承（户主以外家庭成员死亡的财产继承），而且前者更为重要。对于继承回复，家督继承回复请求权的规定（除了“家督”继承，与现行条文几乎一致的民法旧第 966 条）也被适用在遗产继承回复请求权（旧第 993 条）。

关于继承回复请求权的独立性，二战前存在下述学说。有学说重视作为家督继承特殊性，即重视户主地位的继承，因此继承回复请求权不仅回复了继承财产，也确认了家督继承人的地位。还有学说认为继承回复请求权否定以及排除了表见继承人的地位，是一种形成权。但是判例并没有采取上述学说，上述学说也不过是少数说。

二战之前的多数说是独立请求权说，即继承回复请求权是一种特殊的请求权。换句话说，继承回复请求权是以罗马法的沿革以及德国民法等比较法为背景下，保护遗产受到侵害的继承人的制度，与个别请求权不同，继承回复请求权是一种独立的权利存在（以继承资格为争点，在遗产占有的回复目的上与个别请求权不同）。该请求权倾向于对继承人有利的解释，同时为了尽早确定有关继承的法律关系（尤其是家督继承中户主权之所在），对权利行使期间设置了较短的限制。

解释上认可的回复请求权的效果如下：减轻证明责任（与个别请求权不同，请求权人只要证明自己是继承人以及请求回复的财产属于被继承人占有的财产即可，不需要证明被继承人的本权）。其次，为概括性请求权，而返还请求的对象无须具体确定（大连判大正 8.3.28 民录 25 辑第 507 页中的旁论也肯定了这点）。再次，在起诉阶段，无须特定目的物，只要在事实审理口头辩论终结之前确定即可（中川善之助编：《注释民法 24》，有斐阁 1967 年，第 84 页以下（泉久雄执笔））。

（3）复合权利说

现在的多数说是复合权利说。该说认为，一般来说所有物返还请求权等是个别请求权（或者是其集合），以继承权存否之争议为前提行使该请求权之时，便称之为继承回复请求权（铃木録弥：《继承法讲义》，有斐阁 1968 年版，第 194 页以下）。该说认为，民法第 884 条为了尽早确定继承法律关系而设置了个别请求权的行使期间，所以该说并不认为该条是以保护继承人为目的的，更以下述理由否定了独立权利说中所言继承回复请求权的特色。首先，现行法上的判例并不支持返还请求无须特定对象的概况请求，即便予以承认，也是难以执行而缺乏实际效益。其次，对于起诉时无须特定目的物这点，提起诉讼之时，提出某个特定目的物之后，可以追加合并其他目的物，所以也没有多大实际效益。最后，对于无须证明本权这点，只要有占有权继承制度，通过占有诉权才可以得到同样的结果。判例上也基本上采用了复合权利说（大判大正 5.2.8 民录 22 辑第 267 页）。在实际诉讼中，继承回复请求权并非是作为原告（真正继承人）的请求根据被提出，而是被告为了对抗原告提出的财产给付请求，对于原告请求被侵害的继承权的回复，被告援用继承回复请求权的消灭时效抗辩而提出。

对于复合权利说强调早日确定继承法律关系，存在下述不可避免的批判。第一，对方完全是不法掠夺的无权人，仅仅主张继承权便可以援用短期消灭时效是有问题的。第二，对方是共同继承人的情形下，认可其援用短期消灭时效的话，结果是保护了专横的共同继承人，与作为共同继承理念的公平遗产分割相背离。二战后家督继承已被废除而共同继承普遍化，共同继承人之间围绕民法第 884 条的适用，在实务上也是一个重要的论点，学说以及判例的意见也未见统一。

三、最高法院昭和 53 年（1978 年）大法庭判决及其后状况

基于此，最高法院提出了恶意有过失者援用否定说，指出共同继承人超过继承份额的部分与非继承人侵害并无不同，在与第三者关系上对于早日确定法律关系的要求，两者也并无不同。因此，共同继承人之间没有理由否定适用，自己没有继承权的，恶意或者有过失的人不可以援用民法第 884 条，即“明知自己不是继承人却自称继承人，或者不存在信任其具有继承权的合理事由却自称继承人，占有管理继承财产的”，因此受到侵害的人不可以援用第 884 条。

大法庭判决之后，对于援用消灭时效的“善意且合理的事由”要件，作为具体化措施，其判断基准时、证明责任等正变得更加明确，只有在例外情况下援用，这点是不变的。第一，关于上述要件的具体化，在共同继承人中的一人（被告）以其他共同继承人名义随意制作放弃继承声明书、遗产分割协议书的案件中，法院不支持以恶意或者无上述合理事由援用时效。另一方面，在利用伪造文书将包含原告在内的其他共同继承人的持有份额的权利转让给被告，对于被告是否参与伪造处于不明状态的案件中，被告共同继承人可能是基于上述文书中原告的意思相信了该文书，且这种相信从客观上来说存在合乎道理的事由（善良且合理的事由）（关于判例的状况，参见门广乃里子：《继承回复请求权》，一粒社 2000 年版，第 145 页以下）。

第二，对于判断该要件存否之基准时，最高法院认为，无须受到侵害的整个期间都满足善良且合理事由的存在，只要满足该继承侵害开始的时点成立该要件即可。对于证明责任，想要援用继承回复请求权消灭时效的人，需要举证上述时点存在善意且合理的事由（最判平成 11.7.19 民集 53 卷 6 号第 1138 页）。对于证明责任，有见解认为，如果对方援用时效，真正继承人一方需要证明对方存在恶意或者不存在合理事由。但是，最高法院明确采用了上述立场（抗辩说），在证明责任分配上也限制了援用消灭时效的余地（尾岛明：最判解民事篇平成 11 年度，第 545 页）。

第三，对于表见继承人的受让人援用消灭时效是否需要满足本要件，即便存在受让人，也应当是由表见继承人进行判断，表见继承人不符合上述要件不能援用时效时，其受让人同样如此，不能援用（最判平成 7.12.5 家月 48 卷 7 号第 52 页）。该理论认为，表见继承人可以援用的话，受让人也可以援用。但是表见继承人可以援用消灭时效的情况是极其有限的，受让人援用当然也是例外。

四、代结语——探索新意义

我国继承回复请求权的讨论是围绕下述两个基本轴展开的：（1）继承的财产传承的特性以及继承财产的概括性的考量，（2）继承的权利传承中静止的安全和权利行使短期期间限制的合理性。正如上文所述，判例采取了复合权利说，不认可继承人继承回复请求权的正面效果（继承以及继承财产的特性的考量），而且怀疑继承人的负面的期间限制合理性，只有例外情况下适用消灭时效，结果是从正面、负面都失去了该制度的存在意义。

有不少学说与判例保持了一致，但是也有学说围绕（1）或者（2）探索继承回复请求权的新意义。诉权说（伊藤昌司：“继承回复请求权的性质”，中川善之助教授追悼

《现代家族法大系》，有斐阁 1980 年版，第 125 页）认为，过去的学说将继承回复请求权理解为实体法上的请求权，由此产生了诸多混乱。继承回复请求权是围绕继承财产占有的当事人双方都对财产的特定权利难以主张之时，是决定继承资格纠纷的关键。即，这是否定对方继承权的特殊诉权（最近表示支持该说的学者有二宫周平：《家族法（第二版）》，新世社 2005 年版，第 336 页）。此外，还有下述其他学说：有学说认为继承回复请求权原则上是非户籍上的真正继承人请求户籍上的表见继承人回复继承的权利，此时基于所有权的返还请求、更正登记请求、继承权存否确认请求、继承放弃无效确认请求等根据民法第 884 条适用消灭时效（水野纪子）。还有学说认为，作为替代返还对象不明确的概括性请求的手段，对方有义务公开继承财产的信息（副田隆重）。还有学说认为，应当彻底考虑继承财产的概括性，根据继承财产继承份额的价值请求回复，将继承回复请求权理解为特殊的金钱请求权（加藤雅信）（关于这些学说，参见副田隆重："民法第 884 条（继承回复请求权）"，广中俊雄＝星野英一编《民法典的百年Ⅳ》，有斐阁 1998 年，第 186 页以下）。

参考文献

文中所载。

145

共同继承财产的管理

成城大学教授　川淳一

一、前提

关于共同继承财产的管理，民法典的继承编中规定了限定承认、放弃继承的规定（第 926 条、第 940 条）。然而更普遍的情形是，在单纯承认之后分割之前，对于遗产共有之下的财产管理，继承编中并没有特别规定。在家事审判法中，也只是在遗产分割前的保全处分中，规定了可以选任遗产管理人（第 15 条之 3）。另一方面，最高法院一贯在判决中指出，共同继承中的共有的法律性质便是民法典规定的一般共有（最决平成 17.10.11 民集 59 卷 8 号第 2243 页）。因此，理论上由民法典第二编的共有规定规制单纯承认后分割前共有财产的管理。

二、问题

判例基本上遵循了这种理论。但是，判例中的一个问题是发展出了“特别准则”。这个问题与下述问题相关：即共同继承人中的一部分人基于某种理由，在继承开始前到继承财产之间占有使用不动产的情况下，其他共同继承人通过过半的“继承份额”可以排除这种占有么？具体来说，共有份额人根据其持有份额，使用收益共有物的全部（民法第 249 条）。共有物的管理则是通过持有份额的价格的过半数决定（民法第 252 条）。另外，各持有权人就共有物的使用方法、收益分配达成协议的，其受到该协议拘束，该协议适用于共有物之管理（我妻荣=有泉亨补订：《民法讲义 2 物权法（新订版）》，岩波书店 1983 年版，第 322 页）。对一般共有而言，作为一种共有物的管理方法，持有权人中份额过半数可以决定持有权人中的特定人占有使用共有物，也可以将共有物委托给其他持有权人，而非过去占有使用的持有权人。问题是持有份额半数决的决定管理方法的准则，也可以原封不动适用于遗产共有中继承人从继承开始前的持续占有使用的情况吗？如果可以适用的话，应当适用怎样的准则？

三、判例

关于这个问题，最初的判例是最判昭和 41.5.19（民集 20 卷 5 号第 947 页），概要如下：某传统木匠被继承人 A 生前与共同继承人之一，子承父业的 Y（A 的次子）有段时间一起住在某有问题的建筑物内，后 A 搬家，Y 继续居住在该建筑物内并将其作为工作场所。分开居住后，A 以使用租赁合同解除等理由提起诉讼，要求 Y 交付该建筑物。继承开始后，A 的共同继承中除了 Y 之外的人（在世的配偶 X1 以及 Y 之外的子女 X2～X8）继承了原告资格。原审认为继承份额如下：X1 1/3，X2～X8 以及 Y 各 1/12。原审认为，A 生前已经解除了使用租赁，根据共有持有份额的过半数，只要不存在让 Y 占有建筑物的情况，只拥有 1/12 持有权的 Y 不能单独占有该不动产，因此支持 X1 等提出的交付请求。对此，最高法院表达了不同意见。最高法院认为，即便是持有份额超过份额半数的人并不当然可以请求持有权人交付目前占有共有物（未达半数持有份额），X1 等向 Y 提出交付请求时必须证明其提出交付的理由，因而驳回交付请求，并进行了改判。

根据本判例，对于共同继承分割前的共有，仅仅依据持有份额的过半数，并不能要求从继承开始前持续占有遗产的共同继承人交付遗产。但是，这之后的问题是，尤其是违反持有份额多数决，部分共同继承人占有使用继承开始后的遗产的，共同继承人之间是否产生不当得利关系？本判决并没有给出答案。

对昭和 41 年（1966 年）判决留下的空白，最判平成 8.12.17（民集 50 卷 10 号第 2778 页）作出了一个解答，该判例概况如下：被继承人 A 与共同继承人 Y1、Y2 共同居住在某房屋（A、Y1 共同经营“某某摩托”，继承开始前 Y1 等主要负责经营）。继承开始后，Y1 等继续居住在该房屋。另一方面，A 在遗嘱中指定了继承份额以及比例概括遗赠，Y1 等的继承份额即便是加上继承开始后接受的转让份额也只有 3/16。也就是说，A 的遗嘱将合计 12/16 的共有份额作为继承份额或者比例概括遗赠，拥有该房屋的 X1～X5 对 Y1、Y2 提出分割共有物，以及作为不当得利，在交付之前根据相应共有份额支付租金（剩下的 1/16 属于诉外 B）。原审没有支持分割共有物请求，却支持了与租金相当的支付请求。与此不同，最高法院不仅没有支持分割请求，还驳回了根据共有份额确定的租金相当金额的不当得利返还请求权。反对不当得利返还请求权的根据在于，共同继承人中的一部分人在继承开始前得到被继承人的同意与其一同居住在遗产房屋中的情形下，即便是在继承开始之后，遗产份额确定房屋所有关系之前，原则上，被继承人与共同居住继承人之间应当推定共同居住人继续无偿使用。依据这种合意，从被继承人死亡时到至少是遗产分割完毕之前，以共同居住继承人为承租人，其他共同继承人为出租人为内容的房屋出租合同还是处于存续状态。

本判决确定的最重要的一点是，在继承开始前便占有使用不动产的相对持有份额较少的共同继承人，在遗产分割之前，对相对持有份额较多的共同继承人不承担相当于租金的不当得利返还义务。但是，本判决并没有界定除此之外的情形。另外，诉讼程序中没有不当得利返还义务当然并不意味着遗产分割程序中不调整与租金相当的金额。

四、学说

上述判例中，学说对昭和 41 年判决的评价基本上是肯定的。这种评价的实质根据是，在遗产分割之前，持有份额多数决的遗产管理方法，遗产分割应当综合考虑遗产的性质，各继承人的年龄、职业、身心状况、生活状态以及其他一切情况（第 906 条），排除现在仍然占有使用不动产遗产的共同继承人可能导致事实上的单纯多数决（星野英一，《法协》84 卷 5 号第 690 页）。昭和 41 年判决准则的补充解释论认为，对于分割之前的共同继承财产，共有关系开始之前一部分共有人基于权限进行使用收益的，变更该使用收益应仅仅作为遗产分割的问题进行处理，在此之前不可以运用多数决改变过去的使用方法（星野英一，前载第 691 页）。或者，此时只有全体一致才可以变更过去的使用方法（高木多喜男：《口述继承法》，成文堂 1988 年版，第 342 页）。

其次，对平成 8 年（1996 年）判决的评价，学说上便出现了两极化的意见。有观点认为，亲子夫妇间无偿利用不动产关系与单纯的租赁关系是不同的，需要给予特殊考虑进行保护，因而积极评价该判决结果，提出应当继续推进（冈本诏治：《Remarks1998 年（上）》，第 88 页）。还有观点对平成 8 年判决采取了否定性倾向，其认为共同居住的继承人对其他共同继承人不负不当得利返还义务的话，容易导致继承人之间的不平等（高桥朋子：《法教》，202 号，第 119 页）。在两者之间，还有下述学说。比如，有学说从继承之间平等的角度出发，认为可以认定在被继承人的生前，共同居住继承人与被继承人之间的遗产分割，有时是有终期的默示使用租赁合同。此时，继承开始后的与使用租赁相当的利益类似于一种特别受益（民法第 903 条），遗产分割之时，是取回的对象（冈部喜代子："关于继承人中的一人占有共同继承财产情形下的法律关系"，《东洋法学》41 卷 2 号，第 23 页）。还有观点认为，在同居继承人的遗产分割之前，其居住条件的保护问题只是遗产管理的问题，遗产分割之际，居住利益可以通过分割所得取得价值中扣除、抵销管理费等方式进行清算，以保证继承人之间的平等（高木多喜男：《平成 8 年重要判例解说 Jurist 1113 号》，第 87 页）。

五、探讨

那么应当如何考虑这个问题？笔者认为这个问题存在两个不同层面的侧面。

第一个层面是，作为遗产管理方式，通过"继承份额"的单纯多数决排除占有使用不动产遗产的部分共同继承人的做法，并非遗产分割所愿意看到的情况，这种先得遗产的做法有不妥一面。正如上文所指，这种做法不符合遗产管理的民法第 906 条的主旨。遗产管理中的多数决的比例"继承份额"不总是与遗产分割基准的继承份额（第 903 条以及第 904 条之 2 修改的法定继承份额或者指定继承份额的具体继承份额）相一致。考虑到这个层面，分割遗产只要按照第 903 条、第 904 条之 2 以及第 906 条的基准进行分配即可。因此，遗产开始后分割完毕之前的遗产使用利益应当进行清算，剩下的问题是这种清算应当根据何种比例的基准（法定或者指定继承份额还是具体继承份额），应当采取什么程序？

还有一个层面是，与不动产名义人同居的居住利益是一种生存保障，名义人死亡之际，应当作为一种与一般财产权不同的权益进行保护。假如我们承认这个层面的话，这与使用利益的清算是不同的。此外，不仅仅是遗产共有人之间的问题，"传给某某某"的遗嘱将遗产分割给特定继承人之后，"共同"继承人之前，或者不动产名义人未登记婚的配偶死亡的，生存未登记婚配偶和名义人的继承人之间也存在相同的问题（关于后者，参见最判平成 10.2.26 民集 52 卷 1 号第 244 页）。对于这个层面，是否应当给予特别保护，如果应该的话何种情况下给予特别保护，都是有待进一步思考的问题（关于这点，参见右近健男：《判 T》940 号第 94 页；冈本诏治：《判评》477 号（判时 1649 号）第 52 页）。

参考文献

司法研究所编：《关于遗产分割案件的处理的诸问题》，1994 年版。

146

遗产分割的对象

东京大学教授　道垣内弘人

一、问题之所在

（1）遗产是继承中所传承的财产，遗产分割是分割遗产给各个共同继承人的程序，所以所有遗产都可能是分割对象。但是，遗产中还有非遗产分割对象的财产，而且某些财产是否是遗产本身不太明朗的情况也不在少数。这个问题也是判例、实务以及学说上一个错综复杂的问题。

（2）问题的关键在于以下几点。

1）首先，从理论的观点来看，关于后文详述的遗产中金钱债权的问题，首先碰到的问题是遗产共有的性质问题，其次是民法第 427 条的适用问题。正如后文所述，作为上述理论的推演，判例认为，金钱债权等可分债权不能成为遗产分割的对象，而当然分割给共同继承人。

2）其次，从第三者利害关系的角度看，关于后文详述的遗产中金钱债务的问题，判例认为无须等到分割遗产，就可以根据继承份额的比例在继承人之间进行分割。这个问题的解决直接影响到第三人的权利。

3）再次，从共同继承人之间利益调整的角度看，某财产从遗产分割的对象中排除后，该财产便无须在共同继承人之间进行利益调整。此时，这个问题就变为是否可以作为特别受益处理的问题了。

（3）下文将详细探讨若干问题（上述三方面的考量，以 1）2）3）符号简单表示）。

二、金钱债权

（1）最判昭和 29.4.8（民集 8 卷 4 号第 819 页）指出，“在继承人为复数的情形下，继承财产中存在金钱或者其他可分债权的，该债权在法律上当然分割，各共同继承人根据其继承份额继承权利”（参见山田诚一：《法协》104 卷 6 号，第 966 页以下。本稿亦多参照此文）。这可以说是观点 1）的体现。

判例认为，遗产的共有（民法第 898 条），“无论是民法修改之前还是之后，其与民法第 249 条以下规定的‘共有’的性质并无差异”（最判昭和 30.5.31 民集 9 卷 6 号第

793 页)，并不是合伙财产的共同所有。照此理解，遗产中的金钱债权在性质上并不当然是共同共有的债权（只有债权人全体才可以行使的债权），除非是“性质上或者当事人意思决定不可分的情形”，便可以分割，“各债权人……有根据各自比例分割的权利”（民法第 427 条）。

由此可推导出，金钱债权不是遗产分割的对象财产。

(2) 但是，对此观点 3) 提出了批判。比如说，遗产中包含银行存款债权，这种确定的财产有利于调整分割动产、不动产等之时共同继承人之间产生的不均衡。因此，其应当包含在遗产分割的对象财产之内。

为了理论上更具有说明力，该见解多认为遗产共有的性质是一种“共同共有”，在遗产分割完毕之前，只有共同继承人（=债权人）才可以行使。而且，民法第 912 条是以债权遗产的预分割为根据的。

(3) 但是，共同继承人中的某个人向债务人提起支付诉讼时，由于该债权是共有债权而被驳回的，可能给第三人的债务人造成不利益，也不妥当（观点 2））。另外，反过来说，共同继承人中的任何一人可以要求债务人支付全额的，可能给其他共同继承人造成不利益，亦非妥当（观点 3））。

此外，对于遗产共有是共同共有的观点，也提出了疑问，这是因为民法第 909 条但书承认各共同共有人对持有部分权利的处分（实际上，共同共有说在二战前便存在，当时的民法第 1014 条（对应现行民法第 909 条）并没有但书）。

(4) 对于金钱债权是遗产分割中便利的调整工具的见解，共同继承人存在合意的，实务界一般认为，分割的金钱债权可以放进遗产分割的对象中，这足以应对。照此理解，民法第 912 条也有存在意义。

(5) 学说上也多有探讨，最高法院也在最近表达了相同的立场（最判平成 16.4.20 判时 1859 号第 61 页），至此作为判例法理得以确立并不可动摇。

此外，对于“各共同继承人根据其继承份额继承权利”中的“继承份额”的含义，原则上是法定继承份额，遗嘱中指定继承份额的从其指定（参加潮见佳男：《继承法（第 2 版）》，弘文堂 2005 年版，第 82～83 页）。

三、现金

(1) 那么遗产中有现金的情况又当如何？最判平成 4.4.10（家月 44 卷 8 号第 16 页）指出：“在遗产分割之前，对继承开始时保管的金钱继承财产，继承人无权要求支付与自己继承份额相当的金钱”（参见道垣内弘人：《家族法判例百选（第 6 版）》，有斐阁 2002 年版，第 134 页以下）。

根据该判决，自“遗产分割之前的期间”开始，遗产中的金钱便是遗产分割的对象（因此“二（1）”中昭和 29 年判决的“金钱以及其他可分债权”的用词意思是“金钱债权以及其他可分债权”）。

(2) 对于金钱债权的处理，往往牵涉作为第三人的债务人的利害。对此，有观点认为现金只要作为共同继承人之间的问题理解便可。而且，根据该观点（观点 3）），在现实的遗产分割协议中，调整动产、不动产分割结果的不均衡的手段中最为方便的财产便是金钱，因此金钱应当成为遗产分割的对象财产。

最判昭和 39.1.24（判时 365 号第 25 页）指出“除非存在特殊事由，金钱的所有人与其占有人一致”。那么，共同继承人中的某人占有金钱便是金钱的所有人，金钱便不可能是一种共有的状态。这便成了观点 1）的问题。

（3）对于这点，过去存在下述学说。亲权人、不在者*的财产管理人等为了他人而保管金钱的，尤其是该金钱仅仅是保存而没有打算价值流通的情况下，管理人的占有并不是一种所有权。而且上述昭和 39 年判决也加上了“除非存在特殊事由”的限定词。

照此理解，共同继承人中的某人“在继承开始时保管现有继承财产的金钱”的情形下，便是上述学说所言之例外，也就是昭和 39 年判决中所指“特殊事由”。

四、金钱债务

（1）大决昭和 5.12.4（民集 9 卷第 1118 页）指出：“遗产继承人存在数人的情况下，共同继承人根据继承份额继承被继承人的权利义务……此非承担连带责任或者承担不可分债务”。即便是在被继承人是连带债务人的情况下，共同继承人也是各自按照继承份进行分割，在继承的范围内与其他连带债务人成为连带债务人（最判昭和 34.6.19 民集 13 卷 6 号第 757 页）。

照此理解，金钱债务并不是遗产分割的对象财产。

（2）对于这个问题，观点 2）显得尤为重要。对于共同继承人中缺乏资力的人，遗产分割协议让其承担该债务的，便会侵害债权人的利益。此外，按照观点 1)，适用民法第 427 条的话，“各债务人根据各自相同的比例……承担义务”。

（3）但是，应当注意以下两点。

第一，即便是债权人可以请求各共同继承人进行分割，在共同继承人的内部，决定由谁最终负担该债务是可行的（观点 3））。此外，比如说让共同继承人中的某人全额清偿继承债务的情形下，与继承财产的费用一样，只要在遗产分割程序中清算（向其他共同继承人的求偿）便可。根据观点 1)，由于是当然分割，不过是代为清偿了他人的债务，该求偿与遗产分割程序无关，而应当借助个别的民事诉讼程序。

第二，对于连带债务的继承，为了避免复杂的连带关系，维持连带债务的担保效力，多数观点认为应当让共同继承人全额承担连带债务（参见淡路刚久：《家族法判例百选（第 6 版）》，有斐阁 2002 年版，第 132 页以下）。这是重视观点 2）的表现，但是也可能有观点认为，即便重视观点 2)，也没有必要在继承中通过增加债务者以保护债权人。

五、其他

（1）还有许多其他财产是否是遗产分割的对象，也是有些问题。基本上可以参照观点 1）至 3）的组合进行讨论。

（2）比如，被继承人的死亡保险金，共同继承人中的某人是受益人的情况下，合同上受益人当然取得保险金，死亡保险金便不是遗产（观点 1））。考虑到被继承人支付了大量保险金，而致使遗产数目减少的话，从遗产中排除作为支付保险费结果的死亡保险金的做法可能侵害被继承人的债权人以及其他共同继承人的利益（观点 2)、3））。

---

* 因某种原因离开原来住所或居所且难以轻易回归的人。——译者注

但是，为了避免该问题的出现，并非只有将保险金请求权纳入遗产分割的对象财产这一个选择，也可以考虑欺诈行为撤销权或者特别受益的问题进行调整。最判平成16.10.29（民集58卷7号第1979页）认为："保险费是取得死亡保险金请求权的费用，是被继承人在生前向保险人支付的费用，保险合同人被继承人死亡后，保险金受领人的受益人获得死亡保险金请求权。如果存在保险金受领人的继承人与其他继承人之间产生的不公平显著违反民法第903条的主旨的特殊事由，便可以类推适用该条规定，比照特别收益，收回该死亡保险金请求权"（参见土谷裕子："判例批判"，Jurist 1290号，第118页以下）。

（3）此外，关于遗产中存在的不动产租金收入，最判平成17.9.8（民集59卷7号第1931页）指出："存在复数继承人的情形下，在继承开始之后遗产分割完毕之前，遗产属于共同继承人共有，所以作为遗产的不动产使用管理而产生的金钱债权的租金债权，是与遗产所不同的财产，各共同继承人根据其继承份额确定地取得分割单独债权"。这可以说是重视观点1）的表现，租金债权分割协议等存在合意的情形下，可以另作理解（参见道垣内弘人：《平成17年度重判解Jurist 1313号》，第90页以下）。

参考文献

野田爱子等：《家事关系判例与实务245题》，判T1100号，330页以下；松原正明：《全订判例先例继承法Ⅱ》，日本家除出版社2006年版，225页以下。

147

遗产分割方法的指定与遗赠

大阪大学教授　松川正毅

一、问题点

对于让某人继承的遗言，关键是如何解释指定遗产分割方法的条文。“指定遗产分割方法”本来的意思是按照法定继承份额，指定如何分割继承财产的方法。遗产分割的方法的指定包括实物分割、售卖后分割对价、一人取得再支付代价等。因此，也可以称之为遗产分割的方针（中川善之助＝泉久雄：《继承法（第四版）》，有斐阁 2000 年版，第 333 页）。

即便存在这样的方针，也不意味着每个继承人能够获得特定的财产，因此继承人的遗产分割是有必要的。如果没有遗产分割，遗产便一直处于共有状态之中。

这种指定遗产分割方法在许多场合下包含了继承分割的指定（最判平成 3.4.19 民集 45 卷 4 号第 477 页）。“继承份额的指定”指的是改变分数形式表示的法定继承分割的比例的指定。比如说，法定继承份额是 1/4，变更为 1/2 的指定。当然，即便存在这种指定，让各继承人得到特定的财产还是需要遗产分割程序的。

让继承人 A 继承特定财产意思的遗言经过公证之后，就出现了这样一个问题，这是“遗产分割方法的指定”还是“遗赠”。制作这种遗言的可能的背景是，在登录许可税问题上，公证人考虑到了对继承人有利的方式。

二、判例

上述平成 3 年（1991 年）的最高法院判例是重要的判例。该判例将让某人继承特定财产的意思的遗言理解为“遗产分割方法的指定”，无须经过继承人的遗产分割，特定继承人自然取得该特定遗产。也就是说，如果遗言包含上述内容的话，继承关系上具有遗产分割结束的同样效果，并且被继承人死亡时，该特定继承人直接继承该财产。

该判例认为，民法第 908 条“遗产分割方法的指定”包含了让特定继承人取得特定财产的解释，超越了字面意义上的“遗产分割方法的指定”的含义，赋予了全新的法律意义。另外，原来遗产分割方法的指定中遗产分割是前提，现在有判例认为在某些场合下遗产分割并不是必须的。

三、学说

有学说激烈地批判了上述平成 3 年最高法院的判决。比如，有学者认为，让特定继承人继承特定财产的遗言理解为“遗产分割方法的指定”，是对遗产分割方法指定的错误解释。理由是这与民法第 908 条本来的意思——遗产分割的方针——在含义上是不同的，实际上是遗产的处分。此外，有学说认为从遗产分割方法的指定中不能推导出不需要遗产分割的结论（关于学说整理，参见千藤洋三：“关于‘让某人继承’遗言的解释的若干问题”，关西大学法学论集，48 卷 3、4 号，第 333 页）。

另外，还有有力说认为，让特定继承人取得特定财产的遗言意思表示便是一种遗赠（伊藤昌司：《判例评论》第 441 号（《判时》第 1540 号），第 56 页；伊藤昌司：“判例批判”，《民商法杂志》107 卷 1 号，第 122 页）。

让特定继承人继承特定遗产的遗言应该解释为遗产分割方法的指定，还是特定遗赠，实际上会有什么差异？如果是遗产分割方法的指定，根据判例理论，就没有必要等到分割遗产，特定继承人便取得该遗产。特定遗赠的话，根据物权效力，判例认为当然也发生了转移（大判大正 5.11.8 民录 22 辑第 2078 页）。

关于登记，如果是遗产分割方法的指定的话，该继承人应当单独申请登记。根据上述平成 3 年的最高法院判决，被继承人死亡之时，遗产自然发生转移。这与法定继承份额或者指定继承份额中的不动产取得是一样的，因此不经登记也可以对抗第三人（参照最判昭和 38.2.22 民集 17 卷 1 号第 235 页）。与此相对，如果是特定遗赠的话，意思表示导致物权变动，登记权利人（受遗赠人）与登记义务人（遗赠义务人）需要共同进行登记手续。

对于该财产所有权转移的方法，如果将“遗产分割方法的指定”理解为分割方针的话，在遗产分割之前，特定继承人不能取得特定遗产，而只是共同共有。如上述平成 3 年最高法院判决，将遗产分割方法的指定扩张到特定继承人取得特定遗产的遗言，那么遗产分割不是必须的。如果理解为遗赠的话，在继承开始时所有权便转移到了受遗赠人。但是，还存在有力说认为，对继承人的遗赠必须要分割遗产（伊藤昌司：“让某人继承的遗言是一种与遗赠不同的财产处分吗”，《法政研究》57 卷 4 号，第 651 页；伊藤昌司：《判例评论》第 441 号（《判时》第 1540 号），第 60 页）。

农地继承的情况下，如果是遗产分割方法的基本轴，便不需要农地法第 3 条规定的许可。如果理解为遗赠的话，则需要农地法第 3 条规定的许可。

关于登录许可税率，在过去，“遗产分割方法的指定”和“特定遗赠”的理解差异会导致不同结果，但是登录许可税法在平成 15 年（2003 年）4 月 1 日已经进行了修改，变成了相同的税率，所以这点上便没有差异了。

四、分析

下面以法国法的遗言分配为基本轴，探讨上述平成 3 年最高法院的判决（参见吉田克己：“遗言自由的原则与遗言的解释”，日本私法学会大会资料《商事法务》近刊，第 32 页以下（①），吉田克己：“让某人继承的遗言”，《法律时报》75 卷 12 号，第 83 页（②）。此外，关于尊亲属分配，参见松川正毅：“法国法中尊亲属分配”，《比较法研究》

第49号，第139；Tadaki MATSUKAWA，Partage d'ascendant，these，toulouse 1986. 法语中，协议遗产分割、判决遗产分割以及尊亲属分配都用partage一词，不做区分。但是Partage d'ascendant，是被继承人自己分配财产，所以用分割这样的用词不是很恰当，翻译为"分配"）。

1. 遗言分配

有学者认为，平成3年最高法院判决的理论参照了法国法的遗言分配（testment—partage）（水野谦："关于让某人继承的遗言的一个视角"，《法时》62卷7号，第78页以下）。对于该说，已经有许多学说指出了其问题点。

与赠与分配相并列，遗言分配被称为尊亲属分配。被继承人自己在生前通过赠与或者遗言进行的财产分配。赠与分配通过合同，遗言分配则通过遗言进行单独处分。这是法国自古便有的制度，在继承农地或者家业之际，由公证人介入，现在还广泛存在。特别是赠与分配往往受赠者承担了负担或者终身定期金的义务。作为一种手段，维持被继承人的生活，同时实现了财产的时代交替。通过公证人的介入，民法典规定的平等思想在现实生活中得以实现，这个过程也是饶有兴致的过程。父亲有权威，尊亲分配是被继承人的权威，这样的时代已经转变为平等尊重，也可以说是民法典变迁的表现。即便是现代社会，如果是赠与分配，被推定的继承人全体都集中到公证人的事务所，安排遗产继承事宜。如果是遗言分配，公证人以法定继承为基础，进行建言，根据遗言决定分配方案。这种公证实务非常重要。对继承人的遗赠，重在寻求实务上合理的含义。

我国立法者参照了法国民法典，特别重视法国的遗言分配中的继承人的平等。法国的遗言分配如果所有继承人都不是对象的话，无法实现继承人的平等，是无效的（从这个观点看，上述论文①是有说服力的）。虽然到目前为止继承了平等尊重继承人的实务传统，但是其严格程度则得到了减轻，不要求以全部继承人为对象，遗言分配中产生的不公平通过特留分减少请求权加以修正。另外，过去遗言分配中，出现超过$\frac{1}{4}$的分配额差异的情况下，过去可以以损害（lesion）为理由撤销的做法，也被现行法废止了。

那么，特定遗赠与遗言分配有何区别？法国法中也经常难以确定其法律性质。在遗言分配中必须进行"分配"，也就意味着至少推定的继承人必须是2人以上（学说中也有认为1人也存在分配可能性。M，Grimaldi，Droit civil Successions，6 ed，1996，p. 563）。

遗言分配没有必要取回，遗产分割就结束了（充当了特留分。Grimldi，op. cit，p. 580）。与日本法不同，特定遗赠原则上无须取回（充当自由份。取回或者充当等是理解法国继承法不可回避的大问题，另稿再议）。

法国法对于难以实现遗言分配的情形，通过减少特留分请求的方式加以修正。对推定继承人的特定遗赠也在充当自由份之后，超过财产也是减少特留分的问题。

随着法律的修改，遗言分配的要件得以软化，法国法在区分遗言分配和遗赠分配的法律性质方面变得更加困难。在平等受到侵害的情形下，最终通过减少特留分，除了充当之外，没有必要过分执拗于其差异。

遗言分配本来就是通过遗言进行的分配，遗言中已经包含了分配的含义。让一个继承人继承特定遗产的遗言就不是遗言分配了。法国法在原则上，在公证人参与下，遗言分配并不是实现单独继承的手段。

在探讨法国遗言继承的民法规定的学说中，有下述饶有兴致的观点，在分配型中赋予遗产分割的效果，侵害特留分的情形下，只要侵害特留分，应当否定遗产分割的方法指定（参见民法第1031条）（吉田克己，前载①，第57页）。笔者也基本赞同吉田教授的观点，但是对不是分配型的指定也无效的观点表示难以苟同。即便侵害了特留分，也是可以维持特定遗赠的效力的（此时的问题是减少请求，以此加以修正）。

2. 分配型与处分型的区别

遗言的分配具有处分财产与继承两个性质。上文“三”中也有提及，这里探讨不重复范围内的不同之处。

判例认为，让某人继承的遗言无须登记便可对抗第三人。法定继承份额或者指定继承份额的继承取得不动产权利的，无须登记可以对抗第三人（参见最判平成14.6.26家月55卷1号第77页）。

但是，这点在处理“遗产分割”中是必须的，对于超过法定继承份额取得的权利，对抗要件的登记是必要条件（最判昭和46.1.26民集25卷1号第90页）。

减少请求权的基础在于遗赠的性质。法国法中，目前在遗产分配中存在减少可能性的，通过这种减少请求加以解决。但是单纯分配完毕的，“遗产分割”并非无偿行为，不能成为减少请求的对象。

既然遗言分配也具有分割遗产的效果，那么以继承为基础，问题就变成了继承的承认和放弃了。放弃继承的，就不可以请求遗言分配。另外，也不可以放弃遗言分配而请求法定继承。作为对比，如果是遗赠的，即便放弃了继承，还是有可能受遗赠的。

如果是特定遗赠的，日本法中作为一种特别受益，有必要取回*。与此相对，遗言分配的话，遗产分割已经结束，就不需要取回了。

前述平成3年（1991年）最高法院的判决认可了遗言分配遗产的可能性与遗产分割的效果。但是，还存在下述问题有待进一步理清：其法律性质的问题，同时遗言分配的效果是否也具有“遗产分割”的效果还是“遗赠”的效果？但是，这更是一个立法论上的问题。

参考文献

除了文中所载，还包括：

水野纪子：《让某人继承的遗言的功罪》，载久贵忠彦编：《遗言与遗留分（1）》，日本评论社2001年版，159页以下；北野俊光：《让某人继承的遗言的事务上的问题》，载久贵忠彦编：《遗言与遗留分（1）》，日本评论社2001年版，133页以下；森野俊彦：《特别受益取回规定的解释与运用》，载右近健男等编：《家事事件的现状与课题》，判例Times社2006年版，250页以下。

* 取回在日本继承法上指的是在遗产分割时，如果生前从被继承人处获得特别受益的，那么就应该将该特别受益加入继承财产后再计算具体的继承份额，这是为了保证继承人之间公平的制度。——译者注

148

遗嘱执行人的权限

筑波大学教授　新井诚

从编者处要求就“遗嘱执行人的权限”写作“可以在何种程度上委托遗嘱执行人”。由于最判平成 5.1.19（民集 47 卷 1 号第 1 页）为此话题提供了良好的素材，那么本文先从这个判例的分析开始。

一、遗嘱执行人选定受遗赠者——具体的争点

A 有几个法定继承人妹妹，但是留下了下述遗言：(1) 不要发丧，(2) 遗产排除一切继承，(3) 全部捐给公益。A 还指定了 B 为遗嘱执行人，然后去世。该遗言意在遗赠全部遗产，但是到底遗赠给谁却是不确定的，受遗赠人的选定任务就落到了遗嘱执行人身上。

判例和学说向来认为，遗赠人应当决定受遗赠人是谁。而委托遗赠义务人或遗嘱执行人决定受遗赠者的遗言无异于允许了遗言的代理，是无效的（大判昭和 14.10.13 民集 18 卷第 1137 页；中川善之助＝加藤永一编：《新版注释民法 28》，有斐阁 1988 年版，第 172 页（阿部浩二执笔））。与此不同，上述最高法院判例改变了传统判例和学说的观点，具体判例主旨如下。

“本案遗言包含了将其所有遗产概括性遗赠给上述可以达成目的的团体（原审中所举国家、地方公共团体等便是其典型，包含基于民法第 34 条的公益法人或者基于特别法的学校法人、社会福利法人等）的主旨。”“本案指定遗嘱执行人的遗言以及以此为前提的本案遗言包含委托其指定的遗嘱执行人 B 选择上述团体等作为受遗赠人的主旨。”“本案遗言限定了遗产利用目的为公益目的，被选定的人也没有脱离遗嘱人的意思。因此，不能认定选定人有滥用选定权的危险，也不应当否定本案遗言的效力。”

二、委托遗嘱执行人选任受遗赠人之可否

遗嘱执行人负有执行遗言的任务，享有遗言执行上所必要的一切行为的权利义务（民法第 1012 条）。遗嘱人在制定遗书时没有特定具体的受遗赠人的，根据遗嘱人死亡时的各种情况，加上遗嘱人的意思，选定受遗赠人本身也是执行遗言的一部分。因此，遗嘱人在制定遗书时难以详细且具体确定所有事项的，可以根据此后情况的变化等，委

托遗嘱执行人具体化遗言的内容。而且这种委托对遗嘱执行人或者受托人来说是妥当的。这是因为，遗嘱执行人是死亡的遗嘱人与继承人、受遗赠人之间法律关系的转移继承的连接点或者说是媒介，既面向遗嘱人，又面向继承人、受遗赠人，在两面之间保持中立；信托受托人是设立信托的委托人（遗嘱人）与受益人（继承人、受遗赠者）之间法律关系的转移继承（赋予受益人以受益权）的连接点或者说媒介，既面向委托人，又面向受益人，在两面之间保持中立。这种职务的中立性才可能担保遗嘱执行人选定受遗赠人或者信托受托人选定受益人的客观性和公正性。遗嘱执行人与信托受托人虽然都奉行中立性职务，但是两者在法律形式上到底是有差异的，尤其是遗嘱执行人只享有遗产的处分权限和管理权限，而遗产的所有权仍然属于继承人或者受遗赠人。与此相对，信托受托人是遗产的名义人，受益人只不过享有受益请求权。总之，鉴于上述遗嘱执行人的职务性质，委托遗嘱执行人选定受遗赠人是可能的。

在英美法中，遗言信托受托人基于其裁量权，选定受益人是极其普遍的，被称为裁量信托。除了公益信托，在我国信托实务中裁量信托并不普及，给予受托人大量裁量权的信托是极其罕见的。正如前文所述，可以委托遗嘱执行人以及信托受托人选定受遗赠人以及受益人，但是这也不过是理论上的可能性，我国现行信托实务上并没有由信托受托人选定受益人的发挥余地。面对这种现实，最高法院认可遗嘱执行人选定受遗赠者的做法等于在我国承认了英美法上遗言信托人受托人广泛的裁量权，扩张了遗嘱执行人的权限。

三、委托遗嘱执行人选定受遗赠者的有效要件

正如上文所言，允许遗嘱执行人选定受遗赠人的理论根据在于遗嘱执行人职务的中立性，而“职务的中立性”还必须满足实效性。这里的实效性指的是防止断定权的滥用，确保实质性满足中立性。只要可以有效防止受遗赠人选定权的滥用，那么委托遗嘱执行人选定受遗赠人便是有效的。

上述最高法院判决中所言“遗言限定了遗产利用目的为公益目的，被选定的人也没有脱离遗嘱人的意思。因此，不能认定选定人有滥用选定权的危险”正是这种考量。也就是说，最高法院的逻辑是，基于遗嘱执行人职务本身中立性的防止滥用选定权的机能（因此，不应当赋予与遗嘱人有利害对立的继承人、受遗赠人以选定权），以及限定赋予选定权的遗言内容，这些都是必要条件，这也是防止选定权滥用的必要条件。一般认为，委托遗嘱执行人选定受遗赠人的遗言是有效的。其具体有效性的前提是遗嘱执行人是选定权利人，赋予这种选定权的遗言只要在可以防止选定权滥用的范围内就应当得到支持。最高法院明确提到了遗言的内容限定上的防止选定权滥用的机能，可以说正中要害。

但是，问题是“全部捐给公益”这样的用词是否可能造成遗嘱执行人选定权的滥用呢？“国家、地方公共团体等便是其典型，包含基于民法第 34 条的公益法人或者基于特别法的学校法人、社会福利法人等”属于“全部捐给公益”的概括性受遗赠人，假如这样理解的话，不得不说这样大幅脱离了遗嘱执行人的选定权。这是因为被选定者的范围包括了所有的公益团体，数量数不胜数，同样是公益团体，其公益目的、法律形式也是千差万别，遗嘱人的意思“全部捐给公益”并不是说所有的这些团体。这方面德国法可作参考。德国民法第 2151 条第 1 款规定，遗赠的负担人或者第三人可以被选定为特定

的受遗赠人，但是学说和判例的一致观点认为，该规定的适用前提是，被选定的受遗赠人的范围必须受到限制。德国判例（RGZ96.15.17）认为，将金钱分配给“各种社团、福祉团体、公共设施”的遗言，由于选定权人不能特定具体的受遗赠人，因而是无效的。这对我国是有参考意义的。

但是，也不能过度依赖选定权滥用机能对公益目的的限制。选定权滥用的危险具体来说包括两种：选定权人通过选定权的行使享受了报酬之外的某种个人利益；不遵循遗嘱人的意思选定受遗赠人。如果将遗产的利用目的限定在公益目的的话，（选定权人）享受个人利益的危险确实不多。但是这并不意味着这样就遵循了遗嘱人的意思。反过来说，即便遗产的利用不是为了公益目的的，如果选定权的范围受到严格控制，或者选任数个遗嘱执行人并让其互相监护的话，几乎也不存在滥用选定权的可能性。特别是，选任了复数遗嘱执行人的情形下，让其分担职务，一方负责选定，其他人专门进行审核，选定遗嘱执行人和监督遗嘱执行人的职务进行分化，就可以有效防止遗嘱执行人滥用选定权，在现行法上也是可能的（民法第 1017 条第 1 款但书）。

四、遗嘱执行人的权限——小括

上述最高法院的判决认可了遗嘱执行人选任受遗赠人的权限。撇开受遗赠人特定性要件的问题，应当积极评价该判例，同时意味着遗嘱执行人的权限得到了扩张。这大概是英美法中遗言信托受托人的相关理论影响了我国遗嘱执行人的理论，结果是扩张了遗嘱执行人的权限。

对上述最高法院的判决采批判立场的伊藤说认为，选定概括性遗赠的受遗赠人的委托是选定继承人的委托，不能认可这种选定继承人的委托，同时将 B“视作为受托人的遗言信托的理论构成等于是开辟了一条在信托的框架内判断效力的道路”（伊藤昌司：“选任受遗赠人的委托与指定遗嘱执行人的有效遗言的事例”，Jurist 1046 号，第 100 页）。虽说是反对说，但是从结果上来说还是承认了遗嘱执行人的权限与信托受托人的权限之间的类似性。对两种权限展开更为详细的比较研究将是未来民法学界的课题之一。

参考文献

新井诚：《民商法杂志》109 卷 3 号，491 页（上述最高法院判决评释）；竹下史郎：《遗嘱执行人研究》，成文堂 2005 年版；田中实：《遗嘱执行人》，《家族法大系Ⅶ继承 2》，有斐阁 1960 年版。

149

有关特留分的几个问题

上智大学副教授　西希代子

一、序论：特留分制度的传统理解

所谓特留分制度指的是继承人或者近亲属在某种形式上对被继承人一定比例的财产享有权利的制度（加藤永一：《民法综合判例研究 58－1 特留分（第二版）》，一粒社 1985 年版，第 1 页）。特留分制度有两大系统：一是日耳曼法国型，即以继承财产的家族共有传统为背景，特留分赋予继承人以不可侵犯的继承份额；另外是罗马、德国型，即以遗言自由处分为基本，以保障遗族的生活而遗留一部分财产的传统为背景，特留分是赋予近亲属的金钱请求权的资格。日本法一般认为属于前者（加藤永一：《民法综合判例研究 58－1 特留分（第二版）》，一粒社 1985 年版，第 1 页；中川善之助＝加藤永一编：《新版注释民法 28（补订版）》，有斐阁 2002 年版，第 437 页（中川淳执笔））。另外，还有学者如下说明特留分制度：特留分制度是“任何人得以自由处分自己财产的思想与财产尽可能保留在家族之中的思想的妥协而形成”的制度，“特留分法是家族主义式家产拥护对个人主义式处分自由的防御”（中川善之助＝泉久雄：《继承法（第四版）》，有斐阁 2000 年版，第 646、649 页）。

二、有关特留分制度的讨论

1. 明治时代以来，讨论主要集中在特留分减少请求权的法律性质以及法律效果上，学说上争论不断（伊藤昌司：《特留分》，星野英一编辑代表：《民法讲座 7》，有斐阁 1984 年版，第 471 页）。但是目前的判例（最判昭和 57.3.4 民集 36 卷 3 号第 241 页）和通说（中川善之助＝加藤永一编：《新版注释民法 28（补订版）》，有斐阁 2002 年版，第 437 页（中川淳执笔））认为，日本法由于属于日耳曼、法国型，所以赋予特留分权利人以具有对世绝对的物权性形成权（物权说）。此后，争论的话题变成了减少请求效果的取回财产的法律性质问题。受遗赠人或者被赠与人（以下统称“受惠人”）如果是共同继承人的话，就存在下述学说对立：取回的财产不再放入继承财产而属于被减份人的固有财产，与减少请求权人之间产生了物权法上的共有关系，这种共有关系的消灭有赖于共有物分割程序（诉讼说），或者，放入继承财产变成继承法上的共有遗产，共有状态的消灭是通过遗产分割程序得以实现的（审判说。参见矢尾和子："特留分减少请求取回财产的性质与遗产分割案件的操作"，《家月》49卷7号，第1页，雨宫则夫："遗产分割与特留分减少请求的关系"，梶村太市＝雨宫则夫编：《现代裁判法大系11遗产分割》，新日本法规出版社1998年版，第278页；松原正明："遗产分割案件与特留分减少请求权的关系"，《家族（社会与法）》19号，第30页）。在一段时期内，综合考虑继承人的具体情况、贡献程度（民法第904条之2）以及特别受益（民法第903条）进行灵活分割的审判说是有力说，也有判例采取了该观点。但是最判平成8.1.26（民集50卷1号第132页）认为特定遗赠取回的财产不具有继承财产的性质，即便是概括性遗赠，"遗赠对象财产不是分别记载每个财产而是进行概括性表示"，因此其与特定遗赠在性质上并无差异。但是围绕该判例的涵盖范围，争论仍在继续。除此之外，在存在应当分割的继承财产的情形等，还有中间方案提出，二者并不是二选一的关系，应避免二元化处理方式，在当事人全体存在合意（参照东京高决平成5.3.30判时1459号第130页的旁论），或者在取回财产与遗产之间存在概括性处理的关联性的情况下才在遗产分割审判中进行概括性处理（雨宫则夫："遗产分割与特留分减少请求的关系"，梶村太市＝雨宫则夫编：《现代裁判法大系11遗产分割》，新日本法规出版社1998年版，第288页等；二宫周平：《家族法（第二版）》，新世社2005年版，第452～453页）。

2.（1）对于计算特留分的基础财产以及减少的对象财产，围绕评价的基准时间也有各种讨论（山口纯夫："计算特留分的基础财产的评价基准时"，后载久贵忠彦编）。特别是形成权＝物权说中例外情况的价额赔偿，存在不少判例。有关减少请求的目的物的价额计算基准时（最判昭和51.8.30民集30卷7号第768页），现实的赔偿价额或者是否需要进行赔偿（最判昭和54.7.10民集33卷5号第562页），价额赔偿判决的形式（最判平成9.2.25民集51卷2号第448页），等等。有判例允许对受惠人减少的遗赠或者赠与目的中的个别财产进行价额赔偿（最判平成12.7.11民集54卷6号第1886页）。判例中往往根据受惠人的资力、必要性灵活应对，积极认可多样化的价额赔偿。

（2）除此之外，现在还出现了不少新问题，如特留分的计算基础以及减少对象的财产范围，具体来说除了特别受益以及贡献份额与特留分之间的关系（本书143）之外，保险信托等继承外财产转移制度与特留分的关系是一个新问题。关于保险，在以自己为被保险人指定他人为死亡保险金领受人的生命保险合同的情形下，保险请求权不属于继承财产这点是几乎没有争议的（最判昭和40.2.2民集19卷1号第1页，参见本书146），但是对于指定或者变更领受人的行为是民法第1031条的"遗赠"还是"赠与"，是否包含在特留分计算的基础以及减少对象的财产之中，学说上存在对立，最近的判例则采否定说（最判平成14.11.5民集56卷8号第2069页）。领取人同时是共同继承人之一的，便出现了保险金或者保险金请求权的特别受益性的问题（参照千藤洋三："关于903条生命保险金请求权的特别受益性"）。最决平成16.10.29（民集58卷7号第1979页）认为，基于养老保险合同保险金受领人同时是共同继承人中的一人，取得的死亡保险金请求权或者死亡保险金除了下述情形，不属于特别受益："存在违反民法第903条的主旨，保险金领受人的继承人与其他共同继承人之间存在显著不公平的特殊事实"。即原则上判例不认可（保险金）包含在特留分计算的基础以及减少的对象之中（参见前田阳一：《NBL》809号，第65页）。也可以说，这些最高法院的判例切断了利用保险制度规避特留分制度的可能性。关于信托方面，并没有相关判例。对于遗言信托，由于其与遗赠具有相同的经济效果，所以有学者认为向受托人请求减少特留分是可行的（新井诚："信托与强制继承份额、特留分的若干问题"，《国学院法学》31 卷 4 号，第 8 页；天野佳洋："遗言信托"，Jurist 1164 号，第 94 页等）。但是对于生前信托，由于这与为他人的生命保险合同有类似性，所以也不适用特留分制度。最近一个新观点正在冒头，即从比较法的观点等出发，认为设定信托行为应当成为减少请求的对象（水野纪子："信托与继承的相克"，东北信托法研究会编《变革期的信托法》2006 年版，第 112 页）。

3. 除此之外，需要进行再探讨，进一步深入探究的课题更是不可胜数。被称为"特留分权进一步弱化"（伊藤昌司：《继承法》，有斐阁 2002 年版，第 369 页）的特留分事前放弃制度（参见犬伏由子："特留分的事前放弃"，久贵忠彦编《遗言与特留分（2）特留分》，日本评论社 2003 年版），判例中放松限制的特留分减少请求权的行使期限之诸问题（参见辻朗："特留分减少请求权的行使和限制"，久贵忠彦编《遗言与特留分（2）特留分》，日本评论社 2003 年版），继承人的债权人代位行使特留分减少请求权的问题（参见床谷文雄："特留分与债权人代位"，久贵忠彦编《遗言与特留分（2）特留分》，日本评论社 2003 年版），等等。

三、问题的背景与今后的课题

1. 以上不断出现的问题背景是现行民法中的特留分规定删除了家督继承的相关规定，新设了特留分事前放弃制度。此外，更主要的原因在于，现行民法继承了明治民法中被继承人赠与或者遗赠给法定继承人之外的人的构想，通过解释解决共同继承人之间因为特留分减少而产生的问题。明治民法之下，虽然特留分采用的是保持家财的日耳曼、法国型，但是在废除家族继承制度以无遗言则均分为主的现行民法之下，特留分的主旨以及基本理念本身就是不明确的，对于这个问题之所以讨论不充分正是由于其讨论的基础不明确造成的。正如前文所述取回财产的法律性质的讨论，裁判的管辖等程序方面的问题，根据结论如何可能导致特留分制度空洞化，对于这个问题，相关其他制度的主旨以及性质将影响结论（参照前载最判平成 14.11.5，最判平成 11.6.24 民集 53 卷 5 号第 918 页）。有不少问题需要回到特留分的原点进行讨论，上述问题便是例子之一。关于价额赔偿的诸问题，随着更加灵活和多样，价额赔偿也更容易为人所用，对此制度的是非，最终也是以特留分的存在意义为前提的，但是对此讨论并不充分。

2. 特留分的目的以及宗旨确实是为了保障继承人的生活以及继承人之间的平等（公平）等，但是考虑到继承父母遗产开始之时子女已成年，不少子女一人照顾父母的现状，不得不尊重被继承人的意思，另外什么是"平等"本身也是值得追问的。实际上，现代社会中特留分的存在意义正在不断受到正面质疑（佐藤隆夫："遗言与特留分的关系（2）"，《户籍时报》467 号，第 8 页；有地亨：《家族法概论（新版补订版）》，法律文化社 2005 年版，第 359 页；第 50 届全国家事调停座谈会："特留分减少请求的现代性意义"，《Case 研究》282 号，第 82～83 页（增井喜久士）等）。但是另一方面，有学者从过去特留分制度的定位出发，积极评价特留分的存在意义（关于讨论的变迁，参见西希代子："特留分制度的再探讨"，《法协》123 卷 9 号，第 1703 页以下）。即废除家督继承之后，遗言承担了家族主义的遗产继承机能，在此前提下，特留分正是彰显了遗产继承的个人主义，与母法法国法一样，日本法也应当尊重特留分作为"平等的法定继承的保护伞”的作用（伊藤昌司:《继承法》，有斐阁 2002 年版，第 5 页等)。

3. 上述主张的根据在于需要探讨遗嘱以及特留分制度的现状认识、沿革理解以及与此相关的特留分制度的定位等问题，这些都是不得不探讨的课题。同时，民法原先设计的扶养与继承的关系，遗嘱内容的一定程序的检查或者确认的可能性等遗嘱的应有之义，法定继承以及遗嘱继承与特留分制度的关系等，这些问题都是继承问题上的浓缩，也是战后家族法修改中的一部分课题（我妻荣:《修订亲属继承法解说》，1949 年版，第 152 页)。在遗嘱急速增长的今日，这个问题必须尽快解决。

参考文献

五十岚清:《特留分制度的比较法研究（1）～（3）》，法协 65 卷 5 号、69 卷 2 号、3 号；伊藤昌司:《特留分》，载森泉章等编:《民法基本论集（7）家族法》，法学书院 1993 年版；久贵忠彦编《遗嘱与特留分（2）特留分》，日本评论社 2003 年版；潮见佳男:《特留分的学说与判例》，家族（社会与法）19 号；高木多喜男:《特留分制度研究》，成文堂 1981 年版；久留都茂子:《特留分制度的应有之义》，载川井健等编:《讲座现代家族法第 2 卷》，日本评论社 1992 年版。

图书在版编目（CIP）数据

民法的争点/（日）内田贵，（日）大村敦志编；张挺等译. --北京：中国人民大学出版社，2023.3
ISBN 978-7-300-31160-9

Ⅰ.①民… Ⅱ.①内… ②大… ③王… Ⅲ.①民法-研究-日本 Ⅳ.①D931.33

中国版本图书馆 CIP 数据核字（2022）第 206407 号

外国法学精品译丛
主 编 李 昊
民法的争点
［日］内田贵 大村敦志 编
张 挺 章 程 王 浩 叶周侠 徐文海 文元春 译
Minfa de Zhengdian

出版发行 中国人民大学出版社
社 址 北京中关村大街 31 号 邮政编码 100080
电 话 010－62511242（总编室） 010－62511770（质管部）
010－82501766（邮购部） 010－62514148（门市部）
010－62515195（发行公司） 010－62515275（盗版举报）
网 址 http://www.crup.com.cn
经 销 新华书店
印 刷 涿州市星河印刷有限公司
开 本 787 mm×1092 mm 1/16 版 次 2023 年 3 月第 1 版
印 张 44 插页 3 印 次 2023 年 4 月第 2 次印刷
字 数 1 136 000 定 价 228.00 元